아폴로의 천사들 : 발레의 역사

아폴로의 천사들:
발레의 역사

제니퍼 호먼스
정은지 옮김

까치

APOLLO'S ANGELS : A History of Ballet
by Jennifer Homans

Copyright © 2010, Jennifer Homans
All rights reserved.
Translation copyright © 2014, Kachi Publishing Co., Ltd.
This Korean translation published by arrangement with Jennifer Homans
c/o The Wylie Agency.

이 책의 한국어 판권은 Jennifer Homans c/o The Wylie Agency와 독점계약한 (주)까치글방에 있습니다. 저작권법에 의해 한국 내에서 보호를 받는 저작물이므로 어떠한 형태로든 무단전재와 무단복제를 금합니다.

역자 정은지(鄭恩芝)
서울대학교 국제경제학과를 졸업하고 동대학 경제학부 박사 과정을 수료했다. 『중앙 선데이』, 『이프』, 『브이챔프』 등에 책과 게임과 쇼핑에 관한 글을 연재했다. 에세이 『내 식탁 위의 책들』을 펴냈으며, 『피의 책』, 『블루 아라베스크』, 『어쩌면 그림 같은 이야기』 등을 우리말로 옮겼다.

편집, 교정_권은희(權恩喜)

아폴로의 천사들 : 발레의 역사

저자/제니퍼 호먼스
역자/정은지
발행처/까치글방
발행인/박후영
주소/서울시 용산구 서빙고로 67, 파크타워 103동 1003호
전화/02 · 735 · 8998, 736 · 7768
팩시밀리/02 · 723 · 4591
홈페이지/www.kachibooks.co.kr
전자우편/kachibooks@gmail.com
등록번호/1-528
등록일/1977. 8. 5
초판 1쇄 발행일/2014. 8. 20
　　2쇄 발행일/2022. 7. 5
값/뒤표지에 쓰여 있음
ISBN 978-89-7291-564-5　93680

이 도서의 국립중앙도서관 출판예정도서목록(CIP)은 서지정보유통지원시스템 홈페이지(http://seoji.nl.go.kr)와 국가자료공동목록시스템(http://www.nl.go.kr/kolisnet)에서 이용하실 수 있습니다. (CIP제어번호 : CIP2014023036)

토니에게

……나는 세상에 필요한 천사이니,
너희가 나의 시야로 세상을 다시 본 이래로.

    월리스 스티븐스, "농부들에게 둘러싸인 천사"

    젊은 아폴로, 황금의 머리카락의,
    갈등의 벼랑에 서서 꿈을 꾸며,
    준비 없이 당당하니
    삶의 짧음이 길었기에.

        프랜시스 콘퍼드, "젊음"

차례

감사의 글 … 11
서문 : 마스터들과 전통 … 15

제1부 프랑스와 발레의 고전적 기원

1 춤의 왕들 … 31

2 계몽주의와 스토리 발레 … 81

3 발레에서의 프랑스 혁명 … 136

4 낭만주의적 환상과 발레리나의 출현 … 178

5 스칸디나비아의 정통 : 덴마크 스타일 … 223

6 이탈리아의 이단 : 팬터마임, 기교 그리고 이탈리아 발레 … 256

제2부 동방으로부터의 빛 : 러시아적 예술 세계

7 춤의 차르들 : 제정 러시아의 고전주의 … 301

8 동양이 서양으로 가다 : 러시아 모더니즘과 디아길레프의
  발레 뤼스 … 352

9 뒤에 남은 것? 스탈린부터 브레즈네프까지의
  공산주의 발레 … 409
10 나 홀로 유럽에: 영국의 순간 … 471
11 미국의 세기 I: 러시아적 시작 … 529
12 미국의 세기 II: 뉴욕의 장 … 553

  후기: 마스터들은 죽고 없다 … 635
  주 … 649
  참고 문헌 … 673
  역자 후기 … 719
  인명 색인 … 723

감사의 글

이 책은 10년 동안 조사되고 쓰였으며, 춤에 소비한 인생에 의지한다. 나는 많은 신세를 졌다. 춤에, 장소에, 책들에, 그리고 여기서 이름을 들기에는 너무 많은 공연들에. 나는 이들 모두에 진심 어린 감사를 전하고 싶다.

『아폴로의 천사들: 발레의 역사(Apollo's Angels: A History of Ballet)』의 아이디어는 제럴드 세이겔 및 리처드 세네트와 나눈 대화에서 나왔다. 그들의 작업과 아이디어는 나에게 춤의 문화사라는 것을 쓸 가치가 있다는 확신을 주었다. 그 도정에서 여러 다른 역사가들로부터 배웠지만 특히 이하의 사람들의 작업에서 영향을 받았다. 폴 베니슈, 올랜도 피지스, 마크 푸마롤리, 제임스 H. 존슨, 칼 쇼스크, 리처드 워트먼, 프랜시스 예이츠. 춤에서 나는 많은 학자들과 작가들의 어깨를 딛고 섰는데 거기에는 다음의 사람들이 포함된다. 조안 아코셀라, 알렌 크로스, 로버트 고틀리브, 고 웬디 힐턴, 데버러 조위트, 줄리 카바나, 마거릿 M. 맥고완, 리처드 랠프, 낸시 레이널즈, 팀 숄, 롤런드 존 윌리, 메리언 해나 윈터.

다음에 언급한 사람들에게 특별히 감사한다. 프랑스 발레 연구의 개척자인 아이버 게스트는 친절하게도 나를 집으로 초대해서 자신의 연구를 나누었다. 포스트모던 용어를 삼가라는 클레멘트 크리스프의 예리한 권고는 언제나 중요한 역할을 했다. 앨러스테어 매콜리와 잰 패리는 너그럽게도 시간을 내어 나와 영국 발레에 대해서 긴 서신 교환을 했다. 엘리자베스 켄들의 작업은 언제나 내 마음에 있었다. 이 책의 여러 장들에 대한 그녀의 전문가적이고 철저한 독해를 고맙게 생각한다. 린 개러폴라의 학문적 모범과 지도는 귀중했다. 그녀 역시 이 책의 초고의 여러 절들을 읽고 비평해주었다. 또다른 면에서 나는 필립 고세트에게 큰 신세를 졌다. 오페라에 대한 그의 선구적 작업은 나에게 영감을 주었는데, 그는 친절하게도 이 책의 이탈리아 발레에 대한 장을 읽어주었다. 앤 홀랜더는 내가 연기자들과 그들의 복장을 새로운 견지에서 보도록 가르쳐주었다. 몇몇 장들에 대한 주디 킨버그의 면밀한 독해도 귀중했다.

이 책에는 여행이 필요했다. 유럽 전역의 도시들에서 조사를 인도해준 여러 학자들에게 감사한다. 코펜하겐에서 크누드 아르네 위르겐센은 자신의 연구와 덴마크 왕립 도서관 기록보관소에 대한 폭넓은 지식을 나누었고, 에리크 아셴그렌은 조언을 해주었다. 스톡홀름에서 스웨덴 무용 박물관의 에리크 노슬룬은 친절하게 도움을 주었고, 고 레기나 베크-프리스는 그녀의 작업과 드로트닝홀름 극장의 역사적 복원에 대해서 논의하도록 나를 자택으로 초대했다. 모스크바의 엘리자베스 수리츠는 소련 발레에 대한 나의 질문들에 몇 시간을 내주었고, 러시아 평론가 푸엘 카르프와의 서신 교환과 만남으로부터도 큰 도움을 받았다.

파리에서 마르틴 카한은 내가 국립 기록보관소를 더 뒤지도록 압박을 가했고, 고 프랑신 랑슬로는 자신의 거실에서 바로크 무용의 복잡한 동작들을 보여주었다. 윌프리드 피올레와 장 기제릭스는 발레 테크닉의 역사에 대해서 길게 이야기해주었고 19세기 스텝들에 대한 자신들의 복원들을 보여주었다. 파리 오페라 도서관의 직원들은 도움을 주려고 각별히 애썼다. 그들은 나를 귀중품 보관실로 데려가 옛날 발레 슈즈들이 담긴 상자들을 끄집어냈는데, 그 중에는 마리 탈리오니의 슈즈들도 있었다. 런던에서는 로열 발레의 케빈 오데이와 제닛 림버그가 내가 발레단의 비디오테이프들을 보도록 끈기 있게 주선해주었고, 프란체스카 프란키는 로열 오페라 하우스 기록보관소를 안내해주었다. 램버트 무용단 기록보관소에서는 제인 프리처드가 관대하게도 몇 시간이나 머물며 애슈턴 무용들의 옛날 영상을 틀어주었다.

뉴욕 공연예술 공공 도서관의 제롬 로빈스 댄스 컬렉션의 보관 담당자들과 사서들에게 나는 깊고 지속적인 신세를 졌다. 그들은 나의 요구나 길게 늘어지는 기획에 절대 물리지 않고 매 단계마다 도움을 제공했다. 그들 모두에게 감사하는데, 특히 이 컬렉션의 전 큐레이터인 마들렌 니콜스는 고맙게도 도서관이 폐관했는데도 아침까지 작업하도록 허락해주었다. 제롬 로빈스 재단과 로빈스 저작권 신탁의 상임 이사 크리스토퍼 페닝턴은 친절하게도 내가 로빈스 발레들의 영상물에 접근할 수 있게 해주었다.

나의 무용 선생님들에게 나는 만사를 빚지고 있다. 나는 여러 최고의 선생님들과 공부하는 행운을 누렸다. 멜리사 헤이든과 수전 패럴은 나의 멘토들이었다. 내가 발레에 대해서 아는 것 중 많은 부분이 그들의 모범과 우정으로부터 배운 것이다. 자크 당부아즈의 영향은 이 책의 곳곳에 있다. 그는 친절하게도 원고의 여러 절들을 읽었는데, 나는 가장자리에 휘갈긴 그의 치열하고 아량 있는 논평들을 소중히 간직하고 있다. 마리아 톨치프, 미미 폴, 소냐 타이브, 로버트 린드그린, 딘나 비외른, 수키 쇼러, 알론소 킹, 카즈코 히라바시, 프랜시아 러셀, 고 스탠리 윌리엄스, 그리고 나에게 발레의 "과거"의 느낌을 처음 알게 해준 구세대 선생님들께도 역시 신세를 졌다. 알렉산드라 다닐로바, 펠리아 두브로프스카, 안토니나 툼코프스키, 엘렌 뒤댕, 뮈리엘 스튜어트를 말한다.

다른 무용수들, 동료들, 친구들도 나에게 더 많은 것을 가르쳐주었다. 메릴 브록웨이, 이사벨 포킨, 빅토리아 기덜드, 로셀 거스테인, 케이티 글래스너, 수전 글루크, 마고 제퍼슨, 알레그라 켄트, 로리 클링어, 로버트 매요라노, 다이언 솔웨이, 로버트 와이스가 모두 나의 아이디어를 형성했다. 토머스 벤더와 헤릭 채프먼 둘 다 이 책의 많은 부분을 초고 상태로 읽었다. 이브-앙드레 이스텔 및 캐슬린 베갈라와의 그리스 여행은 아폴로를 나의 마음의 눈에 놓았고, 미르야나 치리크의 예술적 감성과 우정은 나를 내내 지탱해주었다. 캐서린 오펜하이머에게 진 신세도 어마어마하다. 우리는 춤추기를 함께 조사했는데, 그녀의 통찰은 언제나 내가 발레에서 중요한 것으로 돌아가게 해주었다.

나의 랜덤하우스 편집자인 팀 바틀릿은 주의 깊고 참을성 있었다. 이 책은 그의 지성에서 큰 도움을 받았다. 영국 그란타 출판사의 새러 할로웨이는 먼 곳에서 지지해주었다. 나의 출판 대리인들인 와일리 에이전시의 사라 챌펀트와 스콧 모이어스는 노정의 매 단계마다 친구들이자 수호천사들이 되어주었다. 『뉴욕 리뷰 오브 북스』의 고 바버라 엡스타인은 나에게 발란신에 대해서 쓸 첫 번째 기회를 주었고, 춤에 대한 글쓰기의 새로운 방식을 생각하도록 압박했다.

『뉴 리퍼블릭』의 문학 편집자인 레온 위즐티어에게 나는 말로 할 수 없는 신세를 졌다. 2001년 나를 무용 평론가로 임명했을 때 그는 도박을 하는 것이었다. 나는 책을 낸 적이 없었고 알려지지도 않았다. 그는 나에게 춤에 대해서 쓸 기회를 제공했는데, 이 책의 주제들 중 다수가 먼저 그의 지면에서 형태를 갖춘 것은 우연이 아니다. 그는 『아폴로의 천사들』을 원고 상태로 읽고서 귀중한 통찰력을 제공했다.

아버지 피터 호먼스는 이 책의 전반부를 초고 상태로 읽었지만, 완성되기 전에 갑자기 돌아가셨다. 아버지의 학식과 강력한 지적 호기심, 상상 속의 삶에 대한 변함없는 믿음은 나의 지침이 되어왔다. 책이 완성되기 직전 돌아가신 어머니는 내가 춤을 추는 이유였다. 나의 아이들인 대니얼과 니컬러스는 삶의 대부분을 『아폴로의 천사들』과 함께 살아왔다. 그들은 나의 열의를 언제나 솔직히 나누었고 나의 부재를 용서했다.

무엇보다도 깊은 감사는 남편 토니에게 향한다. 나에 대한, 옳은 것에 대한, 분명하게 보기와 쓰기에 대한, 춤의 중요성에 대한 그의 사랑과 헌신은 나의 토대가 되었다. 내가 이 책을 거의 끝냈을 때, 그는 치명적인 병에 걸렸다. 그때조차 그는 나에게 끝내라고 압력을 가했다. 그는 이 책의 모든 단어를 읽었으며, 나의 열정과 자신 없음에 절대 질리지 않았다. 『아폴로의 천사들』을 그에게 바친다.

서문
마스터들과 전통

나는 시카고 대학교라는 대단히 지적인 환경에서 자랐다. 부모님 두 분 모두 그곳에서 일하셨기 때문이다. 어머니가 왜 나에게 춤을 시키셨는지는 잘 모른다. 짐작 가는 것이라고는 어머니가 공연을 보러 가는 것을 즐겼다는 것과, 발레가 남부 출신답게 예의와 격식을 높이 사는 어머니의 흥미를 끌었으리라는 정도이다. 나는 동네 발레 학원에 등록했는데, 전쟁 직후 미국에서 순회공연했던 러시아 발레단들 중 한 곳에서 춤췄던 늙은 부부가 운영하는 곳이었다. 그들의 학원은 오늘날의 보통 발레 학원이 아니었다. 그곳에는 연례 발표회나 「호두까기 인형」도, 분홍색 튀튀와 이에 맞춘 타이즈도 없었다. 그는 다발성 경화증이 있어서 휠체어에서 가르쳤다. 그는 짜증을 내면서도 끈기 있게 스텝들을 복잡한 말로 상세히 설명했고 우리는 그의 아내의 도움을 받아 그 설명을 움직임으로 바꾸려고 노력했다. 그에게 발레는 어떤 심각하고 절박한 것이었다. 비록 큰 기쁨이라는 것도 느껴졌지만.

내가 전문가의 길을 밟게 만든 선생님은 본인도 한때 직업 무용수였던 시카고 대학교 물리학과 박사과정 학생이었다. 그는 내게 발레는 어떤 언어 못지않게 엄격하고 복잡한 움직임의 체계라는 것을 알려주었다. 발레에는 라틴어나 고대 그리스어처럼 법칙들, 활용들, 어형 변화들이 있었다. 더구나 그 법칙들은 임의적인 것이 아니라, 자연법칙들과 부합했다. 이것을 "올바르게" 이해하는 일은 의견이나 취향의 문제가 아니었다. 발레는 입증 가능한 물리적 사실들을 가진 자연과학이었다. 그리고 발레는 음악과 움직임에 따른 감정과 느낌이 충만한 매력적인 것이기도 했다. 이는 독서와 마찬가지로 기쁨에 겨운 침묵이었다. 아마 그중 제일은 모든 것이 제대로 작동할 때 오는 고양된 해방감이었을 것이다. 만일 조화와 음악성, 근육적 자극과 타이밍이 정확히 맞으면 다음은 육체가 맡을 것이다. 나는 그러도록 놓아줄 수 있었다. 하지만 춤추기에서 놓아주기는 전부나 다름없다. 정신을, 육체를, 영혼을 놓아주어야 한다. 너무나 많은 무용수들이 그 모든 법칙과 한계에도 불구하고 발레를 자아로부터의 탈출로 묘사하는 것은 이 때문이라고 생각한다.

발레를 그런 모습으로 만든 세계를 내가 처음 접한 것은 뉴욕에 있는 조지 발란신의 아메리칸 발레 학교(The School of American Ballet, SAB)에서였다. 선생님들은 러시아인이었다. 그들은 다른 시대에서 온 이국적이고 화려한 발레리나였다. 펠리아 두브로프스카(1896-1981)는 19세기 러시아에서 태어나 러시아 혁명 이전의 시절 제국 상트페테르부르크의 마린스키 극장(Maryinsky Theater)에서 춤을 추었다. 그녀는 나중에 유럽에서 발레 뤼스(Ballet Russes)에 합류했고 결국 뉴욕에 정착해 발레를 가르쳤다. 하지만 그녀의 일부는 여전히 다른 곳에, 우리 세계와는 멀리 떨어진 곳에 있다는 것을 우리 모두 알고 있었다. 그녀는 모든 섬이 달랐다. 그녀는 누꺼운 화장을 했고, 긴 가짜 속눈썹을 붙였고, 역겨울 정도로 달콤한 향수를 뿌렸다. 그녀가 진한 감청색 레오타드와 그에 어울리는 스카프, 시폰 치마, 남달리 길고 여전히 인상적인 근육질 다리를 돋보이게 해주는 분홍색 타이즈 차림으로 보석을 달고 있던 것을 기억한다. 그녀의 움직임은 춤을 추고 있지 않을 때마저 우아하고 장식적이었고, 우리 미국 10대들은 감히 따라할 수 없는 방식의 우아함을 보여주었다.

SAB에는 다른 선생님들도 있었다. 전설적인 안나 파블로바와 함께 공연했던 영국 무용수 뮈리엘 스튜어트가 있었다. 안토니나 툼코프스키와 엘렌 뒤댕은 둘 다 키예프 출신들로 제2차 세계대전 이후 미국으로 이민을 왔다(뒤댕은 발을 절었는데, 소련 평의회가 부러뜨렸다는 소문이 있었다). 아마 그들 중 가장 두드러지는 것은 알렉산드라 다닐로바였을 것이다. 그녀는 1924년 발란신과 함께 레닌그라드로부터 달아났다. 다닐로바는 두브로프스카와 비슷했다. 그녀와 마찬가지로 전직 제국 무용수였고, 파스텔 빛깔 시폰 치마, 거미 다리 같은 가짜 속눈썹, 진한 향수를 선호했다. 그녀는 러시아에서 고아였지만 우리는 그녀가 귀족 혈통이라는 것을 한순간도 의심하지 않았다. 그녀는 우리의 태도와 행동을 지도했다. 무용 수업뿐만 아니라 생활에서도 마찬가지여서, 티셔츠나 주저앉기나 길거리 음식은 금지되었다. 그녀는 훈련과 선택받은 직업이 우리를 남과 다르게 만든다는 것을 상기시켰다. 무용수들은 "나머지"처럼 보이지 않는다는 것이었다. 이 모든 것은 나에게 완벽히 정상적이면서도 지극히 희한하게 보였다. 정상적으로 보인 것은 이 분들은 대가이며 우리에게 전할 중요한 것을 가지고 있음을 알고 있었기 때문이다. 게다가 그런 식으로 똑바로 서는 것에는, 육체가 그렇게나 아름답게 작동하는 것에는, 그리고 우리의 춤에 대한 헌신과 강렬한 열망에는 무엇인가 대단한 측면이 있어서 우리를 **정말** 남과 다르게 만들었다. 우리는 정말 선택받은 사람들이었다. 아니면 그렇다고 생각했다.

그러나 모든 것이 또 희한하기도 했다. 아무것도 제대로 설명해주지 않으면서 교습은 불쾌할 정도로 권위주의적이었다. 우리는 모방하고 흡수하고 특히 복종하도록 요구받았다. 러시아인들이 기껏 하는 말이라고는 "해주세요"가 다였다. "왜"냐고 물으면 곤혹스러운 반응을 보이거나 딱 잘라 무시했다. 다른 곳에서 춤을 공부하는 것은 금지되었다(이것은 우리가 즐겁게 무시한 드문 규칙들 중 하나였다). 이런 금지사항들 중 무엇도 수긍이 되지 않았다. 우리는 1960년대의 아이들이었다. 이렇듯 권위, 의무, 충실을 고집하는 것은 그 시대와 장소에 어울리지 않는 듯했다. 그러나 나는 이 러시아인들이 하는 것들이 너무 흥미로워서 그만두거나 떠날 수 없었다. 몇 년의 공부와 주시 이후 마침내 우리 선생님들은 그냥 스텝을 가르치거나 기술적 지식을 전하고 있는 것이 아니라는 것을 깨달았다. 그들은 우리에게 자신들의 문화와 전통을 주고 있었다. "왜"는 중요하지 않았고, 스텝들은 그냥 스텝들이 아니었다. 이들은 (우리가) 잃어버린 과거의 살아 숨 쉬는 증거였다. 그들의 춤이 어떤 것이었는지에 대한 증거였지만, 예술가이자 사람인 그들이 믿는 것에 대한 증거이기도 했다.

발레는 별세계처럼 보였다. 나는 볼쇼이 발레단과 키로프 발레단을 보기 위해서 (어머니와 함께) 줄을 섰다. 아메리칸 발레 시어터와 바리시니코프를 보려고 메트로폴리탄 오페라 하우스 뒤쪽 대기실에서 부대꼈다. 루돌프 누레예프가 발레의 바 동작을 하는 모습을 보려고 수업에 비집고 들어갔다. 그리고 이것은 그냥 발레가 아니었다. 당시 뉴욕은 춤의 역동적 중심이었다. 우리는 모든 것을 보고 모든 것을 공부했다. 마사 그레이엄, 머스 커닝햄, 폴 테일러를, 재즈, 플라멩코, 탭댄스를, 시내 스튜디오와 로프트에서 공연하는 소규모 실험 극단들을. 하지만 나에게 춤의 결정적 이유는 한 가지였으니, 바로 뉴욕 시티 발레였다. 당시는 발란신의 선구자적 경력의 마지막 몇 년이었고, 그의 발레단의 예술적, 지적 활력은 열광적이었다. 우리는 그가 하고 있는 것이 중요하다는 점을 확실히 알았고, 발레의 탁월함을 한순간도 의심하지 않았다. 그의 발레는 낡거나 "고전적"이거나 구식이지 않았다. 그 반대로, 춤은 우리가 알거나 상상할 수 있는 어떤 것보다 더 치열하게 살아 있고 존재했다. 춤은 우리의 삶을 채웠다. 우리는 그 스텝들과 스타일을 분석했고, 모든 법칙과 실행에 대해서 거의 종교적 열정을 가지고 토론했다.

  몇 년 후에 이 일을 직업으로 삼아 다른 무용단과 안무가들과 춤을 추며 러시아인들만 그러한 것은 아니라는 점을 배웠다. 나는 덴마크, 프랑스, 러시아 무용수들과 작업하고 공연했고, (한 이탈리아 발레 마스터가 개발한) 체케티 방식(Cecchetti method)을 시도했으며, 영국 왕립 무용 아카데미가 부과한 교습 요강의 복잡한 내용을 풀어보려고 노력했다. 다른 러시아인들도 있었는데, 소련 무용수들의 테크닉은 두브로프스카를 비롯하여 예전 차르의 무용수들과 뚜렷이 달랐다. 흥미로운 상황이었다. 발레의 언어와 테크닉은 이상적이고 보편적으로 보였지만, 국가별 발레 학교들은 너무나 속속들이 달랐다. 예를 들면 발란신에게 훈련받은 미국인들은 아라베스크(한 다리로 서서 다른 다리는 뒤로 올려 충분히 뻗는 정지자세/역주)에서 골반을 끌어올렸고, 속도와 길고 공기역학적인 윤곽을 달성하기 위해서 각종 뒤틀림을 행했다. 영국 무용수들은 이런 뒤틀림은 나쁜 취향이라며 겁에 질렸다. 그들은 더 절제되고 제한된 스타일을 선호했다. 덴마크인들은 소박한 발놀림과 재빠르고 가벼운 점프를 선호했는데, 이는 어느 정도는 발 앞부리 쪽으로 깔끔하게 춤추기에 의해서 달성된 것이었다. 하지만 만일 뒤꿈치를 내리지 않았다면 소련인들 특유의 날아

오르는 듯한 공중 동작과 도약은 절대 얻지 못했을 것이다.

이런 차이들은 그냥 미학적인 것이 아니었다. 그것들은 실제로 다르게 느껴졌고, 저런 식 대신 이런 식으로 움직이는 것은 한 무용수를 한순간 다른 종류의 사람으로 만들 수 있었다. 「백조의 호수(Swan Lake)」는 「아곤(Agon)」과 동떨어진 세계였다. 이 국가별 변형들에 전부 통달하는 것은 불가능했고, 무용수로서 우리는 선택을 해야 했다. 문제를 더욱 헛갈리게 만든 것은 각 유파마다 이단들이 있다는 사실이었다. 육체를 조직하는 더 나은 방식을 발견해 추종자 집단을 데리고 갈라져나간 무용수들 이야기이다. 내가 누구와 공부했는지, 즉 어느 마스터나 종파를 추종하는지가 내가 어떤 사람이며 또 어떤 사람이 되기를 바라는지를 결정했다. 궤변적 차이와 뒤얽힌 해석적 (그리고 개인적) 딜레마를 가진 이런 논쟁들을 훑는 것은 극도로 흥미진진했으며, 대단히 육체적인 일이기도 했다. 이런 국가별 차이가 어떻게, 그리고 왜 생겼는지 궁금해지기 시작한 것은 나중에서야였다. 이런 차이에 역사가 있었을까? 어떤 역사였을까?

그 시절 나는 발레가 당대, 즉 여기와 지금의 예술 이외의 것이라고는 꿈에도 생각하지 못했다. 가장 오래된 발레라고 하더라도 젊은 사람들에 의해서 공연될 수밖에 없으니 그들 세대의 외양을 띠게 된다. 더구나 연극이나 음악과 달리 발레에는 교과서도, 표준화된 표기법도, 대본이나 악보도 없이 오직 극도로 드문드문 쓰인 설명만이 존재한다. 전통과 과거에 구속받지 않는 것이다. 발란신은 이런 생각을 부추겼다. 그는 수많은 인터뷰에서 발레는 마치 꽃이나 나비처럼 오는 듯 가버리는 것이며 춤은 현재의 덧없는 예술이라고 설명했다. 카르페 디엠, 현재를 즐겨라. 내일이면 우리 모두 죽을지도 모른다. 그는 「백조의 호수」 같은 퀴퀴한 옛날 춤들을 도로 가져오는 것은 중요하지 않다고 말하는 것 같았다. 중요한 것은 "그것을 새롭게 만들기(에즈라 파운드)"였다. 그렇지만 무용수들에게 이것은 역설적인 명령이었는데, 우리 주위의 모든 것이 역사였기 때문이다. 역사는 선생님들과 춤들은 물론, 발라신 자신의 발레들에도 있었다. 그중 여럿에 추억과 낭만주의 기풍이 충만했다. 하지만 그럼에도 우리는 결코 돌아보지 않는 것을, 우리의 시야를 결연히 현재에만

두는 것을 예찬했다.

그렇지만 발레에는 고정된 교과서들이 없다. 이는 말과 몸의 전통이자 마치 호메로스의 서사시처럼 개인에게서 개인으로 전해지는 스토리텔링 예술이고, 따라서 그만큼 더 과거에 뿌리를 둔다. 비록 글로 쓰인 것은 아닐지언정 발레에도 분명 교과서들이 있다. 무용수는 스텝과 바리아시옹(variation)에, 의례와 연습에 숙달되도록 요구받는다. 그것들은 세월에 따라 변하거나 바뀔 수는 있어도 배우고 수행하고 전해주는 과정은 여전히 매우 보수적이다. 나이든 무용수가 젊은 무용수에게 스텝이나 바리아시옹을 보여줄 때 이 직업의 윤리는 엄격한 복종과 존경을 요구한다. 양측 모두 그들 사이에 일종의 우월한 지식이 전해진다고 믿는데, 이는 사실이다. 예를 들면 다닐로바가 우리에게 「잠자는 숲속의 미녀(Sleeping Beauty)」의 바리아시옹을 가르쳤을 때, 나는 그녀가 전해주는 스텝들이나 스타일에 한순간도 의문을 품지 않았다. 우리는 그녀의 동작 하나하나에 매달렸다. 마스터의 가르침이 공경받는 것은 아름다움과 논리 때문이지만, 그것이 젊은 무용수와 과거의 **유일한** 연결수단이기 때문이기도 하다. 젊은 무용수는 이 사실을 알고 있다. 세기와 세기 사이에 다리를 놓고 발레에 과거의 발판을 주는 것은 이런 관계들, 즉 마스터와 제자 사이의 유대이다.

그렇다면 발레는 기억의 예술이지 역사의 예술이 아니다. 무용수들이 모든 것을 강박적으로 기억하는 것은 놀랄 일이 아니다. 그들은 스텝, 몸짓, 콤비네이션, 바리아시옹, 그리고 발레를 통째로 기억한다. 이 말은 과장이 아니다. 기억은 이 예술의 중심이고, 무용수들은 언젠가 발레리나 나탈리야 마카로바가 말했듯이 춤들을 "먹도록" 훈련을 받는다. 춤들을 소화시켜 자기 존재의 일부로 만드는 것이다. 이것은 육체적 기억이다. 무용수들이 어떤 춤을 안다는 것은 자신의 **근육**과 **뼈**로 안다는 것이다. 회상은 프루스트의 마들렌처럼 감각의 문제이다. 그냥 스텝들뿐 아니라 몸짓과 움직임의 느낌을, 그리고 다닐로바가 말했듯이 춤과 나이든 무용수들의 "향기"까지 되가져오는 것이다. 그리하여 발레 레퍼토리는 책들이나 자료들에 기록되는 대신 무용수들의 육체에 간직된다. 대부분의 발레단들은 자기 작품들을 저장하는 특별 "암기자"까지 임명한다. 그들은 엄청난 기억력으로 동료들과 구분되는 무용수들로, 발레의 서기들(그리고 교사들)로, (보통) 근육을 촉발해 그 춤을 상기시키도록 돕는 음악에 동조되어 자신들의 팔다리로 전작(全作)을 간직한다. 그러나 최상의 기억력을 가진 무용수들이라도 영원히 살지는 못한다. 세대가 경과할 때마다 발레는 과거의 한 조각을 상실한다.

그 결과 발레 레퍼토리는 빈약하기로 악명이 높다. "고전"은 드물고 주요 작품 명단은 짧다. 우리가 가진 과거의 발레들은 한 줌에 불과하며 대부분 19세기 프랑스나 제정 러시아 말에 초연된 것들이다. 나머지는 비교적 신작인 20세기와 21세기 작품이다. 앞으로 살펴보겠지만 17세기 궁정무용의 기록은 어느 정도 있다. 하지만 이 춤들을 기록하던 표기체계는 18세기에 사라진 후에 다시는 제대로 대체되지 못했다. 궁정무용은 이렇듯 하나의 고립된 단편이고 그 이전과 이후는 소실되었다. 나머지는 고르지 않은 데다가 구멍투성이다. 프랑스 발레는 잘 보존되었을 것이라고 기대할지 모른다. 고전 발레의 근본 지침들은 17세기 프랑스에서 성문화되었고 이 예술 형식은 그곳에서 오늘날까지 중단 없는 전통을 누렸다. 하지만 우리가 가진 것은 전무한 것이나 다름없다. 「라 실피드(La Sylphide)」는 1832년 파리에서 초연되었지만 그 버전은 곧 망각되었고 오늘날 우리가 아는 것은 1836년 덴마크에서 초연된 버전이다. 마찬가지로 「지젤(Giselle)」은 1841년 파리에서 초연되었지만 우리가 아는 버전은 1884년의 러시아 제작물에서 나왔다. 사실 1870년부터 공연된 「코펠리아(Coppélia)」가 (어느 정도) 원래 형태로 여전히 널리 공연되는 유일한 19세기 프랑스 발레이다.

그 결과 대부분의 사람들이 발레를 러시아적인 것이라고 생각하게 되었다. 1847년부터 1910년 사망 직전까지 제정 러시아 궁정에서 일한 프랑스인 발레 마스터 마리우스 프티파가 1877년 「라 바야데르(La Bayadère)」, 1890년 「잠자는 숲속의 미녀」, 1892년과 1895년 (레프 이바노프와의 공동 작업으로) 「호두까기 인형(The Nutcracker)」과 「백조의 호수」를 창작한 것은 상트페테르부르크에서였다. 오늘날 역시 널리 공연되는 미하일 포킨의 「레 실피드(Les Sylphides)」는 1907년 상트페테르부르크에서 제작되었다. 마린스키에서 훈련받은 바츨라프 니진스키는 1912년 파리에서 「목신의 오후(L'après-midi d'un faune)」를 창작했다. 조지 발란신 역시 상트페테르부르크에서 태어났고, 그의 가장 위대한 발레들 중 여럿이 비록 파리와 뉴욕에서 만들어졌을지언정 그의 러시아 혈통과 훈련에 의지했다. 발레의 주요 작품 명단이 이런 식인 것을 보면, 이 전통이 압도적으로 러시아적이면서 19세기 후반에야 제대로 시작된 듯 보이는 이유를 알 수 있다. 이를 보면 마치 서구 음악의 주요 작품 명단이 차이콥스키에서 시작해 스트라빈스키에서 끝난 것 같다.

비록 레퍼토리는 빈약할지언정 서구 문화사에서 발레의 입지는 논쟁의 여지가 없다. 발레는 고전 예술이다. 분명 그리스인들은 발레에 대해서 금시초문이었다. 그러나 서구 문화와 예술의 너무나 많은 부분과 마찬가지로 발레의 기원은 르네상스에, 그리고 고대 문헌들의 재발견에 있다. 그 이래로 줄곧 무용수와 발레 마스터는 어디서나 발레를 고전을 모방하는 예술로 보았고, 그 뿌리를 5세기 아테네인들의 미적 가치와 명성에 두려고 노력했다. 아폴로는 이 이야기에서 특별한 자리를 차지한다. 그는 문명의 신이자 치유, 예언, 음악의 신이다. 이 음악은 판과 디오니소스의 시끄러운 피리와 타악기 소리가 아니다. 이는 리라의 달래는 듯이 조화로운 가락으로 인간의 마음을 편안하게 만든다. 그의 고귀한 체격과 완벽한 비율은 하나의 이상을 대변한다. 그는 절제와 아름다움이며 만물의 척도로서의 인간이다. 나아가 아폴로는 고귀한 태생인 신 중의 신이다. 그는 제우스의 아들이고 뮤즈들의 지도자이다. 뮤즈들 역시 중요하다. 그들은 교양 있고 아름다운 여인들이고 제우스의 딸들이다. 그리고 기억의 여신인 므네모시네의 딸들이기도 한데 우연은 아닐 것이다. 그들은 시, 미술, 음악, 팬터마임, 춤(테르프시코레)을 대변한다.

게다가 무용수들에게 아폴로는 단순한 이상을 넘어선다. 그는 실체가 있는 육체적 존재이다. 그들은 날마다 의식적으로든 아니든 그의 이미지 속에서 스스로를 개조하려고 노력하는데, 이는 모방이나 천부의 재능이라는 행운을 통해서만이 아니라 내면으로부터의 노력이기도 하다. 모든 무용수들은 마음속에 아폴로적인 이미지 혹은 그들이 성취하려고 분투하는 우아하고 균형 잡히고 편안한 느낌을 간직한다. 또한 좋은 무용수라면 누구나 알다시피 아폴로직 포즈를 취하거나 그림 혹은 조각 속 모습처럼 보이는 것만으로는 충분하지 않다. 포지션들이 진정한 설득력을 가지려면 무용수는 어떻게든 실제 고상해져야 한다. 이렇듯 육체적 문제들은 절대 기계적인 것에 그치지 않고 도덕적 차원까지 가진다. 무용수들이 매일 아침 바에 서서 발을 1번 포지션으로 놓을 때 그렇게나 집중되어 보이는 것은 이 때문이다.

베르사유에서부터 상트페테르부르크까지 그리고 20세기까지 줄곧, 아폴로의 이미지는 발레 위로 우뚝 솟아 있었다. 그가 대변하는 생각들은 발레의 핵심에 있다. 아폴로가 어디서나 발레 마스터들의 변함없는 주제이자 몰두의 대상이었던 것은 우연이 아니다. 사실 그의 이미지는 우리의 이야기의 뼈대이다. 르네상스 시대 대공들과 프랑스 왕들은 아폴로 역을 즐겨 맡았는데 보통 뮤즈들에게 둘러싸인 모습이었다. 그들은 발레마다 깃털과 황금을 걸치고 아폴로를 선보였는데, 그의 완벽한 체격과 성스러운 비율은 그들 자신의 높은 위상과 업적을 반영하는 것이었다. 그의 이미지는 이렇듯 이 예술에 시초부터 각인되었다. 한편 400년쯤 지나 조지 발란신은 양차 세계대전 사이 파리에서 자신의 「아폴론 무자게트(Apollon musagète)」(뮤즈들의 지도자 아폴로)를 창작했는데, 그는 이 발레를 마지막까지 몇 번이고 다시 작업하게 될 것이다. 무용수들은 오늘날에도 여전히 「아폴론 무자게트」를 공연하는데, 아폴로는 발레를 계속 그 고전적 원천으로 되돌린다.

천사들은 어떤가? 발레는 언제나 고전과 이교도적 기독교라는 두 세계의 것이기도 했다. 발레에는 무게와 실체가 없는 존재들이 무수히 존재한다. 날개달린 정령, 스프라이트, 실프, 공기나 나무나 여타 자연의 영역들에서 사는 요정들이다. 그들은 발레 자체와 마찬가지로 덧없고 찰나적이며 서구적 상상 속 꿈의 세계이다. 중요한 것은 날개이다. 소크라테스는 이렇게 말한다. "날개의 기능은 무거운 것을 들어 위쪽 영역으로, 신들이 거주하는 곳으로 올리는 것이다. 그것은 육체와 연관된 모든 것들 중 신성과 가장 밀접한 관계를 가진다." 이 공중에서 태어난 존재들 중에서도 천사들은 특별하다. 그들은 신에 가장 가깝다. 중재자이자 전령으로서 그들은 인간과 신, 천상과 지상을 묶는 고리이다. 발레에서 천사들은 전부이다. 변함없는 몰두의 대상이자 기준점으로, 이 예술의 염원을 상이한 시대에서 상이한 방식으로 표현했다. 아폴로가 육체적 완벽, 인류의 문명, 예술이라면, 천사들은 무용수의 날고 싶은, 특히 비상하고 싶은 열망이다. 물질세계 위로, 신을 향해 솟아오르기를 염원하는 것이다.

고전 발레에는 정말 정령과 염원뿐일까? 이것은 세속의 예술이기도 하니 성적이고 선정적인 것이 너무나 당연하지 않을까? 여기서도 천사들은 최고의 안내인들이다. 그들 자체는 성적이지 않지만, 다른 존재들에게 선정적 감정을 일으키는 것은 가능하다(그리고 종종 그렇게 한다). 무용수들이 자신들의 예술에서 성적 경험을 하는 경우는 드물다. 그들이 팔다리를 서로에게 휘감고 있거나 열정적인 포옹을 할 때조차 발레는 너무나 비현실적이고 부자연스러운 순수하게 인위적인 예술이고, 더불어 너무 많은 노력과 테크닉적 집중을 요구해서 자극을 허용하지 않는다. 발레는 어느 편인가 하면 정화적이다. 매순간 육체적으로 연마되어 정수만이 모여 있으며 어떤 과잉이나 지나침도 없다. 일종의 감사기도인 셈이다. 그러나 발레의 본질이 성적이지는 않더라도 종종 고도로 감각적이며 선정적이기는 하다. 인간의 육체를 공공연하게 드러내기 때문이다. 육체와 영혼 사이에, 지상과 천상 사이에 혹여 존재하는 긴장은 쉽게 해결된다. 발레는 가장 외설적인 때조차 이상화된 예술로 남는다.

내가 발레의 역사에 대한 글을 쓴 것은 나의 무용수로서의 삶으로부터 자라난 질문들에 답하기 위해서였지만, 춤의 관점만으로 이 질문들에 답하는 것은 불가능하다는 사실을 깨달았다. 발레는 현혹적이고 덧없는 데다가 그 어떤 역사적 연속성도 없기 때문에, 발레의 스토리를 그 자체만으로는 이야기할 수 없기 때문이다. 이것은 더 큰 맥락 속에 놓여야 한다. 그러나 어떤 맥락일까? 음악? 문학? 미술? 이 전부를 발레는 상이한 시대마다 다양한 정도로 아울러 왔고, 발레의 역사를 이 중 어느 시점에서 접근해야 하는지에 대해서는 적잖은 논쟁이 있다. 나는 경직된 설명적 모델들은 피하려고 노력했다. 예술은 주로 (혹은 전적으로) 경제학, 정치학, 사회관계에 의해서 형성된다는 물질주의적 생각과, 이와 반대로 예술 작업의 의미는 오로지 그 맥락 속에서만 존재한다는 이상주의적 견해인데, 후자는 춤은 압력이나 역사에 의존하지 말고 스텝과 형태적 요구사항의 관점에서만 이해해야 한다고 말한다.

나는 춤은 관객이 보기 전까지는 존재하지 않는다고 간주하는 부류에도 반대해왔다. 예술작업의 의미를 결정하는 것은 **창작**보다는 **수용**이라는 사고방식이다. 이런 입장에서 모든 예술은 불안정하고 변화무쌍하다. 그 가치는 전적으로 보는 사람에게 달려 있지, 예술가의 (의식적 혹은 무의식적) 의도나 당시 예술가에게 가능하던 표현 형식과 아이디어의 종류들에는 좌우되지 않는다. 나는 이런 식의 보는 이의 독재는 쓸데없이 경직되고 시대착오적인 것이며, 불안정성과 상대주의적 견해에 대한 우리 시대의 매료 때문이라고 생각한다. 만일 세상에 타당하지 않은 견해는 없다고 말하고 싶은 열망에 공감해버린다면, 그 결과는 지적 허울에 불과할 것이다. 비판적 평가가 그냥 하나의 견해로 격하되는 것이다. 그리하여 나는 이야기를 하려고 노력했을 뿐 아니라, 이야기로부터 한 걸음 물러나서 춤을 평가하려고도 노력했다. 이런 노력은 어려울 수 있다. 너무나 많은 발레들이 소실되다 보니 어떤 문제를 논하기 위해서 이런저런 스텝이나 프레이즈를 지적하는 것이 언제나 가능하지는 않기 때문이다. 그렇더라도 우리는 노력해야 한다. 신념을 가지고, 우리가 가진 증거를 열린 마음으로 주목하면서 비판적 관점을 수립하기 위해서 노력해야 한다. 이 발레가 저 발레보다 낫다고 말하려고, 왜 그런지 말하려고 노력해야 한다. 그렇게 하지 못한다면 우리의 이야기는 낱낱의 이름들, 날짜들, 공연들일 뿐 절대 이야기가 될 수 없다.

결국 나에게 가장 흥미로운 것은, 그리고 애초에 나를 발레로 끌어들인 것은 그 형식들이었다. 왜 **저런** 스텝은 **저런** 식으로 수행될까? 이 인위적인 구식 예술을 발명한 사람은 누구이며, 이것에 생명을 불어넣은 것은 어떤 아이디어들이었을까? 프랑스인들은 이런 식으로 춤추고 러시아인들은 저런 식으로 춤춘 것에는 무슨 의미가 있었을까? 이 예술은 어떻게 사상이나 민족이나 시대를 구현하게 되었을까? 어떻게 오늘날의 모습이 되었을까?

나는 이 질문들을 다루는 데에 두 가지 방식이 있다는 것을 알았다. 첫 번째는 좁고 집중적인 방식으로, 물리적 사실에 가까운 것들을 고집하는 것이다.

나는 이 예술의 내부로 들어가서 이를 가능한 무용수의 관점에서 보려고 노력했다. 자료들은 빈약하기로 악명 높은 데다가 춤들은 대부분 소실되었지만 그래도 단념하면 안 된다. 훨씬 적은 자료들을 가지고도 고대와 중세에 대한 풍부하고 유익한 설명들이 쓰여 훨씬 먼 시대를 일깨웠다. 아무리 작고 단편적인 증거라도, 이를테면 손글씨로 쓴 발레 수업의 순서라던가 스텝들의 조합을 휘갈겨놓은 것도 그 형식, 아이디어, 믿음을 밝혀 전체에 생명을 불어넣을 수 있다. 그렇기 때문에 나는 이 책의 단계단계마다 연습실로 돌아가 이 춤들에 대해서 우리가 아는 것을 수행해보려고 했다. 나는 스텝들을 직접 밟았고 다른 사람들이 수행하는 것을 지켜보기도 했는데, 무용수들이 자신들이 무엇을 그리고 왜 한다고 생각하는지 분석하고 이해하기 위해서였다. 발레 테크닉과 그 형식의 발전은 이 이야기의 중심이다.

비록 발레에 일관된 기록은 없지만, 이 사실이 발레에 역사가 없다는 의미는 아니다. 그 반대로, 사람들은 최소한 400년 동안 발레를 연습하고 공연했다. 고전 발레는 유럽 궁정들에서 성장했는데, 발생 무렵 이는 예술일 뿐만 아니라 귀족적 예법이나 정치 행사이기도 했다. 정말이지 발레의 역사는 왕, 궁정, 국가의 운명과 다른 어떤 공연 예술의 역사보다 더 밀접한 관계가 있을 것이다. 르네상스 이래로 유럽 귀족사회에서 벌어진 일들은 발레에서도 복잡한 방식으로 벌어졌다. 스텝은 절대 그냥 스텝이 아니었다. 이것은 수행됨으로써 귀족계급의 자아상을 반영하는 일련의 믿음이었다. 이런 보다 큰 연관성들은 나에게 이 예술을 이해하는 열쇠로 보였다. 발레가 어떻게 시작되어 어떤 것이 되었는지를 가장 잘 이해하려면 과거 300년의 정치적, 지적 격변들의 견지에서 보아야 한다. 발레는 르네상스와 프랑스 고전주의에 의해서, 혁명과 낭만주의에 의해서, 표현주의와 볼셰비키주의에 의해서, 모더니즘과 냉전에 의해서 형성되었다. 이것은 정말 더 큰 이야기인 것이다.

이 이야기는 끝으로 가고 있는 것일 수도 있다. 오늘날 발레는 보통 유행과 시대에 뒤떨어진 것으로 치부되며, 우리의 점점 빨라지는 무질서한 세상에서 거북한 자리를 차지한다. 최후의 위대한 시대의 막바지에 있던 사람들이자 그 활기와 쇠락을 경험한 사람들인 우리에게 그 변화는 심상치 않았다. 약 35년

전 내가 두브로프스카를 처음 만났을 때, 발레는 그 어느 때보다도 유의미하고 활력이 넘쳤다. 오늘날은 결코 그렇지 않다. 춤에 관심 있는 사람들과 춤이 중요하게 인식되는 장소들은 고립적이지만 여전히 존재하며, 미래에는 춤이 다시 문화적 전위가 될 수도 있을 것이다. 하지만 지난 30년간 모든 곳에서 발레가 높은 위치로부터 추락했다는 데에는 의심의 여지가 없다. 유감스러운 일이지만 한 가지 장점은 있다. 우리가 더 이상 창조적 폭풍의 눈에 있지 않다는 것이다. 중요한 일은 최소한 당장은 지나갔고, 우리에게는 돌이켜보며 심사숙고할 시간이 있다. 역사를 더 명료하게 보고 이에 대해서 이야기를 시작할 수 있는 것이다.

제1부
프랑스와 발레의 고전적 기원

1
춤의 왕들

음악과 춤은 커다란 즐거움을 줄 뿐 아니라 영예롭게도 수학에 의지하기도 한다. 수와 계측이라는 특성 때문이다. 그리고 여기에 그림과 원근법과 대단히 정교한 기계들의 사용이 더해져야 하니, 발레와 희극 극장을 치장하려면 이 모든 것이 필요하다. 그러니 늙다리 박사들이야 무슨 소리를 하건 간에 이 모든 것에 종사하는 것이 곧 철학자가 되는 것이고 수학자가 되는 것이다. ─샤를 소렐

아리스토텔레스에 의하면 발레는 인간의 행위들을, 그들의 관습과 열정을 표현한다. ─클로드-프랑수아 메네스트리에

왕의 위세와 위엄은 어전에서 신하들이 불평등하다는 사실에서 나온다.……등급, 불평등, 차이가 없다면 질서는 불가능하다. ─생-시몽 공작

이 장엄한 시대에 각인된 품위의 예술, 관습의 우아함, 절묘한 예의범절은 이 고귀한 종속 덕분이다. ─샤를-모리스 드 탈레랑

1533년 프랑스 국왕 앙리 2세와 피렌체의 카트린 드 메디시스의 결혼을 통해서 프랑스와 이탈리아 문화는 긴밀한 공식 동맹을 맺게 되었다. 발레의 역사는 바로 이곳에서 시작되었다. 프랑스 궁정은 마상시합과 가장무도회로 오랫동안 흥청댔지만 이렇듯 인상적이고 호화로운 여흥들조차 밀라노, 베네치아, 피렌체의 대공들과 귀족들이 전통적으로 무대에 올리던 여흥들에는 미치지 못했는데, 이를테면 횃불 무용, 수백 명의 기사들이 올라탄 말들이 상징적 대형으로 정렬해서 벌이는 정교한 마상 발레, 영웅적이고 우의적이고 이국적인 주제들의 막간 가면극이었다.

예를 들면 발레 마스터 굴리엘모 에브레오는 1463년 밀라노에서 쓴 글에서 불꽃놀이, 줄타기 곡예사, 마법사, 식탁 위에서 공작들이 노니는 가운데 스무가지에 달하는 요리들이 순금 접시에 담겨 나오는 연회를 아우르는 잔치에 대해서 설명했다. 1490년 밀라노의 또다른 행사에서 레오나르도 다 빈치는 「천국의 잔치(Festa de paradiso)」를 무대에 올리는 것을 도왔는데, 여기에는 수성을 비롯한 7행성, 미의 3여신, 일곱 가지 미덕, 님프들, 아폴로 신이 출연했다. 이탈리아인들은 발리(balli)와 발레티(balletti)라는 간단하지만 우아한 사교춤들도 추었다. 이는 공식 무도회와 예식에서 추는 우아하고 율동적인 걷기 스텝들로 구성되어 있었고, 가끔은 양식화된 팬터마임 공연들도 들어갔다. 프랑스인들은 이것을 발레(ballet)라고 불렀다.[1]

(결혼 당시 겨우 열네 살이었던) 카트린은 1559년 앙리의 사망 이후 여러 해 동안 프랑스 궁정을 지배하면서 자신의 이탈리아풍 취향을 프랑스 조신들에게, 그리고 왕들에게 행사했다. 그녀의 아들들인 프랑스 왕 샤를 9세와 앙리 3세도 이런 전통을 밀고 나갔다. 그들은 밀라노와 나폴리에서 본 장식수레, 전차, 우의적(寓意的) 공연의 가두행진을 동경했고, 예식적이고 연극적인 행사들에 대한 어머니의 열렬한 관심을 공유했다. 그들의 손아귀에서는 철저히 가톨릭적인 행렬들조차 형형색색 가장무도회로 변형될 수 있었고, 두 군주 모두 밤에 앙 트라베스티(en travesti : 오페라, 발레, 연극 등에서 반대 성(性)의 역할을 하는 것을 지칭하는 공연 용어/역주) 차림으로 거리를 누비는 것으로 유명했다. 그들은 금은 베일과 베네치아 가면으로 치장하고는 비슷한 복장의 조신들과 동행했다. 기사도적 주제들이 춤추기, 노래하기, 승마술 시범들을 통해서 연기되어 인상적인 연극적 콜라주를 이루었는데, 이를테면 1564년 퐁텐블로에서 열린 마상시합에는 감금된 아름다운 여섯 님프를 구하기 위한 공성전과 악마, 거인, 난장이들의 전투의 실물 크기 재현이 포함되었다.

사치스럽고 외견상 너무나 유쾌해 보이는 이런 축제들은 단지 경박한 유희만은 아니었다. 16세기 프랑스는 완고하고 흉포한 민간적, 종교적 갈등에 시달리고 있었다. 이탈리아 르네상스적 사고방식과 왕자다운 예술의 후원이라는 뿌리 깊은 전통에 의지하는 프랑스 왕들은, 스펙터클이라는 것을 걱정을 달래고 분파저 폭력을 진정시키는 방편으로 생각했다. 카트린도 1572년 성 바르톨로메오 축일 기간에 파리에서 벌어진 학살에서의 역할로 미루어보면 관대한 성인은 결코 아니었다. 하지만 이 사건의 잔인성 때문에, 그녀와 그녀의 아들들을 필두로 많은 사람들이 연극적 행사가 긴장을 누그러뜨리고 반목하는 파벌들을 진정시킬 중요한 정치적 도구가 되기를 진정으로 바랐다는 사실을 간과하면 안 된다.

1570년 샤를 9세가 시와 음악 아카데미(Académie de Poésie et de Musique)를 설립한 것은 이런 의도에서였다. 이것은 유명한 르네상스 피렌체의 플라톤 아카데미를 본보기로 삼았고, 회원들은 장-앙투안 드 바이프, 장 도라, 피에르 드 롱사르를 비롯한 뛰어난 프랑스 시인들의 모임에서 끌어왔다.* 이 시인들은 신플라톤주의의 영향을 깊이 받았고, 정치적 삶의 파편화된 무질서한 표면 아래에 성스러운 조화와 질서가 숨겨져 있다고 믿었다. 우주의 자연법칙과 신의 신비한 힘을 보여주는 합리적이고 수학적인 관계들의 망이 있다는 것이었다. 그들은 자신들의 깊은 종교적 믿음을 인지되는 세계보다 더 현실적이고 비밀스럽고 이상적인 영역이라는 플라톤적 개념과 융합시킴으로써 기독교 교회를 개조하려고 했다. 이는 가톨릭 전례의 오래된 관례들을 통해서가 아니라, 연극과 미술, 그리고 무엇보다도 이교도적 고대의 고전적 형식들을 통해서였다. 그들은 배우, 시인, 음악가와 함께 작업하면서, 고전 그리스 시구의 엄격한 리듬들이 춤, 음악, 언어와 조화를 이루며 정연한 전체를 이루는 새로운 종류의 스펙터클을 창조하기를 바랐다. 그들은 수, 비율, 디자인이 우주의 불가사의한 질서를 밝혀냄으로써 신을 드러낼 수 있다고 느꼈다.

신비주의 신학, 난해한 마법, 고전적 엄격함이 강렬하게 혼재된 새로운 아카데미는 독특한 형태의 이상주의를 대변했다. 음악과 미술이 인간에게서 최고의 능력과 목적을 끌어낼 수 있다는 것이었다. 그 열쇠는 영성과 배움을 구체적인 연극적 효과로 전환하는 데에 있었다. 그래서 아카데미는 자연철학, 언어, 수학, 음악, 그림, 군사기술을 아우르는 백과사전식 연구과정을 제안했

---

* 그들은 시의 힘이 신들과 인간들 사이를 중재한다고 믿은 고대 그리스 시인들의 이름을 따서 스스로를 플레이아드(Pléiade)라고 불렀다.

다. 어느 지지자가 나중에 설명한 바와 같이, 초점은 "정신과 육체 양자"가 완벽한 인간에 맞춰졌다. "수학의 아름다운 부분"인 음악은 천상의 조화, 피타고라스적 논리, 예리한 감정적 격렬함으로 타의 추종을 불허하는 설득력을 가졌다고 간주되며 특별한 자리를 차지했다. (플라톤을 따라서) "노래들"은 "영혼의 주문들"로 일컬어졌다. 혹은 아카데미의 조각상들에서 약간 더 건조하게 표현되듯이, "음악이 무질서한 곳에서는 도덕 또한 타락하며, 음악이 질서정연한 곳에서는 사람들 역시 도덕적으로 잘 통솔된다."[2]

춤도 마찬가지였다. 사실 아카데미 사람들은 발레를 인간의 골치 아픈 격정과 육체적 욕망을 골라내어 하느님에 대한 초월적 사랑 쪽으로 전용할 수 있는 기회로 보았다. 육체는 오랫동안 인간을 끌어내리고 물질적 욕구를 위해서 더 높은 영적인 힘을 희생시키는 것으로 간주되었다. 살아 있는 모든 것들을 최하의 식물과 물질적 존재들부터 신의 곁에서 최고의 서열을 차지한 천사들까지 순위를 매기는 '존재의 거대한 고리'에서, 인간은 중간 서열을 할당받았다. 인간의 가장 고귀한 영적 염원은 짐승들과 천사들 사이에서 위태롭게 매달린 채 시상의 구속과 총체적인 육체적 기능에 영원히 속박되어 있었다.

그러나 만일 인간이 춤을 춘다면 지상의 구속을 일부 깨트리고 천사들과 더 가까운 곳으로 올라갈 수 있다고 아카데미 사람들은 믿었다. 시적 리듬과 미터(meter, 율격[律格])로 단련되어 음악적, 수학적 원리들에 부합하게 된 육체의 움직임이 인간을 천상의 화음으로 조율할 수 있다는 것이었다. 아카데미에 참여한 시인 퐁튀 드 티아르는 그런 주장을 정당화하는 논리를 특유의 인문주의적 어조로 썼다. "양팔을 펼치고 양다리를 극단적으로 벌리면 인간의 키에 상응한다. 얼굴 길이에 상이한 조각상들에 따라 8이나 9나 10을 곱한 길이 역시 그렇다." 이 완벽한 수학적 비율 감각은 1636년 메르센 신부가 고조된 영감의 순간에 "우주의 지은이"는 "위대한 발레 스승"이라고 말하도록 이끌었다.[3]

이런 드높은 이상을 공연 생활로 가져오기 위해서 아카데미의 예술가들은 시와 음악을 그리스 시의 미터에 맞추려고 노력했다. 그들은 춤의 스텝들을 길고 짧은 음절과 음의 패턴에 따라 정밀 조사한 후, 몸짓과 걷고 뛰는 동작을 음악과 시의 리듬에 따라 훈련했다. 배우들은 일요일마다 왕과 여타 후원자들을 위해서 공연했다. 먹고 마시고 떠드는 것이 다반사인 궁중 공연의 활기찬 사교 행사와는 대조적으로 아카데미의 연주회는 완전한 침묵 속에서 행해졌고, 음악과 춤이 시작된 후에는 아무도 자리로 안내받지 못했다. 이 종교적 성격은 다음 세대들의 가톨릭 사상가들이 아카데미 사람들에 대해서 "기독교의 오르페우스들"이라고 찬탄하게 만들었다. 이들이 음악적 원리들을 가지고 "갈리아 전체에, 사실은 온 세상에 하느님의 더 큰 영광이 넘쳐 모두의 마음이 성스러운 사랑으로 불붙어야 한다"는 것을 입증했다는 것이다.[4]

1581년 아카데미의 연구자들은 「왕비의 발레 코미크(Ballet comique de la Reine)」라는 결실에 이르렀다. 이 발레는 왕비의 자매인 마르게리트 드 보데몽과 아카데미의 열렬한 지지자인 주아외즈 공작의 결혼을 축하하기 위해서 공연되었다. 17세기적 여흥들 중 하나인 「발레 코미크」에는 마상시합, 마상 발레, 불꽃놀이가 포함되어 있었으며, 아카데미의 시인들은 고대 스타일로 시 낭송, 음악, 춤을 섞어서 축하 행사들을 준비했다. 이 스펙터클은 파리의 프티 부르봉 궁의 거대한 홀에서 "저명인사" 관객들을 위해서 공연되었는데, 그럼에도 수천 명에 이르는 군중을 유혹하여 행사를 목격하려는 열망에 궁전으로 발길을 재촉하게 했다. 공연은 흔히 그랬듯이 저녁 10시 정각에 시작되어 거의 6시간 동안 이어지다가 한밤중에 끝났다.[5]

이것은 화려하지만 친밀한 행사였다. 플랫폼 스테이지는 아직 존재하지 않아서 「발레 코미크」의 배우들은 관객들의 한가운데 가까운 곳에서 공연했다. 그들이 이야기한 스토리는 강력한 신인 미네르바와 주피터에게 패배한 여자 마법사 키르케의 우화였다. 화가처럼 발레 마스터도 보통 신화 편람, 즉 남녀 신들의 우화적, 상징적 성격이 상세히 기술된 지침서들을 가지고 작업했다. 따라서 당시 관객들은 이 스토리를 다층적으로 이해했다. 이는 격정이 논리와 믿음에 예속되는 이야기이면서(종교적 광신에 대한 직설적 언급), 왕과 왕비가 적들을 정복하는 이야기였고, 불화가 해결되고 화해와 평화가 승리하는 이야기이기도 했다(이 발레가 무대에 오른 것은 성 바르톨로메오 축일의 학살로부터 꼭 9년 후였다). 무용 마스터인 발타자르 드 보주아이외는 이 발레의 서문에서 이렇게 썼다. "그리고 지금, 그렇게나 많은 심란한 사건들이 지나고……이 발레는 여러분의 왕국의 강인함과 견고함의 표지로 설 것입니다.……여러분의 프랑스에 혈색이 돌아왔습니다."[6]

이 춤들은 이런 주장을 입증하기 위해서 디자인되었다. (한 동시대인에게 "유례없이 창조적인 기하학자"라고 찬양받은) 보주아이외가 창작한 춤들은 정확하게 계측된 스텝들로 바닥에 완벽한 형태의 도형들을 그렸다. 개개의 원, 사각형, 삼각형은 수, 기하학, 논리가 우주와 인간의 영혼에 질서를 부여하는 방식을 보여주었다. 공연의 말미에 키르케는 절을 하며 자신의 마법 지팡이를 왕에게 바쳤다. 그리고는 흰 옷을 입은 12명의 나이아드(Naiad), 녹색 옷을 입은 4명의 드라이어드(Dryad), 왕비와 공주들이 고리들과 도형들을 형성하고 재형성하는 「그랑 발레(grand ballet)」가 펼쳐졌다. 보주아이외는 이렇게 썼다. "개개의 무용수가 얼마나 교묘하게 자기 위치를 유지하면서 마침꼴을 찍는지, 구경꾼들은 아르키메데스 본인이라도 기하학적 비율을 이보다 더 잘 이해하지는 못했을 것이라고 생각했다." 이렇듯 관람이 "경외로 가득 차는 것", 이것이 그의 바람이었다.[7]

많은 관람들이 그랬다. 「왕비의 발레 코미크」는 당대에는 칭송을 받았고, 후대에는 궁정 발레(ballet de cour)라는 새로운 장르의 시조로서 프랑스인들의 기억에 각인되었다. 이것은 이전까지 중세적 스펙터클의 자유분방한 실행이던 공연에 어느 학자가 "강렬하고 정확한 고전주의"라고 부른 성격을 부여했다. 「왕비의 발레 코미크」 이전의 궁정 공연들의 춤들은 발레라기보다는 멋들어진 걷기였다. 반면 「왕비의 발레 코미크」에는 춤과 음악을 우주의 질서의 척도로 만들려는 열망에서 유래한 형태적 규율과 설계가 있었다. 창작자들의 구체적인 정확성은, 다시 말해서 어떤 스텝의 길이, 지속, 정도, 기하학의 면밀한 계획에 대한 그들의 집착은, 그들의 광범위한 영적 염원과 결합되어 오늘날 우리가 아는 고전 무용 테크닉의 토대를 놓았다. 이 초석에 기초해서 거의 한 세기 뒤 프랑스 왕 루이 14세의 치세에, 발레 마스터들은 일련의 엄격한 기하학적 원리들에 따라서 발레 스텝들을 체계화하고 성문화했다.[8]

이렇듯 「왕비의 발레 코미크」와 궁정 발레의 출현은 이전의 관행들과의 중요한 결별을 뜻했다. 춤에 진지하고 종교적이기까지 한 목적을 부여함으로써 이를 프랑스의 지적, 정치적 생활에 합류시킨 것이다. 르네상스 인문주의에서 도출되어 가톨릭 반종교개혁으로 증폭된 강력한 이상주의적 압박은, 아카데미 사람들 같은 교양인들로 하여금 춤, 음악, 시를 하나의 일관된 스펙터클로 결합해서 지상의 격정과 영적인 초월 사이에 벌어진 틈에 정말로 다리를 놓을 수 있다고 믿도록 만들었다. 이것은 숨 막히는 야심이었고, 더불어 비록 더 회의적인 시대에는 가끔 잊히거나 조롱되었을지언정 발레에서 결코 진짜 사라지지는 않을 야심이었다. 「왕비의 발레 코미크」를 창작한 예술가들은 인간을 상승시키기를, '존재의 거대한 고리'에서 인간의 서열을 격상시켜 천사들과 하느님에 더 가까운 곳으로 보내기를 진정으로 바랐다.

그러나 「왕비의 발레 코미크」의 중요성을 당시의 모든 사람들이 알아본 것은 아니었다. 어떤 관중들은 이를 경외했지만 다른 관객들은 분노했다. 내전과 사회적 갈등의 시대에 어떻게 왕이 그런 막대한 재원을 사치스러운 여흥에 낭비할 수 있단 말인가? 앙리 3세는 아카데미에 대한 집착 때문에 오랫동안 비판받았다. 한 비판가는 시인들이 왕을 접견하는 방에 다음과 같은 고발장을 못박았다. "내전으로 도처에서 짓밟힌 프랑스가 파멸로 떨어지는 동안 우리 왕께서는 문법 연습을 실시하신다." 그의 말에는 일리가 있었다. 사실 아카데미 사람들의 고상한 열정은 곧 앙리의 비운의 치세의 특징이면서 이를 결국 끝장낸 폭력 속에 씻겨나갔다. 앙리는 왕좌에 속셈을 둔 반동적인 친스페인 가톨릭 동맹에 의해서 강제로 파리에서 쫓겨났다. 그는 그 지도자들을 살해했지만 자신도 1589년 한 수도사의 손에 죽었다.[9]

그러나 「왕비의 발레 코미크」에서 처음 구체화된 아이디어들은 큰 영향을 미쳤다. 저명한 과학자, 시인, 작가들이 아카데미의 실험들을 17세기까지 내내 존경을 담아 회고했는데, 특히 유럽이 30년전쟁(1618–1648)으로 재개된 폭력에 직면했을 때 그랬다. 17세기 전반 메르센 신부는 파리의 팔레 루아얄 소재의 미님 수녀원에서 궁정 발레에 대한 글을 썼는데, 그의 거처는 유럽의 정신적 삶을 위한 "우체국"이 되었다. 르네 데카르트를 필두로 그의 친구들과 동료들 여럿도 이 예술에 대해서 토론했고, 몇몇은 발레에 대한 글을 직접 쓰려고 시도하기까지 했다(데카르트는 사망 직전인 1649년 스웨덴 여왕에게 「평화의 탄생의 발레[Ballet de la Naissance de la Paix]」를 제안했다). 궁정에서 발레는 여전히 중요했다. (피렌체 태생의) 프랑스 왕비 마리 드 메디시스는 일요일마다 자기 거처에서 발레를 공연했고 궁정 공연의 수를 늘렸다. 그녀의 아들인 국왕 루이 13세(1601-1643)는 훌륭한 무용수이자 열성적인 연기자가 되었다.[10]

그러나 전과 완전히 똑같지는 않았다. 잔존하던 아카데미의 신플라톤주의적 이상들은 루이 13세 치하에서 보다 중요한 존재의 이유를 위해서 스러졌다. 루이와 그의 만만찮은 재상 리슐리외 추기경이 프랑스의 국방 강화라는 명분하에 프랑스의 이질적이고 반목하는 세력들을 끌어모으는 한편 왕의 권력을 왕국 전역에서 절대적인 것으로 만들기 시작하자, 발레의 의미와 성격은 달라졌다. 그럴 수밖에 없었다. 루이와 리슐리외는 신보다는 권력에 더 관심을 가졌고, 궁정 발레는 이제 우주의 질서를 밝히기보다는 왕의 위엄을 찬미했다. 그리하여 「왕비의 발레 코미크」의 지적인 진지함은 더 과장되고 알랑대는 스타일에 자리를 내주었다. 이 또한 발레의 지속적인 양상이 될 것이었다.

루이 13세는 발레를 썼고, 의상을 디자인했으며, 궁정 제작물에서 자주 주역을 맡았다. 그는 태왕과 아폴로 연기를 좋아하여 자신을 지상의 신이자 국민들의 아버지로서 선보였다. 하지만 루이 13세의 궁정 발레들은 절대 딱딱하거나 오만하지 않았다. 그의 발레들은 해학적이고 관능적이고 곡예적인 요소들로 양념되어 있었고, 색다른 외설과 궁정 뒷소문에 대한 음흉한 논평들도 포함되어 있어서 발레의 인기와 영향력을 한층 증가시켰다. 한 관객은 루브르의 큰 홀로 4,000명가량의 사람들이 비집고 들어왔다며 불평했는데, 왕 본인까지 그가 공연하는 것을 보려는 생각밖에 없는 인파 때문에 길이 막혔다고 한다. 관객들이 밀고 들어오는 것을 막기 위해서 궁수들이 무대에 상시 배치되어 있었고, 한번은 왕비가 군중을 뚫고 지나갈 수 없는 것에 흥분해서 박차고 나가버린 적도 있었다.

오늘날 우리가 아는 극장들은 아직 존재하지 않았다. 발레는 전통적으로 궁전, 공원을 비롯하여 여타 넓은 장소에 좌석과 무대장치를 임시로 만들어

공연되었다. 연기자들이 더 높은 위치에 있거나 프로시니엄 아치(proscenium arch)로 테두리를 두를 수 있는 무대도 없었다. 그들은 보다 큰 사교행사의 일부였다. 연기자들이 바닥에 그리는 도형들과 패턴들을 잘 보기 위해서 관객들은 보통 계단식으로 배열된 좌석으로부터 발레를 내려다보았다. 상설 배경막이나 무대의 윙(무대 양 옆의 비어 있는 대기 공간/역주)은 없었고, 대신 무대장치를 수레에 실어 들여와 배우들의 옆이나 뒤에 두었다. 그러나 이런 사정은 루이 13세의 치세 중 조금씩 바뀌었다. (기술자가 다수인) 선구적인 이탈리아 무대장치 디자이너들의 영향하에 무대는 바닥보다 몇 센티미터 높아졌고, 윙, 막, 뚜껑문, 배경막, 구름과 전차들을 "하늘"로 끌어올리는 기계가 설치되었다. 스펙터클에 대한 리슐리외의 관심에는 극본 쓰기도 포함되었다. 그는 1641년 자신의 궁전에 극장을 지었는데, 이는 후일 재단장되어 파리 오페라의 본진이 될 것이었다.

이런 공연적 혁신들 배후의 아이디어는 간단했다. 바로 환영(幻影, illusion)이었다. 이제 훨씬 더 극적이고 마법적인 효과들을 창출할 수 있었다. 다시 말해서 물리적, 인간적 논리를 거부하며 무엇보다도 공연자들을, 특히 왕을 마법의 오라(aura)로 둘러싼 것처럼 보이는 효과들이었다. 이는 대단히 중요했다. 정말이지 리슐리외가 왕의 권위를 증가시키려고 노력할수록 왕의 이미지와 육체는 점점 더 중요해졌다. 정치이론가들은 언젠가부터 프랑스라는 국가는 왕이라는 인간 속에만 존재하며, 왕의 육체는 개인적인 동시에 신성하다고 주장했다. 왕의 육체에는 그의 왕국이 담겨 있다고 생각되었다. 한 저명한 작가의 표현에 의하면, 왕은 왕국의 머리이며, 성직자는 두뇌이고, 귀족은 심장, 제3계급(국민)은 간이었다. 이는 단지 이론적이거나 은유적인 명제만이 아니었다. 왕이 사망하면 관례적으로 간, 창자 등 다양한 신체 부위들은 왕가와 관련된 교회들에 성유물로서 수여되었다. 군주제는 왕조적 상속이라기보다는 혈통이라는 생각은 17세기 중 더욱 현저해져서 왕의 육체를 점점 더 극심한 정치적, 종교적 아첨의 대상으로 만들었다. 이론가들은 왕은 신에게 받은 권력으로 통치한다고 주장했다. 왕은 이미 혈통과 태생에 의해서 천사들과 신에게 보다 가깝다는 것이었다.[11]

왕의 육체에 대한 존경을 루이 13세의 아들이자 상속자인 루이 14세보다 더 강조했던 군주는 없었다. 그 전이건 후이건 루이 14세만큼 열정적으로 춤에 헌신한 군주는 없었다는 것은 우연이 아니다. 1651년 열세 살의 나이로 데뷔한 루이는 18년 후인 1669년 「플로라의 발레(Ballet de Flore)」에 마지막으로 출현할 때까지 약 40개의 주요 제작물들에서 배역을 맡았다. 우아한 비율의 육체와 고운 황금빛 머리카락을 타고난 루이는 그의 개인교사가 언젠가 "거의 성스럽기까지 한 외모와 행동거지"라고 부른 것을 가지고 있었다. 어떤 사람들은 이것을 신의 표지로 생각했지만, 루이는 (이 견해를 공유하면서도) 타고난 육체적 재능의 계발을 위해서 열심히 노력했다. 그는 매일 아침 기상 예식을 따른 후에 큰 방으로 물러나서 뛰어넘기, 검술, 춤추기를 연습했다. 그의 훈련은 왕과 20년 이상 매일 일한 개인 발레 마스터 피에르 보상이 감독했다. 루이는 몇 시간씩 자기 발레들의 리허설을 했는데, 경우에 따라서는 저녁에 다시 연습으로 돌아와 한밤중까지 훈련했다.[12]

발레에 대한 루이의 흥미는 단지 젊은이다운 자유분방함이 아니었다. 이는 국가적 사안이었다. 본인이 후일 피력한 바와 같이, 이 공연들은 그의 조신들을 돋보이게 함으로써 국민들의 마음과 영혼을 "어쩌면 선물이나 선행보다도 더 강하게" 사로잡았다. 그는 사육제와 궁정 여흥에서 표독스러운 여자나 주정뱅이처럼 해학적인 익살꾼(Bouffon) 역할까지 맡아서 자신의 왕으로서의 위상을 뒤집기도 했다(그리고 다시 높였다). 그러나 루이가 자신의 지대한 확신과 방대한 야심을 완전히 표현한 것은 고상하고 웅장한 춤들에서였다. 「시간의 발레(Balet du Temps)」(1655)에서 모든 시간은 그의 왕국으로 수렴되었다. 다른 공연들에서 그는 전쟁이나 유럽이나 태양이나 아니면 아폴로 신으로 가장 유명했다(로마식 옷을 입고 깃털 장식을 달아서 권력과 제국을 암시했다). 지나치게 엄격한 훈련의 결과로 추정되는 고열과 현기증 때문에 공연을 억지로 중단했을 때조차 궁정 스펙터클에 대한 루이의 관심은 줄어들지 않았다. 예를 들면 1681년의 전반 몇 달간, 그는 방대하고 화려한 치장의 과시적인 연극 「사랑의 승리(Le Triomphe de l'Amour)」의 리허설 6번과 공연 29번에 참가했다.[13]

루이 14세는 발레에 왜 그렇게나 깊은 관심을 가졌던 것일까? 루이의 치세에 만개한 절대주의와 완전히 표현된 극예술로서의 고전 발레의 출현 사이에는 관계가 있다. 그 정확한 관계를 설명하려면 루이의 초년과 그의 궁정의 대단히 특수한 성격으로 눈을 돌려야 한다. 루이 14세의 치세에 춤은 왕의 부와 권력을 과시하는 직설적인 도구 이상의 것이 되었다. 그는 춤을 궁정의 삶에 필요불가결한 것인 동시에 귀족적 정체성의 상징이자 필요조건으로 만들었는데, 이것이 너무나 깊이 뿌리내리고 내면화된 나머지 발레라는 예술은 영원히 그의 치세와 결부되게 될 것이었다. 왕가의 스펙터클과 귀족의 사교춤이 증류되고 정제된 것은 루이의 궁정에서였고, 고전 발레 예술을 지배하는 규칙과 관행이 탄생한 것은 그의 후원하에서였다.

루이는 어린 시절 프롱드의 난(1648-1653)의 폭동기에 불가항력으로 파리에서 달아나는 큰 치욕을 당했다. 상당한 무력을 가지고 있던 대공들과 지배층은 점점 커져가는 절대주의 프랑스 국가의 권력에 저돌적으로 도전했다. 외국인(이탈리아인)이라는 이유로 다수에게 경멸을 받았지만 루이에게는 왕의 조언자로서 소중했던 재상 쥘 마자랭 역시 일시적 추방에 내몰렸다. 그의 여러 가지 죄목들 중에는 자신이 사랑하는 이탈리아 무용수, 가수, 디자이너를 프랑스의 수도로 수입하느라 귀중한 국가 자산을 낭비했다는 것도 있었다.* 이 무질서한 권력 찬탈 반란의 참혹하고 굴욕적인 사건은 적대적인 대공들이 여전히 왕의 실효적 권력을 뒤흔들 수 있다는 사실을 뼈아프게 상기시켰다. 절대주의는 아직 절대적이지 않았던 것이다.

1653년 초 프롱드의 난이 수그러들고 마자랭이 파리로 돌아오자, 재상은 (당시 열세 살이던) 루이가 주역인 13시간 길이의 발레를 의뢰했다. 이는 정치적, 연극적 세력 과시였다. 「밤의 발레(Le Ballet de la Nuit)」는 밤새 공연되며

---

* 파리에서 공연된 첫 번째 이탈리아 오페라는 1645년의 「가짜 광인(La Finta Pazza)」이며, 이탈리아인 조반니-바티스타 발비의 춤들이 함께했다. 1647년 「오르페우스(Orphée)」는 이탈리아 예술에 적잖은 자금을 뿌리는 것을 놓고 폭풍 같은 반대를 불러왔다. 프롱드의 난 기간에 마자랭이 비난의 표적이 되었을 때, 극장 디자이너인 "마법사" 자코모 토렐리는 투옥되었고 여타 많은 이탈리아 예술가들이 도주했다.

파괴, 악몽, 어둠을 묘사했지만 이른 아침에 루이가 태양으로 등장했다. 황금, 루비, 진주를 걸치고, 머리, 양손목, 양팔꿈치, 양무릎으로부터 다이아몬드를 번쩍이며, (고귀함의 탐나는 상징인) 풍성한 타조 깃털을 머리 위로 높이 쌓아 올린 모습의 루이는 밤을 격파했다. 그는 자신이 말하고 싶은 바를 강조하기 위해서 이 공연을 다음 달 궁정과 파리에서 8번 재연했다.

그러나 「밤의 발레」는 리슐리외와 마자랭의 절대주의 정책들과 마찬가지로 강조가 충분하지 못했다. 루이 14세는 1661년 왕위에 오르자 재빨리 자신의 권위에 이미 도전했거나 앞으로 도전할 수 있는 자들의 권력 축소에 나섰다. 그는 구래의 "검의 귀족들"(이런 이름은 무기를 착용할 수 있는 권리 때문이었다)을 자신의 핵심 조언 집단에서 노골적으로 축출함으로써 궁정에 충격을 주었다. 가문과 오랜 전통으로 명망 높은 왕실 혈통의 대공, 고위 성직자, 추기경, 프랑스 육군 원수가 갑자기 권력에서 쫓겨나고 "더 새로운" 사람들로 대체되었다. 기술적, 행정적 배경을 가진 "예복의 귀족들"(이런 이름이 붙은 것은 근무복 때문이었다)은 자신들이 변덕스럽게 대체될 수 있다는 사실을 알고 있었다. 이 사람들은 귀족 신분의 증거로 간주되는 귀족 혈통을 가진 "네 명의 조부모"라는 전통적 필요조건을 갖출 필요가 없었다. 그들의 작위와 신분은 거의 전적으로 왕에게 의존했다.

루이는 마찬가지의 입장으로 빈틈 없게도 전통적인 군사적 (검의) 신분에서도 구래의 귀족성을 박탈하고 자신이 직접 통제하는 직업 군대를 만들었다. 이 신흥 세력도 여전히 다루기 힘든 데다가 타락할 수도 있었지만, 그럼에도 이는 기존 귀족들을 약화시켜 그들의 입지와 권력을 축소했다. 나아가 루이는 그들을 더욱 약화시키기 위해서 그들의 관례적 영향권인 파리와 지방 영지로부터 끌어내서, 멀리 떨어진 국왕 소유의 말리, 생-제르맹, 베르사유 궁전에 있도록 요구했다(이는 거절하기에는 위험한 영예였다). 그들은 이렇듯 선천적으로 고립된 환경에서 왕의 엄격한 지배와 주시하의 거주를 강요받았다. 그들에게는 "파워 게임"을 벌이는 것 말고는 선택의 여지가 없었는데, 그것도 전적으로 루이의 지배하에 벌여야 했다.

결과는 극적이었다. 루이는 지난 수 세기 동안 전통적으로 신분을 평가하던 기준에 의문을 제기하며 귀족층을 효과적으로 약화시켰다. 이는 "좋은" 결혼(더 나은 혈통), 태생, 족보, 정화(하제 사용, 관장, 피 뽑기), "진짜" 귀족들을 "가짜" 귀족들로부터 분리하는 것에 대한 거의 병적인 집착을 불러일으켰다. 루이의 관원들은 의도하는 바를 강조하기 위해서 (그리고 불안감을 부추기기 위해서) 광범위한 족보 확인과 상세한 서류들을 요구했다. 이렇듯 "가짜" 귀족들의 가면 벗기기에 대한 다그침은 사회적 불안을 고조시켰고, (검과 예복의) 신구 귀족들을 똑같이 왕의 강력한 영향 속으로 끌어들였다. 이는 정치적이었지만 그에 못지않게 경제적이기도 했다. 왕가는 만성적인 재정 적자 상태였는데 귀족층은 언제나 이를 고갈시키는 존재였다. 프랑스 귀족들은 전통적으로 세금을 내지 않았다. 더구나 과세 대상인 "국민들"은 더 이상 짜낼 수 없을 만큼 짜내지고 있었다. 그렇지만 강등된 "가짜" 귀족들은 세금을 내라고 강요할 수 있는 새로운 수입원을 대변했다(이 점이 핵심이었다). 야심은 있지만 인정은 덜 받는 귀족들은 그보다도 더 요긴한 세원이었다. 그들은 보통 부유한 부르주아 출신이었고, 왕으로부터 공직들을 구매해서 사회 지배층으로 가는 길을 사들였다. 루이는 이렇듯 사회적 인정과 신분에 대한 강렬한 갈망을 정치적 및 재정적으로 이용했고, 궁정에서 복잡하고 은밀한 상징적 세계를, 프랑스라는 국가를 자신의 의중대로 정의하는 위계들과 혈통들의 계속되는 연극적 공연을 창조했다. 의지할 곳은 거의 없었다. 궁정이나 왕에 대한 비난은 처벌의 위험이 있었는데, 치욕적인 신분 상실이나 최악의 경우에는 추방이었다.

이런 상황 속에 궁정 생활에서 의례와 예법의 지배는 완고했다. 널리 알려져 있다시피 신분은 거의 문자 그대로 왕과 얼마나 떨어져 서 있는지에 달려 있었다. 우연에 맡겨지는 것은 아무것도 없어서, 어떤 여자가 앉을 수 있는 의자의 종류에 이르기까지 모든 것이 지극히 세세하게 규정되어 있었다. 낮은 사회 계층의 사람들에게는 등받이와 팔걸이가 없는 의자가 지정되었고, 높은 계층을 위해서는 모든 것이 완비된 소파까지 다양한 수준의 등받이와 팔걸이가 있는 의자가 디자인되었다. 상복으로 말하자면, 왕비의 옷자락의 길이는 정확히 11온(aune : 천 길이를 재는 옛 프랑스 단위. 1온은 약 119센티미터이다/역주)인 반면 왕의 딸들은 9온, 왕의 손녀들은 7온이었다. 조신들이 움직이는 방식까지 정확하게 안무되어 있었는데, 더 낮은 계급의 귀족은 더 높은 귀족의 오른편에 앉아야 했다. 적출 왕자들은 의회를 떠날 때 방 한복판을 가로지르는 반면 왕의 서자는 비굴하게 벽을 따라 걸어야 했다. 그리고 왕의 기상 의례 동안 조신들은 순종적인 코르 드 발레(corps de ballet : 군무 무용수/역주)처럼 빼곡하게 줄을 서서 왕에게 셔츠를 건네주거나 엉덩이를 닦아주었다. 마담 맹트농은 언젠가 재치 있게 기술했다. "수녀원의 금욕생활은 왕의 조신들이 따라야 하는 예법의 금욕생활에는 비할 바가 못 된다." 하지만 루이는 자신이 무엇을 하고 있는지 알고 있었고 이렇게 경고했다. "이 모든 것이 단지 의식이라고 믿는 사람들은 심각하게 잘못 생각하는 것이다."[14]

루이가 1661년 왕립 무용 아카데미를 설립한 것은 이런 견지에서였다. 이 새로운 아카데미는 태도와 형식 모두에서 16세기의 전례와는 사뭇 달랐다. 이 새로운 기관의 특허장에서 루이 14세는 자신의 의도를 꽤 길게 서술했다. "춤이라는 예술은……우리 나라의 귀족층에게, 그리고 전시에 군대에서뿐만 아니라 평화시에도 발레에서 우리를 접할 영예를 가질 여타 국민들에게 너무나 이롭고 유용하다." 그는 "최근 전쟁들이 야기한 무질서"는 "악습"으로 이어졌는데, 이 아카데미의 목적은 "춤이라는 예술을 최고로 완벽하게 복구하는 것"이라고 설명했다.[15]

이는 궁정에서의 수련을 한 등급 더 빡빡하게 올리는 것이기도 했다. 춤은 오랫동안 승마와 무술과 함께 귀족층의 "세 가지 주요 운동들" 중 하나로 간주되었고, 참전 중인 귀족들의 훈련 중단을 막기 위해서 흔히 무용 교사들이 동반했다. 춤은 펜싱 및 승마 학교들에서 가르쳐졌고, 17세기 초 귀족층의 자녀들이 군사기술과 궁정 예술에서 유리하게 만들려고 설립한 아카데미들의 정규 교과과정이기도 했다. 춤추기는 이렇듯 펜싱 및 승마술과 마찬가지로 군사기술인 동시에 평화 시의 단련이었고, 일부 움직임들과 훈련 및 육체적 기술에 대한 군기 잡힌 접근방식을 이들과 공유했다. 그렇지만 루이는 무용 아카데미의 설립을 통해서 무술로부터 궁정 예법으로의 이동을 다시 한번 알렸다. 이는 전투를 떠나 발레로 향하는 이동이었다.[16]

그렇지만 아카데미는 문제를 일으키기도 했다. 춤은 귀족들과 왕들이 수행하는 군사기술일 뿐만 아니라 오래 전에 확립된 직업이기도 했다. 음악가, 마술사, 곡예사와 마찬가지로, 무용수는 왕의 무용수들까지 전통적으로 생-쥘리앵 바이올리니스트 형제단 길드에 속했다. 길드는 해당 직업에 대한 접근을 통제했고(따라서 회원들에게 혜택을 주었고), 무용수들이 좋은 일자리에 요구되는 자격증을 얻으려면 보통 길드를 통해야 했다. 반면 루이 14세의 신생 왕립 무용 아카데미의 회원 자격은 **특혜** 혹은 왕에 의해서 승인되는 "사적 법률"이었고, 따라서 길드의 권위에 대한 직접적 도전이었다. 사실 루이가 임명한 13명은 그냥 보통 무용 교사들이 아니었다. 그들은 "장로들"로 불렸는데, 여기에는 왕비, 왕세자, 왕제의 무용 교사들, 그리고 나중에는 왕 자신의 무용 교사까지 포함되었다. 아카데미 회원들로서 그들은 왕에 대한 특별 접견권을 수여받았는데, 가장 중요한 것은 길드의 수수료 및 규제들, 그 밖에도 여러 세금들이 면제되었다는 것이다. 그리고 궁정에서 보수를 받는 여러 사람들과 마찬가지로 무용 교사들은 "왕의 사람들"이었고, 그들의 신분은 (그리고 적잖은 부는) 왕의 후원 덕분이었다. 이는 솜씨 있는 자들을 위한 명예직이었다.[17]

익히 상상할 수 있듯이 길드 회원들에게는 이 상황이 짜증났다. 길드 수장이 쓴 것을 포함해 날선 팸플릿들이 연이었다. 이들은 왕의 새로운 아카데미가 높은 입지를 차지하는 것에 반대하면서, 아카데미 회원들은 춤을 음악으로부터 분리하여 그 모든 의미를 강탈하고 있다고 비난했다. 그들은 무용 아카데미가 음악 길드를 벗어나서 존재할 수 있다는 생각 자체가 틀려먹은 동시에 심히 모욕적이라고 말했다. 그들은 (플레이아드 시인들이 주장하던 그대로) 춤은 음악의 시각적 묘사이며 음악은 천체의 화성(和聲)이라고 주장했다. 이 둘 사이의 관계는 "성스러운 조화의 본보기 위에 수립되었고 따라서……세계가 지속되는 한 지속되어야 한다"는 것이었다. 사실 무용 교사들은 바이올리니스트 훈련도 오래 받아서 직접 반주하도록 그리고 많은 경우 곡들을 작곡하도록 요구받았으며, 그들의 예술은 음악의 한 갈래로 간주되었다.[18]

그렇지만 신생 아카데미의 지지자들은 춤이 사실상 음악 이상으로 성장했다는 사실에 냉정히 주목했다. 그들은 춤의 새롭고 적절한 목적은 왕에게 봉사하도록 귀족층을 향상시키는 것이라고 말했다. 음악은 단지 반주일 뿐, 춤의 독립성과 우월성은 명백했다. 춤을 가르치는 사람들은 어쨌거나 비율이 잘 잡히고 우아한 반면, 바이올리니스트들은 "예술적인 면에서는 손색이 없더라도 맹인이거나 곱사등이거나 외다리일" 수 있다는 것이었다. 그렇지만 이런 아우성의 결과는 너무나 뻔했다. 1663년 「가제트(*Gazette*)」지는 이렇게 썼다. "이곳의 바이올린 대가들은 만장일치로 분노하며 새로운 기관에 반대했지만 그들의 소송은 기각되었다."[19]

이런 변화는 극적인 것이었다. 프랑스에서 가장 특권적인 발레 마스터들은 최소한 공식적으로는 음악가가 아니라 궁정의 조신으로, 그들의 일차적 목적은 고귀한 태생에 요구되는 예법을 연마하고 수완을 완벽하게 하는 것이 되었다. 루이 덕분에 그들의 기술에 대한 수요는 급증했다. 육체적 외형이 타고난 귀족성의 상징으로 간주되었으므로, 조신들은 "귀족"처럼 보이고 행동하기 위해서 매우 열심히 노력했다. 그리고 아첨과 우아한 행동거지들을 통해서 자신들의 신분을 향상시키기 위한 부단한 노력의 와중에 발레 마스터는 필수적인 장신구가 되었다. 궁정에서 형편없이 춤추는 것은 그냥 창피한 것이 아니라 깊은 굴욕의 원천이자 오늘날의 우리는 이해하기 어려운 수준의 실수였.

그 자신이 야심과 울화의 수호성인이나 다름없던 생-시몽 공작은 회고록에서 어느 몽브롱인의 치명적 경험에 대해서 썼다. 그는 출세지향적 귀족이었는데 너무나 불행하게도 어전에서 춤을 망쳐버렸다. 자신의 무용 기술을 부주의하게 과시하던 그 젊은이는 시험대에 올랐을 때 흔들거리다 균형을 잃었고, "더 부자연스러운 자세로" 양팔을 높이 들어서 자신의 서툰 움직임을 숨겨보려고 했다. 그는 굴욕스러워하며 다시 한번의 기회를 간청했지만 아무리 애써도 비웃음 속에 무대를 떠날 수밖에 없었다. 당황과 수치 속에서 이 불쌍한 몽브롱인은 한동안 감히 궁정에 나타나지 못했다. 1660년대 파리에 200군데 이상의 무용 학교들이 있었다는데, 이 학교들이 모두 젊은 귀족들이 이와 비슷한 무시무시한 예법 위반을 피하기 위한 훈련에 전념했던 것은 아마 놀랄 일이 아닐 것이다.[20]

이 발레 마스터들은 어떤 사람들이었을까? 가장 극적인 성공담들 중 하나인 피에르 보샹의 예를 살펴보자. 그는 오랫동안 무용수들과 바이올리니스트들을 배출한 집안 출신이었고 아버지는 왕의 음악가들 중 한 사람이었다. 14명의 자녀들 중 하나인 그는 바이올리니스트 및 무용수 견습생이 되어 선망의 궁정 출입권을 가진 일급 장인들의 신중한 세계에서 성장했다. 보샹은 기술과 업적을 인정받아서 1661년 왕의 무용 교사로 출세했고, 후일 왕립 무용 아카데미의 수장을 비롯한 여러 명망 있는 자리들에 임명되었다. 보샹은 왕의 옆에서 춤추었고 왕이 병이 나면 보통 국왕 전하의 배역들을 떠맡았다. 그는 부자가 되어서 근사한 이탈리아 예술 수집품들을 뽐냈다.

그의 제자 기욤-루이 페쿠르도 비슷하게 인상적인 궤적을 그렸다. 페쿠르는 1656년 태어났는데 아버지는 왕의 전령이라는 변변찮은 신분이었다. 하지만 비범한 용모는 물론이고 보샹과의 연줄과 무용수로서의 기술은 페쿠르를 궁정의 인기인으로 만들었다. 페쿠르는 궁정에서 왕의 아우에게 많은 사랑을 받았는데, 그의 동성애 성향은 페쿠르에게 득이 되었다. 페쿠르는 귀족 고객들을 위해서 춤을 가르치고 각색했으며, 1680년 왕의 시동들의 무용 교사 자리를 얻었다. 그는 상당한 부를 축적했는데, 이는 에세이스트 장 드 라 브뤼예르가 이 "춤추기를 통해서 그렇게나 높이 올라간 젊은이"에 대해서 감탄하도록 만들었다. 페쿠르는 말년이 다가올 무렵 왕으로부터 춤의 인쇄권을 받았는데, 이 춤들 중 여럿은 오늘날의 무용수들에게도 여전히 사용된다.[21]

루이의 무용 아카데미는 예법과 발레를 궁정 생활의 중심 요소로서 확립하는 한편, 프랑스 문화를 보다 폭넓은 유럽의 모방 대상이 되도록 만드는 것을 목표하기도 했다. 이곳은 사실 17세기에 설립된 여러 비슷한 기관들 중 하나였는데, 여기에는 프랑스 아카데미(1635), 회화 아카데미(1648), 펜싱 아카데미(1656), 음악 아카데미(1669), 건축 아카데미(1671)가 포함되었다. 이는 프랑스 문화를 왕의 권위하에 집중시킨다는 발상이었지만, 동시에 구래의 라틴어 기반의 인문주의 유럽 문명을 프랑스의 언어, 예술, 건축, 음악, 춤으로 대체하려는 것이기도 했다. 프랑스의 영향력을 군사뿐 아니라 예술적, 지적 문제들로 확장하려고 한 것이다. 어려운 일은 아니었다. 루이는 군사적 승리와 프랑스라는 국가의 강화로 널리 존경받았고, 유럽 전역의 정치적, 문화적 지배층은 프랑스적 취향과 예술을 받아들이고 모방할 준비가 되어 있었다. 한때는 범세계적인 동시에 라틴어적이던 문인 집단(république des lettres)은, 어느 이탈리아 대사가 후일 말했듯이 "프랑스적 유럽(l'Europe française)"으로 포괄되고 있었다.²²

이런 입장에서, 왕은 보샹에게 "춤을 종이 위에서 이해하게 만들 방법"을 발명하라고 명령했다. 이것은 결정적 단계였다. 표기법 없이 프랑스 춤은 지역적 여흥으로 남을 수밖에 없었지만, 표기법이 있다면 프랑스 발레 마스터들이 자신의 춤을 해외로 보내서 외국 고객들에게까지 뻗어나갈 수 있었다(이와 비슷하게 고급 디자이너들은 최신 파리 유행을 입힌 인형을 보냈다). 이것은 스텝을 표기한다는 발상이지 꼭 발레나 제작물 전체를 표기하려는 것은 아니었다. 여러 번 공연된 제작물들조차 오늘날처럼 고정되어 있지 않았다. 무용수들은 노상 스텝들을 바꾸거나, 어떤 발레에서 좋아하는 춤을 가져와서 다른 발레에 삽입했다.²³

1670년대에 왕의 요구는 선도적 발레 마스터들이 각자의 전선에서 폭발적으로 경쟁적인 연구를 수행하도록 유발했다(그들의 작업이 펜싱 기술을 기록하려는 시도와 맞물린 것은, 그리고 동작과 그 표기 시도가 유사한 것은 놀랄 일이 아니다). 수 년간 공을 들여 작업한 후에 서로 다른 몇 가지 무용 표기 체계들이 탄생했지만 승리한 것은 보샹의 체계였다. 보샹은 상징들, 글, 표기된 춤들을 담은 5권의 책을 왕에게 제출했지만 그의 서류들은 이후 소실되었다. 더구나 비록 언젠가는 공표될 운명임에도 보샹은 자신의 작업을 인쇄하는 데에 필요한 허가를 신청하지 못했다. 그에게는 꽤나 원통하게도, 그 체계는 계속 사용되다가 1700년 역시 왕가와 강한 연줄을 가진 파리 출신 발레 마스터 라울 오제 푀이예에 의해서 출판되었다.

푀이예의 표기법은 엄청난 영향을 끼쳤다. 프랑스어판만도 몇 가지나 나왔고, 영어와 독일어로 번역되었으며, 유럽 전역에서 작업하는 발레 마스터들에 의해서 18세기까지 줄곧 사용되었다. 이는 드니 디드로와 장 르 롱 달랑베르의 권위 있는 『백과전서(Encyclopédie)』의 승인까지 받아 화가이자 수학자인 루이-자크 구시에에 의해서 상당한 길이로 묘사되었다. 나아가 어느 정도는 이 책의 성공 덕분에, 300편 이상의 춤들이 푀이예의 표기법으로 기록되어 오늘날까지 사용 가능하게 남아 있는데, 여기에는 보샹의 춤 하나와 훨씬 많은 페쿠르의 춤들이 포함되어 있다.

푀이예는 자신이 가장 중요하고 고귀하다고 생각한 춤들에 초점을 맞추었다. 이는 조신 미셸 드 퓌르가 "라 벨 당스(la belle danse, 아름다운 춤)"라고 부른 것이었는데, 한 역사가는 이를 "프랑스 귀족 스타일"로 설명했다. 라 벨 당스는 무도회에서 노상 수행되는 일종의 사교춤을 말했다. 하지만 궁정의 스펙터클들에서도 공연되었는데, 이때는 춤의 스텝들이 보다 도전적인 기술적 묘기들로 꾸며졌다. 이 춤은 군무가 아니었다. 푀이예와 그의 동료들이 기록한 이 춤들 중 절대 다수가 독무와 2인무였다. 이 표기법은 사실 더 큰 수를 나타내기 위해서 고안된 것이 아니었다. 라 벨 당스의 최고이자 가장 존경받는 형식은 앙트레 그라브(entrée grave)였는데, 보통 남성 혼자나 아니면 둘이 느리고 우아한 미터의 음악을 반주로 하여 공연되었다. 움직임은 장엄하고 묵직했으며, 팔다리를 계획적으로 우아하게 뻗었고, 품위를 떨어뜨리는 곡예적 점프나 턴의 징후는 전무했다.[24]

사실 라 벨 당스에서, 특히 앙트레 그라브에서 결정적인 사실은 남성들만 춤을 추었다는 것이다. 발레는 이후 여성과 발레리나에게 특권을 부여하게 되지만 아직은 아니었다. 이때는 당쇠르(danseur, 남성 무용수)의 시대였다. 이런 상황은 혼란스러울 수 있다. 왜냐하면 (앙트레 그라브는 아닐지언정) 여자들도 분명 공연을 했고, 그들의 무용수로서의 기술도 자주 주목받았기 때문이다. 하지만 그들의 춤추기는 대체로 사교 무도회나 왕비의 발레에 국한되었다. 왕의 발레와 궁정 스펙터클에서, 그리고 파리의 무대에서 여성 배역은 남성이 앙 트라베스티로 춤추었다. 이는 1680년대에 바뀌지만, 그때도 예술의 거장과 지도자는 남성이었다. 그 절정에서 라 벨 당스는 이론의 여지없이 남자답고, 장엄하고, 진지함에 치중했다. 이는 꽤나 문자 그대로 왕들의 춤이었다. 그리고 고전 발레의 청사진이기도 했다.

라 벨 당스의 회전축은 예법이었다. 루이 14세가 예술 형식으로서의 고전 발레의 탄생을 주도했다고 말할 수 있는 것은 이런 견지에서이다. 우리가 살펴본 바와 같이, 궁정 스펙터클에서 발레의 역사는 길다. 그렇지만 루이와 그의 발레 마스터들은 춤의 테크닉을 새로운 수준으로 밀어붙였고, 절실히 느껴지는 존재의 이유도 부여했다. 바로 사회적 야심이었다. 루이의 궁정에서 귀족성을 정의하는 것은 정교하게 규정된 위계들과 옷자락의 측정과 상급자들을 지나쳐갈 때의 규칙 같은 독특한 인위성이었다. 이 모든 것이 라 벨 당스로 만들어졌다.

이런 연관성을 창안한 것은 루이가 아니었다. 춤과 예법은 언제나 한동아리였고, 르네상스까지 거슬러올라가는 춤 교본들에는 행동거지와 태도에 대한 규칙들이 넘쳐났다. 그렇지만 푀이예와 (또 한 명의 저명한 발레 마스터인) 피에르 라모의 저작은 예법에 대한 집착을 유례 없는 극단으로까지 끌고 갔다. 그 책들에서 독자는 어떻게 절을 하고 모자를 벗는지 아주 상세히 배울 수 있었다. 방에는 어떻게 들어가고, 길에서 상급자를 어떻게 지나쳐가고, 방을 떠나며 어떻게 경의를 표하는지도 마찬가지이다. 치맛자락을 어떻게 잡아야 할지, 눈을 언제 들어야 할지, 언제 그리고 누구에게 얼마나 깊이 허리를 굽혀야 할지도 알 수 있었다. 또다른 무용 선생이 언젠가 말했듯이, 이는 어떻게 "아름다운 존재"가 될 수 있는지 배우는 것이었다.[25]

열쇠는 자세였다. 몸통은 곧추세우지만 편안하게, 머리는 꼿꼿하고 팔은 겨드랑이에 느슨하게 붙인 채 양어깨는 뒤쪽으로 내리면서, 양손은 곡선을 유지하고, 발가락들은 완만하게 바깥으로 향해야 했다. 라모가 쓴 바와 같이, 이는 "춤추기를 통해서만 얻을 수 있는 편안한 분위기"를 가지고 자유로워 보이는 동시에, 뻣뻣하거나 거칠거나 부자연스러운 움직임이라는 "굴욕"에 떨어지는 것은 피한다는 발상이었다. 형편없는 행동거지는 나쁜 성격을 시사했다. 특히 여성은 "호의적이면서도 너무 새침을 떨거나 대담하지는 않아" 보여야 했다. 그리고 절대 "머리를 앞으로 내밀지 말아야" 했는데, 나태함의 분명한 징표이기 때문이었다. 나중에 또다른 발레 마스터는 이렇게 쓰기도 했다. "그렇지만 남성의 외모를 갈고 닦기 위해서는 더 나은 운동 형식을 찾아야 한다."[26]

그렇지만 자세 이상의 것들도 존재했다. 푀이예는 춤을 추는 장소에 대해서도 길게 서술했다. 무도회장과 그곳의 무대는 전통적으로 직사각형이었는데,

손님들은 빙 둘러 앉고 "어전", 즉 왕과 수행원들은 제일 앞줄에 자리했다. 무용수들은 대체로 (보통 독무나 2인무로) 방 (혹은 무대) 한가운데에서 서로 마주보거나 왕을 향한 채 춤을 시작하고 끝냈다. 그들은 춤을 추면서 바닥을 자유롭게 누비지 않았다. 조감 시점을 택한 푀이예의 표기법은 독무가나 한 쌍의 무용수들이 어전이라는 축을 중심으로 함께 혹은 거울 이미지로 그리는 확연히 대칭적인 도형, 고리, 원, S자 곡선들을 표기했다. 방위는 필수적이었고, 춤의 기하학은 공연자들이 서로의 관계를, 그리고 왕과 그들을 둘러싼 조신들과 자신들과의 관계를 정확히 알게 만들었다. 이는 그야말로 심오한 의미에서 사교춤이었다.

푀이예는 예법 규칙들에 대한 이런 극심한 강조에 (보샹 등에 이어) 범주화와 성문화에 대한 열정을 가져왔다. 그들의 머릿속에서 궁정에서의 몸짓 혹은 움직임과 공식 발레 포지션 사이의 거리는 사라졌다. 푀이예의 표기법은 춤의 스텝들을 묘사하기 위해서 (이를테면 r=경례[reverence]처럼) 단순한 문자가 아니라 음표처럼 추상적인 기호를 사용한 최초의 표기법이다. 이 사실은 그들의 사고의 분석적 특성을 보여주었다. 이런 춤들과 라모의 설명에서, 육체는 팔다리의 움직임을 통제하는 복잡한 규칙들을 갖춘 축소판 궁정처럼 조직되었다. 왕의 육체를 정치적 통일체 및 우주적 질서와 연관 짓는 은유들이, 혹은 국가의 머리를 자연의 인지된 위계 및 법칙과 조화를 이루어 순응해야 하는 종속적인 팔다리와 연결 짓는 은유들이 완전히 작동하게 된 것이다.

이런 시도의 중심에 있는 것이 몸의 다섯 포지션들이었다. 이것은 보샹에 의해서 처음 성문화되었고, 푀이예, 라모를 필두로 뒤를 이은 여타 사람들에 의해서 명쾌하게 제시되었다. 이 포지션들의 중요성은 아무리 이야기해도 지나치지 않다. 이것은 장음계이자 원색이다. 발레에서 발생하는 다른 구조들이 모두 여기에서 비롯한다. 이것이 없는 라 벨 당스는 사교춤이었지만, 이것으로 인해서 예법으로부터 예술로의 결정적 도약이 이루어졌다. 양발이 골반에서 45도 바깥으로 회전한 다섯 가지 "진짜" 혹은 귀족적 포지션들은, 양발이 꼴사납게 안쪽을 향해서 농부나 주정뱅이나 뱃사람처럼 덜 사회적인 등장인물을 표현하는 다섯 가지 "가짜" 안티-포지션들과 대조를 이루었다. 무용수

푀이예의 표기법으로 기록된 춤의 스텝들. 기호들은 페이지 위쪽에 있는 음악에 맞추어 다양한 포지션을 취한 발을 나타낸다.

가 곡예적 연기자들이 펼치는 일종의 과장 쪽으로 모험적 선회를 한 것이 아니라면, 진짜 포지션들에서 양발은 절대 45도 이상 바깥쪽으로 벌어지지 않아야 한다는 것은 보편적으로 동의되는 사실이었다. 귀족적 움직임을 규정하는 선은 이렇듯 상당히 정밀하게 그려졌고, 진짜 포지션들은 움직임의 황금률을 정의했다.[27]

1번 포지션은 집결점이자 "본진" 혹은 발레에서는 음악의 으뜸음에 해당되는 것이었다. 여기에서 육체는 뒤꿈치를 맞붙이고 양다리는 골반으로부터 살짝 턴아웃(turnout : 다리를 고관절에서 회전시켜 무릎과 발이 바깥쪽으로 향하게 하는 것으로 고전 발레 테크닉의 기본이다/역주)한 채 우아하게 휴지(休止)했다. 다른 네 포지션들은 육체의 움직임을 준비했다. 2번 포지션은 양발을 정확히 무용수의 발 길이만큼 떨어지도록 수평으로 밀어 육체가 어전으로부터 돌아가지 않고도 좌우로 움직일 수 있게 했다. "발 하나"라는 측정단위는 무용수의 움직임이 절대 어색하거나 볼품없지는 않으면서 무용수 자신의 골반 및 양어깨와 엄격한 비율을 유지하게 된다는 것을 의미했다. 3번 포지션은 (1번 포지션처럼) 양다리와 양발을 도로 모으되 살짝 겹치게 했다. 이는 맞춤 포지션이었다. 여기서 양다리는 양무릎에서 수평으로 완벽하게 합쳐져서, 무용수는 한 발을 내딛고 다른 발을 일직선으로 따라 보내 앞이나 뒤로 움직일 수 있었다.

4번 포지션에서 양발은 정확히 발 하나만큼 앞뒤로 떨어졌고, 몸은 그 사이에서 균형을 이루었다. 마치 무용수가 주의 깊게 측정한 스텝을 곧장 앞으로 내딛다가 중간에 멈추고 (바깥쪽으로 돌린) 양발 모두에 체중을 싣기라도 한 것 같았다. 5번은 모든 스텝들의 총체였다. 이는 무용수가 기하학적으로 정의된 선형 경로에서 벗어나지 않고도 좌우나 앞뒤로 움직일 수 있도록 준비시켰다. 무용수는 양다리를 완벽한 수직 정렬과 균형을 이루도록 하면서 한 발의 뒤꿈치를 다른 발의 발가락 쪽으로 밀었다. 이렇듯 포지션들은 마치 지도처럼, 양발이 명확하게 정의된 경로들을 따라 앞이나 옆이나 뒤로 움직이도록 준비시켰다(부정확하게 헤매는 것은 허용되지 않았다). 이들은 움직임을 억제하고 측정하면서 언제나 절제되고 균형 잡히도록 보장했다. 푀이예는 이렇게 충고했다. "스텝들은 포지션들의 한계 안에서 억제되어야 한다."[28]

양팔 역시 덜 명확하기는 해도 지도를 따랐다. 예를 들면 이상적으로는 2번 포지션에서 양팔을 배 높이에서 옆으로 뻗어야 한다. 그렇지만 만일 무용수의 키가 너무 작으면 양팔을 살짝 더 올려 뻗어서 더 키 큰 모습을 만들었다. 만일 무용수가 과도하게 긴 몸을 가졌다면, 양팔을 낮추거나 팔꿈치를 굽히도록 조정하여 (짧아지도록) 보정할 수 있었다. 그렇지만 양팔은 어깨 위로는 절대 올라가지 않았다. 이런 종류의 만곡(彎曲)은 고통이나 통제력 상실의 신호였기 때문이다. 복수의 여신들이나 기타 사악한 정령들만 양팔을 올렸다.

양팔, 양손목, 양손의 정확한 포지션은 흔히 무용수의 재량에 맡겨졌다. 하지만 이것이 그 포지션이 통제되지 않는다는 의미는 아니었다. 손을 어떻게 내미는지, 부채를 어떻게 쥐는지, 모자나 장갑을 어떻게 벗는지 등 많은 것들이 정해져 있었다. 손가락들은 둥그렇게 모양을 잡고, 가운뎃손가락과 엄지손가락은 마치 치맛단을 들어올리기라도 하는 양 (혹은 어쩌면 바이올린 활을 잡고 있는 양) 구부려서 맞붙여야 했다. 손바닥은 마치 손가락이나 손목과는 별개의 생명을 가지기라도 한 것처럼 유독 민감해서, 그저 손바닥을 위나 아래로 돌리는 것만으로도 전체 몸가짐을 바꿀 수 있었다. 양손에 대한 자각은 중요했다. 라모는 양손을 펼치지도 쥐지도 않은 상태로, 중립적이지만 반응할 준비가 되어 있게 하라고 권했다.

사지 사이의 관계 역시 세심하게 정의되었다. 몸통은 치마(혹은 나중에는 튀튀)가 윗몸을 아랫몸과 분리하는 것처럼 허리에서 수평으로 나뉘었지만, 마치 정수리에서 추선(錘線)이 등뼈를 따라 바닥까지 내려오기라도 하는 것처럼 중심을 기준으로 수직으로도 나뉘었다. 무용수는 자신의 움직임을 이 남북 및 동서 분할들을 종횡하여 조직해야 했다. 그리하여 양발목, 양무릎, 양골반은 양손목, 양팔꿈치, 양어깨에 대응한다고 생각되었다. 무릎이 구부러질 때는 팔꿈치가 반응할 것이며, 만일 발목이 구부러진다면 손목의 결과였다. 나아가 미술에서 콘트라포스토(contrapposto : 몸무게를 한 쪽 다리에 싣고 다른 쪽 다리는 무릎을 약간 구부린 자연스러운 자세. 고대 그리스인들이 창안한 것으로 그림이나 조각에서 대칭적 조화를 나타낸다/역주) 전통과 결부되어, 만일 오른쪽 어깨와 팔이 전면으로 구부러진다면 왼쪽 골반과 팔은 반대쪽으로 균형을 맞추어야 했다. 기술이란 주로 몸의 종횡에서 동시에 일어나는 여러 움직임들을 미묘하지만 명확하게 설명된 규칙들에 따라 조화시키는 문제였다.

음악에 대한 이해 역시 중요했다. 푀이예는 자신이 그린 각 도형에 해당되는 음악을 해당 페이지 맨 위에 표기했고, 장식적 곡선들도 별개의 부분으로 구획지어 각각 특정한 음악 단위에 해당되는 움직임을 담았다. 무용수들은 과시적인 과장된 동작들을 삼갔고, 정제되고 분별 있는 방식으로 지속되고 해소되는 미묘한 리듬과 율동적 긴장이 높이 평가되었다. 음악적 예리함은 극도로 희미한 음악적 신호들에도 세밀하게 보정되며 반응할 준비가 되어 있는 수용적 육체에 달려 있었다. 모든 사지와 신경 말단이 활기차면서 이동할 준비가 되어 있어야 했다.

이렇듯 양무릎을 살짝 굽히고 양뒤꿈치는 바닥에서 살짝 들고 양다리는 무용수의 중력 중심에서 균형을 잡으면서, 육체는 지속적인 준비 및 수행 상태에 있었다. 균형은 필수적이었지만 무용수가 주어진 포지션에서 뻣뻣하게 포즈를 취하는 정지점은 절대 아니었고, 그보다는 극소 보정과 미세한 육체적 조종의 연속이었다. 한 포지션에서 다른 포지션으로의 이동은 푀이예가 말했듯이 이음매 없는 "변형"이어야 했다. 사실 매끄러운 실행은 특히 작은 이행 스텝들에서, 이를테면 양무릎을 구부리고는 발 앞부리로 서서 미묘하게 리듬을 강조하면서 과장되게 걷는 동작인 데미-쿠페(demi-coupé)에서 발등을 (발목을 쭉 뻗으며) 능숙하게 사용하는 것에 달려 있었다. 라 벨 당스에서 발의 이 부위는 충격 흡수 도구이자 좋은 회전 도구 역할을 했고, 육체를 정렬할 때 변화를 지속적으로 보정하면서 움직임을 거의 인식하지 못할 정도로 미세한 방식으로 수정했다. 발과 발목의 제대로 된 사용은 마치 교묘한 언어 구사처럼 프레이즈를 윤색하거나 어색한 순간을 매끄럽게 할 수 있었다. 이는 그 장본인에게 완벽하게 세련되고 편안한 분위기를 부여할 수 있었다.[29]

더구나 스텝들에는 예법을 상기시키는 것이 각인되어 있었다. 예를 들면 플리에(plié)는 단순히 양무릎을 굽혀 스텝이나 점프를 준비하는 것이지만, 동시에 레베랑스(reverence : 발레에서의 인사법/역주)와 결부되어 겸손의 상징이기도 해서 인사를 크게 할수록 무릎은 깊이 구부러졌다. 이와 유사하게, 몸을 관통하는 대비는 형태적 원리일 뿐만 아니라 사회성도 담고 있었다. 라모는 독자들에게 이렇게 상기시켰다. "예를 들어 만일 누군가를 지나쳐가려면 어깨를 돌려야" 하는데, 둘 다 지나갈 공간을 만들기 위해서였다. 펜싱 예법과의 공감대도 있었는데, 에파세(éffacé)는 상대를 곁눈질하는 것을 피하기 위한 "후퇴" 혹은 몸통의 한쪽 측면을 뒤로 당기는 것을 의미했다. 그리고 턴아웃은 (나중에 그렇게 되었듯이) 양발과 양다리를 육체적 극한인 180도까지 벌리지 않았다. 오히려 이것은 편안하게 우아하고 기품 있는 상태를 보여주는 절제된 자세였다.[30]

남녀가 함께 춤출 때 그들은 보통 동일한 스텝들을 좌우대칭으로 수행했다. 하지만 남자는 기교를 부려버릇한 반면 여자는 절제했다. 이는 남성이 얌전한 숙녀에게 경의를 표하며 기술적 묘기를 수행하는 기사도적 관계였고, 섹슈얼리티에 대해서 흔히 가지는 견해들 역시 반영되어 있었다. 여성은 생물학적, 육체적으로 남성과 동일하지만 약간 더 발달되었고 "열"이 약간 덜하다는 생각이었다. 이 차이는 정도의 차이이지 종류의 차이는 아니었고, 춤에도 그런 식으로 반영되었다.

다른 위계들 역시 존재했으니, 모든 육체가 평등하게 고려된 것은 아니었다. (생-시몽이 말했듯이) "등급, 불평등, 차이"는 물질세계에서뿐만 아니라 사회에서도 자연스러운 동시에 바람직하다는 생각에 따라서, 어떤 육체들은 다른 육체들보다 "더 높고", 귀족적 스타일을 수행하기에 더 적합하다고 인식되었다. (모든 육체들은 어쨌거나 다르다는) 이 이론의 여지가 없어 보이는 사실을 인정하다 보니, 연기자들은 시간이 흐를수록 점점 더 규정된 장르들에 특화되었다. "진지(serious)" 혹은 "귀족(noble)", "데미-캐릭터(demi-character)", (그리고 마지막으로) "코믹(comic)"이었다. 이 범주들은 절대 엄중하거나 고정되지 않았다. 예를 들면 한 무용수가 특정한 춤에서 다른 장르들을 넘나들 수 있었고, 이국적, 환상적, 해학적 등의 다른 극적 효과를 내도록 동작 스타일을 왜곡하는 것도 가능했다. 하지만 1820년대에 이르러 (고갈되고 궁지에 몰려서) 결국 붕괴할 때까지, 이 범주들은 대부분의 사람들이 당연하게 여기는 중요 한계들을 제시했다.[31]

우리가 지금껏 살펴본 바와 같이, 진지하고 귀족적인 스타일의 춤들은 길고 가늘고 우아한 비율의 육체를 가진 남자들이 공연하는 것이 이상적이었다. 18세기의 당쇠르 노블(danseur noble : 원래는 귀족적 특성의 남성 무용수를 가리켰지만 오늘날에는 남성 주역 무용수의 뜻으로 사용된다/역주)인 가에탕 베스트리스는 "춤의 신"으로 알려졌다. 그의 육체의 키와 아름다움은 너무나 인상적이어서 호러스 월폴은 언젠가 베스트리스는 "유일하게 완벽한 존재이고, 남자나 여자의 기억의 환상으로부터 추락한" 것이 틀림없다고 논평했다. 사회적 사다리 아랫단의 데미-캐릭터 무용수는 귀족적인 상대역보다 더 다부졌으며 좀더 빠르게 움직였다. 그의 진가는 도약과 섬세한 육체적 기지에 있었다. 코믹 댄서는 굳세고 쾌활했고, 농부와 덜 세련된 부류를 맡았다.³²

물론 무대 위에 있는 무용수가 누구인지는 그가 입은 의상에도 달려 있었다. 무용수들은 발레에서 무도회와 마찬가지로 재단사, 보석 세공사, 미용사, 그리고 여타 관련 장인들이 가장 비싸고 사치스러운 옷감들과 장신구들을 가지고 디자인한 최신 유행으로 차려입었다. 그림과 연극의 관행과 마찬가지로 가장 고귀하고 귀족적으로 여겨진 것은 로마식 의상이었다. 그리하여 루이 14세는 종종 분을 뿌린 가발이나 값비싼 보석이나 영웅의 투구에 거대한 양치식물처럼 꽂힌 (희귀하고 비싼) 타조 깃털처럼, 고귀한 출생과 성격을 보여주는 여타 상징들로 치장하고 로마 황제로서 등장했다.* 중요한 것은 등장인물에 대한 묘사보다는 예절 규범의 존중이었다. 옷은 등장인물이 사회적 위계에서 차지하는 자리를 보여주는 하나의 방식이었다. 옷감, 깃털, 보석, 옷자락의 품질, 수, 값어치, 길이가 모두 신분에 따라 조정되었다. 그렇지만 공연 분위기가 지나치게 저하되는 일은 절대 없었다. 농부 역을 하는 사람들까지 비단 옷을 입었다.

성격적 혹은 우의적 의미들은 소품, 머리장식, 최신 유행 복색에 꿰맨 상징물로 전달되었다. 밤은 옷감 전체에 흩뿌려진 별들로 표시되었고, 그리스인, 이슬람 교도, 미국인은 이국적인 모자로 알아볼 수 있었으며, 사랑은 장밋빛 옷감을 둘렀을 것이다. 특히 재치 있는 의상을 입은 것은 「병든 세상(le monde malade)」이었다. 그 무용수는 올림푸스 산 모양의 모자를 쓰고, 몸에는 가슴은 프랑스, 배는 독일, 다리는 이탈리아, 팔에는 스페인 지도가 그려져 있었으며, 신랄하게도 팔에 거머리를 붙여 무용 중 피를 뽑고 있었다고 한다(루이의 치세에 프랑스와 스페인은 자주 전쟁을 벌였다. 거머리로 피를 뽑는 것은 과거에 흔히 쓰이던 치료법이었다/역주).

얼굴 역시 의상을 입었다. 얼굴 전체 혹은 상부만 가리는 가면은 무대와 궁정 모두에서 필수였다. 가죽이나 벨벳이나 직물로 만든 가면은 안쪽에 부착

---

* 가발은 아마 루이 13세에 의해서 도입되었을 것이다. 그는 고운 곱슬머리를 갈망했지만 자신의 머리가 벗겨지고 있다는 사실을 깨달았다.

된 구슬을 치아로 깨물거나 아니면 화려한 리본으로 머리를 둘러 묶어서 고정시킬 수 있었다. 가면은 장식적인 장신구가 아니라 옷의 필수적 부분이었다. 인간의 성격이란 체액과 체질의 특정한 혼합에 의해서 결정되는 불변의 것으로 믿어졌다. 아무리 연기를 해도 한 개인의 정체성을 숨기거나 바꾸는 것은 불가능했고, 가면을 쓰는 것은 본인이 아닌 다른 존재가 되는 유일한 방법이었다. 따라서 무용수들은 자신이 맡은 등장인물이 "되려고" 시도하지 않았다. 그들은 태생과 신분의 상징을 걸침으로써 그 등장인물로 가장했다. 가면을 무릎, 팔꿈치, 가슴, 심지어 머리카락에도 착용한 것은 그런 이유에서였다.

조신들은 가면을 쓰지 않을 때도 관례적으로 (고도로 유독한) 백연으로 만든 분을 보통 계란흰자로 만든 광택제와 섞어서 얼굴, 목, 가슴에 두껍게 칠했다. 특히 여성들이 그랬다. 그러면 하얀 바탕 위에 붉은 입술과 푸른 정맥을 그려서 완벽하게 흠 없는 용모를 창조할 수 있었다. 가슴 한복판이나 눈꼬리에는 흔히 붉은 가죽이나 검은 호박단을 열정, 재치 있는 기질 등을 상징하는 도형으로 잘라낸 조각들을 붙였다. 이렇듯 가면과 가면 쓰기는 외모와 수완, 그리고 속임수라는 보다 큰 연극의 일부였고, 발레는 그냥 그 연극의 하나의 표현이었다. 라 브뤼예르의 유명한 말처럼 가장 중요한 것은 육체적, 감정적 통제였다. "궁정에 정통한 사람은 몸짓, 눈, 얼굴의 달인이다.……그는 심오하고 불가해하다. 그는 나쁜 신호들은 숨기고, 자신의 적들에게 미소를 지으며, 짜증을 통제하고, 열정을 감추고, 자신의 마음을 오해하게 만들고, 자신의 감정과 상반되게 이야기하고 행동한다."[33]

춤출 때의 의상 관행은 확연히 남성에게 유리했다. 로마 스타일 옷이나 최신 유행인 옷자락이 늘어진 조끼, 반바지, 비단 스타킹은 다리가 자유로우면서 잘 보이게 만들었다. 여성들에게는 그런 자유가 없었다. 클로드-프랑수아 메네스트리에는 무미건조하게 지적했다. "여성들의 옷은 길어야 하므로 [춤에] 덜 적합하다." 실제로 그랬다. 바닥까지 끌리는 무거운 치마를 페티코트 위에 입고, 상체에는 맨투어(mantua : 17세기 후반 및 18세기에 입던 여성 의상. 맨투어는 원래는 헐렁한 가운이었지만 나중에는 페티코트와 기타 안에 입는 옷들 위에 걸치는 오버가운이 되었다/역주), 에이프런, **뻣뻣한 보디스와 코르셋**은 꼿꼿한 자세와 품위 있

마드무아젤 쉬블리니와 무슈 발롱 : 장식적인 의상들은 춤의 일부였다.

는 행동거지를 위해서 움직임을 제한했다. 그렇지만 이런 옷을 꼭 장애물로만 볼 필요는 없었다. 여성은 옷을 마치 육체의 일부처럼 다루었고, 옷의 건축적 구조는 여성의 균형과 키에 이바지했다. 예술은 드러내기보다는 감추기에, 자기 표현보다는 인위성에 있었다. 옷감, 가발, 가면, 장신구, 화장은 자연 위에 층층이 쌓여서 육체를 예술 작품으로 만들도록 디자인되었다.[34]

남은 것은 발이라는 점이 무엇보다도 중요한 문제이다. 발 위에서 육체의 정교한 전체 구조가 균형을 잡는다. 결국 과시되는 것은 발이었다. 발은 여성의 로브(robe : 아래위가 하나로 붙어 있는 헐렁한 긴 옷/역주)로부터 살짝 빠져나와 있었고, 남성들은 날랜 발놀림, 맞부딪히기, 장식적 스텝을 통해서 자신의 기교를 입증했다. 푀이예의 표기법이 발의 어느 부분이 언제 그리고 어떻게 바닥에 놓여야 하는지는 정확히 기록하면서도, 머리, 가슴, 양골반, 양팔은 명시하지 않아서 아마도 발을 따라갔을 것으로 추정되는 것은 우연이 아니다.

무용수들은 길에서 신는 신발을 신고 공연했는데, 이들은 보통 장식된 비단이나 벨벳, 펠트, 가죽으로 만들어졌다. 왼쪽 신과 오른쪽 신의 차이는 전혀 없었고, 양발은 양다리의 밑단을 장식하는 두 세공받침 비슷했다. 남성의 신발은 앞쪽이 네모지고 뒤쪽에는 굵고 낮은 굽이 달려 있었으며, 여성용은 앞코가 더 뾰족하면서 더 높고 가는 굽이 발등께로부터 달려 있었다. 따라서 남성은 여성은 절대 바랄 수 없을 만큼 수월하게 움직이며 균형을 유지했다. 남성용 신발의 길고 점점 가늘어지는 윤곽 때문에 스텝들은 단호할 수밖에 없었다. 만일 발을 끌며 걸으면 끔찍하고 치욕적이게도 넘어질 수 있었다. 반면 여성의 발은 발바닥 아치를 중심으로 둥그렇게 말려 있었으며, 발등께에 끼워진 굽은 체중을 추선을 따라 곧장 내리꽂아서, 여성의 코르셋으로 조인 자세를 한층 강조하는 동시에 작고 섬세한 스텝들이 필요하게 만들었다.

발에 대한 이런 강박에 근거가 없지는 않았다. 17세기적 사고방식에서 발은 매혹과 관능적 환상의 대상이었고, 신발은 요염하고 과시적이며 지위의 명쾌한 상징일 수 있었다. 조신들은 (지위를 보여주는) 붉은색의 굽 높은 신발을 신었는데, 이 신발은 흔히 리본, 금이나 은이나 보석 버클, 더불어 사랑, 꽃, 양치기, 심지어 중요한 전투들을 묘사하는 그림으로 장식되어 있었다. 특히 여성들이 작은 발을 갈망했는데, 발을 밀랍을 바른 리넨 리본으로 싸매서 신발에 억지로 집어넣다 보니 혈액순환 방해로 많은 젊은 조신들이 고통으로 기절했다고 한다. 18세기 초 무용수 마리-안 드 퀴피 드 카마르고의 고운 발이 얼마나 찬양되었던지, 궁정 귀부인들은 자신들도 "세상에서 가장 예쁜 발"을 가질 수 있기를 바라며 그녀의 제화공에게로 밀려들었다고 한다(그는 부자가 되었다).[35]

이렇듯 신발, 의상, 가면, 화장은 모두 라 벨 당스의 일부였고, 이 춤은 귀족성의 계획적이고 정제된 표현이었다. 현대인의 눈에 프랑스 궁정 무용은 흔히 깨지기 쉬운 계란껍질 같은 스타일을 가진 것으로 보일지 모른다. 마치 내면에 어떤 진정한 실체도 없는 부자연스러운 가짜 페르소나 고도로 장식적인 외관처럼 보이는 것이다. 하지만 17세기 프랑스에서 위계, 계급, 균형, 증가된 육체적 통제는 모두 훨씬 큰 사회적, 정치적 설계의 일부였다는 점을 기억하는 것은 중요하다. 외관은 곧 실체였고, 라 벨 당스는 귀족성을 보여주고 획득하는 하나의 방법이었다.

라 벨 당스의 현란한 몸짓의 인위성을 고전주의의 순수함 및 엄격함과 동일시하는 것 역시 이상하게 생각될지 모른다. 그렇지만 라 벨 당스는 규칙과 이상에 대한 엄격한 집중에서, 그리고 형태적 정확성, 균형, 인간의 완벽성 개념에 대한 몰두에서 고전파 예술과 매우 비슷하다. 보샹의 다섯 포지션들을 통달하기 위해서 육체를 훈련하면서 움직임을 지배하는 그 세세한 법칙들에 정신을 집중하던 사람들은 때로는 큰 속임수에 빠진 것으로 간주되곤 한다. 하지만 라 벨 당스는 루이의 궁정을 거울처럼 보여주면서도 동시에 이를 초월하기도 했다. 육체를 이렇듯 선형적이고 기하학적으로 조직하는 데에 요구되던 자기 통제와 질서는, 이것에 예법이 아니라 춤의 형태를 준 궁정보다 오래 살아남게 될 참이었다. 바로 고전 발레이다.

발레는 쌍둥이 기둥들 위에 서 있었다. 라 벨 당스가 한 기둥이었고, 이것은 귀족이 어떻게 춤추는지를 규정했다. 두 번째 기둥은 스펙터클이었다. 발레는 오늘날처럼 극장에서 관객을 위해서 공연되는 저녁 시간 길이의 공연이 아직 아니었다. 발레는 여전히 궁정 발레였고, 권력을 가진 자들이 권력을 가진 자들을 위해서 공연하는 장엄한 권력 과시에 훨씬 더 가까웠다. 라 벨 당스와 궁정 발레는 여러 가지 측면에서 한통속이었다. 둘 다 궁정의 삶을 지배하는 위계와 왕의 위엄을 대변하고 확언했다. 하지만 이들은 긴장 상태로 존재하기도 했다. 라 벨 당스가 엄격한 고전적 규율을 의미했다면, 궁정 발레는 더 호화롭게 사치스러운 바로크 미학 쪽을 확연히 향했다. 따라서 루이 치세의 연극적 스펙터클의 원천과 엄청난 규모는 잠시 곱씹어볼 가치가 있다. 왜냐하면 이 또한 발레의 특성을 정의했기 때문이다.

　그 출발점이 가톨릭 교회라는 것은 이상하게 보일지 모른다. 가톨릭 교회가 극적인 전례로 유명할지언정 전통적으로 춤에는 비호의적이었기 때문이다. 1666년 알렉상드르 바레는 14세기 성 요한 크리소스톰의 글들에서 끌어온 권위에 의지해서 "춤이 있는 곳에 악마도 있다"고 호통쳤다. 춤추기는 "격정을 자극함으로써 점프의 소음 속에서 겸손이 사명을 잃고 자포자기해서 붕괴되게 만들 뿐이다"라는 4세기의 권위자 성 암브로스를 인용한 다른 분노도 있다. 사실 대중 앞에서 공연하는 배우들과 무용수들은 자동으로 파문되었고 종부성사와 기독교식 장례식도 거절당했다.*36

예술에 대한 루이 14세의 이름난 열정의 맥락에서 이런 혹독한 금지의 역설은 더욱 극심해졌다. 라 브뤼예르는 이 점을 놓치지 않았다. 그는 이렇게 썼다. "이보다 더 기괴한 발상이 무엇일까? 혼성 기독교인 무리가 특정한 날들마다 한 방에 모여서, 선금을 받고 쾌락을 베풀기 위해서 왔을 뿐인 파문당한 인간들의 극단에 박수를 보내다니." 볼테르는 다음 세기로부터 반격을 날렸다. "루이 14세와 그의 궁정 전체가 무대에서 춤을 추었다. 그대는 그들이 파문당했다고 생각하는가?……그렇지만 만일 루이 14세가 본인의 쾌락을 위해서 춤을 추었다는 이유로 파문되지 않았다면, 프랑스 왕의 완전한 허락하에서 약간의 돈을 받고 동일한 쾌락을 베푼 사람들을 파문한 것은 그다지 공정해 보이지 않는다."37

그렇지만 가톨릭 교도들 중에도 무용수들과 무용이 옳다고 생각하는 집단이 하나 있었다. 바로 예수회였다. 예수회는 반종교개혁적 열정과 영혼을 구원하기 위해서 예술을 이용하려는 열망으로 유명했고, 발레와 스펙터클을 신자들을 끌어들이고 영감을 주는 한 방법으로 보았다. 발레에 대한 가장 열정적인 논문들 중 여럿이 예수회 신부들에 의해서 쓰인 것은 우연이 아니다. 사실 궁정과 저명한 예수회 학교들 사이에는 꾸준한 교류가 있었다. 콜레주 드 클레르몽(Collège de Clermont)은 프랑스와 외국 상류층을 교육하는 곳이었는데, 보샹, 페쿠르, 그리고 여타 높이 평가받는 무용수들이 이곳에서 정기적으로 가르치고 공연했다(이 학교는 1682년 루이-르-그랑[Louis-le-Grand]으로 이름이 바뀌었다).

예수회 학교에서 (다수가 미래의 조신인) 학생들은 연설과 함께 춤, 몸짓, 낭송의 "침묵의 수사학"을 배웠다. 그들은 고개를 아주 적당하게, 뒤로 숙이

---

* 인생의 상당 부분을 왕을 즐겁게 해주는 데에 쓴 몰리에르는 종부성사를 거부당하고 적절한 기독교 장례식도 거절당했다. 무용수이자 음악가이자 궁정 작곡가인 장-바티스트 륄리는 임종시 사제를 불렀는데, 그의 마지막 오페라를 불태우고 직업을 단념하라는 강요를 받고 그렇게 했다(그렇지만 전해지는 말에 의하면 다른 복사본을 몰래 간직했다고 한다). 그의 장례식은 마들렌 사원에서 성대하게 치러졌다.

거나 개처럼 앞으로 늘어뜨리지 않으면서, 너무 쳐들거나(거만하거나) 너무 숙이지(무시하지) 않고, 확고하면서 곧추선 자세를 유지하는 법을 배웠다. 양손은 옆구리에 붙인 채 몸통보다 살짝 앞에 있어야 했고, 양팔은 언제나 평형을 유지하되 절대 걸음에 맞춰 휘두르거나 어깨보다 높이 올리지 말아야 했다. 그들은 좋은 웅변가는 균형 잡힌 육체를 가져야 한다는 말을 들었고(짧은 목은 곤란했다. 너무 웃기니까), 자신들의 몸짓이 성스러운 빛 속에 빛나는 신성한 육체를 가진 왕과 추기경의 몸짓과 어울리도록 연마하기 위해서 분투했다.[38]

학생들은 매년 저명한 조신들인 관객을 위해서 라틴어로 연기되는 비극을 총력을 기울인 발레적 막간극들을 곁들여서 공연했는데, 콜레주 드 클레르몽에서는 관객에 흔히 왕이 포함되었다. 이 발레들은 수사학 교수들에 의해서 쓰이고 디자인되었으며, 그 목적은 설득이었다. 교수들은 발레 마스터들과 공동 작업을 통해서 최신 무대 효과를 갖춘 정교하고 풍부하게 치장된 제작물을 창작했다. 그렇지만 그들의 발레들은 차갑고 장식적이라는 이유로 예수회 신부들에게 경멸받는 단순한 오락이나 막간극(divertissement)이 절대 아니었다. 그 반대로, 예수회의 발레들은 같이 공연되는 로마 연극의 주제를 반영했다. 나아가 이 발레들은 관객에게 강력한 감정적 지배를 행사함으로써 그들을 "초자연적이고 비일상적인" 세상으로 끌어당기리라고 기대되었다. 이 발레들에는 「종교의 승리(Le Triomphe de la réligion)」같은 제목이 붙었다. (보통은 모조인) 대리석과 금으로 만든 거대한 비비 꼬인 기둥들이 있는 바로크 교회 건축과 같은 맥락으로, 인간을 신에게로 데려가기 위해서 디자인되었다고 간주되었다.[39]

이런 예수회 제작물이 아무리 장엄해도 궁정에서 공연된 발레들의 경쟁자는 아니었다. 교회는 다른 곳에서도 너무나 많이 그랬듯이 프랑스 국가 앞에서 빛을 잃었다. 1664년 5월 베르사유에서 열린 사흘간의 행사 「마법에 걸린 섬의 쾌락(Les Plaisirs de L'Île enchantée)」을 생각해보자. 이는 왕비를 기리는 발레였는데, (불명예스럽게도, 그리고 모후인 오스트리아의 안느에게는 크게 상심스럽게도) 왕의 정부인 매력적인 마드무아젤 드 라 발리에르를 기리는 것으로 이해되기도 했다. 베르사유는 나중처럼 사치스러운 궁전이 아직 아니었다. 이곳은 아직 사냥 숙소였고 거대한 성과 정원은 몇 년 후에야 완성될 것이었다. 따라서 무대장치, 의상, 음식, 식수를 운반하고 자재들을 조립하는 물류 관리는 한층 고생스러웠지만 참석자들에게는 그만큼 인상적이었다.

축하 행사들은 루도비코 아리오스토의 유명한 시의 아름다운 여자 마법사 알시네의 포로가 된 편력 기사 로저의 이야기를 극화했다. 왕과 600명가량의 수행 조신들은 날마다 다른 야외 장소로 이동했고, 마침내 그들의 즐거움을 위해서 특별히 건설된 알시네의 장려한 궁전이 있는 호숫가에서 마무리했다. 밤에는 수백 개의 양초와 타오르는 횃불로 환상적으로 밝혀지는 길에, 로저 연기를 하는 왕이 다이아몬드가 박힌 의상을 입고 거대한 종마를 탄 채 등장했다. 사계를 주제로 하는 호화로운 연회가 열렸고(손님들은 엄격하게 신분 순서대로 앉았다), 무용수들은 황도 12궁의 별자리와 "계절들"의 역을 맡아 각각 말, 낙타, 코끼리, 곰을 타고 등장했다. 화려하게 장식된 음식이 담긴 거대한 접시를 든 연기자들이 뒤따랐고, 예술가들과 장인들의 "작은 군대"가 이 주목받는 행사를 위한 계획으로 준비한 (몰리에르 작의) 연극과 기타 여흥이 있었다. 마지막 날, 총력을 기울인 발레를 통해서 알시네의 마법 궁전의 습격이 연기되었다. 궁전은 춤추는 거인, 난쟁이, 악마, 괴물들이 지키고 있었다. (이번에는 왕이 지켜보면서 주재하도록 전문가가 춤을 추는) 로저는 결국 천둥 번개 한복판에서 마법 지팡이를 휘둘러서 폭죽이 터지는 가운데 궁전을 무너뜨렸다.[40]

발레는 이렇듯 웅장하고 의례화된 스펙터클, 즉 감각적 쾌락과 호화로운 여흥의 세계의 한 요소였다. 이런 비슷한 공연들에서 신분은 공로와 왕의 특혜보다 덜 중요했다. 보상을 필두로 여타 (귀족이 아닌) 전문 발레 마스터들은 종종 왕족과 어깨를 나란히 하면서 각각 할당된 영웅 역과 우스꽝스러운 역을 공연했다. 루이 14세는 아버지와 마찬가지로 매력적인 시골 소녀 역도 했고, 보샹은 우아한 외모와 웅장한 움직임들로 유명했다. 그렇지만 혈통이 기술에 승리하는 결정적인 순간이 있었다. 궁정 발레의 말미에는 거의 언제나 별개의 짧은 발레인 그랑 발레가 선보였다. 이는 의식적(儀式的) 해결이자 음조적, 자연적 질서로의 복귀 역할을 했다. 이 그랑 발레는 최소한 「왕비의 발레 코미크」 시절까지 거슬러올라가는 관행에 따라 전통적으로 귀족들과 왕이 추었다. 그들은 보통 검은 가면을 쓰고 신분에 따라 정렬했다. 그랑 발레의 스텝들과 도형들은 지극히 엄밀한 의미에서 귀족적인 동시에 안무적이어서, 선행된 스펙터클의 보다 자유롭고 즉흥적이며 해학적인 춤들과는 확연히 대조적이었다.

조신들은 이 사실을 완벽하게 인지했을 것이다. 왜냐하면 왕의 무도회에서 무용수들은 그랑 발레에서와 마찬가지로 미리 선택되어 신분에 따른 순서대로 공연했기 때문이다. 춤을 추지 않는 사람들은 (예외는 나이로 인해서 만들어졌다) 지켜보면서 품평했다. 이렇듯 그랑 발레는 극장과 삶 사이에서, 스펙터클의 환상적이고 우의적인 세계와 궁정의 위계적으로 조직된 세계 사이에서, 궁정 발레와 라 벨 당스 사이에서 가교 역할을 했다. 그랑 발레는 압축이자 요약이었다. 이 춤의 스텝들과 도형들에서 스펙터클의 교훈을 추출할 수 있었다. 이는 마치 음악에서 극적인 제시부 말미의 최종 화음 같았다. 이는 공적 위계들을 재수립했고, 연기자들을 그들의 신분으로 복귀시켰으며, 사회적 관계들을 지배하는 질서와 규율을 공식적으로 확인했다.

궁정 발레는 프랑스 군주제와 너무나 긴밀하게 융합되어 있어서 왕 자신처럼 불멸의 것으로 보였다. 그러나 그렇지 않았다. 발레는 루이의 치세(1643-1715) 동안 불안정해지면서 느리지만 돌이킬 수 없는 쇠퇴로 빠져들었다. 표면적인 원인은 이탈리아로부터 직수입된, 관계는 있을지언정 경합적인 예술 형식인 오페라의 발전일 수 있다. 또 하나의 더 직접적인 원인은 장-바티스트 몰리에르(1622-1673)와 코메디-발레(comédie-ballet)였다. 1660년대에 몰리에르는 궁정 작곡가 장-바티스트 륄리(1632-1687)와 발레 마스터 보샹과 함께 긴밀하게 작업했으며, 명민한 기술적 혁신과 장대한 규모의 스펙터클로 유명한 이탈리아인 기계 제작자 카를로 비가라니와도 종종 함께했다. 이들은 엄청난 팀이었다. 이 예술가들은 함께 인습타파적이면서 심술궂을 정도로 재기 넘치는 여흥들을 창조했고, 그것들은 종종 연회나 왕의 스펙터클의 경축행사에서 공연되었다. 시간이 지나자 이런 여흥들은 (그들이 일부를 이루던) 궁정 발레를 외부에서의 공격이 아니라 내부로부터의 절삭을 통해서 약화시켰다. 궁정 발레가 돌연 사라지거나 무엇인가 새로운 것으로 변형된 것은 아니었다. 그보다는 흐름과 소멸의 문제에 가까웠다. 제멋대로 뻗어나가던 궁정 발레가 점점 일관성을 잃다가 다른 극 형식들에 의해서 대체된 것이다.

코메디-발레에는 궁정 발레에 없는 모든 것이 있었다. 이것은 간결하고 탄탄하게 만들어진 풍자 장르였고, 연극과 음악을 발레와 혼합해서 (몰리에르가 말했듯이) 플롯으로 "꿰매넣었다." 따라서 춤은 불필요한 막간극이 아니라 플롯으로부터 발달해나왔다. 즉 연기의 일부였다. 사상 최초로 제작된 코메디-발레는「훼방꾼들(Les fâcheux)」이었다. 이 작품은 1661년 루이 14세의 비운의 재무장관 니콜라 푸케가 베푼 잔치에서 공연되었다.* 몰리에르와 보샹(륄리는 아직 참여하지 않았다)은 원래 연극과 춤 여흥을 별개의 것으로 구상했다. 하지만 그들에게는 좋은 무용수들이 부족했고, 무용수들이 다양한 등장인물(entrée)의 의상으로 갈아입으려면 시간이 필요했다. 그리하여 배우들이 자기 부분을 공연하는 동안 무용수들이 갈아입을 시간을 주도록 춤을 연극에 "꿰매넣기"로 결정되었다. 왕은 만족했고, 다른 코메디-발레들이 뒤따랐다.

그렇지만 코메디-발레는 연극적 즉흥성의 산물만은 아니었다. 이것은 당시의 관행에도 깊이 의지했다. 예를 들면 몰리에르는 프레시외즈(précieuses)라고 불리던 파리 문학 모임들의 언어적 재치에 정통했다. 이런 모임들은 독립적 사고방식의 여성들에 의해서 주도되었다. 그들의 친밀한 교제, 그리고 예법과 궁정 연애에 대한 재기 넘치고 박식한 대화는 루이의 숨 막히는 궁정 문화로부터 일종의 도피처였다. 프레셔스는 종종 궁정 문화와 (몰리에르처럼) 교묘하게 맞섰다. 1659년 몰리에르는「잘난 체하는 아가씨들(Les précieuses ridicules)」이라는 날카로운 풍자극에서 그들과 맞먹는 기지를 선보였다. 몰리에르도 콜레주 드 클레르몽에 입학했고 예수회의 예술을 철저히 배웠다는 것에 놀라서는 안 될 것이다. 발레를 비극에 사실상 구속하는 관행뿐 아니라 특히 수사학과 도학의 예술도였다. 그가 코메디아 델라르테(commedia dell'arte : 6

---

* 푸케는 곧 해임되고 투옥될 참이었다. 그의 몰락 또한 왕이 조정한 보다 큰 권력 유희의 일부였지만, 이 잔치의 사치스러움과 자신이 위대하다고 생각한 점이 원인이라는 소문이 돌았다.

세기부터 18세기에 걸쳐서 이탈리아에서 발달한 가벼운 희극. 뚜렷한 각본이 있다기보다는 배우의 즉흥적 재간에 많이 의존했다. 노래, 춤, 곡예 등의 요소가 중요시되었으며, 일정한 유형의 등장인물들이 정해진 가면과 의상을 걸쳤다/역주)에서 영향을 받았고 파리에서 가장 뛰어난 극단들 중 하나와 극장을 공유했다는 사실도 마찬가지이다.

코메디아 델라르테가 중요했던 것은 그것이 진지하면서도 우스꽝스러운 예술이었기 때문이다. 오늘날은 이것을 즉흥 익살과 야단법석, 그리고 피에로, 할리퀸(Harlequin) 등 여타 광대 등장인물들과 곧바로 연관 짓는다. 그러나 이는 이야기의 절반에 불과하다. 도입기부터 17세기까지 코메디아 델라르테 연기자들은 귀족 가문이 고용한 광대와 배우들이었는데, 그들은 오비디우스와 베르길리우스까지 거슬러올라가는 코미디와 연극에 속속들이 정통했다(일부는 아카데미에 입학해서 문학과 예술을 공부하기까지 했다). 이 연기자들은 귀족 후원자들을 만족시키기 위해서 자신들의 공연에 문학적 암시를 가미했지만, 뻣뻣하고 거만한 학문적 유행과 이를 받아들인 남녀의 거들먹거림을 조롱하고 흉내내고 경멸을 퍼부으면서 다시 본래의 장르로 돌아왔다. 격식 차린 연극과 어릿광대 즉흥극 사이의, 그리고 고급 어법과 통속적 어법들 사이의 날카로운 긴장은 코메디아 델라르테의 호소력의 핵심이었다.

륄리는 이 전통의 문외한이 아니었다. 피렌체 출신인 그는 저명한 궁정 작곡가가 되기 전에 먼저 바이올리니스트와 무용수(baladin)로서 루이 14세를 섬겼다(그의 천문학적 출세와 방탕한 습관들은 끝없는 뒷소문과 억측의 주제였다). 그는 코메디-발레에서 격식을 차리는 춤들은 보샹에게 맡겼다. 하지만 더 우스꽝스러운 배역들은 개인적으로 감독하고 춤추면서 종종 자유로운 즉흥성을 보여주었다. 사실 그는 바람 같은 신속함을 가진 것으로, 그리고 빠른 두뇌 회전이 필요한 스텝들과 시퀀스들을 따라갈 수 없는 "대부분의 잘나신 분들의 멍청함"을 못 견디는 것으로 유명했다.[41]

1670년 몰리에르와 륄리는 「부르주아 귀족(Le Bourgeois gentilhomme)」을 통해서 그들의 풍자적 재치를 발레와 궁정 스펙터클의 관행들로 돌렸다. 샹보르 성에서 왕을 위해서 초연된 이 연극은 부르주아적 야심과 궁정 예법의 제멋대로 규칙들의 통렬한 초상이었다. 부를 통한 신분 상승을 열망하는 졸부 무슈 주르댕은 우스꽝스러울 정도로 꼴사나운 데다가 상류 사회에서 요구되는 예의범절을 제대로 배우지 못했다. 그는 재단사, 음악가, 철학자, 발레 마스터를 고용해서 자신에게 교양 있는 조신이면서 귀족처럼 처신하는 방법을 가르치게 하지만 이것으로는 충분하지 않다. 그가 진정한 귀족이 되려면 어느 후작부인에 대한 구애라는 엄격한 시험을 통과해야 한다. 맵시 좋고 자기 잇속만 차리는 조언자들이 들려준 바에 의하면 이는 그녀에게 그랑 발레를 선보여야 한다는 뜻이다.[42]

(궁정 아첨꾼의 풍자적 모방이기도 한) 무용 교사는 무슈 주르댕에게 절하기와 미뉴에트 추기를 가르친다. 절을 하려면 한 걸음 뒤로 물러나고 몸을 숙인 후에 세 걸음 앞으로 가는데, 매번 몸을 숙이되 "마지막에는 무릎 높이까지 숙여야 한다." 하지만 그는 은밀하게 공격을 퍼붓는다. 그는 루이 14세의 왕립 무용 아카데미의 장로들의 말을 되풀이하여, 춤은 예술이고 이 돈 밝히는 부르주아에게 더렵혀져서는 안 된다고 선언한다. 그는 펜싱 교사에게 분연히 덤벼든다. "웃기는 땅꼬마 짐승이 가슴받이 갑옷이나 입고는……쇳덩어리 때리기의 달인이로세." 그리고는 거만한 몸짓으로 춤이 훨씬 우월한 예술이라고 선언한다. "춤추기 없이 인간은 아무것도 할 수 없습니다.……인류의 모든 불운들, 역사에 가득한 모든 재난, 정치가들의 엉망진창과 장군들의 실수, 이 모든 것이 춤을 못 배운 데에서 옵니다."[43]

최후의 그랑 발레인 「국가들의 발레(Ballet des Nations)」에 이르면 우리는 둔중한 터키 익살꾼이 수행하는 반(反)그랑 발레를 대하게 된다. 근래에 오스만 제국 사절이 프랑스 궁정을 방문했다가 그 변덕스러운 요구사항들에 당연히 어리둥절해서 서툰 행동거지를 보였는데, 이 발레는 이에 대한 통렬한 논평이었다. 초연에서 륄리가 공연한 (그리고 틀림없이 장난스럽게 즉흥 공연했을) 이슬람 율법가의 익살극을 능가할 만한 것은 몰리에르 본인이 연기한 무슈 주르댕의 익살극뿐이었다. 물론 이 그랑 발레는 해결이 아니라 통렬한 공격이었다. 이번에는 최고위 귀족들이 아니라 전문 무용수들이 공연한 이 춤은 전통적인 의식적 해결을 풍자했다.

「부르주아 귀족」은 발레 역사상 중요한 순간을 의미한다. 그것이 이룬 것 때문이 아니라 전통을 요약해서 이를 거꾸로 돌린 방식 때문이다. 아무리 열성적인 조신들이 공연했더라도 이런 발레에서 궁정 발레의 의식적 장려함이 조금이라도 나타날 수 있다고 상상하기는 어렵다. 나아가 그것은 새로운 장르였다. 전통적으로 왕의 스펙터클을 매끄럽게 하던 장황하고 극의 주제와 무관한 막간극들이 확실히 빠진, 일종의 축소판 궁정 발레였다. 코메디-발레는 극의 일관성을 위해서 궁정 발레의 기름기를 벗겨냈고, 「부르주아 귀족」은 이를 조롱함으로써 임무를 완수했다. 그렇지만 코메디-발레가 궁정 발레 안에서 성장했다는 바로 그 사실은, 즉 연극 안의 연극이라는 사실은 루이의 궁정과 그 의식적 형식들의 강력함과 지속력을 보여주는 것이기도 했다. 이 둘은 공존이 가능했고, 실제로 공존했다. 하지만 그 풍자적 분위기는 문을 열어젖혔고, 그러자 변화로 가는 길은 맑게 갰다.

　몰리에르도 륄리도 코메디-발레를 그만두지 않았다. 왕도 마찬가지였다. 1671년 루이 14세는 그들에게 파리의 튈르리 궁전에서 공연될 새 작품에서 피에르 코르네유, 오페라 대본 작가 필리프 키노와 공동 작업할 것을 요구했다. 이렇듯 다방면에 걸친 공동 작업자 집단이 모인 적은 거의 없었다. 프랑스 비극의 양심인 코르네유는 가벼운 키노와 별 공통점이 없었고, 몰리에르나 륄리의 박력 있지만 이탈리아적인 스타일과도 마찬가지였다. 방대한 기계 극장(théâtre à machines)인 튈르리 궁전은 1662년 비가라니에 의해서 건설되었다. 최소 6,000명을 수용할 수 있는 이 궁전은 대리석, 금, 인상적인 기둥들로 내부장식된 중후한 분위기였다. 그리고 당시의 어떤 극장보다도 1.5배나 되는 너비에 생각할 수 있는 모든 기계장치가 완비된 무대를 가져서 어마어마한 느낌이었다. 그 발상은 순수한 바로크 양식이었다. 무한대로 펼쳐지는 풍경과 하늘이라는 환상으로 관객을 뒤덮는다는 것이었다. 비가라니는 환상을 강화하기 위해서 사람들을 추가로 그리기까지 해서, 일련의 윙들과 그루브들(관객이 보는 상태에서 윙이나 플랫을 바꿀 수 있는 무대장치. 지나간 장면의 윙은 오른쪽과 왼쪽으로 들어가고, 새 윙이 나오며 뒷배경은 중앙에서 갈라져 반씩 교환된다/역주)을 따라 뒤쪽으로 펼쳐지며 수평선으로 갈수록 작아지는 마분지 군중들이 무대에 상주했다. 결과는 시각적으로는 극적이었을 수 있으나 그 인상적인 거대함이 청각적으로는 재앙이어서 극장은 무용지물이 되었다. 새로운 제작물인 「프시케(Psyché)」는 이곳을 퇴물로부터 부활시키려고 했다.

「프시케」는 새로운 것을 약속했다. 트라제디-발레(tragédie-ballet)였다. 이것은 진지한 주제를 발레 및 정교한 무대 효과와 결합하려는 야심찬 시도였다. 이 제작물에는 의인화된 서풍, 복수의 세 여신, 드라이어드, 나이아드, 익살꾼, 양치기, 광대, 전사들을 위한 춤들이 포함되었다. 한 관객에 의하면, 이 발레에는 70명의 전문 발레 마스터들이 출연하는 화려한 춤과, 최소 300명의 음악가들이 구름 속에 떠 있는 마지막 타블로까지 있었다.⁴⁴ 이 제작물의 도를 넘어선 성격은 당시에도 두드러졌다. 「프시케」는 줄줄이 풍자적 모방들을 부추겼다. 코메디-발레가 춤과 연극을 궁정과 그 바보짓을 비추는 데에 사용하는 날카로운 풍자 장르였다면, 트라제디-발레는 그 반대로 궁정 발레의 전통을 따르는 팽만한 스펙터클이 비극의 옷을 차려입고 거창한 무대에 오른 것이었다. 그런 의미에서 이것은 시작이라기보다는 대단원이었다. 「프시케」는 유일하게 창작된 트라제디-발레였다. 이를 궁정 발레의 최후의 발악으로 보아도 틀리지 않을 것이다.

나중에 파리 오페라로 알려질 왕립 음악 아카데미는 1669년 설립되었다. 륄리의 지도하에 이후 프랑스 발레와 오페라의 발전이 펼쳐질 곳이었다. 이곳의 설립 아이디어는 야심은 있어도 경영에는 무능한 시인 피에르 페랭에게서 나왔다. 페랭은 당시 이탈리아 도시들이 그렇게나 앞서 있는 필수적인 신예술 오페라에서 프랑스가 외국인들에게 "격파당하지" 않으려면, 왕이 시인과 음악가를 위한 아카데미를 설립해야 한다고 제안했다. 그가 상상한 것은 이탈리아 예술과 형태는 다르면서 더 우월한 프랑스 국민 예술이었다. 왕은 동의했지만 자금은 제공하지 않았다. 아카데미는 흥행수입만으로 살아남아야 했고 페랭은 곧 채무자 감옥에 수감되었다.

언제나 기회주의적이었던 륄리가 파리 오페라를 통해서 가능할 이익과 명망을 알아차리지 못했을 리 없다. 그는 일련의 권모술수를 통해서 1672년 사업 관리권을 탈취했다. 그렇지만 왕이 제시한 원래 조건에는 만족하지 못했고, 이듬해 어찌어찌 중대한 권리를 얻어냈다. 파리의 어느 극장도 그의 극장과 맞먹는 규모의 제작물을 무대에 올릴 수 없다는 것이었다. 특히 다른 극장들이 고용할 수 있는 음악가와 무용수의 수는 엄격하게 제한되었다. 륄리는 이런 식으로 경쟁을 억누르고,* 새로운 오페라 및 발레 예술 발전의 전권을 부여받았다.⁴⁵

이후 파리 오페라를 중심으로 하는 엄청난 예술적 활력의 시대가 전개되었다. 그렇지만 이는 궁정에서 작용하던 (그리고 여전히 작용하는) 것과는 매우 다른 원리들 위에 세워진 활력이었다. 왕은 파리 오페라의 특허장에, 이 극장의 무대에서 춤추거나 노래한 귀족들은 파리의 다른 무대에서 그랬을 경우와 달리 귀족 신분을 잃지 않을 것이라고 명기했다. 파리 오페라는 궁정과 떨어진 궁정, 즉 왕가의 스펙터클과 발레를 위한 특권적 전초기지가 될 예정이었던 것으로 보인다. 그리고 사실 파리 오페라에서 무대에 오른 초기 제작물들 중 여럿이 베르사유에서 먼저 왕을 위해서 무대에 오른 것의 복제물들이었다. 그렇지만 루이가 예견하지 못한 것은 그가 보호하려고 한 비전문가 귀족들이 곧 사라지리라는 사실이었다. 그들이 직업 무용수들과 나란히 참가하는 것은 이내 규칙이라기보다는 예외가 되었다. 아카데미의 첫 제작물들 중 하나인 「큐피드와 바쿠스의 축제(Les Fêtes de l'Amour et de Bacchus)」에서는 저명한 귀족들이 직업 무용수들과 어깨를 나란히 하고 춤추었다. 그러나 그것은 일종의 고별 공연이었다. 그 시점부터 내내 귀족들은 특별한 경우에만 아카데미 무대를 빛냈다.

나아가 여자들이 무대를 차지했는데, 이것이야말로 변화였다. (1681년 궁정에서 초연된) 「사랑의 승리」가 파리 오페라 무대에 올랐을 때, 원래 황태자비를 비롯하여 여타 왕가의 귀부인들이 추었던 배역들은 남성들에게 앙 트라베스티로 맡겨지지 않았다. 대신 이 배역들은 최초의 직업 여성 무용수들에 의해서 공연되었는데, 그중에는 자신의 스텝들을 만들어낸 것으로 유명한 마드무아젤 드 라 퐁텐도 포함되어 있었다.** 신기하게도 이제 여성들이 파리 오페라

---

* 몰리에르는 없었다. 그는 1673년 무대 위에서 「건강염려증 환자(Le Malade imaginaire)」를 공연하던 중 사망했다.

** 라 퐁텐은 궁정 발레에도 가끔 등장했다. 하지만 그녀가 결국 (수녀 서약은 하지 않았지만) 다른 수녀원 두 곳에 들어갔고 1738년 죽었다는 사실 외에 그녀의 삶에 대해서 알려진 것은 없다.

무대에서 춤추고 있다는 것은 당시 거의 주목을 받지 못한 채 지나갔다. 「메르퀴르 갈랑트(Mercure galante)」지는 "보기 드문 참신함"이라고 담백하게 썼다. 이런 무관심은 아마 라 퐁텐이 보여준 것이 사람들이 이미 아는 것에 불과했기 때문일 것이다. 바로 파리 오페라 설립 이후 사교 무용과 전문 무용이 갈라섰다는 사실이다. 이제 궁정과 무대라는 별개의 두 경로가 있었다. 이 둘은 과거와 달리 자유롭게 섞이지 않았다. 여성들에게 이는 강등을 통해서 승진한 경우였다. **진짜** 귀족들이 퇴장하자 숙련된 (하지만 사회적으로는 낮은) 전문가인 여성 무용수가 설 자리를 찾은 것이다.[46]

게다가 베르사유 생활의 사치에 대한 대중적 이미지와는 반대로, 파리와 파리 오페라는 둘 다 궁정과 비슷해지고 있었다. 발레들은 1680년대부터 1715년 루이의 치세의 마지막까지 여전히 궁정에서 공연되었다. 하지만 덜 정기적이었고 규제도 보통 더 많았다. 1680년대 초 베르사유에 루이의 웅장한 성이 드디어 완공되었을 때 그곳에는 극장이 지어지지도 않았다. 더구나 널리 알려져 있다시피 루이의 군사적 패배가 쌓이고 마담 드 맹트농의 영향이 커짐에 따라, 베르사유의 생활은 점점 덜 축제적으로 변해갔다. 1697년 이탈리아인 코메디아 델라르테 배우들의 추방을 요구한 것이 바로 그녀였다. 이 시절 궁정과 파리(루이는 이 도시를 영원히 프롱드의 난과 연관 짓고는 했다) 사이에 늘 존재하던 긴장은 점점 더 극심해졌다. 파리 오페라는 일종의 다리 역할을 했다. 하지만 관객들과 점증하는 독립성 양자에서, 이는 매우 파리적인 기관이기도 했다.

보샹은 파리 오페라 설립 직후 수석 발레 마스터로 임명되었다. 그의 안무는 세월에 따라 소실되었고 우리가 아는 바는 거의 없다. 하지만 이 시기의 춤에 어떤 일이 일어났는지는 프랑스 초기 오페라의 발전에서 너무나 많은 일을 한 륄리의 작업을 통해서 어느 정도 추측할 수 있다. 륄리와 그의 동시대인들은 오페라가 이탈리아 언어의 발성과 리듬에 의지한다는 사실을 정확히 알고 있었고, 코르네유와 장 라신이 발전시킨 비극과 강력한 프랑스 고전 전통에도 뚜렷이 동조했다. 따라서 륄리는 특히 키노와 긴밀하게 작업하면서 궁정 발레와 코메디-발레로부터 등을 돌려, 새롭고 자의식적으로 진지한 프랑스 오페라 형식을 구축하려고 노력했다. 그는 또 하나의 새로운 장르를 제기했

다. 트라제디 앙 뮈지크(tragédie en musique)였다.[47]

트라제디 앙 뮈지크는 춤을 도외시하지 않았다. 프랑스적 취향은 발레를 요구했던 것이다. 그러나 륄리와 키노의 진정한 관심은 음악이 프랑스어라는 틀 속으로 압축될 수 있는 방식들에 있었다. 륄리는 연극적 낭송에 매료되어서 전설적인 비극 여배우(이자 라신의 정부) 라 샹멜레의 테크닉들을 연구했고, 작곡할 때 암기한 리브레토(libretto : 음악극의 대본/역주)에서도 실마리를 얻었다. 그는 암기한 리브레토들의 각 절을 낭송한 다음, 그 시적 미터의 오르내림에 따라 리듬과 멜로디 라인을 형성했다. 그는 이탈리아 오페라와는 반대로 진지한 배역들을 레치타티보(recitativo : 오페라, 오라토리오, 칸타타 등에 등장하는데, 선율 중심으로 주인공의 감정을 표현하는 데에 치중하는 아리아와 달리 내용에 중점을 두어서 주인공이 처한 상황이나 줄거리를 설명한다. 서창[敍唱]이라고도 한다/역주)로 작곡하곤 했다. 그는 자신이 소중히 여기는 언어적 명료성을 감히 치장하거나 왜곡하는 가수들을 꾸짖었고, 말하기에 가까운 단순한 스타일을 위해서 분투했다.

춤과 막간극들은 제작물 전체에 효모나 사탕 조각들처럼 뿌려져 있었다. 발레는 진지함에 대한 권리를 잃고 있는 것처럼 보였다. 우리는 이 변화를 작지만 의미심장한 세부사항에서 볼 수 있다. 루이 14세가 좋아하는 춤은 언제나 위풍당당한 쿠랑트(courante) 혹은 앙트레 그라브였지만, 륄리는 "언제나 유쾌하고 재빠른" 3박자 춤인 활기 넘치게 깡충거리는 미뉴에트를 선호했고, 이는 그의 오페라에 연거푸 등장했다(그리고 이는 무슈 주르댕이 숙달되기를 간절히 바란 춤이기도 했다). 이와 비슷하게 수르셰 후작에 의하면, 몇 년 후 루이가 자신의 발레 마스터들에게 쿠랑트를 무대에 올리라고 요구했을 때, 놀랍게도 한때는 사랑받던 이 춤의 세부사항들을 아무도 기억하지 못해서 왕은 대신 다시 미뉴에트에 만족해야 했다고 한다. 귀족 스타일의 가장 고상한 형식들은 빠른 발놀림과 경쾌한 점프를 강조하는 더 화려하고 장식적인 춤에 밀려나는 듯 보였다.[48]

그리하여 진지하려고 노력하는 오페라와 점점 확연히 진지하지 않아지는 발레 사이에서 긴장이 발생했다. 프랑스 오페라는 (궁정 발레와 마찬가지로) 여전히 양쪽을 다 망라하는 포괄적인 형식이었지만, 정확히 어느 방향을 택해야 할지 아직 불확실했다. 이어지는 시절에는 오페라와 발레가 다양한 비율들로 섞인 그럭저럭 비슷한 장르들이 어지럽게 소용돌이쳤다. 사람들은 이 요동치는 상황을 매우 잘 알았고, 발레와 오페라는 끊임없는 논쟁의 대상이 되었다.

고근대 논쟁(Querelle des Anciens et des Modernes)은 보통 문학적 사건으로 간주된다. 그러나 이것은 17세기의 마지막 4분기에 루이의 치세의 성격과 가치에 대한 격렬한 문화전쟁으로 진화했고, 결국 오페라와 발레의 목적과 미래에 대한 열띤 논쟁으로도 번졌다. "고대파"는 17세기와 루이 14세의 치세가 르네상스를 거쳐 고대까지 거슬러올라가는 위대한 전통의 개화를 대변한다고 주장했다. "근대파"는 반대로 현재가 케케묵고 고리타분한 과거에 뿌리를 둘 이유가 없다고 보았다. 그들의 주장에 의하면 루이의 치세는 종점이 아니라 역사상 유례없이 영광스러운 새로운 시작이었다. 데카르트의 논리학과 과학적 방법론은 프랑스가 근대라는 새롭고 우월한 시대의 아버지라는 증거가 아닌가? 르 브룅은 라파엘보다 한 발 앞서 있으며, 프랑스어는 라틴어보다 진보하지 않았나? 륄리의 프랑스 오페라와 음악은 전에 만들어진 모든 것을 능가하지 않았나?[49]

라신과 니콜라 부알로 같은 걸출한 사람들을 아우르는 고대파에게 근대파는 편향적인 조신들보다 나을 것이 없었다. 그들은 근대파의 멋부리는 글쓰기와 유창한 미사여구는 루이의 프랑스의 진지함을 결코 포착할 수 없다고 보았다. 고대파의 견해는 얀센주의자들의 견해를 반영했다. 얀센주의는 특히 라신과 밀접한 관계인 가톨릭 교파였는데, 그 엄격한 종교적 교리들과 순수함, 절제에 대한 강조는 신학뿐만 아니라 취향의 문제이기도 했다. 이렇듯 라신과 고대파는 풍자와 재치로 갈고닦은 명쾌하고 꾸밈없는 스타일을 옹호했고, 최대의 정치적 경쟁자인 예수회 특유의 장식적인 바로크 스타일을 업신여겼다. 그러니 고대파가 오페라의 과장과 스펙터클을 존중하지 않은 것은 놀라운 일이 아니다. 그들은 이를 비극이나 풍자극의 경쟁자가 꿈에도 되지 못할 피상적 형태의 아첨으로 치부했다. 그들은 키노가 『음악에서의 비극(tragédie en musique)』을 위해서 쓴 글이 특히 역겹다고 생각했다. 이 대본작가가 에우리피데스를 따라 쓴 「알체스테(Alceste)」 같은 작품들에서, 겉으로만 그럴싸한 당대의 취향과 유행을 위해서 고대의 글을 의도적으로 왜곡했다고 보았기 때문이다. 언젠가 (왕의 요청으로) 직접 오페라를 쓰려고 시도했던 부알로는 그 작품이 너무나 "비참해서" 자신을 "혐오"로 가득 채운다고 생각했다.[50]

오페라나 발레나 이를 옹호한 사람들에 대해서나, 고대파는 틀리지 않았다. 근대파는 정말이지 완벽한 조신들이었다. 키노와 륄리는 왕의 핵심 조언자층에 들어갔고(왕은 그들 둘 다의 결혼 허가증에 서명했다), 키노는 갤런트 스타일(gallant style) 시형(詩形)과 지나치게 영리한 각운(脚韻)으로 유명했다. 궁정 스펙터클에서 루이 13세, 리슐리외 추기경, 루이 14세를 위해서 일한 칭송문 전문가 장 데마레도 있었고, 루이 14세의 유력한 재상 장-바티스트 콜베르 덕분에 성공한 샤를 페로는 근대파의 아성인 아카데미 프랑세즈의 저명 회원이었다. 페로는 정말이지 근대파의 거침없는 지도자가 되었다. 그의 견해는 열성적 조신이자 춤에 대한 면밀히 논증된 논문의 저자인 미셸 드 퓌르, 스펙터클에 대해서 집중적으로 쓴 예수회 신부 클로드-프랑수아 메네스트리 같은 덜 걸출한 사람들에 의해서 반복되고 정교화되었다.

그들은 자신들이 사랑하는 오페라와 발레를 옹호하기 위해서 무슨 말을 해야 했을까? 먼저 그들은 발레에는 비극 같은 엄격성이나 심각성이 유독 없다는 것을, 혹은 그 문제에서는 심지어 희극보다도 못하다는 것을 기꺼이 인정했다. 발레는 시간, 장소, 행위라는 고전적 3일치의 고수에 형편없이 실패했다. 발레는 영웅적 인물들 혹은 연민과 공포 같은 고귀한 인간 감정을 충분히 표현하지 못했다. 아니면 하다못해 인간의 도덕적 삶을 가르치거나 표현할 희망마저 없었다. 그런데도 여전히 발레는 드 퓌르가 1668년 선언한 바와 같이, 비극에서 벗어난 점들로 인해서 정당화되는 "새로운" 연극 장르였다. 오페라는 시인이자 대본작가인 앙투안-루이 르 브룅이 1712년 되풀이한 바와 같이, "변칙적 비극이자……그 자체의 법칙과 아름다움을 가진 새롭게 고안된 스펙터클"로 생각되어야 했다.[51]

우리는 발레 지지자들이 유독 난관에 봉착했다는 것을 기억해야 한다. 춤은 궁정에서의 유명세에도 불구하고 높이 존중받는 자유학과들에 결코 들어가지 못했다. 자유학과(liberal art)란 자유인들이 공부할 가치가 있다고 생각한

학과들로, 전통적으로 대수, 천문, 지리, 문법, 논리, 수사학, 음악이 들어갔다. 예외가 있다면 (우리가 살펴본 바와 같이) 춤이 수사학이나 음악의 한 분야로 간주될 때 정도였다. 춤은 고대파가 그렇게나 칭송하는 시와 동등하게 여겨지지도 못했다. 보통 춤은 오히려 장인적인 직업에 가깝다고 인식되었다 (춤은 어쨌거나 육체노동이었다). 그리고 우리가 살펴본 바와 같이, 무용 마스터들은 궁정에서 두드러지는 자리에까지 올라간 경우라도 대개 낮은 사회 신분 출신이었다. 그렇지만 이 문제는 언제나 혼란스러웠다. 춤추기는 궁정 예법, 왕가의 스펙터클과 너무나 밀접하게 연관되어 있었기 때문이다. 고대에서 르네상스까지 발레 마스터는 신분 높은 후원자들이 자신과 자신의 예술을 정당화하고 승격시켜주기를 기대했다.[52]

그들만 그랬던 것은 아니다. 화가들은 손으로 일했기 때문에 그림 역시 오랫동안 저속한 일자리의 지위로 격하되어왔다. 그러나 르네상스와 16, 17세기에 이르러, 예술가들과 작가들은 그림 그리기를 자유학과 (혹은 점점 더 많이 쓰이게 된 호칭인 "고급" 예술) 수준으로 그럭저럭 격상시켰고, 종종 고대파를 따라 그림을 시에 비견하기도 했다. 우트 픽투라 포에시스(ut pictura poesis), 대충 번역하자면 "시가 그런 것처럼, 그림도 그러하다"였다. 그리고 메네스트리에와 여타 무용 마스터들은 이런 주장을 응용해서 발레도 그림과 마찬가지라고 주장했다. 차이는 발레들은 살아 있기도 하다는 것이었고, 살아 움직이는 그림들은 물론 삶을 더 면밀하게 모사했다. 만일 그림이 본보기와 영웅적 행동들에 대한 묘사로 인해서 격상되었다면, 발레 역시 그 연장선상에서 비슷하게 위상이 높아지는 것이 당연했다.

이는 용감한 이론적 진전이었지만 완벽한 설득력은 없었다. 왜냐하면 사실 발레는 고전 연극의 엄밀하고 합리적인 세계에 속하지 않고, 언제나 자유학과와 고급 예술의 변방에 존재하리라는 것이 진실이기 때문이었다. 발레의 영역은 오히려 경이(le merveilliux)의 뒤죽박죽 세계에 가까웠다. 이 광활한 공연장에는 이교도적이고 기독교도적인 공명, 그리고 물질적 논리와 인간의 이성을 거부하는 기적과 마법적이고 초자연적인 사건들에 대한 매혹이 있었다. 이런 공연장은 오페라와 발레를 위해서 일부러 만들어진 것처럼 보였고, 궁정 스펙터클과도 오랫동안 결부되어왔다. 더구나 당시 많은 사람들에게 경이는 일상의 경험을 벗어난 비현실적이거나 상상 속에만 존재하는 세계가 아니었다. 마법에 대한 믿음은 다반사였고, 정령, 요정, 귀신, 그리고 악마술, 마녀, 흑마술에 대한 어딘가 종교적인 생각들이 최고의 교육을 받은 사람들의 머릿속에까지 자리잡고 있었다.

연극적 의미에서 경이는 기계와 발레를 의미했다. 데우스 엑스 마키나(Deus ex machina), 즉 인간과 신의 모습이 변화하고 구름 속으로 날아오르거나 뚜껑문을 통해서 갑자기 사라지는 것처럼 보이는 극적인 효과와, 돌연 회전해서 관객들을 눈 깜빡할 사이에 이국적인 나라로 옮겨놓는 무대장치였다. 샤를 페로는 비극이나 희극에서는 극도로 백안시되는 효과와 공상적 존재들이, 경이를 두말할 나위 없는 주제로 삼는 오페라에서는 완벽하게 위엄 있는 것들로 간주된다고 설명했다. 이와 비슷하게, 라 브뤼예르는 오페라는 "하나의 주문으로 마음, 눈, 귀를 사로잡을" 수 있다고 생각했다.[53]

이런 기세로 페로는 1697년 이후 발레의 상징적 텍스트가 될 것을 출간했다. 바로 『잠자는 숲속의 미녀(The Sleeping Beauty)』였다. 그가 말년으로 가던 즈음 자신의 아이들을 즐겁게 해주기 위해서 쓴 동화인 『미녀』는 근대파가 대변하던 생각들에 물들어 있었다. 이 작품은 그리스나 로마 신화에 기초하지 않았고, 천사들과 성자들에 대해서 이야기하지도 않았다. 페로는 대신 아이들에게 루이의 치세에 뿌리를 둔 그들 자신의 독특한 프랑스적 경이를 주려고 했다. 『미녀』는 (우아한 몸가짐과 차림새의) 선한 왕자와 공주가 악한 요정들, 오거들(ogres), 그리고 100년간의 밤을 물리치는 이야기이다. 결말에서 이제는 왕인 왕자는 사랑하는 왕비와 아이들을 끔찍한 죽음으로부터 구하고 자신의 왕국에서 질서를 회복한다. 페로는 의식적으로 명쾌하고 단순한 프랑스어를 사용해서 집필했다. 그리고 자신의 이야기에 기독교적 교훈을 더해서, 독자들에게 어린 공주의 어린애다운 순수함은 (아기 예수의 순수함처럼) 순수한 믿음의 상태를 반영한다는 것을 상기시켰다. 오늘날에는 『잠자는 숲속의 미녀』가 단순히 동화가 아니었다는 사실이 흔히 망각되는데, 이것은 루이 14세, 경이, 그리고 근대 프랑스 국가에 대한 헌사였다.

고대파는 경이에 냉담했는데, 아마 놀랍지는 않을 것이다. 장 드 라 퐁텐은 반복적인 기계 고장으로 신들이 밧줄에서 무력하게 달랑거리도록 내버려지는가 하면 천국이 사고로 추락해서 각도상 지옥이 된 적이 있다고 불평하면서, 오페라와 발레가 동경하는 거추장스러운 공연 기계들을 비웃었다. 그는 기계 효과란 혹시 성공하더라도 짜고 벌이는 우스꽝스러운 속임수에 불과하다고 말했다. 이와 비슷하게, 직설적인 평론가 샤를 드 생-테브르몽은 영국 망명생활 중 쓴 글에서 발레와 오페라의 잡탕적 성격에 절망했다. "요컨대, 우리는 신들로 지상을 뒤덮고 그들에게 춤을 추게 한다.……신, 양치기, 영웅, 마법사, 귀신, 복수의 여신, 악마들을 모아 허풍을 친다." 하지만 그마저도 결국 륄리와 키노가 이 대단히 기이한 예술을 가지고 경이로움을 낳았다는 사실을 인정했다.[54]

그들은 정말 그랬다. 만일 고대파가 고지를 차지하고 자신들의 주장을 이후 수 세기 동안 발레 마스터들의 귀에 울려댔다면, 근대파는 프랑스 오페라와 발레가 궁정 발레로부터 출현할 때 그 탄생을 주관했다. 륄리가 (괴저로) 죽고 보샹이 음악 아카데미를 떠나고 그 자리가 페쿠르로 교체된 1687년쯤이 되자, 발레와 오페라는 확고한 기반을 잡았고 발레는 심지어 주도적이기도 했다. 1690년대에 트라제디 앙 뮈지크에서 발레의 수는 두 배 이상으로 늘어났다. 작곡가 앙드레 캉프라는 페쿠르와 함께 작업하여 「우아한 유럽(L'Europe Galante)」(1697)을 만들면서, 비극은 완전히 생략하고 그냥 일련의 춤곡들을 대충 유럽이라는 주제에 기초해서 줄줄이 꿰었다. 이런 흐름은 「베네치아의 축제들(Les feastes vénittiennes)」(1710)로 기정사실이 되었다. 발레는 이후 수십 년간 오페라에서 점점 더 중요한 자리를 차지하게 되었다. 1713년 파리 오페라는 24명의 무용수들을 고용했다. 1778년 무렵 그 수는 90명까지 증가했고, 대략 비극적 오페라 1편마다 더 가볍고 더 무용 지향적인 것 3편이 제작되었다.

그렇지만 발레들의 이런 쇄도가 새로운 황금 시대의 신호는 아니었다. 포지션들의 성문화라는 엄청나게 중요한 보샹의 작업과 궁정 발레, 코메디-발레, 트라제디 앙 뮈지크로의 진화를 지켜본 위대한 혁신의 시기는 끝나가고 있었다. 발레는 변화하고 있었다. 더 가벼워지면서 초기 공연들에서는 분명했던 즉흥성, 장엄함, 풍자적 날카로움을 잃고 있었다. 이는 어느 정도는 발레가 그 근원으로부터 서서히 단절되고 있었기 때문이다. 18세기 초 즈음 발레를 그렇게나 오래 살찌운 루이의 궁정은 활력을 잃기 시작했다. 1700년 오를레앙 공작부인은 궁정에서 지위에 신경쓰지 않고 마구잡이로 자리잡는 조신들을 보았다며 격렬하게 불평했다. 그리고 5년 후, 예법 규칙들이 너무나 느슨해져서 "사람들이 자기가 누구인지 아무 생각도 없고……저는 이런 혼란에 익숙해질 수 없습니다.……이곳은 더 이상 궁정과 닮은 데가 없습니다"라고 썼다.[55]

루이가 궁정 의례에서 장악력을 잃은 것은 아니었다. 사실 베르사유의 의례적 요구사항들은 특히 왕의 치세의 말년에 더 정교해졌다. 하지만 이 또한 약화를 의미했다. 조신들이 경각심을 높인 것은 어쩌면 오를레앙 공작부인처럼 형식들이 불안정해지고 있다는 것을 느껴서일 수 있다. 1715년 루이의 사망 직전과 직후, 파리는 명성을 되찾았고 오페라는 궁정으로부터 거리를 두었으며 그렇게나 인정사정없이 추방되었던 이탈리아 배우들이 돌아온 것은 우연이 아니었다. 취향 역시 더 가볍고 활기찬 (그리고 선정적인) 막간극과 토막극 형식을 선호하는 방향으로 바뀌고 있었다. 상류 사회는 사적인 시골 은신처에서 친밀한 페트 갈랑트(fêtes galantes : 직역하면 '우아한 연회'. 18세기 프랑스 궁정 귀부인들이 야외에서 개최한 사교 모임/역주)를 열었다. 의상은 (잠시) 더 헐렁하고 덜 장식적이 되었으며, 유행하는 분위기는 니콜라 푸생으로부터 앙투안 와토로 옮겨갔다.[56]

이런 의미에서 루이의 치세 막바지의 발레들은 그 시대 자체와 대단히 비슷했다. 명랑한 회고담이나 장식적 세밀화나 궁정 예술에 대한 극적 묘사는 쇠퇴하고 있었다. 「우아한 유럽」은 결국 각각 다른 유럽 문화를 묘사하는 막간극들의 경연 이상이 아니었다. 이 작품은 「국가들의 발레」에서 몰리에르에 의해서 조롱된 흔해빠진 비유이자 궁정 발레의 초창기로의 회귀에 불과했다. 이런 발레들이 단지 희미하고 회고적인 분위기를 가졌기 때문만은 아니었다. 상황이 정말 달라졌는데, 취향과 예의범절의 문제에서만이 아니었다. 한때는 발레의 주역 연기자들이었던 조신들과 왕들이, 이제는 파리 오페라에서 전문가들이 무대 위에서 연기하는 모습을 관람했다. 한때 발레는 궁정에 기원을 두었지만, 이제 파리 오페라의 발레는 그렇지 않았다. 나아가 사교춤은 더 간단해지는 반면, 전문가들의 테크닉은 매년 새롭고 더 어려운 스텝들과 춤들이 더해지면서 복잡해지고 있었다. 이런 변화의 중요성을 강조하듯 1713년 파리 오페라에 전문 무용수들을 훈련시키는 정식 학교가 세워졌고, 이 학교는 오늘날까지 계속되고 있다.

  이렇듯 집단은 닫히고 있었다. 발레는 궁정에서 극장으로, 사교춤에서 연극적 춤으로 이동했다. 그러나 그 과정에서 궁정 생활의 흔적은 남았는데 이 점이 중요하다. 발레는 누가 뭐라고 해도 17세기 프랑스 귀족 문화의 완벽한 가공품이었다. 즉 궁정 생활의 규칙과 규제, 기사도와 예법, 귀족 신분의 관례, 경의, 바로크적 스펙터클의 혼합물이었다. 이 모든 것들이 발레의 스텝들과 관행들로 쓰여 들어갔다. 나아가 발레는 비록 고대파가 주장했듯이 바로크적 아첨, 기만, 허풍을 고수하거나 궁정 의례와 인위성의 구속복에 갇혀 있었던 것처럼 보일지언정, 높은 이상과 형식적 원칙과도 연관되어 있었다는 것을 기억해야 한다. 루이의 궁정에서 정교화된 예법은 균형과 질서를 위해서 분투했고, 르네상스 및 고전 사상의 심오한 흐름을 모사했다. 따라서 발레에는 해부학적 기하학과 명쾌한 물리적 논리가 가득했고, 초월적 함축도 담겨 있었다. 예술로서 발레는 고전파 스타일과 바로크 스타일이라는 강력한 기둥들 사이에서 팽팽하게 존재했다. 이는 귀족성의 현시이자 옹호였지만, 사회적 계급으로서가 아닌 미학이자 삶의 방식으로서였다.

2
계몽주의와 스토리 발레

테르프시코레(그리스 신화에 나오는 뮤즈 가운데 하나로 춤과 서정시를 주관한다/역주)의 아이들이여, 화려한 점프, 앙트르샤(entrechat : 공중으로 점프해서 다리를 빠르게 교차시키는 동작/역주), 그리고 여타 복잡한 스텝들을 포기하라. 감정, 단순한 우아함, 표현력을 위해서 꾸밈을 버려라. 고귀한 팬터마임에 전념하라.
―장-조르주 노베르

나는 영국인의 자유와 우리의 노예 상태 사이의, 영국인의 현명한 확신과 우리의 정신 나간 미신 사이의, 런던이 예술에 주는 격려와 이것이 파리에서 겪는 수치스러운 압제 사이의 차이를 좀더 명쾌하게 하려는 영국의 모든 목소리들에 나의 미약한 목소리를 더한다네.
―볼테르

1715년 루이 14세가 사망할 즈음 고전 발레는 유럽 전역의 도시들에 퍼져 있었다. 발레는 프랑스 궁정을 문명세계의 정점(ne plus ultra)으로 보는 군주들에게 선택되어서, 영국, 스웨덴, 덴마크, 스페인, 합스부르크 가의 왕국들, 독일의 여러 나라들, 폴란드, 러시아, 그리고 여러 이탈리아 도시국가들에도 뿌리를 내렸다. 그곳에서 라 벨 당스는 생생한 토착 전통을 접했다. 그렇지만 이런 환영은 곧 변질되었다. 18세기 동안 프랑스 발레는 도처에서 비판과 공격마저 받았다. 특히 가장 견고하게 자리잡은 본거지인 파리에서였다. 사실 발레는 탁월한 궁정 예술인 동시에 프랑스 귀족 스타일을 다양한 방식으로 구현한다는 바로 그 사실 때문에, 전과 다르고 덜 경직된 계급사회를 열망하는 남녀들의 표적이 되었다. 계몽사상가들과 그들의 숭배자들에게, 그리고 프랑스적 취향과 관습을 점점 더 미심쩍어하던 외국인들에게, 발레는 더 이상 교양과 우아함의 상징이 아니었다. 그 반대로 이는 퇴폐와 타락을 대표하게 되었다.

발레 마스터들과 무용수들에게 앞으로 길은 한 가지, 즉 개혁뿐이었다. 그리하여 18세기 중 유럽 전역의 예술가들은 자신들의 예술의 급진적 개조에 착수했다. 이는 런던, 파리, 슈투트가르트로부터 빈과 밀라노에까지 최전선에서 퍼져나간 광범위한 운동이었다. 그러는 내내 파리 오페라는 발레의 수도로 남아 있었지만, 그 명망에도 불구하고 경영적, 정치적 참호 속에 숨어 있기도 했다. 가장 중요한 예술적 돌파구는 다른 곳에서 발생했다. 그렇지만 파리의 영향력은 여전히 너무 강력해서 새로 등장한 종류의 춤들은 중앙으로 다시 와서 파리 오페라의 전설적인 무대에서 공연된 후에야 완전한 영향력을 가질 수 있었다.

개혁에는 수많은 주역들이 있었는데 최고는 여성들이었다. 전통적으로 조역으로 격하되던 발레리나들은 18세기에 거침없는 평론가이자 대담한 개혁가로 부상했다. 앞으로 살펴보겠지만, 그들도 남성 무용수들과 마찬가지로 "저속하고" 통속적인 형식들에 관심을 가질 이유를 찾아냈다. 이런 예술가들은 장터의 전통, 이탈리아 마임, 곡예적 전통에 의지해서 발레를 아래로부터 되살렸다. 한편 다른 예술가들은 라 벨 당스가 구체제의 기만 및 인위성과 비슷하다고 보는 프랑스 계몽주의 비평에 보조를 맞추었다. 그들은 강조점을 귀족적 스텝들과 행동거지로부터 연기와 팬터마임으로 옮기려고 시도했다. 그렇지만 그 모든 상이한 접근에도 불구하고, 모든 곳에서 춤의 개혁가들은 하나의 극도로 중요한 갈망에 의해서 움직이고 있었다. 천사, 신, 왕이라는 프랑스 발레의 귀족적 유산을 없애고, 춤을 대신 인간 자신의 이미지 속에서 새롭게 만드는 것이었다.

영국인들은 언제나 발레에 깊은 불신을 품어왔다. 귀족층을 단련시켜서 파리나 궁정에서 빽빽하게 짜인 사회를 만든 17세기 프랑스 왕들과 달리, 영국 지배층은 더 지방적이고 은둔적이며 독립적이었다. "나라에 그늘을 드리우는 거대한 오크나무들"이라고 에드먼드 버크는 썼다. 지위는 토지 소유에 달려 있었는데, 귀족은 자신의 장원 저택과 방대한 시골 영지를 궁정이나 도시의 더 제한적이고 사회적으로 규제되는 지역보다 선호했다. 나아가 그들은 노동에 반대하는 프랑스적 편견을 공유하지 않았고, 나태한 생활의 호화로움에도 덜 이끌렸다. 그들은 스스로에게 가볍기는 해도 세금을 부과했고, 다수가 상업 및 산업에 기꺼이 참여했다. 호화로운 과시와 스펙터클에 감명을 받는 사람은 별로 없었다. 영국 귀족들과 상류층은 발레의 규칙과 형식에 지엽적 흥미를 가질 뿐이었다. 발레가 프랑스적이라는 사실도 도움이 되지 않았다. 영국해협 건너편의 이웃을 향한 영국인의 오랜 반감은 프랑스 궁정 예술의 추종자들을 경계하게 만들었다. 프랑스의 고전 발레에 생명을 준 조건들이 영국에는 전혀 존재하지 않았던 것이다.[1]

영국인들에게도 물론 궁정이 있었다. 하지만 17세기쯤 되자 영국 궁정은 상대적으로 역부족이고 희미한 존재이자, 프랑스 사촌의 주눅 들고 자신 없는 모방품이 되었다. 벤 존슨이 심드렁하게 쓴 바와 같이, 가면극은 화이트홀의 왕실 연회장에서 자주 무대에 올라서 풍성한 여흥과 춤을 제공하는 "장려함의 전형"이었지만, 축제 기분이라는 점에서 궁정 발레의 경쟁자는 아니었다. 찰스 1세(1600-1649)는 왕권신수설을 확고하게 믿었고, 프랑스 궁정을 본보기로 삼아 그곳의 관행들을 조사하기 위해서 해외로 사절을 보냈다. 그는 베르사유와 비슷한 궁정을 건설할 계획을 세웠고, 프랑스 왕들이 무대에 올리던 호화로운 의상의 연극적이고 의식적인 행사들까지 모방하기를 바랐다. 하지만 이런 계획들은 1649년 돌연 포기되었다. 이 비운의 왕은 영국 내전의 최고조에서 대역죄로 재판에 회부되었고, 연회장 밖의 처형대로 끌려가서 곧바로 목이 잘렸다.[2]

올리버 크롬웰과 청교도들의 새로운 통치하에서 공연 예술은 급격히 축소되었다. 극장들은 문을 닫았고, 윌리엄 프린 같은 단호한 논객들은 극장 여흥은 "나약하고", "욕정을 일으키며", "정신을 부패시키고 타락시키기" 마련이라고 주장했다. 연극뿐 아니라 뭐든 인간 육체를 드러내는 것, 특히 여성의 노출을 극심하게 꺼리는 청교도와 칼뱅주의적 경향에 의지하는 프린의 견해가 딱히 기발하지는 않았다. 1603년 한 작가는 이렇게 외쳤다. "춤을 출 때는 몸통 전체가 음란하게 욕보여진다.……여기 존재하는 것은 인위적인 우아함이자 인위적인 걷는 품세에 인위적인 표정으로, 매 부분마다 사악한 예술이 더해지면서 타고난 상스러움이 배가된다." 발레 마스터 존 플레이퍼드는 1651년 자신의 책 『영국의 무용 대가(The English Dancing Master)』를 출간하면서, 춤이라는 주제를 들먹인 것만으로도 겸손하게 사죄했다. 왜냐하면 "이 시대와 춤의 성격은 합의되지 않기" 때문이었다.³

그렇지만 1660년 왕정복고와 더불어 시대가 역전되면서 궁정 여흥은 거의 강제적으로 다시 풍성해졌다. 찰스 2세는 아버지와 마찬가지로 프랑스로 사절을 보내서 루이 14세의 스펙터클을 배웠으며, 사면초가 상태인 영국 왕실에 화려함과 광휘를 가져오기 위해서 프랑스 발레 마스터들을 데려왔다. 그러나 찰스의 궁정은 사회적 예법과 예절이 부족하기로 악명 높았다. 찰스는 왕답지 못한 왕이었다. 그는 의식과 공식 의례를 경멸해서 지지자들을 겁에 질리게 만들었다. 그는 자신의 높은 지위를 내놓고 조롱하기까지 해서, 믿음직한 멀그레이브 백작이 이런 논평을 하게 만들었다. 찰스는 "미리 계획된 왕의 역할을 잠시도 할 수 없었다." 왜냐하면 그는 "모든 영예와 의식을 쓸모없고 젠체하는 것이라며 바닥으로 끌어내리지" 않고는 직성이 풀리지 않았기 때문이다.⁴

찰스의 뒤를 이은 왕과 여왕들도 (각자 나름의 이유로) 궁정 의식과 발레에 대한 태도 면에서는 다를 것이 없었다. 윌리엄 3세는 네덜란드인이고 신교도이고 근면했으며, 스펙터클이나 상류 사회를 선호하는 취향이 없었다. 앤 여왕은 칙칙한 궁정을 주도하면서 정치와 본인의 난임 및 나쁜 건강에 정신이 팔려 있었다. 그녀의 계승자인 조지 1세는 하노버 왕가 출신의 은둔자로 영어를 거의 하지 못했고 공개 행사들에 의도적으로 참석하지 않았다. 영국의 이런 상황 속에 프랑스 발레에는 거의 기회가 없었다. 후일 화가 윌리엄 호가스가 설명한 바와 같이, 영국인은 "젠체하는 무의미하고 거창한 발레들"을 혐오했고 대신 더 활기차고 우스운 스타일을 선호했다.⁵

영국인은 정말이지 그랬다. 최소한 셰익스피어 시절부터 그들은 코메디아 델라르테, 익살극, 팬터마임에 대한 오랜 취향을 가지고 있었다. 이탈리아 극단들은 16세기부터 영국에 꾸준히 존재했고, 찰스 2세는 유명한 이탈리아 마임 배우 티베리오 피오릴로가 궁정에서 공연하도록 런던으로 다섯 번 이상 초청했다. 조지 1세의 치세 초기에는 프랑스 팬터마임 극단들이 대거 도착했고, 할리퀸은 어떤 고지식한 평론가가 불만스럽게 "말도 안 되는 잡탕들"이라고 언급한 연극에서 18세기와 19세기 내내 툭 하면 등장하는 인기 있는 상투적 등장인물이 되었다.[6]

17세기 말의 상황으로 볼 때 발레는 잘해야 "경솔한 야단법석"이었고, 나쁘게는 외설적인 자극들을 숨겨둔 수상쩍은 사업이며 매춘과 연루되어 있다고 간주되었다. 그렇지만 18세기 초에 사정이 꽤나 갑자기 달라졌다. 춤이 전면으로 나섰다. 발레는 잠시나마 개혁되고 새로운 견지에서 조망되었고, 진정한 영국 공연 예술의 자리를 차지할 수 있다고 생각되었다. 이러한 변화의 많은 부분이 슈루즈베리 출신의 소박한 영국인 무용 마스터 존 위버 덕분이었다. 위버의 아버지는 1673년 슈루즈베리 학교에서 신사가 되기를 열망하는 사람들에게 발레를 가르치는 동네 무용 교사였다. 위버는 아버지처럼 무용수이자 교사가 되었고 결국 마을에서 점잖은 기숙학교를 운영했다. 그는 런던에서 귀족들에게 사교춤을 가르치기도 했다. 우스운 기술과 광대 재주로 유명했던 그는(짓궂은 농담을 좋아했다) 연극의 막간에 전형적으로 삽입되는 가벼운 여흥들에서 종종 "이탈리아식으로 길들인 말 위에서의 경쾌한 점프" 같은 제목하에 공연했다.[7]

그렇지만 위버는 평범한 코믹 무용수나 학교 선생 이상이라는 사실이 밝혀졌다. 그는 런던에서 거주하며 교습하는 비슷한 생각의 발레 마스터들의 소집단에 속했는데, 그중에는 앤 여왕의 무용 교사인 아이작과 퀸스 스퀘어에서 존경받는 학교를 운영하던 토머스 캐벌리가 있었다. 이들은 모든 곳의 무용 마스터들이 그랬듯이 프랑스 수도에서의 발전들을 바싹 따라갔다. 1706년 위버는 표기법에 대한 푀이예의 논문을 번역해서 출간했다. 몇 년 후 그는 자신의 예술에 대한 야심차고 자유분방한 (그리고 자유롭게 표절된) 생각을 펴냈다. 『춤추기의 역사를 향한 에세이, 예술 전체와 그 다양한 미덕들을 어느 정도 설명하다(*An Essay Towards an History of Dancing, In which the whole Art and its Various Excellencies are in some Measure Explain'd*)』였다. 이 작품은 캐벌리에게 헌정되었고, 밀턴, 콩그리브, 드라이든의 작품도 출판한 휘그당원 서적판매상 제이컵 톤슨에 의해서 출판되었다. 이것은 시작에 불과했다. 위버는 후일 (여러 글들 중에서도) 『해부학적, 기계적 무용 강의(*Anatomical and Mechanical Lectures on Dancing*)』, 그리고 자신의 평생의 작업에 대한 논쟁적 옹호인 『마임과 팬터마임의 역사(*The History of the Mimes and Pantomimes*)』를 출간했다.

춤에 대한 이런 열정과 글쓰기의 폭발은 어디서 왔을까? 위버는 비범한 재능과 야심을 가진 사람이었지만, 대단히 특별하고 역동적인 역사적 순간의 산물이기도 했다. 18세기 초 런던은 영국 문화생활의 중심으로서 궁정을 대체하는 번화한 대도시가 되었다. 도시는 1670년의 인구 47만5,000명에서 1750년의 67만5,000명으로 가파르게 성장했고, 한 관찰자의 말처럼 "귀족, 상류층, 조신, 성직자, 법률가, 의사, 상인, 뱃사람, 그리고 오만 종류의 뛰어난 직공과 가장 세련된 재치꾼과 가장 뛰어난 미인의 웅대한 회합장"이 되었다. 공연 "시즌"이라는 것이 자리를 잡아서 귀족들을 시골 영지로부터 런던으로 끌어들였다. 급증하는 여가활동, 오락, 예술이 지지를 놓고 지배층과 대중 둘 다에서 경쟁했다. 그리고 1695년 검열법의 폐지와 함께 출판이 대유행해서 그러브 스트리트(가난한 삼류 작가나 기자들이 모여 살던 거리/역주)가 탄생했고, 상업 출판사들은 뉴스, 뒷소문, 문학에 대한 억눌린 열망을 활용하려고 분투했다.[8]

커피하우스와 클럽이 형성되면서 비슷한 생각의 사람들이 어울려서 그날의 사건들에 대해서 이야기하고 토론하게 되었다. 그중 킷캣(Kit Kat) 클럽이 있었다. 이는 1696년 한 무리의 귀족적 휘그당원들에 의해서 설립되었는데, 거기에는 호러스 월폴, 작가인 조지프 애디슨 및 리처드 스틸과 함께 톤슨과 콩그리브도 포함되었다. 이들은 내전, 국왕 시해, 깊은 종교적, 정치적 분열들의 기억이 그림자를 드리운 세대에 속했다. 그들은 궁정 문화의 붕괴를 목격했고, 런던이 자신들의 눈앞에서 계급과 민족이 뒤섞인 가끔은 불가항력적인 도시로 성장하는 것을 보았다. 킷캣 클럽의 휘그당원들은 철학자 존 로크에게 사사한 섀프츠베리 3대 백작 같은 작가들의 영향하에서 "공손함"의 윤리를 발전시켰다. 그들은 이것이 견실하고 새로운 영국의 도시 및 시민 문화의 초석이 되기를 바랐다. 섀프츠베리는 이렇게 썼다. "모든 공손함은 자유에서 온다.

우리는 일종의 **우호적인 다툼**으로 서로에게 광을 내고 모난 구석과 거친 면을 갈아낸다."⁹

그들이 염두에 둔 공손함은 섀프츠베리가 "궁정식 공손함"이라고 비방한 것과는 전혀 달랐다. 그는 그런 공손함은 "눈을 현혹시키는" 타락한 행동 형식으로, 절정에 달한 것은 태양왕의 궁정에서이지만, 프랑스적 사치품과 형식들에 대한 왕가의 그 모든 무관심에도 불구하고 찰스 2세의 복고 궁정도 오염시키고 있다고 비난했다. 프랑스는 근대의 로마였다. 즉 타락하고 쇠망하고 있다는 것이 섀프츠베리의 주장이었다. 미래는 더 간단하고 덜 장식적인 스타일의 사회적 상호작용과, "우아함의 근대적 전환 및 형식을 넘어서는, 무용 마스터를 넘어서는, 배우와 무대를 넘어서는, 여타 운동의 마스터들을 넘어서는" 미학에 있었다. 이는 도시의 삶과 어렵게 쟁취한 영국 의회제도의 자유에 뿌리를 둔 새로운 종류의 도덕적 권위로 부패한 궁정을 대체한다는 발상이었다.¹⁰

이 목표를 위해서 스틸과 애디슨은 1711년 『스펙테이터(*The Spectator*)』를 창간했다. 이것은 곧 당대의 가장 중요한 잡지가 되었고, 여기에 실린 에세이들은 널리 회람되고 재인쇄되었다. 또한 1권당 1페니라는 제법 감당할 만한 가격으로 지배층 남녀와 지배층을 열망하는 계급 모두의 관심을 끌었다. "스펙테이터 씨(Mr. Spectator)"는 17세기 신사를 대변하는 인물이었다. 그는 시골 영지에서 태어나서 런던에 거주했고, 취향과 스타일의 기준에 대해서 토론하며 나날을 보냈다. 존 위버는 프랑스화된 발레 마스터였고, 건전한 정신의 소유자인 스틸과 비슷한 부류로 보이기 힘들었을지 모른다. 그러나 위버는 발레가 그럼에도 불구하고 귀중한 시민적 도구라는 것을 어찌어찌 스틸에게 납득시켰다. 발레의 몸가짐과 예의가 꼭 퇴폐적이고 장식적일 필요는 없으며, 대신 영국의 시민성의 근거가 될 공손함의 형태일 수 있다고 주장한 것이다. 1712년 위버는 『스펙테이터』에 스틸의 소개글과 함께 공개 편지를 게재했다. 여기서 그는 고급 예술로서 춤의 장점들을 논했는데, 특히 나중에 강조했듯이 이는 "우아함과 공손함을 사랑하는 사람들"에게 "보편적 유익함"을 주는 필수적 교육 도구라고 이야기했다. 같은 해에 톤슨은 위버의 『춤의 역사에 대한 에세이』를 출간했다.¹¹

그 순간부터 위버는 프랑스 발레를 개혁하여 이를 영국 시민 문화의 초석으로 만드는 데에 지칠 줄 모르고 헌신했다. 그는 춤추기가 사람들이 자신의 열정을 조절하고 정중하게 행동하도록 도울 수 있다고 주장했다. 춤이 사회적 아교가, 사람들 간의 차이를 매끄럽게 하고 공적 생활을 약화시킬 위협이 되는 긴장을 완화하는 하나의 방식이 될 수 있다는 것이었다. 요점은 프랑스에서 그랬듯이 사회적 위계를 강조하는 것이 아니라 이를 누그러뜨리는 데에 있었다. 공손함은 단순한 겉치레나 표면적 친화성이 아니었다. 그는 행동거지가 인간을 내면에서 실제 도덕적으로 꼿꼿하게 만들 수 있다고 믿었다. 더 나아가, 이는 인간을 보다 평등하게 만들 수 있었다. 런던에서 생을 보낸 이탈리아 발레 마스터 조반니 안드레아 갈리니는 이런 생각을 이어갔다. 그는 춤은 "모든 신분들에게 추천되어야 한다.……귀족이 기계공의 분위기와 풍채를 가지는 것은 분명 바람직하지 못하다. 하지만 기계공이 귀족의 풍채와 분위기를 가졌다는 말은 비난이 아닐 것이다"라고 말했다. 스틸 자신도 이렇게 썼다. "신사라는 호칭을 절대 한 인간의 환경에 붙이지 말아야 한다."[12]

그러나 위버는 공손함에서 멈추지 않았다. 그는 춤을 존경받는 공연 예술로 만드는 것 역시 바랐다. 이 목표를 위해서 그는 프랑스에 등을 돌리고 대신 고대에 초점을 맞추었다. 귀족적인 당스 노블(danse noble)에 등을 돌리고 팬터마임이라는 고전 예술을 향한 것이다. 이는 약삭빠른 전략이었다. 그랜드 투어(Grand Tour), 즉 부유한 젊은이들이 이탈리아 도시들을 유람하면서 고전 예술을 배우는 것은 라틴어와 그리스어에 널리 정통한 교양 있는 영국 지배층에게 필수였다. 더구나 18세기 초 새로운 번역들의 범람과 함께 고대에 대한 흥미가 급증했는데, 거기에는 1700년 드라이든의 『일리아드(Iliad)』와 1715-1720년 포프의 재번역이 포함되어 있었다. 위버의 발상은 간단했다. 그는 프랑스인들의 무분별하고 부도덕한 과시와 이탈리아인들의 시끌벅적한 묘기 사이에서 영국 발레 마스터들이 독특한 균형을 잡으며 길을 만들었다고 보았다. 영국인들은 고대인들을 본받아서 건조하거나 지루하지 않으면서도 고상하고 도덕적으로 올곧은 새롭고 진지한 팬터마임을 창작할 수 있었다. 그들은 자신의 발레를, 즉 확연히 영국적이면서 대단히 공손한 종류의 발레를 가질 수 있었다.

그리하여 1717년 위버는 드루리 레인 극장에서 「마르스와 비너스의 사랑(The Loves of Mars and Venus)」이라는 제목의 새로운 쇼를 무대에 올렸다. 그는 이것을 "고대 그리스 및 로마인들의 팬터마임에 대한 모방을 시도하는 극적인 무용 오락"이라고 묘사했다. 드루리 레인은 그냥 여느 극장이 아니라 리처드 스틸의 극장이었다. 몇 년 전 평론가이자 성직자인 제러미 콜리어는 런던 공연 생활의 도덕성에 대한 격렬한 논쟁을 촉발했다. 그는 감독과 극작가들에게 맹공을 퍼부었다. "그들의 외설적 표현. 그들의 욕설, 신성 모독, 성서의 선정적 적용, 성직자들에 대한 그들의 욕설, 그들의 주인공들을 난봉꾼으로 만들고는 방탕 속에서 성공하게 만들기." 극장 개혁에 대한 이런 요청과 여타 당연한 요청들을 고려해서, 국왕 조지 1세는 1714년 리처드 스틸을 드루리 레인 극장 총재로 임명했다. 개혁에 대한 스틸의 열의를 공유하는 한 동료는 "규칙적이고 깨끗한 무대를……미덕의 편에서" 만들 수 있는 이 "행복한 혁명"에 반색을 표했다. 극작가 존 게이는 스틸이 "미덕을 유행하도록" 만드는 방법을 누구보다 잘 아는 사람이라고 썼다.[13]

그렇더라도 스틸은 상당한 도전에 직면해 있었다. 고결하거나 공손한 것만으로는 충분하지 않았다. 그는 표를 팔아야 했고, 콜리어가 썼듯이 "대중의 다수를 확보해야 했다." 이탈리아 오페라와의 경쟁은 격렬했는데, 특히 경쟁자인 존 리치가 운영하는 링컨스 인 필즈 극장과의 경쟁이 그랬다. 리치는 연극 가문에 속했고 런던 극장들의 무대 위에서 이탈리아 팬터마임을 공연하며 자랐다. 그는 기민하고 요령이 좋아서 무엇이 팔릴지 잘 알았다. 그는 자신의 제작물들의 수준을 일부러 싸구려로 잡았고, 한 평론가가 후일 "어마어마한 양의 조화로운 쓰레기"라고 혹평한 쇼들에서 많은 관객을 끌어들였다. 그렇지만 드루리 레인에서 공연된 위버의 「마르스와 비너스의 사랑」은 불가능을 달성한 것 같았다. 진지하면서도 흥행에 성공한 것이다.[14]

이 작품은 어떤 모습이었을까? 우리가 아는 바에 의하면, 이 발레는 비록 대중적 취향을 위한 양보로서 우스꽝스러운 키클롭스들을 포함시켰을지언정 헨리 시먼즈의 음악에 맞춘 진지한 팬터마임 연극이었다. 이는 품위가 있었다.

아름다운 헤스터 샌틀로가 연기한 비너스 역은 보다 청순하고 고상한 "우아함"을 위해서 통례적인 유혹적 자세들을 삼갔다. 노래 부르기, 현수막, 친숙한 곡조도 없었다. 스토리는 순수하게 "통제된 몸짓"과 (가면 같은) 주요 표정을 통해서만 전달되는 것이, 마치 육체적 징후를 통해서 성격과 감정 상태를 가늠하려는 관상가들에 의해서 펼쳐지기라도 하는 것 같았다. 예를 들면 질투는 "가운뎃손가락으로 눈을 특정 방식으로 가리키기"에 의해서, 분노는 "갑자기 오른손으로 왼손을 때리기. 가끔은 가슴을 때리기"에 의해서 드러났다. 위버는 자신이 염두에 둔 몸짓들과 동작들을 제법 상세히 묘사했고, 고대의 자료들을 잔뜩 인용해서 작품에 대한 자신의 설명을 돋보이게 만들었다.[15]

존 리치는 지지 않겠다는 듯 즉각 앙갚음에 나섰다. 「마르스와 비너스 : 혹은 쥐덫(Mars and Venus : Or, The Mouse Trap)」이라는 뻔뻔한 제목의 풍자극이었는데, 모든 진지한 배역들이 가장 저속한 이탈리아 곡예 스타일의 무용수들에 의해서 공연되었다. 위버와 스틸은 이듬해에 「오르페우스와 에우리디체(Orpheus and Eurydice)」로 맞받아쳤는데, 여기에는 오비디우스와 베르길리우스에 대한 언급들로 가득한 25페이지 길이의 프로그램이 포함되어 있었다. 하지만 이 작품은 덜 성공적이었다. 시간이 흐름에 따라 스틸은 대중적 취향, 즉 요술, 곡예, 외설적인 익살로 점점 더 깊이 경도될 수밖에 없었다. 패배를 직감한 위버는 1721년 극장을 떠났다. 그 무렵 두 사람이 밀고 나간 실험은 끝난 것이나 다름없었다. 드루리 레인은 경쟁자를 그렇게나 성공시킨 저질 팬터마임 오락을 향해 거침없이 이동하고 있었다. 1728년 위버는 잠시 재부상해서 자신의 진지한 팬터마임 연극에 대한 격렬하고 거만한 글을 썼지만 소귀에 경 읽기였다. 이듬해 스틸이 죽었고, 위버는 점점 더 슈루즈베리와 개인 생활로 물러나게 되었다. 그는 자신의 학교를 운영했다. 그곳에서 1760년 죽을 때까지 춤을 가르치면서 드루리 레인에서의 옛 시절의 팬터마임들을 향수에 젖어 연습했는데, 그의 죽음은 거의 이목을 끌지 못했다.

위버는 실패했을까? 상업적으로는 분명 그렇다. 그의 팬터마임 발레는 계속되지 못했다. 18세기와 19세기 중 영국 무대에서 발레는 주로 프랑스와 이탈리아에서 수입된 외국 예술로 남았다. 팬터마임은 광대극으로 돌아갔다. 하지만 가끔은 지독히 풍자적이고 가차 없이 연기되어서, 공손함이라는 것이 타성적이고 위선적인 상류층의 속물근성으로 보이기도 했다. 하지만 발레와 그 개혁은 영국 풍토를 "장악"하는 데에 실패했고, 공손함은 결코 새로운 발레적 예술로 전환되지 못했다. 그렇더라도 위버와 스틸의 업적을 과소평가해서는 안 된다. 공손함을 우아하고 허세 없는 사회적 스타일로 본 그들의 통찰에는 움직이는 방식과 춤추는 방식에 대한 교훈이 담겨 있었다. 이는 오늘날까지도 영국의 역사와 경험에 깊이 뿌리내린 것으로 인정받고 있다.

위버의 실패에도 불구하고, 런던은 여전히 프랑스인들은 상상밖에 하지 못할 자유를 제공하는 활력 넘치는 문화적 중심이었다. 위버가 드루리 레인을 떠나고 오래 지나지 않은 1730년, 볼테르는 런던의 절친한 친구에게 자신이 잘 알고 존경하는 프랑스의 인습타파적 발레리나 마리 살레에 대한 편지를 썼다. 살레는 파리 오페라에서 예술적, 행정적 어려움들에 부딪혀서 영국으로 가는 길이었는데, 거기서는 따뜻한 환영과 찬사를 받았다. 볼테르는 격분해서 "영국인의 자유와 프랑스인의 노예 상태 사이의, 영국인의 현명한 확신과 프랑스인의 정신 나간 미신 사이의, 런던이 예술에 주는 격려와 예술이 파리에서 겪는 수치스러운 압제 사이의 차이"를 한탄했다. 살레를 영국으로 보낸 것은 점점 더 고립되는 관심사와 진부한 예술적 환경이었는데, 이에 대한 볼테르의 뚜렷한 좌절은 이후 수 년간 화두가 되었다. 런던의 상업 극장들은 (파리보다 기하급수적으로 높은) 높은 보수와 더 자유분방한 예술적 환경을 자랑하는 한, 프랑스 무용수들에게 계속 매력적이었다. 이 사실은 파리의 관리들을 점점 더 화나게 만들었는데, 특히 파리 오페라가 그랬다.[16]

정말이지 볼테르의 묘사는 파리 오페라에 대한 것이라고 해도 무방하다. 왜냐하면 이 극장은 여전히 귀족적 취향과 고급 궁정 예법의 보루였기 때문이다. 이곳은 예술적으로 경직되어 있었다. 파리 오페라는 왕명으로 트라제디-리리크(tragédies-lyrique)와 오페라-발레(opéra-ballet)의 공연을 허가받은 유일한 곳이었고, 따라서 영국과 다른 유럽 극장들이 보통 그랬듯이 고급 상연물과 저급 상연물이 섞이는 경우가 없었다. 지배적인 것은 (위대한 세기[le grand siècle : 앙리 4세부터 루이 14세에 이르는 시기를 말한다/역주]를 연상시켜서 너무나 위안이 되는) 륄리와 그의 동시대인들의 작품들이었고, 이런 경향은 1770년대까지도 내내 유지될 것이었다. 생오노레 가에 위치한 건물까지도 이 황금 시대를 연상시켰다. 극장은 왕실 무도장을 본떠 거대한 장방형이었고, 황금색, 흰색, 녹색으로 치장되어 있었으며, 객석과 무대의 경계에서는 호화로운 공단과 백합 문장이 두드러지게 과시되었다. 좌석 배치는 루이 15세(1710-1774)가 개인적으로 통제했다. 가장 좋은 좌석은 무대 바로 위에 자리한 6개의 박스석들이었고, 고위 귀족들과 왕족들이 모두의 눈에 띄는 그곳에 자리할 수 있었다. 왕은 무대 오른쪽 박스석에 앉아서 모두에게 잘 보였고, 왕비의 박스석은 맞은편에 있었다. 다른 고위 귀족들은 마치 왕관의 여러 보석들이 첫 번째 고리나 단을 중심으로 박혀 있는 것처럼 배치되었다. 이 박스석들은 그냥 앉을 자리를 제공하는 것이 아니었다. 각 박스석은 개인적으로 직접 치장한 객실이었고, 보유자에게 2년 혹은 3년 동안 임대되었다.

  사회 신분이 낮을수록 좌석도 낮았다. 파리 오페라의 2, 3단은 부유한 성직자, 고급 창부, 하위 귀족, 매춘부들에게 권장되었다. "천당"이라고 불리는 3단의 발코니는 딱딱한 벤치와, 더 나은 자리를 감당할 여력이 없는 사람들마저 가끔 달아나고 싶어지는 악취를 풍기는 변기통을 제공했다. 남성 전용인 아래쪽의 입석은 누구나 입장할 수 있는 시끌벅적한 곳이었고, 하인, 댄디, 지식인, 삼류 문인, 군인들로 이루어진 1,000명에 달하는 군중이 한꺼번에 들어차 있었다. 그들은 노래를 부르고, 춤을 추고, 고함을 지르고, 휘파람을 불고, 하다못해 방귀까지 뀌면서 무대 위의 행사에 대한 호불호를 나타냈다. 상황이 통제 불능으로 번지면 머스킷총으로 무장한 왕의 병사들이 순찰을 돌았다.

  모든 것이 사회적 과시에 맞추어졌다. 박스석들 사이의 칸막이는 관객이 무대보다는 서로를 보기에 편리하도록 배열되어 있어서, 최고급 박스석에 앉은 사람들은 쇼를 보려면 몸을 내밀고 목을 길게 빼야 했다. 고귀한 태생의 남녀의 필수품인 오페라 글라스는 친구와 경쟁자들의 패션과 행동을 상세히 염탐하는 데에 사용되었다. (자욱한 연기를 자아내는) 거대한 촛불 샹들리에들과 수많은 기름 램프들의 조명은 쇼가 시작해도 희미해지지 않고 공연 내내 밝게 유지되어서 극장에 축하 잔치 같은 분위기를 주었다. 유행에 따라 귀족들은 흔히 늦게 도착해서 일찍 떠났고, 박스석들 사이를 자유롭게 옮겨 가며 찾아가서 뒷소문을 떠들었다. 이 중 어느 것도 그들이 공연에, 그리고 공연에 대한 왕의 반응을 주시하지 않았다는 의미는 아니다. 정말이지 많은 사람들이 공연을 탐욕스럽게 지켜보았고, 공연 후 살롱, 편지, 팸플릿들에서 광범위한 토론이 벌어졌다.

볼테르가 제대로 지적했듯이 마리 살레(c. 1707-1756)는 18세기 중반 즈음 사람들의 이야깃거리들 중 하나였다. 살레는 있을 법하지 않은 경력을 가졌다. 그녀는 순회 배우들과 곡예사들로 이루어진 미천한 집안에서 태어났다. 그녀의 삼촌은 유명한 할리퀸이었고, 일가는 파리의 풍물장터들을 순회하면서 주로 팬터마임과 곡예를 공연했다. 당시 풍물장터들은 낮은 사회 신분들이 즐겨 모이는 장소였지만, 좋아하는 오페라와 발레들의 불경한 패러디들을 보는 데에 열심인 왕족과 귀족들도 모여들었다. 그렇지만 18세기 초에 풍물장터 연기자가 되려면 상당한 재간이 필요했다. 왜냐하면 파리 오페라와 코메디 프랑세즈 모두 자신의 특권을 빈틈없이 보호했기 때문이다. 풍물장터 연기자들에게는 무대 위에서 노래하는 것과 하다못해 말하는 것까지 다방면의 금지 사항이 있었다.

이에 대응해서 그들은 영리한 속임수들을 고안했다. 관객 중에 사람을 심어 대사를 읊게 하고, 유명한 대중가요 곡조들을 연주해서 관객들이 따라 부르게 했으며, 대사를 굵은 글씨로 쓴 현수막을 무대 위에 배치했다. 하지만 풍물장터 연기자들이 가진 가장 큰 무기는 팬터마임이었다. 검열이나 규제가 사실상 불가능한 팬터마임은 번성해서 정교한 무언극으로 발전했다. 정말이지 풍물장터는 너무나 성공적이었고, 1715년 마침내 파리 오페라와의 협상을 허락받았다. 이들은 수수료와 맞바꿔서 노래, 춤, 대사가 오늘날의 뮤지컬 비슷한 방식으로 섞여 있는 연극인 오페라-코미크(opéras-comique)의 공연을 허가받았다. 이 도시에 이와 비슷한 곳이 풍물장터만은 아니었다. 이듬해 이탈리아인 코메디아 델라르테 연기자들이 파리로 돌아와서 코메디 이탈리엔(Comédie Italienne)을 설립했다. 이 두 극장들은 1762년 왕실의 후원하에 오페라-코미크(Oépra-Comique)로 통합되어 파리 오페라의 진지한 경쟁자가 되었다. 마리 살레는 이렇듯 파리 공연 생활의 중요한 문화적 변화의 시대에 등장했다. 파리 오페라는 점점 더 스스로의 특권의 수렁으로 빠져드는 반면, 팬터마임, 보드빌, 서커스 형식들은 점점 더 활력이 넘치고 있었다. 살레와 그녀의 가족은 파리의 대중 극장들에서 공연했고, 우리가 살펴보았듯이 런던으로 가서 위버가 스틸의 드루리 레인에서 공연하던 바로 그 시절 존 리치의 링컨스 인 극장에서 춤추기도 했다.

그렇지만 살레는 장터의 마임 배우 이상이었다. 그녀는 프랑수아즈 프레보와 함께 발레를 연구하기도 했다. 프레보는 파리 오페라의 뛰어난 발레리나로, 멘 공작부인이 소에 위치한 자신의 성에서 연 밤샘 연회에서의 대담한 공연으로 유명했다. 프레보는 풍물장터의 대중성과 교묘하게 보충적인 마임을 이용해서, 고귀한 귀족 스타일의 더 고상한 예술적 태도를 가진 자의식적으로 진지하면서도 고도로 선정적인 스타일의 팬터마임을 공연하는 것으로 유명했다. 예를 들면 1714년 그녀는 코르네유의 「호라티우스(Les Horaces)」의 사무치는 장면을 대사와 가면 없이 연기해서 관객을 감동시켰다. 그녀의 맨 얼굴과 표현이 풍부한 몸짓들은 자칫 형식적이었을 공연에 놀라운 친밀감과 감정적인 깊이를 가져왔다고 한다.

살레는 이보다도 더 대담했다. 그녀는 1727년 파리 오페라에서 진지한 스타일로 데뷔했다. 하지만 인정을 받기가 무섭게 이 기관의 엄중한 예술적 규칙들과 뒷소문이 무성한 음모에 진력을 냈다. 그녀는 자신의 예술의 (그리고 아름다움의) 맹목적 숭배자인 볼테르와 몽테스키외의 후원을 빈틈없이 요청해서는, 소개장 몇 통을 품은 채 런던으로 떠났다. 그중에는 몽테스키외가 에세이 작가이자 킷캣 클럽의 저명한 휘그당원의 딸인 메리 워틀리 몬터규에게 보내는 소개장도 있었다.

대중 문화와 진지한 문화의 혼합, 상업 연극의 제약 없는 성격, 당시 팬터마임의 압도적인 인기, 런던의 이 모든 것이 살레에게 유리하게 작용했다. 그녀는 존 리치의 극장에서 공연했고, 특히 「알치나(Alcina)」 같은 헨델의 이탈리아 오페라에서 그와 긴밀하게 작업했다. 그녀는 자신의 춤들 중 여럿을 만들었고, 1734년 "국왕 전하의 명"에 의해서 「피그말리온(Pygmalion)」을, 어느 잡지가 쓴 바와 같이 "후프스커트나 코르셋 없이, 어떤 장식도 없이 머리카락을 흐트러트린 채로……그리스 조각상을 본보기로 삼아 그냥 시폰 옷감들만 늘어뜨리고는" 공연했다. 또다른 춤에서 살레는 "가장 깊은 슬픔, 절망, 분노, 실의를 표현하며……연인에게 버림받은 한 여인을 보여주었다." 이렇듯 런던에서 살레는 자신의 정식 훈련은 (그리고 가면과 코르셋을 받친 드레스도) 젖혀두고, 대신 팬터마임, 몸짓, 자유로운 형식의 움직임을 섞은 독무에 집중해서 스토리를 말하고 감정을 전달했다. 후일 유명한 영국 배우 데이비드 개릭이 회상한 바에 의하면, 관객은 살레의 공연에 너무나 사로잡힌 나머지 기니 금화를 사탕처럼 지폐로 싸서 알록달록한 리본을 묶어 던졌다고 한다.[17]

    살레는 1735년 파리 오페라로 돌아와서 작곡가 장-필리프 라모와 긴밀하게 작업했는데, 라모 본인도 감정적으로 격렬한 그의 음악은 프랑스의 고전주의 전통과 불화한다고 생각하는 견고한 입장의 륄리주의자들과 갈등 중이었다. 살레의 연기 기술은 그녀를 이상적인 해석자로 만들었다. 그녀는 「아름다운 인도인(Les Indes Galantes)」을 비롯한 라모의 가장 성공적인 여러 제작물들에서 춤을 만들고 공연했다. 그렇지만 그것들은 무용수들이 모두 후프스커트를 입고 대개 가면을 착용하는 관례적 춤이었고, 살레의 가장 혁신적인 나날들은 명백히 그녀의 이면에 있었다. 그녀가 제약이 덜한 코메디 이탈리엔에서 춤추려고 시도하자, 파리 오페라에 대한 신의를 중요시하는 왕이 그녀를 체포하겠다고 협박했다. 그녀는 1741년 은퇴했지만 (아마도 생계를 위해서) 궁정에서 정기적으로 공연을 계속했고, 1756년 파리에서 사망했다.

    살레에 대해서 어떻게 평가해야 할까? 그녀는 어떤 의미로는 대단한 미모라는 행운과 상당한 훈련을 받은 풍물장터 연기자에 불과했고, 날마다 엄격한 연습 시간을 가져야 했다. 그러나 그녀는 그 이상이기도 했고, 우리의 주목을 받을 자격이 있다. 직감적으로 섹스와 발레를 분리하고, 자신의 재능을 가지고 관습과 맞선 최초의 여성들 중 한 사람이었기 때문이다. 그녀는 미모로 유명했는데, 여배우와 무용수들이 흔히 고급 창부 노릇도 하던 시대답지 않은 도덕적 행동으로도 그에 못지않게 유명했다. 그녀는 정부들을 거절했고(볼테르는 그녀를 '잔인한 내숭녀'라고 불렀다), 파리로 돌아와서는 레베카 윅이라는 영국 여인과 조용히 살았으며, 자신의 대단치 않은 소유물들을 그녀에게 남겼다. 그녀의 도덕성은 동시대인들의 미움을 샀지만 살레는 요지부동이었다. 절제된 행동은 그녀의 매력을 증가시킬 뿐이었다. 만일 파리 오페라가 그녀를 몰아쳐서 심란하게 만들었다면, 그녀는 그들의 권위에 도전하는 한편 파리와 런던의 더 대중적인 극장들로 탈선함으로써 파리 오페라의 관리들을 괴롭혔다고 할 수 있다.[18]

그러나 살레의 진정한 업적은 단순히 그녀가 여성이라는 사실에 있었다. 귀족 스타일은 언제나 명백히 남성적이고 심각하고 묵직했다. 여성 연기자들은 남성들보다 나중에 등장하거나 그들의 그림자 속에 있었다. 살레는 이 모든 것을 바꾸었다. 그녀의 손에서 발레는 여성적이고 관능적으로 변했다. 그녀는 필수였던 궁정 의상을 벗어버리고, 단순하고 (몸을 드러내는) 헐렁한 그리스식 옷을 입었다. 그녀는 무방비적으로 자연스러운 방식으로 움직였고, 몸짓과 팬터마임을 사용해서 이 지지한 장르의 인위성과 형식성을 축소시켰다. 그 과정에서 그녀는 프랑스 귀족 스타일을 궁정으로부터 규방으로, 그리고 공적인 것으로부터 사적인 것으로 이동시킴으로써, 전통적으로 철저하게 영웅적인 춤이었던 것을 관객이 감각적이고 친밀하게 읽도록 만들었다. 이런 방식은 발레가 의례적 형식뿐만 아니라 내면의 영역도 묘사할 수 있다는 것을 어렴풋이 보여주었다.

살레와 동시대의 파리 시민이자 경쟁자였던 마리-안 드 퀴피 드 카마르고(1710-1770), 일명 카마르고는 자신의 예술의 고루한 관행에서 벗어날 또 하나의 방법을 찾아냈다. 전통적으로 여성들은 점프, 다리 부딪히기, 그 밖에도 그때까지 남성들이나 (또 하나의 관문인) 곡예적인 이탈리아 무용수들에게만 할당되던 기교적 스텝들을 하지 않았다. 카마르고는 했다. 그녀는 거기서 멈추지 않고, 나아가 치마를 종아리까지 줄임으로써 그녀의 눈부신 발놀림이 (그리고 섹시한 양발이) 더 잘 감상될 수 있게 했다(이는 사람들을 다른 종류의 호색적 상상으로 이끄는 행보이기도 했다. 그녀가 속옷은 입고 있었을까?). 우리에게는 상상하기 어렵지만, 카마르고가 자신의 기술을 그렇게 대담하게 과시하려고 든 것은 정숙함으로부터 벗어나서 더 과감하고 노골적으로 유혹적인 움직임 방식으로 가는 두드러진 변화였다. 이것은 사람들의 눈살을 찌푸리게 만들었고, 여성 무용수들이, 특히 귀족 스타일의 규정된 방식에서 벗어날 때 무대에서 얼마나 도발적일 수 있는지 깨닫게 했다. 카마르고의 사생활이 정부들과 추문들로 가득했고, 그녀가 상당한 부와 악명을 쌓아올렸던 것도 놀라운 일은 아니다.

살레와 카마르고 사이에서 발레의 경로는 부지불식 중에 변화했다. 19세기에는 결국 이 예술의 정점에서 발레리나가 당쇠르를 대체할 것이었다. 그렇지만 이렇게 되기까지는 시간이 필요했고, 그 과정에서 진지한 스타일을 취하거나 기교파 연기자가 된 여성들은 대개 남성의 표정과 태도를 따라한다고 묘사되었다. 카마르고는 도발적인 스타일에도 불구하고 "남자처럼 춘다"는 소리를 들었고, 몇 년 후에 진지한 스타일로 두각을 나타낸 앤 하이넬은 "최고의 남자가 여자 옷을 입었다"고 묘사되었다. 또다른 관찰자가 (당대의 탁월한 남성 무용수들을 논평하면서) 설명한 바와 같이, "마치 베스트리스가 여자 역으로 춤추는 것을 지켜보는 것 같았다."[19]

왜 갑자기 남자들이 아니라 여자들이 발레의 선봉에 섰는지에 대해서는 잠시 생각해볼 가치가 있다. 여성들이 기꺼이 치고 나온 것은 무용수들의 꽤나 독특하고 성가신 사회적 신분과 어느 정도 관련이 있을 것이다. 18세기가 끝날 즈음, 대부분 연극이나 장인이나 기타 낮은 배경 출신인 파리 오페라의 무용수들은 극장의 고용인으로서 왕의 종복들이었다. 남성들에게 이는 꽤 간단했다. 의무에 충성하면 보호가 제공되었다. 그러나 여성들에게는 상황이 더 복잡했다. 파리 오페라는 그들에게 종종 아버지나 배우자의 고압적인 통제로부터의 피난처 역할을 했다. 왜냐하면 이곳의 고용인인 여성은 왕과 왕의 신사들(gentilhommes du roi)의 독점적 통제하에 놓이기 때문이었다. 아버지와 남편은 관례적인 금전적, 도덕적 지배력을 박탈당했다.

이렇듯 파리 오페라의 무용수들은 비록 명예훼손, 유기, 재정 파탄에는 더 취약했을지언정, 프랑스 사회의 보통 여성들과는 극히 대조적으로 자신의 벌이를 지키면서 이례적 독립성을 누릴 수 있었다.[20] 상당수가 자신의 자유와 미모를 활용해서 고급 창부라는 이중생활을 했다. 부유한 후원자를 속여서 그가 가진 값나가는 것을 몽땅 쥐어짜는 젊은 무용수에 대한 클리셰에는 실제 지속된 역사적 사실이 존재했던 셈이다. 프레보와 카마르고에 더해 다른 사람들도 있었다. (가장 유명한 무용수들만 해도) 바르바리니, 프티, 드샹, 데르비외, 기마르 같은 젊은 여성들은 모두 여러 정부들 사이에서 줄타기를 하면서 종종 놀랄 만한 사치 속에서 살아간 뛰어난 18세기 무용수들이었다. 어느 격분한 경찰관이 말했듯이 파리 오페라는 "국가의 하렘"이었다.[21]

이런 여성들은 이렇듯 사회적 계급 면에서, 그리고 아이디어 면에서 귀족층과 흥미로운 관계에 있었다. 여성 직업 무용수들은 비교적 새로운 현상이었다. 1680년대에 파리 오페라 무대를 처음 차지했을 때, 그들은 보통 궁정과 상류 사회에서도 (단순화된 형태로) 귀족 여성들에 의해서 공연되던 춤들을 공연했다. 따라서 발레리나는 실제 생활에서는 결코 그렇지 않음에도 불구하고, 무대에서는 귀족처럼 **연기했다**. 그리고 그들이 이런 연기를 하던 시대에는 연극적 환상과 현실 사이의 거리가 현대보다 훨씬 덜 부각되었다. 18세기 무대에서 어떤 배우가 쓰러져서 죽으면 그는 (그 순간에는) 실제 죽은 것으로 이해되었고, 무용수는 (그 순간에는) 진짜 귀족인 것으로 이해되었다. 더구나 현실의 삶에서 무용수들은 종종 왕족들과 어울렸고, 많은 수가 신분에 맞는 부와 과시적 태도, 그리고 (아마 말투가 어떤가는 또다른 문제였겠지만) 이와 어울리는 우아한 행동거지를 가지고 있었다. 명예훼손 금지 조항(cluase de non-dérogation)은 귀족들이 공개 무대에서 춤을 추어도 신분을 잃지 않도록 보호했는데, 이는 무용수들이 고급 창부로도 간주되던 시대에마저 그들의 직업에 존경받는 분위기를 부여했다. 이 오페라의 여인들(filles d'opéra) 본인은 보통 자신의 지위에 대해서 어떤 환상도 없었다. 하지만 자신의 위치의 애매함을 유리하게 돌리려는 교묘한 시도는 많았다.

예를 들면 라 카마르고는 (스페인과 이탈리아) 귀족의 후예라고 정말로 주장할 수 있는 가문 출신인 드문 경우였다. 그러나 집안은 빈곤했다. 그녀의 아버지가 딸을 파리 오페라에 보낸 것은, 가족의 귀족 신분을 법적으로 더럽히지 않으면서도 생계를 유지할 돈을 벌 수 있기 때문이었다. 그렇지만 다른 위험은 있었다. 얼마 지나지 않아 카마르고와 여동생은 질투심 많고 부유한 숭배자 믈룅 백작에 의해서 유괴되다시피 외딴 은신처로 보내졌다. 카마르고의 아버지는 분노와 분개를 담아 불평하는 편지를 썼다. 그는 자기 딸들은 고귀한 출생의 여성다운 대우를 받아야 하며, 백작이 결혼을 청하지 않으면 당국에 의해서 재판정으로 불려갈 것이라고 주장했다. 아무 일도 일어나지 않았고, 카마르고의 삶은 가던 길을 계속 갔다. 1734년 명성의 최고조에서 카마르고는 6년간 파리 오페라를 떠났는데, 생-제르맹-데-프레 수도원 원장인 신분 높은 클레르몽 백작과 살기 위해서였다. 그는 그녀를 파리 근교의 여러 집들에 고립시켰고, 그녀는 그에게 버림받아서 다시 파리 오페라로 돌아오기 전까지 두 아이를 가졌다.

더 흥미진진한 사례를 들어보자. 1740년 무용수 마드무아젤 프티는 불륜으로 비방받았다. 그녀는 출판물을 내어 맞받아치면서, 파리 오페라에 자리를 얻은 것은 단지 자신의 미모를 사회적, 금전적 이익으로 바꿔보겠다는 야심 때문이었다고 내놓고 인정했다. 하지만 그녀는 자기가 언제나 "고귀한 출생의 여성답게" 행동했으며, 그렇게 대우받아야 한다고 주장했다. 그녀는 자신의 몸가짐이 현실적이어서 도움이 된 것뿐이라고 주장하면서, 자신에게 부도덕하다는 비난을 퍼붓는 것에 분개했다. 하지만 프티는 자신이 분개하는 근거가 불확실하다는 것을 알고 있었다. 그녀는 용감하게도 본인의 입장을 자신에게 너무나 자주 구애하는 남자들의 입장에 빗댔고, 이를 통해서 스스로의 약점을 장점으로 바꾸었다. 바로 세리였다.* 그녀는 사실 자신의 직업은 그들의 직업과 다를 것이 없다고 주장했다. 그들 모두 무에서 시작했고, 냉혈한이었으며, 여러 고객들 사이에서 동시에 줄타기를 했다. 그들의 신분은 재물 덕분이었고, 그녀의 신분은 자신의 매력 덕분이었다. 하지만 최소한 그녀가 파멸시킨 남자들은 그녀를 사랑했던 반면, 세리는 미움과 조소를 받는 인물이었다. 이런 거침없는 주장은 날카롭게 분개하는 반응과 마주쳤다. 1741년 왕에

---

* 세리들은 왕을 대신해서 세금과 관세를 징수했다. 이 일을 하는 금융업자들은 보통 부자들이었다. 그들은 구체제하에서 프랑스 왕정에 의해서 계속되는 폐해와 불평등의 편리하면서 미움을 받는 상징이었다.

게 고용된 징세관들과 금융업자들의 강력한 조직인 페르미에 제네로(Fermiers Généraux)는 팸플릿을 출간해서, 게으르고 무능한 데다가 단정치 못한 품행으로 사회라는 조직을 더럽히는 이 "하찮은 여배우"의 비방적 주장을 각하했다. 프티가 이 팸플릿 전쟁에서 얻은 것은 없지만 그녀의 진취적 기상은 인정할 만하다. 그녀는 공개적으로 나감으로써 모든 규칙들을 깼고, 자신의 지위의 취약성을 드러냄으로써 그들의 지위의 취약성까지 드러냈다.[22]

파리 오페라 무용수들의 애매한 사회적 신분은 1760년 어떤 소송의 주제가 되기도 했다. 어느 건축가가 악명 높은 무용수(이자 고급 창부인) 마드무아젤 드샹이 자신의 직업적 조력에 대한 보수를 지불하지 않았다고 고소한 것이다. 드샹은 기혼이었지만 법적으로는 헤어진 상태였다. 그녀는 파리 오페라에서 일하면서 강력하고 부유한 세력에게 보호받고 있었다(그들 중에는 오를레앙 공작과 브리사르라는 이름의 세리도 있었다). 이 건축가의 수수료에 책임 있는 사람은 누구일까? 변호사들은 당황했다.

> 왕립 음악 아카데미의 여배우들은 특권을 가진 존재들이자 사실상 정의 불가능한 존재들이다. 그들은 불행히도 유용하게 여겨지지만 무용하고, 보호받는 만큼 공인되지는 못하며, 정치적인 정부에 의해서는 용인되지만 법률적으로는 그렇지 않다. 그들은 문명 사회의 핵심에서 고립된 채, 다른 어떤 영역들과도 꽤나 동떨어진 영역을 지배한다.……그들은 스스로에게만 의지한다는 점에서 부모에게도 남편에게도 속하지 않는다.[23]

변호사들은 손해를 보았다고 주장하는 건축가를 대신해서, 드샹이 모든 적법한 의무들을 부인했다고 고소했다. 그들은 그녀가 어떤 시민적 신분도 없는 사회적 공백이라고 말했다. 그렇지만 그들은 파리 오페라와의 관계가 그녀에게 실제로 어떤 사회적 입지를 준다는 것은 부인할 수 없었다. 그들은 어떻게 진전해나갈지에 대한 확신이 없는 가운데, 그녀의 불편한 사회적 신분을 피해서 대신 경제적 필요성에 초점을 맞추었다. 그들은 자립 경제를 유지하기 위해서는 각 개인이 시장에서 자신의 행위를 책임져야 한다고 주장했다.

비록 여성이지만 이는 드샹에게도 적용되어야 했다(기록에 의하면 그녀는 돈을 지불한 것으로 보인다). 그렇지만 나이가 들어감에 따라 불운한 처지가 된 드샹은 주체할 수 없는 빚 때문에 소유물들을 공매로 팔아야 했다. 파리 상류층이 마차로 줄줄이 도착해서 입을 헤벌리고는 이 몰락한 오페라의 여인의 물건들을 지켜보았다. 군중이 너무 밀려들어서 번호표가 배부되는 가운데, 마치 그녀의 권리 양도가 크게 사랑받는 오페라나 발레의 마지막 장이라도 되는 양 가장 저명한 방문객들이 먼저 입장을 허락받았다.*

이렇듯 파리 오페라의 여성들의 사회적 위치가 꼭 그들을 더 자유롭거나 안전하게 만든 것은 아니었다. 하지만 그들에게 어떤 (가끔은 무모한) 용기를 주었던 것은 분명해 보인다. 사실 이 여성들이 선에서 벗어나거나 색정적이라는 등의 악명을 획득해서 얻는 것은 잃는 것보다 많았다. 예술적 결과들이 언제나 명백할 리는 없고, 무용수들의 생각과 동기에 대해서 남아 있는 것은 희미한 흔적뿐이다. 그러니 에로티시즘, 예술, 신분이 그들의 삶에서 정확히 어떻게 결합되어 있었는지는 알 도리가 없다. 그러나 그들로 인해서 무용수들이 예술과 퇴폐적인 화류계 사이를 미끄러져가던 방식들은 발레의 역사에서 중심 주제가 되었고, 발레리나의 평판은 가끔 그녀의 예술적 장점들뿐만 아니라 개인적 행동에도 의지하게 되었다. 18세기와 19세기의 가장 대담한 발레 연기자들 중 다수가 여성이었던 것은 우연이 아니다. 틀을 잡은 것은 살레와 카마르고였다. 그들은 에로티시즘, 대중극, 감상적인 것을 선호하는 당대의 취향을 계산된 방식으로 이용함으로써 프랑스 귀족 스타일을 확연히 여성적인 방향으로 전환했고, 이 예술의 한계를 확장하고 미래의 발전을 위한 길을 열었다.

팬터마임, 음악, 춤이 언어의 도움 없이도 스토리를 말할 수 있다는 생각은 언젠가부터 어느 곳에나 존재했다. 그런 생각은 코메디아 델라르테와 풍물장터에, 이탈리아 오페라의 막간 발레에, 예수회의 연극에 있었다. 존 위버와 마

---

* 드샹은 결국 파리에서 달아날 수밖에 없었지만 리옹에서 경찰에 의해서 수감되었다. 그녀는 달아났지만 다시는 위상을 회복하지 못했다. 그녀는 1770년대 초반 극도의 비참함 속에 죽었다.

리 살레는 팬터마임 무용에서 이런 전통들에 의지했다. 그러나 춤이 스토리를 말보다 더 잘 이야기할 수 있다는 것은, 즉 춤이 말로는 절대 전할 수 없는 도덕적 힘을 가지고 인간의 핵심적 진실을 표현할 수 있다는 것은 대단한 발상이다. 이것은 프랑스 계몽주의로부터 곧장 나온 생각이었다. 바로 이런 생각이 발레를 (프랑스의 경우에는 오페라 속의) 치장적인 장식품으로부터 오늘날 우리가 스토리 발레라고 생각하는 독립적인 내러티브 예술 형식으로 바꾸었다. 춤이 연극적 책임을 감당할 수 있다는 생각이 일단 정착되면, 「지젤(Giselle)」(1841)과 이후의 「백조의 호수(Swan Lake)」(1877), 「잠자는 숲속의 미녀(Sleeping Beauty)」(1890) 등의 독립적인 내러티브 발레들로 향하는 길이 열리게 될 것이었다. 무용수들과 발레 마스터들이 위버의 실험적인 「마르스와 비너스의 사랑」이나 마리 살레의 신중한 팬터마임으로부터, 성숙하고 자립적인 연극적 발레로 어떻게 이동했는지 이해하려면 장-조르주 노베르(1727-1810)의 삶과 작업으로 시선을 돌려야 한다.

노베르는 프랑스 발레 마스터이자 자칭 무용 평론가로, 중요하고 제멋대로인 책 『무용과 발레에 대한 서간집(Lettres sur la danse et sur les ballets)』을 썼다. 실용적 조언, 이론적 사색, 본인의 발레들의 플롯에 대한 장황한 묘사, 파리 오페라의 무용수들에 대한 후한 찬사와 비판적 비평을 아우르는 독선적 논평으로 가득한 이 책은, 자신의 예술을 개혁하려는 노베르의 맹렬한 (그리고 가끔은 맹목적인) 야심의 기록이었다. 그가 언제나 독창적인 것은 아니었고, 그의 호언장담과 오만함은 반감을 불러일으킬 수 있었다. 그의 발레와 글은 종종 짜증나고 모방적이었다. 하지만 몇몇 중요한 생각들에 대한 명쾌한 이해와 이를 춤에 적용하려는 부단한 투지는 그를 어느 곳의 동료들보다도 돋보이게 만들었다.

노베르의 경력은 전 유럽에 걸쳐 있었다. 그는 파리, 리옹, 런던, 베를린, 슈투트가르트, 빈, 밀라노에서 작업했는데, 1760년에 『서간집』이 출간되자 그 급진적 아이디어들 때문에 유럽 대륙 전역에서 유명해졌다. 그가 1810년 사망할 즈음 『서간집』은 파리에서부터 상트페테르부르크에 이르는 도시들에서 (개정판으로) 재출간되어 읽히고 있었다. 노베르는 스스로를 진보적 인물이자 일종의 철학자 뺨치는 사람으로 보았고, 프랑스 계몽주의의 주역들, 특히 볼테르와의 연줄을 뽐내기를 좋아했다. 하지만 노베르에게 찬사를 가져다준 것은 그의 저작들만이 아니었다. 그는 수십 편의 축제와 특별 행사들과 더불어 약 80편의 발레와 24편의 오페라-발레를 작곡했다. 그의 작품들은 유럽 방방곡곡의 도시와 궁정에서 공연되고 (흔히 그의 제자들에 의해서) 재공연되어서 그를 당대의 단연 가장 유명한 발레 마스터로 만들었다. 그의 명성은 사후에도 높아질 뿐이었다. 노베르의 발레들은 결국 소실되었지만 그의 『서간집』은 19세기와 20세기 내내, 오귀스트 부르농빌과 카를로 블라시스부터 프레더릭 애슈턴과 조지 발란신에 이르는 무용수들과 발레 마스터들로부터 생전과 마찬가지로 찬사와 혹평을 받았다.[24]

파리에서 스위스인 아버지와 프랑스인 어머니로부터 태어난 장-조르주 노베르는 신교도 신앙 속에 양육되며 견실한 교육을 받았다. 그는 지적 호기심이 많은 데다가 고전 문학 및 사상의 기초를 배워서, 같은 직업의 다른 사람들은 별로 가지지 못한 도구들을 가졌다. 스위스 출신 호위대의 일원이었던 아버지는 노베르를 군인이라는 직업으로 단호하게 몰고 갔다. 하지만 연극에 대한 노베르의 열정이 마침내 승리했고, 결국 파리 오페라의 존경받는 당쇠르 노블인 루이 "르 그랑" 뒤프레와 공부하도록 주선되었다. 그리하여 야심은 물론 재능과 훈련을 갖춘 노베르는 명망 있는 파리 오페라에서의 경력이라는 진부한 경로를 시작하는 듯했다.

그러나 사실은 그렇지 않았다. 그 대신, 1743년 뒤프레는 오페라-코미크의 새로운 감독 장 모네에게 고용되어서 무용수들을 모아 발레를 무대에 올리게 되었다. 가능한 최고의 재능을 가진 사람들과 함께 존경받을 만한 연극을 창조하기를 원한 모네는 작곡가 장-필리프 라모와 화가이자 의상 디자이너인 프랑수아 부셰도 채용했다. 한편 뒤프레는 마리 살레를 데려와서 자신의 제자들 중 한 명인 열여섯 살의 노베르와 함께 무대에 올렸다. 이렇듯 가장 존경받는 해석가들 중 하나로부터 최고의 귀족 스타일로 훈련받았음에도 불구하고, 노베르의 경력은 마리 살레를 옆에 두고 대중 극장과 풍물장터에서 시작되었다. 그녀가 그보다 스무 살가량 연상이었지만 살레와 노베르는 금세 친구가 되었다. 후일 그는 그녀를 표현주의 무용의 본보기로 떠받들게 될 것이었다.

그럼에도 불구하고 노베르가 오페라-코미크에서 시작했다는 사실은 그의 평생을 관통하면서 적잖은 좌절과 분노를 유발한 주제를 암시했다. 파리 오페라는 여전히 이론의 여지없는 예술적 최고봉이었고, 노베르는 이곳에 끌리지 않을 도리가 없었다. 이것은 명망의 문제이자 동시에 기회와 자원의 문제이기도 했다. 파리 오페라는 여전히 트라제디-리리크와 오페라-발레의 제작이 허용되는 유일한 파리 극장이었던 것이다. 노베르는 여기서 자리를 얻기 위해서 부단히 노력했다. 1750년대에 해외와 지방에서의 작업으로 어느 정도 명성을 얻은 그는 스스로를 파리 오페라의 발레 마스터 자리로 밀어붙였다. 하지만 루이 15세의 영향력 있는 정부인 지적이고 세련된 마담 드 퐁파두르의 지지에도 불구하고, 그는 관습과 음모를 극복할 수 없었다. 노베르는 굴욕스럽게도 재능이 처지는 내부 후보자에게 밀려 거부당했다. 후일 한 관찰자는 냉소적으로 이렇게 썼다. "만일 발레라는 사안에서 여전히 유아기에 있는 우리를 끌어내줄 수 있는 사람이 있다면, 이 노베르라는 남자뿐이나. 파리 오페라는 그런 인재를 확보해서 두둑이 보수를 주어야 마땅했다. 하지만 그래야 하는 바로 그 이유 때문에, 그들은 그런 종류의 일은 절대 하지 않을 것이다."[25]

노베르의 최초의 진정한 기회는 런던으로부터 왔다. 1755년 배우이자 감독인 데이비드 개릭이 그를 초빙해 드루리 레인 극장에서 발레를 무대에 올린 것이다. 이 두 사람은 같은 배경을 공유했다. 개릭은 노베르와 마찬가지로 공연 가문 출신이 아니라 프랑스 신교도 후손의 부르주아 가정에서 양육되었다. 그는 좋은 교육을 받았고 자신의 계급의 예의범절을 정확하게 알았다. 따라서 자신의 직업 선택이 가문의 평판을 더럽히지 않을까 우려했다. 당시 런던 극장들은 대부분 어둡고 빈곤한 뒷골목들에서 사창가를 필두로 여타 평판이 나쁜 시설들 사이에 있었다. 개릭은 위버와 스틸이 멈춘 그 자리를 선택해서, 연극을 구제하고 정화하고 존경받을 만하게 만드는 일에 착수했다. 그들과 마찬가지로 그는 영국 연극이 영국 정치제도의 자유를 반영할 수 있는 방법으로서 도덕적이고 유용할 수 있다고 믿었다. 그는 성실한 결혼 생활을 했고, 자신의 배우와 여배우들도 그러도록 격려했다.

개릭은 셰익스피어의 극을 고급 예술이자 국가 문화유산으로서 정립하는 데에 성공했다. 그는 관객을 끌어들이기 위해서 대중적 상연물과 더 진지한 연극을 혼합했고, 그의 극장은 팬터마임, 광대극, 그리고 코메디아 델라르테의 속편 격인 것들을 제공했다. 그는 관람자들의 집중과 예절을 북돋우기 위해서 객석을 어둡게 했고 좌석과 무대의 거리를 벌렸다. 개릭은 시선을 사로잡는 연기자이자 팬터마임의 달인이었다. 그는 점토 같은 이목구비와 가면 없이도 표정을 빚어내면서 사랑, 미움, 공포를 순식간에 연어어 표현하는 대가다운 능력으로 유명했다. 그는 무엇보다도 지나치게 공들이는 전통적인 낭송 기술을 삼갔고, 더 단순하고 꾸밈없는 말로 대사를 분명히 하면서 다양한 사회 계급의 사람들에게 직접 호소하는 것을 선호했다.

노베르는 런던에 도착해서 자신의 가장 화려한 발레들 중 하나인 「중국의 축제들(Les fêtes chinoises)」을 무대에 올릴 준비를 했다. 당대의 중국풍 유행에 의지하는 이 발레는 전에 파리의 생-제르맹 풍물장터에서 선보여 큰 성공을 거두었다. 부셰의 호화롭게 장식된 무대장치와 많은 무용수들이 등장하는 이 발레에는 사치스러운 시각적 효과가 가득했는데, 이를테면 중국인 여덟 줄이 대양의 파도를 흉내내어 일어섰다 앉았다 하는 장면이 있었다. 그렇지만 노베르의 런던 방문 시점은 불운했다. 1756년 그가 당도했을 때 국제적 적개심의 고조로 인해서 프랑스가 영국을 침공한다는 소문이 돌았고, 개릭은 "적성" 단체를 수입했다는 이유로 뜨거운 비난을 받았다. 그의 노력에도 불구하고 (그는 무대에 올라 노베르는 스위스인이라고 확인시켜서 야유하는 관객을 진정시키려고 시도했다) 극장에서 폭동이 터졌고 발레는 철회되었다. 노베르는 달아나서 숨었다. 하지만 영국 관객과의 관계는 방해를 받았어도 노베르와 개릭의 우정은 굳게 확립되었다. 그는 이듬해 돌아왔는데, 병이 나서 작업할 수 없게 되자 개릭은 자신의 집으로 데려가 요양시켰다. 노베르는 팬터마임에 대한 폭넓은 문헌들을 보유한 개릭의 인상적인 서재에 편안하게 자리잡고 『무용과 발레에 대한 서간집』을 쓰기 시작했다. 그는 후일 이 위대한 배우가 자신의 작업에 깊은 영향을 미쳤다고 시인했고, 개릭은 자신이 춤에서 하고 싶었던 것을 연기에서 했다고 말했다.

그렇지만 노베르가 『서간집』을 쓰면서 염두에 둔 것은 런던만이 아니었다. 파리도 있었다. 18세기 중엽 즈음 프랑스 수도에서 발레는 무엇인가 위기 같은 것에 들어섰다. 마리 살레와 그녀의 세대가 사라지면서 춤은 공허하고 무의미한 기교로 빠져드는 듯 보였다. 예술가와 평론가들은 그들이 발레의 공허한 책략이자 가식적인 간계로 간주하는 것들에 대해서 격렬한 비판을 시작했다. "춤의 대가처럼"이라는 말은 뭐든 거짓되거나 타락한 상태에 빠진 것을 묘사하는 흔한 형용어구가 되었다. 이런 비판은 갑자기 나온 것이 아니었다. 이는 프랑스 계몽주의의 광범위한 문화적 격변에 속했다. 신세대 프랑스 화가와 작가들은 17세기 프랑스 고전 문화가 과도한 장식과 로코코적 방탕으로 쇠락한 것에 좌절했다. 그들은 자신들이 살아가는 사회와 불화하고 있다는 의기소침한 사실을 깨달았다. 하지만 계몽주의는 구체제의 배후에 있는 원리들에 대한 비판에 그치지 않았다. 이는 그 형태들에 대한 깊은 우려 또한 표방했다. 외양에 대한, 즉 사람들이 어떻게 차려입고, 움직이고, 춤추는지에 대한 우려였다. 정치뿐 아니라 예술, 패션, 연극, 오페라, 그리고 발레가 날카롭고 면밀한 논쟁으로 끌려들어갔다. 춤에 대해서 쓰인 글들의 다수가 1751년부터 1780년 사이에 편찬된 디드로와 달랑베르의 영향력 있는 『백과전서』를 통해서 출간된 것은 우연이 아니다.

사실 노베르는 『서간집』에서 디드로에게 진 빚을 인정했다. 그가 프랑스 연극계의 통탄할 상태에 대해서 길게 써준 덕분에, 그곳이 우울하게 "경직적"이고 과도하게 형식적이라는 사실을 알았다는 것이다. 그는 배우들이 (조명이 가장 좋은) 무대 전면에서 젠체하며 멋을 부리고 정해진 브라부라(bravura : 보여주기 위한 대담하고 화려한 기교/역주) 대사들을 연기하고, 그 결과 당혹스럽게도 등장인물로부터 벗어나 목적 없이 무대를 방황하게 만들 수밖에 없는 방식을 혐오했다. 디드로는 일관된 연기, 극적인 타블로(tableaux : 등장인물들의 움직임이 그림처럼 정지된 장면/역주), 활기찬 팬터마임에 뿌리를 둔 새로운 종류의 연극을 발전시키기를 원했다. 그는 배우들이 가면을 벗고 (관객이 아닌) 서로를 바라보며 이야기해야 한다고, 전통적인 낭송이라는 양식화된 케케묵은 관행들로부터 벗어나야 한다고 개릭과 마찬가지로 주장했다. 그런 견해를 가진 사람이 디드로만은 아니었다. 그와 다른 사람들은 의상이 좀더 현실적이어서 사회적 신분보다는 등장인물의 성격을 묘사해야 한다고도 말했다. 그들은 농부는 비단옷을 입지 않는다고 지적했다. 그리고 사실 1750년대에는 이런 생각들이 연극계를 장악하기 시작했다. 1753년 코메디 이탈리엔의 마담 파바르는 화려한 옷과 보석을 치워버리고 단순한 농부 옷을 입고 시골 소녀를 그려냈다. 한편 2년 후 비극 여배우 마드무아젤 클레롱은 연설조를 누그러뜨렸으며 후프스커트 없이 공연했다.

만일 연극의 문제가 연기자들이 말을 현실적으로 하지 않는 데에 있다면, 춤의 문제는 아무 말도 하지 않는다는 데에 있다는 것은 널리 합의되는 사실이었다. (라모와 함께 작업한) 리브레토 작가이자 작가인 루이 드 카우사크는 발레가 유리 천장에 부딪혔다고 한탄했다. 살레는 표현력을 가졌지만, 그녀의 후계자들은 예술을 의미 없는 묘기로 격하시키는 우둔한 기술자라는 것이었다. 디드로는 발레를 조금도 참아주지 못했다. "미뉴에트, 파스피에(passepied), 리고동(rigaudon) 같은 이 모든 춤들이 무엇을 의미하는지 누가 좀 말해주면 좋겠다.……이 남자는 무한한 우아함을 가지고 행동한다. 모든 움직임마다 그는 편안함, 매력, 고결함을 전한다. 하지만 그는 무엇을 흉내내는 것일까? 이것은 노래가 아니다. 계명창법(階名唱法, solfège)이다." 장-자크 루소는 1740년대와 1750년대 초 파리에서 직접 오페라와 발레를 작곡했는데, 나중에는 이 예술을 격렬하게 공격했다. 이것을 사회가 개인들을 "속박하고", 겉으로만 그럴싸한 사회적 예의를 가지고 그들의 타고난 덕성을 파괴하는 방법의 전형으로 본 것이다.

만일 내가 무용 교사라면 시골에서나 먹힐 마르셀의 협잡질을 죄다 공연하지는 않을 것이다. 내 제자를 도약들로 영원히 분주하게 만드는 대신 벼랑 기슭으로 데려갈 것이다. 그곳에서 가파르고 험하고 울퉁불퉁한 길들을 가볍게 따라가고 내려올 때뿐 아니라 올라갈 때도 봉우리에서 봉우리로 껑충거리기 위해서는 어떤 자세를 취해야 할지, 몸통과 머리를 어떻게 지탱해야 할지, 어떤 움직임을 해야 할지, 지금 발을, 지금 손을 어떤 식으로 두어야 하는지 알려줄 것이다. 나는 그가 파리 오

페라의 무용수보다는 염소를 따라하게 만들 것이다.²⁶

나아가 루소는 오페라에서 발레들을 공연하는 관습을 참아주지 못했다. 그는 발레들이 스토리에 끼어들어 극적 효과를 망친다고 불평했다. 그림 남작은 이런 정서에 공감하면서, 발레가 사실상 프랑스 오페라를 장악한 것에 대해서 우려를 표했다. "프랑스 오페라는 등장인물의 선악이 모두 춤으로 환원되는 스펙터클이 되었다." 더 나쁜 것은 그 춤들은 "지루한 데다가" 아이디어가 전무해서 "탁상공론"적 연습들이 이어지는 것이나 다름없다는 것이었다. 루소는 특유의 설득력을 가지고 필연적인 결론을 이끌어냈다. "그냥 그 자체만 묘사하는 모든 춤과, 그저 춤추기일 뿐인 모든 발레는 오페라에서 추방되어야 한다."²⁷

이는 중요한 사건이었다. 18세기 후반이 되자, 한때는 존경뿐만 아니라 숭배까지 받는 예술 형식이자 왕조와 위대한 세기(le grand siècle)의 위신으로 가득하던 고전 발레가, 공허하고 무의미하며 신뢰하는 사람은 거의 없고 즉각 거부하는 사람은 많은 종류의 춤처럼 보이게 되었다. 노베르가 『서간집』을 쓴 것은 이런 맥락에서였다. 그는 발레의 나침반을 돌려놓기를 바랐다. 하찮고 쾌락을 쫓는 귀족 사회에서 벗어나 비극, 도덕적 딜레마들, 인간에 대한 탐구를 향하도록 만들고 싶었다. 그는 시각적으로 매력적인 호화로운 무대장치와 의상을 배경으로 해서 아름다운 움직임을 수행하는 것만으로는 충분하지 않다고 꾸짖었다. 무용수들이 영혼에 "말을 걸어서" 관객들이 눈물을 흘리게 하는 것 역시 필요했다. 발레는 인류와 진실을 주제로 하는 "인간성의 초상"이 되어야 했다. (노베르를 존경하던) 독일의 평론가이자 극작가 고트홀트 에프라임 레싱은 이를 다른 맥락에서 기술했다. "만일 겉치레와 예법이 인간을 기계로 만든다면, 이 기계로부터 다시 인간을 만드는 것이 시인의 과업이다."²⁸

이 일을 하는 방법은 한 가지뿐이었다. 노베르는 춤이 대사나 아리아나 레치타티보의 도움 없이 혼자 힘으로, 움직임만 가지고 스토리를 이야기해야 한다고 말했다. 그리고 "스토리"라는 말에서 그가 의미한 바는 그냥 웃기는 이야기들이나 가볍고 유쾌한 막간극들이 아니었다. 그는 근친상간, 살인, 배신에 대한 어둡고 진지한 발레를 만들기를 원했다. 그는 사실 나중에 이아손과 메데이아, 헤라클레스와 아가멤논의 죽음, 알체스테, 이피게네이아, 호라티우스와 큐라티우스의 싸움에 대한 발레들을 작곡하게 된다. 이는 귀족 스타일의 우아한 스텝들과 포즈들을 바꾸자는 생각이 아니었고, 그러려는 시도조차 없었다. 그것들은 완전히 온전하게 남을 것이었다. 발레의 개혁 작업은 다른 곳에서 이루어졌다. 바로 팬터마임이었다. 노베르는 팬터마임, 춤, 음악을 혼합하되 대사나 노래는 배제하면서 긴장감 있고 일관된 드라마를 만드는 새로운 종류의 발레를 구축하려고 했다. 바로 발레 닥시옹(ballet d'action)이었다.[29]

위버와 마찬가지로, 노베르는 팬터마임이라는 말에서 자신이 의도하는 바는, 이탈리아 익살꾼들 특유의 "저열하고 하찮은" 몸짓이나 거울 앞에서 완성되는 "기만적이고 허위적인" 사회적 몸짓이 아니라는 점을 세심하게 지적했다. 그가 말하는 팬터마임은 과거 궁정 형식들의 인위성을 끊어내고 인간의 핵심에 직접 부딪히게 될 것이었다. 그의 팬터마임은 "제2의 발성기관", 즉 한 인간의 가장 심오하고 비밀스러운 감정을 드러내는 원초적이고 열정적인 "자연의 외침"처럼 될 것이었다. 그는 말은 종종 실패하거나, 한 인간의 진정한 감정을 감추는 덮개 노릇을 한다고 말했다. 반면 육체는 감출 수 없었다. 근육은 고통스러운 딜레마에 접할 때 즉시 반응해서, 말로는 표현하지 못할 정확성과 비감을 가지고 육체를 내면의 고통을 전하는 자세로 비틀었다.[30]

그렇지만 문제가 하나 있었다. 팬터마임은 복잡한 스토리를 이야기할 수 없었다. 예를 들면 과거나 미래를 표현할 길이 없었다. 작년에 어머니가 아버지에 의해서 살해되었다는 것을 무용수가 어떻게 몸짓으로 보일 수 있겠는가? 노베르는 17세기 "근대파"에 공명하면서, 발레는 절대 연극과 비슷해지면 안 된다고 주장했다. 발레는 그림과 비슷해야 했다. 스토리를 말하는 유일한 방법은 세 폭의 제단화와 비슷한 원리에 입각해서 순차적으로 이어지는 일련의 "살아 있는 타블로" 구조였다. 그리하여 노베르는 예술과 건축을 부지런히 공부해서 원근법, 비례법, 빛의 법칙을 자신의 발레에 적용했다. 그는 무용수들을 작은 사람부터 큰 사람까지 키에 따라 배치해서 앞무대로부터 먼 시계까지 움직이게 했고, 무대 위 명암의 패턴들을 세심하게 구성했다. 나아가 그는 이런 타블로 속의 무용수들이 좌우대칭으로 줄지어 정렬한 예쁘장한 장식품이 아니라 피와 살을 가진 개인이어야 한다고 주장했다. 각 무용수는 별개의 역할, 몸짓, 포즈를 가져야 했고, 행위의 순간을 현실적으로 연기해야 했다. 이런 그림 같은 타블로들에서 무용수들은 흔히 다른 동작으로 옮겨가기 전의 스냅 사진 이미지처럼 얼어붙어 있었는데, 노베르는 발레에 사이(극적 흐름의 의도적인 일시적 휴지[休止]를 말하는 연극 용어로, 대사 없이 등장인물의 얼굴이나 몸의 반응에 관객의 주의를 집중시킨다/역주)를 도입해서 이런 "그림들"의 "모든 세세한 부분들"에 주의를 집중시킬 생각을 하기도 했다.[31]

이는 독창적인 아이디어는 아니었다. 타블로는 새로운 드라마적 연극을 위한 디드로의 아이디어들 중 두드러지게 중요한 부분이었고, 파리의 변호사들도 변론 강화를 위한 수사적 도구로 극적인 포즈와 타블로를 사용하곤 했다. 상류 사회도 이런 테크닉들의 설득력을 몰라보지 않았다. 1770년 왕세자가 마리 앙투아네트와 결혼했을 때, 축하 행사들에는 배우들이 미리 준비된 그림 같은 장면들로 정지해 있는 무대가 등장했는데, 이들은 각각 축제의 중요한 상징적 순간을 나타냈다. 이는 유행이 되었다. "살아 있는 그림들"을 부대에 올리는 것은 18세기 후반 파리에서 나폴리까지, 특히 여성들에게 인기 있는 사교 활동이 되었다.

그럼에도 불구하고 노베르의 아이디어들은 발레란 어떻게 만들어져야 하는가에 대한 충격적인 재개념화를 뜻했다. 우리가 살펴본 바와 같이, 프랑스 오페라에서 춤은 보통 중심 주제를 둘러싸고 배열된 막간극들 혹은 "여러 가지"였다. 무대에 질서를 부여하는 것은 대칭성, 위계, 매력적인 푀이예적 패턴들이었다. 반면 노베르가 마음에 그린 것은 일련의 정적인 타블로와 팔다리를 각지게 뻗고 몸통은 극단적 자세로 고정시킨 변칙적인 포즈의 무리였다. 공연은 춤들을 줄줄이 진주처럼 꿴 것이 아니라, 연관되었지만 별개인 내러티브의 그림들이 슬라이드 그림 쇼처럼 하나씩 차례로 무대 위로 투영되는 것이었다.

마치 이것으로는 충분하지 않다는 듯 노베르는 무용수들의 외모도 변화하기를 원했다. 그는 흥분해서 극적으로 닦아세웠다.

테르프시코레의 아이들이여,……이 차가운 가면을, 자연에 대한 불완전한 모방을 버려라. 이것은 너희의 표현을 변질시킨다. 기탄없이 말하지만, 그것들은 너희의 영혼을 그늘지게 함으로써 너희에게서 스스로를 표현하는 가장 요긴한 자원을 빼앗는다. 머리와 몸의 비율을 왜곡하는 이 거대한 가발과 거창한 모자를 치워라. 이 꽉 끼는 유행하는 속치마 없이 견뎌라. 그것들은 움직임에서 매력을 빼앗고 우아한 자세를 망가뜨리며 갖가지 포즈에서 상반신의 아름다움을 무색케 한다.[32]

가면, 가발, 후프스커트, 유행 헤어스타일, 이것들은 고급 궁정 예법의 영속적인 심란한 상징이었고, 사라지거나 아니면 최소한 감당할 만한 비율로 축소되어야 했다. 중요한 것은 마법적 효과들과 인위성을 제거하는 것이었다. 노베르는 사람들을 대신 심리적 통찰의 세계로 끌어가기를 바랐다. 그렇기 때문에 그는 후일 (개릭을 따라) 극장은 어둡고 조용해야 하며, 관객은 시각적 구조에 몰입하기에 최적인 딱 그 만큼의 거리를 두고 앉아야 한다고 주장하기도 했다. 나아가 무대 뒤의 구역은 시야로부터 세심하게 가려져야 했고, 무대장치 전환은 매끄럽고 보이지 않게 이루어져야 했다. 이는 의심의 여지없이 (파리에서 18세기 말까지 흔히) 무대 책임자가 크게 호각을 불어 무대장치 변경을 알리면 일꾼들이 막이 완전히 올라간 채로 시끄럽게 준비하고 실행하던 관행을 언급하는 것이었다.

이렇듯 노베르는 디드로 등과 마찬가지로, 수 세기 동안 이어져온 사회적 겉치레를 벗겨내고 그 이면의 자연스러운 인간을 재발견하기를 바랐다. 그는 베일과 가면을 벗김으로써 인간을 케케묵은 사회적, 예술적 제약들로부터 자유롭게 하기를 열망했다. 사실 발레 닥시옹은 전(前) 사회적 세계로 돌아가서 가장 낮은 농부부터 왕까지 이르는 모든 인간 존재들과 직접 이야기할 원초적이고 보편적인 언어를 재발견하려는 유토피아적 열망과 통하는 데가 많았다. 한 평론가의 말을 빌리자면, "신뢰할 수 없는 언어"인 프랑스어의 타락적이고 기만적인 성격을 미덥잖아하는 철학자들 중 여럿이, 팬터마임을 명쾌하면서도 완전히 명료한 의사소통 형식으로 보았다. 루이-세바스티앵 메르시에는 이렇게 썼다. 몸짓은 "더 명쾌하고 절대 애매하지 않다. 이것은 거짓말을 하지 않는다."[33]

이런 생각은 예술에 활기를 불어넣으려는 것에 그치지 않았다. 이것은 기진한 궁정 문화의 인위성과 거짓말들을, 더 직접적이고 정직한 사회 생활에 굴복시킬 고결한 정치 형식을 창조하려는 것이었다. 그리하여 팬터마임은 다양한 사회적, 정치적 질문들의 시금석이 되었고, 18세기 후반에는 열정적이고 폭넓은 토론의 대상이 되었다. 이는 당시 발레가 (오늘날 그렇듯) 지적 생활과 차단되어 있는 것이 아니라, 예술과 사회의 미래에 대한 보다 큰 논의의 일부였음을 확실하게 일깨운다.

루소를 생각해보자. 우리가 살펴보았듯이 그는 발레를 참아주지 못했다. 그러나 팬터마임은 완전히 다른 문제였다. 그에게 몸짓과 마임은 인간 존재의 정수를, 인류가 사회에 의해서 타락되기 이전의 순수하고 고결한 상태로 잡아내는 가치 있는 표현 형식으로 보였다. 이는 노베르가 그렇게나 많은 가치를 부여했던 "자연의 외침"이었다. 그렇지만 루소는 이런 지복의 근원들로 돌아가기를 갈망했을 뿐만 아니라, (그에게는) 명백히 원초적인 의사소통 형식의 한계들에 대해서도 낙관적이었다. 그는 팬터마임은 사람들이 음식과 보금자리처럼 가장 기초적인 욕망을 전달하는 어린아이 같은 요구 상태에 해당한다고 말했다. 그렇지만 사람들이 자신의 감정을 완전히 표현하거나 도덕적 자기 인식을 하는 것은 언어 없이는 불가능했다.

이런 생각을 가지고, 루소는 사람들이 의사소통하기에는 충분하지만 교활한 속임수들과 위선에 사로잡히기에는 불충분한 수준의 언어를 가졌던 인류 문화의 황금기를 상상했다. 이런 유토피아적 세계에서 사람들은 음악, 춤, 시 속에 살게 될 것이었다. 사람들은 야만적 존재와 타락한 고도 문명 사이에 붕 떠서, 선하면서도 윤리적 자각을 지니게 될 것이었다. 사실 팬터마임에 대한 루소의 관심은 그가 1763년 직접 창작에 나설 정도로 컸다. (1770년까지 공연되지 못한) 팬터마임, 연설, 음악을 갖춘 「피그말리온」의 단막극 버전이었다. 이 작품에서 배우들은 다른 극에서라면 부득이 침묵에 빠졌을 감정적으로 고조된 순간에 몸짓에 의지했다.

디드로의 확신은 그 정도는 아니었다. 새로운 연극 장르와 단도직입적 몸짓 및 대사로 감정을 재빨리 끊어내도록 훈련된 배우들을 위한 자신감 넘치는 처방들에도 불구하고, 그는 팬터마임을 심히 불안해하는 면 역시 가지고 있었다. 사실 디드로는 팬터마임은 명료하고 남성적인 "자연의 외침"이라고 합창하는 사람들과, 최소한 깊은 속마음으로는 불편한 거리를 두고 있었다. 1761년 쓰였지만 그가 죽을 때까지 읽히거나 출판되지 못한 신랄한 『라모의 조카 (La Neveu de Rameau)』에서, 디드로는 자신과 위대한 작곡가 장–필리프 라모의 조카 사이의 대화를 무대에 올렸다. 사실 그는 실존 인물이었고, 천성적으로 비합리적 감정 폭발과 통렬한 통찰을 가진 실패한 작곡가였다. 디드로는 이 조카를 삼촌의 발자취를 따라 "동물적인 열정의 외침"을 통해서 프랑스 음악에 새로운 활기를 줄 능력이 없다는 사실에 짓눌린 자포자기의 패배자로 그렸다. 방종한 냉소 상태로 살아가면서 놀라운 팬터마임 기술로 생계를 꾸리는 조카는 이를 디드로에게 선뜻 보여준다. 그는 몽롱한 상태로 교묘하게 빠져들면서 오페라와 자신의 삶에서 따온 몇몇 장면들을 마임으로 표현한다. 그는 알랑거리고 방조적이다. 아첨꾼에 허영심 많고 농간을 부린다. 그는 자신이 갈망하는 호사를 얻기 위해서 자신의 몸과 얼굴이 가진 "포지션들"을 솜씨 좋게 뒤튼다.

디드로는 그에게 이 가짜 포즈들을 포기하고 진짜 포즈들로 대체하라고 설득하려고 한다. 그러나 조카는 그러지 않으려고 한다. 그는 사회는 무자비하다고 말한다. 사회적 종(種)은 서로를 마드무아젤 드샹 같은 발레리나 겸 고급 창부들이 금융업자들에게 복수할 때처럼 환상적인 속도로 집어삼킨다는 것이다. 그 역시 경쟁에 참여하지 않으면 흔적도 없이 사라질 수밖에 없다. 그래서 "노베르라도" 대적하지 못할 전문적 기술을 과시하면서 "그는 도약한다. 기어오른다. 몸을 꼰다. 몸을 질질 끈다. 그는 포지션들을 취하고 연기하면서 생을 보낸다." 디드로는 화를 내며 꾸짖는다. "진실은 당신이 약골, 대식가, 겁쟁이, 진창에 빠진 영혼이라는 것이오.……분명 세속의 경험들에는 대가가 있소. 하지만 당신은 그것들을 얻기 위한 희생의 대가는 깨닫지 못하지. 당신은 이 몸서리나는 팬터마임을 춤추고 있고, 춤추었고, 계속 춤출 거요." 이렇듯 조카는 사회적 가식 때문에 도덕적으로 황폐해진 타락한 출세 계급 중에서도 최악을 대변한다. 그는 몰리에르의 부르주아 귀족은 빠질 수 없는 깊은 어둠 속에 있다. 그는 일종의 주정뱅이며 방탕하고 측은할 정도로 자기 잇속만 차리는 사회적 동물이다. 그는 중요한 것들을 모두 포기했다. 그렇지만 자신이 그러한 존재라고 이야기하는 정직성은, 디드로라는 더 믿음직한 계몽사상가이자 고귀한 원칙을 가진 사람을 넘어서는 고결성을 그에게 부여한다. 이야기의 결말에 이르면 누가 누구에게 교훈을 주고 있는지 분명하지 않다. 그는 우리가 가진 모든 것이 억지로 꾸민 팬터마임들일지 모른다고 암시한다.[34]

디드로는 『라모의 조카』를 자신의 "정신 나간" 작업들 중 하나로 생각했다. 그러나 이 작품은 팬터마임과 "자연스러운 인간"에 대한 이전의 단호하고 자신 있는 글쓰기의 이면에, 너무나 만연해서 무시할 수 없는 사회적 관행에 대한 절망감과 우울함도 있다는 것을 보여주었다. 디드로의 상상 속에서 팬터마임, 프랑스 음악의 실패, 고통스러운 사회적 타락은 정말이지 탄탄한 매듭으로 한데 묶여 있다. 엉킨 가닥들을 갈라놓는 것은 불가능해 보였고, 그것들로부터 벗어나는 것은 더 말할 나위가 없었다. 그의 『라모의 조카』는 안으로부터 썩어가는 사회에 대한, 그리고 냉소주의에 갇힌 사람들과 예술가들의 세대에 대한 복잡한 반추였다. 이 조카가 프랑스 음악에 활기를 불어넣는 일은 절대 없을 터였고, 하물며 그의 삶을 지배하는 "팬터마임"을 뚫고 나오는 것이야 말할 나위도 없었다.[35]

그렇지만 팬터마임에 대한 가장 과격한 감정은 이를 가장 불신하고 반대하는 사람들에게서 나왔다. 볼테르의 제자이자 저명한 오페라 대본 작가인 장–프랑수아 마르몽텔은 『백과전서』에 긴 글을 실어서, 팬터마임은 순수한 열정의 도덕적으로 위험한 형식이며, 관객을 유혹해서 이성과 비판적 사고가 스며들 수 없는 감정적 고양 상태로 빠뜨린다고 주장했다. 그는 로마인들은 팬터마임에 굴복했다고 비난하듯 썼다. 거칠고 둔감한 민족이기 때문에 절제, 이성, 지혜를 촉진하는 극 형식보다 선정적인 극 형식을 선호했다는 것이다. 예의와 처신은 인류를 문명화했고, 팬터마임은 인류를 야수로 만들었다. 또다른 관찰자의 분노에 찬 주장에 의하면, 팬터마임의 원초적 몸짓들은 세련되지 못했을 뿐 아니라 프랑스 지배층의 절제되고 정중한 예의에 대한 모욕이었다.

이 모든 것들이 발레 닥시옹은 새로운 종류의 극예술 이상임을 분명히 했다. 노베르는 팬터마임에 집중함으로써 프랑스 계몽사상의 가장 근본적인 생각들 중 하나에 접근했고, 이를 발레의 미래에 결합시켰다. 이것은 대담한 야심이었다. 만일 팬터마임이 프랑스 사회를 타락시키고 있는 두껍게 쌓여서 숨막힐 지경인 사회적 관행들을 뚫고 나갈 수 있다면, 발레 닥시옹은 새로운 근대인의 걸출한 예술이 될 수 있을 것이었다.

그렇지만 팬터마임에 대한 모든 열정에도 불구하고 노베르가 의도적으로 피한 확연한 모순이 하나 있었다. 발레는 **사실** 궁정 예술이고, 그 형식들은 그가 다른 경우라면 기피했을 예법과 모든 면에서 깊은 연관성을 가진다는 사실이었다. 사실 노베르의 글쓰기와 후일 그의 발레에서 가장 인상적인 한 가지는, 그가 발레의 거짓되고 공허한 관행들을 열정적으로 규탄하면서도 동시에 그것들에 변함없는 충성심을 보인다는 것이다. 노베르는 안무에서 발레의 스텝들과 포즈들을 사용했고, 본인이 훈련받은 고귀한 귀족 스타일을 부지런히 옹호했다. 팬터마임은 탈출구였다. 노베르는 몸짓이라는 것을 가지고, 왕들의 이미지 속에서 창조된 스텝들과 포즈들에서 "궁정"을 제거한다는 복잡한 문제에 빠져들지 않으면서 발레를 개혁할 수 있었다.

이런 입장을 납득하지 못할 이유는 없다. 어쨌거나 노베르 본인이 조신이었기 때문에 그럴 수밖에 없었다. 그의 직업적 삶은 (최소한 런던이 아닌 곳에서는) 대공, 왕, 왕비, 황제들의 은혜에 의지했고, 그는 가발, 비단옷, 가면에 반대하면서도 그것들을 감수했다. 이 분리된 감성은 그가 하는 모든 것들을 물들였다. 노베르는 디드로와 루소처럼 프랑스 귀족의 세련된 예법을 경멸했고, 거친 태도와 충동적인 감정 폭발로 유명했다. 하지만 동시에 매끄럽고 매력적이기도 했으며, 그의 초상화들은 완벽하게 몸단장한 조신을 보여준다. 그 혼자만 그런 것은 아니었다. 디드로는 수다스럽고 음식을 게걸스럽게 먹는 데다가 예의바른 사회를 거침없이 열성적으로 공격했지만, 화가 루이-미셸 반 루가 그를 머리카락이 엉망인 채 책상에 있는 모습으로 그리자 적절한 가발을 쓰지 않은 모습을 선보였다며 불평했다. 루소는 1750년대 초 파리 사회와의 의절을 극적으로 선언하면서 시계, 레이스, 하얀 스타킹 같은 화려한 장신구를 버렸지만, 남은 평생 자신의 외모에 대한 남의 시선을 고통스러울 정도로

의식했다.

　다른 복잡한 문제들도 있었다. 노베르의 『서간집』이 널리 읽히고 존경받던 파리에서 그는 자신의 예술의 선봉에 있었다. 하지만 외국의 궁정들은 보통 그를 **프랑스** 발레 마스터로 고용했고, 그의 위치는 보통 궁정 발레의 정통적 장려함을 재생산하는 능력에 달려 있었다. 그리하여 노베르는 슈투트가르트, 빈, 밀라노로 갈 때 프랑스 무용수들을 함께 데려갔다. 그리고 급진적인 팬터마임 발레들을 작곡할 때마저도 그들의 진지한 스타일의 훈련을 지속하기 위해서 최선을 다했다. 이와 비슷하게 노베르는 자신의 경력 내내 프랑스 의상 디자이너 루이–르네 부케를 편애했는데, 부케는 부셰와 함께 훈련받았고 부셰의 로코코풍 여성복은 파리 패션의 정점인 동시에 모든 면에서 발레 닥시옹의 대척에 선 것으로 보였다. 이렇듯 노베르는 (그에게 극도로 유리하고) 편리하게 오락가락하면서 프랑스 귀족 스타일과 이에 대한 계몽사상적 비판 모두를 보여주었다.

　『서간집』이 처음 출간된 1760년, 노베르는 뷔템베르크 공작 샤를 외젠에게 고용되어 그의 슈투트가르트 궁정에 새로 설립된 발레단을 이끌고 있었다. 샤를 외젠은 프리드리히 대왕의 피보호자였고 베를린, 만하임, 드레스덴에 궁정을 둔 독일 대공 집단에 속했는데, 그 궁정들은 18세기 중에 유럽 전역으로부터 음악가와 무용수들을 끌어들이는 활기찬 예술적 중심이 되었다. 잘생기고 지적이고 독재적인 샤를 외젠은 호화로운 설비의 궁전들을 지었고 웅장한 스타일의 거대한 궁정을 유지했다. 그는 여인들과 발레를 사랑했고 프랑스와 이탈리아의 음악과 미술을 선호하는 확고한 취향을 가지고 있었다. 그의 호화롭게 재단장된 극장에는 4,000석의 좌석이 있었고 한 번에 약 600명의 연기자들을 무대에 수용할 수 있었다. 샤를 외젠은 자신의 자아도취적 열정에 돈을 대기 위해서 세금을 무모하게 올렸고, 국가 발행 복권을 시작했으며, 공직들을 팔러 다녔고, 삼림들을 벌채하고 매각했고, 결국 귀중품을 차압당했다. 그는 1758년부터 1768년까지 10년간을 사유지 없이 통치하다가 굴복했다. 그렇지만 이 부주의한 재정 정책의 결과로 공작은 일급 오페라단과 발레단을 모아들이기는 했다.

 노베르는 최고의 음악가와 디자이너들을 모집했다. 그는 유럽 전역에서 온 작곡가들과 함께 작업했는데, 오스트리아인 플로리안 요한 델러, 알자스인 장-조제프 로돌프 등이었다. 가장 인상적인 인물은 로마의 산피에트로 대성당의 명망 있는 직책에서 끌어온 나폴리인 작곡가 니콜로 좀멜리였다. 이에 더해, 혁신적인 연극 디자이너 조반니 니콜로 세르반도니, 의상 담당인 (노베르의 총아) 부케, 파리의 무용수인 가에탕 베스트리스와 장 도베르발도 좋은 보수를 받으면서 객원 출연했다. 노베르 본인은 가능한 모든 호사와 지원을 제공받았다. 쌍두마차, 와인, 음식, 숙소, 그의 말들을 위한 먹이, 그리고 급속히 커져가던 대규모 무용단이었다(무용수들은 공작의 개인 하렘으로서 이중생활을 했다). 그는 7년간 머무르면서 약 20편의 신작 발레를 무대에 올렸는데, 다수가 알맹이 없는 화려한 궁정 오락물이었다. 이를테면 1761년 「롤랭피아드(L'Olimpiade)」에서는 샤를 외젠의 초상화가 무대 위에 놓여서 뮤즈들, 아폴로, 마르스, 테르프시코레에 의해서 치장되다가, 파르나소스 산으로 들려 올라가서 신들에게 둘러싸였다. 하지만 노베르는 자신의 『서간집』에서 제시된 아이디어들과 보조를 맞추는 발레 닥시옹도 몇 편 무대에 올렸는데, 그중에는 논쟁적인 「메데이아와 이아손(Médée et Jason)」도 있었다.[36]

 「메데이아와 이아손」은 1763년 샤를 외젠의 생일 축하 행사를 위해서 제작되었다. 여기에는 열병식, 연회, 미사, 불꽃놀이, 마상 발레가 포함되었고, 궁정의 분수들은 스파클링 레드 와인을 뿜어냈다. 이탈리아 전통에 보조를 맞춘 이 발레들은 독립적인 막간극(entr'acte) 형태의 여흥이었고, 이어지는 오페라의 심각함을 덜어주기 위한 것이지 프랑스 스타일로 오페라 속으로 엮여들어가는 막간극(divertissement)이 아니었다. 그리하여 로돌프의 음악과 함께한 「메데이아와 이아손」은 좀멜리의 오페라 세리아(opera seria) 「버림받은 디도네(Didone Abbandonata)」의 1막과 2막 사이에 35분짜리 막간극으로 공연되었지만, 이 발레가 심각함을 완화하거나 가벼운 오락을 제공했다고 말하기는 어렵다. 대신 이것은 극적으로 긴장되고, 피비린내 나고, 비극적이었다. 당시의 설명들에 의하면, 이 발레의 섬뜩한 스토리는 박자를 뻣뻣하게 따라가는 율

장-조르주 노베르의 「메데이아와 이아손」에 대한 풍자적인 스케치. 이 발레 마스터가 스토리를 이야기하기 위해서 과장된 극적 몸짓을 사용했다는 것을 강조하고 있다.

동적이고 의례적인 걷기 스텝과 대담한 몸짓, 그러다 고도로 격정적인 순간에 중단되고 펼쳐지는 아리아 같은 춤들과 그림 같은 정적 타블로들에 의해서 이야기되었다. 결정적 순간은 이를테면 어머니가 단도를 치켜들고 위협하자 무릎 꿇고 살려달라고 비는 아이들처럼 정지 화면 같은 이미지로 요약되었다. 긴박한 순간은 움켜쥔 주먹, 굴절된 몸의 윤곽, 깊이 구부러진 무릎, 급격하게 각진 팔꿈치에 의해서 묘사되었다. 최후의 유혈 장면에서 메데이아는 죽어가는 아이를 품에 안은 채 불을 뿜는 용들이 끄는 마차를 타고 등장했다. 그녀는 아이의 비명에 흔들리지 않으면서 둘째 아들의 심장으로 단검을 꽂아넣고는, 그 피범벅의 도구를 복수하듯 남편의 발치로 던졌다. 그가 단검을 집어올려 자신을 찌르고 죽어가는 연인의 품으로 쓰러지는 가운데 하늘이 어두워지고 궁전이 무너져 폐허가 되었다.

　모든 것이 팬터마임에 종속되었다. 통상적인 협력 절차와는 반대로, 노베르는 스텝들과 마임을 작곡가와의 작업 전에 만들기를 좋아했다. 그 후 작곡가는 이 발레 마스터의 아이디어들을 음악에 맞추는 과업에 직면했다. 로돌프의 음악은 전통적인 무용 형식들을 담아냈지만, 사건들을 묘사하는 생생한 관현악적 표현의 긴 악절들로 팬터마임을 촉진한다는 점에서 고도로 표제음악적이기도 했다. 노베르는 화려한 스펙터클을 좋아하는 샤를 외젠의 취향에 유의하면서 혼성 발레 형식을 구축했는데, 그 힘은 과거의 취향과 현재의 유행의 불가능해 보이는 혼합에 있었다. 위대한 세기의 장려함에다 고조된 개릭 스타일 팬터마임, 자의식적으로 딱딱하고 비대칭적인 이미지, 정적인 타블로들을 덮어씌운 것이다. 오늘날의 관객은 노베르의 발레가 강압적이고 지나치게 팽팽하다고 생각할지 모른다. 하지만 당시 이 작품은 장려함에 감명을 받으면서도 격하게 감정적인 연극적 경험 또한 열망하는 사람들의 심금을 울렸다.

　노베르는 이런 맥락의 발레를 몇 편 만들었다. 하지만 1767년 샤를 외젠은 재정 파탄으로 인해서 결국 연극적 모험을 삭감할 수밖에 없었다. 노베르는 발레단의 절반과 함께 돌연 해고되었고 좀멜리는 2년 후에 떠났다. 슈투트가르트에서 음악과 춤의 황금기는 최소한 당분간은 끝났다. 그렇지만 「메데이아와 이아손」의 소식은 역으로 프랑스의 수도로 스며들었다. 슈투트가르트 발레단이 해산되자 노베르의 무용수들은 유럽 전역으로 퍼져 나갔고, 그의 발레들은 파리에서 나폴리까지, 상트페테르부르크처럼 먼 곳에서까지 무대에 올랐다. 이런 제작물들은 보통 지역적 취향을 많이 감안했고(파리에서는 무용들이 추가되었다) 종종 다른 음악에 맞추어 공연되었지만, 그럼에도 불구하고 노베르의 생각과 명성을 퍼뜨리는 데에 기여했다.

　그렇지만 노베르의 발레 닥시옹이 슈투트가르트에서 본거지를 찾아냈다는 사실에는 의미가 있었다. 이것은 하나의 패턴을 시사했다. 파리가 유행의 첨단인 한 발레에는 수요가 많기 마련이었고, 독일의 대공들과 문화계 지도자들은 오롯이 의지와 돈의 힘으로 프랑스적 취향과 발레를 자신들의 궁정과 도시에도 접목하려고 시도했다. 그렇지만 이것이 꼭 발레가 독일인의 삶에서 발판을 마련했다는 의미는 아니었다. 발레는 언제나 객원 예술이었고, 표면에서 불안하게 떠다니다가 툭하면 반(反)프랑스적 독일 민족주의의 파도에 씻겨 나갔다. 사실 독일 오페라 하우스들은 지원이 넉넉한 극장과 약간의 예술적 자유를 찾는 유럽 (그리고 나중에는 미국) 무용수들을 20세기까지 줄곧 초대했는데, 이는 부분적으로는 슈투트가르트에 중요하고 확고한 발레적 전통이 없다는 사실 때문이었다. 샤를 외젠은 예술가들과 아이디어들이 확고히 보수적인 파리 오페라보다 더 적은 제약하에서 섞이도록 허용했고, 자연히 프랑스 발레의 개혁은 파리가 아닌 곳에서 발생했다. 파리 오페라의 통제를 벗어나는 것은 그곳에서 멀수록 더 용이했고, 뷔템베르크는 이를 시도한 최초의 장소들 중 한 곳이었다.

그렇지만 노베르는 대부분의 18세기 발레 마스터들처럼 여전히 떠돌아다니는 존재로 살고 있었다. 그는 언제나 다음 일자리를 위해서 경쟁했고, 출연 계약, 비용, 의상, 교통수단, 고용된 무용수들, 그리고 본인의 보수를 처리하느라 허둥댔다. 샤를 외젠에게 내쳐지자 그는 폴란드 국왕과 런던에 편지를 썼지만 소용없었다. 결국 그는 마리아 테레지아 여제의 빈 궁정의 자리를 수락했다. 그렇지만 빈에 도착한 노베르는 팬터마임 발레가 이미 완전히 자리잡은 것을 발견했다. 그곳의 예술가들은 이미 독자적으로, 그리고 자신들의 근거를 가지고 춤과 오페라의 개혁에 착수했다. 사실 그들은 노베르가 견딜 수 있는 이상으로 급진적인 경로를 택했다.

빈은 유럽 공연 생활의 중심축이었다. 합스부르크 왕가의 본거지인 이 도시는 알프스 산맥으로부터 카르파티아 산맥까지, 아드리아 해로부터 플랑드르 해안까지 뻗어 있는 광대한 제국의 중심인 십자로에 위치했다. 배우들에게 이곳은 예술가들을 파리, 베네치아, 나폴리, 로마, 토리노, 밀라노로부터 끌어당겼다가 다시 독일 국가들과 상트페테르부르크까지 뻗어나가는 순회공연으로 내돌리는 자석 같은 곳이었다. 다른 도시들이 더 많은 부와 더 위대한 연극적 전통을 가졌을 수는 있다. 하지만 19세기 중반에 대부분의 무용수들과 발레 마스터들을 위한 길은 결국 빈으로 이어졌고 빈을 지나갔다.

노베르가 도착한 1768년 마리아 테레지아는 재위 28년째였고, 빈은 독일과 이탈리아의 도시국가들, 스페인, 슐레지엔, 모라비아, 로렌을 포함하는 오스트리아-헝가리 국가들 출신의 귀족층을 가진 진정한 국제 도시가 되어 있었다. 이 지배층은 (많은 수가 독일어와 이탈리아어에도 능통했지만) 프랑스어를 썼고, 마리아 테레지아와 남편인 황제 프란츠 1세는 프랑스 문화와 예술을 특별히 편애했다. 빈의 궁정 생활은 호화로웠을 수 있지만, 그러면서도 프랑스 궁정보다 더 느긋하고 개방적이기도 했다. 정말이지 마리아 테레지아가 통치한다는 사실부터 관습과의 단절이었다. 그녀는 여성이었고 황제는 처음에는 통치자의 배우자에 불과했다. 가정적인 성향의 여왕(그녀는 아이들이 아플 때는 직접 간호했다)은 사생활을 갈망했고, 화려함과 편안함을 똑같이 인정했다. 프란시스는 프리메이슨 단원이었고, 스스로를 "세상 속의 은자"로 설명했으며, 사냥과 당구를 극장이나 문화 생활보다 좋아했다. 그러다 보니 비록 프랑스 궁정의 형식들을 채택했을지언정 빈 시민들의 삶은 절대 경직되거나 부자연스럽지 않았다.[37]

국제적 성격에 걸맞게 빈에는 극장이 둘 있었다. 프랑스적인 부르크 극장과 독일적인 케른트너토어 극장이었다. 각 극장에는 주로 이탈리아 무용수들로 구성된 발레단이 있었지만 프랑스의 영향도 강했다. 빈 시민인 발레 마스터 프란츠 힐페르딩은 1730년대에 (왕실의 비용 부담으로) 파리로 보내졌고, 루이 14세의 발레 마스터인 피에르 보샹의 조카이자 제자인 유명한 무용수 미셸 블롱디와 함께 파리 오페라에서 훈련받았다. 힐페르딩은 당연히 가발과 가면을 쓰고 프랑스적인 진지한 스타일에 정통한 채 돌아왔다. 그리고 프랑스 연극 특유의 목가극과 우의적 발레에도 완전히 숙달되어 있었다. 그렇지만 그는 곧 방침을 뒤집었다. 그는 마리 살레처럼, 자신의 무용수들에게 가면을 벗고 진지한 드라마를 팬터마임으로 연기하라고 요구하면서 이렇게 말했다. "진정한 시는 비극 및 희극과 동일한 법칙들에 종속된다." 어떤 모습이었는지 남아 있지는 않지만, 그는 라신의 『브리타니퀴스(Britannicus)』와 볼테르의 『알지르(Alzire)』를 발레로 무대에 올렸다.[38]

그러나 이는 개혁의 주요 동력으로 밝혀지는 것의 시작에 불과했다. 1754

년 마리아 테레지아는 견문이 넓은 제노바인이자 프랑스와 강력한 연줄을 가진 자코모 두라초 백작을 부르크 극장 감독으로 임명했다. 두라초는 여제의 재상인 벤첼 안톤 카우니츠와 가까웠다. 그는 토리노, 브뤼셀, 파리에서 일하고 살았던 교양 있는 빈 귀족으로, 발레와 프랑스적인 부르크 극장의 든든한 후원자가 되었다. 두라초의 발상은 합스부르크 가의 외교 정책을 표현하는 한 방식으로서 프랑스와 이탈리아의 음악적, 연극적 전통들을 융합하자는 것이었다. 그는 이 목적을 위해서 보헤미아 작곡가 크리스토프 빌리발트 글루크를 데려왔다. 그리고 파리의 제작자 샤를-시몽 파바르와 접촉했는데, 그는 두라초에게 프랑스 코믹 오페라들을 꾸준히 공급했다. 글루크는 완벽한 적임자로 보였다. 가벼운 이탈리아 오페라 전통에 정통한 그는 새로운 음악 스타일들을 재빨리 흡수해서는 파바르의 제작물을 지역적 취향에 맞게 솜씨 좋게 각색했다. 힐페르딩은 이 팀과 함께 작업했다. 하지만 그가 1758년 상트페테르부르크의 자리를 맡아서 떠나자, 두라초는 그의 제자인 피렌체인 무용수이자 발레 마스터 가스파로 안지올리니를 고용해서 그의 자리를 맡겼다.

안지올리니는 문학에 상당한 관심을 가진 교양인이었다. 그는 무용수 마리아 테레자 폴리아치와 결혼했다. 그녀는 파르마의 유명 가문 출신인 관능적 미인이었고(카사노바도 그녀를 따라다녔다), 부부는 지식인 사회의 모임에 수월하게 접근했다. 안지올리니는 루소, 그리고 이탈리아 계몽주의자인 주세페 파리니, 체사레 베카리아와 편지를 주고받았고, 후일 밀라노에서 자코뱅당 정치 활동을 하기도 했다. 1761년 카우니츠는 안지올리니를 파리에서 오래 머물다가 막 빈에 도착한 리브레토 작가 라니에리 데 칼차비지에게 소개했다. 칼차비지는 프랑스 계몽주의의 헌신적 신봉자였고, 그의 음악과 오페라에 대한 생각은 디드로와 『백과전서』 필자들의 생각을 반영했다.

예술가들과 아이디어들의 비범한 수렴이었다. 글루크, 칼차비지, 안지올리니는 함께 프랑스 코믹 오페라로부터 벗어났고, 새로운 종류의 "개혁" 오페라와 발레를 제작했다. 그들이 이런 작업을 한 것은 노베르가 런던과 슈투트가르트에서 비슷한 아이디어들을 가지고 독자적으로 작업하던 것과 동일한 시기였다. 계몽주의 사상의 영향하에서 그들 역시 음악과 춤을 대사에, 특히 연기에 종속시키는 팽팽하고 진지한 연극을 구상했다. 그들의 밀도 높고 간결한 예술에는 프랑스 스타일의 발레 막간극의 자리가 없었다. 칼차비지가 성마르게 말했듯이, 무용수들이 묘기를 공연하려면 그냥 비극이 끝날 때까지 기다려야 할 참이었다. 그렇지만 팬터마임은 달랐다. 1761년 글루크와 안지올리니는 「돌의 잔치 혹은 돈 주앙(Le festin de pierre, ou Don Juan)」을 창작했는데, 여기에는 플롯 속으로 탄탄하게 통합된 긴 팬터마임들이 포함되어 있었다. 타오르는 횃불을 든 복수의 여신들은 돈 주앙을 고문했고, 악마들은 그를 (그리고 자신들을) 심연에 빠뜨리기 전 화염지옥의 문간을 몸짓으로 가리켰다.

1762년 글루크, 칼차비지, 안지올리니는 계속해서 사무치는 오페라 「오르페오와 에우리디체(Orfeo ed Euridice)」를 창작했고, 3년 후 글루크는 볼테르의 비극에서 따온 플롯을 가진 본격 팬터마임 발레 「세미라미스(Semiramis)」에서 안지올리니와 공동 작업했다. 볼테르는 자신의 작품 「세미라미스」를 가지고 『고대 비극 및 근대 비극에 대한 논문(dissertation sur la tragédie ancienne et moderne)』을 썼는데, 수줍은 것과는 거리가 먼 안지올리니도 이 기회를 팬터마임 발레들에 대해서 비슷한 "논문"을 쓰는 데에 이용했다. 여기서 그는 (노베르의 말을 되풀이하며) 중요한 것은 프랑스 오페라 특유의 동화 속 "마법에 걸린 세상들"과 단절하고, 관객이 "우리의 내면에서 공포, 연민, 두려움을 이야기하는 언어인 정신적 전율들"을 느끼게 만드는 것이라고 설명했다. 정말이지 「세미라미스」는 살인, 복수, 배신, 모친 살해의 강렬한 20분이었다.[39]

이것은 절망적인 실패이기도 했다. 안지올리니와 글루크는 자신들의 암울한 발레를 어리석게도 마리아 테레지아의 아들인 요제프 대공의 결혼을 맞아 무대에 올렸는데, 이 작품이 "결혼 축하연으로는 너무 비참하고 슬프다"는 사실이 밝혀졌다. 한 관찰자의 말에 의하면, 춤이 "발이 아니라 얼굴로" 수행된 이 발레의 끔찍한 연기 때문에 궁정과 도시는 "메스꺼워했다." 안지올리니는 너무 멀리 가버린 것 같았다. 프랑스 발레들을 좋아하는 빈의 취향에 조금도 양보하지 않은 것이다. 그는 이후로는 팬터마임과 춤의 경쾌한 혼합으로 돌아갈 수밖에 없었다. 하지만 실패에도 불구하고 「세미라미스」는 중요한 이정표를 세웠다. 마침내 순수한 팬터마임 무용이 등장한 것이다. 여기에는 주름

장식도, 프랑스식 스텝(pas)도, 희극적 첨가물도 없었다. 팬터마임 무용의 논리적 결론을 도출한 것은 노베르였지만, 무겁고 밋밋한 팬터마임 예술을 위해서 발레적 장식을 완고하게 거부하는 것을 받아들일 수 있는 사람은 별로 없었다(특히 노베르 본인이 그랬다). 「세미라미스」는 이렇듯 18세기 발레 개혁의 극한에 있었다. 그 한결 같은 강렬함과 폭력적 형상화는 그것을 발레보다는 선언문에 가깝게 만들었다. 그것은 절실하고 열정적이었지만, 더 화려하고 유쾌한 발레 스타일에 익숙한 사람들을 만족시키기에는 너무 심각하고 무자비했다.[40]

노베르가 빈에 도착해서 안지올리니의 자리를 맡았을 때 발레 닥시옹으로 가는 길은 이렇듯 그의 앞에 완전히 닦여 있었고, 이 발레 마스터는 자신의 선임자가 중단한 지점을 수월히 골라냈다. 노베르는 1768년 「알체스테」에서 글루크와 작업했는데, 이 작곡가는 친절하게도 가수들을 윙에 숨겨둔 채 무대 위에서 무용수들이 팬터마임으로 드라마를 표현하게 했다. 1774년 그들은 기념비적 작품을 창작했다. (안지올리니의 오랜 협력자인) 요제프 슈타르처의 음악을 곁들인 「호라티우스 형제들과 큐라티우스 형제들(Les Horaces et les Curiaces)」이었다. 명백한 표제음악을 가진 이 다섯 장에 달하는 발레는 코르네유의 희곡의 스토리를 일련의 춤, 타블로, 팬터마임을 통해서 이야기했다. 하지만 노베르는 안지올리니와 달리 빈에서 엄청난 성공을 거두었는데, 물론 그가 연기 중심의 비극적 발레들을 풍부한 프랑스적 춤과 화려한 효과로 누그러뜨렸기 때문이다. "곁다리 사건들과 연극적 기교를 대폭 늘리고, 타블로와 장려함을 축적하고……나는 탄탄한 일관성보다 풍부함을 선호했다." 빈은 이렇듯 노베르를 위한 이상적인 무대였다. 관습적인 프랑스 궁정 취향과 글루크와 안지올리니가 개척한 급진적 개혁의 조합은 그에게 안성맞춤이었다. 그는 빈에서 38편의 신작 발레를 무대에 올렸다. 여제는 그 결과물들을 너무나 마음에 들어한 나머지, 노베르에게 자신의 딸을 가르치는 선망의 과업을 맡겼다. 그리하여 그는 미래의 프랑스 왕비 마리 앙투아네트의 발레 마스터가 되었다.[41]

노베르의 빈 생활은 그의 성공에도 불구하고 힘들고 불안정했다. 그가 고용 기간 중에 다른 자리를 확보하기 위해서 런던과 슈투트가르트에 계속 편지를 보낸 것은 놀라운 일이 아니다. 노베르가 빈에 도착한 시기는 프랑스의 문화적 우세의 끝물이었다. 그는 최후의 화려한 헐떡거림의 일부였고, 자신의 위치의 위태로움을 정확하게 알고 있었다. 두라초는 1764년 떠났고, 이듬해 황제 프란츠 1세의 사망 이후 마리아 테레지아의 아들 요제프가 공동 통치자가 되어서 수도의 공연 생활을 책임지게 되었다. 요제프는 강직하고 진지하며 가혹하기까지 했고, 왕가와 귀족의 예법 및 과시적 요소들을 경멸했다. 그는 어머니의 궁정의 예식과 의무적인 사교 활동을 혐오했고, 대신 군사 훈련의 엄격함과 사적인 가정생활의 친밀함을 선호했다. 그는 국민들을 위해서 제국을 개혁하기로 마음먹었다. 귀족층의 통제에서 벗어난 접근하기 쉬운 독일어 연극, 즉 서민 연극의 창작을 희망한 그는 노베르와 그의 "프랑스" 발레를 업신여겼다.

카우니츠는 프랑스적인 부르크 극장에 대한 지속적인 왕실 지원을 끊임없이 주장했다. 그러나 요제프는 국가에 이 극장의 제작물이 "하찮은 것"으로 보인다고 설명하면서 지원금을 삭감했다. 부르크 극장은 고위 귀족들의 후원에 기대는 파행을 시도했지만 회복은 불가능했다. 카우니츠는 노베르에 대한 요제프의 냉담한 대우에 분연히 저항했지만 효과는 없었다. 이 발레 마스터는 1774년 결국 밀라노의 새 자리를 수락했다. 시끄러운 후원자 한 무리가 극장에 모여서 그의 출발에 저항했다. 2년 후 노베르가 무용단과 함께 잠시 돌아왔지만 요제프는 여전히 냉담했다. 그해에 그는 부르크 극장을 (독일) 자국어 공연에 전념하는 국립극장으로 바꾸었다. 그리하여 노베르는 그를 처음에 그곳으로 데려온 것과 동일한 이유로 빈에서 쫓겨났다. 바로 프랑스인이라는 사실이었다. 한 관찰자가 나중에 쓴 바와 같이, 요제프는 "독일 연극들이 베르사유에서 공연될 때까지는 프랑스인을 고용하지 않을 것이 분명했다."[42]

밀라노에 도착한 노베르는 구래의 독자적 오페라와 발레 전통을 가진 자부심 강한 시민 문화와 정면충돌했다. 지역 지배층은 밀라노가 합스부르크 가에게 통치되고 있는 것을 기꺼이 받아들였고(이는 부분적으로는 경쟁자이자 독립국인 토리노의 피에몬테 시와 맞서는 보호자로서였다) 귀족 계급은 종종 오스트리아 공직에서 일하기도 했다. 그럼에도 불구하고 도시는 강력하고 자발적인 시민적 독자성을 가졌다. 많은 밀라노인들은 이탈리아 전역의 도시들의 교육받은 지배층과 마찬가지로, 이탈리아 공통의 문학적, 예술적 유산에 대한 예리한 감각을 가지고 있었다. 이는 (아직은) 정치적 야심보다는 고대와 르네상스까지 뻗어올라가는 문화적 정체성이었다. 오페라와 발레는 그 유산의 일부였고, 테아트로 레조 두칼(Teatro Regio Ducal)은 밀라노 도시 경관에서 중심 풍경이었다(이 극장은 1776년에 불에 타서 라 스칼라[La Scala]로 대체되었다).

이 오페라 하우스는 정말이지 밀라노의 사교 생활의 중심에 있었다. 도시 지배층은 거의 밤마다 이곳으로 모여들었다. 가장 비싼 집들도 겨울에는 종종 난방이 형편없고 조명이 지독했던 반면, 오페라 하우스에는 거대한 장작 난로와 밀착한 여러 몸뚱이들의 온기가 (그리고 악취가) 있었다. 좌석 배치는 도시의 사회적 위계를 반영했는데, 가장 선망되는 박스석들은 귀족에게 내여되거나 소유되었다. 널찍하고 우아한 가구가 놓인 박스석들은 공연 관람뿐만 아니라 손님 접대에도 적당해서 자택과는 별개의 응접실 역할을 했다. 사실 대부분의 박스석들에는 벽난로와 완벽한 조리 설비가 딸려 있었고 여러 수행 하인들이 우아한 식사를 준비해서 차릴 수 있는 널찍한 대기실도 포함되어 있었다. 무대 쪽 커튼은 내릴 수 있어서 사생활을 보장하면서도 모인 사람들이 좋아하는 아리아나 춤을 보고 싶을 때에는 도로 올릴 수 있었다. 더 낮은 사회 신분의 남녀를 위해서도 와인, 커피, 얼음이 제공되었다.

이곳에는 다른 매력도 있었다. 오페라 하우스는 도시의 모든 도박의 독점권을 가졌는데, 도박판의 수입은 주로 공연의 재원이 되었다. 마리아 테레지아는 도덕적인 이유로 노름을 탐탁지 않아 했지만, 도시 지배층을 달래는 방식으로서 마지못해 계속 허용했다(더 낮은 계급들에는 노름이 허용되지 않았다). 도박판은 극장 곳곳에 자리했는데, 객석 4단에도 하나 있어서 상인들이 공연을 보면서 노름을 하도록 부추겼다. 이런 환경이 짐작만큼 산만하지는 않았다. 오페라는 매일 밤 열리는 행사라서 관객들은 한 제작물에 금세 익숙해졌다. 그들은 좋아하는 부분들을 마음대로 골라내서 식사, 도박, 방문 짬짬이 무대로 주의를 돌렸다. 그렇다고 해서 그들이 집중하지 않았다는 의미는 아니다. 밀라노인들은 무대를 향해서 소리를 지르고 구호를 외치면서 자신들의 의견을 자유롭게 표현했으며, 각 공연의 예술성은 격렬하게 이야기되고 토론되었다.

오페라는 이론의 여지없이 이탈리아적인 것이었다. 그렇지만 밀라노의 (그리고 다른 이탈리아 도시들의) 무용극은 한층 예민하고 분열적인 정체성을 가지고 있었다. 오페라 하우스들은 보통 두 종류의 무용수들을 고용했다. 진지한 스타일로 공연하는 "프랑스인" 발레리니(ballerini)와 팬터마임과 곡예적인 뛰놀기 혹은 (어느 친프랑스파 평론가가 짜증을 내며 썼듯이) "분별없는 도약"과 "저속한 깡충거림" 전문인 이탈리아인 그로테스키(grotteschi) 무용수들이었다. 노베르가 밀라노에 도착하기 이전의 수 년 동안 발레는 더 대중적으로 변했고, 극장은 그로테스키 무용수들의 수를 꾸준히 늘렸다. 더구나 이탈리아 무용수들과 발레 마스터들은 팬터마임에 오랜 관심을 가졌고, 코메디아 델라르테만 보더라도 고대의 영향은 컸다. 밀라노에서 잠시 일했던 안지올리니는 이탈리아 무용 수준이 널리 상승하기를 바랐고, "고대인들의 풍부함"에 대한 자신의 격렬한 "갈망"과 원시 애국주의적 열광에 대해서 열정적으로 썼다. "만일 이탈리아가 전부 통일되어서 그 강대국의 활기를 이용할 수 있다면……그렇다면 이 나라는 파르나소스 산에서 그 모든 융성하고 박학한 나라들과 1등을 놓고 경쟁하고 방어하면서 어떻게 선봉에 설 것인가."[43]

빈으로부터 밀라노로 유입된 프랑스 발레 마스터인 노베르는 도착 전부터 달갑지 않은 존재였다. 그와 안지올리니는 이미 출판물 형태로 열띤 언쟁을 벌였다. 노베르의 『서간집』을 결국 읽은 안지올리니는, 이 당혹스러운 발레 마스터는 자신이 팬터마임 발레를 단독으로 창안했다고 주장한다며 분노에 차서 혹평했다. 노베르는 힐페르딩 등이 (특히 안지올리니 본인이) 그보다 앞서서 나아갔다는 사실을 모른단 말인가? 그는 팬터마임 발레가 고대까지 올라가는 긴 역사를 가졌다는 사실을 모른단 말인가? 다시 말해서, 이는 프랑스적이 아니라 이탈리아적이라는 것을? 진지한 팬터마임은 비극의 삼일치 법칙

(시간, 장소, 행동)을 따라야 하며, 노베르가 옹호했듯이 이를 포기하면 뒤죽박죽 "엉망진창"으로 귀결된다는 것을 이해하지 못한단 말인가? 노베르는 분개하며 대답했다("내가 그자에게 뭘 어쨌다고? 내 『서간집』이 그치에게 뭘 어쨌다고?"). 피렌체, 로마, 나폴리, 그리고 몇몇 독일 국가들의 잡지들이 각각 편을 들면서 논쟁은 국제적 규모를 띠었다. 독일인들은 노베르 편이었고, 이탈리아인들은 (나폴리인들만 빼고) 안지올리니 편이었다.

우리가 지금껏 살펴본 바와 같이, 안지올리니와 노베르의 생각들은 이런 소란에도 불구하고 각자 인정하려는 것보다 더 가까웠다. 안지올리니는 (위버 및 노베르와 마찬가지로) 발레를 비극의 성역으로 끌어올리려는 불변의 소망을 가졌고, 그 또한 자신의 예술을 팬터마임에 결부시켰다. 하지만 춤의 개혁을 바라는 이유들은 꽤나 독자적이었다. 계몽주의에 대한 공감에도 불구하고 안지올리니는 노베르의 "자연스러운 인간"에 대해서는 최소한의 관심뿐이었고, 위버의 공손함에 대해서는 아무것도 몰랐다. 그에게 팬터마임은 고대를, 그리고 이탈리아의 탁월한 문화적 유산을 의미했다.

이런 상황에서 노베르에게 도움이 되는 것은 전무했다. 그가 밀라노에 당도할 즈음 도시는 확고하게 안지올리니 편이었다. 사태를 더욱 악화시킨 것은, 노베르가 고집스럽게도 자신의 프랑스 무용수 파견단을 데려옴으로써 오만하게도 이 도시의 그로테스키 연기자들을 무시한 것이었다. 문학 평론가이자 시민들의 지도자이며 이탈리아 계몽주의의 저명인사인 피에트로 베리는 노베르가 "충동적이며 무도할 정도로 거만하다"고 비난했다. 그는 노베르의 "우리 이탈리아의 조악함을 가엾이 여기는 장엄한 공연"에 발끈했고, 안지올리니가 밀라노에서 더 큰 성공을 거둔 것은 그가 "교양 있고 겸손해서" 발레를 이탈리아인의 취향에 맞게 만들었기 때문이라고 주장했다.[44]

밀라노에서 노베르가 무대에 올린 발레들은 야심찼고 그중에는 그의 빈 시절 "인기작들"도 포함되어 있었다. 그러나 밀라노인들의 반응은 냉담했다. 베리는 노베르의 춤들이 능란하게 수행되었고 "기술적인 면들"은 "뛰어났다고" 마지못해 인정하면서도, 그의 팬터마임은 조잡하고 불필요하게 잔혹하다고 생각했다. 「아가멤논(Agamemnon)」은 무대 위에서 5명의 사람들이 마임으로 표현된 피바다에서 도륙당해서 관객들을 격노시켰다. 더 가벼운 이탈리아 스타일에 익숙한 베리는 노베르가 우아한 프랑스 무용과 오싹한 팬터마임 드라마를 독특하게 혼합해서 냉정하고 실용적인 음악에 맞춘 것을 이해할 수 없었다. 그는 "피……복수, 회한, 절망"을 좋아하는 노베르의 취향에 분개하며 로마에 있는 동생에게 편지해서, 이런 것이 슈투트가르트와는 어울렸을지 몰라도 밀라노에서는 감동과 거리가 멀었다고 썼다. "감동을 받기 위해서 그런 도살장이 필요한 것은 멍청한 나라뿐이겠지. 겨자가 필요한 것은 무감각해진 미각뿐이다. 우리는 자극을 느낄 수 있으니 그런 무자비한 표현들에서는 혐오감을 경험한다."[45]

비록 겉보기에는 자신만만했을지언정, 노베르는 자신에 대한 이탈리아 평론가들의 신랄한 어조에 깊은 상처를 받았다. 그가 춤의 개혁이라는 계획 전체에 회의를 품기 시작한 것이 밀라노에서였던 것은 우연이 아니다. 문제는 발레가 아니었다. 그를 끌어내린 것은 팬터마임이었다. 그는 태도를 급격하게 바꿔서, 이제 팬터마임은 형편없이 무딘 도구이자 모방예술(일정한 대상을 거기에 상응하는 구체적 형태로 묘사하는 예술. 조각, 회화, 문예, 연극, 영화 등이 이에 속한다. 반면 사물에 속박되지 않고 감정이나 기분 같은 주관적 상태를 추상적 형식으로 표출하는 것을 비모방예술이라고 하며 건축, 음악 등이 이에 속한다/역주) 중 "가장 형편없으면서 구속과 제한은 가장 많아" 보인다고 고백했다. 그는 몸짓은 프로그램의 긴 해설이 없으면 플롯을 전달할 수 없으며, 그의 의도가 아무리 좋았어도 우울하게도 팬터마임은 여전히 "유아기"에 고착되어 있다는 것을 진저리치며 인정했다. 그가 「호라티우스 형제들과 큐라티우스 형제들」을 무대에 올리면서, 코르네유의 희곡을 모르는 관객들을 위해서 13페이지짜리 발레 해설 프로그램을 발행한 것은 패배의 신호였다.[46]

밀라노인들은 노베르를 때려 눕혔을 뿐만 아니라 그의 패를 공개하게 만들기도 했다. 그의 자의식 강한 고도로 비극적인 발레에는 찌푸림, 과장되고 모난 육체적 자세, 뻣뻣하게 규정된 율동적 움직임들이 있었다. 그것들은 감정적으로는 격렬했을지언정 그가 꿈꾸었던 만큼의 신뢰성과 보편적인 호소력은 가지지 못했다.

***

노베르는 비록 밀라노에서 실패했지만 마지막 한 가지 전망은 아직 남아 있었다. 바로 파리 오페라였다. 1770년 (5년 후 루이 16세로 왕좌에 오르는) 왕세자가 마리 앙투아네트와 결혼했다. 오스트리아 공주는 파리에 도착하자마자 파리 오페라에 다시 활기를 불어넣는 일에 착수했다. 1773년 글루크가 그녀를 따라왔고, 이후 5년간 이 보호받는 파리 음악 기관의 잠을 억지로 깨우기 시작했다. 1776년 젊은 왕비는 파리 오페라의 내부 승진 관습을 태평하게 어기면서 노베르를 발레 마스터로 임명했다. 이 조치는 극장의 기득권층으로부터 열띤 반응을 일으켰고 관객들 사이에서는 긴장된 분위기와 고조된 기대를 창출했다. 철학자 장-프랑수아 드 라 아르프는 행복에 차서, 파리는 "우리가 예술의 르네상스 이래 알아온 중 가장 위대한 발레 작곡가이자 필라데스와 바틸루스(고대 로마로 팬터마임을 들여왔다고 알려진 무용수 겸 배우들/역주)의 경쟁자"를 더 일찍 가져야 했다고 썼다. 노베르가 오게 만들기 위해서 "황금의 다리"가 놓였다는 소문이 (늘 열렬했던 것은 아닐지언정) 돌았다.[47]

그렇지만 파리 오페라는 노베르의 도착 전부터도 변화의 조짐을 보이기 시작했다. 1775년 발레 마스터 막시밀리앙 가르델은 랭스에서 열린 루이 16세의 대관식을 기리는 발레 닥시옹을 제안했다. 이 발레의 궁정 공연은 왕가의 재원을 너무 낭비하는 듯이 보일 것을 저어한 왕에 의해서 취소되었고, 파리 오페라에서의 공연도 "이 나라에 알려지지 않은 장르의 발레"를 무대에 올리기를 꺼려서 연기되었다. 그렇지만 가르델의 대본은 강력히 논쟁적인 선언문과 함께 출간되었다. 여기서 가르델은 노베르와 발레 닥시옹에 대한 본격적인 옹호를 시작했다. 언론도 그의 주장을 되풀이했다. 언론은 자유와 변화를 혐오하는 사람들이 그릇되고 고집스럽게도 노베르의 작품을 반대하고 있다며 파리 오페라를 비난했다.[48]

몇 달 후에 슈투트가르트에서 노베르와 작업했던 가에탕 베스트리스가 「메데이아와 이아손」을 제작해 무대에 올려서 굉장한 성공을 거두었는데, 물론 어느 정도는 베스트리스가 이 긴박한 발레를 파리 시민들의 취향에 맞는 가벼운 춤의 막간극들로 빈틈없이 윤색한 덕분이었다. 그해 말 파리 오페라는 이

기관을 "임박한 총체적인 붕괴"로부터 어떻게 구출할 것인가에 대한 백서를 돌렸다. 백서는 글루크에 대해서 좋게 이야기하면서, 음악은 "혁명"을 겪는 중이지만 발레는 한심할 정도로 뒤처졌다고 지적했다. 발레는 지루하고 지긋지긋한, 기관 전체의 장애물이었다. 이 보고서에 의하면 유일한 해결책은 노베르의 본보기를 따라서 발레도 필수적이고 진지한 예술이 될 수 있다는 살아 있는 증거를 제공하는 것이었다.[49]

이 명백한 호기에도 불구하고, 노베르는 도착했을 때 자신이 글루크와 한데 묶이는 어려운 입장에 놓였다는 것을 발견했다. 글루크의 대중적 성공은 그가 파리 오페라의 무용수들에게 좋은 평가를 받는 것과는 무관했다. 그들은 그의 간결한 개혁 제작물들을 싫어했다. 그들이 사랑하는 춤들이 종종 무자비하게 삭제되었기 때문이다. 더 나쁜 것은, 노베르가 일부에게는 외국인 왕비가 후원하는 외부인으로 보였다는 것이다. 무용수들 중 여럿이 자기 입장을 고집했다. 그들은 리허설을 분연히 거부하고, 일부러 활기 없이 공연하며 의상을 잘못 입는 등 그의 발레를 고의로 방해하려고 최선을 다했다. 그렇지만 대중은 더 호의적이었다. 특히 단순한 팬터마임으로 표현되는 플롯의 틀 속에서 풍부하게 장식된 무대장치와 귀족 스타일의 창의적인 춤추기의 긴 악절이 등장하는 노베르의 더 가벼운 작품들에 대해서 그랬다. 노베르의 발레들 중 여럿이 코믹 오페라 주제에 의지하거나 친숙한 님프, 목신, 큐피드, 춤추는 꽃, 양치기 소녀, 나비들을 선보였다. 모두 파리 관객들에게 크게 환영받는 친숙한 오락물이었다.

물론 「호라티우스 형제들」과 「메데이아와 이아손」은 좀더 논쟁적이었다. 어떤 사람들은 노베르의 팬터마임이 너무 강렬하며, 위험한 열정을 일으킨다고 과감히 말했다. 또다른 사람들은 이런 발레들이 코르네유의 「호라티우스 형제들」처럼 존경받는 글을 비하적 몸짓으로 바꾼 것에 의해서, 혹은 섬세한 프랑스 예절을 조잡한 동작으로 격하시키는 것에 의해서 프랑스 고급 문화를 약화시킬 위험이 있다고 걱정했다. 독일 평론가 요한 야코프 엥겔은 또다른 맥락으로 쓴 글에서, 노베르는 어떤 여자가 무대 뒤쪽을, 아마도 로마를 지시하듯 엄청난 박력으로 가리키게 함으로써 "땅이 로마를 삼켜버리기를!"이라는 구절을 표현하려고 시도했다고는 믿을 수 없다는 듯이 말했다. 그러다 과도하게 정력적인 움직임으로 "그녀는 갑자기 괴물이 아니라 자신의 작은 입을 벌리더니 움켜쥔 주먹을 입가로 연거푸 치켜올렸다. 마치 주먹을 통째로 삼키고 싶어서 안달이 나기라도 한 것 같았다." 또다른 평론가는 신랄하게 말했다. "나는 춤추는 어머니에게 목을 베인 이아손의 아이들이, 그녀가 율동적으로 폭발하는 가운데 음악에 맞춰 서서히 죽어가는 모습을 보기 싫다."[50]

그러나 이런 우려도 노베르가 일반 대중에게 성공한 사실을 무색하게 할 수는 없었다. 춤, 타블로, 빠르게 이어지는 마임 장면들로 효과를 중첩시키는 그의 구성기법과 풍부한 의식적(儀式的) 과시는, 스펙터클을 선호하는 프랑스적 취향에 직접적으로 호소했다. 그의 발레는 그 장려함, 다채로움, 교묘한 디자인으로 널리 환영받았다. 가장 중요한 것은 노베르의 진지한 팬터마임이 날카로운 비난을 일으킬 때조차, 발레를 새로운 단계로 격상시켰다고 칭찬받으면서 발레가 그 자체로 예술적, 내러티브적 무게를 감당할 수 있다는 증거로 받아들여졌다는 것이다. 팬터마임에 대한 노베르의 극심한 강조는 춤에 전에는 없던 극적인 존재의 이유를 부여했다고 일컬어졌다.

프랑스인들이 이제 독립적인 발레 막간극이라는 이탈리아적 관습을 받아들인 것이 다가 아니었다. 이 변화는 훨씬 더 심원했다. 계몽사상의 힘과 위세는 노베르의 팬터마임 발레의 배후에서 이것에 독특한 예술적, 도덕적 권위를, 하다못해 조잡하거나 지나치게 통속적으로 보일 때조차 부여했다. 그의 『서간집』의 아이디어들은 프랑스와 유럽 전역의 여러 사람들에 의해서 수십 년간 되풀이되었고 문화적 토양으로 침투해서 뿌리를 내렸다. 이는 놀라운 발전이었고, 관객들과 관찰자들은 그 변화에 감탄했다. 1780년대에 이르자 프랑스 발레와 오페라는 더 이상 일심동체가 아니라는 것이 명백해졌다. 발레는 독립을 쟁취한 것이다. 한 평론가가 말한 바와 같이, 이는 "별개의 작업"이었다. 이 변화의 중요성은 아무리 강조해도 지나치지 않다. 발레가 대사 없이도 설명이 가능한 자족적인 예술이라는 것을 이 나라 최고의 극장에서 처음으로 인정받은 것이다. 아니, 대사보다 나았다.[51]

대중의 이런 환호에도 불구하고 노베르는 파리 오페라에서 오래 버티지 못했다. 노베르는 음모, 뒷소문, 극장 행정을 좌우하는 강력한 파벌들을 당하지 못하면서도 경쟁에서 우위를 차지하기 위해서 싸웠다. 그렇지만 그의 아이디어와 제안들 중 다수가 요식체계 속으로 사라지거나 그의 적들에 의해서 묵살되었다. 하지만 정치는 그의 문제들 중에서 가장 사소한 것이었다. 노베르의 경쟁자들은 압도적으로 대중 영합적인 주제의 새로운 발레들을, 즉 팬터마임 코믹 오페라들을 만들고 있었다. 이 발레 마스터는 자신의 더 진지한 팬터마임이 이런 매력적인 사탕발림과 경쟁이 안 된다는 사실을 금세 알았다. 그는 (아마도 질투로 날카로워져서) 동료들이 불르바르(boulevard : 제2제정기 파리에서 시작된 연극. 보통 연애를 소재로 한 대중적이고 가벼운 희극이었다/역주)적 취향을 맞추려고 기꺼이 행한 양보를 업신여기는 수밖에 없었다. 하지만 몸짓이 음악과 엄밀하게 동조되어 수행되는 그의 엄격하게 통제되는 팬터마임은 상대적으로 점점 더 뻣뻣하고 지루해 보였다. 그림 남작은 노베르는 최소한 드라마의 본질은 유지한다며 한탄했지만, 홍행은 더 가벼운 상연물이 더 인기가 있다는 것을 번번이 입증했다. 노베르는 원통하고 우울해져서는 경영진에게 17페이지짜리 욕설을 휘갈겼고, 1781년 극장을 떠났다.

  이것은 한 시대의 종말이었다. 1780년대에 파리 오페라는 노베르의 발레로부터 급격히 등을 돌렸다. 1789년의 프랑스 혁명은 외국 궁정들에서 파리 문화의 명성을 감소시킬 것이었고, 그의 작업은 비록 다른 곳들에서는 더 긴 생명을 가질지언정 시간이 지나면 어디서나 퇴색할 것이었다. 1791년 노베르는 희망을 가지고 스웨덴의 구스타브 3세에게 편지를 보냈다. "저는 전하의 궁정에서 젊음과 재능을 다시 회복할 것입니다." 하지만 구스타브는 답장을 하기 전에 암살되었다. 과거에 노베르를 부양했던 궁정들과 도시들의 문은 닫혔다. 마리아 테레지아는 1780년에 사망했고 빈은 요제프의 수중에 있었다. 슈투트가르트는 쇠퇴했고 밀라노는 적대적이었다. 런던은 남아 있어서, 노베르는 불만스러워하는 프랑스 무용수들을 이따금씩 수익성 좋은 런던의 상업 극장들로 데려가서 작업을 계속했다. 하지만 이런 활동에도 불구하고 그는 끝장난 인간이었다. 그의 글들은 심술궂고 원망스러우며 비애에 차게 되었다. 그는 춤이라는 예술에 더 이상 별 희망이 없다고 한탄했다. 진지한 팬터마임은 넘을 수 없는 장애물을 겪었고, 귀족 스타일은 본진인 파리의 신전에서 공허한 대중적 형식들에 "능욕당하고" 있었다. 그는 자신의 『서간집』이 이상주의적인 젊은이의 순진한 "꿈"에 불과했다고 말했다.[52]

물론 노베르는 자신의 삶과 예술이 훨씬 큰 무엇인가를 대변했다는 사실을 알 수 없었다. 런던의 위버로부터 파리의 살레와 디드로, 빈과 밀라노의 글루크와 안지올리니에게까지, 팬터마임 발레가 공연된 먼 곳의 여러 도시들에서 영향을 가졌던 무엇인가였다. 춤을 개혁하려는 갈망에는 여러 지역적 변종들이 있었다. 그러나 이는 그것이 속하는 계몽사상과 마찬가지로 국경을 넘어 공유되는 목표를 가진 광범위한 움직임이기도 했다. 그렇지만 결국 가장 중요한 것은 파리였다. 발레에 가장 큰 추진력과 가장 지속적인 유산을 준 것이 프랑스 계몽사상이라는 사실은, 그것이 고취한 변화들이 중심에서 멀리 떨어진 무대들에서 먼저 공연되었더라도 변함없었다. 그리고 팬터마임과 춤의 개혁에 대한 논쟁들이 비록 우리에게는 뜬금없어 보일지언정, 당시 거기에 참여한 예술가와 작가들에게는 얼마나 절박해 보였을지 잊으면 안 된다. 그들은 몸짓이라는 강력한 언어가 무력해진 발레 형식들에 새로운 극예술의 힘을 부여할 수 있으리라고 진심으로 믿었다. 팬터마임이 발레를 구체제로부터 끌어내서 새로운 세계로 부상시키는 것이, 춤을 왕들의 유희가 아니라 인간에 대한 탐구로 만드는 것이 가능해 보였던 것이다.

그러나 노베르의 작업의 모순들 역시 그의 시대의 것들이었다. 팬터마임을 발레의 관행들과 조화시키는 어려움은 쉽게 해결되지 않았다. 글루크가 제대로 보았듯이 이 둘은 격돌했다. 이들은 스타일적으로 또 철학적으로 동일한 미학 세계에 속하지 않았다. 노베르는 프랑스 발레 마스터로서의 의무와 자신의 예술을 새로운 노정에 올리려는 욕구 사이에서 분열될 수밖에 없었다. 그리고 그가 스스로를 미래의 사람으로 간주했음에도 불구하고 과거에 얼마나 많이 얽매였는지 아는 것은 중요하다. 이는 그의 가장 급진적인 처방전들조차 17세기적 느낌을 가지게 만들었다. 그는 발레가 고상하고 귀족적으로 되기를 원했고, 비극이 가진 높은 지위를 열망했으며, 예법과 고상한 귀족 스타일의 춤의 형식적 원칙들을 평생에 걸쳐 옹호했다.

그렇지만 역사는 그를 넘어서 움직이고 있었다. 향후 수십 년 동안 발레는 진정으로 급진적으로 개혁될 참이었지만, 노베르나 우리가 논의한 다른 18세기 무용수들과 발레 마스터들이 고안한 방식으로는 아니었다. 그들은 하나의 전선에서만 싸웠다. 바로 팬터마임이었다. 결과는 지속적이었다. 그들은 우리에게 스토리 발레를 주었다. 그리고 그것을 신뢰할 이유도 주었는데 아마 가장 중요한 것은 그 점일 것이다. 그러나 다른 전선은 방치된 채 있었다. 형식적 스텝들, 포즈들, 발레의 귀족적 외관은 아직 온전했고, 궁정 예법과 태도는 프랑스 귀족 스타일에 건재했다. 노베르는 이 싸움에 참가하기에 적합한 세대가 아니었다. 그러나 발레를 진정으로 개혁하는 유일한 방법은 그 형식적 구조들을 해체하는 것이라는 사실은 변함없었다. 내부로 들어가서 무용수들이 움직이는 방법을 바꿔야 한다는 것이었다. 육체를 조직하던 귀족적 원칙들은 전면적으로 재검토되거나, 아니면 더 급진적으로 전복되어야 했다. 이는 어마어마한 도전이었다. 이를 달성하기 위해서는 프랑스 혁명이 필요했다.

3
발레에서의 프랑스 혁명

> 사회의 현재 상태와 희곡보다 더 밀접하거나 풍부하게 연관된 문학 부문은 없다. 만일 대혁명으로 어느 시대의 관습과 규칙이 바뀌었다면, 그 시대의 희곡은 다음 시대에 절대 맞지 않을 것이다.
> —알렉시스 드 토크빌

> 오늘날 이 세상에 머무는 사람은 인간들의 죽음뿐만 아니라 생각의 죽음도 목격한다. 원리, 관습, 취향, 쾌락, 고통, 느낌. 그가 익숙하게 알던 것들과 비슷한 것은 없다. 그는 한창 때에 자신의 때를 끝낸다는 점에서 인류와는 다른 종에 속한다.
> —프랑수아-르네 드 샤토브리앙

1770년대 후반 즈음 파리 오페라는 위기 상황이었다. 파리 오페라는 왕실의 특전과 왕가나 파리 시로부터의 정기적인 현금 유입에도 불구하고, 프랑스 국가 자체와 마찬가지로 만성적인 재정 압박으로 고통받고 있었다. 대부분의 관찰자들에게 문제는 (일상적인 경영 오류 말고도) 명백했다. 활기찬 코믹 오페라들을 공연하는 경쟁자인 코메디 이탈리엔이 파리 오페라로부터 관객을 무서운 속도로 끌어가고 있었다. 이런 상황에 고심하던 파리 시는 이 약화되고 있는 기관을 점검하여 그 재정적, 예술적 운을 되살리기 위해서 독불장군인 안-피에르-자크 드 비스메 뒤 발제를 임명했다. 젊고 똑똑하고 빈틈없이 오만한 드 비스메는 권위주의적이면서도 현대적이었다. 그는 집무실 밖에 "질서, 정의, 확고함"이라고 쓰인 표지를 내걸고 프랑스 고급 문화의 개방에 나섰다. 그는 외국 가수와 이탈리아 오페라를 도입했다. 그리고 이것으로는 충분하지 않다는 듯, 팬터마임 발레를 왕의 극장보다 불르바르 극장에 걸맞는 통속적

인 저질 주제들과 함께 편성했다.¹

드 비스메의 개혁이 서두를 제시했다면, 노베르를 지지하다가 추월한 막시밀리앙 가르델은 이 기회를 재빨리 움켜잡았다. 그는 1787년 사망할 때까지, 대성공을 거둔 "보드빌 팬터마임"(노베르는 이것을 경멸하며 이렇게 불렀다)과, 대개 기존 코믹 오페라 리브레토에서 끌어온 고정인물과 친숙한 플롯을 사용하는 여타 가벼운 작품들을 무대에 올리면서 10년을 보냈다. 그는 귀여운 시골 소녀, 강직한 소도시 주민, 헤어졌다가 정체불명의 속임수를 통해서 재결합하는 연인에 대한 발레를 만들었다. 그의 발레들은 훈훈하고 감상적이었으며, 왕이나 남녀 신들을 쓸 여지가 없었다. 예를 들면「궁정으로 간 니네트(Ninette à la cour)」(1778)에서 젊은 시골 소녀 니네트는 농부 소년 콜라와 사랑에 빠지지만 마을을 지나던 왕이 그녀의 소박한 미모에 반한다. 그녀는 궁정으로 끌려가서 후프스커트를 입고 다이아몬드로 치장한다. 그렇지만 그녀는 출신에 걸맞게 거추장스러운 의상을 비웃으면서 보석을 생화 다발로 바꿀 것을 고집한다. 고상한 행동거지를 가르치기 위해서 무용 교사가 당도하지만, 그녀는 지나치게 의욕적이고 서툴며 그의 훈련에 고집스럽게 저항한다. 그럼에도 그녀는 무도회에 가고, 어찌어찌 사회질서를 바로잡는 데에 성공한다. 일련의 묘책들을 통해서 왕이 백작부인과 사랑에 빠져서 자신을 연인 콜라의 품으로 팽개치게 만든 것이다. 그들은 다함께 춤춘다.²

그렇지만 귀여운 어린 소녀들에 관한 가르델의 발레들이 마냥 귀엽기만 한 것은 아니었다. 이 발레들은 가끔 정치적 함의도 담고 있었다. 1783년 그는 「장미관을 받은 처녀(La rosière)」를 무대에 올렸다. 이 발레는 널리 인정받는 일상적인 시골 전통을 묘사했다. 촌민들은 젊은 처녀 셋을 지명해서 영주에게 선보인다. 그는 셋 중 한 명을 골라 지참금을 베풀고, 촌민들은 모여서 그녀의 덕을 기린다. 그렇지만 이 예스러운 관습은 1770년대에 아주 유명한 소송의 대상이 되었다. 살랑시 마을 출신의 장미관을 받은 처녀가 그 지역 영주에게 납치된 것이다. (소녀에게 반한) 그는 전통을 유린했고 분개한 촌민들의 저항을 거칠게 무시했다. 파리의 변호사들이 이 사건에 뛰어들어서 학대받은「장미관을 받은 처녀」의 미덕을 옹호했다. 그들은 그녀의 때묻지 않은 순수함은 영주의 부도덕한 권력과 권위 남용과 대비되는 프랑스 국민의 순수함을 대변한다고 말했다. 이 사건을 배경으로 한 가르델의 발레는 이 어린 소녀의 모든 순수함을 세심하게 미화했다. 많은 사람들이 이 작품을 루소주의적 미덕의 옹호로 감상했지만, 최소한 한 명의 평론가는 시골 관습이 프랑스 상류 문화로 침입하도록 허용했다는 이유로 가르델을 강력하게 비난했다. "파리 오페라에 「장미관을 받은 처녀」라니?!"[3]

가르델은 **결국** 어조를 누그러뜨렸다. 이는 그가 선택한 플롯과 등장인물에 국한되지 않았다. 그는 보통 프랑수아-조제프 고세크와 앙드레-에르네스트-모데스트 그레트리 같은 코믹 오페라 작곡가들과 공동으로 작업했는데, 그들은 자신들의 발레 음악에 대중가요를 교묘하게 짜넣었다. 가르델은 이런 작곡가들과 긴밀하게 작업하면서, 움직임과 마임을 가지고 스토리를 이야기한다는 (노베르를 괴롭히고 몰두시킨) 복잡한 문제를 그럭저럭 교묘하게 회피했다. 관객들은 대개 이 노래들의 가사를 외우고 있었으니, 익숙한 선율은 발레의 대본인 셈이었다. 구경꾼들의 머릿속에서 가사가 퍼져나갈 때 팬터마임은 훨씬 더 이해하기 쉬웠다. 이는 파리 풍물장터에서 기원한 흔한 수법으로, 효과적이었지만 확실히 몰락이었다.

맞춤하게도, 가르델의 주역 발레리나는 그 세대의 마리 살레로 촉망받는 사랑스러운 무용수 마들렌 기마르(1743–1816)였다. 귀족 장르에서 훈련받은 그녀는 우아하고 균형 잡혔으며 강한 팬터마임 감각을 가지고 있었다. 하지만 기마르에게는 살레의 육체적, 예술적 실체 중 어느 것도 존재하지 않았다. "우아한 해골"이라는 별명의 그녀는 뼈대가 가늘고 비쩍 말랐고, 스텝들을 마치 그림자처럼 그려내는 방법을 알고 있었다. 그녀의 재능은 단순한 움직임을 장려한 외양으로 뒤덮고 귀족적 몸짓에 자연스러운 우아함을 부여하는 묘한 능력에 있었다. 너무나 모범적인 귀족적 행동거지와 태도를 가진 기마르가 "마을을 처음 떠나는 농부 소녀의 스텝, 걸음걸이, 태도를 너무나 진짜처럼 연기"하는 것에 관찰자들은 번번이 놀라움을 표했다. 관객들이 그녀를 사랑하는 것은 그녀가 농부에게서 여왕을, 그리고 여왕에게서 농부를 끌어냈기 때문이다.[4]

그렇지만 그들이 그녀를 사랑하는 것은, 그녀가 그들이 자신을 사랑하게 만들었기 때문이기도 했다. 빈틈없는 선전가로서, 기마르는 자신의 이미지를 자의식적으로 창조했다. 그녀는 자신이 재능과 미모를 통해서 성공한 비천한 출생의 사생아라는 사실을 숨기려고 들지 않았다. 게다가 이전의 무수한 무용수들과 마찬가지로 그녀 역시 뻔뻔한 고급 창녀였다. 그녀는 왕의 최고위 시종이자 루브르의 관리자인 장-벵자맹 드 라 보르드, 프랑스 육군 원수인 수비즈 대공, (뒷소문을 만드는 사람들에게는 기쁘게도) 오를레앙 주교인 무슈 루이-섹스티우스 드 자랑트 사이에서 줄타기를 했다. 그녀는 최신 유행인 쇼세 당탱 구역에 위치한, 최신 유행의 건축가 클로드-니콜라 르두가 설계하고 장-오노레 프라고나르의 기발한 실내장식을 갖춘(이는 후일 자크-루이 다비드에 의해서 완공되었다) 호사스러운 개인 도심 저택에서 부유하고 지위 높은 보호자들의 비호 속에 살았다. 그녀는 팡탱 인근에 개인 극장이 딸린 시골 저택도 가지고 있었는데, 손님들을 초대해서 이를테면 멋대로 추는 관능적인 농민 무용처럼 선정적인 여흥들을 제공했다. 손님들 중에는 다치기 쉬운 평판을 보호하기 위해서 전면이 격자창으로 디자인된 박스석에 앉는 신분 높은 귀부인들과 성직자들도 있었다. 그렇지만 그녀는 마치 도덕이라는 계좌의 잔고를 맞추기라도 하는 양 빈민들을 초대해서 대단한 쇼를 펼쳤고 (애인들의) 은전을 필요한 사람들에게 뿌리기도 했다. 이 모든 것이 다시 무대 위에 반영되었다. 이는 기마르에게 대단한 부와 권력을 가진 화려한 여성의 분위기를 주었고, 그녀가 가르델의 발레들에서 그토록 적절히 그려내던 소박한 촌민들과 공감하는 마음씨 고운 소녀의 분위기도 주었다.

기마르가 선호한 무용 파트너는 젊고 화려한 오귀스트 베스트리스(1760-1842)였다. 그녀보다 거의 스무 살 어린 베스트리스도 사생아였는데, "춤의 신" 가에탕 베스트리스와 발레리나 마리 알라르의 아들이었다. 그는 아버지로부터 귀족 스타일의 훈련을 받았다. 가에탕은 걸출한 당쇠르 노블 루이 뒤프레에게 가르침을 받았으니 루이 14세의 시대까지 곧장 뻗어올라가는 발군의 계보인 셈이었다. 오귀스트는 어릴 때는 아버지의 법통을 고분고분 따랐다. 그러나 1780년대에는 본능을 따라 완전히 다른 방향으로 돌아선 반항적이고 건방진 젊은이가 되어 있었다. 그는 육체적으로 다부지고 강건해서, 근육질의 다리와 우아하기보다는 일상적인 무심한 분위기를 가지고 있었다. 그는 기교파 무용수가 되었고, 운동선수처럼 편안하게 펼쳐지는 점프와 빠른 속도의 피루에트(pirouette : 선 자세에서 한 다리를 축으로 회전하는 발레 동작/역주)에 탁월했다. 그렇지만 그의 민첩성과 곡예에는 무엇인가 불안한 데가 있었다. 한 논평가는 그런 묘기가 "군중을 놀라게" 하는 것은 분명하지만 "취향이 좋은 사람들에게는 충격적"이라고 썼다.[5]

그들은 분명 충격을 받았다. 그러나 가르델, 기마르, 베스트리스가 불시에 튀어나온 것은 아니다. 고상한 귀족 스타일의 쇠퇴, 그리고 더 대중적인 형식들을 위한 경쟁은 프랑스 사회에 지대한 영향을 가져올 위기를 반영했다. 군주제의 절대 권위가 갑작스러운 쇠퇴 상태였던 것이다. 그 증거는 어디에나 있었지만 루이 16세(1754-1793)라는 개인에게서 사무칠 정도로 드러났다. 왕권을 과시하는 의식과 의례에 대한 깊은 양가감정은 처음부터 그의 약점이었다. 1775년 그의 대관식은 선왕들에게 부여되었던 장엄함 및 화려함과는 거리가 먼 무성의한 행사였다. 화려한 개인적 과시를 위해서 그렇게 많은 돈을 지출하는 것이 달갑지 않았던 루이는 망설였다. 의식은 관습대로 진행되었지만, 마치 그의 치세의 미래의 나쁜 조짐 같은 연출된 가짜 표정을 가지고 있었다. 크루아 공은 "전부 너무나 오페라 같았다"고 한탄했고, "왕과 왕비가 마치 무대에라도 서 있는 양 갈채를 보내는 새로운 관습"에 대해서 개탄했다.[6]

그렇지만 루이는 무대에서건 삶에서건 프랑스 국왕을 연기할 준비가 되어 있지 않았다. 그는 내성적이고 어린애 같은 남자였다. 궁정의 화려함보다 집안의 고독함을 선호했고, 왕의 의무로부터 달아나서 짐승을 사냥하거나 떠돌이 고양이를 뒤쫓거나 자물쇠를 만지작거리는 쪽을 좋아했다. 그는 대중에게 스스로를 과시하는 것보다는 한적한 곳에 특별히 지은 개인 정자에 설치된 망원경을 통해서 베르사유의 웅장한 정원을 관찰하는 것을 선호했다. 그는 필요할 때는 궁정 예의범절을 금욕적으로 따르면서 허울 좋은 체면치레를 유지했다. 하지만 이는 사실 쇼였고, 가능할 때마다 소박하고 편안한 옷과 태도를 선호했다. 나아가 그의 왕비도 왕과 국가의 이미지를 강화하는 데에는 별 도움이 되지 않았다. 마리 앙투아네트는 제대로 교육받지 못하고 자신감도 없는 열다섯 살짜리 사춘기 상태로 빈으로부터 베르사유에 도착했다. 그녀는 정치와 음모의 미궁에 빠졌고, 후계자를 낳지 못하자 자신과 왕의 성관계에 대한 궁정의 괴로운 정밀조사에 시달렸다. 그녀의 행동은 변덕스러웠고, 추문, 악랄한 뒷소문, 지저분한 억측의 대상이 되었다. 이 모든 것이 왕가의 권위를 한층 악화시켰다.

그녀의 의복도 도움이 되지 않았다. 왕비의 지나친 의상은 전설적이었다. 그녀는 재봉사와 미용사들과 유쾌하게 공모해서 점점 더 퇴폐적이고 호사스러운 드레스와 부풀린 머리 모양을 만들었다. 이 스타일은 그녀의 머리를, 두껍게 처바른 머릿기름과 머릿분의 조력으로 구축된 총체적 전투의 장으로 만들었다. 그렇지만 (베르사유에 있던 그녀 개인의 작은 궁전인) 트리아농에서 그녀는 후프스커트와 가발을 버렸고 단순한 하얀 드레스를 애호했다. 그녀는 동물들을 보살피고 양치기 소녀 놀이를 즐겼다. 왕비의 본보기를 의무적으로 따르는 귀부인들은 속으로는 이 목가적 환상에 대해서 어떻게 생각하건 상관없이, 수수한 흰 모슬린 드레스를 떼 지어 입었다. 그렇지만 이 모든 의상적 유명세에도 불구하고, 마리 앙투아네트는 별난 만큼이나 그저 평범한 사람이었다. 그녀의 기이한 외모 취향은 새로이 발생한 사회적 사실을 표현하는 것에 불과했다. 18세기 후반 모든 사회 신분들에서 외모를 규제하는 엄격한 복장 관례들이 무너졌다. 귀족들은 더 간편하게 차려입었고 더 낮은 신분들의 편안한 복장을 모방하기 시작한 반면, 하녀들은 더 격식을 차렸고 후프스커트를 입고 시장에 가는 모습이 눈에 띄었다. 패션은 왕비 본인처럼 (단호하게, 그리고 최초로) 변덕스럽고 경박하다고 일컬어졌는데, 이는 사실 사회적 차별성의 두드러지는 붕괴를 보여주는 하나의 방식이기도 했다.

파리 오페라도 영향을 받지 않을 수 없었다. 루이 16세는 오페라와 발레에 무관심했다. 그는 이 왕립 기관의 상징성을 고의로 무시한 최초의 프랑스 왕이었고, 그의 박스석은 종종 보란 듯이 비어 있었다. 그는 파리 오페라를 왕비에게 맡겼다. 그러나 그녀는 왕가의 권위의 귀감과는 거리가 멀었다. 파리 오페라를 개관 이래 지배하던 관습들과 예법은 1780년대에 눈에 띄게 느슨해졌다. 좌석 배치는 혼란에 빠졌다. 부유한 부르주아와 비(非)귀족들이 한때 동경하던 일등급 박스석을 점점 더 많이 점유하게 되었다. 왕은 자신의 손님을 미리 자리에 앉히는 대신 파리 오페라 행정관들에게 이름이 적힌 명단을 형식적으로 보냄으로써, 저명한 손님들이 공연장에 입장한 후에 자리를 잡으려고 다투도록 내버려두었다. 후원자들은 점점 더 극장의 사회적 지형보다는 무대가 잘 보이는 자리에 신경을 쓰게 되었다. 왕비 본인도 유서 깊은 일등석으로부터 (기마르의 가장 맹렬한 막후 경쟁자인) 악명 높은 무용수이자 고급 창부인 안-빅투아르 데르비외와 멀지 않은 이등석으로 자리를 옮겼다.

다른 위계들도 무너졌다. 전통적으로 관객은 오페라나 발레에 대한 왕과 귀족들의 반응을 가늠하기 위해서, 그야말로 문자 그대로 그들을 향해 앉아 있었다. 만족시켜야 할 "대중"은 없었다. 절대적으로 고려해야 하는 것은 왕과 그의 궁정, 그의 권위가 전부였다. 사실 18세기 중후반까지 대중(public)이라는 단어에는 (오늘날 그렇듯) 토론이나 논쟁이 벌어질 수 있는 광장이나 옥외 구역이라는 의미가 없었다. 이 단어는 그저 (특정한 혹은 개인적인 이해와는 반대되는) 일반적 혹은 보편적 사실들을 묘사할 뿐이었는데, 그런 것들을 가진 것은 (신 바로 다음 자리인) 왕이었다. 그가 실은 대중이었던 것이다. 왕의 권위가 기울기 시작하면서 다른 목소리들이 달려들어 대중을 대변하게 되었지만, 왕과 **고위층**을 쳐다보면서 승인을 구하는 관습은 계속되었다. 그렇지만 1780년대에 이르자 이는 점점 덜해졌다.

이런 변화한 환경에서는 보는 것이 남에게 보이는 것보다 중요해졌다. 1781년 오페라 하우스가 화재를 당하자 재건축 설계자들은 이를 관객의 관심 변화에 부응하는 기회로 이용했다. 새로운 극장에서 박스석은 관객석을 직면하는 대신 비스듬히 무대를 향했다. 무대는 더 잘 보이고 사회적 가시성은 더 나빠진 것이다. 의복조차 격식을 덜 차렸다. 1780년대 중반 콩플랑 후작은 최신 영국 유행으로 차려입고 파리 오페라에 나타났다. 한때 필수품이던 비단 스타킹과 머릿분을 뿌린 가발은 사라졌고, 후작은 대신 단순한 검은 연미복에 머리카락을 깔끔하게 자르고 머릿분을 뿌리지 않은 채 나타났다.

이렇듯 가르델은 발레를 지나치게 단순화한 것이 아니었다. 그는 단지 시대를 따르고 있을 뿐이었다. 부유한 사교계 인사 마들렌 기마르가 니네트나 장미관을 받은 처녀 역으로 무대에서 시시덕거릴 때의 편집된 이미지는 사실 왕실의 취향과 완벽하게 보조를 맞추고 있었다. 마리 앙투아네트도 자신의 시대를 (혹은 그녀 자신을) 더없이 정확하게 포착했다고 할 수 있다. 베스트리스 역시 유명한 아버지의 패러디 비슷한 것이 되었다. 가에탕은 무대 위에서 정확한 몸가짐을 가졌고, 궁정에 처음 선보이는 귀부인들은 종종 그의 가르침을 원했다. 반면 오귀스트는 남성적 기교와 미적 관념의 대담한 위반으로 관객들의 마음을 얻었다.

이 모든 것은 득이 되었을 수도 있다. 몰리에르 이래로 언제나, 발레를 겉치레와 허영으로부터 구한 것은 결국 통속극 스타일과 변절한 연기자들이었다. 하지만 가르델은 몰리에르가 아니었고, 루이 16세의 시대에는 발레를 내부로부터 되살릴 재능이나 문화적 자원이 없었다. 가르델의 제작물들은 매력적이고 유쾌했지만 동시에 인습적이고 뻔하기도 했다. 춤보다 팬터마임에 가까운 그의 제작물들은 발레를 그 설립 원리들로부터 멀어지게 만들었다. 이는 그것들이 (당시 사람들이 두려워한 것처럼) 불르바르의 특징들을 너무나 선뜻 도용했기 때문만이 아니라, 발레의 본질적으로 귀족적인 성격에 대한 확신을 놀랍게도 상실했다는 것을 드러냈기 때문이기도 했다.

무대 뒤에서는 상황이 한층 악화되었다. 행정관은 예술가들이 점점 통제를 벗어나고 있다고 거세게 불평했다. 그들의 경솔한 반항은 1770년대 후반과 1780년대 내내 증가했다. 상처에 소금이라도 뿌리듯, 무용수들과 가수들은 넉살 좋게도 (어찌 보면 다소 익살맞게도) 군주제의 "폭정"에 점점 더 거침없이 맞서고 있던 고집불통의 파리 의회를 연상시키는 수사법을 도입했다. 그림 남작은 (인기 없는 감독을 축출하려는) 파리 오페라의 예술가들이 "의회"를 만들어서 기마르의 집에서 회동했고, 무용수들이 춤추기를 딱 잘라 거절한 적도 있었다고 보고했다. 관리들은 이 "패러디 의회"를 비웃었지만, 무용수들의 요구에 맞설 의지와 확신은 흔히 부족했다. 예술가들이 1781년 배우협회가 극장 운영에서 강력한 발언권을 가지도록 허용할 것을 요구하자 운영진은 굴복했다. 그렇지만 이어진 예술가들의 치세는 예상대로 재앙이었다. 허영심과 사소한 맞비난이 공공연하게 쏟아진 것이다. 예술가들은 내킬 때면 언제 어디서나 등장해서 무례하고 두서없이 이야기함으로써 매끄러운 극장 운영에 지장을 주었다. 이런 흉내 놀이의 낭만은 곧 사라졌는데, 특히 오귀스트 베스트리스는 자신의 훈련 프로그램을 방해하는 지루한 운영 회의들을 면제해줄 것을 요구했다.[7]

질서가 회복되었지만 그저 가까스로였다. 무용수들이 아프다고 통고하거나 (그러고는 식당에서 모습을 보였다), 싫어하는 의상을 찢어발기거나, 취한 채 무대에 등장하는 일이 점점 잦아졌다. 운영진은 벌금을 물렸고 반항적인 무용수들을 감옥으로 쫓아버렸다. 그들을 처벌하는 것은 중요했지만 그들을 정시에 극장으로 데려가는 것 역시 중요했다. 이를 위해서 경비병들이 투옥된 무용수들을 밤마다 분장실까지 공식 호송했다가 이후 감방으로 돌려보냈다. 1782년 방문한 고관에게 경의를 표하기 위해서 마리 앙투아네트가 오귀스트 베스트리스의 공연을 개인적으로 요청했을 때 일어난 사건은 특히 악명 높다. 그는 다쳤다고 주장하면서 거절했다. 이는 왕비의 권위에 대한 모욕으로 널리 인식되었다. 베스트리스의 행동은 파리에서 소란을 일으켰고, 만화와 팸플릿들이 난무하게 만들었다. 그의 아버지는 아들에게 다시 생각하라고 애원했지만, 그는 대신 반항적으로 감옥으로 갔다. 그는 자신의 재능을 잘 알고 있었고, 위기에서 벗어나기 위해서 극장을 영원히 떠나겠다고 협박했다. 그즈음 또 하나의 추문을 경계 중이던 왕비는 수그러들어서 그의 석방을 명령했다. 베스트리스가 몸이 다 나았다며 극장으로 돌아오자, 그의 후원자들과 특히 비판자들이 빠짐없이 나왔다. 관중석으로부터 토마토, 악담("무릎 꿇어, 무릎 꿇어!), 그리고 마지막으로 돌들이 퍼부어졌고, 왕의 경비대가 들어와서 질서를 회복시켰다.[8]

1789년 고조되는 주체하지 못할 재정적, 정치적 위기에 직면한 루이 16세는 프랑스 사회의 세 신분을 대표하는 삼부회를 소환했다. 성직자, 귀족, 제3신분이었다(제3신분에는 법률가, 상인, 상점주인, 부르주아, 그리고 물론 농부를 포함하여 앞의 두 신분이 아닌 모든 사람이 해당되었다). 시에스 신부는 험악하고 열정적인 팸플릿 『제3신분이란 무엇인가?(*What Is the Thrid Estate?*)』를 출간해서 앞날을 예측했다. 여기서 그는 사회의 나머지에 기생하는 무용한 귀족들의 "카스트"를 맹비난했고, 한 역사가의 말을 빌려서 "프랑스 혁명의 가장 큰 비결이자 가장 깊은 동력을 형성하게 될, 귀족에 대한 미움"을 표현했다. 시에스에게 귀족은 비열하고 아무것도 아닌 존재인 반면, 제3신분은 "모든 것"이었다.[9]

삼부회는 1789년 5월에 회합했고, 6월에 스스로를 국민의회로 선포했다. 파리는 날이 갈수록 긴박해졌다. 어느 정도는 지난해의 흉작 때문에 빵은 비쌌고, 사람들은 일자리가 없었으며, 시골의 경제적 궁핍으로부터 달아나기를 갈망하는 농부들이 굶주리고 흥분한 채 수도에 도착하고 있었다. 7월 11일 루이 16세는 자유주의적인 총감 자크 네케르를 편리한 희생양으로 삼았다. 그를 해임해서 국외로 추방하고 그 자리에 보수적인 인사를 임명함으로써 권위를 과시하는 한편 악화되는 상황의 주도권을 잡으려고 한 것이다. 하지만 너무 늦었다. 이튿날 파리 시가지에서 폭동이 터졌고, 호출된 궁전 경비대는 왕에게 등을 돌리고 대신 국민들의 편에 섰다. 성난 군중이 주요 왕립 기관들에 모였다. 늦은 오후 약 3,000명의 남녀가 파리 오페라 밖에 모여서 욕설을 퍼부으면서 극장에 불을 지르겠다고 위협했다. 그들은 공연을 취소하고 극장 문을 닫으라고 우겼다. 겁먹은 감독이 서둘러 모든 입장권을 환불하고 관객들을 집으로 보냈지만, 군중은 어쨌든 극장으로 난입해서 무기나 갑옷 비슷한 소도구들을 모두 요구했다. 그들은 결국 옮겨갔지만 그래도 관계자들은 소방관과 군인들을 배치해서 밤새 극장에 머물며 지키게 했다.

이튿날 군중은 총기상을 습격했고, 파리로 들어오는 물품들에 대한 세금 징수 때문에 미움을 받던 도시 관문을 박살냈다(물품세는 가격이 더 높아진다는 것을 의미했다). 7월 14일 그들은 무기를 찾아서 파리 상이군인 병원으로 침입했고, 다음은 유명한 바스티유 감옥 습격이었다. 처형이 시작되었다. 폭도들은 희생자들의 머리를 창에 꽂은 채 시내 곳곳에서 도전적으로 가두행진을 벌였다. 그리고 이 정도는 충분하지 않다는 듯, 7월 마지막 몇 주일 동안 지방 전역에서 대공황이 발발했다. 불만에 찬 농민들은 격분해서 성과 사원들을 공격했고, 농노제를 옹호하는 문서들을 불태웠고, 성직자와 귀족의 권위를 상징하는 것들을 손에 닿는 대로 전부 훼손했다. 8월 4일 국민의회에서 개혁 지향적 귀족들이 폭력적 불온 상태를 진정시킬 만한 양보를 제안하기 시작했다. 그렇지만 밤늦게까지 이어진 이례적이고 과열된 회의에서 그들은 절충 이상의 것을 내놓았다. 자신들의 봉건적, 귀족적 특권을 완전히 포기한다는 결론을 내린 것이다.

파리 오페라의 공연은 계속되었지만 기관은 집중적 감시하에 놓이게 되었다. 연이은 공격들 중 1차 공습으로, "네가 자는 동안 브루투스, 로마는 족쇄를 차고 있다"라는 제목의 익명의 편지가 극장을 겨냥하자 몇몇 주역 예술가들이 앞다퉈 응답했다. 그들은 왕에 대한 조심스러운 존경을 보이면서, 파리 오페라가 무능한 감독들의 "탐욕스러운" 이해관계로부터 구제받아야 한다는 데에 동의했다. 제작물은 예술가들의 "노동"을 대변하니 따라서 그들에게, 오직 그들에게만 속했다. 그들은 극장이 중견 가수들과 무용수들(그들 자신)의 협회에 의한 자치로 돌아가야 한다고 말했다. 나아가, 그들은 파리 오페라는 거리에 양보하고, 다시는 지배층의 안식처가 되지 말아야 한다고 주장했다. 또한 "가장 가난한 계급의 품위 있는 시민들", 즉 그들의 말마따나 "마차가 없는" 사람들도 섬겨야 했다. 국민의회는 토론을 계속했다. 의원들은 다수에게 귀족적 특권의 타락한 전초기지로 인지되는 존재의 미래를 놓고 격렬하게 논쟁했다. 1790년 한 격앙된 관찰자가 쓴 바와 같이, 귀족층은 특권을 포기했는데 파리 오페라는 어쩔 것인가?[10]

막시밀리앙 가르델의 동생 피에르는 답을 가지고 있었다. 피에르는 프랑스 혁명 기간에 발레가 직면한 어려움을 파악하기에 완벽한 위치에 있었다. 1758년에 태어난 그는 파리 오페라에서 자랐고, 유명한 무용수가 되었으며, 형의 곁에서 발레 제작을 배웠고, 1787년 막시밀리앙이 사망하자 수석 발레 마스터 자리를 이어받았다. 예술적인 면에서 피에르는 여전히 구체제에 깊이 충실했다. 크고, 마르고, 우아하게 균형 잡힌 그는 (부르농빌이 후일 쓴 바와 같이) "차분하고 외견상 냉정한" 용모와 당쇠르 노블의 "엄격한 훈련"을 갖추고 있었다. 그의 춤추기는 절제되고 격식을 차리는 것이었다. 하지만 가르델은 약한 체질로 고생하기도 했는데, 이는 그의 움직임에 섬세한 표정을 부여해서 고의는 아니지만 귀족 스타일 전반에 따라붙는 연약함을 드러냈다. 길고 흠 없는 가르델의 경력은 그의 날카로운 생존 본능을 입증한다. 가르델은 마치 외교관 탈레랑처럼, 왕에 의한 고용에서 급진적인 프랑스 혁명으로 남다른 수월함을 보이면서 미끄러지듯 옮겨갔고, 나폴레옹 밑에서 눈부신 명성을 쌓았으며, 부르봉 왕정복고 기간까지 영향력을 유지했다. 그가 마침내 은퇴한 것은 1829년이었는데, 그것도 마지못해서였다. 피에르 가르델은 이렇듯 파리 오페라를 42년간 다스렸는데, 그의 경력은 근대 프랑스 역사상 가장 격동적이고 정치적으로 불안정한 시기에 걸쳐 있었다.¹¹

1790년 가르델은 이례적 성공을 거두면서 다음 세기까지 계속될 발레 두 편으로 자리를 잡았다. 바로 「칼립소의 섬의 텔레마코스(Télémaque dans l'île de Calipso)」와 「프시케(Psyché)」였다. 「텔레마코스」는 1826년에 413회 공연에 달할 것이었고, 「프시케」는 그로부터 3년 후 무대에서 은퇴할 때까지 놀랍게도 560번이나 선보인 당대의 단연 최고 인기 발레가 될 것이었다. 그렇지만 옛 관습들과 새 형식들의 혼성모방인 이 낯선 작품들은, 프랑스 혁명이 수도에서 강요한 변화들에 대한 깊은 양가감정을 암시했다. 가르델은 한편으로는 무엇인가 새로운 일을 하는 것처럼 보였다. 그는 전통적인 화려한 발레 의상을 치웠고, 고대와 그리스적인 것들에 대한 혁명기의 유행을 수용했다. 후프스커트, 머릿분을 뿌린 머리카락, 버클로 조이는 신발, 꽉 끼는 스타킹, 어깨 부분을 뒤쪽으로 고정시키고 뻣뻣한 코르셋을 입혀서 몸통을 구속해 움직임을 방해하는 옷, 이 모든 것이 사라지고, 단순한 그리스식 로브와 발목이나 종아리에서 끈을 묶는 납작한 샌들로 대체되었다.

더구나 형의 자의식 없는 가벼운 춤들과는 달리, 가르델의 「텔레마코스」와 「프시케」는 (본인이 말했듯이) 더 고결하고 엄격한 부류인 발레 에루아크(ballet héroique)였다. 그리하여 기마르의 구체제적 요부와 순진한 시골 처녀는 퇴출되었다(그녀는 현명하게도 1789년 5월 파리 오페라에서 물러났다). 가르델의 주역 발레리나는 아내인 마리 가르델이었다. 그녀는 올곧고 헌신적인 배우자이자 어머니로서 오점 없는 평판을 가지고 있었고, 프랑스 혁명의 도덕적 분위기에 동조하는 사람들은 이 사실을 자주 언급했다. 그의 발레에서 남성 주역들을 공연한 것은 가르델 본인이었지만, 예를 들면 생각에 잠겨서 고개를 숙인 모습으로 등장하는 등 자신의 오만하고 귀족적인 태도를 세심하게 누그러뜨렸다. 그는 광장의 남성이지 궁정의 남성이 아니었다.¹²

다른 한편, 가르델의 발레들은 그 모든 고전적 공명에도 불구하고 확연한 18세기 코믹 오페라들과 별로 다르지 않았다. 관객이 플롯을 따라가는 데에는 아무 문제도 없었다. 「텔레마코스」는 프랑수아 페넬롱의 잘 알려진 스토리에 의지했고, 「프시케」는 큐피드와 프시케의 전설을 재차 이야기했다. 둘 다 다른 오페라와 대중가요에서 따온 흔한 현악곡들이 포함된 음악에 맞춰진 것도 연기를 따라가는 데에 도움이 되었다. 그렇지만 이 작품들이 가볍게 느껴지지는 않도록 무대장치와 무대효과에는 화려함과 장려함이 더해졌다. 관객들은 무너지는 왕궁, 바닷속으로 급작스럽게 쏟아지는 산과 울퉁불퉁한 바위, 불타오르는 배, 천둥과 번개, 불타는 심연 위를 맴도는 복수의 여신과 악마라는 장관을 대접받았다.

그러나 가르델의 발레들에는 무엇보다도 아름다운 여자들이 있었는데, 그것도 아주 많았다. 그는 ("언제나 옳고, 언제나 공정한") 대중이 무대에서 남자를 보는 것보다 여자를 보는 것을 선호한다는 점을 깨닫고는 이에 부응할 플롯을 찾았다. 「텔레마코스」의 출연진은 여자가 32명, 남자가 2명이었다. 여자들은 무대 전역에 장식적이고 두드러지게 도열해 있었다. 이 발레의 압도적으로 여성적인 풍모는 한 평론가로 하여금 이는 그냥 "남자 없는 발레"였다고 쓰게 만들었다. 예를 들면 어떤 장면에서, 비너스는 상사병에 걸린 노출이 심한 차림의 요정들과 함께 아무르(남자)를 둘러싼 음모를 꾸몄는데, 그녀들은 그에게 구애하고, 애무하고, 자기들과 춤추자고 유혹했다. 다른 장면에서 요정들은 자기들끼리 춤을 추다가 광란의 바쿠스 축제로 빠져들어서 현기증 나게 빙빙 돌며 "점프하고 턴했다."¹³

「텔레마코스」와 「프시케」는 시대에 대한 스냅사진이었다. 가르델은 구체제의 점점 더 타락하는 기풍과 프랑스 혁명의 엄격하고 강직한 미학 사이에 끼어서, 옛 발레의 갈라진 이음매들을 붙잡으려고 시도하는 비대한 사생아적 형식을 내놓았다. 그의 발레 에루아크는 종래의 보드빌 팬터마임에 고전적 진지함이라는 망토를 입힘으로써, 관객들이 고급 예술이라는 미명하에 선정적인 치장, 달콤하게 속삭이는 님프들, 우스꽝스러운 농간을 만끽하도록 허용했다. 이 발레들은 노베르의 가장 과도하게 팽팽한 팬터마임들 못지않은 규모와 허세를 가지는 동시에, 막시밀리앙 가르델의 더 가볍고 통속극적인 스타일에 어울리는 풍부한 감상도 스며들어 있었다. 피에르 가르델은 이렇듯 옛 형식들을 혼합한 것에 프랑스 혁명으로 촉발된 자유에 대한 안목을 더했다. 특히 고대와 단순한 의상들의 유행은 그가 님프들을 정숙함을 손상시키지 않은 채 벗길 수 있도록 허용했다. 1790년의 관객은 기뻐했다. 그러나 1792년의 사람들은 속아 넘어가지 않았다.

그해 봄과 여름에 프랑스 혁명은 급진적인 단계로 들어섰다. 4월에 프랑스는 오스트리아에 전쟁을 선포했고, 8월 10일에는 스스로를 상-퀼로트(sans-culottes : 퀼로트는 반바지를 말한다. 직역하면 반바지를 입지 않은 사람이다/역주), 즉 혐오스러운 귀족들의 화려한 반바지가 아닌 단순한 긴바지를 입는 평범한 사람들로 선언하는 성난 군중이 왕궁으로 밀어닥쳤다. 군주제는 무너졌다. 급진파가 권력을 차지하자 전쟁이 확대되면서 프랑스 혁명을 보호하고 퍼뜨린다는 명분과 위험하게 융합되었다. 애국주의가 쇄도하는 가운데, 체제의 단호하게 평등주의적인 미사여구와 내부의 "반역적인 적"에 대한 폭력적 비난도 밀려들었다. 8월에 왕이 체포되자 파리 오페라는 일시적으로 문을 닫았는데, (과부와 고아를 위한 자선공연으로) 다시 열렸을 때는 이해관계들이 완전히 바뀌어 있었다. 왕과 궁정이 존속하던 시절에 존재하던 모든 재량이 이제 사라졌다. 공연은 이제 혁명 관리와 군인들을 위해서 공급되었고, 상-퀼로트들을 위한 무료 공연들이 정규 편성되었다. 이런 환경에서 가르델은 분별 있게도 자신의 재능을 정치적 제작물과 혁명 축제로 돌렸다.

1792년 10월, 가르델은 작곡가 고세크와 함께 작업하여 「자유에 부치는 공물(L'Offrande à la Liberté)」을 창작했다. 이것은 신화가 된 혁명적 순간을 "라 마르세예즈(La Marsellaise)"와 기타 애국적인 노래들에 맞추어 묘사하는 "종교 작품"이었다. 공연은 군인, 남자, 여자, 아이들로 이루어진 군중이 마을에서 자신들의 할 일을 하는 장면으로 시작되었다. 종과 트럼펫이 울려서 국민을 전투로 소환했다. 촌민들은 분주하게 무기를 준비하고 모으다가 이따금 멈추고 무기들을 높이 치켜드는 타블로가 벌어졌다. 마지막 절에서는 합창단이 목소리를 반으로 줄여서 기도하듯 노래하는 가운데 (유명한 왕당파인) 마드무아젤 마이야르가 연기하는 자유의 여신상이 제단 위로 높이 올라가자 배우들과 관객들은 똑같이 무릎을 꿇었다. 무용수들은 격식을 갖추어 그녀의 발치에 공물을 놓고 성스러운 불을 밝혔다. 침묵이 이어지는 가운데 관객과 배우들은 경외에 차서 자유의 여신상을 우러렀다. 그러다가 다시 종소리가 나고 군중이 도끼, 횃불, 쇠스랑을 치켜드는 가운데 극장 전체에 노래가 울려퍼졌다. "무기를 들어라, 시민들이여!"

이것은 열정적인 애국적 과시였지만 파리 오페라의 보다 금욕주의적인 평론가들을 납득시키는 데에는 실패했다. 1793년 프랑스 혁명의 가장 독재적 단계인 공포정치가 주도권을 잡자 파리 오페라가 왕당파와 은밀한 귀족들의 활동 중심이라는 의혹은 더 강해졌다. 파리 오페라의 감독들은 체포되었고 극장 운영은 예술가 협회로 넘어갔다. 이 체제는 1798년까지 간헐적으로 지속되었다. 극장 밖에는 군대가 주둔했고, 검열은 심해졌고, 앙심을 품은 간첩들이 이 은밀한 "귀족들의 둥지"의 예술가들의 활동에 대해서 정기 보고서를 제출했다. 한 전직 무용수(이자 고급 창부)가 "귀족 계급"과의 관계 때문에 체포되었고, 가르델과 다른 무용수들은 자신들의 충성심을 입증하느라 땀을 흘렸다(처형 대상인 약 22명의 가수와 무용수 명단이 존재했다. 하지만 그 작성자인 살인마 자크 에르베는 자신이 그 명단에 의거해서 행동하지 않았다는 사실을 인정했는데, 왜냐하면 즐기기 위해서였다).「레볼뤼시옹 드 파리(*Révolution de Paris*)」지는 "춤이 없고, 발레가 없고, 연애가 없고, 동화적 장면이 없는" 제작물들을 선보인다는 큰 걸음을 내딛은 무용수들에게 경의를 표했다. 1794년 가르델과 일군의 예술가들은 세심하게도, "품위 있고" 도덕적인 공화국적 제작물을 위해서 파리 오페라의 악덕으로 들끓는 귀족적 레퍼토리를 "완전히" 버리겠다고 맹세하는 보고서를 준비했다.[14]

이 무렵, 연극과 삶 사이의 구별은 완전히 무너진 것이나 다름없었다. 파리 오페라는 혁명 축제를 무대에 올리는 장이 되었다. 이런 야외 행사들은 열광적인 군중의 자유로운 모임이 아니라, 극적인 혁명의 순간들을 수천 명의 참가자들이 치밀하게 계획된 예행연습 끝에 화려하고 장대한 규모로 펼치는 의례적 재현이었다. 이는 공연을 하자는 것이 아니라 실제 벌어진 일을 다시 체험하자는 발상이었다(바스티유 감옥 탈취에 대한 공연을 위한 어떤 글은, "연기는……흉내가 아니라 벌어진 그대로 정확히 연기되어야 한다"고 명시했다). 관객은 편안히 앉아서 지켜보기보다는 참가하도록 기대되었다. 축제의 장과 파리 오페라 무대 사이에는 꾸준한 왕래가 있었다. 가르델의 「자유에 부치는 공물」의 대본은 1793년 11월 10일 「이성의 축제(The Festival of Reason)」의 대본으로 각색되었고, 그러다 다시 파리 오페라 무대의 공연으로 재활용되었다. 이와 비슷하게, 「공화국의 승리 혹은 그랑 프레 진지(La Triomphe de la République ou Le Camp de Grand Pré)」는 다양한 축제들로부터 따온 장면의 모음을 제공했으며, 자원 배우 극단이 프랑스 군대를 위해서 제마프의 최전선까지 가서 「오스트리아의 춤 혹은 제마프의 방앗간(The Austrian Dance, or the Mill of Jemmapes)」이라는 적절한 제목의 춤을 추고 타블로를 무대에 올린 사례도 있었다. 1794년 가르델은 혁명의 순교자인 장-폴 마라와 루이-미셸 르펠레티에의 흉상의 제막식을 위한 축제를 무대에 올리는 작업을 전력으로 도왔다. 이 흉상들은 파리 오페라 건물 정면에 지은 거대한 무대에 등장했다. 파리 오페라 내부의 소도구들도 툭하면 거리로 끌려나가서 축제에 사용되었다. 의상을 갖춘 배우들이 수많은 자유의 나무들을 돌면서 춤을 추었다. 그들은 1794년 노트르담 대성당에서 거행된 로베스피에르의 "최고 존재 축제"에서도 중요한 역할을 맡았다.[15]

이런 혁명 축제들은 흔히 왕의 스펙터클에서 왕가와 종교의 장려함을 비우고 혁명의 교리문답으로 다시 채운 것에 비견되었다. 그러나 프랑스 혁명이 장대한 과시를 좋아하는 부르봉 왕가의 취향을 물려받은 것은 사실일지언정, 왕의 발레와 축제는 위계와 현 상황에 대한 변함없는 긍정인 반면, 혁명 축제는 급진적이고 광신적인 열정을 가졌다. 이 축제는 프랑스 혁명의 신화적 순간들을 집요하게 반복했다(그리고 창작했다). 민중을 새로운 이상, 새로운 의식, 그리고 새로운 권력 배치로 돌려놓기 위해서였다. 축제에서 연기된 주제들은 혁명적 순간이 지나가도 그냥 사라지지 않았다. 무용수들과 발레 마스터들이 이런 행사를 무대에 올리는 데에 너무나 깊이 참여했고, 발레는 언제나 이 나라의 의례적 삶과 묶여 있었기 때문이다. 이런 주제들은 발레를 장악해서 영원히 바꾸었다.

먼저 흰 옷을 입은 여자들이 있었다. 이런 풍조를 만든 사람은 모슬린 드레스를 입고 양치기 소녀를 흉내낸 마리 앙투아네트였지만, (보통 고대를 본뜬) 소박한 하얀 튜닉 차림의 여자들이 타락과 탐욕을 씻어낸 국가의 강력한 상징이 된 것은 프랑스 혁명 기간이었다. 이런 여자들은 순수와 미덕, 자기희생, 자유, 이성을 대변했다. 그들 모두가 장미관을 받은 처녀였다. 정말이지 정숙한 흰 옷의 여자들의 무리는 거의 모든 혁명 축제에 등장했다. 그들은 우아한 동작을 가진 순결한 인물이었고 입을 열어서 자신들의 아름다움을 망치는 일은 절대 없었다. 그들의 존재는 흔히 극의 절정이나 대단원을 알렸다. 예를 들면 마라와 르 펠레티에를 기리는 축제에서 흉상들의 가림막을 막 치우려는 결정적인 순간에 흰 옷을 입은 소녀들이 등장했다. 화관과 삼색 띠를 늘어뜨린 소녀들은 의례에 따라서 종려잎을 바쳤다. (프랑스 전역의 촌락에서 되풀이된) 이성의 축제에서는 한 여자가 흰 옷을 입은 여러 소녀들의 조력을 받으면서 주인공을 연기했다. 빅투아르 사원에서 8월 10일에 열린 축제에는 예식 막바지에 흰 옷을 입은 소녀들이 등장해서, 돋보이게 자리잡은 자유의 상에 꽃과 과일을 바쳤다. 그들의 타블로는 마지막으로 진정시키는 해결 역할을 했다. 여러 혁명 축제들의 디자인과 무대를 도왔던 예술가 자크-루이 다비드는 후일 이런 여자들에 대해서 이렇게 회상했다. "최고의 여인들이었습니다, 무슈. 그리스적 맥락의 모든 순수함을 갖추고 그리스식 망토를 걸친 젊고 아름다운 소녀들이 꽃을 던졌습니다. 그러자 르브륑, 메윌, 루제 드 릴의 축가들이 울려 퍼졌죠."[16]

흰 옷을 입은 처녀들은 최초의 현대적인 코르 드 발레(corps de ballet)였다. 프랑스 혁명 이전의 코르 드 발레는 보통 조신이나 촌민, 어쩌면 분노의 여신이나 악마의 무리로 구성되었다. 그렇지만 이런 인물들은 하나의 집단으로서 특정한 도덕적 권위나 정치적 정체성을 가지지 않았다. 그들은 그저 팬터마임 연극의 등장인물들에 불과했다. 「텔레마코스」에 등장하는 가르델의 여성들에서는 잠깐이지만 무엇인가 새로운 점이 처음으로 보였다. 하지만 그들은 관능적이고 선정적이었지 고상한 상징적 인물들이 아직 아니었다. 프랑스 혁명의 청순한 흰 옷의 여자들은 가르델의 발레에서 다음 세기까지 자주 재등장하게 될 것이었다(그들은 그의 장기였다). 그들은 결국 낭만파 시인과 작가들에게 선택되어서 그들의 상상 속에서 변형되다가 「라 실피드(La Sylphide)」와 「지젤」에서 원형을 부여받았다. (절대 남성들은 아닌) 흰 옷을 입은 여성 집단으로서의 코르 드 발레는 이렇듯 프랑스 혁명에서 실마리를 얻은 것이었다. 그들은 개인의 요구를 넘어서는 공동체의 (그리고 국가의) 요구를 대변했다. 그들은 낮은 혈통임에도 가장 높은 윤리적 탁월함을 가진 여성적 귀감이었다.

그렇지만 1790년대의 축제에서 이 여자들은 아직 춤추지 않았다. 그들은 의식적이고 상징적이고 장식적인, 침묵의 합창단이었다. 진짜 춤추기는 민중에 의해서 행해졌다. 그들이 춘 것은 물론 발레가 아니었다. 그들은 민속 무용들, 특히 카르마뇰(carmagnole)을 통해서 스스로를 표현했다. 가르델은 1794년 「공화국의 장미관을 받은 처녀(La rosière républicaine)」를 무대에 올리면서 그의 형의 발레를 반(反)성직자적 장광설로 바꿔놓았다. 촌민들이 전통 축제를 위해서 「장미관을 받은 처녀」와 함께 동네 교회에 도착하지만, 문을 열어젖히자 그들이 발견하는 것은 하느님의 집의 제단, 십자가, 성상이 파괴되고, 상-퀼로트 차림의 교구 성직자가 미덕과 이성의 활기찬 축제를 관장하는 것이었다. 즉석에서 "개종한" 그들은 활기찬 카르마뇰을 시작했다.*

그렇지만 소박하고 즐거운 카르마뇰은 그냥 여느 민속 무용이 아니었다. 그것은 마르세유의 반역자들이 입었던 붉은 재킷의 이름을 딴 원무이자 노래였다. 이 노래는 루이 16세와 그의 왕비("무슈 베토와 마담 베토")에 맞서서 궐기하라고 민중을 선동하는 단골 혁명 상연물이었다. 민중은 혐오스러운 귀족제에 대한 승리를 축하하기 위해서 자유의 나무들을, 좀더 잔인하게는 단두대

---

* 가운을 찢어버리고 상-퀼로트 차림을 드러낸 교구 성직자라는 주제는 1793년에 오페라 「이성의 축연(La Fête de la Raison)」에도 등장했다.

를 돌면서 카르마뇰을 노래하고 춤추었다. 이 논지는 바스티유 탈취 이후 거리에서 춤추는 파리 대중을 묘사한 어떤 인쇄물에서 명확하게 드러난다. 흥청거리는 사람들은 "여기서 우리 춤추다"라는 팻말을 들고 있었다. 그리고 그들이 의미하는 춤은 미뉴에트가 아니었다.[17]

1794년 7월 로베스피에르의 실각으로 공포정치가 가라앉자 파리 오페라는 이전 레퍼토리를 빠짐없이 재개했다. 한동안은 귀족 예술로서의 발레와 싸우던 복수의 여신들이 일시적 폭풍처럼 보였다. 막시밀리앙 가르델의 가장 감상적인 발레들은 「텔레마코스」, 「프시케」와 나란히 다시 한번 무대에 올라서 어느 때보다도 인기를 끌었다. 하지만 사실 상황은 전과 같지 않았다. 옛 관객들 중 여럿이 다른 나라로 이주했고, 파리 오페라는 기진맥진해서 벼랑 끝에 몰려 있었다. 의상과 무대장치는 우울할 정도로 감축되고 낡았으며, 총재정부(1795-1799)의 불안한 정치적, 경제적 풍토에서 파산 위기에 몰린 극장은 재편을 위해서 몇 번이나 문을 닫아야 했다. 구 레퍼토리는 텔레비전 연속극의 재방송처럼 자동으로 운영되었다. 발레와 축제를 10년 이상 대량으로 찍어낸 후, (여전히 극장의 수석 발레 마스터인) 피에르 가르델은 길고 우울한 침묵으로 빠졌다. 그는 나폴레옹이 권력을 잡기 전까지의 몇 년 동안 새로운 것을 전혀 제작하지 못했다.

움직임은 다른 곳에서 전개되었다. 지금은 세기말 파리 사회를 휩쓴 대중 무도회와 터무니없는 의상 전쟁이 등장할 때였다. 파리에서 의상 전쟁은 딱히 새로운 것은 아니었다. 발자크가 후일 목격했듯이, 프랑스 혁명은 최초의 국면에도 "비단 옷과 소박한 옷 사이의 논쟁"이었다. 그러나 공포정치가 종국에 가까워지면서 반공화주의자들은 사치스러운 패션과 무사태평에 열광하기 시작함으로써 장식 없는 소박하고 검소한 검은 옷과 상-퀼로트들의 거친 옷의 원한을 풀었다. 자칭 엥크루아야블(incroyable, 남자)과 메르베이외즈(merveilleuse, 여자)는 각양각색 거의 만화 수준의 정교한 옷을 입고서, 그리고 벗고서도 거리와 공원을 활보했다. 남자들은 달라붙는 바지, 과감한 색의 짤막한 코트, 뱃머리처럼 돌출된 데다가 보통 일부러 부스스하게 만든 머리의 테두리 같은 모양새인 넓은 칼라를 착용했다. 그들은 새침하고 거만한 걸음걸이로 다녔다. 그리고 안경과 긴 지팡이를 휴대했는데, 도발적이게도 자기들의 "집행권"이라고 불렀다.[18]

여자들로 말하자면, 그들에게는 수치심이 없었다. 유명한 반(反) 자코뱅주의 지도자 장-랑베르 탈리앵의 아내이자 세련된 파리 살롱의 여주인인 (그리고 의상 과잉 때문에 적들에게 "새로운 마리 앙투아네트"라고 불린) 마담 탈리앵은 투명한 네글리제(얇은 천으로 만든 여성용 긴 실내복 혹은 잠옷/역주)를 뚫고 번쩍이는 황금 스팽글들이 달린 살구색 타이즈를 신었다. 그녀는 어느 날 밤, 무심하게 몸에 두른 호랑이 가죽 밑으로는 완전히 벌거벗은 채 파리 오페라에 갔다. (나폴레옹과 1796년 결혼한) 조제핀 드 보아르네는 (다른 것은 아무것도 없이) 진짜 장미꽃잎만으로 꿰매서 만든 드레스를 입었고, 오롯이 깃털과 진주로만 꿰매 만든 드레스도 가지고 있었다. 하얀 모슬린 드레스가 대유행했는데, 여자들은 (심지어 겨울에도) 물을 뿌리거나 향유에 적셔서 육체의 선정적인 곡선을 드러냈다. 그들은 맨살을 최대한 드러낸 차림새로 떼 지어 대중 무도회에 갔다. 한 관찰자가 쓴 바에 의하면 "맨팔, 벗은 가슴, 샌들을 신은 발, 고대 흉상을 연구하는 미용사들이 땋아서 머리통에 두른 머리 모양을 하고 있었다."[19]

그리고 그들은 춤을 추었다. 총재정부 기간 파리에 존재한 600곳 이상의 무도장들은 밤낮으로 꽉꽉 들어찼다. 연극이 쇠퇴 중이던 파리 오페라는 이를 최대한 활용해서 호화로운 가면무도회를 열었고, 아래로는 매춘부에까지 이르는 각계각층에서 많은 군중을 끌어들였다. 이런 무도회에서 가장 인기를 끈 춤은 새로운 춤인 왈츠였다. 이 춤은 호랑이 가죽과 젖은 모슬린 드레스처럼 모든 규칙들을 깨뜨렸다. 미뉴에트 같은 과거의 사교춤들에서 (그리고 극장의 춤들에서) 남성과 여성은 나란히 섰다. 그리고 손을 잡는 것 이외의 접촉은 없었는데 이것마저도 격식을 갖춘 자세로 이루어졌다. 반면 왈츠에서는 짝을 지어 포옹했다. 그리고 이것은 후일 1815년의 빈 회의의 화려한 무도회장에서 유명해질 격식을 갖춘 꼿꼿한 포옹이 아니었다. 이 왈츠는 그 통속적 기원에 충실하게도 더 풀어진 자세를 가졌고, 아무도 이 춤이 선정적이라는 비난에 의문을 제기하지 않았다. (최소한 이론적으로는) 왈츠를 추도록 허용되는 것은 기혼 여성들뿐이었다. 그 어지러운 회전과 친밀한 포옹을 묘사한 글들은 자극적인 열광과 분개한 비난 사이를 오갔다.

발레 마스터들은 왈츠나 이에 동반되는 노출이 심한 옷에 대한 집착을 무시할 형편이 아니었다. 그들은 이 춤의 박동과 낭만적 포옹을 흡수했고, 결국 이를 사용해서 종래의 나란히 추던 파드되(pas de deux : 발레의 2인무/역주)를 남성과 여성이 포옹과 떨어짐을 반복하는 완벽한 파트너 형식으로 변형시켰다. 정말이지 왈츠는 구성적 가능성에 방대한 새 영역을 열었다. 왈츠의 유혹적인 리듬, 혹은 무용수들이 왕으로부터 시선을 돌려서 서로를 향했다는 사실이 전부가 아니었다. 이 춤의 선정적인 자유와 옛 제약들로부터의 해방감도 중요했다. 총재정부 기간 중 그려진 무용수들의 소묘에서 우리는 이 변화를 볼 수 있다. 소묘는 여러 커플들이 취한 신선한 포즈들을 보여준다. 그들은 편안한 자세로 얼굴과 얼굴을 마주하고, 팔을 어깨에 걸치거나 허리에 감고, 심지어 목을 무아지경으로 뒤로 젖히거나 골반을 비틀기도 한다.

이런 유행들이 무대로 옮겨지기까지 오래 걸리지는 않았다. 딱 하나만 예를 들자면, 1799년 발레 마스터 루이 밀롱은 파리 오페라에서 공연된 단막 팬터마임 발레 「에로와 랭드르(Héro et Léandre)」를 창작했다. 플롯은 신들과 연애의 흔한 뒤범벅이었다. 랭드르는 에로를 사랑하는데, 아무르의 도움으로 어찌어찌 그녀의 사랑을 얻는다. 그녀는 순결하고, (문자 그대로) 정숙함의 베일을 쓰고 있는데 물론 벗기를 거부한다. 그렇지만 랭드르는 결국 승리한다. 약속된 순간에 한 무리의 아무르들이 베일을 찢자 그녀의 우아한 자태가 보다 완전하게 드러난다. 그녀는 수치스러워하는가? 그 반대로 그녀는 해방감을 느끼고, 두 사람은 열정적인 파드되를 춘다. 이후 수 년간 발레 마스터들은 이런 은밀한 조우의 빌미를 노상 지어냈다. 비록 춤들 자체는 소실되었지만 준비 과정에서 발레 마스터들이 그린 소묘와 스케치는 자유로운 형식과 감상적인 춤을 보여주는데, 여기서 여성의 육체와 남성의 육체는 오늘날에도 현대적으로 보이는 방식들로 얽혀 있다.[20]

1800년 나폴레옹이 권력을 차지한 직후, 마침내 가르델은 사교춤 유행에 대한 발레로 침묵을 깼다. 그는 에티엔 메윌의 음악에 맞춘 이 작품을 「라 당소

발레 마스터 앙드레 데자이에가 그린 스케치의 세부묘사들. 나란히 선 파트너에서 파트너들이 포옹하고 균형을 잡는 것으로의 변화를 반영하고 있다.

마니(La Dansomanie)」라고 불렀다. 이 작품은 즉각 선풍을 일으켰고, 1826년까지 파리 오페라 레퍼토리의 인기 고정 공연으로 남았다. 그렇지만 가르델은 그것은 발레가 아니라고 주장했다. 그것은 기분 전환과 오락을 위해서 만든 고작 "장난······아무것도 아니었다." 그가 옳았다. 그것은 발레가 아니라 익살극이었고, 메르베이외즈와 엥크루아야블처럼 조롱받는 동시에 찬양받는 귀족적 형식이었다. 스토리는 몰리에르의 부르주아 귀족을 상기시킨다. 부유한 부르주아인 무슈 뒬레주는 춤에 미친 우스꽝스러운 남자이고 혼기가 찬 딸을 가졌다. 아내에게는 실망스럽게도 그는 좋은 지위의 구혼자를 거절한다. 그런데 그 이유가 무엇이냐고? 그가 춤을 잘 추지 못했기 때문이다. 그리하여 뒬레주의 아내와 딸은 그를 속여서 일을 바로잡을 음모를 꾸민다. 공연은 혼성 모방인 「국가들의 발레」로 마무리되는데, 이번에는 터키, 바스크, 중국 무용수들이 함께했다.[21]

가르델이 몰리에르의 경쟁자를 노린 것은 아니었지만, 그럼에도 「라 당소마니」와 부르주아 귀족의 차이들은 의미심장하다. 몰리에르의 주르댕은 고귀한 신분을 헛되이 열망한다. 그의 서툰 부조리 스토리는 부르주아적 허세와 귀족층의 젠체하는 거만함을 일격에 풍자한다. 반면 가르델의 무슈 뒬레주에게는 사회적 열망이 없다. 그는 즐거움이라는 순수하고 단순한 이유로 춤추기에 사로잡힌다. 춤은 더 이상 예법이 아니다. 이는 한 다발의 색다른 무용 스텝들일 뿐이다. 그렇기 때문에 무슈 주르댕의 무용 교사는 그에게 후작부인에게 절하는 법을 가르치는 반면, (무슈 플리크플라크라는) 뒬레주의 교사는 그에게 왈츠의 동작들과 여타 최신 춤들의 "2배가 되고, 3배가 되고, 4배가 된" 복잡한 스텝들을 보여준다. 그리고 무슈 주르댕은 자기 딸이 귀족과 결혼하기를 바라는 반면 뒬레주는 별 관심이 없다. 그의 딸은 최고의 춤꾼과 결혼하게 될 것이다.[22]

그러나 가르델은 관객과 장난을 치기도 했다. 뒬레주가 따라하려는 것이 어느 무용수인가? 고위 귀족 스타일의 오랜 귀감인 가에탕 베스트리스. 그가 가장 숙달하고 싶어하는 것은 어떤 스텝인가? 여전히 과시되고 떠받들리는 가보트 베스트리스(gavotte de Vestris). 왕당파적 성향의 보수지 『주르날 데 데바(Journal des Débats)』는 가르델이 이 옛날 무용 형식들을 조롱한다고 비난했다. 그러나 다른 자료들에 의하면, 무용수들은 구체제 귀족층의 춤들을 인기 있고 열광적인 왈츠의 바로 옆에서 대단히 침착하게 공연했다. 사실 「당소마니」가 제대로 통한 것은 춤을 풍성하게 소개하기 때문만은 아니었다. 사회적 예법과 체면의 기존 기준을 꾸준히 재검토해서, 옛 예술의 기반을 실질적으로 흔드는 새로운 스타일, 유행 춤들과 나란히 서도록 만들었기 때문이기도 했다. 가르델은 발레가 더 이상 궁정의 분위기와 권위를 담지 않는다는 사실을 알았고, 풍자의 가느다란 선보다는 벌레스크(burlesque : 희화적 수법으로 웃음을 자아내서 풍자적 효과를 얻는 예술 장르. 17세기 프랑스에서는 당시의 정치와 풍속을 풍자하는 희화적 작품들이 잇달아 발표되며 '뷔를레스크'라는 유파를 형성하기에 이르렀다/역주)의 대담한 획으로 그림을 그리고 있었다. 이것은 코메디-발레가 아니라 "아무것도 아닌 것"이었고, 루이 14세, 몰리에르, 륄리와 함께 시작한 시대가 마침내 종말에 도달했다는 또 하나의 신호였다. 발레의 스타일에 이미 너무나 많은 변화들을 가져온 프랑스 혁명이 가르델을, 그리고 고전 발레를 익

살극의 품으로 밀어넣은 것이다.[23]

세습 프랑스 황제로서 왕위에 앉은(아니면 그보다는 스스로를 왕위에 앉힌) 나폴레옹은 시계를 거꾸로 돌리고 있는 것처럼 보였다. 먼저 그는 지위, 위계, 그리고 스탕달이 프랑스 지배층의 "허영"이라고 부른 것에 대한 지속적인 매혹을 이용해서 궁정을 부활시켰다. 그리고는 최고로 호화롭고 숭배적인 군주제적 의례들을 승계해서, 어떤 왕과도 겨룰 만할 정도로 위풍당당하게 수행했다. 1804년 그는 모든 대관식들을 끝장낼 만한 대관식을 무대에 올렸고, 1810년에는 합스부르크 가의 공주와 결혼까지 하게 될 것이었다. 그의 조신들은 줄지어 서서 국왕 공식 만찬(grand couvert) 같은 옛 의례들을 재현했다. 왕이 의자에 앉아서 먹는 동안 초대된 손님들이 침묵 속에서 그의 주위를 돌며 행진하는 의례였다. 그런 행사들에 걸맞게 나폴레옹은 종종 루이 16세의 궁정 특유의 공식 아비 아 라 프랑세즈(habit à la française), 즉 비단 스타킹, 칼라가 높이 솟은 코트, 버클이 달린 구두, 예장용 검을 착용했다. 여성들의 복장 규정도 이제 그에 못지않게 격식을 차렸다. 당굴렘 공작부인은 있는 한껏 퍼진 후프스커트의 부활까지 시도했지만, 이 불편하고 거추장스러운 의상에 대한 항의가 너무 커서 결국 포기했다.

그래도 궁정 예법의 요구사항들은 세심하게 준수되었다. 그리하여 무용 교사들은 수 년간의 실업이 갑자기 끝났으며, 궁정 데뷔를 열망하는 젊은 숙녀들을 지도하고 국가 행사를 위한 춤들을 구성하는 작업이 물리도록 많다는 것을 깨달았다. 가에탕 베스트리스에게 귀족 스타일을 훈련받아 구체제하에서 16년간 파리 오페라에서 공연한 발레 마스터 장–에티엔 데프레오는 조제핀과 나폴레옹을 지도하도록 고용되었다(그는 나폴레옹이 퉁명스러운 데다가 예법 문제는 별로 아는 것이 없다는 사실을 발견했다). 데프레오는 궁정 행사들을 장려한 왕실 스타일로, 하지만 살짝 대중 영합적으로 비틀어서 무대에 올렸다. 예를 들면, 「로마와 프랑스 사이의 동맹이라는 주제에 대한 우화적 발레(Allegorical Ballet on the subject of the alliance between Rome and France)」라는 제목의 제작물에는 지위 순으로 수행되는 격식을 차린 미뉴에트와 카드리유(quadrille : 18세기 말엽에서 19세기에 걸쳐 프랑스 궁정을 중심으로 전 유럽에서 유행한 사교춤/역주)가 포함되어 있었지만, 그 춤은 "고귀한 용기로 무장할지어니"와 "자신 있게 쉬기를 아름다운 공주여" 같은 대중 곡조들에 맞추어져 있었다.

나폴레옹은 파리 오페라에도 세심한 주의를 기울였다. 그는 이 기관을 파리 경찰 총감의 직접 관할하에 놓으면서, 모든 발레가 자신이 신임하는 대리인인 (그리고 전에는 공포정치의 기획자였던) 조제프 푸셰에게 개별적으로 승인되어야 한다는 특급 지령을 곁들였다. 한 관리가 적절하게 쓴 바와 같이, 혹시 프랑스 혁명이 예술가들에게 스스로를 어느 정도 통제할 수 있다는 가짜 환상을 주었더라도(실제 그런 환상을 주었다), 그들은 곧 그런 미망에서 깨어나게 될 것이었다. 그는 파리 오페라가 위로부터 운영될 것을 주장했다. "지도력, 강인함, 의지, 통솔력의 통합, 복종, 복종, 그리고 언제나 그 이상의 복종이었다." 극장과 연기자들은 경찰의 "경계하는 시선" 아래에 있었고, 경찰은 그들의 비행을 상세하게 적은 보고서들을 분주하게 만들었다.[24]

그렇지만 예술가들에 대한 통제는 그들의 예술에 대한 통제에 비하면 아무것도 아니었다. 프랑스 혁명 기간에 왕실의 통제가 완화되면서 수도의 극장 수는 폭발했다. 발레와 오페라를 예전의 장려한 모습으로 복구시키기를 바란 나폴레옹은 이 극장들을 (전에 왕립이던) 보조금을 받는 네 극장들을 포함한 여덟 곳만 빼고 재빨리 폐쇄했다. 1811년 즈음 그는 파리 오페라를 오페라와 발레라는 가장 고상한 장르들의 전통적 아성으로 재확립했다. 이제 파리 오페라는 이 도시에서 신, 왕, 영웅이 등장하는 귀족 스타일의 발레를 무대에 올리도록 허가받은 유일한 극장이었다. 이 극장은 "삶의 일상적 행위들"을 표현하는 춤들도 무대에 올릴 수 있었다. 그러나 다른 극장들도 이런 특권을 부여받았으므로, 그 취지는 명백했다. 『메르퀴르 드 프랑스(*Mercure de France*)』지가 쓴 바와 같이, 파리 오페라는 프랑스라는 국가의 영광을 대변하는 "헌법 극장"이었다. 화려함과 장려함이야말로 이곳의 장사 밑천이었다. 충분한 구경거리가 없는 가벼운 주제의 발레들은 대개 검열관들에 의해서 기각되었다.[25]

나폴레옹의 궁정은 그 웅장함과 장려함에도 불구하고 과거로의 복귀가 아니었다. 그리고 옛 귀족 형식들에 대한 신뢰를 꼭 회복시킨 것도 아니었다. 이는 새로운 사회적 토대에 의지했다. 공적과 부가 출생과 조상보다 중요했고, 부유한 부르주아 가족들과 더불어 군사 영웅과 프랑스 참전자들이 새로운 지배계급으로 몰려들었다. 나폴레옹은 이 변화된 사회적 풍경에서 자신의 혁명적 신념과 경험에 의지했다. 그의 정치적, 문화적 취향은 사실 그가 명시적으로 모방하려고 들던 군주와 귀족의 취향과 동떨어져 있었다. 정말이지 공적 생활과 행정적 생활을 엄격한 시민적 평등에 기초하여 합리화하면서 공직을 재능 있는 사람에게 개방하겠다는 걷잡을 수 없는 야심은, 그의 정권을 프랑스의 과거 어떤 정권과도 다르게 만들었다. 엄중한 능력주의는 권위주의적인 스타일, 그리고 제국의 화려함이라는 묵직한 덮개와 결합되어 나폴레옹의 통치에 특유의 분위기를 주었다. 그의 치세 초기에 돌고루키 공주가 예리하게 말한 바와 같이, 나폴레옹은 "궁정이 아니라 권력"이었다.[26]

이런 변화는 무용수들에게 어떤 의미였을까? 먼저 고집불통인 대리인들과의 연이은 전투였다. 이는 어느 정도는 새로울 것이 없는 소식이었다. 왜냐하면 우리가 지금껏 살펴본 바와 같이, 예술가들은 언제나 자신의 삶의 가능한 많은 측면들을 통제하려고 노력해왔기 때문이다. 그러나 이제 필수적인 예술적 문제들까지도 경각에 달려 있었다. 과거에 무용수들은 자신의 재능에 맞추어 관례적으로 스텝들을 바꾸었고, 한 발레에서 좋아하는 악절들을 가져와서 다른 발레에 삽입했으며, 본인의 (혹은 부유한 보호자의) 취향에 맞게 의상을 바꾸었다. 그렇지만 한때는 그냥 버릇없게만 보이던 요구들이 나폴레옹에게는 점점 더 참기 힘든 이기주의의 상징으로 인식되게 되었다. 이는 선왕들 때문에 응석받이가 된 어린아이들의 행동이었고, 구체제의 너무나 큰 특징이자 상흔이던 임의적 특권과 하찮은 허영심의 거슬리는 잔재이자 상기물이었다.

그리하여 나폴레옹 치하에는 예술적 관행들을 공적에 기초해서 합리화하려는 강한 압박이 있었다. 관리들은 뒤집어엎기 시작했다. 파리 오페라 학교는 혼란에 빠졌고, 극장 소속 무용수들은 파리 전역의 응접실들에서 다양한 교사들에게 개인적으로 훈련받고 있었다. 이런 무계획적이고 통제불능인 상황은 더 이상 허용되지 않을 것이었다. 학교는 명쾌한 진급 지침에 따라서 완전히 재조직되었고, 이에 더해 새로운 "완성반"도 설립되었다. 이것은 극장의 최상급 학생들의 기술을 갈고닦기 위해서 고안되었는데, 이 수업 이후 그들은 파리 오페라로 곧장 투입되었다. 그리고 군사 예법을 좋아하는 나폴레옹의 선호에 맞추어 군복풍 의상이, 즉 꽉 끼는 바지, 조끼, 하얀 스타킹이 특히 소년들에게 요구되었다.[27]

이런 발상은 예술 조직을 완전히 통제해서 매끄럽고 전문적인 제작품을 보장하겠다는 것이었다. 이를 위해서 관리들은 배역과 승진을 미심쩍은 기준(강력한 연줄, 보호자, 성적 호의)보다는 재능에 따라서 부여하라고 요구했다. 그들은 애걸했고, 회유했고, 벌금을 부과했고, 칙령에 서명했다. 그들은 예술가들을 편애로부터 보호하고 공평한 경쟁의 장을 보장하기 위해서 심사단과 위원회를 설립했다. 무용수들의 고삐가 잡아당겨졌다. 아니, 베스트리스와 뒤포르가 발레 「아네크레옹(Anécreon)」에 임의로 스텝들을 삽입하는 것은 허용되지 않을 것이었다. 그래, 앙투안은 오페라 「아벵세라주(Abencérages)」의 춤 하나를 멋대로 발레 「가마슈의 결혼(Le Noces de Gamache)」으로 가져왔으니 처벌(나흘간의 체포)을 받게 될 것이었다.[28]

이는 역설적인 반전이었다. 한때 프랑스 혁명 쪽으로 재능을 돌렸던 예술가들이, 이제 나폴레옹의 더 진보적인 행정에 맞서서 옛날의 (왕실) 특권과 지위를 수호하고 있었던 것이다. 그리하여 이 극장의 두 공식 발레 마스터인 피에르 가르델과 루이 밀롱은 나폴레옹에게 긴 편지를 썼다. 그들은 벼락출세한 젊은 무용수들이 자기 나름의 발레를 시작했다고 불평했고, 자신들의 권위에 대한 이런 도전을 즉시 중단시킬 것을 분연히 요구했다("약간 훈련받은 병사가 군대를 지휘하겠다고 요구하면 터무니없고 위험하지 않겠습니까?"). 이 건을 떠맡은 것으로 보이는 궁전 행정관은 그들의 요구를 거절했다. 파리 오페라는 사회와 마찬가지로 "재능 있는 사람에게 개방적"이어야 한다는 것이 그의 주장이었다.[29]

발레의 관행들이 하룻밤 사이에 바뀌지는 않았다. 행정적, 예술적 전투는 진행 중이었고, 그 결과는 종종 모순적이었다. 하지만 나폴레옹의 통치에 생기를 불어넣은 아이디어들은 발레를 분명 새로운 방향으로 밀어붙였다. 이 예술을 너무나 오랫동안 조직해온 귀족적 원칙들이 크게 흔들리고 있었다. 현대적 단련으로서의 발레의 최초의 윤곽은, 바로 이 혁명 이후의 수십 년 동안에 탄생했다. 나폴레옹이 자신의 왕국 전역에서 법제화한 원칙들이 발레에 (좋건 싫건) 오늘날까지 부여되고 있는 것은 우연이 아니다. 군사 스타일 단련과 결합된 전문가적인 엄격함 및 능력 우선의 윤리였다.

그렇지만 춤에서 프랑스 혁명이 가져온 가장 극적인 결과는 남성 무용수의 이미지와 관련되어 있었다. 19세기 전반의 30년 동안 귀족 스타일의 남성 무용수는 사라진 것이나 다름없었다. 자신의 예술의 귀감이던 남성 무용수들은 무대에서 쫓겨난 천민이 되었다. 무슨 일이 일어난 것인지 제대로 판단하려면, 발레와 육체가 보통 세 가지 별개의 장르로 나뉘어 있었다는 점을 상기해야 한다. 진지 혹은 귀족 장르, 데미-캐릭터 장르, 코믹 장르였다. 이것은 춤의 구성적 기둥들이었다. 관객과 연기자 둘 다, 모든 무용수들은 선천적 성격에 따라서 육체적 속성과 스타일로 정의되고 분류된다고 가정했다. 모든 춤들도 마찬가지였다. 발레는 위계에 대한 믿음의 표현이자 사회적 차별이 정당하다는 믿음의 표현이었다. 이렇듯 귀족 스타일은 오래된 사회적 사실의 증거였다. 신의 은총으로, 왕과 귀족은 나머지보다 더 고상하다는 사실이었다. 그들의 춤추기는 이를 입증하는 방법이었다.

우리가 살펴본 바와 같이, 귀족 스타일에 대한 도전은 1780년대 오귀스트 베스트리스의 반항적 기교와 함께 시작되었다. 당시에는 그의 다루기 힘든 행동을 쇠락의 징후보다는 젊은이의 열정으로 보았다. 그러나 프랑스 혁명 이후의 시절에는 이런 설명이 더 이상 충분하지 않았다. 장난스러운 공격으로 시작한 것이 폭도가 된 것이다. 늙은 노베르는 경보를 울린 최초의 사람들 중 한 명이었다. 그는 1803년과 다시 1807년에 출간된 『서간집』의 새로운 판본에서, 베스트리스는 격렬한 턴과 난폭한 점프로 귀족 스타일을 타락시켰다고 비난했다. 더불어 이 재능 있는 예술가가, 전에는 별개의 스타일적 각축장으로 분리되어 있던 스텝들이 전부 섞여서 난잡하게 겨루는 "새로운 장르"의 창조에 필사적인 것처럼 보인다고 탄식했다.[30]

그가 옳았다. 프랑스 혁명 이후의 수 년간 재능 있는 젊은 남성 무용수들은 베스트리스의 과감한 턴과 점프를 앞다퉈 모방했다. 1803년 파리 오페라의 감독 보네 드 트리셰는 발레가 직면한 문제들에 대한 상세한 보고서를 썼다. 그는 무용수들이 2류인 데미-캐릭터 장르를 선호하느라 귀족 스타일에는 점점 더 소홀하다고 걱정했다. 그런데 왜? 그는 그들이 극적인 묘기와 곡예에 굶주려서 미묘한 "정확성, 유연성, 우아함"에는 무관심한 "일반 대중"의 인기를 부끄러운 줄도 모르고 노린다고 말했다. 문제는 아래층 객석만이 아니었다. 어느 못마땅해하는 관찰자가 썼듯이 프랑스 혁명은 모든 것을 바꾸었다. 즐겁게 하는 것만으로는 충분하지 않았다. "경이와 극단(極端)이 자연을 대체했다. 그런 것들만 칭송받았다." 그리고 베스트리스의 춤은 정말이지 왜곡이라고 할 정도로 과장되어 있었는데, 그 호소력의 일부는 그가 귀족적 평정의 핵심 전제를 위반했다는 바로 그 사실 때문이었고, 그는 의도적으로 기교적 춤추기의 근육적 노동과 압박을 보여주었다.[31]

가장 촉망받는 고상한 귀족 스타일의 무용수들마저도 자신들이 예술에 등을 돌리는 것처럼 보였다. 예를 들면, 루이 앙리는 19세기 초 가르델과 유명한 교사 장-프랑수아 쿨롱에게 훈련받았다. 그의 미래는 밝았고 그의 자신감은 부단해 보였다. 1806년 그는 자신의 장르를 미술의 역사화 장르에 비유하면서, 이 장르가 "1등"이니 자신도 우월한 위치를 차지할 자격이 있다고 했다. 평론가들은 그를 궁지에 몰린 귀족 스타일의 구세주로 앞다퉈 선포했다. 여기 동시대인들의 "원숭이 같은" 움직임과는 상반되는 육체적인 힘과 편안하고 우아한 자세를, "힘이 결합된 우아함"을 가진 남자가 있었다. 환멸에 빠져 있던 노베르조차 앙리가 "사망한" 귀족 장르를 "부활"시킬 수 있기를 바랐다. 하지만 앙리에게는 다른 계획들이 있었다. 그는 파리 오페라에 머물지 않았다. 그는 더 대중 영합적인 포르트-생-마르탱 극장으로 가서 작업했다. 나폴레옹이 이 극장을 닫자 앙리는 밀라노로 떠났다. 그는 1816년부터 1818년 사이 잠시 파리로 돌아왔지만, 다시 불르바르 극장들에서 일자리를 맡았다.[32]

앙리의 자리를 차지한 다른 사람들도 무릎을 꿇을 수밖에 없었다. 1808년 데뷔한 알베르라는 무용수는 (한 동료에 의하면) 무대 위의 "완벽한 신사"였다. 그는 점점 더 전문가라는 소수집단이 되어가고 있는 엄선된 일부 관객에게 직접적인 호소력을 가졌다. 그렇지만 순수주의자들에게는 절망적이게도, 그 또한 자신의 춤을 여러 번의 턴과 높은 도약으로 윤색하는 데에 저항할 수 없었다. 이유는 이해하기 쉽다. 이제 귀족 스타일 배역들은 흔치 않았고, 발레 마스터들은 흥행 무용수들에게 보답해야 한다는 압박을 받았다. 1822년 가르델이 「알프레드 대왕(Alfred le Grand)」을 창작했을 때 알베르는 영웅 역을 연기했다. 하지만 이 작품은 아주 오랫동안, 남성 무용수가 진지하고 중요한 역할로 등장한 최후의 발레로 남았다.[33]

같은 해에 가르델은 「가면무도회(Le Bal Masqué)」라는 제목의 새로운 발레를 위해서 그답지 않게 혼란스러운 원고를 제출했다(이것은 한번도 무대에 오르지 못했다). 그의 시나리오에서는 뒤프레와 살레를 비롯해 루이 14세 시대의 연기자들로 분한 무용수들이 무도회에 등장해서, 무겁고 불편한 구체제의 신발과 의상 때문에 발을 헛디디면서 비틀비틀 우스꽝스럽게 무대를 돌아다녔다. 그 시대는 끝났다. 하지만 그 종말에 대한 가르델의 양가감정은 이 발레의 후반부 삽화에서 살아남았다. 그는 비현실적이게도 귀여운 어린 소녀로 가장한 "깜둥이"가 공연하는 거칠고 선정적인 춤을 구상했다. 이 "깜둥이들의 가장 음탕한 춤"의 특징은 점프, 턴, 그리고 새로운 기교의 전형인 피루에트였다. 말미에는 "깜둥이"의 정체가 밝혀지고, 진짜 어린 소녀는 타고난 절제된 스타일의 고상한 춤을 공연함으로써 자신의 평판을 회복했다. 자기 시대의 인종적 편견을 무의식적으로 반영하는 가르델에게, 새로운 테크닉이란 이국적이면서 사회적 구속을 벗어난 어떤 것이었다.[34]

3년 후 가르델은 오페라 「파라몽(Pharamond)」(1825)에서 새로운 국왕 샤를 10세에게 경의를 표하는 춤들을 창작했다. 이것은 귀족 스타일 춤을 위한 다시없는 기회였다. 그러나 가르델의 발레에서 남성 주역인 젊은 전사는 기교파인 앙투안 폴이 맡았고, 귀족 스타일 춤은 대신 여성인 마담 몽테쉬에게 주어졌다. 가르델은 역설적인 방향 전환을 무대에 올렸다. 몽테쉬가 폴에게 움직임을 누그러뜨려서 더 우아하고 절제되게 만들라고 가르치다가 실패하는 장면이었다. 그렇지만 그의 타고난 남자다움은 억누를 수 없다. 이번에는 몽테쉬가 그의 움직임을 모방하려다 기진맥진해 쓰러지고, 그는 의기양양하게 무대 전체를 뛰어다닌다.

폴은 베스트리스보다 젊었다. 그는 체육적 기교를 베스트리스보다도 더 극단까지 밀어붙이면서 그의 영향을 흡수했다. 그의 몸은 두껍고 근육질이었고, 묵직한 허벅지와 종아리를 가지고 있어서 공중에서 쉽게 회전할 수 있었다. 공중의 P(paérien)로 유명했던 그는 마치 날고 있는 것처럼 맴돌 수 있었다. 그의 움직임은 거칠고 대담했다. 그는 연이어 급회전하는 피루에트, 점프, 복잡한 다리 부딪히기로 만용을 부리듯 몸을 던졌다. 어느 짜증난 평론가는 그가 자신의 가속도에서 "탈출할 수 없었다"고 썼다. 옛 귀족 장르의 정적이고 묵직한 움직임들과의 대비는 더할 나위 없이 극명했다. 많은 관찰자들은 폴의 도약과 "영원히 계속되는 참을 수 없는 피루에트"를 고급 문화에 대한 무례한 모욕이라고 일축했고, "새로운 유파"가 좋아하는 "탈구된" 포지션들은 "진정한 춤의 총체적 몰락"을 의미한다고 칭얼거렸다.[35]

가르델과 밀롱은 본인들도 귀족 장르의 약화에 크게 기여했음에도 불구하고 앞다퉈 이를 옹호했다. 춤을 별개의 세 장르로 나누는 낡고 점점 더 시대에 뒤떨어져가는 분류는, 예술에도 사회처럼 위계가 있다는 원칙에 충실한 사람들의 결집점이었다. 가르델과 밀롱은 파리 오페라 감독처에 일련의 공식 편지들과 보고서들을 1820년대까지 줄곧 제출했다. 그들은 발레 장르들의 진행형 가치를 역설하면서, 이것들 없이는 혼돈과 쇠락이 뒤따르리라고 분연히 주장했다. 그들의 주장은 당국으로부터 공감 어린 경청을 얻어냈지만, 비록 행정적 용도로는 수 년간 온전히 유지되었을지언정 이 장르들은 경직된 관료주의적 도구 이상이 아니었다. 가르델도 진지한 장르에서 훈련받은 젊은 무용수들에게 이 스타일의 전통적 특징인 절제와 평정이 체질적으로 불가능해 보인다는 것을 알아차렸다. 이 새로운 젊은이들은 효과를 위해서라면 기꺼이 포지션을 왜곡했고, 가장 단순한 몸짓까지 망쳐놓는 일종의 신경질적이고 "발작적인" 에너지를 가지고 있었다.[36]

장르들이 붕괴함에 따라 무용 표기법도 붕괴했다. 루이 14세의 치세에 개발된 라울 푀이예의 체계는 거의 100년간 제구실을 했다. 그러나 18세기 후반 즈음 베스트리스 등이 발레를 새로운 방향으로 밀어붙이기 시작하자, 스텝들은 노베르가 알아차렸듯이 더 "복잡해지기 시작해서, 2배가 되고 3배가 되었다. 그들은 한데 섞여서 기록이 매우 어려웠는데, 그런 표기를 판독하는 것은 그보다도 더 힘들었다." 또다른 무용 마스터는 이렇게 설명했다. "이제 우리는 몇 년이나 사생아 안무를 보아온 참이다"(여기서 안무는 기록을 말한다). 정말이지 막대기 인물들과 임시변통의 스케치들이 여백에 빼곡히 휘갈겨진 이 시기의 무용 원고들은 푀이예 악보의 사생아처럼 보인다. 발레를 그렇게나 오랫동안 구성해온 귀족 스타일의 엄격한 사회 규범과 공간적 패턴들이 붕괴되고 있었다. 세기말이 되자 푀이예의 체계는 쓸모없어졌고 여백의 낙서들이 훨씬 더 중요해졌다.[37]

이런 상황은 그냥 불편하다기보다는 불안정했다. 프랑스 혁명 직후 파리 오페라 감독 보네 드 트리셰는 새로운 무용 표기법이 즉시 창안되어야 한다고 주장하는 신랄한 글을 썼다. 그는 표기법 없이는 발레가 고급 예술로서의 지위를 절대 유지하지 못할 것이라고 말했다. 그는 한 무리의 전문가들에게, 만나서 (그가 주장한) 24가지 기본 스텝들에 기초해서 춤들을 기록하는 새로운 시스템을 만들자고 제안했다. 이 딱 부러진 지시는 결과를 내지 못했지만, 발레 마스터들과 무용수들이 똑같이 느낀 절박함의 신호는 분명했고, 이후 많은 사람들이 자신들의 예술에 새로이 등장한 복잡한 사항들을 기록하는 방식을 창안하려고 시도했다가 실패했다. 1815년 즈음 데프레오가 시도했지만 (미출간된) 그 결과는 지나치게 복잡한 도형과 반복의 모음이었는데, 이는 춤의 상태가 불안정했다는 것을 시사한다. 이후 오귀스트 부르농빌과 아르튀르 생-레옹도 시도했다. 하지만 그들 역시 실패했는데(생-레옹은 1852년 자신의 체계를 출간했지만 거의 사용되지 않았다), 우리는 그들의 낙서와 방대한 주석과 고쳐 쓴 부분들에서, 그들이 거의 불가능한 상황에 직면했다는 것을 알 수 있다. 베스트리스는 연쇄반응을 촉발했다. 스텝들은 거의 날마다 변화하고 진화하고 있었다.[38]

그렇지만 발레 마스터들이 스텝의 표기법을 제시하지 못해서 자신들의 춤을 기록으로 거의 남기지 못했음에도 불구하고, 무용수들이 육체를 어떻게 단련

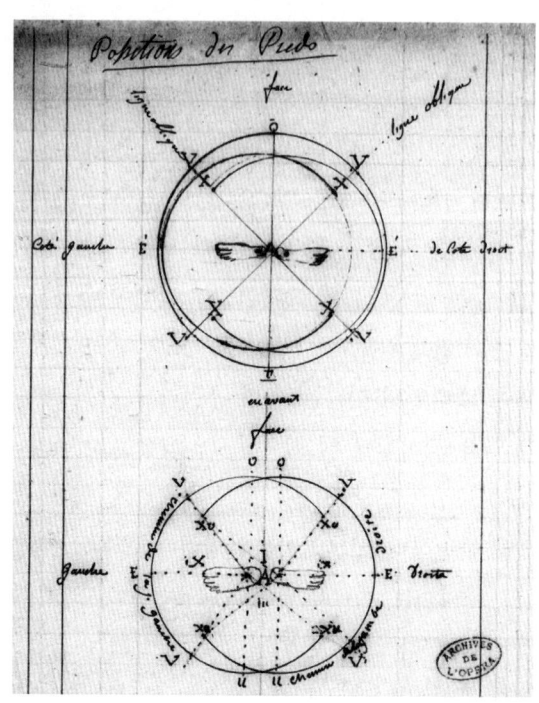

장-에티엔 데프레오의 1815년경 원고의 한 페이지로, 발레 포지션들의 분석과 성문화를 시도하고 있다. 초기 무용수들의 더 느긋한 자세와는 너무나 다른 발의 180도 턴아웃에 주목하라.

했는지에 대해서는 어느 정도 알려져 있다. 베스트리스의 제자인 오귀스트 부르농빌은 아버지에게 보낸 상세한 편지들과 손으로 기록한 방대한 공책들에서, 그가 춤의 "베스트리스 방식"이라고 부른 것을 묘사했다. 1849년 그는 "무용 학교"라고 불리는 본인의 발레 「콘세르바토리(Conservatoriet)」에서 베스트리스의 수업을 모델로 삼은 춤을 창작했다(이례적이게도 이 춤은 보존되어서 오늘날에도 여전히 공연된다). 그에 못지않게 중요한 것이, 1803년부터 1817년까지, 그리고 다시 1819년부터 1822년까지 파리 오페라에서 일하다가 이후 슈투트가르트에서 가르친 (아르튀르의 아버지인) 발레 마스터 미셸 생-레옹이다. 그는 수업과 춤을 필기체로 깔끔하게 공책에 기술하는 작업을 계속했다(여백에 내용을 명백하게 하기 위한 막대기 인물들은 거의 없었다). 여기에는 종종 반주가 포함되어 있었다. 예를 들면 「무슈 알베르의 입장(Entrée composée par M. Albert)」이라는 제목의 춤은 인기곡인 "신이여 국왕을 구하소서(God Save the King)"에 맞추어져 있었다.[39]

부르농빌의 공책과 춤들과 생-레옹의 스텝들, 그리고 당시 발레 마스터들이 작성한 다른 단편과 스케치들을 합치면, 전체 수업과 스텝들의 조합들을 과거로부터 재구성하는 것이 가능하고 경우에 따라서는 반주까지 완비된다. 우리는 지금 이 오래된 스텝들을 춤추면서, 이것들이 어떻게 작동했고 이를 수행하는 것은 어떤 느낌이었는지 알아볼 수 있다. 우리 자신의 몸으로 시도할 수 있는 것이다. 이 자료들을 합치면 갓 탄생한 새로운 유파의 원리와 실행에 대한 명쾌한 관찰 기회가 제공된다.[40]

당스 노블은 절제와 편안한 태도를 강조했지만, 베스트리스의 새로운 유파는 양발을 과장된 180도 턴아웃으로 벌렸다. 양발은 완전히 바깥쪽을 향했고(이는 말랑말랑하고 굽이 없으며 발목에 리본을 묶는 새로운 그리스 스타일의 신발 덕분에 가능해진 발전이었다), 남성 무용수들은 이제 양다리와 양발을 완전히 뻗은 채 발가락으로 바닥을 밀면서 공중으로 높이 뛰어올랐다. 몸통과 팔은 비틀린 채 다양한 신생 포지션들로 배열되어서 몸을 신선하고 새로운 차원으로 정렬했다. 베스트리스는 무용수들이 이 새로운 효과를 달성하도록 돕기 위해서, (전통적으로 통째로 연습되던) 옛날 춤들을 단일 스텝으로, 즉 구성요소로 분리해서 육체적 난이도에 따라 수행하는 수업을 고안했다. 핵심은 반복이었다. 무용수들은 아다지오 동작으로부터 시작해 그 후 피루에트와 작고 큰 점프로 나아갔다. 스텝들은 단독으로 수행되다가 점점 더 힘든 조합으로 합쳐졌다. 예를 들면 푸에테(fouetté : 한 다리로 몸을 지탱하며 다른 다리를 채찍질하듯이 휘둘러서 회전하는 동작/역주)가 앞으로 수행되고, 그 후 뒤로 수행되고, 그 후 아티튜드(attitude : 한 다리로 서서 다른 다리를 턴아웃 상태로 들고 무릎을 90도로 굽히는 자세) 포즈가 더해지고, 그 후 돌면서 방향을 바꾸어 두 번 반복되고, 세 번 반복되었다. 부르농빌은 매 범주별로 수십 가지의 스텝들을 기록했다. 하나만 예를 들자면, 난이도에 따라 세심하게 정렬된 37가지 피루에트 연습이 있었다.

수업은 보통 3시간이나 지속되는 진 빠지는 것이었다. 이 시절 개발된 스텝들과 조합들은 엄청난 체력을 요구했다. 이들은 빡빡하고 내내 격렬했으며, 이행 동작이 별로 없어서 무용수가 쉬거나 숨을 고를 기회가 거의 없었다. 학생들은 아무것도 잡지 않은 채 홍학처럼 한 다리로 몇 분이나 버티면서, 자유로운 다리로 공중에 복잡한 패턴을 그리라는 요구를 예사로 받았다. 게다가 많은 연습이 무용수가 까치발로 높이 서는 하프-푸앵트(half-pointe)로 수행되어서, 모든 수행자들에게 고된 균형 테스트였다. 여러 번의 급속한 피루에트는 모든 수업의 중심 특징이었다. 수행하기 어렵고 불편한 느낌의 이 동작이 안전하게 두 발로 끝나는 일은 거의 없었다(베스트리스는 "발을 촌스럽고 불안정하게 움직거리는 것"을 절대 금지했다). 대신 무용수는 한 다리로 위태롭게 멈춰선 채 마치 자동차가 회전 반대방향으로 도는 것처럼 다른 다리를 우아하게 앞이나 옆으로 뻗거나, 아니면 몸통을 뒤로 젖히면서 자신의 원심력을 순전히 육체적 통제를 통해서 내부에서 정지시키도록 요구받았다. 점프도 도전적이기는 마찬가지였다. 이것은 신속한 부딪히기(양다리는 공중에서 6번이나 8번 교차되었다) 및 여러 번의 턴과 함께, 오늘날의 닳고 닳은 관객들끼지 놀라게 할 정도 높이 떠오른 채 수행되었다.[41]

학생들은 오래 전부터 교사의 손이나 의자 등받이나 천장에 달린 밧줄을 잡고 균형 잡는 연습을 해왔다. 어느 무용 강습소들에는 (오늘날에는 관례인) 무용수들이 의지하는 목제 바(barre)가 벽에 수평으로 고정되어 있었다. 그러나 1820년대에 무용수들이 발과 다리를 바에 끈으로 묶어서 다리를 늘리고 발등을 압박하기 시작하면서, 바는 더욱 고문적인 용도로 바뀌었다. 양골반과 양발을 억지로 완벽한 턴아웃으로 만드는 데에 쓰이던 논쟁적 기계들과 마찬가지로, 바는 종종 도를 넘은 폭력적 현장과 연루되었다(한 발레 교사는 어린 아이들에게 사탕을 주고 바람직한 포지션이 될 때까지 고통스러운 턴아웃 기계에 묶어두라고 명랑하게 조언했다). 부르농빌도 이 "지옥 같은" 장치들을 파리에서 베스트리스와 공부할 때 스스로에게 사용했다. 하지만 나중에는 이런 장치들이 육체를 변형시키고 망가뜨린다고 주장했다. 그는 자신의 제자들에게 바에 스스로를 "기계처럼" 묶지 말고 고된 작업과 근육 통제를 통해서 몸을 늘리라고 경고했다.[42]

연습하는 무용수들의 19세기 초 풍자화는 남성 무용수들이 힘줄을 늘리고 다리를 턴아웃 하기 위해서 점점 더 기꺼이 사용하던 "기계들"을 보여준다. 극단까지 치닫는 고통스러운 육체적 훈련들은 이전의 세대에게 충격을 주곤 했다.

    그렇지만 대부분의 무용수들은 훈련 시간을 30분의 바 연습으로 시작했고, 그 후 이를 방 한가운데에서 버팀대 없이, 그리고 종종 하프-푸앵트로 반복했다. 이런 바 연습들이 지탱을 받는다고 해서 덜 부담스럽지는 않았다. 알베르와 여타 무용수들은 오늘날의 무용수들을 창백하게 만들 프로그램으로 하루를 시작했다. 이는 48번의 플리에(plié : 무릎을 천천히 구부리는 발레 동작/역주), 128번의 그랑 바트망(grand battement : 한 다리로 지탱하며 다른 다리를 쭉 펴고 힘차게 차올리는 발레 동작/역주), 96번의 프티 바트망 글리세(petits battements glissé : 한 다리로 지탱하며 다른 다리를 구부리고 발을 땅에 미끄러뜨리면서 발목에 닿게 앞뒤로 교차시키는 발레 동작. 무릎 위는 움직이지 않는다/역주), 128번의 롱 드 장브 쉬르 테르(ronds de jambes sur terre : 한 다리로 지탱하며 다른 다리를 쭉 펴고 발 끝으로 바닥에 반원을 그리는 발레 동작/역주), 128번의 앙 레르(en l'air : 공중에서 벌어지는 발레 동작/역주)로 이어지다가, 마침내 128번의 프티 바트망 쉬르 르 쿠-데-피에(petits battements sur le cou-de-pied : 한 다리로 지탱하며 다른 다리를 구부린 채 발이 지탱하는 다리의 발목에 닿게 앞뒤로 교차시키는 발레 동작. 무릎 위는 움직이지 않는다/역주)로 마무리되었다. 부상의 급증은 이런 극단적 훈련의 필연적 결과였다. 노베르는 이미 1760년대에 발레의 점점 심해지는 근육 혹사를 불평한 바 있다. 그렇지만 체형 유지나 육체적 손상의 회복 과정의 고통에 대한 부르농빌의 묘사는, 특히 남성 무용수들이 이제 기꺼이 감수하는 극단적 수단을 생생하게 보여준다.

그러나 비록 베스트리스의 방식들이 과거의 보다 부드러운 교습으로부터의 급격한 이탈을 뜻할지언정, 그가 옛 질서와의 모든 유대를 그냥 끊어낸 것이 아니라는 점을 강조하는 것은 중요하다. 사실 그의 방식이 가능한 동시에 실용적이었던 것은, 세 장르 모두의 스텝들과 움직임적 특성들을 흡수하고 결합해서 단일한 테크닉과 스타일로 만들었기 때문이다. 귀족 스타일은 사라진 것이 아니라 더 큰 무언가의 한 측면이 되었는데, 베스트리스의 방법에서 이는 아다지오(adagio : 우아하고 수월해 보이도록 수행되는 일련의 매우 느린 동작들/역주) 요소였다. 한편 옛날의 데미-캐릭터는 재빠른 스텝과 복잡한 점프를 통해서, 코믹 스타일은 훨씬 더 체육적인 껑충거림을 통해서 대변되었다. 베스트리스는 통합된 여러 장르들을 무용수 한 명이 모두 구현할 수 있다고 제시함으로써 발레의 차원을 어마어마하게 확장했다. 더 중요한 것은, 이 새로운 일체형 무용수가 지위와 재산에 따른 차별이라는 발상을 발레에서 없앴다는 사실이었다. 그는 미리 규정된 사회적 등장인물이 아니었다. 그는 텅 빈 석판이었고, 그의 육체는 무한히 두들겨서 변형시킬 수 있었다. 그가 만드는 대로 무엇이든 될 수 있었다.

이것은 진보였을까? 그렇게 생각해도 무방할 것이다. 왜냐하면 이 새로운 유파는 춤을 오늘날 우리가 승인하는 방향으로 단호히 움직였기 때문이다. 그러나 당시에는 의견들이 분분했다는 사실을 기억하는 것은 중요하다. "공백"은 많은 이들에게 상실로 인식되었다. 귀족 혹은 코믹 무용수라는 존재에

딸린 사회적, 정치적 연관성은 사라졌다. 새로운 인간들은 밋밋하고 공허해 보였고, 그들의 놀라운 기술적 위업에는 드라마적 내용이 전무했다. 더구나 이 무용수들은 종종 기이해 보였고, 그들의 움직임은 "난폭해" 보였다. 그들이 자신의 춤추기에 포함시킨 왜곡들 중 일부는 불르바르를 통해서 이미 잘 알려져 있었지만, 파리 오페라 무대 위의 고도로 단련된 무용수들의 육체에서는 다른 모습과 의미를 가졌다. 그들이 점점 더 기교적이고 체육적으로 바뀔수록 자신과 자신의 예술을 점점 더 타락시키고 오염시키는 것처럼 보인 것이다. 베스트리스, 뒤포르, 폴은 대중을 얻었을지 모른다. 하지만 귀족 스타일을 왜곡하고 비하하는 것으로 보임으로써 스스로에게 타격을 입혔고, 남성 무용수는 그렇게나 오래 차지했던 왕관을 벗었다.

 이 시점에서 남성 무용수들이 수상쩍게도 댄디들과, 즉 총재정부의 엥크루아야블의 우아하고 퇴폐적인 후예이자 나폴레옹의 워털루 전투 패배 이후의 수 년간 파리 사교 생활의 주역이 된 사람들과 비슷해지기 시작한 것은 우연이 아니다. 댄디들은 수수한 검은 정장과 부르주아적인 바지를 자의식적으로 거부하고, 대신 과거 귀족들의 화려하고 사치스러운 옷들을 입었다(여기에는 짓궂은 아이들이 핀으로 찔러대던 "꿰온 종아리"라는 푹신한 보형물도 포함되어 있었다). 그러나 그들의 의상 선택은 경솔함과는 거리가 멀었다. 반대로 댄디들은 규율을 즐겼고, 외모를 세세한 부분까지 꼼꼼히 신경 썼다. 그들은 단조로운 부르주아들과의 차별화에 목말랐는데, 귀족적 옷과 행동거지를 그 차별화의 원천으로 보았다. 이와 비슷하게, 언제나 상류층에서 유행하는 의상을 입던 남성 무용수들은 지금 관객이 입는 흔해빠진 검은 바지와 정장을 거부하고 대신 화려한 스타킹과 조끼 차림으로 공연했다. 옛 유행의 고수는 어느 정도는 실용적인 결정이었을지 모른다(긴바지를 입고 점프하기는 어려웠다). 하지만 그 결과 남성 무용수들은 불만을 품은 귀족들처럼 **보였다**. 그리고 마치 한통속으로 묶이기라도 하고 싶은 것처럼, 파리 댄디들은 부르주아적 절제에 대한 경멸을 발레에 대한 열광 속에서 표현했다.

 그 결과는 비록 극단적일지언정 예측대로였다. 1830년대 즈음 남성 무용수들은 수치스럽고 여성적인 존재들로 매도되었다. 그들은 1840년대가 되자 파리 무대들에서 거의 추방되었다. 베스트리스 등은 차라리 잊혀지는 편이 나을 위업을 가진 "우스꽝스러운 남자 주인공들"로 기억되었다. 이는 일시적 현상도 아니었다. 이후 거의 한 세기 동안 프랑스에서 남성 무용수들은 공공 극장들에 등장하기에 부적합한 창피한 존재들이 되고, 그들의 배역은 발레리나들이 앙 트라베스티로 연기하게 될 것이었다. 남성의 춤추기는 곤두박질쳤고, 20세기 초까지는 부활하지 못할 참이었다. 베스트리스의 새로운 유파는 당쇠르 노블을 없애고 현대 발레 테크닉을 위한 토대를 놓았다. 그러나 이를 창안한 남성 무용수들은 스스로의 무덤 역시 팠다. 당쇠르 노블 없는 프랑스 발레에서 남성들의 자리는 전무했다.[43]

이런 극적인 역전의 함의는 잠시 고려할 가치가 있다. 오늘날 무용수들은 베스트리스의 새로운 유파를 당연하게 받아들인다. 우리가 고전 발레라고 생각하는 것은 그 스텝, 훈련, 형식들로 구성되어 있다. 그렇지만 이런 테크닉과 동작 스타일, 다시 말해서 이 고전적 형식은 명백하면서 심지어 격렬하게 반(反)고전적인 움직임 속에서 성장했다. 오늘날까지도 발레에는 고전적인 순수성과 상스러운 비틀림 사이의, 절제와 과장 사이의 강한 긴장이 포함된다. 베스트리스와 새로운 유파 덕분에 모든 무용수들은 발레 테크닉에 들어 있는 극단적 압박을 느낀다. 기교에 대한 육체적 추진이 더 오래된 귀족적 이미지의 제약과 투쟁하는 것이다.

사실 발레에 최초로 역사 감각을 준 것은 이 불화와 혼란의 시기였다. 그 전까지 발레는 시대와 무관하게 계속되는 귀족적 노력이었다. 그러나 이제 발레는 무엇인가 다른 것일 수 있었다. 새로운 유파가 미학적, 육체적으로 과거와 결별한 가운데, 사람들은 노베르와 가르델의 옛 발레가 주제와 형식 양자에서 "고전적"이라고 말하기 시작했다. 17세기 고대파와 근대파 사이의 논쟁이 다시 원점으로 돌아왔다고 말해도 좋다. 그 논쟁이 해결되었다는 것이 아니라, 내면화되어 발레라는 기제의 일부가 되었기 때문이다. 그때부터, 고대 스타일과 현재의 취향에 맞는 더 동시대적 스타일 사이의 전투는 추상적 논의가 아니었다. 이는 무용수들의 육체에서 일어나게 되었다. 베스트리스와 1820년대 남성 무용수들은 **스스로를** 망신시켰을지 모른다. 하지만 그들이 개발한 테크닉은 살아남아서 결국 우리 자신의 것이 되었다.

프랑스 혁명 직후 남성들이 발레를 왜곡했다면 여성들은 이를 보존했다. 그들은 거칠거나 체육적이지 않았다. 그들은 극적이고 매혹적이었다. 남자들이 실행하는 묘기와 과장된 노력을 시도하는 여자들은 외설적이라는 이유로 묵살되는 가운데, 가장 재능 있고 야심찬 발레리나들은 대신 팬터마임이라는 더 차분하고 인정받는 예술로 눈을 돌렸다. 이런 풍조가 확립된 것은 마리 가르델의 발자취를 따르는 에밀리 비조티니가 1813년 밀롱의 새로운 발레 「니나, 혹은 사랑에 미친 여인(Nina, ou La Folle par Amour)」의 주역을 연기해서 엄청난 성공을 거둔 때였다. 이 발레가 파리 오페라 레퍼토리의 고정 작품이 된 것은 상당 부분 그녀의 가슴 저미는 연기 덕분이었다. 그 결과 팬터마임 강좌는 파리 오페라 무용 훈련의 정규 과정이 되어서, 젊은 여성 무용수들의 세대가 그녀를 본받도록 장려했다.[44]

「니나」와 비조티니는 왜 그렇게 심금을 울렸을까? 어쨌거나 플롯은 오래된 코믹 오페라에서 가져온 상투적인 것이었다. 백작의 딸 니나는 소박하고 사랑스러운 제르뫼유와 사랑에 빠진다. 매력적인 마을 장면에서 그는 꽃을 주고, 그녀의 옆으로 자리를 옮기고, 그녀의 손을 잡고, 기타 등등 그녀에게 구애한다. 그녀의 아버지는 그들의 결합을 승인하지만 시장이 등장해서 니나와 자기 아들의 결혼을 제안하자 늙은 백작은 거절하지 못한다. 니나는 괴로워하고 제르뫼유는 넋이 나간다. 크게 절망한 상태로 그는 바닷속으로 몸을 던진다. 아버지에 대한 미움과 연인이 죽었다는 확신 속에서 니나는 점점 광기에 빠져든다. 비조티니는 대사 한 마디 없이도 현실을 붙들려는 소녀의 의지가 점점 약해지는 것을 전달할 수 있었다. 그녀는 「지젤」(1841)의 광란의 장면의 전조격인 춤에서, 연인에 대한 애정을 감동적으로, 그리고 절망으로 흐느적거리면서 재현했다.

이 작품을 비롯하여 여러 발레들에서 비조티니가 보여준 호소력은 이중적이었다. 우선 그녀는 죽어가는 예술을 거의 혼자의 힘으로 지탱하는 것처럼 보였다. 남성 상대역과는 대조적으로 그녀는 곡예에 헛되이 탐닉하지 않았다.

그녀는 자연스럽게 귀족적인 태도를 유지했고, 자신의 육체를 사용해서 섬세하고 여린 인간의 감정을 전달했다. 한 평론가가 열광적으로 쓴 바와 같이, 그녀는 발레를 단지 "춤이라는 운동"이 아니라 "연극 작품"으로 만듦으로써 노베르가 수립한 위대한 전통을 전면으로 내세웠다. 그렇지만 훨씬 중요한 것은, 비조티니는 마리 살레가 중단한 지점을 선택함으로써 춤에서 여성들이 진정한 예술가가 된 사례를 다시 한번 만들었다는 사실이다. 그녀는 일차원적인 요부나 「장미관을 받은 처녀」를 훨씬 웃도는 무엇인가였다. 그녀의 연기의 깊이와 감동은 모든 발레리나들의 드라마적 가능성을 재확인했다. 남성 무용수들이 오싹하지만 드라마적으로는 뻔한 묘기들에 탐닉하는 동안, 여성들은 더 신비롭고 내면적으로 바뀌고 있었다.[45]

물론 비조티니가 거의 무용수라고 하기 힘들다는 점은 문제였다. 그녀는 팬터마임 여배우였다. 그녀는 여성이 발레의 드라마적 무게를 담을 수 있다는 것을 보여주었지만, 그것은 표정과 몸짓으로 한 것이지 발레의 공식 스텝, 자세, 움직임으로 한 것이 아니었다. 이런 의미에서 비조티니가 대변한 것은 시작이라기보다는 마지막에 가까웠다. 비조티니의 지지자들은 그녀가 움직임이나 음악보다는 스토리와 대사를 주요 영감으로 삼는 구식 팬터마임 발레의 최후의 헐떡거림이라고 탄식했는데, 이런 평가는 정당했다.

그렇지만 비조티니는 새로운 무엇인가의 시작이기도 했다. 여성들이 발레의 주인공으로서 남성들을 대체할 수 있다는 생각을 하기 위해서는, 이 예술의 상좌에 원래 왕과 영웅들을 위해서 준비되던 동경의 장소들을 차지할 수 있어야 했다. 이것은 진정한 돌파구였다. 프랑스 혁명은 자기 몫을 했다. 프랑스에서 옛날의 당스 노블이 황폐해지면서 근대 발레리나를 위한 길이 닦인 것이다. 그렇지만 혁명의 시대가 시동을 건 극적인 역전이 완전한 결과를 가져오려면 팬터마임 여배우 이상이 필요할 것이었다. 그렇게 하려면 이 낡은 예술의 흩어진 파편들을 주워 모아서 새로운 방식으로 이해시킬 여성이 필요할 것이었다. 그녀는 새로운 이상과 새로운 스타일을 찾아야 할 것이다. 그러나 과거를 무시할 수는 없을 터이니, 새로운 유파의 장기를 가로채야 할 것이다. 다시 말해서 베스트리스와 폴의 남성적 테크닉을 통달한 후, 지금까지와는 다른 명백하게 여성적인 언어를 통해서 발레를 고급 예술로서 복구해야 할 것이다. 그런 여성은 아직 존재하지 않았다. 하지만 1832년 낭만주의적 상상력이 그녀를 창조했다. 그녀는 마리 탈리오니, 「라 실피드」였다.

4
낭만주의적 환상과 발레리나의 출현

> 발레의 정수는 시적인 것이고, 그 기원은 현실보다는 꿈이다. 그 존재의 유일한 이유는 우리가 환상의 세계에 머물면서 길에서 어깨를 스치는 사람들로부터 달아날 수 있게 해주는 것이다. 발레는 진지하게 고른 시인들의 꿈이다.
> ―테오필 고티에

> 낭만주의와 근대 예술은 동일한 것이다.……친밀함, 영성(靈性), 색채, 무한에 대한 동경.
> ―샤를 보들레르

> 내가 보기에는 스타일 역시 공통적 욕구의 답이다. 하지만 정식화된 문제들에는 감정적 종류로 느껴지는 어려움에만큼 답이 되지 않는다.……스타일은 근본적으로 포즈이자 태도이고, 때로는 모든 시대의 사람들로 하여금 자기 시대의 특정한 딜레마를 마주치게 만드는 자기기만이다.
> ―자크 바르죙

우리는 마리 탈리오니를 안다고 느낀다. 우리는 1832년 그녀를 유명하게 만든 파리 발레 「라 실피드」의 판화들을 통해서 그녀를 안다. 그녀는 가냘프고 날개 달린 피조물이다. 공들여 만든 하얀 망사옷과 장미관을 착용한 채 우아하게 아슬아슬 발가락으로 서서, 마치 희미한 노랫소리에 귀를 기울이는 것처럼 몸을 살짝 앞으로 기울이고 있다. 그녀는 새 같고, 예스럽고, 거의 넌더리날 정도로 달콤하다. 혹시 그녀의 머릿속에 생각이라는 것이 있더라도 자욱한 영성의 안개 속에서 사라졌다. 그녀는 소녀들의 꿈이자 페미니스트들의 악몽인 분홍색 타이즈와 토슈즈의 발레리나이다. 그렇지만 마리 탈리오니는 이제껏 존재한 가장 중요하고 영향력 있는 발레리나들 중 한 사람이었다. 그녀는 한 세대에 활기를 불어넣었고, 유럽에서 가장 뛰어난 문인 몇을 끌어당겼다.

그녀는 발레 사상 최초의 국제적 명사였고, 마고 폰테인, 멀리사 헤이든, 갈리나 울라노바, 그리고 여타 사람들이 따를 모범을 세웠다. 더 중요한 것은 그녀가 자신의 예술을 근본적으로 바꾸었다는 사실이다. 「라 실피드」는 오늘날 우리가 아는 토슈즈-튀튀 발레를 위한 길을 닦았다.

혹시 탈리오니의 가냘픈 사탕발림 이미지가 그녀의 예술적 중요성을 약화시키는 것처럼 보인다면 거기에는 이유가 있다. 먼저, 이 이미지는 그녀가 어떻게 움직였는지를 말해줄 수 없다. 그것은 정적이고 불완전하며, 그녀의 재능에 대한 부정확한 묘사이다. 그러나 가장 중요한 것은 시대에 맞지 않는다는 것이다. 탈리오니가 지금의 우리에게 보이는 모습은 그녀가 1830년대 관객들에게 보이던 모습과 다르다. 그들은 무엇인가 꽤나 다른 것을 보았다. 따라서 그녀가 왜 자신의 예술의 아이콘이 되었는지 이해하려면, 이 발레리나의 꿈 같은 그림의 이면으로 가서 그녀에게 처음 환호한 남녀들의 눈을 통해서 그녀를, 그리고 「라 실피드」를 보아야 한다.

마리 탈리오니는 이 예술에서 엄청난 변화의 시대였던 1804년, 무용수들의 비범한 왕조에서 태어났다. 아버지 필리포 탈리오니는 오랜 그로테스키 배우 혈통 출신인 이탈리아 무용수였다. 그러나 이 집안은 곡예와 코믹 무용에서 탁월했을 뿐만 아니라 옛 프랑스 귀족 스타일에도 강한 충성심을 가졌다. 필리포의 아버지인 카를로 탈리오니는 토리노 출신 무용수였다. 당시 그곳은 프랑스어를 사용하는 친프랑스 지방이었는데, 1799년 필리포는 장-프랑수아 쿨롱과 함께 구식 귀족 스타일을 배우기 위해서 직접 프랑스의 수도로 성지순례에 나섰다. 역시 무용수들인 필리포의 형제자매도 그곳에서 훈련받았다. 그는 파리 오페라에 잠시 합류했고 「라 당소마니」에서 피에르 가르델과 함께 작업했다. 필리포는 1802년 스톡홀름, 빈으로 떠나서 독일과 오스트리아-이탈리아 접경지대의 순회공연에서 명성을 얻었지만, 결정적 단계에는 파리에 있었다. 프랑스 혁명 직후 귀족 스타일이 심하게 공격받으면서 변화 중이었지만 최소한 가르델과 쿨롱 같은 보수파들의 수중에서는 여전히 어느 정도 온전하게 유지되던 때였다. 그는 이렇듯 구체제에 대한 미학적 충성심을 가진 발레 마스터들의 마지막 세대에 속했다. 이는 필리포 탈리오니가 후일 딸의 춤추기에서 시대에 뒤떨어진 평정을 어느 정도 고집하는 데에 영향을 미치게 될 것이다. 이 점이 아니었다면 그녀의 춤은 인습타파적이었을 것이다.

마리는 스톡홀름에서 태어났다. 당시 그녀의 아버지는 스웨덴 궁정의 발레 마스터였다(어머니인 소피 헤드위제 카르스텐은 유명한 오페라 가수의 딸이었다). 그러나 스톡홀름에서 발레는 예전의 모습이 아니었는데, 이 점은 당시 춤을 형성하던 변화무쌍하고 불안정한 정치 환경을 보여주었다. 스웨덴 발레에는 왕실이 프랑스 절대주의 국가를 모방하기 위해서 궁정 발레를 수입한 17세기까지 거슬러올라가는 오랜 역사가 있었다. 하지만 국왕 구스타브 3세가 1792년 암살된 후, 국민적 자부심의 증가와 상인 계급 및 부르주아의 부상으로 귀족적 특권은 쇠퇴할 수밖에 없었다. 발레는 사회가 보다 중요한 종교적, 사회적 의무에 소홀하게 만드는 값비싸고 부도덕적인 예술로서 공격을 받았다. 필리포는 막다른 길을 감지했고, 다른 곳으로 옮겼다.

그것은 떠돌이 생활이었고 가족은 종종 흩어졌다. 1813년 나폴레옹이 러시아인들에게 패배한 결과로 코사크인들이 도래했을 때, 필리포는 이탈리아에서 공연 중이었고 소피는 카셀에서 마리와 그녀의 오빠와 함께 있었다. 언제나 수완이 좋던 소피는 떠나는 프랑스 장군의 아내로 위장한 채 아이들과 함께 파리로 달아났다. 거기서 그들은 수수한 임대 아파트나 (한번은) 식품점 위층 방에서 소박하지만 안정적인 삶을 살았다. 필리포가 돈을 보낼 수 없을 때는 마리의 어머니가 하프 강습과 삯바느질을 했다. 마리는 가족 전통을 따라 쿨롱 밑에서 발레를 공부했지만 그다지 춤에 적합한 지망생은 아니었다. 구부러진 자세와 비쩍 마른 다리를 가진 불균형한 몸의 그녀는 보기 흉한 것으로 유명했고, 어색하고 꼴불견인 몸 때문에 동료 학생들로부터 끝없는 괴롭힘을 당했다. 후일의 평론가들이라고 더 친절하지는 않았다. 한 평론가는 그녀가 "흉하고……거의 기형으로, 어떤 아름다움도, 일반적으로 성공을 가져올 만한 어떤 눈에 띄는 외면적 장점들도 없다"고 말했다.[1]

1821년 필리포는 빈의 궁정 발레 마스터로 임명되었다. 그는 감격한 나머지 합스부르크 가의 수도에서 마리의 데뷔를 주선했다. 그러나 그녀가 파리로부터 도착하자 그는 공황 상태에 빠졌다. 마리의 테크닉은 쿨롱과의 수업들에도 불구하고 기대 이하였다. 그는 그녀가 훨씬 더 고도의 브라부라 춤추기에 익숙한 빈 관객들의 검열을 절대 통과하지 못할 것을 알았다. 빈 역시 달라졌기 때문이다. 이곳은 더 이상 마리아 테레지아의 본진이자 노베르 같은 발레 마스터들의 재능에 갈채를 보내던 구체제의 확고히 친프랑스적인 궁정이 아니었다. 19세기 초에 이 도시는 나폴레옹에게 두 번의 패배와 점령을 당했다. 국민들은 치욕적 점령과 치명적 물가 폭등에 시달리는 가운데 제국은 거의 분할되다시피 했다. 메테르니히는 권력을 잡자 합스부르크 가의 통치를 보수주의의 모범으로 만들었다. 그의 통치는 1848년의 혁명적 봉기 전까지, 제국의 권위를 약화시킬 위험이 있는 사회적, 정치적 긴장의 증가를 성공적으로 누그러뜨렸다(그리고 억압했다).

그렇지만 이 고루하고 통제된 대중적 겉치레의 이면에는 날선 부분이 있었다. 문화 생활에 존재하는 신경질적인 불안의 암류(暗流)는 춤에서 노골적으로 표현되었다. 이 시절 빈 시민들은 열렬한 사교춤꾼들이었다. 그들은 부분적으로는 고객들의 경솔한 에너지를 "문명화"하고 억누르기 위해서 설계된 으리으리한 무도장과 오락시설(아폴로 궁전은 4,000명을 수용했다)로 쏟아져 들어갔다. 파리 시민들과 마찬가지로 그들은 왈츠를 추었다. 오스트리아와 독일의 민속무용 형식들에서 유래한 이 인기 있는 춤은 이제 흥분되고 자극적인 낭만주의의 상징이 되었다. 괴테의 베르테르는 무도회에서 연인과 이 춤을 추었으며, 그녀의 사랑을 잃자 자살을 감행했다. 베버는 꿈결 같은 「무도에의 권유(Aufforderung zum Tanz)」(1819)에서 이를 콘서트 예술의 영역으로 격상시켰다.[2] 19세기 초 빈에는 왈츠에 거친 발 구르기 동작들이 아직 얼마간 남아 있었는데, 비록 (미끄러지는 동작이 깡충거림을 대체하면서) 이런 움직임들은 서서히 없어졌음에도 불구하고, 이 춤은 여전히 육체적, 성적으로 열정적이었다. 우아하게 미끄러지는 스텝들은 증가된 속도와 아찔한 효과를 의미했다.

이와 비슷하게, 궁정 무용 전통의 무게중심은 파리에서 밀라노로 이동했다. 노골적으로 곡예적이고 선풍적인 스타일을 가진 이탈리아 그로테스키 배우들이 발레 공연을 주도했다. 남자들뿐만 아니라 여자들도 브라부라를 아끼지 않았다. 무용수 아말리아 브루놀리에게서 비롯된 한 극적인 묘기에서, 무용수들은 발가락 끝으로 태평스럽게 걷다가 모두가 보는 가운데 자리를 잡았다. 바로 토 댄싱(toe dancing)이었다. 이 새로운 묘기는 독일과 오스트리아–이탈리아 접경 지방을 순회하는 이탈리아 무용수들에게 도입되어서 널리 공연되는 재주가 되었다. 이렇듯 오늘날 푸앵트 워크(pointe work)라고 불리는 것의 기원은 흔히 생각하듯 천상의 시적 환영이 아니라, 후일 탈리오니를 비롯한 다른 무용수들이 보다 우아하고 고상하게 정제한 거친 곡예에 있었다. 대중적인 이탈리아 전통이 발레를 자극하고 약화시킴으로써 새로운 뜻밖의 방향으로 밀어붙인 것은 이번이 처음도 마지막도 아니었다.[3]

  이 모든 것이 마리 탈리오니를 변화시켰다. 브루놀리 같은 기교파 무용수들, 또 자신의 육체적 한계와 미발달된 테크닉의 진실과 직면한 그녀는 스스로를 개조하기 시작했다. 이어진 것은 독창적인 6개월의 훈련 기간이었다. 후일 그녀는 미발간 회고록을 위한 기록들에서 이를 묘사했다. 상류층 거주지인 그라벤 가에 위치한 아파트의 경사진 연습용 바닥에서, 필리포 탈리오니는 딸을 날마다 훈련시켰다. 오전의 2시간은 한 다리씩 번갈아가며 여러 번 반복되는 일련의 고된 연습에 바쳐졌다. 오후의 2시간은 (그녀가 쓴 바와 같이) "고대 방식의" 아다지오 움직임에 소비되었다. 이런 동작들에서 마리는 발레의 포즈와 자세들을 그리스 조각상의 윤곽 및 비율과 어울리도록 연마하고 정제했다. 이런 모방에서 그녀는 당시 발레리나들 특유의 요염한 미소와 분위기를 무시했고, 대신 단순한 의상과 잔잔하고 만족스러우며 이상화된 냉정한 표정을 고집했다. 연습 중 탈리오니는 자신의 춤추기를 두 가지 얼핏 상반된 방향으로 밀어붙였다. 단순함, 그리고 기교였다. 그녀는 100년 동안의 귀족적 영향을 벗겨내고, 자신과 아버지가 이탈리아 무용수들로부터 골라낸 업적들을 연마했다.

  그러나 탈리오니는 자신의 육체적 한계를 에둘러 연습할 필요도 있었는데, 중요한 것은 이 점이다. 굽은 등은 그녀가 살짝 앞으로 기울게 만들었는데 (아버지는 딸에게 더 곧추서라고 애원했다), 석판화들을 보면 그녀가 이런 자세를 자신의 테크닉에 통합시켰다는 것을 알 수 있다. 어색한 비율과 축소된 자세에 맞도록 균형을 교묘하게 이동시키고 팔다리를 재정렬한 것이다. 그녀는 절대 완벽하게 정렬되어 보이지 않았는데, 그녀의 매력은 이 사실 덕분이었다. 살짝 왜곡된 비율과 보정적 조정은 마치 앵그르가 그린 여자들처럼(앵그르는 여성들을 왜곡된 비율로 그림으로써 이상화된 아름다움을 추구했다/역주) 그녀의 춤 추기에 일종의 억압된 에너지를 부여했다. 나아가 탈리오니는 근력을 이례적으로 발전시킴으로써 자신의 결함을 한층 위장하고 동작의 영역을 확장했다. 그녀는 훈련할 때 포즈마다 100까지 세면서 유지했는데, 이는 오늘날의 가장 강인한 무용수들에게조차 고통스러운 도전일 것이다. 그녀는 하나의 포즈를 전면에서 완성하고 나면, 마치 선회하는 그리스 조각상처럼 서서히 (보통 하프-푸앵트[half-pointe]로) 몸을 회전시켜서 다시 실행하곤 했다.

마지막으로 잠자리에 들기 전에 그녀는 추가로 2시간을 연습했는데(하루에 총 6시간이었다), 이번에는 전적으로 점프만 했다. 그녀는 등을 곧게 펴고 양 무릎을 구부리는 그랑 플리에(grand plié)로 연습을 시작했다. 몸을 구부리지 않고도 바닥에 손이 닿으면 발가락 끝으로만 지탱하는 풀-푸앵트(full-pointe)로 일어나는데, 이 동작에는 등과 다리의 엄청난 힘이 요구되었다. 이후 이런 동작들이 반복되다가 마지막에는 점프가 되었다. 그러나 (오늘날의 무용수들과 달리) 그녀는 양무릎을 굽힌 채 점프했고, 양종아리, 발가락, 양허벅지, 엉덩이로 체중 전체를 공중으로 밀어올렸다. 그녀는 공중에서 양무릎을 너무 뻣뻣하게 펴서 "두꺼비들처럼" 튀어오르는 무용수들을 비난했다. 이는 점프가 수월하고 부드러우며 원만하고 여성적으로 보이게 만들자는 발상이었다. 이 점프는 절대 뻣뻣하거나 힘을 쓰느라 긴장되어 보이지 않았다. 그녀는 이 연습 전부를 여러 번, 정말 여러 번 반복했는데, 이는 이후 수 년간 그녀의 훈련의 기초가 되었다.[4]

결과는 획기적이었다. 1820년대와 1830년대에 제작된 그림과 석판화들만 보아도, 탈리오니의 몸이 전혀 나긋나긋하거나 가냘프지 않다는 것과 그녀에게 이례적인 강인함과 지구력을 주는 인상적이고 묵직한 강건성을 가졌다는 것을 알 수 있다. 후일 그녀 자신이 언급한 바와 같이, 다른 무용수들에게는 기진한 포지션들도 그녀에게는 그저 쉬는 포즈에 불과했다. 이런 종류의 육체적 강인함에 전례가 없지는 않았다. 우리가 살펴본 바와 같이, 베스트리스와 19세기 초 파리의 남성 무용수들도 고된 훈련 프로그램을 개발했고, 그들의 육체도 비슷하게 강건하고 근육질이었다. 그러나 유사함은 그뿐이다. 베스트리스의 새로운 유파는 브라부라 기교들을, 특히 피루에트를 노골적으로 강조했다. 게다가 그들의 기교는 남성적 테크닉으로 간주되었다. 반면 탈리오니는 자신의 적잖은 활력을 여성성과 우아함의 부드러운 분위기 속에 감추려고 부단히 노력했다. 그녀는 윤곽과 형태에 초점을 맞추었고 피루에트 자체에는 관심이 없었다. 여러 번의 급속한 턴은 그녀의 훈련이나 공연에서 설 자리가 없었다. 그녀는 베스트리스나 폴의 힘을 숙녀다운 조신한 우아함과 결합시켰다.

이런 정제가 푸앵트 워크에서보다 중요한 곳은 없었다. 마리는 브루놀리식으로 발가락 끝으로 지탱하며 몸을 일으키는 연습은 어리석고 피해야 한다고 단호히 말했다. 그렇다고 그녀가 이 새로운 움직임의 매력을 무시한 것은 아니었다. 대신 그녀는 팔을 올리거나, 얼굴을 찡그리거나, 어떤 식으로든 애를 쓰고 있다는 것을 드러내지 않고도 발가락으로 우아하게 일어설 수 있도록 몇 시간씩 연습했다. 그렇지만 우리가 알다시피, 탈리오니는 오늘날의 발레리나들처럼 완전한 푸앵트로 춤추지는 않았다. 여전히 남아 있는 그녀의 신발들은 당시 여성들이 길에서 신던 최신 유행의 신발들과 크게 다르지 않다. 부드러운 새틴으로 만들어진 이 신발들에는 가죽 밑창과 둥글거나 각진 신발코가 있었으며, 발의 아치 부분에 부착된 섬세한 리본을 발목에 돌려 묶게 되어 있었다. 그것은 오늘날의 토슈즈처럼 단단하거나 네모지지 않았고, 중족골과 발가락 밑에 꿰맨 보강재 한 겹을 제외하면 부드럽고 둥글었다.

이런 옛날 신발들의 밑창은 중족골 부위가 눈에 띄게 긁히고 닳아 있다. 탈리오니는 아주 높은 하프-푸앵트로 서서, 오늘날의 무용수들이라면 동작들 사이나 이행 부분에 사용할 발 부위를 사용해서 춤을 추었다. 이는 하프-푸앵트보다는 높지만 풀-푸앵트보다는 낮았고, 딛고 서기에 극도로 불편한 부위였다. 그리고 19세기 무용수들은 흔히 꽉 끼는 작은 신발에 발가락을 쑤셔 넣었는데(작은 발이 귀하게 여겨졌고, 마리의 신발들은 오늘날의 평균적인 무용수의 신발들보다 최소한 두 치수 작았다), 이는 중족골을 압박하여 경직시

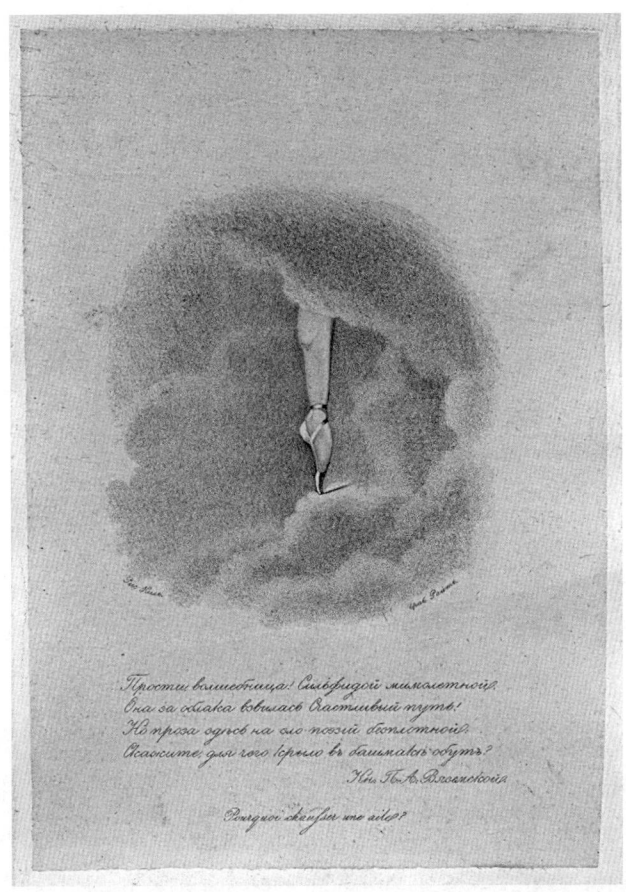

마리 탈리오니의 푸앵트한 발은 유럽 전역에서 낭만적인 환상의 대상이었다. 러시아어 설명이 붙은 이 인쇄물은 순수한 근육질(붉거진 종아리)과 관객들을 그토록 매료한 구름 같은 찰나 사이의 대비를 보여준다.

켜서 딛고 서기 더 편하게 만들었지만 탈골 역시 더 쉬웠다. 이런 가볍고 연약하지만 탄탄하게 꿰맨 신발들은 상당한 무게를 지탱해야 했고, 솔기가 터지도록 혹사당했다. 탈리오니는 보통 공연 한 번에 두세 켤레를 끝장냈다.[5]

이렇듯 탈리오니의 춤추기는 낯설고 새로운 복합물이었다. 확연하게 프랑스 귀족적인 태도를 가졌지만, 보다 거친 이탈리아적 기교와 그녀의 변칙적 비율로 인한 난점들에 의해서 완화되고 상쇄되었다. 그녀가 이 모순적인 동작 방식들의 공통적 한계를 처음 발견하기 시작한 것이 합스부르크 가의 수도에서였다는 것은 놀랄 일이 아니다. 비록 노베르의 시대 이래로 많은 것이 달라졌지만 빈은 지리적, 역사적 양면에서 중요한 문화적 십자로로 남아 있었고, 여기서 옛것과 새것이, 이탈리아적인 것과 독일적인 것과 프랑스적인 것이 서로 부딪히고 이따금 재조합되었다. 그러나 빈은 십자로였고, 무수한 다른 배우들과 마찬가지로 마리 탈리오니도 곧 이동했다. 명성이 높아지면서 그녀는 어린 시절의 세계이자 발레의 수도로 다시 이끌렸다. 바로 파리였다.

탈리오니가 자신의 스타일을 발견한 곳이 빈이었다면, 그것이 어떤 의미가 될지 말해주게 될 것은 프랑스인들이었다. 탈리오니가 1827년 파리 오페라에서 데뷔했을 때 대중의 반응은 선풍적이었고, 이후 3년간 평론가들은 찬사를 퍼부었다. 그들은 그녀의 춤을 온당히 평가할 비평적 언어를 모색하면서 종종 과도하게 떠벌였다. "신기원을 만드는" "고전과 무용의 급진적 혁명으로……마드무아젤 카마르고부터 마담 가르델에 이르는 무용수들의 4대 왕조를 일격에 끝장냈다." 평론가들은 연이은 평론에서, 땀투성이로 숨 가쁜 무용수들(베스트리스에게 영감을 받은 남성들)이 피루에트에 투신해서 무대 전체로 몸을 던지고, 한 다리로 음울하게 자리잡고 다른 다리로 복잡한 스텝들을 "엮는", 천박하고 "폭력적인" 춤추기의 종말을 기쁘게 환호했다. 평론가들은 이제 이 불쾌하기 짝이 없는 유파가 마침내 궤도에서 멈추었다고 주장했다. 탈리오니는 잃어버린 과거의 귀족적 우아함과 세련됨에 새롭고 가벼운 영성을 융합시켰다. 그녀는 어느 관찰자가 일컬었듯이 "복고" 발레리나였다.[6]

이것은 되기 쉬운 존재는 아니었다. 프랑스 부르봉 왕정복고(1815-1830)는 프랑스 혁명을 완전히 끝내고, 중세화된 기독교적 과거에 입각해서 프랑스를 보수 강대국으로 재건하려는 정통주의적 노력이었다. 탈리오니의 춤추기는 화해에 대한 더 보편적이고 절박한 열망을 반영하는 것처럼 보였다. 다시 말해, 이 나라의 첨예한 사회적, 정치적 분열을 치유하려는 갈망이었다. 이런 의미에서 탈리오니의 프랑스적 훈련은 그녀에게 큰 도움이 되었다. 그녀의 분위기와 몸가짐에 든든하게도 구세계적 절제가 배어 있었던 것이다. 하지만 그녀의 호소력에는 그보다 훨씬 많은 것이 있었다. 문학과 예술에서 대담하지만 심히 향수 어린 자기모순적 낭만주의가 이미 주도권을 잡았지만 발레는 따라가는 것이 느렸다. 발레는 귀족적 과거와의 내면적 투쟁으로 빠져들면서 점점 더 주변부로 밀리는 듯 보였다. 탈리오니가 계시로서 등장한 것은, 그녀가 기교를 초월해서 발레에 완전히 새로운 움직임과 아이디어들의 영역을 열었기 때문이었다. 한 평론가가 열변을 토한 바와 같이, 여기 마침내 "낭만주의를 춤에 적용한" 무용수가 있었던 것이다. 그는 옳았다. 그러나 이 말의 정확한 의미가 분명해진 것은 이어진 정치적 격변의 시절이었다.[7]

1830년, 혁명이 파리로 돌아왔다. "영광의 3일" 동안 시가전을 벌인 성난 군중은 완고하고 반동적인 부르봉 왕 샤를 10세를 거부했다. 그는 결국 퇴위하고 망명해서, 더 자유로운 마음의 소유자인 사촌 오를레앙 공작에게 자리를 내주었다. 새로운 왕은 새로운 칭호를 취했다. 그는 루이-필리프 1세, 새로운 왕가의 첫 번째 왕이 될 참이었다. 그리고 사실 루이-필리프는 과거의 왕들과 정말로 달라 보였다. 그의 집안은 부르봉 절대주의에 대한 반대로 유명했고, 그는 루소의 영향하에 양육되었다. 그의 아버지는 루이 16세의 사형 쪽에 투표했고(그리고 특권층이라는 이유로 단두대에 올랐다), 그 자신은 공포정치 시대를 빈곤한 망명 상태로 보냈다.

그렇기 때문에 왕위에 오른 루이-필리프는 자신을 "프랑스 왕"이 아니라 "프랑스인의 왕"으로 칭했다. 그는 삼색기를 휘날리는 "시민왕"이 되어서, 왕홀 대신 우산을 가지고 다니게 될 것이었다. 그는 프랑스 최초로 대중이 선포한 "부르봉 왕조"의 주인이 되었다. 그의 치세는 신선한 시작인 동시에 프랑스의 정치와 문화를 계속 찢어발긴 혁명과 반동의 쇠약성 순환을 깰 예정인 왕조로 묘사되었다. 비록 현실은 더 복잡하다는 사실이 밝혀졌지만, 그의 통치에 활력을 불어넣은 기본 발상은 단순했다. 경제적 번영, 더불어 고된 노동과 절제라는 둔감한 부르주아 윤리가 급진적 정치를 길들이리라는 생각이었다. 루이-필리프는 프랑스 혁명에서 난폭함은 빼고 장점만 취함으로써, 프랑스의 사회적, 정치적 삶을 중용의 문화를 중심으로 안정시키고자 했다.

새로운 체제는 춤에 즉각적인 영향을 미쳤다. 1831년 파리 오페라는 "흥행감독"의 사적 경영하에 놓였다. 물론 이 극장은 프랑스 고급 문화의 상징으로서의 중요성을 인정받아서 계속 왕가의 보조금을 받았고, 정부의 위원회도 극장 문제들에 대해서 발언권을 가졌다. 그럼에도 불구하고 이는 극장을 시장으로 던져넣음으로써 경쟁에 시달리면서 대중의 취향에 의지하는, 독자적인 생존이 가능한 상업 기업으로 만들겠다는 발상이었다. 계약을 거머쥔 것은 루이 베롱(1798-1867)이라는 남자였다. 의사 수련을 한 베롱은 약제사인 친구로부터 인기 있는 흉부 연고의 조제법을 유증(遺贈)받아 약간의 돈을 모았다. 1829년 (뽐내기를 좋아하는) 그는 그 돈의 일부를 새로운 문학과 예술에 헌신하는 잡지 『라 레뷔 드 파리(La Revue de Paris)』의 창간에 사용했다. 2년 후 그는 파리 오페라를 맡았다. 이는 사심 없는 공익 활동이 아니었다. 그는 감독을 맡은 5년이라는 짧은 시간에 이 덜거덕거리는 기관을 수익성 있게 만들었다. 그리고는 수익금의 상당 부분을 가지고 떠났다.

평론가와 풍자작가들이 독자들에게 끝없이 상기시킨 바와 같이, 베롱은 루이-필리프의 부르주아적 인간의 캐리커처나 다름없었다. 다시 말해, 그는 허영심 많고 자만심 강하지만 동시에 근면하고 약삭빠른 사업가였다. 독일 시인 하인리히 하이네는 최신 유행인 높이 솟은 칼라에 파묻힌 그의 "작고 깜빡거리는 눈을 가진 붉고 명랑한 얼굴"을 경멸했고, 그를 "정신이나 영혼은 몽땅 비웃는……순전히 감각적인 물질주의의 신"으로 불렀다. 사실 베롱은 자신이 원하는 것은 파리 오페라를 부르주아들의 "베르사유"로 만드는 것이라고 말했다. 이 목적을 위해서 그는 표 값을 낮추었지만, 그래 봤자 관객은 주로 정부 관리, 전문직 종사자, 사업가 정도였다. 베롱은 관객에게 더 편안한 느낌을 주도록 극장을 재단장했다. 내부는 장식과 금빛이 없어지고 더 안락하고 은은한 빛깔과 주제로 다시 꾸며졌다. 박스석들의 크기는 줄어들었고, 온도는 최신식 증기 난방장치로 조절되었으며, 아래층과 가장 싼 최상층의 의자에도 등받이가 갖춰지거나 아니면 편안한 안락의자로 대체되었다.[8]

베롱에게는 마케팅 솜씨도 있었다. 그는 압박과 악명을 얻기에 충분한 화려하고 댄디적인 삶을 살았다. 그의 마차는 갈기에서 진홍빛 리본들을 휘날리는 멋진 말들이 끌었다. 그는 자신의 무용수들에게 보석과 사치스러운 선물을 즐겨 나눠주었는데, 소문에 의하면 한번은 코르 드 발레 구성원들을 저녁 식사에 초대해서 각각에게 1,000프랑 지폐로 싼 사탕을 선물했다고 한다. 베롱은 아름다운 발레리나들의 매력을 너무나 잘 이해하고 있었다. 그는 그들과 부유한 숭배자들 사이에서 "물물교환"을 촉진하기 위해서, 호기심 많은 신사들에게 푸아에 드 라 당스(foyer de la dasne), 즉 무용수들이 공연을 위해서 몸을 푸는 방을 개방했다. 1833년 이 신사 집단은 발레에 대한 자신들의 집착을 제도화하기에 이르렀다. 그들은 자키 클럽(Jockey Club)을 결성했다. 극장 인근에 위치한 이 클럽은 친영국적 승마 클럽을 표방했지만, 회원들의 활동은 사교계 뒷소문과 발레리나들의 "보호"에 더 이바지했다.

베롱은 마침내 오귀스트 르바쇠르를 고용해서 (그리고 엄청난 보수를 주어서) "박수부대"라고 불리게 될 것을 만들고 주도하게 했다. 이는 여론을 이끌기 위해서 고용된 전문 박수꾼 집단이었다. 르바쇠르는 베롱과 긴밀하게 상담했고, 리허설에 참가했으며, 해당 제작물의 음악을 연구했다. 그러나 그는 예술가들과 그들의 후원자들로부터 뇌물을 받기도 했다. 그는 공연날 밤이면 밝은 빛깔의 옷을 보란 듯이 입어서 자신을 두드러지게 했고, 자기 사람들을 관객석 전역에 심었다(베롱과 예술가들이 표를 무상으로 제공했다). 르바쇠르는 지팡이를 휴대했는데, 그것을 적당한 순간마다 두들김으로써 자기 사람들에게서 대중을 열광시키도록 계획된 박수, 브라보라는 외침, 발구르기를 불러일으켰다. 이런 행동은 괘씸하게 여겨지지 않았다. 그 반대로, 베롱은 박수부대는 "모든 다툼들에 종지부를 찍고", 팬들의 "불공정한 연합들"이 공연에 지장을 주는 것을 멈추는 조절 세력으로서 널리 받아들여진다고 주장했다.[9]

그렇지만 그 무엇도 1831년 「악마 로베르(Robert le Diable)」의 초연이 맞닥뜨린 폭풍을 누그러뜨릴 수는 없었는데, 특히 마리 탈리오니가 수녀원장으로 등장하는 3막 "수녀들의 발레"에서 그랬다. 이 오페라는 자코모 마이어베어의 첫 번째 그랜드 오페라(Grand Opera : 극적인 내용과 화려한 무대의 오페라. 오페라 코미크와 대조적인 개념이다)로 가장 유명하다. 이 작품은 4시간 이상 펼쳐지는 5막짜리 호화 오락물로, 확장 오케스트라, 대규모 합창단, 호화로운 무대효과, 필리포 탈리오니에 의해서 확장된 발레들로 구성되었다. 원래는 더 짧은 코믹 오페라로 착안된 이 작품에는 노련한 불르바르 작가 외젠 스크리브의 신파적

행동에 들어간 박수부대의 풍자화. 커진 손과 상기된 얼굴을 가진 보수를 받는 팬들은 취향이라는 것을 만들려고 한다. 이들은 배경에서 회색으로 불분명하게 그려진 나머지 관객들을 압도하는 듯이 보인다.

리브레토와 오페라에서 불르바르 연극들을 넘나드는 경력을 가진 피에르 시세리의 극적인 무대장치가 포함되어 있었다.

괴테의 『파우스트(*Faust*)』와 베버의 「마탄의 사수(*Freischütz*)」의 주제를 흉내낸 「악마 로베르」는 관객을 으스스한 초자연적 세계로 끌어들이기 위해서 온갖 수완을 활용했다. 예를 들면 박스석에 달린 가스등들이 전하는 야릇하고 으스스한 달빛은 발레 내내 분위기를 잡았다. 가스 조명은 1822년 극장에 도입되었지만 여전히 신기하고 인상적인 것이었다. 마이어베어는 여기서 더 나아가서, 이 장면이 "투시화 같은" 효과를 가지기를 바란다고 말했다. 이는 큰 그림들을 뒤쪽에서 극적으로 조명을 비추며 관객 주위를 회전하게 하는 것으로, 루이 다게르가 개발한 훨씬 혁신적인 테크닉에 의지하는 효과였다. 베롱과 시세리는 무대 조명을 강조하기 위해서 관객석의 샹들리에를 어둡게 하고 각광들을 줄임으로써, 관객들을 어둠 속으로 빠뜨리면서 무대를 빛나는 초점으로 만들었다. 뚜껑문, 거대한 타블로, 비틀린 시야는 음악에 공명하면서 로베르의 불안한 마음 상태를 환기시키는 데에 도움이 되었다.[10]

14세기 전설에서 영감을 받은 이 오페라는 인간 어머니와 악마의 아들이지만 그 사실을 모르는 로베르에 대해서 이야기한다. 로베르는 시칠리아 공주 이자벨을 사랑한다. 하지만 (충실한 친구 베르트랑으로 위장한) 그의 악마 아버지는 그녀의 결혼 승낙을 얻으려는 아들의 포부를 좌절시키고 대신 지옥으로 유혹할 음모를 꾸민다. 그는 로베르에게 오래된 버려진 수녀원의 성 로잘리의 무덤에 있는 마법의 편백나무 가지를 강탈하라고 권한다. 그 가지의 흑마술을 사용해서 이자벨을 얻을 수 있다고 말한 것이다. 의지가 약하고 귀가 얇은 로베르는 수도원으로 갔다가 죽은 자들로부터 일어난 한 무리의 유령 같은 수녀들과 마주친다. 그들은 그를 파멸시키려고 덤벼든다.

이들은 평범한 수녀들이 아니다. 그들은 살아생전 종교적 원칙들을 어김으로써 방탕하고 퇴폐적인 존재로 타락했고, 죽어서는 악마에게 구속되었다. 그리하여 시세리가 몽포르-라모리에 있는 16세기 수녀원의 폐허를 모델로 삼은 수도원의 으스스한 조명 속에서, 수녀원장 엘레나(마리 탈리오니)와 파리 오페라의 가장 관능적인 여성들의 무리가 무덤 혹은 지옥의 심연으로부터(바닥의 뚜껑문들을 통해서 올라왔다) 등장한다. 다른 유령들은 수녀복을 완전히 차려입고 팔을 가슴께에 시체처럼 교차시킨 채 윙으로부터 들어온다. 그렇지만 춤을 추자 성의(聖衣)가 떨어져내리며 그들의 진정한 천성이 밝혀진다. 얇은 하얀 튜닉을 입은 그들은 로베르에게 계속 와인을 주면서 도발적인 춤을 춘다. 로베르는 달아나려고 한다. 하지만 그들은 도열한 가운데 그를 자신들 가운데로 밀어넣고, 음악이 커지는 가운데 그의 주위를 위협적으로 돈다.

당대의 한 예술가는 이 여자들을 흐트러진 머리카락에 맨다리로 광희에 빠져서 반쯤 벌거벗은 바쿠스의 여사제들로 묘사한 반면, 다른 석판화는 그들을 곱슬머리에 하얀 드레스를 입은 고상한 젊은 숙녀들로 그렸다. 탈리오니는 둘 다였다. 로베르의 양심이 강하다는 것을 안 그녀는 부어라 마셔라의 유혹을 그만둔다. 대신 내내 "우아하고 점잖은" 춤을 추면서 그를 성 로잘리의 운명의 가지로 부지불식 중에 이끈다. 그녀는 그의 앞에 애원하듯 무릎 꿇는다. 그는 굴복해서 그녀의 이마에 입을 맞추고 가지를 잡는다. 그렇지만 그가 가지를 잡자 천둥이 폭발하고, 수녀들이 유령으로 변하고, 막이 내릴 때까지 맹위를 떨치는 "지옥의 합창" 속에서 악마들이 떼 지어 무대에 나타난다. 마지막 장들에서 탈리오니의 유혹에도 불구하고 로베르는 구원받는다. 본인의 용기나 내적 확신이 아니라 악마의 시간이 다했다는 사실을 우연히 알아낸 아버지가 다른 여동생의 노력 덕분이었다. 베르트랑은 뚜껑문을 통해서 도로 지옥으로 빨려들어가고, 남겨진 로베르는 사랑하는 이자벨과 자유롭게 결혼할 수 있게 된다.[11]

「악마 로베르」는 가장 성공한 19세기 오페라들 중 하나였다. 이는 3년이 지나기 전 100번 공연되었고, 1860년대 중반 즈음에는 놀랍게도 500번의 공연이 축적될 것이었다. 그렇지만 1831년 11월 21일의 초연 당시 대중과 평론가의 열정적 반응은 예술뿐 아니라 정치와도 관련되어 있었다. 초연 이틀 후에 리옹의 견직물 노동자들은 격렬한 폭동을 주도했다. 몇몇 좌익 집단들은 봉기를 확대하려고 시도했지만 노동자들은 질서와 안정을 원했다. 그럼에도 불구하고 이 사건은 루이-필리프의 즉위가 급진적인 변혁세력들을 진정시키지 못했다는 사실을 위협적으로 상기시켰다. 반대로 "사회 문제"는 점점 더 절박해지고 있었고, 1848년의 혁명적 격변에 의해서 루이-필리프가 실각할 때까지 내내 체제를 괴롭히게 될 것이었다. 리옹 봉기 이후 몇 주일 동안 「악마 로베르」에 대해서 글을 쓴 평론가들은 이 오페라를 프랑스의 혁명적 과거와 현재의 렌즈들을 통해서 보지 않을 수 없었다. 그리고 주역을 연기한 것은 탈리오니였던 것이다.

정통 왕조파인 『가제트 드 프랑스(Gazette de France)』의 평론가에게 로베르는 프랑스를 대변했다. 이 나라는 로베르와 마찬가지로 존귀한 군주제와 혁명이라는 악마 사이에서 태어났고, "두 상반된 천성을, 두 모순적 경향을, 두 상충되는 조언자를 가지고 있었다." 탈리오니와 그녀의 (또다른 평론가가 불렀듯이) "범죄자 여인들"은 순수한 척하지만 비열한 혁명세력을 대변했다. 탈리오니의 성스러운 이미지와 고전적 완벽함에서 로베르가 본 것은 "그의 어머니의 모습이었다. 하지만 너무나 빨리, 이 지옥의 딸들 중 하나에 의해서 곤드레만드레가 되어 예속된 나머지" 그는 가지를 강탈함으로써 자신의 운명을 악마와 합친다. 프랑스는 비슷한 딜레마에 직면해 있었다. "두 가지 신조가 우리의 영혼과 의지를 두고 다툰다. 하나는 우리를 위신으로 둘러싸고 우리의 열정에 아부하면서 우리를 끌어내린다. 다른 하나는 평범한 우리 어머니의 손으로 그려진 경로를 역설하는데, 이는 안전, 휴식, 행복으로 가는 길이다. 우리는 스스로를 베르트랑과 그의 신뢰할 수 없는 권고들을 따르도록 방치할 것인가?"[12]

「글로브(The Globe)」는 1824년 창간 이래로 낭만주의 시인과 작가들을 초대해왔고, (그런 예술가들 중 다수와 마찬가지로) 1830년 혁명 이후 더 사회주의적이고 유토피아적인 사상들을 포용했다. 이 신문의 평론가는 "요란한 울부짖음"과 "신음", 그리고 무거운 스텝들과 "석상" 춤(수녀들)이 등장하는 「악마 로베르」의 3장과 리옹의 혼돈 사이에서 직접적인 연관성을 보았다. 그의 말에 의하면, 저주받은 것은 로베르가 아니라 프랑스 국민들이었다. 그는 여성과 예술가들에게 노동자들을 혁명의 영원한 혼돈으로부터 구해달라고 간청하면서 이상주의의 나래를 펼쳤다. 이것이 생뚱맞게 들릴지 모른다. 그러나 발자크도 마이어베어의 음악에서 폭력적 절망을 들었고 『강바라(Gambara)』에서 이에 대해서 썼다. 엑토르 베를리오즈는 괴테의 『파우스트』(1829)에 맞추어 으스스한 발레곡을 작곡했고, 그의 「환상교향곡(Symphonie Fantastique)」(1830)에는 "마녀들의 악마 향연의 꿈"이라는 제목의 불온한 악장들이 등장했다. 그 또한 이를 감지했다. "죽음의 손이 이 슬픈 피조물들에게 여전히 너무나 무겁게 놓여 있다. 그 결과로 전기 충격을 받은 시체들의 삐걱거리는 관절 소리가 들리는 것 같고, 그들이 만들어내는 흉측한 움직임들이 보이는 것 같다. 끔찍하도다! 끔찍하도다! 형언할 수 없는 지경으로 기괴하도다! 내가 보기에 이 얼마 되지 않는 분량의 음악은 근대 극음악에서 가장 경이로운 영감을 준다."[13]

그러나 이 오페라와 그 논쟁적 발레에 대해서 가장 예리한 분석을 제공한 사람은 독일의 시인이자 작가인 하인리히 하이네였다. 그의 주장에 의하면, 로베르는 프랑스나 프랑스 국민들이 아니라 루이-필리프 본인이었다. 그는 혁명적인 아버지와 구체제적인 어머니 사이에서 분열되어 영원한 망설임과 고뇌 상태에 머물렀다.

혁명적 수녀들로 위장하고 무덤에서 일어난 관습의 망령들은 그를 유혹하려고 시도하다가 실패한다. 로베스피에르는 마드무아젤 탈리오니의 모습으로 그를 찬양하지만 실패한다. 그는 모든 유혹과 모든 매혹을 견디나니, 그는 양 시칠리아 왕국의 공주에 대한 사랑에 의해서 인도되는 것이다. 그녀는 독실하고 그 역시 점점 독실해진다. 그리고 결국 우리는 교회 안에 있는 그를 본다. 성직자들이 그를 둘러싸고 중얼거리는 가운데 향 연기가 자욱하다.

민족과 강력한 보나파르트적 지도력에 정치적으로 공감하는 하이네는 로베르와 루이-필리프를 혐오했다. 그들이 연약하고 우유부단하며 주인공답지 않게 계산적이고 의뭉스러운 태도를 보였기 때문이다. 이 "부르주아" 왕은 "절대주의의 왕홀을 우산 속에 숨긴 채" 진보적인 척했다. 사실 하이네가 참석한 공연의 말미에서 베르트랑이 뚜껑문을 통해서 지옥으로 도로 떨어졌을 때, 기계 담당자는 그 문을 닫는 것을 깜빡했다. 그는 이를 몰래 주목하지 않을 수 없었는데, 로베르는 그를 따라 굴러떨어졌다.[14]

이렇듯 탈리오니는 묘한 이미지로 다듬어졌다. 그녀는 성자와 비슷하면서도 혼란과 파멸의 힘이었다. 로베스피에르와 구체제는 하나의 심란한 환상으로 포장되어 있었다. 베일을 내리고 옷을 벗는다는 주제, 무용수들의 노골적으로 성적인 움직임, 부패한 교회와 타락한 수녀들, 이 모든 것이 혁명 축제의 연극을, 그리고 언제나 인기 있는 수녀-매춘부, 발레리나-고급 창부의 비유를 상기시켰다. 어떤 사람들은 그것이 우둔하고 불쾌하다고 생각했다. 멘델스존은 이 춤이 "상스럽다"고 지적했고, 어느 영국 귀족은 이 수녀-바쿠스 여사제들의 장면은 "혐오스러울" 따름이라고 생각했다. 탈리오니 본인은 자신의 역할을 불편해했고, 그 외설적 내용은 그녀의 자의식적으로 참한 스타일 때문에 삭감되었다. 그녀는 한 평론가가 호의적으로 썼듯이 "저주받기에는 좀 지나치게 천사 같았다." 그녀는 이 제작물에서 자신을 풀어달라고 요청했다. 그러나 마이어베어와 베롱은 그녀를 계약에 계속 묶어두면서 최소한 당장은 가지 못하게 하려고 했다. 그들은 그녀의 연기의 힘이 다름 아닌 그녀의 불편함에 있다는 것을 알고 있었다. "지나치게 천사 같은" 것은 그녀의 매혹의 일부였다.[15]

「악마 로베르」는 발레에 문학적 낭만주의의 세계를 열었다. 이후 수 년간 한 세대의 시인, 작가, 예술가들은 자신들이 탈리오니와 춤에 끌린다는 것을 깨달았다. 하이네, 스탕달, 발자크, 테오필 고티에, 쥘 자냉 모두 발레에 대해서 썼다. 월터 스콧 경, E. T. A 호프만, 빅토르 위고, 샤를 노디에의 시와 소설은 발레 마스터들에게 영감을 주었다. 하이네와 고티에 모두 손수 발레 리브레토를 썼다. 아마 가장 중요하면서 동시에 노베르적인 것은, 이 시인과 작가들이 발레는 단지 오페라의 한 측면이 아니라 그 자체의 독특한 언어를 가진다는 점을 이해했다는 사실일 것이다. 그들은 발레를 제대로 이해한 최초의 평론가들이었다. 그들의 역할은 호응이나 수동적인 것에 그치지 않았다. 그들의 글은 탈리오니의 이미지를 정의함으로써 그녀의 경력을 진척시키는 데에서 중대한 역할을 했다. 그녀는 여러 가지 측면에서 그들의 창조물이었다. 그녀는 자신이 진 빚을 예리하게 인식했다. 교육은 받지 못했어도 호기심은 왕성했던 그녀는 그들의 글에서 스스로를 즉시 알아보았다. 그녀의 개인 공책은 (손수 깔끔하게 옮겨 쓴) 프랑스 낭만주의의 주역들의 평론과 의미심장한 인용구로 가득 차 있었다. 그들 중에는 프랑수아-르네 드 샤토브리앙, 알퐁스 드 라마르틴, 알프레드 드 뮈세, 조르주 상드, 발자크, 그리고 (당연히) 고티에가 있었다. 직접 쓴 바에 의하면 그녀가 가장 좋아하는 작가는 월터 스콧 경이었다.

이는 우리를 「라 실피드」로 데려간다. 이 발레를 쓰고 구상한 것은 「악마 로베르」에서 주역을 연기한 테너 아돌프 누리였다. 「라 실피드」는 작곡가 장 슈나이츠회퍼의 적당하지만 평범한 음악과 믿음직한 시세리의 환기적 무대장치를 가지고 있었다. 그렇지만 「라 실피드」의 스토리를 누리 혼자 구상한 것은 아니었다. 이 발레는 작가이자 시인인 샤를 노디에(1780-1844)의 환상적 이야기인 『트릴비, 혹은 아르겔의 요정(Trilby, ou le lutin d'Argail)』(1822)에서 영감을 받았다. 노디에가 『트릴비』를 쓴 것은 스코틀랜드 여행에서 막 돌아와서 스콧의 저작들에 빠져 있던 때였다. 그리하여 『트릴비』는 그림 같은 스코틀랜드의 산악지대 마을을 배경으로, 악마 같은 정령과 젊은 유부녀 사이의 사랑에 대해서 이야기했다. 정령은 여자를 그녀의 꿈속에서 찾아간다. 남편과 마을의 수도승이 퇴마를 시도하고, 그녀는 절망에 빠져서 스스로 생명을 끊는다.

누리는 이 이야기를 자신의 발레를 위해서 각색했다. 스코틀랜드의 촌민 제임스는 어여쁜 동네 처녀 에피와 약혼했다. 혼례가 시작되지만 제임스는 덧없고 무상한 공기의 정령 실피드에게 사로잡힌다. 그를 제외한 아무에게도 보이지 않는 그녀는 무대 곳곳을 유혹적으로 스쳐다니다가 결국 그의 혼례에 끼어들어서, 제임스가 에피의 손가락에 끼우기 전 반지를 무례하게 움켜잡는다. 그는 혼란스러운 갈망으로 정신이 나간 채 약혼자를 버리고 실피드를 쫓아간다. 하지만 어찌할 수 없는 상황 속에서 궁지에 몰린다. 실피드는 제임스를 사랑하는데 만일 그가 다른 존재와 결혼하면 소멸할 것이다. 하지만 그녀는 자신의 천성이라는 올가미에도 걸려 있어서, 만일 잡히거나 포옹되거나 꼼짝 못하게 되면 죽을 것이다. 제임스는 물론 그녀를 얻으려고 필사적이다. 그는 경솔하게도 여마법사의 충고를 받아들여서 잡히지 않는 존재를 포획하는 사악한 마법 스카프를 받는다. 그렇지만 그가 실피드를 잡자 그녀의 날개들은 떨어진다(그리고 글루크의 「오르페오와 에우리디체」에서 가져온 음악 "나의 에우리디체를 잃었네"가 울려퍼진다). 요정 자매들이 곁으로 몰려들고 그녀는 그들의 팔에 안겨 숨진다. 그들은 그녀의 얼굴을 스카프로 덮고, 그녀를 천사처럼 구름 속으로 들어올린다. 그 사이 여마법사가 등장해 다 안다는 듯이 킬킬거린다. 제임스는 멀리서 에피가 다른 남자와 결혼하는 것을 본다. 압도당한 그는 생명을 잃은 실피드를 응시하다가 의식을 잃는다.[16]

「라 실피드」와 샤를 노디에 사이의 관계는 중요했다. 그는 프랑스 낭만주의라는 독특한 분파로 가는 중대한 연결 고리였다. 노디에의 아버지는 열렬한 자코뱅 당원이었다. 열네 살의 노디에는 공포정치 기간 중 피비린내 나는 처형을 목격했고 공포와 혐오로 가득 찼다. 젊은 시절 그는 (하이네와 마찬가지로) 카리스마적인 나폴레옹에게 끌렸지만 황제의 독재적 경향을 혐오하기도 했다

(그리고 1802년 반-보나파르트주의적 시를 써서 투옥되었다). 그는 일종의 왕정주의자가 되었지만 프랑스 혁명의 장려함과 그것이 약속하는 자유들에 집착하며 홀리기도 했다. 노디에는 자기 시대의 타락으로 보이는 것에 쓰라리게 실망했고, 초조한 긴장과 좌절로 고통스러워하면서 환상, 신비주의, 비술에 빠져들었다. 그는 잠, 자살, 광기에 대한 글을 썼다. 유령, 악몽, 아편몽에 대해서도 썼다. 그에게 상상은 단순한 예술적 도구가 아니었다. 그것은 비록 일순간일지언정 깊은 정치적 실망으로부터의 구원을 약속했다.[17]

1820년대에 노디에는 유력한 문학 살롱을 개설해서, 그의 극심한 염세주의와 문화적 고갈감을, 발자크가 세상에 대한 깊은 "환멸"이라고 정의한 것을 공유하는 예술가들을 끌어모았다. 발레에 영향을 주었거나 관심이 있는 시인과 작가들 여럿이 참여했다. 위고와 라마르틴 이외에도, 덜 유명한 작가 겸 언론인 프랑수아 아돌프 로에베-베마르(c. 1801-1855/6)는 독일 낭만주의에 대한 이 집단의 예리한 관심을 공유했다. 파리에서 태어난 로에베-베마르는 함부르크에서 성장했다. 그는 유대인이지만 나중에 기독교로 개종했으며 신비주의, 정령, 주술에 끌렸다. 1829년 그는 베롱의 『라 레뷔 드 파리』에서 E. T. A. 호프만의 이야기들을 처음으로 번역 출간했다. "육감", 즉 보이지 않는 비이성적 힘과 최면술에 대한 호프만의 관심은 초자연적인 것에 대한 프랑스 대중의 집착을 충족시켰다. 고티에와 하이네 모두 호프만의 작품에 대해서 감탄하는 긴 글을 썼다. 사실 "수녀들의 발레"는 부분적으로는 호프만의 이야기인 "악마의 만병통치약"에서 영감을 받았다. 로에베-베마르는 파리 오페라를 감독하고 싶다는 (충족되지 못한) 포부를 가지고 있었으며 탈리오니의 열성적 숭배자였다.

평론가 쥘 자냉(1804-1874)은 약간 다른 경우였다. 열성적인 정통왕조파인 그는 처음에는 루이-필리프를 반대했다. 하지만 나중에는 열렬한 후원자가 되었고 만족스러운 댄디적 부르주아 생활방식으로 유명해졌다. 문학계의 베롱이 된 것이다. 세련된 보지라르 가에 자리한 자냉의 아파트는 그림, 조각, 골동품들로 빼곡했다. 그중에는 커튼을 친 벽감에 들어 있는 거대한 그리스도 수난상, 다량의 묵주들, 금박 장식으로 치장한 하얗게 칠한 침대도 있었다. 그렇지만 그도 7월 왕정의 파렴치한 물질주의가 어느 정도는 불편했다. 그는 "나의 아름다운 18세기"의 잃어버린 영적 감수성을 동경하는 글을 썼고, 발레를 자기 시대의 우둔한 물질주의의 미학적 해독약으로 보았다. 고티에와 마찬가지로 그는 열렬한 "탈리오니주의자"이자 그녀의 예술의 변함없는 옹호자가 되었다.[18]

오페라 가수 누리까지도 이 염세적 집단에 속했다. 누리는 맹렬한 정치적 행동주의와 열정적인 공연으로 유명했다(그는 다니엘 오베르의 오페라 「포르티치의 벙어리 처녀[La Muette de Portici]」와 로시니의 「기욤 텔[Guillaume Tell]」에서 영웅적인 혁명가였다). 그는 1830년에 바리케이드에서 싸웠고(더불어 노래했고), 파리 오페라의 열렬한 "라 마르세예즈" 공연들에서 관객을 이끌었으며, 결국 생-시몽적인 유토피아적 사회주의자들*에 합류했다. 그렇지만 나중에는 그도 정치에 환멸을 느끼게 되었다. 그는 "부르주아가 우리를 살해하고 있다"고 말했다. "그들은 늙고 쇠약한 귀족층의 모든 악덕을 계승하면서 미덕은 아무것도 물려받지 않았다." 회의로 고통받으면서 자신의 직업과 예술이 난점들에 괴로워하던 누리는 1839년 스스로 목숨을 끊었다. 누리를 알고 존경했던 작곡가 프란츠 리스트는 후일 이렇게 썼다. "아름다움에 대한 우울한 열정이 이미 그를 약화시켰다. 이런 끊임없는 감정의 지배하에서 그의 이마는 돌로 변하고 있는 것처럼 보였다. 이런 감정은 언제나 너무 늦어서 치유할 수 없는 절망으로부터의 도피로 표현된다."[19]

「라 실피드」는 이렇듯 낙담스럽지만 이상주의적이고 향수 어린 감정의 우물에서 직접 길어올려졌다. 오늘날 우리는 발레를 안개 낀 낭만주의의 예스러운 유물로, 불가능한 사랑과 시적인 꿈들에 대한 찬가로 보는 경향이 있다. 그러나 당시 「라 실피드」는 오늘날의 제작물들의 매끄러운 자신감과는 무관했다. 육체적, 감각적으로 충만한 이 발레는 혁명 이후 세대가 느끼던 환멸을 통렬하게 상기시켰다. 모든 것이 거기에 있었다. 우울증, 영적 이상(理想), 현실도

---

* 생-시몽은 산업과 과학의 힘이 사회를 더 평등주의적 이미지로 재건할 것이라고 믿었다. 그의 추종자들은 1830년대와 1840년대 프랑스에 사회주의적 집단 및 공동체들을 세웠다. 음악과 예술에 대한 그의 관심은 몇몇 음악가들이 그의 명분으로 공동 전선을 펴도록 이끌었다.

「라 실피드」의 개막 포즈를 취한 마리 탈리오니.

피적 환상 속으로 억압된 성적 갈망. 제임스는 연약하고 우유부단한 남자이고, 「악마 로베르」와 마찬가지로 자신의 열정에 내둘리는 등장인물이다. 그는 유혹적인 실피드와 교활한 마녀의 손쉬운 먹이이다. 반면 실피드는 확고한 의지의 주인공이자 심한 대립과 긴장을 가져오는 여성이다. 그녀는 강인하지만 연약하고, 성적으로 유혹적이지만 순수하며, 사랑에 빠지지만 맹렬히 독립적이다. 이 발레가 제임스는 의자에 주저앉아 자고 있고 실피드(탈리오니)는 그의 옆에 무릎을 꿇고 있는 것으로 시작되는 것은 우연이 아니다. 그는 꿈꾸고 있지만 그녀는 초롱초롱 생생하다. 그녀는 감정적으로 냉담하지만 욕망으로 가득하다(나중에 나오지만, 밤에 제임스를 찾아가서 그의 색정적 꿈들을 부추기는 것은 그녀이다). 음악이 멈추자 그녀는 가볍게 돌아다니며 그의 평화로운 상태를 휘젓다가 결국 그의 이마에 입맞춤을 한다. 그는 깨어나서 그녀를 쫓지만 소용없다. 그녀는 굴뚝 위로 사라진다.

정말이지 가볍고 공기 같고 언제나 날고 있는 실피드는 완벽하게 자유로운 모습으로 등장한다. 1막에서 제임스가 그녀에게 끌리는 것은, 다름 아닌 그가 달아나기를 열망하는 사교 생활의 지루한 관습들에 그녀가 구속받지 않기 때문이다. 반면 에피는 착한 부르주아 여성의 공적 얼굴이고 벽난로와 집에 매여 있다. 그녀와 함께라면 제임스는 정착할 수 있지만, 그는 물론 바라지 않는다. 2막에서 그는 숲으로 뒤덮인 실피드의 야생 거주지로 들어간다. 그곳은 개인적이고 친밀한, 천성과 충동의 상상 속 낙원으로, (와이어의 도움으로) 무대 곳곳을 날아다니다가 변덕스럽게 꽃과 나무에 내려앉아서 펄럭거리는 실피드들이 가득하다. 숲 속에서 탈리오니는 예측 불가능한 즉흥성을 가지고 춤춘다. 그녀의 맹렬하게 내달리는 스텝들은 미리 규정된 안무 패턴들이나 고정된 음악적 수사들에 대한 반란이다. 그녀는 거의 자기 파괴적일 정도로 이기적이며, 자신의 자유를 간직하고 사회적 의무를 피한다. 그녀는 춤추는 방식 그대로이다. 찰나적이고 닿을 수 없는 자유는 그녀의 존재 조건이다.[20]

무대를 누비며 펄럭거릴 때 탈리오니는 덧없고 가벼워서 마치 세상의 찌꺼기를 뒤에 남겨둔 것처럼 보인다. 그렇지만 그녀는 영적이거나 초자연적인 효과를 내기 위해서 중력이나 자신의 물질성을 거역하지 않았다. 그 반대로, 그녀는 발가락으로 서거나 돌아다닐 때 체중을 어느 때보다도 큰 힘으로 바닥으로 내려보냄으로써 가벼움이라는 **환상**을 창조했다. 그녀의 발가락 끝은 극단에 이른 오늘날의 스틸레토 힐에 비견할 만했다. 체중 전체를 아주 작은 지점으로 집중시킴으로써, 몸이 떠다니거나 상승하고 있는 것처럼 보이게 만든 것이다. 바닥에서 뜨는 것이 아니라 정확히 말하자면 스쳐지나감으로써, 무용수가 인간과 초자연적 세상 둘 다에 속하면서 그들 사이를 영원히 맴돌 수 있다는 암시를 주겠다는 발상이었다. 그것은 이렇듯 역설 위에 세워진 춤이었다. 탈리오니가 지상과 다른 어딘가에 동시에 존재하는 것처럼 보이게 만든 것은, 무거운 무게 없음과 근육질의 영성이었다.

이 낭만주의적 애수에 더해진 것이 스코틀랜드라는 배경이었다. 19세기 초 프랑스인의 상상 속에서 스코틀랜드 고원지대는 억압적인 잉글랜드 지배자와 별개인 민족적 삶을 개척하는 자부심 강한 사람들을 의미했다. 스코틀랜드의 호메로스로 불리는 오시안의 고대 게일어 저작들은 번역되어서 널리 존경을 받았다. 후일 오시안과 그에게 생기를 불어넣은 스코틀랜드 고지대의 킬트 문화 전통은 「라 실피드」에 등장하는 요정들만큼이나 덧없다는 사실이 밝혀지게 될 것이었다. 이 전통은 스코틀랜드인들이 잉글랜드인들에게 맞서는 투쟁의 문화적 무기였던 원단에서 창안되었다. 그러나 월터 스콧 경이 열렬한 당파주의자이던 시절, 나폴레옹이 워털루에서 패배하고 파리가 점령당하자 (전쟁에서 작은 역할을 한) 킬트를 입은 고지대인들은 도시의 대로에서 가두행진을 벌였다. 그들의 영웅주의와 다채로운 의상은 파리 시민들의 상상을 사로잡았고, 스콧의 소설들이 번역되어서 환영받으며 널리 읽혔다. 「라 실피드」에서 제임스는 이렇듯 오시안과 비슷한 인물, 즉 고귀한 이상을 찾아 스코틀랜드의 신비로운 숲속으로 가는 평범한 남자이자 시인이었다.

그렇지만 실피드의 이미지에는 다른 기원들이 있었다. 그녀는 누리나 노디에나 탈리오니의 창작물이 아니었다. 실피드는 초자연적 미신과 마법의 오랜 전통에 속했고, 발레 마스터들에게 최소한 16, 17세기 이래로 영감을 주어온 경이의 세계의 일부였다. 이는 대중적인 구비 전통이었지만, 17세기 말에 프랑스 신부(이자 주술 신봉자인) 몽포콩 드 빌라르가 이 널리 신봉되는 믿음의 일부를 상술하는 책을 썼다. 그가 쓴 바에 의하면, 세계에는 공기, 흙, 물, 불의 네 가지 근본 원소들이 있고, 그 원소에는 각각 실프, 놈, 운디네, 샐러맨더라는 "정령들"이 있었다. 그의 설명대로라면 실프와 실피드는 순수한 공기 원자들로 만들어졌음에도 불멸은 아니었다. 그들을 구성하는 원소들은 분해가능하기 때문이었다. 그들은 천사보다 못하지만 인간보다는 우월했고, 악마의 적이자 신의 종복이었다. 알렉산더 포프는 『머리카락을 훔친 자(The Rape of the Lock)』(1712)에서 이 신부의 작업에 의지해서 실피드들에 대해서 썼다. 그의 시는 후일 파리에서 이 발레의 근거가 되었다.

이런 종류의 초자연적 사상은 18세기 말 프랑스에서 반(反)계몽주의 작가들에게, 그리고 천사, 요정, 악마(그리고 실프)의 존재를 진짜로 믿는 광명파(illuminist)에게 받아들여졌다. 그러나 실프와 실피드는 그저 공기 같고 천사 같은 존재들이 아니었다. 어떤 사람들은 그들을 밤에 찾아와서 "최고의 행복을 주는" 성적 존재들로 보았는데, 역설적이게도 그들은 완벽하게 순결하기도 했다(그들이 여성을 임신시킬 수 있는지의 여부는 추측이 필요한 문제였다). 프랑스 혁명 후에도 실프와 실피드의 매력은 줄지 않았다. 그 반대로 19세기 초 빅토르 위고와 알렉상드르 뒤마(대 뒤마)를 비롯한 여럿이 그들에 대한 시를 썼다. 인기 작곡가 피에르-장 드 베랑제는 "내가 뭘 원하는지 몰라요"의 선율에 맞추어 "라 실피드"라는 곡을 작곡했다. 노디에, 고티에, 하이네, 호프만을 비롯한 작가들이 이 마법적인 모습의 "보이지 않는 종족"을 받아들였다.²¹

그러나 실피드에 대한 가장 의미심장한 글쓰기는 아마 프랑스 낭만주의 초기의 중진이자 프랑스 문학 및 정치계의 주요 인사인 프랑수아-르네 드 샤토브리앙(1768-1848)으로부터 왔을 것이다. 브르타뉴의 빈곤한 귀족 집안에서 태어난 샤토브리앙은 노디에와 마찬가지로 프랑스 혁명의 혼란 및 폭력과 더불어 성년이 되었다. 혁명이 분출되었을 때 그는 갓 스물한 살이었고, 프랑스 혁명의 "거대한 신념"과 노골적인 잔인함과 공포 모두에서 깊은 영향을 받았다. 한때 알던 모든 것의 고갈과 붕괴에 압도된 샤토브리앙은 해외의 군대에서 복무했고 잠시 런던으로 망명하기도 했다. 계몽주의적 합리주의의 낙관론에 대한 그의 환멸은 깊어졌다. 그는 (자신이 쓴 바와 같이) "열정에 표류했고" 극심한 권태감에 괴로워했으며, 전(前) 전제주의적 기독교와 중세적 과거에 점점 더 빠져들었다. 이런 것들이 정치를 부흥시키고, 자신이 그렇게나 갈망하는 무한한 영성으로 향한 길을 열어줄 수 있다고 생각한 것이다.

이렇듯 샤토브리앙은 고딕 예술의 초월적 신비에 끌렸다. 폐허, 자연의 광대무변함, 몽상, 그리고 "고독에 대한 지나친 사랑"은 그의 삶과 글쓰기에서 두드러지는 주제가 되었다. "상상은 풍부하고 풍요롭고 경이로 가득하다. 실재는 빈곤하고 건조하며 환멸적이다. 인간은 충만한 마음으로 텅 빈 세계에서 살아간다." 샤토브리앙은 1789년 프랑스 혁명의 자유를 이 신비주의적 과거의 영적인 힘과 조화시키기를 바랐다. 그는 부르봉 왕정복고를 위해서 일했고, 그들의 실패와 몰락에 뼈저리게 우울해했다. 1830년 혁명 이후 그는 공적인 삶을 버렸고, 은거해서 글을 쓰는 간헐적인 유배기를 가졌다.²²

1832년에 그는 19세기 초에 처음 쓰기 시작했던 회고록으로 돌아갔다. 그는 절망적으로 자살하는 몽상에 대해서 썼고, 자연, 사랑, 그리고 스스로의 불안하고 도취된 정신 상태를 열광적으로 곱씹으며 탐닉했다. 그의 우울한 반추에는 상상의 여인, 즉 "사랑의 유령"과의 열정적인 만남과 억압된 욕정이 두드러졌다. 그녀는 그의 회고록의 초기 버전들에도 있었지만, 1832년에 쓰인 글에는 그녀에 대한 새로워진 열정이 있었다. 같은 해 샤토브리앙은 파리 오페라의 「라 실피드」 개막식에 참석했고 탈리오니의 공연에 깊은 감동을 받았다. 그 이후, 그의 유령은 이름을 가졌다. 그녀는 "라 실피드"였다.[23]

그의 설명에 의하면, 자신의 실피드가 처음 온 것은 청소년기의 "제정신 아닌 시절", 콩부르의 어두운 숲과 숨막히는 풍경에 둘러싸인 가문의 중세 성에서 길고 외로운 시간을 보내던 때였다. 그녀는 그의 삶에 꾸준히 등장했다. 비록 불안할지언정 꾸준히 현존하며 그의 존재로 스며들었다. 그의 설명에 의하면, 그녀는 자신이 동경하는 "모든 여성들로 구성되어 있었다." 그는 여기에 적당한 시골 소녀의 눈을 더하고, 저기에 성모의 우아함이나 과거 군주제적 장려함의 시대에 그려진 초상화들에 묘사된 "귀부인들"의 고상함을 더하면서, 그녀의 이미지를 자신이 보기에 적합하도록 계속 "수정"했다. 샤토브리앙이 아쉬워하는 잃어버린 세계들과 너무나 닮은 이 보이지 않는 "걸작" 여성은 생애 내내 그를 뒤따랐다. 그렇지만 그녀는 위안이 되는 존재는 아니었다. 그녀는 오히려 통제되지 않는 상상과 갈망의 열광 상태로 그를 이끄는 "마법사"이자 "우아한 악마"였다.[24]

예를 들면 콩부르에서의 어느 날 밤, 그는 그녀의 존재를 불러내어 구름 속으로 그녀를 따라갔다. "그녀의 머리카락과 베일에 휩쓸린 채 나는 폭풍을 가로지르거나, 숲의 마루를 덜그럭거리거나, 산봉우리를 뒤흔들거나, 바다를 비등시켰다. 텅 빈 우주로 뛰어들면서, 신의 왕좌로부터 지옥의 문으로 추락하면서, 내 사랑의 힘은 세상을 소진시켰다." 이 무아지경 상태에서 빠져나오자 그는 비통 속에 무너졌다. 그녀는 현실이 아니었고, 그는 스스로의 "천박한" 존재를 절대 초월하지 못할 것이었다. 그는 머리카락은 엉클어지고, 셔츠는 땀으로 덮이고, 얼굴은 비에 휩쓸린 채 저녁 식사를 위해서 집으로 돌아왔다.

그리고는 가족 식탁에 소원하게 앉은 채 광기에 가까운 상태에 빠졌다. 그는 자신의 찬란한 실피드와 성의 둔감하고 감정적으로 밋밋한 가정적 세계 사이의 대조를 참을 수 없었다. 다른 때 연인들은 나일 강둑이나 인도의 산이나 기타 이국적인 장소들로 상상의 모험을 떠나기도 했다. 그는 자신의 실피드가 이교도인 동시에 기독교도이고, 정부인 동시에 처녀라고 상술했다. "순수한 이브이자 타락한 이브인 나의 광기의 원천은 여마법사였다. 그녀는 신비와 열정이 섞여 있는 존재였다. 나는 그녀를 제단에 올리고 경배했다."[25]

그녀는 최소한 부분적으로는 현실이기도 했다. 샤토브리앙이 그녀의 모델로 삼은 것은 쥘리에트 레카미에(1777-1849)였다. 그는 그녀와 1817년에 시작되어 1848년 그가 사망할 때까지 계속된 길고 탐닉적인 연애를 했다. 쥘리에트는 수녀원에서 양육된 부르주아 소녀였고, 공포정치 시대에 어머니의 정부인 유복한 레카미에와 결혼했다. 아름답고 쌀쌀맞은 그녀는 언제나 가슴 아래에서 주름이 잡힌 소박한 그리스식 드레스와 가느다란 머리띠 차림이었는데, 생트-뵈브는 그녀를 "하얀 수수께끼"라고 불렀다. 저명한 문학 살롱의 여주인인 그녀는 신중함과 경건함을 암시하는 "고대적" 이미지로 존경받았다. 그녀는 "흰 옷을 입은 여인"이자 (꽤나 자의식적인) 예술 작품이었고, 그녀의 신비를 물감이나 석재로 포착하기를 희망하는 예술가들에 의해서 종종 표현되었다.[26]

그러나 쥘리에트는 그저 조각 같은 기념물이 아니었다. 그녀는 지적이었고, 좋은 책을 읽었고, 강한 정치적 견해를 가졌다. 그리고 가장 개인적인 순간에는 그녀 역시 우울과 열정의 파도로 빠지기 일쑤였다. (진보적 정치이론가인 뱅자맹 콩스탕을 비롯한) 여러 유명한 남성들의 구애를 받던 그녀는 냉담하고 닿기 어려운 것으로 악명 높았는데, 그녀의 성적인 매력은 실피드처럼 닿을 수 없고 독립적이며 자유롭다는 데에 있었다. 그녀를 잘 알고 있던 마담 드 스탈은 「코린(Corinne)」을 쓸 때 쥘리에트의 춤추기를 떠올렸다. 코린(쥘리에트)은 프랑스 사교춤의 형태적 우아함과는 상반되게 자유롭고 즉흥적으로 춤을 추었다. 그녀의 스텝들에는 "상상"과 "느낌"이 충만했다.[27]

사랑하는 실피드에 대한 샤토브리앙의 고양된 묵상은 오늘날에는 터무니없게 들릴지 모른다. 하지만 당시 "유령"에 대한 그의 이런 환희는 합리주의의 유혹과 도덕적, 영적 내용은 전무한 물질적 부에 기초한 사회에 대한 광범위하고 열렬한 비판의 일부였다. 샤토브리앙은 자신이 기사도적이고 기독교적인 과거의 아름다움, 장려함, 명예로 간주하는 것들을 비록 상상일지언정 되찾고 싶었다. 이는 명백히 반(反)계몽주의적인 충동이었고 다른 사람들에게 가혹하게 비판받았다. 카를 마르크스는 샤토브리앙의 참을 수 없이 "교태적인 감상성"과 "연극적인 장엄함"을 매도했다. 그러나 노디에와 고티에를 필두로 많은 프랑스 낭만주의자들에게 샤토브리앙은 시금석이었다. 그리고 고티에가 즐겨 지적한 바와 같이, 마리 탈리오니는 샤토브리앙의 상상에 기반해서 이름을 떨쳤다. 그녀에게서 그는 자신의 갈망의 명쾌한 표현을 본 것이다.[28]

탈리오니의 「실피드」에서 깊은 인상을 받은 것은 샤토브리앙만이 아니었다. 이 발레에 대한 대중의 반응은 압도적이었다. 평론가들은 그녀를 시대를 초월한 "종교적 상징", "기독교적 무용수"(고티에), "회의론적" 시대에 등대처럼 빛나는 순결한 순수성을 가진 "천상의 천사"로 거듭 묘사했다. 『라르티스트(L'Artiste)』지에 실린 긴 시는 그녀를 이상적인 목가적 삶과의 접촉을 잃고 도시화와 그 악덕들 앞에 무릎을 꿇은 "흉측한" 시대로부터 프랑스를 구원하겠다고 약속하는 "하얀 처녀"로 묘사했다. 베롱은 이 발레의 낭만주의적 상상의 매력을 재빨리 인식했고, 무대 전역을 날아다니는 발레리나들이 가정적 주제의 성실한 팬터마임들보다 더 많은 표를 팔아주는 것에 주목했다. 그러나 탈리오니의 성공에는 달콤쌉쌀한 찬사들이나 상업적 이익 이상의 것이 있었다. 그녀는 낭만주의적 상상에 등장하는 꿈의 존재일 뿐 아니라, 고티에가 적절히 관찰한 바와 같이 "여성의 무용수"이기도 했다.[29]

여기에는 몇 가지 의미가 있었다. 어느 정도는 베롱 덕분에 탈리오니의 대중은 점점 더 부르주아적이고 점잖아지고 있었는데, 그들은 공적 생활에서 여성들의 위치에 대해서 강력한 입장을 가지고 있었다. 프랑스 혁명 기간에 여성들에게 부여된 의복적, 법적 자유는 일시적 환상에 불과했다. 1830년대쯤 되자 새로운 부르주아적 도덕이 확고하게 자리잡았다. 이제 남성과 여성이 상이한 영역에 속한다는 사실은 널리 받아들여졌다. 남성은 천성적으로 합리적이었고 사업, 행정, 국가 업무들의 주도에 적합했다. 반면 여성은 아내와 어머니였고 가족의 영적이고 감정적인 삶을 돌보았다. 그의 세상은 공적이고 물질적이었고, 그녀의 세상은 사적이고 도덕적이었다. 그녀의 과업은 아이들, 다루기 힘든 열정, (그녀 자신의) 야심, 갈망을 통제해서 수수하고 정숙하게 보이는 것이었다. 1834년 한 예법 지침서는 이렇게 썼다.

> 그녀는 어떤 가치를 가졌든 간에, 그리고 정신적 우월성과 의지의 힘으로 남성이 될 수 있다는 사실을 아무리 잘 알더라도, 밖에서는 여성이 되어야 한다! 그녀는 자신이……남성보다 열등하며 천사들에 가까운 존재라는 것을 보여주어야 한다.

그렇지만 당시 여자들이 이런 상황을 언제나 구속성 있게 "받들지는" 않았다. 몇몇은 대담해지기도 했다. 흔히 "신여성"이라고 불리던 여자들은 (남성을 동반하지 않은 채) 끼리끼리 모여서 극장이나 만찬에 갔고, 일부는 여성지를 시작하거나 신생 사회주의-페미니스트 정치로 나아갔다. 많은 여자들이 비록 역할은 엄격히 고정되어 있을지언정 강력한 갈망과 야심을 가지고 있었다. 그들 역시, 나름의 방식으로 낭만주의 시대에 속했던 것이다.[30]

탈리오니는 이상적인 부르주아 여성으로서 등장했다. 그녀는 다른 무용수들의 요염한 웃음과 시시덕거리는 분위기를 배제한 소박하고 우아한 몸가짐으로 갈채를 받았다. 게다가 그녀는 "기품"이 있었다. 이 단어는 그녀의 춤의 꾸밈없는 특성을 설명하려는 평론가와 작가들에게 진언처럼 되풀이되었다. 하지만 "기품"은 언론이 열렬한 관심을 보이는 그녀의 사생활과도 관계가 있었다. 그들은 그녀가 분주한 나날에도 불구하고 그림과 바느질이라는 여성적 예술에서의 자기 계발에 어떻게든 몇 시간을 떼어놓는 모범적 여성이자 헌신적 어머니라고 보도하기를 좋아했다. 그녀의 집은 꼼꼼하게 관리되었고, 세간은 수수하며, 대중의 관심보다 조용한 집 안을 더 좋아한다고 일컬어졌다. 그녀는 매력적이지만 얌전한 옷을 입었고 보석은 서랍 속에 두었다. 그녀의 「라 실피드」 의상이 좋은 예였다. 그것은 소박하고 반쯤 비치는 종형 드레스로, 무릎 바로 아래 길이였고 잘록한 허리와 짧은 퍼프 소매로 디자인되었다. 그녀는 꽃이 달린 머리장식과 분별 있는 진주 목걸이, 이와 어울리는 팔찌들을 착용했다. 사실 그녀의 의상은 당시 유행 그대로여서, 자냉이 관찰한 바와 같이 탈리오니는 무용수라기보다는 한 여성, 결과적으로 그녀의 공연에 모여들던 부르주아 숙녀들과 같은 부류로 보였다.

그들은 꽤나 모여들었다. 낭만주의 시인들을 제외하면 탈리오니를 가장 동경한 것은 남자들이 아니라 여자들이었는데, 탈리오니 본인이 쓴 바에 의하면 이 사실은 무엇인가 자부심의 원천이었다. 이런 여자들은 꽃다발로 무장하고는 소녀 팬들처럼 모여들어 (어느 경악한 언론인이 쓴 바와 같이) 그때까지 남자들의 영역이던 아래층 객석을 "침공했다." 맹렬한 문학계 인사인 대시 백작부인은 여자들의 상상력에 대한 탈리오니의 특별한 장악력에 대해서 길고 열정적인 글을 썼는데, 탈리오니는 백작부인의 논평들을 자신의 공책에 세심하게 옮겨 적었다. 대시의 설명에 의하면, 여자들이 탈리오니를 동경한 것은 그녀가 완벽하고 본분을 다하기 때문이 아니었다. 그 반대로, 그녀의 춤추기는 그들 자신의 삶의 억누르기 힘든 진실을 표현했다. 선량하고 기품 있는 여성들은 억제되고 통제되는 삶에 정착해야 했지만, 속으로는 "열정의 폭풍"과 "위험한 감정"을 위해서 "자신들의 부드럽고 온화한 실체를 버리기를" 간절히 바랐다. 탈리오니는 그들이 꿈에서나 그리는 삶을 살았다. 그것은 공적이고 독립적이고 완전히 표현되면서도, 여성적인 품위와 우아함이라는 교리는 유지하는 것처럼 보이는 삶이었다. 백작부인은 자신이 너무나 많은 다른 사람들과 마찬가지로 탈리오니의 춤에 압도된다는 것을 깨달았다. 대시는 자기승인적인 감상적 몸짓을 보이는 자신의 우상에게 닿기 위해서, 무아지경 상태로 "몸을 던졌다."[31]

맞춤하게도, (이제는 완연한 중년이 된) 쥘리에트 레카미에는 탈리오니의 매력을 처음으로 알아본 사람들 중 하나였다. 그녀와 그녀의 살롱을 들락거리던 여자들은 스카프, 레이스, 베일을 두르고 머리카락을 "구름처럼" 손질해서 가볍고 무형적인 스타일로 만들었다. 의상실은 적당한 장신구를 앞다퉈 제공했는데, 이를테면 실피드 터번 같은 것이었다. 공기 같아 보인다는 것은 어느 정도는 마르고 창백하다는 것이었다. 「라 실피드」는 파리하고 요정 같은 스타일의 유행과 맞물렸다. "그들은 먹지 않는다. 그들은 물만 먹고 살아간다. 이 거만한 숙녀들은 장미꽃잎 말고는 아무것도 먹지 않으며 살겠다고 주장한다."[32]

저명한 신문 「르 피가로(Le Figaro)」의 미래의 편집장이자 언론계의 강력한 인물인 이폴리트 드 빌메상은 이런 유행으로 돈을 벌겠다는 입장을 가진 사람이었다. 그는 향기 나는 종이에 인쇄된 문학적 경향의 패션 잡지를 시작하기 위해서 그녀에게 접근했다. 그녀는 동의했다. 그는 이 단명한 잡지를 당연히 『라 실피드』라고 불렀는데, 대상은 그녀의 이미지를 너무나 예민하게 동일시하는 부유한 부르주아 여성들이었다. 다른 사업가들도 뒤따랐다. 그녀의 영국 공연 이후 런던에서 윈저로 향하는 쾌속 역마차에 탈리오니라는 이름이 지어졌다. 어린 소녀들을 위한 종이인형이 있었고, 「라 실피드」의 탈리오니를 그린 동판화들은 그녀의 이미지를 전에 없이 빠르고 효율적으로 퍼뜨렸다.[33]

역설적이게도 언론에서의 깨끗한 이미지에도 불구하고 탈리오니의 사생활은 종종 힘들고 불행했다. 1832년 그녀는 질베르 드 부아쟁이라는 이름의 빈궁한 귀족과 결혼했다. 이 결혼이 연애결혼이었는지는 불확실한데, 탈리오니는 후일 그렇다고 주장했다. 그러나 그녀는 실제로 이탈리아 음악가를 사랑했지만 작위를 얻을 심산인 부모에게 순종했다고 부르농빌은 회상했다. 어쨌거나 혼인 증명서에는 탈리오니의 적잖은 개인 소지품들과 재산 목록이 있었는데, 결혼에도 불구하고 그녀 자신의 것으로 남아야 한다고 세심히 보장하는 약정도 포함되어 있었다. 4년 후에 부부는 별거했고 결국 이혼했다. 부아쟁은 술고래 도박꾼이었고 마리의 벌이를 일상적으로 고스란히 낭비하면서 남들 앞에서 창피한 장면들을 연출했다. 그렇지만 헤어진 후에도 그녀는 그를 계속 부양했다.

그 후 그녀는 헌신적인 팬들 중 한 사람과 사랑에 빠졌다. 외젠 데마르가 처음 결투로 탈리오니의 명예를 옹호했을 때 그녀는 그를 전혀 몰랐다. 하지만 그 후 둘은 영원한 동반자이자 연인이 되었다. 그들은 1836년 (사생아인) 아이를 가졌지만, 3년 후 데마르는 사냥 사고로 죽었다. 탈리오니는 1842년 다시 아이를 낳았다. 출생증명서의 아버지 이름은 질베르 드 부아쟁이지만 진짜 아버지는 알려지지 않았는데, 어쩌면 러시아 왕자였을 수도 있다. 이 일들에 대한 탈리오니 본인의 설명은 조심스럽다. 그녀의 (미출간) 회고록에서 사생활 이야기는 대개, 본인의 표현을 빌리면 "막을 내렸고", 공개적 언급은 자신의 예술에 대한 것들에 한정되었다. 그러나 그녀의 공책들은 더 의미심장하다. 깔끔하게 적은 구절들은 그녀의 격렬하고 열정적인 성격을, 그리고 자신의 기질을 만만치 않게 강력한 부르주아적 예절 감각과 조화시키려는 내적 투쟁을 보여준다. 예를 들면 공책에는 간통과 짝사랑의 "비참함"에 대한 성난 서술과 결혼과 모성에 대한 감상적인 찬사가 있다. 열망 때문에 자신에게 그어진 "숨 막히는 원"에서 벗어나는 "열정적" 여성들이 직면하는 위험들에 대한 페미니스트 작가 프레드리카 브레메르의 긴 명상은 의미심장하다. 마리는 이를 손수 세심하게 옮겨 적었다. 그들은 고통받게 될 것이었다. 탈리오니도 그랬던 것 같다. 그것도 대단한 낭만주의적인 스타일로.[34]

1837년 마리 탈리오니는 파리 오페라를 떠났고, 1847년 은퇴할 때까지의 남은 경력을 런던에서 상트페테르부르크까지 유럽 대륙 전역을 누비는 국제 순회공연에 바쳤다. 그러도록 파리 오페라가 허용한 것은 그녀의 가장 큰 경쟁자를 고용했기 때문이다. 베롱은 빈의 발레리나 파니 엘슬러를 무대로 데려왔다. 엘슬러의 스타일은 탈리오니와 눈에 띄게 달랐다. 그녀는 세속적이고 육감적인 "이교도"이자 "남성의 무용수"였다. (다시 고티에에 의하면) 그녀의 매력은 영적이라기보다는 지나치게 관능적이고 성적이었다. 정말이지 엘슬러의 춤추기는 이국적인 문화와 멀리 떨어진 곳에 대한 낭만주의적인 집착을 겨냥했다.[35]

엘슬러는 다채로운 집시 무용, 이탈리아의 타란텔라, 헝가리의 마주르카, 그리고 특히 스페인의 볼레로로 유명했다. 고티에가 쓴 바에 의하면 그녀의 볼레로 공연은 진짜와는 거리가 멀었다. 볼레로는 18세기 스페인에서 유래했다. 이는 하층 계급이 거리에서 추는 춤이었고 집시 형식, 이탈리아 곡예, 그리고 프랑스 귀족 스타일의 우아함도 어느 정도 포함되어 있었다. 가장 중요한 것은 볼레로에 프랑스 및 외국의 영향에 대한 반대, 그리고 토착 전통 속에서의 정치적 이해와 얽힌 국민적 자부심의 분위기가 담겨 있다는 사실이었다. 엘슬러식 파리 버전의 춤은 스페인적 느낌을 겨냥했지만, 사실 고전적 스텝들과 표현 형식을 캐스터네츠와 검은 베일로 표현하는 완전히 발레적인 것이었다.

프랑스인들은 매혹되었지만 고티에는 스페인을 방문하고 실망했다. 그의 한탄에 의하면, "스페인 춤들은 파리에만 존재한다. 마치 조개껍질은 골동품 상점들에서만 찾을 수 있고 해변에는 절대 없는 것과 마찬가지이다."[36]

탈리오니와 마찬가지로 파니 엘슬러는 국제적 스타가 되었다. 그녀의 이미지는 인쇄물로 재생산되어 코담뱃갑, 장식 부채, 기념품들에 붙여졌다. 자신의 유명인사로서의 매력을 예리하게 파악한 그녀는 한번도 제대로 정착하지 않았다. 그녀는 언니와 함께 (남자 배역을 추는 그녀가 엘슬러가 선호하는 파트너였다) 1834년부터 1840년까지 파리 오페라에서 불규칙적으로 공연하면서 빈과 런던에서도 춤추었다. 그리고 결국 프랑스 수도를 완전히 등지고 북아메리카, 쿠바(2번), 러시아에 이르는 순회공연을 다녔다. 미국에서 그녀는 동부 지역 곳곳의 극장들에서 연기했는데, 고전 발레에 스페인 민속 무용과 영국 혼파이프 춤을 섞은 프로그램을 선보여 엄청난 찬사를 받았다. 그녀의 마차는 찬양하는 팬들을 길에서 내내 끌고 다녔고, 상점들은 파니 엘슬러 부츠, 양말대님, 스타킹, 코르셋, 양산, 여송연, 구두약, 면도 비누, 샴페인을 쟁였다. 배, 말, 그리고 아이들의 이름이 그녀의 이름을 따서 지어졌다. 워싱턴에서는 그녀의 공연에 참석하기 위해서 의회가 일찍 휴회했다.

한편 파리 오페라에서 탈리오니를 계승한 젊은 무용수들은 그녀의 스타일을 모방했지만 그녀의 그림자에서 벗어나는 데에는 실패했다. 왜냐하면 탈리오니는 진정으로 유일무이했기 때문이다. 그녀는 자신의 춤에 복제하기 힘든 범위와 깊이를 부여하는 일종의 타고난 카리스마를 가지고 있었다. 이는 선천적 재능에 더해, 자신의 시대의 정서적 풍조를 흡수해서 발레의 형식들과 테크닉으로 재생산하는 그녀의 묘한 능력이 예외적으로 결합된 것이었다. 게다가 탈리오니는 모든 정치, 예술 영역의 카리스마적 인물들과 마찬가지로, 강력한 오라와 추억을 두고 갔다. 정말이지 「라 실피드」가 향수의 대상이자 새로운 발레의 대상이 되기까지 오래 걸리지는 않았다. 바로 「지젤」이었다.

「라 실피드」와 「지젤」은 북엔드(bookend)이다. 한쪽 끝에는 샤토브리앙, 노디에, 초기 프랑스 낭만주의가 버티고 있다. 다른 한쪽 끝에서는 「지젤」의 공동 집필자인 테오필 고티에(1811-1872)가 발견된다. 그는 이전 세대의 환멸을 물려받고 공유했지만 보들레르의 "우울" 역시 지향했다. 보들레르의 『악의 꽃(Fleurs du mal)』은 고티에에게 헌정된 책이었다. 샤토브리앙이나 노디에보다 젊은 고티에는 1830년 혁명에서 깊은 환멸을 느꼈다. 그에게 루이-필리프의 치세는 부르주아적 평범함으로의 치명적 전락으로 보였다. 나아가 고티에는 그들과 마찬가지로 꿈, (흔히 성적인) 환상, 초자연적인 것에 끌렸다. 그의 딸에 의하면, "아버지는 자신을 신비로운 힘과 흐름들에 둘러싸여 있는 사람으로 보았다." 그의 가끔은 터무니없는 글, 의상을 통한 표현, 열정적인 공상, 요정과 귀신과 별세계의 경험에 대한 관심은 반항적이고 지속적인 불안감을 암시했다. 고티에의 죽음을 맞아서 플로베르는 그는 "근대적 삶에 대한 혐오 때문에 죽었다"고 논평했다.[37]

고티에와 하이네는 친구였다. 두 사람은 노골적으로 관능적이고 여성적이며 사치스러운 예술에 대한 갈망에서 공통의 대의명분을 발견했다. "아름답다는 것은 평범함의 부재입니다." 고티에는 1830년대 초 하이네에게 이렇게 편지했다. "저는 우아하고 귀족적이며 재기 넘치는 문학을 꿈꿉니다." 고티에에게 발레는 평생의 집착이 되었다. 탈리오니의 「라 실피드」는 시적 갈망과 자신의 환상적 정신 상태의 완벽한 표현이었다. 그는 이 작품이 닿을 수 없는 이상을 찾는 예술가의 이야기라고 말했다. 그에게 탈리오니는 "우리 시대의 가장 위대한 시인들" 사이에서 자리매김되었다. 이는 무거운 신뢰였다. 왜냐하면 고티에의 사전에서 시인은 단순한 작가가 아니라 영적, 감정적 등대였기 때문이다. 「지젤」(1841)은 하이네, 위고, 그리고 「라 실피드」의 추억에서 영감을 받은 것이었고, 낭만주의에 대한 고티에의 헌사가 될 것이었다.[38]

고티에는 「지젤」의 아이디어를 죽을 때까지 춤추는 아름다운 스페인 소녀에 대한 위고의 시 "유령들(Fantômes)"을 읽던 중에 처음 떠올렸다. 그는 여기에 하이네에 의해서 일깨워진 슬라브의 윌리(wili) 혹은 "밤의 무용수"의 이미지를 더했다. 윌리는 결혼식 전에 죽은 젊은 여자로, (성 로잘리의 불충한 수녀들처럼) 밤에 무덤에서 일어나 부주의한 남성 희생자들을 유혹해서 죽을 때까지 억지로 춤추게 만든다. 하이네는 윌리들을 "죽은 바쿠스 여사제들"이라고 불렀으며, 그들이 "웨딩드레스를 차려입고……손가락마다 반짝거리는 반지를 꼈다"고 상상했다. 그들은 파리 여자들이 무도회에서 "분노"와 "광기"에 찬 상태로 스스로를 춤으로 던질 때 그가 목격한 "달콤하고 관능적인 망각에 대한 도취적 갈망"을 그에게 상기시켰다.[39]

고티에는 이런 이미지들을 가지고 리브레토 작가 베르누아 드 생-조르주와 함께 작업해서 대본을 내놓았다. 이 발레는 작곡가 아돌프 아당의 달콤하고 선율적이며 표제음악적인 곡에 맞추어졌고, 제작은 다시 한번 시세리에 의해서 디자인되었다. 안무를 위해서 파리 오페라는 상임 예술가 장 코랄리에게 의지했다. 이탈리아 출신인 그는 경력의 많은 부분을 오스트리아-이탈리아 접경지역의 순회공연과 파리의 불르바르 극장들에서 보냈지만, 1831년 파리 오페라의 안무에 새로운 활기를 불어넣으려는 베롱에 의해서 직접 간택되었다. 그렇지만 코랄리가 「지젤」의 춤들을 혼자 완성한 것은 아니었다. 그는 무용수이자 발레 마스터인 쥘 페로로부터 상당한 도움을 받았다.

페로 역시 불르바르 무용수였다. 그는 리옹의 견직물 노동자의 아들이었고, 자신의 경력을 광대와 체조선수로 시작했다. 그는 못생기고 보기 흉하고 운동선수 같았다. 그는 땅의 정령인 "놈 같은" 존재이자 "박쥐 날개를 가진 서풍"이었다. 타고난 기교파인 그는 오귀스트 베스트리스와 함께 발레를 공부했는데, 그는 페로에게 육체적 결함을 숨기려면 계속해서 빨리 움직이라고 충고했다. 그는 1830년 파리 오페라에 데뷔해서 인상적인 갈채를 받았는데, 특히 남성 무용수들에 대한 당시 관객의 시큰둥한 반응을 고려하면 더욱 인상적이었다. 그러나 탈리오니, 엘슬러와 마찬가지로 그는 곧 국제적 경력에 착수하기 위해서 떠났다. 그는 이탈리아에서 라 스칼라에서 훈련받은 젊은 무용수 카를로타 그리시를 만났다. 이스트리아의 작은 마을 출신의 소박한 소녀 그리시는 엄청난 재능을 가지고 있었다. 그녀에게는 탈리오니의 타고난 육체적 총명도 어느 정도 있었다. 페로는 그녀를 즉시 고용해서 함께 작업하기 시작했다. 그의 명백히 체육적인 스타일은 그녀의 테크닉 위에서 두드러졌다. 그녀의 춤추기는 어느 평론가가 쓴 바와 같이, 탈리오니보다 "덜 그리스적"이면서 더 "근육적인 우아함"을 가지고 있었다. 페로는 그리시의 교사였지만 그녀의 무용 파트너이자 연인이기도 했다. 둘은 함께 살고, 여행하고, 공연했다. 그들이 파리에 도착했을 때 그녀는 고티에의 「지젤」의 스타가 되었다.[40]

「지젤」의 중심축은 서로 연관된 세 가지 낭만주의적 집착에 있었다. 바로 광기, 왈츠, 이상화된 기독교적이고 중세적인 과거였다. 1장은 중세 독일 마을의 "농부들의 골짜기"에서 벌어진다. 그곳에서 젊은 시골 아가씨 지젤은 그녀에게 구애하기 위해서 촌민으로 가장한 구세계적 공작 알브레히트와 사랑에 빠진다. 그렇지만 지젤의 어머니는 골칫거리를 감지한다. 딸의 명랑하고 충동적인 왈츠가 그녀에게 전설 속 비운의 윌리들을 상기시킨 것이다. 역시 지젤을 사랑하는 진짜 촌민 힐라리온은 알브레히트의 진짜 정체를 드러낼 책략을 짰고, 적절한 순간 계략을 폭로한다. 지젤은 알브레히트가 사실 그와 같은 신분의 매력적인 여성 바틸데와 약혼했다는 것을 알게 된다. 그들의 사랑의 맹세에 대한 그의 무정한 배신에 망연자실한 지젤은 서서히, 고통스럽게, 한 걸음 한 걸음씩, 그리고 마을 사람들이 전부 보는 앞에서 넋이 나간다. 광란이 최고조에 달했을 때 그녀는 알브레히트의 검을 움켜잡고 스스로를 죽인다.[41]

이 순간까지는 비록 낭만적으로 표현될지언정 모든 것이 대단히 사실적이다. 지젤의 사랑, 배신, 분노, 그리고 자살에 이르는 비탄은 확실하고 명쾌한 획으로 그려진다. 그러나 2막에서는 모든 명확성이 사라진다. 우리는 낯설고 귀신이라도 나올 듯한 환상으로, 강렬한 추억과 견딜 수 없는 후회의 안개가 자욱한 세계로 빠져든다. 사건이 벌어지는 것은 으슬으슬 축축한 달빛이 비치는 밤의 숲으로, "골풀, 갈대, 야생화와 수초의 수풀"로 덮여 있다. 덤불 속에 하얀 대리석 십자가와 지젤의 이름이 새겨진 묘비가 있다. "창백하고 투명한 영혼"이자 윌리들의 여왕인 미르타가 등장해서 꽃들을 마법의 로즈메리 가지로 건드린다. 꽃들이 열리고 윌리들이 나와서 나무에서 가지로 실피드처럼 가볍게 돌아다닌다. 윌리들은 자신들의 여왕 주위로 모여들더니 다시 한번 무도회의 어린 신부라도 된 것 같은 춤을 춘다. 동양과 인도 춤이 있고, "기괴한" 프랑스의 미뉴에트가 있으며, 무아지경을 가져오는 독일 왈츠도 있다. 마침내 미르타가 환상의 무도회를 중지시키고 지젤의 등장을 준비한다.[42]

지젤은 수의를 두른 채 무덤으로부터 등장한다. 미르타가 가지로 건드리자 그녀가 일어나는데 수의가 흘러내리며 등에 날개가 솟더니 새로 찾은 자유를 가지고 바닥을 미끄러져 지나간다. 몰골은 엉망이고 슬픔으로 거의 미쳐버린 알브레히트가 그녀의 무덤을 찾아왔다가 연인을 본다. 그는 그녀를 잡으려고 하지만 그녀는 그의 손가락들 사이로 미끄러져 스르르 사라진다. 모든 것이 찰나이고 모든 것이 망상인 것이다. 그리시의 춤은 고전적인 실피드적 스텝들에 특수효과가 결합된 것이었다. 그녀는 도르레와 바퀴가 달린 기계들을 사용해서 공중과 무대 전역을 놀라운 속도로 쉭쉭 날아갔다(처음에는 장비를 시험해보기 위해서 곡예 전문 무용수가 이 속임수들을 수행했다). 알브레히트는 이 무의미한 유령 추적으로 기진맥진하고 좌절해서 지젤의 무덤 뒤편에 주저앉는다.

힐라리온이 등장해서 윌리들의 첫 번째 희생자가 된다. 알브레히트는 (고티에가 말했듯이) "왈츠를 추는 여자 오거들"이 공포에 질린 청년에게 광적인 아찔한 춤을 추도록 강요하는 것을 지켜본다. 그들은 그를 한 윌리에게서 다음 윌리에게로 계속 빙그르르 돌리는데, 그러다 결국 호숫가에 다다르자 여전히 빙빙 돌리면서 깊은 물속으로 빠뜨린다. 다음은 알베르흐트이지만 여전히 충실한 지젤은 그를 자기 무덤의 십자가로 인도한다. 그것은 그를 윌리들의 악마 같은 힘으로부터 보호할 것이었다. 그렇지만 미르타는 가차 없다. 그녀는 지젤이 관능적 춤으로 알브레히트를 유혹해서 십자가에서 떨어뜨리도록 강요한다. 그는 굴복한다. 그들은 "빠르고, 공중에 떠 있고, 광적인" 광희와 탈진의 춤에 합류하고, 반쯤 정신이 나간 후에야 멈추어서 서로의 품으로 쓰러진다. 그렇지만 알브레히트가 결국 구원받는 것은 (「악마 로베르」와 달리) 종교나 초자연적인 힘이나 본인의 (미약한) 의지 덕분이 아니다. 윌리들을 그들이 나온 나무와 꽃으로 "비척비척" 돌려보내는 것은 동트는 새벽이다. 그렇지만 지젤은 꽃으로 덮인 자신의 무덤으로 도로 내려가면서 마지막 희생을 한다. 그녀는 수행원들을 거느리고 다가오는 바틸데를 가리키면서 알브레히트에게 그녀와 결혼하라고 부탁한다. 알브레히트는 지젤이 땅속으로 사라지는 모습을 망연자실해서 지켜보다가 그녀를 삼켜버린 꽃들을 성심껏 꺾는다. 그 후 돌아서서 위엄 있지만 관대한 바틸데에게로 간다.[43]

이 무대가 스토리적으로 새롭다고 하기는 어렵다. 이 작품은 물론 「악마 로베르」와 「라 실피드」를 연상시키지만, 파리의 인기 있는 불르바르 극장에서 공연된 「공기의 소녀(La Fille de l'air)」(1837)라는 발레의 윌리들 역시 연상시킨다. 탈리오니도 불과 몇 년 전 「다뉴브 강의 소녀(La Fille du Danube)」를 춤추었다. 사랑하지 않는 남자와 결혼하느니 다뉴브 강으로 몸을 던진 소녀에 대한 작품으로, 독일 전설에서 따온 것이었다. 그녀가 정말 사랑하는 남자는 그녀의 유령과 춤춘다. 그리고 그녀와 함께하기 위해서 자살을 시도하고 수중에서 물의 파 드 되를 춘다. 당대의 미친 여자들도 있었다. (월터 스콧 경의 소설에서 따온) 도니체티의 「람메르무어의 루치아(Lucia di Lammermoor)」(1835), 1820년대에 처음 공연되었다가 1840년에 부활한 「니나, 혹은 사랑에 미친 여인」, 벨리니의 「몽유병의 여인(La Sonnambula)」(1831)의 귀신 들린 것 같은 몽유병자들, 그 밖에도 여럿이 있었다.

광기와 왈츠는 여성과 널리 연관 지어졌다. 여성의 정신이상은 흔히 월경과 호르몬 이상으로 인한 유사 성병으로 간주되었다. 이로 인해서 약화된 여성들이 압도적인 감정에 위험할 정도로 수용적이 된다는 것이었다(남성들이 고통받는 데에는 물론 다른 이유들이 있었다). 여성들이 왈츠를 추는 것과 자살을 저지르는 것은 동일한 이유 때문이라고 생각되었다. 그들은 소설들을 읽으므로 그럴듯한 거짓말(과 연기)에 남성들보다 능통하기 때문이라는 것이었다. 그렇지만 고티에와 많은 프랑스 낭만주의자들에게 이러한 감정 과다는 원인이 무엇이건 간에 결점이 아니었다. 그 반대로 여성들은 시, 아름다움, 그리고 상상 속에서 무척이나 동경되는 신비에 대한 특별한 접근 기회를 가졌다.

샤토브리앙처럼 고티에도 자신의 유령 혹은 실피드를 가지고 있었다. 그는 최초의 지젤인 카를로타 그리시에게 홀딱 반했다. 페로와 헤어진 그리시는 고티에를 퇴짜 놓고 대신 폴란드 귀족과 결혼했지만, 그녀가 고티에의 마음에서 완전히 떠나는 일은 결코 없었다. 그는 그녀에게 감상적이고 향수 어린 편지들을 썼고, 남은 평생 그녀를 찾아가는 순례를 하곤 했다. 그는 그녀가 "내 마음의 진정하고 유일한 사랑"이라고 털어놓았다. 「지젤」 이후 그는 그녀를 위한 또 하나의 발레 「라 페리(La Péri)」를 썼는데, 여기서 그녀는 아편몽 속의 동양 요정으로 등장했다. 그녀는 몇 편의 시, 그리고 실연으로 죽은 소녀의 유령인 요정에 씐 젊은 남자에 대한 환상적인 소설 『스프라이트(Sprite)』(1866)에도 영감을 주었다. 이 이야기에서 그녀의 유령 요정은 그를 어디든 따라다닌다. 그는 그녀를 잡으려고 하지만 그녀는 그를 빠져나간다. 그가 죽자 그녀는 그의 영혼을 걷어 자기 것으로 만들어서는 가지고 날아가버리고, 그들은 함께 천사의 모습을 이룬다. 그렇지만 고티에는 실제 삶에서는 보다 실용적인 태도를 택했다. 카를로타의 여동생과 결혼한 것이다. 변덕스럽지만 견실한 부르주아였던 에르네스타 그리시와 함께 그는 두 아이를 가졌다.[44]

「라 실피드」와 「지젤」은 최초의 현대 발레였다. 우리가 이 발레를 안다고 느끼는 것은 이 작품들이 비록 많이 바뀐 버전일지언정 여전히 공연되고 있기 때문이다. 그러나 그 이상의 것도 존재한다. 프랑스 낭만주의자들은 오늘날 우리가 발레라고 아는 것을 발명했다. 그들은 대사, 팬터마임, 스토리 발레에 의한 춤의 지배를 깨트렸고, 발레라는 예술의 축을 완전히 이동시켰다. 그것은 더 이상 남성, 권력, 귀족적 몸가짐에 대한 것이 아니었다. 고전적 신과 영웅적 행동, 하다못해 예스러운 촌락 행사와 모험에 대한 것도 아니었다. 발레는 대신 여성들의 예술이 되었고, 몽상과 상상의 안개 자욱한 내적 세계들의 기록에 헌신했다.

팬터마임은 사라지지 않고, 오히려 계속 번성했다. 「라 실피드」와 「지젤」 모두 대사로 스토리를 표현했고 마임 장면도 상당량 등장했다(오늘날에는 이 장면들의 다수가 축소되거나 생략되었다). 그러나 스토리텔링과 팬터마임은 더 이상 제1순위가 아니었다. 탈리오니가 여배우로서는 평범하다는 것에 신경 쓰는 사람은 아무도 없었다. 관건은 오히려 움직임, 몸짓, 음악을 사용해서 덧없는 추억이나 찰나의 생각을 포착하는 것이었다. 다시 말해, "보이지 않는 종족들"과 정신의 비물질적인 요소에, 현실의 물리적이고 연극적인 형태를 주는 것이었다. 그리하여 발레의 스텝, 포즈, 움직임들은 17세기 이래 처음으로 새로운 고유의 의미를 얻었다. 고티에 본인이 너무나 적절하게 쓴 바와 같이 "발레의 진정하고 유일무이하고 영원한 주제는 춤 자체이다."[45]

이것은 인간의 동기 혹은 내면의 딜레마의 표현과는 무관했다. 「라 실피드」와 「지젤」이 절대 비극이 아니었던 이유가 여기에 있었다. 그 등장인물들은 종이인형 같았고, 쟁점이 되는 도덕적 딜레마는 전무했다. 이 발레들은 오히려 고전파 문학의 본보기로부터 등을 돌렸다. 그것들은 시각적인 시 혹은 살아 있는 몽상이었다. 특히 「라 실피드」는 꽤나 이례적인 무엇인가를 달성했다. 샤토브리앙, 고티에, 자냉, 그리고 탈리오니와 그렇게나 강한 동질감을 느낀 여자들은 그녀의 춤추기를 자신들의 불만이라는 렌즈를 통해서 보았다. 그것은 여성적이고 감성적인 "더 진정한" 세계를 향한 창이었다. 그리고 너무나 사무치는 나머지 그들이 근대적 삶과 동일시하는 세기병의 표현처럼 보이는 덧없는 이상주의에 물든 예술 형식이기도 했다. 탈리오니와의 관계는 개인적이고 친밀하게 느껴졌지만, 동시에 문화적이고 은유적인 것이기도 했다. 「라 실피드」는 이상화된 별세계라는 지위에 오르고 싶은 갈망을 표현했다. 그러나 그 존재는 환영적이고 일시적이었다. 실피드와 마찬가지로 발레리나는 영원하지 않았다. 이 지점에 유토피아주의적 압박이 존재했다. 「라 실피드」와 「지젤」은 행복과 진정한 사랑의 발레적 극락에 대해서 매력적인 "좋으련만" 약속을 제시했지만, 핵심은 물론 그곳에 가는 것이 절대 불가능하다는 사실에 있었다. 프랑스 낭만주의에서 중요한 것은 미화된 상실감, 즉 갈망이라는 강렬한 느낌이었다.

이렇듯 현대 발레의 틀은 「라 실피드」와 「지젤」을 통해서 형성되었다. 발레리나는 이 예술의 이론의 여지없는 주인공이었다. 업신여겨지는 천한 남성 무용수들은 프랑스 무대에서 추방되거나 미미한 조연으로 밀려나게 되었다. (여러 동조적 코르 드 발레의 뒷받침을 받는) 여자 주인공과 그녀의 연인 사이의, 그리고 공동체의 요구와 개인의 비밀스러운 갈망 사이의 견인은 이후 한 세기 이상 발레의 구조가 될 것이었다. 이것들 중 어느 것도 이 예술을 조금이라도 덜 고전적이거나 덜 형식적이게 만들지 않았다. 마리 탈리오니는 오히려 "고대적" 소박함과 완벽함을 위해서 노력하면서 윤곽과 대칭에 대한 발레의 관심을 심화시켰다. 그러나 그녀는 베스트리스와 이탈리아 무용수들이 개척한 점프, 푸앵트 워크, 극단적 포지션들을 자신의 우아한 스타일로 통합시킴으로써 발레의 표현적 영역을 확장하기도 했는데, 이것이야말로 오늘날 우리가 본질적이라고 인정하는 스텝과 움직임이다. 사실 탈리오니를 그렇게나 눈에 띄게 만든 것은 그녀의 춤추기의 매끄러움이나 석판화들 속의 사랑스러움이 아니었다. 그녀가 균형 잡힌 동시에 반대방향으로 기우는 듯 보이게 만든 것은 이면의 긴장, 다시 말해서 무게, 선, 비례의 있음직하지 않은 재분배였다. 그녀의 예술에는 모호함이 내재되어 있었다. 그녀는 (빅토르 위고가 말했듯이) "길을 잘못 든 구식 취향"인 동시에 그 반박이었다.[46]

탈리오니의 이미지는 지금도 여전히 되풀이되고 있지만 당대에서 그녀의 영향은 훨씬 생명이 짧았다. 1848년 혁명이 파리에서 터질 즈음 가냘프고 초자연적인 낭만주의 발레는 사망한 것이나 다름없었다. 그것은 한 세대의 경험에 매여 있었고, 그들이 사라지자 살아남을 수 없었다. 마리 탈리오니는 1847년 은퇴해서 간간이 가르치고 지도하기만 했다. 1851년 엘슬러도 뒤따랐다. 필리포 탈리오니는 동쪽으로 상트페테르부르크와 바르샤바까지 옮겨갔다. 1849년 페로는 장기 체류를 위해서 상트페테르부르크로 떠났고, 그 직후 그리시도 뒤따랐다. 노디에는 1844년에, 샤토브리앙은 1849년에 죽었고, 같은 세대의 낭만주의 시인과 작가들 중 남은 사람들은 노쇠해졌다. 위고는 망명했다. 고티에와 하이네 모두 계속 발레를 썼지만, 그들의 이후 리브레토들은 무거운 문학적 플롯(『파우스트』)이나 유치한 동양 판타지 쪽으로 기울었다. 1843년 그리시를 위해서 쓴 「라 페리」조차, 벌 한 마리가 그리시의 옷 속으로 날아 들어와서 쏘이지 않으려고 카를로타가 우아한 스트립쇼를 하는 어이없는 춤으로 끝났다.

1851년 12월 루이 나폴레옹의 쿠데타와 1년 후 프랑스 제2제정의 성립 이후 춤은 시적 측면을 잃었고, 성적으로는 유혹적일지라도 시시한 매춘부들을 출연시켰다. 뮤직홀, 다리를 높이 차올리기, 아찔한 기교, 화려한 스펙터클을 선호하는 취향이 영적인 낭만주의 발레를 대체했다. 「라 실피드」는 1858년 이후 파리 오페라의 레퍼토리에서 밀려났고, 「지젤」은 10년 후에 마지막 제작을 하게 될 것이었다. 이런 풍조를 확립한 것은 「해적(Le Corsaire)」(1856)이라고 말해도 무방하다. 이 작품은 「지젤」을 작업한 팀을 일부 집결시켰고, 아당의 음악과 바이런 경의 시에서 대략의 영감을 받은 베르누아 드 생-조르주의 대본을 사용했다. 그러나 이 발레는 난파선과 기타 특수효과들에 중점을 두면서 안무에는 별 관심 없는 저속한 광대 모험담이라는 것이 밝혀졌다.[47] 6년 후, 마리 탈리오니가 고른 마지막 후계자인 프랑스 발레리나 에마 리브리는 그녀를 몽상적인 빛으로 감쌀 예정이던 가스등이 대신 그녀의 의상에 불을 붙이는 바람에 심한 화상을 입었다. 그녀는 화상으로 인해서 사망했는데 채 스물도 되지 않은 나이였다.

비록 낭만주의 발레는 시들고 있을지언정 대중적이고 상업적인 연극의 수요는 그렇지 않았다. 제2제정과 이어진 제3공화국에서는 대중극이 호황이었는데, 연예를 사회적 통제 형식으로 보는 관리들에 의해서도 종종 박차가 가해졌다. 폴리 베르제르 카바레와 물랭 루즈, 야외 음악회, 진기명기 쇼, 팬터마임, 마술쇼, 인형극, 가장무도회 같은 것들이 성행했다.* 발레 전체를 님프와 실프 차림의 사교계 신사 숙녀들이 연기하는 아마추어 연극 행사들까지 있었다. 한번은 이런 가장무도회들 중 하나에서 초로의 마리 탈리오니가 "입을 오므린 채 꽤나 새침한 모습으로" 긴장해서는 어울리지 못하고 있는 것이 목격되기도 했다. 파리 오페라는 상당한 국가 보조금과 일관된 전통을 계속 누렸지만 예술적으로는 더 이상 흥미롭지 않았다. 정말이지 발레는 점점 더 자키 클럽 남성들의 것으로 되어가는 가운데, 한 관찰자가 쓴 바와 같이 널리 노골적인 "여자 시장"으로 받아들여졌다.[48]

나아가 신세대 문학남녀가 낭만주의에서 등을 돌리고 사실주의로 향하게 되면서 한때 불가결했던 발레와의 연결이 약화되었다. 자연과학과 실증주의적 생각에 매료된 작가들은 자신의 예술에, 등장인물과 사회생활에 대한 임상적으로 정확한 묘사를 적용시켰다. 관찰과 사회적 조사가 예술의 대상이자 은유로서의 상상을 대체한 것이다. 구스타브 쿠르베는 "나는 천사를 그릴 수

---

* 물랭 루즈의 파리적 세계는 후일 영화제작자 장 르누아르에 의해서 「프랑스 캉캉(French Cancan)」(1954)이라는 향수 어린 영화로 만들어졌다. 이 영화는 그의 아버지의 그림들과 춤에 대한 열정을 생생하게 보여준다.

없다. 왜냐하면 한번도 보지 못했기 때문이다"라고 썼다. 작가 에르네스트 르낭은 "과학이 우리에게 보여주는 실제 세계는 상상에 의해서 창조된 환상 세계보다 훨씬 더 우월하다"고 주장했다. 발레는 시대를 따라갈 수 없었다. 이상화된 별세계적이고 여성적인 미학과 결혼한 발레가 작가들에게 가지는 매력은 감소했다. 이 예술에 깊은 관심을 가진 것은 공쿠르 형제들 정도로 보였는데, 그들의 관심은 주로 본인들의 기이하고 선정적인 집착이라는 렌즈를 통해서 변형된 더 오래된 18세기 로코코 스타일 형식들(과 발레리나들)에 맞추어졌다.[49]

그렇지만 탈리오니와 낭만주의 발레는 세기말을 향하던 파리에서 내세를 맞았다. 무대 위가 아니라 에드가 드가의 그림, 스케치, 조각품에서였다. 드가의 작품들 중 거의 절반이 무용수들에게 초점을 맞추었다. 발레에 대한 그의 강렬한 집착은 발레라는 예술 형식의 지속적인 시대 반영 능력에 대한 증거였다. 그의 그림들에는 부드럽지만 강렬한 색채와 인상주의적 붓놀림이 있었다. 그것들은 잃어버린 환상과 가혹한 현실을 기록했지만 발레의 영속적인 형태적 이상 역시 제시했다. 드가의 무용수들은 탈리오니에게 명성을 준 가볍고 공기 같은 피조물들이 아니었다. 그들은 살집이 있는 건장한 노동계급 소녀들이었고, 그림의 구석이나 전경에서 도사리고 있는 남자들이 때때로 그녀들을 따라다녔다. 드가는 무대 뒤나 연습실에 있는 연기자들을 보여주었다. 그는 그들이 신발 끈을 묶으려고 하거나 바에서 꾸밈없이 다리를 늘리는 모습을 묘사했지 절대 완벽한 포즈를 취하게 하지 않았다. 그렇지만 드가의 무용수들은 리허설 중인 자세와 프레이즈 중인 동작에도 불구하고 (혹은 그 때문에) 타고난 고결함을, 즉 그들의 작업의 고결함을 가지고 있었다. 그는 무용수라면 누구나 가지는 조용한 육체적 집중을 세심하게 전달했다. 그가 무용수들과 무용에 표한 경의의 일부는 낭만주의 발레에 대한 소환을 통해서 이루어졌다.

예를 들면 발레 마스터 쥘 페로에 대한 그의 매료를 생각해보자. 드가는 페로를 여러 차례 그리면서 리허설과 무용 수업을 주도하거나 의자에 주저앉은 노인을 보여주었다. 페로는 당시 은퇴했지만 (드가는 어떤 그림은 오래된 초상 사진을 보고 작업했다) 이 작품들에서는 단정치는 못하지만 단호하게 존재한다. 그의 존재는 드가가 본인의 예술에서 결별했을지언정 분명 인식 중인 전통을 상기시켰다. 그리하여 「무용 수업」에서 페로는 그를 둘러싼 젊고 무르익은 육체의 발레리나들과 비교되는 늙고 주름진 모습으로 등장한다. 그는 부분적으로 그림자 속에 있는 반면 그들은 모두 하얀 망사옷을 입고 빛 속에 있다. 그렇지만 어둡게 표현된 양발과 양다리는 마룻장과 섞이면서 그에게 묵직하게 뿌리내린 느낌을 준다. 이런 느낌은 그의 조각된 나무 지팡이로 강조되면서 그림에 시각적 지주를 제공한다. 더욱이 그는 거기서 유일한 남성이며 밝은 색조의 셔츠는 보는 이의 관심을 집중시킨다. 곁에서 서성거리며 매무새를 다듬는 무용수들은 대부분 그의 권위와 그가 대변하는 전통의 연속성을 모르는 것처럼 보인다. 그래도 그는 늙은 오크나무처럼 강인한 존재이다.

드가는 「악마 로베르」의 수녀들의 발레도 두 장 그렸는데, 둘 다 무용수들을 먼 무대 위에 흐릿하게 감춰진 유령 같은 모습으로 묘사했다. 그들은 검은 양복 차림의 신사와 음악가 무리의 시점에서 그려졌고, 그림의 전경을 지배하는 것은 날카롭게 표현된 남자들의 존재이다. 드가의 주제는 무대가 아니라 들썩대며 한눈파느라 자신들이 관람하는 춤은 거의 보지도 못하는 남자들이다. 그렇지만 무용수들의 흐릿한 먼 이미지 역시 우리의 시선을 붙든다. 이 낭만주의 발레의 수녀들은 아무리 어렴풋하더라도 여전히 존재한다. 사실 드가는 자신이 즐겨 그리는 부류의 무용수들에 대한 소네트를 쓰면서 애정을 담아 마리 탈리오니를 회고했다. 그리고 이 "목가적 이상향의 공주"에게 이렇게 간청했다. "나의 선택에 미소 지으며, 고귀하고 적합케 하소서/이 새로운 작은 존재에게 그녀의 대담한 모습을." 하지만 그는 자신의 무용수들의 현실적이고 단호한 도회지적 태도 역시 선망했다. "나의 유명한 취향에 경의를 표해, 그녀가 자신의 향기를 유지케 하라/그리하여 그녀의 길거리 출신 혈족이 이 황금의 궁전들에서 불멸하도록."[50]

이것은 춤의 비범한 순간의 역설적이지만 어울리는 종말이었다. 「라 실피드」는 발레에 새로운 형식을 주었다. 하지만 드가가 "길거리 출신 혈족"을 그릴 즈음 낭만주의 발레는 자기 자신의 그림자에 불과했다. 예술보다는 상징에 가까운 존재였던 것이다. 사실 「라 실피드」와 「지젤」의 미래는 다른 곳에 있었는데, 발레의 미래도 마찬가지였다. 「지젤」은 1842년 러시아에서 별로 유명하지 않은 프랑스 발레 마스터에 의해서 공연되었고, 후일 젊은 프랑스 무용수 마리우스 프티파의 조력을 받아 쥘 페로 본인에 의해서도 무대에 올랐다. 프티파는 러시아 제국 극장들의 발레 마스터가 되었을 때 이 발레를 자기가 보기에 적당하도록 변화시켜서 생명을 유지시켰다. 예를 들면 기계를 이용해서 날아다니는 동작들은 결국 빠졌고, 2장의 윌리 춤은 늘어났다. 20세기 초 발레 뤼스(Ballet Russes)에 의해서 마침내 파리로 귀환한 것은 이 「지젤」이었다.

「라 실피드」로 말하자면, 이것 역시 러시아 제국 극장들로 수출되어서 사생아 형태로 다음 세기까지 쭉 살아남았다. 그렇지만 이 옛 프랑스 발레의 추억을 덴마크인들보다 더 애정을 가지고 보존하고 활용한 사람들은 없었다. 1820년대에 파리에서 베스트리스와 공부한 덴마크 무용수 오귀스트 부르농빌은 1834년 프랑스 수도를 다시 방문했다가 마리 탈리오니가 "그녀의" 발레를 추는 것을 보았다. 그는 엄청난 감동을 받았고, 대본을 한 부 구매해서 코펜하겐으로 가지고 돌아갔다. 거기서 그는 1836년 자신의 버전을 새로운 음악과 함께 무대에 올렸다. 「라 실피드」는 독립적이고 독특한 덴마크적 전통의 기초이자 마리 탈리오니와 그녀의 예술에 대한 찰나의 추억에 바치는 영원한 기념비가 되었다.

5
스칸디나비아의 정통 : 덴마크 스타일

나의 참된 소명은 낭만주의이고······나의 전반적 시적 영역은 북유럽이다. 장식은 어딘가 프랑스적일 수 있어도 토대는 완전히 덴마크적이다.
—오귀스트 부르농빌

고맙게도 우리 극장은 사정이 완전히 다르다. 덴마크 국민은 그들의 모방 습성에도 불구하고, 진리와 자연스러운 것에 대한 날카로운 안목 역시 가져서 위대한 국가들의 미혹에 농락되지 않는다.
—오귀스트 부르농빌

그에게 극장의 삶은 행복과 미덕의 마법 그림으로 보였다.
—한스 크리스티안 안데르센

오귀스트 부르농빌(1805-1879)의 명성은 20세기 덕분이다. 그의 발레들, 특히 부르농빌 버전의 「라 실피드」(1836)는 이제 전 세계에서 공연되며, 그의 학교와 무용 스타일은 그가 평생 이룩한 모든 것을 훨씬 능가하는 명성을 누린다. 뉴욕 시티 발레, 아메리칸 발레 시어터, 파리 오페라 발레, 런던의 로열 발레는 모두 부르농빌의 예술성에 깊은 신세를 졌다. 그렇지만 19세기에는 그의 발레들이 고국인 덴마크 밖에서는 거의 알려지지 않았고, 다른 곳에서 어쩌다 공연될 때는 흔히 구식이고 예스럽다고 생각되었다. 먼 스칸디나비아 세계에서 온 소박한 춤들은 스펙터클의 장엄한 형식들에 사로잡힌 "근대" 대중에게 별 매력이 없었던 것이다.

부르농빌은 정말로 구식이었다. 이것은 어느 정도는 장수의 결과였다. 그는 덴마크 왕립 발레단을 1830년부터 1877년에 은퇴할 때까지 거의 쉼 없이 감독했는데, 프랑스적이며 낭만주의적이라는 처음의 구상은 그의 군림 기간 내내 벗어나는 대신 심화되기만 했다.* 그가 덴마크인이라는 사실도 관계가 있었다. 덴마크는 19세기에 중요한 발트 해 연안 강국으로부터 고립된 시골 국가이자 유럽 변방의 쇠퇴하는 지역으로 격하되었다. 발레에게 이곳은 소수민족 거주지가 되었다. 부르농빌의 스타일이 20세기까지 보호받으면서 건드려지지 않은 채 남아 있을 수 있는 별세계가 된 것이다. 그리고 실제 그렇게 되었다.

나아가 덴마크의 전설적인 정치적 안정은 이 나라를 프랑스와 유럽 대륙 전역에서 발레와 예술을 찢어발긴 혁명적 자극과 사회적 격변으로부터 안전한 피난처로 만들었다. 덴마크에서 프랑스 낭만주의 발레는 확연한 덴마크적 형식이라는 최고의 형태로 살아남았다. 유럽이 마침내 혁명과 전쟁의 세기를 벗어날 때, 이 연속성은 선물이라는 사실이 밝혀질 것이었다. 예술가와 무용수들은 이 벽지 스칸디나비아의 수도에서 그들을 위해서 세부까지 세심하고 신중하게 보존된 잃어버린 유산을 되찾을 수 있었다.

오귀스트 부르농빌은 범상치 않은 덴마크인이었다. 아버지 앙투안 부르농빌은 1760년 리옹에서 출생한 프랑스 무용수였다. 그의 경력은 이제 우리에게 친숙한 유럽 발레 순회공연의 경로를 밟았다. 그는 마리아 테레지아의 빈에서 위대한 발레 마스터 장-조르주 노베르의 지도하에 훈련받았고, 1770년대 후반 노베르를 따라 파리 오페라로 갔다. 그러나 노베르가 몰려나자 앙투안은 (한 조신이 쓴 바와 같이) "제대로 훈련된 발레"와 계몽된 문화를 가진 스웨덴 궁정으로 이동했다. 그는 스톡홀름에서 10년가량 머물렀다. 그러나 구스타브 3세가 암살되자 다시 코펜하겐으로 이동해서 보다 안정적인 덴마크 왕립 극장에서 자리를, 그리고 아내도 찾았다. 아내가 출산 중에 사망하자 앙투안은 스웨덴인 가정부와 함께 살았고 결국 결혼했다. 오귀스트는 1805년 코펜하겐에서 이들 사이에서 태어났다.[1]

앙투안은 장기간의 해외 거주에도 불구하고 (아니면 아마 그 때문에) 확고

---

* 부르농빌은 1855-1856년 빈에서 자리를 맡았고, 스톡홀름에서 1861년부터 1864년까지 세 시즌 동안 일했다.

히 프랑스적으로 남았다. 그는 볼테르와 라파예트를 존경했고 프랑스 혁명에 환호했다. 그리고 나폴레옹의 열렬한 지지자였다. 나폴레옹의 영웅적 페르소나가 "영광과 영예"에 대한 앙투안의 자부심과 공감한 것이다. 오귀스트는 후일 자서전에서 아버지의 강렬하지만 회의적인 가톨릭 신앙과 그의 "불같고, 용감하고, 용맹한" 기백을 회상하면서, 그는 "진정한 구식 프랑스 기사"였다고 애정을 담아 썼다. 사실 앙투안은 자기 가문의 이른바 귀족적 내력을 즐겨 주장했고, 본인을 일종의 되다 만 진보적 귀족으로 보았다. 아버지와 아들은 가까웠다. 오귀스트는 성장하면서 자연스럽게 아버지의 이상을 채택했다. 어느 정도는 그가 그런 이상을 존중했기 때문이지만, 그것을 자신의 삶을 통해서 이해했기 때문이기도 했다. 오귀스트의 가장 오래된 기억은 1807년 나폴레옹 전쟁 중 영국의 코펜하겐 포격이었다. 도시는 황폐화되었고 수백 명의 시민들이 살해되었다(부르농빌 가족은 동네 상인의 지하 저장고에서 피난처를 구했다). 자유, 나폴레옹, 프랑스 발레에 대한 부르농빌의 충성심은 아버지와 마찬가지로 절대 흔들리지 않았다.[2]

정말이지 앙투안은 아들을 구식 귀족 스타일로 근면하게 훈련시켰다(그는 그것을 "고전적"이라고 일컬었다). 이는 그에게 그냥 기예가 아니라 소명이었다. 거기에 프랑스 계몽사상의 문화와 이상에 대한 자신의 향수가 어려 있었던 것이다. 이렇듯 발레는 오귀스트에게 그냥 직업이나 가족 유산으로서 가르쳐지지 않았다. 그것은 그의 어깨에 곧장 얹힌 책임이었고, 그는 그 무게와 의무를 느꼈다. 오귀스트가 노베르의 글을 처음 읽은 것은 아마 아버지의 강권 때문이었을 것이다. 그것은 그에게 강한 인상을 남겼고, 후일 발레에 대한 편지와 글을 직접 구상하도록 영감을 주었다. 1820년에 아버지는 오귀스트를 근원으로의 순례에 데려갔다. 그들은 파리를 방문해서 앙투안의 옛 동료들을 만났고 파리 오페라의 공연에 참석했다. 그렇지만 이 경험은 아버지의 예술적 유산에 대한 오귀스트의 충성심을 강화하기보다는 틈새를 벌렸다. 앙투안은 옛 유파의 "안목 있고 정확한" 형식들을 고집했지만 오귀스트는 아버지의 가르침이 점점 더 "정적"이고 제약적으로 바뀌고 있다는 사실을 깨달았다. 그는 미래가 대신 베스트리스 "유파"의 새로운 체육중심주의와 젊은 세대의 저돌적

인 남성 무용수들에게 있다는 것을 금세 알았다.³

코펜하겐으로 귀국하면서 오귀스트는 안절부절못했다. 아버지와의 관계도, 그가 견습 무용수로 일하던 덴마크 왕립 극장과의 관계도 점점 껄끄러워졌다. 그는 야심만만했고 더 큰 세상을 원했다. 1824년 그는 파리로 돌아가서 베스트리스와 공부했고 결국 파리 오페라에 자리를 얻었다. 이제 그의 경력이 진정으로 시작된 것이다. 베스트리스는 그를 고되게, 아주 고되게 훈련시켰고, 부르농빌은 빠른 발놀림과 피루에트로 크게 존경을 받는 뛰어난 무용수가 되었다(그는 자신의 턴이 "머리의 흔들림"에 방해받는다고 불평했지만, 그럼에도 멈추지 않고 정확히 7번 회전할 수 있었다). 그러나 파리는 부르농빌에게 연마된 테크닉 이상을 주었다. (베스트리스는 스타일적 세부사항들을 소홀히 여기지 않는다는 오귀스트의 확신으로 가득한) 고향의 아버지 앞으로 보낸 편지들에서 우리는 그의 불타는 강박적 열의를 느낄 수 있다. 그 열의는 파리 오페라의 인상적인 연극적 효과나 호화로운 무대장치나 환상적인 가스 조명에 대한 것이 아니었다. 그것은 세세하고 복잡한 구체적 발레 테크닉, 즉 "어떻게 할 것인가"에 대한 열의였으며, 더불어 순수하게 육체적인 고양과 춤추기의 자유에 대한 열의이기도 했다. 마리 탈리오니의 공연을 처음 보았을 때 (그녀는 그와 정확히 동시대인이었다) 그를 사로잡은 것은 그녀의 공기 같은 특성이 아니라 그녀의 발과 다리의 강철 같은 강인함이었다.⁴

요점은 아마 뻔하겠지만, 그래도 역시 중요하다. 부르농빌은 발레의 스텝과 역학이라는 원초적 전율을 통해서 발레에 접근했다. 그는 그 형식들의 해부학적 논리에 대해서 거의 과학적인 흥미를 진전시켰다. 이를 형성한 것은 베스트리스와의 작업이었다. 스승에 대한 충성심이 얼마나 강했던지 부르농빌은 베스트리스의 평판에 대한 모욕을 갚아주려고 (그답지 않게) 결투에 나서기까지 했다. 부르농빌이 아버지의 세심한 훈련을 완전히 버린 것은 아니었다. 그러나 그가 베스트리스의 수업을 기록한 글과 세심한 메모는, 어떤 동작이나 포즈가 과장이나 강제 없이 내면으로부터 확장되어 생명을 얻을 수 있는 방식들에 대한 비범한 감수성을 보여준다. 가벼움과 속도, 정밀한 조화와 올바른 음악적 자극은 어떤 스텝을 새로 발견한 절박함으로 채워서, 주어진 스텝이라는 한층 고정적인 한계 내에서 구속되지 않은 해방감을 창조할 수 있었다. 그리하여 부르농빌은 (마리 탈리오니와 마찬가지로) 평생에 걸친 화해와 통합 과제가 될 것에 착수했다. 새로운 체육중심주의와 예전의 고전주의, 베스트리스와 그의 아버지, 파리와 덴마크 사이의 화해와 통합이었다.

부르농빌의 머릿속에 베스트리스와 프랑스 낭만주의 발레의 중요성에 대한 의문은 있을 수 없었다. 훨씬 뒤에 쓴 자서전에서 부르농빌은 파리 체류를 곱씹으면서 거기서 만난 무용수들에 대해서 존경심을 담아 기록했다. 그들은 그의 앞에 나타나서 그가 여생 동안 예술적 가치를 지키게 만든 "유령들"이었다("기억하라!"). 익숙한 유명인들의 회합이었다. 그들 중에는 베스트리스와 피에르 가르델, 알베르, 폴, 쥘 페로, 마리 탈리오니, 파니 엘슬러, 카를로타 그리시가 있었다. 앞으로 부르농빌은 그들의 이름을 따서 스텝의 이름을 짓고, 그들을 기념하는 발레를 무대에 올리고, 그들의 이미지대로 무용수들을 훈련시키게 될 것이었다.[5]

그렇다면 부르농빌은 왜 무용수로서의 기량이 절정에 달한 순간에 명망 높은 프랑스 수도를 떠나서 덴마크로, 존경할 만하지만 멀리 떨어진 문화적 벽지로 귀국한 것일까? 간단한 답은 그가 자신의 재능의 한계를 깨달았다는 것이다. 그리고 그가 실은 당시 기대 이상으로 덴마크적이었다는 것은 더 흥미로운 진실이다. 그는 덴마크 수도에서의 삶이 (그리고 예술이) 더 안전하리라는 것을 직관적으로 감지했다. 그리고 비록 프랑스 낭만주의 발레를 예술적 표준으로 삼았을지언정 그는 그것의 과한 점들 역시 알고 있었고, 그로 인해서 위축되기도 했다. 그는 한때는 개별적이던 무용 장르들이 통합된 것을 못마땅해했고, (탈리오니를 제외한) 프랑스 무용수들이 체육적 재주를 위해서 고상함을 기꺼이 희생하는 것을 경계했다. 그렇지만 무엇보다도, 그는 당쇠르가 발레리나의 포르퇴르(porteur : '짐꾼'이라는 뜻으로, 단순히 여성 무용수를 지탱해주는 역할만 하던 남성 무용수를 말한다/역주) 역할로 강등될 수 있다는 생각을 비웃었다. 그는 마리 탈리오니를 존경한 만큼이나, 그녀의 명성이 그의 직업에 가져온 결과에 절망했다.

이 점에서 부르농빌은 프랑스와의 거리와 젊음이라는 장점을 가지고 있었다. 그는 덴마크인이었기 때문에, 베스트리스와 1820년대 남성 무용수들을 보면서 격하된 귀족층을 떠올리지 않았다. 그에게, 즉 프랑스 혁명의 트라우마적 유산이 없는 세대에게 그들은 이따금씩 너무 심하게 밀어붙이는 흥미로운 기교파일 뿐이었다. 그는 오히려 아버지의 눈을 통해서 남성 무용수를 보았다. 남성들은 노베르의 지나간 시대에 누리던 명망과 위상을 누릴 것이고, 누려야 한다고 본 것이다. 부르농빌은 프랑스의 당쇠르 노블이 죽어가고 있으며 부활하지 못하리라는 사실을 납득하지 못했지만, 고국에서 더 많은 기회가 가능하다는 것은 확실히 알았다.

부르농빌에게는 코펜하겐으로 돌아가기를 원하는 마음도 분명 있었다. 왕립 극장을 떠나 파리로 공부하러 간 그에게 너그럽게도 보수를 주도록 허락한 국왕 프레데리크 6세에게 어떤 의무감을 느꼈기 때문은 아니었다. 앙투안 부르농빌은 한결같은 친프랑스파였지만 아들에게 덴마크 왕실에 대한 강렬한 감정적 충성심도 고취시켰다. 그것은 어느 정도는 이기적인 것이었다. 아버지는 1823년 이래로 왕립 극장의 발레 마스터였고, 왕실의 임명직으로서 코펜하겐의 작지만 특권적인 사회적, 문화적 지배층으로의 즉각적 출입자격을 가지고 있었다. 그는 헌신적인 고용인이었고 후일 프레데리크 6세는 앙투안에게 프레덴스보르 성에 무상으로 거처를 주어서 그의 충성에 보답했다. 그렇지만 앙투안의 애국심은 신조의 문제이기도 했다. 덴마크라는 국가는 그의 모국 프랑스가 그렇게나 회피하는 자유와 안정을 구현한 것처럼 보였던 것이다. 덴마크는 절대 왕정이었지만 이 나라의 국왕들은 법, 질서, 공정한 통치의 측면에서 인상적인 기록을 가지고 있었다. 그리고 앙투안이 비록 프랑스 혁명을 동경했을지언정 그 급진적 결과들을 불안해한 것 역시 사실이었다. 덴마크는 최소한 자신들의 국왕을 살해한 적은 없었다.

오귀스트의 어머니는 이보다도 더 충성심이 강했다. 그는 그녀의 "엄격한" 품행과 독실한 루터주의에 대해서 언급했는데, 정말이지 그녀의 예법과 꼿꼿한 성격은 덴마크 부르주아 사회의 고도로 도덕적인 분위기와 완벽하게 들어맞았다. 오귀스트에게는 그녀의 영향이 예민하게 느껴진다. 어린 시절 어머니는 그를 매주 교회에 데려갔고, 예배가 끝나면 설교를 그녀가 만족하도록 요약해야 했다. 게다가 그가 받은 얼마 되지 않는 공교육은 근엄한 신학생에 의한 것이었다. 그렇지만 그는 아마게르 섬의 농장에서 식구들의 채소를 키우고 젖소를 돌보는 사람과도 많은 시간을 보냈고, 후일 이를 무대 위에서 그림 같은 목가적 배경으로 재현하려고 했다. 하지만 그의 진정한 교육은 아버지 서재의 프랑스 및 덴마크 문학과 저명한 덴마크 예술가와 작가들의 공연 작품들에서 아역을 연기한 실무 경험에서 비롯했다.[6]

당시는 덴마크 낭만주의의 황금기였다. 19세기 초 덴마크 예술가와 작가들은 독일 사상 및 스스로의 문학적 과거에서 영감을 받아서, 고전적 주제와 결별하고 스칸디나비아 민담, 북유럽 신화 그리고 자신들이 중세 덴마크의 영웅시대로 간주하는 것의 재발견에 착수했다. 이런 풍토를 확립한 것은 1802년 "북방으로부터의 빛/하늘이 땅이었을 때"를 갈망하는 아담 욀렌슐래게르(1779-1850)의 시 "황금뿔(Golden Horns)"이었다. 3년 후 그는 『아라비안 나이트(Arabian Nights)』에서 끌어온 『알라딘(Aladdin)』을 출간했고, 1819년 『북유럽의 신들(Gods of the North)』을 써서 큰 영향을 끼쳤다. 그 즈음에는 다른 사람들도 있었다. B. S. 잉에만(1789-1862)은 중세 덴마크 왕들을 찬양하는 대하 역사소설들을 썼다. 유스트 마티아스 틸레처럼 그림 형제와 월터 스콧에게서 영감을 받은 민담 작가들은 민담과 전설들을 담은 책을 출간했다. 덴마크 조각가, 작곡가, 화가들은 이것들과 또다른 자료들을 활용해서 자신들의 예술에서 북유럽적 주제를 탐구하고 전개했다. 그들은 긴밀하게 짜인 집단을 이루었다. 그들은 함께 식사했고, 개인적인 독서회, 음악회, 전시회들을 위해서 모였으며, 왕립 극장의 (흔히 본인들의) 제작물들에 의례적으로 참석했다. 그들 중 최고의 저명인사들은 왕의 호의로 특별 무료 좌석을 수여받았다.[7]

이런 문화적 분출에는 굴욕에서 탄생한 절박함도 있었다. 영국의 코펜하겐 포격은 여러 번의 정치적, 영토적 후퇴들 중 첫 번째에 불과했다. 한때 유럽에서 선망되던 자부심 강한 덴마크 함대가 섬멸되었고, 이 나라는 그런 해군적 영향력을 다시는 되찾지 못했다. 1814년 즈음에는 스웨덴에게 노르웨이를 잃었고, 덴마크 왕국은 파산 상태에 빠졌다. 나아가 코펜하겐도 다방면에서 내부적 문제를 겪고 있었다. 지배층은 안락한 집과 우아한 영지에서 살았지만 도시의 다른 구역들은 (당시 다른 수도들과 마찬가지로) 개방형 하수도에다가 쥐가 들끓는 빈곤하고 더러운 곳이었다. 서민들은 오래된 성벽으로 둘러싸인 빈민가에서 바글거리면서 질병, 매춘, 불결로 고통을 받았다. 공적 생활은 왕립 극장을 제외하면 제약적이었다. 식당과 카페는 어둡고 불편했다. 대중 극장들이 인형극, 순회극, 이동 유원지 등을 제공했지만, 부르주아들은 아래쪽 더러운 거리와 멀리 떨어진 안락한 자택에서의 개인적 여흥을 선호했다. 아무리 영웅적이고 기발하다고 해도 덴마크의 황금 시대는 정치적, 사회적 불안의 강력한 암류 속에 성장했다. 이 시대 예술의 동화적 특징의 최소한 어느 정도는 현실도피적이었다.

그렇지만 황금 시대는 덴마크 국민성 깊은 곳에 존재한다고 간주되던 "선량함"과 도덕적 권위를 발전시키려는 강렬한 열망도 대변했다(이는 부르농빌의 발레들에도 강력하게 반영될 것이었다). 이 점이 가장 확연히 드러난 것은 N. F. 그룬트비(1783-1872)의 엄청난 영향력을 가진 작업이었다. 그룬트비는 인습타파적인 루터주의 감독이자 뛰어난 역사가 및 시인이었다. 그는 북유럽과 앵글로-색슨 문학 연구로 거의 10년을 보냈는데, 이어진 해외여행에서 덴마크의 음울하고 루터주의적인 "시커먼 학교들"과는 너무나 다른 자유와 창의성을 가진 영국 교육제도에서 큰 감명을 받았다. 그는 이교도적인 북유럽 신화와 영국 교육제도에서 발견한 미덕들에 기초해서 종교적, 교육적 부흥을 추구했다. 독일 경건주의는 이미 덴마크 지역사회가 교회의 관료주의를 멀리하고 신앙 하나만으로 신과 더 직접적인 유대를 찾도록 영감을 준 바 있다. 그룬트비는 그 영향에 기초해서 마침내 지방 네트워크인 풀뿌리 "생활학교"를 설립했다. 여기서 학생들은 토의와 토론에 참여하고 함께 책임을 맡아 타협에 이르도록 격려를 받았다. 이는 사람을 둔감하게 만드는 종교 문헌들과 거만한 공무원들의 판결에서 벗어나서 지역사회가 스스로의 수완으로 돌아가게 만든다는 발상이었다. 그룬트비는 사람들에게 자치를 위한 도구와 책임감을 주기를 바랐다. 그의 생각은 확산되어갔다. 이는 그것에 맹렬하게 반대하는 복음주의 운동도 가져왔지만, 그 장기적 결과는 참여적이고 교양적인 종교와 시민 문화의 창출이었다.

이 모든 것이 오귀스트 부르농빌을 만들었다. 그리고 1830년 왕립 극장의 발레 마스터 자리를 받아들여서 코펜하겐으로 돌아왔을 때 그는 덴마크 낭만주의 세계에 즉시 합류했다. 그는 욀렌슐래게르와 잉에만을 멘토로 삼았고, 그들의 작품들에 기초해서 몇몇 발레들을 창작했다. 그는 그룬트비, 틸레, 그리고 여타 북유럽 신화 수집가들의 작품들을 읽으면서 영감을 찾았다. 나아가, 그는 모범적 시민이자 이 도시의 적지만 부유한 중산층의 견실한 구성원으로 자리잡기도 했다. 그는 스웨덴인과 결혼했고, (비록 둘은 유아기에 죽었지만) 7명의 아이들을 가졌고, 1851년에는 콜레라로 고아가 된 가난한 아이를 입양하기도 했다. 부르농빌은 비록 기질은 예민할지언정 헌신적인 남편이자 아버지라는 것이 밝혀졌다. 여행할 때 그는 집에 정기적으로 편지를 보냈는데("나의 지극히 사랑하는 아내여!"), 그의 편지들은 그가 자신의 재정적, 가정적 의무를 얼마나 진지하게 받아들였는지 보여준다. 그는 결혼 전 파리에서 얻은 사생아 딸의 자애로운 대부 행세를 하면서 그녀에게 평생 남몰래 돈과 편지를 보내기까지 했다.[8]

부르농빌의 왕립 극장 발레 마스터 역할은 대담하게 시작되었다. 그는 1835년 「발데마르(Valdemar)」를 무대에 올렸다. 이 작품은 덴마크의 중세적 과거에 기초한 방대한 4막 발레로, 당대의 덴마크 작곡가 요한네스 프레데릭 프뢸리크(1806-1860)가 음악을 썼다. 역사적 기록에 의지하는 한편 (그가 썼듯이) 잉에만에게서 빌려온 "분위기"를 가지는 이 발레는, 12세기 덴마크의 영웅 발데마르 왕의 이야기를 전한다. 이야기는 내전으로 시작한다. 3명의 상속 경쟁자 발데마르, 크누드, 스벤드는 덴마크 왕위를 놓고 싸운다. 그들은 결국 평화로운 분할에 합의하고, 화해를 축하하기 위해서 로스킬데에서 만난다. 그러나 배반자이자 악당인 스벤드는 이 행사를 급습에 이용한다. 크누드는 살해되지만 발데마르는 샹들리에를 칼로 베어 추락시켜 연회장이 암흑에 빠지게 함으로써 극적으로 탈출한다. 그 후 발데마르는 격분한 지지자들과 군대를 일으킨다. 그리고는 스벤드와 발데마르가 그라테 헤즈에서 마주치고 그들의 군대는 전투태세를 취하는, 셰익스피어적 장려함을 위해서 노력하는 장면이 펼쳐진다. 스벤드는 살해되고 발데마르는 권좌에 올라서 덴마크의 번영과 문화적

업적의 황금 시대를 선도한다(낭만주의는 이 시대에서 실마리를 얻었다).[9]

이 작품은 고도의 신파와 권선징악적 감상으로 가득한 애국주의적 발레였다. 강한 것은 스벤드이지만 발데마르가 결국 승리한 것은, 그가 공정하고 선하며 무력뿐 아니라 원칙에 입각한 행동과 영웅적 행위를 통해서 국민의 충성심을 얻은 왕이었기 때문이다. 부르농빌은 감정을 고조시키기 위해서 (그리고 여성 배역을 제공하기 위해서) 연애담을 더했다. 스벤드의 딸은 아버지의 배반을 알고 발데마르를 돕지만, 결국 아버지에 대한 충성심이 승리해서 죽어가는 아버지의 몸을 끌어안는다. 이 발레는 팬터마임과 정교한 무대효과에 의지했고, (베스트리스와 마찬가지로 부르농빌 본인이 춤춘) 주인공의 브라부라 점프와 턴이 가득한 장엄한 군사행진과 전투 장면이 배치되어 있었다. 더 고루한 구식 팬터마임에 길들여져 있던 관객들은 당연히 깊은 인상을 받았다. 「발데마르」는 옛날의 추억과 새로운 기교적 형식의 격한 감정적 혼합물이자, 충만한 연극적 허세로 생명을 얻은 민족 신화였다.

그렇지만 그 엄청난 성공에도 불구하고 「발데마르」는 부르농빌의 최고의 발레가 아니었고, 심지어 가장 덴마크적인 발레도 아니었다. 이 제작물과 그 스텝들은 오래 전에 소실되었다. 그러나 부르농빌의 대본으로부터 짜임새에 대한 느낌은 얻을 수 있는데, 무겁고 딱딱하며 복잡한 팬터마임 장면들로 중압감을 주었던 것으로 보인다. 이 발레의 억지스러운 진지함은 애국적 강렬함을 더하기 위해서였을 수 있다. 하지만 부르농빌이 자신의 가장 유창하고 자연스러운 목소리를 아직 찾지 못했다는 사실 또한 시사한다. 「발데마르」는 자기가 아는 것을 모두 압축해서 하나의 작품으로 만들기를 열망하며 지나치게 노력하는 예술가의 작품처럼 읽힌다. 여기서 부르농빌이 실은 덴마크의 황금 시대의 명사들보다 다소 젊다는 점을 떠올리면 도움이 될 것이다. 그는 그들에게 신세졌을지언정 덴마크 낭만주의의 제2세대에 속했다. 그가 다방면으로 가장 많은 것을 공유한 예술가는 욀렌슐래게르나 심지어 잉에만도 아니라, 동시대에 가까운 작가 한스 크리스티안 안데르센(1805–1875)이었다.

안데르센은 동화로 가장 유명하지만 발레도 잘 알고 이해했다. 발레는 그의 첫사랑이었다. 그는 오덴세 지방의 빈곤한 가정에서 태어났고 우울한 물질적 누추함과 불확실한 감정적 유대의 세상에서 자랐다. 어머니는 과로에 시달렸고, 다독가이자 앙투안 부르농빌처럼 나폴레옹의 열렬한 숭배자였던 아버지는 한스가 어린애에 불과할 때 죽었다. 홀쭉하고 단정치 못한 한스는 연극이나 발레에 입문하기를 바라며 코펜하겐으로 떠났다. 그것들이 자신에게 "행복과 미덕의 마법 그림"을 주는 것처럼 보였던 것이다. 그는 왕립 극장의 무용학생으로 방향을 잡아서 앙투안 부르농빌의 집까지 찾아갔는데, 부르농빌은 그의 볼품없음을 보고 대신 연극에 집중하는 것이 어떻겠냐고 상냥하게 권했다. 안데르센은 단념하지 않고 발레 교습을 받았고, 1829년 발레 「니나」에서 춤추는 음악가 역으로 데뷔했다. 그는 나중에 「아르미다(Armida)」에서 트롤 역으로 등장하기도 했다. 그는 전 제작물의 마임과 춤을 모두 아는 열정적인 학생이자 연기자였고, 누구든 보겠다고만 하면 어느 부분이건 똑같이 정력적으로 연기했다.[10]

물론 안데르센은 무용수가 되지 못했다. 그러나 이 예술에 대한 흥미는 결코 잃지 않았다. 그는 이를 어린애다운 경이로움과 황홀감과 결부시켰지만, 성장함에 따라 이상적인 여성에 대한 환상 속의 이미지와도 결부시켰다. 비록 드라마와 매력은 덜할지언정 안데르센도 샤토브리앙처럼 실프 같은 자태의 닿을 수 없는 매혹적인 여자들을 상상했다. 그는 언제나 필사적으로, 그리고 멀리서 사랑에 빠졌다. 그중에는 가끔 무용수들도 있었지만(그는 발레리나 루실 그란과 스페인 춤의 여신 페피타 데 올리바에게 심취했다), 그의 마음을 진정으로 앗아간 것은 "스웨덴의 나이팅게일"인 가수 예니 린드였다. 그는 그녀에게 (꼴사납게) 구애했고, 린드가 코펜하겐 공연 중에 머물던 오귀스트 부르농빌의 집의 단골 방문객이 되었다. 그러나 안데르센은 한번도 결혼하거나 정착하지 않았다. 그는 불안정한 보헤미안적 삶을 살면서 충실한 친구들로부터 (매일 밤마다 한 명씩) 그들의 집에 지속적인 만찬 초대를 받는 한편 한바탕 긴 여행을 떠났다. 그는 자신의 예술에서 "동화적 세계, 즉 마음의 낯선 영역"을 삶의 평범하고 고단한 현실보다 더 생생하게 만들기 위해서 노력했다. 그는 회고록을 이렇게 시작했다. "나의 삶은 사랑스러운 동화이고, 너무나 풍요롭고 행복하다."[11]

안데르센의 상상력은 다방면에서 넘쳐났다. 그는 이야기들뿐 아니라 정교하고 어린애다운 오려내기 세공도 만들었다. 그중 여럿이 섬세한 포지션을 취하는 발레리나들의 모습이었는데, "한 다리로 발끝으로 서서 북두칠성을 향하는 발레 무용수들"이 세심하게 대칭으로 배치되어 있었다. 그렇지만 이런 우아한 이미지들은 프랑스 낭만주의 발레에 영향을 준 초자연적 세계로부터 나온 것이 아니었다. 그것들은 덴마크 민담으로부터 직접 나온 것으로, 안데르센의 머릿속에서 위치가 바뀌고 다듬어졌다. 유령, 요정, 트롤, 엘프 소녀, 님프, 물의 정령, 그리고 기타 북유럽의 자연 존재들은 그의 어린 시절 모닥불을 둘러싸고 꽃을 피우던 이야기들에서 언제나 존재했다(그의 반[半] 자전적 소설인 『운 좋은 친구[Lucky Peer]』의 어린 소년은 발레를 처음 보러 갔을 때 "총력을 펼치는 발레 무용수들"에게 압도되었다. 하지만 그는 그들을 이미 알고 있기도 했다. "그들은 그의 할머니가 들려주던 동화들에 속했다"). 나아가 안데르센은 자신과 마찬가지로 보통 가난한 가정 출신이거나 따돌림을 당하는 배경을 가졌음에도 불구하고 아름다움과 상상 속에서 휴식을 발견한 무용수들에게 동질감을 느꼈다. 그는 어느 덴마크 발레리나가 "햇살 속의 꿀잡이새처럼 빛깔을 바꿔가며 춤추고, 미끄러지고, 나는" 방식에 대해서 감탄하며 서술했다.[12]

한스 크리스티안 안데르센은 오귀스트 부르농빌을 이해하는 열쇠이다. 부르농빌 판 「라 실피드」(1836)를 생각해보자. 이 작품은 프랑스 낭만주의 전통의 최고봉으로 널리 인정받는 발레였지만, 부르농빌은 이를 계승해서 덴마크적인 것을 완벽히 표현하도록 옮겨놓았다. 그는 이 발레가 노디에, 누리, 그리고 파리의 원작에 가득하던 강박적이고 비극적인 분위기와 결별하고, 안데르센과 보다 공상적인 부르주아 가정을 지향하게 만듦으로써 이것을 달성했다.*
부르농빌의 「라 실피드」 제작을 둘러싼 환경은 처음에는 상서롭지 못했다. 누리의 대본을 구매했지만 파리의 음악을 살 여력은 없었던 것이다. 그렇지만 오

---

* 누리의 극적인 자살은 부르농빌이 다음과 같은 분별 있는 반추를 하게 했다. 그는 회고록에서 이렇게 썼다. "가장 아름다운 연극 경력이란 가장 큰 부와 성공을 가져오는 것이 아니라, 평화로운 노년과 자연사로 이끄는 것이다."

히려 잘된 일이라는 사실이 밝혀졌다. 부르농빌은 노르웨이 작곡가 헤르만 세베린 뢰벤스키올드에게 새로운 음악을 의뢰해서 이 발레를 새출발시켰다.[13]

우리가 살펴본 바와 같이, 파리 버전의 「라 실피드」에서는 실피드가 전부였다. 그녀는 미와 욕망의 화신이자, 저항할 수 없지만 닿을 수 없는 환상이고, 시와 예술의 원천이었다. 숲이 우거진 그녀의 스코틀랜드 거주지는 낭만주의적 갈망의 극치이자 순수한 사랑과 자유로운 상상의 영역이다. 반면 가정과 집은 제임스의 열렬한 열망의 방해물이자 장애물에 불과하다. 그는 결국 저주받고 그녀는 죽는다. 하지만 몽상, 열망, 그리고 강렬한 갈망은 그런 값을 치를 가치가 있다.

부르농빌은 상황을 이런 식으로 보지 않았다. 그는 파리의 원작에서 제임스가 발레리나의 과도한 "잘난 척" 때문에 무대에서 밀려나다 보니 이야기의 진정한 교훈은 사라졌다고 불평했다. 그의 재구상으로 이 발레는 훨씬 직선적인 메시지를 가지게 되었다. 남자가 "상상의 행복"과 잡히지 않는 실피드를 쫓느라 가정에 대한 의무를 간과해서는 절대 안 된다는 것이었다. 그리하여 부르농빌은 (자신이 공연한) 제임스의 배역을 강화해서 그를 더 강건하고 3차원적으로 만들었다. 그는 우연히 탈선하는 선량하고 건실한 청년이 되었다. 이 발레의 감정적 중심은 더 이상 야생의 숲이 아니라 가족의 집이었다. 부르농빌은 이 가정적 세계를 따뜻하고 생생한 빛깔들로 각인하는 데에 주의를 기울였고, 보통 사람들이 일상을 이어나가는 분주한 가정의 그림을 그렸다. 그들의 몸짓은 진실했고 춤은 대화처럼 흘러넘쳤다. 모든 움직임들이 생각이나 감정의 자연스러운 확장이었다. 작은 도약은 심장의 펄떡거림이고, 연인들이 만날 때는 양어깨의 우아한 회전, 멀리 숲으로 갈 때는 한층 대담한 점프였다. 발레의 규모는 수수하고 친밀했다. 비극적 요소는 혹시 존재하더라도, 실피드의 (혹은 그녀가 대변하는 이상) 상실이 아니라 제임스의 유감스러운 자기 통제 결핍에 있었다.[14]

제임스가 새로운 중요성을 얻게 됨에 따라 실피드는 더 얌전해졌다. 부르농빌이 가장 높이 산 제자들 중 한 명인 덴마크 발레리나 루실 그란(1819-1907)은 이 배역을 뚜렷한 절제를 보이며 연기해서 잔잔하고 정숙한 해석을 제공했다. 그녀는 안데르센의 종이 오려내기 세공들의 우아함과 편안함을 가지고 있었는데, 안데르센 본인이 그녀를 "북유럽의 실피드"라고 부르기도 했다. 오늘날에도 덴마크 왕립 발레단의 무용수들은 실피드와 그 자매들을 젊은이다운 직설적인 단순함으로 보여주면서, 스스로의 붙잡기 어려움에 대한 그들의 순진한 경이로움을 전달한다. 그들은 작고 정확한 스텝들과 겉치레를 생략하는 새로움을 가지고, 자신들이 즐거운 숲의 나라 생물이나 날개 달린 요정 아가씨나 정령으로 이해되게 만든다. 그들의 진정한 고향은 절대 스코틀랜드가 아니고, 하물며 파리는 더욱 아니다.[15]

「라 실피드」는 원래 프랑스적이던 것을 덴마크의 눈을 통해서 다시 그린 것이었다. 그러나 부르농빌이 덴마크를 진정으로 발견한 것은 1841년 이탈리아를 여행했을 때였다. 그가 이탈리아로 떠난 것은 그래야 했기 때문이다. 부르농빌이 코펜하겐에서 공연하던 어느 저녁 시끄러운 박수부대가 무례하게 굴었다. 그는 충동적으로 왕의 박스석 쪽으로 몸을 돌리고는 계속해도 괜찮은지 물었다. 왕은 고개를 끄덕였지만 심기는 불편했다. 왕에게 공개적으로 말을 거는 것은 용납할 수 없는 예법 위반이었다. 남들을 불쾌하게 한 (그리고 불쾌함을 당한) 발레 마스터는 사건이 가라앉도록 6개월간 이 나라를 떠나라는 요구를 받았다. 그는 나폴리로 갔고 그곳에서 덴마크에는 결핍된 모든 것을 발견했다. 따뜻함과 따뜻한 마음의 사람들, 자연스러움, 관능, 그리고 구속받지 않는 풍요로움과 물질을 갖춘 거리의 삶이었다. 그는 의무와 일상으로부터, 덴마크 사회를 지배하는 엄격한 예법과 도덕률로부터, 코펜하겐의 폐쇄성으로부터 자유로워졌다. 그의 문체조차 더 느긋한 명랑함을 띠었다. 나폴리에서 해방감을 찾은 사람이 그가 처음은 아니었다. 유럽 전역 출신의 낭만주의 예술가들이 이 도시의 다채로운 혼란에 끌렸는데, 그중에는 특히 안데르센도 있었다("나의 마음은 남부인인데 북유럽의 안개에 둘러싸인 수도원으로 유배되었다").[16]

부르농빌은 코펜하겐으로 돌아오자마자 「나폴리(Napoli)」를 무대에 올렸다. "나에게 보인 바로 그대로의, 다른 어떤 것도 아닌, 나폴리." 플롯은 빈약하다. 명랑한 마을 소녀 테레지나를 사랑하는 (부르농빌이 춤추는) 젊고 열심인 어부 겐나로의 이야기였다. 일련의 부자연스러운 사건들(테레지나와 당연히 더 부유한 구혼자들을 선호하는 어머니 사이의 다툼, 낭만적인 한밤의 뱃놀이, 소녀를 배 밖으로 쓸어낸 폭풍) 끝에 테레지나는 카프리 섬 블루 그로토의 마법사에게 사로잡힌다. 마법사는 그녀를 물의 정령인 나이아드로 바꿔놓는다. 그렇지만 겐나로가 연인을 구출하고, 성모의 부적을 사용해서 바다의 이교도 세력을 진압한다. 연인들은 집으로 돌아와서 축하연을 벌인다.[17]

그렇지만 이 발레의 진정한 핵심은 겐나로와 테레지나의 고생과는 무관하다. 이 작품은 부르농빌이 나폴리에서 경험한 환상적인 거리의 삶을 재창조하기 위한 것이었다. 분주한 시장과 항구에는 따뜻한 마음씨의 어부, 행상, 마카로니 상인과 레모네이드 노점이 있다. 아이들과 동물들은 어디서나 즉흥적으로 (타란텔라를) 춤추고, 열정적인 토론과 힘찬 즉흥적 몸짓들이 있다. 대본은 간단한 지문으로 시작한다. "소음과 부산함." 이 발레는 풍속화였고, 부르농빌의 상상 속 나폴리의 활기찬 행복에 대한 낭만적 그림이었다(물론 이 도시의 진짜 빈곤과 불결은 세심히 회피되었다). 정형화된 대본은 오히려 방해가 될 뿐이었다. 부르농빌은 한 막 전체를 신비로운 블루 그로토에 충실히 바쳤다. "푸른, 등불과 수정과 사파이어처럼 푸른," 하지만 그 별세계적 분위기에도 불구하고 관객들은 지루해했고, 결국 이 부분을 커피 시간으로 이용하다가 마지막 막의 활기찬 거리 장면에서야 극장으로 돌아왔다. 「나폴리」를 그토록 엄청나고 지속적인 성공작으로 만든 것은 초자연적 대본이 아니라 명랑한 춤추기였다. 이 발레는 부르농빌의 점점 더 독특해지는 스타일의 진열장이었다.[18]

이 스타일은 정확히 무엇이었을까? 얼핏 보기에는 베스트리스 유파와 1820년 무렵 프랑스 발레의 모든 속성들을 가졌다. 점프, 피루에트, 남성 브라부라 테크닉, 푸앵트한 양발과 쭉 뻗은 양무릎, 턴아웃으로 벌린 양다리, 상체와 양어깨를 통한 에폴망(épaulement). 그렇지만 어딘가 다르기도 했다. 더 억제되었고, 화려한 기교와 도를 넘은 움직임으로 덜 치우쳤던 것이다. 이는 단정함과 예의바름, 명확한 선과 자유로운 몸짓을 중시했다. 이 작품은 가장 떠들썩하고 기교적인 장면들에도 새로운 (그리고 대단히 부르주아적인) 위엄과 평정이 있다는 것만 빼면, 데미-캐릭터 스타일이었다. 부르농빌의 무용수들은 귀족이나 왕자 타입이 아니었다. 그들은 주로 두툼한 다리와 묵직한 몸통을 가진 다부진 근육질의 남성들이었다. 그의 최고의 발레들은 신이나 영웅들 대신 어부, 뱃사람, 그 밖에 소박한 사람들에게 초점을 맞추었는데, 심지어 발데마르에게도 민중적 투지가 있었다. 부르농빌은 스타일 문제에서 가혹하지는 않을지언정 엄격했다. 그는 가장, 교태, 경련, 왜곡을 경멸했다. 그는 신랄하게 썼다. "너무 과한 것은 나쁜 취향이다."[19]

부르농빌의 무용수들은 흠잡을 데 없는 몸가짐을 가졌다. 그들은 양팔을 낮게 유지했고(과열된 몸짓이나 화려한 포르 드 브라[porte de bras : 다양한 포지션을 통한 일련의 팔 동작/역주]는 없었다), 스텝은 그들의 통제하에 있어서 다리가 신체의 자연스러운 범위 이상으로 벌어지거나 뻗어지는 일은 절대 허용되지 않았다. 정적인 포즈나 부자연스러운 자세도 없었다. 스텝은 너무 힘든 데다가 빡빡하게 짜여 있어서 자기중심적 과잉은 허용되지 않았다. 열쇠는 표현이었다. 스텝은 심지어 (특히) 가장 기교적인 것도 관객을 감탄시키려고 연기하는 과시적 묘기가 아니었다. 대신에 규율을 갖춘 전체로서 통합되었다. 예를 들면 점프의 핵심이 꼭 날아오르기에 있을 필요는 없었다. 오늘날까지도 부르농빌 무용수들은 높이 점프하거나 음악의 여린박에 맞춘 과장된 동작으로 자신들이 공중에 있다고 선언하는 일이 거의 없다. 대신 그들은 한 악절 내에서 포지션들 사이의 이동으로서 점프를 한다. 점프는 종종 센박으로 당겨지기까지 한다. 그들은 '나 좀 봐' 순간을 지양하면서 수수한 부유를, 흐름이 끊기지 않는 한 호흡의 움직임을 선호한다. 점프의 박력과 패기는 이렇듯 확실히 규제되며, 위쪽으로 날아오르는 동작은 취향과 음악성을 고려하며 제한된다.

나아가 옛날 사진들과 초기 영상들은 부르농빌의 무용수들이 주로 중족골로부터 점프했고, 착지해서 다음 스텝이나 프레이즈로 밀어붙이기 전 뒤꿈치가 거의 바닥에 닿지 않았다는 것을 보여준다. 이런 스치듯이 깡충대는 특성은 부분적으로는 부르농빌 본인의 육체적 한계의 결과일 수 있다. 그의 플리에는 짧고 비탄력적이었고, 그는 바닥에서 도로 일어나지 못할 것을 우려해서 점프들 사이에 멈추기를 꺼렸다. 하지만 이것은 그의 춤에서 흐름과 추진력의 중요성을 보여주는 것이기도 했다. 어떤 스텝도 다른 스텝을 희생하며 특권을 누리지 않았다. 부르농빌은 스텝들 사이에서 도드라지는 부분을 매끄럽게 하는 데에 많은 공을 들였는데, 예를 들면, 재빠른 점프와 우아한 프로므나드 (promenade) 사이의 전환을 매끄럽게 하는 것이었다. 매 스텝은 전후 움직임에 의해서 제약을 받았다. 점프는 다음 스텝이 허락하는 높이로만 가능했다. 너무 높으면 전환을 놓쳐서 (혹은 얼버무려서) 움직임의 전반적 효과를 망치게 될 것이었다. 이런 연결은 솜씨 좋게 수행되면 감지하기 힘들고 눈에 띄지 않는다. 하지만 이들은 도의적 심지, 즉 이렇게가 아니라 저렇게 해야 하는 이유이기도 하다. 우아함과 침착함에 대한 부르농빌의 집착은 그의 춤들이 너무 균일하고 획일적으로 보이게 만들었을지 모른다. 하지만 이것은 그 춤들이 보여주는 탁월한 조화와 일치에 비하면 과하지 않은 대가이다.

여성들은 남성들과 마찬가지로 취급되었다. 우리가 살펴본 바와 같이, 부르농빌은 발레리나에 대한 프랑스적 숭배에는 무관심했다. 따라서 그는 여성이 남성의 스텝을, 가끔은 수정된 형태로라도 수행할 것을 요구했다. 사실 부르농빌은 자신의 발레리나들이 무엇을 추느냐보다는 그들이 어떻게 받아들여지느냐에 더 관심을 두었다. 그는 매춘부의 추파보다 존경할 만한 품위 있는 숙녀를 원했고, 여성의 춤추기에 어떤 성적이거나 유혹적인 암시라도 있으면 격분했다. 이런 의미에서 부르농빌은 마리 탈리오니의 선례를 따랐다고 할 수 있지만, 탈리오니의 춤에는 부르농빌의 발레리나들은 공유하지 않는 복잡한 별세계적 특성이 있었다는 점이 달랐다. 부르농빌의 발레리나들은 요정이나 나이아드일 때조차 상냥하고 순수하며 어린애 같고 순진했다. 외국인들은 그들의 독특한 예의범절을 재빨리 알아차렸는데, 그것이 발레리나에게 언제나 유리하게 작용하지는 않았다. 부르농빌의 제자 율리에테 프리세가 1850년대 빈에서 「악마 로베르」의 마리 탈리오니의 배역을 연기했을 때, 관객은 그녀의 덴마크적 절제가 묘한 내숭이자 조금은 구식이라고 생각했다.[20]

부르농빌의 발레리나들은 정말로 이전 시대로의 후퇴였다. 그들은 다리를 고상하게 낮게 뻗었고 푸앵트 워크는 최소한으로 유지했다. 부르농빌의 「라 실피드」는 주로 하프-푸앵트로 춤이 추어졌는데, 그는 1840년대 파리를 방문해서 카를로타 그리시의 테크닉의 강인함과 발전에 대경실색했다. 율리에테

프리세의 조카 엘렌(그녀는 부르농빌의 사후에 태어났지만 고모에게 지도받았다)의 단편적 영상들은 변화무쌍하고 장난스러운 움직임과 천사 같은 평온함, 하지만 기초에 머무는 푸앵트 동작을 보여준다.* 게다가 부르농빌의 발레에서 발레리나는 거의 파트너가 없었다. 대신 그녀는 자신의 남성 상대역과 나란히 연기하면서, 18세기 여자들이 그랬듯이 그의 스텝을 좌우대칭 혹은 똑같이 따라했다. 현대 평론가들은 이 나란한 구조를 종종 아직 설익은 "여성 해방"으로 해석해왔다. 진보적 정신의 덴마크에는 받침대에 올라탄 촉촉한 눈의 여자들이 없었던 것이다! 하지만 이것은 사실 바로크 시대로부터의 유물이었고, 최소한 우리 자신의 시대까지는 정치적 함의가 없었다.

그렇지만 부르농빌의 테크닉에는 존경할 만한 점이 있었다. 대개 평등주의였다는 점인데 이는 여전히 그렇다. 남자고 여자고 똑같이 속임수를 쓸 길이 전혀 없다. 양팔은 낮추고 (몸을 공중으로 상승시키는 데에 도움이 되지 않았다), 스텝들은 빽빽하게 짜여져서 복잡하게 연결되고, 에폴망 규칙은 엄격하게 준수되는 가운데 무용수는 엄밀한 음악적 해석을 유지한다. 그러다 보니 포지션을 얼버무리거나 엉성한 스텝을 교묘하게 처리하는 것은 불가능하다. 부르농빌 테크닉은 결함을 투명하게 보여준다. 정말이지 부르농빌은 그의 앙셰느망(enchaînement : 함께 연결된 일련의 스텝들/역주)에 작은 정지를 넣기까지 했다. 이는 무용수가 점프나 (5번 포지션이나 한 다리로 도는) 턴의 말미에 잠시 플리에를 유지하도록 요구했다. 따라서 휴지(休止)가 극심하게 드러났고 아주 작은 실수나 균형을 잃은 마무리도 두드러졌다.

부르농빌은 자신의 발레 대본들에 큰 자부심을 가지고 있었다. 그러나 사실 그에게 대본이 정말로 필요하지는 않았다. 부르농빌의 춤들에는 그가 자신의 플롯에서 그렇게나 즐겨 선포하던 메시지와 교훈보다 훨씬 설득력 있는 고유의 윤리가 있었다. 그의 무용수들이 선하고 정직해 보인 것은, 그 춤들이 그들을 너무나 이례적인 육체적 조화와 일치를 가지고 움직이도록 훈련시켰기 때문이다. 그의 춤들이 전하는 환희에는 연기가 필요 없었다. 이는 순전히 그의

---

* 엘렌 프리세는 코펜하겐의 유명한 "인어공주", 즉 한스 크리스티안 안데르센의 동명의 이야기에 나오는 인어를 묘사한 조각상에 영감을 준 존재였다.

안무를 수행하는 즐거움으로부터 자라났다. 그의 춤들은 오늘날까지도 대부분의 춤들보다 기술적으로 더 어렵다. 하지만 그 보상도 그에 못지않은데, 그것은 카타르시스라기보다는 정화와 순수함이다. 이는 부르농빌이 왜 춤추기를 단순한 기술을 훌쩍 뛰어넘는 것으로 보았는지를 설명한다. 그는 춤추기는 지나치게 고조된 열정이나 존재적 분노로부터 자유로운 삶의 방식을 대변한다고 말했다. 부르농빌이 철학자 쇠렌 키르케고르와 함께 산책하며 대화하기를 즐긴 것은 우연이 아니다. 그는 후일 키르케고르가 자신에게 이렇게 가르친 것을 회고했다. "역설은 조롱이나 조소나 비꼼의 동의어가 아닙니다. 그와 반대로, 이는 우리의 영적 존재에서 중요한 요소죠.······눈물 사이로 비치는 미소는 우리가 울보가 되는 것을 막아줍니다." 부르농빌은 자기 제자들에게 이렇게 조언했다. "올바른 연습 선택, 태도, 우아하고 단순한 행동거지, 언어, 독서에 똑같이 신경 쓰도록." 부르농빌의 테크닉은 오늘날까지도 단정하고 분별력 있으며, 저교회(고교회와 대비되는 영국 성공회의 한 분파로, 의식이나 형식보다 개인적 신앙과 예배를 더 중시한다/역주)적이고 가족적인 발레로 남아 있다.[21]

1840년대 즈음 부르농빌은 인정받으며 정착해 있었다. 그의 삶은 가족, 친구, 동료, 왕립 극장과 국왕 양측에 대한 상당한 책무들이 완전히 차지했다. 그는 존경과 지명도를 얻었다. 대중은 그의 작품을 인정했고, 그는 먼 길을 간 끝에 덴마크 고유의 발레 스타일을 정의하기에 이르렀다. 그러나 그는 정착하지 못하기도 했다. 그는 코펜하겐이 파리가 아니라는 것을, 하다못해 베를린이나 빈이나 밀라노나 상트페테르부르크도 아니라는 것을 정확히 알고 있었다. 그는 더 넓은 인정과 경험을 갈망했다. 꼭 덴마크에서 이동하기를 바랐다는 것은 아니다. 하지만 다른 곳에서는 무슨 일이 벌어지고 있는지 알고 싶었고, 자신의 작품이 더 큰 유럽이라는 장에서는 얼마나 어울릴지 보고 싶다는 강렬한 열망을 가졌다.

부르농빌은 폭넓게 여행했고 서신 교환도 했다. 그는 (특히 파리의) 친구 및 동료들과의 접촉을 유지하며 미래의 가능한 기회들을 가늠해 보았다. 그렇지만 그의 편지와 여행에 대한 반추는 점점 커지는 좌절감을 드러낸다. 그는 베스트리스 유파를 포용해서 그것을 심미안, 신중함, 더 길들여지고 통제되는 기교 쪽으로 돌려놓고 있었다. 그렇지만 그에게는 점점 더 실망스럽게도, 유럽의 나머지는 반대방향으로, 즉 극적이고 화려하고 현란한 기술적 과시 쪽으로 움직이고 있는 것 같았다. 부르농빌만 그런 것은 아니었다. 발레에 대한 그의 접근을 공유하는 다른 예술가들이 있었는데, 그들 중 다수가 베스트리스 시절의 핵심기 어느 시점에 파리에 있었던 친구들이기도 했다. 그들은 남성의 기교적 춤추기에 모든 것을 쏟아부은 당쇠르들이었는데, 그들 모두 부르농빌과 마찬가지로, 마리 탈리오니의 낭만주의 혁명이 전개됨에 따라 자신들의 발밑의 땅이 이동하고 있다는 것을 느꼈다. 이 예술가들은 일자리를 찾아 유럽 전역으로 흩어졌지만 자신들의 오랜 유대는 간직했다. 그들은 일종의 늙어가는 발레 디아스포라였다. 우리는 그들의 개인적인 편지와 대화로부터 사라져 가는 무용 스타일의 마지막 속삭임을 들을 수 있다.

그리하여 이미 1831년 2월, 무용수 알베르는 부르농빌에게 편지를 써서 7월 혁명 이후 의기소침해진 파리 오페라의 분위기를 한탄했다. 그는 (세심하게도 널리 존경받던 마리 탈리오니는 제외하면서) 이렇게 말했다. "요즘 예술가들은 규칙이 없고 본인들의 변덕이 고작이야." 몇 년 후에는 애석해하며 결론지었다. "무용의 영광의 날들은 지났어." 이는 그냥 향수나 신 포도가 아니었다. 더 젊은 무용수이자 발레 마스터인 아르튀르 생-레옹(1821-1870)도 부르농빌에게 불평하면서 파리 오페라에 대한 험담을 쏟아냈다. 그는 이 기관은 "폐허"라고 서글프게 일축했다. 그리고 파리만 그런 것이 아니었다. 부르농빌의 오랜 친구 뒤포르는 1837년 베를린에서 보낸 편지에서 (배우지 못한 들쭉날쭉한 글씨로) 몇몇 예술가들을 제외하면 모두가 최신 유행을 위해서 "진정한 유파를 버렸다"고 썼다. 뛰어난 교사 카를로 블라시스 역시 베스트리스와 파리에서 훈련했다. 그는 밀라노로부터 편지를 썼는데, 발레의 "데카당스(decadence)"를 향한 종말에 대해서 탄식하면서 자신은 항로를 유지하기 위해서 전력을 다하고 있다고 말했다. "나는 자네와 의견을 같이하네."[22]

부르농빌이 그들의 말을 곧이곧대로 받아들이기만 한 것은 아니었다. 그는 유럽의 수도들을 여행했고, 도처에서 발레가 위기를 맞았거나 쇠퇴하고 있다는 점점 커지는 느낌에 대한 긴 글들을 썼다. 파리는 그에게 절망적으로 미련하고 물질적으로 보였다. 1841년 이 도시를 방문한 후, 그는 대중은 박수부대에게 의존하며 이 도시의 발레리나들은 파렴치하게도 부유한 보호자들과 색골 노인들의 노예가 되었다고 비통하게 푸념했다. "여기 사람들은 돈 말고는 거의 아무것도 사랑하지 않는다." (그는 원기를 되찾기 위해서 나폴레옹의 무덤을 방문했다.) "난 절대 자리를 바꾸지 않을 거요." 그는 아내에게 털어놓았다. "알베르, 뒤포르, 페로, 폴, 아나톨 등과 말이지. 그들은 내가 누리는 예술적 재미도, 위대한 기쁨도 누리지 못해. 그리고 유명인들이 그들에게 주던 위신은 없어진 지 오래지." 그는 약 30년 후에 다시 돌아와서는 (이 도시의 정치 생활과 사회 생활에서 그사이 일어난 극적인 격변에도 불구하고) 상황은 오히려 더 나빠진 것 같다고 단호하게 보고했다. 파리 오페라에서 발레는 침체되었고, 다른 곳들에서는 "역겨운 캉캉"이 그 자리를 차지했다. "이 불쌍한 여자애들이 전부 어디서 왔는지 신께서는 아신다."[23]

나폴리는 다른 문제들을 가지고 있었다. 부르농빌은 나폴리 발레가 유혹적인 거리의 삶과 활기찬 오페라 전통에도 불구하고 우울할 정도로 퇴보하고 촌스러워졌다는 것을 발견했다. (필리포의 동생이자 마리의 삼촌인) 프랑스에서 훈련받은 발레 마스터 살바토레 탈리오니는 왕의 잘 꾸며진 산 카를로 극장에서 발레들을 환상적인 속도로 찍어내고 있었지만 존중은 거의 받지 못했다. 부르농빌의 논평에 의하면, 그의 최고의 춤들조차 중고부품 취급을 받아서 공연이 끝나기가 무섭게 처분되었다. 게다가 1840년대 즈음 일종의 가톨릭적 내숭이 나폴리 극장에 닥쳤다. 살구색 타이즈는 너무 도발적이라는 이유로 금지되었고, 남녀 모두 의상 밑에 우스꽝스러운 헐렁한 밝은 녹색("메뚜기 색") 속바지를 입도록 요구되었다. 남자들은 두툼한 하얀 실로 짠 베드재킷(잘 때 잠옷 위에 덧입는 짧은 저고리/역주)으로 팔을 가리기까지 했다. 더 나쁜 것은 무용수들이 더 이상 정기적으로 훈련받지 않는다는 것이었다. (너무 육체적이라서) 부도덕적인 행위를 재재한다는 이유로 수업이 폐지되었기 때문이다. 이런 험악한 분위기 속에 검열이 만연했다. 종교, 혁명, 국기, 왕, 성직자, 왕자들에 대한 어떤 언급도 금지되었고, 의상에 빨강, 하양, 파랑의 기미가 조금이라도 있으면 체포로 이어질 수 있었다. "이곳에는 죽음 같은 침묵이 있다." 부르농빌은 관찰했다. "모퉁이마다 감시자들과 병사들이 있고, 객석과 무대의 경계에는 왕족들을 곧장 응시하는 경호원이 서 있다."²⁴

파리와 나폴리는 돌이킬 수 없어 보였지만 빈은 좀더 유망해 보였다. 혹은 그럴 것이라고, 1855년 이 도시의 제국 오페라에서 자리를 제안받은 부르농빌은 생각했다. 그는 당시 코펜하겐의 왕립 극장을 괴롭히던 시시한 정치와 형편없는 경영에 실망하여 의기소침하던 차에 이를 수락했다. 이것은 중요한 기회였다. 유럽의 선도적인 수도들 중 한 곳에서 그의 작업을 선보이고 검증할 기회였던 것이다. 그렇지만 빈 시민들은 보드빌과 왈츠에 사로잡혀 있었다. 관객은 우리가 이미 살펴보았듯이, 그의 발레리나뿐만 아니라 부르농빌의 발레가 밋밋하고 구식이라고 생각했다. 부르농빌은 분노하고 실망한 데다가 금전적, 계약적 어려움에 직면했다. 그는 육감적인 여자들과 곡예가 등장하는 발레들을 좋아하는 빈의 취향을 한탄했고, 이 제국 도시의 지나치게 화려한 스펙터클들에 절망했다. 회고록에서 그는 친구이자 전 동료이며, 저명한 발레 마스터이자 마리의 남동생인 폴 탈리오니가 발레 상연을 위해서 베를린으로부터 도착해서, 분수로부터 무대로 물을 퍼올리기 위해서 극장에 구멍을 뚫으라고 명했을 때 얼마나 가슴이 무너졌는지 설명했다. 이것은 춤과는 무관한 스펙터클적 (그리고 비싼) 효과였다. 이 모든 일들이 부르농빌로 하여금 "사라져버린 더 고상한 시대"의 유물 같은 기분이 들게 만들었다. 그는 다음 해에 코펜하겐으로 돌아왔고 왕립 극장과의 5년 계약서에 서명했다.²⁵

폴 탈리오니는 이 문제의 좋은 예였다. 그와 부르농빌은 1820년대 파리에서 잠시 알고 지내던 사이였다. 후일 탈리오니는 베를린에 정착했고, 1835년부터 1883년까지 간간이 발레 마스터로 일했다. 이 시절 베를린은 프로이센 왕국과 더불어 성장했고, 이곳의 발레는 이 도시의 제국적 자아상에 걸맞게 팽창했다. 탈리오니는 당국은 좋아하지만 시적인 분위기나 품위는 눈에 띄게 부족한 거만하고 스펙터클적인 발레들을 제작해서 출세했다. 그는 남성적 기교라는 베스트리스적 전통에서 벗어난 다른 경로를 택했다. 부르농빌이 고상한 절제를 권한 지점에서 탈리오니는 시선을 끄는 효과와 폭죽을 밀어붙였다. 1860년대에 생-레옹은 탈리오니의 극도로 대중적인 「플리케플로크(Flick et Flock)」를 이렇게 묘사했다. "알고 있는 속임수란 속임수는 모두 갖춘 일종의 요정 나라. 한물 간 로코코 무리들, 섬세함이 없고, 재치 있는 아이디어도 하나 없다. 그리고 제발 잊을 수 있기를, 그 코웃음 나는 춤을."[26]

부르농빌은 베를린을 몇 번 여행했는데, 가장 기억에 남는 것은 1870년대 초 독일이 보불전쟁에서 승리한 지 얼마 지나지 않은 시점이었다. 그는 탈리오니의 발레 「판타스카(Fantasca)」에 참석했고, 약 200명의 소녀들이 군사적 정확성으로 정렬해서, 공연 중 각각 4~5번씩 의상을 갈아입는 "대규모 코르 드 발레"에 대경실색했다. 마지막 장면의 저속한 취향은 어찌나 적나라하던지 부르농빌은 두 손 두 발을 들었다. 그가 쓴 바에 의하면, 요정 아쿠아리아는 결국 "신실한 연인들을 자신의 아쿠아리움에서 풀어준다. 그곳에서는 강꼬치고기와 농어가 그들의 머리 위에서 헤엄치고, 입을 벌린 굴 껍질들 속에서 인어들이 그림처럼 무리를 지어 누워서는, 산호, 폴립, 그리고 삶은 바다가재에 둘러싸여 있다!"[27]

러시아는 완전히 달랐다. 부르농빌은 상트페테르부르크가 무용수들에게 가지는 매력을 오래 전부터 알고 있었다. 그의 파리 동료들 중 여럿이 그곳에서 자리를 얻었고, 그의 제자들 중 한 명인 스웨덴 무용수 페르 크리스티안 요한손도 제국 극장들로 일하러 갔다.* 그러나 강렬한 호기심에도 불구하고 부르농빌은 주저했다. 러시아는 "강력한 왕국"이었지만, "문명의 범위 밖에" 있는 것처럼 보이기도 했다. 1840년대에 부르농빌은 (한번도 가본 적 없는) 이 나라를 경멸적으로 묵살했다. "러시아는 한 푼의 가치도 없다. [사람들은] 무기력하고 무감각하며, 보수는 형편없다." 이것은 정확한 사실이 아니었다. 사실 차르는 유명하고 충분히 프랑스적이기만 하면 놀랄 만한 액수를 기꺼이 지불하려고 들었다. 부르농빌도 아마 눈치챘겠지만, 요한손이 처음 도전한 것은 마리 탈리오니의 파트너로서 그녀의 명성이라는 안전한 보장하에서였다.[28]

* 요한손은 1830년대 코펜하겐에서 부르농빌과 훈련했다. 그는 1841년 마리 탈리오니와 함께 상트페테르부르크에 고용되어 스웨덴을 떠났다. 그렇지만 그녀가 파리로 돌아갔을 때 그는 머물렀다. 그는 동료 스웨덴인과 결혼해서 6명의 아이를 가졌으며, 상트페테르부르크의 성 캐서린 스웨덴 교회에 합류했고, 제국 극장들에서 중요한 교사가 되었다.

부르농빌에게 기회가 없었던 것은 아니다. 그는 연줄이 많았고 코펜하겐에서 몇몇 러시아 외교관들에게 발레를 가르치기도 했다. 사실 그는 상트페테르부르크에서 발레를 무대에 올리라는 제안을 많이 받았다고 (그리고 거절했다고) 주장했다. 특히 한 제안은 1838년 덴마크 수도를 방문하던 중에 「발데마르」 공연에 참석해서 감탄한 미래의 차르 알렉산드르 2세의 것이었다. 그러나 부르농빌이 러시아가 예술적으로 중요한 존재가 되고 있다고 느껴서 방문을 밀어붙인 것은 1870년대 초가 되어서였다. 1866년 (부르농빌이 발레를 가르친) 덴마크 공주 다그마르가 알렉산드르의 아들인 미래의 알렉산드르 3세와 결혼한 것이 도움이 되었다. 이 차원 높은 연줄은 그의 불안을 달래고 앞길을 평탄하게 했다.

부르농빌은 상트페테르부르크 공연 생활의 규모만으로도 압도되었다. 무용수들의 훈련의 범위와 질도 엄청나게 인상적이었다. 부르농빌은 넉넉한 재정의 학교와 강력한 교과과정, "통풍이 잘 되고 안락한 기숙사들……심지어 작은 예배당까지!" 있는 것에 감탄했다. 그는 그들의 발레 마스터이자 자신과 공통의 과거를 가진 마리우스 프티파에게 열렬한 존경을 보였다. 프티파는 프랑스인이었고 그 역시 베스트리스와 함께 파리에서 일했다. 그래도 부르농빌은 상트페테르부르크에서 본 발레들 때문에 불안해했다. 이것은 그에게 "외설적"이고 곡예적이며, "형편없는 광대극"으로 몰락한 예술로 보였다. 그는 혼란스러운 가운데 프티파와 요한손을 대면했다.

그들은 내가 전적으로 옳다고 인정했고, 이런 식의 발전 전체를 개인적으로는 꺼리고 혐오한다고 고백했고, 어깨를 으쓱하며 자기들은 당대의 유행을 따라야 한다고 설명했고, 대중의 심드렁한 취향과 고위 당국의 구체적 요구에 책임을 돌렸다.

이것은 당시 러시아 발레가 직면한 압박과 어려움에 대해서 전적으로 공정한 설명이 아니지만 부르농빌의 고립감은 전해준다. **자신의 발레 스타일이 파리부터 상트페테르부르크까지, 점점 더 유행에 뒤떨어진 과거의 것이 되고 있다는 느낌이었다.**[29]

사실 부르농빌을 그렇게나 고립된 기분으로 만든 것은 예술적 동료애의 결핍이 아니었다. 친구와 동료들 여럿이 그의 방향 감각 상실뿐 아니라 미학적 이상도 공유했다. 문제는 시간이 지나자 결국 그들 중 옛 입지를 기꺼이 지키는 것으로 보이는 사람이 거의 없다는 점이었다. 부르농빌은 세속적인 사람이었음에도 불구하고, 그들이 직면한 문제들은 자신의 문제와 매우 다르다는 것을 몰랐다. 그는 역사와 그들의 삶의 정황이 이 예술가들을 오귀스트 베스트리스, 마리 탈리오니의 파리와 먼 곳으로 이끌고 있다는 것을 알지 못했다. 그렇지만 부르농빌은 양보를 단호하게 거부했다. 점진적으로 또 거의 무의식적으로, 그의 머릿속에서 유럽 발레의 지도는 바뀌고 있었다. 그는 파리도, 베를린도, 밀라노도, 상트페테르부르크도 아닌 코펜하겐이 발레의 최고의 희망이라고 믿게 되었는데, 어쩌면 마지막 희망일 수도 있었다.

더구나 그 이유는 예술뿐 아니라 정치와도 깊은 관련이 있었다. 부르농빌이 주저 없이 지적한 바와 같이, 1830년에 파리, 브뤼셀, 빈, 바르샤바, 그리고 이탈리아와 독일의 국가들은 폭력적인 격변을 겪었고, 1848년에는 상황이 더 악화되었다. 그러나 덴마크인들은 무탈했다. 1848년 3월 약 2,000명의 사람들이 코펜하겐의 카지노 극장에 모여서 국왕 프레데리크 7세에 대한 요구 목록을 작성한 것은 사실이다. 하지만 그들은 번거롭게 굴 필요가 없었다. 내각이 이미 사임했다고 왕이 때맞춰 통지한 것이다. 그는 그들에게 말했다. "만일 신사 여러분이 여러분의 국왕에 대해서 그가 자신의 국민들에게 가진 것과 동일한 신뢰를 가진다면, 그는 여러분을 명예와 자유의 길을 따라 정직하게 이끌 것이오." 군중은 흩어졌고, 덴마크는 절대주의로부터 입헌군주제로의 "벨벳" 이행을 달성했다.[30]

그렇지만 이런 인상적인 발전은 덴마크의 속국이지만 민족적으로는 독일 공국인 슐레스비히와 홀슈타인에서의 언어적, 문화적 민족주의의 발흥으로 금세 흐려졌다. 1848년 봄, 상황은 옹호가 불가능할 지경이 되었다. 덴마크인들은 해당 지역으로 군대를 보냈는데 2년간의 쓰라린 싸움 후에야 마침내 봉기를 진압했다. 대부분의 확고부동한 자유주의 덴마크인들과 마찬가지로 부르농빌은 결집했다. 그는 왕의 자원봉사자들에 합류해서 외무부에서 통역으로 봉사했다. 그러나 그의 가장 자랑스러운 기여는 「발데마르」의 새 제작물이었다. 전방으로 떠나는 사람들이 엑스트라로 나왔는데, 스벤드가 그라테 헤즈 전투에서 패배하고 발데마르가 왕위에 오르자 사람들은 외쳤다. "반역자들은 저런 꼴을 당해 마땅하다! 반역자들을 타도하자!" 부르농빌은 회고록에서 발데마르가 결국 "독재의 사슬을 끊고 왕국 전체를 축복하자," 관객과 출연진 모두 애국적인 노래를 "마치 하나의 목소리처럼" 부르기 시작했다고 애정을 담아 회상했다.³¹

이어지는 몇 달간 부르농빌은 더 많은 일을 했다. 그는 자신의 연극적 재주를 정치적 축제와 자선 행사로 돌렸다. 그리고 덴마크인들이 결국 반역을 일으킨 지방들에게 승리하자 그는 코펜하겐의 로센보르 성 정원에서 호화로운 축하 행사들을 여는 것을 도왔다. 여기에는 (이를 위해서 구축한) 전함의 뒷 갑판에서 공연되는 발레가 포함되어 있었는데, 열성적인 해병들이 축제 행사에 참여하기 위해서 즉석에서 무대 위로 뛰어올라와 합류했다. 그는 1851년 귀환군을 위한 시청 연회의 조직 역시 주관하면서 진심을 담아서 업무에 헌신했다. 그는 후일 "보다 고귀한 덴마크 민중의 삶에 보탬이 되었다"며 깊은 만족을 담아 회상했다.³²

1848-1850년의 애국적 희열은 1864년 슐레스비히-홀슈타인 문제가 재발생하여 프로이센과의 직접적 갈등으로 이어지면서 사라졌다. 자만한 덴마크가 국제 규약을 폐기하자 비스마르크가 군대를 보냈고 덴마크인들은 즉각 궤멸당했다. 그것은 고통스러운 국가적 치욕이었다. 덴마크는 슐레스비히-홀슈타인을 프로이센에게 잃었고 남쪽 국경은 몇백 킬로미터 북으로 이동했다. 영토의 약 40퍼센트를 잃은 이 나라는 이제 전보다 더 작아졌고, 그 어느 때보다도 더 덴마크적이 되었다. 많은 덴마크인들에게 이런 어려운 사건들은 이미 강렬한 국왕과 국가에 대한 충성심을 더 깊게 만들었는데, 부르농빌도 그들 중 하나였다. 1864년의 패배로부터 2년 후 부르농빌은 「발데마르」를 한 번 더 제작해서 매진시켰다.

부르농빌은 이런 사건들을 배경으로 해서 스스로와 덴마크에 점점 더 몰입하게 되었다. 그는 그 정의에 자신이 그렇게나 기여한 덴마크 발레의 이상의 강화와 보존에 전력을 다했다. 이는 예술적 기본 원리들을 탐구해서 그것으로 복귀하려는 보수적 충동이었다. 그러나 이런 사실이 그를 비창조적으로 만들지는 않았다. 사실 고전 발레에 대한 부르농빌의 가장 영속적인 기여는 1848년과 그가 사망한 1879년 사이에 이루어졌다. 그 첫 번째는 1849년 「콩세르바토리 혹은 신문을 통한 청혼(Conservatoriet, or a Proposal of Marriage Through the Newspaper)」이라는 제목의 명랑한 2막 오락물의 모습으로 등장했다. 이는 딱히 흥미로울 것이 없는 보드빌-발레였지만 프랑스에서 보낸 과거에 대한 부르농빌의 감동적인 헌사가 담겨 있었다. "무용 학교"라고 불리던 오귀스트 베스트리스의 발레 수업이 무대에서 상연된 것이다. 어린 아이들은 플리에부터 시작하며, 더 나이든 학생들과 전문가들의 차례가 될수록 수업의 복잡성과 가속도가 점점 높아진다. "무용 학교"는 전통을 그린 그림이자 미래에 대한 청사진이었다. 부르농빌은 스스로에게 (그리고 자신의 무용수들에게) 일깨우는 것처럼 보인다. 중요한 것은 이것이다. 우리가 고수하고 발전시켜야 하는 것은 이것이다. 게다가 비록 스텝과 연습은 베스트리스를 상기시킬지언정 이것들은 틀림없이 부르농빌 자신의 미학과 스타일의 언명이었다.

시간이 흐를수록 부르농빌의 가장 깊은 본능은 그를 다시 덴마크 낭만주의적 주제들로 이끄는 것 같았다. 1854년 그는 「민담(A Folk Tale)」을 창작했다. 이 작품은 다양한 친숙한 자료들에서 영감을 받은 3막 발레였는데, 그중에는 틸레의 스칸디나비아 민담집과 한스 크리스티안 안데르센의 매혹적인 동화 「엘프의 언덕」도 포함되어 있었다. 음악은 닐스 가데와 J. P. E. 하르트만이 작곡했는데, 둘 다 북유럽적 주제에 관심이 있는 것으로 유명했다. 하르트만은 욀렌슐래게르의 "황금뿔"을 음악에 맞춘 바 있고, 부르농빌의 가장 긴밀한 공동 작업자들 중 한 사람이 될 것이었다. 가데는 계속해서 「엘프의 발사(Elf Shot)」를 작곡했는데 이 또한 북유럽 신화에 기초한 것이었다.

그렇지만 이즈음 왕립 극장의 예술적 풍조는 변화하고 있었다. 1849년 각본가 요한 루드비 헤이베르(1791-1860)가 극장 대표직을 차지했는데, 그는 발레에 대해서 전반적으로 회의적이었다. 그와 그의 추종자들은 덴마크 낭만주의의 동화적 세계와 상상의 도피에 싫증내며 이에 등을 돌렸다. 그들은 대신 패러디, 풍자극, 보드빌에 끌렸고, 이성과 구조를 자유롭게 흐르는 상상력보다 높이 평가했다. 한스 크리스티안 안데르센은 그들은 "재단사 동업조합"이라고 냉소적으로 언급했다. 1854년 즈음 부르농빌은 자신이 고국과 자기 극장에서 배신당하고 포위되었다고 느꼈다. 그 자신의 설명에 의하면, 「민담」은 자신의 예술적 입지에 대한 열정적 옹호이자 이 "현실적이고 너무나 시적이지 못한 시대"의 밋밋한 냉소주의에 대한 직접 공격이었다.[33]

부르농빌은 「민담」에서 자신이 아는 모든 것을 내세웠다. 이것은 스칸디나비아 민중의 삶에 대한 생생한 초상이자 프랑스 낭만주의 발레를 북유럽적 형태로 다시 한번 완벽하게 옮겨놓은 작품이었다. 다시 말해서 북유럽의 「지젤」이었다. 그리하여 지젤의 옛 독일 마을은 덴마크 시골이 되었고, 윌리들은 엘프 처녀들과 트롤들로 바뀌었다. 부르농빌의 독특한 업적은 이런 북유럽 민담이 고전 발레의 언어를 마치 모국어처럼 이야기하게 만든 데에 있었다. 오늘날 우리의 눈에는 「민담」이 어리석고 설득력 없어 보일 수 있다. 하지만 당시에는 진실하게 보였다. 부르농빌은 이 작품이 자신의 최고이자 가장 덴마크적인 작업인 「발데마르」와 「나폴리」의 "황금 시절"을 연상시킨다고 생각했다. 이 작품의 스토리는 제쳐놓고라도, 「민담」의 마지막 축하 장면의 음악은 덴마크 대중들에게 너무나 인기를 끌어서 덴마크 결혼식에서 흔히 연주되는 곡이 되었고 지금도 마찬가지이다.[34]

이 발레는 힐다의 이야기를 전한다. 그녀는 아름다운 시골 상속녀로, 출생 시 난폭하고 심술궂은 아기 트롤 프로켄 비르테와 바꿔치기 되었다. 그리하여 힐다는 지저분한 트롤 언덕에서 난폭한 트롤 여성에 의해서 양육되는데, 그녀는 힐다를 자신의 트롤 아들 디데릭과 비데릭 (명백히 전통적인 트롤 이름들이다) 둘 중 하나와 결혼시키려고 계획한다. 한편 비르테는 안락하고 사치스럽게 양육되었고 잘생긴 귀족 융커 오베와 약혼한다. 물론 과거의 잘못이 밝혀지고, 결국 힐다는 오베와 결합한다. 한편 (트롤 여성에게 풍요로운 재보를 약속받은) 비르테는 탐욕스럽고 트롤을 닮은 구혼자와 정착한다.

비록 플롯은 빈약했지만 무대효과는 그렇지 않았다. "지하 음악" 소리에 맞춰 우거진 동산이 "불타는 네 기둥 위로 솟아올라" 지하의 트롤이 드러난다.

대장간에서 일하는 놈(gnome)들과 팬케이크를 뒤집는 트롤 여성이 있고, 난폭한 디데릭과 비데릭은 뻣뻣한 머리카락을 서로 잡아당기고 장난을 치면서 씨름을 한다. 그러나 이 발레가 전부 트롤들에 대한 것은 아니다. 오베는 힐다를 만난 지 얼마 되지 않아 엘프 처녀들에게 포위된다. 그들은 가냘프고 공기 같은 여인들로, 미혼 남성들을 빙빙 돌면서 아스라한 요정의 춤으로 황홀하게 만들어 유혹하고 괴롭힌다. 안데르센이 쓴 바와 같이, 그들은 "아지랑이와 달빛으로 짠 긴 숄을 두르고" 춤추는 사악한 정령들이다. 그렇지만 트롤과 (그리고 윌리와) 마찬가지로, 이 이교도적 생물들은 기독교적 상징을 꺼린다. 그래서 이 발레에서 그들의 마법은 (천사 같은 힐다가 퍼부은) 성수, 성 요한상, 황금잔, 십자가상에 의해서 깨진다. 마지막 축하연은 한여름 저녁에 벌어진다. 행진, 깃발, 화환, 저글링하는 사람, 집시들이 등장하다가 흥겨운 메이폴 댄스(꽃이나 녹색 식물로 장식한 기둥을 세우고, 꼭대기에서 여러 색깔의 긴 리본을 늘어뜨려 여럿이 하나씩 쥐고 기둥 둘레를 돌며 리본으로 무늬를 만드는 춤. 서유럽에서 다양한 형태로 발전했다/역주)가 펼쳐진다. 말하자면 스칸디나비아적인 「나폴리」인 것이다.[35]

북유럽적 주제의 다른 발레들도 이어졌다. 그중에는 「산장(The Mountain Hut)」(1859), 「발키리(The Valkyr)」(1861), 「티름의 시(The Lay of Thyrm)」(1868)가 있었는데, 다들 북유럽 신화나 중세적 주제에 의지했다. 애국 무용들도 있었다. 이를테면 「아마게르 성의 왕의 자원봉사자들(The King's Volunteers on Amager)」은 어린 시절 깊은 인상을 남긴 나폴레옹 전쟁 당시 코펜하겐을 방어한 시민들에게 부르농빌이 1871년에 헌정한 작품이었다. 짧은 덴마크 우화들도 있었는데, 가장 주목받은 것은 한스 크리스티안 안데르센의 사랑받는 이야기를 무대에 올린 「그림 속 동화(A Fairy Tale in Pictures)」였다. 그는 1875년 다시 원점으로 돌아가서 발데마르 시대의 십자군 이야기인 「아르코나(Arcona)」를 창작했다. 이 발레들 중 무엇도 정말 새롭지 않았다. 하지만 핵심은 바로 그 점이었다. 부르농빌은 자신의 일이 바뀌지 않게 만들었다. 이 발레에서 그는 예술에서 안데르센이 말한 "행복과 미덕"이라는 이상을 강화하고 보호하기 위해서 분투했다. 이를 보여주기라도 하듯이 부르농빌이 만든 마지

막 발레는 아담 욀렌슐래게르를 기리는 4편의 연작 타블로(1877)였다.[36]

이 작품들은 모두 덴마크 낭만주의 발레를 제자리에 놓고 후대를 위한 전통을 확보하는 데에 도움이 되었다. 그러나 부르농빌은 여기서 더 나아갔다. 그는 발레를 만들 때 그것의 기록에도 노력을 쏟았다. 그는 1848년, 1855년, 1866년에 각각 춤을 종이 위에 기록하는 체계의 설계를 시도했다. 그는 이를 에튀드 코레그라피크(Études Chorégraphiques)라고 불렀다. 그가 새로운 표기 체계를 고안하기 위해서 열심히 노력한 것은 발레가 그 자체의 문자 언어를 가지기 전까지는 결코 연극이나 음악과 동등하게 인정받지 못할 것을 알았기 때문이다. 하지만 갈망에 휘둘린 것 역시 사실이다. 그에게는 발레 테크닉을 성문화함으로써 자신이 아는 대로의 전통을 시간이 지나도 소실되지 않도록 "기록"하려는 강렬한 열망이 있었다. 그 표기는 불편했고 춤의 기록에 널리 사용되는 일은 결코 일어나지 않았다. 그러나 부르농빌의 깔끔하게 성문화된 원고들은 자신의 예술을 보존하려는 그의 열망을 감동적으로 상기시키는 존재이다. 그렇지만 이 열망을 한층 더 드러내는 것은 손으로 쓴 메모들이다. 부르농빌이 선을 그었다 지우고, 다시 쓰고, 가끔은 어떤 마법적인 구성원리에 거의 미신적으로 매달렸던 것을 보면(그는 다섯 포지션, 다섯 장르 등 5라는 숫자에 집착한 적이 있었다), 발레의 근본적인 규칙들에 대한 간절한 몰두를, 그리고 발레를 가장 기본적 형식들로 되돌리려는 의도를 느낄 수 있다.[37]

부르농빌은 편지, 논문, 책, 그리고 특히 회고록을 배출했다. 『나의 공연 생활(My Theater Life)』은 무질서한 여러 권짜리 작업이었고, 1848년, 1865년, 1877-1878년에 세 번에 걸쳐 출간되었다. 이 두툼한 책들은 풍부한 자전적 정보를 담고 있지만, 그의 발레 목록, 훈계, 여행기, 그가 아는 유명인들에 대한 메모, 통렬한 논조의 논쟁이 다양하게 취합되어 있기도 하다. 이들의 어조는 경직되었을 수 있고, 자신의 삶에 대한 저자의 반추는 실망스러울 정도로 몰개인적일 수 있다. 하지만 이 사실은 별로 중요하지 않다. 부르농빌의 회고록은 그의 삶에 대해서 들려주려는 것이 아니었다. 이 또한 그의 예술에 대한 옹호였다.

이 회고록은 근엄하지만 다정한 목사가 너무 쉽게 길을 잃는 유순한 대중에게 자신의 믿음을 설교하는 것 같은 느낌이다. 부르농빌은 독자들이 자신이 안무한 화가 라파엘에 대한 송가(ode)(실패작)와 (실현되지 않은) 「오레스테이아(Oresteia)」 안무 계획 같은 진지한 발레를 거부하는 것을 온화하게 꾸짖는다. 그는 싸구려 황홀감을 선호하는 대중의 취향을 한탄하고, 1843년 개장해서 다양한 가족 오락을 제공한 티볼리 가든 같은 대중 공연장들을 폄하한다. 그렇지만 그의 최고의 의분은 페피타 데 올리바에 대한 "광분"을 위해서 보류되었다. 그녀는 아름답고 카리스마적이지만 형편없이 훈련된 스페인 무용수였는데, 그녀의 춤들은 코펜하겐과 유럽 전역에서 열렬한 지지를 받았다. 그는 이렇게 썼다. "나의 사랑스러운 뮤즈에 대한 신성모독에 나는 눈물을 흘렸다."[38]

그렇지만 부르농빌은 오락적이기는 해도 고매한 대사를 가지고 솜씨 좋게 수행된다는 말이 꼭 발레에 대한 충분한 옹호는 아니라는 것을 알고 있었다. 그는 자신의 예술을 보호하기 위해서는 제도적 기반도 확보해야 한다는 것을 알았다. 그리하여 그는 자신의 무용수들을 정력적으로 대변했는데, 특히 최하층 무용수들의 생활을 개선하기 위해서 부단히 노력했다. 1847년 그는 (1771년 이래 이런저런 형태로 존재해온) 극장 발레 학교를 재조직해서 두 반을 설립했는데, 하나는 어린이 대상이었고 또 하나는 성인을 위한 것이었다. 그는 자신을 아버지나 가장으로 보았다. 말년에 찍은 사진 한 장은 그가 확고하고 꼿꼿하게 서서 헌신적이고 예의바른 학생들 여럿에 둘러싸여 있는 모습을 보여준다.

나아가 그는 전문적인 무용 훈련만으로는 충분하지 않다는 것을 깨닫고, 극장의 무용 아카데미 내부에 초등학교를 설립하자는 운동을 벌였다. 그가 언젠가 쓴 바와 같이, 이 학교는 "그들의 종교적, 도덕적 독실함이 극예술이 가지는 고상한 임무와 어울린다는 것을 검증받은 개인들에 의해서" 감독되었다. 1856년 첫 단계가 이루어져서 무용 학생들은 교사들의 집에서 교습을 받았다. 1876년 왕립 극장은 기관 내에 예술가들에게 적당한 학업 기관을 설립했다. 이는 당시 덴마크 사회에서 너무나 널리 이야기되며 존경받던 그룬트비의 선구자적 교육 개혁을 반영한 (그리고 아마 여기서 영감을 받은) 업적이었는데, 어쩌면 러시아 제국의 사례에서도 영향을 받았을 것이다.[39]

부르농빌은 학교에서 멈추지 않았다. 그는 무용수들의 보수를 고정된 정규 급여로 확립하기 위해서 노력했고(1856년 달성되었다), 자신의 연기자들의 연금을 확보하기 위해서 싸웠다(1874년 개인 기금이 시작되었다). 이것은 소박하지만 근본적인 성취였고, 덴마크 무용수들이 20세기에 결국 받게 될, 인상적인 요람에서 무덤까지 수당의 전조가 되었다. 부르농빌은 더 개괄적으로는 국립 극장과 발레에 대한 국가 지원을 오랫동안 열심히 주장했다. 예를 들면 그는 1864년의 군사적 참패 이후 수 년간 덴마크 의회의 정치가들 및 경제학자들과 맞서서, 예술은 "사치스럽기만 해서 농사짓고 소 키우는 국가에는 부적합할 수 있다"거나, "작은 덴마크"는 더 이상 발레를 감당할 여유가 없다는 의견들을 모두 단호하게 일축했다. 부르농빌은 이런 "케케묵은 농담들"에 진저리를 내면서도 우위를 차지했다. 그는 극장은 사업이나 오락일 뿐 아니라, "도덕과 취향 양자에서 똑같이 중요한 확고한 임무를 가진 학교"이기도 하다고 설명했다.[40]

부르농빌이 1879년 사망할 즈음 덴마크는 자신만의 독특한 발레 학교와 고전 발레 스타일을 가지고 있었다. 그는 덴마크적인 것을 프랑스 낭만주의 발레로 만들어냄으로써 덴마크 국민 예술을 창조했다. 이는 춤추기의 방식이 춤추기의 윤리이기도 하다는 점에서 가장 아테네적인 의미의 학교였다. 부르농빌의 글들과 예술은 가끔 **지나치게** 선량하고 꼿꼿해서 독실한 척하는 것으로 보일지 모른다. 그러나 그의 빈틈없이 한결같고 명쾌한 고전주의는 대신할 수 없는 것이었다. 부르농빌은 약 50편의 발레를 만들었지만, 그의 예술을 가장 잘 보여주는 것은 트롤과 엘프 처녀, 용감한 덴마크 영웅과 용맹한 어부들이 아니었다. 그것은 이 발레들 속의 춤이었다. 즉 「나폴리」의 거리 장면들, 「콩세르바토리」의 "무용 학교", 「라 실피드」의 순식간에 지나가는 스텝들이었다. 발레의 이런 단편들은, 즉 순수한 무용적 창의성의 촘촘한 조각들은 그의 예술의 진정한 이야기를 들려주었다. 그것은 발레를 그 자체의 과거에 묶으려는 욕구라는 점에서 보수적인 이야기였고, 심지어 인습적이기까지 했다. 하지만 그 인습적인 측면은 그것의 가장 위대한 강인함이기도 했다. 부르농빌은 프랑스적 전통으로부터 중요한 무엇인가를 구해냈다. 부르농빌 덕분에 오귀스트 베스트리스의 가르침이 덴마크 발레의 구조 속에 확고하게 고정된 것이다. 파리에서는 그렇게 궁지에 몰렸던 남성의 춤추기가 새로운 유파를 가지게 되었다.

부르농빌의 제자들은 자신들의 발레 마스터가 멈춘 곳에서 다시 시작했다. 그의 사후 수 년간 덴마크 무용수들은 부르농빌의 예술을 영속화하고 보존하기 위해서 설계된 훈련 프로그램을 고안했다. 이는 매주 요일별로 하나씩 음악에 맞춘 6가지 정해진 수업으로, 「라 실피드」와 「콩세르바토리」 같은 발레에서 끌어온 스텝과 춤이 포함된다(금요일 수업에는 「콩세르바토리」의 거의 온전하게 보존된 바리아시옹을 훈련한다). 그것은 무용수들이 이런 수업을 날마다 끝없이 반복하게 함으로써 자신의 규칙과 움직이는 방식을 외우고 전해나가게 한다는 발상이었다. 그들은 그렇게 했다. 이후 수십 년간 종교에 가까울 정도였다. 그리하여 부르농빌의 길을 따르는 여러 세대의 무용수들은 자신의 미래를 그의 과거에 걸었다. 그것은 적절한 헌사였다. 그러나 발레를 과거에 붙들어놓음으로써 마땅히 할 일을 하는 재주를 부릴 수 있었던 덴마크와 달리 유럽의 나머지에게는 그런 호사나 갈망이 없었다. 그들은 이동하고 있었다.

6

이탈리아의 이단 : 팬터마임, 기교 그리고 이탈리아 발레

세상에, 이것은 보는 것이 아니라, 듣는 것과 보는 것 둘 다야. 손이 무슨 혓바닥이라도 되는 것 같아!
—사모사타의 루치안, 팬터마임 배우에 대한 데메트리오스의 냉소적인 글에서

그들은 자신들의 손가락들로 입술을 만들려고 한다. —존 러스킨

모든 난폭한 움직임, 과장된 포즈, 거친 턴은 이탈리아 발레에서 비롯되었다.
—오귀스트 부르농빌

수 세기에 걸쳐, 이탈리아 기교파는 눈을 속이고, 머리를 속이고, 마음을 속이는 흐름을 만들어온 것으로 유명하다. 그들은 저속한 열정이 아니라 단어들을 조화롭고 기교적으로 완벽하게 조합하는 고도로 발달된 능력에서 영감을 받은 훌륭한 연애시들로 서재를 채워왔다. 그들은 모두가 진리라고 믿는 것의 정반대를 증명하는 에세이들을 흠잡을 데 없이 쓸 수 있다. —루이지 바르치니

원칙적으로 고전 발레는 이탈리아적일 수밖에 없었다. 모든 근원이 그곳에 있었다. 그 근원은 이탈리아 대공과 귀족들이 무대에 올린 호화로운 르네상스 및 바로크 궁정 무용에 있었다. 또한 피렌체인 발데사르 카스틸리오네가 너무나 완벽하게 표현한 세련된 예의범절에 있었는데, 그가 쓴 금박 장정의 『궁정론(Book of the Courtier)』(1528)은 궁정 행동규칙들에 대한 가장 초기이자 영향력 있는 진술들 중 하나였다. 그리고 코메디아 델라르테와 떠돌이 배우들에게도 있었는데, 그들의 곡예는 발레의 많은 점프와 묘기에 영감을 주었다. 우아한 조각상, 코랄 댄스(choral dance), 생명을 얻은 고대 팬터마임, 이와 비슷하

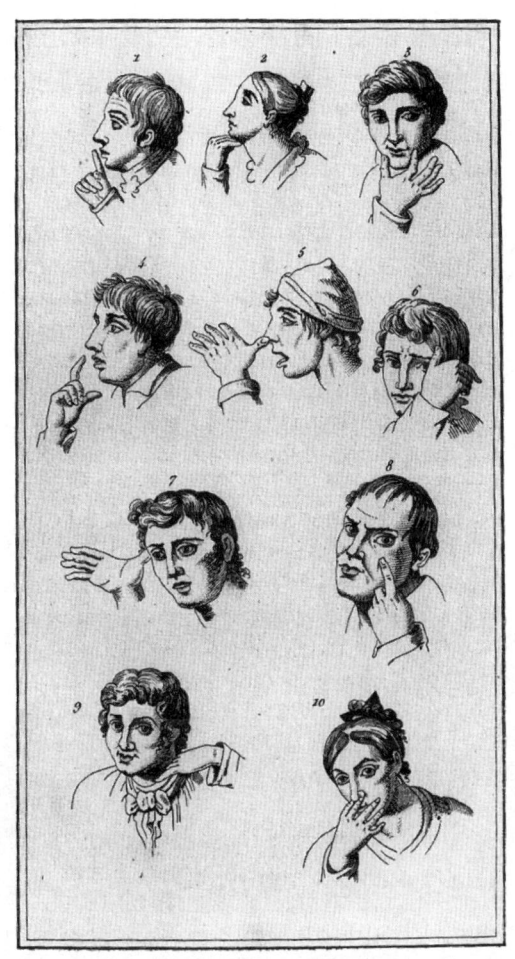

고고학자 안드레아 데 조리오는 자신의 책 『흉내(La Mimica)』(1832)에서 나폴리 사람들이 흔히 사용하는 몸짓들을 기록했다. 예를 들면 그림 1은 침묵을 나타내고, 그림 5는 경멸을 암시한다. 데 조리오는 몸짓 언어가 고대로 거슬러가는 다리이자, 헤르쿨라네움과 여타 고대 유적들에서 발견된 화병들에 그려진 이야기를 이해하는 방법이 될 수 있을 것이라고 믿었다.

게 몸짓을 좋아하는 이탈리아인의 성향과 "손가락들로 입술을 만드는" (특히 나폴리인의) 타고난 재주에서도 한층 더 깊은 근원을 찾을 수 있다.

이탈리아인들에게는 물론 오페라도 있었다. 우리가 살펴본 바와 같이, 오페라가 처음 공연된 르네상스의 피렌체 아카데미들은 프랑스 궁정 발레의 토대

이탈리아의 이단 : 팬터마임, 기교 그리고 이탈리아 발레 257

를 놓는 데에 큰 역할을 했다. 어떤 사람들은 이탈리아인들이 이후 오페라의 길을 간 반면, 프랑스인들은 그보다는 춤과 발레를 향해 방향을 틀었다고 이야기한다. 그러나 그런 것이 아니었다. 이탈리아인들도 분명 발레를 가졌다. 그리고 그들의 발레는 아주 초기부터 오페라와 독립적이어서, 노래와 춤을 섞어버린 프랑스인들과는 극히 대조적이었다. 사실 17세기 중반 즈음 이탈리아 발레는 오페라의 막간에 공연되는 별개의 독립적 스펙터클이었다. 예를 들면 3막짜리 진지한 오페라에는 관행적으로 자기완결적인 발레 2편이 등장했다. 이들은 각각 자체의 플롯과 음악을 가지고 있었는데, 음악은 보통 (흔히 밝히지 않는) 별개의 작곡가나 혹은 어떤 경우에는 발레 마스터 본인에 의해서 작곡되었다. 이런 춤들은 대개 소실되었고 그 중요성은 망각되는 (혹은 축소되는) 경향이 있다. 하지만 이들은 당시 공연 생활의 중요한 특징이었다. 그리하여 프랑스인들은 오페라를 발레 속으로 (그리고 발레를 오페라 속으로) 어디서, 언제, 어떻게 끼워맞추느냐의 이론과 실행을 두고 조바심을 낸 반면, 이탈리아인들은 둘을 깔끔하게 분리하고 넘어갔다.

발레가 이탈리아 오페라의 가난한 사촌은 아니었다. 밀라노에서 나폴리까지 관객들은 발레를 사랑했고, 만일 축소되거나 생략되면 성을 내며 불평했다. 발레가 특히 높이 평가되는 것은 물론 오페라가 늘어질 때였다. 그러나 오페라가 마음에 들더라도 대중은 극적 연기의 강렬함의 휴식을 고대하는 동시에 환영했다. 1770년대 찰스 버니가 나폴리를 방문했을 때, 그는 (일시적으로 문을 닫은) 왕의 산카를로 극장이 춤을 독점해서 다른 극장들은 선택의 여지 없이 오페라만 내리 공연하는 것을 알고 실망했다. "춤 없이는 여러 막들이 너무 길 수밖에 없으니 집중을 유지하는 것이 완전히 불가능하다. 그러다 보니 이야기나 카드놀이를 하지 않는 사람들은 보통 곯아떨어진다." 가끔은 이와 다른 방향의 불평들도 있었는데, 특히 팽팽한 극적 고조에 관심을 둔 작곡가와 각본가들이 그랬다. 예를 들면, 라니에리 데 칼차비지는 1778년 볼로냐에서 상임 발레 마스터가 「알체스테」에 관행적인 막간 발레의 추가를 바라자 격렬하게 반대했다(결국 발레를 예외적으로 오페라 말미에 넣는 것으로 합의되었다). 하지만 대부분의 경우 발레는 시간이 흐름에 따라 점점 더 중요하고 화려해졌다. 1740년 이탈리아의 주요 오페라 하우스들의 발레단에는 평균 4명에서 12명의 무용수들이 있었는데, 1815년 즈음에는 대부분 무용수의 수가 80에서 100명 사이로 증가했다.[1]

더욱이 이탈리아 무용수들은 강력하고 자신만만한 스타일을 가지고 있었다. 많은 무용수들이 마임과 활기찬 몸짓을 도약, 턴, "날기와 유사한" 곡예적 재주와 섞는 것에 뛰어났다. 그들의 스타일은 고의적인 육체적 과장 때문에 흔히 "그로테스크하다"는 소리를 들었다(나폴리 무용수 젠나로 마그리는 한 다리를 너무 힘차게 들다가 발이 미끄러져 넘어졌던 일을 회고했다. 그는 얼굴을 바닥에 처박아서 코가 부러졌다). 이탈리아 무용수들은 파리 무용수들과 마찬가지로 보통 사회 최하층 출신이었다. 그러나 프랑스 무용수들과 달리 이탈리아인들은 학교나 궁정을 거치지 않았고 지배층의 예법이나 태도를 모방하지도 않았다. 그들은 오히려 지배층을 조롱했다. 그로테스키의 춤추기에는 프랑스 발레를 괴롭히던 강박적인 자의식적 위계들과는 극히 대조적인 자유와 방종의 느낌이 있었다. 혹시 이런 이야기가 매력적으로 들린다면, 실제 그랬다고 답하고 싶다. 우리가 살펴본 바와 같이, 이탈리아 연기자들에 대한 유럽의 궁정과 극장의 수요는 대단했고 그들의 영향은 깊고 광범위했다. 장-바티스트 륄리에서 베스트리스와 탈리오니 일족에 이르기까지, 발레라는 예술은 이탈리아인들에게 큰 빚을 졌다. 그리고 덜 유명하고 오래 전에 잊혀진 여러 떠돌이 무용수들도 잊지 말아야 할 것이다.[2]

그렇지만 이탈리아 발레가 불안정하고 불확실하며 프랑스적 전통처럼 주목받고 명망 있지 못한 데에는 이유가 있었다. 이탈리아의 발레는 수도나 궁정에 집중되는 대신 더 작고 종종 경쟁적인 여러 공국들 전역에 흩어져 있었다. 여기에는 장점이 있었다. 무용수들은 기동성 있고 독립적이었으며, 스타일과 취향이 늘 섞이다 보니 이탈리아 춤은 독특한 탄력과 창조성을 가졌다. 그러나 이런 사실이 어떤 전통이나 유파의 설립이나 지속을 어렵게 만들기도 했다. 그리고 더욱 불리했던 것은, 베네치아, 밀라노, 로마, 나폴리로부터 빈, 베를린, 슈투트가르트, 파리, 런던, 상트페테르부르크의 더 부유하고 강력한 궁정과 극장으로, 재능과 에너지가 끊임없이 유출되었다는 것이다. 이탈리아 도시와 공국들의 오페라와 발레는 왕들 대신 공민 의식을 가진 귀족들, 외국인 세도가들, 그리고 흔히 도박을 예술과 연관시켜 돈벌이를 찾는 기업적 흥행주들의 지원을 받았다. 게다가 최소한 1860년대까지 "이탈리아 발레"에는 나라 자체와 마찬가지로 정해진 국경이라는 것이 없었고, 크게 대조적인 지역적 전통만 두드러졌다. 예를 들면 (지배층이 19세기까지 줄곧 프랑스어를 쓴) 토리노에서 발레는 뚜렷이 프랑스적이었다. 스페인계 부르봉 가의 지배하에 있는 나폴리 역시 프랑스 발레를 선호했지만, 그들의 발레에서는 이탈리아의 "그로테스크한" 춤추기가 훨씬 더 강조되었다. 기독교적 권위가 특히 강한 로마에서는 발레들이 남성 앙 트라베스티로만 공연되었고 여성들이 무대에 오르는 것은 1797년까지 금지되었다. 반면 베네치아와 밀라노는 오스트리아의 지배하에 있었기 때문에 이 도시의 예술가들은 오스트리아 제국 궁정의 끊임없는 압박을 느꼈다.

보통 이탈리아식 춤추기가 프랑스 귀족 스타일보다 저열하다고 간주되는 것도 문제였다. 심지어 이탈리아 무용수들까지 그렇게 생각했다. 극장들은 프랑스인인 (혹은 프랑스에서 훈련받은) 세리아(seria) 무용수들을 이탈리아인인 그로테스키 무용수들보다 윗길로 평가했다. 그리고 프랑스 스타일에 더 익숙한 외국인들은 흔히 이탈리아 무용수들은 "폭력적이고", "과상되어 있으며", 마그리가 말했듯이 파리 오페라 출신 무용수들의 "눈부신 육체"와 "숨겨진 통제력"이 전무하다고 생각했다. 1777년 영국 작가 존 무어는 이렇게 썼다. "이탈리아인들 같은 취향과 감성을 가진 민족이 우아한 무용수들보다 체육적인 점프꾼들을 선호하는 것은 의외이다."[3]

이런 편견이 어느 정도인지 특히 분명해진 것은, 1779년 젠나로 마그리가 나폴리에서 『이론적 및 실천적 무용론(Theoretical and Practical Treatise on Dancing)』을 출간한 때였다. 책이 출판되자 마그리는 미지의 무용수 프란체스코 스가이가 쓴 8페이지짜리 사나운 에세이로 공격받았다. 스가이는 자칭 프랑스 발레의 옹호자였지만 마그리를 공격한 것은 참으로 이탈리아적인 근거들에 입각해서였다. 바로 언어였다. 그는 피렌체인의 혈통을 자처하면서 마그리의 이탈리아어 사용에는 실수들이, 또 자의식 강한 신세대 이탈리아 작가들에 의해서 대부분의 사람들이 쓰는 지방 사투리와는 달리 고도로 문학적인 이탈리아어로 생각되는 "진정한" 토스카나어에 대한 무례한 모욕이 가득하다고 주장했다. 그는 춤의 고대적, 고전적 기원에 대한 거만한 논문을 들먹임으로써 자신의 주장들에 힘을 실었다. 그는 마그리는 무용수가 아니라 이탈리아 문명 혹은 예술을 대변할 권리가 없는 하류 협잡꾼에 불과하다고 암시했다. 그로테스키 스타일 춤추기는 시골 사투리보다 나을 것이 없다는 것이었다.[4]

마그리는 저항했다. "춤을 고안한 사람이 프리기아의 코리반트(키벨레 여신의 시종/역주)들이나 이집트의 가장 나이 많은 통치자일 수 있다는 주장에 나는 관심이 없는데, 세상의 모든 무용수들이 그럴 것이다.……플라우투스, 테렌스, 파에드루스, 키케로, 마르티알리스(모두 고대 로마의 문인들이다/역주)와 춤추기와의 관계는, 게들과 달의 관계나 비슷하다." 그렇지만 다른 발레 마스터들의 자신감은 이만 못했다. 사실 18세기 후반 즈음 이탈리아 무용수들은 저열하며 "외지에서" 영원히 예능 행상을 다닌다는 생각은 전에 없던 방식으로 가슴에 맺히기 시작했다. 일찍이 발레 마스터 가스파로 안지올리니는 그로테스키 연기자들은 모든 장르들 중 최하라고 폄하했다. 그는 1770년대에 자의식적으로 완벽하게 입장을 바꿔서, 자신은 이제 이탈리아 무용을 최고의 발레 예술로, 말하는 춤(la danza parlante)으로 격상시키기를 열망한다고 말했다. 상황과 재능의 한계로 그는 많이 나아가지는 못했다. 그러나 그의 심경 변화는 몇몇 중요한 발레 마스터들이 자신의 재능과 에너지를 발레를 완전히 이탈리아적인 것으로 만드는 데에 돌리는 긴 역전의 시작을 보여주었다.[5]

그 첫 주자들 중 살바토레 비가노(1769-1821)가 있었다. 비가노는 발레 역사에서 신화적인 존재이다. 그가 1811-1821년 밀라노의 라 스칼라 무대에 올린 호화로운 제작물들은 엄청난 성공을 거두었다. 이들은 문학계와 예술계에서 관심과 열광의 물결을 자아냈고 해외에서 이탈리아 발레에 새로운 명성을 부여하도록 했다. 북이탈리아에서 나폴레옹 군과 싸웠고 이후 밀라노에서 몇 년 거주한 스탕달은 비가노의 "순수한 천재성"을 열정적으로 칭송했고, 그를 같은 시기에 라 스칼라에서 공연된 오페라들을 작곡한 로시니 바로 옆에 두었다. 스탕달에게 비가노와 로시니는 파리 오페라와 발레의 "무미건조함"과 "겉만 번지르르한 화려함"으로부터의, 그리고 프랑스 왕정복고의 냉소적인 정치로부터의 반가운 이탈이었다. 그러나 밀라노 관객들이라고 덜 매혹된 것은 아니었다. 비가노의 삶과 예술은 곧 전설 같은 분위기를 얻었다. 이탈리아 발레는 비가노와 더불어 역량을 인정받아서 결국 유럽 무용의 선두라는 정당한 자리를 차지하게 될 것 같았다. 1821년 심장 마비로 인한 그의 예기치 않은 죽음은 야단스러운 추도와 진정한 감사의 분출을 일으켰다. 온 밀라노인이 그의 장례식에 모였다. 그들은 이 예술가를 애도하면서 그가 창조한 것의 덧없음 또한 애도했다. 이렇게 한탄한 사람이 스탕달만은 아니었다. "그는 자신의 비밀을 영원히 무덤으로 가져갔다."⁶

비가노의 삶과 경력은 충분히 진부하게 시작했다. 그는 나폴리의 무용수 일족에서 태어났다. 아버지인 오노라토 비가노는 로마 극장들에서 여성 배역의 앙 트라베스티 연기로 경력을 시작한 그로테스키 무용수였다. 그러다 그만두고 빈으로 가서 1759년부터 1765년까지 안지올리니와 함께 일했다(안지올리니가 글루크, 칼차비지와 함께 "개혁" 오페라들을 무대에 올리던 바로 그 시기이다). 그는 작곡가 루이지 보케리니의 여동생과 결혼했는데 그녀 자신도 뛰어난 무용수였다. 오노라토는 당당한 성정과 독립적인 정신을 가지고 있었다. 마리아 테레지아가 그를 최고의 프랑스 마스터들과 공부를 마치도록 파리로 보내겠다고 제안하자, 그는 단호하게 거절하고 대신 "고국에서의 초기 훈련의 결실들"에 의지하는 쪽을 선택했다. 그는 로마, 나폴리, 베네치아에서 일하며 여러 편의 발레를 무대에 올렸다. 여기에는 1792년 베네치아의 새 오페라 하우스인 라 페니체(La Fenice)의 개관공연이 포함되어 있었는데, 거기서 그는 잠시 단장 노릇도 했다.⁷

살바토레 역시 아버지의 전철을 밟아 로마에서 여성 배역을 맡아 춤추는 것으로 경력을 시작했다. 그러나 이후에는 아버지와 다른 길을 갔다. 살바토레는 (어느 정도는 삼촌 보케리니에게) 견실한 음악 교육을 받았고 평생 활동적인 작곡가였다. 그는 폭넓은 독서를 했는데, 이후 자신의 발레들을 위해서 그리스와 로마 신화에서 셰익스피어, 실러, 이탈리아 극작가 비토리오 알피에리에 이르는 광범위한 자료들에 의지하게 될 것이었다. 그는 무용 훈련을 받았지만 그로테스키 방식은 아니었다. 그는 프랑스 스타일의 "진지한" 무용수였다. 1788-1789년, 그는 마드리드로 소환되어서 카를로스 4세의 대관식에서 공연했다. 그는 거기서 프랑스 발레 마스터인 (그리고 노베르의 제자인) 장 도베르발을 만났고, 매혹적인 스페인 무용수 마리아 메디나와 결혼했다. 부부는 파리로 가기를 바랐지만, 프랑스 혁명이 발발하자 대신 도베르발과 함께 보르도와 런던에서 공부하는 것을 선택했다. 그렇지만 1790년 비가노는 (병에 걸린) 아버지를 도우러 베네치아로 돌아왔다. 그리고 다음 2년 동안 아내와 함께 공연하며 최초의 자작 발레들을 무대에 올렸다.

그렇지만 비가노의 춤들은 여느 프랑스 작품 이상이라는 것이 밝혀졌다. 그와 아내는 노출이 심한 차림으로 나른한 그리스 스타일 춤들을 공연해서 베네치아 귀족들을 충격에 빠뜨렸다. 그녀는 반투명한 하얀 튜닉을, 그는 꽉 끼는 타이즈를 걸쳤다고 한다. 그들은 샌들이나 납작한 슬리퍼를 신었는데, 그들의 춤추기를 그린 스케치들은 다리는 겹쳐 모으고 팔은 우아하게 늘어뜨린 조각상 같은 포즈들을 보여준다. 그들의 춤들은 도발적이고 유행에 민감하고 현란했지만 동시에 고전적이기도 해서, 18세기 후반 프랑스 발레의 전형인 예스러운 양치기나 농부 소녀들과는 확연히 달랐다. 그렇지만 그 춤은 베네치아 정부 당국에게는 좋은 인상을 주지 못했다. 오노라토의 이듬해 계약에는 모든 발레가 "성격상 진지하고" 절대 "저속하거나 노출이 심해서는" 안 된다는 것이 명시적으로 규정되었다. 그리고 1794년, 10인 위원회(1310년부터 1797년까지 계속된 베네치아의 정부 기관/역주)는 "음란한 스타일과 수상쩍고 수치스러운 빛깔들의 의상"을 콕 집어 금지하는 법을 제정했다.[8]

그렇지만 비가노는 **정말로** 진지했다. 그가 아내의 아름다움을 이해하고 있었다는 (그리고 이용했다는) 것은 분명하다. 그러나 그의 춤들에는 섹스 이상의 것이 있었다. 사실 메디나의 모습은 엠마 해밀턴의 모습을 놀랄 만큼 닮았다. 1780년대 말과 1790년대 유럽 지배층의 화제였던 엠마의 나폴리 살롱 공연들은 비가노가 추구하던 이상과 스타일을 완벽하게 보여주었다. (전에는 에이미 리온, 일명 에밀리 하트였던) 엠마는 외교관이자 골동품 수집가이며 1764년부터 1800년까지 나폴리 궁정으로 파견된 영국 대사 윌리엄 해밀턴 경과 만나기 전까지 대장장이의 육감적인 딸이자 실패한 여배우였다. 해밀턴은 헤르쿨라네움과 폼페이 발굴에 깊이 관여했다(그의 인상적인 골동품 콜렉션은 결국 영국 박물관으로 갔다). 18세기 초 이런 극적인 재발견은 유럽 전역의 예술가와 작가들을 자극해서 나폴리를 교양 있는 계급의 이탈리아 그랜드 투어의 필수 체재지로 만들었다.

유럽인의 마음을 가득 채운 것은 이 고대 도시들의 폐허에서 발견된 예술품과 공예품의 양과 세세함이 아니라 그것들이 일깨운 드라마였다. 헤르쿨라네움과 폼페이는 기원후 79년 인근 베수비오 화산의 폭발로 인한 재와 용암에 갑자기 뒤덮여서 순식간에 화석이 되었다. 그것은 그냥 화석이 아니라 특정한 그 순간의 화석이었다. 여러 유물의 판화들이 풍성하게 포함된 『드러난 헤르쿨라네움의 유물들(Le antichità di Ercolano esposte)』(1757-1792)의 (몇 개 국어로의) 출간과 더불어, 고대는 새로운 즉시성을 가지고 활기를 얻는 것처럼 보였다. 극장과 사원과 병영과 집, 부엌도구와 등잔과 동전과 욕조, 조각과 모자이크와 벽화. 이 모든 것이 놀라울 정도로 생생하고 상세하게 나타났다. 마치 (오늘날까지도 여전히 그렇듯) 고대 세계를 실제로 만져보고 당시 사람들을 일별하는 느낌이었다.

엠마는 한 관찰자가 쓴 바와 같이, 해밀턴 경의 살롱에서 "혼자서 조각과 그림의 살아 있는 미술관을 창조했다." 그리스식 숄을 늘어뜨리고, 머리는 내려뜨리고, 황금빛 테두리와 폼페이 벽화의 배경 비슷한 검은빛 배경막이 있는 사람 크기의 상자 속에 서서, 그녀는 윌리엄이 평생 수집한 유물들을 "연기"했다. 관객은 그녀의 포즈들을 헤르쿨라네움이나 폼페이에서 발견된 것들과 맞춰보면서 놀았다("멋지다 라 메데이아!"). 엠마는 이런 그림이나 조각들을 연구해서 가능한 정확하게 복제했다. 여기서는 시칠리아 동전에서 따온 옆모습을 가장하는가 하면, 저기서는 특히 영국에서 접시들, 가구, 시골 별장의 벽들에서 복제되는 유명한 "헤르쿨라네움의 무용수들"의 포즈를 취했다(이것이 폼페이에서 나왔고 사실 무용수들이 아니라는 것은 중요하지 않았다). 엠마는 말을 하거나 공연의 흐름을 끊지 않도록 주의했다. 하층 계급의 투박한 억양과 태도로 악명 높았기 때문이다. 그녀의 침묵의 공연은 비가노의 춤들처럼 잃어버린 고대 세계에 대한 상상의 연극적 소환이었다. 호러스 월폴은 그녀를 "윌리엄 해밀턴 경의 팬터마임 정부"라고 불렀다.⁹

신고전파 화가 안토니오 카노바의 조각과 스케치들에서도 비가노의 춤추기가 어떻게 보였을지 추적할 수 있다. 카노바는 로마에서 살며 일했다. 그는 극장에 자주 갔고 춤에 깊이 공감했다. 묘기나 포즈에 대해서가 아니라, 자신의 예술의 특징인 고전을 모방하는 정신 속에서 더 자유롭게 흐르는 종류의 움직임에 대해서였다. 「마르스 앞에서 춤추는 비너스와 미의 3여신」과 「큐피드의 음악에 맞추어 춤추는 미의 3여신」은 폼페이처럼 검은 배경을 바탕으로 얇은 하얀 튜닉을 입고 춤추는 여자들을 묘사했다. 그의 「무용수들」(1798-1799)이라는 표제의 연작은 메디나의 춤추기에 대한 그림과 설명에서 그렇게나 뚜렷한 즉흥성과 거침없는 흐름을 잡아낸다. 빙빙 도는 여자들은 스텝 중에 포착된 것이지만 세심하게 포즈를 취한 대칭 구도이기도 하다.

비가노 부부는 빈, 프라하, 드레스덴, 베를린, 파도바, 베네치아, 밀라노로 옮겨 다녔다. 살바토레는 수십 편의 발레를 무대에 올렸는데, 다수가 프랑스 스타일이었고 계속 아내와 함께 공연했다. 빈에서 메디나의 그리스 스타일 춤추기는 머리 스타일, 신발, 음악, "비가노풍" 사교춤들에 영감을 주었지만, 평론가들은 살바토레의 발레에는 프랑스 춤들이 너무 가득하다고 불평하기도 했다. 비가노의 재능과 야심이 완전히 드러난 것은 1811년 밀라노에 정착한 후였다. 그의 삶은 바뀌었다. 메디나와 헤어진 것이다. 그녀의 잦은 외도와 아이들이 한 명만 제외하고 전부 유아기에 죽은 것이 결국 그들의 결혼을 깨뜨렸다. 그리고 살바토레가 풍족한 돈을 상속받는 뜻밖의 반전도 있었는데, 이 일은 그에게 새로운 예술적 자유를 주었다. 그의 라 스칼라 발레들은 공들여 계획되고 리허설이 실시되었다(그는 하나의 아이디어를 작업하면서 많은 배역진과 오케스트라 전원을 유지하는 것으로 유명했다). 그 발레들의 장려함과 겹겹이 세심하게 공들인 세부의 상당 부분은 그가 쏟아부은 순수한 시간과 주의 덕분이었다.

그가 밀라노에 도착했을 때 도시는 과도기에 있었다. 1796년 나폴레옹이 오스트리아를 물리치고 롬바르디아를 정복하면서 빈의 거의 한 세기 동안의 통치에 종지부가 찍혔다. 그렇지만 이어진 것은 프랑스인들과 오스트리아인들이 도시와 지역의 통제를 놓고 서로 또 지역민들과 다투는 어지러운 정치적 불안정의 시기였다. 1799년 즈음에는 오스트리아인들이 돌아와서 다시 밀라노에서 권력을 행사했다. 하지만 그들답지 않게 가혹하고 억압적인 수준이었기 때문에 오스트리아 통치의 복귀를 지지한 사람들까지 깊이 분개했다. 이듬해 프랑스가 다시 침공했다. 그들은 이번에는 1815년 나폴레옹이 마침내 유럽 동맹군에게 패배하고 빈 회의에서 롬바르디아가 오스트리아인들에게 반환될 때까지 머물렀다. (이곳과 이탈리아 반도를 통틀어 대부분의 지역에서) 복고는 1848년의 혁명적 격변과 이탈리아를 통일로 이끈 전쟁까지 불안하게 지속되었다.

이런 격동적 사건의 결과들 중 하나로 밀라노에서 프랑스인들과 오스트리아인들에 대한 반감이 점점 커졌다. 도시가 파리나 빈의 금고를 채우기 위해서 과세되고 도시의 남자들은 나폴레옹의 전쟁에서 싸우기 위해서 보내진다는 생각은, 점점 더 과열되는 논쟁을 촉발하면서 이탈리아 민족주의 운동 혹은 리소르지멘토(Risorgimento, 부흥)의 등장을 부채질했다. 한편 공적 생활은 새로운 형식을 취했다. 특히 군악대, 공화제적 의식(자유의 나무들), 행정적 효율성을 좋아하는 나폴레옹의 치세에 구식 위계들과 귀족적 생활 형식들은 약화되었다. 지금까지 쭉 반복되던 여흥들이, 즉 오페라, 발레, 풍성한 식사, 가면무도회가 갑자기 유행에 뒤떨어져 보였다. 그렇지만 이것이 공연 생활이 축소되었다는 의미는 아니었다. 그 반대로 밀라노가 나폴레옹의 이탈리아 왕국의 수도로서 새롭고 지속적인 중요성을 가지는 가운데, 라 스칼라는 선도적인 문화적 중심으로 등장했다. 돈도 더 많았다. 프랑스인들은 도박에 별 양심의 가책이 없었고, 극장 도박판은 꾸준한 소득 흐름을 낳았다. 발레는 (오페라와 마찬가지로) 비범한 창조성의 시대로 들어섰다. 그것은 어느 정도는 정치 생활의 드라마 감각이 고조된 덕분이었다. 특히 음악과 춤이 어떤 식으로든 사람들, 즉 이탈리아 사람들의 내면적 삶을 표현해야 한다는 낭만주의적이고 리소르지멘토적인 생각이 크게 기여했다.

1813년 비가노는 「프로메테우스(Prometheus)」를 창작했다. 이 발레의 첫 번째 버전은 1801년 빈에서 베토벤과의 공동 작업을 통해서 선을 보였는데, 그는 이 발레 마스터의 안무에 만족하지 않았다. 비가노는 밀라노 제작물을 위해서 초연의 대본을 확장하고 정교화했고, (여럿 중 특히) 모차르트와 하이든의 작품에서 고른 음악과 나란히 본인의 음악을 더했다. 이 발레는 일련의 풍성한 타블로들을 통해서 티탄 프로메테우스의 전설적 스토리를 전해주었다. 그는 신들에게서 성스러운 불을 훔쳐서 인간에게로 돌아왔다. 그리고는 예술과 과학을 주어서 야만적인 인류를 문명화하려고 시도하다가, 결국 분노한 제우스에게 벌을 받아서 바위에 묶이고 독수리들에 간을 쪼아 먹힌다.

「프로메테우스」는 적당히 거창하고 영웅적인 작업이었다. 100명 이상의 출연진과 인상적으로 배열된 극적 효과들을 갖추고 웅장하게 제작된 이 작품에는 특별 조명(초 대신 유색 필터를 끼운 기름 램프들), 전차를 타고 하늘로부터 내려오는 신들, 영화처럼 정밀하게 모였다 흩어지는 타블로들이 포함되어 있었다. 그렇지만 이것들 중에서 불필요한 것은 없었다. 어느 관찰자가 쓴 바와 같이 「프로메테우스」는 "교훈적 스펙터클"이었고, 비가노는 이 이야기의 더 큰 주제를 전달하기 위해서 공을 들였다. 그리하여 신들이 보낸 과일은 손에서 손으로 전달되다가 결국 가장 강한 자에게 탐욕스럽게 움켜잡혔고, 프로메테우스가 지상으로 불을 가져오고 (나무들 높은 곳에 자리잡은) 횃불을 든 지니들이 인류에게 이성을 밝히려고 시도하자 불꽃이 숲으로 퍼부어졌다. 이는 프로메테우스, 뮤즈들, 미의 3여신, 미덕의 영광스러운 신전을 주재하는 과학과 예술의 신들, 독수리들이 심장을 찢어발기려고 급강하하는 가운데 프로메테우스의 가슴에 다이아몬드 못을 망치질하는 키클롭스들의 생생하고 영웅적인 초상을 구축한다는 아이디어였다. 프로메테우스가 결국 헤라클레스에게 구조되어서 불멸의 신에 의해서 왕위에 오를 때, 비가노는 회의하듯 자리잡은 신들이 높이 구름 속에서 부유하는 바로크적 규모의 절정을 무대에 올렸다.[10]

비가노는 1819년 마치 스스로를 능가하기라도 하려는 듯 (좋아하는 주제인) 「티탄들(The Titans)」을 제작했다. 이것은 (아이들과 어린 소녀들이 봄의 풍경 속에 조화롭게 무리지어 동물들과 놀며 과일과 꽃을 모으는) 순수에서 황금과 탐욕, 폭력, 폭정의 시대로 인간의 타락을 보여주는 일련의 타블로들을 갖춘 5막짜리 광상극(extravaganza : 파격을 특징으로 하는 대중적 음악극으로 사치스럽고 화려한 것이 특징이다/역주)이었다. 티탄들은 땅 속 어두운 동굴에서 밀려나와 인간들 및 신들과 싸웠는데, 제우스는 그들을 "무너지는 산들" 밑에 묻어서 장려한 올림포스 산의 장엄한 광경을 불러냈다. 비가노는 보통 디자이너 알레산드로 산퀴리코와 함께 일했다. 그는 단일 초점으로 소박하지만 고상하게 그려진 배경막을 선호했으며 무대에서 크고 무거운 무대장치를 치웠다. 이것은 무대를 가로질러 달려가는 말들을 비롯한 여타 (스탕달이 쓴 바와 같이) "각양각색의 대규모 효과들"은 물론, 비가노의 인상적인 군무 무용수들을 위해서도 넓은 공간을 열어주었다.[11]

그렇지만 이런 제작물들에서 관객을 경악시킨 것은 거대한 규모와 인상적인 장면 효과만이 아니었다. 관객을 놀라게 한 것은 그것들이 전적으로 팬터마임으로만 구성되어 있다는 사실이었다. 이것은 친숙한 이탈리아 그로스테스키 마임이 아니었다. 그리고 비가노의 발레들은 과장된 몸짓과 장식적인 프랑스 춤이 혼합된 노베르의 발레 닥시옹과도, 안지올리니의 더 진지한 개혁 오페라 및 발레와도 닮지 않았다. 비가노의 춤에 대한 당시 설명들은 그의 팬터마임이 완전히 독창적인 종류라고 주장했다. 등장인물들의 인간적 딜레마와 감정에 초점을 맞추면서도, 지극히 세세한 팬터마임 장면들 내내 시선을 끌 방법 역시 가졌다는 것이다. 비가노가 죽은 지 얼마 되지도 않아, 그의 전기작가 카를로 리토르니는 그가 창안한 장르를 묘사할 새로운 용어를 만들기에 이르렀다. 바로 코레오드라마(Choreodrama)였다.

비가노는 이렇듯 발레에서 전통적인 춤을, 특히 막간극을 거의 없앰으로써 자신의 프랑스적 배경 및 훈련과 충격적으로 절연했다. 그의 무용수들은 발레의 스텝과 포즈를 삼가거나 아니면 팬터마임 속으로 매끄럽게 접어넣었다. 비가노는 무용 형식을 예측할 수 있는 음악을 일부러 피했고, 대신 하이든, 모차르트, 베토벤, 치마로사, 로시니의 더 부담스러운 기악 작품들에 이끌렸다. 중요한 것은 스토리를 마임으로 표현하는 것이 아니었다. 대신 비가노는 몸짓 하나에 박자 하나씩, 계량적으로 정확한 율동적 움직임의 형식적 패턴에 기초하는 일종의 몸짓 무용을 창조했다. 움직임은 등장인물의 내면의 감정을 표현하도록 디자인되어서 마치 춤과 마임으로 보여주는 독백 같았다. 예를 들면 (무용수 셋을 위한) 파 드 트루아(pas de trois)에서 각 개인은 그 혹은 그녀의 몸짓들을 할당받았고, 그것들은 함께 수행되면서 두드러지는 효과를 창조했다. 말하자면 오페라의 삼중창의 시각적 대응물이었다. 이런 테크닉은 확장도 가능했다. 이는 전체 군무 무용수들에게 적용되어 다양하지만 고도로 통제되는 "표현적 무질서", 즉 복잡한 시각적, 동적 대위법에 따라서 조화를 이루는 만화경적 움직임을 창조했다.[12]

그렇지만 비가노의 춤들은 당시 평론가들이 즐겨 지지했던 만큼 독창적이지는 않다. 그의 발레들에 대한 설명을 보면 (코레오드라마라는 용어가 암시하듯이) 고대 그리스와 로마에서 공연된 코랄 댄스와 팬터마임에 대한 묘사들이 떠오른다. 비가노는 이런 묘사들에 익숙했을 터이고, 당시 예술계와 문학계에서도 이를 널리 토론하고 감상했다. 정말이지 프랑스 고전 발레에 대한 의도적인, 거의 공격적인 거부와 팬터마임으로의 자의식적인 전환은 비가노가 고대 모델들에 기초한 뚜렷이 이탈리아적인 무용 형식을 만들기를 바랐다는 명확한 신호였다. 이런 잃어버린 그리스 및 로마 예술에 대한 상상적 재창조라는 것이야말로 그의 코레오드라마에 대한 최고의 해석이다.

고대 그리스에서 코랄 무용수들은 축제와 종교 제전에서 플루트 비슷한 관악기의 반주에 맞추어 주신(酒神) 찬가적인 시, 춤, 노래 공연을 겨루었다. 이들은 전문가가 아니라 시민의 의무를 준수하는 시민들이었다. 그들의 공연은 신들에 대한 헌사인 동시에 도시국가에 대한 의무로 인식되었다. 이 춤들이 실제 어떤 모습이었는지 알려진 것이라고는 보통 거창하고 고도로 율동적이었으며, 시민 생활과 의식 생활의 중요 요소였다는 것뿐이다. 플라톤은 아테네의 펠로폰네소스 전쟁 패배 이후 도덕적 쇠퇴를 걱정하면서, 코랄 무용수들은 통제되고 조절되는 움직임으로만 자제하면서, "수상쩍은 춤추기"나 "취해서 님프, 판, 실레노스, 사티로스를 따라하기"에 탐닉하면 절대 안 된다고 경고했다. 그는 "이런 종류의 춤추기는 우리 시민들에게는 맞지 않는다"고 말했다. 그는 용감하고 영웅적인 인물들의 움직임은 겁쟁이들의 움직임보다 선천적으로 더 훌륭하다고 주장했다. "전자는 아름다운 육체들의 엄숙한 움직임"

을, 후자는 추한 육체들의 야비한 움직임을 보여준다."¹³

코랄 댄스를 팬터마임과 혼동하면 안 된다. 팬터마임은 완전히 다른 것이다. 이것은 그리스적 전통과 근원에 의지했지만 로마 시대 이전에는 널리 공연되지 않았다. 팬터마임을 마임과 혼동해도 안 된다. 마임은 맨발에 가면을 쓰지 않은 즉흥 연기자들이 우스개, 노래, 춤, (흔히 음란한) 곡예를 공연하는 분야였다. 팬터마임은 그리스 비문들에 의하면, 무엇인가 특별한 것이었다. "비극적이고 율동적인 춤을 추는 배우들"(그리스어 권역인 로마 제국 동쪽 지역에서 그들의 공연은 "이탈리아 춤"으로 일컬어졌다). 팬터마임은 1인극이었다. (입이 막혀 있어 말을 하지 못하는) 가면을 쓴 배우가 음악가들 및 노래하는 합창단의 반주에 맞춰 모든 배역을 혼자 맡아서 그리스 연극과 신화를 연기했다. 그의 몸짓은 모방적이었지만, 난해한 개념을 전하는 미리 합의된 움직임이 있었다는 점에서 공식화된 것이자 관행적인 것이기도 했다. 심지어 플라톤의 대화론의 피타고라스 철학을 연기하는 팬터마임 배우가 있었다는 사실은, 이 침묵의 언어가 얼마나 정교하고 명확할 수 있었는지를 정확히 보여준다. 고대 팬터마임은 보통 낙낙한 비단 가운 차림으로 공연되었는데, 흔히 공연 한 번마다 의상과 가면이 몇 번씩 바뀌었다. 어떤 배우들은 유명인 신분까지 얻었다. 그들은 축제(아곤, agon)에서 경연했고, 충실하다 못해 광신적이기까지 한 후원자와 팬을 가지고 있었다. 그들은 좋아하는 배우를 위해서 규칙적으로 법석을 피웠는데, 이런 분출에는 필연적으로 단속, 금지, 그리고 (보통은) 원상복귀가 뒤따랐다. 팬터마임 배우들은 육체적 아름다움 (그리고 낮은 출생) 때문에 종종 황제나 기타 고위 권력자들의 동반자가 되었고, 추방이나 심지어 죽음까지 이어질 수 있는 난잡한 성추문에 휘말릴 위험을 무릅썼다 (팬터마임 무용수가 되고 싶었던 네로 황제는 자신의 공연들을 응원하기 위해서 5,000명의 박수부대를 고용했고, 자신의 정부이기도 했던 한 경쟁자를 그의 재능 때문에 처형했다).¹⁴

그렇지만 이런 다채로운 세목들만 제외하면 팬터마임은 꽤나 진지할 수 있었다. 사모사타의 루치안(115-c. 180)은 고전 교육을 받은 작가였고 그의 작품들은 19세기 초에 널리 알려져 있었다. 그는 팬터마임은 사실 지극히 세련된 예술이었다고 말한다. 팬터마임 배우는 단순한 광대가 아니었다. 그는 자신의 육체에 호메로스와 헤시오도스의 이야기들, 그리스와 로마와 이집트의 신화들을 담고 있었고, 수사학, 음악, 철학, 체조의 기술에 의지했다. 문헌으로 된 자료들이 드물고 구하기 쉽지 않던 시절, 팬터마임 배우들은 살아 있는 문화적 백과사전이었다. 정말이지 그들의 예술은 므네모시네(Mnemosyne : 그리스 신화의 기억의 여신. 기억이라는 추상적 개념을 의인화한 존재이다/역주)(기억)와 그녀의 딸 폴리힘니아(팬터마임)에 빚진 바가 컸다. 루치안은 이렇게 썼다. "호메로스의 칼카스(Calchas : 호메로스의 『일리아드』에 나오는 그리스 예언자로, 트로이 전쟁에 참가해 매번 자세한 신탁으로 그리스 군의 승리에 공을 세웠다/역주)와 마찬가지로, 팬터마임 배우들은 '이렇다, 이랬다, 이럴 것이다'를 모두 알고 있어야 한다. 그 무엇도 항상 준비 완료인 그의 기억을 벗어날 수 없었다." 더구나 이 "불패의 기억"은 "취향과 판단력의 뒷받침"을 받아야 했다. 루치안은 스토리들을 혼동하거나, 등장인물들을 오락가락 섞어버리거나, 정확성과 예의라는 규칙들을 준수하지 못하는 팬터마임 배우들을 비난했다. 루치안은 그들의 예술의 유효성을 입증하기 위해서, 어떤 팬터마임 배우가 냉소적인 데메트리오스에게 도전받는 이야기를 했다. 데메트리오스는 공연에서 중요한 것은 화려한 의상과 음악적 효과뿐이라고 주장했다. 그 팬터마임 배우는 자신의 공연을 음악이나 노래 없이 반복함으로써 이에 응답했다. 데메트리오스는 경외 속에 수그러들었다. "세상에, 이것은 보는 것이 아니라, 듣는 것과 보는 것 둘 다야. 손이 무슨 혓바닥이라도 되는 것 같아!" 팬터마임은 인기가 좋아서 기원후에 들어서도 널리 공연되었다. 하지만 교회는 연극을 비롯해서 육체를 어떤 식으로든 공개적으로 드러내는 것을 수상쩍어했고, 이를 금지하려고 번번이 시도했다.[15]

물론 비가노의 발레들은 엄밀한 고대적 의미의 팬터마임이나 코랄 댄스가 아니었지만 그 유사점들은 간과하기 어렵다. 자신의 춤들을 위해서 그는 광범위한 문학적 자료들에 의지했지만, 가장 칭송받는 작품들은 그리스 및 로마적 주제에 대한 것이었다. 더불어 고대적 심상을 선호하는 확연한 취향, 그리고 대규모 군무 무용수들과 솔로 팬터마임 배우들의 기용은, 포괄적인 낭만주의적 형식들의 경향 역시 존재함에도 불구하고 그의 춤들에 강력히 고전적인 스타일을 주었다. 그의 발레들, 즉 "교훈적 스펙터클"은 연극판 기억의 궁전(고대 로마와 그리스의 수사학 논문들에서 소개된 기억법. 기억해야 할 사항들을 특정한 물리적 장소와 연관시켜서 기억하는 체계이다/역주)과 비슷해서, 특정 신화나 이야기의 "이렇다, 이랬다, 이럴 것이다"의 전부를 완전히 세세하게 떠올리고 기록하도록 디자인되었다. 뿐만 아니라 그리스, 로마 연극의 아이디어와 실행을 현재로 가져오도록 디자인되기도 했다. 요점은 고대로 돌아가는 것이 아니라, 고대를 이용해서 새로운 "이탈리아적" 무용 형식을 만드는 것이었다.

그렇지만 비가노의 업적의 역설을 잊어서는 안 될 것이다. 이 확연히 이탈리아적인 발레라는 것이, 결국 프랑스에서 훈련받고 밀라노에서 나폴레옹과 오스트리아인의 지배하에서 일한 나폴리 발레 마스터에 의해서 창조되었다는 사실이다. 게다가 당시 이탈리아 춤에 새로운 정체성과 주목성을 부여했다고 널리 칭송받았음에도 불구하고 비가노는 이를 약화시키기도 했다. 순수한 (프랑스적) 춤에 등을 돌림으로써, 그 영역을 좁히는 동시에 이 예술로부터 가장 매력적인 속성들 중 하나를 빼앗은 것이다. 나머지 이탈리아 지역들이 그의 실험을 포용하기를 주저한 것은 이 때문이었을지 모른다. 비가노의 팬터마임화된 춤들은 베네치아나 나폴리나 로마에서 잘 받아들여지지 않았다. 프랑스나 오스트리아나 독일 공국들이나 덴마크나 러시아의 무용수들 혹은 발레 마스터들에 의해서도 착수되지 않았다. 이는 어느 정도는 물류적 문제였다. 그의 호화로운 제작물들은 이식하기 힘들었다. 하지만 이 제작물들에는 다른 곳의 관객들이 가장 높이 평가하는 막간극이 부족하기도 했다. 비가노의 코레오드라마는 이렇듯 지역적 취향이었다. 더구나 이탈리아적이라기보다는 밀라노적이었다.

코레오드라마는 비가노의 사망 후에는 밀라노에서마저 자취를 감추었다. 비가노 같은 재능이 없는 발레 마스터들과 그들의 제작물들은 그가 수립한 높은 예술적 기준까지 올라가지 못했다. 그렇지만 문제는 예술적인 것 못지않게 정치적이고 경제적이기도 했다. 1815년 밀라노로 돌아온 오스트리아인들은 도박을 금지했고, 라 스칼라의 보조금은 오스트리아 정부가 인수했다. 이는 더 적은 재정 지원을 의미했다. 1820-1821년 나폴리, 시칠리아, 그리고 인근 피에몬테 주에서, 그리고 1831년 중앙 이탈리아 전역에서 발생한 혁명적 격변은 도움이 되지 않았고, 이와 관련된 경제불황도 마찬가지였다. 이것을 비롯하여 여타 불안한 사건들에서 중압을 느낀 오스트리아 권력자들은 호화로운 발레에 대한 투자를 점점 더 꺼리게 되었다. 그렇지만 가장 중요한 것은 저울추가 발레에서 오페라 쪽으로 넘어가고 있었다는 사실이다. 로시니의 엄청난 성공과 이어진 도니제티와 벨리니의 성공은 발레가 2등으로 밀려나게 만들었다. 그렇지만 비가노의 예술의 비밀이 그와 함께 죽었다고 말한 스탕달이 전적으로 옳지는 않았다. 사실 그것은 지하로 숨었다. 무대를 벗어나 교수법과 교습으로 간 것이다.

카를로 블라시스(1795-1878)가 이탈리아 발레 유파의 설립자로 간주되는 것은 온당하다. 그의 이런 평판은 주로 방대한 저작들 덕분인데, 여기에는 팬터마임, 춤, 예술에 대한 일련의 두서없고 준(準)철학적인 연구와 더불어 발레 테크닉에 대한 영향력 있는 논문 한 편이 포함되어 있다. 그렇지만 그의 입지는 무엇보다도 검증된 수업 능력 덕분이었다. 블라시스는 라 스칼라의 발레 학교를 1837년부터 1850년까지 감독하면서, 탁월한 테크닉과 우아한 고전적 스타일로 유명한 이례적으로 뛰어난 무용수들의 세대를 배출했다.

  블라시스의 출발은 유리했다. 그는 무용수로서는 이례적으로 교양 있는 나폴리 귀족 집안 출신이었다. 그는 자기 집안이 고대 로마까지 거슬러올라간다고 주장했고, 자신의 선조들은 마키아벨리와 알고 지냈으며 시칠리아로부터 나폴리와 스페인까지 퍼져나갔다고 뽐내기를 좋아했다(그는 자신의 정식 이름은 카를로 파스콸레 프란체스코 라파엘레 발다사레 데 블라시스라고 했다). 그의 가문은 성직자와 군인 집안이었지만 블라시스의 아버지는 계급을 깨트리고 음악가가 되었다. 블라시스는 나폴리에서 태어났지만 가족은 곧 마르세유로 옮겨갔다. 그의 아버지가 런던에서의 일자리 때문에 이동 중 (당시 어디나 있던) 해적 무리에게 사로잡혔고, 결국 프랑스 해변에 도착해서 가족과 합류했다는 이야기는 아마 사실일 것이다. 프랑스에서 블라시스는 음악과 인문학 교육을 받았는데, 거기에는 수학, 문학, 해부학, 스케치, 미술이 포함되어 있었다. 그는 고대 그리스, 로마와 르네상스 문헌들에서 18세기 계몽주의 사상가들의 작품에 이르는 폭넓은 독서를 했는데, 후일 레오나르도 다 빈치, 볼테르, 노베르가 자신의 작품에 엄청난 영향을 주었다고 인정했다. 그는 예술에 대한 진지한 관심을 계발했는데, 특히 5세기 그리스의 신조와 미학으로의 복귀를 옹호하면서 유럽 전역에서 고전을 부활시키기 위해서 많은 일을 한 독일 예술사가 요한 빙켈만의 저작을 많이 읽었다. 블라시스의 아버지는 문학계와 예술계에 받아들여졌다. 블라시스는 안토니오 카노바를 만났는데, 그의 그림과 조각은 블라시스가 자신의 가르침과 춤추기에서 달성하고 싶었던 것의 모범이었다.

　블라시스가 받은 발레 훈련은 표준적인 프랑스 구(舊)유파의 것이었다. 그는 인근에서 공부하다가 보르도로 옮겼고, 그곳에서 노베르와 피에르 가르델의 작품들을 공연했다. 그는 1817년 가르델의 후원하에 파리 오페라에 데뷔했다. 오귀스트 부르농빌과 마찬가지로, 그는 그곳으로 가자마자 오귀스트 베스트리스의 단호하게 기교적이고 혁신적인 춤추기에 깊은 인상과 영향을 받았다. 그는 베스트리스를 자신의 역할 모델로 삼았다. 그렇지만 파리 오페라가 제시한 계약 조항들에 만족하지 못한 블라시스는 밀라노로 옮겼다. 그는 그곳에서 1817년부터 1823년까지 비가노와 함께 일하면서 이 발레 마스터의 여러 초연작들에서 공연했는데 그중에는 「티탄들」도 있었다.

　이어지는 수 년간 블라시스는 토리노, 베네치아, 밀라노, 크레모나, 레지오 에밀리아, 피렌체, 만토바, 런던에서 발레들을 공연하고 무대에 올렸다. 여행 중 그는 (빈에서) 역시 프랑스식으로 훈련받은 피렌체 무용수 안눈차타 라마치니와 결혼했고, 1833년 그들은 첫 아이를 가졌다. 어쩌면 블라시스의 경력은 평범한 것에 그칠 수도 있었다. (본인만 빼고) 모든 사람들이 그의 안무는 따분하고 구식이며, 그의 춤추기는 나쁘지 않지만 뛰어나지도 않다고 말했다. 토리노의 한 평론가는 신랄하게 말했다. "신장이 좋고, 중간 정도의 외모에, 춤의 예술적 기교가 뛰어나다. 하지만 너무 살집이 있고 비대하다. 혹시 발레학교를 위해서라면 탁월한 교사가 될 것이다."[16]

　그리고 그렇게 되었다. 젊은 연기자 시절부터 블라시스는 교사처럼 생각했다. 그는 1820년 널리 칭송받는 『무용 예술의 이론과 실기 원론(Traité élémentaire, Théorique et Pratique de l'Art de la Danse)』을 (프랑스어로) 출간했다. 이는 밀라노에 등장해서 잘 팔렸고 그를 유명하게 해주었다. 1828년과 1829년에 재작업하고 제목을 다시 붙인 판본들이 (영어로) 런던에, 그리고 이듬해 파리에도 (피에르 가르델의 수정들이 더해져) 등장했다. 이 논문은 19세기 동안 몇 번이나 번역되어 재출간되었고, 프랑스어, 영어, 이탈리아어, 독일어의 다양한 판본이 등장했다. 이것은 고전 발레의 역사에서 오랫동안 중요한 작품으로 간주된 성가시고 어려운 글이다. 이 책은 주로 루치안, 레오나르도 다 빈치, 그리고 18세기 발레 마스터인 피에르 라모와 장-조르주 노베르를 비롯한 여러 저자들의 책에서 (흔히 감사의 말도 없이) 모은 구절들로 구성되어 있어서, 널리 인정받는 18세기 사상의 부자연스러운 마구잡이 요약처럼 읽힌다.

사실 우리가 『원론』으로부터 알게 되는 것은, 근대 이탈리아 유파의 설립자이자 스승인 블라시스가 18세기 프랑스에 변명의 여지없이 빠져 있었다는 사실이다. 그는 베스트리스의 혁신을 존경했고 그의 테크닉을 장려했다. 하지만 가르델과 노베르의 옛 유파 역시 들먹거렸는데, 그러면서 자신의 보수적 취향에 대한 변명도 없었다. 비록 이유는 다를지언정 부르농빌과 마찬가지로 그 역시 엑셀과 브레이크 둘 다에 발을 얹고 있었다. 여러 번의 피루에트와 다리 부딪히기는 근사하지만, 적절한 고상함과 취향을 가지고 수행될 때만 그렇다는 것이었다. 우리가 살펴본 바와 같이, 그는 후일 부르농빌에게 보낸 편지에서 통제되지 않은 기교의 유행에 대한 혐오를 언급하면서 이렇게 말했다. "나는 자네와 의견을 같이하네."[17]

그렇지만 블라시스를 부르농빌과 신생 프랑스 낭만주의 둘 다와 다르게 만든 것은 고대에 대한 이탈리아인 특유의 집착이었다. 블라시스가 비가노가 멈춘 지점을 선택했다고 말할 수 있는 것은 이 때문이다. 그의 『원론』의 표지에는 카노바의 조각상 "테르프시코레"(1811)의 판화가 등장했고, 본문 삽화들은 블라시스가 반나체로 모델이나 조각상처럼 다양한 고전적 포지션들을 보여주는 것을 묘사했다. 이후 판본들은 그가 그리스풍 튜닉을 입고 화관을 쓰고 수금을 든 채 춤추거나, 다른 무용수들과 함께 고대의 당초문을 연상시키는 포지션들로 평면에 장식띠처럼 장식적으로 정렬한 모습을 보여주었다. 이는 단순히 유행하는 그리스적 취향에 동조하는 것이 아니었다. 블라시스는 헤르쿨라네움과 폼페이에서 진행 중인 발굴작업을 열심히 지켜보았고, 유물들을 검토하기 위해서 나폴리에 몇 번 다녀오기도 했다. 그는 일종의 수집가가 되었다. 밀라노에 있는 그의 아파트에는 고대와 신고전파의 조각상, 그림, 조각, 모형, 카메오, 원석, 악기들이 보관되어 있었다.[18]

블라시스는 라파엘, 신고전파 화가인 헨리 퓨젤리와 카노바, 작곡가 조반니 바티스타 페르골레시, 영국 배우 데이비드 개릭에 대한 전기적 연구들을 썼다. 이런 폭넓은 관심에도 불구하고 고전주의에 대한 그의 관심은 이탈리아니타(Italianità), 즉 이탈리아적 사고방식에 (점점 더) 불가분하게 구속되었다. 1848년에서 얼마 지나지 않아, 그는 확장된 에세이인 『천재의 역사와 이탈리아 천재들이 세계에 미친 영향(Storia del Genio e della influenza del genio italiano sul monde)』의 작업을 시작했는데 내용은 제목 그대로이다. 만년에 그는 『일 테아트로 이탈리아노(Il Teatro Italiano)』를 필두로, 이탈리아 문명과 예술 연구에서 영감을 받은 문화적 리소르지멘토가 정치적 리소르지멘토에 뒤따르기를 바라면서 창간된 연극 잡지들을 편집하고 거기에 글을 썼다. 이것은 이론적 발의에 그치지 않았다. 1870년 그는 길고 야심찬 『이탈리아 춤의 역사(History of Dance in Italy)』를 출간했고, 2년 후 레오나르도 다 빈치에 대한 연구를 내놓아서 레오나르도의 천재성은 곧 이탈리아의 천재성이기도 하다는 것을 꽤나 직설적으로 보여주려고 했다.[19]

그렇지만 블라시스 입장에서는 이것들 중 어느 것도 코레오드라마와 무관했다. 비가노에게는 코레오드라마가 고대를 관통하는 연결 고리였지만, 블라시스는 팬터마임을 위해서 순수한 춤을 희생시키기에는 너무 프랑스적이었다. 블라시스는 비가노에게 공식적으로 경의를 표하면서 팬터마임과 춤의 균형에 대한 흔한 상투 문구를 떠들었지만, (이름은 밝히지 않고) 팬터마임이 단독으로 쇼를 감당할 수 있다고 생각하는 이탈리아 발레 마스터들을 날카롭게 비판하기도 했다. 그는 각 몸짓마다 음표 하나씩을 할당하는 그들의 기계적인 방식은, 무용수들이 감상적인 감정을 맹렬한 몸짓과 목을 부러뜨릴 듯한 속도로 표현하는 "우스꽝스러운" 효과를 낳는다고 말했다. 사실 그와 비가노의 관계가 언제나 매끄럽지는 않았다. 블라시스는 라 스칼라에서 춤추던 시절, 비가노가 자신의 (프랑스 스타일) 춤들을 과도하게 산만하다는 이유로 막판에 삭제했다고 불평하는 성난 편지를 지역 신문에 날린 적이 있었다.[20]

따라서 블라시스가 1837년 라 스칼라로 돌아온 것은 비가노의 유산을 되살리기 위해서가 결코 아니었다. 사실 이 극장의 학교는 1813년 프랑스인에 의해서 파리 오페라를 본보기로 설립되었지만 곧 이를 뛰어넘었다. 학교는 소년 소녀들을 위한 진지한 8년제 훈련이었고, 그들은 졸업하면 코르 드 발레 등급들을 채우도록 예정되어 있었다(주인공 자리를 채우기 위해서는 스타들이 수입되었다). 교과과정은 전통적이었다. 프랑스인들에게 훈련받은 무용수들이 테크닉을 가르쳤고(파리 출신을 더 선호), 이탈리아인들이 가르치는 마임 과정이 병행되었다. 돌아온 오스트리아인들의 지배하에서도 달라진 것은 별로 없었다. 블라시스가 받아들여진 것은 분명 그의 『원론』과 프랑스적 경험 덕분이었다. 그는 아침마다 9시부터 정오까지 열리는 "완성반"을 가르쳤고, 그의 아내는 날마다 한 시간씩 할애되는 마임을 가르쳤다.

그렇지만 블라시스는 그냥 가르치지 않았다. 그는 발레 테크닉과 스타일의 재평가를 탐색하기 시작했다. 그는 육체적 표현의 정확한 역학을 알아내기 위해서 (모든 면에서 자신의 본보기인) 레오나르도를 이 잡듯이 연구했다. 1840년대에 쓰였지만 1857년까지는 완전히 출간되지 않은 야심차고 광범위한 책 『육체적, 지적, 도덕적 인간(*L'Uomo Fisico, Intellettuale e Morale*)』에서, 그는 "중력 중심 이론"을 상세히 설명했고, (비록 조각상들처럼 석조 받침대 위에서 포즈를 취했지만) 나체로 발레 포지션을 취한 육체를 그려서 (레오나르도가 했던 것처럼) 추선을 늘어뜨렸다. 그는 무게와 균형을 도표화했고, 이런저런 동작의 물리학을 균형과 선의 절충 없이 고찰했다. 무엇보다도 그는 자세와 감정 사이의 관계를 분석해서, "망연자실", "열의", "심사숙고"의 시선과 기하학을 보여주는 막대기 인물들을 점선으로 스케치했다. 그는 다른 작품에서 열성적으로 썼다. "우리는 역삼각형 피라미드 그림을 사용해서 '가벼움'을 보여줄 것이다. 그리고는 육체에 빠르고 가벼운 분위기를 주려면 최하단을 가능

한 줄여야 한다는 것을 보여줄 것이다."²¹

블라시스는 이렇듯 발레 테크닉을 가능한 모든 각도로 회전시켜서 관절과 동작 부위를 전부 면밀히 검토했다. 그는 모방하지 않았다. 대신 분석했다. 그 결과 그의 무용수들은 유례없는 숙달 수준을 획득했다. 그들은 무엇이든 할 수 있고, 역사상 가장 큰 자유와 정확성을 가졌다. 이런 숙달은 교묘한 육체적 술책이나 "그로테스크한" 춤추기의 야수적 강인성에 의존하지 않았고, 심지어 베스트리스 유파의 의도적 왜곡에도 의존하지 않았다. 그것은 순전히 노력해서 얻은 기술, 즉 고대인들이 테크네(tekhne) 혹은 기술(art)이라고 부른 것이었다. 핵심은 두 부분이었다. 첫째, 육체라는 기계에 기름을 쳐서 모든 움직임을 가능한 효율적이고 조화롭게 만들기. 둘째, (한 학생이 말한 바와 같이) 블라시스가 자신의 예술과 결부시킨 "지적이고" 고전적인 이상을 이용하기. 피루에트는 단지 기술의 문제가 아니었다. 이것은 진리와 아름다움에 대한 질문이기도 했다. 아무리 인상적이거나 브라부라적인 스텝이나 포즈라도, 둥그런 양팔, 그리고 카노바의 "무용수들"이나 빙켈만의 "고귀한 단순함과 평온한 장려함" 같은 대칭적 균형을 갖추고 부드럽고 우아하게 나타내야 했다. 블라시스는 학생들에게 독서까지 요구했다. 그의 교화와 그가 열망하는 결과가 인식되면서 그의 학생들은 널리 "플레이아드"로 알려지게 되었다.²²

이것이 이탈리아 유파였다. 그렇지만 문제가 순식간에 표면화되었다. 예술의 필수인 기교를 지나치게 밀어붙이다가 그 자체가 목적이 된 것이다. 무용수들은 블라시스가 제공한 고된 분석적 기술을 채택했지만, 그것의 인문주의적 명분은 점점 잊어버리거나 묵살하게 되었다. 이는 전적으로 그들의 잘못은 아니었다. 1830년대와 1840년대를 주도한 유행은 신파적인 팬터마임 플롯에 잠복한 곡예적 재주와 기술적 솜씨의 현란한 과시로 가득한 발레들이었다 (테오필 고티에는 이렇게 불평했다. "마치 무대에 불이라도 나서 아무도 1초 이상 발을 딛지 못하는 듯하다. 이 가짜 활기는 지겹다"). 진정한 연극적 효과를 지향해야 할 기술은 이렇듯 전용되거나 그저 브라부라적 과시로 격하되었다. 더 나쁜 것은 블라시스의 제자들은 바로 그들의 가공할 기술 덕분에 아무리 공허한 묘기도 설득력 있어 보이게 만들 수 있었다는 것이다. 형식이 본

La ballerina del Carignano gira con tanta facilità, che qualche ingenuo crede perfino che il suo piede sia guidato da qualche macchina nascosta sotto il palco scenico.

이탈리아 발레리나들의 브라부라를 보여주는 캐리커처. 그들의 놀라운 묘기는 기계로 작동되는 기계 같은 것으로 보일 만했다.

질로 가장한 것이다. 그리하여 밀라노 관객은 이 가짜이자 순수하게 기계적인 효과로의 이동을 눈치채지 못했다. 1850년대에 연극 잡지 『일 트로바토레(*Il Trovatore*)』는 블라시스의 최고의 제자들 중 한 명인 아미니 보스케티의 캐리커처를 개재했다. 그녀는 풀-푸앵트로 강인하게 서서 놀라운 턴을 수행 중인데, 한 남자가 무대의 마루 밑에서 웅크린 채 크랭크를 돌리고 있다.[23]

이탈리아의 이단 : 팬터마임, 기교 그리고 이탈리아 발레   279

이런 투지 넘치는 예술적 환경에서 공기 같고 자의식 강한 정령 같은 프랑스 낭만주의 발레가 버틸 가능성은 없었다. 우리가 살펴본 바와 같이 마리 탈리오니 같은 무용수들은 국제적 경력을 가졌고, 유럽, 미국, 러시아 전역에서 전례 없는 유명인 지위에 도달했다. 그러나 이탈리아에서는 사정이 달랐다. 탈리오니가 1841년 「라 실피드」 공연을 위해서 밀라노에 도착했을 때의 반응은 소극적이었고, 그녀는 세 번의 공연 후에 떠났다. 세속적이고 관능적인 스타일의 파니 엘슬러는 더 성공할 수도 있었다. 하지만 그녀는 오스트리아인이었고, 1848년 라 스칼라에 등장했을 때 무대에서 야유를 받고 계약을 단축할 수밖에 없었다. 우리가 이런 사실에 놀라야 할까? 리소르지멘토의 격렬한 이상주의, 그 지도자들의 다채로운 연극적 재능, 이탈리아가 매혹적인 국민 드라마의 한가운데에 있다는 손에 잡힐 듯한 느낌, 그 무엇도 가냘픈 파리 실피드의 애수에 찬 향수와는 무관했다. 이탈리아 발레 마스터들은 지지 않겠다는 듯, 「라 실피드」와 「지젤」을 더 육감적이고 덜 영적이며 기교적 춤추기로 가득한 자체적 버전으로 만들었다. 이렇듯 공기 같은 발레리나에 대한 프랑스적 숭배는 이탈리아에서는 별 평판을 얻지 못했다. 반면 남성 무용수들은 파리에서 경험한 멸시를 겪지 않았다. 오히려 이탈리아 무용수들은 남성과 여성 모두 한층 더 화려한 기교 쪽으로 밀어붙여졌다.

1850년 블라시스는 라 스칼라를 떠났다. 그는 교습에 더해 발레를 무대에 올리는 책임도 맡고 있었는데, 안무가로서의 단점이 1848년의 불안한 혁명적 사건과 결부되어 당국이 그를 교체하도록 촉발한 것이다. 그들은 재능은 덜하지만 예측하기는 쉬운 브라부라 무용수 아우구스토 후스를 선택했다. 그 결과, 이탈리아 춤을 신고전파 스타일로 빚으려는 블라시스의 노력은 갑자기 종결되었다. 한 무용수가 "진지하고 경직되었다"고 묘사한 후스의 체조적 교수법은 그의 체육주의와 유행하는 취향을 반영했다. 블라시스는 해외로 나가서 리스본, 바르샤바, 모스크바 국립극장의 부속 발레 학교를 설립하거나 재조직해서 어느 정도 성공을 거두었다. 그는 어디서나 더 대중적인 보드빌 장르들에 맞서서 발레적 고전주의의 기준을 옹호했고, 자신이 어쩌다 보니 그토록 많은 영감을 준 제어불능의 기교파와의 싸움도 계속했다. 1864년 그는 이탈

리아로 돌아왔고, 1878년 사망할 때까지 글쓰기에 전념했다.[24]

이탈리아에서 블라시스의 영향은 비가노와 마찬가지로 단명했다. 그는 몇 세대의 무용수들을 훈련시켰고 그들은 차례차례 다른 무용수들을 훈련시켰다. 그러나 블라시스의 부재 속에서 (그리고 심지어 그가 있던 시절에조차) 그가 옹호한 인문주의적이고 고전주의적인 통찰력의 유지는 어려웠다. 돌이켜 보면 비가노와 블라시스는 각각 자신의 방법으로 세련되면서 혁신적인 새로운 이탈리아 고전주의 개념을 설정하려고 노력했다는 것을 알 수 있다. 그들은 이탈리아 발레가 선택해야 할 경로를 대변했지만 그것은 잠시에 불과했다.

1848년의 혁명과 이탈리아 통일전쟁은 이탈리아 발레를 황폐화시켰다. 이 격변의 정도와 지속 기간은 공연 생활에 극적인 영향을 미쳤다. 1848년 폭동들과 혁명이 이탈리아 전역으로 퍼졌다. 밀라노에서는 오스트리아인들과 맞서는 내란과 5일간의 폭력적인 시가전이 벌어졌다. 이웃한 피에몬테의 독립 왕국은 롬바르디아 점유를 시도했다(그리고 실패했다). 베네치아에서는 시의 경비대가 무장한 오스트리아 군대에게 등을 돌림으로써 공화국이 잠시 수복되었다. 부르봉 왕가는 나폴리에서 도주했고 시칠리아인들은 독립을 선언했다. 로마에서는 교황이 축출되었다. 그의 복권(復權)을 위한 군대에 오스트리아인, 프랑스인, 스페인인, 나폴리인이 참여하자, 이탈리아의 통일을 신이 승인한 종교적 과제로 보는 혁명군 지도자 주세페 마치니는 그들의 포위에 맞서는 영웅적 저항을 이끌었다. 그렇지만 이런 전쟁과 혁명은 결국 해묵은 적대 및 지역적 야심의 압박에 굴복했고 구세력은 비교적 쉽게 권위를 회복했다. 이런 결과는 이탈리아의 통일을 보고 싶어하던 사람들이 어떤 어려움에 직면했는지 기진맥진하면서도 정신이 번쩍 나게 일깨워주었다.

마침내 1859-1870년 독립이 **실제로** 이루어졌을 때, 아무리 낭만적인 애국자도 그 대가가 파괴적 내전과 국가적 수치였다는 사실을 뼈저리게 알고 있었다. 피에몬테는 1859년 이웃한 롬바르디아의 정복과 오스트리아인들의 축출에 성공했지만, 이것은 프랑스의 군사적 뒷받침 덕분에 가능했다. 피에몬테인들은 프랑스 황제 루이 나폴레옹과의 비밀 협상을 통해서 사보이와 니스를 합병시키는 대가로 프랑스의 도움을 획득했다. 중부와 남부 이탈리아는 이듬해에 카리스마 넘치는 공화주의 모험가 주세페 가리발디가 수천 명의 "붉은 셔츠대"와 함께 시칠리아에 상륙한 이후 신생 이탈리아 왕국에 합류했다. 그러나 리소르지멘토의 애국자들에게는 크게 실망스럽게도 그것은 거국적 봉기가 아니었다. 반도를 진군해 올라가서 이탈리아를 "아래로부터" 통일할 계획을 가졌던 가리발디는, 대신 새롭게 확장된 피에몬테 왕국의 북부에 대한 권위를 인정하는 수밖에 없었다. 이런 행보는 남부 전역에 5년간의 소름끼치는 내전을 촉발했다. 사실 이탈리아는 통일이라는 명분으로 북부 왕국에 합병된 것이었고, 반항적인 남부는 계속 쓰라리게 대립할 것이었다.

한편 북부에서 베네치아와 내륙지역이 1866년 오스트리아에 승리한 것은 단지 오스트리아가 프로이센에 패했기 때문이다. 이어진 국제 합의에서 베네치아는 독일 수상 비스마르크 수중의 볼모였다. 그는 오스트리아에 예전의 이탈리아 종속국들보다 더 큰 영토를 잃는 치욕을 주기 위해서, 그리고 프로이센의 군사적 성공에 대한 프랑스의 불안을 누그러뜨리기 위해서 베네치아를 루이 나폴레옹에게 넘겼고, 나폴레옹은 (나름의 이유 때문에) 이를 신생 이탈리아 국가에 넘겼다. 4년 후 프랑스 자신이 천하무적으로 보이는 프로이센 군대의 희생물이 되자, 20년 전 교황 보호를 위해서 파견된 로마 주둔 프랑스 군대는 후퇴했다. 이탈리아인들은 무장해제된 도시로 진군해서 정해진 수순대로 이탈리아에 통합시키고 바티칸 시티만 포위된 교황의 수중에 남겼다.

그렇다면 이탈리아인들은 이탈리아를 얻은 것이 아니었다. 오히려 한 조각 한 조각씩, 오스트리아와 프랑스가 이탈리아를 잃은 것이었다. 사실 이 나라는 전통적 기준에서 보자면 아예 나라가 아니었다. 대부분의 이탈리아인들은 피차 이해불가인 지역 방언들을 사용했고, 극렬한 지역적 경쟁의식, 견고한 이해, 문화와 부의 엄청난 편중 때문에 분열되어 있었다. 이 나라의 도시와 시골을 연결하는 도로는 형편없이 유지되었고(남부에는 거의 존재하지 않았다), 이탈리아인들이 서로 이해하도록 고무하기 위해서 행해지는 일은 거의 없었다. 태어난 환경에서 멀리 벗어나는 모험을 감행하는 사람은 드물었고, 게다가 무게 단위, 측정 단위, 화폐제도, 정부 및 법의 형태도 크게 달랐다. 이런 차이들을 어느 정도 일치시킨다는 힘든 임무에 직면한 신생 중앙정부 자체가 불안정하기로 유명했다. 1861년부터 1896년 사이의 35년 동안 33기의 내각이 존재했다. 전에는 피에몬테인이었고 현재는 이탈리아 국왕인 비토리오 에마누엘레 2세는 이 나라를 왕이라는 개인 혹은 국가의 상징을 중심으로 통합하는 데에는 한심할 정도로 부적절한 인물이었다. 그는 딱딱하고 군인다운 성격이었고, 사복은 거의 입지 않았으며 무신경하고 매력 없는 군사 엘리트들만 주위에 두었다. 그의 계승자로 1878년 왕위에 오른 움베르토는 더 심했다. 여우 사냥과 딱딱한 예법을 좋아하는 취향, 더불어 융통성 없고 과시를 좋아하는 귀족적인 왕비는 그를 인기 있는 국가적 인물로 만드는 데에 도움이 되지 않았다.

이렇듯 이탈리아는 통일 후에도 아직 만들어지지 못했다. 그리하여 이 새로운 나라를 유럽의 나머지와 연결하려는 야심찬 기획들이 착수되거나 완성되었다. 알프스 산맥을 관통해서 프랑스와 이탈리아의 선로를 연결하는 몽스니 터널이 뚫렸고, 생고트하르트 고개를 가로지르는 새로운 도로와 선로가 이탈리아를 중부 유럽과 연결했으며, 생플롱 터널은 스위스로의 직접 연결로를 열었다. 이런 기획들은 보통 외국 (특히 프랑스와 오스트리아) 회사들이 자금을 대고 감독했지만, 그럼에도 근대화를 통해서 더 강하고 부유한 유럽 국가들을 따라잡으려는 이탈리아의 강렬한 열망을 보여주었다.

그렇지만 이런 저돌적 근대화의 이면에는 깊은 불안감과 문화적 체념이 있었다. 인상적인 개선에도 불구하고 이탈리아는 여전히 심하게 후진적이었는데 특히 남부가 그랬다. 그곳은 만성적 빈곤과 질병(콜레라, 말라리아, 영양실조)으로 고통을 받았고, 천연 자원이 부족했으며, 재정적 어려움과 상대적인 군사적 약세로 절름거렸다. 정말이지 이 나라가 통일되자마자 많은 사람들이 그 국제적 위상과 평판을 놓고 요란하게 조바심을 내기 시작했다. 그들은 (역사가 A. J. P. 테일러의 말처럼 "강대국들 중 최약체"인) 이탈리아가 유럽의 중요한 일원으로 인정받기를 절절히 바랐다. 리소르지멘토의 낙관주의와 이상주의는 이렇듯 한 세대 이내에 비관주의와 르상티망(ressentiment : 원한, 복수감을 뜻하는 프랑스어. 니체는 권력의지에 의해서 촉발된 강자의 공격욕에 대한 약자의 격정을 복수감으로 지칭했다/역주)으로 변질되었다. 19세기가 굽이굽이 끝으로 치닫는 가운데 정치와 문화는 점점 더 분쟁적이고 공격적인 분위기를 가지게 되었다. 가브리엘레 단눈치오 같은 작가들의 심란한 미사여구에도 무모한 식민지 계획과 호전적 자세가 드러났다. 이탈리아적인 삶의 고질적 폭력과 미신의 폭로를, 그리고 일각에서는 미화를 추구하는 새로운 문학적 리얼리즘에서도 마찬가지였다.

이 모든 것이 발레에는 무슨 의미였을까? 먼저 만성적 불안정이었다. 라 스칼라는 1848년부터 1851년까지 돌연 문을 닫았다(표면상으로는 보수작업 때문이었다). 라 페니체(La Fenice)는 1859년부터 1866년까지 7년간 휴관했고, 극장 발레 학교는 1848년에 임시로, 1862년에 영구적으로 문을 닫았다. 1848년 나폴리의 산 카를로에서 무용수들은 임금을 받지 못해서 파업에 돌입했다. 그들의 발레 마스터인 살바토레 탈리오니는 봉기과정에서 사고로 총에 맞았다. 그는 건강을 되찾았지만 발레는 그러지 못했다. 발레에 자금을 대던 나폴리 궁정이 발을 빼는 바람에 1861년 이후로는 더 이상 지원을 받지 못했다. 불쌍한 탈리오니는 가난하고 망각된 채 죽었다. 1868년 궁핍한 이탈리아 의회가 모든 오페라 하우스에 대한 지원을 삭감했고, 나아가 수령액에 10퍼센트의 세금을 부과했다. 그리하여 나라 전역의 극장들은 다시 지방자치 당국의 후원에 의지하게 되었다. 통일 이후 수 년간 도시화와 부유한 상인 계급의 부상으로 큰 이익을 얻은 부유한 밀라노는 어려울 것이 없었다. 그러나 다른 도시들에서 이런 퇴보는 약화를 가져왔다.

발레는 밀라노에서조차 최우선으로 사라졌다. 그 전모는 숫자로 드러난다. 1848년 이전 라 스칼라의 사육제-사순절 시즌에는 대개 평균 6편의 발레가 등장했지만, 1848년 이후에는 3편이나 심지어 2편까지 떨어졌다. 더 나쁜 것은 3막짜리 오페라에 관례적으로 발레 2편이 있던 것이, 마지막에 1편만 덧붙여지도록 축소된 것이었다. 관객들은 보통 자리를 지키거나 깨어 있지 않아서 발레는 거의 텅 빈 극장에서 공연되었다. 이탈리아 레퍼토리에 프랑스의 그랜드 오페라, 그리고 결국 바그너가 들어오는 한편 이탈리아 오페라 자체는 새로운 차원으로 확장되면서, 상황은 더욱 악화될 뿐이었다. 발레는 점점 더 뒷

자리로 밀려났고, 발레를 포함하지 않는 오페라는 프랑스식 오페라에 포괄되었다. (작곡가들은 말할 것도 없고) 이탈리아 관객들은 점점 더 발레를 불필요한 여흥으로 생각하게 되었다. 발레는 더 이상 환영받는 막간극이 아니었다.

오페라와 발레의 경제성도 달라졌다. 1840년대에 출발했지만 1860년대에 가속화된 오페라 하우스들은 새로운 "레퍼토리" 시스템으로 이동했다. 극장들은 주로 초연작에 의지하는 대신, 로시니부터 베르디에 이르기까지 옛날 인기작의 재연을 프로그램에 넣기 시작했다. 이것은 신뢰성이라는 확실한 장점을 가졌다. 로시니는 언제나 잘 팔렸고 그 수입은 신작의 재정적, 예술적 위험을 상당히 상쇄했다. 오페라가 더 이상 흥행사들에게 통제되지 않게 된 것은 이와 관련된 발전이었다. 대신 퍼블리셔들, 특히 리코르디가 주도권을 잡았다. 그들은 작품에 대한 권리를 예술가들로부터 직접 구매한 후, 보통 작곡가가 제시한 세심한 지역 제작 규제 약정을 첨부해서 극장들에 판매했다. 나아가 스타 가수에 대한 숭배가 정착되면서, 이탈리아 오페라는 이탈리아와 유럽부터 이탈리아 이주민이 증증 중인 남아메리카까지, 점점 더 광범위한 극장으로 퍼져나갔다. 그렇지만 이런 레퍼토리 시스템은 종이에 쓰인 악보의 존재에 의존했고 발레 마스터들에게는 그런 것이 없었다. 오페라가 거대 사업이 됨에 따라 발레는 점점 더 시대착오적인 것으로 보이게 되었다.

이 모든 것을 바꾼 사람이 안무가 루이지 만초티(1835-1905)였다. 아니, 처음에는 그렇게 보였다. 당시 이탈리아 발레의 구세주로 칭송받은 만초티는 발레의 문제들을 바로잡기보다는 그것들을 이용했다. 그는 상황이 어디까지 나빠질 수 있는지 정확히 보여주는 신호였다. 그의 삶은 그의 전설의 일부였고, 그의 이례적으로 성공적인 경력을 칭송하는 풍성한 찬사 속에서 몇 번이고 되풀이되었다. 그는 1835년 밀라노에서 태어났는데 부모는 과일과 채소를 파는 상인이었다. 그는 연극에 끌려서 라 스칼라로 진로를 잡았는데, 주로 마임 훈련을 받았지만 뛰어난 가수이기도 했다. 그의 우상은 무용수들이 아니라 배우 톰마소 살비니와 에르네스토 로시였다. 헨리 제임스는 언젠가 로시에 관해서 이런 재담을 펼쳤다. "그는 아주 형편없으면서 동시에 아주 훌륭해. 뭐든 취향과 신중함이 요구되는 것에는 형편없어. 하지만 격렬한 열정이라면 '몽땅 있어.' 그러고도 남지." 자신의 한정된 무용 기술을 신파극과 정치적 스펙터클에 대한 예리한 본능으로 만회한 만초티에 대해서도 같은 말이 가능할 것이다. 그는 최초의 발레부터 분위기를 잡았다. 「마자니엘로의 죽음(The Death of Masaniello)」(1858)은 스페인 통치에 맞서는 반란을 주도한 영웅적인 나폴리 어부에 관한 이야기에 기초했다. 이는 리소르지멘토적 주제에다가 유명한 과거의 혁명으로 얄팍한 베일을 씌운 것이었는데, 동일한 주제인 오베르의 「포르티치의 벙어리 처녀」(1828)는 1830년에 벨기에에서 봉기를 촉발시킨 것으로 유명했다.[25]

만초티는 1871년 로마에서 처음 무대에 올랐고 라 스칼라에서는 1875년 공연된 「피에트로 미카(Pietro Micca)」로 명성을 얻었다. 이 발레는 18세기 초 프랑스의 포위에 맞서서 용맹하게 토리노를 방어한 군인이자 이탈리아 민간 영웅의 스토리를 전했다. 그는 적의 진격을 멈추게 하려고 자신이 배치된 터널 속에서 다이너마이트를 터트려서 스스로의 목숨을 희생했다. 이 발레에는 (만초티 본인이 연기한) 미카가 아내와 헤어지는 애처로운 장면이 있었지만, 진정한 매력은 마지막에 무대에서 터널이 폭파될 때 발휘되었다. 이런 주제와 특수효과는 이 발레의 로마 초연에서 경찰을 불러야 했을 정도로 설득력이 있었다.

그렇지만 「피에트로 미카」는 「엑셀시오르(Excelsior)」(1881)의 호화로운 볼거리에 비하면 아무것도 아니었다. 「엑셀시오르」는 라 스칼라에서 오페라 「뤼 블라(Ruy Blas)」의 말미에 처음 공연되었다. 음악은 리소르지멘토의 벅찬 감정을 소리로 포착함으로써 출세한 작곡가 로무알도 마렌코(1841-1907)가 맡았다. 그의 첫 발레 작곡은 "가리발디의 마르살라 상륙"이었는데, 그는 곧 만초티의 짝패가 되었고 「피에트로 미카」와 그의 주요 후속 제작물 전부의 음악을 작곡했다. "역사적이고, 우의적이고, 환상적이고, 안무적인 연기"인 「엑셀시오르」는 요란하고 화려한 "변화무쌍" 혹은 (어느 미국 평론가가 후일 썼듯이) "괴물" 스펙터클이었다. 이 발레에 혹시 스토리라는 것이 있다면, 만초티 본인이 설명했듯이 "퇴보에 맞서는 진보에 의해서 지속되는 거대한 투쟁"이었다.[26]

이 발레는 (억압된 이탈리아 국민에 대한 스페인 통치의 상징인) 16세기 스페인 종교재판으로 시작해서 동시대에 가까운 사건인 이탈리아와 프랑스를 잇는 몽스니 터널의 개통으로 끝난다. 주요 등장인물은 (주역 마임 배역인) 빛과 어둠과 (프리마 발레리나가 춤추는) 문명이고, 여기에 창의, 조화, 명성, 강인함, 영광, 과학, 산업을 필두로 여럿이 합류한다. 종교재판과 몽스니 사이에는 최초의 증기선 발명부터 전신, 전기의 발견까지 (1886년 대본에 쓰여 있는 바와 같이) "우리 세기의 거인 같은 작품들"이 묘사된다. 예를 들면 빛은 "초인적 힘을 부여받은" 발명가가 최초의 배터리의 두 전선을 겹칠 때 그를 축복하는 모습으로 나타난다. 어둠이 이를 파괴하려고 시도하지만 빛이 "의지가 곧 힘이라는 지배원칙"으로 충만한 이 용감한 과학자를 수호한다. 한 장면은 심지어 수에즈 운하 건설을 보여주는데, 여기에는 모래폭풍과 소총, 권총을 쏘면서 무대에서 돌격하는 기마 강도들이 포함된다. 이 장면은 이집트 스타일의 7막 발레인 「쿠프의 딸(Le figlie di Chèope)」(1871)과 1872년 라 스칼라에서 개막한 베르디의 「아이다(Aida)」의 성공에서 어느 정도 영감을 받았을지 모른다.[27]

이 발레에는 인도의 무어 여인들, 아랍인 저글러들, 중국인과 터키인("그의 서툴고 우스꽝스러운 몸가짐은 문명에게서 비꼬는 반응을 유발한다")의 춤, 그리고 미국인 전신 기사들과 기운찬 영국인의 춤이 있었다. "국가들의 카드리유"에서 프리마 발레리나는 4명의 짐꾼이 운반하는 가마에 앉은 채 이탈리아 국기를 휘두르며 등장한다. 발레의 말미에 터널이 뚫리자 프랑스와 이탈리아 "엔지니어들과 노동자들이 서로의 품으로 달려든다." 상황을 마무리하기 위해서 빛이 어둠을 추방하고("너에게는 이것이 끝이다. 인간이라는 종을 위해서, 엑셀시오르"), 그녀의 손짓에 땅이 벌어져서 어두운 영혼을 "삼킨다." 웅대한 절정에서 빛과 문명이 높은 단 위에서 따뜻하게 포옹하고 있는 것이 보인다. 빛은 햇불을 들고, 운명은 깃발을 들고, 아래의 국가들은 그들의 비범함에 허리를 굽힌다 "활기차게 깃발들을 흔들며 일어선다. 만세."[28]

「엑셀시오르」는 500명 이상의 출연진을 자랑했는데, 여기에는 말 12마리, 소 2마리, 코끼리 1마리가 포함되어 있었다. 그리고 환상적인 장면 전환과 조명에도 비용을 아끼지 않았는데, 특히 1883년 라 스칼라에 전기가 설비된 후에는 더욱 그랬다. 그렇지만 만초티는 안무가는 아니었다. 적잖은 무용 장면들은 주로 아무 데서나 쓰이는 틀에 박힌 브라부라 스텝들로 구성되었고, 세부사항은 흔히 무용수들에게 맡겨졌다(그들은 이를 보통 자신의 최고의 묘기를 선보일 기회로 이용했다). 나머지는 방대한 안무 연습, 그리고 많은 무용수와 엑스트라가 군기 있게 수행하는 기동 연습에 달려 있었다. 이런 연습에서는 혼연일체로 진군하거나 스텝을 밟거나 몸짓을 하는 수백 명의 사람들에 의해서 원형, 삼각형, 대각선, 집중선이 그려졌다.[29]

이런 효과의 달성을 위해서 만초티는 수많은 엑스트라와 추가 배우들에게 의존했다. 그들 중에는 특히 (그들을 처음 집단적으로 조직한 피렌체 가문의 이름을 따서) 트라마니니(tramagnini)라는 건장한 노동계급 남성 집단이 있었다. 이들은 일과 후에 모여서 체조, 검술, 허리에 차는 무기의 사용을 연습하던 장인들과 노동자들이었다. 1870년 즈음 그들은 100명에 달하는 집단을 형성했다. 그들은 극장들에 정례적으로 고용되어서 발레의 "'액션' 요소들을 강화"하거나 발레리나들을 리프트했다. 여성들로 말하자면, 만초티는 코르 드 발레 뒤에서 시간 맞춰 양팔을 우아하게 움직이는 것이 전부인 수십 명의 하급 무용수들에게 의지했다. 완벽하게 정렬한 아이들도 있었다. 사실 「엑셀시오르」는 발레가 전혀 아니었다. 그것은 예술보다는 정치적 스펙터클에 가까운 열병식이었다. 한 평론가는 이 작품을 연극에 대한 "마치니의 아이디어들의 실용적 적용"이라고 불렀다. 실제로도 그러했다.[30]

「엑셀시오르」보다 성공한 이탈리아 발레는 전무후무하다. 이는 첫해 라 스칼라에서만도 100회 공연되었다. 이 발레는 그 후 나라 전역에서 만초티의 제자 군단에 의해서 무대에 올랐는데, 그들은 더 작은 무대에 맞추기 위해서 발레를 잘라내기도 했다. 이 작품은 나폴리(발레 마스터 본인에 의해서 무대에 오름), 토리노, 피렌체, 트리에스테, 팔레르모, 볼로냐, 제노바, 파도바, 로마, 피사, 리보르노, 브레시아, 카타니아, 라벤나, 레체에서 공연되었다. 만초티는 유명인이 되었다. 그는 1881년 이탈리아 기사 작위를 받았고, 「엑셀시오르」는 1881년과 1894년의 밀라노 박람회와 1885년의 앤트워프 박람회에 포함되었다. 이 발레의 세밀화 엽서들은 중산층 가정의 기본 식품인 리비히 고형 육수의 포장에까지 들어 있었다. 가장 중요한 점은 리브레토가 리코르디에 의해서 배급되었다는 사실이다(1886년 이 출판사는 빈틈없게도 만초티의 모든 장래 제작물들의 저작권을 확보했다). 만초티는 새로 형성된 작가협회에 가입했고, 몇 가지 발레 악보들이 이 발레를 무대에 올리는 일을 책임졌던 무용수들에 의해서 만들어졌다(그중 셋은 아직 남아 있다). 이런 일이 가능했던 것은 이 발레의 너무나 많은 부분이 형태적 패턴들로 구성되어 있었기 때문이다. 악보는 도형과 글로 무용수들이 무대 주위에서 정확히 어떻게 움직여야 하는지를 설명했는데, 어떤 관찰자는 그 복잡한 도형들을 "미에로스와프스키 장군의 기동 훈련표"에 비견했다.* 이 악보들은 공식 표기법은 아닐지언정 기억에는 귀중한 도움이 된다는 것이 밝혀졌다.[31]

그리하여 「엑셀시오르」는 이탈리아 오페라나 오늘날의 브로드웨이 히트작들처럼 세계 전역의 보드빌 극장들과 극장들로 판매되어서 무대에 올랐다. 남아메리카, 미국("에디슨 전기조명 회사 제공의 기발한 전기효과들"이라고 자랑스럽게 광고되었다), 베를린, 마드리드, 파리(파리 오페라가 아니라, 이 작품을 위해서 특별히 건설된 에덴 극장에서 300회 공연되었다), 상트페테르부르크, 빈에서였다. 지역적 취향에 맞추기 위해서 수정들이 이루어졌다. 예를 들어 국가들의 발레에서 문명은 주최국의 깃발을 들었고, 빈에서 몽스니 터널은 (오스트리아인들이 1880-1884년에 건설한) 아를베르크로 대체되었다. 파리에서 마지막 장면은 에펠탑의 배경막을 바탕으로 벌어졌다.[32]

역설적이게도 만초티의 엄청난 성공은 그의 몰락 원인으로 밝혀졌다. 「엑셀시오르」 때문에 그에게 시장을 벗어난 가격이 매겨진 것이다. 1886년 그는 「아모르(Amor)」를 창작했다. 제목은 "사랑"이라는 뜻이지만, 로마(Roma)를 거꾸로 쓴 것이기도 했다. 이 작품은 단테에게서 영감을 받았고, 사랑의 힘에 대한 헌정이라고 홍보되었다. 이것은 아담과 이브에게서 시작해서 그리스인과 로마인(주지육림!)을 거친 후 바르바로사, 폰티다, 레냐노의 전투로 이동했다. 어느 친절한 평론가가 쓴 바와 같이, 진정한 사랑이자 가장 중요한 사랑은 조국에 대한 사랑이라는 것을 보여주려는 의도였다. 만초티는 이 발레를 밀

---

* 미에로스와프스키(1814-1878)는 폴란드의 애국자이자 혁명 지도자로, 러시아의 점령에 맞선 1863년 1월 봉기에서 중요한 역할을 했다. 가리발디와의 작업 때문에 이탈리아인들도 그를 알고 있었다.

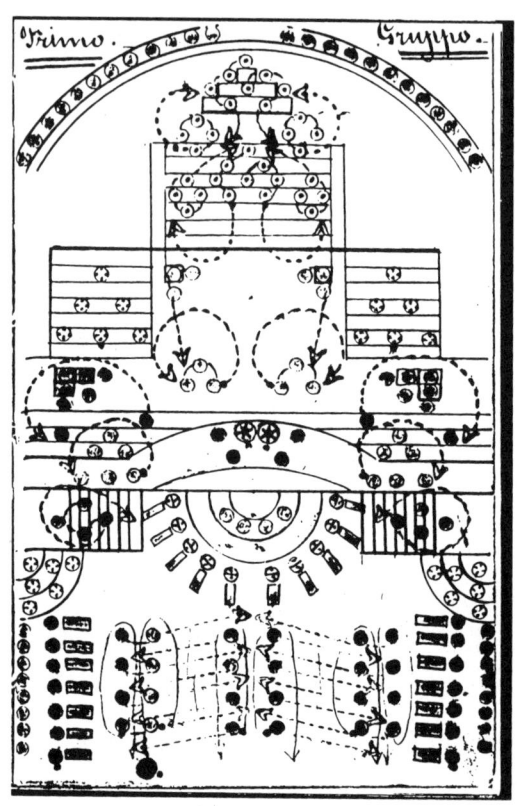

엔리코 체케티는 「엑셀시오르」를 문서화한 몇몇 발레 마스터들 중 한 사람이었다. 이 발레의 군사훈련 및 열병식 같은 안무가 이 페이지에서 그의 표기법에 의해서 선보인다.

라노에, 다시 말해 "두 번째 로마"에 헌정했다. 「아모르」는 베르디의 「오텔로(Othello)」로 시작하는 프로그램에서 초연되었다. 그렇지만 「아모르」의 문제는 이 작품이 「엑셀시오르」보다도 더 크고 거추장스럽다는 데에 있었다. 600명 이상의 출연진(말 12마리, 황소 2마리, 그리고 필연적으로 코끼리)을 갖추고 의상 3,100벌, 소품 8,000점, 그림으로 그린 풍경 1,600제곱미터, 평판 130장의 부담을 진 이 발레는 라 스칼라 이외의 극장에서는 무대에 올리는 것이 불가능하다는 사실이 밝혀졌다. 「스포르트(Sport)」(1897)는 이보다도 더 거추장스러웠다.[33]

이것이 만초티의 영향력이 사그라졌다는 의미는 아니었다. 정말이지 「엑셀시오르」의 수명은 아주 길었다. 이 작품은 라 스칼라에서 1880년대와 1890년대에 여러 번 재공연되었다. 1907년 이 극장이 다시 한번 재정적 어려움에 직면해서 발레 제작을 연간 1편으로 줄였을 때, 경영진은 위험을 무릅쓰려고 하지 않았다. 그들은 확실한 성공을 기대하며 「엑셀시오르」를 다시 한번 준비했다. 이번에는 발레 마스터 아킬레 코피니가 감독했고(만초티는 1905년 사망했다), 영화 상영, 배경막을 가로질러 급강하하는 비행기들, 충격적인 조명(전구 220개가 무용수들의 의상 속으로 쑤셔넣어졌다) 같은 첨단 효과들이 포함되었다. 이 버전의 발레는 1913-1914년에 「엑셀시오르」의 장기 출연 배우인 엔리코 비안치피오리를 안무 감독으로 기용한 루카 코메리오의 (실제 이집트, 몽스니 등의 장면을 배경으로 하는) 영화의 기초로 사용되었다. 이 영화는 60인조 오케스트라를 동반한 채 제노바에서 (그리고는 이탈리아 전역에서) (한 신문이 보도했듯이) "거칠게 환호하는" 엄청난 수의 호의적인 군중들 앞에서 개봉되었다.[34]

만초티에 대한 이탈리아 관객의 열광을 다른 곳으로 돌릴 수 있는 것은 아무것도 없어 보였다. 1917년 러시아인 단장 세르게이 디아길레프의 발레 뤼스가 (이고리 스트라빈스키가 지휘하는) 일련의 공연들을 위해서 나폴리에 당도했을 때 발레단은 냉담한 반응을 접했고, 대신 「엑셀시오르」가 재공연되어 철저하고 거듭된 성공을 거두었다(80번의 공연). 러시아의 안무가 마하일 포킨은 「엑셀시오르」를 보고는 이 발레의 형편없는 취향을 비판하는 날카로운 편지를 언론에 보냈다. 마음이 상한 라 스칼라 발레 학교 감독은 분개하며 답장을 날렸다. "이런 비판들 따위." 그녀는 노해서 고함쳤다. "내게는 아기가 지푸라기로 거대한 화강암 조각상을 부수려고 애쓸 때나 마찬가지 효과이다." 게다가 「엑셀시오르」는 무한한 융통성을 가졌다. 1916년 무대에서는 플롯이 야만인들에서 시작하여 벨기에의 침공으로 끝나도록 변형되었다. 1931년 무대는 파시즘의 "전진"을 보여주었다. 사실 양차 세계대전 사이, 만초티는 어느 파시스트 평론가에 의해서 그의 "두뇌, 심장, 근육"이라고 불리며 크게 존경을 받았다.[35]

물론 「엑셀시오르」의 진실은 훨씬 덜 근사했다. 이 작품은 이탈리아 발레의 씨를 말리다시피 했고, 비가노와 블라시스의 유산에 대한 슬픈 배신이기도 했다. 그렇지만 책임을 어디에 돌려야 할지는 알기 어렵다. 만초티는 불안정한 나라의 최악의 특성들을 흡수해서 복제한 미미한 존재일 뿐이었다. 그의 발레들은 평론적, 예술적 판단력은 거의 보여주지 못했음에도 불구하고, 대중의 심금은 강력하게 울렸다. 그러나 이는 물려받은 것에 기초한 것이 아니었다. 비가노의 춤들은 여러 면에서 직계 선조였지만 1880년대 즈음에는 빛바랜 추억에 불과했다. 블라시스는 재능 있는 교사였지만 만초티는 그의 지식과 훈련의 혜택을 받기에는 너무 어렸다. 더구나 발레는 이탈리아의 공연 및 정치 생활을 괴롭힌 만성적 불화와 재정적 불안정으로 인해서 심하게 손상되어 있었다. 지금껏 이탈리아 발레가 배출한 어떤 예술가보다 훨씬 흥미로운 예술가인 베르디는 베토벤과 모차르트 현악 4중주들의 소형 악보들을 늘 곁에 두었다. 만초티에게는 아무것도 없었다. 그는 정말로 또 한 명의 마임 배우에 불과했다. 빈약한 교육을 받은 그는 하나의 예술을 선도하기에 적합하지 않았다. 그의 가장 큰 재능은 모방이었다. 그는 이탈리아를 거울에 비추었지만 자신이 보는 것에 대해서 한번도 의문을 품지 않았다. 사실 비가노부터 만초티에 이르는 이탈리아 발레의 스토리에 대한 최고의 요약은, 아마 만초티가 말년에 했던 정치 문화 전반에 대한 슬픈 반성일 것이다. "나는 이탈리아의 혼을 일깨울 생각이었다. 하지만 내 앞에서 발견한 것이라고는 이탈리아의 시체가 전부였다."[36]

이탈리아 발레의 역사는 이런 의문을 일으킨다. 왜 이탈리아에서 그렇게 많은 진정으로 위대한 오페라와 그렇게 적은 중요한 발레가 배출되었을까? 정치적, 문화적 사정은 결국 동일한데 말이다. 발레와 오페라는 동일한 오페라 하우스들에서 나란히 공연되었고, 둘 다 리소르지멘토와 통일이라는 진저리나게 어려운 시절을 헤쳐나갔다. 위축되고 있는 솥단지에서 오페라가 더 큰 몫을 차지했다는 것은 원인일 뿐만 아니라 결과이기도 했으며, 오페라의 엄청난 성공이 결과적으로 몇몇 무용수들을 의기소침하게 만든 것은 사실이지만, 아무도 만초티에게 자신감이나 자원이 부족했다고 주장할 수 없을 것이다. 이탈리아 발레는 비가노, 블라시스와 함께 너무나 전도유망한 첫발을 내딛었다. 1820년의 시점에서, 혹은 심지어 1840년의 시점에서 누가 발레의 급속한 몰락을 예측했겠는가? 왜 오페라는 베르디와 푸치니를 연이어 배출한 반면 발레는 만초티 이후 아무도 가지지 못했을까?

하나의 답은 리소르지멘토와 통일은 오페라에 분명 불리했고, 베르디와 푸치니는 보통이라기보다는 예외였다는 것이다. 오페라가 발레를 능가한 것은 순전히 예외적인 재능이라는 행운을 통해서였다. 로시니, 도니제티, 벨리니는 결국 오스트리아와 부르봉 궁정들과 세련된 도시 귀족들의 구세계에 속했다. 리소르지멘토와 이탈리아 국가의 탄생은 이 세계를 파괴함으로써 오페라를 (발레와 마찬가지로) 혼란에 빠뜨렸다. 불안정성과 극장 폐쇄, 줄어드는 재원, 흥행 압박, (후일 라디오 및 영화와의 경쟁으로 악화되는) 레퍼토리 시스템, 이 모든 것이 오페라를 상업화, 통속화, 그리고 궁극적으로는 쇠퇴로 몰아붙였다. 하나만 예를 들자면, 베르디가 1848년 이후 점점 더 많은 시간을 파리에서 보내다가 1857년 결국 이탈리아에 정착했을 때, 이탈리아 오페라 하우스에서의 작업이 점점 더 힘들어지고 있다는 사실을 발견한 것은 우연이 아니었다. 1858년 나폴리 당국이 「가면무도회(Un ballo in maschera)」를 검열하자 그는 작업을 취소했고(대신 로마에서 초연되었다), 이후 그의 주요 제작물들 여럿이 이탈리아 밖에서 초연되었다. 「운명의 힘(La forza del destino)」(1862)은 상트페테르부르크에서, 「돈 카를로(Don Carlos)」(1867)는 파리 오페라에서, 「아이다」(1871)는 카이로에서(이후 라 스칼라에서) 초연되었다. 이탈리아 오페라는 발레보다 밝게 타올랐고 오래 지속되었지만 전체 궤도는 비슷했다.

그렇지만 이것은 사실이기는 해도 "베르디적 예외"와 "만초티적 보통" 사이의 예술적 차이를 전부 설명하지는 못한다. 오페라가 번성하는 동안 발레는 왜 실패했는지에 대한 설명은 간단하지만 서로 연관된 두 가지 사실에서 도출된다. 첫째, 발레는 본질적으로 오페라보다 연약하고 허술한 예술이었다. 둘째, 이탈리아의 정치 및 문화 생활의 구체적 성격은 이 연약함을 증폭시켜서 발레를 한계점으로 몰아붙였다. 표기법 문제를 생각해보자. 발레에 실용적인 표준 표기법이 없다는 사실은 어디서나 문제였다. 그렇지만 밀라노나 나폴리에서 이것은 제국 궁정이 문화적 감독 노릇을 하는 가운데 전통이 위로부터 집중되어 유지되는 파리나 빈에서보다 더 취약한 문제였다. 라 스칼라나 라 페니스나 산 카를로가 문을 닫거나 진로를 바꾸면 해당 지역의 무용 전통은 (블라시스의 경우처럼) 보통 단절되거나 끝났다. 이런 일은 파리 오페라에서는 거의 일어나지 않았다. 오페라는 그런 단절에 훨씬 덜 취약했다. 아무리 유동적이고 변화무쌍하더라도 악보는 후일 언제든지 복구하고 찾아볼 수 있었다. 이렇듯 오페라는 통시적 자율성과 온전성을 가졌는데, 발레는 결코 가지지 못할 것이었다.

게다가 발레는 그 정체성을 귀족층에서 가져왔다. 궁정이나 귀족의 영향력과 본보기가 없을 때, 발레 훈련은 일련의 제한적이고 무의미한 체조 연습으로 빠지기 쉬웠다. 음악가들은 그런 사회적, 정치적 변화에 덜 취약했다. 왜냐하면 그들의 예술은 분석적 기술을 요구 및 계발하는 독립적이고 정교한 음악적 언어의 숙달을 요구했기 때문이다. 무용수들과 발레 마스터들은 보통 이런 기술을 가지지 못했거나 요구받지 않았다. 베르디와 만초티의 교양과 지성에 엄청난 격차가 존재했던 것에는 우연이나 정황 이상의 이유가 있었다. 베르디는 작곡가들의 긴 줄에 서 있었고, 지리적, 역사적 차이에도 불구하고 그들 중 여럿과 "이야기"할 수 있었다. 반면 만초티는 예술적 공백 속에서 작업했고, 보다 폭넓은 문화적 뿌리의 부재 속에서 그의 예술적 기억은 (본인의 잘못이 아니지만) 얄팍했다. 그는 블라시스가 그토록 주의 깊게 함양한 보다 큰 인문주의적 그림을 보지 못했고, 따라서 화려한 구경거리에 의지했다.

이 문제는 매번 재생산되는 것 같았다. 예를 들면, 이탈리아 오페라는 많은 자원들로 살찌워졌다. 19세기 전반 독일과 프랑스 음악 스타일이 상륙하자 당시의 일부 평론가들은 순수한 이탈리아 음악 형식의 타락을 우려했다. 하지만 그 스타일은 베르디의 작업을 확장시키고 풍요롭게 했다. 춤에는 그런 행운이 없었다. 만초티의 시대 즈음 발레는 서유럽 전역에서 사면초가에 몰린 예술이었고, 정체성이 불확실한 상태에서 더 대중적인 보드빌 형식들로 빠르게 합병되고 있었다. 우리가 이미 살펴본 바와 같이, 이런 상황은 많은 부분 혁명과 정치적 격변의 결과인 궁정과 귀족층의 붕괴 때문이었다. 그리하여 이탈리아 오페라가 바그너를 얻었을 때, 이탈리아 발레는 폴 탈리오니의 얼빠진 베를린 혼합물 「플리케플로크」를 얻었다. 이 작품은 열광적인 관객을 낳았지만 예술을 자극하지는 못했다(하물며 고양시키는 것은 어불성설이었다).

다른 문제들도 있었다. 완고하고도 불가해하게도, 이탈리아 발레 마스터들은 직접 대본을 쓰기를 고집했다. 프랑스 낭만주의 발레는 시인과 전문가들이 발레 마스터들로부터 이 중요한 일을 앗아감으로써 엄청난 득을 보았다. 발레 마스터들이 창조적 글쓰기나 문학적 기량으로 유명했던 적은 결코 없었던 것이다. 그렇지만 이탈리아 발레 마스터들은 파리의 이 중요한 발전을 별로 주목하지 않으면서 답답하고 재치 없는 리브레토들의 생산을 고집했다. 그렇지만 오페라 작곡가들은 언제나 대본작가들의 재능에 의지했다. 베르디는 특히 이 문제에 단호해서 좋은 (그리고 완벽한) 리브레토를 찾는 데에 큰 공을 들였다. "리브레토를, 나에게 리브레토만 달라. 그리하면 오페라가 탄생한다!" 허장성세에다가 젠체하는 만초티의 대본들에 그가 얼마나 당혹했겠는가! 음악도 마찬가지였다. 비가노는 이따금씩 더 흥미로운 곡들(베토벤)을 가지고 작업했지만 이 경우는 예외였다. 대부분의 발레 마스터들은 대신 유능하지만 평범한 작곡가들에 의해서 대량생산된 오래된 습관과 공식을 고수했다.

결과는 예측 가능했다. 궁정의 보장과 존재의 이유, 그리고 스스로를 지탱할 내적 혹은 비판적 자원이 없어지자, 이탈리아 발레는 **생각 없는** 체조 기술이 되었다. 이것은 발레를 정치적 스펙터클은 물론, 유행과 대중적 취향에 특히 민감하게 만들었다. 그리하여 베르디와 이탈리아 오페라는 전반적으로 리소르지멘토를 흥미롭고 창조적인 방식들로 흡수하고 표현하려고 노력한 반면 만초티와 이탈리아 발레는 그러지 못했다. 그렇지만 이는 이탈리아만의 상황은 아니었다. 정치적 통합이 늦었던 이탈리아와 독일에서 발레가 가장 약했고, 유럽에서 가장 확고히 자리잡은 왕정 및 제정 궁정들의 본진인 프랑스, 오스트리아, 러시아에서 가장 강했던 것은 우연이 아니다. 독일의 사례는 특히 이해에 도움이 된다. 우리가 살펴본 바와 같이, 18세기에 여러 독일 공국들이 파리로부터 발레를 수입했지만, 이 예술은 절대 정착되거나 자리를 잡지 못했다. 문화적 민족주의, 프로이센 군국주의, 신흥 중산층의 부상과 함께, 발레는 한때 가졌던 호소력을 잃었다. 너무 퇴폐적이고 너무 심하게 프랑스적인 발레는 신생 독일 국가에서 설 자리가 없었다. 그리하여 독일 문화는 이탈리아 문화와 마찬가지로, 대신 음악과 오페라를 중심으로 연합했다. 용도와 지지층이 없는 발레는 변두리로 밀려나거나 아니면 다시 한번 구경거리와 곡예로 전락했다.

그렇지만 후일담은 심히 역설적이다. 사실 만초티의 "혁명"은 발레의 급진적 일신을 **정말로** 촉발했다. 이탈리아가 아니라 수백 킬로미터 떨어진 러시아에서였다. 우리가 살펴본 바와 같이, 만초티는 한 세대의 이탈리아 연기자들, 즉 「엑셀시오르」 배우의 세대를 낳았다. 그들 중 여럿이 해외로 다니면서 그의 발레들을 무대에 올렸고, 자신들의 인상적인 기교를 유럽의 수도들로 팔러 다녔다. 그들 중 엔리코 체케티(1850–1928)가 있었는데, 그는 후일 20세기의 가장 위대한 고전 발레 교사들 중 한 사람으로 평가될 것이었다. 그의 어린 시절은 리소르지멘토의 그림책이었다. 로마에서 무용수들의 가문에서 태어난 체케티는 어린 시절을 여행하면서 보냈는데, 이것은 그를 이탈리아의 통일이라는 드라마가 펼쳐질 때 가장 앞자리에 있게 했다. 그가 아홉 살 때 가족은 토리노에 있었다. 엔리코는 가리발디와 국왕 비토리오 에마누엘레가 이탈리아 군 연대들과 함께 말을 타고 도시를 누비는 것을 지켜보았다. 그것은 잊지 못할 극적인 사건이었다. 그리고 피렌체에서 1860년 마렌코의 발레 「가리발디의 마르살라 상륙」을 안무한 것은 체케티의 아버지였다. 로마에서 엔리코는 말쑥한 군복의 프랑스 장교들과 화려한 차림새의 추기경과 대공들에게도 감탄했다. 그는 소년다운 야심에 가득 차서 부모에게 가리발디와 함께 싸우도록 보내달라고 청했고(요청은 거절되었다), 1866년 가리발디 찬가에 맞추어 자신의 독무를 창작했다. 극장 경영진은 이를 프로그램에 넣기를 거부했다. 하지만 그 춤이 존재한다는 풍문을 들은 관객은 체케티가 의기양양하게 무대를 차지할 때까지 구호를 외치며 야유를 보냈다.[37]

체케티 일가는 만초티를 잘 알고 있었다. 1883년 엔리코는 볼로냐에서 「엑셀시오르」를 공연했다. 그는 1885년부터 1887년까지 라 스칼라에서 만초티와 긴밀하게 작업하면서, 「아모르」를 비롯한 몇몇 발레들의 초연에서 배역을 연기했다. 그는 만초티가 총애하는 연기자들 중 한 명이 되었다. 현존하는 「엑셀시오르」 악보들(스텝과 안무 대형에 대한 쪽지들) 중 하나가 체케티의 손으로 기록되었다. 그는 이 발레를 무대에 올리고 공연하는 전문가였다. 작고 두툼한 체형인 그의 재능은 특히 마임(그의 손은 드물게 표현적이라는 소리를 들었다)과 기교적 춤추기에 있었다. 1887년 체케티는 상트페테르부르크로 가서 「엑셀시오르」의 축약 제작물을 대중적인 아르카디아 극장 무대에 올렸다. 러시아 당국은 대단한 감명을 받았고, 그는 차르의 제국 극장들의 주역 무용수이자 마리우스 프티파의 차석 발레 마스터 자리를 맡도록 초빙되었다. 그는 수락했다. 그는 경력의 대부분을 러시아인들과 함께, 그리고 러시아인들을 위해서 보내게 될 것이었다. 그는 제국 극장들에 1902년까지 15년 동안 고용되었고, 1910년부터 1918년까지는 디아길레프의 발레 뤼스와 함께 일했다. 그는 파블로바와 함께 순회했고, 이후 (러시아 망명자들이 좋아하는 곳인) 런던에 학교를 설립했다가 마침내 삶의 마지막 2년간 라 스칼라로 돌아갔다.

체케티는 혼자가 아니었다. 당시 러시아에서 "이탈리아의 침공"이라고 알려졌던 것에는 비르지니아 추키(1849–1930), 피에리나 레냐니(1863–1923), 카를로타 브리안차(1867–1930)가 포함되어 있었다. 이들 모두 「엑셀시오르」 무용수 경험이 있었고, 모두 자신의 경력의 중요한 부분을 상트페테르부르크에서 보냈다. 브리안차는 초대 잠자는 숲속의 미녀가 되고, 레냐니는 「백조의 호수」의 백조 여왕이 될 것이었다. 러시아 궁정의 부와 자원 때문에, 이탈리아 무용수들은 (프랑스, 스칸디나비아 무용수들과 마찬가지로) 언제나 러시아에 접근해왔다. 그러나 우리가 탐구하게 될 이유들 때문에, 1880년대와 1890년대에는 그들의 영향이 결정적이었다는 것이 밝혀졌다. 사실 러시아 발레는 죽어가는 이탈리아 예술의 일부로서 탄생했다.

그것은 놀라운 역설이었다. 발레를 고대로부터 키치의 극한까지 밀어붙인 만초티의 저속하고 과장된 춤들은 고상한 러시아 고전주의의 형성에서 필수 요소가 될 것이었다. 비가노와 블라시스는 이탈리아 발레를 신고전파 예술로 "격상"시키려고 노력했지만, 그들의 혁신은 대신 "그로테스크"한 토대를 강화했다. 그리하여 이탈리아 발레는 언제나 그랬듯이 더 크고 더 야단스러운 버전으로 돌아갔다. 즉 기교적이고 떠돌아다니는 형태였다.「엑셀시오르」무용수들은 호기심 많은 종족이었다. 그들은 최고의 테크닉과 브라부라 스타일을 뽐냈지만 취향과 예술의 문제들에는 심히 무감각하거나 아니면 무관심했다. 그들은 고전주의에 대한 권리를 상실했지만 비가노와 블라시스의 메아리는 남아 있었다. 원칙적으로, 발레는 정말 이탈리아적일 수밖에 없었다. 그리고 심히 역설적인 방식들로, 실제 그랬다. 왜냐하면 춤이 언제나 위로부터 일신된 것은 아니었고, 심지어 주로 위로부터 일신된 것도 아니었으며, 이탈리아 무용수들의 한 세대를 대표하는 대담한 태평함과 억제되지 않은 야심에는 무엇인가 중요한 것이 있었기 때문이다. 그렇지만 이탈리아 발레 혼자만으로는 자멸적이었다. 이탈리아 발레는 자부심 강하고 독재적인 규율을 가진 러시아 궁정을 장악해서, 무모한 이탈리아적 기교를 고상하고 숭고한 예술로 만들게 될 것이었다.

제2부
동방으로부터의 빛 : 러시아적 예술 세계

7
춤의 차르들 : 제정 러시아의 고전주의

> 슬라브인들의 수용적인 성격, 여성스러움, 진취성 결핍, 뛰어난 동화 및 적응 능력은 그들을 다른 민족들이 꼭 필요한 민족으로 만들었다. 그들은 완전히 자급적일 수 없다.······다른 민족들의 사상을 그들보다 더 깊고 완전히 흡수하면서도 진정한 자기 자신으로 남을 수 있는 민족은 없다. —알렉산드르 헤르첸

> 러시아적인 학교는 프랑스적인 학교이다. 그 사실을 잊은 것은 프랑스인뿐이다.
> —페르 크리스티안 요한손

표트르 1세 이전의 러시아에는 발레라는 것이 아예 없었다. 1689년 표트르가 권력을 잡기 전까지 이 나라가 정확히 얼마나 고립되고 문화적으로 빈곤했는지는 상기해볼 가치가 있다. 수 세기 동안 교회와 국가는 불가분의 관계였다. 러시아의 차르는 그리스 정교의 군주였고 모스크바는 "제3의 로마" 역할을 했다. 서유럽은 종교개혁, 르네상스, 과학혁명을 거쳤지만, 러시아는 차단된 채 그리스 정교 신앙의 시대를 초월하는 전례들에 매여 있었다. 이곳에는 대학이 없었고 세속문학 전통도 없었다. 러시아 예술과 음악은 거의 전적으로 이콘(icon : 러시아 정교회의 예배용 성화/역주)과 성가에 한정되어 있었다. 악기는 죄가 된다고 간주되었고 춤은 농민들이나 추는 것이었다. 궁정 발레는 존재하지 않았다.

러시아 지배층은 서유럽 국가들과는 놀라울 정도로 대조적인 꾸밈없는 삶을 살았다. 그들은 목조 주택에서 거주했고 벤치에서 (혹은 따뜻한 난로 뚜껑 위에서) 잤다. 그들의 의복과 풍습은 농민들과 비슷하게 거칠고 상스러웠다.

남자들은 길고 무성한 수염을 신앙심과 남성성의 상징으로 생각하여 동경했다(신은 수염이 났고, 여자들은 수염을 기를 수 없었다). 말끔하게 면도한 모습으로 묘사되는 것은 악마들뿐이었다. 화려한 외국 옷은 금지되었고, 모스크바에 거주하는 외국인들은 자신들만의 "독일인 교외", 즉 몇몇은 동경하고 대부분은 묵살하는 유럽 문화의 게토에 격리되어 살았다. 모스크바 사회는 서구에서 인식 가능한 어떤 형태의 사회와도 달랐다. 성별에 따라 엄격하게 분리되었고, 남자들과 여자들은 공공장소에서 거의 섞이지 않았다. 그들이 섞이는 드문 경우에 숙녀들은 침묵하면서 눈을 내리깔고 수줍어하도록 요구되었다. 17세기 중반 서구의 연극과 (대개 폴란드의) 패션이 조금씩 침투하기 시작했다. 그러나 고전 발레의 정제된 인위성과 예법보다 러시아의 문화적 상상력과 더 동떨어진 것은 없었다.

그렇지만 표트르 1세와 함께 이 모든 것이 바뀌었다. 표트르는 옛 모스크바의 삶을 지배하던 밀실공포증적 풍습들을 혐오했다. 그는 독일인 교외에 접근했고, 네덜란드어와 독일어를 배웠으며, 펜싱과 무용 교습을 받았고, 서구 의복을 입었다. 그는 말끔하게 면도했다. 그러나 이것은 시작에 불과했다. 표트르는 스스로에게 바라는 것을 러시아에도 바랐다. 그리하여 18세기 초, 그는 야심만만한 특별한 목적으로 건설된 유럽 스타일 도시, 상트페테르부르크를 창안하고 계획했다. 이 나라의 최서단 척박한 늪지대의 기름진 땅에 순전히 노동력에 의해서, 또 인명을 희생해서 건설된 이 도시는 표트르의 서구화 계획의 자의식적 은유였다. 이는 나라의 무게 중심을 모스크바로부터 멀리 옮겨서 서구를 향한 "창을 열겠다는" 생각에 그치지 않았다. 그것은 러시아 사회를 유럽의 이미지 속에서 철저히 재창조하겠다는 발상이었다. 러시아인을 유럽인으로 만들려는 것이었다.

이 목적을 위해서 표트르는 그리스 정교 기관들을 어마어마하게 확장된 관료기구로 통합하고, 자신을 차르이자 황제(그는 이 칭호를 가진 최초의 인물이었다)로서 러시아 사회의 정점에 놓고 교회를 종속시켰다. 사실 표트르 1세는 스스로를 러시아의 루이 14세로 상상했다. 페테르호프 궁은 베르사유를 모델로 삼았고, 원조와 일치되도록 정확하게 측정된 정원과 가로수 길을 가지고 있었다. 그리고 표트르 본인은 프랑스어 회화를 배우지 못했음에도 불구하고, 그의 새 도시의 새 궁정으로 몰아넣어진 조신들은 그렇게 하도록 권장되었다. 그것은 이례적인 문화적 전환이었다. 그의 치세가 끝날 즈음 러시아 지배층은 모국어를 그들의 상상력의 변경으로 좌천시키기에 이르렀다. 18세기 초의 법령들은 요점을 다른 방면으로도 밀어붙였다. 서구식 옷이 요구되었고 수염은 모든 남성들에게 신분에 무관하게 금지되었다. 국가 검열이 일상적으로 행해져서 따르지 않는 사람들에게 벌금이, 결국은 수염세가 부과되었다.

표트르는 엄격한 규칙과 위계를 통해서 조신들을 지배했다. 1722년 제정된 '신분 일람표'는 (독일 작위들에 기초해서) 각각 자신의 특별 제복을 갖춘 14위의 시민 신분을 창출했다. 사다리 위와 아래의 예법이 공식적으로 규정되어서 조심스럽게 준수되었다. 귀족 아이들은 적절한 행동거지와 태도를 획득하기 위해서 어린 나이부터 프랑스인 및 이탈리아인 발레 마스터들로부터 춤을 배웠고, 조신들은 무도회와 의례적 행사를 위해서 최신 춤들을 배우도록 요구되었다. 이런 규칙들은 『젊은이의 고결한 거울(The Honorable Mirror of Youth)』에서 세심하게 제시되었다. 이 책은 조신들에게 정제된 품행을 구구절절 교육하기 위해서 고안된 서구 예절서들의 모음집이었는데, 여기에는 춤추기도 포함되었다. 그리고 외국풍은 권위를 부여했으므로 표트르는 자녀들과 유럽 귀족들의 혼인을 주선했다. 그는 자신의 사생활을 서구화의 우화로 만들기도 했다. 그의 근대화 발상을 싫어한 첫 아내를 수녀원으로 보내고, 스스로를 우아함의 귀감이자 사교계의 미녀로 개조하는 데에 성공한 리투아니아 농민 소녀와 결혼한 것이다. 표트르는 그녀를 러시아 황후 자리에 앉혔다.

고전 발레는 이렇듯 러시아에 예술이 아닌 예법으로서 도입되었다. 이 사실은 중요했다. 발레는 처음에는 연극적 "쇼"가 아니라 모방하고 내면화해야 하는 육체적 처신의 기준, 다시 말해서 이상화된 처신 방식이었다. 프랑스 귀족의 문화적 형식들을 모방하고 흡수해서 그 우아함과 기품을 획득하려는 열망은 발레가 극예술이 되었을 때조차 근본적 염원으로 남아 있었다. 그리하여 발레는 러시아로 들어온 순간부터, 이 나라의 역사를 이후 수 세대 동안 형성할 서구화 계획과 불가분으로 묶였다. 발레는 "러시아인을 유럽인으로 만들기"의 일부였고, 그 명망은 전부 외국, 특히 파리에서의 명망 덕분이었다.

그렇지만 발레의 형식적 기교는 러시아 지배층에게 궁정의 몸가짐과 언어만큼 쉽게 다가가지 못했다. 사실 러시아 귀족 여성들은 처음에는 흔히 외국 남성들과 춤을 추거나 고관대작들을 방문하기를 망설였다. 그들은 어느 서구 관찰자가 "그들의 타고난 수줍음과 어색함"이라고 설명한 것을 극복하기 어려워했다. 서툰 몸가짐은 말할 필요도 없었다. 표트르 치세 초기의 어느 프랑스인 방문객이 쓴 바에 의하면, 그가 궁정에서 러시아 숙녀에게 프랑스 풍습대로 인사하자 그녀는 그의 건강에 건배하면서 보드카 한 잔을 비웠다. 유럽식 예법과 춤은 심히 이질적인 외국어였다. 어느 역사가가 쓴 바와 같이, 러시아인들이 "확실한 문화적 악센트"를 재현하는 것은 어려웠다.[1]

아무리 탁월한 조신이라도 개인 시간에는 보통 러시아 방식으로 돌아갔다. 서구 유행을 따라서 지어진 우아한 집들에는 난로와 이콘, 그리고 차가운 대리석 바닥 대신 안락한 양탄자를 갖춘 별채가 딸려 있었다. 특히 프랑스 관찰자들은 러시아 지배층의 몸과 마음의 이중인격을, 동양에 대한 서양의 이상한 접목을 재빠르게 알아차렸다. 19세기 초 알폰스 드 퀴스틴은 러시아 조신들의 "경직되고 부자연스러운" 행동거지와 태도에 대해서 논평했다. 그들은 그에게 기분 나쁠 정도로 파리적인 동시에 완전히 부자연스러워 보였다. 그리고 몇 년 후에 테오필 고티에가 겨울 궁전에서 무도회에 참석했을 때, 그는 "그리스 정교적인 페테르부르크"의 최고위 여성이 이슬람 왕자와 (그때까지는 파리가 아니라 폴란드 춤이던) 세련된 폴로네즈를 추는 것을 보고 놀랐다. 그의 이 말은 유명하다. "문명의 하얀 장갑 아래에 아시아의 작은 손이 감춰져 있다." 그러나 러시아 귀족의 분열된 삶을 가장 잘 포착한 것은 아마 『전쟁과 평화(War and Peace)』의 톨스토이였을 것이다. 프랑스에서 교육받고 "호화롭게 자란 어린 백작부인 나타샤"는 자신의 가장 진실한 순간이 되자 파리적 분위기를 털어내고 즉석에서 진짜배기 러시아 민속무용을 시작한다. 그녀는 이 춤을 전에 본 적이 없지만, 그 "흉내낼 수 없고 가르칠 수 없는 러시아적 몸짓들"을 직관적으로 안다. 그녀는 양팔을 겨드랑이에 붙이고 서서, "모든 러시아인

의 영혼에……존재하는 모든 것"을 드러내는 "어깨와 허리의 움직임"을 본능적으로 만들어낸다.²

발레에는 궁정 예법 말고도 러시아 문화로의 도입과 관련된 점이 두 가지 더 있었다. 먼저 군사적인 면이었다. (후일 세계적으로 유명한 제국 극장 학교가 될) 상트페테르부르크의 국립 발레 학교는 제국 극장들 자체보다 먼저 설립되었다. 그 기원은 무도회장이 아니라 제국 학군단에 있었는데, 학군단 자체가 독일과 프랑스 기관들을 모델로 삼은 것이었다. 1734년 프랑스 발레 마스터 장-바티스트 랑데는 이곳에서 젊은 사관 후보생들을 가르치는 자리를 맡았는데, 황후 안나는 그 결과에 너무나 감명한 나머지 공식 무용 학교의 설립에 동의했다. 랑데는 4년 후 전원이 궁전 하인들의 자녀인 24명의 아이들과 함께 시작했다. 그는 오랜 서구 유럽의 전통에 의지하고 있었다. 발레와 펜싱 사이의 연관성, 그리고 더 보편적으로 춤과 군사작전 사이의 연관성은 최소한 이탈리아 르네상스까지 거슬러올라간다. 그러나 그 연관성이 러시아에서보다 더 강하게 확립되고 유지된 곳은 없었다. 이곳에서 무용수들의 훈련은 (오늘날까지도 이어져오는) 군대 스타일의 단련법과 조직화라는 특징을 확립하게 될 것이었다. 그리고 서구에서는 오래 전에 포기한 실제 규모의 전투장면이 러시아 발레에는 18세기와 19세기 내내 등장했다. 정확하게 줄지어서 대칭 대형으로 정렬한 무용수들의 "부대"가 군사 전문가들의 (그리고 엑스트라 수백 명의) 도움을 받아 무대에 오른 것이다.

아마 더 놀라운 것은 서구 발레가 동양의 그리스 정교와 공명했다는 사실일 것이다. 러시아 교회에는 연극적 분위기가 풍부했다(그리고 여전히 그렇다). 신앙은 교리보다는 스펙터클과 더 크게 관련되어 있었다. 신앙은 읽거나 이야기하는 것보다는 보거나 듣는 것이 최고였다. 그리스 정교 예배에 참석해본 사람이라면 누구나 극예술과의 유사점들을 느꼈을 것이다. 예배자들의 무리가 모여들고, 아름답게 치장된 출입구와 출입문이 의례적으로 열리고 (황금빛, 군청빛으로 상감세공된) 엄청나게 호화롭고 화려한 이콘들의 베일이 벗겨져 드러나는 것을 기다리느라 주의를 집중하며 애태운다는 점에서, 그리고 무엇보다도 음악과 시각적 아름다움의 모든 힘이 "관객"을 실제이지만 별세계적인 삶으로 끌어들인다는 점에서 유사점을 찾을 수 있다. 이런 종류의 예배의 메아리들은 궁정에서 행해지는 의식들에서도 찾을 수 있다. 하나만 예를 들어보자. 무도회나 공식 행사에서 차르의 입장은 정교하고 고도로 무대적인 행사였다. 여기서 전원 배역을 할당받은 조신들은 장려한 문들이 활짝 열리고 그리스 정교의 군주와 수행원들이 눈부신 화려함 속에서 나타날 때 귀를 쫑긋 세우고는 외경 속에 서 있었다. 그리고 음악 반주가 곁들여진 전체 행진이 이어졌다. 이런 종교 및 궁정 의례들로부터 러시아 발레 무대를 빛낼 호화로운 예술 제작물들까지는 딱 한 걸음이었다.

1762년부터 1796년에 사망할 때까지 러시아를 통치한 예카테리나 2세는 1766년 제국 감독 장관 직위를 창설하고 수도인 상트페테르부르크에 국립 극장 세 곳을 공식 설립했다. (외국인이 아니라서 가장 덜 중요하게 생각된) 러시아 극단, 프랑스 연극 극단, (후일 마린스키 발레단이 되었다가 소비에트 시절 키로프 발레단이 될) 프랑스계 이탈리아 오페라 및 발레단이었다. 처음에는 다양한 제국 행사장들에서 공연이 펼쳐졌지만, 1783년에 오페라와 발레를 위한 볼쇼이 석조 극장이 건설되었다(이 극장을 후일의 모스크바 볼쇼이 극장과 혼동하면 안 된다). 새 극장은 파리나 빈이나 밀라노의 극장들과도 경쟁할 만했다. 이곳은 약 2,000명의 사람들을 수용했는데, 19세기 초 즈음의 좌석 배치는 엄격한 사회적 위계를 따랐다. 고위 관리와 장교들, 제국 경비대는 오케스트라 앞에 자리한 반면 하급 관리들은 계단석으로 밀려났다. 여성들과 가족들은 칸막이 관람석을 차지했다. 점원, 하인, 하녀, 시종, 직공들은 최상층 싼 자리에서 북적거렸다. 이렇듯 발레는 (흔히 생각하듯이) 궁정의 귀족 지배층만을 위해서 공연되지 않았다. 물론 프랑스에서 왕이 대중의 취향을 정해준 것과 꼭 같이, 차르는 최고의 권위와 자신의 선도를 세심하게 따르는 관객을 가지고 있었다. 그러나 연기자들은 이 더 넓은 사회 앞에서 연기하는 것이기도 했다.

발레 마스터들은 거의 전원이 외국인이었다. 그들은 우리에게 익숙한 인물들이었다. 1766년에는 가스파로 안지올리니가 빈으로부터 도착해서 10년간

단속적으로 머물렀다. 노베르의 제자인 샤를 르피크는 1789년 초빙되어 스승의 「메데이아와 이아손」을 무대에 올렸다. 프랑스에서 훈련받은 발레 마스터들의 꾸준한 흐름이 19세기 내내 뒤따랐는데, 여기에는 샤를-루이 디델로, 쥘 페로, 아르튀르 생-레옹, (오귀스트 부르농빌의 전 제자인) 페르 크리스티안 요한손, 그리고 마리우스 프티파가 포함되어 있었다. 우리가 살펴보았듯이 무용수들도 왔다. 루이 뒤포르, 마리 탈리오니, 파니 엘슬러, 그리고 수십 명의 덜 유명한 프랑스, 이탈리아, 독일, 스칸디나비아 연기자들이었다. 그들이 온 것은 돈 때문이었다. 상트페테르부르크는 춥고 지저분하기로 악명이 높았지만, 한 발레 마스터가 설명했듯이 "보수가 정말 좋았다." 그렇지만 러시아의 매력에는 추위와 현금 이외의 것도 있었다. 제국 극장들에는 엄청난 자원이 있었다. 그리고 단순히 외국인이라는 사실이 발레 마스터들에게 고국으로 돌아갔을 때에는 바랄 수 없는 수준과 정도의 예술적 권위를 주었다.[3]

이것은 상트페테르부르크의 사정이었고 모스크바는 완전히 달랐다. 이곳은 단호하게 동방을 향했다. 이곳은 "러시아 신민"의 영적 고향이었고, 상인과 무역상들에 의해서 주도되었다. 그들의 다수가 그리스 정교 신앙을 굳게 유지하면서 변화에 고집스럽게 저항하는 러시아 정교회 분리파 교도였다. 근면하고 자기들끼리만 통하는 모스크바 지배층은 외국어 회화를 열망하지 않았고, 프랑스 예법과 춤추기에도 무관심했다. 그러니 모스크바에 제국 극장들이 더 늦게 설립되고 궁정과의 유대도 약했던 것은 당연하다. 사실 결국 위대한 볼쇼이 발레단이 될 것의 기원은, 빈곤한 고아원과 1773년 그곳의 고아들을 가르치도록 고용된 이탈리아 무용수 필리포 베카리에게 있었다. 후일 마법사이자 기계공이자 무대장식가인 꾀바른 영국인 마이클 (멘콜) 매덕스는, 이 고아들과 실직 배우들에다가 한 친구 소유의 농노 몇 명으로 어중이떠중이 극단을 설립했다. 이 사업은 절뚝절뚝 거의 수지를 맞출 수 없었는데, 그러다 결국 1805년 국가에 넘어갔고, 최종적으로 상트페테르부르크 제국 극장들의 보호 하에 놓였다. 19세기의 나머지 동안 이 극단은 더 화려한 설비를 갖춘 상트페테르부르크 극단의 가난한 친척으로 머물 것이었다. 이 극단은 더 적은 자원과, 덜 공식적이면서 더 러시아적인 민속무용에서 영감을 받은 성격을 가졌다.

이곳의 호기는 후일 20세기, 모스크바가 이 나라의 정치적, 문화적 수도 자리를 되찾을 때에 올 것이었다.

제국 극장들은 이렇듯 여제에 의해서 탄생했다. 이들은 러시아라는 국가의 의붓자식이었다. 그러나 훨씬 더 수수한 다른 기원도 있었다. 부유한 지주들이 시골 영지들에서 운영한 "농노 극단들"이었다. 여기서 우리는 제국 발레의 철저히 러시아적인 근본에 도달한다. 그것은 프랑스와 이탈리아로부터 수입된 도시적인 궁정 예술의 유일하게 토착적인 측면이었다. 이상해 보일지도 모르지만, 러시아 발레의 성격과 발전은 그 파리적 분위기에도 불구하고 이 나라에 가장 깊게 뿌리박힌 농촌 제도와도 불가분하게 얽혀 있었다. 바로 농노제였다. 모스크바와 상트페테르부르크의 제국 극장은 모두 농노 극단 출신의 농노들을 공급받았다. 발레라는 예술의 청사진을 제공한 것은 이 희한한 사회적, 정치적 현상이었다.

농노 극단의 기원은 1762년 예카트리나 2세가 표트르 1세가 귀족층에게 가한 압류를 풀어서 국가를 섬기는 의무로부터 해방시켰을 때 생겼다. 많은 귀족들이 이 새로 찾은 자유를 시골 영지로 돌아가는 데에 이용했다. 나아가 예카테리나는 인심이 후했다. 그녀는 가장 충성스러운 종복들에게 거주 농민들이 딸린 넓은 토지를 수여했다. 그녀의 치세 동안 약 80만 명의 농민들이 (약간 더 나은 조건의) 공복(公僕)으로부터 농노제로 이동되었다. 그녀의 아들이자 계승자인 파벨은 여기에 다시 60만 명을 더했다.

러시아 시골 영지는 흔히 독재국가의 축소판 복제품이었다. 영주는 차르처럼 행동하면서 주민들을 절대적이고 독단적인 권위로 통솔했다. 이런 억압적인 사회제도는 분명 독창적인 것과는 거리가 멀다(러시아인들은 미국인들도 노예를 가졌다고 지적하기를 좋아했다). 그러나 이런 영지에서의 삶이 가지는 연극조에는 무엇인가 러시아 특유의 것이 있었다. 정말이지 궁정에서 "유럽인을 연기하는" 연극이, 시골 전역의 영지들에서 엄청난 비용을 들이면서 의식적(儀式的)으로 다시 연기되었다. 많은 귀족들이 자기 집 농노들에게 서구 언어, 문학, 예의범절, 춤추기를 가르치느라 큰 곤란을 겪었다. 차르 역할인 귀족에게 맞추어 그들이 조신들의 배역을 설득력 있게 "연기"할 수 있게 만들기 위해서였다. 특히 여자 농노들은 무도회와 의식적 행사에 참석할 수 있도록 훈련되었다. 이런 입장에서 귀족들은 지역 주민들의 여흥을 위해서 궁정 극장의 모조품을 건설하고 꾸려나가기도 했다. 그들이 무대에 올리는 제작물들은 프랑스와 이탈리아의 오페라와 발레를 본보기로 했고 흔히 수준도 높았다.

오늘날에는 이런 시골 영지들의 낭비를 이해하기 어렵다. 1780년대 말 즈음 러시아에서 가장 부유한 사람들 중 한 명이던 니콜라이 P. 셰레메테프 백작은 100만 명에 이르는 농노들을 소유했다. 그는 8개의 농노 극단을 가지고 있었다. 예를 들면 파운틴 하우스의 수수한 영지에는 340명의 하인들이 있었고, 음식, 의복, 미술품, 가구 등 저택의 거의 모든 것들이 충격적인 비용을 들여서 서유럽으로부터 수입되었다. 라파엘, 반 다이크, 코레조, 베로네세, 렘브란트를 필두로 여러 화가들의 그림이 화랑을 장식했고, 대부분 프랑스어로 쓰인 약 2만 권의 책들이 있는 서재가 있었다. (비슷한 설비를 갖춘) 쿠스코보 영지에는 극장이 두 곳이나 있었다. 하나는 실내에 있었고 다른 하나는 야외 오락들을 위한 것이었는데, 가끔은 5만 명에 달하는 엄청난 수의 손님들의 즐거움을 위해서 해전을 공연할 수 있는 큰 호수가 딸려 있었다. 셰레메테프는 오스탄키노에 프랑스인 건축가의 설계로 최첨단 기술의 훨씬 더 세련된 극장을 건설했다. 그의 농노 배우들은 가능한 최고의 교사들로부터 근사하게 훈련받았다. 교사들 중 다수가 유럽에서 직수입되었는데, 그중에는 프랑스 발레 마스터(이자 노베르의 제자인) 샤를 르피크도 있었다.

농노들에게 이런 생활은 모순적이었다. 천한 일은 면제되면서 종종 좋은 교육을 받다 보니, 많은 농노들이 진정으로 교양 있는 예술가이자 개인이 되었다. 그렇지만 그들의 삶은 가혹하게 강요되는 것이기도 했다. 여자들이 특히 부담이 컸다. 흔히 첩이나 개인 하렘의 구성원으로서 1인 2역을 했기 때문이다. 섹스와 춤을 분리하는 선은 가늘기로 악명이 높았다. 한 가지 예를 들어 보자. 영주이자 1790년대 제국 극장들의 감독이던 니콜라이 유수포프 대공은 공연 말미에 무대 위에서 여성 농노들의 옷을 벗기기를 좋아했고, 채찍과 회초리를 소품으로 애용했다.

농노 극단은 예외적인 것이 아니었다. 18세기 말과 19세기 초에 170개 이상의 영지에 농노 극단이 있었고, 수많은 농노들이 여기서 일하도록 훈련받았다. 농노 극단은 기행과 거리가 먼 것이었고, 러시아 귀족 생활의 중심에 있었다. 그러나 농노제는 상당 시간 지속되었음에도, 농노 극단은 그러지 못했다. 1812년 전쟁의 여파로 인한 경제적 곤란이 첫 번째 타격을 입혔다. 19세기 중반 즈음에는 대부분의 영지들이 비워지거나 버려졌고 극단들은 해산되었다. 무용수들은 다수가 헐값에 팔려나갔다. 1806-1807년, 궁정 집사장이자 옛 보야르(10-17세기 러시아 최상위 봉건귀족/역주) 가문의 일원인 A. L. 나린슈킨은 자신의 농노 극단을 제국 극장들로 흡수시켰다. 이후 알렉산드르 스톨리핀은 자신의 74인 집단을 국가에 매각했고, 다른 사람들도 비슷한 패턴을 따르는 양상이 1830년대 내내 계속되었다. 농노들에게 국립 극장에 팔린다는 것은 엄밀히 따지자면 자유를 의미했다. 하지만 사실상 대부분의 농노들에게 그것은 그저 한 주인으로부터 다른 주인에게로 거래되는 것을 의미했다. 유수포프 대공과 마찬가지로 농노 극단을 소유한 귀족들은 흔히 궁정의 중요한 지위 역시 보유했다. 그들의 권위는 대체로 손상 없이 유지되었다. 사실, 유수포프의 제국 극장 감독 자리는 니콜라이 P. 셰레메테프에게 계승되었다.*

농노 극단은 비교적 짧은 생명에도 불구하고 발레에 큰 영향을 미쳤다. 이후 몇 세대의 무용수들은 보통 농노나 농노의 자녀, 고아, 아니면 그 밖의 하층 배경 출신이었다. 그들은 국가의 비용으로 "문명화"되었고 "유럽인으로 만들어졌다." 상트페테르부르크의 제국 발레 학교에서 무용 수업은 하루에 몇 시간씩 이어졌고, 번갈아 학과와 종교 공부 시간도 있었다(1806년 당국은 학교 옆에 작은 교회까지 지었다). 학생들은 성적에 따라 순위가 매겨지고 교복을 지급받았으며, 완벽한 복종이 요구되었다. 친구와 가족들의 방문은 엄격하게 규제되었다. 차르와 당국자들은 한 연기자의 삶의 거의 모든 측면들을 통제했다. 졸업하면 예술가들은 국가에 10년간 복무해야 했는데, 필요하다면

---

* 농노 극단은 가노들이 풍부한 지역의 대부분에서 번성했는데, 그들은 밖에서 일하는 농노들과 달리 더 길들여졌기 때문에 새로운 역할에 적합하다고 간주되었다. 농노 극단들은 이렇듯 특히 모스크바와 (약간 덜한 정도로) 상트페테르부르크 주변 지역에 집중되어 있었다. 러시아에서 공연 생활의 지도는 대체로 농노제의 패턴들에 의해서 설정되었는데, 그 영향은 현재까지도 이어지고 있다.

자유롭게 해고할 수도 있었다. 그리고 최고의 훈련을 받은 무용수라도 본인의 의지에 반해서 다른 직업이 할당될 수 있었다. 무용수들은 그들의 농노 선조들과 마찬가지로 임의적 감금에 시달렸고, 성적 착취는 여전히 다반사였다. 도시를 떠나기 위해서는 허가가 필요했고, 결혼은 상부로부터 승인받아야 했다.

오늘날에는 이런 제국 무용수들이 억압되고 자유롭지 못했다고 생각하기 쉬운데, 여러 가지 면에서 실제 그랬다. 그러나 이런 가부장주의에는 (다소 제멋대로이지만) 보호적인 면도 있었다. 총애를 받는 무용수들은 고급 초콜릿, 보석, 그리고 여타 값비싼 선물들을 몇 상자씩 받았다. 비록 다수가 지독히 가난했을지언정 당국은 종종 대출을 해주었고 지원도 제공했다. 어떤 발레리나들은 결혼으로 팔자를 고쳤다. 비록 훨씬 많은 수가 가난하고 망각된 상태로 제대로 먹지도 못해 죽었지만 어떤 무용수들은 부유하게 지냈다. 그러나 화류계나 다름없는 발레에서 어떤 운명을 가졌는지와 무관하게, 대부분의 무용수들은 대부분의 농민들과 마찬가지로 자신의 지위를 무조건적으로 받아들였다. 차르에 대한 그들의 헌신은 종교에 가까웠다. 권위에 의문을 제기하는 사람은 드물었다. 한 발레리나가 회고한 바와 같이, 폐하를 잠깐이라도 보는 것은 "천국으로 들려올라가는 것 비슷했다." 오늘날까지도 러시아 고전 발레에는 그 근본의 흔적이 남아 있다. 러시아 무용수들이 권위를 감수하는 방식, 그들의 의무감, 자신의 전통에 바치는 숭배와 겸양은 프랑스나 이탈리아 무용수들을 훨씬 웃돈다.[4]

1801년 프랑스에서 훈련받은 발레 마스터 샤를-루이 디델로(1767-1837)가 상트페테르부르크 제국 발레단의 감독으로 임명되었다. 디델로는 강철 같은 시선과 마마 자국이 있는 얼굴을 가진 열정적이고 성질 급한 남자였고, 뚜렷한 절제력과 집중력으로 유명했다. 그는 서구에서는 크게 성공하지 못했지만 러시아에서는 즉각적 선풍을 일으켰고, 잠깐의 휴식기만 빼면 남은 평생을 이 나라에서 지냈다. 그의 성공은 어느 정도는 타이밍의 문제였다. 1789년의 프랑스 혁명은 많은 러시아 귀족들이 공포에 질린 채 고립되게 만들었는데, 디델로는 마음 든든하게도 구식이었던 것이다. 노베르의 제자인 그는 확고하게 구체제적인 예술적 감수성을 가지고 있었다. 그는 자신의 제자들을 「여왕의 미뉴에트(menuet à la reine)」만 가르치면서 엄격하게 훈련시켰다. 그는 유행하는 폴카와 왈츠를 피했고, 턴과 높은 점프를 수행하는 무용수들(그들을 장애물 경기 선수라고 폄하했다)이나 상스럽게 다리를 머리 위로 차올리는 무례를 범하는 여자들을 욕했다. 그의 가장 유명한 발레인 「프시케와 아무르(Psyché et l'Amour)」(1809)는 극적 효과들로 가득한 로코코적 행사였는데, 소형 코르셋을 입힌 채 줄에 매단 진짜 흰 비둘기 50마리가 무대에 올려져 비너스의 전차가 구름 속으로 날아가는 것을 도왔다.[5]

그러나 나중에 밝혀지다시피 디델로는 그냥 구체제로의 퇴행에 그치지 않았다. 그는 19세기 초 제국 극장들에서 다양한 공직을 수행한 작가이자 각본가인 알렉산드르 샤콥스코이 대공(1777-1846)과, 베네치아 태생의 작곡가이자 이탈리아 발레 마스터의 아들로 1806년부터 죽을 때까지 30년간 러시아 오페라의 주요 지휘자였던 카테리노 카보스(1775-1840)의 가까운 친구가 되었다. 디델로는 샤콥스코이, 카보스와 함께, 러시아 문화의 방향을 샤콥스코이가 "파리에서 온 머릿분, 수놓은 코트, 붉은 하이힐"이라고 부른 것들로부터 틀어서 새로운 종류의 "국민 연극"을 창조하려는 움직임의 최전선에 섰다. 그는 "하다못해 러시아의 곡물도 외국 방식으로는 자라지 못한다"고 말하기를 좋아했다.[6]

이것은 서구에 대한 전면적 거부를 뜻하지는 않았다. 디델로는 프랑스적 훈련을 절대 절충하지 않았고, 그의 초기 제작물들은 대부분 파리에서 직수입한 것들이었다. 카보스는 베네치아에서 교육을 받았고, 샤콥스코이는 대본들을 직접 썼을 뿐만 아니라 프랑스 보드빌과 코믹 오페라를 러시아어로 번역했다. 그러나 이는 유럽 예술 형식들을 보다 러시아적인 틀 속으로 억지로 쑤셔넣겠다는 의미는 아니었다. 디델로는 자신의 재능의 상당량을 설립 이래로 침체되어 온 학교의 활성화에 투자했다. 그저 쓸 만한 코르 드 발레를 배출하는 것이 아니라 러시아인 스타를 만들겠다는 발상이었다. 외국 유명인들을 수입하는 비용을 고려한 제국 당국자들은 이 비용 절감적 시도를 크게 환영했다. 디델로의 지도하에 학교는 성장했다. (다수가 전직 농노들인) 학생들에 대한 훈련이 강화되어서, 디델로의 주도로 2시간에서 진 빠지게도 4시간에 이르는 훈련 시간의 무용 수업들이 갖추어졌다. 제대로 훈련된 러시아 무용수들이 프랑스 발레에 토종의 맥박을 부여하기를 바란 것이다.

나폴레옹이 러시아를 침공하기 1년 전인 1812년, 디델로는 이 나라를 떠나서 서유럽으로 돌아갔다. 그렇지만 러시아의 승전 이후 제국 당국자들은 그에게 돌아오라고 간청했다. 그의 부재 속에 발레는 혼란에 빠졌다. 그들은 미끼로 그의 봉급을 두 배로 올리고 마부가 딸린 개인 마차와 충분한 겨울용 장작을 주었다. 그렇지만 디델로가 돌아간 곳은 이전과 동일한 곳이 아니었다. 나폴레옹과의 전쟁은 러시아 정치와 사회를 근본적으로 변화시켰다. 전쟁에서 러시아의 전통적인 군사 엘리트인 귀족층은 지독히 분열되고 불화한 반면, 농민 부대들은 조국과 러시아 신민을 지키기 위해서 죽도록 단결했다. 많은 사람들에게 교훈은 명백했다. 프랑스화된 궁정은 연약했고 나라를 내부로부터 부식시키고 있었다. 진정한 러시아를 대변하는 것은 특권층인 군사 귀족이 아니라 국민들이었다.

그때까지 알렉산드르 1세의 치세를 정의하는 특징은 서구 문화에 대한 동조였는데, 차르마저도 다른 사람이 되었다. 전쟁의 폭력과 파괴, 특히 모스크바의 화재는 그를 영락시켰다. 그는 서구로부터 점점 더 등을 돌리고 그리스 정교 신비주의와 거의 광신적인 군국주의로 향하게 되었다. 이런 상황은 러시아 발레에 큰 영향을 미쳤다. 차르의 군대가 결국 도시를 점령하고 지쳤지만 승리를 거두고 파리로부터 돌아오자, 그는 프랑스인들에 대한 러시아 정교 군대의 승리를 축하하는 강한 종교적 함축을 내포하는 방대한 전쟁 스펙터클을 상연했다. 전쟁 중에는 디델로의 업무를 러시아 발레 마스터 이반 발베르크가 많이 넘겨받았는데, 그는 진압되고는 뉘우치는 프랑스를 알렉산드르가 굽어보는 「파리의 러시아인들(The Russians in Paris)」과 「러시아의 천재성(The Genius of Russia)」 같은 작품들을 해야 했다.

궁정에서 유행은 언제나 정치에 좌우된다. 예카테리나 파블로브나 대공비가 쓴 바와 같이, 유럽화되었던 지배층은 서둘러서 스스로의 "러시아화"에 착수했다. 그들은 관례적인 비단옷 위에 사라판(러시아 민속 의상/역주) 튜닉을 걸쳤고, 옛날 모스크바식 머리장식을 열성적으로 착용했다. 그들은 프랑스 사교 춤들을 치워두고 대신 토종인 플리아스카(pliaska)를 추었다. 민간 풍속의 유행은 무용수들에게 요긴했다. 그들 중 여럿이 이미 스스로의 하찮은 근본을 밑천 삼아 귀족들에게 고전 발레가 아닌 선조들의 전통 민속무용들을 개인 교습하기 시작했다. 이 춤들을 아직 모르는 사람들은 알고 있는 집시들과 농민들을 수소문해서 태생적으로는 없는 정통성을 간접적으로 획득했다. 1816년에 귀환한 디델로는 머뭇거리지 않았다. 그는 즉시 황제에게 간청했다. "소신은 러시아 농민들이 필요합니다. 전부 러시아 신민들로요. 그들에게 민속무용을 추게 하옵소서.······폐하의 내빈들은 충분히 파리 시민들처럼 되었습니다. 그들이 러시아인들이라는 것을 다시 느끼게 하옵소서."[7]

1820년대 초 디델로는 러시아적 주제의 발레들을 연속으로 무대에 올렸다. 여기에는 러시아 민담에서 가져온 「불새(The Fire-bird)」(1822), 알렉산드르 푸슈킨의 시를 따른 「카프카스의 포로(The Prisoner of the Caucasus)」(1823)가 포함되어 있었는데, 둘 다 카보스의 음악과 함께했다. 그렇지만 디델로는 러시아어 독해가 불가능했고, 「카프카스의 포로」의 프로그램 해설을 통해서 발췌된 번역본으로 작업한 것에 대해서 관객에게 사과했다. 사실 이 발레는 푸슈킨의 유명한 작품과는 별 관계가 없었다. 디델로는 사건을 16세기로부터 거칠고 험준한 초기 슬라브 세계로 옮겨놓아서, 낭만화된 부족민들이 바위에 무기를 갈고 자칼 가죽 요람에서 아기들을 재우게 했다. 그는 해피엔딩도 추가했다. 푸슈킨의 이야기에서 체르케스 소녀는 익사하지만, 디델로의 발레에서는 (또 하나의 필수적 추가물인) 왕자가 그녀의 사랑을 얻고 두 사람은 결혼한다. 리브레토에 의하면 사악한 칸은 "기꺼이 러시아의 신하가 되어 자신의 군주 앞에 무릎 꿇는다." 이것은 최근 그 지역으로의 러시아의 군사적 확장에 대한 순종적 긍정이 틀림없었다.[8]

그렇지만 혹여 이 발레가 뚜렷이 프랑스적인 느낌이었다고 해도, 주역을 연기한 것은 러시아인들이었다. 남자 주인공은 니콜라이 골츠가 맡았는데, 그는 디델로가 훈련시킨 최초의 위대한 러시아 남성 무용수들 중 한 명이었다. 체르케스 소녀는 아브도티아 이스토미나(1799-1848)였는데, 그녀 역시 디델로와 절묘한 민속무용 공연으로 유명한 무용수 발레리나 예브게니아 콜로소바에게 훈련받았다. 이스토미나의 음울한 아름다움과 열정적인 춤추기는 (한 숭배자에 의하면) "동양의 숨결이었다." 그녀는 널리 칭송받으면서 저명한 작가들과 예술가들의 주목을 받았는데, 그중에는 극작가 알렉산드르 그리보예도프와 푸슈킨 본인도 포함되어 있었다.[9]

그리보예도프, 푸슈킨과 발레의 관계는 기이하면서도 의미심장했다. 둘 다 상트페테르부르크의 화려한 궁정이라는 환경에 이끌렸고 짧은 기간 발레에 고정적으로 참석했다. 그러나 궁정의 눈부신 방탕과 서구 방식들에 대한 미적거리는 종속을 혐오하기도 했다. 그리보예도프의 희극 『지혜의 슬픔(Woe from Wit)』은 디델로가 「카프카스의 포로」를 선보인 1823년에 출간되었다. 이 책은 러시아의 "해외에 대한 병든 갈망"에 날카로운 일격을 날려서, 평론가 비사리온 벨린스키가 후일 쓴 바와 같이 "무가치한 사람들의 부패한 사회에 대해서 성마른 천둥 같은 분노를 분출"하기에 이르렀다. 이 연극은 모스크바의 상황을 그렸음에도 부패한 귀족 지배구조 전체를 폭넓게 겨냥하고 있었다. 이것은 진정으로 러시아적인 연극의 최초의 사례들 중 하나로 간주되었고, 공식적으로는 금지되었지만 필사본들이 널리 유통되었다. 푸슈킨은 이 작품을 크게 존경했고 후일 자신도 『예브게니 오네긴(Eugene Onegin)』에서 러시아의 서구적 무절제에 대한 우려를 표현했다. 이 작품에서 그는 발레를 넋 나가게 만드는 오락이자 무기력한 취미, 오네긴을 방종한 멋쟁이로 만드는 유혹적이고 피상적인 세계의 상징으로 묘사했다.[10]

그렇지만 이스토미나는 달랐다. 푸슈킨은 "나의 어여쁜 러시아인 테르프시코레"의 "혼이 담긴 비상과 자유로움"에 대해서 애정을 담아서 썼고, 리본을 묶은 발레화를 신은 그녀의 푸앵트한 발을 거칠고 급하게 스케치했다. 그녀가 「카프카스의 포로」를 공연할 즈음 그는 (정치선동 명목으로) 유배 상태였다. 그는 남동생에게 "내가 한때 카프카스의 포로처럼 구애했던 체르케스 소녀 이스토미나"의 소식을 청하는 편지를 애타게 썼다. 그리보예도프도 이스토미나에 대해서 알고 사모했다. 비록 디델로의 다른 러시아인 발레리나 예카테리나 텔레쇼바에게 보낸 것일지언정, 그는 그 춤을 기리는 시들을 직접 써서 보내기도 했다. 이스토미나가 한 숭배자의 생명을 앗아가고 그리보예도프의 왼손을 희생시킨 이중 결투(또다른 파리적 유행)의 원인이 된 것은 그녀의 낭만적인 오라를 더했다. 푸슈킨은 나중에 이 극적인 사건들을 글로 쓸 계획을 세웠지만 그렇게 하지 못했다. 그 전에 푸슈킨 자신이 결투에서 목숨을 잃었기 때문이다.[11]

디델로 및 이스토미나와 함께 프랑스 발레는 "러시아인을 유럽인으로 만들" 수 있다는 생각이 뒤집혔다. 19세기의 나머지는 새로운 주제가 지배하게 될 참이었는데, 바로 "발레를 러시아적인 것으로 만들기"였다. 쉬울 리는 없었다. 그리보예도프와 푸슈킨은 러시아 문학 전통의 설립자들 중 한 사람으로 꼽혔지만, 그들의 업적을 발레의 동력으로 활용하는 것은 쉬운 일이 아니었다. 러시아 시를 러시아인이 카보스의 곡에 맞추어 디델로의 스텝으로 춤춘다고 해서 꼭 러시아적 발레가 되는 것은 아니었다. 디델로의 발레들은 이국적 향취를 가졌어도 여전히 확연하게 프랑스적이었다. 민속 형식과 발레적 형식의 진정한 융합은 존재하지 않았다. 그의 발레들에서 러시아의 춤은 이국적 색채에 가까웠다. 그것은 동시대 프랑스와 이탈리아 낭만주의 발레에서 그렇게나 인기 있던 나라별 춤과 비슷했다. 디델로가 러시아 민속무용을 무대에 올릴 때는 흔히 그 분야의 저명한 전문가(이자 황태자의 개인 교수)인 프랑스 발레 마스터 오귀스트 푸아로의 조언을 구했다는 것은 이 사실을 잘 보여준다.

그렇더라도 러시아적 발레의 발전에서 디델로의 중요성을 과소평가하면 안 된다. 이 시기에 무용수들과 발레 마스터들은 1812년 전쟁으로 자극받은 활기찬 지적 환경과 자신들의 생활환경의 일부가 되어서, 새로운 예술 형식들을 발견하고 발명했는데, 이는 처음 있는 일이었다. 서구에 대한 모방으로는 더 이상 충분하지 않았다. 궁정과 문단이 겹쳐지면서 디델로의 작업에 너무나 큰 영감을 주었고, 이스토미나를 관능적인 동시에 살짝 민족주의적이고 시적인 영감의 원천으로 만들었다. 이는 새로운 것이었다. 우리가 거듭 살펴본 바와 같이, 고전 발레는 대단히 보수적이고 배타적인 예술이고 변화에 저항한다. 프랑스인들보다도 더 프랑스적인 러시아인들은 이것을 그 어느 때보다도 더 보수적으로 만들었다. 그러나 디델로는 19세기 초 잠시 프랑스적 발레의 문을 열고 "다른 것"이, 즉 슬라브 러시아적인 것이 들어오게 함으로써, 문학적이고 민속적인 영향이 이 예술을 향해 쇄도할 길을 열었다. 그의 안무가 제한되어 있었던 것은 사실이다. 하지만 그가 얼마나 멀리 갔는지를 기억해야 한다. 러시아 무용수들을 훈련시키고 승진시켰다는 사실만으로도 그것은 급진적 방향 전환과 새로운 가능성을 대변했다.

그러나 기회는 사라졌다. 1825년 12월, 일군의 개혁 성향 귀족과 지식인들이 상트페테르부르크에서 쿠데타를 일으켰다. 그들 중 다수가 1812년 전쟁에서 복무했고, (푸슈킨과 그리보예도프와 마찬가지로) 서구를 동경하지만 그에 대한 러시아의 종속에는 절망하는 전직 장교들이었다. 새 차르 니콜라이 1세는 제국 군대에게 그들을 향해 총을 쏘라고 명령했다. 어떤 사람들은 살해되었고, 다른 사람들은 재판에 회부되어 처형되거나 시베리아에 평생 유배되었다. 이 이른바 데카브리스트(dekabrist)는 잃어버린 기회와 이어진 가혹한 탄압의 순교자이자 상징이 되었다. 그들의 반란의 여파로 니콜라이는 고삐를 세게 조였다. 검열, 여행 제한, 임의 체포, 악명 높은 제3부(비밀경찰)의 설립은 알렉산드르 헤르첸이 후일 회고한 바와 같이 러시아를 "더 끔찍하고 굴종적인" 곳으로 만들었다. 초기 지식인들은 사설 클럽과 협회들로 도피했고, 그들의 작품들은 은밀한 "두툼한 일기장"으로 회람되었다. 제국 극장들의 전면 개편으로 샤콥스코이는 해고되었고 디델로는 옹졸한 독재 관료들에게 끊임없이 괴롭힘을 당했다. 1829년 이 늙은 발레 마스터는 결국 체포되어서 날조된 기소를 당한 끝에 직위에서 물러났다.[12]

이어지는 수 년 동안 러시아 궁정은 고립되고 경직적으로 의례화된 무대가 되었다. 니콜라이는 궁정 카드리유를 기동연습으로 취급하기까지 했다. 지휘봉이 올라가면 무용수들은 준비 자세로 서 있었고, 춤이 끝나면 자기 자리로 돌아가서 경계태세로 정렬했다. 이러한 제약적 국면에서 발레는 프랑스적 본보기에 대한 영혼 없는 모방으로 되돌아갔고, 보다 폭넓은 문학 및 예술 운동과의 접촉은 축소되었다. 외국인들이 다시 중요해지는 가운데 파리의 낭만주의 발레가 대거 도착했다. 마리 탈리오니는 1837년부터 1842년까지 5년을 상트페테르부르크에서 보내며 무수한 「라 실피드」 공연에서 춤추었다. 「지젤」도

레퍼토리에 들어왔다. 쥘 페로가 도착했을 때 그는 테오필 고티에의 뮤즈인 카를로타 그리시와 함께 무대를 꾸몄다.

그렇지만 많은 관찰자들에게, 이렇듯 프랑스 춤들의 모방으로의 복귀에는 무엇인가 맥 빠지고 굴욕적인 데가 있었다. 한 평론가는 발레는 "더 이상 우리의 것이 아니다"라고 한탄했다. 니콜라이의 억압적인 "공포의 제국"에 위축된 알폰스 드 퀴스틴은 탈리오니가 최고가 아닌 상태로 도시 곳곳에서 프랑스 푸들처럼 퍼레이드를 하는 것을 똑똑히 보았다("아아! 마드무아젤 탈리오니가!⋯⋯라 실피드가 이 무슨 타락인가!"). 그는 러시아인들이 "근사한 모장(帽章)과 금빛 레이스를 단 풋맨(귀족의 마차 옆에서 뛰어가던 하인. 과시의 의미가 컸기 때문에, 원래의 역할이 바뀐 후에도 외모 위주로 선발되었다/역주)과 함께" 그녀를 비굴하게 따라가면서 "내가 이제껏 본 가장 가당찮은 찬사들"을 그녀에게 퍼붓는 꼬락서니를 역겨워했다. 그가 회의적으로 보고한 바에 의하면 이는 "구시대의 여행 같았다. 나는 한 세기 전의 베르사유에 있다고 상상할 수 있었다."¹³

1812년 전쟁에서 복무했으며 데카브리스트들에게 공감하는 작가 표트르 차다예프는 1836년 『철학 서간(First Philosophical Letter)』을 출간했다. 이 책은 헤르첸의 말에 의하면, "어두운 밤에 울려퍼지는 총성 같아서⋯⋯깨어나지 않을 도리가 없었다." 차다예프가 (그리보예도프에 공명하며) 쓴 바에 의하면, 러시아에는 스스로의 독자적 전통이나 아이디어가 없고 가진 것이라고는 야만, 미신, 외국의 지배뿐이었다. 관리들의 반응은 신속했다. 차다예프는 가택연금에 처해졌고, 정신이상 선고를 받아 니콜라이가 고용한 의사들에게 주의 깊게 감시되었다. 그의 작품은 그럼에도 지하에서 널리 유통되었고 슬라브파와 서구화파 사이에서 복잡하고 고뇌에 찬 논쟁을 유발했다. 전자는 이 나라는 "민족"과 이상화된 표트르 이전의 과거로 돌아가야 한다고 주장했다. 반면 후자는 헤르첸이 "우리에게는 돌아갈 곳이 없다. 표트르 이전의 정치 생활은 흉측하고 빈약하며 야만적이었다"고 쓴 바와 같이, 러시아는 서구의 문화적 유산을 흡수하고 이에 기초해서 건설되어야 한다는 사실을 감수했다.¹⁴

그러나 발레는 궁정 자체와 마찬가지로 "깨어나지" 못했고, 그 잠은 1848년 이후 더 깊어지기만 했다. 서유럽에서 혁명이 분출하고 군주제가 붕괴 직전으로 약화되는 가운데 니콜라이는 명예회복을 하는 듯 보였다. 그의 지지자들이 지켜보는 가운데 서구는 안정과 전제통치의 경로에서 멀어졌고, 오직 러시아만이 혁명에 저항하며 유럽의 귀족적이고 군주제인 전통을 고수할 힘과 의지를 가진 것처럼 보였다. 이 전통에는 고전 발레도 포함되어 있었다. 그해에 제국 극장들의 감독은 파리의 러시아 총영사에게 이런 편지를 보냈다. "유럽의 현 상황은 예술가들이 고려할 수 있는 곳이 우리 극장들뿐이라는 것을 의미합니다.……따라서 그들에 대한 수요는 과거보다 덜 과잉될 수밖에 없겠죠." 그는 틀리지 않았다. 파리는 정말로 불안정했다. 1848년 폭동의 여파로 관객은 집에 머물렀고 콜레라가 발발하여 상황은 악화되었다. 우리가 살펴본 바와 같이 파리 오페라는 점점 더 독불장군이 되었고, 그 세대의 가장 재능 있는 발레 마스터들 중 한 사람인 쥘 페로에게 거의 자리를 주지 않을 것처럼 굴었다. 마침내 제안이 오자 페로는 이를 거절하고 대신 니콜라이의 궁정의 자리를 받아들였다. 그는 러시아 여자와 결혼했고, 이후 11년간 상트페테르부르크에 머물면서 장려하고 신파적인 프랑스 낭만주의 스타일의 화려하고 극적인 발레들을 제작했다.[15]

그렇지만 이런 표면적 안정성은 막 금이 가려던 참이었다. 1856년 러시아는 크림 전쟁에서 프랑스와 영국에 패배하는 치욕을 겪었다. 이것은 니콜라이 1세를 결국 정신이상으로 만드는 한편, 국가에 대한 신뢰를 크게 약화시켰다. 한 평론가가 쓴 바와 같이 "표면은 반짝이지만 그 밑은 부패"했던 것이다. 그 부패의 일부가 농노제의 결과라는 점은 널리 인지되는 사실이었다. 농노제는 나라를 내부로부터 약화시키고 있다고 생각되었다. 몇 년 후에 니콜라이가 사망하자 보다 개혁적인 성향의 알렉산드르 2세가 왕위에 올랐다. 1861년 그는 극적인 양보를 했다. 농노들을 해방한 것이다. 이것이 완전히 달성되기까지 몇 년이 걸렸고, 그 과정에서 많은 농노들이 궁핍한 채로 팽개쳐졌다. 그럼에도 이것은 중대한 변화였고, 낙관주의의 나래를 고무하는 한편 토론의 폭풍을, 그리고 개혁이 불충분해지자 신랄한 맞대응을 촉발시켰다. 독재 통치의 기반이 내부로부터 약화되면서 저항이 활기를 띠었다. 바야흐로 "선언서들의 시대"였다. 검열이 느슨해지면서 급진 정치집단들이 농민 문제를 대놓고 말하는 것이 허용되었다. 인쇄된 정치 팸플릿들이 우편함에 쑤셔넣어지거나 극장 프로그램에 끼워넣어졌다. 1862년 빈발하던 원인 불명의 화재들이 상트페테르부르크를 불태워서 제정 체제를 쓰러트리기를 바라던 무리들에 의해서 시작되었다는 소문이 퍼졌고, 4년 후 알렉산드르는 몇 번의 암살 시도들 중 첫 번째를 간신히 모면했다.[16]

이 긴박한 정치적 환경에서 고전 발레마저 금박 새장에서 나올 수밖에 없었다. 1863년 작가 M. E. 살티코프-셰드린(1826-1889)은 이 예술에 대해서 통렬한 공격을 개시했다. 이는 그가 다른 맥락에서 러시아 지배층의 "우둔한 무관심"이라고 부른 것의 전형으로 보였다.

나는 발레를 그 불변성 때문에 사랑한다. 새로운 정부들이 부상한다. 새로운 사람들이 현장에 나타난다. 생활방식들이 전부 바뀐다. 과학과 예술은 이렇게 발생하는 것들을 간절히 따라다니면서 무엇인가를 추가하거나 아니면 가끔은 그 구성요소 자체를 바꾼다. 오직 발레만이 아무것도 모르고, 아무것도 듣지 않는다.……발레는 근본적으로 보수적이다. 자기 망각에 이르도록 보수적이다.

셰드린은 시인 니콜라이 네크라소프 및 작가 니콜라이 체르니솁스키(1828-1889)와 긴밀하게 작업했다. 네크라소프는 3년 후 발레의 한심한 상태에 대해서 쓴 시를 출간했고, 체르니솁스키가 1863년 감옥에서 쓴 소설『무엇을 할 것인가?(What Is to Be Done?)』는 정치적 급진주의의 중대한 교본이 되었다. 이 사람들은 알렉산드르의 개혁의 제한된 영역에 분노하고 실망했다. 그들은 자신들의 시대의 "새로운 인간들"에게 동조했다. 암울한 냉소주의와 과거와 폭력적으로 단절하고픈 열망 때문에 소설가 이반 투르게네프가 "허무주의자"라고 부른 사람들이었다. 다른 경로와 새로운 도덕을 찾아서, 그들은 정치적 열정을 민중에게 쏟았다. 프랑스화된 발레 속의 시골 사람들이 아니라, 그들이 현실이라고 즐겨 생각하던 적나라한 러시아 농민들이었다.[17]

화가, 작가, 극작가, 음악가들도 "다시 민중에게로" 시선을 돌렸고, 러시아의 제국적이고 귀족적인 유산을 끊어내기 위한 다양한 방식들을 시도했다.

1862년 무소르그스키, 퀴, 보로딘, 림스키-코르사코프, (체르니셉스키의 친구이자 추종자인) 발라키레프를 포함하는 일군의 러시아 음악가들이 자유 음악학교를 설립했다. 이곳은 유럽적 전통의 엄격함과 규칙들을 피하면서 러시아 민속 형식을 개방적으로 편입했다(그리고 창작했다). 이곳의 주도적 후원자들 중 한 사람이 쓴 바와 같이, 과거의 "후프스커트와 연미복"은 결국 새로운 유파의 "긴 러시아식 외투"와 직면할 수밖에 없었다. 그것은 이제 예술의 문제였다. 제국 아카데미의 학생들은 자신이 보기에는 따분한 유럽식 훈련이자 옛날과 옛 마스터들에 대한 시대에 뒤떨어진 강조인 것들에 점점 더 불만을 가지게 되었다. 1870년 일군의 자칭 "방랑자들"이 학교로부터 달아나서 사회적, 정치적으로 유의미한 새로운 사실주의 예술에 투신했다. 같은 해 화가 일리야 레핀은 배로 볼가 강을 여행했는데, 그 결과는 그곳에서 만나고 알게 된 사람들의 삶을 암울하고 꾸밈없이 묘사한 「볼가 강의 예선인부들(The Volga Barge Haulers)」이었다. 바야흐로 중대한 시대였다. 문학에는 투르게네프, 도스토옙스키, 톨스토이가 있었고, 연극은 날카롭게 풍자적이면서 자의식적인 현실주의적이고 러시아적인 극예술을 개척한 모스크바인 알렉산드르 오스트롭스키에게 자극을 받았다.[18]

프랑스 발레 마스터 생-레옹이 1864년에 창작한 「곱사등이 망아지(The Little Humpbacked Horse)」는 정치와 예술의 새로운 향방을 그럭저럭 인정하려는 노력이었다. 이 작품은 러시아 동화에 대강의 기초를 두어서 (이탈리아인인) 체사레 푸니의 음악을 곁들였고, 주연은 러시아 발레리나 마르파 무라비에바였다. 우리는 러시아 평론가 앙드레 레빈손의 글에서, 튀튀, 새틴 신발, 모스크바식 머리띠로 "가짜 러시아 스타일"을 차려입은 무라비에바가 발끝으로 서서 카마린스카야(Kamarinskaya : 러시아 민속무곡/역주)를 추었고, 브라부라 바이올리니스트 헨리크 비에니아프스키가 긴 흑발을 휘날리며 반주했다는 것을 알 수 있다. 그녀는 점점 고조되다가 (한 숭배자가 회고한 바와 같이) "한쪽 팔을 크게 내두르고 허리를 깊숙이 숙이는 러시아식 인사"로 끝을 맺었다. 이 '민중에게 다가가는' 그림의 빈 곳을 채우기 위해서 생-레옹은 쪼그렸다 일어서는 동작들이 가득한 각종 민속무용을 추가했다. 발레는 카자크족, 카렐리아족, 타타르족, 사모예드족이 등장하는 화려한 행진으로 끝났다. 관객은 전율했다. 생-레옹은 이 성공을 딛고 푸슈킨의 시에서 영감을 받은 「황금 물고기(The Golden Fish)」(1867)를 창작했다.[19]

그렇지만 모든 사람들이 감명한 것은 아니었다. 러시아 발레리나 예카테리나 바젬은 「곱사등이 망아지」를 "선전 무기"라고 불렀다. 그녀는 이 발레는 독일 음악가들이 연주하는 이탈리아 작곡가의 음악에 맞추어 프랑스 안무가에 의해서 만들어졌다고 냉소적으로 말했다. 평론가 세르게이 니콜라예비치 쿠데코프는 생-레옹의 러시아 춤들은 "영특한 외국인"의 속임수라며 헐뜯듯이 묵살했다. 결정적인 말을 한 사람은 셰드린이었다. 그는 생-레옹의 「황금 물고기」는 "동화 같은 농민들"에 대한 감상적 묘사라고 후려갈겼다. "그들은 왜 춤을 추는가? 고기잡이가 잘 되고 있어서, 배가 준비되어서이다. 그들이 춤을 추는 것은 농민이기 때문이다. 발레 속의 농민이라면 **마땅히** 그래야 하는 것이다."[20]

셰드린이 전부 옳은 것은 아니었다. 그가 생-레옹 및 그에 앞선 디델로와 마찬가지로 깨닫지 못한 것은, 발레가 결국 "깨어나서" "민중"에게로 돌아가거나 러시아 민담 혹은 음악 형식들을 연마함으로써 러시아적인 것이 되는 일은 없으리라는 사실이었다. 사실 발레를 결국 현저히 러시아적인 고전 예술로 만든 것은 바로 그 부동성과 인위성, 외래성과 근본적으로 결코 "현실"이 될 수 없다는 사실이었다. 역설적이게도 살티코프-셰드린이 "자기 망각"으로 본 것이야말로 발레의 가장 큰 자산이라는 사실이 밝혀진 것이다. 발레는 정말로 고착되어 있었다. 그러나 이 사실은 발레가 역사적 장소를 부각시켰고 자신을 인도하는 힘인 귀족적 원칙을 맹렬하게 보호했다는 의미이기도 했다. 셰드린이 발레를 던져버리고 싶어한 것은 사회적, 정치적 정의에 대한 자신의 갈망과 어긋났기 때문이다. 그런 정서는 충분히 이해할 수 있다. 그러나 러시아에서 발레를 "자기 망각"으로부터 구출하게 될 것은 평론가들이나 러시아적인 것들이 아니었다. 그 반대로, 발레를 현실 안주에서 끌어내게 될 사람은 내부자, 즉 발레의 움직임을 몸에 걸치고 그 속에서 아름다움을 발견한 무용수이자 발레 마스터였다. 그는 러시아인이 아니라 프랑스인이었다. 그는 평생을 제국 극장들이라는 고립된 장소에서 보낸 훌륭한 조신이었고, 발레를 덜 제국적으로가 아니라 더 제국적으로 만듦으로써 변화시킬 예술가였다. 바로 마리우스 프티파였다.

마리우스 프티파는 1847년 파리로부터 상트페테르부르크에 도착했다. 그는 외국인 스타로서 온 것이 아니었다. 사실 서구에서 그의 초기 경력은 두드러지지 않았다. 그는 1818년 마르세유에서 순회 연기자들의 대가족에서 태어났다(그의 아버지는 발레 마스터였다). 그는 춤과 바이올린 연주를 배웠고 어린 시절을 유럽 순회공연으로 보냈다. 일가는 벨기에와 보르도와 낭트에서 공연했는데, 1839년 프티파와 아버지는 야심찼지만 결국 재정적 재앙이 된 미국에서의 연극 활동에 착수했다. 이후 그는 파리에서 오귀스트 베스트리스와 공부했고 코메디-프랑세즈에서 춤을 추었다. 그는 마드리드에서 몇 년을 보내면서 스페인적 주제의 발레들을 무대에 올렸는데, 연애 분규에 휘말려서 결국 그 나라에서 달아나야 했다. 그가 1847년 즈음 파리로 돌아오자 (「지젤」의 초연에서 주역을 맡은 바 있는) 더 성공한 무용수인 형 뤼시앵 프티파가 동생과 아버지를 도와서 러시아 제국 극장들의 자리를 주선했다.

프티파는 이렇듯 주목을 받지 못한 채 왔다. 그는 대부분의 외국인 무용수들보다 상당히 낮은 보수를 받았고 제국의 위계에서 승진하기 위해서 노력해야 했다. 그는 연장자이자 더 저명한 동포이며 후일의 수석 발레 마스터 쥘 페로의 그늘에서 살았다. 러시아에서 페로는 낭만주의 발레를 제국 수도에 걸맞는 규모로 확장하면서 자신의 솜씨를 발휘하고 그 틀을 확대했다. (빅토르 위고의 『노트르담의 꼽추[Notre-Dame de Paris]』에서 영감을 받아 런던에서 처음 공연된) 「에스메랄다(Esmeralda)」는 원래의 빈약한 5장짜리에서, 저녁 내내 공연되는 3막짜리 작품으로 늘어나서 호화롭게 무대에 올랐다. 「에올린 혹은 드라이어드(Eoline, ou la Dryade)」(1858)는 4막짜리 5시간 길이였는데, 발레가 보통 오페라와 프로그램을 공유하다 보니 길이 면에서는 훨씬 소박했던 파리나 밀라노에서는 이런 것을 들어보지도 못했다. (배들이 가라앉고 폭죽이 터지는) 화려하고 극적인 효과와 우스꽝스러운 장면들이 포함되는 페로의 환상적인 발레들은 엄청난 수의 무용수들과 방대한 자원으로 지탱되었다. 1850년대에 차르가 의뢰한 한 보고서에 의하면, 상트페테르부르크 극단의 무용수들은 파리 오페라보다 261명 더 많았고, 이 극장에서 가장 비용이 많이 드는 단일 항목은 (오페라가 아니라) 발레였다. 페로의 제작물들은 제국 궁정에 자리 잡은 동화적 미학과 동류이기도 했다. 궁정에는 코믹 오페라와 보드빌의 수요가 특히 많았다. 무도회들은 황금빛 반짝이들이 달린 제복을 입은 남자들과 (테오필 고티에가 보고한 바와 같이) 어깨는 드러낸 채 반짝이는 보석들을 달고 금실과 은실로 짠 예복을 늘어뜨린 "비잔티움의 성모들"이 등장하는 호화 행사였다. 홀은 "불의 별자리들을" 만드는 수천 개의 양초들로 밝혀졌고, 조신들은 이런 장려함 속에서 춤을 추었다.[21]

역설적인 상황이었다. 서유럽에서 발레는 이미 쇠퇴하고 있었지만 러시아 제국 극장들의 보호를 받는 벽 안에서 페로가 조용히 프티파에게, 아무리 거창하고 확대된 것일지언정 프랑스적인 낭만주의 전통을 건네준 것이다. 스웨덴 태생 무용수이자 교사이고 우리가 살펴본 바와 같이 부르농빌의 제자인 요한손을 통해서 프티파는 덴마크적 전통도 물려받았다. 요한손은 러시아의 가장 엄격하고 재주 있는 무용 교사들 중 한 명이었고 복잡하고 어려운 조합들로 유명했다(그는 정확성을 강조하기 위해서 바이올린을 무릎에 걸치고 피치카토[현악기에서 활을 쓰지 않고 손가락으로 현을 튕기는 주법/역주] 하기를 좋아했다). 그는 그 밖에도 여러 사람들에게 가르침을 얻었는데, 그중에는 폴란드, 헝가리, 집시 춤으로 유명한 폴란드인 펠릭스 크셰신스키도 있었다. 러시아는 이렇듯 문화적인 인큐베이터 노릇을 했고, 제국 극장들은 프티파에게 이 무용수들과 발레 마스터들의 가르침을 완전히 흡수할 시간과 자원을 주었다. 중요한 작품을 직접 제작하기 전까지 10년 이상, 그는 기술을 닦는 데에 충실히 전념했다. 춤추기, 가르치기, 발레를 무대에 올리기, 리허설을 지휘하기, 그리고 미로 같은 제국 관료제를 헤쳐나가는 법을 배우기였다. 그는 이후 수 년간 특히 페로의 작품에 의지하면서 이 발레 마스터의 춤들 중 여럿을 재공연하고, 이 대단히 프랑스적인 과거를 세심하게 보존해서 기초로 삼게 될 것이었다.

정말이지 러시아에서 프티파는 프랑스인보다도 더 프랑스적으로 되었다.

1910년 죽을 때까지 상트페테르부르크에서 50년 이상 살면서 러시아 무용수들과 (9명의 아이를 가지며) 두 번이나 결혼했음에도 불구하고, 그는 자신의 가톨릭 신앙을 굳게 지켰으며 절대 러시아어를 배우지 않았다. 그의 서툰 러시아어는 나이가 들어감에 따라 곤란함의 원천이 되었지만, 경력의 대부분 동안 그는 궁정에서 은자처럼 살면서 모든 업무를 프랑스어로 지휘했다. 프티파는 바보가 아니었고 자신의 세심하게 계획된 무지가 특권의 표시일 수 있음을 알고 있었다. 그는 프랑스 수도와의 연줄을 세심하게 관리하면서 돈독히 했다. 그는 가능할 때마다 그곳에서 여름을 보냈다. 그리고 1860년 파리 오페라의 발레 마스터 자리로 승진한 형 뤼시앵과 긴밀한 접촉을 유지했는데, 그는 발레 대본들을 보내주면서 마리우스가 최신 유행을 챙기게 해주었다.

페로의 선례대로, 프티파의 초기 러시아 발레들은 더 크고 더 호화롭다는 것만 빼면 자의식적으로 파리적이었다. 그는 1862년 극장의 상임 작곡가 체사레 푸니의 음악에 맞춘 「파라오의 딸(The Pharaoh's Daughter)」로 처음으로 중요한 성공을 거두었다. 테오필 고티에의 소설 『미라의 연애(Le roman de la Momie)』에서 따온 베르누아 드 생-조르주의 리브레토가 함께했는데, 21년 전 「지젤」의 대본을 낳은 바로 그 팀이었다. 「파라오의 딸」은 제멋대로 뻗어나가는 5시간 길이의 그랜드 오페라 스타일 발레로, 화려한 볼거리와 특수 효과들이 가득했다. 이 발레에는 머리에 꽃바구니를 이고 균형을 잡는 18커플의 춤이 있었고, 최종 마무리에는 36명의 아이들이 꽃들에서 튀어나왔다. 낙타와 당나귀들, 사자 한 마리가 있었고 무대 위 분수에서 물이 뿜어져나왔다(이후 제작물들에는 분수와 위와 옆에서 밝히는 전기 조명이 등장했다). 이 발레는 아마 수에즈 운하 건설에서 영감을 받았을 이국적인 이집트를 배경으로 삼았고 낭만주의적 주제들의 모음에도 의지했다. 이 작품에는 아편몽, 되살아나는 미라들, 자살, 나일 강의 수중 발레, 풍부한 발레화된 민족 무용들, 이집트 신들이 3단으로 과시되는 신격화가 포함되어 있었다. 이는 환상적으로 사치스러운 행사였고, (이듬해에 악담을 쓴) 살티코프-셰드린이 발레에 대해서 혐오하던 모든 것이 있었다. 프티파는 동경하던 제국 극장 발레 마스터 자리로의 승진이라는 포상을 받았다. 그는 이 자리를 경쟁자인 생-레옹과 공유하다가

제국 훈장으로 치장한 마리우스 프티파. 프랑스어 어구는 발레광인 저명한 러시아 기업가에게 쓴 것이다.

1869년 전권을 차지했다.

  이어지는 수십 년간 프티파는 상트페테르부르크에 적응하면서 그 느낌과 규모를 흡수했다. 그는 열성적인 조신이었다(그는 작업 중인 연출지 한구석에 이렇게 써두었다. "12월 1일은 왕자님의 50세 생신. 명함을 남겨두거나 방명록에 서명할 것"). 한 러시아 발레리나가 탐탁지 않아하며 쓴 바와 같이, 그는 "자신의 발레들이 제국의 저명인사와 궁정 고위 관리들에게 어떤 인상을 주는지 빈틈없이" 지켜보았다. 그의 접근방식은 대단히 실용적이었다. 그는 집에서 큰 테이블에 작은 입상들을 "체스판의 졸들처럼" 배열하다가, 가장 성공적인 배열들을 X와 O, 그리고 여타 무용수들의 움직임을 나타내는 기호들을 사용해서 정교하게 기입함으로써 안무를 짰다. 프티파는 책과 잡지들에서 자신의 발레들에 적당한 스타일에 도달하는 데에 도움이 될 만한 그림들을 베끼는 데에도 많은 시간을 들였고, 자신이 달성하고 싶은 시각적 효과에 대한 지시사항들도 세심하게 기록했다. 예를 들면 한 발레에서, 그는 4줄로 선 12명의 무용수들이 군대 같은 정확성으로 위치를 바꾸면서 줄지어 전진할 때, 각각 다른 빛깔들의 치마와 속치마가 만화경 같은 패턴들로 펄럭이며 변화하는 것을 적어두었다.[22]

이렇게 구성된 거창한 안무와 우리가 프티파의 초기 발레들에 대해서 아는 것들 중 무엇도 잘 확립된 공식에 따라 발레를 생산하는 유능한 예술가 이상을 보여주지 않는다(이들은 부르농빌이 방문했을 때 그를 그렇게나 속상하게 만든 발레들이었다). 하지만 시간이 흐름에 따라 변화가 끼어들기 시작했다. 우리는 그것을 (이번에는 인도를 주제로 한) 전형적인 이국적 발레인 「라 바야데르(La Bayadère)」(1877)에서 볼 수 있다. 이 작품은 아름다운 힌두 사원 무용수에 대한 발레로, 루트비히 민쿠스의 실용적인 음악에 맞추었고, 과거 파리의 오페라와 발레들에서 나온 거추장스러운 플롯을 가졌다.* 이 발레는 프랑스와 러시아의 혼합물이었다. 러시아 무용수인 예카테리나 바젬과 레프 이바노프가 주연을 맡았고, (디델로와 명성을 떨쳤던) 늙은 니콜라이 골츠가 위대한 브라만 사제 역을 맡았다. 요한손과 크셰신스키도 조연을 맡았다. 그렇지만 프티파가 한 스케치에서 200명 이상의 무용수들이 36번 등장하는 행진을 구상했던 이 거추장스러운 낭만주의 호화오락은 오염되지 않은 고전 무용도 포함했다. 그 이래로 (후일 프티파에 의해서 수정되어 오늘날에도 여전히 공연되는) "망령들의 왕국"은 프티파의 새로이 탄생한 공식 스타일의 상징이 되었다.

"망령들의 왕국"은 단테의 『신곡(The Divine Comedy)』 중 「천국편(Paradiso)」

---

* 인도 무용수들(Bayadères)은 프랑스 낭만주의 발레와 오페라에서 인기 있는 주제였다. 1810년 피에르 가르델은 오페라 「레 바야데르(Les Bayadères)」를 위한 춤들을 창작했고, 1830년 마리 탈리오니는 「신과 바야데르(Le Dieu et la Bayadère)」에서 아버지의 안무와 외젠 스크리브의 리브레토로 춤을 추었다. 이 작품은 발레리나가 죽으려고 불타는 화장용 장작더미로 뛰어들었다가 브라마 신의 품에서 안전한 모습으로 나타나서 구름을 뚫고 인도의 천국으로 걸어가는 것으로 끝났다.

을 위한 귀스타브 도레의 일러스트레이션에서 영감을 받았는데, 오늘날까지도 우리는 프티파의 춤에서 도레의 가냘프고 천사 같은 모습들을 볼 수 있다. 이것은 명목상으로는 상상의 춤으로, 아름다운 바야데르를 사랑하는 전사 솔로르의 머릿속에서 마법으로 불러내진다. 그녀가 죽자 그는 아편몽에서 위안을 찾던 중 죽은 여인들의 망령이 사는 지하세계에서 그녀를 발견한다. 그의 꿈은 하나의 망령으로 시작된다. 그녀는 하얀 망사옷을 입고 얇은 베일을 드리운 채 밝게 조명을 비춘 텅 빈 무대를 멀리 오른쪽 위 구석에서부터 걸어온다. 그녀는 옆모습을 보이면서 한 다리를 뒤로 높이 들며 우아하게 앞으로 뻗는 아라베스크를 하고, 이어서 뒤로 깊이 구부렸다가 두 걸음 전진한다. 그녀가 이 시퀀스를 다시 반복하는데 또 하나의 망령이 윙으로부터 등장해 똑같이 따라하고, 또 하나의 망령이, 그리고 또 하나가 등장한다. 하나하나씩 마치 무한처럼 길게 이어진 (정확히 64명인데 후일 32명으로 줄어든) 망령들은 한 줄로 무대 앞뒤를 누비며 구불구불 계속 전진하면서 다음 줄을 위한 자리를 만든다. 매 반복마다 시각적 크레센도가 구축되다가 결국 무대가 꽉 차고, 빽빽하게 정렬한 무용수들이 완벽한 대형으로 자세를 취한다.

그것은 상트페테르부르크에서만 만들어질 수 있는 극적인 이미지였다. 프티파의 춤은 한 명의 무용수가 혼자 걸어나온다는 점에서 고티에, 페로를 비롯한 여러 사람들의 전형이던 개인적인 취약감과 몽상에 대한 매혹을 연상시켰다. 하지만 그는 윌리와 정령과 흰 옷을 입은 여자들의 찰나적 낭만주의를, 훨씬 장려하고 더 형식적인 러시아적 표현양식으로 바꾸었다. 이것은 화려한 무대장치와 의상의 추가에 의해서가 아니라 (물론 추가하기는 했지만) 전체 안무 구조의 확장에 의해서 이루어졌다. 스텝들은 프랑스적이었다. 그렇지만 반복을 통해서 증폭되는 배열은 예르미타시 궁전과 페테르고프 궁전 정원들의 방대한 건축 규모를 반영했고 궁정 무도회도 상기시켰다. 겨울 궁전의 폴로네이즈에 대한 고티에의 묘사가 머릿속에 떠오른다. 차르가 이끄는 횃불 행렬에서, 조신들은 엄격하게 줄지어 정렬한 채 몇 시간씩 계속되는 반복적인 춤을 추면서 접견실들을 굽이굽이 누볐다. "몸짓이 아주 살짝만 어색해도, 스텝을 아주 조금만 틀려도, 움직임이 아주 잠깐만 박자와 어긋나도,…… 날카로운 주목을 받았다." 다른 식으로 말하자면, 망령들의 춤은 (폴로네이즈와 마찬가지로) 단순한 라인댄스를, 격식을 차리는 궁정 예술로서 격상된 민속 제의를 상기시키기도 했다.²³

「라 바야데르」는 이정표였다. 그러나 프티파가 진정한 돌파구를 찾은 것은 그가 러시아 무대를 약 40년간 경험한 끝에 거의 일흔이 되어서였다. 그리고 만일 몇 가지 사건들과 표트르 차이콥스키의 음악의 개입이 없었다면 그러지 못했을지도 모른다. 1881년 러시아의 마지막 서구화주의자이자 개혁주의자 황제 알렉산드르 2세가 암살되었다. 그의 아들이자 계승자인 알렉산드르 3세는 완전히 다른 부류에 속했다. 교양 없고 감정적이며 크고 근육질 체격에 꼴사나운 외모를 가진 그는 궁정의 "끝없는 코티용(프랑스에서 시작된 춤. 특별한 음악은 없고 왈츠, 폴카, 마주르카 등에 맞춰 춘다/역주)"과 의례적 삶을 싫어했다. 그는 대신 더 은둔적인 교외 주거지의 소박한 가정생활을 선호했다. 그는 심히 종교적이었고 슬라브적 사상의 다양한 요소들에 공감했다. 그는 스스로를 "진정한 러시아인"으로 보았다. 자신이 천성적으로 감정이 풍부하고, 기쁘게도 상트페테르부르크 지배층의 거짓된 몸가짐과 예법이 결여되어 있다는 의미였다. 거의 두 세기만에 처음으로, 프랑스어가 아닌 러시아어가 궁정에서 공통어가 되었다. 차르는 상트페테르부르크로부터 시선과 호의를 거둬들여 모스크바로 향했다.²⁴

러시아의 외관은 바뀌었다. 군복이 다시 디자인되어서 견장과 사브르가 빠지고 카프탄과 잭부츠로 교체되었으며, 깃대에는 종교적인 십자가가 더해졌다. 알렉산드르는 길고 무성한 턱수염을 길렀다(더불어 병사들도 그렇게 하도록 장려했다). 그는 교회를 아낌없이 지원했고, 그 결과 수십 채의 새로 지은 17세기 양식의 교회들이 시골 지역에 산재했다. 상트페테르부르크의 피의 사원의 인상적이고 화려한 양파형 돔은 알렉산드르 덕분인데, 그것은 이 도시를 지배하는 유럽식 건축 풍경에 대한 공세적인 모스크바적 덧붙임이었다. 같은 맥락에서, 알렉산드르는 모스크바에서의 대관식을 위한 발레를 주문했다. 분위기를 파악한 프티파는 민족무용들이 등장하며, 마지막에는 연기자들이 "가장 아름답고 용감한 여인, 즉 러시아인"의 주위를 돌면서 러시아적 원무에 합류하는 「밤낮으로(Night and Day)」라는 제목의 우화를 고안했다.[25]

1882년 3월 알렉산드르는 제국 극장들의 근본적 개혁을 명했다. 우리가 알다시피 문제는 독점이었다. 수십 년간 모든 사설 공연장들은 제국 극장들에 의해서 통제되었고 벌이의 상당 부분을 내어주도록 요구받았다. 이런 제도는 불공정한 것으로 생각되었고 전에도 불평이 나왔다. 그러나 그해에 알렉산드르는 극작가 알렉산드르 오스트롭스키가 쓴 통렬한 비평에 특히 감명을 받았다. 오스트롭스키의 주장에 의하면, 제국 극장들은 "의복, 습관, 관습이 너무나 유럽적인" 궁정과 (모스크바에서는) 부유한 상인들을 섬기면서, 대중에게는 토착적인 "우아한 스펙터클"과 그들이 그렇게나 갈망하는 극장이 없는 채로 버려두었다. 그는 균형이 서구 형식들 쪽으로 불공정하게 기울었다고 말하면서 "국민적이고 온통 러시아적인" 새로운 민중 극장을 요구했다. 알렉산드르는 이 글의 여백에 열정적인 찬성을 휘갈겼고, 이어진 것은 독점을 돌연 끝내는 칙령이었다.[26]

그의 최측근 조언자들은 불안해졌다. 독재제도에서 공연 생활 통제는 본질적이었다. 그들은 이 새로운 자유가 급진적인 정치적 목적으로 바뀔 수 있는 위험한 열정을 불지를 것을 걱정했다(1791년 파리 극장들이 "자유로워"졌을 때, 이들은 혁명적 사상의 온상이 되지 않았던가?). 하지만 그것은 요점을 놓친 것이었다. 알렉산드르의 개혁은 자유화의 몸짓이 아니었다. 그 반대로, 그것은 문화를 유럽으로부터 떼어놓고, 차르라는 개인과 그 통치에서 구현되는 더 강력하고 자의식적으로 러시아적인 경로와 재연결하려는 보수적이고 애국주의적이며 인위적인 시도였다. 또한 민중의 이름으로 행해지는 독재의 **옹호**였다. 이런 종류의 애국주의적 사상을 말하는 것에는 본질적으로 급진적인 잠재력도 있었는데, 이 점에서는 그에 대한 비판가들이 옳았다. "민중"은 차르가 그들을 대신하여 옹호한다고 주장하던 독재제도를 결국 약화시킬 수 있었다.

알렉산드르의 발레 개혁의 결과는 지대한 영향을 미쳤다. 마린스키에서 러시아 무용수들의 보수는 극적으로 상승했지만(그리하여 외국인들에게 관례적으로 지불되던 더 높은 임금과의 격차는 줄었지만), 입장료는 두 배로 뛰어서 가장 싼 좌석들마저 노동하는 민중이 감당할 수 있는 범위 밖으로 밀려났다. 한편 도시 교외의 공연 활동은 폭발했다. 개혁은 이렇듯 "고상한" 제국 문화와 "저속한" 대중적 장터 전통 사이의 격차를 특히 두드러지게 만들었다. 그렇지만 제국 극장들에 대한 동양과 서양의 영향들 사이에서 인식되는 불균형을 바로잡으려는 진정한 노력도 이루어졌다. 레퍼토리를 검토하는 위원회가 구성되었고, 특히 표트르 차이콥스키를 필두로 더 많은 러시아 작곡가들이 새로운 작품들의 공동 작업에 고용되었다. 가장 중요한 것은 알렉산드르가 이반 브세볼로즈스키(1835-1909)를 극장 감독으로 임명한 것이었다.

브세볼로즈스키는 언뜻 뜻밖의 선택으로 보인다. 그는 교양 있는 귀족이자 열렬한 친프랑스파였고 지적이고 날카로운 유머 감각을 가졌다. 헤이그와 파리의 러시아 영사관에서 일했던 그는 확연히 유럽적인 취향을 가졌다. 겨울 궁전에 있는 그의 작은 사무실은 프랑스, 이탈리아, 스페인, 네덜란드 거장들의 그림과 조각품으로 북적였다. 발레 뤼스의 예술가 알렉산드르 베노이스는 후일 이렇게 회상했다. "브세볼로즈스키 주위의 모든 것들이 그의 고귀한 태생적 취향을, 18세기 프랑스의 완벽한 취향(parfait goût)을 내뿜었다." 하다못해 그의 인사에서도 "특별한 우아함과 심지어 복잡함이 두드러졌다." 그에게 "춤은 무엇인가 경박하거나 우스꽝스러운 것이 아니라" 필수적이고 최고로 세련된 예술이었다.[27]

그렇지만 브세블로즈스키는 러시아 예술의 강력한 옹호자이기도 했다. 이것이 그가 프티파를 "민중에게" 보내서 민속무용을 창작하게 하거나 러시아 설화에 의지하는 발레를 만들게 했다는 의미는 아니다. 대신 그는 이 발레 마스터를 민쿠스와 주문제작 발레 음악의 뻔한 리듬에서 떼어내어, 차이콥스키와 (나중에는) 알렉산드르 글라주노프의 훨씬 복잡하고 러시아적인 목소리 쪽으로 떠밀었다. 그 즈음 러시아 음악 생활에서 충분한 명성을 확립했던 차이콥스키는 발레에 대한 브세블로즈스키의 관심을 공유하는 자발적 협력자였다. 어린 시절 그는 어머니에게 이끌려서 카를로타 그리시가 주역을 맡은 「지젤」을 보러 갔고 청년기에도 자주 극장에 갔다. 그의 남동생 모데스트는 후일 차이콥스키가 자신을 평범한 러시아 발레리나 사브렌스카야에 비견해 놀리면서

춤의 차르들 : 제정 러시아의 고전주의　331

적절한 발레 형식을 시연하는 것을 얼마나 즐겼는지 회상했다. 차이콥스키 본인은 "움직임의 우려함과 고전주의 때문에" 우아한 아말리아 페라리스에 비견된다는 것이었다.[28]

1888년 브세블로즈스키는 새로운 발레를 제안했다. 바로 「잠자는 숲속의 미녀」였다. 그는 차이콥스키에게 이렇게 썼다. "페로의 『잠자는 숲속의 미녀(La belle au bois dormant)』로 리브레토를 쓸 생각이라네. 루이 14세 스타일로 연출하기를 원하네만." 그는 계속해서 차이콥스키가 "륄리, 바흐, 라모……의 정신에 입각한 선율들을" 검토해야 한다고 제안했다. 프랑스어로 쓴 답장에서 차이콥스키는 열렬히 동의했다. 사실 이것은 그의 최초의 발레는 아니었지만, 프티파 및 브세볼로즈스키와의 최초이자 유일하게 일관된 공동 작업이었다. 그리고 진실하고 몰입적인 공동 작업이기도 했다. 우아하고 아름다운 태도를 보여주는 브세블로즈스키와 차이콥스키의 서신 교환은 그들이 서로에게 느끼던 존경심과 따뜻함을 드러낸다. 세 사람은 자주 만나서 (언제나 프랑스어로) 아이디어를 교환했다. 차이콥스키는 프티파의 집에도 자주 나타났는데(이 발레 마스터의 딸은 후일 이런 방문의 흥분을 회상했다), 프티파가 커다란 원탁에서 종이 반죽으로 만든 작은 조각상들을 움직이는 동안 그는 피아노에서 곡을 썼다.[29]

오늘날 우리는 「잠자는 숲속의 미녀」를 고상한 예술적 표지물로 생각하고 싶어한다. 그러나 1890년의 초연 당시 많은 평론가들과 관객들은 이것을 저속한 취향에 맞춘 흥행작으로 보았다. 그들이 전적으로 틀린 것은 아니었다. 알렉산드르 3세의 극장 개혁과 도시 외곽의 대중적 음악 극장들의 폭발의 결과, 관객은 완전히 새로운 다양한 공연들을 즐겼다. 러시아적 공연들뿐 아니라 이탈리아인들이 무대에 올리는 호화로운 마임과 춤의 스펙터클도 있었는데, 배우 "떼거리"와 환상적인 효과가 등장했다. 이들은 만초티의 「엑셀시오르」 무용수들이었다. 그 스펙터클은 동화적 마법과 경이에 대한 강조 때문에 발레-페리(ballet-faerie, 몽환 발레)로 통했다. 이런 유행은 1885년 비르지니아 추키가 상트페테르부르크의 상 수시에서 「달까지의 기이한 여행(Extraordinary Journey to the Moon)」이라는 제목의 페리를 춤추었을 때 시작되었다. 이는 (쥘

베른의 작품에서 따온) 호화로운 6시간 길이의 작품이었고, 파리, 런던, 모스크바의 뮤직 홀에서 이미 성공적인 연속 공연을 하고 있었다. 그 직후 이탈리아 무용수이자 마임 배우인 엔리코 체케티가 「엑셀시오르」를 본인의 축약 버전으로 무대에 올렸는데, 이 작품은 러시아의 수도에서 2년 이상 공연되었다.

이런 "이탈리아인들의 침공"은 민감한 정치적 신경을 건드렸다. 산업화, 그리고 참담한 시골의 궁핍으로부터 달아나서 크고 작은 도시들로 유입된 농민과 노동자들의 이동은 도시 인구를 창출했다. 교외의 극장들은 그들의 입맛에 영합했다. 오스트롭스키는 이런 변화를 열렬히 환영했다. 그는 발레-페리를 시대에 뒤떨어진 궁정 발레들을 더 현대적이고 이해하기 쉬운 형식으로 대체할 수 있는 "호소력 있는" 민중 예술로 보았다. 그렇지만 마음이 상한 사람들도 있었다. 그들은 페리는 퇴폐적이고 대중영합적인 서구 문화를 대변한다고 불평했다. 그것은 "서커스로서의 발레" 이상이 아니며, 연기자들은 "강철의 발끝"과 "날카로운" 몸짓을 가진 "기계들"처럼 움직인다는 것이었다. 한 평론가는 그들의 유연성은 "직선의 정확함과 아름다움"에 대한 모욕이며 "자존심 있는 무대"에는 걸맞지 않다고 짜증을 냈다.[30]

이것은 어느 정도는 테크닉의 문제였다. 우리가 살펴본 바와 같이, 이탈리아 무용수들은 여러 번의 턴, 푸앵트로 오랫동안 균형 잡기 같은 놀라운 묘기라는 무기를 개발해왔다. 반면 제국 극장들의 무용수들은 여전히 프랑스 낭만주의 유파의 더 부드럽고 덧없는 움직임을 선호했다. 후일 한 러시아 무용수는 새로운 이탈리아 스타일을 본 충격에 대해서 회고했다. 그는 러시아 남성들은 일반적으로 차분한 3-4번의 피루에트로 한정되었던 반면, 이탈리아인들은 무모하게도 8-9번을 회전한다고 썼다. 더욱 놀라운 것은, 이탈리아인들은 스텝에서 스텝으로 이동할 때 무질서할 정도로 자유분방하게 몸을 던진다는 것이었다. 한 평론가가 침울하게 결론지은 바와 같이, 그들의 유파는 "안무의 혼란스러운 **허무주의**"를 대변했다. 차이콥스키, 브세볼로즈스키, 프티파는 확고하게 회의주의자들 편에 섰다. 차이콥스키는 나폴리에서 「엑셀시오르」를 보았는데, 그 주제가 "형언하기 힘들 정도로 멍청하다"고 생각했다. 프티파도, 브세볼로즈스키를 비롯해 제국 극장들의 (이른바) "늙은 거인들"도 마찬가지로 감명받지 않았다. 한 무용수는 어떤 페리 공연의 맨 앞줄에서 프티파가 절망으로 고개를 숙인 채 무너져 있는 것을 보았다고 회고했다.³¹

그렇지만 「잠자는 숲속의 미녀」도 발레-페리였다. "흥행작"이 아니라, 이탈리아인들을 본인들의 게임에서 격파하는 동시에 러시아 발레의 귀족적 유산을 긍정하도록 설계된 빈틈없는 예술적 반격이었다. 이 작품은 과거의 이국적인 낭만주의 발레들로부터의 분명한 이탈을 보여주었다. 여기에는 상트페테르부르크 발레 무대에서 동경되던 매력적인 시골 소년들이나 허깨비 같고 요정 같은 발레리나들이 전혀 나오지 않았다. 「미녀」는 페로의 동화의 맹목적인 반복도 아니었다. 비록 원래 페로에 의해서 루이 14세의 "현대" 프랑스에 대한 헌정으로 쓰였을지언정, 호화로운 위대한 세기의 배경을 도입한 것은 브세볼로즈스키였다. 이 발레는 16세기에 사악한 마녀로부터 성년식에 죽는다는 저주를 받은 어린 공주의 탄생으로 시작된다. 그렇지만 선한 (라일락) 요정이 이 저주를 완화한다. 공주가 물레에 손가락을 찔리자 프랑스 궁정 전체가 깊은 잠에 빠지고 100년 후 태양왕의 영광스러운 치세가 되어서야 깨어난다. 빈약한 스토리였지만(불만은 품은 한 평론가는 이렇게 불평했다. "그들은 춤춘다, 그들은 잠에 빠진다. 그들은 다시 춤춘다"), 중요한 것은 바로 그 점이었다. 「잠자는 숲속의 미녀」는 옛날 식의 내러티브적인 팬터마임 발레가 전혀 아니었다. 이것은 궁정과 그 공식 행사들, 즉 왕족의 탄생과 성년식, 결혼식과 피로연에 관한 발레였다. 다시 말해서 고전 발레와 제정 러시아가 공유하는 궁정적 원칙들에 공감하는 의례적 재현이었다.³²

프티파는 17세기라는 배경을 진지하게 받아들였다. 그는 태양왕의 그림들을 연구했고, 아폴로와 "베르사유의 천장에 그려진 것 같은, 긴 치맛자락을 늘어뜨린 요정들"에 대해서 세심하게 메모했다. 그는 옛날 궁정 무용들에 대한 책을 읽었고, 삽화들을 세심하게 오려내 보관하면서 페로의 작품들에 대해서 숙고했다. 브세볼로즈스키는 무대장치와 의상 비용을 아끼지 않았다(이 발레는 1890년 제국 극장들의 연간 제작 예산의 4분의 1을 흡수했다). 밝은 빛깔의 비단, 벨벳, 금실과 은실 자수, 수단(繡緞), 모피, 깃털이 모두 풍부하게 선을 보이면서 이 제작물에 선명하고 사탕을 입힌 듯한 매력을 주었다. 이 인상적인 호화 행사는 절대 고루하거나 허풍스럽지 않았다. 이 발레에는 빨간 망토와 늑대, 장화 신은 고양이처럼 페로의 다른 이야기들에서 끌어온 유쾌한 동화 속 인물들이 여럿 등장했는데, 이들의 기발한 춤은 마지막 장을 빛내주었다. 그렇지만 절정은 신격화였다. 테라스, 분수, 그리고 거대한 연못들을 갖춘 베르사유가 그려진 배경막을 배경으로, "루이 14세의 의상을 입은 아폴로가 햇빛 속에서 요정들에게 둘러싸여 있는" 모습이 관객에게 드러났다. 발레는 선대의 프랑스 왕을 칭송하는 프랑스 대중가요 "앙리 4세 만세!"에서 따온 음구로 의기양양하게 끝났다.[33]

서막에서 요정들이 아기 공주에게 아름다움, 재치, 우아함, 춤, 노래, 음악을 부여한 것과 꼭 같이, 「잠자는 숲속의 미녀」는 발레-페리를 세련되고 정제되게 만들어서 고전 예술의 높아진 기준들을 충족시키도록 격상시켰다. 분위기를 잡은 것은 차이콥스키의 음악이었다. 그 세련되고 우아한 고전주의와 유려한 러시아적 흐름은 프티파에게 유례없는 안무적 도전을 제시했다. 많은 평론가들이 이 음악은 너무 오페라적이라고 생각했고, 무용수들은 움직이기 어렵다고 격렬하게 불평했다. 푸니와 민쿠스의 뻔한 리듬과 단순하고 실용적인 구조에 익숙했던 프티파는 새롭고 적당한 움직임을 찾기 위해서 스스로를, 그리고 자신의 무용수들을 압박했다. 역설적이게도 그는 소재를 찾는 과정에서 자신이 그렇게나 한탄했던 바로 그 이탈리아적 테크닉들에 의지했다. 사실 주역은 (노련한 「엑셀시오르」 연기자인) 밀라노 무용수 카를로타 브리안차가 연기했고, 엔리코 체케티가 사악한 요정 카라보스 역과 난해한 파랑새 바리아시옹을 맡았다.

그렇지만 프티파는 이탈리아인들로부터 배운 묘기를 그냥 되풀이하는 데에 그치지 않았다. 그는 실용적이고 기술적인 사고방식을 가지고 있었다. 그는 스텝들의 역학에 흥미를 가졌고 이탈리아적 혁신을, 특히 푸앵트 워크를 순조롭게 이해했다. 그는 발레의 건축학과 물리학에 대한 깊은 이해도 가지고 있었다. 그는 그들의 과장과 열정을 정제하고 단련해서 지금껏 부족하던 깊이와 범위를 주는 방법을 알고 있었다. 혹은 배웠다. 예를 들면 공주가 결혼 승낙을 얻으려는 4명의 왕자들에게 구애받는 로즈 아다지오(Rose Adagio)에서,

발레리나는 각 구혼자들이 그녀의 손을 잡았다가 다음 구혼자에게 자리를 내주기 위해서 그녀를 떠나는 동안 한 다리로 균형을 잡아야 한다. 이런 종류의 균형은 발레리나가 푸앵트 하나로 위태롭게 혼자 서 있도록 버려둔다는 점에서 전형적인 이탈리아적 묘기였다. 하지만 프티파는 이를 시적 은유로 변형했다. 발레리나의 균형은 차이콥스키 음악의 서정성에 힘입어 그녀의 독립성과 강인한 성격을 표현한다. 그것은 더 이상 묘기가 아니라 자유의지에 대한 검증이었다.

발레의 서막에서 여섯 요정들 각각의 매력적인 독무도 마찬가지였다. 이 춤들은 모두 고전적 원칙들로 완벽하게 구성된 본보기였다. 이번에도 프티파는 기교를 피하지 않았고, 이 춤들에는 푸앵트로 하는 난해한 점프, 여러 번의 턴, 빠른 발놀림이 가득하다. 그러나 그는 이 브라부라 스텝들을 길들이고, 정돈해서는 우아하고 건축적이며 음악적으로 통솔된 악구들 속으로 밀어 넣었다. 이 춤들은 재기 넘치는 잠언이자 라 브뤼예르의 독설적인 금언이나 잘난 체하는 아가씨들의 재치 있는 대화에 맞먹는 것으로 보인다. 각 춤은 여러 층위에서 작용한다. 예를 들면 춤은 바닥에 (푀이예를 연상시키는) 선명한 직선과 예리한 대각선으로 대칭적 경로를 그리는데, 그 후 동일한 직선과 대각선이 스텝 자체의 기하학적 구조에 반영되고 재생산되었다. 그러나 너무나도 인상적인 것은 춤의 구조만이 아니라, 차이콥스키의 음악에 맞추어 무용수들이 움직이는 방식이었다. 이 춤들이 정확히 얼마나 남다르게 수행되어야 했는지 오늘날 상상하기는 어렵다. 차이콥스키의 음악은 인간의 육체에서 완전히 새로운 범위와 색조를 이끌어냈다. 그 미묘함과 교묘함은 민쿠스나 푸니는 절대 불러올 수 없는 것이었다.

오늘날까지도 가장 숙련된 연기자들은 프티파의 요정 바리아시옹들을 고전적 정확성의 검증으로 생각한다. 지극히 사소한 동작 오류나 눈속임만으로도, 이를테면 한 다리가 중심을 잃거나 스텝 하나가 선에서 벗어나기만 해도, 마치 운율이 엉망인 시나 그리스 사원에서 기둥 하나가 부주의하게 비틀린 것처럼 춤 전체가 무질서해 보인다. 이런 춤을 제대로 공연하는 것은 기술적 정확성과 무쇠 같은 단련의 문제일 뿐 아니라 스타일의 문제이기도 하다. 어느 정도의 매력이 없다면 무용수가 그것들을 그럴싸하게 전달하는 것은 불가능하다. 사치스러운 의상에 더해, 이런 스텝들과 음악은 무용수들의 가슴이 펴지고 무게 중심이 가볍고 높아지게 만듦으로써, 그들을 조신처럼 움직이게 만든다.

연기는 필요 없었다. 「미녀」에는 "그는 말했다, 그녀는 말했다" 식의 팬터마임이 거의 없었다. 마임과 춤의 시퀀스들은 관례와 달리 음악적으로 구분되거나 분리되지 않았다. 몸짓과 춤은 이음매 없이 함께 흘러갔다. 그리하여 프티파와 차이콥스키는 발레의 원래의 전제들 중 하나로 조용히 돌아갔다. 마임과 춤은 러시아 조신들이 거의 두 세기 동안 연습해서 완성한 귀족적 행동거지의 자연스러운 확장이었다. 그것들이 그렇게나 아름답게 맞물린 것은 위대한 세기에 그랬듯이 하나의 원천으로부터 나왔기 때문이다. 바로 궁정 예법이었다.

관객은 혼란에 빠졌다. 최소한 평론가들은 그랬다. 「미녀」는 구식 범주들 중 어떤 것과도 맞지 않았고 많은 사람들은 이것을 "지나치게 사치스러운" 무대장치와 의상의 공허한 행진에 불과하다고 보았다. "우리가 생각하는 발레가 이런 것이었던가?" 한 명은 분개해서 항의했다. "아니! 이는 안무 예술의 완전한 타락이다!" 혹시 참조할 만한 것이 있었다면 그것은 공연 예술보다는 장식 예술이었다. 「미녀」와 파베르제의 절묘하게 만들어진 사치품 사이에는 놀라울 정도의 유사점이 있었다. 당시 차르와 러시아 지배층은 유명한 파베르제 달걀 같은 장식물들을 엄청나게 갈구했다. 그것의 탁월한 솜씨, 최고의 품위, 그리고 달걀 껍질 속에서 꼼꼼하고 세심하게 재창조된 세계는 자국이 직면한 사회적, 정치적 문제들로부터 점점 더 도피 중인 지배층에게 강렬한 호소력을 가졌다. 파베르제는 궁정을 축소해서 재생산했고, 「미녀」는 그것을 무대 위에 올렸다. 이 유사점은 더 젊은 세대의 예술가들에게서도 사라지지 않았고, 그중 몇몇은 후일 발레 뤼스를 창조하게 될 것이었다. 그들은 「잠자는 숲속의 미녀」에 삶과 "예술 세계"의 방식이 온전히 봉인되어 있다는 것을 제대로 알아보았다.[34]

이렇듯 「잠자는 숲속의 미녀」는 최초의 진정으로 러시아적인 발레였다. 그것은 인상적인 문화 흡수 행위였다. 러시아인들은 더 이상 프랑스인들을 모방하지 않았다. 대신 표트르 1세 이래로 러시아 궁정을 형성한 규칙과 형식을 완벽하게 요약했다. 「미녀」로 프티파는 프랑스 발레의 이음매들을 없앨 길을 찾아냈다. 그리고 역설적이게도 엄격한 형식적 규칙과 규모를 강화하면서도 테크닉과 표현력을 확장했다. 그리고 어떤 사람들에게는 이 발레의 장대한 규모가 페리와 스펙터클에 대한 항복으로 보였더라도, 그것을 귀족 예술의 위엄과 고귀한 이상에 대한 찬미로 읽는 것도 가능했다. 그렇지만 「미녀」는 고상한 궁정 발레가 대중극을 만나고 거기에 이탈리아적 테크닉까지 소화해서, 둘 다를 가지고 새로운 러시아적 무용 스타일을 만드는 것이 가능하다는 것도 보여주었다. 이 발레가 친프랑스파 상트페테르부르크 시민, 그리고 러시아화된 프랑스인과 함께 작업한 위대한 러시아 작곡가의 상상력으로부터 흘러나온 것은 우연이 아니다. 출연진 중 주역은 이탈리아인이었고 나머지는 러시아인이 채운 것도 마찬가지이다.

그렇지만 이 발레의 영속적인 호소력의 열쇠는 차이콥스키였다. 이 점은 강조할 만하다. 차이콥스키는 진정 수준 높은 작곡가들 중에서 발레를 중요한 예술로 본 최초의 인물이었고, 그의 음악은 춤을 새로운 수준으로 올려놓았다. 차이콥스키 이전에 발레 음악은 춤의 형식과 리듬에, 그리고 (나중에는) 팬터마임 연기를 보여주기 위해서 설계된 실용적 음악이나 보드빌 가락에 묶여 있었다. 그것은 꼭 유감스러운 일은 아니었다. 우리가 살펴본 바와 같이 유럽 전역의 발레 작곡가들은 사랑스럽고 편리한 발레 음악을 19세기 내내 생산했다. 파리에는 아돌프 아당의 「지젤」과 레오 들리브의 (차이콥스키가 크게 존경한 발레인) 「실비아(Sylvia)」가 있었고, 상트페테르부르크에는 "3대 대가"의 선율적인 춤들이 있었다. (이탈리아인인) 리카르도 드리고와 푸니, (오스트리아인인) 루트비히 민쿠스를 말한다. 그렇지만 이 작곡가들은 선도하기보다는 따라가는 쪽이었다. 그들의 음악은 무용수들이 움직이는 방식을 향상시키고 묘사하기는 해도 이에 도전하는 일은 거의 없었다. 하물며 전복이란 있을 수 없었다.

차이콥스키는 그렇지 않았다. 「잠자는 숲속의 미녀」는 프티파의 춤 없이도 진가를 발휘할 수 있는 강력한 교향악곡이라는 사실이 전부가 아니었다. 중요한 것은 이 음악이 인간의 육체와 영혼에 작용하는 방식이었다. 오늘날까지도 차이콥스키의 음악은 무용수들이 대단히 충만하고 민감하게 움직이도록 독려하는데, 이전이나 이후나 그럴 수 있는 작곡가들은 드물다. 차이콥스키의 음악이 처음에는 몇몇 사람들에게 너무 오페라적이라고, 혹은 대중에게는 너무 거창하거나 난해하다고, 특히 무용수들에게는 가늠하기 어렵다고 생각된 것은 우연이 아니다. 인간의 육체가 그런 식으로 움직인 적은 단 한번도 없었다. 그럼에도 그 변화는 완전히 자연스러웠으며, 더불어 상트페테르부르크와 그들 자신의 삶에 맞추어진 것이기도 했다.

프티파가 위대한 안무가가 된 것은 차이콥스키 덕분이었고, 그는 그 사실을 알고 있었다. 그의 회고록은 이 작곡가에게 감동적인 헌사를 바쳤다. 브세볼로즈스키가 자신에게 얼마나 중요한 기회를 주었는지를 잘 알고 있었던 것이다. 차이콥스키도 만족했다. 모데스트는 "의상과 무대장치의 기적 같은 우아함과 호화로움과 독창성, 프티파의 환상의 무궁무진한 우아함과 다양성"에 대한 이 작곡가의 기쁨에 대해서 회상했다. 알렉산드르 3세는 이 발레의 중요성을 알아보지 못했고, "아주 근사해" 보인다고 건조하게 논평했다. 그러나 대중은 매혹되었다. 「잠자는 숲속의 미녀」는 1890-1891년에 20회 이상 공연되었는데, 이는 그 시즌 발레 공연의 절반 이상이었다. 모데스트는 이 작곡가에게 이렇게 썼다. "형의 발레는 일종의 집착이 되었어.……사람들은 서로 '어떻게 지내세요?'라고 말하지 않고 대신 이렇게 묻지. '잠자는 숲속의 미녀 보셨어요?'"[35]

이듬해에 브세볼로즈스키, 프티파, 차이콥스키라는 동일한 팀이 또 하나의 발레-페리 작업을 시작했다. 이번에는 E. T. A. 호프만의 이야기에 기초한 「호두까기 인형(The Nutcracker)」이었다. 이것은 차이콥스키의 오페라 「이올란타(Iolanta)」가 끝나고 이어지는 여흥으로 계획된 2막짜리 짧은 작품이었다. 「호두까기 인형」의 배경은 프랑스 혁명에 대한 보수파의 반동이자 풍자적 과잉과 댄디적 귀족들로 악명을 떨친 프랑스 총재정부 시기였다. 그러나 후일 한 관찰자가 상기했듯이, 이 발레는 "러시아 어린이들의 추억"에서 직접 끌어온 러시아적 크리스마스에 대한 애정 어린 묘사이기도 했다. 이 작품은 친숙한 응접실 의식을 묘사했으며, 반짝반짝 장식된 나무, 맛있는 독일 사탕, 용감한 양철 병정, 그리고 대본에 써 있듯이 "달콤한 사탕 나라에서 온 끝내주는 마법 궁전"이 등장했다. 서리 덮인 상트페테르부르크 비슷한 눈 장면은 전기 조명으로 화려하게 밝혀졌고, 금박의 사탕절임들(오늘날에는 꽃들)의 왈츠도 있었다. 「잠자는 숲속의 미녀」의 선례대로 주역인 사탕요정은 이탈리아 발레리나 안토니에타 델레라가 추었고, (쥐들을 연기한) 핀란드 경비 연대 학교의 학생들을 포함해서 출연진은 200명 이상에 달했다.[36]

그렇지만 발레가 리허설에 들어간 직후 프티파는 병에 걸렸고 자신의 직무를 차석 발레 마스터 레프 이바노프에게 넘길 수밖에 없었다. 최종 결과는 온갖 춤들의 모음이었는데, 아마 그 대부분이 이바노프의 작품이고 무용수 알렉산드르 시리야예프의 기여가 더해졌을 것이다. 1892년 이 발레가 초연되자 저명한 평론가들은 또 하나의 페리일 뿐이라고 묵살하면서, 이 발레를 제국 극장들에 대한 "모욕"이자 "발레단의 사망"이라고 불렀다. 그리고 오늘날의 우상적 지위와 비견하면 얄궂은 일이지만, 이 발레의 대중적 호소력은 정말이지 한정되어 있었고 금세 레퍼토리에서 빠졌다.

그렇지만 눈 장면은 절찬을 받았는데, 이 흩날리는 춤을 위한 이바노프의 현존하는 스케치들에서 보통은 망각되는 그의 재능을 엿볼 수 있다. 무용수들은 함께 복잡한 대형으로 움직였고, 분열되어 흩어졌고, 똑같이 복잡한 새 디자인의 대형이 되었다. 별, 러시아식 원무, 지그재그가 있었으며, 회전하는 커다란 러시아 정교 십자가가 있었는데 중심부에서 더 작은 원이 보석 장식처럼 둘러싸고는 반대방향으로 회전했다. 이 춤은 프티파와 전혀 비슷하지 않았다. 대칭은 있었지만 대형이 더 빈약하고 성기다 보니 덜 형태적이고 덜 의식적이었다. 이 춤에는 아무리 눈에 대한 묘사일지언정 그 프랑스 발레 마스터의 더 통제된 팔레트에서는 결코 흘러나오지 않을 인상주의적 긴박성과 즉흥성이 있었다.[37]

레프 이바노프는 **정말로** 달랐다. 그는 제국 극장들이 배출한 최초의 중요한 러시아인 안무가였다. 너무나 많은 다른 러시아 무용수들처럼 그는 변변 찮은 사회적 태생을 가졌다. (아마 그리스인이었을) 어머니가 다시 찾아가기 전에 고아원을 거쳤고, 집안 사정이 나아졌음에도 열한 살의 나이로 제국 극장 학교 기숙사로 보내졌다. 1852년 학교를 졸업하고 발레단으로 들어가자마자 그는 마리우스 프티파의 영향력과 보호하에 놓였다. 프티파가 발레 마스터 자리로 승진한 후에 이바노프는 그의 수석 마임 무용수 및 캐릭터 무용수 자리를 넘겨받았고, 「라 바야데르」의 남성 주역을 비롯하여 프티파의 발레들 여럿의 초연 배역을 공연했다. 약 20년 후 이바노프는 조감독으로 승진했다. 그러다 (여전히 프티파 휘하의) 차석 발레 마스터로 승진했고, 1901년 죽을 때까지 그 자리를 유지했다.

국가의 공복이자 순수하게 제국 극장들과 학교가 배출한 존재인 이바노프는 귀족적인 외국인 상급자들을 복종심과 존경심을 가지고 대하도록 길러졌다. 프티파 같은 자신감과 고위 연줄이 없던 그는 스스로를 "좋은 병정"으로 생각했다. 그는 직원 제복을 즐겨 입었고, 짧은 자서전에서 "이런 봉사에 반하고, 예술에 반하고, 하다못해 본인의 자부심에도 반하는 죄"를 저지르는 무용수들을 분연히 욕했다. 그렇지만 이바노프는 몽상적이고 자기 성찰적인 면이 있어서, 후일 무용수 타마라 카르사비나가 회고했듯이 "버릇없고 침울해" 보일 수도 있었다. 그는 유난히 음악적이어서 종종 연습실 건반 앞에서 즉흥 연주를 하는 모습이 발견되었는데, 가끔은 너무 몰두해서 무용수들이 자신의 지시를 기다리고 있는 것도 알아차리지 못할 정도였다. 그는 완전히 독학이었다. 당국은 그가 춤을 추도록 지정했고, 정식 음악 훈련은 조금도 받지 못했다. 그는 악보조차 읽지 못했지만 일종의 기억법을 가져서 한 번만 들으면 작품 전체를 재현할 수 있었다.[38]

이바노프의 동료 러시아 무용수들은 그에게 특별한 공감을 가졌다. 그는 그들에게 프티파와 비교할 수 없을 만큼 가까웠다. 그는 그들의 언어를 말했고 지배층 특유의 냉담하고 거만한 태도가 없었다. 그리고 프티파는 언제나 한 발을 파리에 딛고 있었지만, 이바노프는 모국인 러시아를 절대 떠나지 않았으며 가끔 모스크바나 (차르의 러시아화 취향에 발맞추어 귀빈석이 농부의 오두막 비슷한 모양이던) 크라스노 셀로의 군사 야영지로 파견되어서 춤을 공연했다는 사실은 중요하다. 이 모든 것이 그에게 독특한 러시아적 관점을 주었다. 이바노프는 서구 발레의 테크닉과 스타일에 완전히 숙달되어 있었지만, 그의 춤들에는 한 관찰자가 인상적으로 쓴 바와 같이, "슬라브적 비애와 자기 성찰"도 있었다.[39]

이 점은 아마 모든 러시아 발레들 중 가장 불완전하지만 가장 강력한 작품일 「백조의 호수(Swan Lake)」에서 가장 확연하게 드러났다. 우리가 오늘날 아는 버전은 프티파와 이바노프가 차이콥스키의 음악에 맞추어 1895년 상트페테르부르크에서 초연한 제작물에서 유래한다. 그러나 「백조의 호수」에는 또 하나의 좀더 앞선 역사도 있었다. 차이콥스키에게 원래 이 곡의 작곡을 의뢰한 사람은 1870년대 중반 모스크바의 볼쇼이 극장에서 레퍼토리를 주재하던 블라디미르 베기체프였다. 베기체프의 아내는 모스크바에서 영향력 있는 문학 살롱을 운영했다. 차이콥스키는 그곳에 자주 들렀고, 이 부부의 아들에게 음악 개인 교습을 하기도 했다. 그들의 집과 1860년대에 설립된 또 하나의 문학 및 예술 클럽인 '오스트롭스키의 예술계'에서 벌어진 논의들은 「양치식물(The Fern)」이라는 제목의 새롭고 자의식적인 러시아 발레에 이미 영감을 주었다. 이것은 고골이 기록한 민담에 기초했는데, 생-레옹의 「곱사등이 망아지」의 모스크바식 "다시 민중에게로" 버전이었지만 평범했다고 전해진다.[40]

「백조의 호수」의 리브레토를 쓴 것이 누구였는지는 알려져 있지 않다. 베기체프였을 수 있지만 아마 독일 전승과 동화 자료들도 끌어왔을 것이며, 어쩌면 바그너의 「로엔그린(Lohengrin)」의 영향을 받았을 수도 있다. 그러나 이 발레는 차이콥스키 가족의 삶에도 뿌리를 두고 있었다. 그는 몇 년 전에 "백조들의 호수"에 관한 어린이 발레의 음악을 작곡했다. 후일 조카들이 따뜻하게 회상한 바에 의하면, 차이콥스키와 그의 대가족은 이 작품을 나무로 만든 흔들 백조들이 등장하는 "가내 공연"으로 즐겨 공연했다. 그것은 새로운 러시아적 발레에 안성맞춤인 배경막이었고, 희미하기는 해도 옛날 농노 발레들의 가정적인 장원의 무대도 연상시켰다. 모스크바 제작물의 안무는 유럽에서 수입된 이류 발레 마스터 율리우스 라이징어가 맡았지만 주역은 (이제 상트페테르부르크에서는 관례인) 외국 스타에 의해서 연기되지 않았다. 오데트를 처음 춤춘 발레리나는 펠라지아 카르파코바였고, 다음은 안나 소벤샨스카야였다.[41]

더구나 모스크바 판 「백조의 호수」와 훗날 프티파와 이바노프의 상트페테르부르크 제작물에 비슷한 점이라고는 일시적인 것뿐이었다. 이 발레의 개요는 친숙하다. 그러나 모스크바의 초연은 훨씬 더 복잡했으며, 어둡고 폭력적이며 비극적이었다. 낭만주의에 깊이 물든 이 발레는 백조의 형상 속에 갇힌 아름다운 소녀 오데트의 스토리를 전한다. 그녀는 악마의 마법사이자 올빼미로 변신하는 사악한 계모에게 괴롭힘을 당하고 쫓기면서, 비슷한 마법에 걸린 젊은 아가씨들과 함께 눈물의 호수에서 살아간다. 그들은 낮에는 백조이지만 밤에는 자유롭게 풀려나서 근처 폐허에서 춤을 춘다. 오직 결혼만이 오데트를 눈물의 운명에 묶어놓은 주문을 깰 수 있다. 그러나 지그프리트 왕자가 그녀와 사랑에 빠지자 계모는 그에게 속임수를 쓴다. 오데트를 사칭하는 흑조가 왕자를 유혹하자, 그는 이 매력적인 가짜에게 불멸의 헌신을 맹세함으로써 진짜 오데트를 배신하는 동시에 그녀에게 영원한 억류를 선고한다.

자신의 실수를 깨달은 지그프리트는 그녀에게 용서를 빌지만 너무 늦었다. 이 부분이 이후 제작물들과의 핵심적 차이이다. 요동치는 거대한 (캔버스 천) 파도와 (강한 화약 냄새가 극장을 채우면서) "화약고의 폭발" 비슷한 "상상 이상의 소음 및 소란"과 함께, 지독한 폭풍과 끔찍한 홍수가 파멸을 알린다. 왕자는 자포자기로 오데트의 왕관을 부수는데, 그것은 그녀를 사악한 올빼미로부터 보호하는 유일한 수단이었다. 연인이던 두 사람은 죄책감과 비탄에 휩싸인 채 물속으로 휩쓸려서 가라앉는다. 이후의 버전과 달리 절정에서 구원은 없고, 대신 잔인하고 무관심한 운명의 환각뿐이었다. 연인들은 죽고 달이 구름을 뚫고 빛나는 가운데 "잔잔한 호수 위로 백조들의 무리가 나타난다."[42]

이 발레는 1877년 모스크바의 볼쇼이 극장에서 초연되었다. 음악은 (비록 어떤 사람들은 너무 호사스럽고 오페라적이라서 발레와는 맞지 않는다고 불평했을지언정) 호평을 얻었다. 그러나 안무는 대대적 혹평을 받았고, 여러 사람들의 손에서 몇 가지 버전들을 거치다가 결국 1883년 급격한 극장 예산 감소의 희생물이 되어서 레퍼토리에서 탈락했다. 이 발레는 거의 10년 동안 사라져 있었다. 사실 차이콥스키는 그것을 다시 보지 못했다. 그와 브세볼로즈스키는 재공연을 의논했지만 제작이 가능해지기 전인 1893년 이 작곡가가 갑자기 사망했다. 다음해 브세볼로즈스키가 차이콥스키를 기리며 상트페테르부르크에서 제작한 기념 음악회를 위해서, 레프 이바노프는 2막인 호숫가의 안무를 완전히 새롭게 만들었다. 작품 전체의 새로운 제작을 위한 계획이 진행되었고, 브세볼로즈스키는 모데스트에게 편지를 써서 새로운 리브레토 작업을 청했다. "나는 자네가 마지막 장의 홍수를 빼는 데 성공하기를 바란다네. 진부해서 우리 무대에서 성공하지 못할 거야."[43]

그리하여 일련의 폭넓은 수정작업이 시작되었다. 모데스트는 홍수를 그대로 두었지만 결말은 수정해서 신파적인 동반 자살을 넣었다. 오데트는 호수로 몸을 던지고 지그프리트는 스스로를 칼로 찌른다. 이어진 수정에서 상황은 더 부드럽고 달콤해졌다. 브세볼로즈스키와 프티파는 폭풍과 홍수를 삭제했다. 모데스트의 결말에 기초하여 연인들은 호수로 함께 뛰어들었고, 이제는 우리에게 친숙한 천상의 절정이 발레를 마무리했다. "구름 속에서, 거대한 백조들의 등에 탄 지그프리트와 오데트가 등장한다." 음악은 (「잠자는 숲속의 미녀」의 초연을 지휘했던) 이탈리아 작곡가 리카르도 드리고에 의해서 재작업되었다. 그는 음악을 바꾸고 줄이라는 요청을 받았다. 학자 롤런드 존 윌리가 보여준 바와 같이 그는 오케스트라 편곡을 가볍게 만들었고, 어떤 악구들은 줄이고 어떤 악구들은 더했으며, (아마도 우연히) 차이콥스키의 원래 음 구조를 해체해서 이 발레에 더 편안하고 덜 불협화음적인 느낌을 주었다. 폭풍 장면의 음악은 그냥 삭제되었다.* 안무 역시 꿰어맞춰졌다. 프티파가 딸의 죽음과 여타 가족적 어려움으로 건강을 해친 것이다. 궁정 장면들은 그가 책임졌지만 더 서정적이고 자기 성찰적인 호숫가의 춤들은 러시아인 동료 이바노프에게 위임되었다. 그렇지만 이런 노동 분업은 행운이었다는 점이 밝혀졌다. 이 발레의 지속적인 성공은 많은 부분 프티파와 이바노프의 대조적 안무 스타일 사

* 드리고의 삭제로 인해서 1895년 제작물은 초연보다 총 4분의 1만큼 짧아졌다. 그리하여 초연의 4막은 3막으로 압축되었다. 1막 1장과 2막은 프티파가, 1막 2장과 3막은 이바노프가 안무했다. 이바노프는 2막의 막간극들을 위한 베네치아 춤과 헝가리 춤도 창작했다.

이의 긴장 덕분이다.[44]

　백조들이 처음 여자의 모습으로 등장하는 달빛이 비치는 호숫가 장면을 위한 이바노프의 춤들을 생각해보자. 밤이 되어 자유를 얻은 백조들은 보석관으로 신분을 드러내는 오데트에게 이끌려서 등장한다. 지그프리트와 오데트가 만난다. 그녀는 자신의 이야기를 하고 그들은 위협적인 마법사 폰 로트바르트와 맞선다. 그러다 바닥이 밝아지고 백조들이 들어온다. 「라 바야데르」에서 프티파의 망령들을 연상시키는 그들은 한 명씩 한 줄로, 무대 안쪽 구석에서부터 일련의 단순하고 반복적인 스텝들로 구불구불한 패턴을 그리면서 누비다가 무대를 가로지르는 대칭적 직선으로 자리를 잡는다. 그렇지만 이 순간부터 다른 분위기가 장악한다. 이바노프가 백조들을 가지고 만드는 연속적 패턴들은 공간을 조각했다가, 흩어졌다가, 재결합된다. 표현 형식은 단순하고 명쾌하다. 몇 가지 소박한 스텝들 이상은 아무것도 없으며, 특정한 무용수에게 시선이 갈 만한 어떤 재치나 장식적 꾸밈도 없다.

　이 장면은 흔히 코르 드 발레에서 가능한 가장 위대한 업적으로 평가된다. 제대로 수행될 때 무용수들은 한 덩어리로 움직이는 것처럼 보이고, 관객은 오늘날까지도 여전히 그들이 얼마나 "함께" 움직이는지에 대해서 감탄한다. 나아가 그들이 그렇게나 함께인 것은 각 무용수들이 자신의 움직임들을 옆 무용수의 움직임에 맞추도록 세심하게 훈련을 받았기 때문이라고 흔히 생각한다. 그러나 사실 이유는 따로 있다. 이바노프의 백조들은 조립 라인이나 인간 기계가 아니고 긴밀하게 통합된 집단마저 아니다. 그들은 음악에 의해서 창조된 앙상블이다. 그의 스텝들은 무용수가 움직임 도중 프레이즈를 찾아내면서 이어나갈 수 있을 만큼 음악과 딱 떨어지지 않아서, 무용수가 소리의 표면에서 매끄럽게 움직이기보다는 그 속으로 들어가게 만든다. 통일성은 이웃 무용수들이라는 "외부"가 아니라, 역설적이게도 그들을 외면하고 "내면"을 향하는 데에 있다. 그것은 쇼나 의례와는 정반대로 음악적, 육체적 자아성찰에 기초한 함께함이다. 이 춤이 그렇게나 고요하고 자기 반성적 느낌인 것은 이 때문이다.

　그것은 무대가 고요하거나 안무가 드문드문해서가 아니다. 이바노프의 처음 24마리 백조들에 곧 12마리 새끼백조들(아이들이었는데 오늘날의 제작에서는 보통 빠진다)과 솔리스트들이 합류해서 40명에 달하는 무용수들이 무대를 채운다. 그렇지만 무대가 아무리 붐벼도, 안무가 아무리 부담되고 복잡해져도, 무용수들은 질서나 대열을 절대 흐트러트리지 않고 절제나 내면적 집중도 잃지 않는다. 나아가 그들은 자신들의 여왕 오데트와의 공간적, 물리적 관계, 혹은 음악적 관계를 절대 잃지 않는다. 그들은 그녀의 유사물들이다. 그들의 움직임과 패턴은 그녀의 것을 거울처럼 반영한다. 그들은 그녀를 그림자처럼 따르면서, 그녀의 내적 삶의 외적 발현이 된다.

이것은 파 드 되에서까지 그렇다. 오늘날 우리는 이 춤을 흔히 연애담으로 생각한다. 그러나 1895년에는 일인칭 독백에 더 가까웠다. 다시 말해서 오데트의 이야기였다. 우리가 살펴본 바와 같이, 이 장면의 시작에서 오데트는 자신의 슬픈 이야기를 마임으로 들려준다. 그 후 그녀는 지그프리트 왕자와의 춤에서 그것을 추상화된 움직임으로 반복한다. 이 파 드 되는 로미오와 줄리엣 스타일의 열정적인 2인무가 아니었다. 그것은 사실 아예 파 드 되가 아니라 삼각관계(ménage à trois)였다. 초연에서 지그프리트는 파벨 게르트가 공연했는데, 그는 파트너 역할을 혼자 감당하기에는 너무 늙어서 (지그프리트의 친구인) 벤노 역시 오데트와 함께 춤을 추었다고 한다. 그리하여 연애적 흥미는 희석되었다. 지그프리트와 벤노가 있는 것은 오데트를 리프트하고 지탱해줌으로써 그녀의 감정이 충만하게 나타날 수 있게 하기 위해서였다. 이것은 분명 일종의 연애였다. 하지만 낭만적이라기보다는 궁정풍이었고, 감정보다는 여성에 대한 이상화였다.

이 춤은 오데트가 (섬세한 하프 카덴차[연주자의 기교를 최대한 발휘할 수 있도록 구성된 화려하고 자유스런 무반주 연주/역주]에 맞추어) 아르페지오적 움직임으로 우아하게 바닥으로 내려앉으며 시작된다. 그녀의 몸은 반으로 접히고 얼굴은 날개 같은 긴 양팔 밑에 숨겨진다. 바이올린 독주의 첫 음이 시작되면 파트너가 그녀의 팔을 들어올려서 그녀의 몸을 문자 그대로 펴는 가운데, 그녀는 풀-푸앵트로 일어선다. 그녀가 움직일 때 그는 사라지는 것처럼 보인다. 만일 관객이 이 춤에서 사랑을 경험한다면 그 감정을 일으키는 것은 오데트와 음악 사이의 조화이지 그녀와 지그프리트의 관계가 아니다. 이에 걸맞게 춤은 포옹 대신 오데트가 지탱을 받으면서 깊숙한 아라베스크에 몰입하거나 혼자 양팔을 겹치고 고개를 숙인 채 쓰러지는 가운데 뒤에 정렬한 코르 드 발레가 그녀와 비슷하게 몸을 늘어뜨리며 끝난다.

독무들, 팔을 엮고 춤추는 "네 마리 작은 백조들", 몰아치는 코다(coda)와 함께 춤이 재개될 때조차 오데트의 자기 몰입은 깊어질 뿐이다. 이 스텝들은 그 브라부라한 요구와 무관하게(몇몇 악절들은 대단히 어렵다), 일종의 역(逆) 과시로서 디자인되었다. 강철 같은 단련과 통제를 요구하는 작고 재빠른 움직임의 스텝들은 발레리나가 관객을 향해 빛을 발하기보다는 자기 자신과 음악에 몰입하도록 강요한다. 이 발레리나 역은 이탈리아인인 피에리나 레냐니가 춤추었다. 의상 위로 즐겨 걸치던 진주 띠에 더해, 레냐니의 굵은 다리와 유려하고 강인한 테크닉 때문에 그녀는 이바노프의 순수하고 명료한 안무에 적합한 해석자로 보이지 않았다. 그러나 사실 그녀의 인상적인 가동 범위와 유연성, 그리고 (많은 관찰자들이 말했듯이) 춤추기의 "조형성"은 이 발레의 성공에서 결정적이었다. 한 평론가는 이렇게 썼다. "마치 이 순간을 실제 겪고 있기라도 한듯, 레냐니는 시적 비애로 가득했다."[45]

이바노프의 "하얀" 호숫가 장면과, 궁정 장면을 위한 프티파의 건축적이고 지독히 난해한 춤들 사이의 대조는 더 이상 선명할 수 없을 정도였다(또 하나의 이탈리아적 묘기인 유명한 32번의 푸에테를 수행하는 것은 프티파의 흑조이다). 그것은 스타일의 차이일 뿐 아니라 아이디어의 차이이기도 했다. 프티파의 사전에서 개인은 고급 취향과 유려함, 우아함, 예절을 통해서 고상해진다. 현란한 검은 오딜이 사악해 보이는 것은 그녀가 멋들어진 과장된 브라부라와 가짜 유려함을 가지고 고전적 테크닉을 타락시키기 때문이다. 그녀의 움직임은 **지나치게** 노련하고 매혹적인 데다가 안목은 부족해서 거의 상스러울 정도이다. 프티파의 안무는 위계와 질서, 세련됨과 우아함을 억압적이거나 답답한 규칙으로서가 아니라 아름다움과 예술의 필요조건으로서 숭배했다. 이바노프도 이런 미학에 순종했지만 그것을 약화시키기도 했다. 그의 춤들에는 마음을 누그러뜨리는 것이 있었다. 가장 집중되고 시적인 형태들 속에서 무엇인가 더 친밀하고 내면적인 것을 포착할 수 있는 더 단순한 문법을 위해서, 패턴들을 깨고 장식을 버리려는 열망이었다. 그는 프티파의 장려하고 대리석 같은 표면의 미학 속에 존재하는 내면적 성소들에, 은밀한 러시아적 공간들에 관심을 가졌다.

「백조의 호수」에 후계자는 없었다. 이 작품은 레퍼토리에서 독보적인 존재였는데, 그것이 어떤 존재이냐뿐 아니라 어디서 왔느냐에서도 그랬다. 그것은 모스크바와 상트페테르부르크의 산물이었고, 1870년대와 1890년대의 산물이었다. 그 분열된 역사와 짧아지고 재배열된 대본, 차이콥스키 사후 이바노프와 프티파에 의해서 간헐적으로 안무되었다는 사실은, 당시 발레를 형성하던 상충적 힘들과 이례적 창작력을 어느 정도 보여준다. 더욱이 「백조의 호수」는 더 온건한 상트페테르부르크 버전에서조차 페리가 아니라 만개한 낭만주의적 비극이었다. 그것은 프티파의 최고의 작품은 아니었다. 그 명예는 확고하게 「잠자는 숲속의 미녀」에 있다. 그렇지만 만일 「미녀」가 이상화된 고전적이고 궁정적인 과거를 소환하는 제국 스타일의 모범적 기념물이었다면, 「백조의 호수」에서 이바노프의 호숫가 춤들은 사랑은 시간을 초월해서 존재하고 무용수들은 순수하고 조형적이며 음악적인 예술에 참여하는 완벽한 미래의 가능성이라는 마법을 걸었다. 이 두 발레는 제정 러시아 예술에서 발레의 자리를 표시하는 기둥들로 함께 서 있다.

그렇지만 세기말이 되자 발레에서 러시아의 순간은 끝났다. 프티파와 이바노프의 세대는 돌연히 현장을 떠났다. 1899년에 브세볼로즈스키는 제국 극장들을 떠나서 예르미타시 극장의 자리를 맡았고 프티파도 그와 함께 갔다. 그리하여 프티파는 궁정으로 더 깊숙이 틀어박혔고, 그의 발레들은 전보다 더 작은 장소들에서 제한된 지배층 관객을 위해서 공연되었다. 반면 제국 극장들은 점점 더 모스크바 쪽으로 방향을 틀었다. (데카브리스트의 손자이자) 사려 깊지만 정치적으로는 무능한 볼콘스키 대공이 브세볼로즈스키를 잠시 대신했는데, 차르의 전 정부인 발레리나 마틸다 크셰신스카의 사치스러운 행동을 벌하려던 시도들이 그에게서 그 자리를 앗아갔다. 그 후 그 자리는 모스크바 시민이자 군인인 V. A. 텔리아콥스키에게 맡겨졌는데, 그는 프티파는 거의 신경

쓰지 않으면서 대신 자의식적으로 러시아적인 신세대 예술가들을 승진시켰다. 프티파는 에르미타시에서 몇 년간 버텼지만 1903년 결국 은퇴할 수밖에 없었다. 그의 발레들은 마린스키에서 계속 무대에 올랐다. 그러나 프티파 본인은 무례하게 밀려났고, 담당자들은 그를 노골적으로 멸시했다.

프티파는 심란하고 좌절한 채 크림 반도로 은퇴해서 자서전을 썼는데, 그에게 별로 좋은 일은 아니었다. 그는 자신의 삶을 곱씹기에는 지나치게 환멸 상태였고 대신 분노를 기록했다. 사회질서의 마모와 적절한 예의의 쇠퇴에 대한 분노, 과거에 대한 신세대의 자유분방하고 무신경한 무시에 대한 분노("나 아직 안 죽었습니다, 무슈 차이콥스키!"), 본인의 춤들이 난도질된 상태에 대한 분노였다. 그는 이 책을 브세볼로즈스키에게 헌정했다. 이 책은 프랑스어로부터 번역되어서 1906년 상트페테르부르크에서 출간되었지만, 그 즈음 프티파와 가장 가까운 동료들은 이미 사라졌다. 이바노프는 1901년 죽었고, 요한손은 1903년에, 브세볼로즈스키는 1909년에 죽을 참이었으며, 발레리나 레냐니와 브리안차는 오래 전 다시 서구로 시선을 돌렸다. 프티파 본인은 1910년 사망했다. 제국 극장들의 한 관리는 이 사건을 딱딱하게 기록했다. "발레 마스터 프티파가 1910년 6월 1일/13일 구르주프에서 죽었고, 나는 그의 이름을 감독 명단에서 뺐다."[46]

그렇지만 프티파의 유산은 어마어마했다. 그의 초기 발레들은 대체로 잊혀졌다. 그러나 그의 제국 극장 군림의 후반기에는 이어질 세기를 위한 고전적 전통의 기초를 형성하게 될 발레들이 거의 전부 창작되다시피 했다. 「라 바야데르」와 「잠자는 숲속의 미녀」, 이바노프와 함께한 「호두까기 인형」과 「백조의 호수」가 전부가 아니었다. 1880년대에 프티파에 의해서 재안무된 「지젤」(현대 제작물들은 대부분 이 버전에서 도출된다), 「파키타(Paquita)」와 「해적」(둘다 초기 프랑스 발레들로부터 나왔다), 「돈 키호테(Don Quixote)」도 있었다. 아마 가장 중요한 것은 글라주노프의 화려하게 러시아적으로 변화된 음악에 맞춘 「라이몬다(Raymonda)」(1898)일 텐데, 여기에는 안무가들이 20세기까지 내내 발굴하게 될 보석 같은 춤들이 들어 있었다. 「미녀」를 필두로 신화적 지위에 오른 이 발레들은 러시아뿐 아니라 프랑스, 이탈리아에서도, 그리고 특히 미국과 영국에서 고전 발레의 근본이자 원천이 될 것이었다.

프티파의 관리하에 고전 발레의 전체 축은 이동했다. 두 세기 동안 이 예술 형식은 철저히 프랑스적이었지만 더 이상은 아니었다. 이 시점 이후 고전 발레는 러시아적인 것이 될 것이었다. 흔히 러시아 발레는 프랑스, (교사 요한손을 통해서) 스칸디나비아, 이탈리아적 근원들의 혼합이라고 꽤나 단호히들 말한다. 러시아가 프티파를 통해서 이 모든 것들을 흡수해서 자신의 것으로 만들었다는 의미이다. 이것은 분명 사실이다. 그러나 발레를 진정으로 변화시킨 것은 그것이 제정 러시아와 얽힌 방식이었다. 농노제와 전제정치, 상트페테르부르크와 외국 문화의 위세, 위계, 질서, 귀족적 이상, 그리고 더 동양적인 민속 형식들과의 계속적인 긴장, 이 모든 것들이 발레와 충돌해서 그것을 철저히 러시아적인 예술로 만들었다. 나아가 고전 발레는 러시아와 서구의 교차점에 있었다는 사실로 인해서, 미증유의 상징적 중요성을 가지게 되었다. 오늘날까지도 러시아에서 발레는 언제 어느 나라에서보다 중요하다.

마리우스 프티파는 러시아의 마지막 외국인 발레 마스터였고 레프 이바노프는 최초의 토종 목소리였다. 그들에 뒤이어 새로운 확신을 가진 러시아 무용수와 발레 마스터의 신세대가 도래했다. 거기에는 알렉산드르 고르스키와 아그리피나 바가노바, 미하일 포킨, 안나 파블로바, 타마라 카르사비나, 바츨라프 니진스키가 포함되는데, 그들 모두 세기가 바뀔 즈음 제국 극장 학교를 졸업했다. 이 무용수들은 권력을 꺼리지 않았다. 고르스키는 모스크바에서 볼쇼이 발레를 총괄했고, 포킨은 결국 상트페테르부르크 발레단의 책임을 맡게 되었다. 지금부터 발레의 가장 위대한 스타들은 러시아인이 될 것이었다.

그러나 이 신세대 러시아인들은 벅찬 도전에 직면했다. 고전 발레는 러시아인의 수중에 있었지만 러시아 자체가 붕괴 직전이었던 것이다. 표트르 1세 이래로 발레를 중요하게 만든 모든 것들이 폭력적 종말을 맞기 직전이었다. 이 무용수들은 구체제하에서 훈련받았고 제정 러시아는 그들이 아는 전부였다. 다수가 프티파, 이바노프와 작업했고, 마린스키에서 공연했으며, 차르로부터 초콜릿을 받았다. 그러나 이어지는 수 년 동안, 프티파와 이바노프의 유산에 기초해서 무엇인가를 건설하는 것은 어렵고 논쟁적인 일이라는 사실이 밝혀질 것이었다. 그들의 발레들은 과거를, 그리고 사멸 중인 귀족적 원리를 대변했다. 다시 말해서 안으로부터는 썩어가고 밖으로부터는 공격받는 생활 양식을 대변했는데, 사실 발레 자체가 그랬다. 발레는 변화해야 할 것이었다. 춤에서 새롭고 도전적으로 러시아적인 세기가 막 시작되고 있었다.

8
동양이 서양으로 가다 : 러시아 모더니즘과 디아길레프의 발레 뤼스

디아길레프는 교활함을 가지고 있었다.……탁월함을 세련됨과, 또 혁명적인 예술을 구체제의 분위기와 결합하는. ─리디아 로포코바

나는 발레를 사랑하며 다른 무엇보다도 큰 관심을 가지고 있다.……왜냐하면 발레는 스스로를 다른 무엇도 아닌 아름다움이라는 과업의 초석으로 세우는 유일한 극예술 형식이기 때문이다. ─이고리 스트라빈스키

발전된 문명과 태곳적의 야만……가장 잔혹한 물질주의와 가장 고귀한 영성. 이것이야말로 러시아의 온전한 역사이자 러시아라는 국가의 온전한 서사시이며 러시아인들의 온전한 내적 드라마이지 않은가? ─모리스 팔레올로그

세르게이 디아길레프의 발레 뤼스(Ballet Russes)는 아마 발레 역사상 가장 유명한 발레단일 것이다. 그럴 만도 하다. 1909년부터 1929년까지 20년이라는 기간 동안 디아길레프와 그의 무용수들은 러시아 발레의 활기와 생명력을 모아들여서 고전주의 무용을 유럽 문화의 최전선으로 돌려놓았다. 더불어 그들은 제국 발레를 19세기적 틀에서 강제로 끄집어내어 모더니즘의 최첨단에 올려놓기도 했다. 이 모든 일들이 해외에서, 특히 파리에서 벌어졌다. 발레 뤼스는 러시아에서는 한번도 공연하지 않았다. 그러나 이 발레단이 가장 큰 성공을 거둔 것은 프랑스의 수도에서였고 더불어 이 도시의 예술적 전통과 무정부적인 세련됨에 깊이 의지했음에도 불구하고, 디아길레프의 새로운 발레의 영감과 원천은 언제나 러시아로부터 왔다. 발레 뤼스를 낳은 급격한 변화가 춤

루이 14세의 치세에 발레 마스터들에 의해서 성문화된 발레의 다섯 포지션들. 최고의 무용수들은 우아하고 침착하게 등장하지, 결코 모나거나 부자연스럽지 않았다. 양발과 양골반의 적당한 턴아웃은 귀족적인 편안함을 전달했다.

「밤의 발레」에서 아폴로와 떠오르는 태양으로 분한 루이 14세. 깃털은 부와 위엄을 나타냈다. 태양이라는 주제는 루이의 머리장식, 가슴, 손목, 무릎, 발목에서 표현된다.

발레는 그 기원에서 예술뿐 아니라 예법이었다. 로모스니에가 그린 이 그림은 1659년 루이 14세와 펠리페 4세의 만남을 일종의 춤으로 묘사한다(위). 두 주역은 루이의 조신들이 코르 드 발레처럼 모여 있는 가운데 거울상으로 포즈를 취한다. 왕들의 포즈는 무용 안내서에서 되풀이된다(아래).

1674년 베르사유 궁의 대리석 안마당에서 공연된 「알체스테」. 왕과 수행원들이 맨 앞 중심에 자리한 가운데 위계, 대칭, 서열이 예술뿐 아니라 좌석 배치를 지배했다.

「무용수들」(1798-1799). 안토니오 카노바가 그린 무용수들의 그림은 고대에 의지했는데, 카를로 블라시스 같은 발레 마스터들이 독특한 이탈리아 무용 유파를 발전시키는 데에 영감을 주었다.

존 불워의 『수화법(Chirologia)』(1644)의 권두화. 신의 손이 몸짓이라는 만국공용어를 "언어를 사용하는 천성"(왼쪽)과 팬터마임 예술의 뮤즈인 폴리힘니아(오른쪽)에게 전달한다.

이런 곡예 스텝 종류에는 코메디아 델라르테와 이탈리아 순회 연기자들까지 거슬러올라가는 긴 역사가 있었다. 그들의 환상적 묘기들과 과장된 포즈들은 발레로 "역류해서 유입"되곤 했다.

자신의 발레 「텔레마코스」(1790)에서 고대식 옷을 입은 피에르 가르델. 고전주의 의상에 대한 혁명기의 유행은 발레를 변화시켰다. 고대 그리스식 샌들은 오늘날의 부드럽고 납작한 신의 선구자였고, 무용수가 더 자유롭게 움직이도록 허용했다.

무용수 오귀스트 베스트리스는 예술에서와 마찬가지로 삶에서도 권위를 무시했다. 이 만평은 그가 불경죄로 비세트르 성에 투옥되는 것을 보여준다. 감옥 문간에서 그의 아버지이자 유명한 당쇠르 노블 가에탕 베스트리스가 가족을 수치스럽게 했다며 아들을 질책한다. 그렇지만 투옥이 무용수들의 의무를 면제해주지는 않았다. 베스트리스는 파리 오페라로 공연하러 가는 그를 호위할 왕의 경비병들에 의해서 옷이 입혀지고 있다.

마리 탈리오니는 그녀의 춤추기 때문에 존경을 받았지만, 이 초상화가 보여주듯이 부르주아적 예의범절 때문에도 존경을 받았다. 여자들이 탈리오니를 스스로와 동일시한 것은 어느 정도는 그녀가 여왕이나 공주가 아니라 그들처럼 보였기 때문이다.

모든 국가별 전통들 중 덴마크 발레는 가장 덜 변했다. 「라 실피드」의 제임스로 분한 니콜라이 휘베의 이 1992년 사진은 부르농빌이 1836년 이 발레를 창작했을 때 구상한 것과 똑같이 겸허한 절제를 보여준다.

트롤들, 바꿔치기한 아이들, 엘프 처녀들이 등장하는 「민담」(1854)은 부분적으로 한스 크리스티안 안데르센의 이야기 「엘프의 언덕」에서 영감을 받았다. 이 발레는 오늘날 "덴마크적인 것"의 상징으로 남아 있다. 이 1991년 제작물에는 덴마크 여왕 마르그레테 2세가 디자인한 무대장치와 의상이 함께했다.

1820년의 파리 무용수 앙투안 폴. 폴은 근육질이고, 곡예적이며, 절제와 취향이 결여되었다는 점에서 당쇠르 노블의 정반대였다. 폴 같은 무용수들이 현대 발레 테크닉을 창안했다. 그러나 그렇게 하는 과정에서 프랑스에서 남성 무용수의 쇠퇴를 예고했다.

마리 탈리오니는 폴(위) 같은 남성 무용수들의 혁신을 육체적 힘과 공기 같은 절제의 자기모순적 혼합을 구축하는 데에 사용했다. 푸앵트 테크닉의 형태와 사용의 유사성에 주목하라. 탈리오니는 남성 브라부라 스타일을 여성화해서 실피드로서의 발레리나를 발레의 최전선에 놓았다.

「잠자는 숲속의 미녀」(1890)의 상트페테르부르크 초연에서 오로라 공주 역으로 분한 이탈리아 발레리나 카를로타 브리안차. 브리안차는 푸앵트 워크로 러시아 관객을 놀라게 한 어마어마한 기교파였다. 그녀의 앞부분이 딱딱한 슈즈, 강인하고 우람한 다리, 수월한 균형을 보라.

「잠자는 숲속의 미녀」(1890)는 초연 제작물의 이 장면에서 볼 수 있듯이 궁정 예법의 초상이었다. 이 발레를 그렇게나 러시아적인 것으로 만든 것은 그것이 서구의 전통들을 제국 스타일로 이음매 없이 흡수한 방식이었다. 「미녀」는 프랑스 궁정에 대한 러시아 발레로, 친프랑스파 러시아인에 의해서 디자인되었고, 러시아 작곡가가 이탈리아 발레리나를 위해서 작곡한 음악에 맞추었으며, 러시아화된 프랑스인에 의해서 안무되었다.

1913년 파리에서 바츨라프 니진스키와 이고리 스트라빈스키의 「봄의 제전」을 공연 중인 발레 뤼스. 발레답지 않게 턴인한 양발, 각지고 늘어진 양팔과 몸통, 이교도적이고 농민적인 주제를 가진 「제전」은 즉각 모더니즘의 상징이 되었다.

파리에서 공연된 「목신의 오후」(1912)에서의 바츨라프 니진스키. 턴인한 양발, 긴장된 육체, 단속적인 윤곽, 양식화된 양손, 몸에 꼭 붙는 의상은 춤에 대한 니진스키의 모더니스트적 개조의 시작에 불과했다. 니진스키는 남성 무용수를 발레의 중심으로 돌려놓았다. 귀족적인 왕자로서가 아니라 동방에서 온 남성미 넘치고 관능적인 존재로서였다.

파리에서 세르게이 디아길레프의 발레 뤼스에 의해서 공연된 미하일 포킨의 「불새」(1910)에서의 타마라 카르사비나. 러시아 농민들의 옷에서 영감을 받은 카르사비나의 호화로운 의상은 발레의 표정을 바꾸었다. 이국적이고 감각적인 러시아적 발레를 위해서 튀튀와 티아라는 사라졌다.

미국에 발레는 대중문화를 통해서 들어왔다. 「검은 사기꾼」(1866)은 엄청나게 성공한 호화 오락물로, 헝가리 출신 두 형제가 이런 곡예적 움직임들을 수행하는 70명 이상의 무용수들로 구성된 발레단을 통해서 무대에 올렸다.

1949년 「잠자는 숲속의 미녀」의 마고 폰테인. 폰테인의 우아하고 절제된 선, 완벽한 비율, 꾸밈없는 스타일은 20세기 영국 발레의 귀감이었다. 그러나 고상한 겉모습 아래에는 엄청난 강인함과 기술이 있었다. 그녀의 꼿꼿한 등과 기술적 통제는 타의 추종을 불허했다.

「백조의 호수」의 미혹적인 흑조로 분한 볼쇼이 발레의 마야 플리세츠카야는 마고 폰테인의 정반대였다. 그녀는 다듬어지지 않은 카리스마적 테크닉을 가진 브라부라 무용수였다. 그녀의 춤추기에는 소련 포스터 예술의 장려함과 가식이, 대담하게 독립적인 기상과 전부를 건 에너지와 결합되어 고취되어 있었다.

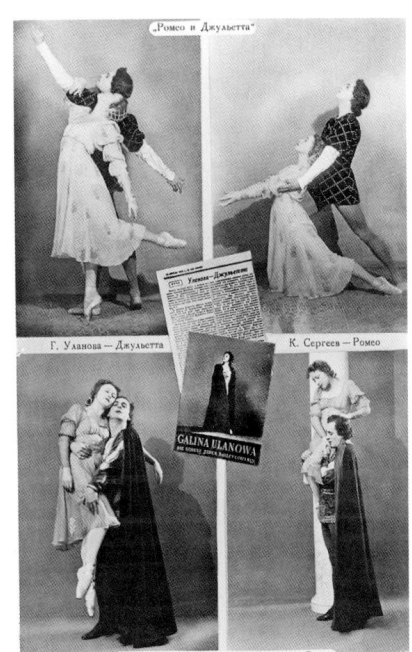

「로미오와 줄리엣」(1940)에서 갈리나 울라노바의 춤추기는 그녀의 이름을 누구나 알게 만들었다. 이 발레의 영화판(1954)은 동유럽권 전역으로 방송되었다. 엄청나게 성공한 이 작품은 소련의 「웨스트 사이드 스토리」였다.

말러의 「죽은 아이를 그리는 노래」에 맞춘 앤서니 튜더의 「검은 애가」(1937). 튜더는 침울한 분위기와 꾸밈없는 움직임들로 발레의 관행들에 도전했다. 그는 영국인이었지만, 공동체, 상실, 억압된 감정들에 대한 이 엄격하고 거의 청교도적인 춤들은 미국에서 꼭 맞는 고향을 발견했다.

제롬 로빈스의 「모임에서의 춤들」(1969)은 1960년대의 분위기를 여는 분수령 격인 발레였다. 발레의 말미 이 순간은 이 발레의 사색적이고 "서두르지 않는" 서정성의 전형이다. 로빈스는 무용수들에게 이렇게 말했다. "서로를 위해서만 춤을 춰야 해. 마치 관객이 거기 없는 것처럼. 아주 어려운 일이지."

다이애나 애덤스와 아서 미첼이 함께한 발란신의 「아곤」(1957). 삭막한 무대, 흑백의 연습복, 뒤틀리고 관능에 물들었지만 추상적인 움직임들은 관객을 어리둥절하게 만들었다. 애덤스는 백인이고 미첼은 흑인이라는 사실은 강력한 인종적 함축을 더했다. 이 발레는 시민권 운동의 중대 시점에 초연되었다.

조지 발란신이 어린 시절 상트페테르부르크에서 본 마리우스 프티파 및 레프 이바노프의 「호두까기 인형」(1892)의 눈송이들(위)을 1954년 뉴욕에서 초연된 그 자신의 제작물의 눈송이들(아래)과 비교해보라. 비슷한 점들이 두드러지지만 발란신은 한 가지 중요한 점을 추가했다. 그의 눈송이들은 왕관을 써서 그들의 제국적 유산을 강조했다.

"Snowflakes" from George Balanchine's The Nutcracker™ Choreography by George Balanchine © The George Balanchine Trust

조지 발란신의 「세레나데」의 서막. 때묻지 않았고, 소박하며, 거의 종교적이다.

조지 발란신의 플롯 없는 저녁 길이 발레 「보석」(1967) 중 이고리 스트라빈스키의 음악에 맞춘 "루비". 극단적인 확장, 재즈 시대의 엉덩이 들썩대기, (발목을 잡는) 비관행적 파트너 역할, 당김 음적 리듬은 새로운 종류의 발레를 대변했다.

에서 처음 시작된 곳은 러시아였고, 디아길레프가 발레를 새로운 항로에 올려놓을 무용수들과 안무가들을 찾기 위해서 꾸준히 돌아간 곳도 러시아였다.

20세기로의 전환기 상트페테르부르크에서 가장 유명한 발레리나는 마틸다 크셰신스카(1872-1971)였다. 크셰신스카는 풍만하고 튼실했으며, 짧고 두툼한 근육질 다리와 통통한 몸매, 마음을 사로잡는 매력을 가지고 있었다. 그녀의 춤추기는 인상적으로 브라부라했고 강력한 이탈리아풍 테크닉을 가져서 어떤 평론가는 "거칠고, 상스럽고, 열정이 넘친다"고 묘사했다. 하지만 크셰신스카가 자신의 예술의 최정상급으로 나아가게 해준 것은 그녀의 춤추기뿐 아니라 악명 높은 사생활이기도 했다. 그녀는 1890년대 초에 미래의 차르인 니콜라이 2세의 정부였다. "니키"는 그녀에게 작은 저택을 주었고 상류 스타일을 유지할 수 있게 해주었다. 여러 대공들이 뒤를 이었다. 그녀는 리모주 도자기에 식사했고 최신 프랑스 유행을 따랐으며 비아리츠, 파리, 리비에라에서 휴가를 보냈다. 천박하고 변덕스러운 여자인 크셰신스카의 화류 행각은 20세기 초까지 러시아 제국 궁정에서 끊이지 않은 배타성과 방종을 대변하게 되었다.[1]

그렇지만 신세대 무용수들도 존재했다. 발레 뤼스 세대는 완전히 다른 부류였다. 그들 중에는 안나 파블로바(1881-1931), 타마라 카르사비나(1885-1978), 미하일 포킨(1880-1942), 바츨라프 니진스키(c.1889-1950)가 있었다. 특히 발레리나들은 신체적으로 달라졌다. 그들은 길고 나긋나긋한 데다가 매끄러운 윤곽, 고르게 발달된 근육, 은은한 관능성을 가지고 있었다. 이것은 어느 정도는 훈련의 문제였다. 이곳에 자리잡은 이탈리아인 발레 마스터 엔리코 체케티는 상트페테르부르크에서 미래의 디아길레프 무용수들의 대부분을 가르쳤고, 후일 발레 뤼스와 함께 유럽을 누비게 될 것이었다. 그의 지도하에 발레는 더 나긋나긋하고 유연해졌다. 그 이유를 당장 알아보기는 힘들다. 체케티는 옛 이탈리아 유파에 속했다. 그는 반복과 묘기를 (특히 여러 번의 피루에트를) 강조했고, 강인함과 지구력 계발을 위한 길고 기진맥진한 앙세느망(enchaînement : 스텝[pas]과 정지[pause]의 연쇄/역주)을 설계했다. 그렇지만 그 과정에서 그는 의도치 않게 학생들에게서 고전적 테크닉을 재정립했고, 그것을 자신이 항상 좋아하거나 찬성할 수는 없는 방식들로 재건할 도구들도 주었다. 신세대 무용수들은 스텝과 브라부라 묘기를 곱씹지 않았다. 대신 그들은 자신의 기술적 능력을 스스로의 육체를 조각하는 한편 유연성과 조형성을 강조하는 누그러지고 유려한 움직임들을 계발하는 데에 사용했다.[2]

체케티와 공부했고 카르사비나와 더불어 새로운 러시아 발레리나의 원형이 된 안나 파블로바를 생각해보자. 파블로바에게는 크셰신스카의 강인함이나 풍만한 아름다움이 전무했다. 반대로 그녀는 마르고 어색해 보였으며, 아치가 높은 발, 후리후리한 팔, 길고 곧은 목을 가지고 있었다(그녀는 자신이 "발육 나쁜 기린"이라고 말했다). 파블로바는 자신의 호리호리한 몸에 절망했고 대구간유를 마셔서 살을 찌우려고 노력했다. 그러나 그녀의 약점은 사실 가장 큰 자산이었다. 그녀의 춤추기에는 연약하고 떨리는 표정이 있었다. 그녀의 아라베스크와 균형은 브로니슬라바 니진스카가 후일 회고했듯, "불안정"했고 "떨렸다.……향기, 산들바람, 꿈처럼." 그녀의 토슈즈의 끄트머리는 딱딱하고 뾰족했고, 그녀의 다리 윤곽은 호리호리하고 점점 가늘어졌다. 그녀는 절대 발가락으로 가만히 자리잡고 있지 않았고, 대신 포지션 내내 움직이는 것처럼 **보였다**. 그리고 그녀는 (평론가 아킴 볼린스키에 의하면 "염소 다리처럼 팽팽한") 후리후리하고 근육질인 다리와 강한 점프를 가졌음에도, 묵직한 힘이나 브라부라의 기미라고는 없이 가냘프고 덧없게만 보였다. 그녀의 춤추기는 마치 자연을 그려내는 양 즉흥적이고 포착하기 어려웠다. 마치 인상주의를 춤에 적용하기라도 한 것 같았다.[3]

더욱이 파블로바에게는 크셰신스카의 요염한 매력이 전무했다. 그녀는 자신의 예술에 죽도록 진지했다. 급우들은 여윈 몸매와 열렬한 투지 때문에 그녀를 "빗자루"라고 불렀다. 그녀는 혼자가 아니었다. 타마라 카르사비나는 교양이 풍부하고 탐욕스러운 독서가였다. 니진스키와 그의 누이동생 브로니슬라바 모두 책을 걸신들린 듯이 읽고서 열정적으로 토론했는데, 특히 도스토옙스키와 톨스토이를 즐겼다. 카르사비나는 후일 회고록에서 자신의 팬들은 옛날 발레광들이 "다이아몬드 열"이라고 부르던 화려하게 차린 공작과 공작부인들이 아니라, 신선하고 새로운 종류의 춤추기를 지지하기 위해서 몇 시간씩 줄

을 서고 최상층 관람석에서 밀치락달치락하는 학생과 지식인들이라고 썼다.[4]

이 새로운 세대는 미하일 포킨이라는 안무가를 발견했다. 포킨은 극장 학교에서 훈련을 받고 프티파와 일했지만, 그의 예술의 주요한 추동력은 발레의 외부에서 왔다. 음악, 미술, 그리고 연극으로부터였다. 포킨은 그림 교습을 받았고 예르미타시에서 과거 예술가들의 테크닉과 스타일을 연구하느라 많은 시간을 보냈다. 이런 활동은 발레를 그렇게나 오래 정의해온 관행들에 대해서 의문을 제기하게 만들었다. 그는 자신의 최초의 발레들 중 하나에 첨부된 서문에서 그런 의구심을 보였다. 왜 발레 무용수들은 그렇게나 부자연스럽게 꼿꼿한 등과 우스꽝스럽게 턴아웃한 양발로 서는 것인가? 그림과 조각들에서는 그렇게나 눈에 잘 띄는, 경쾌하게 움직이면서 몸을 수그리는 인물들은 어디 있단 말인가? 코르 드 발레가 뚜렷이 기하학적인 배열들로 정렬하는 것도 우스꽝스러웠다. 그는 물었다. 언제부터 농민들의 무리가 정렬해서 혼연일체로 춤을 추었단 말인가? 발레는 구제불능으로 "혼란스럽다"는 것이 그의 판결이었다. 그는 분홍색 튀튀를 입은 발레리나들이 이집트 의상의 농민들 및 러시아식 부츠를 신은 무용수들과 어울리는 것은 말이 안 된다고 생각했다. 그는 발레는 "완전한 표현적 통일성을 가져야" 한다고 말했다. 그것은 역사적으로 일관된 동시에 스타일적으로 정확해야 했다. 프티파의 프랑스 고전주의 표현양식은 프랑스 고전주의나 낭만주의적 주제들에만 적합했다. 만일 어떤 발레가 고대 그리스에 대한 것이라면 안무가는 그 장소 그 시간의 그림과 조각들에 기초한 움직임을 창안해야 마땅했다.[5]

그러나 포킨이 언젠가 쓴 바와 같이, 그가 "옛날 발레의 규범과 신조"를 "의심"하게 만든 것은 그림만이 아니었다. 그는 러시아 민속 음악에 관심이 있어서 발랄라이카 연주를 배웠고, 토착 전통에 특화된 대(大)러시아 오케스트라와 순회공연을 떠나기까지 했다. 그는 "볼가 강의 뱃노래" 같은 인기곡들에 대한 관객들의 열정적 반응에 깊은 인상을 받았고, 후일 이렇게 상기했다. "이 러시아의 노래들은 도시 주민인 나를 민중에게로 데려갔다." 그는 여행도 다녔다. 모스크바, 카프카스, 크림, 키예프, 그리고 부다페스트, 빈, 이탈리아 전역의 도시들로 다니면서 우편엽서를 모으는 한편, 지방 의상, 춤, 민담들을 상세히 기록했다. 20세기로의 전환 즈음 스위스의 누이를 방문해서 정치적 망명자 집단을 만났을 때, "민중"에 대한 그의 심취는 정치적 통렬함을 획득했다. 그들은 그에게 사회주의 혁명 문헌들을 주었고, 발레가 "발레광들의 편협한 모임"으로부터 벗어나는 일에 앞장서서 "대중이 접근할 수 있게" 만들라고 그를 압박했다. 상트페테르부르크로 돌아온 포킨은 노동자들에 대한 서적 제공에 헌신하는 자선단체에 가입한 마린스키 극장 무용수들 무리에 합류했다. 이 단체는 인근 마을에 농민들을 위한 학교를 열기도 했다.[6]

그렇지만 구식 발레에 대한 포킨의 신뢰를 가장 크게 무너뜨린 것은 이사도라 덩컨의 인습파괴적 춤추기였다. 덩컨은 반항적이고 카리스마적인 (캘리포니아 출신) 미국 무용수로 고전 발레를 경멸했다. 그녀는 그것을 "퇴보의 표현이자 살아 있는 죽음의 표현"이라고 불렀다. 그녀는 자연, 고대, 그리고 니체, 칸트, 월트 휘트먼 등으로부터 끌어온 아이디어들의 자극적인 혼합으로부터 영감을 받아서, 맨발에 무형식인 "미래의 춤"을 직접 창안했다. 그녀는 유럽에서 선풍을 일으켰는데, 상트페테르부르크에서는 1904년 황제의 누이가 후원하는 러시아 아동 학대 방지협회의 자선공연을 했다. 그녀는 쇼팽의 음악에 맞춰 포플러 나무와 고대의 폐허를 표현하는 푸른 배경막을 배경으로 춤을 추었다. 그녀는 맨발에 맨다리, 그리고 브래지어 없이 얄팍한 그리스식 튜닉을 걸치고는, 우아한 걷기, 뛰기, 구부리는 동작들과 무아경의 포즈들이 있는 열정적인 "자유의 춤(free-dance)"을 공연했다. 포킨은 그녀의 "원시적이고, 꾸밈없고, 자연스러운 움직임"에 경악했고, 후일 니진스키는 (꽤나 극적으로) 이사도라는 "죄수들에게 감옥 문을 열어주었다"고 회상했다.[7]

포킨의 세대는 피의 일요일의 비극적이고 폭력적인 사건으로 상처를 입기도 했다. 1905년 1월 9일, 제국 군대는 차르에 대한 평화적 탄원을 위해서 모인 농민, 노동자, 사제들에게 발포했다. 상트페테르부르크 전역에서 동조 파업, 회합, 시위가 분출했다. 파업 참여자들의 편에 선 림스키-코르사코프는 명문 음악원에서 해고되었다. 동료인 알렉산드르 글라주노프는 분노하며 저항의 뜻으로 사직했다(그렇지만 둘 다 나중에 직무로 돌아가게 될 것이었다). 차르가 절충적인 10월 선언을 발표하자 오페라 하우스에서 폭동이 터졌고 ("독재 타도!"), 마린스키의 무용수들은 직접 파업을 조직했다. 포킨, 파블로바, 카르사비나가 비밀 회합을 이끌었다. 극장 학교의 학생들은 시위를 벌였는데 니진스키도 그들 중에 있었다. 제국의 오랜 부실경영에 좌절하던 그들은 자신의 예술의 미래에서 더 큰 발언권을 원했다. 그렇지만 당국은 비협조적이었다. 차르가 예술가들에게 충성 성명서에 서명하라고 압박하자 (니진스키가 좋아하던 교사인) 무용수 세르게이 레가트는 주눅이 들어서 항복했다. 포킨 등을 배신했다는 생각으로 괴로운 데다가 아마도 이미 불안정했던 그는 자살했다. 파업은 이후 평화롭게 타결되었지만 레가트와 알고 지내면서 회합에 참여했던 사람들에게 세상은 결코 전과 같을 수 없었다. 그들을 차르와 이어주던 구래의 유대는 끊겼다. 레가트의 장례식에서 파블로바는 이렇게 쓴 제사(題詞)가 달린 조화(弔花)를 관에 놓았다. "예술의 자유의 여명에서 첫 번째 희생자에게."[8]

그 후 얼마 지나지 않아 포킨은 「빈사의 백조(The Dying Swan)」를 창작했다. 그것은 안나 파블로바를 위한 짧은 독무로, 그의 새로 태어난 예술적 신념이 완벽하게 요약되어 있었다. 생-상스의 음악에 맞춘 이 춤은 차이콥스키의 「백조의 호수」를 상기시키지만(파블로바는 소박한 하얀 튀튀를 입은 백조였다), 포킨은 자신이 크셰신스카 같은 연기자들과 결부시키던 과시적 "자기 표출"과 뻣뻣한 "발레리나 표정"을 의도적으로 배제했다. 대신 파블로바의 춤은 즉흥적이고 놀라울 정도로 단순했으며, 브라부라 스텝은 단 하나도 없었다. 양팔은 유려하지만 날개가 꺾인 양 허리나 등을 깊이 구부리면서, 그녀는 푸앵트로 바닥을 스쳐가거나 아라베스크로 스텝을 밟았다. 그녀의 경력 후반기에 찍은 이 춤의 자료 영상은 그녀의 움직임의 이례적인 범위를 보여준다. 그리고 그녀의 몸 전체로 뻗은 긴 선들이 발레적 구속과 자유로운 형식의 아슬아슬한 줄타기 속에서 순간적으로 파열되었다 복구되는 것도 보여준다. 독특하게도 이 춤의 힘은 그녀의 움직임의 표현력과, 그녀가 꺼져가는 생명력을, 위대한 힘과 아름다움을 가진 존재의 원기와 영혼의 고갈을 보여주는 방식에 있었다. 이것은 스토리 발레가 아니었고 심지어 바리아시옹도 아니었다. 이것은 죽음에 대한 서정적 투영이었고, 이사도라 덩컨의 이미지와 매우 흡사했다. 파블로바가 서서히 약해지고, 굴복하고, 몸이 조금씩 꺾일 때 구식 발레는 그녀와 함께 죽는 것처럼 보였다. 포킨과 파블로바는 더 자유롭고 치열하며 즉시적인 무용 스타일로 가는 길을 열었다. 발레 뤼스를 가능하게 한 것은 이 "새로운 춤"이었다.⁹

세르게이 디아길레프(1872-1929)는 예술에서 모더니즘을 대변했다. 그는 이렇게 말하기를 좋아했다. "나에게 충격을 달라!" 이 인습타파적 이미지가 틀린 것은 아니지만, 새로운 것에 대한 디아길레프의 숭배는 옛것에 대한 단순한 부정이 결코 아니었다. 그 반대로, 그가 제작한 발레들의 진보적 성격은 상당 부분 지나간 시대들에 대한 깊은 관심 덕분이었다. 디아길레프는 19세기에 태어났고 옛 제국 지배층의 교양 있는 세계에서 자랐다. 그는 육군 장교의 아들이었고 가족은 문학적, 음악적, 정치적으로 진보적이었다. 보드카 제조업자인 할아버지는 농노제를 끝내려고 노력했고 숙모는 페미니스트이자 개혁적 성향의 예술계 및 문화계 저명인사였다. 디아길레프는 인격의 형성기를 상트페테르부르크에서 1,600킬로미터가량 떨어진 러시아의 지방 도시 페름의 집에서 보냈고, 여름은 흔히 가족의 시골 영지에서 보냈다. 그것은 전형적인 유럽 스타일의 러시아 양육이었다. 가족은 프랑스 제2제정 시대의 가구, 렘브란트와 라파엘의 원화, 쪽세공 마루와 장엄한 샹들리에가 있는 무도회장을 가지고 있었다. 디아길레프는 프랑스어와 독일어를 구사했고 피아노를 연주했으며, 가족은 문학의 밤과 음악회를 주최했다. 지역 주민들은 디아길레프의 집을 "페름의 아테네"라고 불렀다.¹⁰

그렇지만 러시아 문화도 절대 소홀히 여겨지지 않았다. 디아길레프는 알렉산드르 푸슈킨의 작품을 숭배했다. 그는 이 시인의 무덤을 매년 참배했고(한 번은 무덤이 보수 중이자 몸을 숙여 관에 입을 맞추었다) 푸슈킨의 아들과도 친하게 지냈다. 그는 어린 시절 프티파 아저씨를 찾아갔을 때 차이콥스키를 만났고, 후일 상트페테르부르크에서 이 작곡가의 연주회에 참석했다. 그는 1893년 교향곡 제6번이 초연될 때 그 자리에 있었다. 사실 디아길레프는 직접 작곡가가 되는 것을 잠시 고려했고 림스키-코르사코프와 함께 작곡을 공부했다(실패하자 그는 그림을 선택했다). 나중에 그는 전설적인 톨스토이를 만났고 그의 야스나야 폴랴나 영지에서 함께 지내기까지 했다("그를 보고 나는 절대적 완벽함을 추구하는 길을 걷는 인간은 도덕적 존엄성을 얻는다는 것을 이해했다"). 그는 미래의 행보를 계획이라도 하듯 유럽 여행도 자주 해서 베를린, 파리, 베네치아, 로마, 피렌체, 빈을 방문했다. 그는 구노, 생-상스, 브람스("작고 민첩한 독일인"), 베르디("흥미를 가지기에는 너무 늙음")를 만났다. 아마 가장 중요한 것은 디아길레프가 바이로이트에서 바그너의 「니벨룽의 반지(Der Ring des Nibelungen)」 전곡을 들었고, 시, 미술, 음악을 융합시켜서 무대 위에 완벽하고 몰입적인 극 세계를 창조한다는 이 작곡가의 종합예술(Gesamtkunstwerk)이라는 아이디어에 깊이 감탄했다는 사실일 것이다.[11]

디아길레프는 1890년 상트페테르부르크에 표면상으로는 법률을 공부하러 도착했다. 그는 곧 친구들과 긴밀한 유대의 모임을 형성했다. 그들 중 여럿이 발레 뤼스의 핵심 참가자들이 되었는데, 그 예술가들 중에는 알렉산드르 베노이스와 (후일 레온 박스트로 알려질) 레프 로젠베르크가 포함되어 있었다. 미술, 음악, 문학에 불손하면서도 열정적으로 사로잡힌 이 집단에는 애정과 아이디어가 함께했다(그들은 스스로를 "네프스키 피크위키언즈[Nevsky Pickwickians]"[디킨스의 소설 「피크위크 페이퍼스(Pickwick Papers)」에서 나온 말로, 색다른 방식으로 세상을 보는 사람들이라는 뜻으로 사용한 것으로 보인다/역주]라고 불렀다). 다수가 동성애자들인 친구들은 디아길레프의 아파트에서 사모바르(가열부가 있어서 직접 물을 끓일 수 있는 러시아식 찻주전자/역주)를 둘러싸고 자주 모였다. 그들은 계획을 세웠고, 논쟁을 했고, 뒷소문을 나누었고, 낭독회와 음악회를 열었다. 그들의 취향은 폭넓었지만 확연히 규정되어 있었다. 그들은 예술에서 자신들이 조잡하고 지나치게 단순한 리얼리즘으로 생각하는 것에 반대했고(너무 많은 "민병대원, 경찰, 붉은 셔츠를 입은 학생, 짧은 머리 여자들") 대신 아름다움과 고귀함, 기교와 규칙을 숭배했다. 그들은 탐미주의자(어떤 사람들은 퇴폐주의자라고 말했다)이자 댄디들이었고 귀족적 장려함과 18세기 프랑스를 동경했다.[12]

이렇듯 그들은 고전 발레에 대한 숭배가 지적 유행이 아니던 시절에 그것을 숭배했다. 박스트와 베노이스는 1890년 「잠자는 숲속의 미녀」의 초연 제작물을 보았고, 디아길레프는 이 발레의 음악과 춤에 대한 평생의 열정을 발전시켰다. 박스트는 나중에 열광했다. "잊을 수 없는 공연이었어! 난 세 시간 동안 마법의 꿈속에 살았지.……나의 소명은 그날 저녁에 결정되었다고 믿어." 베르사유를 숭배하던 베노이스(루이 14세의 인형을 자기 책상에 두었다)는 이 발레의 음악에 압도되었다. 그것은 "무엇인가 무한히 친밀하고 선천적이어서, 내가 나의 음악이라고 부르게 될 어떤 것"처럼 보였다. 1899년 즈음 박스트, 베노이스, 디아길레프는 모두 제국 극장들에서 일하고 있었다. 박스트와 베노이스는 발레를 디자인했다. 디아길레프는 그때까지 흐리멍덩하던 연간 프로그램의 제작을 맡아서 그것을 독창적인 디자인과 해설을 보여주는 우아한 발행물로 탈바꿈시켰다. 1901년 디아길레프와 베노이스는 들리브의 음악에 맞춘 19세기 프랑스 발레 「실비아」를 무대에 올리자고 제안했다. 그것은 꿈의 기획이었지만 재앙으로 끝났다. 디아길레프는 그의 점점 커지는 영향력과 우쭐댐에 분개하는 강력한 적들을 궁정에 가지고 있었다. 대치, 협박, 음모가 벌어졌다. 디아길레프는 상황을 통제하지 못하다가 결국 물러났다.[13]

그렇지만 상트페테르부르크와 제국 궁정이 모든 것의 중심은 아니었다. 디아길레프는 모스크바에도, 그리고 사바 마몬토프 및 마리아 테니셰바 공비가 선봉에 선 러시아 예술 및 공예 운동에도 이끌렸다. 마몬토프(1841-1918)는 철도계의 거물이자 아마추어 가수였다. 그의 성공과 재산은 산업 호황과 도시화, 강철과 속도에 의지했고 그는 새로운 시대를 대변하는 것처럼 보였다. 그러나 그는 자부심 강한 모스크바 시민다운 취향을 가졌고 러시아 정교회 분리파 신자이기도 했다. 그는 모스크바에 러시아 음악 발전과 토종 재능 장려에 전념하는 개인 운영 오페라단을 가지고 있었다. 위대한 베이스-바리톤 표도르 샬랴핀이 명성을 얻은 것이 이곳이었다. 마몬토프는 림스키-코르사코프의 최고의 작품들 중 몇 편을 초연하기도 했다. 사실 마몬토프는 근대화와 자신의 산업 프로젝트가 야기한 사회적 혼란과 러시아적 전통에 대한 위협을 걱정했다. 마치 보상이라도 하는 것처럼, 더불어 러시아 문화를 유럽으로부터 떼어내 모스크바와 동방으로 되돌리려는 차르의 열망에 발맞추어, 마몬토프는 민중의 민속 전통을 기록하고 보존하는 방대한 프로젝트에 자신의 자원을 상당량 쏟아부었다.

그리하여 그는 1870년부터 1899년 사이, 모스크바 외곽에 있는 자신의 영지 아브람체보를 농민 예술과 공예의 연구에 전념하는 활기찬 예술가들의 집단 거주지로 바꿔놓았다. 그곳은 공동체적이고 비격식적이고 공동 작업적이었다. 테니셰바의 돈도 산업에서 왔는데, 그녀는 1893년 탈라슈키노 소재의 자기 영지에 비슷한 집단 거주지를 창조했다. 이런 시도들의 규모는 방대했다. 테니셰바는 자수 작업에만 종사하는 2,000명의 여성 농민과 50개의 마을을 가지고 있었다. 그렇지만 이런 영지들에서 작업하는 예술가들은 보존자(conservateur)와는 거리가 멀었다. 그들은 농민 공예가들 특유의 밝은 빛깔의 직물, 목판화, 이콘들을 맹목적으로 재생산하는 대신, 그것들을 자신들만의 독창적이고 현대적인 러시아 민속예술 스타일을 창조하는 영감으로 사용했다. 나아가 이 방대한 영지들에서 생산된 수공예품은 모스크바에서 급증 중인 중산층에게 판매되기도 했다. 상업과 예술의 이 빈틈없는 혼합은 곧 발레 뤼스가 모방하게 될 것이었다.

1898년 디아길레프와 친구들은 마몬토프와 테니셰바로부터 어느 정도 재정적 지원을 받아서, 단명했지만 영향력 있던 잡지 『예술 세계(The World of Art)』를 창간했다. 유럽과 러시아 문화의 연결에 헌신한 이 잡지에는 알렉산드르 골로빈과 콘스탄틴 코로빈뿐만 아니라 드가, 고갱, 마티스의 작품들도 등장했다. 골로빈과 코로빈 모두는 아브람체보와 탈라슈키노의 단골손님이었고, 제국 극장들과 디아길레프를 위한 저명한 발레 디자이너가 될 것이었다. 디아길레프가 러시아 예술 및 공예 운동에 긴밀히 참여한 것은 취향과 양육의 문제였지만(그는 동일한 배경을 가진 대부분의 러시아인들과 마찬가지로 시골 영지에서 보낸 여름의 추억을 사랑했다), 제정 러시아가 붕괴 직전이라는 그의 정확한 느낌에서 나온 것이기도 했다. 정치적 풍토는 어두워지고 차르는 라스푸틴의 주술적 타락으로 도피해서 자신과 나라의 운명을 광신적 독재자와 비밀경찰의 "검은 세력"에 의지하는 가운데, 디아길레프는 죽어가는 러시아 문화의 포착에 점점 더 집착하게 되었다.

1905년 그는 상트페테르부르크의 토리드 궁에서 이례적인 전시회를 열었다. 표트르 1세의 시대부터 현재까지 러시아 귀족들의 초상화 3,000점 이상이 전시되었다. 그가 테니셰바에게 편지한 바에 의하면, 그것은 "웅대한 기획으로……저는 러시아의 예술과 사회의 전체 역사를 선보이기를 바랐습니다." 후일 카르사비나는 이 초상화들을 본 것이 "나에게 진짜에 대한 기준을 주었고, 혼성모방의 봉이 되는 것으로부터 나를 영원히 치유해주었다"고 회고했다. 이 전시회는 피의 일요일의 사건 직후에 열렸다. 디아길레프는 모스크바에서 열린 연회의 비범하고 통찰력 있는 연설에서, 이 그림과 공예품들을 모으기 위해서 러시아 전역을 여행하면서 본 것들을 설명했다. "판자로 막아놓은 외딴 영지, 무시무시한 궁전들의 죽은 장려함……과거의 휘장의 무게를 견딜 수 없는 오늘날의 친절하고 평범한 사람들이 살기에는 이상한 곳들입니다. 이 사람들이 마감하고 있는 것은 자신들의 나날이 아니라 삶의 방식입니다."[14]

디아길레프는 자신의 사명을 찾았다. 그는 러시아를, 마감되고 있음이 분명히 느껴지는 러시아를 유럽에 보여주는 과업에 착수했다. 그의 동기는 지적이고 예술적인 것이었지만 자신의 상황적 어려움 때문에도 박차가 가해졌다. 왜냐하면 인상적인 예술적 연줄에도 불구하고, 디아길레프는 언제나 지방 출신이자 외부인이었기 때문이다. 베노이스 등은 친구가 사회적 예법을 아첨하듯 준수하는 것을, 그리고 궁정에서 자리를 얻겠다는 강렬한 열망을 가진 것을 오래 전에 눈치챘다. 그러나 디아길레프의 지적 오만과 미련한 독립성은 당국의 환심을 사는 데에 도움이 되지 않았다. 그가 곧 고용하게 될 무용수들과 마찬가지로, 제국 기관들과 그의 유대관계는 심하게 너덜거리고 있었다. 1901년 「실비아」의 대실패는 그를 제국 극장들에서 굴욕적으로 쫓아내는 데에 그치지 않았다. 그에게는 공직이 금지되었고 박봉의 하찮은 자리에 정착하도록 강요받았다. 중요한 사람들의 지지를 계속 얻어내고 차르의 지지까지 받았음에도 불구하고 그의 사회적, 직업적 전망은 심각하게 축소되었다. 그래서 그는 서방으로, 파리를 향해서 눈을 돌렸다.

1906년 디아길레프는 프랑스의 수도에서 광범위한 러시아 미술 및 음악 전시회를 열었다. 그것은 러시아와 프랑스의 개인과 국가가 함께 자금을 댄 준외교적 사업이었다. 그리고 러시아 예술의 역사를 고대의 이콘들로부터 박스트와 골로빈의 현대 회화들까지(그중 일부는 발레 디자인이었다) 포괄하는 폭넓은 인습타파적 성격의 전시였다. 그림은 그냥 전시되지 않고 베노이스가 디자인한 멋진 배경 속에서 무대에 올랐다. 극적 효과를 고조하기 위해서 디아길레프는 새로운 러시아 음악의 연주회도 선보였다. 계속해서 1908년 그는 샬랴핀의 유럽 데뷔가 포함된 러시아 오페라 시즌을 주선해서 눈부신 성공을 거두었다. 그는 자신의 성공이 다음 시즌에도 반복되기를 바랐다. 그러나 재정적 어려움에 처하자 비용이 훨씬 덜 드는 예술 형식인 발레로 눈을 돌렸다. "80명의 강인한 최고의 솔리스트들로 구성된 뛰어난 발레단을 데려감." 그는 파리의 진행자에게 전보를 쳤다. "대대적 홍보 시작할 것." 프랑스와의 문화적 관계를 장려하는 데에 열심이던 차르는 디아길레프가 급하게 발레단을 모을 수 있도록 제국 극장들로부터의 무용수 대여를 허가했다. 그리하여 1909년 봄 포킨, 파블로바, 카르사비나, 니진스키, 베노이스, 박스트가 파리로의 여정에 올랐다. 1911년쯤 되자, 이 무용수들 중 많은 수가 마린스키와의 공식 관계를 끊고 자신들의 충성심을 디아길레프에게로 옮겼다. 발레 뤼스가 공식적으로 탄생한 것이다.[15]

    그렇지만 발레 뤼스의 초기 시즌에 공연된 발레들 중 다수는 파리 시민들이 그렇게나 애모하던 이국적이고 동양적인 의미로서의 러시아적 발레가 아니었다. 사실, 그 발레들은 확연히 프랑스적이었다. 「아르미드의 별장(Le Pavillon d'Armide)」은 프랑스 낭만주의 시대를 배경으로 테오필 고티에로부터 실마리를 얻었다. 베노이스의 무대장치는 그가 아끼는 베르사유에서 영감을 받은 호화롭고 궁정적인 것이었는데, 이 발레는 무리한 플롯 장치를 통해서 완벽한 로마식 예복 차림의 루이 14세까지 출연시켰다. (여러 작품들 중) 글라주노프가 관현악으로 재편곡한 쇼팽의 음악에 맞춘 포킨의 「레 실피드(Les Sylphides)」는 1832년 「라 실피드」에서 마리 탈리오니의 위대한 춤을 확연히 상기시켰다. 파블로바, 카르사비나, 니진스키가 주역을 맡은 이 발레는 시인과 삼림지대에 사는 실피드들에 대한 탐구였고, 낭만주의와 양식화된 19세기 사조들에 흠뻑 빠져 있었다. 이런 프랑스적 주제를 살찌우기라도 하듯 1910년 발레단은 「지젤」도 공연했는데, 포킨의 수정된 안무와 영원한 친프랑스파

베노이스의 사치스러울 정도로 낭만적인 무대장치가 함께했다. 그렇지만 이 프랑스적 주제의 발레들이 파리 시민들의 취향에 영합하려는 의도는 아니었다. 우리가 살펴본 바와 같이 러시아 발레는 깊은 프랑스적 뿌리를 가졌고, 이 춤들은 자신이 물려받은 전통에 대한 포킨의 해석이었다. 사실, 「별장」과 (초기에는 「쇼피니아나[Chopiniana]」라는 제목이던) 「실피드」는 파리 순회공연이 계획되기 전, 상트페테르부르크에서 마린스키 극장에 올릴 목적으로 창작된 것이었다. 이것이야말로 정말 **진정으로** 러시아적인 발레였다. 아니면 최소한 러시아인들이 발레라고 이해하는 것이었다.[16]

프랑스인들이 이해하는 의미에서의 "러시아적" 발레, 즉 이국적이고 동양적이고 원초적이고 모던한 발레는 디아길레프와 그의 예술가들이 발명하기 전에는 존재하지 않았다.* 1909년 디아길레프는 작곡가 아나톨리 랴도프에게 이렇게 편지를 썼다.

> 저에게는 발레인 동시에 **러시아적** 발레인 것이 필요합니다. 말하자면 **최초의** 러시아적 발레죠. 지금은 그런 것이 없으니까요. 러시아적 오페라, 러시아적 교향곡, 러시아적 노래, 러시아적 춤, 러시아적 리듬은 있어요. 하지만 러시아 발레는 없죠.……리브레토는 준비되었습니다. 포킨이 가지고 있어요. 우리 모두의 꿈, 「불새」입니다.[17]

「불새」는 최초의 자의식적으로 "러시아적인" 발레였다. 그것은 (나중에 베노이스가 설명했듯이) "서구로의 수출을 위해서" 창작되었다. 이 발레는 마몬토프의 영지에서 제작된 공예품들처럼 러시아 민속 전통에서 영감을 받은 공상적인 예술 세계를 묘사했다. 스토리는 민담가 알렉산드르 아파나시예프가 출간한 이야기들에서 선택해서 모은 것을 디아길레프와 친구들이 윤색하고

---

* 포킨은 전에 "이국적인" 발레들을 만들었지만, 절대 "러시아적인" 것을 의도한 것은 아니었다. 이것은 그보다는 국가적 주제들에 대한 스타일적 에세이였다. 그리하여 「클레오파트라(Clopatra)」는 이집트적이었고, 보로딘의 슬라브적 오페라 「이고르 공(Prince Igor)」에 나오는 "폴로베츠 사람들의 춤들(The Polovtsian Dances)"은 오페라의 주제에 걸맞게 원기 왕성한 춤을 보여주었다.

수정했다. 아이디어와 스타일의 혼성모방인 이 발레는 (마몬토프의 개인 극장에서 1902년 초연된) 림스키-코르사코프의 「불멸의 코스체이(Kostchei the Immortal)」역시 연상시키면서 과거의 발레들의 주제를 반복했다. 그렇지만 음악은 랴도프가 작곡하지 않았다. 그의 꾸물거리는 버릇은 결국 디아길레프가 더 젊고 덜 인정받는 작곡가 이고리 스트라빈스키(1882-1971)에게로 눈을 돌리게 만들었다. 스트라빈스키는 림스키-코르사코프의 제자였고, 「불새」는 스승의 뚜렷이 러시아적인 목소리에 힘입은 바 컸다. 이 발레를 작곡하면서 스트라빈스키는 토착 노래들에 대한 민족지적 연구를 공부했다. 이 발레의 민속적 느낌의 음향은 러시아 음악의 오래된 '다시 민중에게로' 전통에 대한 경의였다. 박스트와 골로빈이 이 발레를 위해서 활기찬 신민족주의 스타일로 창작한 의상과 무대장치도 마찬가지로 화려하고 동양적이었으며, 농민 예술과 공예를 풍부하게 참조했다.[18]

「불새」는 사악한 마법사 카슈체이에게 사로잡힌 공주와 사랑에 빠진 젊은 차레비치(차르의 아들/역주)의 스토리를 이야기한다. 차레비치는 아름답고 신비로운 새에게 구조되고, 새는 카슈체이의 야만적인 측근들이 죽을 때까지 춤추게 만든다. 이 신비로운 새에게 인도된 차레비치는 마침내 카슈체이의 영혼이 담긴 거대한 알을 부숨으로써 마법사와 그의 마법을 파괴한다. 공주는 풀려나고 연인들은 결합한다. 이런 스토리는 어디서 많이 본 것이지만 발레리나의 역할은 그렇지 않았다. 우리가 살펴본 바와 같이, 지금까지 발레리나들은 보통 공주나 시골 처녀, 정령, 백조, 연인으로 그려졌다. 그들은 아름다움, 진실, 고귀함을 대변했다. 그러나 타마라 카르사비나가 춤춘 불새는 완전히 달랐다. 그녀는 분명 새였고, 안무 면에서는 「백조의 호수」와의 연관성이 명확히 드러났다. 하지만 그녀는 여자나 연인이 아니었다. 그 역할은 공주에게 속했다. 불새는 그 반대로 멀고 추상적이었고, 인간이라기보다는 어떤 관념이나 힘이었다. 운명 자체와 마찬가지로, 그녀는 신비롭고 위엄 있으며 마법의 힘을 지녔다. 그녀는 "영원한 여성적인" 것이 아니라 "영원히 러시아적인" 존재였다. 무엇보다도, 그녀는 서구가 상상하는 러시아라고 디아길레프가 보는 것이었다.

그리하여 카르사비나는 관행적인 발레리나의 튀튀를 입는 대신 장식적 깃털과 보석으로 치장한 동양식 바지를 걸치고 정교한 머리장식을 썼다. 몸을 허리에서 정확히 나누던 관례적 망사 치마 없이 이루어지는 그녀의 춤추기에는 새로운 폭넓음과 관능이 있었다. 적잖은 경우, 고전적으로 가장 엄격한 스텝들조차 그녀의 몸의 선이 완전히 휘어짐에 따라 풍부하게 확장되었다. 사진들은 그녀가 허리를 깊고 유연하게 구부린 채 (차레비치를 춤춘) 포킨과 얽혀서 양팔로 자신의 얼굴과 몸을 육감적으로 감고 있는 것을 보여준다. 그녀의 공연은 춤이라는 예술에서의 상전벽해였다. 지금까지 제정 러시아 발레는 프랑스와 서구에서 일차적 영감을 받았는데, 「불새」는 그 흐름을 극적으로 되돌렸다. 이제부터 러시아 발레는 자신의 슬라브적 과거에서 실마리를 얻게 될 것이었다. 박스트가 그림과 디자인에 대한 이야기를 하며 쓴 바와 같이, "미개 예술의 꾸밈없는 형식들은 유럽 예술이 앞으로 나아갈 새로운 길이었다." 놀라운 순간이었다. 표트르 1세의 "서구를 향한 창"이 이제 갑자기 동쪽을 향한 것이다.[19]

1910년 포킨은 「셰헤라자데(Schéhérazade)」를 창작했다. 그것은 림스키-코르사코프의 기존 곡을 개작해서 만든 가짜 아라비안 나이트 이야기였고, 박스트의 눈부신 형형색색 무대장치와 의상이 함께했다. 이 발레에는 하렘의 주지육림이 등장했다. 카르사비나는 (하얀 깃털이 달린 머리장식을 포함해) 유혹적인 동양 의복을 입었고, 니진스키는 옷을 거의 입지 않은 노예 역이었으며, (포킨이 유쾌하게 쓴 바와 같이) "연인들과 부정한 아내들의 대량 학살"이 무대 위에서 충분히 연기되었다. 이듬해 포킨은 「장미의 정, 파 드 되(Le Spectre de la Rose, a Pas de deux)」를 창작했다. 이 발레는 카를 마리아 폰 베버의 「무도에의 권유」에 맞춘 것이었고, 다시 박스트의 의상, 그리고 고티에의 시에서 따온 프랑스 작가 장-루이 보두아에의 리브레토가 함께했다. 그렇지만 이 발레의 진정한 매력은 고티에가 아니라 니진스키에게 있었다. 몸을 드러내는 꽃잎이 달린 분홍빛 레오타드를 입은 그는 장미 역을 맡아서 양팔을 나른하게 몸에 늘어뜨린 채 춤추었다. 그것은 애무하는 듯한 움직임과 갈망을 가진 대담하게 관능적인 춤이었고, 무도회에서 막 돌아온 젊은 아가씨(카르사비나)의 상상 속에서 장미 향기와 함께 꿈결같이 떠오르는 관능적 기억의 소용돌이를 묘사했다. 니진스키는 시선을 돌리고 양팔과 몸통은 숙인 채 내면에 집중하면서 자신에게 몰두한 모습으로 등장했지만, 마지막에는 갑자기 폭발했고 눈부시게 날아오르듯 도약해서 창문으로 나갔다(윙에서 무대 담당자들이 그를 받아주어야 했다). 그것은 과시적 점프가 아니라 그와 그녀의 상상력의 비상에서 영감을 받은 점프였다. 남자들이 무대 위에서 춤춘다는 발상을 너무나 오랫동안 조롱해온 프랑스인들에게 니진스키는 계시였다. 그는 남자다움보다는 향기로운 남녀 양성을 보여주었다. 그는 고전주의와 섹스를 성마르게 혼합하며 남성의 춤추기를 재정의함으로써 당쇠르를 발레의 중심으로 되돌렸다.[20]

그러나 발레 뤼스의 초기 제작물들 중 가장 러시아적이었던 것은 아마 「페트루슈카(Petrouchka)」(1911)일 것이다. 그것은 포킨이 안무하고, 스트라빈스키가 음악, 베노이스가 리브레토와 무대장치를 맡은 발레였다. 페트루슈카는 명절 기간에 전통적으로 겨울 궁전의 주 광장에 세워지는 임시 목조 극장(발라가니[balagani])의 총아인 꼭두각시 인형이었다. 스트라빈스키, 베노이스, 포킨, 디아길레프는 이런 장터들에 대한 애정 어린 향수를 공유했다. 스트라빈스키의 음악에는 러시아 대중가요와 농민들이 흔히 부활절에 부르는 곡조에서 딴 선율이 포함되어 있었다. 후일 베노이스는 자신의 무대배경과 디자인은 이런 장터들과 "내 어린 시절의 기쁨이자 그 전에는 아버지의 기쁨이기도 했던 그리운 발라가니"에 다니던 기억에 기초했다고 회고했다. 그는 이렇게 설명했다. "발라가니가 수십 년간 열리지 않았다는 사실은 그것들에 대한 일종의 기념비를 세운다는 생각을 훨씬 솔깃하게 만들었다."[21]

「페트루슈카」는 (베노이스의 아버지의 시대인) 1830년대를 배경으로 사람들이 북적이는 활기찬 장터에서 시작된다. 포킨은 "거친 즉흥성"을 일깨우기를 바라면서 수십 가지 배역들을 창조했다. "누구는 사모바르를 살펴보고, 또 누구는 시계를 점검하고, 다른 사람들은 어떤 늙은이의 무의미한 수다에 귀를 기울이고, 한 젊은이는 하모니카를 연주하고, 소년들은 프레첼로 손을 뻗고, 소녀들은 해바라기 씨앗을 치아로 깨고, 그리고 기타 등등." 이런 축제 행사들의 한복판에서 늙은 흥행사가 꼭두각시 인형들을 꺼낸다. 앙증맞은 발레리나, 잘생

긴 검은 무어인, 버림받고 주눅든 페트루슈카이다. 페트루슈카는 주름진 잿빛 얼굴이고 방치된 세월 때문에 칠이 벗겨졌다. 나무로 만든 손발이 달린 톱밥 몸통에 갇혀 있는 그의 움직임은 고통스러울 정도로 어색하고 급작스럽다.[22]

그렇지만 그는 어여쁜 발레리나에게 절절하게 반했다. 그녀는 고전 발레의 오래되고 진부한 관행들을 대변한다. 그녀의 인형 같은 이목구미와 발끝으로 선 예스럽고 뻣뻣한 스텝들은 포킨이 발레에서 반대하는 모든 것을 상기시킨다. 그녀는 불쌍한 페트루슈카를 지분거리고 잔인하게 조롱하면서, 대신 역시 과거의 발레들에서 온 캐리커처인 건장하지만 바보 같은 무어인에게 온 관심을 쏟는다. 페트루슈카는 발레리나에게 감명을 주어서 그녀의 사랑을 얻겠다는 실낱같은 희망을 가지고 기를 쓴다. 그는 도약하고 회전하고 펄럭거리는 몸으로 기교적 재주를 맹렬히 부리다가, 망가진 팔다리가 뒤틀리면서 덜그럭거리는 몸짓과 함께 무너진다. 그는 결국 무어인에게 나가떨어지고, 장터가 닫히고 군중이 흩어지는 가운데 무대 위에 죽은 듯 웅크린다. 그렇지만 갑자기 트럼펫으로 불쌍한 꼭두각시의 비통한 주제가 울려퍼지는 가운데 진짜 페트루슈카가 장터 노점 지붕 너머에서 등장한다. 페트루슈카의 영혼인 것이다. 그는 필사적으로 어둠 속으로 손을 뻗으면서, 의식을 잃기 전 연인에게 최후의 쓰라린 입맞춤을 던질 힘을 불러온다.

「페트루슈카」는 구세계적인 러시아 전통의 매력적 초상이라는 의미를 가진다. 그러나 이 발레의 진정한 의미를 보여준 것은 버려진 꼭두각시에 대한 니진스키의 인상적이고 사무치는 묘사였다. 니진스키는 러시아 발레의 확실한 스타였고, 그의 기술적 탁월함은 타의 추종을 불허했다. 그렇지만 그는 이 넝마인형의 볼품없지만 감동적인 영혼에서 자기 자신을 발견했다. 사실 이 발레는 니진스키의 연기 속에서, 언제나 서정성과 그림 같은 아름다움을 높이 사던 포킨이 의도했던 것보다 더 급진적이면서 파편적이면서 육체적으로 혼란스러운 것이 되었다. 「페트루슈카」는 포킨의 최후의 진정으로 위대한 발레였고 여러 면에서 그를 압도했다. 그는 스트라빈스키의 음악은 불안하고 "춤추기 불가능하다"고 느꼈고, 이는 도를 "넘었다"고 주장했다. 그렇지만 니진스키의 생각은 달랐다. 그는 이 음악의 역설과 불협화음을 이해했고, 그의 움직임들은 그 다급한 리듬을 납득시켰다. 이듬해에 스트라빈스키는 어머니에게 이렇게 편지했다. "저는 포킨이 예술가로서 끝났다고 생각해요.……그냥 전부 요령이고, 구제받을 길이 없어요!" 어쨌거나 포킨의 거만하고 안하무인적 행동에 질린 디아길레프는 망설임 없이 행동에 나섰다. 1912년 니진스키는 발레 뤼스의 수석 안무가가 되었다.[23]

바츨라프 니진스키는 1889년 즈음 키예프에서 태어났다. 그의 부모는 폴란드인 순회 무용수들이었다(바츨라프는 일곱 살 때 서커스에서 무대에 데뷔했다). 그러나 아버지가 가족을 버리자 어머니는 상트페테르부르크에 정착했고 바츨라프와 누이동생 브로슬로니바를 극장 학교에 등록시켰다. 니진스키의 재능은 곧 명백해졌고, 그가 일약 스타가 되리라는 것도 마찬가지였다. 1907년 졸업하자마자 그는 주역들을 맡았다. 하지만 이른 인정과 성공에도 불구하고, 니진스키는 불확실하고 불안정한 기분이었고 자신은 뿌리 깊은 외부인이라고 느꼈다. 그는 문화와 언어 때문에 고립되었고(그는 집에서는 폴란드어로 말했다) 치켜올라간 눈 때문에 동료 학생들에게 "일본 방해꾼"이라고 불리면서 조롱받았다. 그는 고집스럽고 자기중심적이며 권위에 분개했고, 파블로바가 받는 체케티의 개인 교습들에 기꺼이 합류했다. 자신을 춤의 신세대 개혁자들 중 한 명으로 본 것이다.

그가 디아길레프를 만났을 때 두 사람은 연인이 되었다. 발레에 대한 디아길레프의 열정은 언제나 섹스 및 사랑과 얽혀 있었다. 디아길레프는 이 젊은 무용수의 교육을 개인적으로 감독했다. 그는 니진스키를 미술관, 교회, 그리고 여타 유적지로 보내는 한편 러시아와 유럽 전역의 음악가, 화가, 작가들의 넓은 사회에 소개시켰다. 이것은 이 단장이 자신의 모든 총아들에게 반복하게 될 패턴이었지만 니진스키와의 유대는 각별했다. 디아길레프의 지도하에서 니진스키의 예술적 지평은 헤아릴 수 없이 넓어졌다. 그러나 심리적, 성적, 재정적으로(그는 발레 뤼스에서 봉급을 받지 않았다. 대신 디아길레프가 그의 청구서의 대금을 지불했다) 디아길레프에게 거의 전적으로 의지한 것은 니진스키의 고립과 기행을 강화하기도 했다. 그는 프랑스어나 영어를 구사하지 못했으며, 천성적으로 강박적이고 자기몰두적이었다. 그는 자신의 예술 속으로 점점 더 도피하게 되었다.

자신이 이성애자이거나 최소한 양성애자라는 사실을 알게 되면서, 니진스키는 디아길레프와의 관계에도 불구하고 여자들에 대해서 강렬하지만 종종 실망스럽고 혼란스러운 갈망을 가지게 되었다. 그렇지만 동성애는 여전히 그의 예술과 발레 뤼스의 예술을 형성하는 핵심 요소였다. 디아길레프의 동성애는 대놓고 인정을 받았다. 그는 니진스키부터 (나중에는) 레오니드 마신과 세르주 리파르에 이르는 자신의 스타 남성 무용수들 여럿을 사랑했고 승진시켰다. 그러나 당시에 동성애는 그냥 개인적 선호가 아니었다. 그것은 완고하게 구속적인 스타일과 예법을 가진 부르주아적 도덕성에 맞서는 문화적 입장이었고, 더불어 자유에 대한 선언이었다. 남성이 "여성스럽거나" (니진스키의 경우에는) 양성적으로 보일 수 있는 자유, 그렇지만 아마 무엇보다도 실험적일 자유, 그리고 사회적 규칙과 관행보다는 내면적 본능과 욕구를 따를 자유였다. 그렇게나 많은 20세기 현대 예술가들이, 특히 무용계 인사들이 동성애자였거나 아니면 섹슈얼리티를 예술적 혁신의 진정한 원천으로 삼은 것은 우연이 아니다.

니진스키의 춤추기를 찍은 영상은 없다. 그러나 사진, 그림, 조각, 그리고 글로 된 설명은, 그가 혼자서 어떻게 훈련했는지에 대한 여동생의 묘사와 더불어 그가 어떻게 움직였는지에 대해서 어느 정도 알려준다. 니진스키는 예사롭지 않은 육체를 가지고 있었다. 그의 키는 163센티미터에 불과했고, 길고 두툼한 목, 좁고 여성적으로 처진 어깨, 근육질의 팔(그는 역기를 들었다), 가늘고 긴 몸통을 가지고 있었다. 그의 다리는 짧고 굵었으며, 메뚜기 같은 허벅지는 우람했다. 정장은 그의 어색한 비율에 맞추기 위해서 특별히 재단되어야 했다. 그는 테크닉 연습을 엄청나게 했다. 공연이 끝나고 다른 무용수들은 지쳐서 집에 갈 때, 그는 종종 연습실로 돌아가서 혼자 연습하면서 스텝이나 움직임 하나하나를 반복하면서 면밀히 연구했다. 그는 혼자 작업하는 것을 선호했는데, 시간이 흐르면서 춤에 대한 자신만의 극단적이고 인습타파적인 접근방식을 계발했다.

브로니슬라바에 의하면 이런 혼자만의 훈련 시간에 니진스키는 전형적인 발레 수업의 스텝들을 가속된 속도와 강행적 에너지를 가지고 수행했다. 그녀가 후일 "근육 질주"라고 부른 것이었다. 그는 정적인 포지션과 우아한 포즈보다는 속도와 탄성, 긴장과 힘에 관심을 가졌다. 브로니슬라바는 종종 그와 함께 작업했는데, 그는 그녀가 토슈즈 끄트머리의 딱딱한 접착제를 뜨거운 물로 녹이게 했다. 그녀가 자신의 체중을 푸앵트로 지탱할 수 있는 강인함을 계발함으로써, 움직임을 덜 요동치고 더 나른하면서 유연하게 만들게 하기 위해서였다. 그는 하프-푸앵트로 높이 서서 춤추었고 때로는 거의 풀-푸앵트였다. 그러나 그 목적은 낭만주의적인 가벼움의 달성이 아니라 자신의 체중과 기초의 강조였다. 그는 압축과 집중을, 응축된 동시에 억제되었지만 갑자기 폭발할 수 있는 움직임을 추구했다. 그는 자신의 점증하는 힘을 눈 깜짝할 사이에 감추었다. 아무리 가까이에서 보아도 (그리고 훈련받은 눈을 가졌더라도) 브로니슬로바는 그의 피루에트 준비를 알아볼 수 없었다. 12번의 턴을 단번에 촉발하기에 충분한 힘을 모을 때도 마찬가지였다.[24]

이 모든 것이 니진스키의 춤추기에 변덕스러운 힘과 우아함을 주었다. 그 신비로움은 고전적 테크닉의 초점을 정적인 이미지(예쁘장한 포즈)로부터 움직임 자체로 옮겨놓은 그의 재작업에 있었다. 이것은 포킨식으로 팔다리를 서정적으로 뻗는 것이 아니라 더 격렬하고 예측 불가인 연속 폭발이었고, 의도적으로 억제되던 원초적 에너지는 움직임의 연쇄반응 속에서 풀려났다. 니진스키는 정적인 사진들에서조차 정적인 시점으로 포착되지 않았다. 우리가 보는 그는 모습은 하나의 포즈에서 벗어나서 다음 포즈로 반쯤 들어가면서 연신 몸을 뻗고 미리 대비하는 모습인데, 카메라 셔터가 실제 닫히기 전 움직인 자취가 거의 보일 정도이다. 또다른 사진들은 그가 고전적인 포지션을 거의 완성하지도 않은 채 표현하는 것을 보여준다. 그러나 혹시 니진스키의 춤추기에 무엇인가 불확실하고 비고정적인 것이 있었더라도, 그것은 절대 본능적이거나 자의식 없는 것이 아니었다. 그의 가장 동물적이고 원시적인 움직임들까지도 발레의 원칙에 대한 지독히 분석적이고 육체적인 재고의 산물이었다.

1912년 니진스키는 말라르메의 시에 붙인 드뷔시의 음악에 맞춰 「목신의 오후(L'après-midi d'un faune)」를 안무했다. 이 시는 1865년까지, 음악은 1894년까지 거슬러올라가는 몽환적이고 인상주의적인 묵상이었다. 이 발레는 개울가에서 옷을 벗는 님프를 보고 흥분한 목신(faun)에 대한 것이었다. 님프는 달아나지만 스카프를 떨어뜨린다. 목신은 이를 집어서 바위에 걸치고 그 위에 앉아 엉덩이를 들썩대다가 오르가슴에 도달한다. 이 발레는 짧아서 춤추기는 약 11분에 불과하다. 그러나 흔히 위대한 니진스키가 무대에서 자위하는 것을 보여준 작품으로 기억됨에도 불구하고, 그것은 움직임의 새로운 언어를 창안하려는 진지한 시도이기도 했다. 1910년 니진스키는 브로니슬라바와 함께 이 발레의 작업을 시작하면서 스텝들을 몇 시간씩 연습하고 실험했다. 당시 니진스키는 그리스 예술에 사로잡혀 있었는데, 페리클레스 시대 아테네의 아폴로적 완벽함이 아니라 더 초기 아르카이크 시대의 심각하고 원시적인 디자인에 주목했다. 그는 고갱의 평면적이고 원시적인 작품에도 끌렸다. "저 힘을 봐." 그는 감탄했다.[25]

이 발레의 리허설은 힘들었다. 무용수들은 엄청난 근육 단련이 필요한 비약석이고 쌩쌩한 움직임을 갖춘 이 딱딱하고 2차원적이며 장식띠 같은 작품을 싫어했다. 그들은 니진스키의 엄중한 반(反)-브라부라 스타일에 분개했다. 그것은 니진스키가 "염소"라고 부르던 도약, 쭈그리기, 짧고 억제된 스텝과 피봇을 위해서 그들의 가장 돋보이는 묘기와 포즈를 버리도록 강요했다. 무용수들이 발레화 대신 뻣뻣한 샌들을 신고 연기한 것은 상황을 더 악화시키는 한편 스텝의 무뚝뚝한 경직성도 강조했다. 그보다도 더 불쾌했던 것은 니진스키가 모든 종류의 연기와 표정을 금지한 것이었다. "안무에 다 있어." 그는 자신의 배역을 극적으로 표현하려고 시도했던 무용수를 꾸짖었다. 디아길레프까지 초조하고 불안해했다. 그는 니진스키의 금욕적인 춤이 더 풍성하게 다채로운 러시아 공연물에 익숙한 파리 관객에게 외면당할 것을 우려했다.[26]

「목신」은 내향성, 자기 몰두, 차가운 육체적 본능에 대한 춤이었다. 그것은 성행위에 대한 것이었지만 도발적이지는 않았다. 그것은 욕망에 대한 임상적이고 객관적인 묘사였다. 그리고 무용수로서 니진스키의 명성을 구축한 관능성과 이국성에 대한 신랄한 거부이자, 「셰헤라자데」 같은 호색적 발레들과 적

「장미의 정」(1911)에서 양팔은 관능적으로 구부리고, 양다리는 겹치고, 눈은 내리깐 바츨라프 니진스키. 고전적 형식이 움직임, 표현, 내면성에 의해서 대체되었다.

당히 관능적인 「장미의 정」에 대한 반발이기도 했다. 이 모든 것을 뒤에 남겨 둔 채, 니진스키는 축소된 안티-발레(anti-ballet)를 창조했다. 엄격하고 까다로우며, (니진스카에 의하면) 그가 너무나 혐오하게 된 "과도한 달콤함"은 벗어버린 발레였다.[27]

동양이 서양으로 가다 : 러시아 모더니즘과 디아길레프의 발레 뤼스 373

그리고 「봄의 제전(Le Sacre du Printemps)」(1913)이 등장했다. 이 발레는 디아길레프, 스트라빈스키, 러시아 예술가 니콜라이 로예리치에 의해서 고안되었다. 로예리치는 화가이자 고고학자였고 이교도와 농민적 영성, 러시아 문화의 야만적이고 반항적이고 아시아적인 스키타이적 뿌리들에 평생 관심을 가졌다. 그는 탈라슈키노에 깊이 참여했다. 사실 그와 스트라빈스키는 이 발레의 시나리오를 그곳에서 테니셰바 공비의 방대한 농민 예술 및 공예 수집품들에 둘러싸인 채 창작했다. 그들은 민담가와 음악학 연구가들의 작업에 의지해서, 젊은 처녀를 풍요와 태양의 신에게 바치는 상상 속 이교도적 희생에 대한 제의적 재현으로서의 새로운 발레를 착상했다. 로예리치는 러시아 농민 공예품과 의복의 장식을 흉내냈고 스트라빈스키는 민속적 주제들을 연구했다(그는 어느 악절에 대해서 이렇게 썼다 "다람쥐 모피를 입은 늙은 여인의 그림이 나의 뇌리에 박혀 있다. 그녀는 내가 작곡하는 내내 눈앞에 있다"). 그러나 「불새」처럼 풍부한 동양풍은 없었다. 로예리치의 무대장치는 곳곳에 뿔 달린 머리들이 흩어진 오싹하게 황량한 돌투성이 풍경을 묘사했다. 시끄럽고 정적인 불협화음들, 휘몰아치는 당김음(이 곡에는 확장된 오케스트라와 대규모 타악기군이 필요했다), 극단적인 음역들까지 도달하는 불안한 선율을 가진 스트라빈스키의 음악은 무대장치와 마찬가지로 야만적이고 혼란스러웠다.[28]

니진스키는 스트라빈스키와 로예리치를 엄청나게 존경했다. 그는 처음에 희생물인 선택받은 자 역할을 맡아 자신과 함께 작업한 브로니슬라바에게 로예리치의 그림 「태양의 부름」에 대해서 이렇게 편지에 썼다. "기억하니 브로니아?……봄을 맞으러 언덕 꼭대기에 모인 외딴 무리들 위로 한 줄기 떠오르는 햇살이 빛나는 가운데, 미명의 어둠 속 광활하고 황량한 풍경의 보랏빛과 자줏빛을. 로예리치 선생님은 태곳적 인간의 영혼의 각성을 묘사하는 이 연작 그림들에 대해서 길게 이야기해주셨어. 「제전」에서 나는 이런 선사시대 슬라브 정신을 본뜨고 싶어." 그리고 이 젊은 안무가와 음악에 대해서 오래 상의한 스트라빈스키에게는, 「제전」이 "새로운 지평을 여는" 동시에 "완전히 다르고, 예상 밖이고, 아름다운" 것이 되기를 바란다고 썼다.[29]

그리고 그렇게 되었다. 이 발레는 총 8회 공연되었다. 안무는 이후 소실되었지만 그림과 메모들을 보면 얼마나 비발레적이었는지 알 수 있다. 구부정한 형상들이 발을 질질 끌었고, 쿵쿵거렸고, 팔을 구부렸고 고개는 삐딱한 채로 발을 어색하게 돌려서 안짱다리 포즈를 취했다. 움직임들은 요동치고 급작스러웠다. 무용수들은 모여서 뭉치거나 구부리거나 떨거나 움츠리거나 전통적인 원무들을 추면서 맹렬히 빙빙 돌다가, 원에서 마지못해 빠져나오거나 거친 점프 동작으로 뛰어들었다. 니진스키는 한 리듬에서는 팔들을 움직이고 다른 리듬에서는 다리들을 움직이는 거북할 정도로 투박한 움직임을 고안했다. 어떤 무용수는 일부러 발 전체로 내려앉는 도약이 "우리의 모든 장기"에 충격을 주었다고 회고했다.[30]

스트라빈스키의 곡은 버거운 도전을 제기했다. 니진스키의 다른 발레들이라고는 「목신」과 (「제전」의 겨우 2주일 전 파리에서 초연된 운동과 여가에 대한 발레였던) 덜 성공한 「유희(Jeux)」가 전부였는데 둘 다 드뷔시의 음악에 맞추어 창작되었다. 그러나 「제전」에는 대양적 고요함이나 「목신」의 광활함 중 어느 것도 없었다. 니진스키는 스트라빈스키의 낯설고 새로운 음향과 복잡한 리듬 및 음의 구조를 이해하려고 분투했다. 리허설 피아니스트조차 이를 제대로 이해하지 못했다. 한번은 스트라빈스키가 조바심을 내면서 그를 밀어내고는 피아노를 넘겨받아서 두 배나 빠르게 연주했다. 그는 고함을 지르고 노래를 부르고 발을 구르고 순수하게 타악기적인 에너지와 음량을 담아 주먹을 휘두르면서 리듬을 쳐댔다(무용수들은 최종 무대 리허설 전까지는 완전한 오케스트라 음악을 듣지 않으려고 했다). 도우려는 노력의 일환으로 디아길레프는 (본명은 시비아 랑방인) 젊은 폴란드 무용수 마리 램버트를 고용했다. 그녀는 유리드믹스 무용(Eurythmics dancing) 전문가였고 니진스키를 도와서 연기자들을 연습시켰다.* 그녀와 니진스키는 폴란드어로 대화했는데, 그녀는 움

---

* 유리드믹스(Eurythmics)는 스위스 음악가 에밀 자크-달크로즈가 개척했다. 그것은 움직임과 음악 교육을 합친 시스템이었고, 육체적 리듬을 음악의 근본적인 기초로서 강조했다. 달크로즈는 1910년부터 1914년까지 헬라우의 "도시 외곽"에 위치한 예술 예비 학교를 감독했다. 1914년 즈음 이 학교는 학생 500명과 상트페테르부르크, 프라하, 모스크바, 빈, 프랑크푸르트, 뉘른베르크, 바르샤바, 런던, 키예프에 분교를 가지고 있었다. 디아길레프와 니진스키는 함께 이 학교를 방문해서 유리드믹스의 가르침과 아이디어에 대해서 많은 것을 배웠다.

직임에 대한 그의 급진적인 접근에 공감했다. 하지만 제대로 되는 것이 아무 것도 없어 보였다. 무용수들은 이 곡이 당황스러울 정도로 난해해서 거의 박자를 맞출 수 없다고 생각했으며, 니진스키의 복잡한 스텝과 양식화된 움직임을 싫어했다. 그렇지만 그들의 저항은 결국 이 발레에 유리하게 작용했을지 모른다. 음악과 움직임의 논리에 억지로 굴복하는 것이야말로 이 작품의 핵심이었던 것이다.

「봄의 제전」은 발레라는 단어에 대한 그 어떤 전통적 의미로도 발레가 아니었다. 평이한 내러티브 전개나 개인적인 자기 표현의 여지도, 사건을 가늠할 수 있는 관행적인 연극적 이정표도 없었다. 이 발레는 대신 반복, 축적, 그리고 거의 영화적인 몽타주를 통해서 작동했다. 정적인 장면들과 이미지들이 병치되는 가운데, 엄밀한 내러티브적 논리보다는 제의적이고 음악적인 논리에 의해서 전진했다. 발을 구르는 부족적인 춤과 양식화된 강간, 선택된 처녀에 대한 의식적(儀式的) 유괴가 있었다. 흰 수염의 고위 사제가 이끄는 엄숙한 행렬은 소녀의 고통스러운 죽음의 춤으로 끝났다. 마지막으로 처녀가 바닥에 쓰러져 죽고, 남자 여섯이 그녀의 늘어진 몸을 자신들의 머리 위로 높이 치켜들 때 절망이나 슬픔이나 분노의 카타르시스적 분출은 없었다. 차가운 체념뿐이었다.

「제전」이 당시 정확히 얼마나 급진적이었는지를 오늘날에 전달하기는 어렵다. 니진스키를 프티파 및 포킨과 갈라놓는 거리는 엄청났다. 「목신」조차 이에 비하면 유순했다. 왜냐하면 「목신」이 세심히 계획된 나르시시즘으로의 도피를 대변했다면, 「제전」은 개인의 죽음을 알렸기 때문이다. 그것은 암울하고 강렬한 집단 의지의 축전이었다. 모든 것이 알몸으로 놓였고, 아름다움과 연마된 테크닉은 어디에도 보이지 않았다. 니진스키의 안무는 무용수들이 도중에 멈추고 물러서서 방향을 바꾸거나 경로를 변경하게 만듦으로써, 마치 억눌린 에너지를 해방하기라도 하는 것처럼 그들의 움직임과 가속도를 끊어놓았다. 그렇지만 통제와 기술, 질서, 논리, 격식을 버린 것은 아니었다. 니진스키의 발레는 결코 거칠거나 산만하지 않았다. 그것은 원시적이고 비합리적으로 돌아가는 세계에 대한 냉정하게 합리적인 묘사였다.

그것은 발레의 역사상 결정적인 순간이기도 했다. 발레는 과거의 가장 반항적인 순간에조차 언제나 근원적인 고귀함을 가졌다. 해부적 명쾌함과 고상한 이상을 고수한 것이다. 「제전」은 그렇지 않았다. 니진스키는 발레를 추하고 난해하게 만듦으로써 이를 현대화했다. 그는 "나는 고발당했다"고 뽐냈다. "우아함과 맞섰다는 죄목으로." 스트라빈스키가 그를 존경한 것은 이 때문이었다. 이 작곡가는 친구에게 보낸 편지에서 이 안무가는 "내가 바란 대로"였다고 말했다. 하지만 "대중이 우리의 언어에 익숙해지기까지는 오랜 시간 기다려야 할 것이다"라고 덧붙였다. 핵심은 바로 이 점이었다. 「제전」은 난해했고 동시에 진정으로 새로웠다. 니진스키는 자신의 재능을 과거와의 단절에 전력으로 쏟았다. (스트라빈스키와 마찬가지로) 그가 작업하면서 보여준 열광적 흥분은 완전히 새로운 무용 언어를 창안하겠다는 격렬한 야심의 조짐이었다. 이 것이 그의 동력이었고, 「제전」을 최초의 진정한 현대 발레로 만들었다.[31]

프랑스인들이 발레 뤼스를 어떻게 생각했는지는 또다른 이야기이다. 발레 뤼스는 유럽 대륙 전역과 영국에서 (그리고 결국 미국에서) 공연했지만 중요한 것은 프랑스인들이었다. 그 성공에서 어떤 도시도 파리만큼 중요하지 않았다. 이 발레단을 포용하고 발레를, 다시 말해서 러시아적 발레를 예술에서의 모더니즘의 정점에 올려놓은 것은 파리였다. 상황은 무르익어 있었다. 러시아와 프랑스 사이의 관계 회복은 1894년의 프랑스-러시아 동맹으로 절정에 달했고, 1907년의 (영국과 함께한) 삼국협상은 러시아 문화와 예술에 대한 새로운 관심을 촉발했다. 파리 시민들은 네바 강이 그려진 지갑, 차르와 차르 비(妃)의 초상화, 러시아 풍경이 찍힌 성냥갑들을 사들였다. 톨스토이와 도스토옙스키가 널리 읽혔고 토의되었다. 1900년에 파리는 러시아 예술 및 공예전시회를 주최했는데, 여기에는 코로빈이 설계하고 탈라슈키노 스타일로 러시아 농부들이 직접 지은 러시아 촌락 모형이 포함되어 있었다. 그리고 우리가 살펴본 바와 같이, 디아길레프의 전시회와 러시아 오페라 공연이 이어졌다. 그러나 동양에 새로운 광휘를 준 것이 러시아인들만은 아니었다. 눈부시게 이국적인 무용수이자 고급 창부 마타 하리(네덜란드인)가 1905년 파리에서 데뷔했다. 이듬해에는 미국 무용수 루스 세인트 데니스가 가짜 인도 및 동양 안무와 함께 도착했다. 이사도라 덩컨이 1900년 프랑스의 수도에 도착한 것도 다르지만 관련된 맥락이었고, 그녀의 무형식 춤들은 파리적 세련됨의 최고봉이 되었다. 발레 뤼스를 위한 무대가 세워진 것이다.

그들이 오는 비용은 누가 지불했을까? 처음에는 러시아 국가가 상당한 도움을 주었다. 차르의 제국 극장들은 의상, 무대장치, 춤, 음악을 무료로 대주었다. 그러나 이런 배려는 오래가지 못했다. 본인의 자원은 별로 없고 러시아 궁정의 후원은 점점 줄어드는 가운데, 디아길레프는 점점 더 시장으로 내던져졌다. 발레는 오페라보다는 비용이 덜 들었지만 여전히 벅찬 사업이었다. 그렇게나 돈이 드는 사업을 부유한 국가의 후원 없이 유지할 가능성은 희박했다. 그리하여 발레 뤼스의 평론적 성공에도 불구하고 디아길레프의 초창기 발레 시즌은 이 단장을 종종 빈털터리로 만들었다. 그는 한번은 빚을 갚기 위해서 무대장치와 의상을 경쟁자에게 팔러 가야 했다. 그러다 보니 디아길레프는 프랑스 (그리고 유럽) 지배층의 후원을 얻기 위해서 열심히, 아주 열심히 노력했다. 그는 자신의 사업의 방대한 재정을 유지하기 위해서 아첨했고, 회유했고, 음모를 꾸몄으며, 압력을 가했고, 이쪽에 붙었다가 저쪽에 붙고, 전보들을 날렸다.

디아길레프는 저명한 외교관, 정부 관리, 은행가들에게 알랑거렸고, (「목신」이 초연된) 샹젤리제 극장을 설립하고 로스차일드 가, 밴더빌트 가, 모건 가 등을 후원자로 둔 독불장군 파리 흥행사 가브리엘 아스트뤼크와 긴밀하게 일했다. 무엇보다도 프랑스 귀족층과 어울렸고 저명한 문화계 인사들과 시간을 보냈다. (프루스트의 게르망트 공작부인의 모델인) 우아한 그레퓔 백작부인과 (프랑스 귀족과 결혼한 미국인으로 재봉틀 업체 상속녀인) 에드몽 드 폴리냐크 대공비는 충실한 친구이자 후원자였다. 러시아에서 태어난 폴란드인으로 파리에서 자랐고 처음에는 신문계의 거물과, 나중에는 스페인 예술가 호세 마리아 세르트와 결혼한 미시아 에드워즈도 마찬가지였다. 취향과 유행의 선도자인 이 여자들은 비슷한 다른 사람들과 함께 발레 뤼스를 동경하던 상류사회의 위세를 주었다. 그들의 선도를 디자이너들은 재빨리 뒤따랐다. 디자이너 폴 푸아레는 구식 코르셋 스타일에 도전하는 이국적이고 풍성하게 늘어진 패션을 통해서 발레 뤼스 룩(look)을 받아들였다. 젊은 가브리엘 (코코) 샤넬은 디아길레프의 가까운 친구가 되었고, 나중에 발레 의상을 직접 디자인하기도 했다.

그렇지만 발레 뤼스를 진정으로 인정받게 만든 것은 사회적 연줄이나 상업적 이해가 아니라 프랑스 수도의 예술적 풍토였다. 1870-1871년 프로이센인들에 대한 패배로 시작해서 이어진 파리 코뮌의 폭력적이고 혁명적인 격변까지, 지난 30년 이상 이어져온 무시무시한 사건들로 인해서 파리 시민들의 자신감은 흔들렸다. 전쟁의 상처, 무정부주의자들의 폭탄 테러, 그리고 드레퓌스 사건이 촉발한 쓰라린 반목은 불안감을 한층 증폭시켰다. 게다가 점점 감소하는 출생률은 주기적인 경제 불황과 더불어 많은 사람들에게 위축과 쇠퇴의 신호로 받아들여졌다. 문화와 예술에서 19세기 중반의 자신감 넘치던 낙관주의는 퇴폐와 비합리적인 것에 대한 매혹에 밀려났다.

겉으로 보이는 모습은 어디서나 더 이상 믿을 만한 현실적 지침이 아니었다. 과학마저 그렇게 이야기했다. 엑스선과 방사능의 발견으로 그때까지 상상으로 치부되던 숨겨진 보이지 않는 힘들의 존재가 입증되면서, 진리와 불변의 자연법칙에 대한 보편적인 가정들이 훼손되었다. 새로운 시공간 차원의 가능성과 자체의 물리법칙이 지배하는 별개의 원자 세계에 대한 아인슈타인의 초기 발견들도 비슷하게 삐걱거리는 포괄적인 효과를 가졌다. 그것들은 옛날의 뉴턴적 확실성을 과거의 것으로 만드는 것처럼 보였다. 잠재의식적인 마음의 비밀과 비합리적 작용에 대한 프로이트의 정확한 설명도 비슷한 동요를 가져왔다. 꿈, 섹스, 어두운 심리적 현실은 인간 행위와 동기에 대한 전통적 견해들을 약화시켰다.

프랑스 예술가들은 이런 광범위한 문화적 격변을 인식했고 자신들만의 방식으로 창조했다. 문학에서 (발레 뤼스의 열성 추종자였던) 마르셀 프루스트는 언젠가 그가 "기억의 오락가락 혼란스러운 격발"이라고 부른 것을 기록할 방법을 찾아냈다. 음악은 새롭고 계속 변하는 조성들을 가진 드뷔시의 인상주의적 음향에서, 그리고 라벨, 풀랑크, 사티 같은 작곡가들의 이어지는 혁신에서 유사한 것을 찾았다. 이들 모두 디아길레프와 함께 작업하게 될 것이었다. 러시아와의 음악적 유대는 역사가 길었다. 드뷔시는 1881년 러시아를 방문했고, 글린카와 무소르그스키를 존경했으며, 그와 라벨 둘 다 림스키-코르사코프를 추종해서 영향을 받았다. 신생 예술인 영화도 비슷한 암류에 의지했다. 그것은 이 시대의 전형처럼 보였다. 꿈을 보여줌으로써, 인간 경험의 지금껏 비밀스럽고 보이지 않던 차원을 밝히겠다고 약속하는 기계 시대의 "마법"이었다. 영화와 발레 뤼스의 유사성은 직접적이고 불가항력적이었다. 어느 관찰자는 이 발레단에 "부자들의 영화관"이라는 별명을 붙여주었다.[32]

그러나 춤의 입장에서 가장 중요했던 것은 그림과 미술의 발전이었다. 발레 뤼스가 도착하기 수 년 전, "원시적인" 아프리카 미술과 가면에 대한 관심이 점증했다. 그것들은 "문명화된" 서구에 오랫동안 버림받았던 근본적 진리의 구현으로 보였다. 1907년 파블로 피카소의 「아비뇽의 처녀들」은 입체파를 출범시켰다. 이 그림의 저속한 주제(그의 모델들은 창녀들이었다), 분열된 복수의 시점들, 원초적 에너지는 거의 모든 사람들에게 충격을 주었다(브라크는 이 그림이 자신을 마치 휘발유라도 삼킨 듯이 구역질나게 만들었다고 말했다). 이듬해 앙리 마티스가 선보인 「붉은 방」은 다른 경향이었다. 평면적이고 장식적인 이 그림은 "노래를 불렀다. 절규하는 색채나 방출되는 빛은 없었다." 그리고 여러 관찰자들에게 "그 억제되지 않은 자유는 새롭고 가차 없어" 보였다. 2년 후 이 화가는 가로 12피트 세로 8피트의 화판에 그린 거대한 디오니소스적 작품인 「춤」과 「음악」을 완성했다. 무용수들에게 매혹된 화가가 마티스만은 아니었다. (여러 화가들 중) 피카소와 앙드레 드랭도 동작 중인 무용수들의 리듬과 육체성을 표현하려고 시도하게 될 것이었다. 그렇지만 마티스의 초기 무용수와 음악가들은 파리에서 대소동을 일으켰다. 개막식에서 사람들은 야유를 보냈고, 평론가들은 이 그림을 야수 같고 괴물 같은 "혈거인(穴居人)" 예술이라고 불렀다.[33]

러시아인들의 생각은 달랐다. 마티스의 그림 3점이 모두 모스크바 기반의 상인이자 수집가인 세르게이 슈킨에게 팔린 것은 프랑스와 러시아의 예술 취향이 수렴되고 있다는 징후였다. 그는 이미 자신의 식당에 고갱의 그림들을

12점 이상 걸어두었고, 피카소의 중요한 후원자가 될 것이었다. 슈킨의 부는 동양 직물의 수입에서 왔다. 그의 눈은 동양의 무늬들과 밝은 색채들에 익숙했다. 마티스는 모스크바를 방문했을 때 러시아 민속 예술과 이콘들에 크게 놀랐다. "러시아인들은 자신들이 어떤 보물을 가졌는지 모른다." 그는 이렇게 말했다. "어디서나 똑같은 생생함과 강인한 느낌……이렇게나 풍부하고 순수한 색채, 이렇게나 즉흥적인 표현은 전에 어디서도 보지 못했다." 그는 일군의 러시아 예술가들에게 말했다(여기에는 곧 파리에서 발레 뤼스에 합류할 나탈리야 곤차로바가 포함되어 있었다). "우리에게 배우러 와야 하는 것은 여러분이 아닙니다. 우리가 여러분께 배워야 합니다."[34]

프랑스인들은 그렇게 했다. 발레 뤼스는 모더니즘의 모든 암류를 하나의 짜릿한 자극으로 융합시킨 것처럼 보였다. 여기에 존재하는 것은 선명하고 다채롭고(박스트는 살인이라도 난 듯한 붉은색들에 대해서 이야기했다) 몽환적이고 내면적이지만 원시적이고 선정적이기도 한 "그 억제되지 않은 자유가 가차 없는" 예술이었다. 그것은 시각적이고 음악적이고 무엇보다도 육체적이었다. 그리고 모든 의미에서, 그림과 문학은 흉내나 가능할 즉각적이고 본능적인 공격이었다. 만일 툭툭 끊기는 스타카토 리듬의 움직임과 요소들의 동적인 병치가 모더니즘의 지도 원리라면, 발레 뤼스는 그것들을 모두 가졌고 더구나 살아 있었다. 파블로바의 날카로운 연약함, ("파충류처럼 물결치며 빛나는") 니진스키의 동물적 에너지, 카르사비나의 고상하지만 관능적인 매력은 "늙고 지친" 유럽에 너무나 부족한 원기와 활력의 구현으로 보였다. 평론가들은 "이상스러운 동시에 세련되고, 감각적인 동시에 섬세한 관능적 공연"을 앞다퉈 찬양했다. 그들은 러시아 무용수들의 절박함, 공격성, 전력을 다한 열정에 연거푸 놀라고 즐거워했다. 한 평론가는 그들과 비교하면 프랑스인들은 "너무 문명화되었고……너무 움츠러든다. 우리는 스스로를 몸 전체로 표현하는 습관을 잃어버렸다.……우리는 다들 머리만 쓴다"고 한탄했다. 발레 뤼스는 (너무나 유감스럽게도 프랑스인들이 약화되도록 내버려둔) 춤이라는 예술만 부활시킨 것이 아니었다. 그들은 문명 자체의 회춘을 약속했다.[35]

포킨과 이 발레단의 초기작인 "러시아적" 발레들이 환영받은 것은 이런 맥락에서였다. 그렇지만 1912년 이후 상황은 극적으로 바뀌었다. 먼저 「목신」의 충격이 있었다. (이 발레를 싫어한) 포킨에 의하면, 평론가들과 후원자들, 그리고 여타 중요 인물들로 이루어진 관객 앞에서의 시연이 얼마나 이해불가였는지, 이 춤은 한 번 더 반복되어야 했다. 언론은 격노했다. (이례적으로) 편집장이 쓴 「르 피가로」의 1면 기사는 "가짜 스텝"에 대해서 항의하면서, 이 "호색적인 목신"은 "추잡하고 짐승 같다"고 말했다. 두 번째 공연에는 경찰이 불려와야 했다. 그리고 매진되었다. 그렇지만 니진스키에게는 중요한 옹호자들이 있었다. 오귀스트 로댕은 이 무용수와 그의 발레를 찬양하는 편지를 썼다(디아길레프는 그것을 즉시 인쇄해서 돌렸다). 같은 해에 이 조각가는 니진스키의 동상을 직접 창작했다. 그것은 물결치는 근육, 가면 같은 얼굴, 벌름거리는 콧구멍, 높이 솟은 광대뼈를 가진 무용수가 구부린 한 다리로 서서 다른 쪽 무릎을 가슴에 바싹 붙인 채 몸통을 비틀고 웅크리고 있는 모습을 보여주었다. 그것은 창백해진 고전주의에 새로운 활기를 불어넣으려는 니진스키의 시도에 대한 완벽한 표현이었다.[36]

그렇지만 「목신」을 놓고 벌어진 소란은, 1913년 5월 29일 「봄의 제전」 개막 공연이 맞이한 요란한 소동에 비하면 아무것도 아니었다. 직접 경험한 이들의 설명은 걷잡을 수 없이 엇갈린다. 더구나 발레 자체가 신화가 되면서 그 혼미함 속에 그날 저녁의 사건들은 거의 즉각적으로 희미해졌다. 그렇지만 논란이 가지는 상업적 가치를 모를 리 없는 디아길레프가 대소동이 발생하기를 기대했고, 일부러 경쟁자의 지지자들과 앙숙관계인 예술적 파벌들로 극장을 채웠다는 것은 알려져 있다. 게다가 이 단장은 기대를 교묘하게 과열시키기도 했다. 초대 손님 한정의 무대 리허설은 대중적 관심을 고조했고, 광고는 사전에 이 발레가 새롭고 "진정하고" "진실된" 예술이라고 찬양했다. 니진스키의 이미 논쟁적인 명성에 기대어서 입장권 가격은 두 배가 되었다. 그러나 그날 밤 극장에 어떤 적대감과 기대감이 사전에 존재했건 간에, 관객의 폭동을 일으킨 것은 스트라빈스키의 음악과 니진스키의 춤이었다.

고함, 욕설, 의자 던지기, 그리고 경찰, 항의는 야단스럽고 물리적이었다. 첫날 밤 그 자리에 있었던 사람들은 (그리고 거트루드 스타인처럼 본인이 그곳

오귀스트 로댕 : 「니진스키라고 불리는 무용수」.

에 있었다고 생각했지만 그렇지 않았던 사람들까지) 그날의 일을 결코 잊지 못했다. 정말이지 관객석의 공연은 무대 위의 쇼 못지않게 인상적이고 무시무시했다. 극장은 "지진처럼 흔들렸고" "전율"하는 것처럼 보였다. 무용수들이 희한한 포즈로 뺨을 받치자 사람들은 고함쳤다. "의사 한 명! 치과의사 한 명! 치과의사 두 명!" 한 남자는 너무나 몰두한 나머지 자기 앞에 서 있는 평론가의 머리를 스트라빈스키 음악의 리듬에 맞춰 강박적으로 때렸다. 무대 위의 사건들에 대한 강렬한 공감 속에서, 관객은 야유꾼이건 지지자이건 똑같이 자기 자신의 제의를 벌이는 것처럼 보였다. 그들은 이 발레를 즉석에서 시성(諡聖)하여 신화로 만들었고, 그것을 (그리고 스스로를) 현대 예술의 상징으로 만들었다.[37]

그렇지만 어째서? 우리가 가진 최고의 답은 평론가이자 편집자인 자크 리비에르의 것이다. 리비에르는 고갱의 숭배자이자 프루스트 및 앙드레 지드의 발행인이었고, 본능적이고 잠재의식적인 형식들에 깊은 관심을 가졌다. 그가 니진스키의 안무에 끌린 것은 원초적이고 꾸밈없는 미학 때문이었다. 그는 그것이 "양념"이라고는 전무한 발레였다고 말했다. 차갑고 분석적인 이 발레는 "군체(群體)들"과 "유사분열(有絲分裂) 상태의 세포들"의 "우둔하고" "생물학적인" 춤이었다. "그것은 구멍들이 가득한 돌이다. 거기서 미지의 생물들이 기어다니면서 무의미해진 지 오래인 판독 불가의 작업에 열중한다." 이 발레의 춤들은 그를 무기력하게 만들었고 비통함으로 가득 채웠다. "아! 내가 인류로부터 얼마나 멀어졌는가!" 그렇지만 이 발레는 "우둔하고" 놀랄 만큼 무관심한 사회 유기체를 묘사하고 있음에도, 그 자체는 지극히 질서정연했고 더불어 엄격하게 공연되었다. 그는 「제전」이 새로운 고전주의를 선포했다고 말했다. 이 규칙 중심의 규율 바른 발레는 이성과 과거의 고귀한 이상이 아니라 그것의 희생 위에서 안목을 단련시켰다.[38]

리비에르가 적확하게 서술하고 여러 사람들이 느낀 것은 단순히 니진스키의 환영이 가지는 허무주의가 아니었다. 그리고 이 작품에 대한 니진스키, 로예리치, 스트라빈스키의 생각에서 그렇게나 중요했던 원시 러시아적인 함축과도 별 관계가 없었다. 1913년 파리의 관객에게 「봄의 제전」은 최초이자 가장 중요한 배신이었다. 그것은 관객이 발레 뤼스에 기대하게 된 활기차고 지극히 인간적이면서 감각적인 춤을 완전히 저버렸다(그들이 총애하는 스타 니진스키는 등장하지도 않았다. 대신 그는 윙에 서서 무용수들에게 숫자를 외쳤다). 이 러시아인들에게는 약해지고 있는 유럽 문명을 회춘시킬 뜻이 전혀 없어 보였다. 그들은 대신 고의적인 자기 파괴를 묘사하고 북돋우려고 했다. 평론가들은 이 춤을 "봄의 학살(massacre du printemps)"이라고 불렀다. 그 속에서 약화된 인간성에 대한 무시무시한 묘사를 본 것이다. 그리고 정말이지 많은 사건들이 유럽 대륙을 전쟁으로 밀어붙이는 가운데, 「제전」은 점점 더 불길한 서곡으로 이해되었다. 오스트리아 대공의 암살 이후 얼마 지나지 않아, 한 프랑스 평론가는 「봄의 제전」은 "니체에 의해서 꿈꾸어진, 그리고 죽음을 향해 돌진하는 세계의 봉화가 되려는 그의 선지자적 바람에 의해서 불러일으켜진 디오니소스적 주지육림"이라고 선언했다. 파리 시민들에게 「제전」은 "선사시대 슬라브인들의 영혼"의 축제가 아니었다. 그것은 서구 사상과 문명의 쇠퇴에 대한 유죄 증거였다.[39]

이 발레에 대한 이런 독해는 정착되었다. 아니, 그 이상으로 깊은 뿌리들을 내리다가 니진스키 본인의 삶과 결국 정신이상이 된 것과 얽혀들었다. 「제전」으로부터 수 년이 지나고 이 무용수의 삶은 흐트러지기 시작했다. 그는 잘 알지도 못하는 헝가리 여자와 충동적으로 결혼했다. 질투에 찬 분노로 디아길레프는 그를 해고했다. 러시아로는 갈 수 없었던 니진스키는 (그는 군복무 연기 신청에 실패했다) 직접 공연을 해보려고 했지만 사업 경영에는 비참할 정도로 무능력했다. 런던 뮤직 홀에서의 한 시즌은 그를 파멸시키다시피 했다. 그는 이국적인 러시아 춤들에 대한 대중의 허기를 위한 (자기가 보기에는) 매춘을 예상하고 뒷걸음질 쳤다. 전쟁 중 그는 아내의 모국 헝가리에 억류되었다. 갇힌 상태로 적대적인 장모에게 의지하는 가운데 그는 자신의 예술의 원천을 빼앗겼다. (이 무용수를 용서하지는 않았지만 그의 명성이 필요했던 디아길레프가 기획한) 짧은 미국 순회공연도 도움이 되지 않았다. 건강 악화, 예술적 좌절, 디아길레프와의 격렬한 논쟁, 톨스토이적인 종교적 교의에 대한 점증하는 집착(니진스키는 농민의 튜닉을 즐겨 입었고, 러시아로 돌아가서 땅을 일굴 것을 꿈꾸었다)은 결국 육체적, 재정적 붕괴로 귀결되었다.

1919년, 자신을 엄습하게 될 광기의 초기 단계였던 그는 생모리츠에서 최후의 독무를 공연했다. 그것은 그가 공연한 마지막 춤이었다. 그는 이후 보호시설로 보내졌고 1950년에 사망했다. 소박하고 헐렁한 바지와 셔츠를 입고 샌들을 신은 그는 방 한가운데에 의자를 놓고 금욕적으로 앉아서, 피아니스트가 거북하게 연주하는 가운데 세련되게 차려입은 관객을 응시했다. 마침내 침묵 속에서 그는 길쭉한 헝겊 베개 두 개를 가져다가 굴려서 검은색과 흰색의 거대한 십자가를 만들었다. 그는 십자가 앞쪽에 그리스도처럼 양팔을 벌리고 서서 전쟁의 공포에 대해서 이야기했다. "이제 저는 전쟁을 춤출 것입니다.……여러분이 막지 못했고, 여러분에게 책임이 있기도 한 전쟁을." 니진스키의 마지막 「봄의 제전」이었다.[40]

* * *

1914년 전쟁이 발발하자 발레 뤼스는 해산되었다. 카르사비나와 (니진스키가 떠난 이후 잠시 복귀했던) 포킨을 포함해서 일부 무용수들은 고국으로의 고된 여정에 올랐다. 포킨은 상트페테르부르크에서 몇몇 작품들을 무대에 올렸지만 곧 일자리를 찾아 스칸디나비아로 떠났고(그는 러시아 혁명이 발발했을 때 그곳에 있었다), 결국 미국으로 향해서 1919년 그곳에 정착했다. 카르사비나는 제국 극장들에서 경력을 이어갔다(그녀도 결국 서구에 정착할 것이었다). 어려운 상황에도 불구하고 전쟁은 제국 발레에 이전의 장려함을 회복시키는 역설적 효과를 가져왔다. 당시 러시아 주재 프랑스 대사였던 모리스 팔레올로그가 회고록에서 쓴 바와 같이, 차르의 군대는 제국 발레의 예복을 차려입은 의례에서 자신들의 영웅주의와 "돌진"의 민간인 등가물을 발견했다. 사실 전쟁의 손실이 쌓여가고 나라 상황이 점점 더 심각해지는 가운데, 고전 발레는 그립게도 과거의 위엄을 상기시켜주는 역할을 했다. 더 현대적인 취향을 가진 팔레올로그(그는 카르사비나를 흠모했다)는 장교들 사이에 "기계적 정확성"과 "어지러운 민첩성"을 가진 크셰신스카의 "구닥다리" 춤추기에 대한 열광이 잠재했다는 것에 놀랐다. 한 늙은 부관은 이렇게 설명했다.

저희의 열광이 대사님께는 뭔가 과장된 것으로 보일지 모릅니다. 하지만 체친스카야(Tchechinskaïa, 크셰신스카)의 예술은 저희를 대변하거든요.⋯⋯러시아 사회가 어떤 곳이었는지를 아주 근접하게 묘사하죠. 어떤 곳이어야 하는가에 대한 묘사이기도 하고요. 질서, 격식, 균형, 작업 완수가 어디서나⋯⋯반면 저 끔찍한 현대 발레라는 것들은, 파리에서는 러시아적 발레라고 부른다던데, 방종하고 타락된 예술이에요. 세상에나, 그것들은 혁명입죠. 무정부주의라고요![41]

그렇지만 팔레올로그의 보다 회의적인 눈에, 크셰신스카는 러시아의 막 시작된 쇠퇴를 고통스러울 정도로 상기시키는 존재였다. 1916년 프랑스 대사관이 필수 외교 활동의 지탱에 필요한 석탄 요청을 거부당했을 때, 그는 군용 트럭들이 이 발레리나의 집 앞에 귀중한 연료를 대량으로 부리고 있는 것을 암울하게 지켜보았다. 이듬해 10월에 폭력 파업, 빵을 요구하는 폭동, 차르의 퇴위 요구와 함께 볼셰비키 혁명이 발발했을 때, 크셰신스카의 시내 저택은 가장 먼저 약탈되고 점거된 집들 중 하나였다. 레닌은 이 집을 자신의 본부로 삼았다.

혁명은 제국 발레의 종언을 의미할 수밖에 없었다. 그리고 1917년 2월의 첫 봉기 후 이전의 마린스키 극장은 정말이지 달라졌다. 한때 박스석들 위에서 보란 듯이 과시되던 제국의 황금독수리 문장은 뜯겨나가서 보기 흉한 구멍만 남았고, 좌석 안내원들의 금술이 달린 우아한 제복은 폐기되었다. 새로운 안내원들은 칙칙한 회색 재킷을 입었다. 이런 변화를 알아차린 한 외국인은 탐탁지 않아하면서, 다이아몬드 열이 "진흙투성이 카키색 군복들을 입은 병사들"에게 밀려났다고 한탄했다. 그들은 "어디든 늘어져서 지독한 냄새의 궐련을 피웠고, 도처에 침을 뱉으면서 종이봉지에서 필수품인 해바라기 씨앗을 꺼내 먹었다." 더 나쁜 것은 "과하게 차려입고, 과하게 향수를 뿌리고, 과하게 보석을 단" 모리배와 벼락부자들이었다. 1918년 페트로그라드의 한 신문에서 어떤 작가는 상황을 더 흉측한 어조로 묘사했다. "박스석들은 장날 유대인의 마차들을 연상시킨다. 최상층 관람석은 시커먼 것이 반쯤 먹은 수박 조각에 파리들이 빽빽하게 달라붙은 것 같다." 그래도 발레는 계속되었다. 그리고 그 이상이었으니, 볼셰비키는 권력을 잡자 이것을 신생 사회주의 국가에서 두드러지는 문화제도로 만들었다.[42]

그렇게 된 이유들 중 하나가, 레닌이 문화 업무를 관장하는 교육위원으로 임명한 아나톨리 루나차르스키(1875-1933)였다. 루나차르스키는 개화된 문학적 인물이었고, 자신을 "혁명의 시인"으로 보았다. 그는 사회주의와 혁명 조직에 오랫동안 참여한 유력한 웅변가였으며, 선동적인 정치활동으로 차르에게 투옥되었고 서구에 망명해서 지내기도 했다(그가 레닌을 처음 만난 것은 파리에서였다). 그는 말하자면 러시아 혁명의 온화한 얼굴이었고, 사회주의 국가의 영적이고 예술적인 미래에 사로잡힌 사람이었다. 그는 "무한히 고차원적인 힘"의 혁명적 필요성과 "인간 정신의 **우주적 영혼**을 향한 세계적 발전"을 믿는 자칭 "신의 건설자"였다. 베토벤, 슈베르트, 차이콥스키를 던져버리고 "인터내셔널가(歌)"로 대체하는 것은 당시 많은 사람들이 적극적으로 권한 행동 방침이었다. 그렇지만 루나차르스키는 그것이 틀렸다고 믿었다. 대신 그는 프롤레타리아가 혁명과 역사의 권리로서 이제 자신의 것이 된 귀족적이고 부르주아적인 문화를 "점유"해야 하며, 그것에 기초해서 새로운 것을 건설해야 한다고 주장했다. 레닌은 회의적이었다. 그는 제국 극장들의 "순수한 지주 문화"와 "거만한 궁정 스타일"에 깊은 의혹을 품었다. 그러나 루나차르스키 덕분에 그는 양보했다. 1919년 레닌은 이전의 제국 극장들을 국유재산으로 지정해서 대중에게 연극을, 즉 사회주의 연극을 제공하는 데에 전념하게 했다.[43]

그리하여 러시아 혁명은 구세계적인 제국적 고전주의의 구세주이자 보호자가 되었고, 프티파는 신생 사회주의 국가의 문화적 기둥의 일원으로서 푸슈킨과 차이콥스키에 합류했다. 이전의 마린스키 극장은 「잠자는 숲속의 미녀」, 「라이몬다」, 「에스메랄다」를 필두로 프티파의 다른 발레들을 계속 공연했다. 포킨의 발레들은 이런 예술적 삭감이 더 진전되면서 부도덕하고 부적절한 것으로 공식 간주되었다. 그렇지만 상황은 복합적이었다. 프티파의 고전들까지도 송송 이념적인 입장들에 따라서 수정되고 새로운 혁명적 열기가 채워졌다. 전쟁 전 안나 파블로바와 함께 미국 순회공연을 다녀왔으며 1922년부터 1930년까지 이전의 마린스키에서 발레 감독을 역임하게 될 무용수 페도르 로푸코프는 황폐해진 프티파 발레 몇 편을 복원했다. 그렇지만 자신의 작업에 대한 로푸코프의 설명으로 미루어볼 때, 이 복원은 그가 프티파의 음악적 "오류"라고 생각한 것들을 "바로잡아서" 춤과 음악에 더 탄탄한 동시성을 줄 빌미이자 기회이기도 했다. 그는 귀족적인 마임 시퀀스로 유명한 것을 잘라내어 프티파의 우아한 의례들을 순수하고 추상적인 형식으로 축소시킴으로써, "특정 계급에 속하지 않는 국제적 예술"이라는 발레의 진정한 성격을 드러내기를 바랐다. 이런 목표를 위해서 로푸코프는 프티파의 발레들을 자신이 적당하다고 보는 식으로 수정하기를 주저하지 않았고, 프티파 본인이 잘라낸 음악을 집어넣기까지 했다. 로푸코프에게 이 바로잡아진 예술은 더 진정하고 진화된, 그리고 급진적인 프티파였다. 그는 이렇게 말하기를 좋아했다. "프티파를 향해 전진!"[44]

그러나 로푸코프의 이념적인 행동강령도 프롤레쿨트(Prolekult) 같은 조직들의 활동과 비교하면 빛이 바랬다. 이는 프롤레타리아에 의해서, 프롤레타리아를 위한 새로운 혁명적 문화를 만들기 위해서, 1917년 역시 루나차르스키의 후원으로 설립되었다.* 이런 입장에서 루나차르스키는 시인 블라디미르 마야콥스키와 알렉산드르 블로크, 영화제작자 세르게이 예이젠시테인, 감독 프세볼로트 메이예르홀트와도 긴밀하게 작업했다. 그들 모두 예술에 혁명을, 그리고 혁명에 예술을 가져간다는 아이디어에 열정적으로 사로잡혀 있었다. 메이예르홀트는 배우들의 육체적 훈련을 강조했다. 그는 조립 라인의 작업 리듬과 군대적 속도에서 영감을 받은 엄격한 연습 시스템을 개발했고, 그것을 "생체역학"이라고 불렀다. 그는 연기자들에게서 새로운 근육적 유연성을 구축하는 한편 무대와 거리 사이의 장벽을 부수기를 바랐다. 이런 목표를 위해서 그는 마임, 장터극, 곡예, 서커스에 자유롭게 의지했다. 예이젠시테인도 비슷한 야심을 가지고 있었다. 그는 피의 일요일을 기념하는 「전함 포템킨(The Battleship Potemkin)」, 볼셰비키의 정권 장악에 대한 본능적이고 해방적인 초상인 「10월(October)」 같은 영화들로 그것에 생명을 불어넣었다. 이런 종류의 예술은 일견 삶으로부터 직접 끌어온 것처럼 보였다. (상트페테르부르크가 지금 불리는 이름인) 페트로그라드에서는 코메디아 델라르테의 가면과 의상을 착용한 군인들과 배우들이 등장하는 출연진 8,000명의 광대한 야외 혁명 스펙터클이 "독재 타도"나 "겨울 궁전의 접수"를 그려냈다. 하지만 메이예르홀트와 예이젠시테인은 배우들에게 배역에 대한 연기와 그것에 대한 논평을 동시에 하라고 요구해서 그들의 예술에서 거리감과 역설을 구축함으로써, 이런 공식 행사들로부터 뚜렷이 이탈하기도 했다(이런 경향은 점점 더 커졌다). 이 모든 것들이 춤과 관련되어 있었는데, 특히 메이예르홀트의 작업은 이후의 발레 마스터들에게 영향을 끼쳤다.

예를 들면 안무가 니콜라이 포레게르는 산업적이고 기계적인 춤들을 무대에 올렸다. 경적, 호루라기, 딸랑이들이 함께했고, 무용수들이 등장해서 컨베

---

* 1920년 즈음, 프롤레쿨트는 8,000명 이상의 사람들이 참여하는 클럽, 문학 모임, 극장의 네트워크를 전개했다.

이어벨트처럼 움직이거나 톱과 못을 (진지하게) 묘사했다. 로푸코프는 베토벤의 4번 교향곡에 맞춘 자작「무용 교향곡 : 우주의 장엄함(Dance Symphony: The Magnificence of the Universe)」(1923)을 가지고 이 혁명 경쟁에 참여했다 (베토벤은 프랑스 혁명에 대한 공감 덕분에 공식 총아였다). 이 작품에서 로푸코프는 추상적이고 음악 중심인 "무용 교향곡"을 위해서 문학적 플롯을 생략했다. 이 발레는 강력한 이미지로 시작했다. (발레리나나 여성 코르 드 발레는 보이지 않는 가운데) 한 팔을 들어 손바닥으로 눈을 가리고 다른 팔로는 어둠 속을 더듬으면서 무대를 가로질러 걸어나오는 일련의 남성 무용수들이었다. 이어지는 춤들에는 "태양의 탄생", "열에너지" 같은 제목들이 붙었다. 로푸코프는 쇄도하는 율동적인 스펙터클에서 자신이 "우주의 힘"이라고 부르는 것을 활용하기를 바란다고 말했다.[45]

로푸코프의「무용 교향곡」의 무용수들 중 한 명이 떠오르는 젊은 안무가 게오르기 발란치바츠(조지 발란신)였다.* 1904년 출생인 발란신은 러시아 혁명이 발발했을 때 상트페테르부르크 극장 학교의 열세 살짜리 학생이었다. 그는 세정 러시아의 장려함과 화려함을 강하고 지속적으로 느낄 만큼 일찍 태어났지만, 러시아 혁명을 직접 경험할 만큼 늦게 태어나기도 했다. 그의 아버지는 작곡가이자 림스키-코르사코프의 전 제자였고 민속 형식들에 강한 흥미를 가지고 있었다. 러시아 혁명 이후 일가는 신생 그루지야 공화국으로 이주해서 고향인 트빌리시에 정착했다. 그렇지만 발란신은 공부를 마치기 위해서 뒤에 남았다. 생활은 어렵고 외로웠다. 물자 부족과 굶주림, 난방은 거의 없이 뼈가 시리게 추운 겨울은 공부를 어렵게 만들었다. 후일 그는 군용 식량을 훔쳤으며 떠돌이 고양이들의 가죽을 벗겼다고 회고했다. 그럼에도 그는 춤을 계속했고 노동자 회관과 공산당 회합에서 공연했다(그는 수 년 후에도 트로츠키를 짓궂게 흉내낼 수 있었다). 그는 피아노 연주 역시 계속했다. 돈을 벌기 위해서 무성 영화들에서 연주했고, 1919년 작곡과 피아노를 공부하기 위해서 음악원에 등록했다.

---

* 게오르기 발란치바츠는 1924년 서구에 도착하기 전까지는 조지 발란신이 되지 않았다. 하지만 명확성을 위해서 그의 서구화된 이름을 사용했다.

1920년 발란신은 젊은 무용수 타마라 게베르게예바(게바)를 만났고(그리고 후일 결혼했다), 혁명적인 아방가르드 예술의 세계로 격렬히 뛰어들었다. 게바의 아버지는 세련되고 학식 있는 사람이었고 종교 비품을 만드는 공장을 소유했다. 그는 방대한 장서를 가졌고, 현대 회화와 발레 판화를 수집했으며, 메이예르홀트의 연극적 개혁과 전쟁 전 초창기 발레 뤼스의 후원자였다. 그는 종교적, 제국적 유대관계로 인해서 볼셰비키에게 잠시 체포되었다. 그러나 그의 소송에 저명한 예술가들과 지식인들이 집결하자 풀려났다. 그의 책과 미술 수집품은 국가에 징발되었지만 다시 미술관으로 보내졌고, 그는 그곳의 상임 감독이 되었다. 그의 집은 문화계의 유명인들을 계속 끌어들였다. 블라디미르 마야콥스키, 카지미르 말레비치를 필두로 혁명 예술, 이콘, 종교적 신비주의, 민중 신화에 열렬한 흥미를 가진 사람들이 그곳으로 찾아왔다.

발란신은 이 혈기 넘치는 예술적 분위기 속에서 성년이 되었다. 그는 많은 사람들에게 시대에 뒤떨어진 "귀족적" 잔재로서 묵살되는 고전 발레를 "진보적인" 아이디어와 예술의 세계로 데려가기를 열망했다. 그는 폭넓은 독서를 했고, 어둡고 침울한 바이런풍의 인상(기름을 발라 찰싹 붙인 머리카락, 애절한 눈)을 가꾸었으며, 격렬한 열정과 무정부주의적 충동으로 당대의 분위기를 담아내는 마야콥스키를 우상시했다(이 시인은 1930년 자살하며 쪽지를 남겼다. "사랑의 배가 인습에 부딪혀 박살났다"). 발란신은 마야콥스키의 작품을 암기했다. 1920년대 초에 그려진 발란신의 캐리커처에는 유명한 시에서 따온 설명이 달려 있었다. "모든 것은 새롭다! 멈춰서 경탄하라!") 1920년대 초 발란신은 펙스(FEKS), 즉 일상적인 삶의 리듬들을 무대와 화면 위로 옮기는 것을 추구하는 연기자들의 집단인 괴짜 배우 공장(the Factory of the Eccentric Actor)에서 잠시 작업했다(예이젠시테인도 잠시 그들에 합류했었다). 발란신은 그들과 마찬가지로 채플린, 서커스, 재즈, 영화를 동경했다. 그는 포레게르의 기계 무용들을 보았고, 차가운 반응을 얻은 로푸코프의 「무용 교향곡」을 격렬히 옹호하는 글을 썼다. 후일 그는 이렇게 회고했다. "다른 사람들은 우두커니 서서 로푸코프를 비판했지만 나는 아니었다.……나는 그에게서 배웠다."[46]

발란신은 특히 모스크바 안무가 카시얀 골레이조프스키의 춤들에 반했다.

골레이조프스키는 고전적으로 훈련을 받았고 1909년부터 1918년까지 볼쇼이에서 춤을 추었다. 그렇지만 이 극장의 보수적인 예술적 방향에 좌절하고 자기 자신의 춤을 시작했다. 그는 더 작은 공연장과 모스크바의 카바레들에서 일하면서, 어둡고 관능적이고 고도로 곡예적인 춤들을 창작했다. 그는 자신을 볼쇼이에 군림한 "늙은이들"을 몰아내는 데에 열중하는 "극좌 발레 마스터"로 보았다. 그는 메이예르홀트와 공연했으며, 결국 학교를 열고 자기 자신의 아방가르드 무용단을 만들었다. 그는 포킨과 니진스키를 존경했다(그는 이 혁신자들이 서구에서는 포용되었지만 혁명적인 모국에서는 거부당한 역설에 주목했다). 그는 스크리아빈과 드뷔시 같은 작곡가들의 음악에 맞추어 사랑과 죽음에 관한 감각적인 발레들을 창작했는데, 옷을 조금만 걸친 무용수들이 (한 못마땅해하는 평론가가 쓴 바와 같이) "배배 꼬는 포즈들"로 "너무나 자주 다리들을 휘감았다." 골레이조프스키의 작업은 발란신이 1922년 자신의 극단을 만들도록 영감을 주었다. 그는 그것을 영 발레(the Young Ballet)라고 불렀다.[47]

  발란신의 페트로그라드 안무는 어느 모로 보나 극적이고 관능적이고 신비로웠다. 그의 무용수들은 다리를 벌리고, 허리를 부러질 듯 구부리고, 입을 뭉크의 「절규」처럼 벌렸다. 타마라 게바는 아라베스크 자세로 다리를 높이 든 채 "그의 입술에 키스하면서" 몸을 지탱하던 것을 기억한다. 작업에는 종교적이고 신비주의적인 함축도 있었다. 예를 들면 쇼팽의 음악에 맞춘 「장송 행진곡(Funeral March)」(1923)에는 꽉 끼는 모자가 달린 아마포 옷을 입은 12명의 무용수들이 등장했는데, 게바는 "문상객으로부터 망자로 변화하면서……우리의 육체가 비틀려 아치와 십자가가 되던 것"을 회고했다. 비슷한 맥락에서, 1923년 발란신은 1918년 (이 시인이 후일 말했듯이) "구세계의 붕괴의 함성"이 귀에 울릴 때 쓰인 알렉산드르 블로크의 묵시론적 시 「12인(The Twelve)」을 무대에 올렸다. 이 시는 피처럼 붉은 깃발을 든 잔인하고 득의만면한 경비병들이 예수 그리스도에게 이끌려서 가는 것을 구체제의 "굶주린 개"가 절뚝거리며 따라가는 것으로 끝난다. 이 작품의 원초적이고 거의 흉포한 에너지를 담아내기 위해서 발란신은 50명의 성가 합창단이 반주하는 고동치듯 율동적인 팬터마임 무용을 창작했다. 같은 해에 그는 소비에트 당국에 스트라빈스키의 「봄의 제전」의 안무 허가를 신청했다.[48]

허가는 거부되었다. 그 즈음 정치적 풍토는 완고해지고 있었다. 이전의 마린스키 극장을 관장하던 사람들은 발란신의 대담한 안무적 혁신을 반박했고, 영 발레에 참여한 무용수들은 해고 위협을 받았다. 지치고 좌절했으며 아마 전체주의적 구속의 강화를 느꼈을(이 안무가의 가장 가까운 친구들 중 한 명으로 고위 정부 인사들과 관계가 있던 무용수가 의문의 익사를 당했다) 발란신은 해외로 나갈 기회가 생기자마자 붙잡았다. 한 지인이 소비에트의 문화를 해외에서 과시한다는 겉치레 목적을 가진 발레 뤼스 비슷한 순회 무용단의 조직을 감독하게 되자, 이 안무가와 몇몇 무용수들은 즉시 계약했다. 그것은 중대한 결정이었지만, 당시 그들은 그것이 영원하리라는 사실을 몰랐다. 1924년 어느 여름날의 이른 아침, 이 소규모의 예술가들은 증기선을 타고 슈체친을 향해 떠났고, 곧 파리에서 디아길레프와 합류했다.

나중에 그들이 간신히 시간을 맞춰 떠났다는 사실이 밝혀졌다. 1924년 레닌의 사망 이후 루나차르스키는 서서히 밀려났고, 이전의 제국 극장들은 이념적으로 완고하고 경직된 고전주의의 보루가 되는 수순을 밟았다. 역설적인 상황이었다. 러시아 혁명은 혁명 체제가 담을 수 없거나 종내는 견딜 수 없게 될 예술 활동의 소용돌이를 풀어냈다. 골레이조프스키와 로푸코프처럼 한때는 혁신적이던 발레 마스터들이 자신의 재주와 재능을 얄팍한 선전선동 무용으로 돌리다가 결국 밀려났다. 로푸코프는 교습과 다른 극장들로, 골레이조프스키는 체육 행사와 민속무용으로 갔다. 러시아 혁명은 스스로를 혁명의 전위라고 생각하는 예술가들을 억압하게 되었다. 비극적이게도 우리는 이 패턴에 익숙해질 것이다. 발레라는 예술 형식의 미래는 다시 한번 서구의 디아길레프에게 있었으니, 이전에 포킨 및 니진스키와 함께했던 것과 마찬가지였다.

그렇지만 당시에는 아무것도 명백하지 않았다. 전쟁의 발발은 발레 뤼스를 혼란에 빠뜨렸다. 디아길레프는 발레단을 잠시 해산하고 핵심 예술가들의 작업만 간신히 유지했다. 서류를 마련해서 국경을 넘고, 계약을 확보하고, 무용수들에게 지급하는 돈을 인상하면서 자신은 빚을 지지 않도록 유지하는 어려움은, 디아길레프의 사업이 아무리 잘되더라도 불안정하게 만들었다.* 변화는 필연적이었다. 무용수들이 떠나고 다른 무용수들이 도착하는 가운데, 1918년 다시 모인 극단에서 러시아인은 절반 이하였다. 폴란드인, 이탈리아인, 영국인들이 (매력적인 러시아 이름들을 달고) 구성원을 채웠다. 러시아인들의 정치적 신원은 불확실해졌는데, 1920년대 초반이 되자 대부분이 국적 없는 망명자였다. 지리적 축 역시 다른 방식으로 이동했다. 파리와의 유대가 약해지면서 발레단은 런던, 로마, 마드리드, 몬테카를로에 다양하게 근거지를 둔 더 국제적인 조직이 되었다. 가장 중요한 것은 디아길레프가 러시아와 점점 더 차단되었다는 것이다. 그는 1914년에 마지막으로 러시아를 방문했다. 제1차 세계대전 기간과 그 이후 그는 점점 더 서구 예술가와 음악가들에게 눈을 돌리게 되었다. 피카소, 마티스, 드랭, 그리고 풀랑크, 사티, 라벨이었다.⁴⁹

그렇지만 안무에서는 사정이 달랐다. 발레 뤼스의 특징과 상업적 매력은 여전히 러시아적인 춤을 제작하는 능력에 달려 있었다. 디아길레프는 절대 서구 출신 발레 마스터들과 작업하지 않았다. 포킨과 니진스키가 사라지자 그는 새로 채용한 러시아인 레오니드 마신(1896-1979)에게로 눈을 돌렸다. 그렇지만 마신은 다른 부류였다. 모스크바의 볼쇼이 발레 출신의 카리스마적인 민속 및 캐릭터 무용수인 그에게는 지금까지 디아길레프의 사업을 지탱해온 엄격한 제국적 훈련이 결여되어 있었다. 사실 이 단장은 마신을 원래 니진스키가 춤추던 배역들을 채울 연기자로 고용했지만, 이 무용수는 곧 니진스키의 이전의 삶의 더 은밀한 면들로 걸어들어가게 되었다. 그는 디아길레프의 연인이자 발레 뤼스의 수석 안무가가 되었다. 디아길레프는 늘 하던 대로 자신의 새로운 피보호인을 미술, 음악, 문학에 빠뜨렸고, 그를 계획, 제작, 디자인의 모든

---

* 미시아 세르는 해리 케슬러 백작에게, 스페인에서 파리로 돌아오기 위해서 프랑스 정부로부터 입국 허가를 주선하느라 디아길레프가 겪은 어려움에 대해서 말했다. 허가가 결국 떨어지자 그녀는 스페인으로 가서 프랑스로 돌아오는 그와 동반했다. 그들이 국경을 넘기 직전, 그녀가 조금이라도 수상한 것을 가졌냐 묻자 그는 한 뭉치의 편지들을 꺼내놓았는데, 막 간첩 혐의로 체포된 마타하리로부터 온 편지 두 통이 포함되어 있었다. 그녀는 그 편지들을 서둘러 없앴다.

측면에 참여시켰다.⁵⁰

하나의 결과가 「퍼레이드(Parade)」(1917)였다. 이 발레는 장 콕토의 리브레토, 에릭 사티의 음악, 피카소의 무대장치 및 의상을 갖추었다. 이것은 피카소와 콕토가 나폴리에서 디아길레프 및 마신과 함께 본 이탈리아 보드빌과 마리오네트 제작물들에서 영감을 받았지만, 콕토는 니진스키의 「봄의 제전」으로부터도 실마리를 얻었다. 그는 관객이 조롱받는다고 느낀 것이 잘못이었다고 말했다. 이 때문에 관객은 니진스키의 위대한 발레의 표면 아래를 제대로 보지도 못했고, 이해하지도 못했다는 것이었다. 아마 더 중요한 것은 자기 홍보를 좋아하는 장 콕토가 본인의 작품 역시 문제작이 되기를 바라면서 「퍼레이드」를 적절히 충격적으로 만들려고 열심히 노력했다는 사실일 것이다. 그렇지만 플롯은 엉성한 즉흥 발상이었다. 그것은 매력적인 상업 촌극 및 극장 옥외에서 공연되던 여흥과 관련되어 있었다. 중국 마법사, 어린 미국 소녀, 곡예사들, 다양한 흥행사들이 관객에게 들어오라고 손짓했다. 예술 작업의 외부적 "쇼"를 지나쳐서 내부에 실제로 존재하는 것을 발견하라는 것이었다. 콕토가 사티의 음악을 좋아한 것은 일상적 소리(타이프라이터 소리, 권총의 총성)의 역설적 삽입 때문이었지만, 사티 본인은 경멸하듯이 "장의 소음들"이라고 말하면서 이에 대한 권리를 포기했다. (콕토가 무단 개입한 부분들이 있는) 마신의 안무는 일상과 대중문화에서 따온 움직임들의 드문드문한 혼성모방으로, 채플린적 익살, 케이크워크(cakewalk : 미국 남부 흑인들로부터 비롯된 춤으로 으쓱거리는 걸음걸이가 특징이다/역주), 메리 픽퍼드에게서 영감을 받은 움직임이 있었다.⁵¹

「퍼레이드」의 문제점은 **사실은** 내부가 없다는 것이었는데, 이는 전쟁 기간과 그 이후 수 년간 발레 뤼스가 직면했던 예술적 어려움을 시사했다. 「퍼레이드」는 외관상의 역설과 지나치게 재치 있는 환상들이 전부였다. 이 점은 피카소의 입체파적 무대장치 때문에 두드러졌는데 아마 의도적이었을 것이다. 안무는 별 특징이 없었다. 어쨌거나 무용수들은 피카소의 헐렁하고 거추장스러운 의상 때문에 심각한 제약을 받았는데, 그중 몇 벌은 길이가 210센티미터가 넘었다. 볼거리가 춤이 아니라 의상이었던 셈이다. 이 공연은 1917년 5월 18일 파리의 테아트르 샤틀레(Théâtre châtelet)에서 프랑스 적십자의 자선행사로 초연되었는데, 부상당한 연합군 병사들과 아방가르드 유명인들의 무료 관객들로 만원인 가운데 냉랭하게 받아들여졌다. 프랑스인들이 서부 전선의 엄청난 손실과 폭동으로 고통받던 시절, 콕토의 가벼운 세련됨은 형편없는 취향처럼 보였다.

「퍼레이드」는 발레 뤼스의 안무적 저점을 보여주었다. 마신은 미래에 더 나은 발레들을 만들지만 어느 것도 포킨이나 니진스키에게는 상대가 되지 않았다. 그의 작품은 노련하고 재미있었지만, 그에게는 안무 예술의 한계를 밀어붙이거나 변화시킬 정신력이나 추진력이 없었다. 그는 안무가라기보다는 무용수의 감성을 가졌다. 그의 최고의 춤들은 스페인 토착 무용 전통에 대한 철저한 직접 연구에 기초한 「삼각모자(Tricorne)」처럼 본인이 직접 공연한 것이었다. 나아가 디아길레프는 균형을 잃었다. 그가 미술과 무대장치에 점점 더 의지하게 되면서, 춤은 그림의 확장이라는 부차적 지위로 하락했다. 피카소와 마티스 모두 무용수들 위에, 육체에 직접 붓질을 해서 그림 그리기를 좋아했다. 마티스 본인이 썼듯이 그것들은 "그림과 비슷하지만 움직이는 색채들"이었다. 마신은 그들의 선도를 따르기 위해서 최선을 다했다. 그러나 그의 재능은 그들의 재능과 상대가 되지 않았고, 그가 만드는 춤들은 조연 노릇을 했다. 1920년대 후반 이사도라 덩컨은 이런 변화를 알아차리고 비꼬듯 논평했는데, 그것이 아마 전적으로 부당하지는 않았을 것이다. "이 러시아 발레는 피카소의 그림들 속에 존재하기를 미친 듯이 바라고 있다.······힘이나 중심이 없는 일종의 간질병적 곡예······만일 저런 것이 예술이라면 나에게는 비행(飛行)이 낫다."[52]

다른 문제들도 있었다. 문화적 풍경이 변화하고 있었고, 디아길레프는 디아길레프가 아니게 되어가고 있었다. 발레 뤼스는 더 이상 유일한 최신 유행 무용단이 아니었다. 세련되게 분화된 아류 러시아 발레단이 몇 있었고, 부유한 예술품 수집가가 돈을 대는 실험적인 발레 쉬에두아(Ballets Suédois)는 1920년부터 1924년 사이 파리에서 명성을 얻으면서, 디아길레프에게서 아방가르드의 1인자 자리를 빼앗겠다고 위협했다. 나아가 전쟁은 미국의 재즈를 유럽적 토양에 대거 가져왔다. 1925년 조지핀 베이커의 대담한 「레뷔 네그르(Revue

Nègre)」는 원초적인 (흑인적이고 거의 벌거벗은) 당김음적 재즈 세계의 에너지를 가지고 자기 앞의 모든 것을 쓸어버렸다. 해리 케슬러 백작은 이렇게 썼다. "이 쇼는 정글과 마천루적 요소들의 혼합물이고……초현대적이면서 초원시적이다. 그것이 잇는 양극단은 그들의 스타일에서 눈을 뗄 수 없게 만드는데, 러시아인들이 한때 그랬던 것과 꼭 같다." 더욱이 1920년대의 관객은 싫증과 환멸을 잘 느끼기로 악명이 높았다. 디아길레프는 심드렁한 지배층을 즐겁게 할 최신 유행의 오락을 언제나 더 뜨겁게 추구할 수밖에 없었다. 마신은 니진스키가 아니었다. 참신함과 러시아 스타 무용수들이라는 장점 없이 예술과 상업적 요구 사이에서 줄타기를 하는 것은 점점 더 어려워졌다. 후일 영국 작곡가 콘스턴트 램버트는 디아길레프는 "살짝 근본 없고 살짝 늙은 채 서구 유럽의 일부"가 되어가고 있었다고 회고했다.[53]

그러나 이것은 이야기의 일면에 불과했다. 러시아는 디아길레프의 마음과 예술을 계속적으로 언제나 절박하게 압박했는데, 이것이 다른 일면이었다. 디아길레프는 고국의 사건들을 긴밀하게 지켜보았고 다른 여러 러시아 망명객들과 마찬가지로 러시아 혁명을 지지했다. 1917년 초 볼셰비키가 권력을 잡기 전 그는 예술부 장관이 되어달라는 초빙을 받았고 이 제안을 잠시 진지하게 고려했다. 스트라빈스키도 감정에 휩쓸려서 대중적인 러시아 민요 「볼가 강의 뱃노래」가 새로운 국가 역할을 할 수 있도록 열성적으로 관현악 편곡을 했다. 디아길레프는 자신의 모든 쇼들에 앞서 이 곡을 연주했다. 그는 5월의 「불새」 공연에서는 붉은 깃발을 극적으로 펼치도록 주선하기까지 했다. 하지만 볼셰비키가 정권을 장악하고 나라가 피비린내 나는 내전에 빠지자 회의주의와 환멸이 시작되었다. 후일 스트라빈스키가 쓴 바와 같이, 러시아 혁명은 이 나라가 문화적 혹은 정치적 전통을 지탱할 수 없다는 암울한 증거라는 것이 밝혀졌다. "러시아가 아는 것은 일신 없는 보수주의 또는 전통 없는 혁명뿐이었다." 디아길레프와 마찬가지로 그 역시 돌아가지 않았다.[54]

추억과 예술은 예외였다. 1920년대 초 디아길레프는 러시아 서적과 필사본을 수집하기 시작했다. 그는 볼셰비키 이전 과거의 유물들을 찾아 서점들을 뒤지고 다녔다. 이는 그의 깊어지는 혼란감과 유배감의 조짐이었다. 1921년 그는 향수에 젖어서, 액자 속에서 잃어버린 제정 세계의 완벽한 그림을 유지하는 것처럼 보이는 발레로 눈을 돌렸다.「잠자는 숲속의 미녀」였다. 디아길레프가 이 오래된 프티파 발레를 파리에서 무대에 올리지 않은 것은 변화하는 시대의 징후였다. 그것은 대신 런던에서 보드빌 여흥과 발레극의 오랜 전통을 가진 뮤직 홀인 알함브라 극장에서 초연되었다. 알함브라는「미녀」를 전통적인 영국 크리스마스 팬터마임의 대체물로 받아들였는데, 제목은「잠자는 숲속의 공주(The Sleeping Princess)」로 다시 붙여졌다.

그렇지만 뮤직 홀이라는 장소에도 불구하고, 디아길레프는「잠자는 숲속의 공주」를 유럽에 제정 러시아 발레를 가장 고상하고 엄격한 고전적 형태로서 소개할 기회로 보았다. 그는 옛「미녀」전통의 조각들을 긁어모으는 데에 전력을 다했다. 그는 (그 즈음 늙은 채 파리에서 살고 있던) 초연 당시 오로라였던 카를로타 브리안차를 찾아내어 카라보스 역을 공연하도록 초빙했다. 그는 제국 극장들에서 일했으며 1890년 이 발레의 초연을 지휘한 이탈리아 작곡가 리카르도 드리고도 수소문했다(이 늙은 작곡가는 이탈리아로 돌아가 있었지만 참여하기에는 너무 노쇠했다). 그는 스텝들의 재창작을 돕기 위해서 전직 마린스키 발레 마스터로 몇몇 프티파 발레들을 (지금은 사용되지 않는) 표기법을 사용해서 대충 기록해둔 니콜라이 세르게예프를 데려왔다. 러시아 혁명 후 세르게예프는 이 귀중한 문서들을 트렁크에 꾸려서 서구로 가져왔다. 디아길레프는 발레리나를 물색한 끝에 마린스키의 우아한 고전주의자인 올가 스페시브체바를 찾아냈다. 그녀가 도착했을 때 발레 뤼스 무용수들은 그녀의 고전적인 강인함과 순수함에 놀랐다. 그들 중 많은 수가 제정시대의 훈련을 받지 않았거나, 기술적으로 덜 부담스러운 현대 발레들의 공연으로 몸이 흐트러져 있었던 것이다. 디아길레프는 거기서 멈추지 않았다. 그는 옛날 자신의 상트페테르부르크 "예술위원회"로 다시 눈을 돌렸다. 그는 박스트에게 바로크 및 로코코 디자인에 기초한 새로운 무대장치와 의상을 만들라고 요청했다. 한편 스트라빈스키는 음악으로 그를 도우면서 이 발레의 주요 옹호자이자 대변인이 되었다. 러시아인들이 전후 런던에서 자신들의 잃어버린 과거의 재건설에 착수하자, 그 준비들은 과열되다 못해 거의 어지러울 정도였다.

그렇지만 영국인들은 이 발레를 이해하지 못했다. 「선데이 타임스(*The Sunday Times*)」는 「잠자는 숲속의 공주」는 발레 뤼스의 "자살"이라고 선언했다. 다른 언론들은 호화로운 의상에 넌더리를 내면서 "공휴일용 나들이 옷"보다 나을 것이 없다고 말했다. 그것은 한 평론가가 냉소적으로 쓴 바와 같이, "「제전」을 싫어하는 사람들을 즐겁게 한" 발레였다. 그렇지만 어떤 사람들은 「잠자는 숲속의 공주」를 좋아했는데, 이 발레의 높은 이상과 귀족 스타일은 후일 영국 고전 발레의 미래에서 정말이지 중대한 역할을 하게 될 것이었다. 그러나 당시는 그 무엇도 이 제작물을 구원할 수 없었다. 그것은 상업적 재앙이었고 곧 접을 수밖에 없었다. 충격을 받은 디아길레프는 감정적으로 황폐해졌고 재정적 몰락에 직면했다. 그는 이 값비싼 실패에 자신의 평판을 전적으로 걸었던 것이다. 이미 위태로웠던 건강의 압박하에서(그는 당뇨병을 가지고 있었다) 그는 발레단을 포기하고 일시적으로 해산했다.[55]

2년 후 디아길레프는 자신의 마지막 "러시아적" 발레를 제작했다. 스트라빈스키의 음악, 나탈리야 곤차로바의 무대장치, 브로니슬라바 니진스카의 춤이 함께한 「결혼(Les Noces)」이었다. 스트라빈스키에게 이 음악에 대한 아이디어가 처음 떠오른 것은 「봄의 제전」을 작곡하던 중이었다. 전쟁 기간 띄엄띄엄 작곡되면서도 1923년까지는 완성되지 못한 이 작품은 러시아 민요와 그리스 정교 예배를 연상시켰다. (4대의 그랜드 피아노가 등장하는) 이 작품에도 「제전」의 타악기적인 몰아침이 있었다. 그러나 덜 파괴적이고 더 서정적이며 눈에 띄게 종교적이었는데 특히 합창 부분이 그랬다. 이런 차이는 어느 정도는 유라시아니즘에 대한 이 작곡가의 점증하는 관심을 반영했을 수 있다. 그것은 1920년대에 백러시아인들 사이에서 성행한 망명자들의 슬라브주의 운동이었다. 그들은 미래는 볼셰비키도 서구도 아닌, 베드로 이전의 기독교적이고 비잔티움적인 과거 위에 세워진 새로운 "유라시아" 문명에 속한다고 믿었다. 그것은 스트라빈스키를 오랫동안 매혹시킨 다양한 아이디어에 권위와 러시아 정교에 대한 강조가 더해진 것이었다. 한 망명 러시아 평론가는 이 음악을 이렇게 묘사했다. "그리스 정교적 일상의 미스테륨……음악적으로는 역동적이지만 감정적 차원은 이콘의 평온함과 고요함으로 충만하다."[56]

그렇지만 브로니슬라바 니진스카는 러시아 혁명의 문화와 예술에 고취된 채로 「결혼」에 다가갔다. 그녀는 전쟁 직전 러시아로 돌아갔다. 오빠와 함께 하던 작업을 계속하기로 결심한 그녀는 모스크바에서 시간을 보내다가 키예프에 정착했고, 학교를 세워서 언젠가 바츨라프와 함께 운영하기를 바라는 발레단을 위한 무용수들을 훈련시켰다. 힘들지만 흥분되는 시간이었다. 제자들은 수업료를 음식이나 연료로 지불했고, 밤새 머물면서 예술의 미래에 대해서 토론했다. 러시아 혁명이 발발하자 니진스카는 모스크바로 갔는데, 이 도시의 아방가르드적 신경 중추에서 자신의 천분을 깨달았다. 그녀는 카바레에서 일하면서 구성주의 디자인에, 산업 예술과 급진적인 연극 제작물들에 끌렸다. 이후 수 년간 니진스카는 이런 실험들을 자신과 바츨라프가 개척한 테크닉에 적용하기 위해서 부단히 노력했다. 그녀의 학교에서의 훈련은 고전적 기초를 가졌지만, 그녀는 더 밀도 높고 신장성이 좋은 강건함과 현대적 미학을 위해서도 노력했다. 언젠가 직접 설명한 바와 같이 그녀는 "자동차나 비행기의 역동적인 리듬……속도, 감속, 그리고 예기치 못한 불안한 중단"을 추구했다. 그녀의 머릿속에서는 오빠가 절대 떠나지 않았다. 1921년 그의 정신이상을 알게 되자 그녀는 자신의 어린 두 자녀와 나이든 어머니를 몰래 서구로 돌려보냈다(그녀의 여행 요청은 공식적으로 기각되었다).[57]

「결혼」은 「제전」에 대한 니진스카의 답신이었다. 그것은 러시아 농민 결혼식의 재현이었다. 유쾌한 행사가 아니라 불길한 전조의 사회적 의례였고, 감정은 예식적 형식들 속에서 엄격하게 억제되고 제한되었다. 이 발레는 가족과 친구에 대한 신랑신부의 관례적 이별과 결혼이라는 그들의 예정된 결합을 묘사했다. 이 정적이고 무거운 발레는 완고하고 시간을 초월한 농민 세계의 강력한 탄원이었다. 이 발레에서 가장 중요한 것은 스타일이었다. 니진스카는 무대장치에서 곤차로바와 긴밀하게 작업했는데, 그녀 역시 전쟁 전에 모스크바 예술계를 이끌던 존재였고 민속 예술, 종교적 상징물, 동양에 강한 관심을 가졌다. 곤차로바는 디아길레프의 대들보들 중 하나였다. 그녀는 1914년 파리에서 그에게 합류해서 초기의 러시아적 발레들의 스타일인 장식적인 신(新)원시주의 무대장치를 디자인했다. 따라서 그녀는 「결혼」에 처음에는 옛날 발레 뤼스식의 밝고 풍부한 색채의 무대장치를 제안했다. 그렇지만 니진스카는 그중 어느 것도 채용하지 않으려고 했다. 이 안무가는 대신 어두운 단색을 대량으로 쓰면서 당시 프롤레타리아와 널리 연관되던 빛깔인 뚜렷한 회청색을 주제로 하자고 제안했다. 곤차로바는 즉시 실마리를 잡았고, 소박한 농민적 선으로 재단되고 극도의 단순함과 무채색을 가진 투박한 갈색과 흰색의 의상으로 반응했다. 무대장치도 똑같이 삭막하고 구성주의적이어서, 밋밋한 회청빛의 기하학적 모양(쐐기형, 원호, 직사각형)을 한 딱딱한 벤치와 플랫폼들이 빽빽하고 양식적이며 정적인 디자인으로 배치되어 있었다.

니진스카의 춤들도 소박했다. 여성들은 푸앵트로 연기했지만 공기 같은 느낌을 창출하기 위한 것은 아니었다. 대신 니진스카는 그들의 육체가 길어져서 "비잔티움 모자이크의 성자들과 비슷해지기를" 바랐다. 스텝들은 고전적이었지만 냉담하고 구식이며 장식과 꾸밈이 모두 배제되었다. 무용수들은 차가운 객관성과 정확한 규율을 가지고 움직였다. 무용수들이 푸앵트로 착암기처럼 무대를 찧는 예리한 스텝들도 있었다. 신부의 머리카락 길이는 90센티미터나 되었는데, 친구들이 그녀의 머리를 땋았다 풀었다 하면서 자신들과 그녀의 연결을 보여주는 데에 사용하는 한편, 이 어린 아가씨를 마치 스스로의 의지라고는 없는 것처럼 끌어당기고 조종하는 데에도 사용했다. 프티파 시대의 과거를 선호하는 확고한 취향을 가진 망명 평론가 앙드레 레빈손은 이 발레의 정신 사나운 "자동화 동작들"은 "기계처럼 보인다. 즉 기계적이고 공리주의적이고 산업적으로 보인다"고 썼다. 그는 "노동계급 민중의 무리뿐 아니라 붉은 군대 일개 사단이 통째로 이 쇼에 참가하는 것처럼" 보인다고 말했다. 그는 집단이 개인에게 요구하는 잔인한 희생을 묘사한다는 이유로 「결혼」을 "마르크스주의" 무용으로 불렀다.[58]

그렇지만 「결혼」은 그 금욕주의에도 불구하고 심오한 근원적 서정성도 가지고 있었다. 니진스카의 스텝들은 조화롭고 전체적이지, 절대 분열적이거나 해체적이거나 낱낱이 붕괴되지 않았다. 이들은 "유사분열 중인 세포들"이 아니라 자유의지를 박탈당한 사람들이었다. 이 발레는 여전히 공연되는데, 그들의 종속과 상실, 억압되고 제한받는 감정이 오늘날까지 느껴진다. 여자들

브로니슬라바 니진스카의 「결혼」. 길게 땋은 머리를 친구들 위로 늘어뜨리고는 그들에게 지탱되는 신부.

이 자신의 얼굴을 마치 벽돌처럼 차례차례 충실하게 쌓아올려서 추상적인 피라미드 구조를 형성하는 것은 이 발레의 가장 사무치고 효과적인 이미지들 중 하나였다(이 이미지는 배우들이 서로에게 차례로 올라가 육체적 구조물을 구축하는 메이예르홀트의 "피라미드 쌓기" 운동을 연상시켰다). 신부는 자신의 얼굴을 꼭대기에 얹은 채 낙담해서 양손으로 머리를 감쌌다. 우리는 여기서 개인들(얼굴들), 그리고 권위와 집단에 대한 그들의 종속 모두를 볼 수 있다. 만일 하나의 얼굴만 떨어져나가도 피라미드는 무너질 것이다. 발레의 말미에서 여자들은 이 피라미드 포즈를 다시 취하는데, 이번에는 신부는 떠나고 그들 가운데에 없다. 남자들은 무대 양 옆에 정렬해서 체념의 태도로 고개를 양손 위에 떨군다. 남자 형상이 피라미드 뒤에 서 있는 가운데 최후의 징소리가 들리자 그는 사제처럼 양팔을 들어올리고 막이 내린다.

　스트라빈스키의 선례를 따라 니진스카는 오빠의 허무주의에서 벗어날 길을 그리스 정교 예배의 형식미와 고행에서, 다시 말해서 비잔티움의 성자들에게서 찾아냈다. 그렇지만 「결혼」은 종교적인 발레는 아니었다. 대신 그것은 현대적 비극이었다. 또한 권위, 러시아 정교, 공동체적인 과거를 기념하는 복잡하고 대단히 러시아적인 극일 뿐만 아니라, 그것들이 개인들의 삶에 가지는 잔혹한 영향을 묘사하기도 했다. 니진스카의 위대한 업적은 외부적 형식과 내면적 감정을 동시에 보여주는 능력에 있었다. 「결혼」은 이렇듯 냉정하고 현미경으로 들여다보는 듯한 객관성과 「제전」의 고르고 침투 불가능한 표면을 가졌지만, 슬픔과 고통 역시 언뜻 허용하면서 이를 발레의 틈새로 사무치도록 절박하게 발산했다. 이것은 오늘날 우리가 추측하는 바와 달리, 이런 감정이 억눌린 제의 형식에서 완전히 풀려나서 자유롭게 표현되는 것이 더 낫다는 생각이 아니었다. 그 반대로, 이 감정은 제의화되었기 때문에 더 강력했다. 「결혼」은 러시아에 대한 기념비였다. 잔인하지만 그럼에도 위엄 있는 "결혼의 제전"이었다.

「결혼」 이후 니진스카는 러시아적 주제들로부터 전반적으로 등을 돌렸다. 그녀는 1925년 발레 뤼스를 떠나서 자신의 극단을 만들었다. 그렇지만 디아길레프는 동방으로부터의 재능 물색을 결코 멈추지 않았다. 1925년 그는 프로코피예프와 접촉했다. 이 작곡가는 디아길레프가 자신에게 "당대의 삶에서 가져온 주제에 관한 새로운 발레를……볼셰비키적 발레를" 창작하라고 제안했다고 친구에게 편지했다. 디아길레프는 이 프로젝트에 소련 감독인 메이예르홀트와 알렉산드르 타이로프, 발레 마스터 골레이조프스키를 데려와서 작업하려고 했으나 실패했다. 결국 마신이 떠맡았다. 1927년 파리에서 초연된 「강철의 춤(Pas d'acier)」은 포레게르의 것과 비슷한 작품이었다. 바퀴와 피스톤, 공장 노동자로 분한 발레리나, 망치와 도르레와 컨베이어 벨트가 있었고, 공업용 조명의 거슬리는 휘황함 속에 공연되었다.[59]

디아길레프는 조지 발란신이 유럽에 있다는 이야기를 듣자 즉시 이 젊은 안무가를 찾아냈다. 그리고는 누구든 소련에서 온 사람에게는 그랬듯이 고국의 예술적 발전에 대해서 꼬치꼬치 캐물었다. 발란신은 미시아 세르의 거실에서 자신의 작품을 조금 보여주었고, 이 단장은 그 후 얼마 지나지 않아 그를 고용했다. 두 남자는 감정적 혹은 성적 애착을 절대 가지지 않았다. 그럼에도 디아길레프는 발란신의 교육을 손수 맡았고, 이 젊은 안무가가 유럽 회화와 예술을 공부하도록 압박했다. 후일 발란신은 한 이탈리아 성당에 앉아서 (단장은 점심 먹으러 간 동안) 르네상스 화가 페루지노의 그림 하나를 몇 시간 동안 응시했던 일을 회고했는데, 이런 강요에 처음에는 분개했지만 나중에는 깊이 감사했다고 말했다.

발란신은 발레 뤼스를 위해서 많은 발레들을 만들었다. 주로 그가 페트로그라드에서 발전시킨 표현양식인 늘어뜨린 육체, 관능적인 포즈, 곡예적이고 딱딱한 움직임을 가진 것들이었다. 그러나 1920년대 후반 그는 후일 "계시"라고 부른 것을 만들었고 경로를 거의 완전히 전환하다시피 했다. 그 발레는 「아폴로(Apollon Musagète)」였고 계시의 원천은 스트라빈스키였다. 이 작곡가는 「결혼」 후 수 년간 민속 전통에서 점점 멀어졌고, 차이콥스키와 「잠자는 숲속의 미녀」처럼 서구의 영향을 받은 러시아적 유산 쪽으로 눈을 돌리게 되었다. 그는 「아폴로」를 위해서 루이 14세의 시대와 1674년 프랑스의 시인 니콜라 부알로의 고전주의에 대한 옹호인 『시학(*L'art poétique*)』을 되돌아보았다. 그는 부알로의 시에서 영감을 받아서 17세기 라임 및 미터 규칙에 기초한 "음악적 알렉산더격(프랑스 시와 극문학의 주요 운율. 12세기 프랑스의 궁정 문학작품 '알렉상드르 이야기[Roman d'Alexandre]'에서 처음 사용되었다. 한 행은 12음절로 이루어지며 이는 다시 6음절의 두 반행으로 나뉘는데, 감정 표현이나 서술적 묘사 혹은 장엄한 표현에 적합하다는 장점을 가진다/역주)"을 가진 엄격하고 절제된 곡을 작곡했는데, 그의 말에 의하면 한 변주곡의 피치카토 반주는 "푸슈킨의 어떤 2행 연구(聯句)에서 암시받은 러시아적 알렉산더격"에도 의지했다. 「제전」이나 「결혼」의 고동치는 타악기 리듬은 사라지고 「아폴로」는 대신 현악으로 작곡되었다. 1928년에 스트라빈스키가 발란신을 위해서 이 음악을 연주하자 이 안무가는 충격을 받았다. 후일 그는 스트라빈스키의 음악이 자신이 "감히 모든 것을 사용하지 않는 것이 가능하며" 자신도 "삭제할 수 있다"는 것을 가르쳐주었다고 회고했다. 어느 날 오후 리허설을 보던 디아길레프는 놀라서 드랭에게 몸을 돌렸다. "그가 하고 있는 것은 대단해. 우리가 프티파 이후로는 보지 못한 순수한 고전주의야."[60]

「아폴로」는 짧은 무용 에세이 구조였고, 일련의 타블로들을 통해서 이야기되었다. 아폴로의 탄생, 뮤즈들에 의한 시, 마임, 춤의 교육, 파르나소스 산으로 다시 오르기. 아폴로는 다듬어지지 않고 교육받지 않은 상태로 태어났다. 그의 움직임들은 무질서하고 무형식적이었다. 후일 발란신은 자신의 아폴로는 올림포스 산의 거석이 아니라고 설명했다. 그는 "어린 아폴로, 즉 긴 머리카락의 소년"을 원했고, 스텝들을 만들면서 축구선수를 염두에 두었다. 테르프시코레가 이끄는 뮤즈들은 아폴로의 어린아이 같은 야만스러운 에너지를 제련하고 교화함으로써 그가 신처럼, 그리고 무용수처럼 행동하도록 가르친다. 그는 우아하게 움직이는 것을 배운다. 귀족으로서가 아니라, 지식에 의해서 격상되고 아름다움에 의해서 유지되는 존재로서이다. 뮤즈들은 여성이다. 초연에서 앙드레 보샹이 맡았던 의상은 1929년 샤넬에 의해서 다시 만들어졌다. 아폴로 역할을 처음 공연한 것은 니진스카가 키예프에서 뽑은 젊고 경험 없는 무용수 세르주 리파르였다. 리파르는 육체적 비율은 완벽했지만 고전적 테크닉은 덜 발달되어 있었다. 그의 타고난 재능과 발란신의 스텝들을 수행하기 위한 고된 훈련은 안무의 일부였다. 그는 정말로 춤을 배우는 중이었던 것이다.

따라서 「아폴로」는 17세기 프랑스와 제정 러시아의 전통 양자에 대한 발란신과 스트라빈스키의 존경의 표시였다. 그러나 이는 급진적 이탈이기도 했다. 스트라빈스키의 음악과 마찬가지로 발란신의 움직임들은 고전적이면서도 명백히 현대적이어서, 플렉스(flex : 푸앵트와 반대되는 개념으로 발끝을 몸쪽으로 바짝 당긴다/역주) 상태의 발, 내밀어진 골반, 움츠러들고 내려앉은 오목한 등을 가진 채 몸을 구부리고 균형을 잃었다(후일 발란신은 어떤 아폴로에게 이렇게 말했다. "네 등엔 뼈가 없어. 고무처럼 미끄러지라고"). 그것은 절대 브라부라가 아니었다. 그 대신 아폴로와 뮤즈들은 산책이라도 하는 것처럼 편안하고 서정적으로 돌아다녔다. 춤을 구성하는 것은 포지션이나 포즈가 아니라 돌진, 푸앵트로 수행하는 섬세한 걷기, 구부렸다가 다음 프레이즈로 들어가는 육체였다. 그 결과는 검약적이고 사색적이었다. 발란신은 언젠가 이 음악은 "여백"이라고 설명했다. "곳곳이 여백 위의 여백이다."[61]

발란신은 소련 모더니즘의 진지함을, 그 관능적이고 곡예적인 움직임들과 신비주의적이고 천년왕국적인 함축을 "삭제"한 것처럼 보였다. 그러나 그 극단적인 유연성과 즉흥성 및 자유를 선호하는 취향은 간직했다. 그는 무용수들의 움직임을 인간의 비율에 맞춰서 정제하고 축소하고 줄였다. 예를 들면 어느 순간 무용수들은 니진스카의 인간 얼굴들의 구조주의적 쌓기가 연상되는 움직임을 수행한다. 하지만 고정된 무게와 부피의 피라미드 대신 아폴로가 뮤즈들의 머리를 하나씩 차례로 손으로 감싸고, 그들은 헌신의 표시로 자신의 얼굴을 서로의 어깨에 부드럽게 내려놓는다. 디아길레프가 목격한 바와 같이, 이 안무의 많은 부분이 발란신이 자신의 마린스키 훈련을 이 발레의 새로운 현대적 형식으로 빚어넣는 방식에 신세졌다. 이것은 무용수들이 등을 곡예적으로 구부리거나 접을 때까지도 유지되는 균형 잡히고 귀족적인 스텝들을 두고 하는 말이지만, 이 발레의 이미지 및 포즈를 두고 하는 말이기도 하다. 네잎클로버 모양으로 얽힌 팔이나 다리들이 벌어져서 부채꼴의 아라베스크가 되는 것은 프티파를 (그리고 그리스의 장식띠들을) 연상시켰다. 차이는 발란신의 이미지들은 추상적이고 조각적이지, 절대 예쁘거나 장식적이지 않다는 것뿐이었다. "프티파를 향해 전진!" 이 말을 먼저 한 사람은 로푸코프였지만, 이를 춤에서 구현할 방법을 찾아낸 사람은 발란신이었다.

그렇지만 프티파만은 아니었다. 발란신은 그리스와 르네상스 예술을 향해서도 "전진"했고, 시각적 은유를 사용해서 이 발레의 주제를 연마함으로써 과거의 회화적, 조소적 전통에 결부시켰다. 어느 순간에는 뮤즈들이 3인조 대형을 취해서 아폴로를 끌어당기지만, 결국 파르나소스 산을 오르면서 그들을 이끄는 것은 아폴로이다. 또다른 순간 아폴로는 바닥에서 포즈를 취하면서 테르프시코레에게 손을 뻗고 그들의 집게손가락들이 닿는다. 이것은 무대 위에서 신이 아담에게 생명을 주는 미켈란젤로의 시스티나 성당 천장화를 연상시킨다. 「아폴로」의 중요성을 관객과 평론가가 완전히 이해하는 데에는 수 년이 걸릴 것이었지만(그리고 수 년 후에 이 발레는 많은 수정과 변화를 겪을 것이지만) 디아길레프는 그것을 처음부터 알았다. 그가 옳았다. 「아폴로」는 발란신과 이 예술의 미래 양자에 분수령이 된 춤이었다. 스트라빈스키와 더불어 발란신은 자신의 러시아적 전통에도 불구하고, 그리고 러시아적 전통 때문에 동양으로부터 단호하게 돌아섰다. 그는 「불새」, 「제전」, 「결혼」으로부터 몸을 돌려서 다시 서구 문명의 인문주의적 전통으로 향했다.

이듬해 디아길레프가 베네치아에서 죽었다. 그의 죽음의 충격은 유럽 전역에서 통감되었고 그를 알던 사람들은 혼란 속에 불안해했다. 해리 케슬러 백작은 "나의 세계의 일부가 그와 함께 죽었다"고 썼다. 발레 뤼스는 다시 해산되었는데 이번에는 영구적이었다. 그렇지만 그 유산은 깊고 영속적이라는 사실이 밝혀질 것이었다. 발레 뤼스는 루이 14세 이래 처음으로 춤을 유럽 문화의 중심에 놓았다. 정말이지 디아길레프는 예술적 전통 전체를 러시아로부터 서구로 도로 옮기는 데에 성공했다. 그리고 이것이 전부가 아니었다. 그는 러시아 모더니즘 아방가르드 무용의 폭발적 에너지의 물꼬를 터서, 가장 유망한 예술가들 여럿에게 새로운 전망과 기회를 열어주었다. 포킨, 니진스키, 발란신이 야기한 급진적 변화는 상트페테르부르크에서 시작되었고 제국 및 혁명 문화에서 살찌워졌다. 그러나 그것들은 파리에서 발레 뤼스에 의해서 가장 완벽하게 표현되었다. 나아가 디아길레프는 프티파와 차이콥스키의 선례를 따라서, 안무가들이 완전히 진짜 음악 및 동시대 작곡가들과 작업하게 만듦으로써, 춤을 주문 제작 발레 음악의 틀에 박힌 작업방식에서 끌어내어 스트라빈스키의 현대 세계로 밀어넣었다. 무대장치와 의상도 마찬가지였다. 패션과 예술은 연극, 디자인과 통합되었다. 이 모든 것 뒤에는 새로운 20세기적 절박함이 있었다. 오락적 참신함을 창작하는 것으로는 더 이상 충분하지 않았다. 중요한 것은 완전히 새로운 "예술 세계들"을 창안하는 것이었다.[62]

그러나 만일 발레를 서유럽에 돌려준 것이 디아길레프였다면, 그곳에서 그것을 유지시킨 것은 전쟁과 혁명이었다. 고국으로 돌아갈 수 없거나 그럴 생각이 없는 러시아 망명 무용수들은 유럽 대륙 전역과 영국, 미국, 캐나다, 남미로 퍼져나갔고, 가는 곳마다 연기자와 관객을 훈련시켰다. 파블로바, 카르사비나, 포킨, 니진스키, 니진스카, 마신, 리파르, 발란신은 모두 서구에 정착했다. 너무 많아서 이름을 댈 수 없는 다른 무용수, 예술가, 음악가들도 그들에게 합류했으니, 엄청난 규모와 의미의 문화적 두뇌 유출이었다. 나아가 디아길레프에 의해서 형성된 신세대 서유럽 무용수들 역시 러시아인들과 더불어, 발레 뤼스의 이미지 속에서 완전히 새로운 국민 무용 전통을 전개하고 수립할 것이었다. 하나만 예를 들어보자. 영국 로열 발레의 기초를 세울 프레더릭 애슈턴, 니넷 디 밸루아, 메이너드 케인스 모두 발레 뤼스와 「잠자는 숲속의 공주」에서 실마리를 얻었다. 이 점은 아무리 강조해도 지나치지 않다. 20세기 프랑스, 영국, 미국 발레의 존재는 디아길레프와 그의 시대의 정치적 격변 덕분이었다.

그렇지만 러시아로 돌아가면 상황이 꽤나 달라 보였다. 1920년대 후반 즈음 스탈린이 권력을 굳혔다. 예술은 사회주의 국가의 억압적인 규칙들에 점점 더 순응할 수밖에 없었다. 서양과 동양 간의 예술과 아이디어의 흐름은 발레 뤼스의 활력소였고, 디아길레프는 그 촉진을 위해서 그렇게나 노력했다. 그것이 돌연 축소되었다. 소련에서 디아길레프와 발레 뤼스는 악마 취급을 받았고 결국 공식적으로 기록에서 삭제되었다. 이 발레단의 발레들은 대부분 냉전이 끝날 때까지 공연되지 못했다. 러시아의 발레 전통은 이렇듯 쪼개졌다. 서양에서는 「아폴로」가 전도유망한 새로운 출발을 알렸지만, 소련에서 고전 발레는 보다 강압적이고 이념적으로 주도되는 경로를 밟게 되었다. 남아 있는 것이 없지는 않았다. 깊은 재능의 샘이 남아 있었고, 이 나라는 열정과 헌신으로 공연하는 훌륭하게 훈련받은 무용수들을 계속 배출할 것이었다. 사실 스탈린은 그들에게 가장 중요한 자리를 주었고, 고전 발레도 마찬가지였다. 좋건 나쁘건 고전 발레는 스탈린의 발레가 되려고 하고 있었다.

9
뒤에 남은 것? 스탈린부터 브레즈네프까지의 공산주의 발레

이제, 여러분께 질문이 하나 있습니다. 최고의 발레를 가진 것은 어느 나라죠? 여러분의 나라인가요? 여기에는 상설 오페라 극장과 발레 극장조차 없잖아요. 여러분의 극장은 부자들이 주는 것으로 꾸려나갑니다. 우리 나라에서는 돈을 주는 것이 국가예요. 그러니 최고의 발레는 소련에 있습니다. 우리의 자랑이죠.……어디의 예술이 상승세이고 어디의 예술이 내리막인지 여러분 스스로 아실 겁니다.
—니키타 흐루쇼프

당국이 동화를 좋아한 것은 민중의 주의를 현실로부터 돌리기 때문이었다.……발레가 그들의 예술이었던 것은 현실이 없기 때문이었다. 하지만 그것은 우리의 예술이기도 했다.……우리 역시 삶을 직면하기를 바라지 않았다.……우리는 말 속에서 익사하고 있었다. 우리가 발레를 사랑한 것은 아무도 이야기하지 않기 때문이었다. 공허한 의례들도 없었다.
—바딤 가옙스키

그러나 불행히도 사회주의 리얼리즘은 그냥 취향의 문제가 아니었다. 그것은 철학인 동시에 스탈린 시절 작동한 공식 원칙의 주춧돌이기도 했다. 사회주의 리얼리즘은 수백만 남녀의 죽음에 직접적 책임이 있다. 왜냐하면 국가의 권력을 최고의 선(善)으로 묘사하면서 개인의 고통을 폄하하는 것을 과업으로 삼은 작가와 예술가의 국가 예찬에 기초하기 때문이다.……그러니 사회주의 리얼리즘에 맞서는 투쟁은 진리를 옹호함으로써 결과적으로 인간 자체를 옹호하는 투쟁이다.
—체슬라브 밀로즈

이오시프 스탈린은 모스크바의 볼쇼이 극장에 개인 박스석을 가지고 있었다. 그는 한때 차르를 위해서 준비되던 옛날의 금박으로 덮인 황실 시설을 사용하지 않았다. 대신 그는 극장 한구석 무대 좌측에 끼워넣은 특별히 설계된 방탄 고립구역에서 오페라와 발레를 관람했다. 그의 박스석에는 거리로 면한 별개의 출입문과 보드카가 가득하고 전화가 설비된 곁방이 있었다. 그것은 그의 치세의 비밀스럽고 편집증적인 성격이 반영된 설비였다. 예전 차르의 발레 행차를 둘러싼 요란한 공개 행사와는 완전히 대조적으로, 관객과 무용수들은 스탈린이 언제 등장했는지 혹은 그의 대역들 중 누가 거기서 관람 중인지 결코 알지 못했다.

그리고 그들은 정말로 관람했다. 이 위대한 영도자는 발레에 특별한 관심을 가졌으며, 발레 제작은 공산당에 의해서 단단히 감시되고 통제되었다. 이는 발레에 모여드는 것이 모스크바 시민들이라는 점에서 지역적 영향의 문제였지만 동시에 국제적 위신의 문제이기도 했다. 모스크바를 방문한 외국 외교관과 고위관리들은 볼쇼이 극장에서 저녁을 보내기를 기대할 수 있었다. 무용수들은 해외 문화사절 역할도 했다. 가장 유명한 것은 제2차 세계대전 이후 수년간 엄청나게 성공한 볼쇼이의 서구 순회공연이었는데, 이 공연으로 발레단은 소련의 힘과 문화적 업적의 상징이 되었다. 스탈린의 후계자 니키타 흐루쇼프는 언젠가 「백조의 호수」 공연을 너무 많이 본 나머지, "하얀 튀튀들과 탱크들이 온통 뒤죽박죽으로 섞인 것들에" 쫓기는 꿈을 꾼다고 불평하기도 했다. 고전 발레는 소련이라는 나라의 사실상의 공식 예술이었다.[1]

왜 발레였을까? 왜 이 우아한 19세기 궁정 예술이 20세기 전체주의 국가의 문화적 중심물이 되었을까? 답은 복합적이지만 무엇보다도 이념과 관련되어 있었다. 귀족과 차르로부터 혁명적인 "노동자"와 "민중"으로의 이동은 깊고 영속적이었다. 공산주의 통치하에서 발레의 전체 목표가 바뀌었다. 즐거움을 주거나 궁정 위계, 스타일을 반영하는 것으로는 더 이상 충분하지 않았다. 발레는 "민중"을 교육하고 표현해야 했다. 발레가 두각을 나타낸 것은 어느 정도는 그 과업에 이상적으로 적합하다고 인식된 덕분이었다. 연극이나 오페라나 영화와 달리, 발레에는 이해와 감상에서 러시아어가 불필요한 러시아적 공연 예술이라는 장점이 있었다. 그것은 제국적 뿌리에도 불구하고 거의 문맹인 노동자들부터 교양 있는 외국 대사들까지 누구나 접근 가능한 보편적 언어였다. 특히 (냉전 시기의) 미국인들에게 그랬다.

물론 음악도 이런 장점을 가졌지만 이념적 해석의 난이도가 더 높았다. 일련의 음들이 어떤 의미인지 절대 확신할 수 없는 것이다. 작곡가들은 그들의 음악이 당 수뇌부를 기만하고 체제를 약화시킬 목적으로 설계된 "수수께끼"(스탈린)이자 술책이라는 혐의를 당국으로부터 항상 받았다. 스텝도 어쨌거나 태생적으로 추상적이니 발레도 이런 문제를 가질 수 있었다. 그러나 발레의 모호성은 모든 스텝과 포즈를 스토리에 속박시킴으로써 감소될 수 있었다. 우리가 살펴본 바와 같이, 소련 발레들은 사회주의 낙원의 삶을 묘사하거나 설명하도록 디자인된, 문학적이고 교훈적인 침묵의 극(혹은 무언극)이었다. 정말이지 춤과 선전활동을 갈라놓는 선은 종종 위태로울 정도로 가늘었는데, 그것은 의도적이었다.[2]

발레는 아마 모든 공연 예술 중 가장 통제가 용이했을 것이다. 스탈린 통치 최악의 시절에는 시 한 줄이 체포나 처형으로 이어질 수 있었다. 작가, 작곡가, 하다못해 극작가들까지 내면의 망명으로 도피해서 은밀하게 작업할 수 있었다. 그들은 작품을 책상 서랍에 몰래 집어넣었다가 더 너그러운 시절에 회수할 수 있었다. 그러나 발레는 책상 서랍을 가지지 못했다. 발레에는 표준화된 성문 표기법이 없어서 신뢰할 만한 기록이 불가능했고, 아무렇게나 갈겨써서 치워두는 것은 더욱 믿을 수 없었다. 무용수들과 안무가들은 이렇듯 의지할 것이 별로 없었다. 그들의 작품은 태생적으로 공개적이고 협동적이었다. 특히 스탈린이 권력을 강화한 1930년대에는 방대한 당 조직망이 제작의 모든 측면으로 파고들었다. 대본, 음악, 무대장치, 의상, 안무는 모두 노조, 당 관리, 노동자들과 (경쟁관계이며 흔히 앙심을 품은) 동료들로 구성된 위원회의 점검을 받아야 했다. 이런 개입에 대한 이념적 정당화는 노동자들과 "그들의" 당은 최고의 예술 심판일 수밖에 없다는 것이었다. 하지만 그 결과는 흔히 터무니없었다. 많은 사례들 중 하나만 예를 들어보자. 발레 「맑은 시냇물(Bright Stream)」(1935)은 모스크바에서 무대에 오르기 전 총 리허설에 참가한 카가노비치 볼 베어링 공장의 연극 평론 모임의 수정 제안들을 의무적으로 유념해야 했다.

예술가들에게 통제는 타협을 의미했다. 소련 통치하에 제작된 발레들에는 개인으로서의 작가가 없었다. 서구에서는 당연시되는 예술적 시각의 자유로운 표현을 표방하지도 않았다. 대부분의 소련 발레들은 예술가들과 국가 사이의, 그리고 교조적 생각과 창조적 생각 사이의 복잡한 절충을 대변했다. 어떤 춤이 (자주 바뀌는) 당 노선에 어긋난다는 사실이 밝혀지는 경우가 자주 있었는데, 그러면 협조하라는 압력이 극심해서 스텝을 변경하거나 음악이나 플롯을 수정하거나 의상을 교체해야 했다(당은 내숭으로 악명 높았다). 몇 달간의 작업이 재앙으로 끝날 수 있다는 것을 모든 예술가들이 알고 있었다. 제작물, 경력, 심지어 삶까지 폐허가 될 수 있었다. 그리하여 자기 검열은 몸에 밴 습관이 되었다. 소련 발레는 절대 그냥 발레가 아니었다. 그것은 거의 문자 그대로, 국가의 문제였다.

그럼에도 무용수들은 극히 충성스러웠다. 그들은 (스탈린 전에는 차르에게 그랬듯이) 감사와 사욕으로 위대한 아버지에게 매인 공복(公僕)이었다. 다수가 가난한 배경 출신이었는데, 국가는 그들의 모든 요구를 알아주었다. 그들은 무용수라는 자격으로 먹고, 보호받고, 교육받고, 평범한 소련 시민들은 꿈도 꾸지 못할 특권과 위세를 누렸다. 스타 무용수들은 시골 별장, 자동차, 음식과 의료, 그리고 (전쟁 후에는 엄격한 제한들을 붙여) 외국 여행의 기회를 가졌다. 비록 지배층의 꼭두각시로서 반짝이는 평행우주에서 살았을지언정 그들은 소련 지배층에 속했다. 더욱이 무용수들은 군사 스타일로 단련을 받다 보니 권위에 대해서 문제를 제기할 준비와 의향이 없었다. 체제에 대한 문제 제기는 결국 그의 체제 내 위치를 위험하게 했다. 그리하여 영국 철학자 아이자이어 벌린이 제2차 세계대전 직후 모스크바에서 공식 행사에 참석했을 때, 그는 세심하게 심사된 작가 집단과 더불어 배우들과 발레 무용수들도 만났다. 그가 들은 바에 의하면, 그들은 "예술가들 중 가장 단세포적이고 가장 덜 지적이라서" 대개 무해하다고 여겨졌기 때문이다.[3]

실제로 춤은 반정부 인사를 배출하지 않았다. 체제가 너무 폐쇄적이라는 것을 결국 깨달은 소수는 머물면서 투쟁하지 않았다. 그들은 떠났다. 춤에는 중립적 입장이 극히 드물었다. 아니, 그 이상이었다. 대부분의 무용수들은 국가의 업적을 자랑스러워했고 이에 깊이 관여했다. 소련 통치하에서 고전 발레는 한정된 도시적 궁정 예술로부터 완전히 모스크바에 의해서 통제되는 학교, 발레단, 아마추어 공연 집단들의 방대한 대륙적 네트워크로 성장했다. 그 제도적 기반은 키로프(예전의 마린스키)와 볼쇼이 극장에 부속된 안무 아카데미(발레 학교)였다. 인재 발굴 담당들이 나라 구석구석에서 아이들을 모집해서 중앙으로 보내는 한편, 이 예술을 퍼뜨리고 수준을 높이기 위해서 훈련받은 예술가들이 다시 소련 공화국들로 보내졌다.

각 공화국의 수도와 주요 위성 도시마다 발레단이 설립되었고, 이미 존재하던 곳들은 중앙집권적 국가기구 산하에 놓였다. 소년 선봉대(청년 운동)와 콤소몰(Komsomol, 공산주의 청년 조직) 같은 지역 조직, 문화 궁전, 공장, 노조 회관을 통해서 나라 전역에서 무용 수업이 가능했다. 루돌프 누레예프를 비롯해 많은 사람들이 이런 식으로 시작했다. 지역적으로 공연하는 아마추어 무용 집단들도 있어서, 춤에 대한 지식을 더욱 퍼뜨리는 한편 춤의 위신을 강화했다. 한 역사가에 의하면, 1960년대 즈음 소련은 나라 전역에 19개의 발레 학교를 성공적으로 설립해서 국가가 지원하는 진지한 9년짜리 훈련과정을 제공했다. 그 누구도 소련이 발레를 진지하게 여기지 않았다고 주장할 수 없었다.

우리는 외견상 역설로 보이는 것과 함께 남겨졌다. 억압적이면서 이념 주도적인 경찰 국가에서 무용과 무용수들이 번성한 것이다. 더 나쁜 것은 우리가 살펴보게 될 바와 같이, 그들이 가장 훌륭하면서 영속적인 예술을 만든 시기가 가장 무자비한 시절이었다는 것이다. 예술에는 자유가 필요하다고 생각하기 쉽다. 창조성과 인간의 영혼의 융성은 개인이 외부적 권위와 억압적 국가로부터 해방되어서 스스로를 터놓고 표현할 때에만 가능하다는 것이다. 그러나 소련의 사례는 그렇지 않다는 것을 시사한다. 그곳에서 춤이 성공한 것은 국가 때문이지 국가를 무릅쓴 것이 아니었다. 그리고 소련 발레는 오랜 정치적 압박과 선전 활동으로 마비되어서 결국 예술적 혼수상태에 빠졌지만, 소련의 제도는 최악의 시점에서조차 세계에서 가장 위대한 무용수들과 가장 인상적인 발레들의 일부를 계속 배출했다는 사실은 인정해야 한다. 그들은 어디서 왔을까? 그들의 예술을 번성시킨 것은 무엇이었을까?

* * *

소련 발레는 1934년에 출범했다고 말할 수 있다. 그해에 스탈린은 레닌그라드 공산당 제1서기(이자 그의 개인적 친구) 세르게이 키로프의 살해를 꾸몄고, 그 후 그의 죽음을 대숙청 착수의 정당화에 이용했다. 이후 4년간 200만 명의 사람들이 체포되어 사형 선고를 받거나 강제노동 수용소로 보내진 것으로 추정되는데, 그들 중에는 예술가, 지식인, 고위 당 간부들이 두드러졌다. 나라의 문화적 수도이자 키로프의 개인적 세력 범위였던 레닌그라드는 불구가 되었다. 그때부터 권력은 점점 더 모스크바에 집중되었다. 그렇지만 레닌그라드 국립 아카데미 오페라 및 발레 극장(이전의 마린스키)은 냉소적이면서 고도로 상징적인 최후의 일격으로, 키로프의 이름을 기념한다는 수상쩍은 영예를 얻었다. 키로프 발레가 탄생한 것이다.[4]

그렇지만 키로프는 이 나라의 유일한 발레단이 아니었고 가장 저명한 발레단조차 아니었다. 볼셰비키는 (차르의 예전 본진인 상트페테르부르크에서 이름이 바뀐) 레닌그라드를 늘 못미더워했다. 그들은 1918년 전쟁의 압박하에 수도를 모스크바로 옮겼다. 권력의 핵심을 옛날 모스크바인들의 러시아로 재배치하려는 의도였다. 키로프의 사망 후 수 년간 발레는 세태와 영합했다. 소련 정치 생활의 지리적 심장인 크렘린 인근에 자리한 볼쇼이는 레닌그라드의 사촌을 추월하고 소련의 걸출한 발레단이 되었다. 이것은 키로프가 망각으로 미끄러졌다는 의미는 아니었다. 우리가 살펴본 바와 같이, 키로프는 언제나 이 예술에서 이론의 여지없는 선도자였고 여전히 더 좋은 학교, 더 나은 훈련, 더 우아하고 세련된 스타일을 뽐냈다. 그리고 지금 정치적 좌천이라는 바로 그 이유 때문에, 키로프는 볼쇼이가 결코 가지지 못할 수준의 예술적 유연성을 가지게 되었다. 이념의 올가미가 볼쇼이만큼 빡빡하게 당겨지지 않았던 것이다. 결과는 긴박하지만 희한하게 생산적인 관계였다. 소련 시대의 대부분 동안 키로프는 이 나라 최고의 무용과 무용수들을 배출했지만 그들을 세계에 선보인 것은 볼쇼이였다. 레닌그라드에서 볼쇼이로 예술가들이 꾸준히 흘러들었다. 볼쇼이 발레를 소련 최고의 문화기관으로 만든 재능과 아이디어를 제공한 것은 키로프였다.

키로프가 살해되기 몇 달 전, 스탈린의 총아들 중 하나로 최근 중앙위원회로 승진한 안드레이 즈다노프는 제1차 소련 작가 총연합 대회의 연설에서 예술의 사회주의 리얼리즘 정책을 선포했다. "사회주의 리얼리즘은……예술가들에게 혁명적 발전 도상의 현실에 대한 진실하고 역사적으로 구체적인 표현을 요구합니다. 나아가 현실에 대한 예술적 표현의 진실성과 역사적 구체성은 사회주의 정신에 입각한 노동자들의 이념적 전환과 교육이라는 과업과 연결되어야 합니다." 비록 표현은 부자연스럽고 둔감할지언정 이 연설은 간단하면서 천진하게 자가당착적인 명령을 담고 있었다. (노동자나 집단농장처럼) 껄끄러운 "진짜" 사회주의적 주제들을 묘사하는 예술을 만들면서도 거기에 이상주의적 눈부심을 부여하라. 아니면 어떤 대중가요 가사처럼, "동화를 현실로 바꾸고", 현실을 동화로 바꾸어라. 더불어 "형식주의", 즉 뭐든 복잡하거나 역설적이거나 세련된 고도로 완곡적인 표현은 배제해야 했다. 형식 속에 뭐든 체제전복적인 메시지를 숨긴 (혹은 숨겼다고 여겨지는) 예술은 배제되었다. 즈다노프가 분명히 한 바와 같이, 예술은 이념적으로 명쾌하고 문자 그대로여야 했다. 그것은 소련에서의 삶이 정말 이상적이라는 사실을 보여주어야 했다. 그것은 미학적 명제에 그치지 않았다. 예술가들은 노동자들과 민중의 "의식"을 바꿔놓아야 한다는 부담을 안게 되었다. 스탈린 본인이 한 유명한 말처럼 그들은 "인간 영혼의 엔지니어"였다.[5]

즈다노프의 연설은 작가들을 겨냥한 것이었지만 모든 영역의 예술가들은 자신들에게도 적용된다는 사실을 알고 있었다. 그 수칙들은 모든 예술을 재빨리 오염시켰고 잘 알려진 대로 압도적인 결과를 가져왔다. 춤에서 사회주의 리얼리즘은 "드람-발레(dram-balet)"를 의미했다. 이것은 1930년대에 전면에 나선 새로운 장르였고 이후 최소한 20년간 소련 발레 무대를 주도할 것이었다. 정교화된 것은 즈다노프에 의해서였지만 이미 1920년대 발레 모임들에서 회람되던 이 아이디어는 단순했다. 발레는 영웅적 노동자, 순결한 여성, 용감한 남성에 대한 직설적이고 고취적인 스토리를 전달해야 한다는 것이었다. 추상적인 춤들 혹은 복잡하게 우의적이거나 상징적인 발레들은 엄격하게 금지되었다. 오해의 소지가 있었기 때문이다. 모든 스텝과 몸짓은 명확한 극적 의미를 가져야 했다. 나아가 옛날의 프티파식 팬터마임도 받아들일 만한 해결책이 아니었다. 그것은 너무 인위적이고 예쁘장한, 제국적이고 귀족적인 궁정의 혐오스러운 흔적으로 간주되었다.

사회주의 리얼리즘은 "트랙터 발레"의 흐름을 일으켰다. 반짝거리는 연장을 움켜쥔 채 공장을 건설하고 집단농장에서 일하고 활발한 민속무용을 추는 소비에트 노동자들과 열성당원들이 등장하는 발레였다. 그러나 이것이 이야기의 전부는 아니었다. 드람-발레가 언제나 "트랙터 발레"가 제시하는 것처럼 공허하고 노골적으로 이념적인 발레는 아니었다. 비록 스탈린의 통치가 진척되어갈수록 절충되고 훼손되었을지언정, 최고의 작품들은 강력한 믿음과 유토피아적 이상에도 의지했다. 공식 설명은 흔히 드람-발레를 과거와의 확연한 단절이자 소련 예술의 새로운 여명으로서 묘사했다. 하지만 보다 뛰어난 사례들은 (사회주의 리얼리즘 자체와 마찬가지로) 혁명 전의 러시아 모더니즘에도 깊이 뿌리 내리고 있었다. 드람-발레의 기원은 최소한 부분적으로는 안무가 알렉산드르 고르스키(1871-1924)의 실험적인 춤들, 그리고 연극 연출자 콘스탄틴 스타니슬랍스키(1863-1938)와의 공동 작업에 있었다.

고르스키는 제정 상트페테르부르크의 산물이었다. 그는 1890년대에 마린스키에서 춤추면서 프티파의 고전주의에 몰두했다. 그렇지만 그는 세기의 전환기에 모스크바로 이동했다. 그리고 볼쇼이에서 이 옛 마스터의 발레들을 도발적인 모더니스트적 비틀기를 곁들여서 다시 무대에 올리기 시작했다. 고르스키는 포킨과 닮은 데가 있었다. 그는 고전에서 동화적 광택을 벗겨내고 선명하고 자연스러운 색깔들을 주기를 바랐다. 우리가 살펴보았듯이 포킨은 이에 양식적으로 접근했지만 고르스키의 접근은 심리적인 것이었다. 스타니슬랍스키가 관여한 것이 이 지점이었다. 그는 고르스키의 열쇠이자 드람-발레로 나아가는 연결 고리였다. 스타니슬랍스키 역시 제정 러시아 세계에 속했고 발레를 선호하는 강력한 취향을 가지고 있었다. 그는 금은사(金銀絲)를 제조하는 부유한 모스크바 사업가의 아들이었고, 그가 받은 고전적 교육에는 (차이콥스키의 「백조의 호수」의 1877년 비운의 첫 제작물에서 공연한) 발레리나 안나 소베샨스카야와의 무용 교습도 포함되어 있었다.

1898년 스타니슬랍스키는 모스크바 예술극장을 공동 설립했다. 연기에 대한 그의 접근은 자의식적으로 급진적이었다. 그는 "연극조에 반대했고, 점강법에 반대했으며, 열변에 반대했고, 과장된 연기에 반대했고……관습적 무대장치에 반대했으며, 앙상블을 망치는 스타 시스템에 반대했고, 가볍고 익살맞은 레퍼토리에 반대했다." 스타니슬랍스키는 배우들이 가장 깊은 감정적 기억을 파헤쳐서 무대 위에서 진짜 감정과 감각으로 재생산할 방법을 찾도록 밀어붙였다. 그의 배우들은 조사와 내면적 준비로 많은 시간을 보내면서 되고 싶은 등장인물의 역사와 심리에 몰두했다. 이 극단은 체호프의 초기 제작물들로 특히 높이 평가를 받았고, 동시에 논쟁도 일으켰다.[6]

고르스키는 발레로, 즉 프티파의 발레로 나아가기 위해서 스타니슬랍스키의 아이디어를 가져왔다. 그는 이 옛 마스터의 치장 많은 스텝과 장식적인 패턴이라는 외형을 피하고, 대신 마임과 몸짓을 강조했다. 그는 플롯 전개와 스토리 라인에 특별히 주의를 기울였으며, 자신의 발레들을 "미모드라마(mimodrama : 보통 음악에 맞춰 무언극으로 연기하는 연극. 움직임이 정형화되어 있지 않다는 점에서 발레와 다르다/역주)"라고 부르기를 좋아했다. 1919년 모스크바 예술극장과 볼쇼이 발레가 잠시 합병했다. 이 둘의 공동 작업은 몇 가지 획기적 제작물들로 이어졌다. 예를 들면 「지젤」의 새로운 버전에서, 고르스키는 지금까지의 다정한 마을 사람들을 무뚝뚝한 서민들로 바꾸면서 각각 다른 개인적 특성을 부과했다. 나아가 그의 윌리들은 이상화된 정령이 아니라 잿빛 얼굴에 눈 밑은 어둡게 그늘지고 누더기 드레스를 걸친 죽은 신부들이었다. 그들은 위엄 있게 똑바로 줄지어 춤추는 대신 바닥에 꼴사납게 퍼졌고 무질서하게 무대를 뛰어다녔다. 고르스키는 발레리나를 고귀한 낭만주의적 정점에서 끌어내리기까지 했다. 그는 지젤에 대한 지시를 이렇게 끼적거렸다. "신경질적인 시골 여자가 될 것. 푸앵트로 춤추지 말 것(너무 감상적임). 젊은 염소처럼 점프하고, 진짜로 날뛸 것. 양다리를 벌린 채 죽을 것, 한 다리를 다른 다리에 겹치지 말고."[7]

고르스키의 실험들은 극장 내부에서 일군의 영향력 있는 예술가들에게 조롱을 받았다. 그들은 그의 성공에 분개했으며 고전적 전통에 대한 그의 불손함을 혐오했다. 그들은 그와 맞서기 위해서 점점 커지는 국가기구를 동원했다. 고르스키는 그를 갈기갈기 찢고 그의 발레를 방해하는 공식 위원회에 시달렸다. 의기소침해진 그는 우울과 위축으로 빠져들었다. 그는 안무를 그만두었는데, 극장 복도를 무기력하게 헤매는 모습이 목격되고는 했다. 1923년 그는 정신병원에 들어갔고, 이듬해 그곳에서 죽었다. 지휘봉은 가장 공격적인 비평가이자 경쟁자들 중 한 명인 무용수 바실리 티호미로프에게로 넘어갔다.

티호미로프의 재능은 안무보다는 정치에 있었다. 1927년 그는 "선한" 중국 공산주의자들이 (찰스턴과 폭스트롯[둘 다 20세기 초 미국과 유럽에서 유행한 춤이다/역주]을 추는) "악한" 중국 및 서구 제국주의자들에 맞서는 시시한 선전선동 발레 「붉은 양귀비(The Red Poppy)」를 창작했다. 이 작품에는 거대한 금붕어와 나비들과 새들을 거느리고 더 나은 세상으로 가는 길을 보여주는 부처들이 등장하는 아편몽이 포함되어 있었다. 노동자들이 공연에 몰려들었고 (라인홀트 글리에르의 음악에는 "인터내셔널가(歌)"의 선율들이 포함되어 있었다), (레닌이 1921년 도입한 신경제정책으로 부유해진 사업가들을 비롯한) 네프(NEP) 인사들과 기관원들의 관심도 끌었다. 붉은 양귀비 향수, 비누, 사탕, 그리고 붉은 양귀비 카페도 등장했다. 그렇지만 극좌 평론가들은 전반적인 "퇴폐"를 거북해했다. "거품 낸 생크림으로 붉은 군대 장교 동상을 만들 수는 없다." 시인이자 작가인 블라디미르 마야콥스키가 특히 가차 없었다. 그의 희곡 「목욕탕(The Bathhouse)」의 등장인물들 중 한 명은 빈정대며 이렇게 논평했다. "붉은 양귀비 보러 갔다고? 오, 나도 붉은 양귀비 보러 갔지! 끝내주게 재밌더군! 꽃들이 오만 데서 펄럭거리고, 온갖 요정들이 노래하고 춤추고…… 실피드들도." 그렇지만 구세계적 저속함은 이 발레의 사실은 가장 큰 자산이라는 것이 밝혀졌다. 이 작품은 큰 성공을 거두었다. 노동조합, 언론, 당, 콤소몰의 압력하에 「붉은 양귀비」는 1929년 키로프에서 (개정 버전으로) 무대에 올랐다. 그것은 (결국 「붉은 꽃[The Red Flower]」으로 이름이 바뀐 채) 1960년까지 볼쇼이 레퍼토리에 남았고, 소련 전역의 지방 무용단들의 표준 공연작이 되었다.[8]

그 사이 고르스키의 가장 급진적인 춤들은 소실되거나 망각되었다. 그렇지만 그의 아이디어는 후일 드람-발레를 창조한 남녀들에게 선택되었으며, 스타니슬랍스키는 1938년까지 생존하면서 발레에 계속 영향을 주었다. 그리하여 즈다노프의 연설로부터 오래 지나지 않은 1934년 9월 「바흐치사라이의 샘 (The Fountain of Bakhchisarai)」이 레닌그라드에서 초연되었다. 그것은 사회주의 리얼리즘을 정의하는 제작물이자 이제껏 창작된 가장 성공적이고 지속적인 드람-발레들 중 한 편이었다. 그리고 오늘날에도 키로프 (마린스키) 발레에 의해서 여전히 공연된다. 이 발레의 리브레토는 푸슈킨의 시에서 끌어온 니콜라이 볼코프의 것이었고, 음악은 떠오르는 소련 작곡가 보리스 아사피예프의 지나치게 힘이 들어간 작품이었다.[9] 제작 감독은 세르게이 라들로프였다. 그는 제자이자 후배인 안무가 로스티슬라프 자하로프와 긴밀하게 작업했다.

라들로프는 연극 연출가였다. 메이예르홀트의 초창기 제자인 그는 마야콥스키, 알렉산드르 블로크와도 함께 작업했다. 그리고 수천 명의 민중이 등장해서 "세계 무대"의 혁명적 사건을 재현하는 공식 야외 행사와 기념제를 무대에 올리는 데에도 주도적으로 활동했다. 라들로프는 얼마 전 스타니슬랍스키의 연기 기법들을 받아들였고 자하로프도 그의 선도를 따랐다. 그들만 그런 것이 아니었다. 본인에게는 불쾌하겠지만 스타니슬랍스키는 스탈린의 개인적인 총아들 중 하나였고, (그는 싫어하는 말이었지만) 이 늙은 연출자의 "메소드(method)"는 새로운 리얼리즘 예술의 기초로서 공식 승인되었다. 그리하여 「바흐치사라이의 샘」의 준비 과정에서, 자하로프는 무용수들과 몇 달이나 작업하면서 푸슈킨의 시를 토론하고 발레의 각 등장인물들의 동기를 분석했다. 배경 스케치들이 만들어졌으며, 걷기나 힐끔 보기에 이르는 매 순간이 면밀히 검토된 후에 극적 의도가 주입되었다.

「바흐치사라이의 샘」은 폴란드 귀족의 딸 마리아의 스토리를 이야기했다. 마리아는 그녀의 순결한 아름다움에 반한 타타르족 칸에게 납치되었다. 칸의 하렘의 우두머리 격인 자레마는 질투에 사로잡힌다. 그녀는 이 결백한 소녀를 적대하다가 결국 죽인다. 분노에 찬 칸은 자레마의 죽음을 명한다. 그리고 사랑하는 마리아를 기리는 "눈물의 샘"을 건립한다. 이는 모범적인 사회주의 리얼리즘 스토리는 아니었다. 공식 문헌, 영화, 다른 발레들에 등장하는 고결한 노동자들과 자부심에 찬 당 간부들이 없었기 때문이다. 그러나 라들로프에게는 그들이 필요 없었다. 왜냐하면 당의 회합들에서 널리 숭배를 받는 저작들을 가진 푸슈킨이 있었기 때문이다. 문학을 통하는 것은 너무나 많은 발레들을 망쳐온 황망한 정치적 설교로부터 벗어날 수 있는 방법으로 보였다. 최고의 드람-발레들은 푸슈킨, 발자크, 셰익스피어 등 공식 승인된 고전에서 실마리를 찾았다.

「바흐치사라이의 샘」의 영상물과 이후 공연들은 연기와 섬광, 타오르는 산불, 죽은 시체들이 무대 전역에 널브러진 격렬한 전투 장면이 등장하는 과장된 신파극을 보여준다. 칸의 전사들은 망토를 걸친 채 쿵쿵거리고 다니는 야만인이고, 그의 하렘은 마리아의 우아하고 결백한 소박함과는 확연히 대조적인 격동적인 여인들로 가득하다. 다혈질의 자레마는 마리아에게 간청하고 협박하다가 결국 격정 속에서 그녀를 칼로 찌른다. 마리아는 기둥에 기댄 채 서서히 바닥으로 쓰러지다가 목숨이 다하고 스스로의 결백함과 순수함의 순교자가 된다.

이 모든 것이 발레적 재간을 일부러 없앤 명쾌한 몸짓과 움직임을 통해서 전달되었다. 사실 자하로프는 춤추기 자체에는 무관심했고, 대신 무언극 언어, 즉 자연주의적 팬터마임의 창조를 시도했다(「바흐치사라이의 샘」을 보면 세실 B. 드밀의 무성 영화들이 떠오르는 것은 우연이 아니다). 결과는 발레를 의도적으로 생략한 발레, 즉 고르스키의 전통을 따르지만 훨씬 덜 급진적인 "미모드라마"였다. 1920년대 초에 고르스키는 무용수들을 모나고 표현주의적인 포즈들로 정렬시켰고, 광란의 "미완성" 패턴들을 가지고 고전 발레의 대칭성을 분쇄했다. 반면 자하로프의 무용수들은 관행적이고 단조로운 스텝들을 수행했고, (형식주의라는 이유로 공식적으로 비방받는) "불필요한" 막간극들을 자의식적으로 삼갔다. 중요한 것은 춤이 아니라 연기였다.

「샘」의 성공은 이렇듯 안무와는 무관했다. 그 반대로 이 발레는 연기자들의 극적 재능에 거의 전적으로 의지함으로써 스타니슬랍스키가 강조하던 바에 부응했다. 이런 사례는 드물지 않았고, 드람-발레와 함께 춤이 아닌 무용수들에 대한 숭배가 등장했다. 연기자들이 팬들에게 그토록 숭배를 받으면서 그중 여럿이 이름만 대면 아는 존재가 되었다. 자하로프는 향후 수십 년간 자신을 드람-발레의 수호자로서 요란하게 내세울 것이지만, 그럼에도 그것의 가장 효과적인 대변인이자 옹호자는 초연에서 마리아 역을 맡은 젊은 무용수 갈리나 울라노바였다.

울라노바의 마리아는 완벽한 사회주의 여주인공이었다. 그녀는 표면상으로는 폴란드 공주 연기를 하면서도 사실은 시대를 초월해서 존재하는 듯이 보였다. 소박한 하얀 시폰 드레스를 입은 그녀는 순수하고 정숙했으며, 감정적으로는 직설적이고 스타일적으로는 꾸밈없어 보였다. 그녀는 실재하는 이상적 여인이었다. 현실적이지만 영적이고 더불어 성스럽기까지 했다. 울라노바의 경력 후반부에 제작된 영상물들에서 그녀의 전설적인 스타일을 대충이나마 볼 수 있다. 그것은 낭만적 애수와 산문적 단순함의 완벽한 혼합이었다. 그녀의 윤곽은 꾸밈없고 명쾌했으며, 그녀는 스텝을 힘들이지 않고 수행했다. 그녀는 절대 과시하지 않았다. 그녀의 움직임은 너무나 자연스러워서 그녀가 춤추고 있다는 것을 잊을 수 있었다.

「바흐치사라이의 샘」은 울라노바의 이름을 널리 알리는 계기가 되었다. 그녀는 소련에서 군림하는 발레리나가 되어서 1960년에 은퇴하기까지 널리 알려지고 사랑받았다. 그녀의 모습이 잡지와 엽서들에 등장했으며, 그녀의 공연들은 영화로, 나중에는 텔레비전으로 소련 전역에서 관람되었다. 그녀는 무용수로서뿐 아니라 소련 시민의 본보기로서도 유명했다. 그녀는 수수한 정장과 부드러운 빛깔의 옷을 입었고 솔직하고 실제적인 태도를 가지고 있었다. 수많은 공식 포상과 훈장을 받은 그녀는 레닌그라드 노동자 평의회에, 나중에는 모스크바 시 평의회에 속했다. 제2차 세계대전 기간 동안에는 그녀가 군복을 입고 머리를 뒤로 넘겨 핀으로 고정시킨 채 꼿꼿하게 서 있는 모습을 보여주는 엽서들이 널리 유통되었다. 그녀는 총애를 받는 문화사절이었다. 1948-1949년에 스탈린은 울라노바를 서구에 파견해서 공연을 하도록 했다. 그녀를 주역으로 볼쇼이 발레단 전체가 영국으로 간 1956년보다 한참 전이었다. 언제나 충성스럽던 그녀는 소련 체제의 장점과 예술적 이점을 극찬하는 책과 글들을 연이어 쏟아냈다. 한편 공식 문헌들은 그녀를 훈련과 자기희생을 통해서 높은 이상과 감정의 낙원으로 올라가는 완벽한 노동자로 만들었다(그리고 발레를 육체 노동 형식으로 만들었다).[10]

그렇지만 이 공식적인 허울에 존재하는 모든 경직성이 그녀의 춤추기에서는 완전히 사라졌다. 울라노바의 춤추기에는 무엇인가 직설적이고 인간적인 것이 있어서, 그렇지 않았다면 밋밋한 설교적 형식이었을 드람-발레에 깊이와 목적성을 부여했다. 그녀의 움직임들은 고요하고 내밀하고 아무 꾸밈도 없어서 소련 공적 생활의 부자연스러운 수사법을 혁파하는 것처럼 보였다. 그녀의 스텝들은 그녀의 가장 깊은 생각을 담아두었다가, 마치 자신도 방금 발견하기라도 한 양 즉흥적으로 펼치는 듯이 보였다. 울라노바는 외면적으로는 모범적인 소련 시민의 이미지를 보여주었지만 내면적으로는, 즉 춤추기에서는 진실하고 내성적인 일종의 진짜 감정을 표현했다. 그것은 공개 담론에서는 금지되었을 스타일이자 미학이었다. 의식적으로 혹은 무의식적으로, 그녀는 옹호하는 동시에 저항했다. 사회주의 국가와 그 업적들은 옹호했지만, 그 공허하고 판에 박힌 구호들, 그 기만과 거짓말에는 저항했다.

소련 발레의 역사에서 울라노바의 중요성은 아무리 강조해도 지나치지 않다. 그녀는 러시아의 고전주의 전통이 1920년대의 곡예적 모더니즘에서 벗어나게 만들었다(그녀는 과장되거나 성적인 것을 암시하는 포즈들은 절대 취하지 않으려고 했다). 그리고 자신의 타고난 유산일 수밖에 없었던 옛 프티파 스타일의 브라부라에서도 벗어나게 만들었다. 그녀의 헌신은 스타니슬랍스키에게 있었다. 다시 말해서 드라마와 춤에서 등장인물들의 내면적 삶을 드러내는 데에 헌신했다. 이는 새로운 것이었다.

그러나 울라노바는 19세기 초의 유산에도 의지했는데, 이 점은 중요하다. 그녀는 (1928년에)「쇼피니아나(레 실피드)」에서 가져온 춤으로 데뷔했다. 그것은 마리 탈리오니에 대한 포킨의 긴 치마를 입은 헌정이었는데, 공교롭게도 울라노바는 종종 그녀에 비견되곤 했다. 그녀의 가장 유명한 배역은 (파리에서 1841년 창작된) 「지젤」의 지젤, 「백조의 호수」의 천진하고 신비로운 백조, 그리고 물론 「바흐치사라이의 샘」의 연약하고 순결한 소녀였다. 이렇듯 역설적이게도 울라노바는 낭만주의적 과거로의 후퇴를 통해서 신기원을 열었는데, 이 사실을 아마 본인은 몰랐을 것이다. 그녀는 발레를 확장하거나 혁신적인 동작방식에 초점을 맞추지 않았다. 대신 그녀는 이 예술의 특정한 측면을 규정하고 격상시켰다.

드람-발레는 여성들과 특히 울라노바를 특별대우했지만 남성 주인공들도 존재했다. 그루지아인 바흐탕 차보우키아니는 (울라노바가 데뷔한 다음 해인) 1929년에 이전의 마린스키 발레에 합류했고, 1930년대에 마린스키/키로프의 몇몇 남성 스타들 중 하나였다. 그는 「바흐치사라이」의 초기 제작물들에서 울라노바와 나란히 춤추었고, 계속해서 몇몇 중요한 드람-발레들을 직접 안무했다. 차보우키아니는 구세계적 몸가짐과 격식을 차린 움직임을 가졌던 과거 남성 무용수들의 귀족적 태도와 확연히 단절했다. 그의 춤추기를 찍은 영상들은 크고 대담한 움직임으로 공간을 집어삼키는 엄청난 카리스마의 연기자를 보여준다. 그는 묘기와 턴을 얼마든지 할 수 있었다. 그러나 그를 더 절제되고 귀족적인 선배들과 구별되게 만든 것은 그의 관능과 남자다움, 스텝에 들어간 지나칠 정도의 공격성, 노력과 근력을 보여주는 방식이었다. 공식 보도 자료는 이 차이에 주목하면서, 남성 무용수들은 더 이상 치장한 "잠자리"나 새들이 아니라고 자랑스럽게 선언했다. 그들은 무용수보다는 운동선수를 닮은 "강력 멀티-엔진 비행기들"이었다.[11]

울라노바, 차보우키아니, 그리고 신세대 드람-발레 무용수들 뒤에는 비범한 교사 집단이 있었다. 그들 중 가장 중요한 인물은 아그리피나 바가노바였다. 울라노바와 차보우키아니의 춤추기에 생기를 불어넣은 원칙들을 처음 성문화해서 분명히 표현한 것은 바가노바였다. 그녀 역시 드람-발레, 그리고 이와 함께 등장한 감정적으로 치열한 스타일의 춤추기의 창시자로 보아야 할 것이다. 그녀는 1879년에 출생해서 차르의 제국 발레와 함께 성장했고 프티파 및 이바노프와 직접 작업했다. 그녀는 골수 구세계 고전주의자로서 1905년 미하일 포킨, 타마라 카르사비나, 그리고 마린스키의 모더니스트 전위와 대립했다. 그녀는 발레 뤼스의 일원이 아니었다. 러시아 혁명의 발발은 그녀에게 개인적 비극을 가져왔다. 그녀의 연인은 몰락한 차르에게 충성스러웠던 퇴역 대령이었다. 볼셰비키가 권력을 쟁취한 후의 크리스마스 이브, 그는 그들의 집의 축제를 맞아 장식한 나무 앞에서 자신에게 총을 쏘았다. 두 사람은 10년간 같이 살아왔고 아이가 있었다. 바가노바는 분투했다. 그녀는 교습을 했고, 영화 극장과 뮤직 홀에서 춤을 추었으며, 결국 1920-1921년 이전의 제국 극장들이라는 보금자리로 돌아갔다.

충실한 구식인 그녀는 1920년대 후반 로푸코프의 안무적 실험들에 격렬하게 반대했다. 그리고 극장의 발레 수업을 체육과 체조로 대체하거나 보강하려는 혁명적 시도를 저지하기 위해서 부단히 노력했다. 로푸코프가 당의 비난을 받고 강제 퇴출되자 결국 바가노바가 그를 대체했다. 그녀의 타고난 보수주의는 스탈린의 경직되고 확연히 저속한 취향에 안성맞춤이었다. 그녀는 사회주의 리얼리즘의 아이디어를 발레에 적용하려고 열심히 노력했다. 예를 들면 1933년 그녀는 새로운 버전의 「백조의 호수」를 무대에 올렸는데, 프티파/이바노프 스텝들은 다수 유지했지만 스토리는 더 "현실적으로" 만들었다. 백조의 날개들에는 피가 튀었고, 발레 전체가 어떤 부유하고 타락한 백작의 머릿속에서 펼쳐지는 퇴폐적인 꿈으로 설정되었다. 그렇지만 그녀의 가장 중요한 기여는 안무가 아니었다. 키로프가 살해되고 울라노바가 「바흐치사라이」에 처음 출연한 해인 1934년, 바가노바는 (알렉산드르 블로크의 미망인인) 루보프 블로크와의 공동 작업으로 『고전 무용의 기초(Fundamentals of the Classic Dance)』를 출간해서 신생 레닌그라드 유파와 발레의 스타일을 체계화하고 성문화했다.[12]

이 스타일은 어떤 것이었을까? 무엇보다도 그것은 발레의 과학이었다. 그리고 (한 무용수의 말에 의하면) "기술"이었다. 바가노바는 예리하게 분석적인 머리를 가지고 있었다. 그녀는 무용수의 무용수였으며, 발레 역학을 확실히 파악하는 재주를 가진 기교파였다. 그녀의 교습에서는 하나의 스텝의 모든 측면들이 분해되어 검토된 후, 재조립되어 묘사되었다. 열쇠는 조화였다. 바가노바는 머리, 양손, 양팔, 양눈이 모두 양다리 및 양발과 동시에 움직이는 훈련 방식을 개척했다. 그때까지의 관행대로 바에서 팔은 겨드랑이에 우두커니 붙인 채 복잡한 발놀림을 연습하는 것은 무용(無用)했다. 팔 (머리, 눈) 없이 스텝은 처지게 될 것이었다. 신체의 모든 부분은 동시에, 그리고 유려하게 척추를 따라서 긴밀한 조화 속에 작동해야 했다. 이렇듯 바가노바의 바 연습은 고립된 단계들과 연습의 집합이 결코 아니었다. 그것은 그 자체로 완전히 전개되는 춤이었고, 화려하거나 장식적이지는 않아도 명쾌하고 정확했다. 조각들을 쌓아올림으로써 단순한 것에서 복잡한 것으로 옮겨간다는 발상은 사라졌다. 왜 기다렸다가 몸 전체를 조화된 동작으로 끌어들인단 말인가? 바가노바는 제자들에게 춤을 추면서 스텝을 완성하도록 가르침으로써 테크닉과 예술성 사이의 오랜 구별을 없앴다.[13]

결과는 인상적이었다. 바가노바는 신체적 조화를 정교하게 조율해서 가장 거북한 스텝들까지 수월하고 우아하며 무엇보다도 자연스러워 보이게 만들었다. 그것이 삶에서 분리되는 것이 아니라 삶의 일부가 되게 한 것이다. 게다가 그녀의 발레리나들은 강인하고 독립적이었다. 바가노바 자신도 솔리스트였고, 파트너에게 목발처럼 기대는 무용수들을 경멸했다. 지탱 없이 수행되는 점프, 턴, 그리고 (체케티로부터 비롯한) 긴 "이탈리아적" 아다지오의 조합은 그녀의 수업의 단골 특징이었다. 무엇보다도, 바가노바는 모든 움직임들에 의미를 불어넣어야 한다고 주장했다. 그녀의 방법으로 훈련된 무용수들에게 일종의 감정적 충동이 없는 움직임은 존재하지 않았다. 이런 생각은 스텝에 의미를 접목하려는 것이 아니었다. 그렇게 하면 너무 조잡하고 장식적이 될 것이었다. 그 반대로, 그리고 연극에서의 스타니슬랍스키와 마찬가지로, 그녀는 무용수들에게 움직임과 감정 사이에서 깊고 확실한 연계를 찾도록 요구했다. 중립적 스텝 따위는 없었다. 모든 움직임들이 감정으로 충만해야 했다. 바가노바의 가르침은 드람-발레에 안성맞춤이었다. 그것들은 동일한 미학적 동전의 양면이었다. 그리하여 바가노바는 울라노바 등과 더불어, 사회주의 리얼리즘의 경직된 범주들로부터 인본주의 유파를 조각해냄으로써 러시아 발레를 1930년대로 가져가는 것에 성공했다. 이것은 존경할 만한 업적이었고, 소련 발레에 영속적 자취를 남겼다.*

---

* 바가노바는 1951년 사망 시까지 마리나 세묘노바와 나탈리야 두딘스카야부터 이리나 콜파코바에 이르는 소련의 위대한 발레리나 여럿을 훈련시키고 지도했다. 바가노바와 함께 작업하

* * *

1934년 쇼스타코비치의 오페라 「무첸스크의 맥베스 부인(Lady Macbeth of Mtsensk)」이 레닌그라드에서 초연되었다. 그것은 엄청난 성공을 거두며 러시아 전역의 극장들에서 무대에 올랐고, 유럽과 미국에서도 평단의 환호 속에 공연되었다. 그렇지만 1936년 1월 26일, 스탈린과 몰로토프가 즈다노프 및 여타 고위 당 관료들과 함께 볼쇼이 극장의 오페라 공연에 참석했다. 쇼스타코비치에게는 공포스럽게도(작곡가의 참석이 공식 요구되었다), 그들은 3막 공연 도중 걸어나갔다. 이틀 후 스탈린의 직접 지시로 「프라우다(*Pravda*)」는 이 오페라와 작곡가에 대한 비판적 장광설인 "음악 대신 혼돈"을 실었다. 2월 6일 「프라우다」는 공격을 확대해서, 역시 쇼스타코비치의 음악에 (이미 몰려 있던) 페도르 로푸코프가 안무한 새로운 코믹 발레 「맑은 시냇물」을 목표로 삼았다.* 리브레토는 로푸코프와 작가 아드리안 표트롭스키의 것이었다. 표트롭스키는 라들로프의 옛 동료로 「맥베스 부인」에서도 공동 작업했다. 「맑은 시냇물」은 「맥베스 부인」과 마찬가지로 레닌그라드에서 (말리 극장에서) 열렬히 받아들여졌고, 그 성공은 이 작품이 볼쇼이 무대에 오르도록 초청되는 것으로 이어졌다. 그렇지만 스탈린은 다시 한번 불만족스러워했다. 「프라우다」는 혹평했다. "발레 협잡!"¹⁴

「맑은 시냇물」은 외견상 충분히 무해했다. 그것은 코사크 집단농장 생활에 대한 명랑한 찬양이었고, 아마 코사크를 소련 체제로 (그리고 특히 붉은 군대로) 편입하려는 스탈린의 계획을 찬양하기 위해서 선택되었을 시사적인 주제였다. 그렇지만 그 풍자적 분위기와 보드빌적 감성이 당의 분노를 일으켰다. 「프라우다」는 이 발레가 소련 인민을 "혁명 이전의 사탕 상자"에서 나온 발레 "인형" 및 "금박 농민"으로 묘사함으로써 그들을 조롱했다고 공격했다. 당국은 이 춤은 민속무용이 아니라 "일관성 없는 춤"이며, 생생한 민중 예술에 대

며 1932년부터 레닌그라드 학교에서 가르친 교사 알렉산드르 푸슈킨은 후일 루돌프 누레예프와 미하일 바리시니코프 모두에게 핵심적 영향을 미쳤다.

* 「맑은 시냇물」은 쇼스타코비치의 최초의 발레는 아니었다. 그는 부르주아-파시스트 경쟁자들에게 결정적인 패배를 안기는 소련 축구팀에 대한 「황금 시대(The Golden Age)」(1930)와 산업체 태업에 대한 「볼트(The Bolt)」(1930-1931)를 위한 곡을 썼다.

한 저속한 발레적 왜곡이라고 말했다. 연이어 몰아치는 회의, 토론, 치욕적인 자아비판 끝에 아사피예프는 쇼스타코비치의 발레 음악을 "룸펜(Lumpen)-음악"으로 선고했으며, 바가노바는 「맑은 시냇물」은 예술의 "바른 길"에서 벗어났다고 충실하게 고발했다. 쇼스타코비치는 움츠러들었고 로푸코프는 다시는 중요한 춤을 만들지 못했다.[15]

"발레 협잡"은 공황을 일으켰다. 무용수들과 발레 마스터들은 허둥지둥 공식 성명을 해석해서, 자신의 제작물을 스탈린의 걷잡을 수 없는 취향에 맞도록 창작하거나 수정했다. 숙청이 퍼져나감에 따라 드람-발레들은 어느 때보다도 더 이념적으로 단호한 분위기와 뻔한 주제를 가지게 되었다. 부담은 엄청났다. 비록 무용수들은 스탈린의 최악의 숙청을 모면했지만, 그래도 극심한 위기감이 만연했다. 그리고 이는 과거의 난점들 때문에 손쉬운 표적이 된 로푸코프에게만 해당되지도 않았다. 1937년 어느 아침 바가노바는 극장에 도착했을 때, 그녀가 감독 직위를 "사임했다"는 내용의 쪽지가 문에 게시된 것을 발견했다. 그녀는 묵묵히 교습으로 물러났다. 발레리나 마리나 세묘노바의 남편(고위 외교관)은 체포되어 살해되었다. 세묘노바는 가택 연금 상태에 놓였지만 결국 풀려났다(그녀는 스탈린이 총애하는 무용수였다). 1938년 메이예르홀트의 극단이 폐쇄되었고, 그가 감히 공개적으로 반발하자 체포되어서 고문 끝에 총살되었다. 그의 아내는 그들의 집에서 흉기에 찔려 죽은 모습으로 발견되었다. 공포가 예술을 뒤덮었지만, 춤에 꼭 즉각적이거나 분명한 영향을 주지는 않았다. 울라노바, 차보우키아니, 그리고 많은 다른 무용수들은 속으로는 무슨 생각을 했든 있는 힘껏 춤추기를 계속했다(그들이 실제 무슨 생각이었는지 우리가 알 방법은 없다). 숙청만 제외하면 발레의 황금기였다. 당시 그곳에 있던 예술가라면 그렇게 말할 것이다.

이 황금기는 1940년 「로미오와 줄리엣(Romeo and Juliet)」을 통해서 절정에 이르렀다. 그것은 아마 반세기 전 「잠자는 숲속의 미녀」 이래로 러시아에서 제작된 가장 중요한 발레일 것이다. 이 작품은 레닌그라드에서 엄청난 성공을 거두었고, 1946년 스탈린의 개인적 요청으로 모스크바로 옮겨졌으며, 이후 장편 영화로 만들어져 1954년에 개봉되고 결국 소련 전역의 거실들에서 방영되었다. 나아가 「로미오와 줄리엣」은 각각 1956년과 1959년, 영국과 미국 관객들을 황홀경에 빠뜨릴 것이었으며, 20년 후인 1976년에 볼쇼이는 200주년 기념으로 이 발레를 공연할 것이었다(감상적이게도 초연 안무가의 아들이 주연을 맡았다). 그것은 서독 제작자에 의해서 텔레비전용으로 영상화되어서 전 세계 100개국 이상에서 방영되었다.

이 발레의 기원은 1934년까지 올라갔다. 라들로프는 그해에 이미 이 발레의 아이디어를 가지고 프로코피예프에게 접근했다. 두 사람은 가까운 친구였다. 그들은 메이예르홀트의 작업실에서 함께 일했고, 라들로프는 1926년 레닌그라드에서 프로코피예프의 「세 개의 오렌지의 사랑(Love of Three Oranges)」의 개막 공연을 비롯한 여러 작품들을 감독했다. 그들은 종종 만나서 체스를 두었다. 라들로프는 드람-발레를, 다시 말해서 새로운 「바흐치사라이의 샘」을 염두에 두고 있었는데, 안무는 자하로프, 리브레토는 표트롭스키와 프로코피예프가 합작으로 쓸 것이었다. 그렇지만 키로프의 살해 이후 정치적 개편 속에서 라들로프는 극장의 일자리를 잃었다. 결국 볼쇼이 발레가 이 의뢰를 인수했지만 라들로프와 표트롭스키는 어찌어찌 계속 참여하는 데에 성공했다. 우리는 1935년 라들로프가 "젊고 강인하고 진보적인 민중이 봉건적 전통과 투쟁"하는 "콤소몰적" 교훈담을 상상하며 열성적으로 쓴 글을 볼 수 있다. 예술가들은 이 발레에 행복한 동화적 결말을 제시했다. 그것은 명백히 당국을 달래기 위한 시도였지만(스탈린은 대개 해피엔딩을 선호했다), 어쩌면 (그리고 특이하게도) 프로코피예프가 미국 장기 체류 중에 받아들인 크리스천 사이언스(Christian Science) 신앙에 발맞춘 것이기도 했다. 일그러진 플롯 장치를 통해서, 비운의 연인들은 죽지 않고 기적적으로 재결합해서 흥겨운 축하연을 벌였다.[16]

그렇지만 이후 밝혀졌다시피 이것들 중 어느 것도 당국에 제대로 전달되지 못했다. 1936년의 음악 발표회는 통렬하게 비판되었다. 음악은 난해하며 해피엔딩은 셰익스피어의 고전적 글에서의 불필요한 탈선이라고 간주되었다. 볼쇼이는 당연히 제작을 취소했다. 이 발레는 차후 수정되었다. 프로코피예프는 해피엔딩을 삭제하고 적절히 애절한 음악으로 대체했다. 그는 자신의 발레가 걸려든 정치적, 관료적 덫에서 절대 빠져나오지 못할 것을 우려했고, 1938년 12월 체코슬로바키아의 브르노에서 그 지역 극장 상임 안무가의 안무로 공연을 주선했다(이 안무는 오래 전 소실되었다).

이 발레가 지방의 무명작품이 될 운명에 처한 바로 그때 키로프가 그것을 다시 인수했다. 이번에는 자하로프가 아니라 안무가 레오니드 라브롭스키 (1905-1967)가 안무를 맡았다. 그는 상트페테르부르크에서 고전적으로 훈련받았고, 1922년 이전의 마린스키 극장에 합류했다. 그는 로푸코프 및 (영 발레의 일원으로) 발란신과 함께 작업했고, 바가노바, 라들로프와 함께 「붉은 양귀비」(키로프 버전), 「바흐치사라이의 샘」, 「맑은 시냇물」에 참여했다. 그는 평생 드람-발레의 열렬한 옹호자였다. 후일 그는 이렇게 설명했다. "한때 우리는 왕자와 공주, 나비와 요정을 뭐든 내키는 대로 묘사하곤 했다. 하지만 엄밀한 의미에서의 인간은 발레에서 결코 보이지 않았다." 그렇지만 「로미오와 줄리엣」에 대한 라브롭스키의 처음의 열정에도 불구하고 안무는 쉽게 나오지 않았다. 그는 프로코피예프의 음악이 과도하게 복잡하고 불협화음적이라고 생각했다. 무용수들은 그것을 싫어했다. 갈리나 울라노바는 완강히 버티면서 이 곡으로는 춤출 수 없다고 선언했다.[17]

프로코피예프에게는 실망스럽게도 라브롭스키는 곡을 바꾸기 시작했다. 그는 악절들을 통째로 잘라냈고 또다른 악절들은 단순화했다(작곡가는 나중에 정식 항의를 제출했지만 소용없었다). 더불어 그는 프로코피예프가 영웅적 음색의 브라부라 변주곡들과 「바흐치사라이의 샘」과 같은 방식의 활기찬 군무들을 추가하도록 압력을 가했다. 그리하여 최종 작품은 프로코피예프의 원작의 난도질된 왜곡이었다. 작곡가, 안무가, 무용수들 모두 이 발레의 얼기설기 난해한 기원을 고통스러울 정도로 알고 있었다. 그러나 1940년 1월 11일 레닌그라드에서 마침내 초연된 「로미오와 줄리엣」은 즉각적이고 완전무결한 성공을 거두었다. 그 이유는 오늘날에도 알 수 있다(이 발레는 여전히 공연된다). 라브롭스키의 안무는 고도로 신파적이었고, "젊고, 강인하고, 진보적인 민중" (연인들)과 "봉건적 전통"을 가진 우스꽝스러울 정도로 어마어마한 세력 사이의 충돌을 가끔은 거의 만화적으로 보여주었다. 하지만 그것은 놀랄 정도의 명확성과 한결같은 열정도 보여주었다. 드람-발레가 최고의 옹호자이자 마스터를 발견한 것이다.

라브롭스키는 자연스러운 일상적 몸짓과 고전 발레의 현혹적으로 단순한 안무적 혼합을 창작했다. 이것은 양식화된 상징과 화려한 몸짓을 가진 관례적 발레 팬터마임과는 무관했다. 대신 스텝들은 연기 속으로 녹아들었다. 로미오를 향한 줄리엣의 절박한 질주는 너무나 편안하게 아라베스크와 피루에트를 변화해서, "질주"에서 춤으로의 전환을 거의 알아차리지 못할 정도이다. 이와 비슷하게 로미오의 브라부라 점프는 무릎, 가슴, 머리를 진심 어린 공손함으로 재정렬하면서 극적으로 종결되는데, 중요한 것은 스텝이 아니라 공손함이었다. 라브롭스키의 표현 형식은 새롭거나 혁신적이지 않았다. 사실 그것은 의도적으로 구식이었다. 그러나 그는 스텝들을 스토리 속에 완벽한 솜씨로 짜넣었다.

울라노바는 주역을 맡았는데, 줄리엣의 순수한 열정에 대한 진심 어린 묘사는 그녀의 경력의 시금석이 되었다. 그러나 이 발레를 위대하게 만든 것은 무엇보다도 프로코피에프의 음악이었다. 그 장대한 규모와 금속적인 음색, 팽팽한 리듬의 불협화음과 갈망적인 서정성으로의 갑작스러운 변화는 셰익스피어 연극의 특징인 무엇인가 억압된 감정과 낭만적 갈망을 포착했다. 그것은 비록 처음에는 회의적이었을지언정 울라노바의 춤추기의 특징이기도 했다. 차이콥스키 이후 러시아 발레는 이렇게나 공감적인 작곡가를 발견한 적이 없었다(스트라빈스키는 서구에 있었다). 프로코피에프의 음악은 「로미오와 줄리엣」에, 아사피에프의 얄팍한 음악이 함께한 「바흐치사라이의 샘」에는 부족했던 깊이와 폭을 주었다. 「로미오와 줄리엣」은 절정에 달한 표제 음악이었다. 이 작품이 발레 못지않게 영화로서 독해되는 것은, 또는 결국 성공적으로 영화로 만들어진 것은 우연이 아니었다. 이 발레가 무대를 얻기까지의 수 년 동안 프로코피에프는 예이젠시테인과 「알렉산드르 네프스키(Alexander Nevsky)」(1938)에서 작업하기도 했는데, 이는 그가 작곡한 몇몇 영화들 중 하나였다.

「로미오와 줄리엣」은 그 자체의 장점들만으로도 우뚝 서 있지만 역사는 이 발레에 특별한 통절함도 주었다. 이 발레의 가려진 곳에는, 옛날의 제국적, 모더니스트적 충동들이 사회주의 리얼리즘에 구속되고 숙청의 그림자가 드리운 채로 혼재되어 있었다. 후일담은 가슴 아프다. 아드리안 표트롭스키는 강제노동 수용소로 사라졌고 그의 소식은 다시는 들려오지 않았다. 라들로프는 제2차 세계대전 중 독일의 수중으로 떨어졌고, 교전이 끝나자 불행히도 본국으로 송환되었다. 그는 다른 수천 명과 마찬가지로 부역 및 반역으로 고발되어서 강제노동 수용소로 보내졌다. 그는 스탈린이 죽을 때까지 억류되어 있었고 그 직후 라트비아에서 죽었다. 앞으로 살펴보겠지만, 프로코피예프는 작업을 계속했지만 당국에게 점점 더 심한 괴롭힘을 당했다. 1953년 그는 엉망이 된 채 죽었다. 그들과 무용수들과의 대조는 더 이상 극명할 수 없었다. 라브롭스키는 1944년 승진해서 자하로프와 나란히 볼쇼이 발레의 수석 안무가가 되었다. 울라노바도 그와 함께 갔다.

1941년 6월 독일인들이 소련을 침공했을 때, 이 나라는 거의 패배할 듯 보였다. 참상이 엄청났다. 전쟁의 첫 6개월 동안 붉은 군대는 400만 명의 사람과 1만7,000대의 탱크를 잃었다. 나치 군대가 레닌그라드와 모스크바로 접근해오자 스탈린은 문화, 정치, 산업 조직의 대규모 소개(疏開)를 명했다. 정부 사무실, 비행기 공장, 제조업 공장뿐 아니라 극장, 오케스트라, 영화 촬영소 전체가 짐을 싸서 우랄 지방, 중앙 아시아, 시베리아의 더 안전한 곳으로 옮겨갔다.

이런 환경에서 발레가 총포, 기계, 정부 기구와 나란히 필수적 국가 자산으로 간주되었다고 상상하기는 어렵지만 정말 그러했다. 나치의 위협은 심각했고, 경각에 달린 것이 러시아의 영토뿐이 아니라는 점은 처음부터 분명했다. 이 나라의 방대한 문화유산이 위험에 직면한 가운데 그 전통을 보존할 필요가 절박하게 느껴졌다. (비록 잔류 극단은 모스크바에 남았지만) 볼쇼이 발레는 쿠이비셰프로 옮겼고 부속학교는 볼가 강가의 작은 마을 바실수르크로 이전했다. 키로프 발레와 학교는 동부의 타슈켄트로 이동했다가 최종적으로 몰로토프(페름)로 보내졌다. 이곳에는 오늘날에도 여전히 뛰어난 발레단이 있는데, 그것은 어느 정도는 여기서 전쟁을 보낸 무용수들에 의해서 발전된 것이었다. 무용수들은 새로 찾은 목적을 위해서 훈련하고 연습했다. 부대를 위해서, 그리고 병원과 공장에서 공연하는 것이었다. 몇몇은 최전선에서 공연하는 (파시스트들을 비웃는 팬터마임으로 유명한) 붉은 군대 가무단에 합류해서 「백조의 호수」 같은 인기 발레들을, 즉 러시아적 발레들을 발췌해서 공연했다. 후일 울라노바는 그녀의 백조에 대한 기억으로 힘을 얻었다고 편지를 보낸 병사들에 대해서 감동적으로 회고했다.

많은 무용수들에게 전쟁은 비록 힘들었지만 어느 정도 안심을 주기도 했다. 물질적 사정은 참혹했지만 예술가들은 한동안 전보다 자유로웠다. 1930년대의 가차 없는 이념적 강령은 누그러들고 대체되었다. 생존을 위한 진정한 투쟁, 즉 "대조국전쟁(Great Patriotic War)"은 러시아인들을 화합시킴으로써 공적 생활을 그렇게나 오래 지배해온 의심과 피해망상을 감소시켰다. 스탈린이 살인적 작전들을 중단한 것은 아니었다(1941년과 1942년 거의 15만7,000명의 군인들이 탈영이나 기타 더 가벼운 범죄들로 총살당했다). 그러나 이념적 전선은 확실히 수그러들었고, 오랫동안 억눌린 사상, 감정, 심지어 종교적 생각이 미약할지언정 자연스럽게 소련의 삶으로 돌아왔다. 후일 보리스 파스테르나크는 이렇게 회상했다. "전쟁의 비참하고 어려운 시기는 살아 있는 시기였다. 이런 맥락 속에, 자유롭고 유쾌하게도 다른 모두와의 공통적인 이해의 감정이 돌아왔다." 전쟁 후 울라노바는 회고했다. "나는 소련 민중이 얼마나 이타적으로 살아가는지, 전쟁의 승리를 위해서 그들이 얼마나 많은 것을 내놓는지 보았다. 이 전쟁의 시절은 내가 전후에 줄리엣을 새로운 시각으로 보게 만들었고, 그녀에게 이전 제작물에서는 덜 두드러졌던 용기와 결의를 부여하는 데에 도움이 되었다."[18]

앞으로 살펴보겠지만, 전쟁은 무엇인가 다른 역할도 했다. 의무감과 헌신감, 그리고 그 시절 춤추기의 절박한 고양감을 결코 잊지 않을 젊은 연기자들의 세대를 형성한 것이다. 그들은 당시 아이였지만 나중에 볼쇼이와 키로프 발레의 단원들을 채울 것이고, 그중 여럿이 이 발레단의 스타가 될 것이었다. 후일 볼쇼이 발레를 감독하게 될 유리 그리고로비치(1927–)는 10대 청소년기에 발레 학교를 그만두고 전선으로 갔다. 하지만 결국 페름으로 보내졌고, 그곳에서 공부를 마치고 1946년 키로프에 합류했다. 마야 플리세츠카야도 있었다. 1925년생인 그녀 역시 전쟁 기간 중 훈련을 받았는데, 그녀의 단호하고 영웅적인 스타일과 볼쇼이 극장 및 소련이라는 국가에 대한 맹렬한 충성심은 많은 부분 전시 경험 때문이었다. 1935년생인 이리나 콜파코바는 어린 시절 페름에서 춤추기를 시작했다. 후일 그녀는 당시의 헌신과 동지애를 따뜻하게 회상하곤 했다. 무용수 니콜라이 파데예체프(1933-)는 자신을 받아들이고 먹이고 직업을 준 볼쇼이에 평생 부채감을 느꼈다. 명단은 계속 이어진다. (거꾸로 읽으면 레닌[Lenin]인) 무용수 니넬(Ninel) 쿠르가프키나는 언젠가 이렇게 말했다. "다른 나라가 예술가를 위해서 뭘 해주겠어요?"[19]

전쟁이 끝나자 스탈린은 1945년 (다른 여러 축제행사들과 함께) 볼쇼이에서 공연된 「신데렐라(Cinderella)」로 축하했다. 이 발레의 음악은 페름에서 1943년에 작곡된 프로코피예프의 것이었고, 볼코프의 대본과 자하로프의 안무가 함께했다. 그것은 통상적인 신분 상승 이야기를 그럴싸하게 치장한 제작물이었다. 이 「신데렐라」는 고결하지만 탄압받는 신데렐라(소련)가 사악한 계모에게 승리하는 것을 묘사하는 얄팍한 우화였다. 이 발레는 강인함과 화려함을 감동적이고 준군사적으로 과시했다. 그것은 호화로운 규모로, 그리고 당시 (그리고 이후에) 그것을 보는 사람들을 감정적으로 움직이도록 제작되었다. 요점은 명백했다. 발레는, 다시 말해서 러시아 발레는 붉은 군대와 마찬가지로 전쟁의 승리로부터 탄생했다는 것이다. 공식 소련 문화의 핵심으로서 발레의 위치는 어느 때보다도 확고했다. 아낌없는 위엄과 사무치는 음악을 가진 「신데렐라」로 프로코피예프는 스탈린 상 1등을 수상했다.

대조국전쟁은 소련 상상력의 전선에서 이후 수십 년간 유지되었다. 그러나 전쟁이 창출한 자유와 문화적 이완은 그보다 덜 지속적이었다. 1946년 2월 중앙위원회 앞에서 한 연설에서 스탈린은 적국과 자본주의의 위협을 불길하게 들먹였다. 그는 사회주의의 대의를 수호하는 새로운 각성을 요구하면서 매몰찬 이념적 선을 규정했다. 그해 후반 당시 스탈린의 사실상 대리인인 즈다노프는 유망한 예술가들을 "형식주의", "신비주의", 그리고 우리에게 우울할 정도로 친숙한 다양한 예술적 범죄들로 맹렬하게 공격하는 칙령들 중 첫 번째를 내놓았다. 스탈린은 이 강력한 탄압을 정당화하는 편지를 즈다노프에게 썼다. "만일 우리 젊은이들이 [공식 규탄을 받은 시인 안나] 아흐마토바를 읽었다면……대조국전쟁에서 무슨 일이 일어났겠는가? 독일과 일본에 승리할 수 있었던 것은 우리 젊은이들이 [당시] 쾌활한 분위기 속에서 교육받았기 때문이다." 그리하여 쇼스타코비치, 하차투리안, 심지어 프로코피예프까지 공개적으로 비난을 받았다. 현대 음악은 관객에게 (즈다노프의 1948년 주장에 의하면) "음악적 가스실"을 환기시키는 "자연주의적 음향"으로서 맹렬히 공격당했다. 음악, 연극, 발레의 공연이 취소되었고, 작품이 금지되었고, 일자리가 위기에 처했다.[20]

발레에 미친 영향은 예상대로 점점 더 보수적인 드람-발레들이었다. 사실 전쟁 자체가 두드러지는 주제가 되었다. 히틀러에 대한 승리는 다른 문화 영역들에서와 마찬가지로 발레 무대에서도 상연되고 재상연되면서 소련 체제의 정당성을 입증하는 것으로서 떠받들어졌다. 예를 들면 1947년 키로프 발레는 나치 막사에 침투해서 폭발시킨 소련 연인들에 대한 3막 발레 「타티아나, 혹은 민중의 딸(Tatiana, or Daughter of the People)」을 초연했다. 그들은 붙잡혀서 고문당했다. 한 관찰자가 쓴 바에 의하면 "나치는 그 무용수를 비틀고, 관절을 꺾고, 바닥에 동댕이치더니, 들어올려서 상징적 십자가형에 처했다." 이 타티아나라는 여자는 결국 붉은 군대에게 구조되지만 그녀의 연인은 살해당한다. 그렇지만 전쟁 후에 그는 기적적으로 생명을 되찾아서 타티아나에게 돌아온다. 연인은 자신들의 위업의 현장을 다시 찾아간다. 나치 기지의 잿더미로부터 소련 해군 학교가 솟아올랐고, 연인은 축하행사의 한복판에 사관생도들에게 경례를 받는다. 고문, 부활, 애국적 자기희생의 이 있음직하지 않은 혼합은 오늘날에는 설득력 없어 보인다. 하지만 그 시대와는 완벽히 부합했다. 한 목격자가 이런 종류의 전쟁 발레들에 등장하는 여주인공을 보면 조이아가 떠오른다고 말한 것은 우연의 일치가 아니었다. 그녀는 독일군에게 붙잡혀서 고문당하고 교수형에 처해졌다고 알려진 젊은 빨치산이었다(후일 그녀의 이야기가 날조는 아닐지언정 윤색된 것이라는 사실이 밝혀졌다). 조이아는 1944년 엄청난 인기를 끈 영화의 소재였는데, 그 감독은 후일 「로미오와 줄리엣」도 제작했다.[21]

같은 맥락으로 라브롭스키는 1948년 볼쇼이 극장에서 (조지 발란신의 남동생인) 그루지야 작곡가 안드레이 발란치바제의 음악에 맞춰 「삶(Life)」을 창작했다. 이 발레는 울라노바가 춤추는 강인하고 자기희생적인 아내를 보여주었다. 그녀는 남편이 전쟁에 나간 후 집단농장에서 남편의 과업을 떠맡았고, 그가 전투에서 사망했다는 소식을 받지만 용감하게 감내한다(씁쓸하게도 독일 출생인 라브롭스키의 아내는 전쟁 기간 중에 체포되어 수용소로 보내졌다). 1959년 볼쇼이는 위대한 스탈린그라드 전투를 재현한 「우리 스탈린그라드 사람들(We Stalingraders)」을 공연했고, 1960년 키로프는 나치의 고문실을 배경으로 하는 「죽음보다 강한(Stronger than Death)」을 선보였다. 소련 죄수 셋의 처형이 개시되지만 총이 발사되어도 사람들은 죽지 않는다. 대신 각각 서로에게 기대는데, 함께라면 적의 총보다 강한 것이다.

아마 가장 충격적인 것은 1961년 안무가 이고리 벨스키(1925–1999)가 키로프에서 쇼스타코비치의 음악에 맞추어 안무한 「레닌그라드 교향곡(Leningrad Symphony)」일 것이다. 그것은 상징적 표현이 담긴 발레였다. 음악은 전쟁 중에 작곡되었는데, 스탈린은 그것을 포위의 절정에서 레닌그라드로 공수했다. 어중이떠중이 오케스트라가 연주하는 음악은 확성기를 통해서 포위된 굶주린 도시의 거리로 방송되었다. 발레 작업은 치열하면서 심히 개인적이었다. 1961년 이 발레를 공연한 무용수들 중 최소한 한 명이 (그리고 아마 더 많은 수가) 어린아이 때 그곳에 있었고 포위에서 살아남았던 것이다.

그렇지만 전쟁이라는 주제가 꼭 성공을 보증하지는 않았다. 예를 들면 라브롭스키는 1950년 볼쇼이에서 카프카스를 배경으로 하는 사랑과 전쟁 이야기인 「진홍의 별들(Ruby Stars)」을 다시 한번 발란치바제의 음악과 함께 창작했다. 그것은 아마 「삶」의 성공을 재창출하려는 시도였을 것이다. 이 발레에는 두 연인이 나오는데 한 명은 그루지야인이고 나머지 한 명은 러시아인이었다. (주역을 연습하던) 발레리나 마야 플리세츠카야에 의하면, 라브롭스키는 매 행보마다 공식 반응을 예측하려고 애쓰면서 오락가락 안달복달했다. 누가 먼저 죽어야 하려나, 러시아인 혹은 그루지야인? 전쟁을 공식적으로 용인되는 방식으로 춤추려면 어떻게 해야 하지? 최종 드레스 리허설에서 중앙위원회에서 파견된 음침한 대표단은 본인들도 초조하고 안절부절 못하면서도 이 발레를 단정적으로 기각했다. 그들은 궁금해했다. 배경이 왜 그루지야인가? 라브롭스키는 그루지야가 아닌 러시아가 먼저 폭격을 당했다는 것을 몰랐단 말인가? 「진홍의 별들」은 결코 상연되지 못했다.[22]

즈다노프의 칙령들과 이어진 이념적 탄압은 고전에 대한 새로운 강조로 이어졌다. 최소한 그것들은 안전했다. 전후 수 년간 특히 「백조의 호수」는 사실상 제2의 국가(國歌)가 될 참이었다. 키로프에서는 울라노바의 전 파트너이자 1930년대 드람-발레의 베테랑 무용수 콘스탄틴 세르게예프가 감독으로서의 긴 치세를 시작했다. 그의 치세는 1946년부터 1970년까지 단속적으로 계속되었다. 그는 프티파의 발레들을 사회주의 리얼리즘의 틀에 맞게 수정하는 것으로 출세했다. 이것은 (귀족적 잔재인) 옛날의 마임 시퀀스를 잘라내고 치솟는 리프트와 브라부라 바리아시옹을 추가하는 것을 의미했다. 그는 해피엔딩도, 즉 현세의 사회주의 낙원에 대한 얄팍한 암시도 추가했다. 예를 들면 1950년 그는 새로운 「백조의 호수」를 창작했다. 이 발레의 종교적 함축을 아마 반대했을 검열관들의 압박하에서, 사악한 마법사에게 비극적 죽음을 맞지만 내세에 결합하는 연인들이라는 전통적 스토리는 수정되었다. 세르게예프는 마법사가 고통스러운 죽음을 당해서 연인들이 천상이 아닌 지상에서 행복하게 맺어질 수 있도록 만들었다.

1953년 3월 5일 스탈린이 사망하자 상황이 서서히 멈칫거리며 변하기 시작했다. 그의 사망 소식이 충분히 인식되면서 그가 공격하고 소외시킨 예술가들, 특히 1920년대의 모더니스트적 실험에 연루되었던 사람들이 은거 중이던 문화적 균열로부터 재출현했다. 전쟁 기간 중 이미 키로프에 임시 복귀했던 페도르 로푸코프는 이 극장에서 다시 한번 강력한 인물이 되었다. 이번에는 안무가가 아니라 멘토로서였다. 로시 가에 위치한 그의 작은 아파트는 비공식 회의장이 되었고, 춤에 대한 새로운 사고방식을 찾는 젊은 세대가 조언과 영감을 찾아서 그에게 주목했다. 그러나 그런 사람이 로푸코프만은 아니었다. 레오니드 야콥손(1904-1975)도 전면에 나섰다. 야콥손은 1926년부터 1933년까지 이전의 마린스키 극장에서 춤추었다. 그는 로푸코프와 함께 일했고 마야콥스키와 블로크를 존경했다. 그는 그들과 마찬가지로 예술적 혁명에서 과격파에 속했다. 그는 풍자와 재치를 통해서 발레를 자기만족적이고 고전적이며 부르주아적인 확실성과 분리하려고 애썼다.

야콥손은 곡예와 팬터마임에 이끌렸고 포킨의 발레들에서도 영향을 받았다. 1930년 그는 이전의 마린스키 극장에서 쇼스타코비치의 음악에 맞춘 발레 「황금기」에서 자신의 최초의 중요한 춤들을 창작했다. 그러나 야콥손은 로푸코프와 마찬가지로 자신의 작품을 스탈린의 사회주의 리얼리즘 강령에 맞추는 데에 곤란을 겪었다. 그는 드람-발레는 구세계의 고전적 형식들을 완고하게 고수한다며 화를 냈다. 그의 전성기는 체제와의 불편한 긴장 혹은 금욕적 도피 속에서 소모되었다. 그렇지만 1956년 그의 상황이 개선되었다. 스탈린을 맹비난하면서 문화와 예술의 "해빙"을 위한 길을 연 흐루쇼프의 2월 중앙위원회 연설로부터 몇 달 후에, 키로프는 야콥손의 「스파르타쿠스(Spartacus)」를 초연했다. 그것은 대담할 정도로 관능적이었고 저녁 내내 상연될 만큼 길었으며, 아람 하차투리안이 이 발레를 위해서 작곡한 곡이 함께했다. 그것은 「셰헤라자데」 비슷한 거창한 제작물이었고, 200명 이상의 무용수들이 출연해서 노골적으로 성적인 이사도라 덩컨 스타일의 자유의 춤을 연기했다. 이것은 스탈린 치하에서는 결코 빛을 보지 못했을 발레였다. 그러나 이제 그냥 공연될 뿐 아니라 본보기로 떠받들어졌다. 1962년 「스파르타쿠스」는 볼쇼이 극장으로 넘어갔다.

야콥손은 고립무원으로 작업하지 않았다. 시대는 예브게니 옙투셴코의 『스탈린의 상속자들(Stalin's Heirs)』(1961)과 알렉산드르 솔제니친의 『이반 데니소비치의 하루(One Day in the Life of Ivan Denisovich)』(1962)의 출간뿐 아니라, 옙투셴코의 시 "바비 야르(Babi Yar)"에 의지해서 소련의 삶을 노골적으로 풍자한 쇼스타코비치의 「교향곡 제13번」(1962)의 초연까지 목도했다. 메이예르홀트의 이름과 생각까지 공식 담론에 재편입되었다. 발레 뤼스와의 작업 때문에 반역적인 망명 예술로 폄하되던 미하일 포킨의 안무가 소련 무대에 등장했는데 그중 상당수가 처음이었다. 1911년 파리에서 초연된 「페트루슈카」는 1961

년 레닌그라드의 말리 극장에서 마침내 러시아 초연을 달성했다. 물론 흐루쇼프의 해빙에는 한계가 있었다. 파스테르나크는 『닥터 지바고(Doctor Zhivago)』를 이탈리아에서 출간했는데, 그 책으로 노벨상을 받았음에도 작가동맹에서 추방되었고 공식적으로 배척되었다. 쇼스타코비치의 「교향곡 제13번」은 단 2회 공연된 후에 금지되었다.

그렇더라도 개방은 현실이었고 더불어 도취적이었다. 그것은 춤을 새로운 경로에 올리겠다고 약속하는 것 같았다. 1962년 야콥손은 마야콥스키의 소설에서 따온 「빈대(The Bedbug)」를 무대에 올렸다. 그것은 심리적 붕괴와 자살을 묘사하는 거칠고 폭력적인 발레로, 특대 침대에서 기괴한 핏빛 빈대들이 기어다니는 피투성이 이미지로 끝났다. 2년 후 그는 알렉산드르 블로크의 「12인」과 씨름해서(그는 이 발레가 발란신을 40년 전 곤란에 빠뜨렸음을 알고 있었을 것이다), 그것을 시끄럽고 풍자적인 포스터아트 스타일로 만들었다. 그렇지만 그 무렵 당국은 후퇴하고 있었다. 흐루쇼프는 1962년 후반, 그리고 다시 1963년에 추상 미술("당나귀들을 위한 미술"), 재즈("뱃속의 가스"), 대중무용("몸의 특정 부분을 꼼지락대다니……외설적이다")을 맹비난했고, 표적이 된 예술가들과 그들의 작업에 공식적이고 위협적인 저주를 쏟아냈다. 야콥손의 「12인」은 무사히 넘어가지 못했다. 후일 무용수 나탈리야 마카로바는 이렇게 회상했다. "당 간부들이 씩씩댔는데, 무엇보다도 12인의 붉은 군대 군인이 미래의 일부가 되는 방식 때문이었어요. 눈부신 진홍색 빛이 쏟아지는 세계의 대화재의 불꽃 너머로 경사로를 오르면서 혁명 병사들답게 자주적으로 성큼성큼 걷는 것이 아니라, 무슨 붉은 빈대들이라도 된 것처럼 기어오르는 것이 화났던 거죠. 그들은 이런 미래를 관객들에게 등을 돌리고 선 채 유순하게 들여다보았어요."[23]

그녀의 설명에 의하면 야콥손은 아무도 미래를 알 수 없다고 주장하면서 자신의 결말을 정당화하려고 했다. 이에 당국은 이렇게 응답했다. "아, 그러니까 선생은 우리 혁명의 미래가 아직도 낯설다는 거요? 우리에게는 익숙하오만." 야콥손은 결국 예수 그리스도가 등 뒤에서 붉은 깃발을 나부끼는 12병사들을 지나쳐서 행진해 윙 속으로 사라지는 수정된 결말을 제시했다. 당국은 난색을 표했다. "무슨 짓을 하는 거요? 우리를 조롱하는 겁니까, 레오니드 베냐미노비치?" 이 발레는 보류되었다. 1969년 야콥손은 고위층 친구 덕분에 눅눅한 낡은 건물에 공간을 얻어서 작은 극단을 만들도록 허락받았다. 그는 한 무리의 헌신적인 무용수들과 함께 자칭 "초소형" 발레들을 작업했는데, 그중에는 불만을 품은 키로프 출신 예술가들도 있었다. 그러나 공식적인 박해는 수그러들지 않았다. "뭐든 번번이 협상해야 한다. 살구색 레오타드에 유색 줄무늬들을 꿰매든지 해서." 그는 이렇게 불평했다. "그들은 알몸과 섹스를 화재처럼 두려워한다." 야콥손은 비통하고 우울해하다가 1975년 위암으로 죽었다.[24]

아콥손의 발레들은 용감했다. 비록 해빙 기간일지언정 당의 노선에 대한 도전으로 인식된 대가는 클 수 있었다. 드람-발레의 정석에 뒤이어 등장한 그의 유연한 무형식 스타일은 충격적으로 예측불가이고 자유로워 보였다. 그리고 상부의 압력에 대한 대담한 저항은 그를 용기와 예술적 고결함의 상징으로 만들었다. 그는 발레 출신 반체제 인사에 지금까지의 누구보다도 더 가까이 갔다. 그의 춤들에 대한 감정은 오늘날까지도 격렬한데 이상한 일은 아니다. 그렇지만 그의 발레들의 영상물과 재공연으로 판단할 때, 야콥손의 안무는 고착되어 있기도 했다. 그의 춤의 표현 형식은 얄팍하고 상투적이었다. 「빈대」와 「12인」을 대치의 형식으로, 예술일 뿐 아니라 복수라고 독해하지 않기는 힘들다. 「스파르타쿠스」조차 가로막힌 재능의 징후들을 보여주었다. 안무는 포킨에 물을 탄 것 같았고, 아이디어라고는 섹스뿐이었다. 그것은 장대하지만 우울할 정도로 1차원적인 반(反)드람-발레였다. 아콥손은 토슈즈를 맨발과, 고전주의를 자유의 춤과, 딱딱한 예절을 관능과 바꾸었다. 매 스텝, 매 포즈가 당의 노선을 시험하기 위해서 측정된 것처럼 보였다. 나름대로 존경스럽지만, 예술적 체념과 포기의 징후이기도 했다.

진정한 돌파구는 1920년대와 1930년대에서 살아남은 늙은 예술가들이 아니라 새로운 "해빙" 세대에게서 왔다. 그들이 더 급진적이어서는 아니었다. 그 반대로, 스탈린 치하에서 태어나고 자란 첫 세대인 그들은 자신들의 과거와 바깥세상으로부터 완전히 격리되어 있었다. 그들이 아는 것이라고는 드람-발레와 사회주의 리얼리즘이 전부였다. 그리고 많은 수가 전시의 자발적인 탈

(脫) 스탈린화 역시 겪었다. 그들은 당시의 자유와 예술적 강렬함을 열망했고, 전쟁이 불어넣은 국민적 자부심과 모국에 대한 사랑을 내면화했다. 그들은 이렇듯 스탈린과 전쟁이라는 쌍둥이 경험으로 인해서 이전 및 이후 세대와 확연히 갈렸다. 순응주의자이면서 소련에 완전히 헌신적인 그들은 예술적 혁신에 대한 이례적 야심과 열망 또한 가졌다. 그리하여 위대한 아버지가 사망하고 흐루쇼프가 문화 생활을 개방하자 그들은 즉시 그의 선도를 따랐다. 그러나 그것은 어디까지나 그의 선도였다. 체제와 마찬가지로, 이 예술가들이 열망한 것은 과거와의 완전한 단절이 아니었다. 그들은 소련 발레의 개혁을, 내부로부터의 현대화와 개선을 시도했다. 그들의 작업은 자유나 예술의 서구적 기준과 취향을 향한 저돌적 돌진이 아니었다. 그것은 사회주의 리얼리즘 내부에서 주춤주춤 악전고투하면서 맞서는 일련의 전략적 전투였다.

그들의 가장 저명한 대변인은 유리 그리고로비치였다. 우리가 살펴보았듯이 그리고로비치는 전쟁 중에 성년이 되었다. 키로프에서 훈련받은 그는 민속 스타일들에 뛰어난 데미-캐릭터 무용수였고, 그의 멘토이자 인도자가 된 로푸코프에게 깊은 영향을 받았다. 1957년 그리고로비치는 키로프에서 「돌꽃(The Stone Flower)」을 창작했다. 이 작품이 중요한 것은 그것이 대단한 발레여서가 아니라, 그것이 달성하려고 시도한 것과 실패한 구체적 이유 때문이었다. 「돌꽃」은 원래 10년쯤 전인 1948년 즈다노프의 칙령들의 여파 속에서 라브롭스키와 프로코피예프에 의해서 드람-발레로 계획되었다. 스토리는 신중하게도 소련 작가 파벨 바조프의 "안전하고" 공식 승인된 민담 스타일 선집에서 따왔고, 리브레토는 라브롭스키와 프로코피예프의 두 번째 아내 미라 멘델손-프로코피에바가 공동으로 썼다. 그렇지만 라브롭스키는 난감하고 신경질적인 공동 작업자라는 사실이 다시 한번 밝혀졌다. 그는 고함을 질러댔고, 음악의 변화와 추가를 요구했다. 이는 프로코피예프를 좌절시키는 한편, 이 작곡가의 비판가들에게 정치적 먹이를 제공했다. 1949년 당과 극장 관리들을 위한 부분 사전 연주회는 잘 풀리지 않았다. 음악은 날카롭게 비판받았고 프로코피예프는 우울증에 빠졌다. 이 발레가 갈리노바의 주연으로 결국 초연된 1954년 즈음에는 한때 존재했던 음악적, 안무적 흥미로움이 모두 박탈된 상태였다. 프로코피예프는 개막공연에 가지 못했다. 그는 그 전 해에 죽었는데, 음악은 아직도 수정되는 중이었다.

게다가 그리고로비치의 새 발레는 그냥 여느 발레가 아니었다. 그것은 라브롭스키의 원작에 대한 수정과 개조였고, 널리 드람-발레에 대한 대담한 도전으로 이해되었다. 그리고로비치는 로푸코프 등의 선례를 따라서 순수하게 추상적인 춤을 다시 발레에 넣기를 바랐다. 그것은 해묵은 아이디어였지만, 그런 "형식주의"적인 생각이 이념적 우위를 차지할 수 있다는 사실은 그리고로비치와 그의 무용수들을 순수한 흥분과 새로운 목적으로 채웠다. 그것은 드람-발레를 타도하자는 발상이 아니라 더 표현적이고 첨단으로 만들자는 것이었다. 정말이지 이 발레에 관한 모든 것이 신선해 보였다. 그리고로비치는 발레단에서 인정받는 상급 발레리나들을 일부러 제외하고 대신 강철 같은 테크닉으로 유명한 콜파코바와 알라 오시펜코(1932-)처럼 더 젊은 예술가들과의 작업을 선택했다. 「돌꽃」의 리허설은 너무나 자극적이어서 거의 음모에 가까운 분위기였다. 이 발레의 예술가들(무용수, 디자이너, 작가)은 흔히 몇 시간 후 서로의 집에서 만나서 리허설을 계속했다.

플롯은 개혁에 대한 그들의 열의에도 불구하고 즈다노프 시대 출신들의 기조대로 획일적인 사회주의 리얼리즘이었다. 그것은 아름답고 순진한 소녀에게 사랑받는 "선한" 노동자인 우랄 출신의 석공에 관한 것이었다. 그들의 행복은 구부정하니 검은 장화발로 쿵쿵거리는 "악한" 지주에게 위협받는다. 그러나 일련의 시련을 통해서 그들의 사랑과 석공의 예술은 결국 승리한다. 그렇지만 그리고로비치는 무용수들이 이 스토리를 해묵은 1930년대 방식으로 연기하게 하는 대신, 안무를 여러 춤들의 모음곡으로 구성했다. 그는 드람-발레의 전형인 몸짓과 마임을 일부러 배제하고, 대신 몽타주 스타일로 잇따라 병치된 여러 편의 춤들을 통해서 스토리를 이야기하려고 시도했다.

그렇지만 결과는 둔하고 어색했다. 여러 춤들이 자의식적으로 끼워넣어진 드람-발레가 나온 것이다. 그리고로비치는 발레 여러 편을 차곡차곡 쌓아서 플롯 라인을 따라 나열했지만, 형태적 무용 구조나 전반적 디자인의 창조에는 실패했다. 이 발레에는 많은 스텝들이 있었지만 있는 것은 그것이 전부였다. 매끄럽게 수행되지만 기계적인 일련의 교실 연습을 뻔하고 이념 주도적인 플롯에 가져다 붙인 것이다. 더 나쁜 것은, 그의 스텝들 중 다수가 외관상 고전적임에도 불구하고 이상할 정도로 밋밋하고 무표정했다는 것이다. 그것들에는 숨 돌릴 곳도 내밀한 공간도 없었다. 더 큰 스텝들로 합류하면서 무용수에게 생각할 시간과 그것을 보여줄 시간을 주는, 작고 겉보기에는 하찮은 이행 동작들이 거의 없었던 것이다. 이 발레의 번드르르 무감각한 외관은 이 때문이었다. 온통 표면일 뿐, 중층적 의미도 내면도 없었다. 음악도 도움이 되지 않았다. 「돌꽃」에는 「로미오와 줄리엣」이나 하다못해 「신데렐라」의 날카로움과 극적 위풍당당함이 전무했다. 음악은 대신 집요하게 떠들면서 허풍을 떨었다. 마치 공식적으로 승인되는 음악 스타일에 진실하거나 세련된 소리를 불어넣으려는 투쟁을 프로코피예프가 결국 포기한 것 같았다.

「돌꽃」은 새로운 시작과 거리가 멀었다. 이는 그보다는 드람-발레와 사회주의 리얼리즘의 20년 후 춤의 위상이 떨어졌다는 증거였다. 그리고로비치와 그의 무용수들은 순수한 춤을 무대로 돌려놓기를 바랐다. 스텝들, 다시 말해서 팅 빈 스텝들은 드람-발레의 지겹고 (그들이 생각하기에는) 시대에 뒤떨어진 공식에서 벗어나 앞으로 나아갈 길을 약속하는 것처럼 보였다. 납득할 만한 충동이었다. 그러나 그들에게는 이 스텝들이 어떤 의미일 수 있는지에 대한 통찰이 거의 없었다. 라브롭스키와 프로코피예프의 「로미오와 줄리엣」은 훨씬 풍요로운 문화적 토양에서 자랐다. 그 뿌리는 고르스키, 스타니슬랍스키, 그리고 스탈린주의 이전의 문화 세계까지 뻗어 있었으며, 울라노바의 춤추기는 진정한 이상주의의 암류를 먹고 자랐다. 반면 그리고로비치는 자신이 반대하려던 바로 그 이념적 범주로 성급히 뛰어들었고, 그것들을 무비판적으로 예술로 재생산했다. 돌꽃의 춤들은 교조나 다름없는 발레, 즉 경직되고 무표정한 형식주의였다. 사회주의 리얼리즘이 통행료를 받아간 것이다. 그리고로비치는 그 범주 내부에서 작업했고, 그것을 과거로 보지 못했다. 그는 「돌꽃」이 스탈린적 발레의 고비를 넘는 작품이라고 생각했을지 모른다. 하지만 사실은 가장 대표적인 사례였다.

그렇지만 당시에는 이런 식으로 이해되지 않았다. 그 반대로, 1957년 키로프 초연에서 「돌꽃」은 상당한 성공을 거두었다. 중요한 것은 전후사정이었다. 관객과 당 간부들은 발레 개혁의 징후를 열망했는데, 운율이 부재한 그리고로비치의 춤은 많은 사람들에게 반가운 새 방향으로 보였다. 정말이지 「돌꽃」은 작가가 갈망하던 공식 인정의 표식을 획득하게 해주었다. 이 발레는 1959년 모스크바에서 볼쇼이 무대에 올랐다. 그리고로비치는 키로프로 가서 또 하나의 크게 호평받은 발레 「사랑의 전설(The Legend of Love)」을 만들었다. 1964년 그리고로비치는 라브롭스키를 대신해서 볼쇼이 발레의 예술 감독으로 임명되었다.

이렇듯 야콥손, 그리고로비치 등을 전면으로 진출시킨 창조적 분열은 많은 흥분을 자아냈지만 지속적 가치는 거의 낳지 못했다. 해빙은 문화를 개방할 수 있었지만 그것을 창조할 수는 없었다. 당시 유망한 새 출발로 보이던 것이 금세 무색해지자 키로프는 옛날 패턴들로 빠졌다. 많은 사례들 중 하나만 들어보자. 1963년 세르게예프는 소련의 우주 프로그램에 대한 드람-발레인 「먼 행성(Distant Planet)」을 창작했는데, 유리 가가린(1961년 인류 최초의 우주 비행에 성공한 소련 우주 비행사/역주)을 닮은 인물이 거추장스러운 우주복을 입은 채 무대를 무중력 상태처럼 뛰어다녔다. 앞으로 살펴보겠지만, 이후 수 년간 키로프는 길고 지속적인 쇠퇴에 빠져들었다.

고전 발레는 기로에 있었다. 러시아 발레 역사상 처음으로 창조적 중심과 원천이 키로프를 떠나서 모스크바의 볼쇼이를 향하려 하고 있었다. 그렇지만 이런 이동은 내적 요인이나 현재 진행형인 동쪽으로의 "두뇌 유출"의 누적적 효과 때문만이 아니었다. 이는 스탈린주의 이후의 문화적 풍경을 형성한 해빙의 또 하나의 양상, 즉 서구 때문이기도 했다.

1956년 가을 영국과 소련의 재접촉의 일환으로 볼쇼이 발레가 런던을 방문했다(영국의 로열 발레는 같은 해 후반에 화답할 예정이었지만, 소련의 헝가리 침공과 수에즈 위기로 여정이 갑자기 취소되었다). 볼쇼이의 런던 등장은 기념적인 행사였다. 이 발레단의 거의 200년의 역사상 최초의 서구 공연이었고, 그 기대는 강렬했다. 매표소가 열리기 사흘 전부터 코벤트 가든에 표를 사려는 줄이 늘어서서 극장으로부터 800미터 이상 이어졌다. 언론은 행사의 사전 준비를 취재하느라 신나는 나날을 보냈다. 어떤 시사만화는 입장권을 간청하는 열혈 팬에게 매표소 직원이 신나서 이렇게 말하는 것을 장난스럽게 보여주었다. "그리고 더 대단한 것은, 영-소 연대의 특별한 표시로서 볼쇼이가 가이 버제스를 데려와서 라일락 요정 역을 춤추게 한다는 것입죠!" 그가 언급한 인물은 공산권으로 망명한 악명 높은 동성애자 스파이였지만, 제2차 세계대전이 끝나 재개관한 코벤트 가든에서 영국 무용수들이 공연한 러시아 발레「잠자는 숲속의 미녀」이야기를 하는 것이기도 했다(버제스는 워싱턴 주재 영국 대사관 1등 서기관으로 1951년 5월 25일 실종되었는데, 이후 그를 포함한 케임브리지 대학 출신의 명문가 자제 5명이 17년간 소련의 스파이로 활약한 사실이 밝혀져서 영국 사회에 큰 충격을 주었다. 라일락 요정은「잠자는 숲속의 미녀」에 등장하는 요정 대모들 중 우두머리 격이다/역주). 볼쇼이 발레단이 개막식 밤을 위해서 마침내 극장에 도착하자, 영국을 주름잡는 발레리나이자 러시아 망명객들에게 훈련을 받았던 마고 폰테인이 울라노바를 환영하러 달려나왔다. 그리고 감정이 북받친 나머지 이 겁먹고 놀란 무용수를 서슴없이 끌어안았다.[25]

  1956년 10월 3일「로미오와 줄리엣」의 막이 오르자 냉전의 적대감은 잠시 중단되었다. 영국인들은 이 제작물의 범위와 규모에, 그리고 울라노바의 춤추기의 감정적 깊이에 압도되었다. 울라노바는 당시 마흔여섯 살이었지만 줄리엣의 젊음과 비극을 무리 없이 전달했다. 이 발레의 무대 리허설에서 울라노바를 본 영국 무용수 앙투아네트 시블리는 후일 자신의 놀라움을 이렇게 설명했다. "그녀는 엉망이었어요. 노파 같고……백 살은 되어 보였죠.……그러다 그녀가 갑자기 꿈을 꾸기 시작하는 거에요. 그러자 바로 우리 눈앞에서 열네 살이 되었죠. 화장도 의상도 없이……그리고 우리 심장이! 숨도 못 쉬었어요. 그러다 음독 장면 후 그녀가 무대를 질주했죠. 세상에, 다들 비명을 지르고 고함을 지르는 것이 축구 시합에 온 것 같았다니까요." 개막식 밤에도 상황은 다르지 않았다. 울라노바는 13번의 박수갈채와 열광적인 평론을 받았다. 몇몇 평론가들은 라브롭스키의 안무가 구식이고 무겁다고 툴툴거렸지만 ("폭력적이고 과장된 사건들"이 가득한 "느릿느릿 움직이는 3단 꽃수레) 관객은 신경 쓰지 않았다. 그들은 울라노바를 흠모했고(그해에 이 발레리나의 「백조의 호수」 공연을 방송한 BBC는 약 1,400만의 시청자들을 끌어들였다), 볼쇼이 예술의 힘은 이후 수십 년간 기억될 것이었다.[26]

이런 시나리오는 3년 후 뉴욕에서도 되풀이되었다. 입석 대기줄은 메트로폴리탄 오페라 하우스의 개막 39시간 전에 시작되었다. 1959년 4월 16일 막이 오르자 극장은 미어터졌고, 양옆과 통로까지 200명 이상의 사람들이 북적거렸다. 박스석들에 미국과 소련 국기가 현수막처럼 늘어뜨려졌고, 오케스트라는 발레 시작에 앞서 양국의 국가를 연주했다. 런던에서와 마찬가지로 관객의 열광은 거의 자제가 불가능했고, 울라노바는 다시 한번 스타로 탄생했다. 「뉴욕 타임스」에 「로미오와 줄리엣」에 대해서 쓴 존 마틴은 이 경험을 이렇게 요약했다. "과장되었냐고? 전적으로! 구식이냐고? 그렇고말고! 남자들의 체격이 짐마차 말 같았냐고? 물론이지! 시대에 뒤떨어졌냐고? 그래, 그리고 아니야. ('시대에 뒤떨어졌다'는 것이 정확히 무슨 소리지?) 이런 수준의 예술 작품에서 그게 뭐가 중요하겠는가?"[27]

흐루쇼프는 기뻐했다. "이제, 여러분께 질문이 하나 있습니다." 그는 1959년 방문 중 미국 기자들에게 달콤하게 속삭였다. "최고의 발레를 가진 것은 어느 나라죠? 여러분의 나라인가요? 여기에는 상설 오페라 극장과 발레 극장조차 없잖아요. 여러분의 극장은 부자들이 주는 걸로 꾸려나갑니다. 우리 나라에서는 돈을 주는 것이 국가예요. 그러니 최고의 발레는 소련에 있습니다. 우리의 자랑이죠.……어디의 예술이 상승세이고 어디의 예술이 내리막인지 여러분 스스로 아실 겁니다." 그렇지만 그가 연설하던 당시에도 상황이 그렇게 단순하거나 확실하지만은 않다는 불안한 징후들이 있었다. 먼저, 볼쇼이에 대한 평론들이 모두 극찬은 아니었다. 서구에서 볼쇼이의 명성을 만든 것은 울라노바와 「로미오와 줄리엣」이었다. 그리고로비치와 야콥손의 새로운 "봉기" 발레들은 형편없는 반응을 얻었다. 뉴욕 평론가들은 「돌꽃」을 대체로 묵살했고("철벅철벅 번쩍번쩍한 것이 그럭저럭"), 발레단이 1962년 야콥손의 「스파르타쿠스」와 함께 돌아왔을 때에는 혹평을 했다. "거대하고, 몰취미적이고, 암울하고……이 작품은 본국에서는 관객의 큰 사랑을 받는다. 자유에 대한 추상적 찬사에서, 방대한 육체 중심주의에서, 알맹이라고는 전무한 마비된 상상력에서 모스크바가 무엇인가를 본다는 것은, 그곳이 어떤 곳인지에 대해서 많은 것을 말해준다." 해빙 시대의 발레들은 제대로 옮겨지지 못했다. 문화적 격차를 메우는 것은 옛날의 한물 간 드람-발레였다.[28]

그 후 미국인들이 소련에 도착했다. 1960년 아메리칸 발레 시어터는 러시아 땅에서 춤을 춘 최초의 미국 발레단이 되었다. 그들은 제롬 로빈스의 「팬시 프리(Fancy Free)」와 애그니스 데 밀의 「로데오(Rodeo)」를 필두로 세심히 고른 "토착" 작품들의 레퍼토리와 함께, 미국인들도 할 수 있다는 것을 입증하기 위해서 프티파의 고전들의 발췌물이 등장하는 일련의 프로그램들을 공연했다. 소련인들은 「빌리 더 키드(Billy the Kid)」를 이념적 근거로 거부했고(무법자를 영웅으로 만드는 것은 부도덕하다), 도끼를 휘두르는 리지 보든에 대한 발레 「폴 리버 전설(Fall River Legend)」 역시 "러시아인의 취향에는 너무 폭력적이고 섬뜩하다"고 간주해서 거절했다.[29]

그렇지만 긴장의 요인이 존재하는 레퍼토리에도 불구하고, 이 발레단의 주역 남성 무용수인 에릭 브룬의 공연들은 한 저명한 소련 평론가가 미국인 동료에게 편지한 바와 같이, 관객을 "황홀경"에 빠뜨렸다. 브룬은 덴마크에서 훈련받은 부르농빌 스타일 전문가였다. 그는 바가노바의 제자들 중 하나로 서구로 이민해서 코펜하겐에 정착한 베라 볼코바와도 긴밀하게 작업했다. 브룬의 춤추기는 이렇듯 바가노바로부터 프티파와 요한손까지 거슬러올라가는 돋보이는 혈통을 따랐다. 그는 화려한 테크닉을 가졌지만 절대 과도하게 브라부라하거나 소련적 의미로 영웅적이지는 않았다. 그는 무엇보다도 당쇠르 노블이었고, 자제와 절제로 유명했다. 발레의 귀족적 기원들을 지워버리다시피 한 소련인들에게, 그리고 특히 스스로를 러시아 고전주의의 수호자로 보는 키로프 무용수들에게 브룬은 눈을 뗄 수 없는 어리둥절한 경험이었다. 그것은 자신들의 잃어버린 과거에 대한 일견이자, 서구가 그들 못지않게 뛰어나거나 어쩌면 더 나은 고전 무용수들을 가졌다는 뚜렷한 증거였다.[30]

그러나 1961년 6월 16일 파리에서 루돌프 누레예프의 극적인 서구 망명보다 소련인들과 키로프를 더 당황하게 만든 것은 없었다. 누레예프는 소련 체제의 산물이었다. 그는 1938년 출생했다. 부모는 이슬람계 타타르 혈통의 농부였는데(어머니는 타타르어로 말하고 아랍어를 읽었다), 공산당에 일찌감치 입당해서 열렬한 공산주의자가 되었다. 아버지는 전쟁에서 싸웠고, 누레예프는 어머니가 어린것들에게 먹일 것과 재울 곳을 위해서 분투하는 가운데 가난하게 자랐다. 그는 지역의 공산주의 청년 조직에서 늙은 전직 마린스키 무용수들과 발레와 민속무용을 공부했다. 그는 결국 키로프로 갔고 그곳에서 교사인 알렉산드르 푸슈킨(1907-1970)에게 받아들여졌다. 1930년대와 1940년대에 바가노바와 함께 일한 푸슈킨은 고전주의자답게 엄격했다. 그는 누레예프가 거칠고 민속무용에서 영향을 받은 스타일을 완성하고 정련하도록 몰아쳤다. 그렇지만 누레예프는 무용 연습실 밖에서 당국과 끊임없이 충돌했다. 그는 지적 호기심이 강하고 천성적으로 반항적이었다. 그는 외국 서적들과 해적판 발레 테이프들을 열심히 보았고(그는 서구에서 브룬을 보고 사랑에 빠지기 오래 전부터 이 무용수의 테크닉을 분석했다), 영어 강습을 들었으며, 콤소몰에 참여하기를 거부했다. 누레예프는 브룬의 1960년 공연을 관람할 수 있기를 간절히 바랐지만, 대신 동독으로 보내져서 길고 살인적인 버스 순회공연을 했다. 키로프가 파리에서 공연하도록 초청받았을 때 그는 마찬가지로 본국에 머무르도록 되어 있었다. 그렇지만 프랑스 측 진행자들이 고집을 부렸다. 그들은 그가 레닌그라드에서 공연하는 것을 보았기 때문에 파리에서 선풍을 일으킬 것을 알고 있었다.

 그리고 그는 그랬다. 새로운 니진스키로 칭송받은 누레예프는 키로프의 파리 시즌에서 이론의 여지없는 스타였다. 그러나 그는 품행불량이기도 했다. 서구에서 순회공연 중인 소련 무용수들은 KGB에게 일상적으로 경호를 받았고, 그들의 움직임은 엄격히 규제되었다. 그들은 발레단 버스로 수송되었고 외국인들과 섞이거나 일정에서 벗어나는 것은 허락받지 못했다. 스파이와 밀고자들이 규정의 강화를 도왔다. 정해진 경로에서 이탈한 결과는 심각할 수 있었다. 누레예프는 신경 쓰지 않았다. 그는 KGB 경호원들을 따돌렸고, 공식 집단에서 떨어져나왔고, 프랑스 무용수들 및 예술가들과 사귀었으며, 일상적으로 외부에서 밤을 보냈다. 새로운 경험은 가능한 한 모두 해보려고 안달이던 그가 의지한 것은 자신에 대한 엄청난 대중적 찬사였다. 그의 출연 금지는 해로운 국제적 원성을 촉발할 것이었다. 그들은 감히 그러지 못할 것이었다.

그러나 그들은 감히 그렇게 했다. 키로프 발레단이 다음 도착지인 런던으로 가려고 파리 공항에 도착했을 때 누레예프는 따로 불려나와서 남겨졌다. 그가 들은 바에 의하면, 흐루쇼프가 "특별 공연"을 위해서 모스크바로 귀국하라고 개인적으로 지시했다는 것이다. 뿐만 아니라 그의 어머니가 아프다고 했다. 이 시점에서 누레예프는 자신의 패배를 깨달았다. 소련으로 귀국해서 그가 기대할 수 있는 것은 (잘해야) 어딘가 먼 지방으로의 추방이었고, 앞으로 여행은 없을 것이며, 예술적, 금전적으로 궁핍한 생활과 KGB의 끊임없는 괴롭힘이 있을 것이었다. 선례도 있었다. 동년배인 무용수 발레리 파노프는 비슷한 정황에서 외국 순회 중 고국으로 보내져서 가혹한 처벌을 받았다. 암담해진 누레예프는 벽에 머리를 찧고 울면서 프랑스 친구들과 헤어지기를 거부했다. 운이 따르다 보니 그가 파리에서 사귄 친구들 중에 클라라 세인트가 있었다. 칠레인 상속녀인 그녀는 드 골 정부의 문화부 장관 앙드레 말로의 아들의 약혼녀였다. 친구들은 그녀에게 전화했다. 그녀는 공항으로 돌진했고 프랑스 당국의 도움을 얻어냈다(나중에 알고 보니 그들 중 한 명은 백러시아 망명자였다). 어쩔 줄 몰라서 자포자기했던 누레예프는 간신히 KGB로부터 벗어나서 프랑스 당국의 수중으로 들이닥쳤다. 그가 망명을 청하자 프랑스 경찰은 그를 즉시 보호구치에 처했다.

누레예프의 배반은 세계적인 중요 뉴스이자 소련의 위신에 대한 심각한 타격이었다. 키로프는 절대 회복되지 못했다. 무용수들은 망연자실해서 의기소침했고, 누레예프와 관계가 있는 사람들은 그 친분 때문에 처벌을 받았다. 그의 파트너인 알라 오시펜코는 순회공연에서 빠져서 레닌그라드로 돌려보내졌고, 발레단 감독 세르게예프는 엄한 문초를 받고 징계되었다. 한 무용수가 쓴 바와 같이 "우리가 충격을 받은 것은 그가 가버렸다는 것이 아니라, 그런 식으로 행동할 수 있었다는 사실이었다. 우리 같은 훈련을 받고 우리 같은 배경을 가진 사람이 어떻게 그런 짓을 할 수 있었을까? 우리로서는 이해할 수 없는 일이었다." 레닌그라드 관객이 그렇게나 동경하던 누레예프의 모습은 공적 생활에서 꼼꼼히 삭제되었다. 하나만 예를 들어보자. 야콥손에 대한 작은 책의 표지에 누레예프의 이름이 거의 알아보기 힘든 희미한 글자로, 다른 이름과 무용수들과의 콜라주 속에 감춰져 있었다. 이 책은 수천 권이 인쇄되었지만, 누군가 펜을 들고 앉아서 이 배반한 무용수에 대한 희미한 언급을 하나하나 수고스럽게 지우기 전까지는 발매되지 못했다. 1962년 누레예프는 궐석 재판을 받았다. 그의 공식 복권은 1997년까지는 이루어지지 않았다. 그러나 이것이 그가 망각되었다는 의미는 아니었다. 그 반대로, 그는 이 도시의 집단 기억에서 두드러지는 자리를 차지하는 신화적 인물이 되었다.[31]

마치 누레예프의 망명으로는 충분하지 않다는 듯이, 1962년 10월 조지 발란신의 뉴욕 시티 발레(NYCB)가 레닌그라드, 트빌리시, 키예프, 바쿠에 머무는 8주간의 순회공연을 위해서 모스크바에 도착했다. 그것은 흥분되는 사건인 동시에 소련의 자신감 넘치는 문화적 외관에 대한 또 하나의 타격이었다. 발란신은 어쨌거나 러시아 출신이었다. 그는 마린스키에서 춤추었고, 서구로 망명해서 뉴욕에 정착하기 전에 로푸코프, 골레이조프스키와 작업했다. 그는 뉴욕에서 1933년 (러시아적 모델에 따라) 아메리칸 발레 학교를, 1948년 NYCB를 설립했다. 더 중요한 것은 그가 스토리 발레를 피하고 급진적으로 모더니스트적이자 (소련인들이 쓴 바와 같이) "형식주의적인" 신고전파 스타일을 선호했다는 사실이다. 그의 발레들 중 여럿이 스토리는 아예 없고 음악과 춤만 있었다. 그리고 음악은 그냥 예사 음악이 아니었다. 발란신의 가장 급진적인 작품들은 망명 작곡가 이고리 스트라빈스키와의 공동 작업으로 창작되었는데, 그의 이름과 모든 작품은 1930년대 이래로 금지되다가 최근에야 복권된 바였다. 스트라빈스키와 마찬가지로 발란신은 격렬한 반(反)소련주의자였다. 그는 국무부의 지속적인 압력이 있은 후에야 순회공연에 동의했고, 그러고 나서도 그 경험을 심히 불안해했다.

그렇지만 뉴욕 시티 발레는 선풍을 일으켰다. 1962년 10월 9일 이 발레단이 공연을 시작하자 극장은 몇 주간 매진되었는데, 당 관리들과 문화부 구성원들의 포진도 두드러졌다. 발레단은 좌석 6,000석의 휑뎅그렁한 크렘린 궁전 의회 건물에서도 공연했는데 이 역시 매진되었다. 개막일 밤 프로그램은 발란신의 「세레나데(Serenade)」(1935)로 시작되었다. 그것은 차이콥스키의 음악에 맞춘 매력적이고 낭만적인 발레이자 이 안무가가 미국에서 최초로 제작한 작품이기도 했다. 무용수들은 (러시아계 유대인 조상을 가진) 미국 안무가 제롬 로빈스의 재즈 무용 「상호작용(Interplay)」, 카우보이와 미국 서부에 대한 발란신의 농담조의 헌사로 허시 케이의 음악에 맞춘 「서부 교향곡(Western Symphony)」도 공연했다. 그러나 러시아인들을 당황하고 경악하게 만든 것은 「아곤(Agon)」(1957)이었다. 스트라빈스키와의 공동 작업으로 창작된 이 작품의 특징은 무조음악(無調音樂)과 밋밋한 푸른 배경막을 배경으로 춤추는 단순한 흑백 연습복을 입은 무용수들이었다. 그것은 단호할 정도로 추상적이었다. 발란신은 그것을 "기계, 하지만 생각하는 기계"라고 불렀다. (러시아인들이 "미국의 울라노바"라고 부른) 알레그라 켄트와 아서 미첼이 춤춘 이 발레는 지속적인 감동을 일으켰다. 아마 어느 정도는 너무나 강렬하고 자유분방하게 연기되었기 때문일 텐데, 언젠가 켄트는 자신의 춤추기에는 "이사도라 덩컨과 산양이 조금씩" 있다고 말했다. 그리고 미첼은 발레리나 멀리사 헤이든이 말한 바에 의하면 "뱃속에 불"을 가지고 있었나.[32]

소련 대중이 뉴욕 시티 발레를 맞아서 보여준 열정을 전달하기는 어렵다. 관객들은 밤이면 밤마다 일어나서 환호하며 "발-란-신!"을 연호했고, 종종 극장 조명이 꺼질 때까지도 떠나기를 거부했다. 표가 없는 사람들은 밖에 모여서 몇 시간씩 농성을 벌였다. 어떤 사람들은 발레단을 따라서 레닌그라드와 바쿠까지 갔다. 사람들은 길에서 무용수들을 둘러쌌고, 자신의 입장에서는 너무나 이국적인 그들을 만지려고 손을 뻗기까지 했다. 소련 당국이 발란신의 작품을 언제나 이해한 것은 아니었다. 그들은 이를 드람-발레의 눈을 통해서 보았고, 스토리를 찾아서 습관적으로 장면을 훑었다. 누군가는 링컨 커스틴에게 (백인인) 켄트와 (흑인인) 미첼이 주연한 「아곤」은 열정적인 백인 여주인의 폭압에 대한 검둥이 노예의 복종에 대한 것이라고 말했다.[33]

NYCB의 순회공연은 쿠바 미사일 위기로 갑자기 중단되었다. 케네디 대통령이 이제는 유명한 최후통첩을 발표했을 때, 발레단은 아직 모스크바에 있었고 크렘린 궁전 의회에서 한 번 더 공연할 예정이었다. 무용수들은 안절부절 못했고 미국 대사관에서의 폭력 시위와 명백하게 닥친 전쟁 발발 및 핵 대결 가능성에 대한 보도들로 신경이 너덜너덜해졌다. 극장 무대에는 관람석으로 이어지는 계단이 있었는데, 그들은 관객이 돌진하거나 폭동을 일으킬까봐 걱정했다. 그러는 대신, 러시아적 음악이 울려퍼지는 가운데 (러시아 망명 디자이너 카린스카가 만든) 로맨틱 튀튀를 입은 코르 드 발레가 고개를 엄숙하게 숙이고 발은 가장 기본적인 발레 포지션을 취한 채 「세레나데」의 막이 오르자 관객은 일어나서 미친 듯이 박수를 쳤다.[34]

뉴욕 시티 발레가 본국으로 돌아간 후, 무용수들과 동행하도록 국무부에서 파견되었던 한스 투치는 전설적인 보고서를 제출했다. 그는 이렇게 썼다. "지금껏 누구도 발레의 훈련, 음악성, 안무에서 소련의 우월성을 의심하지 못했습니다. 뉴욕 시티 발레가 등장해서 바로 이 세 가지 필수적 발레 영역에서 그들의 감독과 무용수들이 여러 면으로 우월하다는 것을 보여줍니다. 이런 깊은 인상은……그들[소련인들]을 개성 표현과 사상 해방으로 이끌게 될 것입니다." 정말이지 소련인들은 19세기 후반 이래 처음으로, 러시아 발레의 업적이 꼭 유일무이하지는 않다는 것을 절실히 깨닫게 되었다. 프랑스인들과 영국인들, 특히 미국인들은 이제 자신만의 인상적인 예술적 무기들을 가지고 있었다. "최고의 발레는 소련에 있다"는 흐루쇼프의 자신만만한 단언은 더 이상 자명해 보이지 않았다. 소련 기자들이 모스크바에서 발란신을 환영하면서 "고전 발레의 고향"이라는 말을 사용하자 그는 날카롭게 받아쳤다. "죄송하지만 러시아는 낭만주의 발레의 고향이죠. 고전 발레의 고향은 이제 미국입니다." 소련인들은 이 점을 간과하지 않았다. 1963년 당 대회 회의에서 최고 간부들은 미국인들이, 특히 NYCB가 이 부분에서, 즉 이 나라의 가장 자랑스러운 국민예술에서 러시아를 앞질렀을지 모른다는 경고를 표했다.[35]

그렇지만 서구에의 노출이 꼭 소련 무용수들에게 (혹은 당에게) 변화나 자유화의 길을 열어준 것은 아니었다. 흔히 서구에 대한 문이 일단 열리면, 러시아인들은 자신들이 놓친 것을 모두 따라잡을 때까지 앞다퉈 서구인들을 모방할 것이라고 생각했다. 그리고 그들은 너무나 많은 것을 놓쳐왔으니, 발란신과 로빈스뿐만 아니라 재즈와 무조음악, 추상표현주의, 마사 그레이엄과 머스 커닝햄, 그 밖에도 많이 있었다. 그러나 모스크바가 보기에는 상황이 꼭 이런 식은 아니었다. 볼쇼이 발레의 엄청난 해외 성공은 그들이 춤추는 방식의 우월성을 입증하기에 충분해 보였다. 에리크 브룬, 누레예프의 망명, 특히 뉴욕 시티 발레가 의혹의 씨앗을 뿌린 것은 사실이다. 그렇지만 발레에 대한 소련의 생각의 완고하게 이념적인 태도를 바꾸는 데에는 별 도움이 되지 않았다. 볼쇼이는 오히려 완고해져서는 스스로의 우월성과 특별한 방향성을 확신했다. 다음번 뉴욕 순회공연에서 라브롭스키는 발란신에게 그의 "재치를 뽐내는" 접근방식과 스토리 발레와의 그릇된 단절에 대해서 설교할 기회를 가졌다. 나아가 해빙은 일관되지 않다는 사실이 밝혀졌다. 쿠바 미사일 위기의 여파로 흐루쇼프는 문화 정책의 고삐를 조였고, 드람-발레와 형식주의에 대한 지속적이고 망연자실한 이념 논쟁이 재개되었다.[36]

그러나 레닌그라드에서는 서구에 대한 개방의 영향들이 더 심각하고 체제 약화적이었다. 키로프는 해외에서 거의 성공을 거두지 못했다. 그들의 무용 스타일은 유럽 및 미국과 너무 유사했고, 기원 역시 비슷해서 강한 인상을 주지 못했다. 외국인들에게 그렇게나 호평을 받은 볼쇼이적 특징인 이국적 정서와 화려함이 그들에게는 전무했다. 그들이 가장 파문을 일으킨 것은 누레예프의 망명을 통해서였다. 이것은 서구가, 특히 미국이 소련 못지않게 뛰어난 발레들을 (그리고 무용수들을) 가졌다는 사실을 알게 된 것과 맞물려서, 키로프의 위신과 기강을 심각하게 약화시켰다. 어쨌거나 키로프/마린스키의 역사와 전통은 볼쇼이와 달리 서구와 여러 방식으로 엮여 있었다. 그리고 그 정체성은 발레적 업적에서 유럽과 접해서 그것을 능가하는 능력에 언제나 어느 정도 의지했다. 스탈린 치하에서 키로프의 무용수들은 차단되고 고립된 채 스스로에게 몰두하거나 아니면 대신 동방과 모스크바에 집중했다. 이제 파리, 런던, 뉴욕의 예술적 발전에 더 예리하게 초점이 맞춰지면서 키로프의 자신감은 흔들렸다. 그들은 프티파 이래로 서구를 쭉 이끌었지만 이제 서구의 그림자 속에 있었다.

사기는 낮고 발레단을 지탱할 내적 자원은 부족한 가운데 키로프는 약해지기 시작했다. 누레예프는 망명한 최후의 무용수가 아니었다. 다음 세대는 "사회주의 낙원의 건설"에서 큰 소속감을 느끼기에는 너무 상식적이고 냉소적이었으며, 대조국전쟁이 낳은 애국심과 공동 목적의식을 직접 경험하기에는 너무 어렸다. 더 무심하고 회의적인 그들은 연장자들의 태도와 충성심을 시대에 뒤떨어진 예스러움으로 생각했다. 예를 들면 후일 발레리나 나탈리야 마카로바(1940-)는 자신이 「로미오와 줄리엣」과 「바흐치사라이의 샘」 같은 발레들의 "황폐한 스타일"을 멸시하던 것과, 「지젤」의 낭만적인 주역을 여전히 춤추던 세르게예프가 무대 위에서 스타니슬랍스키에게 영감이라도 받은 양 감정을 보이며 울던 방식에 당황하던 것을 회상했다. 영상으로 본 것뿐이었지만 울라노바조차 그녀에게는 "마법 같은" 것이 아니라 "약간 부자연스럽게" 보였다. 그녀는 야콥손은 숭배했다. 그러나 그가 당 때문에 겪은 고초들은 그녀의 냉소와 좌절을 심화시킬 뿐이었다. 1970년 키로프가 런던 순회공연에 나섰을 때 그녀는 망명했다. 세르게예프는 일자리를 잃었다.[37]

4년 후 미하일 바리시니코프가 뒤따랐다. 1948년 라트비아의 리가에서 출생한 바리시니코프가 발레를 시작한 것은 어머니 덕분이었다. 그녀는 제대로 교육받지 못했지만 발레를 사랑했다. 그녀는 그를 공연에 데려갔고, 그 도시의 국립 발레 아카데미인 유명한 리가 안무학교에 입학시켜서 훌륭한 훈련을 받게 했다. 그렇지만 그가 열두 살 때 비극이 발생했다. 어느 날 오후 어머니가 그를 할머니에게 맡기고 자살한 것이다. 육군 장교이자 헌신적인 공산주의자인 바리시니코프의 아버지는 차갑고 소원한 사람이었고 아들에게 별 도움이 되지 않았던 것으로 보인다. 1964년 겨우 열여섯 살의 바리시니코프는 라트비아 국립 오페라 발레와 함께 레닌그라드로 갔고 바가노바 학교의 오디션을 성공적으로 받았다. 그는 교사 알렉산드르 푸슈킨에게 받아들여졌는데, 그는 누레예프를 돌봐주고 훈련시킨 사람이기도 했다(바리시니코프가 푸슈킨의 집에 도착했을 때 이 연상의 무용수의 옷가지는 아직 옷장에 있었다). 푸슈킨은 멘토이자 아버지 대역이 되었다. 바리시니코프는 급속히 승진했다. 그는 1967년 (후일 그가 회상한 대로 "허물어지고 있던") 키로프에 합류했고 이 발레단의 1970년 서구 순회공연에서 스타가 되었다.[38]

순회공연 중 그는 아메리칸 발레 시어터를 보았고, 로열 발레를 방문했으며, 비밀리에 누레예프를 만났다. 소련 당국은 방심하지 않았다. 위험을 감지한 그들은 이 젊은 무용수에게 아낌없이 특혜를 주었다. 그는 1973년 "소련 인민 예술가"로 추대되었고, 넓은 아파트, 청소부, 자동차가 주어졌다. 볼쇼이 발레에 합류하라는 제안도 이어졌지만 정중하게 거절되었다. 바리시니코프는 소련 권력의 술책에 팔리거나 유혹되기에는 너무 아는 것이 많아서 그런 것에 관심을 두지 않았다. 1970년 푸슈킨이 사망하자 이 무용수는 점점 더 우울해졌고 예술적으로는 고립된 느낌이었다. 그는 새 작품을 공연할 기회를 얻었지만 수월한 것은 아무것도 없었다. 예를 들면 그가 1974년 작은 극장에서 "창조적 저녁"을 무대에 올릴 때 당국은 쉴 새 없이 개입했다. 그들은 의상의 노출이 너무 심하며 안무는 무가치하다고 주장했다. 그해 후반 그는 캐나다에서 망명했다.

다른 사람들도 있었다. 알렉산드르 필리포프는 1970년에 떠났고, 알렉산드르 민즈는 1973년이었다. 무용수 발레리 파노프와 갈리나 파노프는 수 년의 박해와 단식 투쟁 끝에 1974년 이스라엘로 망명했는데, 그들의 역경은 국제적인 유명 쟁점이 되었다. 그러다 1977년 기로프에서 가장 뛰어난 사람들 중 하나인 무용수 유리 솔로비예프가 자택에서 자살로 추정되는 사망 상태로 발견됨으로써 발레단의 기강에 또 한번 묵직한 타격을 날렸다. 볼쇼이라고 그런 골칫거리에서 열외는 아니었다. 1979년 최고의 무용수들 중 셋이 미국 순회공연 중에 망명했고, 이듬해 (플리세츠카야의 친척들인) 교사 술라미스 메세레르와 그녀의 아들 역시 도주를 택했다. 그러나 모스크바에서는 서구에의 끌림이 크게 강하지 않았다. 볼쇼이 무용수들은 서구에 쉽게 적응하기에는 스타일적으로 너무 달랐다. 그리고 소련을 떠나는 것을 상상하기에는 자신들의 특권과 권력에 너무 사로잡혀 있기도 했다.

1977년에 안무가 올레그 비노그라도프가 키로프를 넘겨받았다. 그는 1995년까지 머물게 될 것이었다. 그는 레퍼토리를 확장했고, 무용수들은 발란신, 부르농빌, 포킨의 작품들을 익혔다. 이를 통해서 긴히 필요하던 자극은 제공되었지만 발레단을 장악한 상실감과 도덕적 쇠퇴는 별로 상쇄되지 않았다. 비노그라도프의 재임기는 재정적 추문과 예술적 수준의 저하로 확연히 얼룩지기도 했다. 키로프가 혼란으로 빠져들면서 무용수들은 교습으로 도피했다. 누레예프가, 그리고 특히 마카로바와 바리시니코프가 서구에 가져온 것이 이 것이었다. 그것은 키로프의 무용수들을 본국에서 최소한 이후 두 세대 동안 지탱시킬 것이었다. 그들은 예술적으로 표류하면서 옛날 교본들에 집착했고, 전해져 내려오는 스텝과 가르침을 공들여 복제하고 재복제하면서 (반복과 리허설을 통해서) 자신들의 육체에 구속했다. 이것은 중요했다. 레닌그라드 무용수들은 바가노바와 다른 사람들이 그들에게 남긴 규칙과 관례에만 편협하게 초점을 맞춤으로써 자신들의 전통의 핵심을 보존할 수 있었던 것이다.

키로프의 느릿한 몰락은 볼쇼이의 비약과 동시에 벌어졌다. 1956년과 1959년 볼쇼이의 런던과 뉴욕에서의 대성공은 소련 무용 발전의 새로운 국면을 위한 무대를 세웠다. 마치 그 순간을 기념하기도 하듯이 1960년 울라노바는 볼쇼이에서 은퇴했고, 4년 후 라브롭스키도 떠났다. 고전적 우아함과 균형감을 갖춘 키로프에서 훈련받은 볼쇼이 세대는 사라졌다. 이후 볼쇼이는 재능이나 아이디어를 더 이상 키로프에 의지하지 않을 것이었다. 정말이지 볼쇼이 특유의 토종 정서, 일상적인 것을 선호하는 취향, 더 원초적이고 세속적이며 민속적인 태도야말로 이 발레단의 가장 큰 자산이라는 사실이 밝혀지고 있었다. 그렇지만 볼쇼이의 비약은 옛날 관행과 관례의 부활 문제만은 아니었다. 과거의 그 무엇도 현재의 무대를 장악한 무용과 무용수들의 규모와 순수한 포부를 설명할 수 없었다. 이는 무엇인가 새로운 것, 더 크고 더 대담한 볼쇼이 스타일이었다.

이 새로운 볼쇼이 스타일은 어떤 것이었을까? 그것은 고전적이거나 세련되지 않았고, 키로프의 고도로 낭만주의적인 서정성, 우아한 소박함, 드람-발레적 강렬함과도 무관했다. 그것은 대신 무모하면서 육체적으로 대담했고, 지독히도 기념비적인 데다가, 저항과 심지어 분노의 깊은 암류에 휘둘렸다. 그것은 "문명"과 서구에 대한 반박이었고 완고한 슬라브주의의 온갖 흔적들을 품고 있었다. 우리는 그것을 잘 안다고 생각한다. 어쨌거나 볼쇼이는 냉전 기간 동안 서구에서 거듭 공연되었고, 그 예술가들은 널리 알려지고 많이 거론되었다. 그들의 공연을 한 번이라도 보았다면 그 맹렬한 에너지와 열의를 결코 잊지 못할 것이다. 그렇지만 거기에는 엄청난 간극이 있다. 우리는 볼쇼이 무용수들이 어떻게 보이는지 말할 수 있고, 그들의 동작의 특징과 기발함을 묘사할 수 있다. 그러나 서구인들은 최근까지도 그들의 스타일이 어디서 왔고, 그 무용수들의 삶이 그들의 예술과 어떻게 묶여 있는지 거의 알지 못했다. 이것은 키로프 무용수들에 대해서도 마찬가지이다. 그러나 우리는 최소한 그곳의 훈련과 접근방법에는 익숙하다. 이주자와 망명자들을 통해서 직접 알았고, 심지어 우리의 무용수들로부터도 배웠다. 그들 중 여럿이 마린스키의 자원에서 직접 나왔기 때문이다. 볼쇼이는 더 낯설었다. 더 동양적이고 규범보다는 열정에, 더불어 정치에 휘둘렸다.

그렇지만 다행히도 지금 우리는 볼쇼이의 가장 위대한 발레리나들 중 하나인 마야 플리세츠카야에 대해서 꽤 많은 것을 알고 있다. 그녀가 자서전을 쓴 덕분이다. 무용수로서 플리세츠카야는 볼쇼이의 전후 스타일의 귀감이었다. 그녀는 글에서 자신을 지금 같은 무용수로 만든 복잡한 정치적, 개인적, 예술적 역학에 대해서 이야기했다. 그녀가 말하는 것을 모두 믿을 수는 없다. 그러나 그녀의 삶과 예술은 이 시절 볼쇼이의 독특한 춤추기 방식의 근본과 내적 작동에 대한 사례 연구이자, 우리가 가진 최고의 안내서들 중 하나이다.

만일 울라노바가 레닌그라드와 순수한 키로프 스타일을 대변했다면, 플리세츠카야는 그녀의 정반대였다. 그녀는 "진짜 학교"(즉 지속적인 바가노바식 훈련)도, 전통도, "신념"도 없이, 20세기에 의해서 피에 물든 어린 시절을 보낸 모스크바 여성이었다. 그녀의 춤추는 삶은 1934년에 아홉 살로 볼쇼이 발레학교에 입학하면서 시작되었다. 그녀의 아버지는 헌신적 공산주의자였다. 그는 소련 석탄산업을 대표하는 노력 덕분에 국민적 영웅으로 칭송받았고, 최초의 소련제 자동차들 중 하나를 몰로토프에게 직접 선물받기도 했다. 그렇지만 그는 유대인이기도 했다. 1937년 숙청의 최고조에서 그는 체포되었고(결국 처형되었다), 그녀의 어머니는 카자흐스탄의 수용소로 추방되었다. 갓 10대로 숙청, 전쟁, 혼란에 직면한 마야는 발레와 볼쇼이 극장을 피난처로 삼았다. 너무나 많은 다른 무용수들과 마찬가지로 그녀는 그곳을 집처럼 생각했다. 그리고 1943년 발레단에 합류하도록 초청받았다. 그리하여 스탈린에게 아버지를 잃은 어린 소녀는 조만간 소련의 실질적 프리마 발레리나가 될 참이었다. 그러나 그녀의 통렬한 개인적 상실감과 소련이라는 국가와의 깊고 심히 양가적(兩價的)인 관계는 사라지지 않았다. 그것들은 그녀의 예술의 토대를 형성했다.[39]

연기자로서 플리세츠카야는 울라노바가 꺼린 엄격하고 기술적인 부담이 큰 역할들에서 뛰어났다. 「라이몬다」, 「백조의 호수」의 흑조, 「돈키호테」의 키트리였다. 그녀는 지젤 역은 한번도 맡지 않았고("내 안의 무엇인가가 이에 반대하고, 저항하고, 다투었다") 대신 강철 같은 의지의 윌리 여왕을 연기했다. 그녀는 「바흐치사라이의 샘」에서도 "선한" 마리아가 아니라 질투심 많고 유혹적인 하렘 소녀였다. 육체적으로 이것은 그럴 만했다. 플리세츠카야는 우람하고 강인했으며 굵은 다리와 근육질의 등을 가지고 있었다. 스타일 면에서 그녀의 움직임은 딱딱하고 유연성이 부족했으며, 절대 우아하거나 고상하지 않았다. 그녀의 테크닉은 거칠고 강력했다. 그녀에게는 키로프 유파의 세련됨이 부족했다. 그러나 순전히 힘만 가지고 스텝을 아끼거나, 위험할 정도로 균형을 잃은 자세로부터 다시 몸을 정렬할 수 있었다. 플리세츠카야의 공연 영상들은 그녀가 어지간한 발레리나는 감히 시도하지 못할 정도로 자유분방하게 춤에 몸을 던지는 것을 보여준다. 그녀의 눈부신 빛 속에서 울라노바의 절제된 순수함은 더욱 창백한 빛을 띠었다. 그녀는 뻔뻔한 면이 있는 데다가 종종 수상쩍은 취향에 끌렸다. "나는 어떤 것들은 알고 있었고, 다른 것들은 훔쳤다. 어떤 것들은 스스로 생각해냈고, 조언도 받았으며, 어쩌다 보니 익히기도 했다. 그리고 뭐든 되는 대로에 마구잡이였다." 하지만 그녀의 현란함에는 어떤 호소력도 있었다. 그녀는 가식 없고 신선하고 직설적이었다. 그녀는 주저하지 않았다.[40]

그렇지만 그녀의 화려함 뒤에는 수 년의 투쟁과 저항이 있었다. 즈다노프가 악명 높은 칙령들을 발표한 직후인 1948년, 막 도약하기 시작한 그녀의 경력은 끽끽거리며 멈추었다. 가족사는 그녀를 자연스럽게 표적으로 만들었다. 그녀는 공개적으로 굴욕을 당했고, 정치 회합에 불참해서 맹비난을 받았으며,

배역들을 빼앗겼고, 특권들이 철회되었다. 마지막인 동시에 최악으로, 그녀는 "수출 불가"로 분류되었다. 허용되는 것은 소련 안이나 인도 같은 동양 국가들로의 순회공연뿐이었다. 스탈린 사후와 해빙기에 이것은 일종의 예술적 사망이었다. 우리가 살펴보았듯이 서구 순회공연은 특권, 힘, 명성을 부여했다(물건들이 가득한 여행 가방은 말할 나위 없었다). 더구나 서구 언론의 승인 없이는 모스크바에서도 중요하게 받아들여질 수 없다는 것을 플리세츠카야는 알고 있었다. 그녀는 시골 예술가가 되어서, 지저분하고 보람 없는 버스 공연들이나 다니면서 지방에서 소비될 참이었다.

플리세츠카야가 외국 여행에 집착하게 된 것이 놀라운 일은 아니다. 그녀는 관리들을 들들 볶았고, 주의 깊게 선정한 단어들로 "회개" 편지를 썼으며, 감탄하는 외국 고위 관리들 면전에서 큰 소리로 불평했고, 공개 행사에서는 부적절하건 말건 관리들의 시선을 끌 수 있는 옷차림을 했다(그녀는 해냈다. 자신의 KGB 감시인의 시선을 끈 것이다). 투쟁은 그녀의 춤추기에도 배어들었다. 그녀는 모든 발레, 공연, 배역들을 정치적 전투로 보았다. "누가 누구를 잡을 것인가!" 아마 그녀의 가장 큰 "성공"은 1956년 그녀가 볼쇼이와 함께 런던 순회공연에 가는 것을 KGB가 금지했을 때 왔을 것이다. 모스크바에서 플리세츠카야의 「백조의 호수」, "복수" 공연은, 그녀의 주장에 의하면 지금껏 자신이 한 최고의 공연들 중 하나였다. 온 모스크바가 왔는데, 거기에는 "핏기 없는 빈대 얼굴의 내시 세로프[KGB 수장]도 포함되어 있었다.……나는 당국이 깨닫게 해주고 싶었다. 세로프랑 그 마누라의 쓸개를 터트리자고. 개자식들!" 그녀가 만드는 모든 움직임들은 그를 향한 것, 즉 그를 받아치는 것이었는데, 그녀의 묘사에서도 그녀의 춤추기를 지탱하는 강철 같은 경멸과 저항이 느껴진다. 1막의 막이 내려가자 군중은 폭발했다. KGB의 난폭자들이 관객의 박수치는 손을 감아쥔 채 사람들을 극장 밖으로 끌어내서 발로 차고 악을 쓰며 생채기를 냈다. 그러나 쇼는 계속되었다. 그날 저녁이 끝날 즈음 정부의 난폭자들은 대중의 열광을 억누를 수 없어서 (혹은 그럴 의지가 없어서) 퇴각했다. 플리세츠카야가 이긴 것이다.[41]

1959년 흐루쇼프는 볼쇼이의 뉴욕 순회공연에 그녀의 참가를 개인적으로 승인했다. 그는 회고록에서 무용수의 귀감을 만든 자신의 결정을 자랑스럽게 회상한다. 그의 조언자들은 모두 그녀가 문제를 일으키거나 심지어 망명할지 모른다고 경고했다. 그러나 그는 국경 "개방"은 공산주의의 성공의 중요한 증거라고 주장했다. 플리세츠카야가 만일 귀국한다면, 예술가들이 소련에서 작업하는 것은 선택했기 때문인 동시에 서구에서 예술가들은 부자들의 노예이자 꼭두각시라는 사실을 알기 때문이라는 산 증거가 될 것이었다. 만일 그녀가 망명한다면 그렇게 하라지. "인간 쓰레기라고 불릴 가치도 없는" 사람들은 이 나라에 없는 편이 나을 것이었다. 흐루쇼프에게는 지극히 만족스럽게도, 플리세츠카야는 완벽하게 처신했고 최고의 춤을 추었으며 충실히 본국으로 왔다. 그는 귀국한 그녀를 포옹했다. "착하기도 하지, 돌아오다니. 날 바보로 만들지 않았구나. 날 실망시키지 않았어."[42]

이후 수 년간 플리세츠카야는 국제적 수퍼스타가 되었다. 그녀는 총애받는 문화사절(망명하지 않는 무용수), 매혹적인 여성(바비 케네디는 그녀에게 "흑심"이 있었다), 전 세계적 흥행 보증수표가 되었다. 리처드 애버턴이 그녀의 사진을 찍었고, 할스턴과 피에르 카르댕이 그녀와 작업했다. 본국에 돌아오면 호사스러운 삶에 안착했다. 그녀는 수입 차 두 대, 운전사, 멋진 아파트, 모스크바 인근 부유층 애호 지역의 시골 별장, 모피, 디자이너 의류, 그리고 온갖 외국 여행 물품들을 가졌다. 그러나 투쟁은 여전히 계속되었다. 그녀는 자신의 예술적, 물질적 특혜가 한순간의 통지로 철회될 수 있다는 것을 절대 잊지 않았다. 그녀는 여행했지만 자유롭게는 아니었다. 해외 계약은 번번이 승인받고 서식을 채워야 했고, 굴욕은 지속되었다. 그녀는 춤을 출 수 있었다. 하지만 실험과 새로운 작업의 범위는 엄격하게 제한되었고, 그녀의 기획들은 검열관들과 부단한 투쟁을 벌여야 했다. 예술에 대한 정치의 제도적 개입은 방심을 불허했다. **그들**은 언제나 그녀의 머릿속에 있었다. 정말이지 그녀는 자신의 예술적 도전의 정도를 공식적 반대의 강도로 측정했다. "**그들**이 정말 이것을 허용할까?"

플리세츠카야에게는 상충적 감정과 충성심이 뒤엉켜 있었다. 그녀는 스탈린에 반대했지만 그의 장례식에서 눈물을 흘렸고, 흐루쇼프를 멸시했지만 그의 꼭두각시이기도 했다. 그녀는 자부심에 찬 러시아인인 동시에 반항적인 소련인이었고, 특권 지배층에 속했지만 영원히 KGB 난폭자들의 지배하에 있었다. 울라노바의 춤추기는 문학 및 스타니슬랍스키적 연기 기술과의 집중적 관계를 시사했으며, 그녀는 춤에서 강력하고 단순한 자기 확신을 보여주었다. 하지만 플리세츠카야의 자아상과 동기들은 본인의 말마따나 훨씬 혼란하고 불안했다. 그녀는 자신의 재능을 기관원들에 맞서서 휘두르는 무기로 만들었다. 그녀의 춤추기의 힘과 분노, 그녀의 강압적 브라부라와 피해의식적 자기중심주의, 불안정한 자부심은 모두 힘에 대한 집착을 보여주었다. 그녀의 춤추기는 아름다움이나 조화와 무관했다. 그것은 싸움이었다.

이에 걸맞게 미하일 포킨의 「빈사의 백조」는 그녀의 간판 무용이 되었다. 돌이켜보면 포킨은 이 짧은 독무를 1905년 섬세하게 우아한 안나 파블로바를 위해서, "시적 이미지, 언젠가 죽어야 하는 모든 존재가 가지는 삶에 대한 끊임없는 갈구의 상징"으로서 안무했다. 플리세츠카야는 연약하고 갈망적인 부류와 거리가 멀었다. 그녀의 「빈사의 백조」는 연약하고 날개 꺾인 존재가 아니라 흥분하고 균형을 잃은 독수리 같은 새였다. 그녀는 파블로바나 울라노바처럼 서서히 약해지다가 포기하고 온순하게 무너지지 않았다. 그녀는 마지막까지 원기를 유지하면서 죽음이 육체적 생명력에 가하는 부당한 요구들을 강조했다. 그녀의 움직임은 강요되고 통제되어 있었다. 그녀는 전통을 따르는 대신 스스로의 길을 가려고 했다. "다시 한번 말하죠." 후일 그녀는 주장했다. "나는 독립적이었어요."[43]

플리세츠카야에게 분명 존재했던 예민함은 고통에서 비롯한 것으로 보였다. 예를 들면, 그녀의 춤추기의 두드러지는 특징은 크고 남성적인 손에 있었다. 그녀는 손바닥을 넓게 벌렸다. 대부분의 무용수들이 훈련하듯이 손가락들을 인위적인 꽃 같은 포즈로 정렬하는 일은 절대 없었다. 그녀의 손은 움켜잡고, 쥐고, 붙들고, 휘둘렀다. 그 손들은 그녀의 몸 전체를 감당하면서 균형을 잡는 것처럼 보였다. 그녀는 손에 관심 있다고 말했고, 아버지의 아름다운 손에 대해서 감탄하는 글을 쓰기도 했다. 이 글에서 그녀는 그들이 그의 손마디들을 꺾으면서 고문했다고 상상한다. 그러나 고통은 거의 드러나지 않았다. 그것은 부정되고 차단되어서, 저항과 뚜렷한 어디-두고-보자는 식의 자신감으로, 맹렬한 불멸의 백조로 바뀌었다.

그렇지만 가장 무모할 때조차 플리세츠카야는 볼쇼이의 온화한 면을 대변했다. 볼쇼이의 강경한 핵심과 가장 극단적인 면은 유리 그리고로비치의 작업에 있었다. 우리가 살펴보았듯이 그리고로비치는 레닌그라드에서 「돌꽃」으로 출발했다. 하지만 이것은 그가 볼쇼이 시절 제작하게 될 발레들의 종류에 대한 암시에 불과했다. 그는 그곳에서 1964년부터 1995년까지 약 30년간 군림하면서 소련의 가장 중요하고 강력한 안무가가 되었다. 그는 프티파의 고전들의 개작을 포함해서 수십 편의 발레를 제작했다. 그렇지만 가장 대표적인 작품은 볼쇼이에서 1968년 초연된 「스파르타쿠스」였다. 이 발레를 비참한 뉴욕 반응 이후 돌연 철회된 야콥손의 초기 버전이나, 민속무용 안무가 이고리 모이세예프가 몇 년 전 볼쇼이를 위해서 창작한 버전과 혼동하면 안 된다(플리세츠카야는 그것이 격렬하고 호화로우며 "사실상 할리우드"라고 생각했지만 역시 철회되었다). 그리고로비치도 하차투리안의 곡을 사용했지만 작업을 완전히 다시 생각했다. 그의 발레는 관능적 조형성 속의 비현실적 실험이 아니었다. 대신 그리고로비치는 장대한 혁명적 우화를 창작했다. 「스파르타쿠스」는 이후 수십 년간 볼쇼이의 명함이자 가장 상징적인 발레가 될 것이었다.[44]

스토리는 잔인하고 역겨운 로마 폭군 크라수스에게 맞서는 봉기에서 동료들을 이끄는 영웅적인 노예 검투사 스파르타쿠스에 대한 정통 혁명 상연물이다. 그리고로비치의 안무 분위기는 개막 장면부터 확립된다. 이 발레는 맨다리와 맨팔로 갑옷과 방패를 장비한 근육질 남성들의 코르 드 발레가 묵직하게 발을 구르는 전쟁 같은 춤을 수행하면서 시작된다. 그들은 율동적으로 쿵쿵거리면서 힘과 에너지를 표현한다. 반역이 전개되어감에 따라 거의 맨가슴의 스파르타쿠스는 사슬이 감긴 양팔을 십자가 위의 그리스도처럼 치켜올리면서 고통스럽고 고된 독무들을 수행한다. 마찬가지로 맨가슴에 사슬을 감은 동료 노예들도 가담해서 많은 남자들이 무대를 채운다. 여자들은 연인과 측실들이다. 그들은 나긋나긋하고 유혹적인 존재이지만 그들이 시중드는 남자들만큼이나 비정하고 냉혹하다. 그들의 움직임은 남성적이고 브라부라적이다.

음악의 고조 속에서 도약과 턴이 남자들이 여자들을 공중으로 높이 들어올리는 극적인 리프트와 번갈아 이루어진다.

이 발레의 중심 은유는 폭력이고 주제는 전쟁, 대립, 자기희생이다. 절정에서 스파르타쿠스와 크라수스는 서로 대치하고, 부하들이 전쟁의 춤에서 상대를 능가하려고 다투는 경쟁이 이어진다. 그리고로비치는 이 조잡하지만 짜릿한 민속 스타일 군무들에서 뛰어난 솜씨를 보였다. 그토록 많은 남자들이 무릎을 꿇은 채 곡예적으로 몸을 뻗으며 돌진하는 포즈들의 순수한 힘은 인상적이었다. 결국 살해된 스파르타쿠스는 크라수스의 부하들에 의해서 검으로 만든 십자가에 꽂히고, 머리를 축 늘어뜨린 채 공중으로 들어올려진다. 그의 연인은 슬퍼하다가 결국 시체 위로 몸을 던진다. 그는 다시 들어올려진다. 시체가 올라가는 가운데 그녀는 그의 방패를 그의 가슴에 놓고 분노 속에서 양팔을 하늘로 치켜올린다. 막이 내려간다.

「스파르타쿠스」는 몰취미적이고 과장스러웠다. 그리고 관람하기 예사롭지 않은 작품이기도 했다. 이 작품에는 「돌꽃」의 모든 결점들이 확대되어 존재했다. 밋밋하고 부표정한 스텝, 공허하고 희화된 드라마, 그리고로비치의 초기 작업의 무리한 육체성이 「스파르타쿠스」에 정교화되어 안치되었다. 그러나 「스파르타쿠스」를 가지고 그리고로비치는 한 걸음 더 나아갔다. 그는 스텝에 대한 자신의 집착을 거창하고 자신만만한 어디-두고-보자는 볼쇼이 스타일과 결합시키면서 작품의 규모를 기하급수적으로 확장했다. 마치 그가 운동감각을 양적으로 늘리기라도 한 것 같았다. 스텝은 여전히 고전적이었지만, 무용수들은 자신의 육체를 전에는 상상하지 못했던 정도까지 밀어붙이고 혹사하면서 동작으로 고함을 지르는 것처럼 보였다. 이것은 여자들이나 발레리나들과는 무관했다. 「스파르타쿠스」는 확연히 남성적인 기획이었다. 정말이지 여자들은 거의 보이지도 않는다. 중요한 것은 (가급적 맨가슴인) 대규모 남성 집단이나 솔리스트에 의해서 수행되는 전쟁과 러시아 민속무용에서 영감을 받은 움직임이다. 그것은 무겁거나, 무릎을 구부리거나, 발을 구르거나, 공중으로 돌진하는 움직임이었다.

초연 제작물에서 스파르타쿠스 역을 공연한 무용수 블라디미르 바실리예프

유리 그리고로비치의 「스파르타쿠스」를 공연하는 블라디미르 바실리예프와 볼쇼이 발레.

는 이 작품의 가장 유명한 해석자가 되었다. 어느 순간, 그는 일련의 환상적인 점프들을 수행하며 무대 전역을 가로질렀다. 그것은 양다리를 벌리고 구부린 채 공중으로 높이 치솟는 육체적 분투의 대단한 과시였다. 그는 공간을 우아하게 날아다니지 않았다. 대신 관객은 그의 땀과 노고를 보았다. 그리고 느꼈는데, 작품으로서가 아니라 순전히 기량으로서였다. 매 스텝마다 그는 스스로의 한계를 능가했다. 1930년대에 차보우키아니 등이 이런 체육적 발레 종류를 개척했지만 그들의 춤에는 여전히 형식에 대한 기본적 관심이 확연했다. 바실리예프는 그런 것에 아무런 관심도 없었다. 그는 철의 단련과 거의 종교적인 열정에 홀린 인습 타파자였다. 그의 춤추기는 육체적으로 초월적이며 카리스마적이었다.

「스파르타쿠스」는 소련 발레의 절정이었다. 이 엄청나게 성공한 발레는 소련, 유럽, 미국 전역의 극장에서 무대에 올랐고, 결국 영화로 제작되었으며, 여전히 볼쇼이의 간판 작품이다. 그 이유를 아는 것은 어렵지 않다. 「스파르타쿠스」는 절묘하거나 고상하지 않지만 그 강제된 분투와 몰염치한 웅장함은 숨이 막힐 정도였다. 그리고 대단히 재미있기도 했다. 그것은 예외적 작품이 아니라 사실 그리고로비치의 다른 발레들의 대부분을 이끌어낸 원형이었다. 그것들 역시 기념비적이고 남성적이며, 집단적 영광과 국민적 자부심의 표현이었다. 그렇지만 이것이 그가 당국과 투쟁하지 않았다는 의미는 아니었다. 1969년 그는 새로운 「백조의 호수」를 창작했다. 그것은 (그의 말에 의하면) 선악 사이의 정신적 투쟁을 남성적 관점에서 재구성한 것이었다. 주인공은 백조의 여왕이 아니라 지그프리트와 로트바르트였다. 그러나 최종 리허설에서 문화부 관리들이 작업을 유예시켰다. 그들은 이 작품이 「백조의 호수」에 "이상주의 철학"과 (무슨 의미건 간에) 상징적 의도를 부여한 아류작이라고 말했다. 1975년 그리고로비치는 예이젠시테인의 영화에서 영감을 받은 또 하나의 장대한 스펙터클 「폭군 이반(Ivan the Terrible)」을 창작했다. 하지만 이는 그보다는 또 하나의 거창한 과시이자 돌아온 「스파르타쿠스」로 이해되었다.

그리고로비치의 발레들은 소련 발레의 "특별한" 경로에 대한 지금껏 가장 명쾌한 진술이었다. 거의 200년간 러시아 발레는 서구를 바라보았다. 처음에는 상트페테르부르크의 궁정을, 그러다 레닌그라드의 키로프를 중심으로, 러시아 발레는 유럽적 아이디어와 스타일을 섭취하고 흡수했고, 그것을 러시아의 이미지 속에서 다시 유럽으로 투사했다. 드람-발레조차 그 모든 사회주의 리얼리즘적 요건들에도 불구하고, 의도적인 동시에 습관적으로 고전적이었다. 「스파르타쿠스」는 이 모든 것을 포기했다. 그것은 벽이자 방책이었고, 서구와 키로프라는 외부적 영향에 대한 완전한 거부였다. 그것은 고전적으로 보였다. 스텝들은 모두 그랬다. 그러나 고전적이지 않았다. 그리고로비치는 발레의 섬세한 내적 세공을 부수고 그 자리에 고된 체육주의를 세웠다. 플리세츠카야와 「스파르타쿠스」는 이런 폭력적 암류와 무용수들의 비범한 헌신의 좋은 예였다. 어떤 평론가는 이를 "수행하려는 격노"라고 불렀는데, 그것이야말로 볼쇼이를 정의했다.

그렇지만 볼쇼이의 춤추기 방식은 그 절정에서조차 막다른 길에 몰려 있었다. 무용수들의 외경상 자신감 넘치는 태도에 내적 공명은 거의 없었다. 플리세츠카야의 더 복잡하고 다의적인 스타일은 하나의 예술 전통을 지탱하기에는 너무 불안정하고 냉혹했으며, 그리고로비치는 그보다도 더 극단적이었다. 플리세츠카야에게는 비록 갈등적일지언정 최소한 자신의 목소리가 있었고, 그녀의 춤추기에는 진짜 인간이 존재했다. 그리고로비치의 발레들은 그런 친밀감을 용인하지 않았다. 그의 육체적 불꽃놀이는 인간적 정서보다는 공식적 정서를 표현했다. 그보다도 더 심각한 것은 볼쇼이에 "학교"나 규범이나 공식 요건이 없다는 것이었다. 이는 대신 개성과 인습타파에, 또 허장성세와 노호(怒號)에 거의 전적으로 의지했다. 그 결과 볼쇼이는 생기발랄하던 때조차 자기중심적인 가식을 위해서 섬세함을 희생했다. 플리세츠카야와 그리고로비치 둘 다 자신의 재능을 불태운 이후 급격한 쇠락에 빠진 것은 우연의 일치가 아니다. 플리세츠카야는 서구에 대한 비아냥과 시기로, 그리고로비치는 오만과 고집불통으로 영락했다. 볼쇼이는 계속 나아갔다. 그러나 「스파르타쿠스」이후로는 옛날의 활기에 의지해서 운영되었고, 과거의 영광들을 재활용하면서 구래의 이념적 전투를 벌이고 있었다.

소련 발레는 얼마나 훌륭했을까? 답은 누구에게 묻느냐에 달렸다. 즉 그것을 서구에서 본 사람들에게 묻느냐, 아니면 구소련에 있던 사람들에게 묻느냐에 달렸다. 볼쇼이와 키로프의 발레가 해외에서 대단히 성공했음에도 불구하고, 모스크바와 레닌그라드에서 칭송을 받던 많은 소련 발레들이 해외 무대로 제대로 옮겨지지 못했다는 사실은 기억할 가치가 있다. 사실 대부분의 소련 작품들은 철의 장막 너머에서 결코 공연되지 않았다. 그것들은 절대적으로 국내 소비용이었다. 정말이지 소련 무용과 서구 무용을 이어준 것은 재작업된 프티파의 옛 고전들(특히 「백조의 호수」)과 「로미오와 줄리엣」 같은 몇몇 드람-발레들이 고작이었다. 다른 작품들에서 이해와 판단의 격차는 엄청났는데, 그것은 오늘날까지도 여전하다.

냉전 기간에 서구에는 (특히 미국은) 그때까지 정통으로 떠받들던 소련 무용에 대한 공통적 자제가 만연했다. 소련은 위대한 무용수들을 배출했지만 발레들은 끔찍하다는 주장이었다. 그렇지만 소련에 살면서 이 발레들을 직접 본 많은 사람들에게, 이는 순진하고 무식한 판단이자 자신들의 역사에 대한 총체적 오독이었다. 그들의 주장에 의하면 서구 평론가들은 당시 소련인들에게 발레가 정확히 얼마나 중요하며 또 어떤 의미를 가지는지 전혀 이해하지 못했다. 소련 사상과 예술을 형성하던 이념적 제약들도 이해하지 못했다. 이것은 타당한 지적이다. 소련 통치하에서 예술의 전체 의미와 경험은 달라졌다. 동양과 서양이 극적으로 갈리는 지점들이 언제나 명백하거나 확실하지는 않았는데, 그것은 심지어 (특히) 당시 그곳의 사람들에게도 마찬가지였다.

「로미오와 줄리엣」과 「스파르타쿠스」라는 두 발레를 생각해보자. 「로미오와 줄리엣」은 쉬워 보인다. 우리가 살펴보았듯이 동양과 서양 모두에서 관객들은 그것을 즉시 포용했다. 이 발레가 과장되고 부자연스럽다고 생각한 영미 평론가들조차 그 장점을 알아보았고 그 예술성을 인정했다. 그러나 여기에 속으면 안 된다. 서구인들이 그것을 좋아한 것은 명백히 그들 나름의 이유 때문이었다. 비록 겹치는 지점이 있을지언정 그들은 「로미오와 줄리엣」이나 울라노바를 러시아인들처럼 이해하거나 인식하지 않았고, 그럴 수도 없었다. 소련에서 「로미오와 줄리엣」은 그냥 열정적으로 공연되는 아름다운 발레가 아니었다. 그것은 새롭고 대단히 소련적인 예술 형식이었고, 그 미학적 실마리는 공산주의 자체에서 왔다. 우리가 살펴보았듯이 창작자들은 이 발레를 사회주의 리얼리즘에 맞추었지만, 이는 그 호소력의 출발에 불과했다. 많은 소련 시민들이 어떤 학자가 "이중 시간"이라고 부른 것 속에서 살고 있었다. 그들의 삶은 어려웠지만 그럼에도 자신들이 이상적인 미래를 향해, 조화와 사회적 화합의 낙원을 향해서 속도를 높이고 있다는 것을 어느 정도 확신했다. 울라노바가 바로 그 미래였고, 드람-발레는 사실 새로운 사회주의 동화 예술이었다. 「로미오와 줄리엣」은 아름다웠고 음울한 현실로부터의 도피였다. 하지만 이 발레는 아마, 그들의 경로가 옳다는 것과 동화는 사실 현실이 될 수 없다는 것을 동시에 긍정하는 것이기도 했을 것이다.[45]

이는 조금도 냉소적이지 않았다. 1930년대 및 1940년대의 무용수들과 안무가들은 마르크스주의와 혁명 사상에 언제나 존재하는 영웅적 낭만주의의 압박을, 비록 당 논객들에 의해서 왜곡된 형태일지언정 활용했다. 울라노바 같은 무용수들은 개인적 불신과 무관하게 최고의 확신을 전달했다. 그것은 자기 자신, 자신의 사회주의적 임무, 자신의 과거 전통에 대한 확신이었고, 숨막히는 신념과 휩쓸림을 가진 공연으로 옮겨졌다. 이런 강렬함과 감정은 전쟁 후에, 그리고 전쟁 때문에 더욱 증가할 뿐이었다. 그러니 비록 최고의 드람-발레들조차 서구의 눈에는 얄팍하고 과장되어 보일지언정, 소련의 상상력에 대한 그것들의 장악이나 깊은 이념적 공명은 과소평가하지 말아야 할 것이다. 드람-발레는 스탈린주의의 가장 설득력 있는 미학적 제언이었다. 그것은 또한 특별히 최고의 연기자들과 진정으로 감동적인 예술 형식을 알아보는 사람들을 위한 것이기도 했다. 울라노바가 위대한 무용수라고 말하는 것으로는 충분하지 않다. 무엇보다도 그녀는 위대한 소련 무용수였다.

「스파르타쿠스」는 달랐다. 그것은 인정하기 더 어려웠다. 많은 서구인들이 비록 무용수들의 브라부라한 수행은 칭찬할지언정, 그 "강요적인" 미학과 과장된 겉치레 때문에 그것을 싫어했다. 특히 발란신이 형성한 취향을 가진 사람들이 그랬다. (적잖은) 서구인 옹호자들조차 이 발레에는 언제나 서커스 같은 면이 있었다는 것을 알아차리고 그리고로비치를 희미한 칭찬을 곁들여서 욕하곤 했다. 소련과 서구의 취향이 이렇게나 대립한 적은 없었다. 「로미오와 줄리엣」에서는 표트르 1세의 "서구를 향한 창"이 열려 있다는 것을, 최소한 벌어져 있다는 것을 아직 믿을 수 있었다. 「스파르타쿠스」에서 그것은 세게 닫혔다. 이것은 볼쇼이였다. 동양이었고, 반항적인 슬라브 예술 형식이었다. 공통의 기반은 없었다. 물론 이 점이 볼쇼이를 흥미진진하게 만들었지만 동시에 볼쇼이를 결정적인 한계 너머로 보내기도 했다. 서구의 발란신, 애슈턴, 로빈스 등의 세련된 춤들과 비교할 때 「스파르타쿠스」는 비참할 정도로 부족했다. 가장 흥분되는 순간(바실리예프)에조차, 그것이 떨어지는 예술 형식이라

는 점은 대단히 명백했다.⁴⁶

　모스크바에서는 그렇게 보지 않았다. 이 나라의 최고의 평론가들과 무용수들의 다수가 그리고로비치를 지지했다. 그들에게 그는 신선한 목소리이자 "새로운 고전주의"의 창시자, 드람-발레와 사회주의 리얼리즘의 억압으로부터 발레를 구하는 데에 열중하는 안무가였다. 우리가 그의 작업이 발레의 가장 영원한 가치를 재언명했다고 보지 않는 이유를 그들은 지금도 납득하기 어려워한다. 그 가치는 춤추기였다. 그들은 그리고로비치가 발레를 개방해서 스탈린과 떨어진 곳으로 이끌려고 노력했다는 것을, 그의 어려운 작업 환경을 고려하면 그의 무용수들은 중요한 업적이자 돌파구였다는 것을 우리에게 상기시킨다. 그들의 말에 의하면 이념적 투쟁은 앞으로 나아가는 유일한 길이었다. 이것이 그들의 **진정한** 세계였고, 그들은 그곳의 방식대로 이에 참여해야 했다. 정말이지 당시 그곳에 있었던 무용수들은 그리고로비치의 초기작이 얼마나 자극적이고 진지했는지, 그의 이상과 안무에 자신들이 얼마나 몰두했는지를 즐겨 회상한다. 그들은 그리고로비치가 야콥손처럼 천재였다고 주장하며, 자신들이 새로운 예술 동향의 최전선에 있었다고 확신한다.

　이것은 아전인수적 정당화에 불과할까? 자기 합리화일까? 전적으로 그렇지는 않다. 이는 더 큰 그림의 일부이다. 예를 들면 구소련 무용수들은 자신들은 서구 무용수들과 달리 시각 예술가, 디자이너, 극작가들과 "공동으로" 작업하지, 감독 한 명의 "독재적인" 시선하에서 작업하지 않는다고 지적하기를 좋아했다. 게다가 그들의 발레들은 사치스럽게 제작되었고, 팬들은 중요한 초연에 참석하기 위해서 몇 시간씩 줄을 섰다. 그들은 무용수로서 대부분의 서구 무용수들을 훨씬 능가하는 사회적 지위와 넉넉한 국가 지원을 가졌다. 한 발레리나는 1950년대 초를 설명하면서 이렇게 말했다. "물론 당시는 지독한 스탈린 시대였고, 어떤 사람들은 감옥과 강제노동 수용소에 있었어요. 그렇지만 우리는 그때 정말 행복했죠.……우리에게는 정말 믿기 힘든 시간이었어요."⁴⁷

　망명이라는 어려운 결정을 내린 사람들조차 관찰자들이 흔히 생각하듯이 앞다퉈 서구를 포용하지는 않았다. 그들은 자유를 원했다. 그러나 그것은 스스로의 러시아적 예술을 실천할 자유였다. 마카로바와 누레예프는 특히 이 점에서 분명했다(바리시니코프는 달랐다). 그들은 유럽과 미국의 발레는 차갑고 밋밋하며 "움직임에 대한 순수하게 이성적인 접근"(마카로바)이고, 자신들의 춤추기의 특징인 드라마와 영성이 부족하다고 생각했다. 둘 다 자신만의 소련 예술을 서구 토양에 이식하려고 노력하면서 경력을 보냈다.[48]

그러니 무용수를 춤으로부터, 혹은 발레를 그것을 배출한 국가로부터 경솔히 분리하면 안 된다. 만일 어떤 무용수들이 위대했다면, 그것은 최소한 어느 정도는 그들이 발레든 뭐든 자신이 하고 있는 것을 믿었기 때문이다. 사회주의 리얼리즘의 잔해는 (그 끔찍한 발레들은) 배제하면서, 그 무용수들만 이런 발레들을 초월한 영웅으로서 격상시키는 것은 솔깃한 일이다. 그러나 "위대한 무용수들, 끔찍한 발레들"이라는 격언은 비록 완전히 틀린 말은 아닐지언정 중요한 점을 정말이지 놓치고 있다. 소련에서 발레는 그곳의 민중에 의해서 동시에 그곳의 민중을 위해서 만들어졌다. 그리고 전체주의적인 경찰국가에 의해서 정의되고 제한되는 세계에서 만들어졌다. "그들"은 "우리"와 정말로 달랐다.

소련이 붕괴하자 그 오랜 통치 내내 고전적 전통의 내부에서 초래된 피해가 완전히 드러났다. 전능한 국가의 뒷받침이 없는 볼쇼이는 텅 빈 껍질보다 나을 것이 없었다. 레닌그라드에 남은 것은 몇몇 드람-발레들과 재작업된 프티파 고전들, 더불어 바가노바 훈련과 러시아 학교라는 뼈대들이 전부였다. 춤에서 소련 "혁명"은 발레를 정점으로 끌어올렸지만, 그것을 내부로부터 서서히 그리고 체계적으로 파괴하기도 했다. 문제는 당과 문화부의 강압적 방책이었지만, 진정한 피해를 입힌 것은 결국 이념과 사회주의 리얼리즘이었다. 키로프에서 울라노바와 바가노바는 스텝들을 드라마로 승화시키는 예술을 만듦으로써 스토리 발레를 새로운 차원으로 밀어올렸다. 그러나 모스크바에서 플리세츠카야와 그리고로비치에게 닥친 것은, 체제의 끝도 없는 요구사항들과 엄격하게 위축된 사고방식이 그들의 예술을 장악해서 결국 침식시키는 것이었다. 그것들은 예술가들의 마음속으로 잠입해서 그것을 규정했다. 플리세츠카야, 그리고로비치, 그리고 볼쇼이의 무용수들은 발레를 자신의 삶에서 그렇게나 깊은 흔적을 남긴 전쟁과 국가에 맞추어 조정함으로써 그것을 기념비적인 것으로 만들었다. 하지만 그 효과는 우울했다. 볼쇼이의 비약은 춤이라는 예술의 급격한 쇠퇴의 신호였다.

그러는 내내 서구는 지속적인 몰두 대상이었다. 러시아는 언제나 서구를 마음에 그리고 있었고, 발레는 언제나 이를 가장 잘 보여주는 예술들 중 하나였다. 소련은 이 모든 것에 종지부를 찍었다. 그들은 자랑스럽고 도전적이게도 발레를 자신들의 것으로 만들었다. 그렇다고 서구가 사라진 것은 아니었다. 19세기 초 이래 처음으로 서구도 자립적이고 인상적인 고전무용 전통을 가지게 되었고, 더불어 발레를 문화 생활 중심의 중요 위치로 올려놓기도 했다. 이런 상황에는 무엇인가 시적인 논리가 있었다. 만일 러시아인들이 19세기의 대부분을 프랑스와 이탈리아 발레를 흡수해서 러시아적인 것으로 만들면서 보냈다면, 이번에는 유럽인들이 러시아 발레를 흡수해서 자신의 것으로 만드느라 20세기를 보냈다. 춤에서 20세기는 소련에 속하지 않았지만 러시아인들에게는 분명 속했는데, 고국에서가 아니라 서구에 망명해서였다.

그렇지만 흥미롭게도, 러시아 발레는 이 예술 형식의 가장 깊은 근원과 가장 긴 전통을 가진 프랑스나 이탈리아에서 손쉽게 부흥되지 않았다. 그 반대로, 그것은 하필 발레의 문화적 토양이 가장 얕은 두 곳에서 번성했다. 영국과 미국이었다. 이것은 어느 정도는 20세기 서구 예술과 무용을 인도한 힘인 모더니즘 때문이었다. "발레를 새로운 것으로 만들기" 위해서는 선입견이 적은 곳이 수월했던 것이다. 다시 말해서 과거가 거치적거리지 않는 곳이었다. 사실 소련과 달리 영국과 미국의 무용수들은 비록 이유는 다를지언정 발레를 재창조해서 새로 주조된 예술로 벼릴 길을 찾고 있었다. 특히 영국에서 이는 강력한 국민적 양상을 띠었다. 국가는 이 신출내기 예술을 지지하고 장려했다. 국가의 후원하에서 영국 예술가들은 러시아적 전통을 수중에 넣었고, 거기에 자신의 영감과 이상을 불어넣었다. 이 또한 공식 예술이 될 것이었고, 로열 발레는 여왕과 마찬가지로 이 나라를 영국과 세계 둘 다에 대변하게 될 것이었다. 고전 발레는 영국의 가장 훌륭한 문화적 시간이 될 것이었다.

10
나 홀로 유럽에 : 영국의 순간

러시아 발레의 무용담은 내 삶에서 하나의 패턴을 형성한다.
—니넷 디 밸루아

그는 우리의 젊음이었고, 우리의 성년이었으며, 우리의 노년이었다.
—P. W. 맨체스터, 프레더릭 애슈턴에 대하여

20세기는 고전 발레의 지도를 다시 그렸다. 우리가 살펴본 바와 같이, 발레는 두 세기 이상 프랑스적이고 이탈리아적이고 덴마크적이고 러시아적이었지만, 한번도 토종 영국 예술은 아니었다. 발레는 자부심 강한 영국 궁정에는 너무 허례허식적이고 프랑스적이었다. 18세기 초에 그것을 도시적 공손함과 연계시키려던 개혁가들에 의해서 잠시 장려되었지만 그들은 실패했다. 그 이래로 발레는 프랑스와 이탈리아의 스타 연기자들이 등장하는 "객원 예술"의 지위로 물러났고 주로 대륙에서 수입되었다. 그렇지만 20세기 중반 즈음 영국 발레는 여왕으로 군림하는 마고 폰테인과 함께 영국에서 가장 숭배받는 대표적인 국민 예술이 될 것이었고, 로열 발레(Royal Ballet)는 춤에서 이론의 여지없는 세계적 선두 주자가 될 것이었다. 영국은 난데없이 튀어나와서 고전 발레를 포용하더니 자신의 것으로 만들었다. 한편 프랑스, 이탈리아, 덴마크는 쇠약해진 채 시야에서 사라지고 있었다. 이것은 충격적인 변화였다. 20세기 초 유럽 문화를 조망하던 사람들 중 누구도 그런 결과를 추정하지 못했다. 따라서 문화적 판도가 이렇게 극적으로 바뀐 이유가 정확히 무엇인지, 서유럽에서 왜 오직 영국 예술가들만이 발레에 달려들어서 그것을 모범적 국민 예술이자 현대 예술로 발전시켰는지는 잠시 알아볼 가치가 있다.

왜 프랑스가 아니었을까? 고전 발레는 루이 14세의 궁정에서 꽃핀 이래 19세기 중반까지 내내 누가 뭐라고 해도 파리 중심이었다. 그 이후 조금씩 벌레스크로 퇴색했을지언정 프랑스인들은 이 예술을 지탱할 자립적 학교와 오랜 전통을 아직 가지고 있었다. 발레는 그들의 유산의 일부였다. 우리가 살펴본 바와 같이, 디아길레프가 러시아 발레를 유럽으로 가져오면서 자신의 예술적 고향으로 파리를 선택한 것이나, 발레 뤼스가 가장 큰 성공을 거둔 곳이 프랑스의 수도였던 것은 우연이 아니었다. 이것이 기회라는 것을 알아본 파리 오페라는 디아길레프의 선도를 따랐다. 파리 오페라는 1920년대 즈음 (1841년 파리에서 초연되었던) 「지젤」을 복구했고, 나름대로 온통 러시아적인 무용의 밤들을 무대에 올렸으며, 러시아 무용수들을 고용함으로써 쇠퇴 일로에 있던 프랑스적 전통을 일신했다. 어느 시점에인가는 니진스키까지 초빙해서 발레단을 위해서 안무하게 했고, 1929년에는 조지 발란신에게 새로운 발레를 무대에 올려달라고 부탁했다. 그는 결핵 발병으로 물러나야 했지만, 1931년 디아길레프의 제지인 우크라이나인 무용수 세르주 리파르가 그를 대신해서 파리 오페라 발레의 예술 감독으로 임명되었다.

리파르는 발레단에 새로운 화려함과 규율을 가져왔지만 다른 측면들에서는 곤란한 선택이었다. 우리가 살펴본 바와 같이, 그는 상트페테르부르크 출신이 아니라서 고전적 훈련과 테크닉이 취약했다. 그의 명성은 대신 강력하고 아름답게 균형 잡힌 육체와 카리스마적 존재감에 의지했다. 그의 춤추기는 안무와 마찬가지로 정적이고 묵직했다. 후일 어느 무용수가 그의 "티를 한껏 내는 경직된 연극성"이라고 묘사한 것으로 인해서 발레는 둔화되었다. 리파르의 가장 유명한 작품인 「이카로스(Icare)」(1935)는 (그의 자연스러운 육체적 리듬의 완전한 표현을 허용하도록) 음악 없이 안무된 후 나중에야 타악기 곡이 스텝들에 부여되었다. 리파르는 이것이 놀랄 만큼 독창적이라고 생각했고, 자신의 접근방식을 설명하는 거만한 논문을 가지고 자기 발레에 생색을 냈다. 그렇지만 그 춤들은 모방이었다. 그것은 발란신에 대한 모방과 유리드믹스의 혼합물이었다(리파르는 「아폴로」와 「방탕한 아들[Prodigal Son]」에서 주역을 춤춘 바 있다). 이 발레의 중심 독무에서 리파르는 포즈를 취하며 몸을 꼬았고, 회전하고 점프하고 돌진했고, 몸을 말았다 폈다 하면서 자신의 육체적 아름다움과 연마된 근육을 가능한 모든 각도에서 과시했다. 비록 이 발레에 안무적 장점은 별로 없을지언정, 리파르는 그럼에도 엄청난 성적 매력을 가진 재능 있는 연기자였다. 「이카로스」는 대단한 성공작이었고 리파르도 마찬가지였다. 파리 시민들은 이 발레에 모여들었다.[1]

프랑스 발레에 파종된 러시아 망명객들이 풍요로운 수확을 거둘 수 있다는 다른 징후들도 존재했다. 1920년대에 2명의 저명한 전직 마린스키 발레리나들이 파리에서 학교를 열었다. 그들과 공부하기 위해서 유럽과 미국 전역으로부터 무용수들이 순례를 왔다. 요구 많고 성마른 성격의 역동적인 기교파 올가 프레오브라젠스카야는 1921년 러시아를 벗어났고 한겨울에 도보로 국경을 넘어 핀란드로 갔다. 몽마르트르 클리시 광장의 구불구불한 무쇠 계단을 올라가면 나오는 그녀의 비좁은 연습실은 작은 러시아이자 망명한 외국 무용수들의 집합점이었다. 감동적인 러시아적 아다지오들로 유명한 루보프 에고로바는 트리니테 광장 근처에 연습실을 가졌다. 후일 (여럿 중에서도) 마고 폰테인은 그녀의 열렬한 학생이자 숭배자가 될 것이었다. (비운의 니콜라이 2세의 전 정부) 마틸다 크셰신스카도 파리에 정착했다. 그녀는 어느 대공과 결혼해서 우아한 파리 교외에서 살았는데, 그곳에서 꽃무늬 시폰 드레스와 이에 어울리는 스카프 차림으로 교습했다. 그러나 이런 징후는 무용수들만이 아니었다. 프랑스 지성계와 정치계의 엘리트들까지 발레에 새로운 관심을 보이고 있었다. 예를 들면, 1931년 파리 연극계의 저명인사이자 (1936년 프랑스 수상이 될) 레옹 블룸의 남동생인 르네 블룸은 디아길레프가 떠난 몬테카를로를 선택해서 발레단을 설립했다. 이 모든 것들이 쌓여서 낙관주의적 순간을 이루었다. 발레가 저명한 프랑스 국민 예술의 자리를 이어가리라고 믿을 이유는 얼마든지 있었다.

그렇지만 1940년 프랑스가 독일에 함락되면서 이 모든 것이 돌연 중단되었다. 블룸은 결국 아우슈비츠로 추방되었고 그의 발레단의 활동은 미국으로 옮겨갔다. 리파르는 파리에 머물렀다. 프랑스 발레의 전시 위상은 그 덕분이었지만, 전후의 탈진과 위기도 그 때문이었다. 기회주의적이고 자기 홍보에 능한 리파르는 지체 없이 독일 당국의 환심을 샀다. 그는 괴벨스를 만났고(그는 발레를 좋아해서 1940년 「지젤」의 리허설에 참석했다), 독일 대사관의 호화로운 환영 연회들에 참석했으며, 파리를 지배한 나치 사령관 오토 아베츠 가족의 가까운 친구가 되었다. 그 혼자만 그런 것은 아니었다. 독일인들은 돈을 가지고 있었으며 오락을 원했다. 파리의 문화생활은 점령하에서 빛을 발했다. 독일 측 손님 명단에 리파르와 함께 끊임없이 등장한 이름들 중에는 작가 앙리 드 몽테블랑, 연극 감독 사샤 기트리, 여배우 아를레티, 심지어 늙은 콕토도 있었다(그는 히틀러의 "대극장 감각"은 비시 정부 수반인 페탱의 "여성 안내원적 감상들"과 대조적이라며 감탄했다).[2]

파리 오페라에서 발레는 번성했다. 프랑스어를 거의 하지 못하는 독일인들에게 이것은 완벽한 오락이었다. 리파르는 「자리사의 조앙(Joan de Zarissa)」처럼 중세와 기사도적 주제를 보여주는 풍성한 연극조 발레들을 줄줄이 제작하며 성공에 성공을 거듭했다. 점령군에 대한 협력이 그의 예술에 어떤 영향을 끼쳤는지 말하기는 어렵다. 그러나 그의 사치스러운 생활방식과 독일 당국과의 밀접한 연줄이 전쟁이 끝났을 때 발레에 성가신 문제를 일으킨 것은 분명하다. 누가 뭐래도, 파리 오페라는 그냥 오페라 및 발레 극단이 아니었다. 그것은 저명한 국가기관이었다. 전쟁의 여파로 프랑스 문화를 뒤흔든 숙청과 공판에서 리파르는 표적이 되었다. 그는 파리 오페라와 모든 국립 극장들로부터 종신 추방되었다. 그렇지만 이 선고는 그의 무용수들과 후원자들의 압력하에 이후 1년으로 줄었다가 결국 감형되었다. 그들은 나라가 가장 암울하던 시절 프랑스 발레의 생명을 유지한 것은 리파르였다고 주장했다(그리고 여전히 주장한다). 리파르는 1947년 파리로 돌아왔지만 그의 전시 행적에 대한 논란은 사라지지 않았다. 한동안 극장의 기계 및 전기 담당자들은 그와의 작업을 거부하기도 했다. 그리고 비록 발레 마스터로서의 책무는 완전히 복권되었을지언정, 처음에는 무대 위에서 대중 앞에 나타나는 것이 금지되어 무용수로서는 물론이고 인사를 할 수도 없었다. 1949년 그는 결국 이 권리를 되찾았고, 1958년 은퇴 시까지 파리 오페라 발레의 지휘권을 유지했다.

그러나 발레단은 전쟁 전의 신뢰를 결코 되찾지 못했다. (리파르의 복귀 직전인) 1947년 당시 뉴욕에 정착했던 조지 발란신이 파리 오페라에서 (나중에 「교향곡 C장조[Symphony in C]」로 이름이 바뀌는) 「수정궁(Le Palais de Cristal)」을 창작하도록 초빙된 것은 이를 특히 잘 보여주는 사건이었다. 열렬하게 환영받은 공연들 이후, 발레단의 행정 감독(이자 전쟁 중 프랑스 레지스탕스의 일원이었던) 조르주 이르슈는 무대 뒤에서 간절한 연설을 했다. 이는 후일 언론에 보도되었다. 그는 발란신에게 "미국인들에게" 프랑스 발레가 살아서 잘 있다고 말해달라고 간청했고, 그와 반대되는 흉측한 헛소문들을 누그러뜨릴 수 있도록 도와달라고 애원했다. 그러나 헛된 일이었다. 이듬해 뉴욕 순회공연에서 성난 시위대는 리파르와 파리 오페라 발레에 야유를 보내며 피켓 시위를 벌였다. 그리고 리파르에게 비록 숭배자들이 있었을지언정 그의 작품은 절대 범작 이상이 아니었다(후일 한 무용수는 그가 어떻게 "코르 드 발레를 바다가재를 둘러싼 샐러드처럼 활용하곤 했는지" 비꼬듯 논평했다). 그가 무용수로서 더 늙고 덜 아름다워지고 있다는 것도 도움이 되지 않았다. 그가 결국 은퇴했을 때 발레단은 예술적으로 고갈되고 방향타를 잃은 상태였다. 그의 발레들은 대개 레퍼토리에서 빠졌다. 파리 오페라 발레는 누가 혹은 무엇을 대변해야 할지에 대한 확신이 없는 상태로 온갖 무용계의 최신 유행을 시도하면서 감독에서 감독으로 정처 없이 방향을 바꾸었다.³

프랑스에서 발레가 가장 큰 걸음들을 내딛은 것은 파리 오페라 내부에서가 아니라 외부에서였다. 전쟁 이후 리파르의 지배와 실험적 기회의 부족에 실망한 몇몇 파리 오페라 무용수들은 발레단을 떠나서 독자적 경력을 추구했다. 그들 중 가장 유명한 것은 성급하고 야심만만한 젊은 안무가 롤랑 프티(1924-2011)였다. 프티는 영화에서 영감을 받았다. 그것은 그에게 발레에는 심각하게 결여된 활력과 흥미를 가진 것으로 보였다. 그는 특히 감독 마르셀 카르네와 시인이자 작가인 자크 프레베르를 존경했는데, 전쟁 중에 만들어져 1945년 개봉된 그들의 작품 「천국의 아이들(Les Enfants de Paradis)」은 엄청난 대중적 성공을 거두었다. 프티의 최초의 발레들 중 한 편(1945년의 「랑데부[Les Rendez-Vous]」)은 프레베르와의 공동 작업이었다. 프티는 이 영화를 비롯하여 다른 인기 영화들의 주역을 맡은 까칠하고 물정 밝은 여배우 아를레티와도 친구가 되었다.

1946년 프티는 샹젤리제 발레(Ballets des Champs-Élysées)를 위해서 「젊은이와 죽음(Le Jeune Homme et la Mort)」을 창작했다. 이는 그가 이전의 디아길레프 예술가들 무리와 함께 시작한 작은 발레단으로, 언제나 다재다능한 콕토도 포함되어 있었다. 콕토가 대본을 쓰고 바흐의 음악에 맞추어 공연된 이 발레의 주연은 개성 강한 무용수이자 파리 오페라의 배신자인 장 바빌레가 맡았다(그의 본명은 귀트망이었지만 전쟁 중에는 어머니의 성을 사용했다). 바빌레의 다부진 활동성과 도발적이고 프롤레타리아적인 외모는 그를 무용계의 장 가뱅 비슷하게 만들었는데, 사실 이 발레의 플롯과 분위기는 마르셀 카르네의 또다른 영화로 가뱅이 주연한 「해는 떠오른다(Le Jour se lève)」(1938)를 연상시켰다. 이 발레의 배경은 버려진 다락방이었다. 어떤 화가가 맨가슴으로 더러운 멜빵바지를 입고 (진짜) 담배를 피우며 연인과 폭력적일 정도로 열정적인 관계를 추구했다. 그녀가 그를 퇴짜 놓자 그는 무대 한가운데에서 목을 맸다. 그러자 초현실주의적 느낌 속에서 죽음이 여자의 모습으로 등장해서 죽은 남자를 멀리 이끌고 갔다. 2년 후 프티는 「카르멘(Carmen)」의 창작을 진행하면서 전직 파리 오페라 무용수 레네 마르셀 (지지) 장메르를 주역으로 삼았다. 그녀의 열정적 연기와 도발적이고 부랑아 같은 외모(단발과 더 많은 담배)는 선풍을 일으켰다. 이 발레는 (후일 결혼하게 될) 지지와 프티 둘 다에게 영화, 연극, 무용에서의 국제적 경력의 시작이었다.

프티는 상업적 취향과 유행에 대해서 정확한 본능을 가진 부류의 사람이었지만, 고전 발레의 형식적 엄격함과 전통에는 특별한 흥미가 없었다. 그는 전쟁 직후 프랑스 문화의 활기는 연극, 벌레스크, 영화에 있지, 파리 오페라의 텅 빈 (무엇인가 부패한) 공연장에 있는 것이 아니라는 사실을 정확히 인식했다. 그래도 그가 혹시 춤에 새로운 활력을 주었다면, 춤을 전쟁의 일부로서 탄생한 생생한 대중문화이자 거리의 문화로 끌어내린 것에 의해서였다. 지지 장메르가 받은 고전적 훈련은 카바레와 벌레스크를 북돋웠지 그 반대가 아니었다. 그녀와 프티가 이름을 떨친 것은 깃털 장식 의상과 도발적 작품을 가진 장르에서였다. 게다가 둘 다 (대단히) 프랑스적이었음에도 그들의 경력은 국제적이어서 전쟁 직후의 파리 발레의 부활에는 거의 기여하지 못했다. 「카르멘」이 초연된 곳은 런던이었다.

이탈리아는 어땠을까? 그곳의 문제는 역사였다. 우리가 살펴본 바와 같이, 이탈리아 발레는 19세기 후반에 「엑셀시오르」와 만초티의 신바로크(neobroque)적 허장성세에 장악되었는데, 이번에는 무솔리니의 파시스트 미학으로 빠져들었다. 즉 여성 군악대, 킥라인(kick line : 일렬로 서서 발차기를 하는 춤/역주), 공들여 차려입은 행렬의 대규모 스펙터클이었다. 그렇지만 1925년 어렴풋한 희망의 조짐이 나타났다. 그해에 라 스칼라의 음악 감독 아르투로 토스카니니는 런던에 있던 엔리코 체케티에게 모국 이탈리아로 돌아와서 약화되고 있는 라 스칼라 학교를 개혁하라고 초청했다. 체케티는 와서 최선을 다했지만 상황이 암울하다는 것을 깨달았다. 그리고 어쨌거나 그는 도전에 응하기에는 너무 늙고 병들어 있었다. 체케티는 사망한 해인 1928년 (자신의 제자이자 토스카니니의 미래의 며느리인) 차 포르나롤리에게, 라 스칼라의 행정 감독은 자신이 학생들에게 불어넣으려고 그렇게나 열심히 노력하는 예술적 가치에 성난 이의를 제기한다며 격렬히 불평했다. "그 작자는 말하지. 걔들이 **춤출 줄 알든 모르든** 자기가 무슨 상관이냐고. 발레리나들은 필요 없고, 줄 맞출 줄 아는 통솔된 연기자만 바란다는 거야." 포르나롤리는 체케티의 뒤를 이었지만 스승 이상의 성공은 거두지 못했다. 1932년 그녀는 로마의 파시스트 모임들과의 연줄이 돈독한 이국적인 "자유" 무용수 지아 루스카야("난 러시아인이에요"라는 의미의 가명)로 갑자기 교체되었다. 포르나롤리와 그녀의 남편 월터 토스카니니는 이탈리아를 떠나 뉴욕에 정착했다. 파시스트 무뢰한들에게 시달리고 공격받던 아르투로 토스카니니는 이미 그곳에 있었다.[4]

이탈리아에서 발레는 완전히 다른 방향으로 돌아섰다. 고전주의에서 등을 돌려 독일과 중부 유럽의 표현주의 무용으로 향한 것이다. 1938년 헝가리인 무용수이자 안무가인 아우렐 밀로스(1906-1988)가 로마에서 발레 마스터 자리를 차지했다. 그는 수도에서 작업했지만 밀라노와 나폴리, (옛 오스트리아-

헝가리 제국을 순회하며) 빈과 독일에서도 일하며, 제2차 세계대전 이후 이탈리아 무용에서 가장 중요한 인물이 될 것이었다. 밀로스는 교양 있고 폭넓은 독서를 했으며 부다페스트에서 일하던 늙은 이탈리아인 발레 마스터에게 배운 강력한 고전 발레적 기반을 가지고 있었다. 그러나 그의 삶은 전쟁과 추방에 시달렸다. 그의 가족은 제1차 세계대전 중 쫓겨나 부쿠레슈티와 베오그라드 사이에서 불안하게 살았는데, 그럼에도 밀로스는 발레 훈련을 계속했다. 전쟁 후에 그는 파리와 (체케티와 함께) 밀라노에서 공부했고, 바이마르 공화국과 나치 독일, 파시스트 헝가리에서 일하다가 결국 상대적으로 온화한 무솔리니의 로마에 정착했다.

그렇지만 밀로스에게 발레는 충분하지 않았다. 그는 신생 독일 표현주의 무용 운동을 사로잡은 아이디어에도 끌렸는데, 특히 안무가 루돌프 라반의 작업에 끌렸다. 라반(1879–1958)은 쾨르퍼쿨투르(Körperkultur, 체육)의 초기 옹호자였다. 그는 제1차 세계대전 이전과 전시에 스위스의 협동 건강촌인 몬테 베리타에서 여름을 보냈다. 그리고 그곳에서 이틀짜리 야외 공동체 의식 「태양의 노래(Song of the Sun)」 같은 춤들을 창작했다. 1920년대에 다시 독일에서 작업하던 라반은 전쟁으로 피폐하고 기진맥진한 사회에서 공동체들의 붕괴(그는 그렇게 생각했다)를 우려했다. 그래서 많은 사람들이 일제히 움직이는 "움직임의 합창"의 설립에 나섰고, 움직임 속에서 영적 부활과 자발적 감정 표현을 고무하는 프라이 탄츠(frei tanz, 자유 무용)를 가르쳤다. 그의 아이디어들은 문화적 심금을 울렸다. 그의 가르침을 본받는 무용 학교들이 나라 전역에서 생겨났다. 밀로스는 베를린에서 라반과 함께 일했고, 새로운 무용 형식들을 벼리느라 열심인 독일 무용수들 사이에서 벌어지는 논쟁에 몰두했다.

그렇지만 이탈리아에 도착한 밀로스는 꽤나 뜻밖의 일을 했다. 고전 발레로 돌아가서 19세기 이탈리아 무용의 맥락을 이어가기 위해서 진정으로 노력한 것이다. 그는 무용수 겸 안무가 살바토레 비가노의 삶과 예술을 연구했고, 그의 오래 전 소실된 작품들에 대한 실마리를 찾아 도서관들을 뒤졌다. 그는 비가노의 대표작인 「프로메테우스의 창조물들(Le Creature di Prometeo)」을 몇 번씩 재안무하곤 했다. 그러나 발레에 대한 이 새로운 관심은 상상 속의 아름다움에 대한 희미한 작은 희망에 불과했다. 그러지 않았다면 그의 머릿속은 자신의 삶을 형성한 전쟁, 붕괴, 혼란에 대한 폭력적 상상과 이를 해결하려는 예술적 노력에 대한 절실한 필요로 가득 찼을 것이다. 밀로스의 춤들은 대개 어둡고 비통했으며 육체적 왜곡과 기괴함이 확연했다. 그는 악당과 악마, 죽음과 공포에 관한 발레들을 만들었는데, 여기에는 구부러진 사지, 비틀린 윤곽, 구부리고 웅크린 육체가 등장했다. 예를 들면 「죽은 자들의 합창(Chorus of the Dead)」(1942)은 이탈리아 작곡가 고프레도 페트라시의 잊을 수 없는 마드리갈(madrigal : 르네상스 및 바로크 초기의 세속 무반주 합창곡/역주)에 맞추어 환각의 악몽에 갇힌 15명의 가면 쓴 무용수들이 등장했다.

그의 가장 유명한 작품인 「이상한 중국 관리(Miraculous Mandarin)」(1935)는 부다페스트에서 벨라 바르토크와의 공동 작업으로 창작되었다. 호르티 제독의 파시스트 정부는 이 작품의 공연 허가를 거부했지만, 이탈리아 극장들에서는 필수작이 되었다. 그것은 난해하고 뒤숭숭한 작품이었다. 밀로스 자신이 춤춘 1945년 무대를 디자인한 화가 토티 시아로자는 이렇게 묘사했다.

작고 불쌍한 중국인 역의 밀로스는 시궁쥐처럼 무대 위로 튀어나온다. 거기서 그는 무대 한가운데서 꼼짝 않는 악의에 찬 거미이다. 그가 자신의 창자로부터 실을 뽑아내기 시작하자 몸 전체에 전율이 흐른다. 빨리 더 빨리, 그는 이 실로 스스로를 옭아매서, 이제 자신의 끈적거리는 거미줄에 갇히고……그를 둘러싼 모든 것이 촉수와 가느다란 실이 된다. 실은 썩어들어서 심한 병균에 잠식된 펄프처럼 조각조각 떨어진다. 원은 점점 더 좁혀들지만 그는 그것을 더듬더듬 매듭지어 찢고 있다. 그는 흠뻑 젖은 끈에 목을 매어 끝을 낸다. 경련과 긴장에서 나온 홀린 듯한 몸짓이 이어진다. 죽기 위해서, 그는 스스로를 어둡고 신비로운 구석으로 억지로 끌고 가, 그곳에서 마침내 평화를 얻는다.[5]

밀로스는 이탈리아에서 수십 편의 발레를 제작했다. 그러나 전시와 전후 그렇게나 강력하고 활기찼던 그의 이탈리아 발레 작업은 거의 한 편도 살아남지 못했고, 거의 아무런 자취도 남지 않았다. 그는 망명객이자 세계인이었고, 어디에도 정착하지 못했으며, 스스로의 유파나 유산을 건립하지 못했다. 그는 중부 유럽 무용을 이탈리아로 가져온 외부인이었다. 사실 말년에 밀로스는 자신의 삶과 예술의 더 깊은 뿌리가 있는 독일과 오스트리아로 점점 더 자주 돌아갔다. 이탈리아인들은 그를 환영했지만, 그들의 약화되고 있는 전통의 부흥에 그의 예술을 사용하는 것은 불가능했다. 훈련과 극장은 존재했지만 파시즘과 전쟁의 혼란과 붕괴가 무거운 통행료를 물린 것이다. 언제나 인기인 「엑셀시오르」의 주기적 재공연들만 계속되었다. 나아가 어린 인재가 탄생하도록 품어주거나 살찌우기에는 예술적 표토가 너무 빈약했다. 예를 들면 발레리나 카를라 프라치는 1950년대에 라 스칼라에서 이름을 얻자마자 국제적 경력에 나섰다. 그리하여 밀라노, 로마, 나폴리는 비록 국제 순회공연에서 여전히 탐나는 정거장들이었지만, 그들에게는 이것이 전부였다. 이탈리아는 고전 발레의 원천이라기보다는 정거장이 되었다.

덴마크라고 더 다를 수는 없었다. 부르농빌의 오랜 군림은 발레를 덴마크 공저 생활의 중심으로 확립했다. 1879년 부르농빌의 사망 이후 덴마크 무용수들은 그의 유산을 보존하기 위해서 열심히 노력했다. 우리가 살펴보았듯이 1890년대에 제자들은 그의 스텝과 연습을 어느 정도 기록으로 남겼다. 그것은 수정된 형태들로 회람되다가 결국 6종 강의로 조직되었는데, 각 수업일마다 하나씩이었고 아름다운 선율의 코믹 오페라 스타일 음악에 맞춰졌다. 부르농빌 유파로 알려진 이 강의들은 왕립 덴마크 발레 학교의 훈련을 내내 구성하다가 1950년대 초에 보다 현대적인 연습들이 추가되었다. 그렇지만 연속성은 유지되었다. 이 강의들은 한번도 중단되지 않은 채 오늘날까지도 교과과정의 구성요소로 남아 있다. 그것들은 계산된 절제와 즐겁고 부담 없는 움직임을 가진 유명한 덴마크 스타일의 원천이다.

만일 부르농빌의 스텝들이 무용수들의 훈련이었다면, 그의 발레들은 훨씬 문제적이게도 그들의 문화가 되었다. 정말이지 20세기가 전개되면서 부르농빌의 발레들은 (한스 크리스티안 안데르센의 이야기들과 마찬가지로) 신화적 위상을 얻으며 덴마크 역사의 이상화된 황금기를 대변하게 되었고, 그것들의 소박한 도덕적 확신과 고결하고 강직한 성격은 "덴마크적인 것"의 전형이 되었다. 이런 유산의 유지를 열망하는 동시에 시간과 잘못된 기억들로 인한 안무의 손실을 우려한 무용수들은 그의 발레들을 적어두기 시작했다. 예를 들면 1930년대에 무용수 발보리 보르셰니우스는 자신이 아는 모든 것을 종잇조각들에 휘갈겨서 마담 드파르주(디킨스의 『두 도시 이야기』[A Tale of Two Cities]의 등장인물. 뜨개질을 하면서 죽일 사람의 이름을 암호로 짜넣는다/역주)처럼 바느질 바구니에 보관했다. 이런 조각들과 파편들은 결국 공책으로 옮겨졌고, 수백 페이지가 손으로 공들여 베껴졌으며 여백에는 스케치들과 패턴들이 아로새겨졌다. 강의들도 비슷하게 문서화되어 공식화되었다.

이렇듯 "부르농빌 전통"이 형태를 갖추자 이 옛 마스터의 춤들은 그의 평생 한번도 없었던 방식으로 고정되고 정의되었다. 그의 유산은 더 확실해졌지만 더 완강해지기도 했고, 모든 정통이 다 그렇듯 변화에 맹렬히 저항하게 되었다. 예를 들어 1932년부터 1951년까지 발레단을 감독한 하랄 라네르가 부르농빌의 「발키리」를 재안무했을 때, 한 평론가는 이 춤들은 더 이상 북유럽적이지 않다며 맹렬하게 불평했다. "이 춤들은 세계로부터 왔다." 덴마크인들이 다른 지역의 예술적 혁신을 환영하기로 유명하지도 않았다. 포킨이 1925년 방문했을 때 그들의 반응은 미적지근했고, 1930년대 초 발란신이 왔을 때 그는 자신이 새로운 작품을 무대에 올리는 것을 발레단이 꺼리는 데에 체념했다. 제2차 세계대전 중 계속 점령 상태였던 덴마크 발레는 한층 고립적이고 보수적이 되었는데, 당연히 덴마크 무용수들은 자신들의 예술의 마지막 세세한 것들까지 하나하나 집착했다.[6]

전쟁 이후 발레단의 오랜 고립이 끝났다. 덴마크 무용수들은 해외 순회를 시작했고 유럽과 미국의 평론가들도 덴마크를 방문했다. 이런 개방이 꼭 덴마크인들의 마음을 넓히지는 않았다. 무용수 에리크 브룬이 유럽과 미국에서 춤추다가 1950년대에 코펜하겐으로 돌아왔을 때, 극장에서 한 저명한 발레 마스터는 브룬의 순수한 덴마크 스타일을 타락시킨 외국의 영향에 분노하며 호통을 쳤다. 그렇지만 이 발레단을 처음 본 유럽의 나머지와 미국에게 부르농빌은 계시였다. 여기에 존재하는 것은 망가지지 않은 진짜 발레 전통이자 낭만주의 시대의 직계로 보였다. 1956년 방문한 제롬 로빈스는 너무나 구세계적인 훈련을 발견하고 놀랐다. "아이들 자체가 트롤과 엘프들이 그득한 것처럼 보인다. 그들 모두 감청색 모직 타이즈와 스웨터를, 거기다 대부분은 무릎까지 오는 헐렁한 반바지 교복을 입는다. 그들은 행동거지가 단정해서 이미 춤추는 것 같다."[7]

부르농빌은 이렇듯 덴마크인들의 국제적 명망의 원천이 되었고 그의 유산을 보존하려는 노력은 강화되었다. 더 젊은 예술가들이 록 음악, 알몸 노출, 스프레이 페인트가 등장하는 「죽음의 승리(The Triumph of Death)」처럼 조잡하지만 유행을 따르는 발레들로 전통에 맞서 반항하던 1960년대와 1970년대에는 더욱 그랬다. 1979년 덴마크 왕립 발레단은 이정표를 세웠다. 그들은 코펜하겐에서 부르농빌 사후 100주년을 기념하는 무대를 준비하면서, 그의 알려진 모든 작품들을 손질해서 공연했다. 그것은 중요한 행사였고 전 세계 매체들의 관심을 끌었다. 그리고 이 행사는 1992년과 2005년에 다시 반복되었는데, 앞으로도 10년 정도마다 축하될 계획이다.

그리하여 덴마크인들은 역설적 상황에 직면했다. 소련 외부에서 자립적이고 활기찬 19세기 고전주의 전통의 유지에 성공한 것은 유럽에서 그들이 유일했다. 그러나 그것은 문화적인 젤리 상태로 보존되는 전통이었다. 그들에게는 훈련과 학교가 있었지만 덴마크 최고의 무용수들은 종종 코펜하겐의 예술적 풍조가 제한적이고 좌절적이라고 생각했다. 발레단에 머무는 사람들과 "나가는" 사람들 사이에도 차이가 발생했다. 그리고 사실 덴마크의 가장 뛰어난 무용수들 중 다수가 브룬처럼 해외로 나가서 영국이나 아니면 특히 미국에서 경력을 쌓았다.

어느 동정적 평론가가 한번은 이렇게 한탄했다. "부르농빌은 웅장하고, 시간이 지남에 따라 무엇인가 어찌할 수 없는 기념물이 되었다.……부르농빌에 대해서 끔찍한 것은……그가 정말 지극히 뛰어났고, 여전히 그렇다는 사실이다." 그것은 사실이었다. 무용수들은 탁월했고, 부르농빌의 발레들의 막간극들 중 다수가 20세기에 다른 곳에서 만들어진 신작 못지않게 창의적이면서 기술적으로 도전적이었다. 그러나 발레 자체는 절망적으로 진부하고 훈계 조인,

다른 시간과 장소의 잔재였다. 덴마크인들조차 결국 부르농빌 페스티발에 등장하는 옛날 발레들의 대부분을 정규 레퍼토리에서 삭제했다. 오늘날 그것들은 "유산"이다. 예술이지만 동시에 관광명소인 것이다. 하지만 이 또한 덴마크적 전통의 일부였다. 부르농빌은 프랑스인들은 저버린 지 오래인 프랑스 낭만주의에 대한 찬미를 예술로 만들었다. 이제 그의 계승자들은 자신들의 예술적 초점을 사라져가는 그의 덴마크적 세계의 보존에 맞추었다. 그러나 만일 부르농빌이 프랑스 발레를 덴마크적으로 만들었다면, 그의 계승자들은 더 적은 것에 만족했다. 그들은 덴마크 발레를 세습 재산으로 만들었다. 과거를 보고 싶다면 코펜하겐의 왕립 덴마크 극장을 방문하는 것으로 충분했다(그리고 충분하다). 그렇지만 미래는 다른 곳에 있었다.[8]

20세기의 전환기 영국에서 고전 발레는 뮤직 홀에 속했다. 그것은 대중오락이었고 관람용 스포츠, 유원지, 도박, 경마와 함께 여가활동의 세기말적 폭발에서 한몫 단단히 했다. 뮤직 홀의 기원은 동네 술집들이었다. 주인들은 "노래 부르기"를 후원하는 한편 고객들이 계속 흥겹게 술을 마시게 하기 위해서 연예인들을 고용했다. 1890년대 초 즈음 이는 밤마다 수천 수만 명의 사람들이 참석하는 방대하면서 상업적으로 조직된 대중오락 형식이 되었다. 런던에만도 35개 이상의 뮤직 홀이 있었고, 그중 여럿은 규모가 어마어마했다. 예를 들면 레스터 스퀘어의 알함브라는 3,000석이었고, 콜로세움은 2,500명을 수용하면서 회전무대까지 자랑했다.

뮤직 홀에는 사실상 규제가 없었다. 이곳의 춤과 연극은 18세기 초 이래로 진지한 연극의 검열을 공식 책임지는 궁내장관의 권한 밖에 있었다. 이 무엇이든 가능한 허가장을 가진 뮤직 홀들은 정치적 풍자와 섹스를 가지고 다른 극장들은 감히 시도하지 못하는 방식의 장난질을 쳤다. 발레는 하룻저녁의 오락거리인 몇 가지 극들 중 하나였고, 무용수들은 코미디언, 가수, 스턴트맨들 사이에서 공연했다. 춤은 호화롭고 저속한 행사가 되곤 했다. 이를테면 노출이 심한 차림의 "기묘한 무용수들"이나 (다리를 높이 들어올리는 춤을 추는 남성 무용수들처럼) 색다른 공연들, 날아올랐다 무용수들의 팔에 앉도록 훈련받은 비둘기들이 함께하는 공중 발레들 같은 것들이었다. 그렇지만 뮤직 홀의 오락이 다른 시설들보다 자유롭다는 것이 그들의 활동이 감시를 받지 않는다는 의미는 아니었다. "사회적 순수성" 활동가들은 성장을 차려입고 거니는 "완전 무장한 매춘부들"과 공연에 양념을 치는 외설적 농담과 빈정거림에 몸서리를 쳤다. 그들은 이곳을 "뮤직 헬(music hell)"이라고 불렀고, 그것을 개혁하려고 시도하면서 상당한 정신적 에너지를 소비했다. 결국 대다수가 어느 정도 동조했다. 관객 확장이 간절했던 그들은 공연을 서서히 정화했다. 뮤직 홀은 20세기 초 즈음에는 존경받을 만한 노동계급과 중산계급을 위한 가족 오락을 제공했다. 많은 공연들에 여러 신분들이 섞여 있었다. 심지어 귀족층까지 공연을 보러 왔는데, 국왕 에드워드 7세도 단골 고객이었다.[9]

1909년 시작된 러시아 무용수들의 "침공"은 뮤직 홀에서도 시작되었다. 마린스키 발레리나 타마라 카르사비나는 콜로세움에서 연기했고, 그녀의 동료 올가 프레오브라젠스카야는 「백조의 호수」 축약본을 히포드롬에서 무대에 올렸다(그리고 주역을 맡았다). 안나 파블로바는 팰리스 극장에서 공연했다. 그녀는 그곳에서 펀치스타운 레이스의 바이오스코프 영사기로 상연되는 영상물과 같이 공연했으며, 해리 로더 같은 인기 뮤직 홀 스타들과도 나란히 공연했다. 그렇지만 디아길레프의 발레 뤼스는 달랐다. 1911년 6월, 발레단은 카르사비나, 니진스키, 포킨과 더불어 첫 번째 런던 시즌을 위해서 도착했고, 그들을 이미 "파리 멋쟁이"로 회자되게 만든 선풍적인 러시아 발레들을 공연했다. 그들은 최소한 처음에는 뮤직 홀에서 공연하지 않았다. 그들은 대신 로열 오페라 하우스, 코벤트 가든, 조지 5세의 대관식 전야에 등장했다. 닷새 후, 발레단은 왕과 왕비를 위한 대관식 경축 행사를 위해서 장미꽃으로 장식된 극장에서 완전히 정장을 하고 금과 다이아몬드를 번쩍이는 관객을 두고 춤을 추었다.

이런 차이는 디아길레프가 용케 알짜 계약을 확보한 덕분만은 아니었다. 그는 발레를 언제나 오페라의 자매 예술로 보았고, 런던에서 (파리에서와 마찬가지로) 러시아 발레를 오페라를 통해서 대중에게 가져가기 위해서 열심히 노력했다. 1911년 코벤트 가든에서 발레 뤼스는 바그너의 반지 공연들과 번갈아 공연했다. 디아길레프는 약삭빠르게도 자신의 사업을 영국 흥행사 토머스 비첨 경의 사업에 연결시켰다. 비첨은 영국에서 오페라를 활성화하려는 야심찬 계획들을 가지고 있었는데, 이후의 시즌에는 러시아 발레와 오페라가 주축을 이루었다. 비첨에게 세련되고 유행에 맞으면서도 현실적인 발레 뤼스는 달가운 기회였다. 그것은 런던 뮤직 홀들에서 제공하는 사탕발림 춤과는 정말 달랐다. 러시아 무용수들 뒤에 버티고 있는 단련과 심오한 전통을 의심하는 사람은 아무도 없었다.

그러나 발레 뤼스의 성공의 진정한 열쇠는 그것이 런던의 문화적 엘리트에게, 특히 블룸즈버리 그룹 주변의 예술가들과 지식인들에게 미친 놀라운 영향에 있었다. 창립 회원인 레너드 울프는 후일 이렇게 회상했다. "나는 어떤 무대 위에서건 이보다 더 완벽한 것을 본 적이 없다. 더 흥분되는 것도 마찬가지이다." 휴 월폴은 일기에 자신의 경악을 기록했다. "러시아 발레는 평생 본 무엇보다도 나를 감동시켰다." 시인 루퍼트 브룩은 흥분해서 친구에게 편지를 썼다. "오히려 그들이 우리 문명을 보완할 수 있다고." 「타임스(The Times)」는 발레 뤼스 시즌의 충격을 극찬 속에 요약했다. "1911년의 여름은 미학적 혁명 이상의 것을 가져왔다. 러시아 발레를 코벤트 가든으로 데려옴으로써 분명히 새로운 예술을 가져온 것이다. 그것은 우리를 위한 미의 영역을 넓히고 새로운 대륙을 발견했다."[10]

그렇지만 러시아 발레의 많은 숭배자들 중 영국 발레의 미래에서 존 메이너드 케인스보다 중요한 존재는 없었다. 케인스는 보통 탁월한 20세기 경제학자로 기억되지만 고전 무용에도 깊이 관여했고 번영하는 영국 발레의 창조에서 핵심적인 역할을 했다. 1883년 출생한 케인스는 빅토리아 시대 말과 에드워드 시대의 초년, 지식과 예술의 추구에 헌신하며 보낸 목가적이고 신사다운 삶을 결코 잊지 못했다. 그는 이튼에서 교육을 받았고 케임브리지의 킹스 칼리지에서 눈부신 경력을 이어갔다. 그곳에서 그는 과시적인 모임인 사도회에 가입했다. 그것은 지식인들의 긴밀한 남성 전용 비밀 모임이었는데, 그들 중 여럿이 케인스와 마찬가지로 블룸즈버리의 주요 인물들이 되었다. 이들은 영국에서 가장 뛰어나고 눈부셨다(케인스는 언젠가 리턴 스트레이치에게 이렇게 편지했다. "편집광적인가? 우리가 느끼는 이 엄청난 도덕적 우월감이란. 우리만 빼고 나머지 대부분은 아무것도 모른다는 느낌이 들어. 너무 멍청하거나 아니면 사악해"). 그들은 지식에 대해서 진지했지만 본인들의 영리함에 대해서도 마찬가지로 진지했다. 블룸즈버리의 풍조를 확립하는 데에 도움이 된 사도회의 모임에는 날카로운 재치, 자기들끼리만 아는 농담, 성적 암시들이 철학과 예술에 대한 엄밀하게 훈련된 논쟁들과 섞여 있었다. 케인스는 "아름다움" 같은 주제들에 대한 논문을 제출했다.[11]

케인스는 버지니아 울프, 리턴 스트레이치를 비롯한 블룸즈버리의 다른 사람들과 마찬가지로 반항적이었다. 개인이 사회적 의무를 위해서 자신의 가장 깊은 감정과 욕망을 희생하거나, 케인스가 "돈에 대한 사랑"이라고 묵살한 것에 몰두하도록 요구하는 빅토리아 시대의 윤리에 대한 반항이었다. 그는 아름다움, 사랑, 사도회원들이 즐겨 "상류 비역"이라고 일컫던 동성애에 대한 관심 및 추구의 삶을 통해서 달성되는 "선한" 내면 상태에 대한 진지한 철학적 옹호의 공식화에 앞장섰다(케인스는 스트레이치 및 화가 덩컨 그랜트와 열정적이고 진지한 관계였다). 그것은 그냥 도락이었지만, 더불어 과거의 경직된 관습과 "체통"에서 벗어난 새롭고 교양 있는 귀족층을 만들려는 강렬한 열망과 얽힌 진정한 감정적 반응이기도 했다. 파티와 복장 도착, 외설적 농담(케인스는 그들 중 가장 외설적이었다)을 좋아하는 블룸즈버리적 취향, 그리고 문화, 예술, 사생활에 대한 그들의 똑같이 강렬한 헌신은 여기에서 유래했다.[12]

이런 지적, 개인적 호감의 일부가 선명한 섹슈얼리티(니진스키), 예술적 대담성, 귀족적 유산을 갖춘 발레 뤼스에 집중되었다. 발레리나 리디아 로포코바는 언젠가 이렇게 설명했다. "디아길레프는 탁월함을 세련됨과, 그리고 혁명적 예술을 구체제의 분위기와 결합하는 교활함을 가지고 있었다." 발레가 케인스의 관심을 끈 것은 사실이었다. 하지만 그것을 그의 관심사들의 최전선으로 격상시킨 것은 제1차 세계대전이었다. 클라이브 벨이 쓴 바와 같이, 전쟁은 "문명이라는 우리의 작은 밭뙈기를 혁명만큼이나 철저히 파멸시켰다." 1915년 즈음 재무부의 높은 자리에 있던 케인스는 케임브리지와 블룸즈버리의 평화로운 삶으로부터 돌연 진정한 절망 상태로 떨어졌다. 친구들과 동년배들에게 보낸 편지들이 '사망'이라고 찍혀서 반송되었다. 피해가 산적되어가면서 그는 전쟁의 연장에 강력히 반대하게 되었다. 그는 양심적 병역거부를 근거로 군 면제를 신청했다(그것은 상징적 저항이었다. 그는 정부 직위 때문에 이미 면제 상태였다). 그리고 거의 사임할 뻔하기도 했다. "나는 내가 범죄라고 생각해 혐오하는 목표들을 가진 정부를 위해서 일한다." (또 한 명의 킹스 칼리지 출신이자 사도회원이었던) E. M. 포스터와 마찬가지로, 케인스는 자신이 사랑하는 문명이 "사라지고 있다.……이렇듯 감각과 정신을 통해서 우주를 이해하려는 시도는 다음 세대에게는 감당 불가능하게 될 사치이다"라고 보았다.[13]

전쟁이 끝나자 그 무엇도 전과 같지 않았다. 참호전의 잔인함과 영국의 엄청난 손실로 이 나라는 기진맥진하고 비참해졌다. 이런 변화를 절실히 느끼는 케인스에게 고전 발레는 점점 더 잃어버린 젊은 날의 문명의 중요한 상징이 되었다. 1921년 그는 디아길레프의「잠자는 숲속의 공주」런던 제작물에 압도당했다. 그것은 그에게 아버지와 함께 팬터마임과 연극을 보러 다니던 어린 시절을 상기시켰지만, 전쟁 중 처음 만난 (다른 배역들도 아닌) 라일락 요정 역의 리디아 로포코바에 대한 애정 역시 점점 커지게 했다. 1925년 그들은 결혼했다. 그것은 존경, 애정, 그리고 그의 초년의 동성애 관계에도 불구하고 깊은 성적 끌림이 두드러지는 친밀하고 열정적인 결혼이었다(그는 그녀를 "리도치카, 품시코치카"라고 불렀다. 그녀는 그를 "메이카로치카, 밀렌키"라고 불렀고, 편지들에 장난스럽게 "당신의 강아지가, 어마어마하게 골골거리며"라고 서명했다). 리디아를 옆에 낀 케인스는 자신의 재능과 상당한 물질적 자원을 연극, 그림, 춤에 투자했는데, 이는 그가 국제무대의 정치적, 경제적 사건들에서 점점 더 중요한 역할을 하게 되었음에도 마찬가지였다.[14]

이 부부의 블룸즈버리 자택은 (리디아의 친구들인) 발레 전문가들, 그리고 발레를 필수적 예술로 보면서 그 미래에 감정적으로 또 심지어 도덕적으로도 점점 더 투자하던 예술가들과 지식인들 집단의 만남의 장이 되었다.* 1929년 디아길레프가 죽었을 때 그들 중 여럿이 케인스에게 합류해서 카마르고 협회

---

* 조지 발란신이 런던에서 (로포코바가 주연한) 영화「검붉은 장미들(Dark Red Roses)」을 안무했을 때 그는 이 부부의 집에서 그들과 함께 시간을 보냈다. 그와 케인스는 대단히 좋은 관계였고, 케인스와 리디아 둘 다 발란신의 춤들의 대단한 숭배자였다.

를 설립했다. 그것은 디아길레프의 유산을 진척시켜서 토종 영국 발레를 발전시키려는 단명했지만 영향력 있는 조직이었다. 리디아는 창립 회원이었고 협회의 제작물들 여럿에서 공연했다. 미래의 로열 발레의 창립자들인 프레더릭 애슈턴과 니넷 디 밸루아도 거기 있었다. 케인스는 명예 회계였다.[15]

1930년대 중반 케인스는 케임브리지에 예술 극장을 설립했는데, 재원은 주로 본인의 주머니에서 충당했다. 그것은 사랑하는 리디아를 위한 것이었지만 케인스가 언제나 그랬듯 개인적, 윤리적 동기들도 섞여 있었다. 그는 프로그램과 디자인의 세부사항들에 적극적인 관심을 가졌다. 1934년 쓴 메모에서 케인스는 이렇게 설명했다.

나는 현대 연출기법의 모든 장비들이 갖춰진 근사한 작은 극장이 문학, 음악, 디자인에 복합적으로 의존하는 극예술에 대한 우리의 이해에서 실험과학에서 실험실이 필요한 만큼이나 필요하다고 믿는다. 우리가 극장을……17세기의 시작 즈음 대학의 진지한 관심들 속에 있던 장소에서 복구하기에 이른 것은 우리 세대의 성격을 뚜렷이 보여준다

영국이 불황에 빠져들면서 예술에 대한 케인스의 관심도 점점 정치적 날카로움을 지니게 되었다. 그는 1933년 이렇게 썼다. "전쟁 이래로 영국이 실업 수당에 지출한 돈이면 우리의 도시들을 인류 세계에서 가장 위대한 작품들로 만들 수 있었다." 1936년 극장의 개관 기념 공연에는 또 하나의 신생 무용단이 등장했다. 니넷 디 밸루아가 설립하고 감독한 빅-웰스 발레(Vic-Wells Ballet)였다.[16]

1898년 아일랜드에서 에드리스 스태너스라는 이름으로 태어난 디 밸루아는 장밋빛 에드워드 시대에 대한 케인스의 향수를 어느 정도 공유했다. 그녀의 경우에 이는 부모의 아일랜드 시골 땅에서의 행복하고 나른한 어릴 적 나날이었다. 그렇지만 그녀가 일곱 살 때 금전적 압박 때문에 가족은 "낯설고 딱딱한 영국"으로 이사를 해야 했다. 그녀는 그곳에서 빅토리아 시대 사람인 할머니와 지내다가 나중에 런던에서 어머니와 합류했다. 그녀는 에드워드 시대풍

예절학교에서 검은 비단 드레스와 하얀 새끼염소 가죽 장갑을 착용한 워즈워스 부인이라는 사람과 "화려한 춤추기"를 공부했다. 그녀는 릴라 어린이 현장학교에서 발레를 선택했고 "어린이 영재단"에도 합류했다. 그리고 동세대 수백 명의 무용수들과 마찬가지로 파블로바의 「빈사의 백조」를 보고 감동을 받았는데, 후일 디 밸루아는 이 발레를 "영국의 모든 낡은 부두 극장들에서" 추억에 의지해 공연했다. 1914년 채 열여섯 살도 되지 않은 디 밸루아는 뮤직 홀 무대에서 직업 무용수로 데뷔했다. 그녀는 날마다 보통 두세 번씩 쇼를 공연하면서, 광대, 무용수, 동물로 분장한 사람, 팬터마임의 여장 남자들과 함께하는 다양한 연기들을 처음 경험했다.[17]

1917년 아버지가 서부 전선의 메신 능선에서 사망한 디 밸루아는 제1차 세계대전 동안 군 병원에서 자원봉사를 했고 빅토리아 역의 병사용 매점에서도 일했다. 그녀는 뮤직 홀 공연에도 계속 참여했지만 점점 더 그들의 현란하기만 한 쇼가 진 빠지고 보람 없다고 생각하게 되었다. 전쟁은 그녀의 이미 진지한 성격을 한층 강화하는 한편 발레의 대한 관심을 예리하게 만들었다. 전쟁이 끝나자 그녀는 디아길레프와 함께 런던으로 온 러시아 망명 예술가들과 함께 일했는데, 거기에는 로포코바, 니콜라이 레가트, 레오니드 마신, 포기할 줄 모르는 엔리코 체케티가 포함되어 있었다. 케인스와 마찬가지로 그녀는 1921년 「잠자는 숲속의 공주」를 보았고, 2년 후 파리에서 디아길레프의 발레단에 합류했다. 이는 결정적인 경험이었다. 디 밸루아에게 디아길레프는 가장 처음이자 가장 중요한 "정통적으로 훈련받은 배경을 가진 위대한 문화적 인물"이었다. 뮤직 홀의 잡동사니 미학은 내팽개쳐졌다. "나는 평생 처음으로 세계적인 극단의 상황을 느꼈다. 게다가 온 유럽이 눈앞에 있었다. 유럽의 도시, 박물관, 화랑, 관습, 극장. 모든 것이 하나로 어우러졌다." 그때부터 그녀는 고전 발레의 엄격한 엄밀함과 높은 이상의 부단한 옹호자가 될 것이었다. 그녀는 이 사실을 모르는 채로, 그리고 완전히 다른 배경 출신임에도 케인스의 믿음으로 수렴되는 믿음을 형성하고 있었다.[18]

그렇지만 디 밸루아의 관심은 발레만이 아니었다. 1920년대 후반의 안무가로서 그녀는 레퍼토리 극장 운동(repertory theatre movement : 몇 개의 레퍼토리를 준비하여 시즌에 순서대로 상연하는 극장 운영방식/역주)에 몰두했다. 그녀는 케임브리지의 페스티발 극장에서 일했는데, 그곳은 웨스트엔드의 뻔한 안방 드라마들과 상업주의에서 벗어나 메이예르홀트와 중앙 유럽 표현주의에서 가져온 아이디어들로 "제작자의 극장"을 만들려고 노력하고 있었다. 이 극장의 감독인 (그리고 디 밸루아의 사촌인) 테런스 그레이는 자신의 연극을 "무용 드라마"라고 불렀고 몸짓, 가면, 의례를 강조했다. 이 극장에는 프로시니엄 아치가 없었다. 디 밸루아는 연기와 관객을 분리하는 선을 지우려고 노력했는데, 한 발레에서는 무용수들이 관객을 헤치고 줄줄이 무대로 올라오게 하기도 했다. 디 밸루아는 더블린의 예이츠 소유의 애비 극장에서 그와 광범위한 공동 작업을 하기도 했다. 여러 작업들 중에서도 그는 특히 「무용수들을 위한 연극들(Plays for Dancers)」의 제작과 공연을 위해서 그녀를 초청했다. 그녀는 그의 이상주의와 국립극장 설립 노력에 끌렸지만, 그의 구세계적인 귀족적 방식에도 끌렸다. 후일 그녀는 그의 망토 주름에 긴 검은 리본으로 달려 있던 코안경을 애정을 담아서 회상했다.

 디 밸루아는 유럽에서의 조우에서 영향을 받았는데, 특히 유리드믹스와 독일 현대 무용에 몰두했다. 그녀의 안무는 종종 무거운 표현주의적 표현 형식으로 쏠렸다. 다시 말해서 맨발, 각진 양팔, 구성주의적 무리 짓기였다. 예를 들면 「궤멸(Rout)」(1927)은 독일 시인이자 정치 활동가인 에른스트 톨러의 혁명적 청춘에 대한 시를 읽는 무용수로 시작해서, 검은 튜닉과 부드러운 신발을 착용한 여자들이 몸통은 쓰러진 채 주먹을 쥐고 다리를 꼴사납게 안쪽으로 돌리는 것으로 이어졌다. 비슷한 맥락으로 1931년 그녀는 욥기에 대한 블레이크의 판화들에서 영감을 받은 「욥(Job)」을 랠프 본 윌리엄스의 음악에 맞추어 창작했다. 토슈즈나 발레 스텝은 보이지 않았다. 가면, 묵직한 민속무용적 스텝, 비대칭 패턴들로 포즈를 취하는 무리뿐이었다. 욥 자신은 양손을 갈고리처럼 한 채 양팔과 양주먹을 빙빙 돌리며 공중을 긁었다.

 그렇지만 「욥」과 여타 유사한 작품들에도 불구하고, 디 밸루아에게 가장 깊은 인상을 주어서 그녀를 인도한 것은 훈련과 "의례와 전통에 대한 특유의 사랑"을 가진 디아길레프와 러시아인들이었다. 그녀는 자신의 이질적인 연극 경험들을 한데 모아서 제정 러시아 고전들에 근거한 국민 레퍼토리 발레를 구축하기로 마음먹었다. "나는 전통을 원했다." 후일 그녀는 특유의 단도직입적 태도로 썼다. "그래서 전통 수립에 착수했다." 케인스와 마찬가지로 그녀는 발레를 "이상주의에 가깝게 높은" 기준들을 가진 횃불로 보았고, 감상적인 "골동품 미학"을 가진 "방대한 '유목' 단골 군단"에게 양보할 생각은 없었다. 하지만 그녀는 영국 발레는 민주적 예술이 되어야 한다고 주장하기도 했다. 러시아에서 그랬듯이 전지적 국가에 의해서 위로부터 도입되는 것이 아니라, "실용적인 이상주의자"(그녀!)와 "민중의 아이들"에 의해서 아래로부터 창작되어야 한다는 것이었다.[19]

진지하고 까다로운 성격(무용수들은 그녀를 "마담"이라는 별명으로 부르곤 했다)인 디 밸루아는 시간 낭비 없이 1926년 안무 예술 아카데미를 열었다. 같은 해에 그녀는 런던의 워털루 역 뒤에 위치한 올드 빅 극장의 릴리언 베일리스에게 접근했다. 베일리스는 빅토리아 시대의 사회개혁가 그대로였다. 그녀는 독실하고 실용적이었고, 민중에게 진지한 연극을 가져다주겠다는 선교적 열정으로 충만했다. 디 밸루아는 동족의 영혼을 느꼈고, 베일리스에게 올드 빅에 부속된 국민 발레단을 만들겠다고 제안했다. 1931년 빅-웰스 오페라 발레는 첫 번째 발레 전용 공연을 했다(이런 이름은 공연을 새들러스 웰스 극장에서 했기 때문이다). 몇 년 후에 발레단은 새들러스 웰스 발레라는 이름을 얻었고, 1956년 로열 발레(Royal Ballet)로 인가받았다.

빅-웰스가 영광의 자리로 올라갈 전조는 전무했다. 1931년에 그것은 함께 노력하면서 영국 발레를 건설하려고 경쟁하는 고만고만한 발레단들 중 하나에 불과했다. 이들 중에는 카마르고 협회와 폴란드 망명 무용수 마리 램버트가 운영하는 발레 클럽도 있었다(그녀는 니진스키와의 작업 후에 결국 런던에 정착했다). 램버트는 작가 애슐리 듀크스와 결혼했다. 런던의 우아한 노팅힐 게이트에 있는 그들의 극장은 부유한 고객들을 끌어들였다. 그들은 발레를 T. S. 엘리엇, W. H. 오든, 크리스토퍼 이셔우드의 작품과 나란히 등장시켰다. 디 밸루아의 무리가 결국 나머지보다 앞서 등장한 것은 어느 정도는 그녀의 지대한 야심과 조직적 기술들 덕분이지만, 약간은 1935년 프레더릭 애슈턴을 고용한 그녀의 혜안 덕분이기도 했다. 그는 빅-웰스의 상임 안무가로서 그들 모두를 위한 발레를 만들었다.

디 밸루아는 영국 발레 배후의 실용적이고 조직적인 두뇌였고, 프레더릭 애슈턴은 영국 발레의 창조력이었다. 기질 면에서 그들은 완전히 달랐다. 그는 복잡하고 충동적이며 야심찼지만 게으르고 풍자적이기도 했다. 그는 마담의 우두머리연한 강직함을 존경과 경멸을 섞어서 얕보았다. 그러나 그 모든 차이에도 불구하고, 또 종종 갈등을 겪었음에도 불구하고, 그들은 둘 다 결핍에 의해서 묶여 있기도 했다. 그들은 발레와 영국에 외부로부터, 공식 교육은 거의 받지 못하고 사회적 경력도 없는 채로 왔다. 애슈턴은 영국 식민 이민자의 아이였다. 그는 1904년 에콰도르에서 출생했고 주로 페루에서 자랐다. 비록 페루의 따뜻함과 바닷가의 여름으로 온화해졌을지언정, 그는 디 밸루아와 마찬가지로 엄격한 에드워드 시대 훈육의 소산이었다. 차갑고 문제 많은 사람이던 아버지는 목수의 아들이었는데, 하급 영국 외교관이자 사업가가 되어서 중산층으로 출세했다. 사교계 명사를 열망하던 어머니는 올바른 에드워드 시대 수녀의 삶에 저항한 (그렇다고 본인이 생각한) 파티와 오라에 몰두했다.

그는 런던으로의 가족 여행 중 국왕 에드워드 7세와 알렉산드라 왕비를 보았다. 그는 부모의 만찬 손님들도 기억했다. "엄청난 모자들과 탱고화들…… 조끼를 입고 보석을 단 남자들과 커피색 레이스 옷을 입은 황제의 전 정부. 유럽에서 돌아온 그녀는 금발과 멋진 몸짓과 사진이 잘 받는 자세를 가지고 있었다." 그는 1917년 리마에서 안나 파블로바가 공연하는 것을 보았다. 그는 그녀의 구세계적 몸가짐(흑담비 스톨을 두른 모양새, 자세와 걸음걸이)에 끌렸다. 성인이 된 그는 그녀가 그에게 차를 내줄 때, "수백" 개의 작은 러시아 단지들에서 달콤한 잼을 여러 숟갈 떠서 주의 깊게 휘젓는 손을 관찰하면서 그것을 다시 경험하게 될 것이었다. 애슈턴은 이사도라 덩컨에게도 몰두했다. 그는 그녀의 "엄청난 우아함", "비범한 침착성", 그리고 무엇보다도 그녀의 "스스로를 뒤에 남겨두는……놀라운 질주 방식"에 매혹되었다. 이 모든 것이 애슈턴의 상상력에 깊은 인상을 남겼다. 그리고 케인스 및 디 밸루아와 마찬가지로, 그 역시 희미해져가는 젊은 날의 세계에 매혹될 것이었다. 그 시대의 우

아함과 향기에 대한 향수는 그의 춤들에서 두드러지는 특징이었다.[20]

학업이 취약했던 애슈턴은 제대로 된 영국 기숙학교에 들어가는 데에 실패했다. 그는 켄트의 도버 칼리지로 보내졌고, 전쟁 직후인 1919년 도착해서 에즈라 파운드의 "망가진 문명"을 상속받았다. 그는 강제적 운동과 숨 막히는 관습이라는 사립학교적 기풍을 경멸하며 지냈다. 그러나 문학, 자극적인 동성애적 마주침, 당일치기 런던 극장행에서는 어느 정도 위안을 발견했다. 졸업 후에 애슈턴은 도시로 이주하여 사무실에서 일했다. 하지만 1924년 아버지의 자살로 가족이 감정적, 금전적 곤경에 빠지자 그는 발레에서 피난처를 구했다. 그리고 런던의 보헤미아적 상류 사회에서도.[21]

애슈턴은 런던에서 러시아 안무가 레오니드 마신과 함께 공부했다. 그리고 뮤직 홀 순회공연에서 춤을 추면서 디 밸루아가 그랬듯이 즐거움을 주는 것을 훈련했다. 동세대의 너무나 많은 다른 사람들과 마찬가지로, 그 역시 에벌린 워의 『비열한 시체들(Vile Bodies)』에서 인상 깊게 묘사되는 "발랄한 젊은이들"의 멋쟁이 파티 생활로 뛰어들었다. "가면 파티, 야만인 파티, 빅토리아 시대 파티, 그리스 파티, 서부시대 파티, 러시아 파티, 서커스 파티, 누군가 다른 사람처럼 차려입어야 하는 파티들이었다." 이런 행사들에서 애슈턴은 사랑받는 단골손님이었다. 예리한 관찰자이자 재치 있는 흉내쟁이인 그는 사라 베르나르, 안나 파블로바, 그리고 영국 여왕들을 유쾌하고 불경스럽게 재현하여 런던 사교계와 예술계의 엘리트들을 즐겁게 했다. 그는 스스로 "여왕 50주년"이라고 지칭한 파티 연극에서, 검은 기모노풍 가운을 휘감고 모자 대신 분첩을 쓰고는 빅토리아 여왕 행세를 했다. (동성애건 양성애건) 손쉬운 섹스와 첨단 패션, 그리고 과장된 포즈와 경박한 놀이의 흉내놀이 세상이었다. 혹시 여기에 애수와 좌절의 칼날이 있었더라도 애슈턴이 느낀 것은 극히 희미한 통증뿐이었다. 그는 자신의 본령에서 대단히 즐거운 시간을 보내고 있었다.[22]

그가 만난 예술가들 중 여럿이 그의 공동 작업자들이 될 것이었다. 그들은 언젠가 노엘 애넌이 "우리 시대"라고 지칭한 식자들이자 재사(才士)들로, 다수가 영국 상류층 출신이었다. 그들은 블룸즈버리와 교차했지만 자신의 길 역시 갔고, 스타일 면에서 풍자와 과장, 파티, 패러디, 고루한 기득권적 입장에 대한 조롱에 더 치중했다. 그 다채로운 유명인들 중에는 카마르고 협회의 지휘자이자 빅-웰스 및 새들러스 웰스 발레의 음악 감독인 작곡가 콘스턴트 램버트(1905-1951)도 있었다. 그는 영민한 머리를 가진 사람이었고 디 밸루아, 애슈턴, 그리고 나중에는 폰테인에게 중요한 영향을 끼쳤지만, 구제불능의 주정뱅이이기도 했다. 작곡가이자 화가이자 작가인 버너스 경(1883-1950)도 있었는데, 그의 월트셔 소재 시골 저택의 별나고 사치스러운 모임들에는 색칠한 비둘기나 완전히 분홍색 혹은 푸른색인 음식이 등장했다. 애슈턴은 세실 비턴 (1904-1980)과의 공동 작업으로도 발레 몇 편을 창작했다. 비턴의 가장 유명한 작업으로는 후년의 여왕 사진들과 「마이 페어 레이디(My Fair Lady)」의 디자인들, 그리고 더 이후에는 롤링 스톤즈의 화려한 사진들이 있었다(에세이스트 시릴 코널리는 그를 "립-밴-위드-잇[Rip-van-with-It]"이라고 불렀다). 비턴은 애슈턴의 짓궂은 흉내들을 즐겼고, 그에게 자신의 풍자적 앨범 「나의 왕실 과거(My Royal Past)」에서 "마리-페트루슈카 대공비" 역으로 포즈를 취해달라고 부탁했다(애슈턴은 그렇게 했다). 오스버트와 이디스 시트웰도 단골이었는데, 이디스의 조롱적인 시 "정면(Façade)"은 이 안무가의 가장 성공적인 초기 춤들 중 하나에 영감을 주었다.[23]

애슈턴은 두 세계 사이에서 살았다. 파티와 도락의 계속되는 반복은 (그가 거의 빠지지 않는) 매일 아침 발레 수업의 기강과 엄격함, 그리고 러시아 발레의 규율 중심적 윤리에 의해서 상쇄되었다. 그는 20대 후반에 춤추기를 시작했음에도 불구하고 런던과 파리에서 제정 러시아로부터 망명한 발레 예술가들과 일했다. 그들은 디 밸루아도 가르쳤는데, 그중에는 니콜라이 레가트와 브로니슬라바 니진스카도 있었다. 디 밸루아와 케인스처럼 그도 러시아인들의 "초인적인" 단련을 존경했고(니진스카는 무용수들을 아침 10시부터 한밤중까지 작업시키는 것이 상례였다), 그 체계와 관행들에 통달하기 위해서 아주 열심히 노력했다. 그렇지만 그와 고전 발레의 관계는 다른 사람들의 관계보다 더 복잡했다. 이는 늦고 단편적인 훈련으로 인한 큰 불안감과 얽혀 있었지만, 그의 성격, 세대, 경력과도 관련이 있었다. 그는 변두리에서 성장했다. 중산층의, 에드워드 시대의, 이튼-옥스브리지 계열의, 발레의, 그리고 영국 자체의 변두리에서였다. 그가 상속한 전통은 혹시 "망가지지는" 않았더라도 분열되고 불완전했다. 그에게는 케인스의 자신감과 디 밸루아의 근성이 없었다. 그러나 잃어버린 세대의 풍자를 좋아하는 취향과 영국 "노인네들"에 의해서 파괴된 세계에 대한 갈망은 공유했다. 게다가 그 모든 매혹적인 매력과 아찔한 사교 생활에도 불구하고, 애슈턴은 고독을 즐기는 외부인이자 관찰자이기도 했다. 그리고 무엇에도 절대 정착하거나 뿌리내리지 않았다. 예외는 아마 사랑하는 서퍽의 집과 영국 전원지대 정도였을 것이다.[24]

안무가로서 애슈턴의 역할을 형성한 것은 그의 주변성이었다. 예를 들면 그는 학교의 설립이나 테크닉의 성문화(成文化)에는 절대 관심을 두지 않았다(디 밸루아는 관심이 있었다). 그리고 그가 가장 큰 빚을 진 것은 본인이 줄기차게 설명했듯이 안나 파블로바와 이사도라 덩컨이었다. 그렇지만 파블로바와 덩컨은 인습타파주의자였고 그들의 성공은 (고전적이건 다른 것이건) 테크닉보다는 개인적 매력에 달려 있었다. 애슈턴 역시 인습타파주의자였다. 그는 1920년대 후반 여전히 공연하고 공부하면서 안무를 시작했는데, 초기작이 담긴 영상에 이미 대담하고 거의 성급하기까지 한 스타일이 나타난다. 예를 들어 「랑데부(Les Rendezvous)」(1933)의 발췌 비디오는 빛 속에서 바닥을 스치는 쏜살같은 발놀림과 재빠르게 펼쳐지는 스텝, 덧없는 움직임을 보여준다. 무용수들은 가장 서정적인 악절들에서조차 하나의 포지션에서 안정하지 않는다. 그들은 박자를 완전히 누리기를 꺼려하면서, 고전적 표현양식 내내 마치 전력질주라도 하는 듯이 다음으로 넘어간다. 춤추기는 종종 이사도라 덩컨류의 과장된 속임수 동작들로 가득한 길고 숨 가쁜 프레이즈가 되며, 관행적 문법에 의한 통제는 거의 없다. 사실 애슈턴은 연습실을 질주하다가 날아오르는 극적인 움직임들을 가진 작업으로 유명해졌다. 그러고는 무용수들에게 돌아서서 묻곤 했다. "내가 뭘 했게?"[25]

그렇지만 이 외견상의 냉담함 뒤에는 고전 발레의 역학에 대한 유창하고 직관적인 이해가 있었다. 애슈턴은 특히 체케티의 빠르고 섬세한 스텝들에 감탄했다. 그가 체케티의 수업에서 앙세느망 전체를 들어내서 귀중한 보석처럼 자신의 발레에 배치한 것은 유명하다. 예를 들면 「랑데부」는 고도의 고전적 테크닉을 요구하는 복잡한 스텝들로 가득하다. 무용수들은 육체적 이완의 순간으로부터 근육적 긴장의 순간으로, 일상적 몸짓으로부터 완벽한 고전적 포즈로 민활하고 수월하게 이동한다. 그들은 전통적으로는 느린 스텝들 내내 달리거나, 꼿꼿한 아라베스크가 편안하게 뒤로 젖혀지도록 허용하면서, 규칙을 만드는 것만큼이나 재빨리 파괴한다. 가끔은 몸통 전체의 아낌없는 구부림으로 강조되는 교묘한 방향 전환을 통해서 스텝들이 되돌아가거나 뒤집히면서, 긴급한 절박함과 나른한 유예의 느낌을 동시에 남긴다(마고 폰테인은 이 발레를 처음 익히면서 이것은 춤추기 불가능하다고 불평했다. "반대들"이 너무 많아서였다). 애슈턴은 발레의 문법을 내면화했다. 하지만 너무나 많은 동시대인들과 마찬가지로, 자신의 배움을 크게 물결치는 열정과 재치 속에, 영리한 도치와 근사하고 덧없는 포즈 속에 감추었다.[26]

사실 애슈턴의 초기 발레들의 다수는 재치와 스타일이 **전부**였다. 무용수가 교묘한 몸짓과 겉보기에는 즉흥적인 변형을 통해서, 시대의 관습과 정신을 재현하는 능력을 과시하는 재미난 흉내내기와 풍자적 초상에 그친 것이다. 윌리엄 월턴의 곡에 맞춘 「정면(Façade)」(1931)은 탱고, 징이 박히지 않은 구두를 신고 추는 뮤직 홀식 탭댄스, 왈츠, 폴카 등 인기 있는 사교 무용과 극장 무용에 대한 조롱이었다. 램버트의 음악으로 (이디스의 남동생인) 서셰버럴 시트웰의 시에 맞춘 「리오 그란데(Rio Grande)」(1931)는 열대 항구 도시의 밑바닥 생활에 대한 묘사로, 노출이 심한 옷을 입은 창녀들과 선원들의 "주지육림"이 등장했다. 「가면(Les Masques)」(1933)은 가면무도회에 대한 재즈풍 소품이었다. 나중에 재공연 요청을 받은 애슈턴은 분별 있게 거절했다. "제대로 안 될 겁니다.……우리는 그냥 우리 자신을 연기했거든요."[27]

아마 이 시기의 작품들 중에서 가장 오랫동안 공연된 것은 「웨딩 부케(A Wedding Bouquet)」(1937)였을 것이다. 버너스 경의 음악 및 디자인과 거트루드 스타인의 리브레토가 함께 한 이 작품은, 하객 중 신랑의 전 애인들이 여럿 포함된 시골 결혼식의 조롱적 초상이었다. 다채로운 출연진에는 변죽 좋은 바람둥이 신랑(로버트 헬프먼이 춤추었다), 살짝 정신 나가고 수심에 차서 제멋대로 늘어진 머리카락을 잡아당기고 있는 검은 머리 소녀 줄리아(마고 폰테인), 점점 술에 취해가면서 가식이 터무니없는 히스테리로 바뀌는 악의에 찬 상류 사회 숙녀 조세핀(준 브레), 모두를 꾸짖는 엄격한 영국 하녀 웹스터(니넷 디 밸루아), 경쾌하게 달리다가 마지막 타블로에서 「라 실피드」 포즈를 취하는 개 페페가 포함되었다. 합창단이 (나중에는 내레이터가) 스타인의 반쯤 말이 안 되는 글을 내내 낭송했다. 관객은 좋아했다. 하지만 애슈턴의 초기 발레들이 모두 이렇게 성공적이지는 않았다. 버너스 경과 함께 그의 시골 영지에서 지나치게 많은 음식과 와인을 앞에 두고 창작한 고전적 줄거리의 벌레스크 「큐피드와 프시케(Cupid and Psyche)」(1939)는 실패작이었다(조지 버나드 쇼는 애슈턴에게 이렇게 말했다. "자네는 내가 언젠가 저지른 것과 똑같은 실수를 했어. 진지한 사람들에 대해서 경솔했다고"). 그리고 버너스, 세실 비턴과 함께 한 「세이렌들(Les Sirènes)」(1939)은 자기들끼리만 아는 은밀한 농담들로 너무나 윤색되어서 아무도 알아듣지 못했다.[28]

그럼에도 불구하고 애슈턴의 재능은 명백했고, 1935년 그가 디 밸루아를 예술적으로 뒷받침하자 그녀가 새로 형태를 갖춰가던 사업이 응집되기 시작했다. 애슈턴의 발레들은 (그녀의 발레들과 나란히) 영국 발레의 한 기둥이 될 것이었다. 디 밸루아가 대단히 신중하게 계획한 다른 기둥은 마리우스 프티파의 러시아 제정 고전들이었다. 오늘날 이것은 뻔한 전략처럼 보이지만 당시에는 무리였는데, 이 점을 유념하는 것은 중요하다. 대부분의 러시아 망명 무용수들은 발레에서 자기가 맡은 부분밖에 몰랐다. 굳이 전체 작품을 기억하는 무용수는 드물었고, 따라서 작품 전체를 무대에 올리는 것은 잘해야 무계획적인 일이었다. 그렇지만 1932년 디 밸루아는 이전의 마린스키 발레 마스터 니콜라이 세르게예프를 찾아냈고, 빅-웰스 발레단을 위해서 「지젤」, 「백조의 호수」, 「호두까기 인형」, 그리고 나중에는 「잠자는 숲속의 미녀」를 무대에 올리는 10년짜리 계약을 제시했다. 우리가 살펴보았다시피 세르게예프는 보기 드문 것을 가지고 있었다. 발레에 대한 글로 쓰인 기록이었다. 그는 세기의 전환 즈음 프티파의 마지막 마린스키 극장 시절에 그곳에 있었는데, 몇몇 사람들과의 공동 작업으로 이 마스터의 발레 약 24편을 기록했다. 그렇지만 이 표기들은 개략적이고 불완전했다. 그것들은 몇 가지 상이한 필체로 쓰여 있었고 출

간된 적은 한번도 없었다. 프티파 본인은 그것들을 부정했다. 그렇더라도 그
것들은 기록이었고, 게다가 유일한 기록이었다. 세르게예프는 서구로 이주하
면서 약삭빠르게도 그것들을 챙겼다.

그렇지만 이 공책들을 가지고도 옛 고전을 재구성하는 일은 난점투성이였
다. 세르게예프는 융통성 없고 화를 잘 냈으며 영어를 거의 하지 못했다(그는
등나무 지팡이를 가져와서는 무용수들을 찔렀다). 그는 종종 리디아 로포코
바를 비롯해서 같이 온 러시아 동료들의 도움에 의지했다. 로포코바는 세르게
예프를 진정시키고, 무용수들에게 지시하고, 주로 평화를 가져오려고 노력하
느라 러허설마다 분주했다. 실망스럽게도 디 밸루아는 세르게예프가 음악적
소양이 없다는 것을 발견했다. 그녀는 그가 큼직한 푸른 연필을 꺼내서 차이
콥스키의 「백조의 호수」 악보에서 악절들을 지워버리는 것을 공포 속에서 지
켜보곤 했다(그녀와 램버트는 이런 악절들을 나중에 조용히 복구하곤 했다).
사실 디 밸루아가 보기에 세르게예프는 종종 스텝보다는 무대장치와 의상에
더 관심을 기울였다. 그녀는 안무의 문제를 해결하기 위해서 비밀 리허설을 가
지기 시작했다.

그럼에도 불구하고 빅-웰스는 프티파의 고전들을 얻었고, 그것을 영국인
무용수 세대의 육체와 기억에 "써넣었다." 디 밸루아는 처음에는 기술적으로
부담이 큰 주역들은 러시아화된 영국 발레리나 얼리셔 마르코바(런던의 머스
웰 힐 출신인 릴리언 얼리셔 마크스)에게 의지했다. 그러나 마르코바는 이미
국제적 경력을 가지고 있었고, 디 밸루아는 새롭고 "순수하게 영국적인" 스타
일의 무용수들을 성장시키기를 바랐다. 선두에 나선 남아프리카 출신 발레
리나 펄 아가일은 자신의 이름을 러시아화하지 않기로 신중히 결정했다. "난
영국인이에요. 적잖이 자랑스러운 일이죠." 그녀는 대중 연예지 「데일리 미러
(Daily Mirror)」에서 이렇게 말했다. "내가 왜 성공을 위해서 이름을 게토나 불
르바르극 분위기로 바꿔야 한다는 거죠? 난 '인스키들(Inskys)'이니 '오스키들
(Oskies)'이니의 시대는 죽었다고 믿어요. 그리고 몇몇 평론가들이야 뭐라 말하
든 대중은 오롯이 영국인인 나를 좋아한다고 느낍니다."[29]

아가일의 자의식 강한 민족주의적 자부심은 러시아인들(과 릴리언 마크스)

로부터 벗어나려는 무용수들의 열망이 점점 커지고 있다는 징후였다. 그러나 뭐든 지나치게 일류이거나 고결한 것으로부터 자유로워지고 싶은 열망의 점증적 징후이기도 했다. 영국 발레는 여전히 뮤직 홀에 신세를 지고 있었는데, 고전주의와 더 대중적인 극 전통 사이의 긴장은 영국 발레의 가장 두드러진 특징들 중 하나가 될 것이었다. 아가일로 말하자면 테크닉은 약했지만 무대에서의 매력은 넘쳤다. (비록 본인은 아닐지언정) 순전한 토종으로서 (그녀의 교사들인) 러시아인들을 능가하기를 바란 그녀의 욕구는 이후 수십 년간 영국 발레를 형성하게 될 것이었다. 1934년 마거릿 에벌린 후컴이라는 이름의 재능은 있지만 훈련은 거의 받지 못한 열다섯 살 소녀가 빅-웰스 발레단에 합류했다. 혹시 "순수한 영국인"이라는 것이 존재한다면 바로 그녀였다. 이름을 바꾼 그녀는 신속하게 이 발레단의 주역 발레리나가 되었다. 바로 마고 폰테인이었다.

  마고 폰테인은 1919년 영국의 중하층 가정에서 태어났다. 그녀가 아홉 살 때 기술자인 아버지는 루이빌, 켄터키, 시애틀, 워싱턴을 거쳐서 상하이로 파견되었다. 그녀의 오빠는 기숙학교로 보내졌지만 폰테인은 여자아이라는 이유로 가족과 머물렀고, 세상 물정에 밝지만 괴짜인 아일랜드와 브라질 혼혈 여성인 어머니와 점점 더 결속되었다. 폰테인의 교육은 잘해야 불규칙했다. 그러나 언제나 춤(사교춤, 탭댄스, 캘리스데닉[Calisthenic] 댄스, 그리스 춤, 발레)을 공부했고, 음악극에서 공연하기를 막연히 바랐다. 그녀의 어머니는 그 많은 곳들 중 상하이에서 러시아인들을 발견했다. 아그리피나 바가노바의 제자로 후일 런던과 왕립 덴마크 발레에서 가르치게 될 베라 볼코바는 상하이에서 예전 볼쇼이 발레의 게오르게 곤차로프와 나란히 카바레들에서 공연하고 있었다. 둘 다 러시아 혁명의 여파로 러시아를 떠났는데 폰테인이 최초의 진지한 훈련을 받은 것은 그들로부터였다. 1933년 어머니는 그녀를 런던으로 도로 데려가서 또다른 러시아 망명 교사인 세라피나 아스타피에바와 공부시켰다(그녀는 긴 담뱃대로 벨칸 소브라니 담배를 피웠고, 터번 스타일 스카프, 하얀 스타킹, 검은색 실크 블루머에 끼워넣은 주름치마를 착용한 채 가르쳤다). 그렇지만 일단 런던에 오자 모든 길은 디 밸루아에게로 이어졌다. 그녀는 폰테인의 재능을 즉시 알아차렸고 자신의 날개 밑으로 거두었다.

폰테인의 타이밍은 완벽했다. 그녀는 디 밸루아의 발레단의 출범 직후에 도착했다. 그녀는 고전과 애슈턴의 발레로 무작정 몸을 던졌고, 런던의 자유분방한 상류 사교계로도 뛰어들었다. 그녀는 카르사비나, 로포코바, 케인스를 만났고, 램버트와 사랑에 빠져서 그의 술주정과 어머니의 엄중한 반대에도 불구하고 열정적이고 지속적인 불륜행각을 벌였다(그는 기혼이었고 나이는 그녀의 두 배였다). 관객은 그녀를 사랑했다. 그녀는 가무잡잡하고 이국적이었으며(다른 무용수들은 그녀를 "중국 소녀"라고 불렀다), 관능적이지만 소녀 같았고, 옛 러시아 발레리나들의 (혹은 그 무렵 자신의 발레단을 만들기 위해서 떠난 마르코바의) 분위기는 전무했다. 1939년 그녀는 디 밸루아의 축소판 저예산 제작물인 (하지만 자랑스럽게도 영국적인) 「잠자는 숲속의 공주」에서 발레리나 배역을 춤추었다.*

그렇지만 폰테인은 제2차 세계대전 기간 중에 진정한 돌파구를 찾았다. 1939년 9월 전쟁이 선포되자 런던의 극장들은 임시로 문을 닫았고 발레는 금지되었다. 그렇지만 결국 축소된 극단으로 모여서 런던에서 공연하는 한편 지방들도 순회했다. 그들과 함께 폰테인은 군인들과 서민들을 위해서 극장과 공원에서 공습과 폭명탄을 뚫고 춤을 추었다. 공연 시간은 통행금지 시간에 맞추어 조정되었다. 점심 발레, 홍차 발레, 셰리주 발레가 있었고, 폰테인은 하루에 여섯 번까지 공연했다. 그녀는 동시대 작품들뿐 아니라 「지젤」, 「백조의 호수」, 「레 실피드」도 공연했다. 리스트의 음악에 맞춘 애슈턴의 1940년 발레 「단테 소나타(Dante Sonata)」에서 (마이클 섬즈와 파트너를 한) 폰테인은 (준 브레와 함께한 로버트 헬프먼이 분한) 악과의 대치에서 선의 힘을 보여주었다. 이 작품에는 머리카락을 나부끼며 높이 치켜올려지는 맨발의 무용수들과, 선과 악이 십자가에 못 박히는 침울한 이미지들이 있었다. 감상적인 주제와 극적인 프리스타일 움직임을 가진 「단테 소나타」는 이 발레단의 가장 인기 있

---

* 이것은 「잠자는 숲속의 미녀」였지만, 디 밸루아는 뮤직 홀 팬터마임을 긍정하기라도 하듯, 1921년 디아길레프가 그랬던 그대로 「잠자는 숲속의 공주」라고 불렀다. 그렇지만 1939년 발레에서 왕자의 이름은 데지레(Desiré)에서 플로리문트(Florimund)로 바뀌었다("이건 좀 과했거든요." 폰테인은 나중에 이렇게 설명했다). 폰테인은 의상을 싫어했다. 의상은 장식 없는 튀튀와 마분지 왕관이었고, 스팽글이나 보석 장식은 없어서 놀림감이 될 정도로 소박했다.

는 전시 공연물들 중 하나였다.

폰테인의 명성은 상승했다. 그녀가 널리 칭송받은 것은 춤추기의 아름다움 때문이었지만, 더불어 변함없는 인내와 용기 때문이기도 했다. 상황은 참혹해질 수 있었다. 전쟁은 런던에서만 3만 명 이상의 시민의 생명을 앗아갔다. 공습 초기부터 각광 앞에 표지를 두어서 '공습'과 '경보 해제'의 불이 들어오게 했다. 끔찍한 유도탄인 폭명탄이 언제 떨어질지 아무도 몰랐다. 이 "슬리퍼를 신은 폭탄들"이 올 때면 대부분의 극장들이 문을 닫았고 100만 명 이상의 사람들이 도시에서 대피했다. 그러나 무용수들은 자신이 선 자리를 지켰는데, 폭탄들이 지역 전체에 한 시간씩 떨어질 때도 그랬다. 여왕과 마찬가지로, 폰테인은 결코 주춤하지도 수도에서 달아나지도 않았다. 그녀는 그들의 지도자였지만 "우리들 중 하나"이기도 했다. 스카프로 감싼 그녀의 소녀 같은 얼굴이 그녀를 흠모하는 표제(標題) 아래에서 쳐다보고 있었다. "마고, 발레리나." 폰테인의 높아진 전시 위상을 보여주듯이 그녀의 사진은 최소한 한 척의 해군 전함의 사관실들에 걸려 있었다. 그러나 폰테인만 그런 것이 아니었다. 발레 자체가 전시 "호황"을 경험하고 있었다. 1943년 즈음 런던에서는 공연에 대한 수요가 너무 많아서 입장권을 거의 다른 모든 것들과 마찬가지로 배급해야 했는데, 귀중한 좌석들이 분배되기 10시간 전부터 줄이 늘어섰다.[30]

공연이 언제나 수월하지는 않았다. 무용수들은 토슈즈(접착제 없음), 타이즈(실크 아님), 의상 재료의 부족에 직면했지만, 특히 부족한 것은 복무를 위해서 발레를 떠난 남성 무용수들이었다. 무거운 정부의 책무에도 불구하고 발레에 대한 후원은 줄이지 않은 케인스는 남성 무용수들의 병역 면제 확보를 위해서 노력했다. 러시아와 독일은 제1차 세계대전 당시 무용수들을 병역에서 면제했는데, "우리가 당시의 그들보다 덜 문명화되어서는 안 된다"는 것이 그의 주장이었다. 그렇지만 노동부 장관 어니스트 브라운은 꼼짝하지 않았고 케인스는 결국 포기했다. "유감스럽게도 그는 야만인이다." 그리하여 잠깐의 휴지기만 빼면 애슈턴은 1941년부터 1945년까지 부재했고(그는 전쟁 중 많은 시간을 런던에서 책상머리에 앉아서 보냈다), 발레단의 주역 남성 무용수들도 대부분 사라졌다. 오스트레일리아인인 무용수 겸 안무가 로버트 헬프먼만

이 남을 수 있었다. 언제나 수완 좋은 디 밸루아는 새로운 무용수들의 단련과 훈련에 전념했다. 그녀는 전후 대영제국 훈작사가 되어 언론에서 "발레의 몽고메리"로 찬양받게 될 것이었다.* 새들러스 웰스 극장은 집 없는 사람들의 피난처로 전환되었지만(발레단은 다른 극장들에서 공연했다), 극장 위층에서는 그녀와 교사들이 젊은 무용수들을 새로 배출하기 위해서 최선을 다했다. 힘겨운 싸움이었다. 소년들은 발을 푸앵트하는 법이나 파트너 노릇을 배우자마자 싸우러 가야 했다. 그리하여 폰테인과 발레단의 발레리나들은 점점 더 강하고 숙련되어갔지만 남성의 수준은 곤두박질쳤다. 그것이 회복되기까지는 한 세대가 걸릴 것이었다.[31]

1945년 5월 8일, 윈스턴 처칠은 독일의 항복을 발표했다. 몇 주일 후에는 새로운 노동당 정부가 압승을 거두었다. 이후 수 년 동안 정부는 전쟁이 이미 벌이기 시작했던 것을, 즉 영국 복지국가를 공식화했다. 이후로 정부는 보건, 보험, 고용, 주택 건설, 그리고 예술에서 중심적 역할을 할 것이었다. 국민은 전쟁에서 승리했다. 이제 그들에게 공명하고 정의로운 평화를 보장하는 것은 정부의 몫이었다. 비록 잠시였지만 국민적 합의의 순간에, 케인스는 예술의 중심지를 확보하기로 결심했다. 그는 1942년 이래로 음악 및 예술 장려협의회의 의장을 맡았는데, 그것은 그의 갑작스럽고 공교로운 죽음 직후인 1946년 영국 문화예술 위원회가 되었다. 케인스는 비타협적이고 고답적으로 굴면서 아마추어 예술에 대한 국가 지원 요청을 일축했다. 그는 지원은 "진지한 고급 오락"에 대한 점증하는 수요를 충족시킬 수 있는 엄격한 기준들을 가진 전문가들에게만 가야 한다고 주장했다. 그것은 케인스다운 야심찬 미래상이었다. 그가 원하는 것은 다름 아닌 런던을 유럽의 문화적 수도로 만드는 것이었다.[32]

발레는 케인스의 계획에서 중요한 부분이었다. 1946년 그는 새들러스 웰스 발레가 코벤트 가든의 로열 오페라 하우스의 상임 발레단이 되도록 주선했다.** 이 극장은 전쟁 기간 댄스 홀로 전환되었지만 케인스가 진두지휘한 일련

---

* 영국 육군 원수 버나드 몽고메리의 1942년 알라메인 전투 승리는 북아프리카에서 연합군의 전기였다. 그는 노르망디 상륙작전 동안 연합군 육군을 지휘하기도 했다.
** 디 밸루아는 성격답지 않게 처음에는 망설였다. "이국적인 러시아 발레의 유령이 출몰하는 거

의 협상들 후에 이전의 장려함을 회복했다. 그해 2월의 개관 경축 공연을 위해서 발레단은 애슈턴과 디 밸루아의 (마리우스 프티파에 의거해서 니콜라이 세르게예프가 제작한) 「잠자는 숲속의 미녀」를 춤추었다. 올리버 메셀의 (낙하산이든 커튼이든 뭐든 찾을 수 있는 것들을 짜맞춘) 호화로운 무대장치와 의상이 함께했고, 주역은 마고 폰테인이었다. 케인스는 이렇게 설명했다. "우리는 말하자면 이 문명의 파편을 다시 복구함으로써 평화를 선포하는 제한된 장을 회복하게 될 것입니다." 정말이지 왕실, 수상 클레멘트 애틀리, 내각 전원이 참석한 이 공연은 두 차례의 세계대전의 공포 이후 영국의 각성에 대한 은유로서 널리 인식되었다. 후일 케인스 본인도 어머니에게 쓴 편지에서 이렇게 회상했다. "많은 사람들이 마음속에서 두려워하게 되었습니다.……구세계에서 비롯한 모든 우아하고 고상한 것들이 영원히 사라질 거라고. 그래서 어쩌면 그것들이 완전히 사라지지는 않았을지도 모른다는 것을 갑자기 깨닫자 이례적인 행복감이 생긴 거죠."[33]

애슈턴의 위상은 「교향 변주곡(Symphonic Varations)」으로 확고해졌다. 그것은 1946년 세자르 프랑크의 음악과 폴란드 망명 예술가(이자 애슈턴의 절친한 친구들 중 하나인) 소피 페도로비치의 디자인으로 초연되었다. (오늘날에도 여전히 공연되는) 「교향 변주곡」에는 스토리나 가면이나 재미있는 흉내내기나 기지에 찬 재담이 없어서 애슈턴의 전작들과는 예리한 대조를 보였다. 그것은 추상적이었고, 흔히 신고전파 무용의 힘에 대한 애슈턴의 신앙 고백으로 받아들여졌다. 그러나 「교향 변주곡」은 그보다는 춤을 위한 춤에 가까웠다. 이 작품에는 메시지가 존재하는데, 그것은 오늘날에도 여전히 명명백백하다. 이 발레에는 고대 분위기의 단순한 하얀 레오타드와 짧은 치마를 입은 6명의 무용수들(남자 3명과 여자 3명)이 등장한다. 스타 연기자나 묘기나 기술적 위업은 없다. 대신 무용수들은 서정적으로 조화롭게 움직이다가 갈라져서 페어, 솔로, 듀엣으로 춤을 추지만, 언제나 다시 한데 엮인다. 그들의 스텝들과 춤들은 탄탄히 조화되며 휘감긴다. 평면적인 양손, 스쳐가는 리프트, 낮은

대한 극장이야." 그렇지만 애슈턴에게는 의혹이 없었다. "만일 당신이 안 간다면, 내가 갈 겁니다."

모이라 시어러, 마고 폰테인, 패멀라 메이가 함께한 프레더릭 애슈턴의 「교향 변주곡」(1946).

아라베스크, 그들의 움직임은 제한적이고 조각적이다. 촘촘한 스텝들은 그럼에도 공간 전체에 넉넉히 형태를 새겨서 자유감과 개방감을 창조한다(애슈턴의 초기 춤들은 아주 작은 극장에 맞춰졌다. 그는 코벤트 가든의 큰 무대를 한껏 즐겼다). 더구나 무용수들은 무대를 한번도 떠나지 않는다. 그들은 규율과 공동의 추구로 한데 묶인 개인들의 공동체이다. 「교향 변주곡」은 사실상 사회민주주의 발레였다.

이 발레에는 다른 울림도 있었다. 후일 애슈턴은 전쟁 중 자신은 신비주의에, 그리고 헌신과 성스러운 사랑이라는 아이디어에 사로잡혀 있었다고 회상했다. 아마 더 중요한 것은 러시아 교사 베라 볼코바와도 집중적으로 연구했다는 사실일 것이다. 그녀는 1944년 런던에 작업실을 열었다. 애슈턴은 이후 이 발레를 위한 자신의 아이디어에서 그녀와 함께 작업했다. 그녀는 리허설에 참석했고, 그들은 스텝들의 정제와 제련을 위해서 같이 작업했다. 나아가 그는 이 발레의 준비과정에서 종종 페도로비치와 함께 노퍽 전원지대에서 자전거를 탔는데, 이 발레에는 계절들이 주제로 등장했다. 그는 어둠과 빛, 태양, 지구, 비옥함에 대한 아이디어로 공책을 채웠는데, 그녀의 추상적이고 빛이 번지는 디자인은 이런 논의에 어느 정도 신세를 졌다. 이 모든 것들이 발레로 들어간 것이다.

「교향 변주곡」은 강력한 미학적 성명이었다. 그것은 자연스러운 형식을 가진 조화롭고 꾸밈없는 고전주의를 지지했고, 디 밸루아와 헬프먼이 표방하는 신파적 연극조에 단호하게 반대했다. 정말이지 「교향 변주곡」의 다듬어진 서정성은 그해에 선보인 또 하나의 발레와 대척에 있었다. 헬프먼의 극도로 표현주의적인 발레 「영의 아담(Adam Zero)」은 폭탄 공습, 불길 속의 도시, 강제 수용소를 묘사했다. 헬프먼의 작품은 전쟁의 기억을 너무 깊이 건드렸다. 전쟁의 공포를 무대에서 표현하려는 그의 시도는 많은 사람들에게 형편없는 취향으로 보였다. 한 평론가는 믿을 수 없다는 듯이 답을 요구했다. 발레가 "벨젠 포로 수용소에서 몸부림치며 불타는 사람"을 묘사하리라고 어떻게 예상했겠는가? 「영의 아담」은 레퍼토리에서 탈락했고, 「교향 변주곡」은 널리 칭송을 받았다.³⁴

「교향 변주곡」은 소박하고 서정적이었지만, 그렇다고 애슈턴이 유머 감각을 잃었다는 뜻은 아니었다. 1948년 그는 「신데렐라」를 창작했다. 우리가 이미 살펴본 바와 같이, 프로코피예프의 음악이 곁들여진 이 발레는 원래 소련에서 창작되었고 1945년 전승 축하행사에서 공연되었다. 모스크바에서 그것을 본 한 친구가 애슈턴에게 극찬했는데, 그는 여기서 실마리를 찾아서 자기 식의 대단히 영국적인 버전을 제작했다. 이 작품에는 애슈턴 본인과 로버트 헬프먼이 연기한 유쾌한 이복자매가 등장했는데, 그의 떠들썩한 흉내내기로 유명세를 얻기도 했다. 이것은 훈훈한 연애담이었지만, 고된 노동과 자기희생의 세월 끝에 순수하게 선(善)의 힘으로 계급 차이가 지워지는 이야기이기도 했는데, 특히 폰테인의 힘으로 그렇게 되었다. 이것은 우화가 아니었다. 전시와 전후의 사회적 입법 덕분에 빈부 격차는 실제로 감소했다. 틀림없는 본능을 가진 폰테인은 원래의 의상인 볼품없지만 점잖은 드레스와 턱 밑에서 귀엽게 매는 스카프를 치우고, 대신 검댕이 묻은 드레스를 입고 머릿수건은 발칸 반도 스타일로 뒤통수 쪽으로 묶었다. 그것은 배급, 물자 부족, 임금 동결의 결과로 여전히 고통을 받는 런던의 노동계급들을 확연히 연상시키는 외양이었다. 엘리자베스 공주와 마거릿 로즈 공주도 공감의 의미로 이런 스카프를 착용했다.[35]

이제 발레는, 애슈턴과 폰테인의 발레이자 케인스가 그렇게나 정력적으로 옹호한 고전 발레는 영국 공적 생활의 중심에 확고하게 서 있었다. 한 신문은 이렇게 보도했다. "전쟁 이후 발레 관람은 (보통 수반되는) 줄서기나 스팸과 마찬가지로 이 나라의 새로운 습관들 중 하나가 되었다." 1947년 디 밸루아는 콜렛 가든즈에서 확장된 무용 학교의 개교를 주도함으로써 새들러 웰스의 새로운 명망을 한층 확인하는 기회를 잡았다. 이제 영국인들은 러시아인들처럼 국가가 공식 승인한 본격적인 훈련기관을 가진 것이다. 발레의 인기를 확인하듯이 1948년 마이클 파월과 에머릭 프레스버거는 최초의 블록버스터 발레 영화 「분홍신(The Red Shoes)」을 만들었다. 그것은 그해 영국 10대 영화로 꼽혔다. 폰테인의 동료(이자 경쟁자인) 모이라 시어러가 주연한 이 영화는 발레를 위해서 사랑과 삶을 희생하는 아름답고 젊은 영국 발레리나에 대해서 이야기한다. 후일 파월은 이렇게 썼다. "전쟁 중 우리는 다들 나가서 자유와 민주주의를 위해서 죽으라는 말을 들었습니다. 전쟁 후에는 「분홍신」이 그들에게 예술을 위해서 죽으라고 말했어요."[36]

1949년 10월 새들러 웰스 발레단은 뉴욕으로 가서 「잠자는 숲속의 미녀」를 무대에 올려 엄청난 찬사를 받았다. 영국의 많은 사람들이 더 강한 동맹인 미국에게 착취당하고 작아진 기분이던 때, 이 발레단의 성공에는 상징적인 의미가 있었다. 토종 영국 발레단이 러시아 발레를 가지고 미국을 폭풍처럼 사로잡은 것이다. 런던의 평론가 리처드 버클은 초연을 앞두고 쓴 글에서 폰테인의 포지션을 곱씹으며 이렇게 말했다. 그녀는 로즈 아다지오에서 한 다리로 균형을 잡을 때 "우리 국민과 제국의 명예와 영광을 아름다운 한 쪽 발끝으로 지탱한다!" 20번의 커튼콜이 있었다. 마침내 박수가 진정되자 디 밸루아가 무대로 걸어나갔다. 그녀는 공습이 이어지던 최악의 시간에 늘 이런 생각으로 마음을 달랬다고 관객에게 말했다. "(만일 미국이 개입한다면) 미국이 있는 한 영국은 언제나 있을 거라는 생각이었죠. 그리고 오늘밤, 같은 이야기를 하겠

습니다. 미국이 있는 한 영국은 언제나 있을 것입니다." 관객은 다시 일어나서 환호했다.[37]

새들러 웰스의 성공은 영국과 미국 전역에서 국가적 뉴스였다. 개막식에서 군중이 얼마나 많았는지 경찰은 무용수들이 극장에서 나올 길을 확보하기 위해서 쐐기 대형을 형성해야 했고, 그들의 버스는 사이렌을 울리는 오토바이와 경찰차의 호위를 받았다. 폰테인은 백악관에 초대를 받아서 트루먼 대통령을 만났고, 11월에는 『타임』지 표지를 장식했다. 이 잡지는 순회공연의 충격을 이렇게 요약했다. "4주일 동안 마고 폰테인과 새들러스 웰스는 영국의 변색된 보관(寶冠)에서 영국이 전쟁 이후 보낸 어떤 해외 사절단이 한 것보다 더 많은 광휘를 회복시켰다. 런던에서 만화가들은 수상 클레멘트 애틀리, 어니 베빈, 스태퍼드 크립스 경에게 튀튀를 입혔고, 그들의 다음 미국 방문은 까치발로 하는 것이 나을 것이라고 암시했다."[38]

이런 종류의 역사는 집단 기억에서 쉽게 바래지 않는다. 전후 영국에서 발레는 국민 예술이자 (위축된) 영국 왕관의 보석으로 인식되었고, 디 밸루아, 애슈턴, 폰테인은 영국의 저명한 지도자들이 마땅했다. 몇 세대의 영국 관객에게 발레는 케인스가 바란 것처럼 아름답고 즐거운 것일 뿐 아니라, 스스로 국민이라고 느끼는 감정에 뿌리내린 열정이었다. 폰테인의 초기 춤추기, 특히 애슈턴의 발레들의 영상을 관람하고 사진을 검토하면 이유를 알 수 있다. 폰테인의 육체는 가냘프고 아름답게 균형 잡혔으며, 강인하거나 근육질로 타고나지 않았다. 그렇지만 춤출 때 그녀의 등은 대쪽 같이 꼿꼿하고 완벽하게 정렬되어서 성벽 같았고, 발가락으로 지탱하는 균형은 절대 흔들리지 않는 정지점이었다. 그녀의 몸의 윤곽은 순수하고 꾸밈없었다. 예를 들면 그녀는 손가락들을 러시아 발레리나 알렉산드라 다닐로바가 "콜리플라워가 아니라 꽃"이라고 부른 대로 정렬하지 않았고, 대신 코린트식이라기보다는 이오니아식에 가까운 길고 점점 좁아지는 윤곽으로 뻗었다. 마치 그녀가 러시아의 귀족적 전통에서 보석을 제거하기라도 한 것 같았다. 가식이 전무한 그녀는 스스로를 국민 무용수로 만들었다.

1950년대에 마고 폰테인은 곧 영국 발레였다. 그녀는 절정에 있었다. 그녀의 테크닉은 점점 더 강인하고 풍성해졌고, 애슈턴은 그녀의 기술을 과시하고 발전시킬 발레들을 줄줄이 제작했다. 그녀의 춤추기에 대한 비평은 열광적이었고 관객은 알랑거렸다. 그녀의 화려함은 겨룰 데가 없었다. 그녀는 디오르 의상을 입었고, 국제 순회공연에서 극장들을 매진시켰으며, 1955년 파나마인 바람둥이이자 자칭 혁명가와 결혼해서 런던 사교계의 여성 대사이자 귀공녀로 자리잡았다. 1953년 그녀는 여왕의 대관식을 위해서 춤추었고, 1956년에는 대영제국 기사 작위를 받았다. 그녀는 이론의 여지없는 국가적 마스코트이자 영국의 "새로운 엘리자베스 시대인들"의 확실한 얼굴마담이었고, 국내외에서 나라의 내적 자원과 전후 복구의 살아 있는 증거였다.

그렇지만 애슈턴에게는 상황이 더 복잡했다. 문제의 최초의 징후는 1951년 그가 이 나라의 예술, 산업, 과학, 공학 업적을 기리는 브리티시 페스티벌을 위해서 「티레시아스(Tiresias)」를 창작했을 때 나타났다. 축제는 "국가의 자서전"으로 홍보되었는데, 런던과 나라 전역에서 수백 편의 음악회, 전시회, 연극, 위원회로 자랑스러운 "가족 사진"을, 다시 말해 일요일용 나들이옷을 입은 영국을 선보이도록 계획되었다. 큰 기대를 받은 애슈턴의 새 발레는 웅장한 경축 행사에서 왕실을 앞에 두고 공연되었다. 그것은 완전한 재앙이었다. 애슈턴은 리브레토 및 음악을 맡은 콘스턴트 램버트와 함께 작업해서 신화의 탈을 쓴 오르가슴과 양성애에 대한 춤을 창작했는데, 교미 중인 뱀들이 엉덩이를 흔들면서 전율하는 파 드 되도 등장했다. 여왕의 모후(엘리자베스 2세의 모친)는 전혀 즐거워하지 않았고 평론가들은 혹평했다. 그들은 이 발레는 "역겹고" 형편없는 취향이라고 결론지었다. 한 관찰자는 못마땅해하면서 이렇게 말했다. "죽창과 방패를 든 야만 병사들의 행진과 껑충거림, 그리고 이집트풍 배경의 곡예사 여인들 모두가 1920년대 후반의 뮤직 홀 스펙터클을 연상시킨다."[39]

「티레시아스」는 정말이지 과거에서 온 트림이었다. 그러나 아마 새로 얻은 위상에 대한 애슈턴의 깊은 애증도 보여주었을 것이다. 그는 늘 권력과 권위에서 벗어나 있었다. 그는 외톨이이자 외부인으로서 자신의 생각과 감성이 아닌 것을 대변하기에 부적절했는데, 하물며 "영국"이나 "영국 발레"는 더욱 그랬다. 이 축제의 자기도취는 우리가 아는 그의 예술적 성격과 편안하게 맞지 않았고, (램버트 자신의 형편없는 판단력은 제쳐두더라도) 무의식적인 갈고리가, 더 의기양양하게 불손하던 과거로부터 발사된 화살이 느껴질 수밖에 없다. 그럼에도 이후의 수 년간 애슈턴은 최선을 다해서 순응했다. 거추장스럽고 허세적이게도, 19세기 대가의 옷에 스스로를 맞춘 것이다. 그는 저녁 길이의 "고전들"을 만들었는데, 이를테면 남녀 신, 실반, 드라이어드, 나이아드들이 마구잡이로 뒤죽박죽인 「실비아(Sylvia)」(1952)가 있었다. 이 작품에는 뮤직홀 진영과 종래의 고전적 조합의 춤추기가 번갈아 등장하는 가운데 애슈턴의 변덕스러운 스타일이 감질나게 엿보였는데, 그는 이 발레에 전체적으로 끔찍한 결함이 있다고 생각했고, 여러 번 재작업했다.

그는 개인적인 어려움도 겪고 있었다. 1951년 램버트의 죽음은 그에게서 중요한 친구이자 협력자를 앗아갔고, 1953년에는 소피 페도로비치가 자택에서 가스 누출로 죽은 채 발견되었다. 그가 홀딱 반했던 무용수 마이클 섬즈와의 관계는 시들해졌다. 링컨 커스틴이 쓴 바와 같이 "마이클은 프레더릭의 이상이었다. 대단히 세련되고 엄청난 매력을 가진 젊은 영국인의 화신으로서 뭐랄까, 브라이드헤드(Brideshead : 에벌린 워의 소설 『브라이즈헤드 재방문[*Brideshead Revisited*]』은 1920년대부터 1940년까지 영국 상류층의 생활상과 대학생활을 부각시켰고 브라이즈헤드룩이라는 패션 스타일도 유행시켰다/역주)를 연상시켰다." 애슈턴은 구제불능으로 낭만적인 사람이었다. 그는 자신의 예술의 영감이 되는 사랑의 대상을, 즉 "이상적 존재(애슈턴)"를 잃으면 갈망과 비통에 빠지곤 했다. 직업적 압박과 로열 발레의 국제적 위상을 유지하는 책임도 부담이 되었을 텐데, 특히 영국의 전시 고립이 끝나자 부담이 가중되었다. 1951년 조지 발란신의 갓 만들어진 뉴욕 시티 발레가 런던에서 공연했다. 그리고 더 중요한 것은, 5년 후 볼쇼이 발레가 「로미오와 줄리엣」을 가지고 찾아와서, 평론가들과 관객들이 영국 발레가 러시아인들과 경쟁할 만한 자신감과 진지함을 가졌는지 궁금해하게 만든 것이었다.[40]

1958년 애슈턴은 「온딘(Ondine)」을 창작했다. 이 작품은 야심차지만 지나치게 채워넣은 제작물로, 인간 남자와 사랑에 빠진 물의 정령에 관한 프리드리히 드 라 모테 푸케의 19세기 초 프랑스 소설 『운디네(Undine)』와, 동일한 주제에서 끌어온 오래된 낭만주의 발레 두 편에서 영감을 받았다. 애슈턴은 자신의 발레를 작곡가 한스 베르너 헨체에게 새로 의뢰한 자의식 강한 현대 음악에 맞추었다. 그러나 「온딘」은 팬터마임과 행렬의 뒤죽박죽 사이로 폰테인의 아름다운 춤들이 배치된 또 하나의 필사적인 발레였고, 그녀의 개성과 춤추기에 대한 애슈턴의 예리한 통찰을 명쾌하게 보여주었다.

폰테인은 물과 바다를 동경했고 바닷가에서 보낸 어린 시절의 여름에 대한 애정 어린 기억을 평생 간직했다. 그녀의 1950년대 그리스 작업의 사진들은 일반적인 세련된 이미지와 뚜렷이 대조적인 자유롭고 편안한 모습을 보여준다. 명성의 압박, 그리고 춤에서 영국을 대변한다는 준-공식적 위치는 그녀의 현실이었다. 그녀는 물과 바다를 자유로운 해방이자 자신의 성격의 더 거칠고 자유분방한 면이 융성할 수 있는 장소로서 경험했다. 「온딘」에서 폰테인의 "그림자 춤" 장면의 영상은 그녀의 무장해제적 즉흥성과 관능성을 보여준다. 그녀는 남의 눈을 전혀 의식하지 않으면서, 마치 혼자 즐거운 몽상에라도 몰두하듯 유려하고 편안하게 춤춘다. 이 춤의 친밀함과 직접적인 1인칭의 목소리는 놀랍도록 독창적이었고 애슈턴의 면목을 단단히 세웠다. 그렇지만 폰테인의 배역의 성공에도 불구하고 이 발레는 반감의 파도를 맞았다. 한 평론가는 희한하게도 이 작품과 소련 드람-발레의 유사성에 주목했고(팬터마임이 너무 많음), 다른 평론가는 이를 "미학적 박제술"이라고 부르면서 "발레는 빅토리아 시대풍의 클리셰라는 짐을 버리지 않으면 완전히 가라앉을 것이다"라고 예언했다. 그리하여 발레는 가라앉았다. 그러나 애슈턴에 의해서는 아니었다.[41]

1958년 즈음 애슈턴은 스코틀랜드 태생 안무가이자 무용수인 케네스 맥밀런(1929-1992)이 이끄는 성난 신세대의 직접적 공격하에 있었다. 1956년 「성난 얼굴로 돌아보라(Look Back in Anger)」라는 연극으로 영국 기성 연극계를 뒤흔든 존 오즈번과 마찬가지로, 맥밀런은 불황과 전쟁으로 심한 타격을 받은 가정에서 성장했다. 아버지는 제1차 세계대전에서 독가스로 고생한 광부였는데, 가족을 부양하기 위해서 분투하다가 결국 1935년 그레이트야머스로 옮겨가서 요리사로 일했다. 제2차 세계대전 중 맥밀런은 임시로 피난을 떠나서 외롭고 혼란스럽게 지냈다. 그러다 그의 어머니가 사망했다.

춤은 탈출구였다. 그는 자신의 세계와 너무나 다른 밝은 세계를 선보이는 프레드 애스테어와 진저 로저스의 영화들에서 영감을 받아 탭댄스와 발레를 시작했다. 그는 친절한 교사에게 간청해서 수업을 세 번 받았는데, 교사는 맥밀런을 결국 런던으로, 그리고 더 밸루아에게로 보냈다. 맥밀런은 자의식적으로 반항적인 "앵그리 영 맨(Angry Young Men)"이었다. 그는 발레의 정중한 구닥다리 허울로 보이는 것을 파괴해서 새롭고 더 현실적인 종류의 예술을 건설하기를 바랐다. 그는 핀터, 오즈번, 테너시 윌리엄스를 존경했다. 그는 언젠가 이렇게 주장했다. "발레를 보러 갔는데 '뜨거운 양철 지붕 위의 고양이(Cat on a Hot Tin Roof)'처럼 성숙하고 자극적인 것을 본다면 끝내줄 거야." 그와 그의 무용수들은 기득권층에 맞섰고 애슈턴과 폰테인을 "왕족들"이라고 즐겨 불렀다. 그들은 수소폭탄 시대의 산물이었다. 평론가 케네스 타이넌은 이렇게 말했다. "'우리가 아는 문명'이 언제든 '우리가 알았던 문명'으로 바뀔 수 있는데, 그것을 어떻게 숭배할 수 있겠는가?" 이 악화 중인 불확실성은 1956년 굴욕적인 수에즈 운하 패주로 영국의 전후 환상이 끝나면서 더욱 약화될 뿐이었다.[42]

1958년 맥밀런은 (로열 발레의 작고 실험적인 분과인) 로열 발레 순회무용단을 위해서 경찰국가의 공포에 대한 작품인 「은신처(The Burrow)」를 창작했다. 이 발레는 극심한 밀실공포증적 분위기를 자아냈다. "우리가 쓸모없이 웃자란 섬에서 살기라도 하는 양 보이는 거야." 맥밀런은 무용수들에게 이 발레의 주제를 털어놓으면서 이렇게 설명했다. "어딘가 덫에 걸린 것 같아, 안 그래?" 1959년 맥밀런은 오즈번과 함께 풍자적 뮤지컬을 작업했고, 1960년 (다시 한번 로열 발레 순회무용단과 함께) 섬뜩한 강간이 무대 위에서 제대로 연기되는 「초대(The Invitation)」를 선보였다. 평론가들은 근래에 도입된 영화산업 등급제를 따라 그것을 "X-등급 발레"라고 불렀는데, 정말이지 섹스 연기가 무대 위에서 묘사될 수 있다는 발상은 당시 많은 사람들에게 꽤나 충격을 주었다(더 밸루아는 "그것"이 무대 밖에서 벌어지면 안 되겠냐고 물었지만 맥밀런은 거부했다).[43]

이것은 그냥 내숭이 아니었다. 국가는 여전히 광범위한 도덕적 권위를 행사했다. 영화, 연극, 서적의 검열이 생활의 일부로 받아들여졌다. 섹스는 왕실이나 종교에 대한 모든 불경한 조짐과 더불어 엄격히 금지되었다. 이혼은 어려웠고 동성애와 낙태는 둘 다 불법이라서 무거운 금고형이 수반되었다. 얄궂게도 발레는 (이전의 뮤직 홀과 마찬가지로) 기술적으로 검열관의 권한 밖에 있었는데, 이는 맥밀런의 대담함을 어느 정도 설명할 수 있을 것이다.* 그러나 도덕적 비난도 느슨해지기 시작했다. 맥밀런의 발레가 초연된 것은 D. H. 로런스의 『채털리 부인의 연인(Lady Chatterley's Lover)』이 섹스와 검열을 증인석에 세운 유명한 재판 이후 판매 금지처분이 풀린 바로 그때였다.[44]

「은신처」와 「초대」 둘 다, 맥밀런의 가장 긴밀한 공동 작업자이자 가장 유명한 해석자가 될 젊은 캐나다 출생 무용수 린 시모어가 주연했다. 시모어의 춤추기는 폰테인과 더 이상 다를 수 없었다. 그녀는 고전적으로 훈련을 받았고 아름다운 테크닉도 가졌지만 몸의 근육이 연마되지 않아서 폰테인의 팽팽한 확실성도, 중심 잡힌 균형도 없었다. 대신 그녀는 감각적이고 유연했다. 그리고 통제와 교묘함보다는 감정적, 심리적으로 불안한 상태를 묘사하는 고통스러운 움직임에 더 관심을 두었다. 그녀의 자서전은 주체하지 못하는 우울증과 제멋대로 오락가락하는 기분을 가진 여자를 보여준다. 정말이지 스스로의 내면적 삶에서 진행 중인 드라마는 그녀의 예술의 주요 원천이자 주제였다(언젠가 또 한 번의 시모어 발작과 대면한 한 친구는 양손을 들었다. "이건 빌어먹을 핀터의 연극 장면이잖아"). 그녀의 춤추기에서 고전적 스텝들은 누그러드는 한편, 분노로 가득한 긴장된 움직임에 밀려났다. 그녀의 등은 주저앉았고, 가랑이는 오므라들었으며, 양팔은 꺾였고, 목은 뒤로 젖혀졌다. 폰테인이 고전적 형식의 절제력과 탄성을 보여주던 곳에서 시모어는 그것을 성적 갈망과 체념의 솔직한 표현으로 해체한 것을 보여주었다. 맥밀런의 어둡고 폭력적인 춤들에서 그녀의 꺼끌꺼끌하고 감정이 뚝뚝 듣는 연기는 발레의 새로운 길을 여는 것처럼 보였다.[45]

---

* 1960년 8월, 궁내장관실에서 나온 대리인들이 「아프리카인들의 발레들(Les Ballets Africains)」의 공연에, 이 제작물이 발레인지 연극인지 결정하기 위해서 참석했다. 만일 발레라면 맨가슴이 허용되지만 연극이라면 엄격히 금지되었다. 당국은 이 작품이 발레라는 데에 동의했고, 언론은 사진을 찍으며 신나는 하루를 보냈다.

마고 폰테인조차 다른 곳으로 이동하는 것처럼 보였다. 「온딘」으로 그녀와 애슈턴의 긴밀한 공동 작업은 끝났다. 이후 20년간 그가 그녀를 위해서 만든 주목할 만한 발레는 딱 하나였다. 1959년 그녀는 로열 발레의 "객원 예술가"가 되었다. 그리고 바쁜 와중에 코벤트 가든에서 간간이 있는 공연들에 모습을 드러내는 국제적 스타가 되었다. 2년 후 그녀는 소련에서 갓 망명한 루돌프 누레예프와의 파트너 관계에 기초한 제2의 경력을 개시했는데, 그것은 곧 전설이 될 것이었다. 그들은 얼핏 보기에는 어울리지 않는 짝이었다. 그는 스물네 살로 철저한 소련 스타일을 가진 반면, 그녀는 마흔세 살이고 영국적 절제의 귀감이었다. 그렇지만 그들은 함께 섹스와 명성의 강력한 혼합을 창조했다. 그리고 자신들을 1960년대의 상징이자 "성적으로 분방한" 런던의 관용적 풍경으로 만들었다. 이것은 맥밀런과 시모어의 진지하고 엄숙한 혁신 및 치열한 1950년대 스타일과는 무관했다. 그것은 순수한 대중추수주의이자 젊은 세대와 대량 소비 시대를 위한 발레였다. 폰테인과 누레예프가 자신들을 발레의 슈퍼스타로 만든 것은 그 10년 동안의 가장 믿기 힘든 문화적 변신들 중 하나였다.

그들은 어떻게 했던 것일까? 무대 위에서 그들 사이의 화학반응은 흔히 섹스로 설명되었다. 그들이 섹스를 했거나, 원했거나, 억압했다는 것이다(그들은 절대 이야기해주지 않았다). 그러나 그들의 파트너 관계는 훨씬 큰 무엇인가를 의미하기도 했다. 그들의 춤추기에서 동양은 서양을 만났다. 그의 과장된 성적 표현과 이국정서(거꾸로 빗어 세워 스프레이를 뿌린 머리카락과 두꺼운 화장)는 그녀의 흠잡을 데 없는 부르주아적 취향을 강조하는 동시에 상쇄했다. 누레예프는 자신의 역할을 완벽하게 수행했다. 그는 가장 고전적인 스텝들에서마저 남성미 넘치는 아시아 통치자의 이미지로 추파를 던졌고, 그의 억제되지 않은 관능과 호랑이 같은 움직임들은 (디아길레프의 발레 뤼스에 처음 활용된) 상투적인 러시아적 동양풍을 상기시켰다. 이는 1960년대 중산층 젊은이의 현실 도피적 환상과도 관계되어 있었다. 바로 동양의 신비주의, 혁명, 섹스, 마약이었다.

동양이 한 가지 이유였다면, 나이는 또 하나의 이유였다. 누레예프는 눈부신 젊은 육체를 가졌고 폰테인은 그의 어머니가 되기에도 충분할 만큼 나이를 먹었다. 비록 테크닉은 여전히 인상적일지언정 그녀는 자신의 나이대로 보였다. 그러나 이것은 그녀에게 타격이 되지 않았다. 정말이지 폰테인이라는 참한 1950년대 여성이 누레예프라는 모드(1950년대 후반 런던에서 비롯되어 북미로 퍼져나간 청년 하위문화. 대담하고 반(反)전통적 스타일로 패션, 대중음악을 필두로 라이프 스타일 전반을 아울렀다/역주) 남성의 팔에 안길 때 세대 차이는 일시적으로 사라지는 것처럼 보였다. 계급도 중요했다. 제왕 폰테인은 「해적」에서 (한 평론가 쓴 바와 같이) 누레예프라는 "위대한 이슬람 교도 매춘부"를 감수했다. 이런 결과에 모두가 만족한 것은 아니었다. 저명한 미국 평론가 존 마틴은 폰테인이 "기둥서방과 함께 웅장한 무도회로" 가버렸다고 한탄했다. 그렇지만 이런 반응들 중 어느 것도 누레예프가 존경받을 만하지 않았다는 것을 의미하지는 않았다. 그 반대로, 그는 폰테인의 파트너 역할을 최고의 정중함과 완벽한 19세기적 예의범절을 가지고 수행했다. 영국인들에게 이것은 의미가 있었다. 폰테인은 어쨌거나 여전히 "여왕 같았다." 그들의 첫 공연인 「지젤」의 커튼콜 중 누레예프는 폰테인으로부터 장미 한 송이를 받자 본능적으로 그녀의 발밑에 무릎을 꿇고 그녀의 손을 입맞춤으로 뒤덮었다. 관객은 미친 듯이 열광했다.[46]

애슈턴은 완전히 긍정적이지는 않았지만, 그들의 카리스마적 호소력이 대부분의 사람들을 능가한다는 것은 이해했다. 1963년 그는 폰테인을 위한 자신의 마지막 발레를 창작했다. 「마그리트와 아르망(Marguerite and Armand)」은 리스트의 음악에 맞추었고 알렉상드르 뒤마의 19세기 소설 『춘희(La Dame aux camélias)』에서, 그리고 동일한 줄거리인 「카미유(Camille)」(1931)에서 그레타 가르보가 보여준 감상적 장면에서 영감을 받았다. 그것은 섹스가 가미된 화려한 신파극으로 세실 비턴에 의해서 풍성하게 디자인되었다. 그리고 폰테인과 누레예프를 위해서 만들어진 작품인 동시에 한 평론가의 말에 의하면 "스타를 경배하는 주지육림"이기도 했다. 그러나 안무적으로 뛰어나지 않음에도 (그리고 평론가들의 불평에도) 불구하고 이 발레는 열광적으로 받아들여졌는데, 애슈턴이 예언한 꼭 그대로였다.[47]

그리고 또다른 점도 있었다. 폰테인이 누레예프라는 1960년대의 야생화를 돋보이게 해준 것은 사실이었지만, 그녀 자신도 움츠러드는 제비꽃은 아니었다. 우리가 살펴보았다시피 그녀는 돌풍 같은 무용수이자 강철 같은 경쟁자였다. 그녀의 새로 발견된 자유분방함에 누레예프조차 놀랄 정도였다. "마고는 스스로를 던져버립니다. 어디로인지는 신만이 아실 테고 저는 몸싸움을 해야 합니다." 그리고 그 모든 대담하고 동물적인 매력에도 불구하고 누레예프는 꽤나 보수적이었다. 그는 19세기 고전들을 현대 작품들보다 선호했고, 폰테인 역시 그 작품들과 함께 성장했다. 이렇듯 누레예프가 폰테인을 다시 젊게 만든 것만은 아니었다. 그들은 함께 나이든 상태로 머물기도 했다. 맥밀런과 유럽 대륙의 안무가들이 더 실험적 방향으로 향하는 동안 폰테인과 누레예프는 유럽과 미국 전역에서 고전들을 다시 또다시 춤추었다. 사실 폰테인은 자신이 쭉 해왔던 것을 하고 있었다. 발레를 새로운 대중 예술로 만드는 것이었다. 그녀가 역설적이게도 과거에서 살아감으로써 그것을 달성한 것은 누레예프와 함께였기 때문에 가능했다.[48]

폰테인은 세계적 명성과 극적인 사생활(그녀의 파나마인 남편이 정치적 모험들 중 하나에서 총에 맞아 불구가 되자 폰테인은 그를 헌신적으로 간호했다) 속으로 사라지고 맥밀런은 훨씬 더 "유의미한" 예술을 밀고 나가는 가운데, 애슈턴은 자신의 입장을 고수했다. 그는 자신이 아는 바대로의 고전 발레의 수호에 나섰다. 그는 맥밀런의 성공을 두고 불평했다. "도대체 언제부터 '주제들'이 예술 작품에서 가장 중요했단 말인가? [사람들이] 샤르댕은 양배추를 그렸으니 나쁜 화가라고 말하는 것이나 마찬가지이다.……왜 내가 나의 가축들과 있도록 내버려두지 않는단 말인가?"[49]

그리하여 1960년 그는 「고집장이 딸(La Fille mal gardée)」을 창작했다. 이 작품은 2막짜리 짧은 발레로, 존 랜치베리가 자유롭게 개작하고 편곡한 페르디낭 에롤의 음악을 곁들였다. "나는 이 나라의 19세기 말과 19세기 초에 대한 열망에 휩쓸렸다." 그는 나중에 이렇게 설명했다. "이때와 비교하면 오늘날의 이 나라는 형편없이 시끄러운 존재처럼 보인다." 세실 비턴은 후일 애슈턴이 이 발레를 그의 서퍽 시골집에서 잃어버린 시대의 기념품들에 둘러싸인 채 작업했다고 회상했다. "빅토리아 시대의 화병과 도자기와 사라사 직물의 장미들, 그

집은 늙은 숙모의 집과 비슷했다." 애슈턴은 영국 박물관에서 손으로 베껴온 1789년 프랑스 코믹 발레 대본에 의지해서, 농부 소녀 리즈와 딸을 부자의 아들과 결혼시키겠다고 약속한 과부 어머니의 이야기를 자신의 방식대로 써내려 갔다. 물론 리즈는 시골뜨기 청년 콜라스를 사랑하는데, 일련의 사고들 후에 그녀는 어머니가 그들의 사랑을 축복하도록 납득시키는 데에 성공한다.[50]

이것은 예스러운 사랑의 속삭임의 발레가 되어 맥밀런의 불에 기름을 부을 수도 있었지만, 그러는 대신 이는 코믹 장르의 중요 작품이 되었다. 순수한 사랑과 목가적 이상에 대한 낯 뜨거운 긍정을 뚫고 애슈턴의 목소리가 모습을 드러낸다. 주역은 나디아 네리나와 데이비드 블레어가 춤추었다. 그들은 훌륭한 연기자들일 뿐 아니라 세계적 명성이라는 짐도 없었다. 요크셔 출신으로 데이비드 버터필드라는 본명의 블레어는 남성 테크닉 개선에 열중하는 무용수들의 세대에 속했다. 그는 브라부라 스타일을 가졌지만 초라한 출신답지 않은 의기양양한 걸음걸이와 태도도 가지고 있었다. 디 밸루아는 그의 예의 부족을 비웃었지만 애슈턴은 더 현명했다. 그는 왕자를 원하는 것이 아니었고 블레어는 그의 장삼이사였다. 이에 걸맞게 애슈턴은 무대장치 디자이너로 오스버트 랭커스터를 선택했다. 지배계급의 약점을 가볍게 조롱하는 풍자적인 "포켓 카툰(porket cartoon)"으로 유명한 랭커스터는 잃어버린 에드워드 시대에 대한 애슈턴의 향수를 공유했다. 그는 바보스럽지만 사랑스럽게 거들먹거리는 닭들이 완비된 햇살 좋은 농장 안마당의 배경을 만들었다. 고양이 요람, 메이폴 댄스, 조랑말 타기 등 리본도 풍성했다.

애슈턴의 실력이 십분 발휘된 춤추기는 가볍고 유려했다. 그는 민속적이거나 시골스러운 표현법을 창조하려고 시도하는 대신, 무용수들에게 독창성으로 가득한 순수하게 고전적인 스텝들을 다채롭게 부여했다. 이는 너무나 웅변조로 말해지다 보니 역설적이게도 모든 낯설음과 인위성이 사라지는 언어였다. 점프와 턴을 수행하는 이 요크셔 청년은 세상에서 가장 자연스러운 존재로 보였다. 그렇지만 이 발레의 핵심은 성격파 배역들에 있었다. 부자의 아들 알랭은 멍청하지만 선량한 얼간이로 별스러운 안짱다리 걸음걸이, 죽마, 선홍색 우산을 가지고 있었다. 과부 시몬은 소녀 같은 중년 여성의 희극적 초상이 있는데, 팬터마임에서 중년 여성 배역을 남성이 맡는 전통에 따라 스탠리 홀든이 연기했다. 홀든은 뛰어난 탭댄스 무용수이기도 했는데, 어느 순간 "그녀"는 랭커셔 지방 나막신 춤을 시작해서 대가적 솜씨를 과시하다가 자기 발에 걸려 넘어져서 집을 무너뜨린다. 「딸」은 대단히 영국적인 발레였다.

그것은 엄청난 성공작이기도 했는데, 런던뿐 아니라 해외에서도 마찬가지였다. 1961년 로열 발레의 소련 순회공연에서 「딸」은 따뜻하게 받아들여졌고, 소련 당국은 볼쇼이의 레퍼토리에 이 발레를 추가하고 싶어했다. 이듬해 「딸」은 "국민 발레가 되었고" BBC를 통해서 영국 전역의 응접실로 방영되었다. 애슈턴은 새로운 절정에 다다른 듯 보였다. 1963년 디 밸루아의 은퇴로 그는 로열 발레의 단독 감독이 되었다. 이후 수 년간 그는 자신의 통찰을 발레단에 확고히 새기면서 맥밀런의 "앵그리 영 맨" 예술과는 확연히 대조적인 찬란한 발레들을 줄줄이 제작했다. 1964년 그는 (셰익스피어의 『한여름 밤의 꿈[A Midsummer Night's Dream]』에서 따온) 「꿈(The Dream)」을 만들었다. 이는 꼼꼼하게 그려진 등장인물들과 매력적인 익살스러움을 가진 짧고 다정한 가정적 발레로, 애슈턴의 영국적 스타일의 귀감인 무용수들인 앤서니 도월과 앙투아네트 시블리가 주연을 맡았다. 그는 몇 년 후의 발란신처럼 셰익스피어의 희곡을 완전히 훑어내리려고 들지 않았다. 그것은 그의 관심사가 아니었다. 그는 대신 각 장면과 등장인물을 정제하는 데에 집중해서 꿈처럼 덧없고 유쾌하게 장난스러운, 감동적으로 친숙하고 무상한 발레를 창조했다.

4년 후 그는 「수수께끼 변주곡(Enigma Variations)」을 제작했다. 그것은 그의 친구들과 그들의 사회에 대한 에드워드 엘가의 경쾌한 세기 전환적인 음악 묘사에 맞춘 춤이었다. 엘가와 잃어버린 목가적 시대에 대한 대중적 향수의 물결을 예견하는 듯한 이 발레는 구세계의 시골 생활에 대한 애정 어린 초상이었다. 춤들은 몸짓과 덧없는 생각이라는 얇은 잉크로 추억처럼 스케치되었다. 안무적으로 절제된 애슈턴의 스텝들은 엘가의 잊을 수 없는 악구와 줄리아 트리벨리언 오먼의 디자인으로 녹아들어가서 감상적인 빅토리아 시대의 황혼을 일깨웠다. 당시 할머니였던 엘가의 딸은 이 발레를 보고 놀랐다. "이걸 어떻게 하신 건지 모르겠네요. 정확히 그대로였거든요."[51]

「딸」, 「꿈」, 「수수께끼 변주곡」은 너무 가벼운 느낌이어서 안무적으로는 대단하지 않아 보일 수 있다. 그러나 그렇지 않았다. 이 발레들에서 애슈턴은 (마임이 아니라) 완벽하게 세세한 움직임을 통해서, 어린 시절 언뜻 본 것이 전부이지만 그의 상상과 영국 문화에서는 신화적 자리를 차지하는 에드워드 시대의 사회상을 재창조했다. 이는 평생의 관찰과 흡수로부터 창조된, 사실성과 장밋빛 향수의 묘한 혼합이었다. 뮤직 홀과 예의범절, 문학과 영화와 음악에 대한 관찰과 흡수가 고전 발레의 언어로 재작업된 것이다. 애슈턴은 고개를 돌리거나 한손을 드는 것처럼 아주 작은 몸짓들을 골라서 발레로 증폭시키는 법을 알고 있었고, 이를 각광 속에서 읽히게 만들어서 가까우면서도 먼 연극적 초상을 창조했다. 그의 발레들을 관람하면 곱게 짠은 거미줄 같은 느낌이 든다. 연약하다 못해 심지어 덧없지만 그래도 실존해서 만질 수 있는 물건, 삶의 버팀대이자 자세였다. 그 창조와 관련된 육체적 눈금들은 극단적으로 정확했다. 움직임이 하나만 벗어나거나 포즈가 하나만 잘못 명시되어도 환영이 갑자기 구멍날 수 있었다.

얄궂게도 애슈턴이 자신의 가장 진정한 목소리를 발견한 것은 맥밀런에 맞서는 과정에서였고, 더불어 폰테인이 없는 채로였다. 그는 이 목소리를 언제나 가지고 있었지만, 1960년대의 과열된 문화 환경에서 새로 발견된 절박함과 공명이 이에 더해졌다. 애슈턴은 조류를 거스르며 작업하고 있었다. 「꿈」이 나온 것은 비틀스의 첫 번째 LP음반 발매 직후였고, 「수수께끼」는 「헤어(Hair)」(히피 반문화와 성혁명이 반영된 록 뮤지컬/역주)의 뒤꿈치를 밟다시피 했다. (그가 언젠가 쓴 바와 같이) 자신이 "싸움"에 참여하고 있다는 그의 느낌은 틀리지 않았다. 모두가 접근할 수 있고 모두에게 의미 있는, 더 민주주의적인 예술에 대한 이구동성적 수요의 점증에 직면해서, 더불어 런던의 활기찬 현장에 둘러싸여서, 애슈턴은 자신의 주장을 견지하면서 고전주의가, 즉 케인스, 폰테인, 러시아인들의 고급 발레가 활기차면서 최전선에서 유지되게 만들었다. 이 시절 애슈턴이 새로운 「백조의 호수」를 무대에 올리고, (둘 다 1920년대 작품인) 「암사슴들(Les biches)」과 「결혼」의 재연을 위해서 당시 캘리포니아에서 가르치던 브로니슬라바 니진스카를 초청한 것은 우연이 아니었다. 뉴욕에서 자신의 신

고전파 무용들을 창작 중이던 조지 발란신의 발레들을 수입한 것도 마찬가지였다.

그렇다면 방어적 수순이 황금 시대를 열어젖혔을 때 무엇이 시작되었을까? 사무치는 결과였다. 애슈턴은 지나간 시대의 가닥들을 가지고 자신의 가장 독창적인 발레들을 짜냈다. 그의 춤들은 고전적 원칙들을 굳게 고수한다는 의미에서 신고전적이었지만, 그럼에도 무엇보다 대단히, 아주 대단히 영국적이었다. 말하자면 사회 스타일에 대한 면밀한 연구였던 것이다. 그리고 비록 이따금씩 회고적이고 시대에 뒤떨어져 보일지언정 애슈턴은 많은 팬들을 가지고 있기도 했다. "우리 시대"의 남녀들은 누가 뭐래도 전성기에 달해 있었다. 그들은 발레를 보면서 성장했고, 애슈턴의 이상과 향수 둘 다를 공유했다. 예를 들어 그의 오래된 친구이자 케인스와도 친했던 예술사가 케네스 클라크는 1930년대 이래로 발레를 후원해왔다. 그는 1969년 「문명(Civilization)」이라는 제목의 엄청나게 성공적인 13부작 텔레비전 시리즈를 진행하면서 그것을 태연히 엘리트주의적 고급 예술을 다루는 프로그램으로 만들었다. "대중적 취향은," 그는 자신의 프로그램을 보는 대중에게 일갈했다. "나쁜 취향입니다."[52]

한편 케네스 맥밀런은 계속 끈질기게 밀어붙였다. 1962년 그는 자기 식의 「봄의 제전」을 창작했는데, 여기에는 페인트가 튄 꼭 달라붙는 유니섹스 의상과 모호하게 종말론적인 함축이 등장했다. 그러다 1965년, 그는 린 시모어를 위해서 새로운 「로미오와 줄리엣」을 안무했다. 그와 시모어 둘 다 주디 덴치와 존 스트라이드가 등장하는 프랑코 제피렐리의 무대 제작물을 보고 감탄했던 차였다. 그들은 셰익스피어 연극을 (볼쇼이가 그랬듯이) 낭만적인 신파극으로 격하시키지 않기로 결정했다. 대신 맥밀런은 문제를 겪는 강한 의지의 젊은 아가씨가 성적, 심리적 자각을 경험한다는 아이디어를 선택했다. 침실 장면에서 그는 시모어가 침대에서 관객을 향한 채 몇 분간 미동도 없이 앉아서, 음악이 자신을 씻어내는 가운데 내면으로부터 감정을 속속들이 생각하고 느끼게 했다. 그리고 죽을 때 맥밀런은 이렇게 지시했다. "흉하게 보일 걸 겁내지 마. 넌 그냥 죽은 고깃덩어리야." 그렇지만 마지막 순간 로열 발레 위원회는 불안해졌다. 그들은 상업적 성공을 원했고 (애슈턴의 지지하에) 폰테인과 누레예프에게 초연이 맡겨졌다. 그들은 예상대로 이 발레를 자신들의 진행형 무대 연애를 위한 또 하나의 수단으로 만들었다. 맥밀런에게는 혐오스럽게도, 그들은 그의 춤들의 거친 질감을 자신들의 명백히 구세계적인 스타일의 안락한 주름 속에 숨겼다. 폰테인은 발을 푸앵트한 채 예쁘게 죽었다.[53]

맥밀런과 시모어는 이 발레단을, 그리고 이 나라를 떠났다. 그들은 서독으로 이주했고, 맥밀런은 베를린의 도이체 오페르의 발레 감독을 맡았다. 독일에는 오페라 하우스들에 대한 국가적, 지역적 후원망이 있었고, 그중 여럿에 상임 발레단들이 있었다. 작업 환경은 탁월하고 금전적으로는 후한 가운데, 전후 이 나라는 안전과 실험 무대를 찾는 영국과 (특히) 미국 안무가들이 선호하는 목적지가 되었다. 독일인들은 그들을 기꺼이 받아들였다. 파시즘과 전쟁의 시절이 끝나고 번영 속에서 문화생활 재건에 열심이던 그들은 풍부한 보조금과 적은 미학적 제약을 제시했다. 발레는 특히 수요가 많았다. 독일인들은 18세기의 궁정과 공국까지 거슬러올라가는 발레 역사를 가졌지만, 그들 자신의 일관된 스타일이나 전통은 전무했다. 영국과 미국으로부터의 예술가 수입은 이 나라를 문화적 지도 위로 돌려놓을 것으로 기대되었다.

사실 맥밀런은 친구이자 동료인 존 크랭코가 슈투트가르트 발레를 감독하는 슈투트가르트에서 이미 작업했었다. 크랭코는 남아프리카공화국 출신 무용수이자 안무가로 로열 발레에서 훈련받고 작업했다. 그의 초기 안무는 런던에서 형편없는 반응을 얻었다. 그는 1961년 슈투트가르트 발레로 옮겼고, 이 발레단을 지방의 벽지로부터 번성하는 국제적 무용 중심으로 돌려놓는 데에 성공했다.* 크랭코는 맥밀런과 마찬가지로 춤을 새로운 세대에게 의미 있게 만들려고 결심했고, 슈투트가르트에서 문학적 주제들을 가진 몇몇 크게 성공한 긴 모던 발레를 창작했다. 크랭코는 맥밀런이 「로미오와 줄리엣」과 씨름

---

* 미국 안무가 존 노이마이어와 윌리엄 포사이드 둘 다 슈투트가르트에서 출발점을 찾았다. 노이마이어는 1973년 함부르크 국립 오페라의 감독이 되기에 이르렀고, 포사이드는 1984년 프랑크푸르트에서 저명한 예술 감독이었다. 프라하 출신 안무가 지리 킬리안도 1975년 네덜란드 댄스 시어터의 공동 감독이 되기 전에 그곳에서 춤추었다.

하기 한참 전인 1958년 이 발레를 라 스칼라를 위해서 자기 식으로 만들었는데, 4년 후 이를 슈투트가르트에서 무대에 올렸다. 1965년 그는 아름답고 감정적으로 사로잡는 「예브게니 오네긴(Eugene Onegin)」을 창작했다. 맥밀런은 가까운 친구이자 잦은 방문객이었다. 그는 1963년 슈투트가르트 발레를 위해서 「자매들(Las Hermanas)」을 창작했다. 이는 애도, 긴장된 성적 접촉, 자살에 대한 페데리코 가르시아 로르카의 연극 「베르나르도 알바의 집(The House of Bernrdo Alba)」에서 영감을 받았는데, 로열 발레는 이 기획을 부적절하다며 기각한 후였다.

맥밀런과 시모어가 유럽 대륙에서 더 편안한 느낌이었던 데에는 다른 이유들도 있었다. 우리가 살펴보았다시피, 독일은 이미 1920년대부터 보다 표현주의적인 무용 형식들의 실험을 위한 시련의 장이었다. 이후 유럽 전역의 (그리고 미국의) 무용수들과 안무가들이 발레를 새로운 방향과 더욱 난해한 주제를 향해 밀어붙인 것은 어느 정도 독일 혁신가들의 영감 덕분이었다. 이제 1960년대에는 무용수들과 안무가들의 새 물결이 탄생해서 그 밀어붙임이 한층 더 강해지고 있었다. 그들은 발레를 더 의미 있지만 동시에 어느 때보다도 더 대중적이고 급성장하도록 만들고 있었다. 영국해협 건너편에서 볼 때 애슈턴은 정말로 고전주의의 섬이었다. 유럽의 나머지에서 발레는 맥밀런이 내내 모색하던 섹스와 폭력의 진흙탕으로 급속히 뛰어들고 있었다.

이 새로운 물결의 최전선에 프랑스 안무가 모리스 베자르(1927-2007)가 있었다. 베자르는 롤랑 프티와 잠시 일했는데, 나아가 폭발적인 인기를 끈 자기류의 청년 운동 춤들을 창작하기에 이르렀다. 그는 맥밀런이 성애적 시도를 하기 3년 전인 1959년 「봄의 제전」에 대한 몸부림치듯 성적으로 격앙된 원시적 개작으로 유명해졌고, 1964년에는 베토벤의 음악에 맞춘 「제9번 교향곡(Ninth Symphony)」을 창작했다. 이 발레에는 음악가와 가수 250명, 무용수 80명이 등장했고, 니체의 낭독과 체조, 발레, 인도 및 아프리카 무용에서 영향을 받은 동작이 포함되어 있었다. 그렇지만 주재료는 섹스와 옷을 별로 걸치지 않은 대규모의 무용수들이 외설적 움직임과 땀투성이의 체육적 묘기를 수행하는 스펙터클이었다.

베자르는 브뤼셀에 기반을 두었다. 그의 발레단은 넉넉한 자금을 가진 브뤼셀 왕립 극장에 1960년부터 1987년까지 둥지를 틀었는데, 그는 이를 20세기 발레단이라고 불렀다. 이 시절 베자르는 동양 종교, 혁명(그의 「불새」는 주먹을 움켜쥔 베트콩이었다), 철학(석가모니부터 장-폴 사르트르까지), 그리고 무엇보다도 동성애적 과시의 저속한 혼합으로 유럽 전역에서 급증한 베이비붐 세대의 관객을 매혹시켰다. 그의 발레단에는 80명의 무용수들이 있었는데 절반이 남자였다. 그들은 스타디움과 야외 공연장에서 엄청난 군중을 두고 연기했다(팬들은 "베자르가 더 섹시해"라고 쓰인 배지를 달았다). 그것은 발레판 "터놓고 말해"였다. 많은 사람들이 신선하고 자유롭다고 생각했지만 다른 사람들은 더 회의적이었다. 한 절망한 평론가는 베자르가 표현하는 것은 "대문자 E를 가진 탈출(Escape)이다. 인도나, 혁명이나, 불교나, 아르누보로 탈출하라는 것이다. 세상과 스스로에 대한 우리의 분노를 좌절시키기 위해서, 그는 위선의 진심을 제시한다"라고 말했다.[54]

이런 존재가 베자르만은 아니었다. 벨기에와 독일처럼 고전 발레의 과거 전통이 거의 없는 네덜란드에서도 더 진지하기는 해도 비슷한 조류가 발전하고 있었다. 네덜란드 출신 안무가 한스 반 마넨과 루디 반 단치히는 고전 발레를 미국과 중앙 유럽의 현대 무용과 융합함으로써 새로운 혼성 무용 형식의 창조를 시도했다. 그렇지만 결과는 긴박한 사회적, 정치적 주제들 때문에 들뜨다가 김이 빠지는 경우가 너무 잦았다. 예를 들어 얀 부르만의 전자음악에 맞춘 반 단치히의 「죽은 소년을 위한 기념비(Monument for a Dead Boy)」(1965)는 자신의 동성애, 그리고 강간과 전쟁으로 상처 입은 어린 시절의 기억과 직면해서 몸부림치는 자살 직전의 남자에 대한 반(半)자전적 춤이었다. 카를하인츠 슈토크하우젠의 곡에 맞춘 반 마넌의 「돌연변이(Mutation)」(1970)는 영상, 다량의 붉은 페인트, 성별을 바꾼 배역으로 출연한 무용수들을 활용했으며 알몸의 파 드 되로 마무리되었다.

맥밀런은 자신의 본령에서만 머물 수 있었지만 그러지 않았다. 그는 동료들보다 더 복잡하고 허무주의적이었지만 동시에 고전적 가치들이 더 깊이 배어 있기도 했는데, 주로 로열 발레의 훌륭한 훈련 덕분이었다. 그는 애슈턴을 존경했고 「잠자는 숲속의 미녀」를 적대하면서도 숭배했다. 크랭코를 뒤따르는 동시에 베를린에서 고전적 토대를 놓으려는 시도로서, 그는 삭막한 정신병원을 배경으로 정신이상에 대한 암울한 탐구인 「아나스타샤(Anastasia)」와 나란히, 「백조의 호수」 및 「잠자는 숲속의 미녀」의 최신 심리 탐구 버전들을 무대에 올렸다. 그러나 그의 베를린 시기는 힘들었다. 자신의 뿌리와 그것을 파괴하려는 필사적 충동 사이에서 예술적으로 찢어발겨진 그는 문화적으로 방향을 잃었다. 그는 우울증과 알코올 중독에 빠졌고 결국 육체적, 정신적 붕괴로 쓰러졌다. 로열 발레 감독 위원회가 (여전히 무대 뒤에서 암약하던) 디 밸루아의 지지하에 아들을 집으로 데려오고 아버지를 쫓아내는 이례적 결정을 내린 것은 이 모든 것이 한창일 때였다.

  1970년 프레더릭 애슈턴은 로열 발레로부터 사실상 축출되어 케네스 맥밀런에게 대체되었다. 그것은 결정적인 순간이었다. 강요나 다름없는 애슈턴의 은퇴는 한 시대의 종언을 뜻했다. 이것이 전후 시절 영국을 형성했던 자신만만한 케인스적 합의가 흩어지고 나라가 혼란과 자기회의로 돌아서기 시작한 바로 그 시점이었다는 것은 우연이 아니었다. 로열 발레가 애슈턴을 끊어낸 수순은 극도로 조잡한 판단력을 보여주었다. 이는 시대와 보조를 맞춤으로써 이 나라의 기수들 중 하나인 영국 발레가 낙오되지 않게 하려는 무분별하지만 강력한 열망으로 부채질된 것이 틀림없었다. 더불어 예술적 문제들에 대한 위원회의 과잉 개입과 서투른 경영 스타일과 더불어 로열 발레의 미래에 대한 나쁜 징조였고, 슬프게도 불안감이 영국 문화생활로 확산되고 있다는 예증이기도 했다. 마거릿 대처의 1980년대 "혁명"의 전조 속에서 대중 담론의 성격과 질은 눈에 띄게 분열되고 악화되었는데 발레도 예외는 아니었다. 맥밀런은 로열 발레에서 1970년부터 1977년까지 감독으로, 이후 1992년의 갑작스러운 사망까지는 수석 안무가로 재임했다. 그의 재임 기간은 미학적, 기술적 기준들의 급격한 하락을 알렸지만, 무엇보다도 로열 발레를 출범 이래 뒷받침한 고급 예술에 대한 일관된 헌신의 쇠퇴를 알리는 것이기도 했다.[55]

  맥밀런이 아는 것이라고는 일방적 전진뿐이었다. 그는 자신의 망가진 개성과 어두운 집착들 속으로 깊이 가라앉았다. (역시 모국으로 온) 린 시모어와 함께한 「아나스타샤」(1971)는 그가 베를린에서 창작한 발레의 확장되고 정교해진 버전이었다. 오스트리아 황태자 루돌프의 1889년 죽음에 대한 「메이얼링(Mayerling)」(1978)에는 동반 자살, 마약 중독, 매춘이 등장했다. 「이사도라(Isadora)」(1981)는 이사도라 덩컨의 삶을 묘사하는 팬터마임으로 춤추기는 최소한이었다. 대신 가식적 대사와 소프트 포르노의 고급 문화로의 진출이 이 발레를 주도했는데, 예를 들면 강간으로 전락하는 레즈비언 파 드 되와 가랑이를 벌리고 성교하는 춤을 추면서 마무리되는 성적 각성 장면이 있었다.

1980년대에 맥밀런은 비토리오 데 시카의 1971년 고전 영화 「핀지-콘티니의 정원(The Garden of the Finzi-Continis)」에서 영감을 받은 「그림자들의 계곡(Valley of Shadows)」(1983)을 창작했다. 이는 (차이콥스키의 음악에 맞춘) 단조로운 고전적 표현양식의 낭만적인 사랑의 춤들을, 목이 긴 군화를 신은 히틀러 친위대원들과 내장을 쥐어짜는 고통 속에 몸통을 움츠리는 경련성 몸짓을 연기하는 죄수들이 등장하는 강제수용소라는 배경으로 옮겨놓았다(음악은 보후슬라프 마르티누). 쇤베르크와 베베른의 음악을 곁들여서 게오르크 뷔히너의 「보이체크(Woyzeck)」에 대강 기초한 「다른 드러머(Different Drummer)」(1984)는 전쟁의 비인간적 결과들을 전하려는 또 하나의 시도였다. 총을 가진 남자들은 발레적 도약을 수행하다가 결국 진창으로 떨어지거나 태아 같은 자세로 쓰러졌다. 병사들은 총에 맞았고, 무용수들은 근친상간과 냉혈한적인 찌르기를 연기했다.

맥밀런은 사망한 해인 1992년에 「유다 나무(The Judas Tree)」를 창작했다. 이는 배신에 관한 것이었고 집단 강간이 등장했다. 이 발레의 곡은 브라이언 일라이어스에게, 디자인은 노동계급에 대한 껄끄러운 초상들로 맥밀런에게 강한 인상을 준 스코틀랜드 화가 조크 맥퍼디언에게 의뢰되었다. 이 발레의 배경은 런던의 이스트 엔드의 커네리 워프 건설 현장이었다. 이는 근래에 옛날 부두를 부수고 상업 및 금융 중심지를 만들려는 논쟁적인 도심 재개발 프로젝트였다. 이 발레의 남자들은 건설 노동자들이었고 여자들은 도발적으로 차려입은 이스트 엔드 아가씨들이었다. 그렇지만 이 정치적 색채의 무대는 안무의 보완(이나 설명)에는 아무 도움이 되지 않았다. 맥밀런은 바닥을 쳤다. 이 발레에는 스텝이라는 것 자체가 전무했다. 대신 뜨거운 입맞춤, 할퀴기, 발차기, 엉덩이 비비기, 만지기, 폭력적인 밀치기로 이루어졌고, 결국 일련의 터무니없는 강간과 목매달기로 끝났다. 그것은 「타임스」의 평론가가 쓴 바와 같이, "끔찍하고 하찮은 선정물"이었다.[56]

맥밀런의 모든 발레들이 이렇게까지 쓸데없지는 않았다. 크랭코를 기린 「레퀴엠(Requiem)」(1976)은 포레의 음악에 맞춘 것으로, 단순하고 실제적인 움직임들이 매끄럽게 혼합되는 서정적인 의례로 만들어졌다. 이 발레의 어느 순간에 감동적인 파 드 되가 나온다. 천사 같은 자태의 여자가 나선과 소용돌이를 그리다가 공중으로 날아오른다. 그러나 바닥에 닿기 전 몸을 구부린 채 파트너의 몸 위로 내려오더니 바닥에서 길게 몸을 펴며 흔들거린다. (딸이 죽은 후 스스로의 불치병과 직면하며 쓴) 말러의 연작 가곡에 맞춘 「대지의 노래(Song of the Earth)」(1965)는 죽음, 고독, 상실에 대한 강력한 성찰이었다. 현대 및 동양 무용 형식들이 근사한 발레적 맥락에서 융합된 절제된 춤들은 맥밀런의 최고의 춤들에 속했고, 더불어 그의 진정한 재능의 증거이기도 했다. 「로미오와 줄리엣」과 「마농(Manon)」의 여러 춤들도 장인정신과 통찰을 보여주었다. 맥밀런은 무용수들에 대한 좋은 취향 역시 가졌다. 시모어에 이어 1980년대에는 알레산드라 페리와 다시 버셀이 뒤를 이었는데, 둘 다 최상급 예술가들이었다.

그렇지만 자신의 재능을 발레를 무엇인가 다른 것으로 만들려는 강박적 열망에 꾸준히 희생시킨 것은 맥밀런의 경력의 중심 사실로 남아 있다. 그는 발레가 가차 없고 현실적인 것이 되기를 바랐다. 한 세대의 환멸을 포착하고 자신의 혼란한 감정의 깊이를 나타낼 수 있기를 원한 것이다. 그것은 납득할 만한 욕구였지만 맥밀런은 자신이 상속받은 전통을 완전히 오독했다. 아니면 아마 이를 과도하게 신뢰했을 것이다. 그는 발레를 새로운 방향으로 밀어붙이는 대신 그 근본적 한계를 드러냈고, 그러다 이를 승인하는 데에 실패했다. 고전 발레는 형식적 원리들의 예술이다. 그것들을 없애면 발레는 조잡한 팬터마임으로 분해된다. 이것은 발레가 내면의 고통이나 사회적 절망을 보여줄 수 없다는 의미가 아니라, 그 자체의 표현법으로 그리고 그 자체의 영역 안에서만 그럴 수 있다는 의미이다. 맥밀런의 발레들은 판단과 취향에서 너무 많은 착오를 보여주었다. 그는 결국 발레의 유창한 언어를 일련의 거의 듣기 힘든 푸념으로 격하시켰다.

발레단의 기술적 기준들은 곤두박질쳤다. 맥밀런의 발레들에는 한때 유명했던 로열 발레 스타일을 유지하는 데에 필요한 고전적 엄격함이 전무했다. 1970년대와 1980년대에 이 발레단에 의해서 공연된 다른 새 안무도 도움이 되지 않았는데, 그것에 대해서는 말을 아끼는 편이 나을 것이다. 1970년대 초 「교향 변주곡」의 재연을 요청받은 애슈턴은 이 발레단은 그것을 춤출 만한 기술이 더 이상 없다고 말하면서 거절했다. 발레단의 급격한 쇠퇴를 깨달은 디밸루아는 젊은 무용수들을 위한 "생존 수업들"을 시작했다. 그리고 1976년 옛날 「잠자는 숲속의 미녀」의 새로운 제작물을 무대에 올렸는데, 아마 이 발레단의 경로를 재설정해서 다시 고전적 기원을 향해 밀어붙이기를 희망해서였을 것이다.

그렇지만 그 무엇도 시대를 되찾거나 발레라는 예술의 엄격함을 회복시킬 수 없었다. 한을 품었지만 창조력은 남아 있던 애슈턴은 총애하는 「딸」 같은 시골 자택과 왕실과의 연줄(그와 여왕 모후는 종종 왕실 행사들의 춤추기를 이끌었다. 그는 몸을 던져 무릎을 꿇곤 했다. "마마!" 그녀는 이를 좋아했다)을 중심으로 돌아가는, 점점 더 무기력하고 예술적 쇠약을 가져오는 향수로 도피했다. 1976년 그는 자신의 예술의 너무나 중요한 원천이던 예술가에 대한 향수 어린 환기인 「다섯 편의 이사도라풍 브람스 왈츠(Five Brahms Waltzes in the Manner of Isadora)」를 창작했다. 같은 해에는 투르게네프의 희곡에서 영감을 받은 「시골에서의 한 달(A Month in the Country)」도 안무했다. 「수수께끼 변주곡」과 「마그리트와 아르망」 사이에서 교차되는 이 작품은 덜 효과적일지언정 또 하나의 사회적인 초상이었다.

1979년 폰테인이 최후의 고별 공연을 위해서 돌아왔다. 애슈턴은 엘가의 음악에 맞춘 「마고 폰테인에게 사랑의 인사를(Salut d'amour à Margot Fonteyn)」로 경의를 표했다. 그것은 그녀가 춤춘 애슈턴의 발레들에 나오는 몸짓들을 매끈한 춤으로 꿰어놓은 짧은 독무로, 예순 살의 폰테인이 공연했다. 마지막에는 애슈턴 본인이 무대 위로 당당히 걸어와서 그녀의 팔을 잡았다. 그들은 애슈턴이 자신의 춤들에 짜넣는 것으로 유명한 간판 스텝인 "프레드 스텝"을 춤추면서 윙으로 들어갔다. 관객이 얼마나 북받쳤던지 폰테인은 이 공연을 두 번째로 반복해야 했다. 1984년 발레단은 프레드 경에 대한 사랑을 담은 생일 헌정 공연을 무대에 올렸고, 1986년 애슈턴은 자신의 마지막 발레인 「육아실 모음곡(Nursery Suite)」을 안무했다. 그것은 또 하나의 (그리고 마지막) 가족 초상으로, 마거릿 공주와 엘리자베스 여왕의 선물상자 같은 어린 시절을 묘사하는 발레였다.

1988년 사망할 무렵 애슈턴은 이미 살아 있는 전설이었다. 왕실이 참석한 웨스트민스터 대성당의 장례식은 엄청난 조문객을 불러모았다. 인파는 거리와 옆 건물인 세인트 마거릿 교회에까지 넘쳐났다. 그들은 애슈턴이라는 인간과 그의 예술을 애도 중이었지만, 한 시대의 소멸을 애도하는 것이기도 했다. "우리의 시대"가 지나간 것이었다. 어느 헌신적 평론가이자 친구는 이렇게 썼다. "그는 우리의 젊음이었고, 우리의 성년이었으며, 우리의 노년이었다." 3년 후 마고 폰테인이 고통스러운 암 투병 끝에 죽자 웨스트민스터 대성당은 다시 미어터졌다. 언제나 강건한 디 밸루아는 2001년 102세로 사망할 때까지 복무했다. 그러나 그즈음 그녀가 70년 전 만든 발레단은 예술적, 재정적으로 급락 중이었다.[57]

그렇지만 마무리를 우울한 분위기로 하는 것은 온당치 않을 것이다. 많은 것이 성취되었기 때문이다. 디 밸루아, 애슈턴, 폰테인은 케인스와 몇 세대의 영국 무용수들과 함께 노력해서, 잡동사니나 다름없는 것으로부터 국민 발레단을 건설했다. 더 중요한 것은 그들이 고전 발레를 영국적인 것으로 만들었고, 더불어 그 과정에서 애슈턴은 가장 고상하고 즐거운 20세기 발레 몇 편을 창작했다는 것이다. 그리고 그의 최고의 발레들에 비록 가족 초상이라는 별스러운 면이 있을지언정 이는 그 발레들을 그렇게나 사무치고 지속적인 것으로 만든 요인의 일부이기도 하다. 왜냐하면 발레는 현대 영국의 역사 및 정체성과, 아마 그 시대의 다른 어떤 예술보다도 더 얽혀 있었기 때문이다. 발레는 진정한 국민 예술이었다. 그것은 두 번의 세계대전, 대공황, 사회민주주의 복지 국가의 탄생을 거친 끝에 성년이 되었다. 애슈턴의 발레들과 폰테인의 춤추기는 그 시절 탄생한 영국 국민성의 최고의 자질들 중 일부를 반영하는 것처럼 보였다.

그 후 영국 발레가 맥밀런의 암울하고 폭력적인 예술의 희생양이 되었을지언정, 발레가 진정한 계승자보다는 골칫거리 반항아를 낳았을지언정, 이 또한 이야기의 일부였다. 애슈턴의 발레들에서 묘사되는 온화하고 빛으로 가득한 세계들은, 세상에 현존하다가 결국 예술로 밀고 들어와서 공허와 허무의 물결을 낳는 깊은 사회적, 정치적 분열과 언제나 공존했다. 연극과 영화에서 작업한 몇몇 예술가들은 이 분노를 생산적인 것으로 전환하는 데에 성공했지만 발레에는 그럴 기회가 없었다. 발레는 맥밀런이 원하는 바를 절대 할 수 없었다. 그리하여 그는 「잠자는 숲속의 미녀」의 사악한 요정 카라보스처럼 발레에게 호통을 쳤고, 반항적으로 (그 역시 참석을 간절히 바라던) 잔치를 망치고 시대를 끝장내기에 이르렀다.

맥밀런의 최고의 발레들이 애가(哀歌)이기도 했던 것은 우연이 아니다. 그것들은 크랭코에게, 제1차 세계대전의 병사들에게, 사랑에게, 발레 자체에게 바치는 애가였다. 그를 가장 가차 없이 대변하는 춤들은 우리 시대 직전에 창작되었지만, 그럼에도 오늘날에는 빛이 바래서 절망적으로 구식이고 진부해 보이는 것 역시 우연이 아니다. 이와 대조적으로 애슈턴의 발레들은 아름답고 고상한 것으로 남아 있다. 그런 것들이 많지는 않다. 그가 만든 춤들 중 일부는 너무 까다로운 데다가 그들의 시대에 묶여 있어서 지속될 수 없었다. 그러나 온전히 살아남은 것들은 우리를 계속 매혹시킨다. 그것들이야말로 케인스가 영국 발레가 언제나 그렇게 되기를 바란 것이다. 바로 "진지한 고급 오락"이다.

11
미국의 세기 I : 러시아적 시작

어떤 종교의 예배형식이 소박하고, 원리는 꾸밈없다 못해 거의 야만적이며, 외형적 상징과 예식적 겉치레에는 적대적이라면, 고급 예술을 거의 장려하지 않는 것이 당연하다.
—알렉시스 드 토크빌

직업 야구선수나 피아니스트나 바이올리니스트에게 도락은 없다.……엘리트는 싸워서 얻는 단어이다.
—링컨 커스틴

고전 발레에는 미국이 반대하는 모든 것이 있었다. 그것은 호화롭고 귀족적인 궁정 예술이었고, 평등주의적인 겉치레조차 없는 귀족적인 상류 엘리트 예술이었다. 그리고 출생뿐 아니라 행동거지와 성격에도 귀족성이 존재한다고 믿는 사회들에서 성장했다. 다시 말해서, 미국의 직설적 솔직함과는 너무나 다른 교묘함과 정교한 예의범절이 필수적이고 존경받는 자질인 사회들이었다. 더 나쁜 것은 발레의 기원은 가톨릭이고 영혼은 그리스 정교라는 것이었다. 그 장려함과 사치스러움은 미국의 더 소박하고 엄격한 청교도 윤리와는 정반대로 보였다. 발레의 관능성과 (가끔은) 노골적인 에로티시즘도 마찬가지였다. 1917년 발레 뤼스가 「셰헤라자데」 공연을 위해서 보스턴에 도착했을 때, 지역 당국은 하렘의 침상을 흔들의자로 교체하라고 주장했다.

그렇지만 가장 중요한 것은 아마 고전 발레가 파리와 베르사유에서의 시작부터 이후 빈, 밀라노, 코펜하겐, 상트페테르부르크에서의 발전까지, 언제나 왕과 차르를 홍보하고 찬미하는 목적이 적지않은 국가 지원 예술이었다는 사실일 것이다. 반면 미국이라는 국가는 시민들을 고압적인 중앙 권력으로부터 자유롭게 하고, (미국 헌법 제정자들이 보기에는) 유럽 정치 생활을 타락시킨 절차적 겉치레로부터 해방하기 위해서 건립되었다. 국가나 주정부의 후원을 조금이라도 받는 예술은 부도덕한 사치이거나(존 애덤스는 베르사유를 방문하고 못마땅해했다), 수상쩍게도 제약적이고 "부자연스러우며" 국가의 이해에 얽매인 정치 선전으로서 널리 인식되었다. 이렇듯 전통적으로 미국에서 예술은 개인적이고 상업적인 분야로 간주되었고, 국가는 거리를 유지했다.

그렇다면 미국에서 발레가 보통 외국 예술로 간주되었으며, 그 사실이 발레가 제2의 문화적 피부였던 유럽 방문객들을 꾸준히 실망시킨 것도 놀랄 일은 아니다. 예를 들면 1839년 (마리의 남동생인) 폴 탈리오니가 「라 실피드」 공연을 위해서 아내와 함께 베를린으로부터 도착했을 때, 그는 놀랍게도 코르 드 발레 여성들이 형편없는 훈련을 받았으며 무대 위에서 스텝과 춤 사이사이에 꼴사납게 빈둥거리는 것이 예사라는 것을 발견했다. 그들은 이 공연을 위해서 즉석 고용된 동네 아가씨들이었다. 40년 후에도 크게 달라지지 않았다. 한 평론가는 자신이 본 제작물의 무용수들을 이렇게 묘사했다. "덩치 크고 꼴사나운 여자들의 무리가, 팔다리는 얇은 헝겊으로 두르고 방탕해 보이는 금발의 가발을 썼다." 어떤 이탈리아 발레 마스터는 비통하게 한탄했다. "오래된 나라에서 발레는 모든 것이다. 이 나라에서는······아무것도 아니다.'"[1]

아무것도 아니지는 않았다. 단지 혼성 대중문화의 일부였을 뿐이다. 발레가 미국으로 온 것은 보드빌, 버라이어티 쇼, 뮤지컬, (나중에는) 영화들을 통해서였고, 또 킥라인, 체조 동작, 아름다운 아가씨들의 스펙터클을 통해서였다. 별로 이례적인 일은 아니었다. 19세기 말까지 연극과 오페라 공연에서, 모차르트가 그 지역 대중가요, 셰익스피어가 곡예 연기 및 막간극과 끼워맞춰지는 것은 예삿일이었다. 발레라고 다를 것은 없었다. 초기의 예를 하나만 들어보자. 1866년 키럴피 형제(헝가리 페슈트 출신의 임레와 볼로시)는 뉴욕의 니블로스 가든 극장에서 「검은 사기꾼(The Black Crook)」이라는 제목의 극을 제작했다. 그것은 극적인 춤으로 가득한 방만하지만 엄청나게 성공적인 제작물이었다. 유럽에서 온 70명 이상의 무용수들로 구성된 발레단이 등장했는데, 너무나 오래 (단속적으로 약 30년) 공연된 나머지 그들 중 여럿이 돌아가지 못했다. 이 쇼의 주역인 발레리나는 밀라노의 라 스칼라에서 훈련을 받았는데 후일 뉴욕에서 무용 학교를 열었다. 다른 무용수들은 연극과 보드빌로 옮겼다.

사실 19세기 말 즈음에는 특히 이탈리아 무용수들의 수요가 많았다. 만초티의 뻔뻔할 정도로 대중 영합적인 야외극들에서 성장한 그들의 기술적으로 브라부라하고 선풍적인 묘기들은 발레를 흥미 위주의 오락으로 보는 미국 관객들에게 열광적인 환영을 받았다. 「검은 사기꾼」 이후 키럴피 형제는 「엑셀시오르」를 제작하기에 이르렀다. 그것은 만초티의 초호화 오락물이자 지그펠트 폴리스, 로켓츠, 버스비 버클리의 선배였다.

20세기 초 차르의 러시아인들의 도착으로 모든 것이 달라졌다. 그들은 차르의 제국 무용수들이었다. 어떤 사람들은 디아길레프와 함께 왔고, 제1차 세계대전과 러시아 혁명의 여파로 다른 사람들도 뒤따랐다. 디아길레프의 발레단은 메트로폴리탄 오페라 하우스와 출연 계약을 맺었다. 그러나 대부분은 보드빌 순회공연을 다녔는데, 거기에는 유명 발레리나 안나 파블로바도 포함되어 있었다. 그즈음 보드빌은 극장들과 출연 계약 대리인들로 빡빡하게 조직된 신디케이트였고, 뉴욕, 필라델피아, 보스턴 외곽에서 운영되었다. "비할 데 없는 파블로바"는 프랑스와 이탈리아 선배들과 마찬가지로, 민스트럴 쇼 (minstrel show: 백인이 흑인으로 분장하고 흑인풍의 춤과 노래를 보여주는 쇼/역주), 야구 하는 코끼리, 그리고 여타 대중 공연들과 나란히 등장했다. 그렇지만 극장의 상연물은 가벼운 경향일지언정, 파블로바와 관객에게 그녀의 예술은 의심의 여지없이 진지했다. 그녀의 자연스러운 카리스마와 열정적인 헌신은 미국과 유럽 연기자들의 모든 세대에 강력한 인상을 남겼다. "그녀는 거의 신성한 모습으로 관객들에게 반쯤 최면을 걸었다." 안무가 애그니스 데 밀은 후일 회상했다. "나의 삶은 그녀에 의해서 통째로 바뀌었다." 데 밀만 그런 것이 아니었다. 1931년 파블로바가 사망했을 때 꿈 많은 미국 소녀 수십 명이 즉석에서 히스테리 상태에 빠졌다고 보도되었다.[2]

파블로바가 가장 유명했지만 그녀와 비슷한 러시아인들도 수십 명 있었다. 그들은 양차 세계대전 사이에 발레 뤼스에서 갈라져나온 다양한 극단들에서 미국을 순회하면서(몇몇은 1960년대까지도 계속했다), 몇 세대의 관객에게 고전 무용을 소개하여 그들을 개종시켰다. 작업은 기진맥진할 수 있었다. 1934-1935년 몬테카를로 발레 뤼스의 한 순회공연은 무용수들을 고작 6개월 사이에 90군데의 도시와 마을로 데려갔다. 예술가들은 약 3만2,000킬로미터를 이동했는데, 그것은 무수한 하룻밤 흥행들과 무용수들이 다시 여정에 나서기 전 햄에그를 주문하고 화장품과 싸구려 장신구 여분을 비축할 수 있도록 "불보르츠(Voolvort: 저가 소매 체인 울워스[Woolworth]를 러시아식으로 읽은 것/역주)"에 들르는 것들로 점철되어 있었다. 그럼에도 이 연기자들은 파블로바와 마찬가지로 러시아 제국의 신하들이었고, 스스로를 귀족 예술의 기수로 보았다. 식사를 "불보르츠"에서 할 수는 있다. 그렇지만 모피와 비단 스타킹을 걸치고 나타났고, 자신의 예술의 고결함을 망각하는 일은 절대 없었다. "그들은 영국 대공습의 희생자들처럼 공동의 어려움 속에 결속되어 있다." 데 밀은 후일 이렇게 썼다. "그들은 훈련과 유산으로 결속되어 있다. 그들은 자부심으로 결속된 가난하고 착각에 빠진 바보들이다.……그리고 자신들이 극 예술계에서 가장 어렵고 흥미로운 작업을 하고 있다고 생각한다."[3]

너무 늙거나 지쳐서 무대에 설 수 없게 된 무용수들 중 여럿이 학교를 열었다. 그들은 나라 전역의 도시와 마을로 퍼져나가서 뿌리를 내렸다(한 명은 우편주문 사업까지 시작했다. 고객들은 적당한 금액으로 연습용 튜닉, 음악, 바, 주간 교습을 받을 수 있었다. 광고는 이렇게 제시했다. 만일 열심히 노력하면 유명한 러시아 발레단에 들어가서 백만장자가 될 수 있고……). 이 러시아인들은 영국에서 했던 그대로 미국에서도 발레의 씨앗을 뿌렸다. 몇 세대의 미국 무용수들을 훈련시킨 것도 그들이었는데, 그 무용수들 중 여럿이 데 밀처럼 자력으로 저명한 예술계 지도자들이 될 것이었다. 공연에서 공연으로 그리고 수업에서 수업으로, 이 떠돌이 러시아인들은 자신의 전통을 오랜 세월에 걸쳐 넘겨주었다. 스텝과 테크닉이 전부가 아니었다. 그들은 자신의 교습에 러시아 발레의 제국적 정통성 전체를 가져왔다. 발레를 미국인의 마음과 육체로 옮겨 심는 긴 과정이 시작된 것은 그들과 학생들의 땀투성이 접촉을 통해서였다.[4]

초석을 다진 것은 러시아인들이었다. 그러나 그들의 존재와 열정적인 활동도 제2차 세계대전 이후 수십 년간 미국 발레의 놀라운 폭발을 설명하기에는 충분하지 않다. 이 시절 발레는 두드러지게 미국적인 예술이자 고상한 모더니즘의 상징이 되었다. 그것은 1차적 문화 변혁이었다. 수십 년간 코러스걸의 비주류이자 러시아의 이국 정서였던 발레가 갑자기 무용과 무용수 둘 다에서 무엇인가 절박하게 중요하면서 철저하게 미국적인 것을 대변하는 듯이 보이게 된 것이다. 발레는 그 전에는 결코 아니었던 방식들로 문제가 되었는데, 그 후로도 그런 일은 없었다. 그 갑작스러운 부상에 대한 하나의 설명이 절대적 재능이다. 가장 저명한 발레 지도자들인 조지 발란신, 제롬 로빈스, 앤서니 튜더는 탁월한 재능의 안무가들이었고, 그들과 함께 작업한 무용수들도 못지않게 인상적이었다. 그러나 이것만 가지고는 그 변화의 힘을 설명할 수 없다. 고전 발레를 현대적 삶의 최전선으로 몰고 간 것은 춤의 변화하는 모습만큼이나 변화한 미국의 모습이었다.

먼저 전쟁이 있었다. 1945년 즈음 유럽은 고갈되어서 폐허가 되었다. 승리한 세력조차 희소한 자원과 수 년의 손실 및 파괴로 줄어든 인구를 가지고 밑바닥부터 재건한다는 버거운 앞날에 직면했다. 유럽의 문화와 예술은 소모된 것처럼 보였다. 반면 미국은 상대적으로 고통이 덜했다. 전쟁은 오히려 이 나라의 경제, 풍기, 세계적 위상에 유리했다. 이에 더해서 고등교육을 받은 교양 있는 망명객들이 나치와 소련 정권을 피해서 쇄도하면서, 엄청난 물량의 재능과 에너지가 예술, 과학, 인문학을 채웠다. 나아가 전쟁은 공민 의식을 가진 지도자들의 세대를 낳기도 했다. 그들은 유럽과의 강력한 연대감을 가졌으며, 저기서 잃은 것을 여기서 복구해야 한다는 책임감을 느꼈다. 이렇듯 미국은 얄궂게도 유럽 문명의 붕괴에 힘입어서 예술과 사상의 황금 시대로 들어섰다.

그리고 냉전 덕분이기도 했다. 러시아와 서구 사이에 철의 장막이 내려졌을 때 예술은 강력한 외교적 도구가 되었고, 정부의 후원하에 세계 방방곡곡에 미국의 이미지와 예술을 홍보하는 데에 전념하는 조직들이 아찔한 속도로 튀어나왔다. 예를 들면 문화적 자유협의회는 1950년 소련 문화 조직들과 맞서서 서구 문학 및 예술의 우월성을 보여주기 위해서 설립되었다. 이 조직은 (나중에 밝혀진 바에 의하면) 부분적으로 CIA에서 자금을 받았는데, 보스턴 심포니 오케스트라가 출연한 베를린 예술제, 현대 회화전, 새로 설립된 뉴욕 시티 발레의 공연을 비롯해 여러 공연을 후원했다(한 무용수는 공군 화물 수송기를 타고 베를린으로 날아가던 것을 회상했다). 이와 비슷하게 1951년에는 자유 유럽 라디오가 정부 자금으로 세워졌다. 1953-1954년에는 아이젠하워가 미국 정보국을 설립하고 대통령 직속 국제 비상기금을 출범시켰다. 둘 다 부분적으로 정부 돈으로 후원을 받았으며, 문화 교류를 통해서 미국의 외교 정책적 이해를 증진시키라는 지시를 받았다.[5]

그렇지만 해외의 문화적 냉전에서 승리하기 위해서는 소련을 모방하고 국내 문화에 자금을 대는 것 역시 긴요해 보였다. 공산주의자들의 본보기에 자극받은 공공 부문과 민간 부문 양자는 교육과 예술에 미증유의 자원을 투자했다. 이것은 방어적인 자세였지만 전시에 국가의 사회 개입 경험에 의해서 심화되었던, 국가가 단결된 사회의 건설에서 한몫을 할 수 있고 해야 한다는 더 큰 의미의 일부이기도 했다. 1958년 의회는 국립 문화 센터 설립을 인가하는 법안을 통과시켰다(그것은 결국 케네디 공연예술 센터라는 이름이 붙었다). 이 법안은 이렇게 설명했다.

> 이것은 소련과 다른 전체주의 국가들이 전 세계 사람들로 하여금, 그들이 고급 예술에서 문명의 최고 결실을 낳았다고 믿도록 만드는 데에 방대한 자금을 쓰고 있는 이 시점에 특히 필요하다. 전쟁이 사람들의 의식에서도 시작되었다는 것은 명백한 사실이다. 평화의 방위물이 사람들의 의식에도 건설되어야 한다는 것도 마찬가지이다.[6]

1년 후 뉴욕에서 링컨 공연예술 센터가 착공되었다. 링컨 센터는 (낡은 메트로폴리탄을 대체할) 새로운 오페라 하우스를 원하는 부유한 뉴욕 시민들과 도시 재개발에 관심이 있는 공무원들의 아이디어였다. 그것은 빈민가 철거 주택법이 주관하는 연방 자금을 부분적으로 지원받아서 쥐가 들끓는 빈민가에 건설되었다(거주자들은 즉시 쫓겨났다). 아이젠하워 대통령이 첫 삽을 떴고 레너드 번스타인의 지휘로 뉴욕 필하모닉이 아론 코플런드의 「팡파르(Fanfare)」를 연주했다. 1962년 개관 공연에서 뉴욕 주지사이자 센터 창설의 주도자인 넬슨 록펠러는 행사 프로그램에 이런 글을 썼다. "링컨 센터는 여러 가지 의미가 있습니다. 그러나 다른 무엇보다 앞서는 것은, 스스로의 자주성과 이상주의에 기초해서 함께 행동하는 자유인들의 의지에 대한 살아 있는 기념물이라는 것입니다."⁷

존 F. 케네디 역시 예술을 교양으로 만들었다. 그의 아내 재키는 문화행사에서 두드러지는 존재였다. 백악관의 이 눈부신 명사 기풍은 모든 곳의 공연 예술에 새로운 화려함과 광채를 주었는데, 그녀는 백악관에 차를 마시러 오는 (근래에 망명한) 루돌프 누레예프와 마고 폰테인을 호송하도록 제트기를 보내기도 했다. 그러나 그 광채 뒤에는 실체가 있었다. 국립 문화 센터를 위한 계획들을 진척시킨 것은 케네디였다. 그의 암살 이후 워싱턴 DC에 존 F. 케네디 공연예술 센터가 개관했고, 1965년 의회는 국가 예술 기금(NEA)과 국가 인문학 기금(NEH)의 창설 법안을 통과시켰다. 이것들은 수수하게 시작했지만 급속하게 성장했다. 1970년에서 1975년 사이 NEA 예산은 830만 달러에서 8,000만 달러로 열 배 증가했고, 1979년 즈음에는 인상적이게도 1억4,900만 달러에 달했다.⁸

물론 전시 및 전후 호황기에 발생한 엄청난 부와 이에 동반된 공적 생활의 팽창이 없었다면 이 모든 것이 불가능했을 것이다. 경제 호황, 출생률 급증, 교외의 발전, 미디어 발전, 자동차와 텔레비전과 세탁기와 결국 컴퓨터에 이르는 소비자 호황으로, 사람들의 생활방식과 시간 활용방식에서 발생한 변화의 규모와 속도는 숨 막힐 정도였다. 여가활동이 폭발했다. 1945년부터 1960년까지의 시기에 이 나라에서 오케스트라 수는 두 배가 되었다. 도서 판매는 250퍼센트 상승했으며, 대부분의 주요 도시들에 미술관이 개관했다. 발레도 재빨리 따라잡았다. 1958년에서 1969년 사이 20명 이상의 단원을 가진 발레단의 수는 전국적으로 거의 세 배가 되었다. 중산층이 점점 더 부유해짐에 따라 교외의 음악 및 무용 학교들로 아이들이 밀려들었고, 극장에는 새로운 관객이 모여들었다. 텔레비전은 그 일부를 빼돌렸지만 많은, 더 많은 사람들을 더하기도 했다. 「에드 설리번 쇼(The Ed Sullivan Show)」 같은 프로그램들에 무용수와 음악가들이 출연해서 공연예술에 대한 흥미를 한층 부채질했다.⁹

문화적 호황은 전국을 장악했지만 그 창조적 엔진은 뉴욕 시였다. 너무나 많은 다른 분야에서와 마찬가지로, 뉴욕에는 중요한 예술적 이점이 있었다. 이곳은 망명 예술가들과 지식인들을 끌어들였고, 나라 전역에서 문화와 예술에 끌리는 미국인들을 위한 자석이기도 했다. 사실 제2차 세계대전 직전과 이후의 수 년간 이 도시의 문화생활에 대한 아주 간단한 조사만으로도 그 활력을 느낄 수 있다. 1929년 현대 미술관이, 1931년에는 휘트니 미술관, 1937년에는 구겐하임 미술관이 건립되었다. 전쟁 후에 뉴욕 추상 표현주의 학교는 망명 예술가들의 영향하에 몇 세대의 유럽과 미국 화가들을 위한 행동 강령을 제시했다. 음악에서는 그때까지 대단찮고 불안정한 사업이던 뉴욕 필하모닉이 본격적으로 세계 수준의 단체로 성장했고, 1943년에는 러시아 망명 지휘자 세르게이 쿠세비츠키에게 훈련받고 깊은 영향을 받은 레너드 번스타인이 부지휘자로 임명되었다.

연극에는 아서 밀러, 테너시 윌리엄스, 그리고 그들의 작품을 브로드웨이와 나중에는 영화에서 감독한 (터키와 그리스의 영향을 받은) 엘리아 카잔이 있었다. 뮤지컬에는 로저스와 (망명 유대인 가족 출신인) 하트, 그 다음에는 로저스와 (마찬가지인) 해머스타인이 있었다. 미국 현대 무용은 토착 무용 형식들과 독일 표현주의 간의 창조적 상호작용 속에 성장했다. 마사 그레이엄(1894-1991)은 캘리포니아에서 성장하며 이사도라 덩컨의 무형식 무용과 멕시코 및 미국 원주민 문화에서 영향을 받았고, 1926년 뉴욕에서 자신의 학교와 발레단을 창립했다. 독일 무용수 한야 홀름은 표현주의 혁신가 마리 비그만의 후배로 그레이엄을 비롯한 몇 세대의 미국 현대 무용수들에게 중요한 영향을 주었는데, 1931년 이곳에 도착했다. 고전 발레 역시 이런 패턴에 들어맞았다. 사실 가장 중요한 두 고전 발레 기관이 미국인들과 함께 일하는 러시아 망명객들에 의해서 뉴욕에 설립되었다. 1939년 (나중에 아메리칸 발레 시어터로 이름이 바뀌는) 발레 시어터(Ballet Theater)와 1948년 뉴욕 시티 발레(New York City Ballet)였다.

발레 시어터의 기원은 미국 상속녀 루시아 체이스(1897-1986)와 그녀의 러시아인 교사로 망명 무용수이자 안무가인 미하일 모룻킨에 있었다. 이는 희한한 조합이었다. 모룻킨은 전에 모스크바의 볼쇼이 발레에 있었다. 그는 스타니슬랍스키에게서 영감을 받은 알렉산드르 고르스키의 발레들에서 그와 공동 작업했고, 세기 전환기의 러시아 모더니즘과도 관련되어 있었다. 모룻킨은 제1차 세계대전 전에 디아길레프와 함께 파리로 떠났고, 러시아로 잠시 귀국했지만 러시아 혁명 후에 다시 달아났다. 그는 빈궁하고 국적도 없이 결국 미국으로 왔고, 몇몇 순회 발레단들을 만들어서 춤을 추고 발레도 가르쳤다.

루시아 체이스는 엄격한 뉴잉글랜드 출신이었고(어떤 사람들은 미국의 니넷 디 밸루아라고 말했다) 고등교육을 받았으며(브린 모어 칼리지) 대단히 부유했다. 그녀는 늘 춤을 공부해왔지만 남편의 갑작스러운 사망 후에 극심한 슬픔과 애통함에서 벗어날 도피처를 발레 수련에서 찾았다. 그녀는 후일 회상했다. "모룻킨은 내가 다시 일어설 수 있게 만들었어요." 1937년 그녀는 모룻킨의 발레단에 합류했고, 운영 자금을 댔고, 결국 넘겨받았다. 그러나 (차석 안무가인) 모룻킨이 서서히 물러났음에도 볼쇼이의 그림자는 남아 있었다. 신생 발레 시어터는 언제나 브라부라적 기교, 당대의 민속 형식, 스토리 발레를 강조하게 될 것이었다(그러나 이 발레단이 결국 완전판 「백조의 호수」를 감당할 수 있게 되려면 1960년대의 자금조달 혁명을 겪어야 할 것이었다).[10]

프린스턴에서 교육받은 젊은 건축가 리처드 플레전트는 우연히 발레와 접했다가 체이스에게 합류해서 이 공연단의 경영을 떠맡았다. 그는 나라 전역에서 발레에 대한 관심이 커지는 데에 놀랐다. 그는 대중에게, 즉 미국 대중에게 낭만주의 이전부터 현대까지 각 주요 시대의 레퍼토리를 갖춘 전 영역의 발레를, 현대를 특히 강조하면서 보여주게 될 미국 발레단을 최초로 상상했다. 전쟁 전이었다면 실패했을 것이다. 저명한 유럽 및 러시아 안무가들이 왜 신생 미국 공연단과 계약하겠는가? 그러나 때는 1939년이었고, (영국인인) 앤서니 튜더, 브로니슬라바 니진스카, 미하일 포킨은 다들 기꺼이 승낙했다. 애그니스 데 밀도 왔고, 최근 러시아로부터 파리와 런던을 거쳐 도착한 조지 발란신은 나중에 몇몇 작품들에 기여했다. 젊은 제롬 로빈스는 이듬해에 무용수로 합류했다.

1940년 발레 시어터의 개막 시즌에 등장한 신작의 범위는 인상적이었다. 그러나 이 발레단은 곧 진부한 러시아적 보드빌의 전형으로 돌아갔다. 재정적 어려움에 직면한 발레단은 약삭빠른 우크라이나인 홍행사 솔 후로크의 수중으로 떨어졌다. 그는 더 많은 러시아인들을 고용했고, 공연단이 "러시아 발레의 최고봉"으로서 친숙한 순회공연 일주에 나서도록 계약했다. 그렇지만 그즈음 튜더, 로빈슨, 데 밀은 모두 자기식의 획기적이고 독창적인 작품을 제작 중이었다. 그들은 러시아인들은 거만하고 물정을 몰라서 죽어가는 케케묵은 구세계의 제정 예술을 고집한다며 심히 분개했다. 그들은 춤을 1940년경 뉴욕에, 지금 이곳의 속도와 사람들에게 다시 맞추기를 원했다. (수표책 덕분에 여전히 중요한) 체이스는 그들의 편을 들었고 이어진 것은 투쟁이었다. 미국 디자이너 올리버 스미스는 1943년 브로드웨이의 「오클라호마!(Oklahoma!)」에서 데 밀과, 이듬해에는 로빈슨 및 레너드 번스타인과 「춤추는 뉴욕(On the Town)」에서 작업했다. 1945년 체이스는 스미스와 짝을 이루어서 발레 시어터의 감독권을 공동 인수했다. 그들은 1980년까지 키를 잡게 될 것이었다.

뉴욕 시티 발레의 기원도 발레 시어터와 마찬가지로 러시아와 미국의 예상 밖의 만남에 있었다. 설립자인 조지 발란신과 링컨 커스틴(1907-1996)은 전혀 다른 배경을 가졌다. 우리가 살펴보았다시피 발란신은 제국적이고 그리스 정교적인 상트페테르부르크와 러시아 혁명 출신이었다. 커스틴은 보스턴 상류층 유대인이었다. 체이스처럼 그도 재산, 연줄, 엄청난 인내를 가져왔고, 그녀와 마찬가지로 디아길레프와 러시아인들을 통해서 발레를 접했다. 그는 어릴 때 보스턴에서 파블로바가 춤추는 모습을 보았고, 1920년대 초 유럽에서 발레 뤼스의 공연들에 참석했다. 그러나 유사점들은 거기서 끝난다. 커스틴은 훨씬 복잡한 인물이었는데, 그가 발레와 발란신에 자신의 운을 건 이유들은 왜 발레가 결국 미국을 "장악했는지"에 대한 열쇠이다. 커스틴처럼 하버드에서 교육받고, 부유하고, 눈부신 문학적 지성과 어떤 직업이든 고를 능력을 가진 사람이 왜 그렇게나 열정적으로 (다른 것이 아닌) 고전 발레에 뛰어들었단 말인가?

커스틴에게는 연극적 배경이 전무했다. 독일계 유대인인 할아버지는 예나 출신의 렌즈 제작자였는데, 1848년의 혁명 이후 이민을 왔다. 아버지는 보스턴의 필렌 백화점의 동업자라는 저명인사(이자 부자) 위치로 출세했다. 가족은 교양 있었고 이 도시의 문화생활 및 자선활동에 적극적으로 참여했다. 커스틴의 아버지는 보스턴 공립 도서관의 관장이자 후원자였고, 그의 부모는 폭넓은 독서를 하며 오페라, 발레, 음악회들에 참석했다. 그들은 친영국파이기도 했고 커스틴은 청년 시절을 런던에서 보냈다. 그는 그곳에서 블룸스버리 패거리와 어울렸고(그에게 고갱과 세잔의 작품을 처음 소개한 것은 메이너드 케인스였다) 발레에도 갔다. 이후 하버드의 학생 시절에 예술에 대한 커스틴의 몰두는 깊어졌다. 그는 저명한 문학지 『하운드 앤드 혼(The Hound and Horn)』을 창간하고 편집했으며, 뉴욕 현대 미술관의 전신인 하버드 현대미술협회의 핵심 구성원이었다.

그렇지만 인상적인 초기 업적에도 불구하고 커스틴은 불안정하고 불안하기도 했다. 그는 (187센티미터라는) 크고 눈에 띄는 풍채였는데, 육체적으로 서툴고 흐느적거리기까지 했으며 고통스러울 정도로 남을 의식하는 모습이었다. 그는 사진들에서 너무나 인위적인 자세를 보여주는데, 말년에는 점점 더 내향적이고 감정적으로 바뀌면서 언짢은 얼굴의 구부정한 모습이 될 것이었다. 그의 불편함에는 이유가 있었다. 커스틴은 배경과 교육상 사회적 엘리트에 속했고, 그 세계에 완전한 내부자로서 진입했다. 그러나 그는 하버드의 젊은이들이나 뉴욕의 앵글로색슨계 백인 신교도(WASP) 상류층과 진정으로 어울리기에는 너무 유대인적인 동시에 너무 음울하게 자기성찰적이었다(하지만 아버지의 구세계와 공민의식적 환경으로 물러날 만큼 유대인적이지는 않았다). 그가 (비록 여자들과도 사랑에 빠져서 결혼도 한 번 했지만) 동성애자라는 것이나 심각한 우울증 및 정신병 경향이 있는 것도 문제가 되었다.

이 모든 것이 맹렬하지만 집중은 하지 못하는 의욕과 결합되어서 커스틴을 정착하기 힘들게 만들었다. 그는 여행을 다니다가 아르메니아 태생 신비주의자 G. I. 구르제프를 찾아냈다. 그의 종교적 춤과 성적인 분위기의 "각성" 의식은 커스틴을 (그리고 다른 문학계 인사들을) 끌어당겼고, 과거의 어리석은 틀을 깨고 나오려는 열망을 부추겼다. 1930년대 초, 무엇을 할지 어디로 갈지 여전히 확신하지 못하던 그는 뉴욕으로 이주해서 이 도시의 문학적이고 예술적이며 자유분방한 상류 사회로 뛰어들었다. 밤샘 파티, 할렘에서의 수상쩍은 어슬렁거림, 하류 동성애 소굴로의 탈선, 그리고 열정적이지만 덧없는 연애들이었다. 그는 예술가가 되고 싶었다. 그는 그림을 공부했고 잠시 무용수로서의 경력을 고려하기까지 했다. 하지만 그는 예술가 대신 평론가의 딱딱하고 분석적인 사고를 가졌다. 그는 우울하게도 자신이 가장 동경하는 직업들에 어울리지 않는다는 사실을 깨달았다.

그러나 비록 커스틴의 삶은 (본인의 설명대로) 불안정하고 불안해 보일지라도 그의 지적 취향은 절대 그렇지 않았다. 그의 문학적 감수성은 특히 T. S. 엘리엇, 에즈라 파운드, W. H. 오든, 스티븐 스펜서로 향했다. 하버드에서 그는 "황무지(The Waste Land : 엘리엇의 시/역주)"를 "살았고", 엘리엇의 에세이 "전통과 개인적 재능(Tradition and the Individual Talent)"(1919)을 평생 찬양했다. 그는 『하운드 앤드 혼』에 얼마 동안 가시돋힌 편지들을 보냈던 파운드와 서신을 교환했고 뉴욕에서는 오든과 가까운 친구였다. 커스틴은 특히 이 작가들의 작품에 의지해서 파리, 런던, 뉴욕의 미술, 음악, 연극 세계들에 정력적으로 참여했고, (언젠가 파운드가 다른 맥락에서 쓴 바와 같이) "감정적 활주로부터 자유로운" 신고전주의 예술의 평생의 옹호자가 되었다.[11]

그는 춤에서 자신이 낭만주의의 방종한 과잉으로 보는 것을 경멸했다. 「지젤」에서 주역 발레리나들의 야간 "자살 의례들"은 그 전형이었다. 당대의 미국 현대 무용에도 똑같이 가차 없어서, 그것을 예술의 탈을 쓴 노골적인 자아 과시로 보았다. 언젠가 그는 마사 그레이엄의 춤은 "똥 싸기와 트림하기 사이의 잡종"이라고 말했다. 그는 회화의 추상표현주의 역시 자신이 예술적 시도의 전제로 생각하는 기술과 전통에 대한 고의적 거부로 보면서 비슷하게 비웃었다. 그는 재현과 인체야말로 서구 예술의 기원이라고 주장했다.[12]

고전 발레는 커스틴이 관심을 둔 모든 것을 대표하는 것처럼 보였다. 마침내 여기, 인간의 육체를 이상화하면서도 감상이나 자아 표현을 통한 것은 아닌 예술이 있었던 것이다. 대신 무용수들은 육체를 "나와 나의 감정"으로부터 무엇인가 더 고상하고 보편적인 것으로 변형시키는 가차 없는 과학적 훈련을 받았다. 그것은 군대적 단련과 (그가 즐겨 쓴 바와 같이) 수도승적 자기 부정에 기초한 격식 있고 초연한 예술이었으나, 역설적이게도 대담하게 관능적이고 성적인 예술이기도 했다. 이것은 실프나 왕자와는 무관했다. 커스틴은 대신 바츨라프 니진스키가 개척한 진지하고 관능적인 모더니즘과 발란신의 "새 생명을 얻은 더 순수하고 투명한 고전주의"에서 실마리를 찾았다. 그는 니진스키의 공연을 한번도 보지 못했음에도 이 무용수에 대한 평생의 관심을 (그리고 사랑을) 발전시켰다. 아마 그의 육체적 활력과 엄격하고 음울한 지성이 자신과 닮았다고 보았던 것 같다. 발란신으로 말하자면 커스틴은 1928년 런던에서 「아폴로」를 보았고, 2년 후에 이 발레의 (디아길레프를 연상시키는) 놀라운 "결핍"과 "치장의 결여"를 감탄하는 글을 썼다. 여기에는 어떤 "감정적 활주"도 없었다.[13]

더 좋은 것은, 발레가 미답지인 동시에 미국적인 목소리를 아직 찾지 못한 유럽 전통이라는 것이었다. 이 또한 커스틴의 경력과 안성맞춤이었다. 그의 강한 뉴잉글랜드적 뿌리, 유럽적 유산, 젊은 시절의 런던과 파리(그는 1920년대에 파리에 거주했다) 체제 경험은 그에게 이중적 정체성을 주었다. 대서양의 격차를 메우기를 그는 당연히 바랐다. 발레는 그가 자신의 삶에 형태와 목적을 주기 위해서 그렇게나 절실히 원하던 기획이 되었다. 그는 자신을 새로운 디아길레프로 여기기 시작했다. 만일 그 러시아 흥행사가 고전 발레를 유럽으로 돌려주었고 그 과정에서 이 예술을 혁명시켰다면, 커스틴은 이를 미국 전역으로 가져와서 신세계를 발레의 차기 선봉으로 만들 것이었다.

1933년 마침내 커스틴과 발란신이 런던에서 만났을 때 조각들은 제자리를 찾기 시작했다. 커스틴은 미국으로 데려올 안무가를 다급히 수소문 중이었고 (그는 레오니드 마신에게 이미 시도했으나 실패했다), 유럽의 기회 부족에 낙담하며 외롭고 의기소침한 기분이던 발란신은 새로운 가능성에 개방적이었다. 그리하여 그해 커스틴은 친구 칙 오스틴에게 고조된 어조로 16장에 달하는 편지를 써서 발란신을 미국으로 데려오는 데에 도움이 될 지원을 애걸했다. "이건 내가 자네에게 보내는 편지들 중에서 가장 중요한 편지야……글 쓰는데 손에서 펜이 불타고 있구먼……우리는 3년이라는 시간 안에 미국 발레를 가질 수 있는 진정한 기회를 가졌어. 내가 발레라고 말하는 것은 젊은 무용수들의 훈련된 발레단을 뜻하는 거야. 러시아인들이 아니라, 러시아 스타들과 함께 출발하는 미국 무용수들이지. 미래가 우리의 수중에 있어. 자비로우신 하느님께서 우리가 이런 영광을 누리도록 허락하시기를."[14]

발란신은 왔다. 그러나 그와 커스틴은 3년 안에 미국 발레를 가지지는 못했다. 사실 그들은 미국에서 현대 발레를 위한 발판을 설립하기 위해서 같이 또 따로 10년 이상 투쟁해야 했다. 그렇지만 그들은 1934년 뉴욕에서 성공적으로 학교를 설립했다. 아메리칸 발레 학교(School of American Ballet, SAB)였다. 직원과 교사들 대부분이 러시아인이었지만 SAB는 처음부터 나라 전역에 산재한 다른 망명 학교들과 달랐다. 발란신은 전체 학생 중 "백인들"과 "검둥이들"이 섞여 있는 것을 구상했다. 그는 흑인 연기자들에게 매혹되었고(그는 파리에서 조지핀 베이커와 함께 작업했다), 그들의 "유연함"과 "그렇게나 많은 방종을, 그리고 절제를 가지는 시간 감각"에 감탄했다. 비록 인종 혼합의 창조에는 실패했지만(학교는 극소수의 예외를 제외하면 백합처럼 하얬다) 아프리카계 미국 문화에 대한 그의 관심은 진실한 동시에 진행 중이있다.[15]

학교의 교사진과 교과과정은 이례적으로 광범위했다. 1940년대 초 즈음 이 학교에는 민속무용과 현대 테크닉 수업이 있었고, 학생들에게 (커스틴의 반대를 무릅쓰고) 마사 그레이엄과 마리 비그만의 아이디어도 소개했다. 파블로바 및 독일 표현주의 안무가들과 공연했던 영국 무용수 뮤리엘 스튜어트는 발레뿐 아니라 조형성도 가르쳤고, 아프리카계 미국인 무용수 재닛 콜린스는 나중에 현대 무용을 가르쳤다. 춤추기에 더해 이곳에는 춤의 역사, 음악, 동작 분석과정들도 있었다.

그렇지만 발레단의 설립은 더 어려운 일로 밝혀졌다. 그들은 1935년 아메리칸 발레를 출범시켰지만 자금 조달은 어려웠다. 커스틴은 자신의 자산을 아낌없이 썼고 돈을 모으기 위해서 지칠 줄 모르고 일했다. 그는 자신의 연줄을 이용했고, 친구들과 가족을 꼬드겼고, 내핍 생활을 했고, 돈을 빌렸다. 그럼에도 손실은 벅찼다. 발레단은 메트로폴리탄 오페라에서 잠시 피난처를 찾았지만 이 또한 실패했다. 발란신의 작업은 보수적인 메트로폴리탄 위원회에게는 너무 급진적이었다. 그의 「오르페우스와 에우리디체(Orpheus and Eurydice)」 (1936)에서 지옥은 강제노동 수용소였고 천국은 유랑 천사단이었다. 철망, 죽은 나뭇가지들, 투박한 무명천이 얽혀 있는 파벨 첼리체프의 무대장치는 심란하게 흉측하면서 밀실공포증적 느낌까지 있었다. 평론가들과 후원자들은 이 작품을 싫어했다. 발란신은 잠시 버텼지만 결국 해고되었다.

실용적인 문제들도 존재했다. 발란신은 국제연맹이 난민들에게 발급한 난센 여권을 보유했고 미국에 영구적으로 머물 권리는 없었다. 1934년 그는 강제로 유럽으로 돌아가야 할 참이었다. 그러나 자신의 기획 전체가 붕괴될 것을 우려한 커스틴이 워싱턴 DC로 달려갔다. 그는 가족의 연줄을 이용해서 서류들을 주선했고, 1940년 이 안무가는 결국 미국 시민이 되었다. 발란신의 나쁜 건강도 끊임없는 걱정거리였다. 그는 이미 결핵으로 한쪽 폐를 잃었고 미국에 도착한 지 얼마 되지 않아 고열과 무기력 상태를 여러 차례 겪었다. 한번은 통제 불능의 발작을 일으키기도 했다. 의사들이 뇌막염 혹은 간질이나 뇌결핵 가능성을 진단하자 커스틴은 미친 듯이 달려가서 이 발레 마스터를 전문가들에게 데려갔다. 그는 검사를 지시했고 교외에서 은거해 쉬도록 주선했다.

예술적 문제들도 쉽지 않았다. 커스틴은 미국적 주제들의 작품을 미국 안무가, 작가, 작곡가들이 제작하게 함으로써 발레를 미국적인 것으로 만들기를 열망하는 몇몇 선각자들 중 한 명이었다. 커스틴은 발란신에게도 스포츠에 대한 발레를 만들도록 압박했다(이 발레 마스터는 거부했다). 그는 1936년에는 잠시 제 갈 길을 가서, 작은 순회 발레단인 발레 캐러밴(Ballet Caravan)을 설립하고 이 사업에 수천 달러를 쏟아부었다. 그는 아메리칸 발레 학교로부터 무용수들을 모집했고, (유타 출신 모르몬 교도인) 류 크리스티안센과 (위스콘신의 술집 주인의 아들인) 유진 로링 같은 재능 있는 젊은 안무가들을 발굴해서 아론 코플런드, 엘리엇 카터 등과 일하게 했다. 그는 제임스 에이지와 E. E. 커밍스에게 발레 대본을 주문했고("나는 우리에게도 콕토가 필요하다고 느꼈다") 몇 편은 직접 쓰기도 했는데, 그중에는 포카혼타스에 대한 것도 포함되어 있었다. 결과는 「빌리 더 키드」, 「양키 클리퍼(Yankee Clipper)」, (만화책 스타일에 가까운) 「주유소(Filling Station)」처럼 일련의 신선하고 재미있지만 안무적으로

는 빈약한 춤들이었다. 즉 미국 민간전승으로서의 발레였다.[16]

그 사이 발란신은 브로드웨이로 갔다. 얄궂게도 그곳에서 그는 커스틴의 발레단이 만든 어떤 것보다도 더욱 미국적인 춤들을 만들었다. 발란신은 수십 편의 보르드웨이 히트작들을 안무했는데, 여기에는 「1936년의 지그펠트 폴리스(The Ziegfeld Follies of 1936)」, 「방탕한 생활(On Your Toes)」, 「품안의 아이들(Babes in Arms)」, 「하늘의 오두막(Cabin in the Sky)」, 「찰리는 어디에?(Where's Charley?)」가 포함되어 있었다. 1938년 그는 할리우드로 갔고, (여러 영화들 중에서도 특히) 「골드윈 폴리스(The Goldwin Follies)」, 「방탕한 생활」, 「나는 여성 모험가였다(I Was an Adventuress)」, 그리고 군대 오락용인 「미국의 리듬(Star Spangled Rhythm)」, 「청년들을 따라(Follow the Boys)」를 위한 춤들을 무대에 올렸다. 이 시절 그는 유럽 망명객 동지들을 비롯해 현기증이 날 정도로 많은 예술가들과 공동 작업을 했는데, 그중에는 어빙 베를린, 로저스와 하트, 프랭크 로서, 조지 및 아이라 거슈윈도 있었다. 그는 조지핀 베이커, 레이 볼저, 니컬러스 형제(할렘 출신의 탭댄서들, 발란신은 그들이 발레 훈련을 받았다고 확신했지만 그들은 아니라는 것을 확인시켜주었다)를 위한 춤들도 만들었다. 그는 인류학자이자 현대 무용수인 캐서린 던햄과도 친구가 되어서 같이 작업했다. 그가 가장 존경한 것은 아마 프레드 애스테어였을 것이다. 그에게는 귀족적 편안함과 전형적인 미국식 솔직함이 혼합된 엄청난 호소력이 있었다. 발란신은 자신의 돈과 아이디어를 다시 더 진지한 작업으로 투입했지만 자생 가능한 발레단의 설립이라는 꿈은 점점 더 멀어지는 것 같았다. 대중적인 상업문화가 그의 시간과 재능을 삼키고 있었다.

새로운 기회를 열어준 것은 제2차 세계대전이었다. 1941년 루스벨트 대통령은 외교정책의 일환으로서 넬슨 록펠러에게 남아메리카와의 관계 개선을 위한 노력의 선봉에 서달라고 요청했다. 록펠러는 가까운 친구인 커스틴에게 접근했다. 국무부의 도움으로 커스틴과 발란신은 무용수, 레퍼토리, 아이디어라는 자원을 모아서 해외에서 미국을 대변하는 순회공연단을 조직했다. 그들은 그것을 아메리칸 발레 캐러밴(American Ballet Caravan)이라고 불렀다. 리우데

자네이루 순회공연에서 발란신은 다른 춤들과 함께 그의 가장 뛰어난 발레들 중 하나인 「바로크 협주곡(Concerto Barocco)」을 바흐의 「두 대의 바이올린을 위한 협주곡 D장조」에 맞추어 창작했다. 이 공연단은 지속되지 않았지만 하나의 중요한 전환점이 되었다. 잠시이기는 해도 발레가 그냥 개인적이거나 상업적인 사업이 아니었던 것이다. 그것은 국가의 문제가 되었다.

1943년 커스틴은 입대했다. 그는 패턴 장군의 제3군단에서 운전병과 통역병으로 복무했고 나중에는 나치가 훔쳐서 숨겨둔 그림들과 기타 예술작품들을 찾아내는 작업을 했다. 그는 파편과 파괴 속을 파헤치면서 전쟁의 엄청난 손실과 참상을 직접 보았는데, 이것은 그에게 영속적인 인상을 남겼다. 군생활의 규율과 정확성도 마찬가지였는데 이는 그에게 발레를 상기시키기도 했다 (그는 SAB를 "춤의 육군 사관학교"라고 부르기를 좋아했다). 고국으로 돌아왔을 때 발레는 어느 때보다도 중요해 보였지만, 춤을 전쟁 전의 포카 혼타스 발레들처럼 국민적 틀로 빚어내야 한다는 생각은 갑자기 별로 중요하지 않아 보였다. 발레는 웅장한 유럽 전통이자, 전쟁으로 산산조각난 문명의 핵심 조각이었다. 그가 구조한 그림과 공예품과 마찬가지로 발레 역시 복원이 필요했다. 그와 발란신은 다시 모여서 또 하나의 발레단인 발레 소사이어티(Ballet Society)를 만들었다. 그렇지만 이 발레단은 지속되지 못했다.

유럽은 뉴욕 시장 피오렐로 라 과디아의 마음에서도 많은 부분을 차지했다. 라 과디아의 부모는 이탈리아 이민자들이었고 청년 시절 그는 부다페스트, 트리에스테, 피우메에서 살았다. 그는 이탈리아어, 독일어, 프랑스어, 이디시어(그의 어머니는 유대인이었다)를 포함해서 몇 개 국어를 했고 평생 음악에 관심을 가졌다. 라 과디아는 뉴욕이 위대한 유럽 도시들에 버금가는 연극, 음악, 무용을 가지기를 바랐고, 더불어 그것들이 노동자들에게도 감당과 접근이 가능하기를 바랐다. 이 목적을 위해서 1943년 시는 부유한 뉴욕 시민들뿐 아니라 노조의 지원도 받아서 55번가의 낡은 슈라인회 회관을 공연예술 센터로 전환했다. 그들은 그것을 시립 음악 및 연극 센터라고 불렀다.

시립 센터 재정위원회의 의장은 하버드에서 공부한 변호사이자 이민 유대인의 아들인 모턴 바움이었다. 바움은 라 과디아의 미래상을 공유했고, 시장 및 다른 사람들과 함께 일해서 시립 센터를 구세계의 문화에 물든 이민자들이 예술을 즐길 수 있는 곳으로 만들었다. 입장권은 저렴했고 공연 시간은 노동자들의 요구에 맞게 조정되었다. 1948년 커스틴은 일련의 발레 소사이어티 공연들을 위해서 이 극장을 대관했다. 바움은 관객 중에 있었는데 발란신의 재능을 즉시 알아보았다. 그는 발레 소사이어티를 시립 센터의 상임 발레단으로 초빙했다. 바로 **뉴욕 시티 발레**(New York City Ballet)였다.

이렇듯 NYCB는 발란신의 안무적 천재성에 의해서만 탄생한 것이 아니었다. 정말이지 10년 이상, 그것으로는 충분하지 않았다. NYCB의 탄생에는 유럽과의 강한 유대와 미국에서 문화와 예술을 건설하려는 열망을 가진 정치 지도자들의 세대가 필요했다. 어쩌면 가장 중요했던 것은 제2차 세계대전이었을지 모른다. 이것은 정부가 문화사업으로 진출하게 만들었고, 새로운 의미의 이상주의와 긴박성을 낳음으로써 커스틴과 바움 같은 사람들에게 영감을 주었다. 그러나 이 발레단을 지속하려면 이 모든 것 이상의 것이 필요했다. 재정 지원은 신뢰할 수 없었다. NYCB는 시립 센터의 공식 상임 발레단이었지만 이 사실이 생존을 보장하지는 않았다. 관객은 느릿느릿 성장했다. 커스틴은 자신의 유산을 발레단의 금고에 계속 쏟아붓는 한편 재정 구멍들을 메우기 위해서 미친 듯이 돈을 모아야 했다(그는 자신의 시내 저택을 저당 잡히기까지 했다). 이 시절 발란신은 한번도 봉급을 받지 않았다. 그는 대신 브로드웨이 작업으로 생계를 유지했는데, 1952년에는 비용을 감당하기 위해서 베스파 모터스쿠터들을 파는 것까지 고려했다고 한다.

NYCB의 문제는 특별한 것이 아니었다. 발레 시어터도 비슷한 문제를 가지고 있었다. 이곳 역시 1940년대에 반쯤 빈 극장에서 공연했고 심각한 손실이 계속되어서 이따금씩 잠시 접을 수밖에 없었다. 두 발레단 모두 개인 후원자들에게 의지했지만, 계속되는 파산 위협에서 결국 그들을 구해준 진정한 수호천사는 미국 정부였다. 발레 시어터는 국무부의 후원을 받아 1946년 런던에 갔고, 1950년과 1953년에 유럽 대륙을 순회했다. 무용수들은 군용 버스와 수송기로 여행했고 공군 병영에서 머물렀다. 이것은 시작에 불과했다. 1950년대와 1960년대에 이 발레단은 4대륙 42개국을 순회했는데 여기에는 (1960년의)

소련도 포함되어 있었다. 무용수들은 거의 본국에 체재하지 않았고, 체재 중에도 뉴욕이 아니라 대신 나라 전역의 도시와 작은 마을에서 공연했다. 발레 시어터는 맨해튼에서는 연간 평균 12회만 공연했다.

뉴욕 시티 발레의 본국 시즌은 더 길어서 1950년대 중반에는 3개월에 달했지만, 이 발레단 역시 정부가 후원하는 유럽 순회공연들에 의지했다. 발란신의 작업은 해외에서 유명했고 그의 (그리고 커스틴의) 유럽 연줄과 성향도 성과를 올렸다. 하지만 그 이상의 것도 있었다. 발란신은 소련을 경멸했고, 스스로를 자신을 입양해준 나라의 대사로 생각했다. 1947년 그는 파리로부터 (그곳에서 그는 파리 오페라의 객원 발레 마스터였다) 커스틴에게 편지를 써서, 유네스코 고위 대변인이 「세레나데」와 「아폴로」의 공연에 참석해서 해외에서 "미국을 대변"할 수 있는 무용단에 대해서 문의했다고 희망에 차서 보고했다. "나는 미국을 대변할 수 있어." 발란신은 커스틴에게 냉소적으로 논평했다. "예술적인 면에서 냉장고나 전기 욕조보다 낫다고."¹⁷

그리고 그는 그렇게 했다. 1950년대에 NYCB는 유럽에서 거의 매년 몇 달씩을 보냈고, 일본, 오스트레일리아, 중동처럼 먼 곳까지 갔다. 이것은 냉전의 순회공연이었다. 예를 들면 1952년 국무부와 독일의 미 육군 최고 위원회는 베를린 페스티벌에서 이 발레단을 후원했다. 발란신은 돌아가서 아이젠하워 대통령에게 이렇게 보고했다. "뉴욕 시티 발레와 함께 대규모 유럽 순회공연에서 막 귀국했습니다. 국무부의 요청으로 베를린에 가는 것으로 마무리를 지었죠.……유럽은 미국이 위대한 예술을 낳을 수 있다는 것을 간신히 깨닫기 시작하는 중입니다"(그는 자신의 표 역시 약속했다. "각하는 공산주의와의 싸움에서 이 나라를 이끌 분이십니다"). 이런 순회공연들은 유럽 대륙에 대한 발란신의 꾸준한 연고의 표시이기도 했다. 모턴 바움은 공책에 이렇게 휘갈겼다. "발란신은 유럽을 사랑했다." 정말이지 그의 춤들은 유럽에서 너무나 수요가 많았다. 1959년 발란신은 그것들을 국무부 국제문화 교류국이 감독하는 대여 형식의 프로그램을 통해서 유통하자고 제안하기도 했다.¹⁸

본국으로 돌아와서 발레 관객을 구축하는 데에는 더 많은 노력이 필요했다. 이것은 자금 마련을 의미했지만, 발레를 어떻게 볼지 대중에게 가르치는 것 역시 의미했다. 가장 중요한 것은 발레가 중요하다는 사실을 그들에게 납득시키는 것이었다. 커스틴은 춤에 대한 책과 기고문을 수십 편 출간해서 이 예술에 대한 비평적, 역사적 평가를 위한 토대를 놓았다. 그러나 앞장을 선 것은 발란신이었다. 발란신은 흔히 자신의 예술에 대해서 이야기하기를 꺼리는 스핑크스 같은 인물로 묘사된다. 그 반대로 그는 춤이 세간의 이목을 끌게 하기 위해서 대단히 열심히 노력했다. 특히 초년에 그는 많은 인터뷰를 했고, 기고문을 썼으며, 시연 강연을 했고, 백악관에서 재키와 차를 마셨고(그는 위스키를 마셨다), 예술가 티를 내는 홍보 사진을 위해서 무수히 포즈를 취했다 (1960년대에는 자기 나이의 절반인 화려한 미니스커트 차림의 무용수들을 대동하고 등장했다). 그는 자신을 보통 사람으로 묘사했다(그리고 실제 그렇게 보았다). 기능공이자 서커스 예능인이자 정원사이자 목수이지, 일류 지식인이나 교양 있는 예술가는 아니라고 본 것이다. 그는 스트라빈스키와 푸슈킨을 존경했지만 TV 서부극, 잭 베니, 빠른 자동차도 사랑했다. 고의건 아니건 그는 반(反)지성주의라는 미국 문화의 오랜 전통을 이용했다. 그는 발레를 더 부담스럽고 급진적인 춤들의 위치로 끌어올리느라 노력하는 동시에 평범한 사람들의 높이로 낮추기도 했다.

발란신과 그의 무용수들은 자신의 예술의 확산을 위해서 미디어의 폭발을 이용하기도 했다. 컬러 사진 위주의 잡지, TV, 영화였다. CBS 텔레비전은 1951년 「라 발스(La Valse)」를 방영했고, 7년 후에는 발란신이 드로셀마이어로 등장하는 「호두까기 인형」을 평범한 가정 수천 곳으로 쏘아보냈다. 이 발레는 대단히 러시아적이었지만, 사회는 준 록하트가 맡았고 제지회사인 "킴벌리-클라크 제공"이었다. 그리고 의도적인 것은 아니지만 1950년대에 유행한 따뜻한 가정의 이상이 반영되기도 했다. 발레리나 다이애나 애덤스가 춤춘 머리카락을 참하게 뒤로 넘긴 사탕요정은 완벽한 1950년대 어머니로 보였다. 「벨 텔레폰 아워(The Bell Telephone Hour)」(벨 전화회사의 후원으로 1940년부터 1968년까지, 라디오와 텔레비전에서 고전 음악과 뮤지컬을 방송한 쇼/역주)도 발란신의 춤을 방영했고, NYCB 무용수들은 언제나 인기인 「에드 설리번 쇼」의 주요 손님이었다. 쇼에서 설리번은 무용수 에드워드 빌렐라와 퍼트리샤 맥브라이드에게 어디 출신이냐고 물었다. 그들이 퀸즈의 베이사이드와 뉴저지의 티넥이라고 답하자 관객은 환호했다.

그렇지만 이런 대중추수주의의 이면에는 진지한 의도가 있었다. 발란신이 원한 것은 다름 아닌 미국에서 새로운 시민문화를 건설하는 것이었다. 1952년 그는 커스틴에게 어린이들을 위한 무료 발레, 연극, 오페라 공연들의 중요성을 설명하는 편지를 썼다. "이 공연들에 올 신세대는 미래의 미국 시민이 될 거야.……그들의 영혼과 정신을 위해서 뭔가를 해야 해." 그는 후일 한 인터뷰에서 이 나라에 만연하는 상업주의에 대해서 불평했다. "영혼을 광고하는 사람은 아무도 없어요. 아무도 이를 언급하지 않는데, 우리가 부족한 것이 바로 그것입니다." 그는 말을 이어갔다.

아다시피 존재하는 것들에 감탄하는 힘이 사라진 것은, 모두가 혼자서만 그러기에 헛되기 때문입니다. 어쩌다 한 번씩은 사람들이 동의합니다. 만나서 이렇게 이야기하죠. "저기 작은 꽃 보여? 얼마나 아름다운지 몰라." "응, 그러네." 자, 우리 꽃들을 함께 바라보는 사람들이 됩시다. 장미는 아름다운 분홍빛이라고 말하는 사람이 100만 명이 되도록 만드는 거에요. 아름다운 것들을 사랑하는 우리 모두 사이에 조직과 동의가 있어야 합니다. 5,000만 명의 사람들이 "나는 이 아름다운 것을 사랑해"라고 크게 말할 때 그 힘은 존재하게 될 것입니다.[19]

이 목적을 위해서 발란신은 자신의 발레들을 지역 발레단들에 마치 꽃처럼 공짜로 나눠주었다. 그는 춤을 확산시킬 프로그램도 만들었는데, 예를 들어 뉴욕 시 공립학교들의 시연 강연 프로그램을 창시했다. 그러나 진정한 독려가 처음 발생한 것은 1954년 크게 흥행한 「호두까기 인형」으로였다. 그 후 1963년 포드 재단은 고전 발레의 전문가적 기준 수립을 돕기 위해서 775만6,000달러라는 놀라운 금액을 NYCB, 아메리칸 발레 학교, 더 작은 국내 발레단 다섯 군데에 투척했다. 이 재단의 인문 감독인 W. 맥닐 라우리는 커스틴, 바움, 라 과디아와 마찬가지로 가능한 최고 수준의 엘리트 예술을 서민이 접근할 수 있게 만드는 것이 가능하다고 믿는 헌신적인 공복이었다. 보조금이 예상되자 라우리는 무용계 상황을 가늠하기 위해서 발란신에게 미국 순회공연을 요청했다. 두 사람은 SAB와 NYCB를 나라 전역의 지역 학교들 및 공동체들과 연계시킬 국가 프로그램 개발을 위해서 긴밀히 작업했다. 교사들을 위한 훈련 프로그램, 젊은 인재들을 장려하려는 발굴, 뉴욕에서 공부하는 장학금이 있었다. 그것은 엄청나게 야심찬 기획이었고, 발란신에게서 영감을 받았지만 냉전적 경쟁과 러시아의 사례에서도 그에 못지않은 영향을 받았다. 이 보조금이 볼쇼이 발레의 사상 최초의 뉴욕 순회공연으로부터 겨우 4년 후, 공연예술에 대한 국가의 자금 지원에서 "소련의 우위"에 대한 광범위한 토론이 한창일 때 등장한 것은 우연이 아니었다.

1964년 NYCB는 커스틴과 넬슨 록펠러의 친분에 크게 힘입어, 시립 센터를 떠나서 새로 지은 링컨 센터로 옮겼다. 커스틴과 발란신은 뉴욕 주립 극장이라는 새 보금자리의 계획단계부터 건축가 필립 존슨과 함께 긴밀하게 작업했다. 발란신은 명쾌하고 깨끗한 윤곽과 크고 따뜻한 공용 공간이 있는 실용적이지만 우아한 곳을 원했다. 그것은 활기차고 흥겨운 극장을 창조하자는 아이디어였다. 기상은 장대하면서도 너무나 많은 유럽 오페라 하우스들의 특징인 (박스석들처럼) 옛날식 위계와 금박을 입힌 허세는 없어야 했다. 같은 기조로 참여를 진행하던 모턴 바움도 극장을 계속 완전히 통제하기 위해서 분투했다. 그는 낮은 입장권 가격과 높은 예술적 기준을 원했고, 주립 극장을 순수한 상업 기업으로 운영하고 싶어하는 사람들에게 단호하게 저항했다. 이 극장은 발란신이 말한 바와 같이 "[서민들의] 영혼을 위한 일을 하는 데에" 바쳐질 것이었다.

한편 1960년대 중반 즈음 고전 발레는 견고한 발판 위에 있었다. 30년이라는 기간 사이 그것은 극예술의 변방에서 주로 러시아적인 예술로서 산재되어 존재하는 것으로부터, 미국 문화생활의 최전방으로 이동했다. 이후 20년간 발레는 급성장하는 인기 공연예술이 되어서, 중심은 뉴욕이지만 나라 전역으로 확산될 것이었다. 1960년대와 1970년대에 성과 자유로운 자기표현을 강조하던 미국 청년 문화는 자연스럽게 춤에 이끌렸고, 발레라는 예술에 대한 대중적 관심은 한층 심화되었다. 그것은 즉시 혁신의 초점이자 비평의 대상이 되어서 미국 문화의 미래의 향방에 대한 논의의 중심에 서게 되었다. 게다가 냉전의 경쟁이 심화되고 볼쇼이와 키로프가 미국에서 정기적으로 순회공연을 하게 되면서 발레는 그 어느 때보다도 더 중요해 보였다. 널리 홍보되고 상징적 의미가 부여된 누레예프의 1961년 망명을 1970년에는 마카로바가, 4년 후에는 바리시니코프가 뒤따랐다. 마야 플리세츠카야 같은 예술가들이 출연하는 소련 순회공연들도 계속되어서 이 예술을 살찌웠다.

이른바 "무용 열풍"은 정말 열풍이었다. 그리고 발레 시어터와 NYCB만 그런 것도 아니었다. 예를 들면 아프가니스탄인과 이탈리아인의 후예로, 인습타파적 미래상과 폭넓은 취향을 가진 미국 무용수 로버트 조프리는 젊고 색다른 발레단을 가지고 있었다. 조프리는 디아길레프의 발레 뤼스의 춤들의 재공연을 주문했고, 이 단장의 전제였던 "나를 놀라게 하라!"에서 실마리를 찾는 것 같았다. 조프리 발레(Joffrey Ballet)는 다른 작품들에서 발레와 로큰롤, 영화, 대중문화와의 혼합도 겁내지 않았다. 그들은 "악동"인 동시에 진지한 예술적 야심을 가진 청년 운동 공연단이었고, 발레의 활력과 폭넓은 호소력에 대한 또 하나의 징후였다.

바리시니코프는 또 하나 좋은 사례였다. 그는 발레 시어터에 정착해서 오염되지 않은 고전 형식을 가지고 관객들을 얻었지만, 누레예프처럼 미국의 유명인이 되어서 공연을 매진시키고 기립 박수를 이끌어내기도 했다. 1977년 그는 호평받은 영화 「전환점(The Turning Point)」의 주연을 맡았다. 이 영화는 무용 세계에 대한 멜로 드라마였고 젊은 미국 발레리나 레슬리 브라운도 출연했다. 이는 현대판 「분홍신」 같은 충격을 주었다(1985년에는 바리시니코프와 미국 탭댄서 그레고리 하인즈가 주연한 냉전시대의 스릴러물 「백야[White Nights]」가 이어질 참이었다). 한편 1976년 PBS는 「댄스 인 아메리카(Dance in America)」라는 새로운 시리즈를 시작해서 전국의 응접실들로 춤을 방영했다. 여기에는 바리시니코프의 공연과 (영상화 작업에서 개인 자격으로 공동 작업한) 발란신의 발레도 포함되어 있었다.

열풍은 발레만이 아니었다. 이 시절에 미국 현대 무용 역시 번성 중이었다. 뉴욕에서는 (여러 사람들 중에서도) 마사 그레이엄, 머스 커닝햄, 폴 테일러가 다들 독창적인 작업을 하고 있었다. 발레로부터 현대 무용, 재즈로부터 플라멩코에 이르는 완전히 다양한 무용 형식들이, 그리고 예술가들과 공연자들의 실험적 에너지가 이 도시를 재능과 아이디어의 산란장으로 만들었다. 1970년대에 이르자 신세대 안무가들은 고전과 현대 무용 형식들을 통합하고 있었다. 발레와 현대 무용은 융합되지 않고 있었다. 미학적, 사상적으로 이들은 그 어느 때보다도 대립하고 있었다. 이 시절 무용의 엄청난 역동성 뒤에 있던 것은 평화적 혼합이라기보다는 당시 무용수들에게 뜨겁게 토론되던 아이디어와 테크닉의 대비와 충돌이었다.

가장 명백한 사례는 다시 한번 바리시니코프였다. 그는 세계 최고의 고전주의자들 중 한 명이었지만 미국의 아방가르드 흐름도 기꺼이 포용했다. 1976년 그는 발레 시어터에서 안무가 트와일라 타프와 작업해서, 조지프 램(래그타임[ragtime : 당김음을 주로 구사하는 재즈 연주 스타일/역주])과 프란츠 요제프 하이든의 음악에 맞춘 「막다른 골목(Push Comes to Shove)」이라는 적절한 제목의 새로운 춤을 창작했다. 이 춤에서 바리시니코프와 타프는 발레 스텝을 대중 무용 형식과 타프의 인습타파적인 포스트모던 테크닉을 가지고 자유롭고 장난스럽게 보완했다. 그렇지만 이 경우는 역동적인 대중적 형식이나 아방가르드 형식을 가지고 고상한 고전 예술에 활기를 불어넣은 것이 아니었다. 오히려 발레가 더 급진적인 실험 예술이었다. 현대 무용수들이 점점 더 진지한 발레 학생들이 되어가고 있었던 것은 우연이 아니었다. 그들은 이를 테크닉의 기초뿐 아니라 혁신의 원천으로 보았다. 이제껏 발레라는 그물이 이렇게 멀리 던져진 적은 결코 없었다.

비록 미국 발레의 급성장 무대를 마련한 것이 역사적 환경이었을지언정 더 중요한 것은 춤 자체였다. 관객들을 밤이면 밤마다 극장으로 끌어들인 것은 어쨌거나 발레였고, 해외에서 미국을 대변한 것도 발레였다. 앤서니 튜더, 제롬 로빈스, 조지 발란신을 필두로, 이 춤들을 만든 남자들은 (발레에서 그런 사람들은 거의 전적으로 남자들이었다) 이 세기의 가장 흥미진진한 예술 혁명들 중 하나를 주도했다.

12
미국의 세기 II : 뉴욕의 장

한 사람의 모국이란 지리적 협약이 아니라 추억과 핏줄에 대한 고집이다. 러시아에 있지 않다는 것과 러시아를 잊는다는 것, 이것이 두려운 것은 러시아가 자신의 외부에 있다고 생각할 때만이다. 러시아를 내면에 가진 사람이 그것을 잃을 수 있는 것은 자신의 생명과 함께 잃을 때뿐이다.　　　―마리나 츠베타예바

피상적인 유럽인들은 미국 예술가들은 "영혼"이 없다고 말해 버릇한다. 이것은 틀렸다. 미국에는 자신만의 정신이 있다. 이는 마치 빛처럼 차갑고, 투명하고, 눈부시고, 명확하고……훌륭한 미국 무용수들은 감정을 거의 천사라고 불러야 할 정도로 명쾌하게 표현할 수 있다. 여기서 천사라는 말이 무슨 뜻이냐면, 천사들이 아마 누릴 성 싶은, 비극적 상황에 연루될 때 자신들은 고통받지 않는 자질이다.
　　　―조지 발란신

관객들을 위해서 춤추면 절대 안 된다. 혹시라도 그렇게 하면 춤을 망친다. 서로를 위해서만 추어야 한다. 마치 관객이 거기 없는 것처럼. 아주 어려운 일이다.
　　　―제롬 로빈스, 「모임에서의 춤들(Dances at a Gathering)」에 대하여

앤서니 튜더가 발레로 온 것은 절름거리며 외부로부터였다. 1908년 윌리엄 존 쿡이라는 이름으로 출생한 그는 푸주한의 아들이었고 북 런던의 핀스버리 구역에서 자랐다. 그의 양육은 확고한 중하류 에드워드 시대풍이었다. 어머니는 적절한 행동거지와 피아노 교습을 고집했고, 아버지는 일요일 밤마다 핀스버리 파크 엠파이어나 인근 이즐링턴의 뮤직 홀 공연에 데려갔다. 그곳에서 그는 인기 가수 해리 로더를, 그리고 미국 무용수 로이 풀러의 극적인 스카프 조명 연기를 보았다. 제1차 세계대전 중 가족은 피난을 떠났다. 이 참혹한 경험은 튜

더에게 영구적인 인상을 남겼고 나중에 그의 예술을 특징짓기도 할 것이었다.

전쟁이 끝났을 때 그는 정착에 어려움을 겪었다. 그는 데임 앨리스 오웬스 남학교의 장학금을 받았지만 열여섯에 그만두고 스미스필드 식육 시장에서 점원 일을 시작했다. 그러나 이 또한 그의 흥미를 끌지 못했다. 그것은 지루한 일이었고, 그는 신학 공부(그는 목회를 직업으로 고려했다)와 극장에서 숨 돌릴 틈을 찾았다. 안나 파블로바와 디아길레프의 발레 뤼스의 공연들은 그에게 무용 수업을 듣도록 영감을 주었다. 1928년 그는 마리 램버트를 찾아갔다. 그는 램버트를 위해서 일하고 피아노를 연주해주면서 대신 잠자리와 식사, 그리고 발레 수업을 받았다.

램버트는 완전히 다른 세계를 대변했다. 그녀가 남편인 극작가 애슐리 듀크스와 함께 운영하는 극장은 문학적이면서 대단히 중상류층적이었고, 공연들은 런던의 예술계와 사교계 엘리트가 완전히 정장 차림으로 참석하는 호화 행사였다. 튜더는 그곳에 있는 것을 좋아했고 그곳과 어울리도록 열심히 노력했다. 그는 지적 호기심이 많아서 램버트의 광대한 서재에서 폭넓은 독서를 했다. 그녀는 그를 상류층이 애용하는 윔폴 가의 어법 교사에게 보내서 런던 토박이 억양을 없애게 했지만, 그는 (폴란드계 유대인인) 그녀가 아마 염두에 두었을 BBC 영어는 절대 습득하지 못했다.

이에 대한 튜더의 접근은 매사에 그랬듯이 역설적이면서 익살맞을 정도로 초연했다. 그는 램버트의 사회로 뛰어드는 대신 (후일 데 밀이 쓴 바와 같이) "유념하는 시선으로 조용히 차를 들이키면서 야심찬 세계의 꿈들에 싸여 있었다. 그는 일종의 동면 중인 육식동물이었다." 그는 램버트의 귀족적 환경과 청년기의 점원 세계 사이에 걸쳐 있었는데, 자신이 어느 곳에도 속하지 않는다는 사실을 정확히 알았으므로 외부에 서서 들여다보았다. 그는 이름을 윌리엄 쿡에서 앤서니 튜더로 바꾸기까지 했다. 이는 적당히 위엄이 있는 데다가 "살짝 웨일스적 느낌이면서도" 영국적으로 보였지만, 더불어 그의 삼촌의 전화 국번이기도 했다.[1]

튜더는 램버트와 발레를 공부했지만 밈(그녀는 이렇게 불렸다)의 중부 유럽 배경, 그리고 달크로즈 및 니진스키와의 작업도 매우 중요했다. 그들은 발레 「녹색 테이블(The Green Table)」(1932)로 유럽 무용의 돌파구로 정당히 인정받은 독일 안무가 쿠르트 요스의 공연들에도 같이 참석했다. 그것은 유럽을 제1차 세계대전으로 몰아넣은 자만심 강하고 과시적인 "늙은이들"에 대한, 고도로 양식화되었지만 그럼에도 발레적인 묘사였다. 이 발레는 새롭고 현대적인 춤의 창조에 대한 요스의 관심을 대변했는데, 그것은 발레에 대한 거부가 아니라 고전적 기초 위에서의 건설이었다.* 이것은 튜더 역시 따르게 될 행로였다. 폭넓은 무용 형식들에 관심 있던 튜더는 독일 표현주의 무용(Ausdruckstanz)을 공부했다. 그는 자바 섬의 무용에까지 손을 댔지만, 무엇보다도 고전 발레에 몰두했다. 그렇지만 그의 훈련은 단편적이고 불완전했다. 그는 램버트와 고작 1년을 공부한 후 영국 순회공연을 시작했고, 프레더릭 애슈턴과 니넷 디 밸루아를 비롯하여 여러 사람들과 작업했다. 2년 후 그는 자신의 첫 번째 발레를 창작했다.

튜더와 애슈턴은 곧 경쟁자가 되었다. 그들은 스타일이나 기질에서 그 이상 다를 수 없었다. 애슈턴이 자신의 예술적 길을 런던 상류 사교계와 자유분방한 예술계로 뛰어들어서 열었다면, 튜더는 단호하게 무뚝뚝한 채 있었다. 이것은 어느 정도는 계급의 문제였다. 그에게는 런던 사교계에서 편안하게 느낄 만한 배경이나 교육이 전무했고, 그런 것을 그가 정말 원했는지도 불분명하다. 튜더는 타고나기를 은둔적이고 약간 괴짜였으며, 너무 진지하고 냉소적이라서 사회 관습에 완전히 순응할 수 없었다. 그리고 그는 비록 (애슈턴과 마찬가지로) 동성애자였지만 대단히 개인적이었으며, 애슈턴의 예술에서 그렇게나 필수적 원천이던 가벼운 정사와 파티에 무관심했다. 튜더는 지극히 충실한 자신의 무용수들 집단을 더 좋아했다. 그들은 함께 일하고, 먹고, 가끔은 살기까지 했다. 그리고 비록 튜더의 초기 춤들이 (애슈턴과 마찬가지로) 풍자적이고 성적인 분위기일지언정 (누군가는 외설적이라고 말했다) 그 차이는 명확

---

* 나치와 문제를 겪던 요스는 1934년 레너드 및 도로시 엘름허스트의 영지에 세워진 실험적 생활 공동체인 영국의 다팅턴 홀에 정착했다. 영국 당국은 그를 맨 섬에 잠시 억류했지만 1940년 엘름허스트 부부가 그의 석방을 주선했다. 그의 발레단은 세계 순회공연을 계속했는데, 부분적으로는 영국 의회의 후원을 받았다. 1948년 그는 에센으로 돌아가 가르치다가 결국 포크방 학교를 감독하게 되었는데, 안무가 피나 바우쉬는 그의 제자들 중 하나였다.

했다. 만일 애슈턴이 완벽한 기술로 영국을 더 많이 담아냈고 1920년대의 거품 같은 화려한 스타일에서 뛰어났다면, 튜더는 1930년대의 불안들과 더 잘 맞았다. 애슈턴은 프란츠 리스트와 버너스 경의 음악을 사용했고, 튜더는 프로코피예프와 쿠르트 바일에게 끌렸다.

1936년 런던에서 튜더는 자신의 최초의 중요 발레인 「라일락 정원(Lilac Garden)」을 에르네스트 쇼송의 섬뜩하게 서정적인 「바이올린과 관현악을 위한 시곡(Poem for Violin and Orchestra)」에 맞춰 창작했다. 이 발레의 배경은 에드워드 시대 부르주아 가족의 파티였는데, 어떤 졸부 신사와 사랑이 아니라 돈 때문에 결혼해야 하는 캐롤라인의 이야기였다. 문제를 복잡하게 만드는 것은 그녀가 진정으로 사랑하는 남자가 파티에 참석했고, 그녀의 새로운 약혼자의 전 애인도 있다는 사실이다. 등장인물들은 딱딱할 정도로 형식적이고 반쯤 우화적이었다(그녀가 결혼해야 하는 남자, 그의 과거 에피소드들, 연인). 파티는 일련의 덧없는 에피소드들 속에 펼쳐진다. 그리고 캐롤라인과 그녀의 옛날의 진정한 사랑, 그리고 그녀가 결혼해야 하는 남자와 그의 과거 여자들 사이의 극적인 마주침들 속에 펼쳐진다. 춤들은 정중하고 우아한 무도회 스타일이지만 무용수들은 사실 기억과 향수의 은밀하고 프루스트적인 세계에서 살고 있다(이런 효과를 강조하기 위해서, 튜더는 개막식 밤 램버트의 극장에 라일락 향수를 뿌렸다). 마지막에 연인들은 자신들의 몽롱한 과거로부터 억지로 현재로 돌아온다. 캐롤라인과 그녀가 결혼해야 하는 남자는 각각 과거의 생각들에 싸여 있음에도 함께 걸어서 무대를 떠난다. 캐롤라인의 전 연인은 관객에게 등을 보인 채 무대 위에 혼자 서 있다.

그렇다면 「라일락 정원」의 진정한 주제는 일어난 일이 아니다. 튜더의 관심사는 바로 일어나지 않은 것과 말해지지 않은 것이다. 이것은 기억의 요동치는 암류이고 관습과 사회적 예의범절의 매끄러운 표면 밑에서 흐르는 열망이다. 튜더 본인이 언젠가 이렇게 말했다. "이 발레는 외적 표현에서 감정을 숨기는 데에 관심을 둔다." 그렇지만 이런 숨겨진 감정을 연기나 멜로드라마를 통해서 전달하려는 생각은 없었다. 튜더는 그가 "과장된 연기"라고 부르는 것을 혐오했고, 이 발레의 물밑 스토리가 동작만으로 드러나기를 원했다. 튜더의 무용수들 중 한 명이 언젠가 설명한 바에 의하면, 그 목표는 역설적이게도 "감정을 느끼고 있다는 것을 그 감정을 보이지 않으면서도 전달하는 것이다.……사람들의 근육이 무대 위에서 팽팽해지는 것을 볼 수는 없더라도 느낄 수는 있는 것이다." 비록 「라일락 정원」의 스텝들은 엄격하게 고전적일지언정 튜더가 즐겨 강조했듯이 육체는 어떤 때에는 긴장되어 억눌렸다가도 또 어떤 때에는 예상 밖으로 부드럽고 유연하다. 사교춤과 그 이면의 다른 무엇인가가 동시에 보이는 것이다.[2]

1년 후에 튜더는 아주 다른 어조로, 말러의 「죽은 아이를 그리는 노래(Kindertotenlieder)」에 맞추어 그의 소집단 무용수들을 위한 「검은 애가(Dark Elegies)」를 제작했다. 그것은 어딘가 중앙 유럽적인 농민 공동체의 슬픔과 애도에 대한 발레였다. 그렇지만 이 춤들의 감정적 힘은 다시 한번 절제와 통제에 있었다. 튜더는 무용수들에게 무대 화장을 하지 말 것과 어떤 얼굴 표정도 보이지 말 것을 요구했다. "아주 소박하게, 양손을 무릎에 얹고 앉아. 매니큐어는 안 돼." 막이 오르면 칙칙한 옷을 입고 머리에 스카프를 쓴 여자들이 반원을 그리고 있다. 또 한 명의 여자가 푸앵트로 그들 한가운데로 들어오더니, 양팔을 겨드랑이에 붙이고 늘어뜨린 채 작고 뻣뻣하고 불편한 날카로운 스텝들을 수행한다. 이 스텝은 고통을 정확히 보여주는 대신, 가장 고통스러운 측면들을 숨기려는 그녀의 절박한 열망을 암시한다. 독무와 2인무가 있는데, 그 춤들은 퀘이커 교도 집회의 증언처럼 즉석에서 발생하는 듯 보이다가 다시 집단 속으로 자취를 감춘다. 움직임들은 명쾌하고 고전적이지만 절대 장식적이거나 치장적이지 않다. 손들은 밋밋하고 팔들은 낮아서 외형상 단조롭다.[3]

「검은 애가」에서 슬픔은 현존하지만 절대 표현되지 않는다. 우리가 보는 것은 대신 그 의례적 형식들과, 무엇보다도 이를 감당하는 데에 요구되는 육체적 (그리고 따라서 감정적) 통제, 심지어 억압이다. 과시적이거나 현시적인 것은 아무것도 없다. 사실 이 발레는 마치 관객이 존재하지 않는 것처럼 진행된다. 그것은 우리에게 이야기를 들려주지 않는다. 그저 벌어질 뿐이고, 우리는 마치 지나가는 중이거나 밖에서 들여다보는 것처럼 존재한다. 「검은 애가」는 무용수들이 짝을 지어서 손을 잡은 채 무대를 걸어나가는 가운데, 영원한 상흔을 입은 외로운 여인이 고통에 찬 날카로운 스텝들을 반복하며 그들의 뒤를 따라가면서 끝난다. 그 결과는 철저하지 않다. 발레는 끝났지만 의례는 끝나지 않았다. 행렬은 단지 시선에서 벗어나서 화면 밖으로 나갔을 뿐, 그곳에서는 계속될 것이다. 그것은 강력하고 독창적인 작품이었다. 그렇지만 런던의 평론가들이 언제나 납득한 것은 아니었다. 한 평론가는 이 발레가 과도하게 심각하고 복잡해서, 마치 "대단히 심각한 복식 개혁 집단의 아침 체조 진행"을 지켜보는 것 같다고 생각했다. 프레더릭 애슈턴이 튜더의 발레들에는 "폭뢰"가 가득하다고 냉소적으로 말한 것도 이런 감상을 반영했다.[4]

그러나 튜더의 거의 청교도적인 엄격함은 비록 영국의 몇몇 사람들에게는 부적절해 보였을지언정 미국에서는 환영하는 관객을 찾아냈다. 1939년 영국이 독일에 전쟁을 선포한 지 겨우 이틀 후, 이 안무가는 발레 시어터의 창단 프로그램에서 "영국 발레"를 대표해달라는 루시아 체이스의 초청을 승낙했다. 그는 생의 나머지를 뉴욕에서 보냈고, 그의 춤들은 미국 무용 전통 전체의 초석이 되었다.

튜더는 「라일락 정원」과 「검은 애가」를 자신과 함께 가져갔다. 그는 자신의 가장 믿음직한 무용수이자 연인이며 평생의 친구인 휴 랭도 데려갔다. 랭은 강인한 근육질의 육체를 가졌고, 발레의 왕자들의 전형인 귀족적 분위기는 전무했다. 그는 고전적 훈련은 거의 받지 못했는데, 도발적이지만 간결하고 투박한 외모는 튜더의 신생 스타일과 완벽하게 들어맞았다. 뉴욕에서 튜더는 랭의 상대이자 파트너이며 그의 가장 긴밀한 협력자들 중 한 명을 발견했다. 바로 노라 케이였다.

케이는 러시아 이민자인 유대인의 아이였다. 1920년 뉴욕 시에서 태어난 그녀에게는 입센의 『인형의 집(A Doll's House)』의 노라에서 딴 노라 코레프라는 이름이 지어졌다. 그녀의 아버지는 미국으로 이민을 오기 전에 모스크바 예술극장에서 스타니슬랍스키와 함께 작업한 배우였다. 케이는 러시아 망명객들과 함께 발레를 공부했고 포킨과 함께 춤을 추었다. 그녀는 1939년 발레 시어터의 창단 멤버였다. 그녀가 자신이 러시아 발레리나로 생각되기를 바라지 않은 것은 변화하는 시대의 징후였다. 그리하여 통상적인 흐름과는 반대로 그녀는 코레프를 케이로 바꿈으로써 자신의 이름을 미국화했다. 케이는 랭과 마찬가지로 질풍 같은 연기자였다. 그녀는 화려하거나 우아하지 않았고, 대신 강건한 다리와 근육질의 몸통, (프리마 발레리나다운 올림머리가 아니라) 짧은 검은 머리카락, 영리하고 세상물정에 밝은 행동거지를 가지고 있었다. 그녀의 물어뜯는 듯한 재치와 자비 없는 직설성은 그녀를 튜더가 발레에서 그렇게나 혐오한 지나치게 공들인 감상과 멜로드라마 부류에 냉담하게 만드는 것처럼 보였다.

1942년 튜더는 케이와 랭이 주연하는 「불기둥(Pillar of Fire)」을 쇤베르크의 「정화된 밤(Verklärte Nacht)」에 맞추어 창작했다. 이 발레의 제목은 「출애굽기」의 한 구절에서 따왔다. "주께서 그들 앞에서 가시며 낮에는 구름기둥으로 그들의 길을 인도하시고 밤에는 불기둥으로 그들에게 빛을 주시더라." 그렇지만 스토리는 또다른 『성서』 속 이야기인 하갈에 대한 이야기에서 영감을 받았다. 그녀는 아브라함의 아내의 하녀였다. 아브라함에게 아이를 주라는 요구를 받았지만 아내 사라가 직접 아들을 낳자 갑자기 쫓겨났다. 쇤베르크의 음악에도 배경으로 추방자들의 이야기가 있었다. 그것은 밤에 연인과 함께 숲을 거닐다가 자신이 다른 남자의 아이를 가졌다고 고백하는 여자에 대한 독일 시인 리하르트 데멜의 시에서 영감을 얻었다. 그녀의 사랑과 그의 용서는 그들을, 그리고 밤을 "변모"시킨다.

튜더의 발레에서도 하갈은 추방자이다. 그리고 길을 잘못 든 존경할 만한 가문 출신의 선량한 여자이기도 하다. (분홍빛 옷을 입은 미녀인) 경박한 여동생이 (튜더 자신이 춤춘 양복을 입고 넥타이를 맨 꼿꼿한 신사인) 자신이 열망하던 남자를 훔치자 넋이 나간 하갈은 자신이 (랭이 춤춘) 평판 나쁜 난봉꾼인 정반대의 남자에게 끌린다는 사실을 발견한다. 그들은 정사를 가지면서 긴장 속에 몸통과 다리들이 얽히는 명백히 성적인 분위기의 파 드 되를 수행한다. 그녀는 타락한 여자이고 죄의식에 사로잡힌다. 그럼에도 불구하고 이 발레는 행복하게 끝난다. 그녀의 진정한 사랑이 결국 자신을 구원하고, 그들은 손을 맞잡은 채 함께 걸어나가 변모된다.

그렇지만 「라일락 정원」에서와 마찬가지로 스토리는 감정을 위한 구실에 불과하다. 튜더는 쇤베르크를 따라서 하갈의 내적 삶의 초상을 그린다. 여기에는 낭만적이거나 감정적인 것은 아무것도 없다. 그것은 거리를 둔 사심 없는 임상적 설명이다. 우리는 하갈을 외부에서 지켜보면서, 그녀의 불안과 자기 회의는 느끼더라도 그녀에게 공감하거나 그녀의 감정을 다시 체험하지는 않는다. 대신 우리는 그녀의 내면적 고통을 근접해서 지켜보면서, 마치 현미경 아래에라도 있는 듯 탐구한다. 그러나 우리에게 모든 것이 보이지는 않는다. 이 발레는 부분적으로 영화 같은 구조를 가진다. 튜더는 효과를 위해서 관객의 시선을 무대의 잘린 귀퉁이들로 끌어당기고 가장 작은 움직임에 주목시킨다. 예를 들면 막이 올라갈 때 무대 중앙은 비어 있지만, 우리는 하갈이 무대 건너편 자신의 집 밖에 있는 불편한 나무 의자에 앉아 있는 모습을 "클로즈업"으로 본다. 그녀는 양다리를 단단히 모으고 양팔은 겨드랑이에 붙인 채 긴장해서 자신에게 몰입해 있다. 아무 일도 일어나지 않다가 그녀가 서서히 신중하게 손을, (우리는 클로즈업해서 보고 있는) 한 손만 든다. 그러다 그것을 엄청난 노력으로 무겁게 이마로 가져가서 우려의 몸짓을 취한다. 이 단순한 몸짓으로 우리는 즉시 그녀의 불안 속으로 끌려들어간다.

당시의 평론가들은 튜더의 춤들을 "심리적"이고 "프로이트적"이라고 묘사했다. 그들의 의도는 너무나 명백하다. 그가 섹스에 관심이 있다는 것이었다. (나중에 케네스 맥밀런 같은 예술가들이 하게 될 것처럼) 섹스를 보여주는 것이 아니라 섹스가 억압된 상태에 대한 관심이었다. 사실 튜더와 그의 무용수들의 예술의 많은 부분이, 육체를 클로즈업해서 숨겨진 비밀들의 어두운 공연장처럼 보이게 만드는 데에 있었다. 그렇게 함으로써 움직임 속에 "나오는" 것이 고백의 힘을 가지는 것이다. 케이는 이런 식으로 광휘나 우아함은 없이 천성적으로 불투명한 종류의 육체를 가지고 있었다. 나아가 그녀는 튜더와 함께 작업하면서 감정을 억누르고 억제하는 방식을 계발했다. 이것은 겉으로 보이는 것보다 훨씬 더 어렵다. 움직임을 주관하고 그것에 정확한 감정적 유의성을 채우는 데에 필요한 복합적인 육체적, 정신적 절제력은, 방식은 다를지언정 총력을 기울인 브라부라 턴과 도약 못지않게 힘들다. 「불기둥」이 효과적이었던 것은 튜더가 추구하는 바를 케이가 육체와 머리로 이해했기 때문이다.

앤서니 튜더의 「불기둥」의 시작 장면에서의 노라 케이.

결과는 열광적이었다. 그녀는 커튼콜을 30번이나 받았다.

튜더의 발레들은 이성과 통제에 대한 강조에서, 그리고 물밑의 잠재의식적 감정을 드러내기 위해서 논리와 지식을, 즉 테크닉과 계산을 사용하는 방식에서도 프로이트적이었다. 튜더의 접근은 어느 편이냐면 과학적이었다. 그는 객관성과 공평성에 까다로운 사람이었다. 그는 이렇게 설명했다. "나의 「불기둥」의 최고의 공연들은 언제나 냉혹하게 수행되었다." 그는 무용수들이 자신들의 감정에 천착하는 대신 "그들의 보잘것없는 자아"를 없애고 스텝과 몸짓을 명확하고 정확하게 수행하는 데에만 엄중하게 집중하도록 독려했다. 그렇지만 그 배후에 있는 것은 스타니슬랍스키적인 폭넓은 노력이었다. 예를 들면 「불기둥」을 창작했을 때 그는 스텝들부터 시작하지 않았다. 그는 먼저 스텝들이

미국의 세기 II: 뉴욕의 장 561

발생하게 될 사회적, 물질적 세계에 대해서 무용수들과 이야기했다. 그들은 자신의 등장인물이 무엇을 언제 먹는지, 어디서 자는지, 집 안의 벽지 색깔과 가구 스타일은 어떤지 알고 있었다. 이 작품의 움직임들에 그 속성과 "폭뢰"를 부여한 것은 이런 풍부한 지식이었다.[5]

튜더는 자신의 발레들이 요구하는 종류의 기술들을 계발하기 위한 연습을 수 년에 걸쳐서 개발했다. 일례로 그는 무용수들이 둥글게 앉아서 서로를 바라보면서 **움직임 없이** 시각적으로 반응하도록 요구했다. 또다른 연습에서 무용수들은 이런 말을 들었다. "누군가 오랜만에 집에 오고 있다. 너는 문 소리를 듣는다. 너는 거기 서 있다. 너는 결과가 어떻게 될지 모른다. 무슨 일이 일어나는지 보여라. 하지만 팔을 올리거나 발을 움직이지는 말고. 호흡과 목만 가지고 하도록." 더 어려운 것도 있었다. 다리를 꼬고 앉아서, 눈을 감고, **움직임 없이** 펼쳐졌다 접혀지는 우산인 척 하는데, 주위의 무용수들은 우산을 볼 수 있어야 한다.[6]

그리고도 더 있었다. 튜더는 "냉혹하게 수행되는" "무자아" 공연의 창조를 위해서 무용수들을 감정적으로 무너뜨리는 것으로 유명했다. 그는 이것을 주로 모욕을 통해서 행했다. 그는 날카로운 개인적 공격과 성적인 언사로 무용수들이 무의미하고 공허한 느낌이 될 때까지 자기혐오의 소용돌이에 빠뜨렸다. 그것은 그냥 변덕이나 감독이 할 법한 평범한 독설이 아니라 고의적 전략이었다. 언젠가 노라 케이는 튜더가 무용수들이 이렇게 하도록 강제했다고 설명했다. "춤의 껍질을 입어……잠시 동안 같은 껍질 속에 너희들 둘이 있는 거야." 튜더는 그러다 말했다. "벗어." 하지만 "만일 [그 무용수가] 자신으로 돌아온다면 그 수행은 아무 소용없었다. 무용수는 스스로를 자아와 완전히 분리해야 했다." 이렇듯 그 과정은 감정적으로 고통스러울 수 있었다. 그러나 대부분의 무용수들은 자신들을 벗겨서 반쯤 원시 상태로 밀어넣음으로써 그것으로부터 배역을 구축할 수 있었던 것에 대해서 나중에는 튜더에게 감사했다. 다른 사람들은 그의 이런 식의 거친 애정은 진정한 감정을, 즉 혼란, 불안, 자기회의를 낳고, 그것을 무대 위에서 사용할 수 있었다고 말했다. 튜더 본인은 언젠가 이렇게 설명했다.

발레에서 등장인물에 다다르기 위해서는 개인적 타성을 없애야 하는데 무용수들은 그러려고 들지 않는다. 한 개인을 무너뜨리는 것은 어렵지 않다. 그렇지만 잿더미를 바로 집어올려 불사조로 바꿔놓으려고 들지 않는다면 무너뜨릴 수 없다. 어려운 것은 그 점이다. 잿더미를 그냥 놔둔 채 밟고 지나가고 싶은 유혹은 지독히도 크다.

오만한 방식이었지만 효과는 있었다. 무용수들의 집중과 참여는 이론의 여지가 없을 정도였고, 이는 그들의 공연에서 눈을 떼지 못하게 만들었다.[7]

튜더의 발레들이 모두 「불기둥」만큼 성공적이거나 훌륭하지는 않았다. 1945년 그는 미국 작곡가 윌리엄 슈먼에게 의뢰한 곡에 맞추어 러시아 망명화가 레이먼드 브라이닌의 잊을 수 없는 악몽 같은 무대장치를 갖춘 「역류(Undertow)」를 창작했다. "심리 살인 스토리"로 홍보된 이 작품은 가식적이고 상투적이었으며, 가짜 프로이트 드라마적 틀로 쑤셔넣어진 지나친 상징주의와 종이인형 같은 등장인물들이 가득했다. 출생 시 어머니의 품에서 잡아채지는 바람에 상흔이 남은 아이가 있다. 성적 학대와 괴롭힘이 가득한 소년 시절을 보낸 남자는 오르가슴의 순간에 연인의 목을 조른다(그의 어머니 역을 연기한 발레리나가 연인 역도 춤춘 것은 물론이다). 움직임은 폭력적이면서 대놓고 성적이며, 엉덩이 들썩대기와 남자들이 여자들의 옷 아래를 더듬거나 구세군 간호사가 소년을 간호하다가 성적으로 학대하는 정교한 팬터마임 장면들로 가득하다. 「역류」는 프로이트와 정신분석 유행에 이끌리던 뉴욕 관객들에게까지 천박해 보였다. 한 실망한 평론가는 빈정대며 말했다. "프로이트 씨보다 두 점프 앞서나간 발레인 튜더의 「역류」는……심층 성인물이다."[8]

「역류」는 튜더가 개척한 예술적 경로가 얼마나 좁았는지 상기시킨다. 그는 생략과 절제, 숨겨진 감정과 사회적 체면을 예술로 만듦으로써 내면적 갈등과 감정을 표현할 길을 찾아냈다. 그렇지만 「역류」에서 그는 방침을 뒤집고 자신의 주제에 정면으로 접근했다. 그는 정교하게 조율된 육체적, 감정적 탐구 대신 만개한 팬터마임을 창작했고, 이면의 감정을 드러내는 대신 스토리를 이야기했다. 정말이지 「역류」는 튜더의 한계의 조짐이었다. 그의 심리 발레들은 확연히 사회적이면서 에드워드 시대적이었다. 「라일락 정원」이나 「불기둥」에서 사용한 주의 깊게 억제된 상황과 테크닉을 벗어나서, 살인이나 강간처럼 더 크고 명백히 문학적이며 심리적인 주제들을 시도했을 때 그는 자신의 길을 잃었다.

1952년 그는 다시 휘청했다. 이번에는 영화 「이브의 모든 것(All About Eve)」의 베트 데이비스의 연기에서 영감을 받아 베토벤의 광대한 세 서곡들에 맞춘 「영광(La Gloire)」이었다. 노라 케이가 여주인공 역할을 맡았다. 그러나 이 작품은 그리스 스타일 합창단이 완비된 또 하나의 과장된 팬터마임 발레였다. 후일 튜더는 이 발레가 "끔찍한 실수"였고, 특히 자신의 음악 선택이 그랬다고 인정했다.[9]

그렇지만 튜더는 전열을 가다듬거나 꾸준히 인내하는 대신 꽤나 이례적인 일을 저질렀다. 손을 뗀 것이다. 그는 물러나서 교습을 했고 선불교를 받아들였다. 그는 이후 40년간 극소수의 발레들만 창작했는데 그중 영속적 가치를 가진 것은 딱 하나였다. 그렇지만 그 하나의 발레는 (비록 덜 알려졌을지언정) 그의 가장 대단한 작품이자 그의 착잡한 철수가 실마리이기도 했다. (이후 Echoing of Trumpets로 이름이 바뀐) 「트럼펫들의 울림(Echoes of Trumpets)」은 뉴욕에서 아메리칸 발레 시어터를 위해서가 아니라, 1963년 스톡홀름에서 스웨덴 왕립 발레단을 위해서 체코 작곡가 보후슬라프 마르티누의 교향곡 제6번 「환상 교향곡(Fantisies Symphoniques)」에 맞추어 창작되었다. 그것은 전쟁과 응보에 대한 발레였다. 튜더는 이 작품이 부분적으로는 제1차 세계대전 중의 피난과 인근 병영에서 들린 트럼펫 신호 및 총성에 대한 자신의 기억에서 나왔다고 말했다. 그러나 이 작품의 배경은 명백히 제2차 세계대전이었다. 건성으로 입대를 시도했던 튜더는 이를 뉴욕에서 다소 죄책감에 싸인 채 지켜보았다.[10]

마르티누는 제1차 세계대전 내내 보헤미아의 작은 마을에서 살았다. 그는 제2차 세계대전 동안에는 나치를 피해서 미국으로 탈출했다. 이 발레의 프로그램은 「트럼펫들의 울림」을, 마을의 남자 전원이 나치에게 살해당한 체코슬로바키아 리디체의 끔찍한 대학살을 추모하며 마르티누가 작곡한 또 하나의 곡으로 착각해서 해설했다. 그것은 이해할 만한 실수였다. 이 발레는 전시의 황폐화된 마을의 폐허와 철조망 사이에서 벌어진다. 남자들은 모두 살해되었고 여자들만 남았다. 그렇지만 적군 병사들이 곧 등장하는데, 오후에 여자들 중 하나의 연인이 탈주하자 죽여서 나무에 매단다. 여자들은 병사들 중 하나를 꼬여내어 스카프로 의례적으로 교살함으로써 복수한다. 그들은 그의 동료들에게 발각된다. 앙갚음은 신속하고 잔혹한 강간과 살해이다. 마지막에 얼마 안 되는 생존자들이 절뚝거리며 무대를 벗어나는데, 외롭고 기진한 여자 하나가 손을 허리에 올리고는 관객에게 등을 돌린 채 지켜본다.

 춤추기는 차갑고 무표정하며 스텝들은 엄격히 고전적이다. 무용수들은 공포를 나타내려고 하지 않는다. 그것을 그저 "냉혹하게" 묘사할 뿐이다. 어린 소녀와 적대적인 병사들 사이의 춤은 이런 식이다. 그가 그녀에게 손을 내밀거나 안는 대신, 그녀가 빵 부스러기에 손을 뻗으면 그들 중 하나가 그녀의 손가락들을 군화로 짓밟는다(전쟁에서 살아남은 한 친구가 튜더에게 들려준 일화였다). 그는 양손을 벌린 채 그녀의 목을 잡고 파트너 역할을 한다. 그녀는 병사들 사이에서 옮겨지면서 마치 고전적 파 드 되에서처럼 리프트되고, 잡아당겨지고, 아라베스크로 들어올려지고, 던져진다. 그러나 붙잡힐 때 그녀의 육체는 포기한다. 쓰러지는 것이 아니라 절망으로 늘어진 채 그냥 포기한다. 또다른 순간 여자들이 팔을 끼고 일제히 추는 춤이 있다. 그들은 돌아서서 돌벽에 얼굴을, 관객에게는 등을 향한 채 양팔을 머리 위로 올린다. 우리는 그들의 체념과 결속을 본다. 그리고 처형단이 있다. 또다른 순간 그들은 모두 무릎을 꿇고 자신들의 숄을 보호물로서 높이 들었다가 내려서, 마치 교회에라도 있는 것처럼 거의 종교적 방식으로 조심스럽고 조용하게 머리에 두르고 목에 감는다. 하지만 이것은 어떤 병사를 교살하게 될 스카프이기도 하다. 이와 비슷하게, 마지막 강간과 파괴 장면에는 어떤 히스테리도 과장된 감정 표현도 없다. 그저 시체를 운반해갈 들것들과, 친구의 머리를 손으로 안고 있는 여자처럼 몇몇 적막한 몸짓뿐이다.

 「트럼펫들의 울림」은 내가 아는 한 전쟁의 인명 희생에 대해서 무엇인가를 전달하는 데에 성공한 유일한 발레이다. 그것은 냉혹하고 신중하며, 느리고 검약적이다. 튜더가 공포스럽지만 인간적이기도 한 그림을 구축할 때에 공명하며 지체되는 이미지들의 절제된 축적이다. 그 그림의 일관된 서정성은 놀라울 정도이다. 「울림」은 미학적으로 잉그마르 베리히만(「제7의 봉인[The Seventh Seal]」)을 상기시키는데, 이 발레가 스톡홀름에서 처음 공연된 것은 우연이 아니다. 이 도시의 눅눅한 북부적 분위기, 수수한 빛깔, 깨끗하고 정돈된 건축 스타일이 이 춤들에 배어 있다. 더구나 이 스웨덴 발레단은 이런 종류의 미학에 신출내기가 아니었다. 그것을 이끄는 것은 안무가 비르이트 쿨베리였다. 그녀는 튜더에 깊이 공감했으며, 그녀의 작품은 쿠르트 요스, 마리 비그만, 독일 현대 무용의 영향을 받았다. 튜더는 자신의 세대에서 이런 중앙 유럽의 무용 운동과 러시아 고전 발레 사이에 관계를 구축하는 몇몇 발레 안무가들 중 한 명이었다. 그는 여기서 집에 온 것처럼 편안했다.

「트럼펫들의 울림」은 절절히 유럽적인 발레이기도 했다. 1963년 즈음 전시 잔혹행위들의 완전한 범위와 의미가 유럽 대륙 전역에서 막 팽팽한 논란의 주제로 재부상하기 시작했다. 「울림」은 이런 문화적 자기 재심문의 일부였다. 그리고 그것은 무엇보다도 튜더가 더 이른 시간과 장소에 속한다는 것을 생기시켰다. 비록 전후 미국에서 경력을 쌓았을지언정 그의 가장 깊은 친화성은 유럽과 과거에 있었다. 그의 최고의 작업은 1930년대와 1940년대에 런던과 뉴욕 사이에서 양다리를 걸친 채 이루어졌다. 그의 춤들의 긴장과 심리적 측면은 흔들리는 에드워드 시대의 도덕과 뒤이은 전쟁의 혼란에 뿌리내리고 있었다. 그의 작업을 형성한 주제들인 폭력과 억제된 불안, 슬픔과 붕괴된 공동체들은 문명이란 기껏해야 얄팍한 허식에 불과하다는 느낌에서 나왔다. 이는 당시 너무나 많은 예술가들이 공유하던 생각이었다. 「울림」은 이런 주제들로의 복귀였다. 그리고 그의 가장 큰 창조성의 원천으로의 복귀이기도 했다.

이렇듯 튜더는 비록 전쟁 중에는 뉴욕에서 적소를 발견했을지언정 전후 미국에서는 한번도 진정으로 편안하게 느끼지 못했다. 미국의 밝고 피상적인 낙관주의는 그의 예술의 주요 동기인 어두운 주제들 및 억압된 섹슈얼리티와 거의 무관했다. 1960년대에 들어서 청년 운동이 대세가 되자 그는 점점 더 문화적으로 방향을 잃은 듯이 보였다. 난교와 마약에 대한 제자들의 관심이 점증하자 그는 정말로 질겁했다. 1964년 그는 속세의 모든 소지품들을 기부하고 미국 제일 선(禪) 협회로 들어가서, 자기 물건이라고는 책상 하나와 얄팍한 매트리스밖에 없는 작은 방에서 살았다. 그는 선불교도 지도 원리 목록을 만들기도 했다. 이는 물병자리의 새 시대(점성술에서 자유, 평화, 우애의 시대로 믿은 1960년대에서 2000년까지/역주)에 대한 그의 이의를 설명하기 위해서 쓰인 원리였지만, 그의 예술을 설명하기 위해서 쓰였을 수도 있다. "질서, 질서, 가능한 가장 위대한 질서를 준수하라. 숨겨진 관행을, 비밀 활동을 준수하라. 열심과 진심을 준수하라(기만은 안 된다). 선에서 독단적 교리는 없다. 선에는 아무것도 버릴 것이 없다. 선에서는 아무것도 위장 속에 표현되지 않는다." 튜더에게 선은 도피처라기보다는 친밀감과 동일감으로 보였다. 특히 그의 예술의 그렇게나 중요한 원천이던 긴장을 결국 억제하고 통제하는 방법 같았다. 그렇지만 그 대가는 컸다. 짐작컨대 그가 평화와 평온에서 얻은 것을 예술에서는 잃었을 것이다.[11]

튜더의 전작은 아주 소규모이다. 그렇지만 그의 많지 않은 지속적인 춤들은 전체적 접근과 전통을 대변하게 되었다. 그는 역사적으로 프랑스 계몽주의와 장-조르주 노베르의 18세기 발레의 계승자였다. 튜더는 춤은 스토리를 이야기하고 말로는 전할 수 없는 진실을 전해야 하며, 발레는 진지한 주제와 감정을 담을 수 있다는 노베르의 믿음을 공유했다. 노베르가 스토리 발레의 아버지였다면 튜더는 그것에 내면의 목소리를 준 아들이었다. 그가 (노베르와 마찬가지로) 내면의 감정을 **나타내지 않았다**는 것은 강조할 가치가 있다. 그는 그보다는 그 감정이 어떤 모습인지 **보여주었다**. 거리, 즉 외부로부터의 들여다보기는 그의 예술의 가장 중요한 특성이었다. 하지만 그의 무용수들에게 그런 복잡성과 현대적 외형을 준 것은 그의 음악 선택이기도 했다. 그는 말러와 쇤베르크와 마르티누에게서 자신의 안무적 목소리를 발견했는데, 이는 어느 정도는 그가 독일 현대 무용에서 아이디어를 끌어와서 그것을 고전 발레의 체에 걸렀기 때문일 것이다.

튜더의 발레들은 전쟁, 성, 폭력, 소외 등 진지한 주제에 대한 발레들을 만들기를 열망하는 신세대 예술가들을 자극했다. 그중 여럿이 그와 마찬가지로 아메리칸 발레 시어터를 위해서 일했다(혹은 거쳤다). 그렇지만 그의 유산은 아무리 통렬하게 느껴질지언정 가짜라는 것이 밝혀졌고, 그들의 작업은 그의 본보기와 단호하게 절연했다. 그는 모더니스트인 동시에 신고전주의자였고, 그의 언어는 육체적, 감정적 통제에, 구조와 억제에 의지했다. 그들의 언어는 그렇지 않았다. 예를 들면 자기 세대의 가장 재능 있는 안무가들 중 하나이자 튜더가 칭찬하고 적극적으로 북돋운 예술가인 체코 출신 안무가 이르지 킬리안(1947-)을 떠올려보자. 튜더는 킬리안에게 사후에 자기 발레들을 관리해달라고 부탁하기까지 했다. 킬리안은 거절했지만, 1980년 야나체크의 음악에 맞춘 「웃자란 길(Overgrown Path)」에서 이 연상의 안무가에게 경의를 표했다. 이 발레는 튜더에게 헌정되었는데 그 이유는 첫눈에 알 수 있다. 「검은 애가」 및 「지는 잎새들(Leaves Are Fading)」과 마찬가지로, 그것은 중앙 유럽 시골 사회의 슬픔과 추억에 대한 것이었고, 발레와 현대 무용이 융합된 표현 형식을 사용했다.

그러나 비슷한 점은 거기서 끝난다. 킬리안은 근육적 긴장을 정제하고 농축시키는 대신 육체를 편안하고 흐르는 듯한 움직임과 프레이즈로 풀어놓는다. 그는 숨기는 대신 모두 말하고, 감정이 쇄도하고 넘쳐나서 완전히 표현되게 한다. 튜더가 그의 발레들을 춤출 때 요구한 극심한 근육적, 심리적 통제는 필요 없다. 이 발레의 움직임은 그 반대로 자연스럽고 자유로운 느낌이다. 튜더가 발레 테크닉을 조였다면 킬리안은 풀었다. 명백해 보였지만, 가짜인 또 한 명의 상속자가 영국의 케네스 맥밀런이었다. 그는 1984년 발레 시어터에서 준단원이 되었다. 강간과 죽음에 대한 춤들로 유명한 그가 튜더의 길을 따르는 것은 자연스러운 선택으로 보였다. 하지만 튜더가 「역류」에서 지나친 심리적 환원주의의 입장에 선 것이 실수 때문이었다면, 맥밀런은 이런 종류의 조악하게 팬터마임화된 폭력을 지도적 예술 원리로 선택했다. 맥밀런의 사전에서 감정은 겁에 질리고 고통스러운 것이었으나, 튜더에게는 기껏해야 긴장되고 형식적인 것이었다.

튜더는 20세기의 심리적 스토리 발레 전통이라는 새로운 형식의 출발에 서 있었던 것으로 보일지 모른다. 심지어 본인에게도 그렇게 보였을 수 있지만 그는 그렇지 않았다. 그의 경력은 대신 노베르에 의해서 처음 정교화된 전통의 종말을 뜻했다. 그 종말은 킬리안이나 맥밀런이 그 판으로 들어오기 훨씬 전에 왔다. 튜더는 1930년대와 1940년대에 갑자기 멈추었는데, 거기가 그가 이야기하는 스토리였고 거기가 그의 재능의 한계였다. 오늘날 그의 발레들이 구조적으로는 탄탄하지만 감정적으로는 밋밋해서 텅 빈 껍데기처럼 보이더라도 별로 놀랄 필요는 없다. 「라일락 정원」과 「불기둥」 같은 춤들은 처음 창작되던 때조차 죽어가는 유럽 세계를 회고했고, 「트럼펫들의 울림」은 그 세계를 무덤에 안치했다. 한때는 이 춤들에 생기를 불어넣던 잡히지 않는 기억과 일순간의 감정을 오늘날의 무용수들이 이해하거나 재창조할 수 없는 것은 비난할 일이 아니다. 더욱이 튜더의 강렬함과 그가 무용수들과 일하던 방식은 재생산될 수 있는 것이 아니었다. 이 또한 그 시대의 산물이었다. 오늘날의 무용수들은 그의 발레들을 시대물로 접근한다. 그들에게 다른 어떤 선택이 있겠는가? 그렇지만 이는 그들을 진지하고 예스러워 보이게 만든다.

모두가 제롬 로빈스를 안다. 그의 경력은 1930년대 후반부터 1998년 사망 시까지 60년에 걸쳐 있었다. 그는 1964년까지 브로드웨이에서 일하면서 「콜 미 마담(Call Me Madam)」, 「피터 팬(Peter Pan)」, 「웨스트 사이드 스토리(West Side Story)」, 「집시(Gypsy)」, 「지붕 위의 바이올린(Fiddler on the Roof)」의 초연 제작들을 비롯한 여러 작품들을 안무하거나 감독했다. 그는 영화 「웨스트 사이드 스토리」의 최고의 춤 장면들(그는 예산을 초과하는 제작오류로 해고되었다)과, "토머스 아저씨의 작은 집(The Small House of Uncle Thomas)"을 비롯하여 「왕과 나(The King and I)」의 춤 장면들을 책임졌다. 그러나 브로드웨이는 이야기의 일부에 불과했다. 1946년부터 1956년까지, 그러다 다시 1969년부터 생의 마지막까지, 로빈스는 뉴욕 시티 발레에서 일하면서 50편 이상의 발레들을 안무했다. 그중에는 「목신의 오후(Afternoon of a Faun)」, 「우리(The Cage)」, 「모임에서의 춤들(Dances at a Gathering)」이 있었다.

제롬 로빈스는 1918년 뉴욕 시에서 (대통령의 이름을 따서) 제롬 윌슨 라비노비츠라는 이름으로 태어났다. 부모는 둘 다 러시아계 유대인이었다. 어머니는 소녀 시절인 1893년 민스크로부터 도착했고, 아버지는 1904년 빌나 인근

로잔카의 유대인 촌락으로부터 (러시아 군대의 징집을 피해) 달아나서 뉴욕시의 형들에게 합류했다. 가족은 이스트 97번가에서 유대식 조제식품 판매점을 했다. 고전적인 이민 이야기였고, 로빈스의 삶은 구세계에 대한 강렬한 감정적 애착과, 신세계에 동화되어서 새로운 애착을 만들려는 상반되지만 마찬가지로 강력한 열망으로 얼룩졌다.

추억도 한몫을 했다. 로빈스가 겨우 여섯 살 때 어머니는 그를 (그 무렵에는 폴란드였고 레잔케라고 이름이 바뀐) 로잔카로 데려가서 할아버지를 방문했는데, 본인의 말처럼 그를 먼 유대인 촌락의 과거로 데려가서 깊고 지속적인 인상을 남긴 여행이었다. 다른 추억들은 가족과 함께 살기 위해서 온 할머니로부터 왔는데, 그녀는 이디시어를 했고 유대식 식사를 차렸다. (로빈스의 아버지가 조제식품점을 포기하고 콤포트 코르셋 회사를 운영하기 위해서) 그들이 뉴저지의 위호켄으로 옮기자 부모는 유대인 공동체에서 적극적으로 활동했다. 제리는 유대교 율법을 공부했고 유대교 성년식을 치렀다. 그렇지만 후일 동네 소년들에게 유대인이라며 조롱당하던 굴욕과, "이 모든 것에 '됐어요'"라고 말하고 싶었던 불타는 열망에 대해서 회고하기도 했다.[12]

그의 부모는 야심에 차 있었고 제리와 그의 누나 소니아에게 예술 교육을 시키기를 열망했다. 아버지는 라디오에서 (또 한 명의 러시아계 유대인인) 에디 캔터를 즐겨 들었고 그의 연예계적 재능과 성공에 즐거워했다. 소니아는 춤을 추었고 (자유로운 영혼의 스타일 면에서 양어머니 이사도라를 꼭 닮은) 어마 덩컨의 순회 공연단에 합류했다. 제리는 음악을 공부했다. 그는 영재 비슷해서 네 살에 피아노를 연주하고 작곡했다. 사실 춤과 음악은 부모의 세계로부터 벗어날 승차권이 될 예정이었다. 그리하여 비록 아버지는 춤에 대한 아들의 관심이 너무 여자 같다며 크게 반대했지만, 1936년 로빈스는 코르셋 공장의 일자리를 정중하게 거절하고 뉴욕에서 진지하게 공부하기 시작했다.

그는 오만가지 교습을 받았다. (정치적으로 급진적인 뉴 댄스 그룹에서) 마사 그레이엄 및 마리 비그만 풍의 "예술 무용", 플라멩코, 동양 무용, 연기, 작곡이었다. 그는 파블로바와 춤추었던 러시아화된 미국인 엘라 다가노바로부터 발레를 공부했다. 그는 교습비를 내기 위해서 그녀의 연습실 바닥을 쓸었으며, 발레의 스텝들과 조합들을 열광적으로 공책에 기록했다. 그렇지만 가장 중요한 것은 세니아 글루크-산도르, 즉 폴란드계 유대인인 새미 글루크였다. 그는 미하일 포킨과 함께 작업했으며, 보드빌 순회공연에서 공연했고, 독일에서 비그만과 함께 공부하기도 했다. 글루크-산도르는 작은 연습실과 댄스 센터라는 극장을 가지고 있었다. 그는 그곳에서 러시아 발레들과 진지한 주제를 가진 현대 무용들을 선보였는데, 예를 들면 스페인 내전에 대한 발레와 랭스턴 휴스의 시들에 맞추어 인종에 대한 춤을 창작했다.

로빈스는 I. J. 싱어의 희곡을 각색해서 글루크-산도르가 안무한 「아슈케나지 형제들(The Brothers Ashkenazi)」을 이디시 예술 극장에서 공연하기도 했다 (로빈스는 혁명 군중 속에서 "인터내셔널가"를 불렀다). 그는 1930년대 후반에는 또 하나의 좌경적이면서 주로 유대적인 집단인 캠프 터미먼트에서 여름들을 보냈다. 거기서 그는 빌리 홀리데이의 "이상한 과일(Strange Fruit)"에 맞춘 춤을 창작했고, 길버트와 설리번의 「미카도(Mikado)」의 이디시어 버전을 대니 케이와 함께 작업했다(그들은 그것을 「데어 리흐티가 미카도[Der Richtiga Mikado]」라고 불렀다). 그는 뉴욕으로 돌아와서 브로드웨이와 조지 발란신이 안무한 쇼들에서 지미 듀랜트, 레이 볼저, 재키 글리슨과 나란히 춤추었다. 발레 훈련은 최소한이지만 극장 경험은 많았던 로빈슨은 1939년 방법을 바꿔서 루시아 체이스의 초창기 발레 시어터에 합류했다. 그는 레오니드 마신, 미하일 포킨 같은 러시아 발레 마스터들과 함께 일했다. 포킨은 「페트루슈카」의 주역을 맡은 그를 개인적으로 지도했는데, 1911년 바츨라프 니진스키가 초연한 바로 그 역이었다. 사실 로빈스는 니진스키에게 평생 관심을 가졌다. 그의 「목신의 오후」는 로빈스의 가장 잊을 수 없는 발레들 중 하나에 영감을 주게 될 것이었다. 그는 니진스키의 삶에 기초한 영화를 만들려고 수 년간 노력했고, 니진스키와 마찬가지로 톨스토이에게 매혹되었다.

사회와 불화하는 따돌림받는 인형이지만 어여쁜 발레리나의 사랑을 얻으려고 필사적인 페트루슈카 배역은 로빈스와 깊이 공명했다. 그는 이 배역을 작업하면서 이후 수 년간 그를 인도할 아이디어와 주제를 예고하는 노트를 혼자 작성했다. 그의 페트루슈카는 "적절한 사회 관행들에 정신적, 도덕적으로 맞서는 남다르고 '이상한' 개인이 될 것이다. 발레리나는 지극히 사랑하는 존재일 수밖에 없다. 마법사와 벽들은 적절한 사회의 기준, 관행, 냉혹하고 무정한 자기중심주의이다." 니진스키가 이 배역을 하는 것을 보았던 베라 스트라빈스키는 로빈스가 훨씬 감동적이었다고 맹세했다. 스스로의 껍질을 벗고 스스로의 과거에서 떠나려고 싸우는 제롬 라비노비츠의 페트루슈카에는 대단한 무엇인가가 있었다고 생각해도 무방할 것이다(그는 1944년 이름을 정식으로 바꾸었다).[13]

로빈스의 초기 훈련은 이렇듯 두 기둥들 위에 놓여 있었다. 다방면에 걸친 무용 스타일들을 흡수하고 아우른 보드빌 및 브로드웨이의 유대계 극 전통과, 더 좁지만 더 깊은 러시아적 발레 전통이었다. 러시아적 기둥은 특히 중요했다. 로빈스는 그중에서도 스타니슬랍스키와 포킨의 모더니즘을 지속적으로 접했다. 그들 둘 다 너무 자연스러워서 (포킨이 말했듯이) "삶 자체로부터" 솟아난 듯 보이는 스타일을 선호했고, 인위성을 삼가는 현실적이고 자연스러운 극을 옹호했다. 페트루슈카의 춤추기의 기초는 고전적이었지만, 그의 고통스러운 삶과 감정의 파생물로서 들쑥날쑥 서툴고 불균형적이기도 했다. 이와 비슷하게, 우리가 살펴보았듯이 스타니슬랍스키의 배우들은 열변을 토하지 않고 보통 목소리로 말했는데, 그것은 심지어 은밀한 목소리이기도 했다. 그들은 "연기"하지 않았다. 대신 자신들의 과거를 탐색해서 자기 등장인물과 어울리는 개인적인 감정적 경험들을 찾아냄으로써 진정한 진짜 감정을 만들었다. 스타니슬랍스키와 포킨 둘 다 공연을 위해서 방대한 조사를 했고, 자신이 무대 위에서 재생산하고 싶은 세계들의 역사적, 문화적 세부사항들에 몰두했다.

뉴욕에서 스타니슬랍스키의 아이디어는 엘리아 카잔 및 말런 브랜도와 결부되는 확연히 미국적인 연기 스타일의 기초가 되었다. 로빈스는 이 세계에 처음부터 깊이 연루되어 있었다. 그의 스승인 글루크-산도르는 그룹 시어터 및 카잔과 공동 작업했다. 카잔과 셰릴 크로퍼드가 1947년 액터스 스튜디오의 설립을 진행하자 말런 브랜도와 (당시 로빈스의 연인이던) 몽고메리 클리프트는 거기서 공부했다. 로빈스도 그랬다. 크로퍼드는 「웨스트 사이드 스토리」(1957)의 초연 제작자들 중 한 사람이 되었는데(그녀는 나중에 이 기획을 떠났다), 로빈스에게 이 뮤지컬의 아이디어가 처음 떠오른 것은 「로미오와 줄리엣」을 현 시점의 "우리 세대" 스타일로 어떻게 공연할 것인지를 두고 클리프트와 작업하던 중이었다. 로빈스는 액터스 스튜디오의 특징인 의도에 대한 면밀한 집중을 자신의 작업과 통합시켰다. 그는 움직임의 원천과 동기에 대한 냉정한 정밀 검토로 유명해질 것이었다. 움직임은 진짜여야지, 가짜거나 연기면 안 되었다. 그는 즉흥성과 공동 난상토론을 강조하는 액터스 스튜디오의 실험적이고 워크숍적인 접근에도 끌렸다.

로빈스의 초기 작업에서 스타일에 대한 치열한 몰두가 두드러지는 것은 놀랄 일이 아니다. 움직임이라는 것이 사람들이 살아가는 방식과 믿는 것으로부터 어떻게 발달하는지에 대한 몰두였다. 그는 자신의 춤들을 방대하게 연구했고, 등장인물들이 너무나 그들다워서 춤추고 있다는 것을 알아차리기도 힘든 움직임을 창작했다. 1944년 그는 발레 시어터를 위한 「팬시 프리(Fancy Free)」를 작업하기 시작했다. 그것은 미국적이고 토착적이고 재즈적이라는 점에서 획기적 제작물이었고, 로빈스와 레너드 번스타인(1918-1990) 사이의 최초의 공동 작업이기도 했다. 둘 다 스물다섯 살이었고 직접적 연관성도 있었다. 번스타인은 로빈스와 마찬가지로 러시아계 유대인 이민자의 아이였고, 그 역시 뮤지컬 예술에서 확연히 미국적인 스타일을 창조하기를 열망했다.

「팬시 프리」는 뉴욕 시에 상륙 허가를 받은 선원들에 대한 발레였지만 할리우드적인 시시껄렁한 이야기는 아니었다. 나라는 전쟁 중이었고 로빈스는 이런 젊은이들에 대해서 있는 그대로의 경험을 접하기를 바랐다. 이 발레를 준비하면서 그는 브루클린 해군 공창에 갔고 미국 해군의 위스콘신 호에서도 시간을 보냈다. 안무는 기술적으로 부담스러웠다. 그러나 보기에는 편안하고 태평한 것이 마치 발레적 속어(ballet slang) 같았다. 공중 2회전은 다리찢기로 마무리되었고, 옆으로 재주넘기와 빠른 보조의 코믹 시퀀스들도 있었다. 금관악기적이고 재즈색이 강한 번스타인의 음악은 로빈스가 추구하던 급박함과 에너지를 담아냈다. 바로 미국의 소리와 표정이었다. 한 평론가는 이 발레에 「빌리 더 키드」 같은 "토종" 발레들의 특징이던 "'민속적인' 소재에 대한 교태 어린 과시"가 없는 것에 감사했다.[14]

「팬시 프리」가 얼마나 성공적이었던지, 로빈스와 번스타인은 그것을 작가 베티 캄든, 아돌프 그린과 함께 브로드웨이용으로 발전시켰다. 그것은 이듬해에 「춤추는 대뉴욕(On the Town)」으로 개막되었다. 이 쇼는 발레보다도 더 비정하고 더 많은 정치적 함의를 담았다. 이 팀이 대본 작업을 한 것은 노르망디 상륙작전 중이었다(캄든의 남편은 해외 복무 중이었다). 그들은 시내에서의 하룻밤이 마지막 밤이 될 수도 있는 젊은 수병들의 들떴지만 긴장된 패기를 포착하려고 노력했다(이런 분위기는 진 켈리와 프랭크 시나트라의 명랑한 할리우드 영화에서는 완전히 사라졌다). 그러나 이것이 전부는 아니었다. 주역인 (아버지가 멀리 서쪽 수용소에 억류되어 있는) 전형적인 미국 소녀 역은 일본계 미국인 무용수 소노 오사토가 맡았고, 무대 위에는 흑인 무용수들과 가수들이 백인 연기자들과 섞여 있었다.

「춤추는 대뉴욕」은 엄청난 성공을 거두었고 로빈스의 경력은 급상승했다. 그는 브로드웨이와 발레 무대 사이에서 이중생활을 하면서 최소한 20년간 그의 창조성의 동력이 될 패턴을 수립했다. 브로드웨이에서 그는 춤들을 안무했고 세간의 이목을 끄는 쇼들을 줄줄이 감독했다. 그러니 로빈스는 발레에 죽도록 진지하기도 했다. 비록 그가 브로드웨이 제작물들로서 가장 유명했지만 이에 속아서는 안 된다. 그는 경력을 발레 시어터에서 시작했고, 30년 이상을 NYCB에서 보냈을 뿐 아니라, 브로드웨이에서 일하는 중간에 자신의 발레단인 발레 USA(Ballets USA)를 설립해서 유럽과 극동에서 순회공연을 하기도 했다. 발레는 그의 예술의 주춧돌이었다. 단지 스텝들만이 아니라 발레가 대변하는 모든 것이 그랬다.

로빈스의 초기 발레들 중 여럿이 소실되었다. 그러나 현장에 있었던 사람들은 그 작품들이 종종 어두웠고 거의 튜더 같은 분위기였다고 말하는데, 사진들도 이것을 확인해준다. 예를 들면 「복제(Facsimile)」(1946)는 번스타인의 음악에 맞춰 노라 케이와 휴 랭을 위해서 안무되었다. "배경: 외로운 곳." 동작: 입맞춤, 유혹, 거부, 육체들의 뒤엉킴이 폭력으로 치닫다가 케이가 "그만!"이라고 외치고 그들 모두 돌연히 무대를 떠난다. 아니면 1949년 미국 작곡가 마크 블리츠스테인의 음악에 맞추어 창작한 「손님들(The Guests)」이 있었다. 그것은 포함된 자들(이마에 점이 찍힌 무용수들)과 배제된 자들(점이 없는 무용수들)에 대한 발레였다. 점 찍힌 남자와 점 없는 여자가 사랑에 빠지고, 그들을 어떻게든 갈라놓으려는 사회적 관습들과 눈먼 편견들로부터 달아나기 위해서 싸운다. 이듬해에는 W. H. 오든의 시에 맞춰 다시 번스타인의 곡과 함께한 「불안의 시대(The Age of Anxiety)」(1950)가 등장했다. 이는 장애와 방해가 가득한 심란한 감정적 풍경이었고, 펜싱 마스크를 쓴 불길한 남자들과 죽마 위에서 쓰러지는 검은 두건의 인물이 등장했다. 모턴 바움은 이 작품이 "전체 세대의 기본 정서"를 포착했다고 생각했다. 사회학자 데이비드 리스먼이 "외로운 군중"에 대해서 썼다면, 로빈스는 그것을 무대 위에 올렸다.[15]

 1년 후 로빈스는 역사상 최고로 흉하고 심란한 발레들 중 하나를 창작했다. 「우리」는 흉포한 여성 곤충들이 남성 침입자들에게 접근해서 살해하고 먹으면서 노골적인 성적 쾌락을 즐기는 25분짜리 난교 파티이다. 그것은 스트라빈스키의 음악만큼이나 가차 없고 맹렬하며 더불어 통렬하기도 하다. 발레가 시작되면 한 애벌레가 (초연에서는 노라 케이가 공연한 새내기가) 태어난다. 그녀는 입회해서 부족 방식으로 걷고 움직이고 살해하는 것을 배운다. 로빈스는 우리에게 그들의 언어를 가르치는데, 그것은 벌레 같은 것이 아니라 고전적 스텝들의 작은 표현 형식으로 짜넣어진 공격과 공포의 움직임들에 기초한다. 육체들이 자기 방어로 과도하게 움츠러드는 가운데 시선들이 던져진다. 포획망을 던지고, 옥죄고, 튼튼히 하는 움직임들이 폭넓은 에샤페(Échappé : 양발이 1번이나 5번 포지션으로 닫혀 있다가 2번이나 4번 포지션으로 열리는 움직임/역주), 돌진하는 아라베스크, 쿵쿵대는 부레(bourrée : 파 드 부레[pas de bourrée]. 가볍고 잘게 발을 옮겨놓는 스텝/역주)로 표현된다. 새내기는 한 침입자와 사랑에 빠진다. 그들은 갈망하는 파 드 되를 춤추는데, 그것은 조악하고 야만적인 표현 형식을 억지로 부드럽게 만드는 연가이다. 하지만 결국 본능과 집단이 사랑보다 강하다는 것이 밝혀진다. 그녀는 그의 목을 의례적으로 자른다. 그 후 그녀는 그를 발로 차고 밟아서 끝장내고, 그 힘에 시체는 (무대 한복판에서) 덜컹거리고 흔들린다. 발레는 광란의 집단 탐식과 허벅지를 비비는 오르가슴적 만족으로 끝난다.

「우리」는 로빈스의 위대한 발레들 중 하나이다. 1951년 개막 당시 평론가들은 그 흉포함에 질겁했다(네덜란드 정부는 처음에 그것을 "외설적"이라는 이유로 금지했다). 로빈스는 대중의 반응에 즐거워했다. "왜 몇몇 사람들이 「우리」에 그렇게 충격을 받는지 모르겠다." 그는 빈정거렸다. "정말이지 「지젤」 2막의 현대적 시각화일 뿐인데." 솟구치는 서정성을 가진 고전 발레는 긍정과 인간의 가능성의 언어이다. 지젤은 죽음에 이르기까지 사랑을 계속하는 것이다. 로빈스도 분명 그 형식 언어를 사용했지만 문법을 비틀고 속박해서 그것을 타도했다. 새내기에게 가능한 것은 갈망뿐이다. 그녀에게는 사랑의 표현 형식이 없고, 우리는 그 결핍을 강렬하게 느낀다.[16]

1953년에 로빈스는 1911년 니진스키의 안무로 파리에서 초연된 발레인 「목신의 오후」를 자신의 버전으로 만들었다. 드뷔시의 곡에 맞춘 로빈스의 발레는 발레 연습실을 배경으로 연습복을 입은 두 무용수들 사이의 파 드 되이다. 관객은 네 번째 벽이자 무용수들이 들여다보는 연습실 거울이다. 이 발레는 맨가슴에 타이즈를 신은 남자가 그냥 걸어다니는 것처럼 바닥에서 느릿느릿 스트레칭을 하는 것으로 시작된다. 여자가 들어온다. 그들은 함께 또 따로, 바에서 또 파트너가 되는 프레이즈들에서 춤을 춘다. 움직임은 단순하고 감각적이지만 외면적 감정은 냉정하게 결핍되었다. 무용수들은 소통하지 않는다. 대신 거울로 스스로를 바라보고, 함께 춤추면서 자신의 형태들을 탐구한다. 어느 순간 그들은 멈추고, 그녀는 거울에서 시선을 떼지 않는 채 옆모습을 보이면서 양무릎을 구부리고 앉는다. 그는 돌아서서 그녀를 쳐다보며 뺨에 입을 맞춘다. 그녀는 그러도록 지켜보다가 천천히 손을 올려 그 자리를 만진다. 그녀는 그에게로 몸을 돌린다. 그들의 시선이 순간적으로 마주치지만 그녀의 응시는 거울로 돌아간다. 곧 그녀는 느릿느릿 푸앵트로 걸어서 방을 떠나고 그는 바닥에, 그가 시작했던 곳에 눕는다.

이 춤은 (니진스키의 춤과 마찬가지로) 흔히 나르시시즘에 대한 탐구로 읽힌다. 그러나 이런 독해는 중요한 점을 놓치고 있다. 로빈스가 포착한 것은 동작을 수행하는 무용수들의 냉정하고 분석적인 집중이었는데, 역설적이게도 그 동작들은 관능적이기도 했다. 우리가 보는 것은 자기애(자신이 비치는 모습을 감탄하며 응시하는 나르시스)가 아니라 친밀함과 에로티시즘의 극도로 무심하고 비인격화된 형태이다. 무용수들은 **실제로** 가깝다. 하지만 그들의 감정들은 춤추기로부터, 더불어 연습실에 함께 또 따로 있다는 사실에서 발생하지 어떤 성적이거나 사회적인 접촉과도 무관하다. 관객에게 그 효과는 혼란스럽다. 우리는 극도로 사적인 순간을 주시하고 있지만 그러면서도 의도치 않게 그것에 참여하고 있는 것이다. 무용수들이 자신과 서로를 보는 것은 **우리를 통해서이다**. 그들은 무장해제라도 시키듯이 똑바로 우리를 본다. 우리를 통해서 본다. 후일 로빈스는 연습실에서 스트레칭하는 무용수를 보고 영감을 받았다고 말했다. 사실 그는 연습 시간과 무용수들의 작업방식을 비공식적인 새로운 종류의 춤의 출발점으로서 선택할 발레들을 여럿 창작할 것이었고, 「목신」은 그 첫 번째였다.

발레는 번스타인의 음악, 스티븐 손드하임의 가사, 올리버 스미스의 무대장치, 아서 로런츠의 대본으로 1957년 개막된 「웨스트 사이드 스토리」의 배후에도 있었다. 로빈스가 처음 상상한 것은 뉴욕의 로어 이스트 사이드에서 경쟁하는 유대계와 가톨릭계 가문들의 「로미오와 줄리엣」이었다(이 작품의 가제는 「이스트 사이드 스토리」였다). 그렇지만 뉴욕과 로스엔젤리스에서 잔혹한 갱단 대립들이 고조되어서 뉴스를 강타하자 배경이 옮겨졌다. 「웨스트 사이트 스토리」는 맨해튼의 어퍼 웨스트 사이드의 푸에르토리코, 폴란드 갱들에 초점을 맞추었다. 푸에르토리코인들은 새로운 유대인이었다. 그들은 훨씬 투박하고 폭력적으로 행동하는 폴란드인들과 달리 문화와 관습을 가진 이민자였다.

「웨스트 사이드 스토리」는 로빈스가 알고 관심이 있던 모든 것의 요약이었다. 이것은 그의 발레들의 진지한 주제들을 대중적 장으로 가져온 쇼였다. 분열된 공동체와 편견, 폭력, 배타적 헌신이 개인의 삶을 파괴하는 방식에 대한 쇼이면서, 고전 발레의 절제된 형식을 사용해서 거친 거리의 방언을 벼려낸 쇼이기도 했다. 그것은 아래로는 보드빌에, 위로는 오페라에 도달했다(번스타인은 그것을 "미국식 오페라"라고 부르기를 좋아했다). 하지만 그것은 무엇보다도 진정한 사회적 문제들에 근거한 미국적 비극이었다. 반짝거리는 것은 아무것도 없었다. 이 쇼는 관례적인 열렬한 춤의 피날레로 끝나지도 않았다. 대신

관객들은 죽은 시체들이 흩뿌려진 무대와 함께 남겨졌다.[17]

리허설을 준비하면서 로빈스는 갱단들의 문화와 영역 싸움에 몰두했다. 그는 뉴욕의 스페인어 사용자 거주지역을 들락거렸고 문제 많은 푸에르토리코 구역의 고등학교 무도회에 참석했다. 그는 맨해튼 시내에서 진짜 패싸움이 시작되는 것을 어찌어찌 지켜보기까지 했다. 그는 친구에게 이렇게 편지했다. "그 애들은 압력솥처럼 살아. 항상적 긴장감이 있지. 아이들이 어떻게 분출할지 모르는 흐름을 가졌다는 느낌이야." 다른 경우에 그가 브루클린에서 참석한 무도회에서는 라이벌 갱단들이 마주쳤다. 그는 그들의 춤들을 면밀히 탐구하면서 형식뿐 아니라 움직임 이면의 감정에도 주목했다. 그는 자신의 놀라움을 이렇게 기록했다. "나는 그들이 자기 세계에 대해서 가진 느낌에 놀랐다. 오만함이라는 말은 정확하지 않다. 일종의 미친 확신이다."[18]

로빈스는 액터스 스튜디오에서의 초기작들과 브랜도와 제임스 딘이 사용하던 테크닉들에 의지했다. 출연진을 갱단들의 싸움에 대한 신문 기사와 연구의 집중포화로 공격한 것이다. "이걸 읽어. 이게 너의 삶이야." 로빈스는 제트파와 샤크파가 무대 밖에서 어울리는 것을 금지했다. 그리고 그들의 사생활에서 개인적이고 가끔은 고통스러운 사건들을 가차 없이 드러냄으로써 그들을 서로 맞붙였다(로빈스는 리프 역의 미키 캘린을 나가떨어지게 만들었고 결국 궁지에 몰고서는 답을 요구했다. "내가 미운가?" "아닙니다, 선생님." 캘린은 대답했다. "글쎄," 로빈스는 쏘아붙였다. "오늘밤 무대로 가기 전 뭔가 미운 점을 생각해내면 좋겠구나"). 그는 제트파와 샤크파가 강제 수용소의 나치들과 유대인들을 연기하는 워크숍까지 조직했다. 그는 (「웨스트 사이드 스토리」 영화에서 마리아 역을 연기한 나탈리 우드가 주연한) 「이유 없는 반항(Rebel Without a Cause)」을 관람했다. 제트파의 지도자인 리프가 딘과 브랜도처럼 무엇인가 뒤틀리고 억눌린 에너지를 가진 것이나, 번스타인이 브랜도가 주연한 「워터프론트(On the Waterfront)」(1954)의 음악 역시 작곡한 것은 우연이 아니다.[19]

아마 「웨스트 사이드 스토리」의 최고이자 가장 대표적인 춤은 제트파의 통제되고 내파적이며 태평한 춤 "쿨(Cool)"일 것이다. 이 춤에서 로빈스는 거리의 거칠고 폭력적인 에너지를 끌어들여서 "식히기" 위해서 발레의 육체적 단련을 사용한다. 제트파는 걷고 활보하고 뛴다. 그러다 가끔 폭발적으로 점프하거나 한 바퀴 돌거나 피루에트를 한다. 그렇게 빠르게 이동하는 것은, 걸어가다가 로빈스가 묘사했듯이 "권총을 쏘는 것처럼" 한껏 발차기를 하거나 투르 앙 레르(tour en l'air : 몸을 곧게 펴고 공중으로 점프해 두 번 이상 회전하고 착지하는 스텝/역주)를 하는 것은 몇 초만에 0에서 60으로 가속하는 것과 비슷하다. 여기에 요구되는 추진력은 엄청나다. 유일한 방법은 에너지를 내부로 모아서 몸의 중심부에 집중시켰다가 단번에 방출하면서 폭발시키는 것뿐이다. 발레는 육체가 이런 종류의 정확성과 절제력을 가지도록 훈련시킨다. 그러나 "쿨"에서 대부분의 연기자들은 사실 발레 훈련을 받지 않았다(캘린은 전직 스턴트맨이었다). 중요한 것은 그 점이었다. 로빈스는 그들에게 허세 없는 규범들을 주었다. 그들은 고전적으로 도출된 스텝들을 밟을 때조차 거친 거리의 아이들처럼 보였다. 나아가 "쿨"이 발레처럼 보이지 않는 것은 로빈스가 움직임들을 짧게 끊어내고 거리의 낮은 웅크림으로 급속히 돌려보냈기 때문이다. 폭발적인 점프는 완전한 높이에 다다르기 전에 억제된다. 이것은 움직임의 전체 성격을 변화시킨다. 에너지는 과잉되고 거의 억제되지 못하며 현실에 기반을 둔 것처럼 보인다. 냉정하지만, 발레적이지는 않다.

「웨스트 사이드 스토리」는 발레를 또다른 방식으로도 사용했다. 로빈스는 1955년에 로런츠에게 대화 부분에 대한 편지를 썼다. 그는 "과장된 접근, 발레적 접근"을 자제하고, "실생활과 비슷하거나 대화극의 속도"로 "늘어지지" 말라고 간청했다. 후일 영화 버전의 공동 감독인 로버트 와이즈에게 쓴 편지에서 그는 이렇게 강조했다. "초연 제작에서 우리의 접근은 그것을 시간에 자유롭고 공간에 자유로우며 이미지를 환기시키는 발레적 방법을 가지고 선보이는 것이었습니다.……'발레'나 '춤추기'에 대해서 이야기하는 것이 아니라, 그것을 그렇게나 개인적이게 만든 작품 전체적 콘셉트와 스타일 얘기를 하는 겁니다." 이 쇼를 보편적인 것으로 만든 것은 이 "발레적 접근"과 형식에 대한 로빈스의 엄격한 집중이었다. 모든 움직임들이 완벽하게 계산되고 연마되었다. 즉흥적이거나 운에 맡겨지는 것은 아무것도 없었다. 이 제작물의 (현실보다 더 현실적인) 공들인 완벽함과 교묘함은 그것을 평범한 것 이상으로 격상시켰다. 그리고 도심 빈민가의 다툼의 먼지와 때에 근거함에도 불구하고 시대를 초월한 느낌이 들게 만들기도 했다.[20]

「웨스트 사이드 스토리」는 갱단들에 대한 것이지만 무엇보다도 미국에 대한 것이기도 했다. 그것은 번영의 1950년대의 어두운 이면에 대한 것이었다. 그리고 흑인들과 백인들로, 가톨릭 신자들과 유대인들로, "공산주의자들"과 "신을 두려워하는 미국인들"로 분열된 나라에 대한 것이었다. 로빈스와 그의 동료들이 이 쇼를 구상한 것은 "열성적 공산주의자들", "알랑대는 허풍선이 자유주의자들", "빨갱이들", "동성애자들"에 대한 조지프 매카시의 마녀 사냥이 최고조에 달했던 1950년대 초반이었고, 제작한 것은 점증하는 인종 갈등과 시민권 운동의 한가운데에서였다. 마리아의 애처로운 아리아부터 극도의 정밀한 칼싸움까지 모든 장면들에는, 거의 통제되지 않은 폭발적 공세로 갑자기 중단된 아메리칸 드림의 범위와 서정성이 있었다.

로빈스 본인도 이런 사건들의 문외한이 아니었다. 그는 하원 비미국 활동 위원회(House Un-American Activities Committee, HUAC)와 FBI에게 1950년대 초부터 괴롭힘을 당했다. 그는 처음에는 협력을 거부했다. 그러나 에드 설리번이 자신의 인기 텔레비전 쇼에서 로빈스의 예정된 출연을 갑자기 취소했다. 그가 이 안무가의 성공은 공산당의 획책일지도 모른다고 협박조로 암시하자, 로빈스는 공황 상태에 빠졌다. 연예산업에서 가장 유명하고 유망한 권위자들 여럿이 이미 블랙리스트에 올랐다. 자칭 '반격'이라는 집단이 최근 『레드 채널(Red Channels)』이라는 긴 보고서를 출간해서 "잠재적 체제 전복 인사들"로 추정되는 텔레비전 및 라디오 유명인들을 지목했다. 레너드 번스타인과 아론 코플런드가 이 명단에 올랐고, 수십 명의 배우, 감독, 작곡가, 안무가들이 의회의 증언 요청을 받았다. 협력을 거부한 사람들 중 여럿이 일자리를 잃었는데, 할리우드가 브로드웨이보다 훨씬 심한 타격을 입었다. 로빈스는 유럽으로 달아났지만 1953년 결국 돌아와서 항복하고는 우호적인 증인이 되었다. 그는 남은 평생 문제가 될 행동을 했다. 고자질을 해서 친구들과 동료들을 HUAC에 넘긴 것이다.

그는 왜 그런 일을 했을까? (이따금씩 양성애자인) 동성애자이자 1943년부터 1947년까지 공산당원이었던 로빈스는 매카시가 자신의 피어나는 경력을 단절시킬 것을 겁냈다. 그의 미국적 성공 스토리가 좌절되고 위호켄의 유대인 마을과 부모의 숨 막히는 세계로 돌려보내질 것을 두려워한 것이다. 후일 그는 이렇게 회상했다. "나는 공황 상태로 허물어져서 원초적 공포 상태로 돌아갔다. 제리 로빈스의 허울이 갈라지고 그 뒤에서 마침내 모두가 제롬 윌슨 라비노비츠를 보게 되리라는 공포였다." 물론 굴복한 예술가가 로빈스만은 아니었다. 예를 들면 카잔도 그랬다. 그러나 카잔은 공산주의자의 위협이라는 것을 믿었다. 그는 소련의 공산주의와 미국의 이상주의 간의 투쟁의 중요성에 대해서 추호의 의심도 없었다. 그리고 HUAC의 부적절한 방법들에도 불구하고 떳떳한 마음으로 후자를 위해서 전자와 의절했다. 반면 로빈스는 고통받았다. 그는 자신이 친구들, 가족, 과거, 스스로를 배신했다는 것을 알고 있었다.²¹

사실 그의 공산당 가입은 순진한 행보였다. 자신의 유대적 뿌리와 연관지어서 그것을 파시즘과 반(反)유대주의에 대한 투쟁이자 대충 진보적인 좌익 정치 강령으로 생각한 것이다. 그는 유럽이나 미국 좌파에 대한 열띤 토론들에 대해서 아는 것이 거의 없었다. 이것은 그의 세계가 아니었다. 청문회의 후유증 속에서 그에게 문제가 되었던 것은, 지금까지 자신의 삶과 예술을 인도한 이상에 등을 돌리도록 스스로 강요했다는 사실이었다. 자유와 개인을 위해서 "집단 사고"와 관습에 맞서는 투쟁, 페트루슈카의 투쟁에 등을 돌린 것이다. 역설적이게도 고자질은 그가 **진정으로** 속한 유일한 세계에서 그를 상처 입히기도 했다. 그것은 유대계 망명 예술가들이 주도하는 브로드웨이와 연극계였다. 다시 말해 그의 민족이 주도하는 세계였다. 사실 아서 로런츠, 제로 모스텔 등은 로빈스를 나약하다고 경멸했다(그렇지만 이것 때문에 그와 일하는 것을 그만두지는 않았다. 그는 너무 유능할 따름이었다). 선택을 강요받았을 때 로빈스는 잘못된 미국 편에 섰다. 필사적으로 어울려보려다가 스스로를 따돌림 당하게 만든 것이다.

1964년 로빈스는 「지붕 위의 바이올린」을 감독하고 안무했다. 마치 자신의 명예를 회복하고 자리를 복구하기라도 하는 것 같았다. 이 뮤지컬의 아이디어는 제리 블록(음악), 셸던 하닉(가사), 조 스타인(대본)으로부터 왔다. 그들은 모두 로빈스와 마찬가지로 중앙 유럽 유대인의 자녀였다(스타인은 브롱크스에서 이디시어를 구사하며 자랐고, 블록은 그의 할머니의 러시아어와 이디시어 민요들을 회상했다). 그들은 함께 숄렘 알레이헴의 소설들에 기초한 뮤지컬을 창작했다. 알레이헴의 세기 전환기 이디시어 소설들은 잃어버린 전통과 유산을 대변했는데, 특히 미국 유대인들에게 그랬다. 로빈스는 이 팀에 합류했을 때 한 친구에게 전보를 보냈다. "하닉, 블록과 함께 숄렘 알레이헴 소설로 뮤지컬을 할 것임. 그만. 사랑에 빠짐. 우리 민족이잖아."[22]

로빈스에게 이 쇼는 개인적인 성지 순례가 되었다. 그는 세기 전환기 러시아와 중앙 유럽의 유대인들의 삶에 대한 연구에 뛰어들었다. 즉 그의 부모의 삶이었다. 그는 책들을 읽었고, 유대 결혼식과 정통파 예배에 참석했으며, 심지어 옛 스승인 세니아 글루크-산도르를 채용해서 라비 역할로 출연시키기도 했다. 그는 출연진에게 어린 시절의 로잔카 여행에 대해서 길게 이야기했다. 그리고 하닉에게 자신의 목표는 "제2차 세계대전 중 말살된 유대인 촌락들에……무대 위에서 또 하나의 생명을 주는 것"이라고 털어놓았다.[23]

그는 또 한 명의 러시아 망명 유대인인 마르크 샤갈에게 무대장치를 디자인시키려고 시도했지만 대신 러시아 태생 예술가 보리스 아론슨으로 결정했다. 그렇지만 샤갈의 기발한 바이올린 주자는 로빈스의 마음에 남아 있었다. 그것은 이 쇼의 중심 이미지이자 그것이 묘사하려고 노력한 전통의 상징이 되었다. 로빈스는 감상으로 빠져들 때의 위험을 정확하게 알고 있었다. 팀은 그의 맹렬한 비판들을 일상적으로 겪어야 했다(그들은 그를 "반역자 로빈스"라고 불렀다). 그는 이렇게 설명했다. "나는 이 쇼가 이를테면 '골드버그 가의 발흥(The Rise of the Goldbergs)'으로 불릴 무언가와 어떻게 달라질지 찾아내야 했다. 그 차이는 지붕 위에서 톱질을 하듯 바이올린을 켜는 바이올린 주자였다. 그 바이올린 주자는 아주 진정한 의미에서 나의 것이었다."[24]

「바이올린」은 엄청난 성공을 거두었다. 그것은 뉴욕에서 (3,000회 이상의 공연을 기록하며) 8년간 공연되었고, 이후 20개국 이상에서 무대에 올랐다. 그렇지만 관객들은 그것을 사랑했어도 어떤 평론가들은 덜 수긍했다. 작가 어빙 하우(어빙 호렌슈타인)는 「바이올린」은 제멋대로의 향수를 보여주는 연극이고 너무나 전형적인 현대 미국계 유대인적이라고 불평했다. 그는 로빈스가 알레이헴의 소설과 유대적 유산을 대책 없이 "예쁘장하게 만들었다"고 말했다. "아나테프카는……금시초문의 깜찍한 유대인 촌락이다." 그는 "종이로 만든 집단 학살"과 "전적으로 풍자로서 연기되다 보니" (관습적인 성별 분리와 모순되게도) "여자와 팔짝거리고 다니는 모습을" 보이는 것이 가능한 우스꽝스러운 라비에 대해서 분개했다. 로빈스가 알레이헴의 소설을 철저히 바꿔놓은 것은 사실이었다. 학자 유리 슬레츠킨이 지적한 바와 같이, 원작에는 집단 학살이 전무했고 신세계로의 탈출이라는 발상은 일축되었다. 테비에는 유대인이라는 사실이 영원히 고향 없는 망명을 의미한다는 것을 알았던 것이다. 반면 뮤지컬의 테비에는 1막의 마무리인 집단 학살에 뉴욕 행 짐 싸기로 반응한다. 「바이올린」은 (로빈스가 나중에 또다른 맥락에서 사용한 표현처럼) 그의 "위대한 유대적 작품"이었을 수 있다. 그러나 그것은 미국적인 동화이기도 했는데, 중요한 것은 이 점이었다.[25]

「바이올린」이후 로빈스는 방향을 바꾸었다. 그는 브로드웨이를 떠났고, 극장, 연극, 그리고 자신이 그렇게나 오래 몰두했던 사회 중심적 스토리와 주제를 외면했다. 1969년 그는 뉴욕 시티 발레와 스토리 없는 추상적 발레의 대가인 발란신에게로 돌아갔고, 그곳에서 이후 24년간 일하게 될 것이었다. 그것은 극적인 이동이었다. 로빈스는 자신이 그렇게 한 것은 상업적으로 추동되는 공동 작업들에 지쳤고, 고전 음악 및 자기 방식대로 훈련된 무용수들과 작업하고 싶어졌기 때문이라고 말했다. 그러나 우리는 그가 미국 문화와 사회의 변화들에 대한 복잡한 반응에 휘말렸다는 것 역시 느낄 수 있다. 다시 말해, 1960년대에 휘말린 것이다.

1966년 로빈스는 아메리칸 시어터 랩(American Theater Lab)을 시작했다. 그것은 음악, 연극, 춤을 융합하는 새로운 방법을 개발하기 위한 실험적 워크숍이었고 NEA가 자금을 댔다. 이것은 얼핏 발레와 뮤지컬 사이의 장벽을 부수던 옛날의 로빈스처럼 보였다. 그러나 그렇지 않았다. 로빈스는 랩을 발레 연습실로 생각했다. 그가 소집단의 예술가들과 플롯, 대본, 가사, 일관된 내러티브 라인 없이 작업할 수 있는 장소로 생각한 것이다. 그는 비언어적이고 비순차적인 순수한 시각 매체와, 발레가 처음 그에게 보여주었던 "시간에서 자유롭고 공간에서 자유로우며 이미지를 환기시키는" 세계들에 관심을 가졌다. 로빈스는 9명의 배우들과 무용수들을 고용했고, 그들은 2년간 집중적으로 작업했다. 이 작업은 철저히 과정과 아이디어들이었다. 공연은 절대 계획되지도 요구되지도 않았다.

로빈스는 마음 가는 대로 지냈다. 그는 고대 그리스 연극과 일본의 노(能) 기법들을 실험했다. 그는 로버트 윌슨을 데려왔다. 그는 뇌손상으로 귀머거리가 된 아이들과 작업했고 연극적 의례에도 흥미를 가졌다. 이는 기억, 바꾸어 말하기, 회고, 그리고 이것들을 순수한 형태로 정제하는 실험에 대한 로빈스의 점증하는 매료와 꼭 들어맞았다. 그는 고전주의자인 로버트 그레이브스의 저작들을 읽었다. 그리고 그와 서신을 교환하면서(그리고 환각 버섯을 섭취하면서) 관객과 배우가 지속적인 집중 속에 갇히게 될 "부족 의식"의 창작을 위해서 분투했다. 이 작업에는 정치적 측면도 있었다. 로빈스는 존 F. 케네디의 암살에 집착했고 배우들이 워런 위원회(케네디 대통령 암살을 조사하기 위해서 존슨 대통령이 임명한 위원회/역주) 보고서를 (전부) 읽게 만들었다. 그들은 이 보고서의 장면들을 일본식 다도로서 무대에 올렸다. 그리고는 이 의식을 일제히 거행했다. 그들은 그것을 완전한 침묵과 정적 속에서 했고, 전체 장면은 그들의 머릿속에서만 연기되었다.

이 모든 것이 발레와 무슨 상관인지 분명해진 것은 1969년 쇼팽의 음악에 맞춰 뉴욕 시티 발레를 위해서 안무한 「모임에서의 춤들」에서였다. 「춤들」은 향수 어린 분위기 속에서 젊은 남녀가 오고 가며, 만나고 갈라지며, 춤을 추며, 손을 잡는 것에 대한 춤이다. 그것은 말한다. 우리는 사랑스러워질 것이고, 투명해질 것이고, 자연스러워질 것이고, 사랑에 빠질 것이라고. 우리는 자기 자신이고 스스로의 기억에 연루되어 있다. 그러나 일종의 집단이나 공동체이기도 하다. 이 발레는 남성 솔로 무용수가 생각에 빠진 채 머뭇머뭇 바닥을 스치며 움직임들을 시험해보는 것으로 조용히 시작한다. 이어지는 것은 여섯 커플들의 꼬박 한 시간에 이르는 순수하고 서정적인 춤추기이다. 플롯이나 소품이나 브라부라 스텝이나 포즈는 없다. 발레는 모든 무용수들이 무대 위에서 휴식의 순간을 가지는 것으로 끝난다. 한동안 함께 있던 친구들은 더 이상 할 말이 없다. 그냥 함께 있으면서 하늘을 우러러른다.

「춤들」은 너무나 발레 그대로라서 이 작품의 성취를 알아차리기가 어렵다. 무용수들은 평범한 사람들이다. 농부나 귀족이나 그 밖에 어떤 인식 가능한 종류의 발레적 등장인물도 아니다. 그들은 자의식적이다. 그리고 움직이면서 머릿속에서 자신의 스텝들을 곰곰이 생각하는 것처럼 보여서 이 춤들에 냉정하고 회고적인 느낌을 준다. 로빈스는 연기자들에게 이렇게 말했다. "여기는 너희들이 한 번 춤췄던 곳인데 몇 년 후 돌아왔어. 너희들은 들어와서 회상하는 거야······." 그는 그들에게 전력을 다해서 춤추기보다는 무용수들이 지쳤거나 혼자 연습할 때 흔히 그러듯이, 스텝들을 몸에서 어떻게 느꼈고 스케치했는지 떠올리면서, 마치 그들이 그 스텝들을 만들고 있는 것처럼 움직이라고 조언했다. "편하게 자기야, 편하게."[26]

그 효과는 무장해제적이다. 관객은 조용하고 은밀한 방식으로 바짝 다가가게 된다. 우리는 그 어떤 구체적 드라마도 아닌 곱고 매끄럽고 서정적인 움직임의 세세한 부분들로 빨려 들어간다. 첫 번째 무용수가 들어와 바닥을 스칠 때 우리는 엿듣고 있는 기분이 된다. 언젠가 로빈스는 음악은 "사람들이 한창 대화 중인 방으로 들어가는 문을 여는 것 비슷하다"고 설명했다. 이 춤에도 똑같이 개인적인 느낌이 있다. 여기에는 프티파의 웅장하거나 의식적(儀式的)인 프레이즈가 없다. 발란신적인 것도 마찬가지이다. 「모임에서의 춤들」에서 로빈스는 발레라는 고상하고 심히 귀족적인 시를 깎아내서 소박하고 친밀한 산문으로 만들었다. 그는 발레를 브로드웨이를 거닐듯 격식 없고 자연스러워 보이게 만들었다.[27]

그러나 거니는 사람들이 프레드 애스테어와 진저 로저스는 아니었다. 사실 로빈스는 「춤들」을 "히피적"이라고 묘사했는데, 1969년 이 발레에서 그와 작업한 무용수들은 그 꽃의-아이의 느낌을 알고 있었다. 그들 중 여럿이 젊었고, (진정한 60년대 스타일의) 이 발레는 그들에게 **자신들에 대한 것으로 보였**

다. 그들의 존재의 어떤 본질을 포착한 것으로 보인 것이다. 로빈스는 이 발레가 뉴욕 다운타운의 아방가르드 무용 현장에 대한 거부라고 말하기도 했다. 분열과 일상적 움직임들(걷기, 뛰기, 앉기)에 대한 지나치게 열렬한 강조, 기교부터 인위성과 엘리트주의까지 고전 발레의 모든 것에 대한 단호한 "거절"에 반대한 것이다. 로빈스는 아방가르드에 관심을 가졌고 공연들에도 참석했지만 결국 손을 들었다. "연결되는 것이 뭐가 문제라는 건가. 사랑이 뭐가 문제고, 긍정적인 것들을 축하하는 것이 뭐가 문제야? 자문해보았는데, 왜 모든 것이 그렇게 갈라지고 소원해져서는, 분리를 거의 영원처럼 밀어붙이는 거지? 젊은 사람들이 사랑을 찾는 것이 이상하다나. 그것이 나쁜 건가?"[28]

그러나 「춤들」은 히피적 느낌에도 불구하고 청년 운동에 바치는 찬가는 절대 아니었다. 사실 그것은 당시의 다른 발레들에 비해 두드러지게 고전적이고 구세계적이었으며, 쇼팽과 19세기에 구속되어 있었다. 그 시대의 가장 히피적인 발레는 아마 1967년 로버트 조프리가 창작한 「아스타르테(Astarte)」였을 것이다. 그것은 인도풍 멀티미디어 발레였다. 영화, 섬광 조명, 네온컬러 유니타드가 있었으며, 어떤 록밴드가 컨트리 조 앤 더 피시(Country Joe and the Fish), 모비 그레이프(Moby Grape), 아이언 버터플라이(Iron Butterfly)에서 영감을 받아서, 선한 업보라는 라가(raga)적 주제가 포함된 창작곡을 라이브로 연주했다. 브로드웨이도 비슷한 붕괴 상태로 옮아갔다. 그곳은 밥 포스의 강력한 성적인 냉소주의와 「헤어(Hair)」(1967), 그리고 이후 「지저스 크라이스트 수퍼스타(Jesus Christ Superstar)」의 자기중심 세대다운 방종 사이에 갇혀 있었다(로빈스 : "그들이 「신약성서」로 뮤지컬을 만든 이래로 벌어진 일들은 딱히 알고 싶지 않습니다"). 로빈스의 「모임에서의 춤들」의 순수한 서정적 믿음은 이와 대척에 서 있었다.[29]

그렇지만 돌이켜 생각하면 「모임에서의 춤들」은 위험 신호이기도 했다. 로빈스는 감정과 생각을 정제해서 순수한 고전적 형식들로 만듦으로써 드러날 수 있는 내면적 세계에 점점 더 관심을 가지게 되었다. 느리고 동양적인 느낌과 시간 속에 길을 잃은 모티프를 가진 「물레방아(Watermill)」(1972)는 외견상으로는 「모임에서의 춤들」과 너무나 달랐다. 그러나 사실은 동일한 충동의 확장된 버전에 불과했다. 로빈스는 에너지, 기교, 자유분방의 귀감이자 운동선수 같은 빌렐라를 고통스럽고 느리게 움직이는 기억의 흔적에 사로잡힌 남자역으로 뽑았다. 빌렐라는 한 시간 내내 거의 움직이지 않았다. 최소한이지만 핵심적인 움직임, 시간 정지와 비(非)내러티브적 구조에 대한 로빈스의 매혹은 (그는 여전히 마약들을 실험하고 있기도 했다) 그를 고통스러운 막다른 길로 이끌었다. 그는 이런 것을 다시는 하지 않았다. 그는 대신 「모임에서의 춤들」이라는 보다 너그러운 본보기로 돌아가서 재출발했다. 그리고 또다시. 그는 「모임에서의 춤들」의 틀 속에서 아름다운 발레들을 많이, 지나치게 많이 만들었다. 「밤에(In the Night)」(1970), 「다른 춤들(Other Dances)」(1976), 「작품번호 19/몽상가(Opus 19/The Dreamer)」(1979), 「무용 모음곡(A Suite of Dances)」(1980), 「브란덴부르크(Brandenburg)」(1997)였다.

「무용 모음곡」은 문제를 잘 보여준다. 그것은 1974년 새로운 로빈스-번스타인 공동 작업인 「디벅(The Dybbuk)」으로 시작되었다. 처음에는 다시 함께 일한다는 생각이 자연스러워 보였다. 두 예술가는 그들의 최고의 작업들 중 상당수를 함께해왔으며, 둘 다 이후 브로드웨이를 떠나서 고전적인 장들로 갔다. 번스타인은 1971년 (오케스트라석에 록 밴드, 브라스 밴드, 관현악단이 있는) 거창한 「미사(Mass)」에서, 그리고 찰스 엘리엇 노턴 강좌들에서 쫓겨났다("질문이 무엇인지 이제 더 이상 확신하지 못하겠다. 하지만 답이 '그렇다'라는 것은 확실히 안다"). 이번에 그들이 함께 일한 것은 S. 안스키의 이디시어 연극 「디벅」에 기초한 뉴욕 시티 발레의 발레에서였다. 번스타인은 거창한 (너무 거창한) 곡을 작곡했다. 로빈스는 자신의 옛날 방식으로 전환해서, 무용수들이 안스키의 희곡을 읽게 하는 한편 그들에게 유대 신비철학인 카발라에 대해서 이야기했다. 그는 가면과 소도구로도 실험을 했다. 그렇지만 초연 후에도 로빈스는 자신의 안무에 여전히 만족하지 못했다. 그는 애초에 공동 작업에 영감을 준 연극의 모든 흔적들을 축소하고 잘라내고 벗겨내기에 착수했다. 그는 결국 내러티브를 제거하고, 그것을 또 하나의 발레에 대한 발레로 만들었다. 1980년 그는 이 작품의 이름을 「무용 모음곡」으로 바꾸었고, 그것을 떠났다.

그는 길을 잃었던 것일까? 많은 사람들이 그렇다고 말했다. 그들은 그가 발란신의 천재성에 경도되어서 이 러시아 발레 마스터의 추상적인 춤들을 모방하려고 애쓰느라 다시는 곧고, 크고, 연극적으로 서지 못했다고 주장했다. 그가 로빈슨으로 존재하기를 그만두고 대신 이류 발란신이 되었다는 것이다. 그러나 이렇듯 추상적 발레와 연극적 발레를 상반된 것으로 보는 데에는 오해의 소지가 있다. 로빈스의 발레들에서 플롯이 점점 없어져간 것은 사실이다. 하지만 그렇다고 그것들이 발란신의 발레들을 닮아갔다고 말할 수는 없다. 사실 그것들은 완전히 달랐다. 발란신은 자신의 발레들의 스텝을 무용수들의 필요에 맞게 바꾸는 것으로 유명했다. 그리고 그의 무용수들은 그가 준 스텝을 윤색하고, 장식하고, 장난치는 것으로 유명했다. 로빈스에게서는 그럴 수 없었다. 그는 융통성 없기로 악명이 높았다. 스텝 하나하나가 전체에서 결정적인 조각이었고, 하나라도 넘어가거나 빼먹거나 어긋나면 그는 격노했다. 그는 (A, B, C 등의) 여러 버전들을 창작했다. 그리고는 마지막 순간 미친 사람처럼 마음을 바꿔서 오케스트라가 조율하는 동안 무용수들에게 쉭쉭댔다. "C버전으로 바꿔, C버전!"

이런 차이들은 개인적 스타일 이상의 것을 의미한다. 발란신 발레의 막이 올랐을 때 보이는 것은 발레가 아니었다. 목격되는 것은 순간의 선택, 계산, 실수, 후회, 적응, 결과들로 이루어진 살아서 변화하는 미로를 헤쳐나가는 한 무리의 무용수들이었다. 그것은 생생하고 예측 불가능했다. 리허설에서는 그 패턴을 익히고 한계들을 배웠다. 하지만 막이 오르고 나면 그 발레의 복잡성을 책임지는 것은 무용수들이었다. 어떤 무용수들은 다른 무용수들보다 더 흥미로운 것을 보여주었다. 춤추는 것이 누구인지가 끔찍이도 중요했던 것은 그 때문이었다. 발란신은 무용수들이 그 안에서 살아 있기 위한 발레들을 창작했다. 모든 것이 제대로 돌아갈 때, 그들은 자유롭게 내달렸다.

로빈슨의 발레들은 (특히 「모임에서의 춤들」과 그 자손들은) 탄탄하게 세공하고 다이아몬드 커팅을 해서 광택을 낸 것들이었다. 그 춤들은 아름답게 세공된 온실 안 세계들이었다. 최고의 로빈스 무용수들은 정확하고 환기적이고 서정적이었다. 그들은 절제 속에서, 세심함 속에서, 자의식 속에서 드라마를 발견했다. 그리고 발레의 인위성이 마치 "삶 자체로부터" 오기라도 한 것처럼 유기적이고 자연스럽게 보이도록 만들기 위해서 열심히, 정말 열심히 노력했다. 로빈스는 하다못해 음악성까지 정교했다. 그것은 대리석처럼 매끄러웠고, 즉흥성은 설 자리가 없었다. 그의 발레들은 의례였고, 그 힘은 신중함과 계획성에서 나왔다. 로빈스는 모든 움직임을 마지막까지 완벽하게 만들기 위해서 긴 리허설을 요구하기로 악명 높았다. 그는 죽기 전 마치 무용수들의 부정확한 기억을 대체하기라도 하려는 것처럼 자신의 전작 중 가능한 만큼을 체계적으로 영상화했다. 모든 스텝들이 헤아려졌다.

그렇지만 스스로 인정했듯이 1970년대와 1980년대 중 로빈스가 발란신에게 압도되었던 것은 사실이다. 발란신이 고전 발레의 드높은 이상으로 생각하는 것들에 대해서도 마찬가지였다. 로빈스의 초기 작업이 사회적 쟁점과 스타일의 불손한 혼합이었고 발레는 그중 하나에 불과했다면, 그의 후기 발레들은 공식 발레 천국의 심원한 분위기를 위해서 분투하는 것처럼 보였다. 그의 일기와 공책조차 좌절과 투쟁을 보여준다. 그는 문학적이고 연극적인 사고방식을 가지고 있었지만 자신에게 영감을 준 스토리와 감정을 추출하고 정제했다. 모든 것이 좁아들어서 순수한 서정적 사랑스러움의 영역으로 들어갈 때까지 스스로를 몰아붙였다. 발레는, 다시 말해서 플롯 없는 고전 무용은 염원이자 플라톤적 이상이 되었다. 그는 그것을 **갈망했다**.

그러나 로빈스와 발레의 연애는 복잡했다. 발레는 춤에서 그의 모국어가 아니었다. 아무리 유창하다고 해도 고전주의에 대한 자신의 공식 훈련과 이해가 발란신보다 떨어진다는 사실을 그는 정확히 알고 있었다. 발레단 수업에서 가르칠 때 로빈스는 무용수들을 장난스럽게 지도했다. "이제 큰 스쿼트 6번[그랑 플리에] 갑니다.······그리고 큰 발차기[그랑 바트망] 8번 더." "우리 모두 '발란신어'를 말하려고 노력한다." 그는 1984년 일기에서 이렇게 설명했다. "하지만 우리 모두 타고난 강한 억양을 가지고 말한다. 자연스러운 모국어의 매끄러운 흐름을 자아낼 수 있는 것은 조지뿐이다.······NYCB에서 나는 GB 표현형식을 더 믿어보려다가 뒤로 나자빠져서 [그 이래로] 잠들었다."[30]

게다가 고통스러운 유대적 비틀림도 있었다. 우리는 그가 1975년 시작해서 1990년대 초까지 산발적으로 작업한 「파파 피스(The Poppa Piece)」를 위한 공책으로부터 이것을 알 수 있다(그는 처음에는 그것을 「주 피스[The Jew Piece]」라고 불렀다). 그는 자신이 그것을 제대로 이해한다고 결코 느끼지 못했다. 워크숍은 결국 열렸지만 이 작품은 결코 공연되지 못했다. 제목이 시사하듯 로빈스는 자신의 유대성을 재발견하고 있었다(마치 언제는 상실했던 것처럼!). 하지만 이것이 꼭 생산적이지는 않았다. 최신 유행인 정체성의 정치와 통속 심리학에 의해서 부채질되었을 성싶은 분노, 죄책감, 불안이 그의 상상으로 쇄도했다. 그는 일기와 공책에서 자신의 만성 우울증과 무력한 "분노와 불만"의 일부는 "미국인이 되려는 필사적인 노력 때문인데, 미국인이란 WASP 미국인을 의미한다"고 말했다.[31]

발레는 이것의 일부였다. 일기 중 그 점을 특히 잘 드러내는 부분이 있다. 그는 다음과 같이 발레에 대한 자신의 매혹에 대해서 궁금해한다.

[발레에 대한 나의 매혹이] 나의 유대성에 대한 "문명화"와 관계가 있는지 궁금하다. 나의 육체에 대한 훈련에 영향을 미치고, 또 하나의 언어를 떠맡고……궁정과 기독교의 언어이자 교회와 국가의 언어, 완전히 인위적인 동자 관행이자 육체를 변형 및 교정하고, 아름다움에 대한 일련의 인위적 관행들을 부가하는, 보편적이지 않은 언어이자 동양과 제3세계에는 외국어……만일 내가 스스로의 유대적 자아를 파헤치려 든다면 어떤 경이롭고 기괴한 방식들로 움직이게 될 것인가.[32]

물론 그 답은 심히 역설적이었다. 「우리」와 「목신의 오후」부터 「웨스트 사이드 스토리」, 「바이올린」, 「춤들」에 이르기까지, 그는 자신의 경력 대부분을 바로 그 일을 하며 보냈다. 이것들이 (어떤 의미로건) "유대적인" 춤들이기 때문이 아니라, 그의 삶과 믿음으로부터 자라난 춤들이었기 때문이다. 로빈스가 더 엄중하고 자의식적인 유대인이 되어갈수록, 그리고 민족적, 성적, 예술적으로 더 많이 유대인에 속하기로 결심할수록, 그는 자신의 창작적 원천에서 스스로를 점점 더 잘라내는 것처럼 보였다. 얼마나 슬픈 일인가. 그것은 바로 그가 발레, 현대 무용, 재즈, 브로드웨이에 정확히 속하지도, 그것들에 예리한 각도에서 접근하지도 않았다는 사실 때문이었다. 로빈스는 자신이 막다른 골목에 몰렸다는 사실을 알고 있었다. 1983년 발란신의 사망도 도움이 되지 않았다.

로빈스는 자신의 뿌리를 더듬기라도 하듯이 대중문화와 현대 작곡가들을 다시 한번 주목하는 일련의 발레들을 만들었다. 「유리 조각들(Glass Pieces)」(1983, 필립 글래스의 음악에 맞추어), 「나는 구식이다(I'm Old-Fashioned)」(애스테어에게 헌정), 「브람스/헨델(Brahms/Handel)」(1984, 트와일라 타프와 함께), 「8중주(Eight Lines)」(1985, 스티브 라이히의 음악에 맞추어)였다. 이 작품들 중 어느 것도 그의 과거 작업과 상대가 되지 않았다. 특히 글래스와 라이히는 절대 번스타인이 아니었다(로빈스는 낙담해서 일기에 썼다. "글래스는 그저 그런 작품으로 보이는데……아무런 진전이 없다. 마무리가 엉망이다"). 하지만 로빈스도 전 같지 않았다. 만일 「모임에서의 춤들」에서의 답이 '그래'였다면, 이제 그것은 혼란스러워하는 '아마'였다.[33]

그렇지만 1998년 그는 원점으로 돌아갔다. 그는 여든이었고 엄청난 절박감을 가지고 자신이 1965년 처음 만든 발레이자 1923년 초연에서 니진스카가 안무했던 스트라빈스키의 「결혼」으로 돌아갔다. 로빈스는 건강이 좋지 않았다. 청력과 평형감각이 나빴고 단기 기억이 불안정해지고 있었다. 그는 병약했지만 이 발레를 직접 무대에 올리기를 고집했다. 역설적이게도 그것은 뉴욕 시티 발레를 위한 것이었는데, 이 음악으로 발레를 만들자는 생각을 발란신은 오랫동안 거절했었다. 집요하게 몰아치는 음악과 종횡무진 거슬리게 엮이는 종교적, 민속적 모티프들을 가진 「결혼」은 러시아 농민의 결혼식에 대한 발레이다. 그렇지만 그 행사는 경사스럽지 않다. 로빈스의 발레에서 젊은 신랑 신부는 니진스카 버전과 마찬가지로 집단에 의해서 문자 그대로 밀어붙여진다. 그들은 어머니와 아버지로부터 떼어놓아져 자신들의 결혼이라는 집요한 사회적 의식에 휩쓸린다. 그것은 로빈스의 최고의 작품은 아니었지만 진정한 힘의 순간들을 가지고 있었다(예를 들면 소년들의 춤). 그렇지만 그가 이 작품으로 돌아갔다는 사실은 의미심장했다. 그는 되돌아보고 있었다. (제정이 아닌) 농민적 러시아를, 그의 부모들이 태어난 러시아를, 옛 의례들과 모더니스트적 열망의 러시아를, 그에게는 너무 멀어진 세계와 유산을. 그는 개막 다음날 쓰러졌고 두 달 후에 사망했다.

제롬 로빈스의 업적과 유산은 방대하고 영속적이었다. 그가 창조한 것은 정확히 말해서 토착어는 아니었지만, 그보다 훨씬 흥미로운 것이었다. 바로 스타일과 장르의 모음을 종횡무진 과장하고 비틀고 뒤집어서 새로운 활기를 불어넣는 독특한 미국적 능력이었다. 그는 고전 발레와 거리의 속어라는 상반된 것들을 어떻게 종합하고 동화시킬지, 어떻게 협력시킬지 알고 있었고, 그것들을 매끄러운 완전체로 용접했다. 그는 실험에 대한 게걸스러운 지성과 식욕을 가졌고 그의 연극적 본능은 따라올 자가 없었다. 그가 스토리와 순수한 춤 사이에서 분열되어 있었다는 사실은 그를 고전적 전통의 심장부에 놓았다. 고전적 전통에도 동일한 긴장이 확연했던 것이다. 로빈스가 휘청거리기 시작한 것은 단일한 전통에, 즉 발레에 정착해서 자신의 스토리를 순수하게 고전적인 언어로 정제하려고 지나치게 열심히 노력할 때였다. 「모임에서의 춤들」은 정점이었다. 이후의 발레들은 그의 재능에 편협한 창을 제공했다. 그리고 혹시 그가 결국 발란신에게 경도되었더라도, 이것은 그의 강철처럼 분석적인 사고의 또 하나의 신호일 뿐이었다. 로빈스는 자신의 재능이 위대하다는 것을 알고 있었다. 그러나 그는 발란신의 재능이 더 위대하다는 것 역시 알고 있었다.

발란신은 별세계였다. 그의 발레들은 20세기 춤의 왕관에 박힌 보석들이었다. 그것들의 깊이와 범위는 로빈스나 튜더나 애슈턴이나 아니면 소련의 그 누가 만든 춤들보다 훨씬 우월했다. 그리고 그들의 작업이 가끔은 발란신의 작업을 능가했을지언정, 발란신이 그들 모두보다 훨씬 뛰어나다는 것을 의심하는 사람은 드물었다. 그들은 그의 어깨를 딛고 서 있었던 것이다. 그렇지만 그의 작업은 그들의 작업과 매우 달랐다. 그는 보통 사람이나 실제 사회 상황에는 흥미가 없었고, 일상적 움직임과 몸짓에는 더욱 그랬다. 그에게 발레는 그보다는 천사들의 예술이자 이상화된 고상한 인물들의 예술이었다. 그리고 아름답고 기사도적이며 무엇보다 엄격하게 형식적이었다. 그것은 루이 14세와 마리우스 프티파가 인정할 법한 방식들로 고전적이었는데, 그러면서도 동시에 극단적으로 새롭기까지 했다. 그는 스토리 발레나 마치 "삶 자체로부터" 비롯된 듯한 연극적 초상에도 흥미가 없었다. 이와 반대로 그의 춤들은 (가끔 그랬듯이) 플롯을 따를 때조차 내러티브나 팬터마임을 통해서 작동하지 않았다. 그들은 전적으로 그 자체의 시각적, 음악적 논리를 가졌다. "모든 것이 말로 정의되어야 한단 말인가?" 그는 언젠가 불평했다. "테이블 위에 꽃을 놓을 때, 뭐든 긍정하거나 부정하거나 논박하는가? 꽃을 좋아하는 것은 아름답기 때문이다.……나는 그저 춤추기로 춤을 입증하기를 바랄 뿐이다."[34]

우리가 살펴보았다시피 조지 발란신은 춤추기를 제정 상트페테르부르크에서 시작했다. 그곳에서 그와 (나중에 많은 수가 뉴욕에서 그와 합류한) 동료들은 차르의 종복들이었고 궁정의 예법과 호화로운 의례들을 훈련받았다. 러시아 제정 무용 전통의 직계 상속자들인 그들은 마리우스 프티파와 함께 「잠자는 숲속의 미녀」, (레프 이바노프와 함께) 「백조의 호수」의 초연 제작물에서 일한 무용수들에게 훈련을 받았다. 러시아 혁명이 닥쳤을 때 막 열세 살이 된 발란신은 어린 시절의 장엄하고 겉보기에는 영원하던 제국의 세계가 붕괴하는 것을 지켜보았다. 그리고 비록 이후에 그 관행들을 공격하며 급진적 러시아 모더니즘과 혁신 예술의 길을 갔을지언정, 그는 궁정과 그 죽어가는 귀족적 세계의 아름다움과 우아함을 자신의 기억 속에 깊이 각인하기도 했다.

그러나 발란신이 상트페테르부르크의 어린 시절로부터 가져온 것은 프티파의 고전주의만이 아니었다. 그는 러시아 정교회의 향 연기가 가득한 의식들 역시 알고 사랑했다. 그의 할아버지와 삼촌은 모두 사제였고 가족은 성 블라디미르 교회의 예배에 정기적으로 참석했다. 그는 부활절에 차가운 돌바닥에 서서, 교회나 궁전의 문이 열리는 의식을 고조되는 기대 속에 마치 영원인 양 기다리던 것을 기억했다. 그는 이 문들을 보이는 세계와 보이지 않는 세계 사이의 통로로 생각했는데, 문이 열리면 보석으로 치장된 이콘들과 묵직한 황금 제의를 입은 사제들이 극적으로 드러났다. 발란신은 평생 정교회의 신자이자 활동적인 구성원이었다. 뉴욕에서는 징조의 성모 대성당에 다녔고, 어느 정도 지나자, 러시아어를 익혀서 그리스 정교에 귀의한 캐나다 출신 사제 에이드리언 신부와 가까워졌다. 그는 자택에 이콘들을 보관했다(그리고 경배했다). 그는 자신의 종교의 구체적으로 물질적이고 감각적인 특성에 대해서 즐겨 이야기했는데, 이를테면 자줏빛 망토, 강한 향, 천사들과 수염을 기른 그리스도의 이미지들이었다.

발란신은 디아길레프, 파리, 런던을 경유해서 뉴욕으로 오면서 이 모든 것을 가져왔다. 그는 결국 미국 시민이 되었지만 자신의 러시아적 뿌리들과의 접촉을 절대 끊지 않았다. 그는 러시아 신문을 구독했고, 러시아 문학을 읽고 또 읽었으며, 푸슈킨, 그리보예도프, 그리고 여타 작가들의 작품들을 소련 정치 이념에 물들지 않은 러시아어로 암송할 수 있었다(한 친구는 그가 그리보예도프의 『지혜의 슬픔[Gore ot uma]』을 특히 즐겨 인용했다고 회상했다. 그것은 고국으로 돌아왔지만 후진성으로 인해서 너무나 황폐해졌기 때문에 다시 한번 서방으로 달아나는 러시아 망명객의 이야기였다). 그는 이고리 스트라빈스키를 비롯해 러시아 친구들에게 둘러싸여서 지냈고 러시아 음식을 선호하는 취향을 절대 잃지 않았다. 그는 57번가의 러시아식 티룸에서 얼마나 편하게 지냈는지, 부엌으로 사라져 자신의 요리를 준비하기도 했다. 그는 자신의 미국 친구들을 (그리고 아내들을) 이 세계로 인도했다. 발란신의 다섯 번째이자 마지막 아내로 파리에서 태어난 미국인 무용수 타나킬 르 클레르크는 결혼식날 자신이 러시아인들에게 둘러싸인 것을 발견하고 한 친구에게로 돌아서서 속삭였다. "내가 어디로 뛰어든 거지?"[35]

그렇지만 타고난 붙임성과 다수의 러시아 친구들 및 미국 숭배자들에도 불구하고, 발란신은 어느 면에서는 대단히 외롭기도 했다. 그는 소련에 있는 가족들에 대해서 거의 이야기하지 않았다. 그러나 우리가 아는 얼마 되지 않는 사실들로 미루어보면 그는 그들을, 그의 젊은 시절의 옛 러시아를 끔찍이 그리워했다. 그가 미국에 도착한 후에 그의 어머니는 애처롭고 억장이 무너지는 편지들을 보냈다. 그는 답장을 썼고, 돈을 보냈고, 어머니의 편지들을 죽는 날까지 간직했다. 1946년부터 1952년까지 발란신과 혼인 상태였던 마리아 톨치프는 그가 1937년에 죽은 아버지의 사진을 액자에 넣어서 뉴욕 아파트의 침대 옆 테이블 위에 두었다고 회상했다. 거의 알려진 바 없는 발란신의 누나는 전쟁 중 레닌그라드에서 실종되었고 어머니는 1959년 죽었다. 형은 트빌리시에서 작곡가로 활동했지만 그들이 서로를 본 것은 1962년 NYCB의 소련 순회공연에서 딱 한 번뿐이었다.

그 여행은 아마 의기양양한 귀향이었겠지만 발란신의 상실감과 고독감을 다시 한번 보여주기도 했다. 그는 소련을 혐오했고, 그들이 통치하는 러시아로의 귀국은 그를 문자 그대로 아프게 만들었다. 레닌그라드에서의 어린 시절에 살던 집 인근 교회는 공장으로 바뀌었고, 그가 삼촌의 서품식을 목격한 대성당은 "반(反)신 박물관"이 되었다. 초조하고 짜증이 난 그는 결국 육체적으로 병이 났다. 그는 잠시 뉴욕으로 돌아갔다가 그루지야에서 무용수들과 다시 합류해서 순회공연을 마무리했다.

발란신의 러시아에 대한, 즉 자신이 아는 (그리고 상상하는) 옛 러시아에 대한 향수는 불가결한 창작적 원천이었다. 아메리칸 발레 학교와 뉴욕 시티 발레는 자의식적으로 미국적인 기관들이었지만 동시에 러시아 문화의 소수자 거주구역이기도 했다. 이 점은 엄청나게 중요했다. 학교와 발레단 둘 다의 관리자, 피아니스트, 교사, 코치들의 다수가 발란신과 마찬가지로 러시아 혁명 전후에 러시아에서 달아난 망명 러시아인들이었다. 예를 들면 발란신의 리허설 피아니스트들 중 한 명인 니콜라스 코페이킨이 있다(그는 스트라빈스키의 오케스트라용 악보를 즉석에서 독해해서 피아노곡으로 바꾸어 연주할 수 있었다). 그는 집안의 보석들을 흑담비 코트에 주의 깊게 꿰맨 채 철도 차량으로 뛰어올라, 돼지 무리 속에서 무릎 깊이의 배설물에 숨어서 탈출했다. 바바라 카린스카(1886-1983)의 의상 디자인은 발란신의 너무나 많은 춤들에서 필수적이었다. 그녀는 카르코프의 부유한 가정 출신으로 한때 사회주의자였다. 그리고 1924년 고향을 떠나서 런던과 파리, 브로드웨이와 할리우드에서 일하다가 결국 뉴욕에서 발란신과 함께 자리를 잡았다. 아메리칸 발레 학교에서 1948년부터 1980년까지 가르친 펠리아 두브로프스카(1896-1981)는 마린스키에서 훈련받았고 디아길레프와 함께 러시아를 떠났다. 그녀의 페테르부르크와 파리 이야기들, 그리고 우아한 구세계적 옷과 태도는 학생들을 환상적인 과거의 러시아 제국으로 돌려보냈다(그들 중에는 이 책의 저자도 있었다). 그녀의 남편 피에르 블라디미로프(1893-1970)와 아나톨 오부코프(1896-1962)는 둘 다 예전의 마린스키 스타들로 여러 세대의 미국 무용수들을 훈련시켰다. 그 밖에도 많고 많은 사람들이 있었다.

발란신은 자신의 러시아 친구들과 동료들이 고국에 있는 느낌이 들도록 만들었다. 1934년 SAB가 매디슨 가에 문을 열었을 때, 그는 벽을 마린스키처럼 회청색으로 칠하게 했고 교사진의 공용어는 러시아어였다. 더 중요한 것은 학교와 발레단이 마치 발란신이 차르인 제국 궁정의 축소판처럼 운영되었다는 것이다. 이것은 무소불위의 권위로 운영되는 염치없을 정도로 위계적인 기관이었지만 동시에 엄격하게 능력 중심적이기도 했다. 무용수들은 훈련을 통해서 기술이라는 귀족 신분을 얻었고, 차르의 수행원들과 무용수들에게 전통적으로 요구되던 행동거지와 군대풍 규율을 익혔다.

무용수들은 그를 숭배했다. 개인적으로 발란신을 알고 지내는 사람들까지 그랬다. 그것은 그가 창작하는 신과 같은 발레들 때문만이 아니었다. 그의 발레들을 통해서 이 지극히 러시아적인 세계로 들어가서 그 존재를 믿게 되었기 때문이기도 했다(반항의 1960년대가 최고조에 달한 시절, 『타임』지의 한 인터뷰 담당은 젊은 무용수들이 발란신에 대해서 "그가 마치 예수라도 되는 양" 이야기하는 것을 눈치채고 미심쩍어했다). 무용수들의 노조는 퇴출되거나 (나중에는) 거의 용인되지 않았다. 이것은 발란신의 발레단이었고 절대적 충성이 요구되었다. 그가 독재적이거나 가혹해서가 아니었다. 로빈스와 달리 발란신은 차분한 기질과 조용한 공손함으로 유명했다. 그럼에도 불구하고 몇몇 미국인 구경꾼들은 NYCB의 문화가 퇴보적이고 억압적이라며 못마땅해했다. 다른 사람들은 그것을 컬트라고 불렀는데, 발레단 무용수들도 그들 중에 있었다.[36]

그러나 발란신은 자신이 무엇을 하고 있는지 알고 있었다. 그와 작업한 무용수들은 다들 그가 자신들에게 춤보다 훨씬 많은 것을 가르쳤다고 말한다. 발레는 춤인 동시에 무엇보다도 철학이자 삶에 대한 접근방법이기도 했다. 이 것은 젠체하는 것도 허세를 부리는 것도 아니었다. 그것은 망명 경험과 러시아 정교 신앙에 뿌리를 둔 발란신의 믿음을 충실히 반영했다. 예를 들면 **지금**에 대한 발란신의 타협 없는 강조를 생각해보자. 그는 무용수들이 나중의 공연을 위해서 에너지를 자제하거나 아끼는 것을 싫어했다. 그는 춤추기란 (끝난) 과거나 (불확실한) 미래가 아니라고 말했다. 그는 연기자는 **모든** 것의 초점을 현재 순간에 맞춰야 한다고 주장했다(들리는 만큼 쉽지는 않다). 결과는 육체적, 감정적 집중을 사로잡는 춤들이었다. 그는 자신의 무용수들을 열심히 밀어붙이면서 더 많은 것을, 다시 더 많은 것을 요구함으로써 그들의 에너지와 헌신의 원천으로부터 자신이 가진 줄도 몰랐던 최대한을 끌어내게 만들었다. 이것은 예술적 원리였지만 경험과도 부응했다. 발란신은 제1차 세계대전, 러시아 혁명, 본인의 망명을 겪었다. 그는 가족과 고국으로부터 완전히 단절되었고 다섯 번의 결혼 중 누구와도 지속되지 못했다. 그의 건강은 간헐적으로 취약했다. 지금은 그가 의지할 수 있는 유일한 것이었다.

예외는 신이었다. 발란신은 자신을 신의 종으로 보았다. 그가 스스로를 기능공이나 요리사로 투영한 공적 이미지는 종교적 믿음에 뿌리를 둔 것이었다. 그는 평론가들이 그의 "창조물들"이라고 말하는 것을 싫어했다. "신께서 창조하고, 나는 모은다." 그는 발레 만들기는 정원 가꾸기나 맛있는 식사들을 계획하고 재료들을 모으는 것과 비슷하다고 말했다. 그는 현실적이었고 예술적 영감이라는 낭만적 관념들을 비웃었다. 그의 수업과 리허설은 단순하고 장인 같은 분위기였다. 그는 진정으로 겸손했고, 자신의 재능이 가진 힘을 완전히 인식하면서도 스스로를 그릇으로 생각했다. 그는 춤이 아니라 오히려 음악이 가장 신성한 예술이라고 믿었다. 그는 피아노를 연주하고 가끔 지휘도 하는 뛰어난 음악가였다. 언젠가 그는 음악은 "바닥"이라서 그것 없이는 춤이 있을 수 없다고 설명했다. "작곡가는 시간을 창조하고 우리는, 그것에 맞춰 춤을 춰야 한다."[37]

음악적, 물리적 정확성은 그의 예술의 핵심에 있었다. 예를 들면 「아곤」을 위한 스트라빈스키의 음악을 받았을 때 발란신은 경외감에 빠졌다. "불필요한 음은 하나도 없어. 하나라도 없애보라지. 전체가 무너질걸." 그의 말에 의하면 이것은 일종의 진리였다. 그는 언젠가 이렇게 논평했다. "아무도 태양이나 달이나 지구가 너무 정확하다고 비판하지 않아. 그것이 생명을 가진 것은 그래서라고. 만일 정확하지 않으면 산산조각 나버릴 테니." 초년에 거의 날마다 했던 발레단 교습에서 발란신이 번번이 명료성과 정확성을 강조한 것은 그래서였다. 필요한 것은 완벽함이 아니라 고전 발레의 육체적 기하학이었다. 예를 들면 뒤꿈치를 발가락에 정확하게 붙인 5번 포지션과 탕뒤(tendu : 바트망 탕뒤[battement tendu], 줄여서 탕뒤는 5번이나 1번 포지션에서 다리를 곧게 뻗고 발끝을 바닥에 붙인 채 미끄러뜨리듯이 차서 4번이나 2번 포지션으로 만드는 동작을 말한다/역주)를 몇 시간 동안 수백 번이나 했는데, 그 움직임을 (아무리 부자연스러울지언정) 제2의 천성으로 만들기 위해서였다. 전방을 향한 발은 무용수의 정확히 코앞에 놓여야지 1센티미터라도 벗어나면 안 된다. 만일 벗어나면 그냥 부정확한 것이었고, 진리에서 빗나간 것이었다. "그리고 전체가 무너질걸."[38]

당시의 무용수들은 거의 몰랐을 테지만, 이런 생각들은 발레의 종교적, 인본주의적 기원과 이어지는 가교였다. 존재의 거대한 고리로, 천사들과 천체의 화성으로, 발레의 형식들을 처음 수립한 루이 14세의 궁정과 엄격한 귀족적 예법으로 돌아가는 가교였던 것이다. 그러나 그것들은 적잖이 발란신 자신의 믿음으로 돌아가는 가교이기도 했다. 그리스 정교 교회에서 음악과 시각적 아름다움은 글로 쓰인 말보다 중요하다. 인간이 신을 찾는 것은 감각을 통해서이다. 시각과 후각과 청각을 통해서인 것이다. "나의 작업은 보는 것이고, 감동을 주는 것이고, 발레들을 만드는 것이다." 발란신은 후일 이렇게 설명했다. "신도 그렇다. 그는 내 앞에 실재한다.……알다시피, 나는 그래서 믿는다. 너무나 환상적이라서 믿는다." 링컨 커스틴이 언젠가 지적했듯이 발란신의 발레들을 이콘으로 보는 것은 억지 해석이 아니다. 그리스 정교 신자들에게 이콘은 그냥 숭배하는 사물이나 사람에 대한 묘사가 아니다. 그것들은 예배자를 현실보다 더 현실적인 또 하나의 영적 세계로 실제 데려간다. 세속과 영원의 세계 사이의 관문인 것이다. 나아가 이콘 화가들은 발레 마스터와 마찬가지로 창조자나 예술가가 아니라 어떤 이미지와 그것이 품은 진리들을 현시하는 사람에 불과하다.[39]

발란신은 기술적, 음악적 정확성을, 그리고 스토리 및 극적인 연기와 대조적인 형식적 구성들을 강조했는데, 이것은 때때로 잘못 이해된다. (당시와 지금의) 몇몇 평론가들은 그의 무용수들이 차갑고 무정하다고 특징지었다. 기술적으로는 인상적이지만 영혼이나 개성은 없다는 것이었다. 그리고 그의 발레들은 딱 잘라서 추상적이라고 특징지었다. 발란신 본인도 반복되는 "오직 스텝들"주의로 이런 오해를 부추기는 것처럼 보였다. 발레란 무엇에 대한 것이냐는 질문을 받을 때 그는 이렇게 응답하기를 좋아했다. "28분에 대한 것." 이와 비슷하게, 그는 자신의 무용수들에게 부적절한 "감정 과잉"을 경고하면서, 스텝들을 명쾌하고 음악적으로 정확하게 수행하도록 스스로 절제할 것을 고집했다. 포괄적 이론과 화려한 평론적 혹은 문학적 해석은 그의 흥미를 끌지 못했다. "말[馬]들은 이야기하지 않는다." 그는 말했다. "그냥 간다!"[40]

발란신은 자신의 무용수들에게 종종 "생각하지 마, 그냥 춤춰." 혹은 "연기하지 마, 그냥 스텝들을 밟아"라고 말했다. 그렇지만 이것은 스스로를 삭제하거나 생각하기를 그만두라는 것이 아니었다. 텅 비거나 냉담하거나 추상적으로 되라는 말이 아니었다. 그는 그들에게 발레와 음악의 우주적이고 생리학적인 정연한 법칙들을 믿고 따르라고 요청했다. 그것은 무질서한 정신세계로 뛰어들라는 권유가 아니었다. 정확한 자기 인식, 명료성, 훈련을 요구하는 것이었다. 진리에 통달하기 위해서 무용수는 먼저 탕뒤를 왜 저런 식이 아니라 이런 식으로 하는지 정확히 알아야 했다. 이렇듯 "28분에 대한 것" 같은 신랄한 말이 혹시 오직-스텝들이라는 모더니스트적 신조로 들릴지 모르지만, 그것은 동시에 종교적, 고전적 감수성을 지적하는 것이기도 했다. 춤과 음악은 설명이 필요 없는 보편적이고 신성한 법칙에 따라 만들어진다는 것이었다. 발레리나 메릴 애슐리는 이렇게 말했다. "가끔은 내가 종교에 대해서 이야기하고 있는 것 같은 기분이다."[41]

NYCB의 경향은 확연히 러시아적이었지만 무용수들은 그렇지 않았다. 그들은 압도적으로 미국적이었다. 그들은 자신의 방식대로 발란신의 발레들을 춤추었고 그의 러시아적 세계로 들어갔다. 그의 믿음과 생각을 의식적이건 아니건 자신의 지식과 경험을 통해서 꿰어냈던 것이다. 발란신은 어떤 발레건 결코 추상적으로 안무하지 않았다. 그의 춤들은 언제나 그가 그 시간 함께 작업하는 특정한 무용수들을 위한 것이었다(그는 언젠가 이렇게 말했다. "이 무용수들, 이 음악, 여기, 지금"). 결과는 문화의 두드러지게 생산적인 충돌이었다. 이는 러시아적 발레와 미국적 육체들의, 제정 상트페테르부르크의 관습과 뉴욕,

클리블랜드, 로스앤젤레스의 풍속의 복잡한 혼합이었다. 미국 무용수들은 자기 식의 걸음걸이와 기질을 가지고 있었다. 그들은 개방적이고, 정력적이고, 직접적이었다. 나아가 발란신의 무용수들 중 연극적 배경을 가진 사람은 극소수였고 더불어 러시아인은 전무하다시피 했는데, 그것은 우연이 아니다. 그의 무용수들은, 즉 그가 선택한 무용수들은 선입견이나 가식 없이 발레에 접근했다. 그들은 발란신이 상트페테르부르크, 파리, 런던에서 같이 작업한 더 세련된 연기자들보다 크게 개방적이었는데, 이 점은 그들의 드물게 신선하고 별나며 대담한 춤추기에 드러났다.[42]

발란신의 가장 뛰어난 무용수들 중 몇 명만 고려해보자. 마리아 톨치프(엘리자베스 마리 톨 치프, 1925-2013)는 오세이지족 보호구역에서 양육된 미국 원주민이었다. 그녀의 어둡고 이국적인 아름다움과 예민한 음악성(그녀는 뛰어난 피아니스트였다)은 그녀를 발란신의 첫 번째 미국인 발레리나로 자리매김하게 했다. 그렇지만 그녀는 러시아와 신세계 사이의 연결 고리이기도 했다. 비록 미국 원주민이었지만 그녀의 훈련은 완전히 러시아적이었기 때문이다. 그녀는 캘리포니아에서 브로니슬라바 니진스카와 공부했다. 그녀는 러시아 유파의 전형인 강인함과 형식적 표현을 가졌지만 그녀의 춤추기에는 소박하고 순진한 무엇인가도 있었다. 그녀가 가장 큰 성공을 거둔 것이 1909년 초연에서 포킨이 발레 뤼스를 위해서 안무한 발레인 스트라빈스키의 「불새」의 발란신 버전(1949)이었던 것은 우연이 아니다. 톨치프와 함께 발란신은 디아길레프의 최초의 자의식적 러시아 발레를 새로운 미국적 이미지 속에 다시 선보였다.

멀리사 헤이든(1923-2006)은 토론토에서 러시아계 유대인 망명 가족에서 태어났다. 그녀는 10대에 (매우 늦게) 춤을 시작했고, 라디오 시티 뮤직 홀을 거쳐서 뉴욕 시티 발레로 왔다. 헤이든은 예리하게 분석적이며 대담하고 독립적이었다. 그녀의 춤추기는 면도날처럼 정확했고 그녀의 삶과 마찬가지로 위험과 드라마로 가득 차 있었다. 알레그라 켄트는 1937년 출생했고, 비스니체의 유대인 촌락 출신인 폴란드계 유대인 어머니에 의해서 텍사스, 캘리포니아, 플로리다에서 양육되었다. 가족은 가난을 피해 계속 이사를 다녔고 알레그라는 제대로 교육받지 못한 채 크리스천 사이언스와 미신이 섞인 속에서 자랐다. 그녀는 춤추기를 전쟁 직후 시작했는데, 후일 건장한 미군 병사들과 겨루어 그들보다 높이 뛰었다고 회상했다(제대군인 원호법은 대학뿐 아니라 발레도 포괄했다). 그녀의 춤추기는 크고 거리낌 없었지만 더불어 몹시 내면적이며 관능적이기도 했다. 그리고 낯설고 아름다운 것들에 대해서 쇄도하는 흥분과 즐거움이 있었다.

그 밖에도 많고 많은 무용수들이 있었다. 수전 패럴(1945-)은 오하이오 주 신시내티의 가톨릭 중하층 출신으로 어머니에 의해서 양육되었다(부모는 이혼했다). 그녀는 포드 재단 장학금으로 뉴욕에 온 최초의 학생들 중 한 명이었다. 그녀는 본인의 말처럼 폐쇄적인 발레 세계에서, 가톨릭적 이미지에 물든 한편 발란신과의 연애로 고조된 채 살았다(패럴의 동급생들 중 한 명은 잡지에 그녀의 사진이 비틀스 옆에 등장한 것에 감명을 받았지만, 그녀는 비틀스를 몰랐다). 자크 당부아즈(1934-)는 워싱턴 하이츠 출신의 가톨릭 부랑아였다. 그는 SAB와 NYCB로 "남하해서" 오부코프, 블라디미로프, 발란신을 통해서 고상한 행동거지와 러시아 고전주의의 반은 현실이고 반은 상상인 세계로 빠졌다. 중요한 것은 이 젊은 무용수들 모두에게 발레는 절대 예쁘장한 튀튀 예술이 아니라 훨씬 절박하고 개인적인 것이었다는 사실이다. 그들이 발레로 온 이유는 상이했다. 그러나 누구도 쉽게 오지 않았고, 누구도 그냥 직업으로만 보지 않았다. 그들은 발란신에게 이끌렸고, 그는 그들의 교육이 되었다. 그의 학교와 발레단에서 그들은 당시 가능한 최고로 규율 바르고 지적으로 엄격한 고전적 훈련을 받았다. 한편, 그들은 그의 재료들이었다. 그들의 개성, 기벽, 강박, 육체적 개성들은 그의 예술의 도구들이었다. 그의 춤들은 언제나 어느 정도는 그들에 대한 것이었다.

발란신의 위대한 무용수들은 다들 물론 재능이 있었지만 사람들이 흔히 생각하듯 긴 다리, 턴아웃된 양발, 작은 머리, 비범한 유연성을 가지지는 않았다. 사실 그의 주역 예술가들은 이런 부류에 (혹은 다른 어떤 부류에도) 절대 맞지 않았다. 몇몇은 아름답게 균형 잡힌 육체를 가졌지만(수전 패럴), 다른 무용수들은 더 특이했다(멀리사 헤이든). 그들이 정말로 공유했던 것은 비머한 육체적 광휘였고 이것이 훨씬 중요한 점이었다. 발란신 무용수가 어떤 스템을 수행할 때 그 움직임들에서는 그 어떤 완벽한 형태의 다리나 발을 가진 무용수들에게서 보이는 것보다 더 많은 것이 보였다. 거기에는 더 큰 규모와 깊이와 범위가 있었다. 발란신이 선택한 무용수들은 의식적이건 아니건 관객이 보게 만들었다(그는 관객에 대해서 이렇게 말했다. "그들은 쳐다보지만 알아보지는 못해. 그러니 우리가 그들에게 보여줘야 해"). 이것은 육체적, 음악적 지성의 형태이다. 정의하기는 어렵지만 눈으로 보면 명백하다. 이들은 총명하며 흔히 비범한 사람들이었다. 많은 수가 발란신의 긴밀한 협력자들이 되었는데, 그들이 생각하거나 말한 것 때문이라기보다는 그들이 움직이는 방식 때문이었다. 러시아 이콘 제작자들처럼, 발란신의 무용수들은 무엇인가를 빛나게 만드는 특별한 능력을 가지고 있었다.[43]

발란신은 자신의 미국 무용수들의 타고난 재능을 보존하기 위해서 할 수 있는 것은 전부 했다. 그는 그들을 성공과 스타덤의 타락적 결과로 간주되는 것들과 떼어놓으려고 부단히 노력했다. NYCB는 엄중한 스타 부재 정책을 가졌다. 러시아 프리 마돈나들도(루돌프 누레예프는 정중하게 거절되었다), 지나친 보수도(모든 무용수들은 정해진 급여를 받았다), 특별한 서열도 없었다(무용수들은 알파벳 순서대로 명단에 올랐다). 이는 발레단을 평준화하거나 민주화하겠다는 생각은 아니었다. 무용수들에게는 언제나 명확한 계급이 있었고, 그 위계 내에서조차 몇몇은 다른 사람들보다 더 평등하다는 것을 모두가 알고 있었다. "스타 부재"의 핵심은 그보다는 가식과 자아가 춤추기로 침투하는 것을 막는 데에 있었다. 그것은 무용수들이 계속 솔직하고 직접적이며 (어느 면으로는) 순수할 수 있게 하기 위한 것이었고, 계속 미국적일 수 있게 하기 위한 것이었으며, (연기자들이 종종 그러듯) 자신의 연극적 버전이 되도록 허용하지 않기 위한 것이었다.

발란신의 무용수들이, 특히 여성들이 눈을 사로잡는 연기자들이었던 데에는 다른 이유들도 있었다. 그들 사이에서 가장 중요한 것은 사랑이었다. 춤추기에 대한 사랑도 어느 정도 있었지만 그보다는 발란신에 대한 사랑이었다. 상이한 시간과 다양한 방식으로, 발란신은 그들 모두와 사랑에 빠졌다. 이는 어느 정도는 분명 성적 매력에 기초한 것이었다. 하지만 언제나 작업을 통해서 끌렸다는 점에서 보통 비일상적인 관계들이었다. 작업은 공식 연습들에서도 친밀했다. 그럴수록 특히 친밀했다. 발란신의 발레리나들이 거듭 회고한 바대로 그는 "그들의 삶을 안무"했다. 그들은 그의 발레들을 춤출 때 무대 밖 현실의 삶보다 더 몰두했으며, 더 그들 자신이기도 했다. 게다가 그의 무용수들 중 여럿이 10대를 채 벗어나지도 못한 어린 나이였다. 그들에게는 고조된 청춘의 감정이 가득했고 그것은 그들의 춤을 살찌웠다. 그리하여 발란신이 (1933년에 레냐와 함께 초연한) 「일곱 가지 죽음에 이르는 죄(Seven Deadly Sins)」(쿠르트 바일 및 베르톨트 브레히트)를 1958년 알레그라 켄트와 로테 레냐를 위해서 다시 무대에 올렸을 때, 켄트는 이 발레의 두 여주인공들 사이의 뒤얽힌 관계를 자신과 어머니 사이의 힘든 관계의 반영으로 보았다. 이보다도 더 극적인 것은 발란신이 1965년 「돈키호테」를 수전 패럴의 둘시네아와 자신의 돈(Don)으로 무대에 올렸을 때였다. 패럴은 이 발레를 그들의 상호적이지만 휩싸이지는 않는 열정과, 공유되는 종교적 믿음에 대한 심히 개인적인 재현으로 경험했다. 그녀는 이 배역을 그냥 춤춘 것이 아니었다. 그녀는 이 배역으로 살았다.

발란신의 유명한 말로 "발레는 여성이다"가 있다. 그의 춤들 중 여러 작품이 "영원한 여성성"을 노골적으로 이상화했다. 발란신의 이미지 속에서 발레리나는 받들어 모셔졌고, 남성 무용수는 그녀의 헌신적인 기사 역할이었다. 1961년 재키 케네디에게 쓴 편지에서 발란신은 이렇게 설명했다. "제 말은 물질적인 것들과 예술, 아름다움 같은 영적인 것들을 구별해야 한다는 것입니다.……남성은 물질적인 것들을 건사하고 여성은 영혼을 건사하죠. 여성은 세계이고 남성은 그 안에서 살아갑니다." 그의 남성 무용수들에 대한 취향은 이를 따랐다. 발란신의 가장 강력한 해석자들 중 한 명인 자크 당부아즈는 열성적인 독서가였고, 광란의 오를란도(Orlando Furioso)와 랜슬롯, 기사도와 낭만적 사랑의 상상 속 영웅적 세계에 몰두했다. 이에 걸맞게 그는 발레리나들의 파트너 역할을 예의와 품위를 가지고 수행했다. 발란신이 덴마크 남성 무용수들에게 끌린 것은 우연의 일치가 아니다. 그들은 부르농빌 스타일로 아름답게 훈련을 받았고, 19세기적 틀 안에서 절제된 취향과 태도를 가지도록 키

워졌다.[44]

발란신의 아내들이 모두 그와 긴밀하게 작업하던 발레리나였던 것은 놀라운 일이 아니다. 그리고 비록 그의 결혼들 중 어느 것도 영원하지는 못했을지언정, 그가 (결혼하지 않은 많은 여성들을 포함해) 사랑한 여성들에게 느낀 낭만적 열망은 그의 삶의 너무나 많은 다른 것들과 마찬가지로 그의 발레들에 반영되었다. 그는 함께 왔지만 함께 머물 수는 없는 남녀가 등장하는 파드 되들을 안무했다. 그 남자가 혼자 있거나, 그가 필요한 위로를 주기에는 너무나 독립적이고 강력하며 여신 같은 여자에게 버림받았음을 보여주는 춤들이었다. 예를 들면 「몽유병의 여인(La Sonnambula)」에서 시인은 잠에 갇힌 여자와 사랑에 빠진다. 그들은 춤을 춘다. 그러나 그녀는 몽유병자이다. 그가 입을 맞추지만 그녀는 깨어나지 않는다. 깨어날 수 없는 것이다. 이 멀고 얻을 수 없는 여자를 춤춘 알레그라 켄트는 이 발레를 "발란신 스타일의 잠자는 숲속의 미녀"라고 불렀다. 이와 비슷하게, 「듀오 콩세르탕(Duo Concertante)」에서 케이 매조는 스포트라이트 속에 등장했다가 돌연 가버리고, 그녀의 파트너(페테르 마틴스)는 움츠러들고 불안한 채 남겨진다.[45]

그는 열정적인 사랑의 춤들도 여럿 안무했다. 예를 들어 「샤콘(Chaconne)」 중 패럴과 마틴스를 위한 파 드 되에서, 그녀는 머리카락을 늘어뜨린 채 이 발레의 나머지를 특징짓는 황금으로 치장한 장엄한 의상 대신 하늘하늘한 하얀 시폰옷을 입었다. 그것은 별세계였고, 그녀는 이를 천당이라고 불렀다. 어느 순간 패럴은 푸앵트로 선 채 마틴스의 팔에 부드럽지만 단단히 뒤로 기댔다. 그녀가 등은 꼿꼿하지만 급격하게 몸이 기운 채 발가락으로 전진하는 동안 그는 그녀를 지탱했다. 그것은 상징적인 순간이었다. 이 스텝에는 고전적인 점이라고는 전무했고 팽팽한 불균형과 모난 데만 있었다. 그러나 두 무용수들이 함께 있는 형태를 전체적으로 볼 때 균형은 회복된다. 긴장과 그 해소가 공존하면서 낭만적 애착에 의지한다. 발란신은 운용과 미끄러짐을, 그의 지탱과 그녀의 신뢰를 보여주었다. 발란신이 자신의 무용수들과 가진 관계는 절대 지엽적이지 않았다. 이 관계는 안무의 일부였다.

발란신의 「샤콘」에서 페테르 마틴스와 수전 패럴.

차이콥스키의 음악에 맞춘 「세레나데」는 발란신의 최초의 미국적 발레였다. 이 작품은 새로 개교한 아메리칸 발레 학교 학생들이 출연하여 1934년 뉴욕주 하츠데일 소재 에드워드 워버그의 사유지에서 야외 공연으로 초연되었다. 이는 그 이래로 발란신의 위대한 발레들 중 하나로 인정받았고, 오늘날 전 세계의 발레단들에 의해서 공연된다. 이 발레는 세월의 흐름에 따라서 변화했다. 음악과 춤이 추가되었고(1940년 러시아 무용이 삽입되었고 1960년대에는 더욱 정교화되었다) 스텝들이 수정되었다. 카린스카는 오늘날 우리가 아는 길고 빛나는 푸른 망사 치마들을 1952년까지는 디자인하지 않았다. 이 발레는 초연에서는 짧은 튜닉 차림으로 공연되었다.[46]

「세레나데」에는 플롯이 없다. 그것은 17명의 여성 집단이 무대 전역에 마치 우연히 온 것처럼 비대칭적으로 자리한 채 조용히 시작된다. 어느 의미로는 그랬다. 첫 리허설에 나타난 무용수들이 17명이었던 것이다. 다른 날에는 7명만 왔고, 또다른 날에는 무용수 1명이 우연히 바닥에 넘어졌다. 이런 것들 역시 춤으로 통합되었다. 이 발레의 주제인 우연과 운명을 발란신이 발레를 만드는 데에도 사용한 것이다. 막이 오르면 이 17명의 여자들이 관객을 쳐다보면서 침묵 속에 가만히 서 있다. 그들의 양발은 턴인되어 있고, 각각 한 손을 마치 밤의 태양으로부터 보호하기라도 하는 것처럼 눈에 올리고 있다. 이들은 꽃과 보석으로 치장한 프티파 발레리나들이 아니다. 이들은 그냥 태세를 취하고 조용히 기다리는 여자들이다. 음악이 시작되면 올린 손들이 손목께로 처지고, 각각의 팔이 서서히 이마를 향해 움직였다가 시선이 따라가는 가운데 우아하게 가슴으로 내려온다. 그것은 단순하지만 심오한 움직임이고 17배로 증폭된다. 그러다 무용수들의 양팔과 가슴이 일제히 하늘을 향해 개방되는 가운데 양발은 모든 발레의 출발점인 1번 포지션으로 열리고, 다리는 옆으로 향해서 2번 포지션이 되었다가, 닫혀서 5번 포지션으로, 즉 본진이 된다. 단순하고, 고전적이고, 경건하다.

　이어지는 것은 비범한 스토리이다. 내러티브가 아니라 일련의 춤들, 몸짓들, 현기증 나는 대형들인데, 그럼에도 쌓여서 극적인 절정으로 향한다. 코르 드 발레 무용수들은 사건들의 액자 격이지만 장식적이지는 않다. 그리고 무대 양옆을 따라 벽의 꽃들처럼 단정하게 정렬해 있지도 않다. 그 반대로 그들은 무대를 차지하고는 점점 커지는 음악과 돌진하는 스텝들로 압박을 가한다. 이유는 없다. 임시적이고 즉흥적으로 느껴지지만 그럼에도 의도적인 움직임의 소용돌이가 있을 뿐이다. 그들의 춤추기는 절박하다. 스텝들은 고전적이지만 프티파가 상상할 법한 것보다 훨씬 유연하고 풍부하며 유동적이다.

　오늘날의 제작물들에는 솔리스트들이 있지만 초연의 춤에서 발레리나들은 모두 코르 드 발레로부터 매끄럽게 등장했다. 혼자 "늦은" 여자가 있는데, 그녀는 손으로 눈을 보호하며 서 있는 17명의 여자들의 미로를 방황하다가 자기 자리를 찾아서 자신도 손을 올린다. 사랑을 하고 있는 남자가 있다. 남자의 등에 매달려서 손으로 그의 양눈을 가리고 있는 어둠의 천사가 있다. 눈이 보이지 않는 그는 팔을 뻗은 채 손으로 더듬으며 나아가는데, 등 뒤에서 천사의 무게가 운명 그 자체처럼 그를 잡아당긴다. 미술에서 끌어온 이미지들이 있다. 어느 순간 무용수들은 포옹 중인 연인들을 조각한 카노바의 신고전파 대리석상「큐피드와 프시케」를 연상시키는 포즈를 취한다. 발레의 말미에 한 소녀가 길을 잃었는지 버림받았는지, 무용수들의 사선 통로를 다급하게 달려나와서 끄트머리에 서 있는 여자를 마치 작별인사라도 하듯 끌어안는다. 그리고는 돌아서서 마치 또 하나의 차원으로 올라가기라도 하듯 여전히 똑바로 선 채로 높이 들려올라간다. 그녀는 높이 솟은 채 먼 빛을 향해 사선으로 다시 미끄러지듯이 옮겨진다. 아래에서 소집단의 무용수들이 따라가는데, 그들은 문상객들 혹은 경배자들이고 그녀의 움직임을 거울처럼 따라한다. 그녀는 개막 때의 움직임을 되풀이하며 양팔을 서서히 올리고 등을 깊이 꺾는다. 이번에는 완전한 굴복이다.

「세레나데」는 발레 역사상 보기 드문 변화를 표시했다. 이전의 발레들은 거의 언제나 구경거리였고 3인칭으로 공연되었다. 관객은 발레가 스토리를 이야기하거나 장엄함을 과시하는 것을 프로시니엄 아치 건너편에서 거리를 두고 지켜보았다.「백조의 호수」에서 레프 이바노프는 실험적으로 그 틀을 깨고 더 내면적인 1인칭의 목소리를 도입하기 시작했다. 포킨은 이런 아이디어를 파블로바와「빈사의 백조」로 잠시 받아들였다. 튜더와 로빈스는 각각 내면적 감정을 활용했지만 그럼에도 3인칭 형식에 정착했다. 반면 발란신은 둘 다 사용했다.「세레나데」에는 대단한 형식미와 의식미(儀式美)가 존재하지만 동시에 우리는 감정의 내면적 성소들로도 끌려들어간다. 늦게 온 소녀의 불안 속으로, 운명에 의해서 눈 먼 남자의 고뇌 속으로 끌려들어가는 것이다. 그것은 우리가 그들을 알거나 공감해서가 아니다.「세레나데」를 보는 것은 오히려 꿈꾸는 것과 비슷하다. 우리는 감정을 느끼지 않는다. 우리는 그것을 본다. 우리는 그것에 속하는 동시에 그것으로부터 떨어져 있다. 발란신이 자신의 미국 무용수들을 천사들이라고 부른 것은 아마 이런 의미였을 것이다. 그는 이렇게 설명했다. "천사라는 말이 무슨 뜻이냐면, 천사들이 아마 누릴 성 싶은, 비극적 상황에 연루될 때 자신들은 고통받지 않는 자질이다."

그렇다면 「세레나데」는 무엇에 대한 것일까? 이 발레에는 주제들이 있다. 눈이 보이지 않는 것과 보이는 것, 사랑과 운명, 죽음과 굴복이다. 이 작품에는 한 인간의 평생의 원호(圓弧)가 있다. 무지로부터 경험까지, 최초의 단순한 발레 포지션들로부터 먼 미지를 향한 최후의 의례적 전진까지, 이를 관통해서 엮이는 비극이 있다. 고대의 카타르시스적 비극이 아니라, 지속될 수 없는 사랑과 올 수밖에 없는 죽음에 대한 더 우울하고 낭만적인 일깨움이다. 형식 면에서 이 발레는 전통적인 대칭성을 육체와 동작 패턴 둘 다에서 산산조각 낸다. 육체적 예를 들자면 아라베스크는 고꾸라질 듯 급격하게 불균형적인 각도이고, 동작 패턴은 비록 아름답게 해소될지언정 계속 바뀌고 불안정하다. 발란신은 「세레나데」의 의미에 대한 질문을 받자 특유의 교묘함을 보였다. "저는 그저 학생들에게 사소한 교훈들을 좀 가르치면서 그 아이들이 얼마나 솜씨 없이 춤추는지도 보여줄 발레를 하나 만들려고 했을 뿐입니다"(그는 개막 대형에 대해서는 이렇게 논평했다. "캘리포니아의 오렌지 밭처럼 보이죠"). 그렇지만 후일 한 친구에게 이렇게 털어놓기도 했다. "마치 숙명처럼⋯⋯남자는 각각 자신의 운명을 등에 진 채 세상을 헤쳐가지. 그는 한 여자를 만나. 그는 그녀를 좋아하지. 하지만 그의 운명은 다른 계획들을 가지고 있어." 진수는 무용수들이 이것을 혹시라도 아냐고 물었다. "신께서 용납하지 않으시네!" 물론 그들은 알 수도 있다. 비록 말로 표현하기는 바라지 않을지언정(혹은 어떻게 표현할지 모를지언정).⁴⁷

요점은 이것이다. 아마 발란신을 추종하는 무용수들 중 여럿이 말이라는 것에 의혹을 가졌을 텐데, 그럴 만도 하다. 그들은 자신의 육체와 음악을 가지고 작업하면서 삶을 보냈다. 말은 그들의 일이 결코 아니다. 더욱이 말은 춤추기에 방해가 될 수 있다. 말은 자의식적인 사고의 조짐이다. 무용수의 머릿속에서 말이 활개를 치는 순간 그녀의 집중과 음악에 대한 육체적 반응방식이 변할 위험이 있다. 말은 무용수가 음악으로부터, 그리고 자신의 충동으로부터 멀어지게 만들 수 있고, 무용수의 움직임이 멀고 밋밋해 보이게 만들 수도 있다. 그녀의 마음이 문자 그대로 다른 곳에 존재하는 것이다. 이렇듯 말은 아무리 통찰력 있거나 영민하더라도 순수한 춤추기의 폭로적 즉흥성을 모호하게 만들 수 있다. "생각하지 마, 그냥 춤춰."

「세레나데」는 말이 스며드는 것을 막을 방법을 가지고 있다. 시작 부분의 타블로에서 무용수 각각은 양발을 턴아웃하는 단순한 몸짓을 통해서 발레로 들어오라는 청을 받는다. 현실 세계의 걱정을 젖혀두고 온전히 음악과 춤에만 초점을 맞추라는 청이다. 안무는 작은 움직임들부터 시작해서 더 복잡하고 몰두적인 스텝들로 쌓아올려지는데, 너무나 몸 전체를 사용하게 만들어서 생각하거나 반성할 사이가 없다. 스텝들은 매끄럽게 흘러간다. 그것들은 음악 소리처럼 느껴진다. 음악과 안무에 스스로를 기꺼이 던지고, 더불어 그 패턴들과 자신의 훈련의 세월을 신뢰하는 무용수라면 누구나, 마치 높이 들려올라가 몸을 꺾고 항복하는 무용수처럼 (비록 땀투성이로 숨이 턱에 닿았을지언정) 스스로를 잃고 일종의 초월성에 도달할 것이다. 이 발레는 이것에 대한 것이다. 그리고 관객이 보는 것도 이것이다. 그것은 육체적인 동시에 육체를 초월한 춤추기에 대한 것이다. "내가 종교에 대해서 이야기하고 있는 것 같은 기분이다."

「세레나데」는 발란신의 미국적 출발을 알렸다. 그러나 이 발레는 그의 예술의 러시아적 뿌리와 차이콥스키의 우뚝 솟은 존재감을 확립하는 것이기도 했다. "차이콥스키가 살던 세계는 더 이상 존재하지 않는다." 발란신은 언젠가 이렇게 회고했다. "나는 아주 늙지는 않았지만 그래도 그 세계를 아직도 기억하는데, 그것은 영원히 사라져버렸다. 나는 옛 러시아에서 태어나고 자랐다.……차이콥스키의 사망 약 10년 후였다. 프티파는 내가 여섯 살 정도일 때 죽었다. 하지만 나에게 차이콥스키와 프티파는 살아 있다. 그리고 내 주위의 사람들은 그들에 대해서 마치 살아 있는 사람처럼 이야기한다." 앞에서도 한 이야기이지만, 발란신이 언젠가 설명했듯이 차이콥스키가 그리스 정교에 속했다는 것도 중요했다. "종교는 무엇보다도 믿음인데, 오늘날의 사람들은 모든 것을 회의적으로 조롱하듯 취급하는 데에 익숙하다. 종교는 그럴 수 없다." 사실 그리스 정교의 전통에서 귀신과 죽은 자들은 살아 있는 자들의 세상에서 용납되는 흔한 존재들이다. 그리스 정교에 충실한 발란신은 차이콥스키를 변함없는 동반자이자 인도자로 생각했다. "「세레나데」를 하고 있을 때 차이콥스키는 나를 격려해주었다. 「세레나데」의 거의 전 부분이 그의 도움으로 이루어졌다."[48]

차이콥스키와 함께 발란신의 예술의 또 하나의 기둥으로 등장한 것은 프티파였다("나의 정신적 아버지"). 발란신은 제국적 전통에 경의를 표하는 발레들을 여러 편 창작했다. 고전적인 세세함을 주목하며 종교적 분위기를 가지는 「세레나데」도 하나의 예였다. 그러나 그 빛이 더 명쾌한 작품들도 있었다. 「발레 임페리얼(Ballet Imperial)」(1941)에는 눈부신 페테르부르크적 배경과 프티파 비슷한 여러 스텝들이 있었다. 그것들은 발란신이 즐겨 말했듯이 옛 발레들에 대한 그의 기억으로부터 "훔쳐온" 것이었는데, 그 발레들 중 여러 편이 서구에서는 한번도 제작되지 않았다. 「라이몬다 변주곡(Raymonda Variations)」은 프티파의 「라이몬다」에 스토리가 없는 것이었다. 「주제와 변주곡(Theme and Variations)」에는 비록 기조는 매우 다를지언정 「세레나데」와 마찬가지로 고전적 단련과 발레의 기본 포지션들의 기하학에 대한 헌사가 있었다. 이 작품에는 엄격한 교실 연습을 수행하는 무용수들이 있었고, 장엄한 제정 스타일의 장려한 폴로네이즈로 끝났다.[49]

옛 러시아를 환기시키는 그의 발레들 중 가장 널리 알려진 것은 물론 「호두까기 인형」(1954)이다. 대부분의 사람들은 이 발레를 미국적 전통으로 안다. 그러나 그것은 프티파와 차이콥스키의 1892년 발레에 대한 발란신의 기억으로부터 끌어낸 것이며, 그가 어린 시절 본 것의 부활이자 러시아의 크리스마스에 대한 그의 추억으로부터 끌어낸 것이었다.[50] 파티 장면은 어린이들이 가장 좋은 옷을 입고 놀이를 하던 볼쇼이 홀의 전통 명절 파티를 떠오르게 한다. 발란신은 이런 파티에 언젠가 참석했었다. 너무나 환상적인 높이로 자라고 또 자라는 장관을 보여주는 트리는 그의 어린 시절 집에 있던 트리와 흡사했다. 어린아이의 머릿속에서 웅장하게 그려지는 트리는 촛불들이 밝혀지고 초콜릿과 오렌지, 금종이로 만든 천사들과 별들이 "은으로 된 '비'나 반짝이와 얽혀서" 터질 것 같았다. 과자 나라는 살살 녹는 별미들이 가득한 호화로운 페테르부르크 상점 엘리세예프스키를 상기시켰다. 본인의 설명에 따르면, 그는 즐거움을 불러오면서 크리스마스의 신비와 영성도 불러올 생각이었다. "옛날 방식은 지금 같지 않았지. 요새는 다들 크리스마스가 아니라 무슨 불이라도 난 것처럼 고함을 지르고 헐떡이면서 뛰어다녀. 페테르부르크를 돌이켜보면 고요함과 기다림이 있었어. 누가 탄생했는데? 그리스도께서 탄생하신 거야!" 프티파는 초연에서 이 발레를 자신이 아는 러시아적 크리스마스에 대한 찬사로 만들었다. 발란신은 이 전통을 진척시켰다. 그의 「호두까기 인형」은 추억에 대한 추억이었다.[51]

차이콥스키에 대한 발란신의 심리적 동일시는 너무나 깊었다. 그는 자신이 병들어 죽어가고 있다는 것을 알고 삶의 마지막을 향해 가면서 이 작곡가의 교향곡 제6번(「비창」)의 4악장에 맞추어 「아다지오 라멘토소(Adagio Lamentoso)」(1981)를 창작했다. 이 발레는 침통과 경외 속에 공연되었고 이후에는 한번도 무대에 오르지 않았다. 무용수들은 그 의미를 이해했다. 금박 날개들이 달린 천사 무리와 십자가 대형을 형성한 검은 승려 비슷한 형체들이 있었다. 주역 무용수는 (동독 출신으로) 발란신의 얼마 되지 않는 유럽 무용수들 중 한 명이자 뛰어난 극적 상상력을 가진 연기자 카린 폰 아롤딩겐이었다. 이번에는 전통의 무게가 핵심의 일부였는데 발란신은 나중에 그녀에게 말했다. "자네는 애도할 줄 알더군." 이 발레의 말미에는 하얀 옷을 입은 작은 아이가 불을 밝힌 초를 들고 어두운 무대 중앙에 혼자 서 있었다. 음악이 사그라지는 가운데 아이는 촛불을 불어 껐다. 후일 발란신은 이 순간을 이렇게 설명했다. "선율이 낮아지고, 낮아지다, 사그라진다. 현악기들이, 그러다 목관악기들이. 모든 것이 멈춘다. 마치 한 인간이 무덤으로 들어가는 것처럼. 가고……가고……가버렸다. 마지막이다. 차이콥스키는 본인의 진혼곡을 쓴 것이다!" 발란신도 그랬다.[52]

「세레나데」와 「아다지오 라멘토소」는 북엔드였다. 발란신은 자신의 미국인으로서의 삶의 시작과 끝에 차이콥스키에게로 돌아갔다. 그렇지만 그 사이에 등장한 것을 규정하는 것이 언제나 수월하지는 않다. 발란신의 전작은 방대했다. 다수의 불행히도 소실된 것들까지 400편의 발레에 달하는 데다가 보기 드물게 다양했다. 그것은 예를 들어 희극과 비극으로, 혹은 역사적 시기나 전기적 시기들로 깔끔하게 분리되지 않는다. 사실 발란신은 많은 진전을 이루기

보다는 평생 몰두한 주제들로 번번이 돌아왔다. 예를 들면 그의 가장 급진적인 발레들은 줄줄이 나왔다기보다는 거의 반 세기에 걸쳐서 모습을 드러냈다. 그는 「아폴론 무자게트」를 1928년에, 「4대 기질(Four Temperaments)」을 1946년에, 「아곤」을 1957년에, 「바이올린 협주곡(Violin Concerto)」을 1972년에 창작했다. 사라지거나 죽어가는 유럽의 과거로 거슬러올라가는 그의 최고의 왈츠 발레들에 대해서도 같은 이야기를 할 수 있다. 「라 발스」는 1951년에, 「사랑의 슬픔 왈츠(Liebesleider Walzer)」는 1960년에, 「빈 왈츠(Vienna Waltzes)」는 1977년에 등장했다. 발란신은 개작과 재공연도 자주 했다. 1928년 세르주 리파르와 함께한 「아폴론 무자게트」는 공들인 의상으로 루이 14세를 연상시켰지만, 1957년 자크 당부아즈와 함께한 현재 「아폴로」라고 불리는 작품은 화려한 의상을 벗긴 흑백의 모더니스트적 에세이였다(후일 당부아즈는 황금빛의 루이 14세풍 고수머리에 저항하던 것을 회상했다. 그는 그의 방식으로, 엘비스 스타일로 번드레하게 빗은 검은 머리카락으로 춤추기를 원했다. 발란신은 동의했다).

발란신이 이 모든 노정에서 한 것은 고전 발레에 전통을 주는 것이었다. 이것은 간단하게 들릴지 모르지만 그렇지 않았다. 그는 루시아 체이스와 니넷 디 밸루아처럼 과거의 고전 발레들을 무대에 올리지 않았다. 사실 발란신은 재공연이라는 것들을 언제나 미심쩍어했다. 그는 (본인의 것을 포함하여) 옛날 춤들이 아무리 위대하다고 해도 현재에도 언제나 이해되는 것은 아니라고 주장했다. 발레는 유행과 시대적 스타일에 구속되는 단명하는 것이었고, 그 전통은 추억과 세대라는 한계를 가졌다. 그렇지만 음악에는 더 나은 표기법과 과거에 대한 더 많은 접근이 있었다. 그리하여 발란신은 발레를 프티파를 통해서 그 선조들인 부르농빌이나 비가노나 노베르에게로 돌려보내려고 하는 대신, (디아길레프의 선례를 따라) 그것을 길고 성공적이고 무한히 부활 가능한 서구의 음악적 전통에 정박시켰다. 그의 취향은 광범위하고 진지했다. 그는 무용수들이 (특히) 바흐, 모차르트, 글루크, 슈만, 브람스, 힌데미트에 맞춰서, 비제, 라벨, 글린카, 그리고 누구보다도 차이콥스키의 러시아적 상속자이자 발란신의 가장 긴밀한 협력자인 이고리 스트라빈스키에게 맞추어 춤추게 했다.

중요한 것은 음악을 그냥 무용수들을 옛날 발레 스타일들로 데려가기 위해서 사용하면 절대 안 된다는 것이다. 예를 들면 발란신이 1947년 파리 오페라를 위해서 비제의 「교향곡 C장조」에 맞추어 「수정궁」(나중에 제목이 「교향곡 C장조」로 바뀐다)을 창작했을 때, 그는 무용수들에게 가짜로 낭만적인 포즈를 취하거나 탈리오니 스타일로 낮은 쪽진 머리를 하도록 요구하지 않았다. 그 반대로 이 발레는 발란신이 파리와 페테르부르크에서의 작업으로 직접 경험한 형식적 엄격함과 장식적 솜씨를 가지고 (제정 러시아가 가미된) 프랑스 발레 유파의 본질을 포착했다. 프랑스적 발레들은 또 있었다. 포레의 음악에 맞춘 3막 발레 「보석(Jewels)」 중, 초연에서 (발란신의 또 한 명의 예외적인 유럽인 무용수인) 프랑스 발레리나 비올레트 베르디가 춤춘 "에메랄드"는 단순하고 레이스 같은 걷기 동작들과 사색적인 분위기를 가진 보다 내밀하고 향기로운 춤으로 1900년경 포레의 파리를 떠오르게 했다.

모리스 라벨은 특별한 자리를 차지했다. 발란신과 라벨은 1920년대 파리에서 엇갈렸는데, 반세기 후인 1975년 발란신은 라벨 페스티발에서 이 작곡가에게 경의를 표했다. 라벨의 음악에 맞춘 발란신의 춤들은 광범위했다. 그리고 「쿠프랭의 무덤(Tombeau de Couperin)」(프랑수아 쿠프랭은 루이 14세의 궁정 작곡가였다)의 바로크에서 영감을 받은 카드리유들부터 「라 발스」의 사교 무용들까지, 다양한 무용 및 음악 형식들에 의지했다. 아마 라벨의 음악에 맞춘 발란신의 가장 위대한 발레일 「라 발스」는 1951년 타나킬 르 클레르크를 위해서 안무되었다. 원래 디아길레프가 의뢰했던 이 음악은 「우아하고 감상적인 왈츠(Valses Nobles et Sentimentales)」(1911)와 「라 발스」(1920)의 두 작품으로 구성되어 있었다. 이는 라벨의 삶의 힘든 순간에 작곡되었다. 그는 제1차 세계 대전으로 넋이 나간 데다가 군 복무 중 얻은 이질로 약해졌고 1917년 어머니의 사망으로도 고통을 받았다. 심란한 우울함과 폭력의 암류를 가진 이 음악은 붕괴 중인 오스트리아-헝가리 제국의 퇴폐를 환기시켰다. 그는 그것을 "피할 수 없는 숙명의 소용돌이"이자 "빈 왈츠의 극치"라고 불렀고, 혼자 끼적거린 공책들에서 (살방디 백작을 인용해) 음울하게 "우리는 화산의 가장자리에

서 춤추고 있다"고 썼다.[53]

이 발레를 관람할 때 드는 느낌이 바로 그렇다. 우리에게 보이는 것은 무도회에 온 화려한 젊은 여성, 운명의 3여신, 죽음의 무시무시한 검은 형상이다. 이는 (샹들리에가 빛나지만 어두운) 무도회장에서 시작한다. 망사 드레스를 입고 긴 흰색 장갑을 낀 운명의 여신들은 팔을 방만하게 뻗었다 움츠러뜨리고 손은 부주의하게 젖혀가며 우아한, 지나치게 우아한 움직임을 수행한다. 그들의 차가운 아름다움과 어두운 음악적 암류는 다가올 사건들을 암시하지만 처음에는 거의 알아차리기 힘들다. 쌍쌍이 확연한 질서와 균형을 갖추고 왈츠를 추는 가운데 모든 것이 잔잔하고 매끄럽다. 운명의 여신들이 분열된 움직임과 무너지는 자세로 그늘을 드리우며 언제나 그곳에 존재한다는 것만 제외하면 말이다. 카린스카가 디자인한 의상들마저 모호함과 감정의 숨겨진 빛깔의 이야기를 말한다. 여자들의 부드럽고 연한 색으로 보이는 치마들은 사실 여러 층의 밝은 색깔들로 이루어져서, 빨강, 주황, 자주, 분홍 빛깔 위에 반투명한 회색이 한 겹 덮여 있었다. 머리장식들은 검은 말총을 엮어 검은 모조 다이아몬드로 테두리를 둘러 만들었다.

서서히 춤들이 긴장되기 시작한다. 흰 옷을 입은 소녀가 들어와서 한 남자와 춤을 추려고 한다. 그러나 그녀는 자신에게 몰두해 있고, 그들의 조우는 취약함과 놓쳐버린 기회들로 가득하다. 스텝들이 쌓여나가지만 해체되고 해소되어서 불확실한 포옹들이 될 뿐이다. 마침내 (검은 옷의 점잖은) 죽음이 무도회에 도착해서 소녀를 검은 보석과 옷으로 유혹하고 그녀는 결국 굴복한다. 이제 완전히 검은 우아함으로 차려입은 그녀는 죽음과 춤을 춘다. 거의 폭력적이며, 단절적이고, 내두르는 움직임과 위축으로 가득한 절름발이 춤이다. 그녀는 결국 바닥으로 쓰러져 죽는다. 왈츠는 계속되고 다른 무용수들은 의기양양한 운명의 여신들과 함께 그녀의 시체 주위를 맹렬하게 돌며 세찬 의례적 원무를 춘다. 그녀는 니진스키의 「봄의 제전」의 선택된 자의 죽음을 연상시키는 이미지로 머리 위로 들려올라가 누운 채 축 늘어진다. 어지러운 긴장이 계속되는 가운데 막이 내린다.

발란신은 몇 년 후에 왈츠라는 주제로 돌아갔는데, 1960년 브람스의 음악에 맞추어 초연된 「사랑의 슬픔 왈츠」였다. 우리는 네 커플들이 왈츠를 추고 있는 19세기의 거실에 있다. 이 발레의 전반부에서 여자들은 토슈즈나 특별한 발레 슈즈가 아니라 굽 있는 구두를 신는데, 발란신은 그들이 경쾌하고 낭만적이며 조용한 감정으로 가득한 왈츠 스텝들을 확산시키게 만든다. 그러다 막이 잠시 내려간다. 후반부에 무용수들이 돌아오지만, 이번에는 여자들이 토슈즈를 신었고 정원 문들은 열어젖혀 있다. 이 두 가지 겉보기에는 무관한 사실들이 모든 것을 바꾸었다. 우리는 사회적 관습으로부터 감정의 내면 세계로 이동한 것이다(한 무용수가 말했듯이 이들은 그들의 "벌거벗은 영혼"이다). 그렇지만 사랑이나 어긋난 열망의 이야기는 없다. 감정의 거창한 선언도 없다. 존재하는 것은 오직 왈츠이다. 그리고 우리가 비록 거실로부터 또 하나의 감정적 차원으로 이동했더라도, 그것은 과거의 발레들에서처럼 사회적 관습들로부터 어딘가 먼 영적 세계로의 아득한 도약이 아니다. 낭만적인 감상의 축축한 숲이나 하다못해 튜더의 춤들의 억압된 심리적 풍경도 아니다. 「사랑의 슬픔」은 오히려 관습과 인위성에 찬성하는 논의이다. 무용수들이 정원의 친밀함에 다다르려면 응접실의 인습이 필요한 것이다.

그것은 당시 간과될 수 없는 점이었다. 발란신이 「사랑의 슬픔」을 창작한 것은 미국이 1960년대로 막 들어간 시점이었다. 문화, 사랑, 그리고 너무나 많은 것들에 대한 새로 풀려난 아이디어들의 소용돌이로 들어간 것이다. 존 마틴은 「뉴욕 타임스」에 쓴 글에서 이렇게 논평했다.

결국 당신은 얼마나 급진적일 수 있는가? 아방가르드건 아니건, 조지 발란신은 기존의 많은 것들을 미학적, 사회적으로 제대로 갈아엎어왔다. 이번에는 무엇을 했는가? 정말이지 무엇을 했단 말인가! 그는 사랑을 병동에서 데리고 나오는 발레를 창작했다. 결국!……이들의 [이 왈츠들의] 관심사는 무엇인가? 글쎄, 마리화나 펠라그라나 그들의 외할머니들의 태아기의 반점들은 분명 아니다. 이들은 낭만의 격통 중인 젊음의 치명적이고 강렬한 집착에 몰두한다.……우리는 스스로가 옮겨진 것을 발견한다. 먼 옛날로가 아니라 오래 전 폐지된 진리의 녹슨 자각 속으로이다. 정말이지 사랑이 존경을 되찾은 것이다.[54]

1977년 발란신은 다시 한번 왈츠와 그 오스트리아-헝가리 제국적 세계로 돌아갔다. 왈츠의 제왕인 요한 슈트라우스, 프란츠 레하르, (「장미의 기사[Der Rosenkavalier]」에서 발췌한) 리하르트 슈트라우스의 음악에 맞춘 「빈 왈츠(Vienna Waltzes)」였다. 이 발레는 왈츠를 통한 여행이다. 빈의 숲에서 출발해서 거울로 둘러싸인 웅장한 무도회장으로 가는데, 그곳에서 혼자 우울해하던 수전 패럴은 그녀의 삶을 잠시 스쳐가는 남자와 마주친다. 조명이 높아지고 무대는 우아한 야회복을 입은 남자들과 짝을 지은 하얀 비단 드레스를 입은 여자들로 넘쳐난다. 그들은 계속 자세를 취하고 빙빙 돌면서 우아함과 낭만을 눈부시게 환기시킨다. 그것은 파리에서 수입된 최고의 원단들로 만들고 무수한 자잘한 장식들을 손으로 꿰맨(패럴의 드레스 주름에는 작은 황금 장미가 꿰매졌다) 60벌 이상의 드레스, 조끼, 상의를 갖춘 사치스러운 제작물이었다. 고급 비단에 왜 이렇게나 많은 지출을 해야 하냐는 질문에 발란신은 신랄하게 응답했다. "왜냐하면 움직이니까요. 비단은 누에가 만든 천연 직물입니다. 나일론은 움직이지 않아요. 기계가 만들었거든요." 비밀과 숨은 장식을 갖춘 이 의상을 창작한 카린스카에게는 자기 나름의 답이 있었다. "영혼을 위한 거죠."[55]

　이 세 발레들에서 발란신은 왈츠를 20세기의 쇠퇴로부터 영광스러운 빈 회의의 절정까지 거꾸로 추적했다. 정말이지 그는 19세기가 멀어지면 멀어질수록 그것을 도로 끌어당겨서 그 세계를 무대 위에서 재창작하고 싶은 것처럼 보였다. 왈츠는 문학과 미술에서 오랫동안 낭만적인 환상과 퇴폐의 은유가 되어왔다. 발란신에게도 그랬다. 그의 일부는 19세기에 속했다. 그가 「라 발스」를 만든 1951년에는 이 과거가 아직 너무 멀지 않았다. 그와 라벨 둘 다 그 그림자 속에서 성장했던 것이다. 하지만 1981년 즈음 그것은 거의 사라진 것이나 다름없었다. 이 왈츠는 그냥 왈츠였고, 원래 아름다우며 스스로 아름다웠다. 그러나 이는 발란신이 높이 평가한 삶의 방식을, 그리고 구애, 예의범절, 구세계적인 유럽의 기사도를 대변하기도 했다. 그는 우리가 그 전부를 기억하고 경험해야 한다고 주장하는 것 같았다. 참신함과 망각을 점점 더 높이 평가하는 시대에서 이것이 사라지면 안 된다는 것이다. 그리고 만일 무용수들이 이 왈츠를 스스로의 여기-지금 식의 급박함, 그리고 에너지가 넘치는 현대적 스타일로 채웠다면 이 또한 요점이었다. 발란신의 향수는 절대 탐닉적인 것이 아니었다. 그것은 언제나 전면에 대한 날카로운 응시였다. 그와 그의 무용수들에게 왈츠는 **지금** 문제가 되었다.

발란신은 다른 전통들도 전면으로 내세웠다. 그중에는 덴마크 발레 마스터 오귀스트 부르농빌이 있었는데, 그의 발레들에서가 아니라 발란신이 코펜하겐에서 수입한 남성 무용수들과 교사들에서였다. 이탈리아 연기자들 역시 대변되었다. 「할리퀴네이드(Harlequinade)」(1965)는 이탈리아 출신으로 마린스키에 본거지를 두었던 작곡가 리카르도 드리고의 음악을 갖추고 코메디아 델라르테와 팬터마임에 의지했다. 하지만 그것은 동시에 프티파에 대한 경의를 표하는 것이기도 했다(프티파는 「수백만의 할리퀸[Les Millions d'Arlequin]」을 페테르부르크에서 처음 무대에 올렸고, 후일 발란신은 페테르부르크에서 학생일 때 이 작품을 춤추었다). 「타란텔라(Tarantella)」는 떠들썩한 나폴리 민속무용에서 받은 영감이 미국식의 저돌적인 체육적 브라부라로 바뀌었다. 두 발레 모두에서 이탈리아인의 후손인 에드워드 빌렐라가 주역을 맡았는데, 그는 코메디아 델라르테 전통에 대한 발란신의 세심한 지도를 글로 남겼다. 하지만 발란신의 관심을 끈 것이 코메디아 델라르테만은 아니었다. 그는 크리스토프 빌리발트 글루크의 음악에 맞춘 춤들도 만들었다. 빈에서 이탈리아 발레 마스터 안지올리니가 안무한 글루크의 「오르페오와 에우리디체」는 18세기 후반 발레의 역사에서 너무나 중요한 작품이었다. 1963년 발란신은 함부르크에서 글루크의 오페라 무대를 위한 춤들을 안무했는데, 이 춤들은 1976년 「샤콘」의 기초가 되었다(이 제목은 궁정 발레의 말미에 전통적으로 공연되던 바로크 무용 형식에서 따온 것이었다).

발란신은 미국적 발레들도 만들었다. 그는 그것들을 민담적 내러티브 혹은 토종 음악이나 토종 안무적 어법을 추구하지 않고, 발레를 전통적인 미국 음악과 혼합함으로써 창작했다. ("레드 리버 밸리[Red River Valley]" 같은 민요들을 포함하는) 허시 케이의 음악에 맞춘 「서부 교향곡(Western Symphony)」(1954)은 옛 서부를 기념하는 동시에 조롱했고, 비발디와 코렐리의 음악에 맞춘 「스퀘어 댄스(Square Dance)」(1957)는 18세기 궁정 형식들과 그것들의 이후 옛 남부에서의 파생물들 사이의 관계를 끌어냈다. 이 제작물에는 바이올린 주자들과 무대에서 지시(크게 오른쪽과 왼쪽!)를 외치는 전문 스퀘어 댄스 콜러(스퀘어 댄스에서 스텝을 외치며 춤을 선도하는 사람/역주)가 등장했다. (허시 케이가 편곡한) 존 필립 수자의 음악에 맞춘 「성조기(Stars and Stripes)」(1958)는 활기차지만 조롱조이기도 한 애국적인 호화 오락물로, 대단원에는 적, 백, 청의 거대한 국기가 배경막에 나부꼈다. 「유니언잭(Union Jack)」(1976)은 미국 건국 200주년 기념 기간에 영국을 기린 작품이었다. 이 발레는 손깃발들이 해군 손깃발 신호 암호로 "여왕 폐하 만세"를 알리는 것으로 끝났다. 이 발레들은 모두 (흔히 오늘날에는 실종된) 비꼼과 기지 속에 춤춰졌다. 키치도 한 자리 차지했던 것이다.

발란신은 전통과 과거에 깊이 의존했지만, 전에 등장한 어떤 것과도 철저히 단절된 극단적으로 분리적인 춤들도 창작했다. 이 둘은 서로 배타적이지 않았다. 발라신의 가장 고전적인 춤들에도 급진적인 칼날이 있었고, 그의 가장 혁명적인 춤들은 언제나 고전적인 형식에 뿌리내리고 있었다. 이 점이 가장 명백하게 드러난 작품은 스트라빈스키와의 긴밀한 공동 작업으로 창작된 「아곤」(1957)이었다. 그것은 선구자적 발레였지만 아방가르드와 오랫동안 결부되어 온 반항적 분노나 풍자적 칼날은 전무했다. 「아곤」은 전통을 공격하지 않고 전통을 내부로부터 변화시켰다.

발란신과 스트라빈스키의 공동 작업은 파리에서 함께한 「아폴론 무자게트(Apollon musagète)」(1928)까지 거슬러올라갔다. 두 예술가는 서로를 잘 알았다. 스트라빈스키는 발란신보다 20년 연상이었는데 그는 이 작곡가를 오랫동안 멘토이자 아버지로 생각했다. 그러나 그들은 서로 다른 세대에 속했음에도 공통의 과거를 공유했다. 스트라빈스키는 발란신과 마찬가지로 상트페테르부르크와 제국 궁정과 마린스키 극장에서 성장했고, 그 역시 러시아 정교 신자이기도 했다. 그는 전쟁과 러시아 혁명의 여파로 서구로 왔고, 1930년대에 미국으로 이주했다(그는 결국 로스앤젤레스에 정착했다). 스트라빈스키는 발레에 정통했다. 하지만 그들의 공동 작업은 주로 음악을 중심으로 돌아갔고, 두 남자가 악보 위로 몸을 굽히고 있는 모습이 종종 목격되었다. "스트라빈스키는 시간을 만들었다." 발란신은 언젠가 말했다. "크고 거창한 시간이 아니라, 우리의 육체를 만드는 작은 부분들이 작동하는 시간을."[56]

「아곤」은 「아폴로」와 「오르페우스」(1948)를 아우르는 발란신과 스트라빈스키의 그리스 3부작의 3부로 간주되었다. 부알로를 돌아보았던 「아폴로」와 비슷하게 「아곤」은 17세기 문헌에서 시작되었다. 이번에는 발레 마스터 프랑수아 드 로즈의 무용 논문 『춤에 대한 예찬(Apologie de la danse)』이었다. 링컨 커스틴은 스트라빈스키에게 드 로즈의 작품 한 권을 보내면서 "16세기에는 꽤나 소박하게 시작했던 춤들이 20세기에는 불이 붙어 폭발하는" 발레에 대한 발란신의 아이디어를 설명하는 쪽지를 첨부했다. 주목할 것은 커스틴이 스트라빈스키에게 준 책이 현대 판본이었다는 것이다. 여기에는 학술적 주석들뿐만 아니라, 사제이자 음악가이며 고전 발레가 시작된 17세기의 인물인 데카르트 및 파스칼과 동시대인인 메르센 신부의 발췌문들도 딸려 있었다.[57]

메르센은 르네상스 시대의 선조들과 마찬가지로, "계측된" 음악, 시, 움직임이 통합된 스펙터클로 결합될 수 있는 방식들에 매혹되었다. 이탈리아에서 그런 탐구는 최초의 오페라로 이어졌고, 프랑스에서는 우리가 살펴본 바와 같이 궁정 발레로 이어졌다. 궁정 무용은 리듬과 음악적 형식(브랑르, 사라반드, 가이야르)에 의해서 엄밀하게 정의되었다. 그리고 작고 정확하고 우아한 스텝들로 구성되어 있었는데, 그중 여럿이 오늘날의 고전적 표현 형식에 통합되어 남아 있다. 그것들은 「아곤」의 안무적 기본 구조의 기초 단위이자 여기서-저기로-이어지는 필수적인 이행 스텝들이다. 발레는 드 로즈가 세심하게 지적했듯이 도덕률, 즉 "다른 사람들에 대한 행실의 과학"이기도 했다. 그것은 인사이자 예의이자 가정교육이었다. 이런 생각은 발란신과 너무나 오랫동안 여러 가지 방식으로 공명했다.[58]

스트라빈스키는 드 로즈의 책에 많은 표시를 남겼고, 이 책과 메르센을 자신의 작곡에서 참조했다. 정말이지 학자인 찰스 M. 조지프가 보여준 바와 같이, 그의 메모들은 미터, 리듬, 스캔션(scansion : 음보[音步]의 수를 조사해서 계산하는 것/역주)에 대한 시대적 논의와 음악, 시, 무용 형식 간의 연관성에 대한 예리한 관심을 보여주었다. 뿐만 아니라 스트라빈스키는 마녀들이 악마의 주위를 도는 원무를 비롯해 다양한 바로크 무용의 종교적, 이교도적 기원들에 대한 학문적 추론에도 세심한 주의를 기울였던 것으로 보인다. 이 모든 것이 전면으로 투사되었다. 「아곤」은 리듬적으로 복잡한 데다가 도중에 12음 음계로 이동했다. 우리가 발란신의 춤들의 원천에 대해서 아는 것이라고는 그와 스트라빈스키가 이 발레에서 함께 긴밀하게 작업했다는 것 말고는 별로 없다. 그들은 스트라빈스키의 자택에서 만났다. 이 작곡가는 나중에 리허설에도 참석했고 두 사람은 안무에 대해서 활기차게 토론했다.

「아곤」은 발란신 자신의 춤들에도 가시적 뿌리를 두었다. 「아폴로」의 간결한 서정성에, (바흐의 「두 대의 바이올린을 위한 협주곡 D장조」에 맞춘) 「바로크 협주곡」의 순수하고 수학적인 정확성에, 하지만 무엇보다도 파울 힌데미트에게 의뢰한 곡에 맞춘 「4대 기질」(1946)의 팽팽하고, 분석적으로 엄밀하면서도 비스듬하고, 모나고, 불균형적인 움직임에였다. 「4대 기질」은 극단적인 확장(양다리가 머리 너머로 올라갔고 양골반은 비뚜름했다)과 기복적이고 수축적이고 곡예적인 움직임에 대한 발란신의 혁신적 실험들에서 나왔다. 그가 이런 종류의 작업을 시작한 것은 1917년 혁명 이후의 시절 러시아에서였다. 그것은 그 이래로 그의 가장 고전적인 발레들에까지 영향을 미쳤는데, 그중에는 (우리가 살펴본 바와 같이) 「아폴로」의 때 묻지 않은 순백의 춤들도 있었다. 또 하나 중요한 것은, 「4대 기질」은 현대 무용의 세계로 넘어간 것처럼 보이기도 했다는 것이다. 그것은 몸통과 상체를 독일인과 중앙 유럽 안무가들과 마사 그레이엄을 연상시키는 방식으로 사용하는 모나고 수축된 움직임으로 가득했다.*

「4대 기질」은 우리가 아는 발란신의 초기 춤들보다 훨씬 극단적이었다. 더 공격적으로 왜곡되고 강박적이었고, 관행적 스텝들과 구조의 고의적 파괴가 거의 입체파적이었다. 이 발레에는 긴장과 육체적 조작, 한쪽 골반이나 팔

---

* 「아곤」으로부터 2년 후, 발란신은 그레이엄을 초빙해 베베른의 음악에 맞춘 발레인 「삽입곡(Episodes)」에서 작업했다. 그레이엄은 자신의 무용수들로 1악장을 안무했고, 발란신은 자신의 무용수들로 2악장을 안무했다.

이 불쑥 밀려나오는 기울었거나 망가졌거나 변경된 고전적 자세들이 가득했다. 그것은 요동치고 상처입고 움켜잡는 움직임들을 망라했다. 너무 깊은 후굴, 의도적이고 선회적인 불균형적 발차기, 구성요소로 해부되고 파괴된 푸앵트 턴, 불길하고 낮게 부상하는 폭탄 같은 리프트, 이 모든 것이 그럼에도 일관된 직선적 명료성을 가지고 수행되어서 이 춤들을 고전적 형식과 다시 연결했다. 오늘날까지도 이 춤들에서 차가운 엄격함과 정확성, 천사 같은 무심함을 볼 수 있다. "점액기질"(고대의 가장 유명한 의사인 갈레노스는 그리스 의학의 성과를 집대성해 피, 점액, 황담즙, 흑담즙의 네 가지 체액이 균형을 이루어야 한다는 기질론을 주장했다. 그는 이 네 가지 중 어느 것이 우세하냐에 따라 다혈질[온화하고 쾌활함], 점액질[움직임이 느리고 냉담함], 우울질[우울하고 상심에 잠겨 있음], 담즙질[반응이 빠르고 성미가 급함]의 기질이 나타낸다고 보았다/역주)일 때 인간은 고통 속에 몸을 웅크리린다. 누가 그에게 무슨 짓을 해서가 아니고 하다못해 그가 끔찍한 생각을 하고 있어서도 아니다. 움직임에는 그 자체의 이유가 있는 것이다. 결과는 사색적이고 내면적이지만 솔직할 정도로 무심하기도 하다. 무용수들은 움직임에 완전히 몰두해 있을 때조차 스스로를 외부에서 지켜보면서 자신들의 움직임을 이해하려고 노력하고 있는 것처럼 보인다.

「아곤」은 그보다도 더 극단적이었다. 더 강철 같고 역설적이었으며 더 뒤틀리고 리듬적으로 복잡했다. 그러나 더 서정적이고 고전적으로 때 묻지 않기도 했다. 그것은 무용 모음곡이다. 2인무, 독무, 12명의 무용수들을 위한 (그리고 12음계를 위한) 파 드 카트르(pas de quatre)들이 중립적인 푸른빛 배경막을 바탕으로 흑백의 연습복 차림으로 공연되었다. 이 작품의 제목은 고전과의 연관성을 부여했다. 아폴로의 이상화된 조각적 아름다움이나 오르페우스의 이야기에 새겨진 사랑과 음악에 바치는 비극적 애가가 아니라, 투쟁과 경쟁이라는 아이디어였다. 고대 그리스어로 "아곤"은 경쟁을 의미했지만, 발란신의 무용수들이 후일 지적했듯이 시민 생활과 아고라에 뿌리내린 공동체 의식과 통일감을 의미하기도 했다. 개막식 밤 그 자리에 있었던 사람들의 반응으로 미루어 보면 그것은 중요한 점이었다. 마치 그리스 비극의 합창단처럼, 관객은 이 발레를 그냥 지켜보는 것이 아니었다. 이 춤들의 리듬과 팽팽한 시각적, 음악적 통제는 육체와 정신을 사로잡았다(후일 마르셀 뒤샹은 그날 밤 극장 안에서 느낀 전율은 그에게 「봄의 제전」의 초연이 생각나게 만들었다고 말했다).[59]

춤이 시작되는 순간 발레의 관행들은 뒤집혔다. 막이 오르면 통상적인 코르 드 발레가 아니라 남자 넷이 있다. 그들은 관객에게 등을 돌린 채 무대 안쪽에 줄지어 서 있다. 그들이 앞으로 돌면 음악과 동작이 시작되면서 이 발레의 당김음적 고동을 알린다. 발레의 말미에도 똑같은 남자들이 다시 한번 줄지어서 관객을 향한 채 설 것이다. 음악이 멈추면 그들이 몸을 돌려 등을 보인다. 마지막 박자 역시 그들의 것이다. 음악은 내내 격렬하고 맹렬하며, 이따금씩 무조(無調)이지만 동시에 우아하고 재치 있고 정중하기도 하다. 무용수들이 저돌적으로 공간을 헤쳐나가다 멈추어 우아하게 인사할 때의 움직임은 비비꼬인 자기성찰과 소박한 우아함 사이에 걸쳐 있다. 그것은 발란신이 말했듯이 "IBM 발레", 즉 "생각하는 기계"였다.[60]

「아곤」에는 명확한 내러티브나 멜로디나 서정성 라인이 없다. 대신 움직임과 음악의 덩어리들을 층층이 쌓아올린다. 무용수들이 집단적으로 몰려나와 길고 밀집된 프레이즈의 춤을 추면서 공간을 집어삼키다가, 갑자기 멈추거나 스텝이 유예되거나 나간다. 이런 사건들은 연계적이라기보다는 쌓이고, 이야기된다기보다는 누적된다. 종종 무용수들은 보조를 유지하는 가운데 리듬이 꾸준히 그리고 갑자기 변화해서, 박자가 오락가락하다가 긴장감이 깨지고 음악과 춤이 만난다. 스텝들은 거의 없고 춤들은 거의 전적으로 이행 동작으로 구성되어 있다. 무용수들은 달리고, 펄쩍거리고, 깡충거리고, 회전하고, 다리를 높이 차고, 무엇보다도 이동한다. 여자들은 푸앵트로 공연하지만 몸의 선을 끌어올리거나 확장하지는 않는다. 그들은 오히려 바닥을 찌르고, 파고, 몸을 질질 끌면서 균형을 잃을 때까지 체중을 아래쪽으로 밀어붙인다.

「아곤」은 그 비관행적 언어에도 불구하고 조화롭다. 또한 분열되거나 소원하게 느껴지지 않는다. 그것은 부분적으로는 음악과 춤이 너무나 탄탄히 조정된 시각적, 청각적 디자인 속에서 맞물리기 때문이다. 하지만 다른 이유도 존재한다. 발란신에게 내러티브가 필요 없었던 것은 그가 물감이나 벽돌이 아니라 인간과 작업했기 때문이다. 이 음악적이고 발레적인 "기계" 속에서 "생각"하는 것은 무용수들이다. 그것은 그들이 "연기"를 한다는 의미는 아니다. 그 반대로, 그들은 아무 데에도 숨지 못한다. 등장인물도, 스토리도, 인식 가능한 전통도 일절 보이지 않는다(한 무용수는 무대 위에서 이렇게 외롭고 노출된 기분이었던 적은 결코 없었다고 전했다).

무용수들은 대신 자의식 없이 거기에 그냥 존재한다. 그들을 (혹은 우리를) 적응시키기 위해서 고안된 감정이나 기대는 전무한 채, 그들은 있는 그대로의 모습으로 관객을 대면한다. 배경 없이 조명만 넘쳐나는 개방적인 무대는 무용수들이 유일한 초점이 되게 만들어서 그 효과를 강조한다. 혹시 이 발레가 17세기를 재검토하더라도, 그것은 이 작품의 모더니즘 역시 강조한다. 루이 14세의 궁정에서 춤들은 다채롭고 화려한 행사이자 의상, 관습, 치장의 화려한 스펙터클이었다. 반면 발란신은 육체와 무대를 벗겨서 (흑백의) 필수 형식들만 남긴다. 이 모든 것이 무장해제적인 솔직함과 여기-지금이라는 느낌을 창조한다. 우리와 그들, 무대와 삶, 과거와 현재 사이의 거리가 붕괴하는 것이다.

「아곤」에는 발란신의 러시아, 이탈리아나 왈츠 주제의 발레들이 가지는 시대를 초월하는 별세계적 속성들이 없었다. 그것은 현재에, 1957년 뉴욕에 굳건히 뿌리내리고 있었다. 여기를 만든 것은 두 가지인데, 하나는 개인적인 것이고 다른 하나는 정치적인 것이다. 개인적인 것은 이 발레의 제작을 둘러싼 힘든 환경과 관련되어 있었다. 1956년 10월 스트라빈스키가 뇌졸중 발작으로 병원으로 급송되었는데, 금방 회복되었음에도 불구하고 발란신은 크게 염려했다. 물론 자신의 삶에서 이 정신적 지주를 잃을 가능성에 대한 걱정이었다. 그 후 두 주일이 채 지나지 않아 발란신의 아내이자 뮤즈인 타나킬 르 클레르크가 소아마비에 걸렸다. 발란신은 좌절했고 그녀를 돌보기 위해서 1957년 가을까지 휴가를 냈다.

발란신은 돌아와서 「아곤」을 만들었다. 이 발레는 11월의 소아마비 구제 모금 운동을 위한 자선행사에서 시연되었다. 어떤 목격자들은 타나킬의 삶의 비극적 사건과 발란신의 새로운 춤 사이에서 직접적인 관계를 보았는데, 그중에는 (3인무를 공연한) 멀리사 헤이든도 있었다. 예를 들면 이 발레의 중심 파드 되는 다리들이 벌어지고 팔들이 휘감기는 공공연하게 성적인 것이어서 충격을 받았다고 말하는 사람들까지 있었지만, 그럼에도 절대 뜨겁거나 열정적이지 않았다. 대신 남자는 여자의 양다리를, 예를 들어 발목을 잡고 움직여서 그녀의 사지가 극단적으로 뻗고 포즈를 취하게 만들었다. 그녀는 유연했지만 거의 타성적이었다. "이 여자는 인형이나 마찬가지야." 발란신은 무용수들에게 설명했다. "그녀를 조종해. 네가 그녀를 이끌어야 한다고. 하나의 길고, 길고, 길고, 긴 호흡이야."[61]

게다가 이 파 드 되는 초연에서 아서 미첼과 다이애나 애덤스에 의해서 수행되었다. 미첼은 흑인이었다. 그는 고전 발레 분야에서 극히 드문 흑인 무용수로 활력이 넘치는 육체파 무용수였다. 대조적으로 애덤스는 창백하고 얼음처럼 무심했다. 이 춤의 강렬한 섹슈얼리티와 의도적인 흑백의 미학(그녀의 다리는 그의 뒤통수에 감겨 있었다)에는 명백한 정치적 함축도 담겨 있었다. 「아곤」이 초연된 것은 몽고메리 버스 보이콧(1955년 12월부터 1956년 11월까지 앨라배마 주 몽고메리에서 시내버스의 흑백 좌석 분리 철폐를 요구하며 벌인 운동. 1956년 12월 대법원에서 시 당국의 행위가 위헌이라는 판결이 나며 종결되었다/역주)의 1년 후이자 아칸소의 리틀록 고등학교 폭동으로부터 채 석 달이 지나지 않은 시민권 운동의 결정적 시점이었다. 당시 흑인과 백인 예술가들이 같은 무대에서 공연하는 일은 드물었고, 옷을 반쯤 벗고 포옹한 채 뒤엉켜서 같이 춤추는 일은 더욱 드물었다. 그 자리에 있던 사람들은 후일 발란신의 대담성에 놀랐던 것을 회상했다. 그러나 이 발레는 너무나 큰 집중과 분석적 엄격함, 그리고 너무나 큰 객관성과 강철 같은 무심함을 가진 채 공연되어서, 어떤 정치적 싸움에서도 벗어나서 그 위에 존재하는 것처럼 보였다. 누가 봐도 인종적인 배역진에도 불구하고 그것은 미학적 성명으로 받아들여졌다.

「아곤」은 수 년간의 작업과 실험의 축적이자 발란신의 현대적 스타일에 대한 가장 명쾌한 성명이었다. 뒤이어 다른 발레들도 재작업되어서 전철을 밟았다. 「4대 기질」과 「바로크 협주곡」은 1951년 이미 거창한 의상을 벗고 연습복을 입었고, 1957년에는 「아폴로」가 뒤따랐다(발란신은 나중에 배경과 내러티브도 벗겼다). 섬세하고 낯설고 곡예적이며 냉담하게 관능적인 일본적 주제의 작품 「부가쿠(Bugaku)」(1962)도 또 하나의 후예였다. 사실 1960년대가 되자 발란신의 발레단은 「아곤」의 혁신의 반영인 독특한 스타일을 획득했다. 그의 무용수들은 세계의 다른 어떤 무용수들과도 다르게 보였고, 다르게 움직였다.

이것은 부분적으로는 수 년간의 실험과 발란신 발레 춤추기에서 개발된 테크닉과 관련되어 있었다. NYCB 무용수들은 몸의 선을 늘려서 무한대로 뻗어나가는 것처럼 보이게 만들었다. (등을 굽힌 채 한 다리를 뒤로 뻗는) 아라베스크에서 그들은 다리를 뒤로 들 때 무용수들의 양골반이 자동차의 헤드라이트들처럼 정확하게 정면으로 유지되도록 요구하는 전통적 배치를 깼다. 발란신의 무용수들은 마치 뻗은 다리를 누가 구멍에서 뽑고 있기라도 한 것처럼 골반을 개방했고, 그리하여 몸의 배치를 바꾸고 재정렬함으로써 더 긴 몸의 선을 달성했다. 그것은 여전히 아라베스크로 보임에도 불구하고 육체는 동적이고 비대칭적으로 조직되었다. 그것은 자세가 아니라 움직임이었다.

이와 비슷하게, 균형은 더 이상 육체의 각 부분들이 주의 깊게 정렬되어 정지점을 창조하는 정적인 포즈가 아니었다. 발란신 무용수들은 대신 육체 전체를 교차하는 동적인 에너지 패턴의 촉발(및 통제)에 의해서 균형을 달성했다. 이 정지점은 대립과 역류를 통해서 왔는데, 정지가 아니라 지속적인 움직임의 결과였다. 그것은 더 강력하고 활동적이었지만 동시에 더 불안정하기도 했다. 그렇지만 한 발로 오래 균형을 잡는 것은 발란신의 무용수들이 크게 열망하는 바는 아니었다. 그의 발레들에서 균형은 기초에 불과했다. 즉 육체를 불균형으로 밀어붙이기 위해서 알아야 하는 무엇인가였다. 준비동작, 즉 점프에 선행하는 양무릎 살짝 굽히기나 턴에 앞서는 상체 감아쥐기도 마찬가지였다. 발란신의 무용수들은 이런 스텝들을 축소하거나 숨겼기 때문에(그들은 절대 쪼그려 앉기로 도약이나 연속 회전을 공표하지 않았다), 그들의 움직임들은 어느 곳도 아닌 곳에서 터져나와서 아무것도 아닌 것으로 흩어지는 것처럼 보였다. 다른 스텝과 움직임도 너무나 이상하거나 자유로운 형식이라서 전통적인 사전의 범위 밖에 존재했다. 그것들에는 이름이 없었다.

「아곤」은 축적이었지만 동시에 단절을 뜻하기도 했다. 「세레나데」에서 「아곤」에 이르는 시기는 힘들었지만 엄청나게 창조적이었다. 발란신은 충실하고 흥미로운 예술가들 및 협력자들 무리를 모았는데, 그중 다수가 불확실한 상황에서도 수십 년간 그와 함께했다. 이제 그는 (로빈스, 튜더와 마찬가지로) 점점 늙어가고 있었고 그의 취향은 1960년대와 수월하게 맞물리지 못했다. 모든 곳에서 발레는 변화하고 있었다. 더 통속극적으로 되거나 청년 문화의 유행의 빠른 흐름 속으로 뛰어들고 있었다.

1959년 모스크바로부터 볼쇼이 발레가 도착하자 미국 언론은 그들의 자신감 넘치는 과장된 스타일에 압도되었다. 그 후 등장한 것이 루돌프 누레예프와 마고 폰테인의 스타 파트너 관계였다. 그들은 방대한 군중을 끌어들였는데, 그들의 엄청난 성공은 발란신이 혐오하던 바로 그 부류인 광고와 자아의 승리를 알리는 것처럼 보였다. 1960년대 후반 즈음의 문화적 풍경은 포스트 모던적인 히피 발레들로 어수선해졌다. 1967년 조프리의 사이키델릭적인 「아스타르테」가 『타임』지 표지에 등장했다. 그것은 춤은 "활동적인 예술들 중 가장 독창적이고 가장 제약이 덜하다"고 선언했다. 이에 따르면 무용수들은 더 이상 케케묵은 관행들의 제약을 받지 않았다. 그들은 "교미 상대를 찾는 뱀처럼 무대에서 몸부림칠" 수 있었다. 제롬 로빈스의 「모임에서의 춤들」은 아픈 데를 찌르듯이 대성공을 거두었고, 몇몇 평론가들은 발란신의 시대가 끝난 것이 아닐까 (조금은 경솔하게) 궁금해했다. 게다가 그의 개인적 삶도 고되었다. 그는 여전히 르 클레크와 결혼 상태이면서 다이애나 애덤스와, 그 후에는 수전 패럴과 열정적이면서 고통스러운 사랑에 빠졌는데, 그들 중 누구도 그가 원하는 방식으로 그를 가지려고 들지 않았다.[62]

NYCB 역시 변화하고 있었다. 발레단의 점증하는 성공은 늘어난 재정 지원과 1964년 링컨 센터로의 이주와 더불어, 옛날의 충실함과 긴밀한 공동체 정신이 퇴색하고 있다는 것을 의미했다. 1961년 합류한 패럴은 신세대 무용수에 속했다. 부분적으로는 SAB 덕분에 더 일관된 훈련을 받은 이 "새로운 종족"(『뉴스위크』는 후일 이 젊은 집단을 이렇게 불렀다)은 늙은 동료들의 극심한 연극조와 기벽으로 보이는 것을 언제나 인정해주지는 않았다. 그리고 그들은 정말이지 다르게 보았고, 다르게 움직였다. 그들의 춤추기는 더 매끄럽고 더 연마되어 있었지만 더 노골적으로 성적이고 반항적이기도 했다. 발란신은 이런 변화를 즐겼다. 「한여름 밤의 꿈」(1962), 「돈키호테」(1965), 3막짜리 「보석」(1967)이 증거였다. 하지만 여기서조차 그는 주도적인 문화적 유행을 거스르고 고전 문헌이나 미국 재즈 시대 스타일에서 실마리를 얻었다. 후자의 예가 (스트라빈스키의 음악에 맞춘) 「보석」의 선정적이고 엉덩이를 찔러대는 당김음적인 "루비" 부분이었다. 루비는 퍼트리샤 맥브라이드가 춤추었는데, 그녀는 이 모나고 거칠게 균형을 잃는 안무를 쾌활하고도 역설적으로 수월하게 수행했다. 그것에 비하면 「아스타르테」는 예측 가능하고 관습적이었다.[63]

그렇지만 긴장시키는 징조들도 있었다. 녹음된 전자음악에 맞춘 「일렉트로닉스(Electronics)」(1961)에는 셀로판지가 잔뜩 달린 흑백의 속옷을 입은 무용수들이 등장했는데, 당부아즈와 애덤스는 단단히 끌어안은 채 바닥을 굴러다녔다고 한다(이 발레는 그 이후 소실되었다). 이안니스 크세나키스의 음악을 갖춘 「메타스타세이시스와 피토프라크타(Metastaseis and Pithoprakta)」(1968, 역시 소실되었다)는 술이 달린 비키니를 입고 머리카락을 늘어뜨린 채 팔다리를 흐느적거리는 패럴과 맨가슴에 반짝이는 검은 바지 차림으로 웅크린 미첼을 선보였다. 「아곤」에서는 엄격하고 팽팽했던 것이 여기서는 방임되었다. 발란신은 이 방임을 특히 패럴에게 사용함으로써 발레 테크닉을 더욱 확장했는데, 그녀의 춤추기는 어느 때보다도 감미로우면서 대담했다. 그러나 1969년 그녀는 동년배의 동료 무용수와 결혼했다. 발란신은 너무나 좌절해서 깊은 우울에 빠졌고 그들 둘 다를 해고했다. 그녀는 돌아올 것이었지만 그들의 공동 작업은 중단되었다. 2년 후 이고리 스트라빈스키가 죽었다.

그렇지만 스트라빈스키의 죽음은 발란신에게 그의 가장 위대한 업적들 중 하나에 영감을 주었다. 1972년의 스트라빈스키 페스티벌은 발레 역사상 타의 추종을 불허하는 역작이었다. 사람들의 열렬한 기대를 받던 공연에서 뉴욕 시티 발레는 이 작곡가의 평생에 걸친 음악에 맞추어 31편의 발레를 무대에 올렸는데, 거기에는 발란신 본인의 10편을 비롯하여 7명의 안무가들의 세계 초연작 22편과 몇몇 중요한 재공연들이 포함되었다. 이 기획은 범위와 창작력만으로도 숨이 막힐 정도였고, 발란신이 이 페스티벌을 위해서 창작한 발레들 중 여럿이 오늘날에도 고전으로 남아 있다.

아마 그중 가장 중요한 것은 1931년까지 거슬러올라가는 곡에 맞춘 「바이올린 협주곡」(나중에 「스트라빈스키 바이올린 협주곡[Stravinsky Violin Concerto]」으로 이름이 바뀐다)이었을 것이다. 발란신은 1941년 이 음악에 맞추어 「난간(Balustrade)」이라는 제목의 발레를 만들었다. 그것은 플롯 없는 춤이었고, 파벨 첼리체프의 으스스한 무대장치는 신경절 같은 나뭇결이 드러난 선혈빛 해골처럼 보이는 나무 두 그루를 보여주었다. 이 발레는 비록 소실되었지만 살아남은 선명하지 않은 영상의 단편은 똬리를 튼 애벌레처럼 얽혀 있는 육체들의 느낌을 어느 정도 보여주면서, 이 작품을 초기 발란신적인 「4대 기질」과 비슷한 스타일로 확고히 자리매김한다. 발란신이 1972년 만든 발레는 이와 너무나 달랐다. 그것은 「아곤」을 회고했지만 그보다 덜 엄숙했고, 그의 예술의 모든 요소들을 포괄하고 정제하는 것처럼 보였다. 그것은 미국 재즈, 러시아 민속무용, 고전 발레, 바로크 예법, 낭만주의적 서정성이 모두 하나의 감동적인 어법 속으로 녹아든 것이었다. 발란신 본인도 이를 자신의 최고작으로 생각했다.

「스트라빈스키 바이올린 협주곡」에는 두 쌍의 커플과 하나의 집단이 등장한다. 이 작품은 플롯 없이 맨 무대에서 연습복 차림으로 공연된다. 춤들은 짧고 속도는 다급하며, 스트라빈스키의 본능적인 율동적 박동과 발란신의 틀림없는 정확성에 의해서 내둘린다. 이것은 옛날 스타일의 브라부라가 아니다. 그 반대로, 스텝들은 작은 걷기, 활보, 돌진, 수많은 짧은 푸앵트 워크이고, 턴과 점프로 중단된다. 도약은 하늘까지 닿을 듯 치솟거나 뻗지 않는다. 그것은 시간에 의해서 통제되는 현실적이고 절제된 것이다. 육체는 절대 고전적 자세가 아니다. 그것은 구부러지고 휘어지면서 마치 안팎이 뒤집히는 것처럼 보인다. 어떤 순간에는 움직임이 너무 미묘하고 섬세해서 양팔, 양어깨, 양발, 양눈이 각각 상이한 리듬이나 박동에 반응하는 것처럼 보인다. "우리의 육체를 구성하는 작은 부분들이 작동하는 시간." 육체의 부분들과 발레의 부분들은 그럼에도 양팔은 양다리에 대해서, 또 무용수들은 서로에 대해서, 고도로 조화되고 동시적이다.

(두 번의 파 드 되 중) 첫 번째 파 드 되는 무용수들이 양발을 턴인한 채 그

냥 관객을 보며 나란히 서 있는 것으로 시작한다. 그들은 무장해제적으로 헐벗고 외로워 보인다. 음악이 시작되자 그들의 육체가 전류가 통한 것처럼 요동친다. 그들은 접근하더니 억세고 수축적이고 몸을 뒤로 젖히는 춤을 춘다. 이 파 드 되는 초연에서 장-피에르 본네푸와 카린 폰 아롤딩겐에 의해서 공연되었다. 그녀는 마치 움직임과 음악 속으로 어디까지 도달할 수 있는지 시험하기 위해서 움직이는 것 같은데, 그녀의 넓은 근육질 등, 넓적한 양손, 여윈 체구는 이 춤에 강단 있고 자기성찰적인 느낌을 준다. 어느 순간 그녀는 등을 교각 모양으로 젖히고 몸을 뒤집었다가 다시 다른 다리를 만들어가면서 손에서 손으로 "걷는다." 그는 그녀를 따라가지만 고전적 스텝들을 수행한다. 춤은 그가 그녀와 짝을 지어 (여성의 체중을 지탱하는 다리가 펴져 있지 않고 구부러져 있다는 것만 빼면) 전통적인 아라베스크 프롬나드(arabesque Promenade)를 하다가 곡예적인 손 짚고 뒤로 물구나무로 넘기로 이어지며 끝난다. 그녀는 물구나무 넘기를 마무리 짓고 음악적인 프레이즈와 함께 깊이 후굴한다. 그는 그녀 앞의 바닥에 납작 엎드린다. 마지막 화음에서 그는 돌아누워서 등을 바닥으로 하고 양팔을 옆으로 뻗는다.

두 번째 파 드 되는 섬세하고 유연하며 작은 케이 매조와 우아한 고전주의 자이지만 그럼에도 무게중심이 낮은 묵직하고 밀도 높은 움직임을 가진 페테르 마틴스가 추었다. 이 춤에는 대단히 부드러운 순간이 있지만, 그녀의 육체는 잡아당겨지고 늘려지고 밀쳐지고 비틀리기도 한다. 그들은 마치 한몸처럼 포개지고, 중심을 이동하고, 균형을 잡는다. 특별히 사무치는 어떤 순간, 그녀는 푸앵트로 선 채 2번 포지션으로 양다리를 벌려 V자 형으로 만드는 표준적인 고전적 포즈를 취하지만, 그녀의 양무릎이 갑자기 안쪽으로 내려앉는다. 그것은 꺾이고 취약해서 불가능한 자세이지만, 그가 쭈그리고 앉아 그녀의 양무릎을 지탱한다. 이와 비슷하게, 말미에서 그는 그녀의 뒤에 바싹 붙어서고 그들은 함께 인사를 한다. 이것은 그의 팔과 그녀의 발로 마치 그들이 한 몸인 듯 수행되는 것만 빼면 전통적인 궁정식 인사이다. 그들은 다시 일어나고 움직임은 계속된다. 그는 그녀의 이마에 부드럽게 손을 얹고 무릎을 꿇고, 그녀의 얼굴을 손으로 덮은 채 그녀의 얼굴과 몸을 뒤로 불편할 정도로 깊이 당

발란신의 「바이올린 협주곡」의 케이 매조와 페테르 마틴스.

긴다. 이렇듯 파 드 되는 둘 다 여성이 몸을 뒤로 젖히고 남성은 무릎을 꿇거나 바닥에 누운 채 끝난다. 그것은 전통적인 기사도적 포즈이지만 몸이 굽었고, 위아래가 뒤집혔고, 삐뚜름하다.

이 발레는 무대에서 전 출연진이 민속무용처럼 축하의 피날레를 추면서 끝난다. 틈틈이 러시아적 스타일로 팔짱을 끼지만 스텝과 움직임에는 민속적이거나 민족적인 풍미가 완전히 깨끗하게 벗겨나갔다. 그것들의 어법은 엄격히 발레적이고, 전염적인 리듬적 복합성이 충만하며, 왔다갔다 대립이 가득하다. 그래도 그것은 단순하게 보이고, 단순하게 느껴진다. 리듬은 너무나 명쾌하게 분절되어 있어서 사실은 그렇지 않은데도 쉽게 수행할 수 있어 보인다. 음악이 끝을 향해 질주하면서 긴장이 쌓이다가, 무용수들이 멈추고 무슨 초상화처럼 짝지어 서서 관객을 향한다. 엄격하고 고도의 훈련을 받은 듯한 그들은 정중하고 형식적으로 보이지만, 그러면서도 우리와 대단히 비슷하기도 하다. 발란신은 러시아적 주제들에 의지해서 20세기의 도시적이고 미국적인 궁정 무용을 만든 것이다.

발란신은 10년을 더 살았지만 1970년대 중반 즈음 건강이 악화되기 시작했다. 그는 1978년 심장마비를 일으켰고 1979년 바이패스 수술을 받았다. 그의 시력은 약했고, 결국 그를 죽이게 될 병(크로이츠펠트야콥병)으로 타격을 입었다. 그는 이 시절에 뒤를 돌아보았다. 1972년의 스트라빈스키 페스티벌에 1975년의 라벨 페스티벌(이는 패럴의 발레단 복귀 기념이기도 했다)이, 1981년에는 차이콥스키 페스티벌이 이어졌는데 여기에는 사무치는 「아다지오 라멘토소」가 있었다. 그는 차이콥스키의 곡에 맞추어 자기 식의 「잠자는 숲속의 미녀」를 안무할 계획도 세웠다. 1982년 그는 스트라빈스키 탄생 100주년을 기념하는 또 하나의 페스티벌을 무대에 올렸는데, 그 즈음에는 너무 병약해져서 작업에 전적으로 참여하지는 못했다. 그의 최후의 발레인 스트라빈스키의 음악에 맞춘 수전 패럴의 독무는 힘겹게 완성되었다.

조지 발란신은 1983년 4월 30일 뉴욕에서 죽었다. 그의 죽음은 무용 세계 방방곡곡에 충격을 주었다. 그날 뉴욕 주립 극장에 모인 사람들 중 발란신이 이룩한 것의 중요성을 이해하지 못하는 사람은 없었다. 그의 죽음에 대한 대중의 감정분출과 상실감은 잊을 수 없는 것이었다. 발란신의 극장인 뉴욕 주립 극장은 수백 명의 문상객을 끌어들였다. 그들은 모두 비탄에 빠져서는 위안을 찾아 무대를 바라보았다. 발란신은 러시아에서 죽음은 경사라고 늘 이야기했다. 그러나 비록 링컨 커스틴이 관객에게 "여러분께 B씨가 모차르트, 차이콥스키, 스트라빈스키와 함께 있다고 말씀드릴 필요는 없을 것입니다"라고 용감하게 말했을지언정, 이것은 발란신의 미국 무용수들이 배우기 힘들었던 한 가지 러시아적 관습이었다. 그들은 흐느꼈고, 그들의 관객들도 그랬다. 발란신의 장례 미사는 그가 그렇게나 오랜 세월 예배를 드린 93번가와 파크 애비뉴 소재 러시아 정교 징조의 성모 대성당에서 열렸다. 이 발레 마스터가 머리에 러시아 정교의 장례용 관을 쓰고 옷깃에는 붉은 장미 한 송이를 꽂고 누워 있는 뚜껑 열린 관을 1,000명 이상의 사람들이 줄지어 지나갔다. 성 요한 대성당의 추도 미사는 모차르트의 「장엄미사(Requiem)」에서 고른 곡과 『성서』 구절 낭독, 러시아 정교 성직자들의 극적인 행렬을 아울렀다.[64]

발레의 한 시대가 끝났다. 발란신이 뉴욕 시티 발레에서 만든 세계는 절대 그 설립자보다 오래갈 수 없었다. 그것은 발란신 본인이 언제나 주장했듯이, "이 무용수들과 이 음악, 여기와 지금"에 너무 많이 의존했다. 발레들의 재제작은 가능했지만(그것들은 재제작되었고, 재제작되고 있다) 그것들에 생명을 주던 세계는 서서히 소멸되었다. 남은 것은 발란신의 성공의 역설뿐이었다. 고전 발레가 19세기의 황혼에 러시아에서 출생했으며 고전주의, 민속 전통, 러시아 정교 신앙에 푹 빠진 러시아인에 의해서 20세기 미국에서 근본적으로 재구성되었다는 사실이었다. 그리고 그는 춤을 종교적이고 인문주의적인 도정에 놓음으로써 현대 문화의 최전선으로 이끈 사람이기도 했다.

그렇지만 발란신의 무용수들에게 이것은 우리의 생각만큼 낯설지 않았다. 그들은 그가 발레를 윤리규범의 집합으로서 존중하도록 가르쳤다고 말한다. 노고, 겸손, 정확성, 한계, 자기 표현에 대한 윤리규범이었다. 그들은 자기들이 부랑아나 옥수수만 먹고 자란 중서부 여자들임에도 동시에 일종의 귀족이 되고 있다는 사실을 알고 있었다. 그들의 직설적이고 개방적이고 거리낌 없는 육체적 신뢰와 대담성은, 즉 발레와 음악의 법칙들을 깨면서도 동시에 기꺼이 준수하려는 마음은 발란신의 미학과 완벽하게 들어맞았다. 그들과 함께 그리고 음악의 인도를 따라, 발란신은 발레를 고전적 기초로 도로 끌어와서 현대적 전통을 건설했다.

발란신의 유산은 어마어마했다. 그는 춤의 역사상 가장 위대한 전작(全作)을 세상에 주었고, 고전 발레를 두드러지게 현대적이고 20세기적인 예술로 만들었다. 그는 뉴욕에서 춤을 위한 대중을 창출했고 그의 작품들에 충실한 진정한 시민 공동체를 건설했다. 처음에는 시립 센터를, 이후에는 뉴욕 주립 극장을 중심으로 연극과 예술을 위한 광장을 건설한 것이다. 그 과정에서 그는 계몽시대 이래로 발레 마스터들을 괴롭혀온 내러티브와 팬터마임의 문제를 해결했다. 그의 발레들은 말을 춤으로 번역하지 않았다. 그 반대로, 그는 발레를 완전히 그 자체의 언어로, 즉 육체적이고 시각적이고 음악적인 언어로 만들었으며, 그 자체의 개념으로 보이고 이해될 수 있는 춤들을 창작했다. 나아가 그는 프티파와 디아길레프를 따라서 발레를 바흐로부터 스트라빈스키에 이르는 진지한 음악에 뿌리내리게 했고, 몇 세대의 무용수들을 훈련시켜서 도전해서 능력을 발휘하게 했다. 그러나 무엇보다도 그는 러시아와 프티파를 경유하여 루이 14세에게로, 그리고 그보다도 더 거슬러올라가서 고대 그리스로 도약했다. 발레가, 그리고 춤이 진정으로 중요하던 시간과 장소로 거슬러 도약한 것이다. 그는 발레의 고급 오락으로서의 자리와 관능적이고 감각적인 예술이자 천상의 이상으로서의 자리를 회복시켰다. 튜더와 로빈스가 위대한 안무가였던 것은 그들이 자기 시대에 속했기 때문이다. 발란신도 자기 시대에 속했지만 그는 그것을 초월하기도 했다. 아폴로의 천사들이 현대적 목소리를 발견한 것이다.

후기

마스터들은 죽고 없다

·

우리의 잔치는 이제 끝났네.
이 배우들은, 내가 자네에게 말했듯 모두 정령들이었고
공기 속으로 녹아버렸지, 희박한 공기 속으로.
더불어, 이 환영의 바탕 없는 구조와 마찬가지로
구름 모자를 쓴 탑들, 눈부신 궁전들,
엄숙한 사원들, 위대한 지구 자체도
그래, 그것이 물려받는 모든 게 녹아버릴 거야.
그리고 이 실체 없는 구경거리가 사라지는 것처럼,
고민을 뒤에 남기지 말게나. 우리는 그런 물질이지.
꿈들이 만들어지는. 그리고 우리의 보잘것없는 삶은
꿈과 함께 돌아가는 거야.

—윌리엄 셰익스피어, 「폭풍우」

발란신의 죽음 이후 그의 천사들은 하나씩 차례로 높은 곳으로부터 추락했다. 20세기 중 그렇게나 많은 것을 이룩한 고전 발레는 느린 쇠퇴로 접어들었다. 뉴욕만 그런 것이 아니었다. 런던으로부터 상트페테르부르크, 코펜하겐, 모스크바에 이르기까지 발레는 점점 느려지는 듯 보였는데, 마치 그 전통 자체가 막히고 고갈된 것 같았다. 이것은 어느 정도는 보편적 변화라고 설명하는 것이 가능했다. 21세기로의 전환 즈음 발레를 그렇게나 활기찬 것으로 만들었던 예술가들이 죽거나 은퇴한 것이다. 발란신, 로빈스, 튜더, 스트라빈스키와 커스틴, 애슈턴, 케인스, 디 밸루아, 로푸코프, 라브롭스키, 바가노바. 그들 모두 가버렸고, 그들의 발레들과 너무나 많은 다른 것들에 생명을 준 무용수들도 무대를 떠나거나 은퇴했다.

그들의 제자이자 상속인 오늘날의 예술가들은 자신들의 유산에 대한 도전에서 능력을 발휘하는 데에서 신기할 정도로 무능했다. 그들은 이 유산의 인습타파주의와 장려함에 짓눌리고 혼란되어서 그것을 토대로 무엇인가를 건설할 능력이 없어 보이지만 자기 스스로의 미래상을 위해서 그것을 던져버리기는 주저한다. 현대 안무는 상상력 없는 모방에서 거슬리는 혁신으로 하릴없이 나아간다. 대개 체조나 신파적 과잉 형식이고, 조명과 특수효과에 지나치게 열을 올린다. 이렇듯 생각 없는 체육주의와 빡빡하고 복잡한 스텝들을, 스펙터클과 감상을 선호하는 취향은 죽어가는 예술의 시대의 최후의 비명이 아니다. 그것은 자신감의 붕괴를, 그리고 스스로의 시대에 불편해하면서도 과거와의 관계는 확신하지 못하는 세대를 대변한다.

연기자들에게도 상황이 더 쉽지는 않다. 열성적이고 잘 훈련받은 무용수들이 여전히 많이 공급되지만 관객을 끌어당기거나 붙잡을 수 있을 정도로 흥분되거나 흥미로운 것은 극소수이다. 기술적으로 보수적인 그들의 춤추기는 불명료하고 밋밋하며 감정적으로 흐릿하다. 그리고 비록 많은 무용수들이 놀라운 재주를 수행할지언정 전반적 기술 수준은 하락했다. 오늘날의 무용수들은 더 불안정하고 덜 교묘하며 선배들보다 중간색이 적다. 불확실성과 의심이 기어들어온 것이다. 예를 들면 오늘날의 무용수들 중 많은 수가 의미심장한 버릇을 가졌다. 뚜렷한 확신을 가지고 스텝에 덤벼들지만, 그러다가 그 스텝의 최고조에서는 마치 그 표현이 별로 편하지 않은 것처럼 미묘하게 이동하거나 조정하는 것이다. 이런 일은 너무나 흔해서 거의 알아차리지도 못한다. 그러나 우리는 알아차려야 한다. 이런 조정은 일종의 얼버무림이자 거리를 두는 방법이고, (문자 그대로) 확고하게 서 있을 때는 거의 저질러지지 않는다. 의도가 아무리 좋다고 해도 무용수들은 이런 식으로 자신의 공연을 약화시킨다. 더 큰 통찰력과 더 정교한 테크닉으로 남보다 돋보이는 무용수들도 분명 존재한다. 다이애나 비슈네바(키로프/마린스키)나 앤젤 코렐라(아메리칸 발레 시어터)나 알리나 코조카루(로열 발레)이다. 그러나 그들 역시 평범한 신작들에서 재능을 낭비하거나 옛날 작품들의 재공연에 에너지를 너무 많이 투자한다.

특히 옛날 작품들이 그렇다. 오늘날에는 모더니스트의 조건인 "그것을 새롭게 만들기"가 폐기되었다. 너무나 많은 다른 것들에서와 마찬가지로, 우리는 춤에서 회고의 시대로 들어선 것이다. 이것은 무엇보다도 19세기 러시아 고전들을 의미한다. 모든 곳에서 관객은 「호두까기 인형」, 「백조의 호수」, 「잠자는 숲속의 미녀」의 제작물들의 바다에 빠져 있다. 이것은 어떤 의미로는 전혀 새로울 것이 없다. 우리가 살펴보았다시피 20세기의 현대인들도 자신의 예술을 이 동일한 기반들 위에 자의식적으로 놓았다. 그러나 그들은 이 춤들에 대해서 오늘날의 예술가들에게는 없는 확신과 유대를 가졌다. 그들은 19세기의 그림자 속에서 성장했던 것이다. 그렇기 때문에 발란신은 「라이몬다 바리에이션」이나 「호두까기 인형」을 안무할 때 어린 시절 상트페테르부르크에서 본 제작물들에 대한 향수 어린 기억에 의지했다. 그렇지만 이런 상연들은 단연코 그 자신의 것이었지 절대 맹종적인 재제작물이 아니었다. 애슈턴이 「백조의 호수」를 그렇게나 아름답게 무대에 올린 것은 그가 한때 러시아 고전주의에 몰두했지만 그 통념들로부터는 자유로웠기 때문이다. 이념이 흔히 안무를 무색케 했던 소련에서조차, 많은 예술가들이 제국적 과거와의 직접적 관계를 공유했고 그것을 높이 평가했다.

현 세대의 무용수들과 안무가들은 더 어려운 상황에 직면했다. 그들은 19세기와 훨씬 멀어졌고 그것을 간접적으로 알 뿐이다. 그들이 마치 전통이 사그라질 위험에 처하기라도 한 듯 과거의 보존을 염려하는 것은 아마 이 때문일 것이다. 전통을 유지하려는 욕망은 뚜렷하다. 하락과 침식은 오늘날 절실히 느껴지고 자주 논의된다. 그렇지만 결과는 역설적이다. 새로운 작품을 바탕으로 명성을 쌓은 세계의 주요 발레단들이 이제 옛날 작품들을 위한 박물관이 되었다. 어디를 가나 안무가들보다는 복원가, 표기가, 감독, 즉 발레의 큐레이터와 관리자들이 존재하는 것은 보존에 대한 이런 집착의 한 발 더 나아간 증거이다. 런던의 로열 발레와 뉴욕의 아메리칸 발레 시어터 둘 다 최근 「잠자는 숲속의 미녀」와 「백조의 호수」의 새로운 제작물들에 방대한 자원을 쏟아부었다. 모더니즘의 선봉인 뉴욕 시티 발레까지도 이제 이 19세기 고전들의 자기 식의 전막 제작물들을 새롭지만 밋밋하게 진부한 안무로 보유했다.

그러나 고전들이 러시아보다 더 중요하거나 논란거리였던 곳은 없었다. 냉전의 종말 즈음 러시아 예술가들은 소련 문화와 스스로의 과거에 깊은 애증을 가졌다. 많은 사람들이 자신과 함께 성장한 춤들을 삭제하거나 잊기를 열망했다. 전체주의와 실패한 사회주의적 실험으로 더럽혀졌다는 이유였다. 20세기를 "괄호 안에 넣고" 제정시대의 유산을 되찾는 것은 하나의 방법이었다. 그리하여 스탈린의 각료의 이름에서 따온 키로프는 다시 한번 마린스키 극장이 되었다(순회공연은 예외이다. 키로프로는 표가 팔리지만 마린스키로는 팔리지 않는다).

몇 년 후에 이 발레단은 레퍼토리에 "새로운 옛" 보석 두 개를 추가했다. 「잠자는 숲속의 미녀」와 「라 바야데르」 초연의 호화로운 복원이었다. 이 제작물들에는 과거의 지식의 단편들이 마치 거대한 모자이크처럼 공들여 끼워맞춰졌다. 이제는 사용하지 않는 표기법으로 적힌 니콜라이 세르게예프의 (불완전한) 안무 공책들, 옛날 의상과 무대 디자인, 인쇄 및 시각 자료, 인터뷰, 기억의 조각이었다. 문헌들이 침묵하는 곳도 종종 있었는데, 그러면 발레 마스터들이 "그 풍으로" 가필했다. 그 결과는 역사적, 정치적으로는 매혹적이지만 예술적으로는 빈사 상태였다. 진실성은 얻었지만 예술을 잃은 것이다.

더 가까운 과거도 마찬가지이다. 오늘날 발란신, 애슈턴, 튜더, 로빈스, 자하로프, 라브롭스키, 그리고로비치의 작업은 보존되고 영상화되어 미래 세대를 위해서 준비되었다. 이런 입장에서 잃어버린 작품들을, 특히 조지 발란신의 작품들을 부활시키거나 기록하려는 인상적인 노력이 있었다. 그의 알려진 작품은 이제 그의 사후에 설립된 신탁 재단에 의해서 저작권이 보유되고 관리된다(로빈스, 튜더, 애슈턴의 작품들도 비슷한 단체들이 관리한다). 만일 어떤 발레단이 그의 발레들 중 하나를 무대에 올리고 싶다면 재단에 신청해야 한다. 재단은 그 작품을 무대에 올리기 위해서 발레 마스터와 직접 작업하는 무용수인 레페티토에르(repetiteur)들을 파견한다.

이런 식으로 발란신의 발레들 중 여럿이 세계 전역에서 발레단들의 표준 레퍼토리이자 고전이 되었다. 아마 가장 두드러지는 것은 상트페테르부르크 출신인 발란신을 사후에 돌아온 탕아로 되찾기를 열망하는 키로프/마린스키일 것이다. 그 결과는 비록 역설적이지만 환영할 만했다. 오늘날 발란신의 발레들은 상트페테르부르크, 파리, 코펜하겐에서도 뉴욕만큼 활기차고 흥미롭게 춤추어진다.

20세기의 마스터들은 자신이 설립을 도운 발레단들의 주춧돌로 남아 있다. 발란신과 로빈스의 발레들은 NYCB 레퍼토리를 주도하고, 튜더는 발레 시어터에서 강력한 존재감을 가지며, (수 년의 용서하지 못할 방치 이후) 로열 발레는 이제 애슈턴을 애지중지한다. 그들의 작업에 대한 찬양은 넘쳐난다. "발란신 테크닉"은 성문화되어 신성시되기에 이르렀고, 그의 무용수들이 그 원리와 실행을 상세하게 설명하는 책과 DVD들이 나와 있다. 그렇지만 여기에도 문제들이 존재한다. 발란신의 스타일은 절대 가만히 서 있지 않았다. 그것은 시간이 지남에 따라서, 더불어 무용수에 따라서 달라지는 확장적이고 열린 결말의 사고방식이었다. 이 스텝들은 (그리고 이들을 수행하는 방식들은) 고정되면 고정될수록 시대를 덜 상기시키게 되었다. 그 결과 마스터들의 유산을 보존하려는 NYCB의 당연한 열망은 대신 숨 막히는 정통성으로 귀결되었다.

이 옛 발레들은 이제 위풍당당한 새 극장들에 갇힌 채 연약하고 덧없는 과거에 대한 강철과 돌의 기념물이 되었다. 발란신 사후 뉴욕 시티 발레와 아메리칸 발레 학교는 링컨 센터라는 빛나는 새 시설을 획득했다. 1989년 파리는 프랑스라는 국가의 문화적 야심에 대한 매력 없는 현대적 찬사인 바스티유 오페라 하우스를 얻었다. 로열 발레의 본진인 런던의 코벤트 가든은 10년에 걸친 3억6,000만 달러짜리 보수작업 끝에 재재관되었다. 2005년 코펜하겐은 (그리고 왕립 덴마크 발레는) 지역 사업가가 건설한 으리으리한 4억4,200만 달러짜리 최첨단 새 오페라 하우스로 그들 모두를 능가했다(천장은 10만 5,000장의 24캐럿 금박으로 장식되었다). 뒤처질 수는 없다는 듯이 모스크바의 무너져가는 볼쇼이 극장도 대대적인 외장 개조 중이다.

그렇지만 역설적이게도, 이 기억의 궁전들이 가두려고 한 영국, 러시아, 프랑스, 미국의 위대한 국가 전통은 더 이상 존재하지 않는 것이나 마찬가지이다. 냉전은 끝났다. 소련과 서구의 발레 스타일의 틀을 잡은 "우리와 그들"이라는 사고방식은 더 이상 중요하지 않다. 러시아와 구소련 출신뿐 아니라 쿠바와 남아메리카 출신 무용수들도 서구로 모여들고 있다. 유럽에는 국경이 없다.

그리하여 가장 명백한 사례를 들자면 영국의 로열 발레는 이제 딱히 영국적이지 않다. 루마니아, 덴마크, 스페인, 쿠바, 프랑스 무용수들이 이 발레단의 단원을 충원한다. 사실 2005년쯤 되자 주역 무용수 16명 중 영국인은 2명뿐이었다. 이것은 곤경과 냉담한 반발을 유발했다. 예를 들어 최근 창설된 폰테인-누레예프 발레 대회의 기획 의도는 명백히 영국 어린이들이 이 예술을 시작하도록 북돋우는 것이었다. 그러나 그 가능성을 진정으로 믿는 사람은 아무도 없다. 로열 발레가 구원받은 것은 오히려 단원층을 기꺼이 세계로 개방함에 의해서였다. 이 발레단이 현재 가진 활력은 국제적 넓이에서 왔지 영국적 깊이에서 온 것이 아니다.

국가적 차별성은 모든 곳에서 사라져서 공통의 국제적 스타일을 이루었다. 상트페테르부르크와 뉴욕, 런던, 파리, 마드리드 출신 무용수들은 사실상 교체 가능하다. 뿐만 아니라 그들은 서로 상대처럼 되기를, 자신이 전에 가지지 못했던 것을 흡수하기를 원한다. 러시아인들은 발란신의 속도와 정확성을 원하고, 미국인들은 러시아적 우아함을 원하고, 모두가 프랑스적 세련됨과 매혹을 원한다. 모든 무용수들이 똑같아 보인다는 것은 아니다. 국가별 훈련의 흔적들은 남아 있는데, 특히 여전히 상대적으로 고립되어 있는 러시아가 그렇다 (재능의 흐름은 일방적이다. 밖으로). 그러나 그 경계들은 눈에 띄게 흐릿해졌다. 그들은 모국어를 완벽하게 만들기보다는 감미로운 혼성 언어를 말한다.

회고의 시대에 살아간다는 것이 꼭 무용수들이 과거를 정확히 파악하고 있다는 의미는 아니다. 스트라빈스키의 유명한 곡에 맞춘 바츨라프 니진스키의 「봄의 제전」의 운명을 생각해보자. 1913년의 첫 공연들 이후 니진스키의 안무는 완전히 잊혀졌지만 이 사실은 이 발레의 상징적 위치를 절대 축소시키지 않았다. 그것은 오히려 시간이 지날수록 커지기만 했다. 1970년대에 캘리포니아주 버클리 출신의 미국 학자이자 무용수인 밀리센트 허드슨은 이 발레에 생명을 돌려놓는 일에 착수했다. 그녀는 디자이너 케네스 아처와 함께 작업하여 춤들을 꼼꼼히 복원했다. 안무에 대한 기록이 없는 상황에서 허드슨은 스트라빈스키의 주석 달린 악보, 인터뷰, 평론, 당대의 스케치를 이용했고, 니진스키의 아이디어에 대한 자신의 해석에 따라 이 발레를 재안무했다. 그녀의 버전은 1987년 조프리 발레에 의해서 처음 공연된 이래 모더니즘의 명함이 되었다. 허드슨의 발레는 파리 오페라 발레, 런던의 로열 발레, 키로프 발레의 레퍼토리에 들어갔다.

그렇지만 허드슨의 안무가 니진스키의 안무와 조금이라도 관계가 있다고 믿을 이유는 없다. 그녀의 새로운 「제전」은 의례화된 발 구르기, 날카롭게 각진 팔꿈치, 내던지는 듯한 무형식 움직임으로 구성되어 있다. 그것은 독창적인 모더니스트적 작업의 가면을 쓴 미국 포스트모던 무용이다. 누가 봐도 급진적이고 충격적이던 춤이 이렇듯 길들여져서 키치로, 이국적인 과거로부터의 기념품이 된 것이다. 그것은 우리 시대의 표시이다. 세계의 몇몇 일류 발레단들이 달려들어서 이 모조품을 자신의 잃어버린 (혹은 키로프의 경우에는 한 번도 가지지 못한) 과거를 되찾는 방법으로 포용하는 시대인 것이다. 「제전」의 초연은 파리에서 폴란드인들과 러시아인들에 의해서 창작되었다. 키로프가 고국으로 가져간 것은 대신 버클리 출신 미국인이 발굴한 역사적 유물들을 조립한 "기성품"이었다.

발레 역사의 다른 시기들은 팔자가 더 나았다. 르네상스와 바로크 춤들이 1970년대 이래로 유럽과 미국 전역에서 작업 중인 학자들과 연기자들에 의해서 복원되어 무대로 돌아왔다. 여기에는 더 견고한 기초가 있다. 이 춤들은 더 오래되었음에도 불구하고 당시 개발된 표기법 체계가 (그리고 특히 푀이예의 체계가) 오늘날에도 판독 가능하게 남아 있다. 참여자들 중 일부는 미국과 유럽 대학들에서도 기반을 마련했다. 거기서 그들은 초기 음악에 관심 있는 음악가들과 합류해서 해석과 스타일에 대한 활발한 토론을 일으켰다. 이것은 중요하다. 왜냐하면 학계는 전통적으로 현대 무용에만 편협하게 초점을 맞춰 왔기 때문이다. 다른 시기에 대한 연구가 증가하는 것은 반가운 확장에 해당된다.

이전에 춤의 역사가 이렇게 충만하게 선보인 적은 결코 없었다. 우리가 오늘날 발레의 풍경을 조망할 때 보게 될 것은 바로 그것이다. 프로시니엄 아치의 틀을 통해서 우리는 르네상스나 바로크 춤을, 덴마크의 낭만주의 발레나 러시아의 제국 전통을 일별할 수 있다. 물론 방대한 공백도 존재한다. 우리는 장-조르주 노베르의 중요한 발레들에 대해서 아는 것이 별로 없고, 피에르 가르델의 작품은 전혀 모른다. 그 밖에도 많은 작품들 중 특히 살바토레 비가노의 춤으로 표현된 연극들과 쥘 페로의 러시아 발레들도 소실되었다. 우리 시대와 더 가까운 마신에 대해서도 거의 모르며 니진스키에 대해서도 잘 모른다. 발란신조차 부분적으로 대변되는 것에 그친다. 그는 400편 이상의 작품을 창작했지만 오늘날에는 일부만 남았다. 이 어느 것도 정말로 놀랍지는 않다. 춤의 반감기는 언제나 짧았다. 공백 역시 전통의 일부이다.

그렇지만 테크놀로지 덕분에 공백은 과거의 일이 될지도 모른다. 필름, 비디오, 컴퓨터가 춤이 기억되는 방식을 바꾸고 있다. 처음으로 우리는 대량의 문헌들을 가졌다. 전후 시기의 위대한 작품들 중 다수가 필름으로 기록되었고 오늘날 춤들은 일상적으로 녹화된다. 그리하여 발레를 그렇게나 오랫동안 성가시게 한 표기법의 문제는 해결되었다. 즉석 디지털 소환의 시대에 춤을 기억하거나 필기하는 것을 누가 원하겠는가? 멈추었다 되감았다 해가면서 몽땅 클로즈업으로 볼 수 있는데, 무용수에게서 무용수에게로의 구술 전통을 누가 필요로 하겠는가? 소련인들에게 불법 복제되어서 그들이 실제로 거의 보지 못한 발레들을 무대에 올리는 데에 사용된 미국 춤들의 선명하지 않은 불법 비디오테이프들은 발레의 전자 보급의 전조였다. 이것은 극적으로 가속화되었다.

그러나 필름, 비디오, 컴퓨터의 이미지도 문제의 일부일 수 있다. 오늘날 무용과 무용수들의 흐릿하고 평면적인 표정은 분명 어느 정도는 미디어 혁명 때문이다. 발레를 스크린으로 배우거나 하다못해 필름이나 비디오를 기억의 보조장치로 사용하는 것은 혼란스럽고 오도적일 수 있다. 먼저, 무용수는 3차원 실황 형식인 발레를 2차원 이미지로 본다. 그 후 이 평면적이고 이미 축소된 스텝들의 좌우를 바꾸어야 하는데, 그러면서 무용수와 무용 사이에 또 한 층의 거리가 추가된다. 게다가 영상이 진실이라는 가정 자체가 응보가 될 수 있다. 그것은 책을 읽기 전 영화를 보는 것과 약간 비슷하다. 공연의 이미지가 마음의 눈에 일단 고정되고 나면, 그 발레가 다르게 수행되는 것을 상상하는 일이 더 어렵다. 비디오는 사고와 실수를, 특이한 표현과 일탈을 구별하지도 못한다. 어떤 감독들이 영상 사용에 인색한 것은 놀랄 일이 아니다. 그것이 가능성을 차단하고, 춤의 텍스트가 확고하거나 고정적이라는 생각을 부추길 것을 우려하는 것이다.

우리는 역설과 함께 남겨졌다. 우리는 위대한 발레들을 숭배한다. 우리는 평론가 알렌 크로스가 언젠가 말했듯이 발레가 "우리의 문명"이 될 수 있다는 것을 안다. 그리고 한때 그랬던 것을 기억하기도 한다. 그렇지만 오늘날의 새로 지은 극장들 안에서 전통은 집중되지 못하고 확신되지 못하는 채로 위기에 빠져 있다. 그 사실을 우리 모두가 안다. 우리는 인내하고 기다리라고, 다음 천재가 나타나서 발레의 추락 천사들을 하늘로 도로 올려보낼 때까지 과거를 보존하라고 안심시키듯이 말한다. 그러나 문제는 더 심화될 수도 있다. 옛 발레들이 밋밋하고 우울해 보이는 것은 새 발레들이 그렇기 때문이다. 만일 오늘날의 발레들이 단지 껍데기에 불과하다면, 그 이유는 우리가 그것들을 더 이상 완전히 믿지 않는 데에 있을지 모른다. 우리가 전통과 과거 속에서 스스로에게 수의를 입히면서 꾸물꾸물 과거를 들먹이는 데에는 그럴 만한 이유가 있다. 무엇인가 중요한 것이 정말로 끝났다. 우리는 애도 중이다.

고전 발레는 언제나 믿음의 예술이었다. 그것은 냉소적인 시대에는 성공하지 못한다. 그것은 균형과 우아함으로 내면적 진리와 존재의 고상한 상태를 대변하는 높은 이상과 자기 통제의 예술이다. 나아가 발레는 예술인 것만큼이나 예법이기도 해서, 수 세기의 궁정 관습들과 정중함, 공손함의 관례들이 쌓여 있다. 그렇지만 이것이 발레가 정적이라는 의미는 아니다. 그 반대로 프랑스와 러시아 혁명을 둘러싼 시절에 그랬듯 발레를 살찌운 사회가 변화하거나 무너질 때 그 투쟁의 흔적들은 이 예술에 등재된다는 것을 우리는 보아왔다.

발레는 귀족적인 궁정 예술에서 새로운 부르주아 윤리를 담아내는 예술로, 겉치레와 예식에서 몽상의 내적 세계로, 루이 14세에서 탈리오니로, 니진스키에서 폰테인으로 변화할 수 있었다. 이것은 그 적응성과 유연성의 표시이자 그 혁신적 성격의 표시이다. 발레는 언제나 그리고 무엇보다도 인간의 변신이라는 아이디어를 담았다. 인류는 스스로를 더 완벽하거나 성스러운 또다른 모습으로 만들 수 있다는 신념을 담아왔던 것이다. 이 예술에 그런 폭을 준 것은 확립된 사회적 형식들과 급진적인 인간 잠재력의 이런 혼합이다. 그리고 이는 발레가 여타 상이한 정치 문화 속에서 돋보이는 이유이기도 하다.

오늘날 우리는 발레의 이상을 더 이상 믿지 않는다. 우리는 엘리트주의와 기술에 회의적이다. 그것은 배타적이고 분열적인 것으로 보인다. 이런 생각은 전문 훈련을 받는 특혜를 누린 사람들이, 지식이나 예술에 대한 접근이 제한된 사람들보다 높은 지위를 가졌다고 인식되어서는 안 된다는 생각으로 귀결된다. 우리가 바라는 것은 확장과 포괄이다. 이제 우리 모두가 무용수들이다. 발레의 근사한 예절과 암암리에 귀족적인 분위기, 백조들, 제왕다운 장려함, 푸앵트로 서 있는(떠받들린) 아름다운 여자들. 이런 것들은 한심할 정도로 시대에 뒤떨어져 보인다. 유세를 떠는 백인 남자들과 왕년의 사교계 숙녀들의 영역으로 보이는 것이다.

민중을 위한 고급 예술이라는 발상마저 이제 교착 상태이다. 러시아와 서구 전역에서 상이한 방식들로 실행되었던 엘리트 문화의 문을 더 큰 사회로 개방한다는 20세기적 야심도 마찬가지이다. 루이 14세의 치세에서처럼, 발레는 다시 한번 주로 전문가들과 부자들을 위한 특권적이거나 개인적인 것이 되었다. 표는 어디서나 비싸고 극장을 둘러싼 줄은 거의 생기지 않는다. 뉴욕 주립 극장이라는 이름은 이곳이 섬기는 사람들에게서 따온 것이었다. 최근 이 극장의 이름이 다시 지어진 것은 사소하지만 의미심장한 이탈이었다. 그것은 이제 데이비드 H. 코흐 극장(David H. Koch Theater)이다. 이 백만장자의 자아와 자원이 공익을 대체한 것이다(발란신은 이런 일이 닥칠 것을 예견했다. "뒷일이야 될 대로 되라지"). 이것은 물론 새로운 이야기가 아니다. 발란신도 후원자들 앞에서 호화롭게 공연했었다. 그러나 그때의 분위기는 비꼬는 것이었고 춤들은 과장되었다. 지금은 그렇지 않다.

대중으로 말하자면, 그들은 잊혀졌다. 다음 갈라 공연에만 정신 팔린 중역 회의실에서뿐 아니라 학자, 평론가, 작가들에게도 잊혔다. 오늘날 춤은 초전문가들과 발레광들, (보통 완고한 이론투성이 산문체로) 끼리끼리 이야기하며 대중을 무시하는 내부자들의 난해한 세계로 움츠러들었다. 그 결과는 유감스럽게도 단절이다. 오늘날 대부분의 사람들은 자신들이 춤이라는 것을 판단할 만큼 "충분히 안다"고 느끼지 못한다.

  문화의 분열과 구획화도 도움이 되지 않는다. 우리는 복수의 사적 차원들, 즉 마이 스페이스, 마이 뮤직, 마이 라이프 등 에테르 속에 봉인된 가상 세계들의 삶에 익숙해졌다. 이런 세계들은 세계적이면서 동시적일 수 있다. 그러나 태생적으로 육신과 분리되어 독립적이기도 하다. 이것들 역시 분열된 틈새 환경들이고, 폭넓은 공동의 가치보다는 편협한 개인적 친화성에 기초한 가상 "공동체들"이다. 공공적이고 물리적 실체를 가지는 감각적인 춤의 세계에 이보다 더 동떨어진 것은 없을 것이다.

나는 발레와 함께 자랐다. 그것을 공부하고 춤추고 보고 이해하는 데에 삶을 바쳤다. 나는 언제나 발레 관람을 좋아했다. 이 책의 작업을 처음 시작했을 때, 나는 책이 긍정적인 분위기로 끝날 것이라고 상상했다. 그러나 요사이 발레를 보러 가는 것이 점점 더 의기소침해지는 일이 되고 있다는 것을 깨달았다. 울적할 정도로 적은 예외만 빼면 공연은 따분하고 생기가 부족하다. 극장은 귀신 들린 느낌이고 관객은 심드렁해 보인다. 그렇지 않다고 납득하려던 수 년의 노력 끝에, 나는 이제 발레가 죽어가고 있다고 확신한다. 이따금씩의 좋은 공연이나 훌륭한 무용수의 명멸은 한 줄기 미래의 희망이 아니라 죽어가는 깜부기불의 마지막 반짝임이다. 역사를 재창조하려는 우리의 강렬한 열정은 일시적 기분 전환 이상이 아니다. 우리는 발레가 가버리는 것을 지켜보면서, 완전히 사라지기 전에 그 과거와 경과를 기록하고 있다.

  쇠퇴의 반전은 가능할까? 그것은 알기 어렵다. 서유럽과 미국에서 발레는 더 이상 중요한 자리를 유지하지 못하고 있다. 게다가 춤의 세계는 점점 더 양극화되고 있다. 발레는 그 어느 때보다도 보수적이고 인습적으로 변해가고 있으며, 반면 현대 실험 무용은 접근 불가의 아방가르드적 변방으로 후퇴 중이다. 내가 발레를 처음 접했던 중간지대는 작은 데다가 감소 중이다. 러시아와 구소련에서는 발레의 위상이 더 높다. 거기서는 여전히 발레가 세계의 다른 어디에서보다 중요하다. 그렇지만 그곳에서도 춤은 다른 이유로 양극화되었다. 발레는 소련이라는 국가의 억압적이고 체제순응적인 기억을 대변한다. 그 결과, 새로 발견한 자유의 수용을 열망하는 예술가들은 (소련 체제에서 금지되었던) 서구의 아방가르드 무용을 받아들여왔다. 다시 한번, 중간지대는 공백으로 놓여 있다.

따라서 고전 발레가 주요 예술로서의 입지를 회복하려면 자원과 재능("다음 천재") 이상의 것이 필요하다. 명예와 예절, 정중함과 취향이 복귀해야 할 것이다. 발레를 인상적인 체육적 과시가 아니라 일련의 윤리규범으로서 다시 동경해야 할 것이다. 불안정과 분열, 가짜 장려함과 감상에 대한 우리 시대의 심취는 더 확신에 찬 믿음으로 대체되어야 할 것이다. 혹시 이런 이야기가 보수적으로 들린다면, 아마 사실일 것이다. 발레는 언제나 질서, 위계, 전통의 예술이었다. 그렇지만 엄격함과 규율은 모든 진정으로 급진적인 예술의 기초이다. 발레의 규칙, 한계, 의례는 가장 해방적이고 인습타파적인 업적의 출발점이 되어왔다.

만일 운이 좋다면 내가 틀렸을 것이다. 고전 발레는 죽어가는 것이 아니라 잠자는 숲속의 미녀처럼 깊은 잠으로 빠져들고 있으며, 새로운 세대에 의해서 다시 깨워질 것이다. 발레의 역사에는 누가 뭐래도 요정과 귀신들, 100년간의 침묵과 반만 기억나는 꿈이 넘쳐난다. 그리고 「잠자는 숲속의 미녀」는 가장 꾸준한 동반자이자 은유였다. 「미녀」는 모든 중요한 시점마다 존재했다. 발레가 공식적으로 시작된 루이 14세의 궁정에, 프티파와 차이콥스키와 브세볼로즈스키가 그것을 깨워서 새로운 지위로 격상시킨 19세기 후반 상트페테르부르크에, 1921년 급속히 희미해지는 스스로의 과거에 매달리는 디아길레프와 스트라빈스키의 상상 속에, 영국을 전쟁으로부터 다시 문명으로 인도하려고 애쓰던 메이너드 케인스의 머릿속에 있었다. 소련 역시 「미녀」에 의지했고, 조지 발란신은 자신의 생을 이 발레와 함께 시작하고 끝냈다. 「미녀」는 그가 어린 시절 제정 상트페테르부르크에서 데뷔한 공연이었고 뉴욕 시티 발레에서의 마지막 꿈이기도 했다.

만일 예술가들이 이 잠자는 예술을 다시 깨울 길을 정말 발견한다면, 역사는 그 입맞춤이 발레의 왕자들이 아니라 예기치 못한 외부 손님에게서 올지 모른다는 것을 암시한다. 대중문화에서일 수 있고, 연극이나 음악이나 미술에서일 수 있다. 아니면 이 전통에 생소한 예술가들이나 장소가, 발레라는 것을 믿을 새로운 이유들을 찾아낼 수도 있다.

그렇지만 「미녀」는 잠과 깨어남에 관한 것일 뿐 아니라 궁정과 고전 발레에 대한 것이기도 하다. 그것은 전통의 허무함과 단절에 대해서도 이야기한다. 다시 말해서 깨어나지 않을 수도 있는 잠에 대한 것이기도 한 것이다. 과거 20년간 발레는 사멸 중인 언어와 비슷해졌다. 아폴로와 그의 천사들은 문화의 폐쇄된 한구석에서 움츠러든 옛 신자들의 무리로서 이해되고 인정된다. 스토리는, 우리의 스토리는 끝나고 있는지도 모른다.

주

"주"는 인용된 자료의 출처만 밝히며, "참고 문헌"과 함께 사용되도록 고안되었다. 독자는 "참고 문헌"에서 문서 자료들과 약어들의 명단과 함께, 각 장마다 사용된 작업들에 대한 더 충실한 설명을 발견할 것이다. 번역은 따로 표기된 것을 제외하면 저자가 직접 했다.

서문
1. Plato, *Phaedrus*, 51.

제1장 춤의 왕들
1. Ebreo, *De Pratica*, 47; Jones, "Spectacle in Milan"; Sparti, "Antiquity as Inspiration."
2. Yates, *The French Academies*, 24-25, 37, 23.
3. Yates, *The French Academies*, 86; McGowan, *L'Art du Ballet de Cour*, 14.
4. Mersenne, quoted in Yates, *The French Academies*, 24-25. 예이츠가 지적했듯이, 메르센의 고조된 산문은 유럽이 30년전쟁으로 뛰어들면서 그가 느낀 절박성을 반영한다.
5. Yates, *The French Academies*, 240. 이 발레의 글로 쓰인 서문에서 보주아외는 자신이 발레라는 "현대적 발명품"을 코미디와 융합시켰다고 꽤 길게 설명했다. 이 작품은 등장인물들이 신과 영웅이기는 해도 공연이 상서롭게 끝난다는 점에서 코미디였다. See "Au Lecteur" in Beaujoyeulx, *Balet Comique de la Royne*.
6. McGowan, *L'Art du Ballet de Cour*, 43.
7. McGowan, *L'Art du Ballet de Cour*, 37; Yates, *The French Academies*, 248; Christout, Le merveilleux, 62.
8. Yates, *The French Academies*, 270.
9. Ibid., 33.
10. Williams, *Descartes*, 10. 기욤 콜레트는 몇몇 발레들의 작가였고, 니콜라-클로드 파브리 드 푀이레스크와 프랑수아 드 말레르브는 서신을 교환하면서 발레에 대해서 토론했다. 특히 콜레트는 16세기 아카데미 회원들의 이상주의적 열정을 가지고 발레에 대해서 썼다. 그러나 왕을 위해서 창작된 본인의 발레들은 익살과 과시로 윤색되었다.
11. 루이 14세는 후일 이렇게 말한 바 있다. "국가는 프랑스에 의해서 구체화되지 않는다. 국가는 왕이라는 개인에게서만 전적으로 존재한다." Apostolides, *Le Roi-Machine*, 11-14.
12. Dunlop, *Louis XIV*, 10.
13. McGowan, "La Danse: Son Role Multiple," 171.
14. Solnon, *La Cour de France*, 349; Blanning, *The Culture of Power*, 32.
15. Archives Nationales, *Danseurs et Ballet de l'Opera de Paris*, 27-28.
16. Saint-Hubert, *La Manière*, 1. 1788년, 1792년, 1818년의 조례들은 프랑스 병영에 무용학교

들이 포함되어야 한다고 규정했다.
17. Kunzle, "In Search," 2 ("the Elders").
18. Ibid., 7.
19. Christout, *Le Ballet de Cour*, 166; Kunzle, "In Search," 3–15.
20. Hilton, *Dance of Court and Theater*, 15–16.
21. La Gorce, "Guillaume-Louis Pecour," 8.
22. Réau, *L'Europe Française*, 12.
23. Harris-Warrick and Marsh, *Musical Theatre*, 84–85.
24. Lancelot, *La Belle Danse*; Hilton, *Dance of Court*. 17세기 후반에 앙트레 그라브는 당스 노블의 정점으로 간주되었다. 그러나 음악 형식들에 따라 다른 무용 장르들도 여럿 있었다.
25. "아름다운 존재", bel ester는 belles lettres(아름다운 문자)에 대한 언어유희일 수도 있다. De Lauze, *Apologie de la danse*, 17.
26. Rameau, *Le maître à danser*, 2–4 ("air of ease" and "humiliation"); Hilton, *Dance of Court*, 67 ("well disposed"); Pauli, *Elémens de la Danse*, 112–13 ("one has yet").
27. 아이들이라고 예법의 요건들이 면제되지는 않았다. 1716년 데 헤예라는 이름의 남자가 어린이용 코르셋 디자인을 과학 아카데미에 제출했다. 1733년 그는 어린이의 고개를 똑바로 유지하기 위한 턱 끈 디자인을, 안짱다리를 가진 아이들이 "발을 바깥쪽으로 돌리는 것"을 돕기 위한 또 하나의 기구와 함께 제출했다. See Cohen, *Music*, 77–78.
28. Feuillet, *Chorégraphie*, 106.
29. Ibid., 26–27.
30. Rameau, *Le maître à danser*, 210.
31. Ladurie, *Saint-Simon*, 65.
32. Walpole in Clark and Crisp, *Ballet Art*, 39.
33. Johnson, *Listening in Paris*, 294.
34. Ménestrier, *Des Ballets Anciens et Modernes*, 253.
35. *Éloge à Mlle. Camargo*, 1771, Bibliothèque de l'Arsenal, Collection Rondel, RO11685.
36. Benoit, *Versailles*, 16; Jean-Baptiste de la Salle quoted in Franklin, *La civilité*, 205–6.
37. Benoit, *Versailles*, 372; Maugras, *Les Comédiens*, 268–69.
38. See Fumaroli, *Héros et Orateurs*.
39. Ménestrier in Christout, *Le Ballet de Cour*, 232–33.
40. Molière, *Oeuvres completes*, I: 751.
41. Michel de Pure, quoted in Heyer, ed., *Lully Studies*, xii.
42. This interpretation draws on McGowan, "La danse."
43. Molière, *Don Juan and Other Plays*, 271, 273, 266.
44. 이 발레를 공연한 발레 마스터들의 정확한 수는 불확실하다. 한 관객은 70명이라고 썼지만, 리브레토상으로는 46명이 필요했다.
45. 루이가 오페라 아카데미를 처음 설립한 것은 1669년이었다. 그러나 1672년 특권이 륄리에게 넘어갔을 때는 이름이 왕립음악 아카데미로 바뀌었다. 그리고 이 이름은 후일 다시 몇 번 바뀌게 될 것이다. 혼동을 피하기 위해서 나는 계속 "파리 오페라"를 사용할 것이다.
46. La Gorce, *Jean-Baptiste Lully*, 275.
47. 트라제디 앙 뮈지크는 오페라를 라신적 연극의 틀에 맞추려고 시도한 「알체스테」(1674)와

「아티스」(1676)부터 발레, 기계 효과, 스펙터클로 가득한 「이시스」(1677)까지 다양했다. 그렇지만 「이시스」는 예외였다는 것이 밝혀졌다. 륄리와 키노의 작업에서는 「아티스」 모델이 압도적이었다.
48. Brossard, quoted in Wood, *Music and Drama*, 184.
49. 논쟁에 대해서는 특히 Fumaroli, "Les abeilles et les araignees"를 참조할 것.
50. Beaussant, *Lully*, 554.
51. De Pure, *Idée des Spectacles*; Heyer, *Lully Studies*, x.
52. 투아노 아르보는 1589년 저작에서 춤은 음악 및 수학의 부속물일지언정 7대 자유학과에 속해야 한다고 제안했다. 그렇지만 17세기에 자유학과에 대한 생각이 미학적 고려 쪽으로 이동하여 아름다움에 대한 생각이 전면으로 나섰으며, "예술"이라는 개념이 통용되기 시작했다. 음악은 그 이후 점점 더 수학적 예술보다는 미학적 예술로 여겨지게 되었다.
53. 일례로 궁정에서 스텍터클들을 제작한 앙드레 펠리비앵의 이야기를 들어보자. "기계의 움직임들은 관객을 일상적인 자연의 그 무엇보다도 더 놀라고 황홀하게 만드는 효과를 창출한다. 이런 방식으로, 국왕 전하께서는 자연이나 인간이 제공할 수 있는 그 무엇도 능가하는 영웅적이고 도덕적인 작동들에 놀라고 즐거워하신다." Apostolides, *Le Roi-Machine*, 134; La Bruyère quoted in Oliver, *The Encyclopedists*, 10.에서 인용.
54. Lesure, ed., *Textes sur Lully*, 115-16.
55. Brocher, *A La Cour de Louis XIV*, 95.
56. 예를 들면, 1714년 멘 공작부인은 소에 자신의 극장을 설립했다. 그곳에서 그녀와 손님들은 발레와 오페라를 만들었고, 전설적인 '소의 밤샘 연회'에서 그들을 즐겁게 할 전문가들을 고용했다.

제2장 계몽주의와 스토리 발레

1. Habakkuk, "England," 15.
2. Brewer, *The Pleasures of the Imagination*, 5.
3. Prynne quoted in Foss, *The Age of Patronage*, 5; Ralph, *Life and Works of John Weaver*, 117; Playford, *English Dancing Master*, introduction.
4. Brewer, *Pleasures of the Imagination*, 15.
5. Hogarth, *The Analysis of Beauty*, 239.
6. Ralph, *Life and Works*, 25. 1830년대에 찰스 디킨스는 광대 조지프 그리말디의 회고록을 편집하느라 수고를 아끼지 않았다. 그의 짓궂고 종종 정치적으로 논란을 불러일으킨 공연들은 코메디아 델라르테에서 비롯되었는데, 디킨스는 어린 시절 그 공연을 보고 넋을 잃었다.
7. Ralph, *Life and Works*, 401, 8.
8. Hoppit, *A Land of Liberty?* 426.
9. Klein, *Shaftesbury*, 197.
10. Ibid., 175, 190.
11. Ralph, *Life and Works*, 1005.
12. Gallini, *Critical Observations*, 120-21; Brewer, *Pleasures of the Imagination*, 91.
13. Hoppit, *A Land of Liberty?* 438 ("their Smuttiness"); Loftis, *Steele at Drury Lane*, 4, 15.
14. Ralph, *Life and Works*, 25, 150.
15. Ibid., 54, 56.

16. Dacier, *Une Danseuse*, 69.
17. Astier, "Sallé, Marie"; Macaulay, "Breaking the Rules," part 3.
18. Dacier, *Une Danseuse*, 89.
19. Guest, *The Ballet of the Enlightenment*, 39–40 ("dance like a man"); Capon, *Les Vestris*, 195, quoting Bachaumont ("watching Vestris").
20. 왕립 음악 아카데미에서, 에밀 캉파르동은 자신의 거주지에 도움을 약속하며 나타났지만 결국 자신을 약탈한 남자를 고소한 젊은 무용수들의 사건을 여럿 기록한다. 예를 들면, 1773년 파리 오페라에서 1773년부터 1776년까지 춤춘 마드무아젤 르모니에(마리-아델레드)라는 무용수가 파리의 부르주아 드 로제빌 씨에 대한 고소장을 제출했다. 그가 그녀를 유혹해서 임신시킨 후에 버렸다는 것이었다. 마드무아젤 릴리아와 마드무아젤 뒤미라일도 비슷한 처우를 고소했다. 카트린 드 생-레제는 공개적으로 희롱당하고 정절이 수상쩍다고 비난받았다. 게다가 더 나쁜 것은, 매독이 있다고 비난받은 것이다. 그녀는 자신의 평판과 명성을 변호했다.
21. Capon and Yves-Plessis, *Fille d'Opéra*, 26.
22. "Factum pour Mademoiselle Petit, Danseuse de l'Opéra, Révoquée, Complaignante au Public," nd., np., and "Demande au Public en Réparation d'Honneur contre la Demoiselle Petit par Messieurs Les Fermiers Généraux," Paris, 1741, Bibliothèque de l'Opéra de Paris, dossier d'artiste, Mlle. Petit."
23. Carsillier et Guiet, *Mémoire*, 6–7.
24. 노베르의 『서간집』은 빈, 함부르크, 런던, 암스테르담, 코펜하겐, 상트페테르부르크, 파리에서 출간되었다. 1770년대 후반 나폴리에서 이탈리아어 번역본 출간이 예정되어 있었으나 그 일은 지연되었다. 1794년 『서간집』의 발췌문이 「가제타 우르비니 벤디(*Gazzetta urbana veneta*)」에 연재되었다.
25. 음악가 샤를 콜이 Hansell, "Noverre, Jean-Georges," 695에서 인용.
26. Haeringer, *L'esthétique de l'opéra*, 156; see also Cahusac, *La Danse Ancienne*, 3: 129, 146; Rousseau, *Émile*, 139–40.
27. Diderot and d'Alembert, *Encyclopédie*, 12: Diderot and d'Alembert, *Encyclopédie, Supplement*, 18: 756.
28. Noverre, *Lettres*, 138–39 ("speak" and "portrait of humanity"); Cassirer, *Philosophy of the Enlightenment*, 296.
29. 발레 닥시옹은 스토리를 전달하는 발레들을 일컫는 예술 용어가 되었다. 바꾸어 사용할 수 있지만 조금 다른 용어들로 "영웅 발레", "비극 발레", "팬터마임 발레"가 있었다.
30. Noverre, *Lettres* (1952), 188, 44, 192–93.
31. Noverre, *Letters on Dancing and Ballets*, translated Beaumont, 149.
32. Noverre, *Lettres* (1952), 108.
33. Goethe quoted in Reau, *L'Europe Française*, 293–94 ("perfidious language"); Mercier, *Mon Bonnet de Nuit*, 2:172.
34. Diderot, *Le Neveu de Rameau* in *Oeuvres*, 457, 470, 473.
35. 프랑스 음악에 대한 디드로의 비관주의는 프랑스와 이탈리아 음악 각각의 장점들에 대한 보다 큰 논쟁의 일부이기도 했다. 디드로는 확고히 이탈리아인들의 편이었다.
36. 「메데이아와 이아손」은 이후 1767년 파리에서 G. 베스트리스에 의해서 무대에 올랐다; 바르

샤바와 파리에서는 (새로운 음악과 함께) 1770-1771년에; 베네치아와 밀라노에서는 1771년과 1773년에, 그리고 나중에는 상트페테르부르크에서; 빈에서는 노베르에 의해서 1776년에; 그리고 결국 파리에서 로돌프에 의해서 추가된 음악과 함께 1780년에 무대에 올랐다.

37. Beales, *Joseph II*, 33.
38. Harris-Warrick and Brown, eds., *The Grotesque Dancer*, 71.
39. Angiolini, *Dissertation*.
40. Baron Van Swieten to Count Johann Karl Philipp Cobenzl, Feb. 16, 1765, quoted in Howard, *Gluck*, 74-75 ("far too pathetic"); Brown, *Gluck*, 336.
41. Noverre, *La Mort d'Agamemnon*, 146.
42. Beales, *Joseph II*, 159, 233.
43. Francesco Algarotti, quoted in Strunk and Treitler, *Source Readings in Music History*, 69 ("irrational caprioling"); Hansell, *Opera and Ballet*, 771 ("richness"); Brown, *Gluck*, 150 ("If Italy").
44. Hansell, *Opera and Ballet*, 859.
45. Ibid.
46. Noverre, *Euthyme et Eucharis*, Milan, 1775; trans. Walter Toscannini, NYPL, Jerome Robbins Dance Collection, * MGZM-Res. Tos W, folder 3. Miscellaneous Manuscripts.
47. Lynham, *The Chevalier Noverre*, 84.
48. Gardel, *L'Avenement de Titus à L'Empire; Journal des Dames*, vol. 4: Nov. 1775, 205-12.
49. Gossec quoted in Archives Nationales, *Danseurs et Ballet de l'Opéra de Paris*, 36-37.
50. Engel, *Idées*, 40-42 (엥겔은 불쌍한 여배우가 입에 주먹을 넣은 채 대사를 전달하는 모습을 그린 스케치까지 제공했다); Guest, *The Ballet of the Enlightenment*, 416.
51. *Mercure de France*, April 22, 1786, 197-201.
52. Noverre, *Lettres* (1803), 168-69.

제3장 발레에서의 프랑스 혁명

1. Capon, *Les Vestris*, 211.
2. Noverre quoted in Campardon, *L'Académie Royale de Musique*, 2:214.
3. *Affiches, Annonces et Avis Divers*, Aug. 13, 1783, 132. 노베르는 동일한 주제의 발레인 「살랑시의 장미관을 받은 처녀(La Rosière de Salency)」도 창작했다. 이는 1775년 밀라노에서 처음 공연되었고, 이후 1781년 런던에서 공연되었다. 그러나 플롯은 절대 우스꽝스럽거나 가볍지 않았다. 마침내 장미관을 받은 처녀의 무죄가 입증될 때까지 관객들은 격렬한 말다툼, 가슴 아픈 배신, 자살 협박을 견뎌야 했다.
4. Guest, *Ballet of the Enlightenment*, 139. See also reviews of Guimard's performances in the *Journal de Paris*, Mar. 11, 1778, 279; Jul. 10, 1778, 764; Aug. 30, 1778, 967; Jan. 12, 1784, 59; *Mercure de France*, Oct. 2, 1784, 41.
5. *Mercure de France*, Aug. 31, 1782, 228.
6. Le Goff, "Reims: City of Coronation," 238.
7. *Correspondence Littéraire*, 12:231.35. On the rule of the dancers, see also AN, $O^1$620 126; on insubordination, see Comité de l'Opéra, Feb. 4, 1784, AN, $O^1$620 192; letter from Dauvergne, May 12, 1787, Bibliothèque de l'Opéra de Paris, dossier d'artiste for Gardel; letter from

Dauvergne to de la Ferté, Sep. 1, 1788, AN, O¹619 386; letter dated 1788, AN, O¹619 386.

8. Capon, *Les Vestris*, 254–57; see also *Correspondance Littéraire*, 12:231–35, 13:46–48 (Grimm's account is dated 1784).

9. Furet, *Revoluntionary France*, 50–51.

10. *Mémoire justicatif des sujets de l'Académie royale de musique*. See also Framery, *De l'organisation des Spectacles de Paris*.

11. Bournonville, *My Theater Life*, 3:452–53. 가르델은 마지못해 물러났다. 1830년 그는 왕비에게 궁정 발레 마스터로 임명해달라고 청원하는 편지를 썼다.

12. 마리 가르델에 대해서는 see *L'Ami des Arts: Journal de la Société Philotechnique*, 1 Frimaire, an 5 de la République [Nov. 21, 1796], 2:6–7, Bibliothèque de l'Opéra de Paris, Fonds Collomb, pièce 8; Amanton, *Notice sur Madame Gardel*, 4–5. 혁명기의 또 한 명의 유명 발레리나 마담 콜롱은 선행으로도 유명했다. See *Journal des defenseurs de la patrie*, 3 Fructidor, an II de la République [no. 516], 2–3.

13. *Télémaque*, manuscript scenario with notes by Gardel, 1788, AN, AJ¹³, 1024; Castil-Blaze, *La Danse*, 216.

14. Caron, *Paris Pendant la Terreur*, 2:321 (비록 누군가는 이것은 완전히 거짓이고 오페라의 연기자들은 다들 훌륭한 공화주의자라고 주장했을지언정, 다른 사람들은 파리 오페라의 배우들이 "깨뜨릴 수 없는 귀족적 편견"을 품고 있다고 이야기한 카페 대화에 대한 보고 역시 볼 것 ibid., 4:330); Baschet, *Mademoiselle Dervieux*, 166–67; Johnson, *Listening*, 120; Gardel et al. report, AN, AJ¹³ 44, dossièr IV, process verbeaux et séances du Comité du Théâtre des Arts, an 2 ("completely" and "decent").

15. AN, AJ¹³ 44 XI.

16. Ozouf, *Festivals*, 101–2. 이 흰 옷을 입은 여성 무리에 대한 언급은 넘쳐난다. 1789년 9월 마담 무아트라는 인물이 흰 옷을 입은 20명의 아내이자 어머니인 사람들을 이끌고 그들의 보석들을 국가에 기부하기 위해서 국민의회의 회의실로 들어왔다. 바르틀레의 『신 레퍼토리』 116쪽을 볼 것. 1791년 6월 11일, 볼테르의 유해를 판테온 묘지로 운송하면서, 다비드는 흰 로브를 입힌 20명의 젊은 처녀들이 등장하는 의식 행렬을 이끌었다. 그들의 앞장을 선 것은 월계관을 쓰고 황금 리라를 든 볼테르의 수양딸이었다. 리베이로의 『프랑스 혁명기의 패션(Fashion in the French Revolution)』 96, 146 페이지를 볼 것. 1793년 8월 9일, 파리 오페라는 "1막 도중 로마 여성들이 사투르누스 신전에 애국적 공물을 바치는 것을 보여주는 발레"가 있는 「파비우스(Fabius)」를 선보였다. 이 장면은 "1789년 예술가들의 아내들과 아이들이 만들어서 국민의회로 보낸 선물들"을 상기시키는 것으로 간주되었다. See Hugo, "La Danse Pendant la Révolution," 136. See also Affiche imprimé: L'Administration Municipale du onzième arrondissement à ses concitoyens: programme de la Fête du 10 Août au Temple de la Victoire, 23 Thermidor, an 7, AN, AJ¹³, 50: dossier Thermidor, 50; Carlson, *Theatre of the French Revolution*, 189; Agulhon, *Marianne into Battle*, 27–33.

17. Image held at the Bibliothèque de l'Opéra de Paris, Fêtes et ceremonies, portef. 1, dossier 4.

18. Perrot, *Fashioning the Bourgeoisie*, 203.

19. Bruce, *Napoleon and Josephine*, 80; Mercier quoted in Ribeiro, *Fashion*, 127.

20. Milon, *Héro et Léandre*. Sketches of dancers are in Bibliotheque de l'Opéra de Paris, Fonds Deshayes, pièces 6 (croquis de danses de Deshayes), 7 (croquis de danses de Despréaux), 7 bis.

21. Gardel, *La Dansomanie*, 8. 1980년대에 스웨덴 안무가 이보 크라메르는 피에르 가르델과 공부하도록 구스타브 3세에 의해서 파리로 보내졌던 발레 마스터 델란드가 무대에 올린 1804년 제작물의 악보 2개를 가지고 작업해서 「라 당소마니」를 복원했다. 이 발레를 복원하면서 크라메르는 다양한 스웨덴 도서관들에 소장된 악보들을 가지고 작업했는데, 그 악보들에는 이 발레의 동작이 마디마다 쓰여 있었다(그러나 춤들의 스텝들은 기록되지 않았다).
22. Ibid.
23. *Journal des Débats*, 25 and 27 Prairial, an 8, regretted Gardel's turn to "trivial" themes.
24. AN, AJ*13* 72, pièce 45; letter from Lucay, first prefect of the palace, to M. Bonet, director of the Opera, 7 Brumaire, an 14, AN, AJ^{13} 73, dossier XVII, pièce 425.
25. Pelissier, *Histoire Administrative*, 117 (see also 124-26 on new regulations); *Mercure de France*, Messidor, an X [vol. 9], 78-79. 발레 「뤼카와 로레트(Lucas et Laurette)」(1803)는 궁내 장관인 뤼케이가 당시 파리 오레파의 감독이던 모렐에게 보낸 성난 편지의 주제가 되었다. 이 편지에서 뤼케이는 이 작품의 "단순함"과 "하찮음"은 프랑스 수도의 최고의 극장에 요구되는 "장엄함"에 대한 모독이라며 혹평했다. 그는 더 이상의 공연을 즉각 금지했다. See AN, AJ^{13} 52, dossier Floréal.
26. *Souvenirs of Madame Vigée Le Brun*, 337.
27. On the school, AN, AJ^{13} 62, dossier XII, pièce 341.
28. 이런 삽화들은 이하에서 상세히 설명된다. AN, AJ^{13} 64, XIV, pièce 408; AN, AJ^{13} 87, VI, rapport du 21 Thermidor, an 12, signed by Bonet; AN, AJ^{13} 1039, rapport de Pierre Gardel, premier maître des ballets (probably 1813), reproduced in Archives Nationales, *Danseurs et Ballet de l'Opéra de Paris*, 54. 배역, 스텝 등에 대한 불복종과 논란의 사례들은 넘쳐난다; see, for example, AN, AJ^{13} 62, XII/XV, pièce 290, 여기서 파리 오페라 감독은 궁전 행정관에게 무용수는 신작의 10회 공연 후에는 주어진 배역에 대한 권리를 더 이상 가지지 않으며, 이를 적합하다고 생각되는 방식으로 재할당하는 일을 파리 오페라 경영진에게 일임한다고 썼다. 이런저런 권력 이권을 위해서 공연을 거부한 무용수들에 대해서는, see AN, AJ^{13} 62, XV/XII, XXII/XII, XIV, pièces 426 and 427, and XV/XXIV, pièces 523-45.
29. 나폴레옹에 대한 가르델과 밀롱의 기억은 Archives Nationales, *Danseurs et Ballet de l'Opéra de Paris*, 63-64에서 재현되었다; 가르델과 밀롱의 궁전 제1행정관에 대한 요청과 이 건에 대한 행정관의 편지들; AN, AJ^{13} 64, XIV, pièce 408.
30. Noverre, *Lettres* (1952), 299.
31. Bonet de Treiches, *De l'Opéra en l'an XII*, 55; Papillon, *Examen Impartial*, 11. On Jan. 11, 1807, 「주르날 데 데바(*Journal des Débat*)」지는 "아버지 베스트리스 이래로, 발레는 그것을 완벽하게 만든다는 구실하에 변성되었다"고 썼다.
32. Henri letter, AN, AJ^{13} 65, IV, pièce 132; *Journal des Débats*, Dec. 9, 1806, 1-4; Noverre, *Lettres* (1807), 328.
33. Bournonville, *My Theater Life*, 1:47.
34. *Le Bal Masqué. Ballet en un acte*, Pierre Gardel, ms., AN, AJ^{13} 1023: Le Bal Masqué.
35. *Journal des Débats*, Oct. 2, 1818, 3; see also *Journal des Débats*, June 22, 1820, 4. 폴은 날고 있는 것처럼 보이는 유일한 무용수가 아니었다. 1815년 발레 「제피르와 플로르(Zephire et Flore)」에서 알베르는 와이어를 연결하고는 관객들의 경악 속에 무대 전역을 날았다. 파리에서 1820년대 중반 베스트리스와 공부한 오귀스트 부르농빌은 자신도 저항하기 힘든 갈망

에 사로잡혔다고 설명했다. "춤추면서 솟구칠 수 있기를……땅의 속박을 풀 수 있기를—자유를!" See Bournonville, *My Theater Life*, 3:451. For "eternal and unbearable," see *Journal des Débats*, June 22, 1820, 1-4; for "new school," see Faquet, *De la danse*, 14, and Bournonville, *A New Year's Gift*, 16, 26; for "dislocated," see Goncourt, *La Guimard*, 249-50, 무용수 데스프로가 친구에게 보낸 편지에서 인용. 여기서 그는 귀족 스타일의 쇠퇴를 한탄하면서, "이런 기이한 움직임들은 육체를 왜곡하며 우아함의 적이다"라고 주장한다.

36. 발레 마스터 가르델, 밀롱, 오메르의 보고서(1822) AN AJ[13] 113, dossier III와 경영진에 대한 응답 AN, AJ[13] 113, dossier V; 세 장르들을 긍정하고 정의하는 파리 오페라 감독에 대한 발레 마스터 가르델과 밀롱의 기억 AN, AJ[13] 109, I 역시 볼 것; 장르들에 대한 심사숙고한 완강한 옹호로는 데자이에의 『일반 관념(*Idées Générales*)』을 볼 것.

37. Noverre, *Lettres* (1952), 224; Guillemin, *Chorégraphie*, 13. 푀이예의 표기법의 붕괴와, 손글씨로 푀이예를 다른 표기 형식들과 섞어놓은 것들의 예로는 오귀스트 페레르를 보라. 1782, 파리 오페라 도서관. 해리스-워릭, 브라운(편)의 『그로테스크 무용수(*The Grotesque Dancer*)』에서 마시, 해리스-워릭의 글; 마시의 "프랑스 극장 무용(French Theatrical Dance)"과 콜레주 몽테뉴의 익명의 발레 마스터의 안무 노트들도 볼 것. 1801-13(Anonyme, *Chorégraphies début 19eme siècle*, Bibliothèque de l'Opéra de Paris, C. 515).

38. Bonet de Treiches, *L'Opéra en l'an XII*, 56-57; Despréaux, *Terpsichorégraphie*, unpublished manuscript and notes, Bibliothèque de l'Opéra de Paris, Fonds Deshayes, pièce 4; notes and sketches, Fonds Deshayes, pièces 6 and 7 bis. Bournonville published *Études Chorégraphiques* in 1861, and there are three manuscripts held in Copenhagen at the Royal Library: ms. autograph (incomplete) dated Jan. 30, 1848 (DKKk, NKS 3285 4°, Kapsel 1, laeg C 6); ms. autograph dated Copenhagen, Mar. 7, 1855 (DKKk, NKS 3285 4°); ms. autograph dated Copenhagen, 1861 (DKKk, NKS 3285 4°, C8).

39. 파리 오페라의 로비에서 열린 베스트리스의 수업은 팬, 아역 배우들의 어머니, 아마추어, 직업 무용수 지망생들이라는 다채로운 군중을 끌어들였다. 부르농빌의 『집으로 보낸 편지들(*Lettres à la maison*)』의 7-12페이지를 볼 것. 훈련의 변화들과 새로운 유파에 대한 논평들과 계속되는 논의에 대해서는 가르델이 보낸 1817년 날짜의 편지인 '발레 학교(École de Danse)'를 볼 것. AN, AJ[13] 110, I; Remarques sur l'examen des Écoles de danse le 16 Fevrier, 1822, signed by Gardel and Milon, AN, AJ[13] 113, VII.

40. 이하는 이것과 다른 수고(手稿)들의 스텝들과 춤들에 대한 나 자신의 복원에 부분적으로 근거했다. 전에 파리 오페라 발레에 있었던 장 기제리도 대화와 파리 오페라 발레 학교의 자기 학생들을 위한 생-레옹의 공책들의 춤에 대한 자신의 복원 양자에서 통찰을 제공했다. See especially, Bournonville, *Méthode de Vestris*, Royal Library, Copenhagen, DKKk, NKS 3285 (1) 4, c5; Bournonville, *Lettres à la maison*, 7-18, 94-105; Bournonville, *A New Year's Gift*, 16; Blasis, *Elementary Treatise*; Michel (père) Saint-Léon, *Cahiers d'exercices*, Bibliothèque de l'Opéra de Paris, Rés. 1137 (1, 2, 3) and Rés. 1140 (choreographies de Pierre Gardel); Adice, *Théorie de la Gymnastique de la Danse Théâtrale*. 이 마지막 자료는 후년의 것이지만 알베르, 몽테쉬, 클로틸드 등의 훈련을 거슬러올라가는 향수 어린 언급들이다. See also Hammond, "A Nineteenth-Century Dancing Master."

41. 위르겐센과 게스트의 『부르농빌의 유산(*The Bournonville Heritage*)』에서 인용된 부르농빌의 말. 예를 들면 부르농빌의 글 "베스트리스 방법(Méthode de Vestris)"에 기록된 이하의 베

스트리스 연습을 생각해보자(이 스텝들의 일부는 오늘날과 다르지만 다수가 알아볼 만하다) : "jeté en avant, assemblé, entrechat-huit, ronde [de] jambes en l'air en dehors, assemblé en arrière, entrechat-six, sissone, deux tours en tournant, grande pirouette, trois tours à gauche fini avec un ronde [de] jambe, petit balotté, assemblé devant, ronde [de] jambe en l'air, fini en attitude."

42. Bournonville, *Études Chorégraphiques*, 1848, 7-8; 사탕을 추천한 발레 마스터는 트루소 뒤 비비에였다. *Traité d'education sur la danse, ou méthode simple et facile pour apprendre sans maître les elemens de cet art*, 1821, AN, AJ^{13} 1037, dossier IV; 기계들에 대해서는 또한 다음을 볼 것. Adice, *Théorie de la Gymnastique*, 59-60.
43. "Perrot," *Galerie Biographique des Artistes Dramatiques de Paris*, 1846, Bibliothèque de l'Arsenal, Collection Rondel, 11798.
44. Milon established a pantomime class in 1817. See AN, AJ^{13} 110, I and II, and AN, AJ^{13} 109, I.
45. *Journal des Débats*, Dec. 20, 1823, 1-3.

제4장 낭만주의적 환상과 발레리나의 출현
1. Charles de Boigne, quoted in Levinson, *André Levinson on Dance*, 85.
2. 이 음악은 이후 1911년 발레 뤼스에 의해서 공연된 마하일 포킨의 관능적인 발레「장미의 정」에 사용되었다.
3. 브루놀리가 최초가 아니었을 수도 있다. 베스트리스 유파 남성들의 "상스러운" 왜곡을 감히 따라한 드문 프랑스 여성들 중 한 사람인 주느비에브 고슬랭이 1815년 파리에서 이 관심을 끄는 위업을 시도했다. 그러나 영속적인 영향은 없었다.
4. Souvenirs de Marie Taglioni, Vienne, 1822-24, Débuts de théâtre, version 3; Bibliothèque de l'Opéra de Paris; Fonds Taglioni, R21.
5. Taglioni's shoes are in the Theater Museum, Copenhagen, and at the Bibliothèque de l'Opéra de Paris. 푸앵트 워크의 부상들과 위험들은 다음에서 생생하게 묘사된다. Adice, *Théorie de la Gymnastique de la Danse Théâtrale*, 180-200.
6. *Figaro*, Aug. 13, 1827 ("epoch-making"); Merle, "Mademoiselle Taglioni," 14, 55 ("a radical revolution"); Jules Janin in *Journal des Débats*, Aug. 24, 1832, 1-3 ("knitting"), and Sep. 30, 1833, 2-3 ("Restoration"); and Anonyme, "L'ancien et le nouvel opéra," Bibliothèque de l'Opéra de Paris, C.6695(10), n.d., 398 (probably a chapter from François Adolphe Loève-Veimars, *Le Nepenthes: contes, nouvelles, et critiques*, 1833).
7. *Figaro*, Aug. 13, 1827.
8. Heine quoted in Guest, *Jules Perrot*, 21; Véron, *Mémoires d'un Bourgeois*, 3:171.
9. Crosten, *French Grand Opera*, 45-46.
10. Pendle, *Eugene Scribe*, 444.
11. 파리 오페라 도서관에 소장된 그림들: *Robert le Diable*, Scènes-Estampes, Décorations par Branche, #16 and lithograph #30. Also, engraving by Andreas Geiger of the Vienna production, 1833; and M. Guyot, E. Blaze, et A. Debacq, eds., *Album des Théâtres, Robert le Diable*, 1837. Quotes from *Mise en Scène: Robert le Diable*, held at the Bibliothèque de l'Opéra de Paris, B397(4).
12. *La Gazette de France*, Dec. 4, 1831, 1-4; *Journal des Débats*, Nov. 23, 1831, 2 ("criminal

women").

13. *Le Globe*, Nov. 27, 1831, 1323; Kahane, *Robert le Diable: Catalogue de l'Exposition*, 58 ("the hand of death").

14. Pendle, *Eugène Scribe*, 429.

15. Kahane, *Robert le Diable: Catalogue de l'Exposition*, 58, 64 ("vulgar" and "revolting"); *Journal de Paris*, Nov. 25, 1831, 2.

16. 나의 설명은 이 발레의 초연 대본에 따랐다. 파리 오페라 도서관에 소장된 필리포 탈리오니, 「라 실피드」, 2막 발레, 슈나이츠회퍼의 음악. (C559); see also Castil-Blaze, *La Danse*, 346.

17. See Bénichou, *L'école du désenchantement*.

18. *Journal des Débats*, Mar. 1, 1833, 3.

19. Rogers, "Adolphe Nourrit"; Macaulay, "The Author of *La Sylphide*," 141.

20. 이 와이어를 단 실피드들은 그들이 창조했다고 생각되던 환상을 깨뜨릴 수도 있었다. 1838년 고티에는 불평했다. "너무나 쉽게 부러질 수 있는 철제 와이어로 공중에 매달린 채 무서워서 죽어가는 대여섯 명의 불운한 소녀들의 장면에서는 우아함이 전혀 보이지 않는다. 이 불쌍한 존재들은 물 밖으로 나온 개구리들의 절박함을 가지고 팔다리를 허우적거리면서, 본의 아니게 천장에 매달린 박제 악어들을 연상시킨다. 마드무아젤 탈리오니의 자선 공연에서 두 명의 실피드가 공중에서 옴짝달싹 못하게 되었는데, 아무도 그들을 올리거나 내릴 수 없었다. 결국 한 무대 담당자가 책임을 맡았고 그들을 구하기 위해서 무대 위 천정에서 늘어뜨린 밧줄을 타고 내려갔다." *Gautier on Dance*, 55.

21. Restif de la Bretonne, *Monument du Costume Physique et Moral*, 34; Delaporte, *Du Merveilleux*, 121.

22. Fumaroli, *Chateaubriand*, 25 ("gigantic conception"); Cairns, *Berlioz*, 1:58-59 ("awash in passion," "exaggerated love," and "imagination is rich").

23. Fumaroli, *Chateaubriand*, 544-55.

24. Chateaubriand, *Mémoires D'Outre Tombe*, 1:203-4.

25. Ibid., 212-13.

26. Clément, *Chateaubriand*, 463 ("white enigma").

27. de Staël, *Corinne*, book 6, chapter 1, 91.

28. Karl Marx quoted in Furbank, *Diderot*, 467; Gautier, Janin, and Chasles, *Les Beautés de l'Opéra*, 1-22.

29. *Gazette de France*, July 19, 1840 ("Religious symbol"); *Psyché*, Aug. 11, 1836 ("skeptical"); *Gautier on Dance*, 53 ("Christian" dancer and a "woman's dancer"). 다른 사례들을 보자면, 「주르날 데 아르티스테(*Journal des Artistes*)」 1831년 10월 9일자는 탈리오니를 "기독교의 성모"라고 불렀고, 그녀가 춤을 "기독교화"했다고 썼다; 작자 미상의 "마드무아젤 탈리오니"는 탈리오니를 "살아 있는 꿈"이자 "천사"라고 불렀다. "하얀 성모"는 「라르티스트(*L'Artiste*)」에 실린 레옹 레니르의 시에서 나온 표현이다.

30. McMillan, *France and Women*, 48, 37-39.

31. *Le National*, Apr. 24, 1837 ("Invaded"). "여성의 무용수"로서 탈리오니에 대해서는 이하의 글들을 볼 것. (파리 오페라 도서관에 소장된 Bibliothèque de l'Opéra de Paris, Fonds Taglioni, R2, 3, 8, 13, 74); *Journal des Débats*, Aug. 22, 1836, and July 1, 1844; *Tribune*,

Sep. 26, 1834; *La France*, Apr. 24, 1837; *Le Nord*, Dec. 2, 1860; Comtesse Dash, "Les degrès de l'échelle" (vol. 1, chapter 16) 탈리오니에 의해서 그녀의 공책들로 옮겨적혔듯이 R74. Also, "Notice sur Mlle Taglioni," *Journal des Femmes*, March (n.d.), 1834; Jacques Reynaud, *Portraits contemporains*, 155.65.
32. Maigron, *Le Romanticisme et la Mode*, 31, 185.
33. Cartier de Villemessant, *Mémoires*, 1:76–79.
34. *Souvenirs de Marie Taglioni*, Bibliothèque de l'Opéra de Paris, Fonds Taglioni, R20 ("pulled the curtain"); *Album de maxims et poèmes, St. Petersburg*, Bibliothèque de l'Opéra de Paris, Fonds Taglioni, R14 (including the Bremer pièce).
35. *Gautier on Dance*, 53.
36. Gautier, *A Romantic in Spain*, 113–15; also Garafola, ed., *Rethinking the Sylph*.
37. Castex, *Le Conte Fantastique*, 216; Bénichou, *L'école du desenchantement*, 504.
38. Fejtö, *Heine: A Biography*, 184; *Gautier on Dance*, 1–2.
39. Smith, *Ballet and Opera*, 172; Guest, *Jules Perrot*, 67.
40. Guest, *Jules Perrot*, 12 ("gnome-like," "zephyr"); *Monde Dramatique*, July 7, 1841.
41. 이런 설명은 스미스의 『발레와 오페라(*Ballet and Opera*)』에 재간된 지젤의 초연 시나리오에 의지한다.
42. Smith, *Ballet and Opera*, 234–35.
43. Gautier, Janin, and Chasles, *Les Beautés de l'Opéra*, 20; Smith, *Ballet and Opera*, 225, 228.
44. Richardson, *Théophile Gautier*, 48.
45. Delaporte, *Du Merveilleux*, 121; *Gautier on Dance*, 205.
46. Hugo, *Preface de Cromwell and Hernani*, 103.
47. *Le Corsaire*(1856). 이것은 오늘날 우리가 아는 발레의 먼 친척이다. 현행 제작물들은 이후 이 발레의 러시아 및 소비에트 버전들로부터 나왔다.
48. Herbert, *Impressionism*, 130, 104.
49. Nochlin, *Realism*, 82; Herbert, *Impressionism*, 44.
50. Herbert, *Impressionism*, 130.

제5장 스칸디나비아의 정통

1. Johnson, "Stockholm in the Gustavian Era."
2. Jürgensen and Guest, *The Bournonville Heritage*, xii–xiii; Bournonville, *My Theater Life*, 25.
3. Bournonville, *My Theater Life*, 447–48.
4. Ibid., 26.
5. Ibid., 452.
6. Jürgensen and Guest, *Bournonville Heritage*, xii–xiii.
7. Mitchell, *A History of Danish Literature*, 108.
8. Bournonville, *My Dearly Beloved Wife*.
9. Bournonville, *My Theater Life*, 76.
10. Windham, ed., "Hans Christian Andersen," 154.
11. Ibid., 160; Andersen, *Hans Christian Andersen*, 331.
12. Windham, ed., "Hans Christian Andersen," 143, 140, 152.

13. Bournonville, *My Theater Life*, 43 (on Nourrit).
14. Ibid., 78-79.
15. Andersen quoted in Windham, ed., "Hans Christian Andersen," 146.
16. Andersen, *Hans Christian Andersen*, 516-22.
17. 부르농빌의 "The Ballet Poems," *Dance Chronicle* 3(4):435-43에서 재간된 「나폴리」의 대본에서 인용했다.
18. Bournonville, *My Theater Life*, 134. 블루 그로토 장면은 (마리의 삼촌인) 살바토레 탈리오니에게서 영감을 받았을 수도 있다. (산 카를로 극장에서 공연된) 그의 발레 「라벤나의 대공 (*Il Duca di Ravenna*)」에도 동굴과 나이아드들이 등장했다.
19. Bournonville, *Études Chorégraphiques*, ms. autograph (incomplete), 30 Janvier 1848, DKKk; NKS 3285 4°, Kapsel 1, laeg C 6, p. 5.
20. 부르농빌은 빈 시민들이 "이 배역이 머리카락을 풀어헤치고 팔다리는 반쯤 벗었으며 가장 진한 장밋빛보다도 더 진한 피부색을 가진 여자 악마로 해석되는 것을 보는 것"에 익숙하다고 화를 내며 불평했다. Bournonville, *My Theater Life*, 222.
21. Kirmmse, ed., *Encounters with Kierkegaard*, 90; Bournonville, *Études Chorégraphiques*, 1848.
22. Albert to Bournonville, Feb. 1831, DDk NKL 3258A, 4, #46; Albert to Bournonville, June 7, 1838, DDk NKL 3258A, 4, #48; Saint-Léon to Bournonville, probably Oct. 4, 1853, DDk NKL 3258A, 4, #138; Duport to Bournonville, May 17, 1837, DDk NKL 3258A, 4, #341; Blasis to Bournonville, Jan. 30, 1844, and Mar. 6, 1856, DDk NKL 3258A, 4, #445 and 444.
23. Bournonville, *My Dearly Beloved Wife*, 59, 117; Bournonville, *My Theater Life*, 611.
24. Bournonville, *My Dearly Beloved Wife*, 108.
25. Bournonville, *My Theater Life*, 226.
26. Saint-Léon, *Letters from a Ballet-Master*, 106.
27. Bournonville, *My Theater Life*, 569.
28. Ibid., 570.
29. Ibid., 582.
30. Oakley, *A Short History of Denmark*, 176.
31. McAndrew, "Bournonville: Citizen and Artist," 160; Bournonville, *My Theater Life*, 162-63.
32. Bournonville, *My Theater Life*, 258.
33. Andersen, *Hans Christian Andersen*, 269; Bournonville, *My Theater Life*, 205.
34. Bournonville, *My Theater Life*, 210.
35. 부르농빌의 "The Ballet Poems," *Dance Chronicle* 4(1):187에서 재간된 「민담」의 대본에서 인용했다.
36. Windham, ed., "Hans Christian Andersen," 154.
37. *Études Chorégraphiques*, ms. autograph (incomplete), 38 pages, 30 Janvier 1848; *Études Chorégraphiques*, ms. autograph dated Copenhagen, 7 March 1855; *Études Chorégraphiques*, ms. autograph dated Copenhagen, 1861. 발레 마스터 데스프로와 아디스도 5라는 숫자에 거의 유대 신비철학인 관심을 가졌는데, 부르농빌이 자신의 아이디어의 일부를 그들의 작업에서 도출했을 수 있다.
38. Bournonville, *My Theater Life*, 275. Mlle. 마드무아젤 페피타는 영국 작가 빅타 색빌-웨스

트의 할머니인데, 그녀는 1937년 페피타를 찬양하는 전기를 썼다.
39. *L'Europe Artiste*, Aug. 26, 1860, 1. 이것을 나와 공유해준 크누드 아르네 위르겐센에게 신세를 졌다.
40. Bournonville, *My Theater Life*, 344-45, 405.

제6장 이탈리아의 이단

1. Hansell, *Opera and Ballet*, 600.
2. Hansell, "Theatrical Ballet and Italian Opera," 118.
3. Bournonville, *My Theater Life*, 20 ("violent" and "exaggerated"); Magri, *Theoretical and Practical Treatise*, 187 ("splendid body" and "hidden control"); Hansell, *Opera and Ballet*, 662.
4. Sgai's attack on Magri is documented in Bongiovanni, "Magri in Naples."
5. Magri, *Theoretical and Practical Treatise*, 47-49; Hansell, "Theatrical Ballet and Italian Opera," 209, 230 ("lowest of all genres" and "danza parlante").
6. Stendhal, *Life of Rossini*, 222, 246, 300, 447-48.
7. Hansell, "Theatrical Ballet and Italian Opera," 221.
8. Ibid., 257.
9. Touchette, "Sir William Hamilton's 'Pantomime Mistress,'" 141.
10. Celi, "Viganò, Salvatore."
11. Poesio, "Viganò," 4; Stendhal, *Life of Rossini*, 447; 「티탄들」에 대해서는 특히 다음을 볼 것. Prunieres, "Salvatore Vigano," 87.89.
12. Hansell,"Theatrical Ballet and Italian Opera," 269.
13. Plato, *Laws*, 2:93, 91.
14. Hornblower and Spawforth, eds., *The Oxford Classical Dictionary*, 1107.
15. Lucian, *The Works of Lucian of Samosata*, 2:250, 255.
16. Hansell, "Theatrical Ballet and Italian Opera," 254.
17. Letter dated Jan. 30, 1844, Milan, held in the Royal Danish Library, DDk NKL 3258A, 4, #445.
18. Blasis, *Notes upon Dancing*, 89.
19. Blasis, *Storia del ballo in Italia*; Blasis, *Leonardo da Vinci*.
20. Blasis, *The Code of Terpsichore*, 205-6.
21. Blasis, *L'Uomo Fisico*, 219, 225; Falcone, "The Arabesque," 241; see also Blasis, *Saggi e Prospetto*.
22. Scafidi, Zambon, and Albano, *Le Ballet en Italie*, 45 ("pléiade").
23. Hansell, "Theatrical Ballet and Italian Opera," 281; caricature of Boschetti from NYPL, Jerome Robbins Dance Division, Cia Fornaroli collection, *MGZFB Bos AC1.
24. Scafidi, Zambon, and Albano, *Le Ballet en Italie*, 45.
25. Quoted in Monga, review of Carlson, *The Italian Shakespearians*, 153.
26. Hansell, "Theatrical Ballet and Italian Opera," 300; Scafidi, Zambon, and Albano, *Le Ballet en Italie*, 49; unidentified news clipping, probably from the 1880s, NYPL, Jerome Robbins Dance Division, clippings file "Excelsior"; Pappacena, ed., *Excelsior*, 235, 242-43.
27. Pappacena, ed., *Excelsior*, 235. 초연 리브레토에는 수에즈 장면이 등장하지 않았으나 1883

년 추가되었다. 라 스칼라에서 상연된 베르디의 「아이다」를 위한 춤들은 프랑스 발레 마스터 이폴리트 몽플레지르가 안무했는데, 여기에는 춤추는 여사제들로 분한 50명의 여자들이 등장하는 사원 장면이 포함되었다. 이는 인상적인 과시였지만 만초티의 북적거리는 호화오락물에 비하면 무색했다.

28. Pappacena, ed., *Excelsior*, 305, 247, 312.
29. (라 스칼라가 소장한) 이 발레를 위한 안무 스케치들은 파파체나(편)의 「엑셀시오르」에서 복제되었다.
30. Poesio and Brierley, "The Story of the Fighting Dancers," 30; "Luigi Manzotti," *Domenica del Corriere*, Milano, 12 Feb. 1933.
31. Ugo Peschi quoted in Pappacena, ed., *Excelsior*, 253.
32. "Novel Electrical Effects by the Edison Electric Light Company," newspaper clipping held in the NYPL, Jerome Robbins Dance Division, clippings file "Excelsior."
33. Peschi, "Amor," 138–69.
34. Pappacena, ed., *Excelsior*, 333–35.
35. Arruga, *La Scala*, 175; Fabbri, "I cent'anni di L. Manzotti," *Sera Milano*, Feb. 2, 1935 ("brains, heart, muscle").
36. Mack Smith, *Modern Italy*, 14.
37. Ugo Peschi, "Amor: poema coreografico di L. Manzotti" ("revolution"); "Messo in scena al Teatroalla Scala carnevale del 1886," *L'Illustrazione Italiana*, Milano, Fratelli Treves, 21 febbraio 1886, 140.

제7장 춤의 차르들

1. Hughes, *Russia*, 189 (see also 192), 203.
2. Custine, *Letters from Russia*, 105; Gautier, *Russia*, 213; Tolstoy, *War and Peace*, 582–83.
3. Saint-Léon, *Letters from a Ballet-Master*, 65.
4. Karsavina, *Theatre Street*, 89.
5. Wiley, ed., *A Century of Russian Ballet*, 20.
6. Stites, *Serfdom, Society, and the Arts*, 141; Frame, *School for Citizens*, 33; Stites, *Serfdom, Society, and the Arts*, 26.
7. Stites, *Serfdom, Society, and the Arts*, 196; Swift, *A Loftier Flight*, 140.
8. Wiley, ed., *A Century of Russian Ballet*, 78.
9. Swift, *A Loftier Flight*, 171.
10. Frame, *School for Citizens*, 61, 62.
11. Swift, *A Loftier Flight*, 171.
12. Herzen, *My Past and Thoughts*, 298.
13. Wiley, *Tchaikovsky's Swan Lake*, 77; Custine, *Letters from Russia*, 621, 181.
14. Herzen, *My Past and Thoughts*, 293, 301–2.
15. Guest, *Jules Perrot*, 227.
16. Wortman, *Scenarios*, I: 413.
17. Hardwick, "Among the Savages" ("bovine"); Scholl, *From Petipa to Balanchine*, 14 ("I love ballet").

18. Figes, *Natasha's Dance*, 178.
19. Beaumont, *A History of Ballet*, x; Wiley, *A Century of Russian Ballet*, 272.
20. Vazem, "Memoirs of a Ballerina," 1:10; Wiley, *A Century of Russian Ballet*, 269-70; Wiley, *Tchaikovsky's Swan Lake*, 111.
21. Gautier, *Russia*, 209, 212-14. 「에올린」에 대한 훌륭한 묘사로는 다음을 보라. Gautier, *Voyage en Russie*, 189-96. 극장들에 대한 보고서는 다음에서 토론되었다. "'Freedom of the Theatres.'"
22. Slonimsky, "Marius Petipa," 118; Scholl, *From Petipa to Balanchine*, 36; Krasovskaya, "Marius Petipa and 'The Sleeping Beauty,'" 12.
23. Gautier, *Russia*, 212-14 ("slightest awkwardness"); Wortman, *Scenarios*, 1:328-30.
24. Wortman, *Scenarios*, 2:176.
25. Ibid., 2:226.
26. Frame, "'Freedom of the Theatres,'" 282.
27. Wiley, *Tchaikovsky's Ballets*, 93, 94.
28. Poznansky, *Tchaikovsky*, 57.
29. Scholl, *From Petipa to Balanchine*, 22.
30. Scholl, *Sleeping Beauty*, 27 ("appealing" and "replace" quoted), 99 ("ballet as circus" and "machines"); Wiley, *The Life and Ballets of Lev Ivanov*, 163, 177-78 ("steel points" and "sharp gestures" quoted); Khudekov in Wiley, "Three Historians," 14 ("correctness and beauty").
31. Wiley, *A Century of Russian Ballet*, 271; Krasovskaya, "Marius Petipa," 21; Legat, "Whence Came the 'Russian' School," 586.
32. Scholl, *Sleeping Beauty*, 30. 「잠자는 숲속의 미녀」의 다른 선례들도 있지만 그것들은 구식 프랑스 낭만주의 스타일에 가까웠다. 1825년 「잠자는 미녀(La Belle au Bois Dormant)」가 오페라로서 무대에 올랐고, 1829년에는 이 이야기가 발레-팬터마임-페리로서 상연되었다. 이는 잠자는 공주에게로 가는 왕자를 관능적인 춤으로 유혹하는 고혹적인 나이아드로 분한 마리 탈리오니가 주역을 맡았다. 이 발레는 희극적 함축과 어울리지 않는 정체가 곁들여진 복잡한 마임으로 표현되는 플롯을 가졌다. 진정한 풍물장터 스타일로, 사악한 요정의 저주는 큼직한 현수막에 쓰여 전시되었다.
33. Wiley, *Tchaikovsky's Ballets*, 156; Scholl, *From Petipa to Balanchine*, 31.
34. Scholl, *Sleeping Beauty*, 179 ("too luxurious" and "a ballet").
35. Brown, *Tchaikovsky*, 188 ("the miracles" and "very nice"); Scholl, *From Petipa to Balanchine*, 39.
36. Wiley, *Tchaikovsky's Ballets*, 388; "마법에 걸린 궁전" 2막 프로그램에 프티파의 손으로 쓰인 것에서 인용. Bakhroushin Museum, Moscow.
37. Wiley, *The Life and Ballets of Lev Ivanov*, 141; 눈 장면의 스케치들은 다음에서도 재간되었다. *Tchaikovsky's Ballets*, 387-400.
38. Wiley, *The Life and Ballets of Lev Ivanov*, 19, 54.
39. Wiley, *Tchaikovsky's Ballets*, 388.
40. Wiley, *Tchaikovsky's Ballets*; Wiley, *Tchaikovsky's Swan Lake*.
41. Wiley, *Tchaikovsky's Ballets*, 38.
42. Ibid., 57, 327 ("on the calm lake" quoted from the libretto).

43. Ibid., 248.
44. Ibid., 269.
45. Ibid., 264.
46. Petipa, *Memoires*, 67; Leshkov, *Marius Petipa*, 27.

제8장 동양이 서양으로 가다

1. Volynsky, *Ballet's Magic Kingdom*, 17.
2. 체케티가 손으로 쓴 원고, *Manuel des Exercices de Danse Théâtrale à pratiquer chaque jour de la semaine à l'usage De mes Elèves*, St. Petersburg, 1894, held at NYPL, Jerome Robbins Dance Division (MUS.RES.*MGTM).
3. Smakov, *The Great Russian Dancers*; Nijinska, *Early Memoirs*, 381; Volynsky, *Ballet's Magic Kingdom*, 47. Pavlova's shoes are at the Bakhrushin Museum in Moscow.
4. Smakov, *The Great Russian Dancers*; Wiley, *Tchaikovsky's Ballets*, 11.
5. Beaumont, *Michel Fokine and His Ballets*, 23.
6. Gregory, *The Legat Saga*, 66 ("doubt"); Fokine, *Memoirs of a Ballet Master*, 61, 60.
7. Kurth, *Isadora*, 104, 154, 248.
8. Roslavleva, *Era of the Russian Ballet*, 169.
9. Fokine, *Memoirs*, 51, 49. 「빈사의 백조」를 춤추는 파블로바의 자료 영상은 NYPL(Jerome Robbins Dance Division, *MGZIA 4-4816)이 소장한 『러시아 무용의 100년(*100 Years of Russian Dance*)』에 있다. 이 테이프는 카르사비나의 자료 영상도 포함한다. 이 발레의 날짜는 불확실하다. 포킨은 회고록에서 이 발레를 1905년에 창작했다고 기억한다. 그러나 이 공연의 기록물들은 혹시 존재했더라도 소실되었다. 우리는 이 발레가 1907년 마린스키 극장에서 공연되었다고 알고 있다.
10. Garafola, *Diaghilev's Ballets Russes*, 98; Nesteev, "Diaghilev's Musical Education," 26.
11. Nesteev, "Diaghilev's Musical Education," 34, 36-37.
12. Bowlt, *The Silver Age*, 54.
13. Buckle, *Diaghilev*, 18; Croce, "On 'Beauty' Bare."
14. Garafola and Baer, eds., *The Ballets Russes*, 65; Karsavina, *Theatre Street*, 338; Bowlt, *The Silver Age*, 169.
15. Buckle, *Diaghilev*, 135. 안나 파블로바는 첫 시즌 직후 발레 뤼스를 떠나서 본인의 순회 무용단을 만들었다.
16. 「레 실피드」는 오랜 기간에 걸쳐서 만들어졌다. 이는 1907년 마린스키에서 「쇼패니아나」로 시작했다. 여기에는 (여러 춤들 중에서) 폴란드 민족의상을 입고 추는 폴로네이즈, 시인이 수도승들에게 추적당하는 녹턴, 파블로바와 아나톨 오부코프가 춤춘 왈츠가 있었다. 이 작품은 개작되어서 1908년 마린스키에서 공연된 「"하얀" 쇼패니아나」의 기반이 되었고, 나중에 「레 실피드」로 이름이 바뀌었다.
17. Figes, *Natasha's Dance*, 272-73.
18. Ibid., 276.
19. Ibid., *Natasha's Dance*, 279.
20. Buckle, *Diaghilev*, 162.
21. Ibid., 180.

22. Fokine, *Memoirs*, 187, 191.
23. Ibid., 188-89; Taruskin, *Stravinsky and the Russian Traditions*, 2:970.
24. Nijinska, *Early Memoirs*, 293-94, 400.
25. Buckle, *Nijinsky*, 107.
26. Rambert, *Quicksilver*, 61-62; Buckle, *Nijinsky*, 333.
27. Nijinska, *Early Memoirs*, 353.
28. Garafola, *Diaghilev's Ballets Russes*, 64.
29. Ibid., 67; Craft, "Nijinsky and 'Le Sacre' "; see also Hodson, *Nijinsky's Crime Against Grace*, x. 브로니슬라바는 후일 임신했고, 니진스키의 항의에도 불구하고 교체되어야 했다.
30. Shead, *Ballets Russes*, 70.
31. Hodson, *Nijinsky's Crime*, vii; Craft, "Nijinsky and 'Le Sacre.' "
32. Proust, *Remembrance of Things Past: Swann's Way*, 7; Eksteins, *Rites of Spring*, 36.
33. Spurling, *The Unknown Matisse*, 419 ("sang, no screamed"); Spurling, *Matisse the Master*, 53 ("caveman").
34. Spurling, *Matisse the Master*, 101, 94.
35. Garafola, *Diaghilev's Ballets Russes*, 35 ("red"); Buckle, *Nijinsky*, 160 ("undulating"); Acocella, *Reception of Diaghilev's Ballets Russes*, 324 ("old, tired"), 336 ("this voluptuous"), 342 ("too civilized").
36. Buckle, *Diaghilev*, 226.
37. Buckle, *Diaghilev*, 253-55; Eksteins, *Rites of Spring*, 9-54.
38. Jacques Rivière, *Nouvelle Revue Française*, Nov. 1913, 730.
39. Eksteins, *Rites*, 54.
40. Nijinsky, *Diary*, xx, and Buckle, *Nijinsky*, 495.
41. Paleologue, *An Ambassador's Memoirs*, 2:242.
42. Frame, *The St. Petersburg Imperial Theaters*, 170; Souritz, *Soviet Choreographers*, 43.44.
43. Quoted in Isaac Deutscher's introduction to Anatoly Vasilievich Lunacharsky, *Revolutionary Silhouettes*, 13; Schwarz, *Music and Musical Life*, 12 ("pure landlord culture").
44. Lopukhov, *Writings on Ballet and Music*, 63-65; Volkov, *Balanchine's Tchaikovsky*, 162.
45. Souritz, *Soviet Choreographers*, 267-73.
46. Kelly, "Brave New Worlds"; Slonimsky, "Balanchine: The Early Years," 60; Volkov, *Balanchine's Tchaikovsky*, 162.
47. Banes, "Kasyan Goleizovsky's Manifestos," 72; Souritz, *Soviet Choreographers*, 176.
48. Tracy, *Balanchine's Ballerinas*, 30; Gottlieb, *George Balanchine*, 24; Blok, *The Twelve, and Other Poems*, 35-36.
49. Kessler, *Berlin in Lights*, 273.
50. 마신이 1921년 결혼하자 디아길레프는 그를 해고했다. 그렇지만 이 단장은 나중에 수그러들었고, 마신은 1925년부터 1928년까지 발레 뤼스를 위해서 몇 편의 신작을 창작했다.
51. Richardson, *A Life of Picasso*, 420.
52. Spurling, *Matisse the Master*, 231; Kurth, *Isadora*, 248.
53. Kessler, *Berlin in Lights*, 282; Shead, *Ballets Russes*, 119.
54. Stravinsky, *Poetics of Music*, 117-18.

55. Buckle, *Diaghilev*, 393 ("suicide"); Garafola, *Diaghilev's Ballets Russes*, 343 ("Bank Holiday" and "delighted").
56. Taruskin, *Defining Russia Musically*, 400.
57. Nijinska, "On Movement," 80; Baer, *Bronislava Nijinska*.
58. Buckle, *Diaghilev*, 411-12 ("resemble"); Fergison, "Bringing Les Noces to the Stage," 187 ("automatized" and "look like machinery"); Garafola, *Diaghilev's Ballets Russes*, 126 ("Marxist").
59. Nice, *Prokofiev*, 214-15. 1929년 메이예르홀트는 볼쇼이의 신작 발레에 프로코피예프의 곡 「강철 걸음(Pas d'acier)」을 사용하기를 바랐다. 골레이조프스키는 그것이 끔찍한 발상이라고 생각했다. "이 작품의 음악은 춤으로 출 수 없어." 당국은 이 작곡가를 형식주의와 협잡으로 고발했고, 메이예르홀트의 아이디어는 기각되었다. See Surits [Souritz], "Soviet Ballet."
60. Joseph, *Stravinsky and Balanchine*, 98; Reynolds, *Repertory in Review*, 47; Nabokov, *Old Friends and New Music*, 83.
61. Reynolds, *Repertory in Review*, 48; Balanchine, "The Dance Element in Stravinsky's Music," 150-51.
62. Kessler, *Berlin in Lights*, 366.

제9장 뒤에 남은 것?

1. Plisetskaya, *I, Maya*, 140.
2. Ross, *The Rest Is Noise*, 227.
3. Berlin, *Personal Impressions*, 163.
4. Montefiore, *Stalin*, 148. Montefiore gives the figure of two million killed from 1934 to 1937.
5. Tertz, *The Trial Begins and On Socialist Realism*, 148; The Aviators' March quoted in Enzensberger, "'We Were Born to Turn a Fairy Tale into Reality,'" Grigori Alexandrov's *The Radiant Path*, in Taylor and Spring, eds., *Stalinism and Soviet Cinema*, 97.
6. Stanislavsky, *My Life in Art*, 330.
7. Souritz, *Soviet Choreographers*, 140. 고르스키는 1907년, 그리고 1913년과 1921-1922년에 지젤의 새로운 버전들을 무대에 올렸다(뉴시어터에서 공연되었고 1924년 볼쇼이로 옮겨졌다).
8. Souritz, *Soviet Choreographers*, 241, 251.
9. 쇼스타코비치는 후일 아사피예프를 "음악계의 리센코(Lysenko)"라고 불렀는데, 그의 음악에서 당 노선에 대한 음악적 복종 때문이었다. See Wilson, *Shostakovich*, 303-4.
10. For example, Ulanova, "A Ballerina's Notes," in *USSR*, No. 4.
11. Soviet Press Department VOKS, NYPL, Jerome Robbins Dance Division, *MGZR Res. Box 11.
12. Beresovsky, *Ulanova and the Development of the Soviet Ballet*, 50. 루보프 블로크는 본인의 책인 「고전 무용 테크닉의 기원과 발전(*The Origin and Development of the Technique of Classical Dance*)」도 집필했으나 그 책은 1980년대까지 출간되지 못했다.
13. The dancer P. Gusev quoted in Litvinoff, "Vaganova," 40.
14. Swift, *The Art of the Dance*, 109-116.
15. Swift, *The Art of the Dance*, 109-10, 114; Roslavleva, *The Era of the Russian Ballet*, 238 ("correct path").
16. Zolotnitsky, *Sergei Radlov*, 115; Morrison, *The People's Artist*.

17. Roslavleva, *The Era of the Russian Ballet*, 275.
18. 총살된 군인들의 수는 Montefiore, *Stalin*, 395; Pasternak quote in Kozlov, "The Artist and the Shadow of Ivan," in Taylor and Spring, eds., *Stalinism and Soviet Cinema*, 120; Ulanova, "A Ballerina's Notes."
19. Ninel Kurgapkina, 저자와의 인터뷰 2003년 8월, 상트페트르부르크.
20. Montefiore, *Stalin*, 542; Wilson, *Shostakovich*, 209.
21. Krasovskaya, *Vaganova*, 243.
22. Plisetskaya, *I, Maya*, 125–26; Mikhail Lavrovsky, 저자와의 인터뷰, 2004년 4월, 모스크바.
23. Swift, *The Art of Dance*, 151; Makarova, *A Dance Autobiography*, 64.
24. Makarova, *A Dance Autobiography*, 64; Plisetskaya, *I, Maya*, 236.
25. *Daily Express*, Sep. 28, 1956.
26. Daneman, *Margot Fonteyn*, 330–31; *Daily Express*, Oct. 10, 1956.
27. *New York Times*, Apr. 26, 1959.
28. *New York Times*, Sep. 20, 1959; Walter Terry, *New York Herald Tribune*, May 5, 1959; Robert Kotlowitz in *Show*, Dec. 1962.
29. Prevots, *Dance for Export*, 78.
30. Natalia Roslavleva to Lillian Moore, Sep. 26, 1960, NYPL, Jerome Robbins Dance Division, *MGZMC Res. 25–393.
31. Solway, *Nureyev*, 180.
32. Robert Maiorano, 저자와의 인터뷰, 2004년 6월, 뉴욕; Kent, *Once a Dancer*, 157; Melissa Hayden, 저자와의 인터뷰, 2005년 5월.
33. Prevots, *Dance for Export*, 82. 이와 비슷하게, 후일 소련 평론가 바딤 가옙스키는 발란신의 세레나데가 밤에 스스로의 얽매임으로부터 벗어나 "수수께끼를……환상적인 드라마를 연기하는" 젊은 사무직 여성들에 대한 것이라고 상상했다. *International Herald Tribune*, Jan. 1990 (reprint of "Serving the Muse," first published in the journal Teatr).
34. Robert Maiorano, 저자와의 인터뷰, 2004년 6월 뉴욕.
35. Prevots, *Dance for Export*, 87; Taper, *Balanchine*, 291.
36. Roslavleva to Moore, Dec. 13, 1960.
37. Makarova, *A Dance Autobiography*, 24–25.
38. Acocella, *Baryshnikov in Black and White*, 30.
39. Plisetskaya, *I, Maya*, 31–32.
40. Ibid., 78, 31.
41. Ibid., 153, 109, 163–64.
42. Khrushchev, *Khrushchev Remembers*, 1:524.
43. Plisetskaya, *I, Maya*, 298.
44. Ibid., 174.
45. Kelly, "In the Promised Land."
46. Croce, "Hard Work," 134–36.
47. Irina Kolpakova, 저자와의 인터뷰, 2003년 6월.
48. Makarova, *A Dance Autobiography*, 112.

제10장 나 홀로 유럽에

1. Violette Verdy quoted in Mason, "The Paris Opera," 25.
2. Burrin, *France Under the Germans*, 348-49. 맹렬한 반-유대주의자인 피에르 가크소트는 후일 친구 리파르의 "특출한" 체격에 감탄하면서 그에 대한 열렬한 헌사를 썼다. see Schaikevitch, *Serge Lifar*.
3. *L'Intransigeant*, July 30, 1947; Mason, "The Paris Opera," 25.
4. Veroli, "Walter Toscanini's Vision of Dance," 114 (italics in original).
5. Veroli, "The Choreography of Aurel Milloss, Part One: 1906,1945," 30 (the quote was written in 1946).
6. Tomalonis, *Henning Kronstam*, 49-50.
7. Jowitt, *Jerome Robbins*, 255-56.
8. Quoted in Aschengreen, "Bournonville," 114.
9. Guest, *Ballet in Leicester Square*, 143 ("full-rigged"); Searle, *A New England*, 567 ("music halls").
10. Hynes, *The Edwardian Turn of Mind*, 342-43 (Woolf, Walpole, and Times quotes); Skidelsky, *Hopes Betrayed*, 284 (Brooke quotes).
11. Skidelsky, *Hopes Betrayed*, 118.
12. Skidelsky, *The Economist as Savior*, 234.
13. Skidelsky, *Hopes Betrayed*, 284, xxiii-xxiv (Lopokova, Keynes "I work for a Government"; Hynes, *A War Imagined*, 252, 313(Bell quote, Keynes "vanishing").
14. Lopokova and Keynes quotes, *Lydia and Maynard*, 53, 218, 212, 296.
15. 카마르고 협회: 리디아 로포코바, 안무 감독; 아널드 L. 하스켈, 예술 감독; 에드윈 에번스, 음악 감독; 존 메이너드 케인스, 회계; M. 몬터규-네이션, 비서. 무용 위원회에는 프레더릭 애슈턴, 마리 램버트, 니넷 디 밸루아, 타마라 카르사비나, 세라피나 아스타피에바를 포함되었다. (연회비를 내고 공연을 4번 보는) 후원자들에는 (영화감독이자 영국 수상의 아들인) 앤서니 애스퀴스, 버너스 경, 케네스 클라크, 새뮤얼 코톨드, 커나드 여사, 줄리엣 더프 여사, 에드워드 마시, 오톨라인 모렐 여사, 앤서니 파웰, 비타 색빌-웨스트, 시그프리드 서순, 오스버트 시트웰, 리턴 스트레이치, H. G. 웰스, 레베카 웨스트, 레너드 및 버지니아 울프가 포함되었다. See Vaughan, *Frederick Ashton*, 44.
16. Skidelsky, *The Economist as Savior*, 528, xxviii.
17. De Valois, *Come Dance with Me*, 21, 31.
18. Ibid., 61, 60.
19. Ibid., 61; Genne, "The Making of a Choreographer," 21 ("I wanted a tradition"); de Valois, *Invitation to the Ballet*, 84, 78, 206, 82-83, 62.
20. Vaughan, *Frederick Ashton*, 1-2, 38, 5.
21. Pound, "Hugh Selwyn Mauberley(Life and Contacts)." 이 시는 다음과 같다. "거기서 무수히 많은 것이 죽었다/그리고 그것들 중 최고는/그럼에도 늙은 암캐가 가버렸나니/망가진 문명이."
22. Waugh, *Vile Bodies*, 123; Vaughan, *Frederick Ashton*, 34.
23. Annan, *Our Age*; Beaton, *The Unexpurgated Beaton*, introduction.
24. Kavanagh, *Secret Muses*, 91.
25. Fonteyn, *Autobiography*, 45.

26. Daneman, *Margot Fonteyn*, 75.
27. Kavanagh, *Secret Muses*, 140, 155.
28. Vaughan, *Frederick Ashton*, 169.
29. *Daily Mirror*, Feb. 5, 1935.
30. *Manchester Evening Chronicle*, Sep. 17, 1944 ("Margot, the Ballerina"); *Radio Times*, Nov. 30, 1945 ("boom").
31. Skidelsky, *Fighting for Freedom*, 51; *Women's Journal*, Dec. 1945. 1940년에 한 잡지는 "가용 무용수 명단"을 실었는데, 그것의 일부는 다음과 같다. Stanley Hall (Vic-Wells Ballet), R.N. signaler; John Hart (Vic-Wells Ballet), Home Guard; Anthony Moore (Vic-Wells Ballet), Queen Victoria's Rifles, Rifleman; Paul Reymond (Vic-Wells Ballet), Queen Victoria's Rifles, Rifleman; Leo Young (Vic-Wells Ballet), R.A.F. See *Dancing Times*, Nov. 1940, 68-69.
32. Skidelsky, *Fighting for Freedom*, 294.
33. Daneman, *Margot Fonteyn*, 190 ("It is a great theater"); Skidelsky, *Fighting for Freedom*, 462, 463.
34. *Evening Standard*, Apr. 11, 1946.
35. Daneman, *Margot Fonteyn*, 227-28.
36. 「굿 하우스키핑(*Good Housekeeping*)」 1946년 2월호; 2000년 칼턴 비디오의 「분홍신」 DVD에 관한 파월의 인터뷰. 1948년 영국 문화 진흥회는 무용수들의 육체적 단련과 공동의 노력을 보여주는 「발레의 스텝들」이라는 제목의 단편 다큐멘터리 영화를 발표했다. 같은 시리즈의 다른 영화로는 「채탄막장(Coal Face)」(1935), 「야간 우편(Night Mail)」(1936), 「오케스트라의 악기들(Instruments of the Orchestra)」(1946)이 있다.
37. Daneman, *Margot Fonteyn*, 234, 241.
38. *Time*, Nov. 14, 1949.
39. Humphrey Jennings, *Family Portrait*: 1951년 브리티시 페스티발의 주제에 대한 영화; *Daily Herald*, Apr. 10, 1951; *The Star*, Apr. 10, 1951.
40. Kavanagh, *Secret Muses*, 187.
41. Vaughan, *Frederick Ashton*, 302. 링컨 커스틴은 세실 비턴에게 이렇게 편지했다: "그는 3막 발레를 하는 것을 거절해야 했어요. 그것들은 우리의 템포가 아니거든요. 그는 프티파가 아니고요. 마고는 경이로운 무용수이지만, 19세기의 메아리 같은 것이 아니라 그녀 자신을 선보여야 했어요. 니넷은 니콜라이 2세가 아니죠. 지금은 1958년이라고요. 마린스키 극장은 코벤트 가든이 아니고, 헨체는 차이콥스키가 아닙니다. 사아아암 마아아악 발레를 쓸 수 있는 사람은 아무도 없어요. 스트라빈스키도 못하고, 하느님도 못하고……로얄 발레에는 지적인 목표도, 긴요한 것과의 접촉도 없어요. 팬들이 정말 필요한 것은 그건데 말이죠.……이 발레단은 훌륭한 극장과 보조금을 가졌어요. 존경받는 국민적 관심의 대상이죠. 그리고 니넷은 알라메인의 몽고메리와 바우들러 부인을 합친 격입니다. 혹여 내가 거기와 조금이라도 관련이 있었다면 그곳을 열어젖혔을 텐데." Kavanagh, *Secret Muses*, 438-39.
42. *Eastern Daily Press*, Feb. 22, 1958; Tynan, *Tynan on Theater*, 36.
43. Seymour, *Lynn*, 59.
44. Hewison, *In Anger*, 196-97 (on les Ballets Africains).
45. Seymour, *Lynn*, 215.
46. Kavanagh, *Nureyev*, 263, 280.

47. Daneman, *Margot Fonteyn*, 428.
48. Kavanagh, *Nureyev*, 265.
49. Kavanagh, *Secret Muses*, 455.
50. Vaughan, *Frederick Ashton*, 302; Beaton, *Self-Portrait with Friends*, 332-34.
51. McDonagh, "Au Revoir," 16.
52. Hewison, *Culture and Consensus*, 153. 「문명」은 1967-1968년에 만들어졌고 1969-1970년에 방송되었다.
53. Seymour, *Lynn*, 186.
54. Sorell, *Dance in Its Time*, 130.
55. 맥밀런은 뉴욕에서 1984년부터 1989년까지 아메리칸 발레 시어터의 준단원이었기도 했다.
56. Percival, *The Times*, Mar. 23, 1992.
57. Vaughan, *Frederick Ashton*, 422.

제11장 미국의 세기 I

1. Barzel, "European Dance Teachers," 64, 65.
2. De Mille, *Dance to the Piper*, 45.
3. Ibid., 296.
4. 1914년 트로이 키니와 마거릿 웨스트가 『춤(The Dance)』을 출간한 것은 춤에 대한 점증하는 열광의 징후였다. 여기서 그들은 발레에 대한 지금의 열망을 기반으로 할 정부 보조의 "국립 발레 기구"의 설립을 요청했다. 이 책은 1924, 1925, 1936년에 재간되었다.
5. 평론가 월터 소렐은 국무부 잡지 『아메리카(America)』에 의해서 파견되어 러시아와 폴란드에 배치된 발란신에 대한 기사를 쓰던 것을 회상했다 Sorell, "Notes on Balanchine" in Nancy Raynolds, *Repertory in Review*.
6. Prevots, *Dance for Export*, 127.
7. *Opening Week of Lincoln Center*, Philharmonic Hall, Sep. 23-30, 1962.
8. Benedict, ed., *Public Money and the Muse*, 55.
9. Chafe, *The Unfinished Journey*; Sussman, "Anatomy of the Dance Company Boom."
10. *New York Times Magazine*, Nov. 10, 1975.
11. Kirstein, *Mosaic*, 103; Pound, *Literary Essays*, 12.
12. Duberman, *The Worlds of Lincoln Kirstein*, 129.
13. Ibid., 65.
14. Ibid., 177.
15. Ibid., 179.
16. Kirstein, *Thirty Years*, 42.
17. Balanchine to Kirstein, 1947, NYPL exhibition, "The Enduring Legacy of George Balanchine," December 2003-April 2004.
18. Buckle, *George Balanchine*, 196-97; Baum, 뉴욕 시티 발레의 역사에 대한 미출간 메모들. NYPL, Jerome Robbins Dance Division; *New York Herald Tribune*, Nov. 4, 1959.
19. Buckle, *George Balanchine*, 193; interview with Ivan Nabokov and Elizabeth Carmichael, *Horizon*, 3:2, Jan. 1961.

제12장 미국의 세기 II

1. De Mille, *Dance to the Piper*, 194; Topaz, *Undimmed Lustre*, 20.
2. Topaz, *Undimmed*, 56–58; Perlmutter, *Shadowplay*, 130; Chazin-Bennahum, *The Ballets of Antony Tudor*, 64.
3. Topaz, *Undimmed*, 69.
4. Ibid., 326; Perlmutter, *Shadowplay*, 188.
5. Topaz, *Undimmed*, 249.
6. Ibid., 177.
7. Ibid., 109.
8. Amberg, *Ballet in America*, 112–13; undated article, NYPL, Jerome Robbins Dance Division, "Antony Tudor, Clippings File."
9. Chazin-Bennahum, *The Ballets of Antony Tudor*, 171.
10. 이 발레는 1968년 텔레비전용으로 녹화되었다: 「Ekon av trumpeter」[트럼펫들의 울림], 스웨덴 국영 방송을 위해서 라르스 에글레르의 제작 및 감독, 1968.
11. Topaz, *Undimmed*, 248.
12. Lawrence, *Dance with Demons*, 4.
13. Jowitt, *Jerome Robbins*, 64.
14. Ibid., 86.
15. Morton Baum, unpublished notes.
16. Vaill, *Somewhere*, 191.
17. Jowitt, *Jerome Robbins*, 251.
18. Garebian, *The Making of West Side Story*, 117–18.
19. Jowitt, *Jerome Robbins*, 257; Lawrence, *Dance with Demons*, 253.
20. Jowitt, *Jerome Robbins*, 266, 284.
21. Ibid., 231.
22. Ibid., 352.
23. Vaill, *Somewhere*, 362.
24. Lawrence, *Dance with Demons*, 337–38.
25. Howe, "Tevye on Broadway," 73–75; see Slezkine, *The Jewish Century*.
26. Reynolds, *Repertory in Review*, 264.
27. "Jerome Robbins Discusses Dances at a Gathering with Edwin Denby," *Dance Magazine*, July 1969, 47–55.
28. "An American Masterpiece," *Life*, Oct. 3, 1969, 44. 무용수이자 안무가인 이본 레이너는 다운타운 포스트모던 무용 운동 배후의 아이디어들을 이렇게 표현했다. "스펙터클 반대, 기교 반대, 변신과 마법과 환상 반대, 스타 이미지의 화려함과 출중함 반대, 영웅 반대, 반-영웅 반대, 쓰레기의 형상화 반대, 연기자와 관객의 개입 반대, 스타일 반대, 과장 반대, 연기자의 농간에 의한 관객 유혹 반대, 기행 반대, 감동시키거나 감동받는 것 반대."
29. "Robbins Plans Retrospective," *New York Times*, Dec. 2, 1987.
30. Lawrence, *Dance with Demons*, 455; Jowitt, *Jerome Robbins*, 472.
31. Jowitt, *Jerome Robbins*, 423.
32. Ibid., 424.

33. Ibid., 466.
34. Jenkins, *By With To and From*, 217-18.
35. 발란신의 문학 낭독에 대한 기억을 나에게 들려준 존 맘스테드에게 감사한다.
36. *Time*, May 1, 1964, 58.63.
37. *Stravinsky at Eighty: A Birthday Tribute*, 캐나다 방송 협회를 위해서 프란츠 크레머의 제작 및 감독, 1962.
38. "불필요한 음은 하나도 없어"라는 인용에 대해서 자크 당부아즈에게 감사한다. Joseph, *Stravinsky and Balanchine*, 3.
39. Kirstein, *Portrait of Mr. B*, 26.
40. Taper, *Balanchine*, 9; Kirstein, *Portrait of Mr. B*, 145.
41. Mason, *I Remember Balanchine*, 569.
42. 저자와 자크 당부아주와의 인터뷰, 2006년 1월.
43. 이 인용에 대해서 로버트 메이오라노에게 감사한다.
44. Joseph, *Stravinsky and Balanchine*, 25.
45. Kent, *Once a Dancer*, 137-38.
46. 「세레나데」의 제작 역사는 다음을 볼 것. The Balanchine Catalogue, www.balanchine.org.
47. Taper, *Balanchine*, 169, 172; Lincoln Center Celebrates Balanchine 100: New York City Ballet's 2004 Spring Gala, PBS (probably originally from the BBC show Music International) ("orange groves").
48. Volkov, *Balanchine's Tchaikovsky*, 28-29, 49, 35.
49. 발란신은 1967년 링컨 커스틴과의 인터뷰에서 마리우스 프티파의 회고록 113페이지를 인용했다.
50. 발란신의 작품은 최초의 미국판 「호두까기 인형」이 아니었다. 1944년 윌리엄 크리스텐슨이 이 발레를 샌프란시스코 발레를 위해서 무대에 올렸는데, 부분적으로는 당시 러시아계 이민자들의 기억에서 영감을 받았다.
51. Volkov, *Balanchine's Tchaikovsky*, 183, 179.
52. Buckle, *George Balanchine*, 309; Volkov, *Balanchine's Tchaikovsky*, 220.
53. Baer, *Bronislava Nijinska*, 60; Reynolds, *Repertory in Review*, 117-19.
54. *New York Times*, Dec. 4, 1960.
55. Bentley, *Costumes by Karinska*, 159, 117.
56. Joseph, *Stravinsky and Balanchine*, 305.
57. Ibid., 227.
58. De Lauze, *Apologie de la danse*, 17.
59. Fisher, *In Balanchine's Company*, 2006.
60. Reynolds, *Repertory in Review*, 182.
61. Ibid., 183.
62. *Time*, Mar. 15, 1968.
63. *Newsweek*, Jan. 13, 1964.
64. Buckle, *George Balanchine*, 324.

참고 문헌

"참고 문헌"에는 이 책에 참조된 1, 2차 자료들과 함께, 특정 주제에 대한 특별히 좋은 안내서로 보여서 선택된 작품들이 포함되어 있다. 장별로 정리되었고, 따라서 대체로 나라별 전통별로 정리되었다. 각 장의 서두에 나의 생각에 가장 큰 영향을 준 학자들을 강조했다. 프랑스 및 이탈리아어 자료들을 일부 포함시켰지만 영문 자료들에 초점을 맞추었다.

참고한 문서보관소
Archives Nationales: Paris (AN)
Bibliothèque de l'Opéra de Paris
Bibliothèque de l'Arsenal, Paris
A. A. Bakhrushin, State Central Theatre Museum Archives, Moscow
Marie Rambert Archive, London
New York Public Library, Jerome Robbins Dance Collection, New York (NYPL)
Royal Ballet Archives, London
Royal Library, Copenhagen (DDk)
Royal Theater Library, Copenhagen

제1장
이 장의 아이디어들과 정보를 위해서 특히 헨리 브로처(Henri Brocher), 제롬 드 라 고스(Jerome de la Gorce), 마크 푸마롤리(Marc Fumaroli), 웬디 힐턴(Wendy Hilton), 레진 컨즐(Regine Kunzle), 프랑신 랑슬로(Francine Lancelot), 에마뉘엘 르 로이 라드리(Emmanuel Le Roy Ladurie), 마거릿 M. 맥고완(Margaret M. McGowan), 프랜시스 예이츠(Frances Yates)의 작업에 신세를 졌다. 1996년 봄과 여름에 행한 프랑신 랑슬로(Francine Lancelot), 크리스틴 베일(Christine Bayle), 윌프리드 피올레(Wilfrid Piollet), 장 기제릭스(Jean Guizerix), 퍼트리샤 맥브라이드(Patricia Beaman), 톰 베어드(Tom Baird)와의 인터뷰들, 그리고 2000년에 한 레베카 베크-프리스(Rebecca Beck-Frijs)와의 인터뷰에서도 많은 것을 배웠다.

1차
Arbeau, Thoinot. *Orchesography*. Trans. Mary Stewart Evans. New York: Dover, 1967.
Beaujoyeulx, Balthazar de. *Le Balet Comique by Balthazar de Beaujoyeulx, 1581*: A Facsimile. Ed. Margaret M. McGowan. Binghamton, NY: Center for Medieval and Early Renaissance Studies, 1982.
Beaujoyeulx, Balthazar de. *Balet Comique de la Royne: 1582*. Turin: Bottega d'Erasmo, 1962.
Caroso, Fabritio. *Courtly Dance of the Renaissance: A New Translation and Edition of the Nobilta di Dame* (1600). Trans. Julia Sutton. New York: Dover, 1995.
Courtin, Antoine de. *Nouveau Traité de la Civilité qui se Pratique en France Parmi les Honnêtes*

Gens: Présentation et Notes de Marie-Claire Grassi. Saint-Étienne: Publications de l'Université de Saint-Étienne, 1998.

Desrat, G. *Dictionnaire de la Danse, Historique, Théorique, Pratique et Bibliographique.* New York: Olms, 1977.

———. *Traité de la Danse, Contenant la Théorie et l'Histoire des Danses Anciennes et Modernes: Avec Toutes les Figures les Plus Nouvelles du Cotillon.* Paris: H. Delarue, 1900.

Dumanoir, Guillaume. *Le Mariage de la Musique et de la Danse.* Paris: de Luine, 1664.

Ebreo, Guglielmo. *De Pratica Seu Arte Tripudii: On the Practice or Art of Dancing.* Ed. and trans. Barbara Sparti, poems trans. Michael Sullivan. New York: Clarendon Press, 1993.

Faret, Nicolas. *L'Honnête Homme ou l'Art de Plair à la Cour.* Geneva: Slatkine Reprints, 1970.

Félibien, André. *Relation de la Fête de Versailles du 18 Juillet 1668: Les Divertissements de Versailles 1674.* Paris: Éditions Dédale, 1994.

Feuillet, Raoul-Auger. *Choregraphie ou l'Art de Décrire la Dance par Caractères.* New York: Broude Bros., 1968.

———. *Recueil de Contredances: A Facsimile of the 1706 Paris Edition.* New York: Broude Bros., 1968.

Feuillet, Raoul-Auger, and Guillaume-Louis Pécourt. *Recueil de Dances.* Paris: Feuillet, 1709.

———. *Recueil de Dances.* Paris: Feuillet, 1704.

La Bruyère, Jean de. *Oeuvres Complètes.* Paris: Gallimard, 1951.

Lauze, François de. *Apologie de la danse et de la Parfaite Méthode de l'Enseigner tant aux Cavaliers qu'aux Dames.* Geneva: Minkoff, 1977.

Ménestrier, Claude-François. *Des Ballets Anciens et Modernes Selon les Règles du Théâtre.* Geneva: Minkoff Reprint, 1972.

———. *L'Autel de Lyon, Consacré à Louys Auguste, et Placé Dans le Temple de la Gloire, Ballet Dédié à sa Majesté en Son Entrée à Lyon.* Lyon: Jean Molin, 1658.

———. *Traité des Tournois, Joustes, Carrousels et Autres Spectacles Publics.* New York: AMS Press, 1978.

Molière. *Don Juan and Other Plays.* Trans. George Graveley and Ian Maclean. Ed. Ian Maclean. Oxford: Oxford University Press, 1989.

———. *Le Bourgeois Gentilhomme.* Paris: Classiques Larousse, 1998.

———. *Oeuvres Complètes.* Ed. Georges Couton. 2 vols. Paris: Gallimard, 1971.

Pauli, Charles. *Elémens de la Danse.* Leipzig, 1756.

Perrault, Charles. *Contes, Texte Présenté et Commenté par Roger Zuber.* Paris: Impr. Nationale, 1987.

Pure, Michel de. *Idée des Spectacles Anciens et Nouveaux.* Geneva: Minkoff Reprint, 1972.

Rameau, Pierre. *Le maître à danser.* New York: Broude Bros., 1967.

Rameau, Pierre, and Guillaume-Louis Pécourt. *Abbregé de la Nouvelle Méthode Dans l'Art d'écrire ou de Traçer Toutes Sortes de Danses de Ville.* Farnborough, England: Gregg, 1972.

Réau, Louis. *L'Europe Française au Siècle des Lumières.* Paris: A. Michel, 1971.

Saint-Hubert, Monsieur de. *La Manière de Composer et de Faire Réussir les Ballets.* With an introduction by Marie-Françoise Christout. Geneva: Éditions Minkoff, 1993.

Santucci Perugino, Ercole. *Mastro da Ballo (Dancing Master),* 1614. New York: G. Olms, 2004.

2차

Alm, Irene Marion. *Theatrical Dance in Seventeenth-Century Venetian Opera*. Ph.D. diss., University of California at Los Angeles, 1993.

Angeloglou, Maggie. *A History of Make-up*. London: Macmillan, 1970.

Anglo, Sydney. *The Martial Arts of Renaissance Europe*. New Haven: Yale University Press, 2000.

―――. *Spectacle, Pageantry, and Early Tudor Policy*. Oxford: Oxford University Press, 1997.

Apostolidès, Jean-Marie. *Le Roi-Machine: Spectacle et Politique au Temps de Louis XIV*. Paris: Éditions de Minuit, 1981.

Archives Nationales. *Danseurs et Ballet de l'Opéra de Paris, Depuis 1671. Exposition Organisée par les Archives Nationales avec la Collaboration de la Bibliothèque Nationale et le Concours de la Délégation à la Danse à l'Occasion de l'Année de la Danse*. Paris: Archives Nationales, 1988.

Astier, Régine. "François Marcel and the Art of Teaching Dance in the Eighteenth Century." *Dance Research* 2, 2 (1984): 11–23.

―――. "Pierre Beauchamps and the Ballets de Collège." *Dance Chronicle* 6, 2 (1983): 138–51.

Baur-Heinhold, Margarete. *The Baroque Theatre: A Cultural History of the 17th and 18th Centuries*. New York: McGraw-Hill, 1967.

Beaussant, Philippe. *Le Roi-Soleil se Lève Aussi: Récit*. Paris: Gallimard, 2000.

―――. *Louis XIV: Artiste*. Paris: Payot, 1999.

―――. *Lully, ou, Le Musicien du Soleil*. Paris: Gallimard, 1992.

Benoit, Marcelle. *Versailles et les Musiciens du Roi, 1661–1733*. Paris: A. et J. Picard, 1971.

Blanning, T. C. W. *The Culture of Power and the Power of Culture: Old Regime Europe, 1660–1789*. Oxford: Oxford University Press, 2002.

Boucher, François. *Histoire du Costume en Occident, de l'Antiquité à Nos Jours*. Paris: Flammarion, 1965.

Boysse, Ernest. *Le Théâtre des Jésuites*. Geneva: Slatkine Reprints, 1970.

Brainard, Ingrid. *The Art of Courtly Dancing in the Early Renaissance*. West Newton, MA: Selfpublished, 1981.

―――. "Guglielmo Ebreo's Little Book on Dancing, 1463: A New Edition." *Dance Chronicle* 17, 3 (1994): 361–68.

Briggs, Robin. *Early Modern France, 1560–1715*. Oxford: Oxford University Press, 1998.

Brocher, Henri. *À la Cour de Louis XIV: Le Rang et l'Étiquette Sous l'Ancien Régime*. Paris: F. Alcan, 1934.

Brooks, Lynn Matluck. *Women's Work: Making Dance in Europe Before 1800*. Madison: University of Wisconsin Press, 2007.

Burke, Peter. *The Fabrication of Louis XIV*. New Haven: Yale University Press, 1992.

Christout, Marie-Françoise. *Le Ballet de Cour de Louis XIV 1643–1672: Mises en Scène*. Paris: A. et J. Picard, 1967.

―――. *Le Ballet Occidental: Naissance et Métamorphoses, XVIe–XXe Siècles*. Paris: Éditions Desjonquères, 1995.

―――. *Le merveilleux et le Théâtre du Silence en France à Partir du XVIIe Siècle*. The Hague: Mouton, 1965.

Clark, Mary, and Clement Crisp. *Ballet Art from the Renaissance to the Present*. New York:

Clarkson N. Potter, 1978.

Cohen, Albert. *Music in the French Royal Academy of Sciences: A Study in the Evolution of Musical Thought*. Princeton: Princeton University Press, 1981.

Cowart, Georgia. *The Triumph of Pleasure: Louis XIV and the Politics of Spectacle*. Chicago: University of Chicago Press, 2008.

Craveri, Benedetta. *The Age of Conversation*. Trans. Teresa Waugh. New York: New York Review of Books, 2005.

Davenport, Millia. *The Book of Costume*. New York: Crown, 1979.

De La Gorce, Jérôme. *Berain, Dessinateur du Roi Soleil*. Paris: Herscher, 1986.

———. Féeries d'Opéra: Décors, Machines et Costumes en France, 1645–1765. Paris: Patrimoine, 1997.

———. "Guillaume-Louis Pécour: A Biographical Essay." Trans. Margaret M. McGowan. *Dance Research* 8, 2 (1990): 3–26.

———. *Jean-Baptiste Lully*. Paris: Fayard, 2002.

———. *L'Opéra à Paris au Temps de Louis XIV*. Paris: Éditions Desjonquères, 1992.

Delaporte, V. *Du Merveilleux Dans la Littérature Française sous le Règne de Louis XIV*. Geneva: Slatkine Reprints, 1968.

Dunlop, Ian. *Louis XIV*. London: Pimlico, 2001. Elias, Norbert. *The Civilizing Process*. Oxford: B. Blackwell, 1982. France, Peter. *Rhetoric and Truth in France: Descartes to Diderot*. Oxford: Clarendon Press, 1972. Franklin, Alfred. *La Civilité, l'Etiquette, la Mode, le Bon Ton du XIIIe Siècle*. Paris: Émile-Paul, 1908.

Franko, Mark. *Dance as Text: Ideologies of the Baroque Body*. Cambridge: Cambridge University Press, 1993.

Fumaroli, Marc. *Héros et Orateurs: Rhétorique et Dramaturgie Cornéliennes*. Geneva: Droz, 1990.

———. *L'Âge de l'éloquence—Rhétorique et "Res Literaria" de la Renaissance au Seuil de l'Époque Classique*. Paris: A. Michel, 1994.

———. "Les abeilles et les araignées." In *La Querelle des Anciens et des Modernes XVIIe–XVIIIe Siècles*. Paris: Gallimard, 2001.

Ghisi, Federico. "Ballet Entertainments in Pitti Palace, Florence: 1608–1625." *Musical Quar* 35, 3 (1949): 421–36.

Gourret, Jean. *Ces Hommes qui ont Fait l'Opéra*. Paris: Albatros, 1984.

Guest, Ann Hutchinson. *Choreo-graphics: A Comparison of Dance Notation Systems from the FifCentury to the Present*. New York: Gordon and Breach, 1989.

———. *Dance Notation: The Process of Recording Movement on Paper*. New York: Dance Hori 1984.

Guilcher, Jean-Michel. "André Lorin et l'Invention de l'Écriture Chorégraphique." *Revue d'Histoire du Théâtre* 21 (1969): 256–64.

Hansell, Kathleen. "Theatrical Ballet and Italian Opera." In *Opera on Stage*, ed. Lorenzo Bianand Giorgio Pestelli. Chicago: University of Chicago Press, 2002.

Harris-Warrick, Rebecca. "La Mariée: The History of a French Court Dance." In *Jean-Baptiste Lully and the Music of the French Baroque: Essays in Honor of James R. Anthony*, ed. John Hajdu Heyer. Cambridge: Cambridge University Press, 1989.

Harris-Warrick, Rebecca, and Carol G. Marsh. *Musical Theatre at the Court of Louis XIV: Le Mariage de la Grosse Cathos*. Cambridge: Cambridge University Press, 1994.

Heyer, John Hajdu. *Lully Studies*. Cambridge: Cambridge University Press, 2000.

Hilton, Wendy. *Dance of Court and Theater: The French Noble Style 1690–1725*. London: Dance Books, 1981.

Horst, Louis. *Pre-Classic Dance Forms*. Princeton: Princeton Book Co., 1987.

Hourcade, Philippe. *Mascarades et Ballets au Grand Siècle (1643–1715)*. Paris: Éditions Desjonquères, 2002.

Isherwood, Robert M. *Music in the Service of the King: France in the Seventeenth Century*. Ithaca: Cornell University Press, 1973.

Johnson, James H. *Listening in Paris: A Cultural History*. Berkeley: University of California Press, 1995.

Jones, Pamela. "Spectacle in Milan: Cesare Negri's Torch Dances." *Early Music* 14, 2 (1986): 182–98.

Jullien, Adolphe. *Histoire du Théâtre de Madame de Pompadour dit Théâtre des Petits Cabinets*. Geneva: Minkoff Reprint, 1978.

―――. *Les Grandes Nuits de Sceaux: Le Théâtre de la Duchesse du Maine*. Geneva: Minkoff Reprint, 1978.

Kahane, Martine. *Opéra: Côté Costume*. Paris: Éditions Plume, 1995.

Kantorowicz, Ernst Hartwig. *The King's Two Bodies: A Study in Mediaeval Political Theology*. Princeton: Princeton University Press, 1957.

Kapp, Volker, ed. *Le Bourgeois Gentilhomme: Problèmes de la Comédie-Ballet*. Paris: Papers on French Seventeenth Century Literature, 1991.

Kirstein, Lincoln. *Fifty Ballet Masterworks: From the 16th to the 20th Century*. New York: Dover, 1984.

Kristeller, Paul Oskar. *Renaissance Thought and the Arts: Collected Essays*. Princeton: Princeton University Press, 1990.

Kunzle, Régine. "In Search of L'Académie Royale de Danse." *York Dance Review* 7 (1978): 3–15.

―――. "Pierre Beauchamp: The Illustrious Unknown Choreographer (Part 1 of 2)." *Dance Scope* 8, 2 (1974): 32–42.

―――. "Pierre Beauchamp: The Illustrious Unknown Choreographer (Part 2 of 2)." *Dance Scope* 9, 1 (1975): 31–45.

Lancelot, Francine. *La Belle Danse: Catalogue Raisonné Fait en l'an 1995*. Trans. Ann Jacoby. Paris: Van Dieren, 1996.

Laqueur, Thomas Walter. *Making Sex: Body and Gender from the Greeks to Freud*. Cambridge: Harvard University Press, 1990.

Le Roy Ladurie, Emmanuel. *The Ancien Régime: A History of France, 1610–1774*. Oxford: Blackwell, 1996.

―――. *Saint-Simon and the Court of Louis XIV*. Trans. Arthur Goldhammer. Chicago: Uniof Chicago Press, 2001.

Lee, Carol. *Ballet in Western Culture: A History of Its Origins and Evolution*. Boston: Allyn and Bacon, 1999.

Lee, Rensselaer W. *Ut Pictura Poesis: The Humanistic Theory of Painting*. New York: W. W. Nor1967.

Lesure, François, ed. *Textes sur Lully et L'Opéra Français*. Geneva: Minkoff, 1987.

Lougee, Carolyn C. *Le Paradis des Femmes: Women, Salons, and Social Stratification in*

SeventeenthCentury France. Princeton: Princeton University Press, 1976.

Lovejoy, Arthur O. *The Great Chain of Being*. Cambridge: Harvard University Press, 1964.

Maland, David. *Culture and Society in Seventeenth-Century France*. New York: Scribner, 1970.

Maugras, Gaston. *Les Comédiens Hors la Loi*. Paris: Calmann Lévy, 1887.

McGowan, Margaret M. *The Court Ballet of Louis XIII: A Collection of Working Designs for Cos1615–33*. London: Victoria and Albert Museum, 1986.

———. *Dance in the Renaissance: European Fashion, French Obsession*. New Haven: Yale UniverPress, 2008.

———. *Ideal Forms in the Age of Ronsard*. Berkeley: University of California Press, 1985.

———. *L'Art du Ballet de Cour en France, 1581–1643*. Paris: Éditions du Centre National de la Recherche Scientifique, 1963.

———. "La danse: son role multiple." In *Le Bourgeois Gentilhomme: Problèmes de la Comédie*, ed. Volker Kapp. Paris: Papers on French Seventeenth Century Literature, 1991.

Motley, Mark Edward. *Becoming a FrenchAristocrat: The Education of the Court Nobility, 1580–1715*. Princeton: Princeton University Press, 1990.

Ogg, David. *Europe in the Seventeenth Century*. London: A. and C. Black, 1961.

Oliver, Alfred Richard. *The Encyclopedists as Critics of Music*. New York: Columbia University Press, 1947. Pélissier, Paul. *Histoire Administrative de l'Académie Nationale de Musique et de Danse*. Paris: Im

primerie de Bonvalot-Jouve, 1906.

Prunières, Henry. *La Vie Illustre et Libertine de Jean-Baptiste Lully*. Paris: Librairie Plon, 1929.

———. *Le Ballet de Cour en France avant Benserade et Lully: Suivi du Ballet de la Délivrance de Renaud*. Paris: H. Laurens, 1914.

Ranum, Orest. "Islands and the Self in a Ludovician Fête." In *Sun King: The Ascendancy of French Culture During the Reign of Louis XIV*, ed. David Lee Rubin. London: Associated University Presses, 1992.

Ranum, Orest A. *The Fronde: A French Revolution 1648–1652*. New York: W. W. Norton, 1993.

———. *Paris in the Age of Absolutism: An Essay*. New York: Wiley, 1968.

Ranum, Orest A., and Patricia M. Ranum. *The Century of Louis XIV*. New York: Harper and Row, 1972.

Rubin, David Lee, ed. *Sun King: The Ascendancy of French Culture During the Reign of Louis XIV*. London: Associated University Presses, 1992.

Scott, Virginia. *The Commedia Dell'arte in Paris: 1644–1697*. Charlottesville: University Press of Virginia, 1990.

———. *Molière: A Theatrical Life*. Cambridge: Cambridge University Press, 2000.

Seigel, Jerrold E. *The Idea of the Self: Thought and Experience in Western Europe Since the Seventeenth Century*. Cambridge: Cambridge University Press, 2005.

Smith, Winifred. *The Commedia Dell'arte*. New York: B. Blom, 1964.

Solnon, Jean-François. *La Cour de France*. Paris: Fayard, 1987.

Sparti, Barbara. "Antiquity as Inspiration in the Renaissance of Dance: The Classical Connection and Fifteenth-Century Italian Dance." *Dance Chronicle* 16, 3 (1993): 373–90.

Williams, Bernard. *Descartes: The Project of Pure Enquiry*. London: Routledge, 2005.

Wolf, John B. *Louis XIV*. New York: Norton, 1968.

Wood, Caroline. *Music and Drama in the Tragédie en Musique, 1673–1715: Jean-Baptiste Lully and His Successors*. New York: Garland, 1996.

Yates, Frances Amelia. *The Art of Memory*. New York: Routledge, 1999.

———. *The French Academies of the Sixteenth Century*. New York: Routledge, 1988.

———. *The Valois Tapestries*. New York: Routledge, 1999.

제2장

영국에서 나는 존 브루어(John Brewer)와 리처드 랠프(Richard Ralph)의 작업에 특히 의지했다. 빈에서는 브루스 앨런 브라운(Bruce Allen Brown)과 데렉 빌즈(Derek Beales)에게 의지했다. 이탈리아 전역의 오페라에 대해서는 존 로셀리(John Rosselli)에게 신세를 졌다. 노베르에 대한 이해는 많은 부분 캐슬린 핸셀(Kathleen Hansell)과 소피아 로젠펠트(Sophia Rosenfeld) 덕분이며, 디드로에 대한 독해는 P. N. 퍼뱅크(P. N. Furbank)에 의해서 형성되었다. 아이버 게스트(Ivor Guest)의 책들은 항상 내 책상 위에 있었다.

1차

Algarotti, Francesco. *An Essay on the Opera*. Glasgow: R. Urie, 1768.

Angiolini, Gasparo. *Dissertation sur les Ballets Pantomimes des Anciens pour Servir de Programme au Ballet Pantomime Tragique de Semiramis*. Vienna: Jean-Thomas de Trattnern, Imprimeur de la Cour, 1765.

Archives Nationales. *Danseurs et Ballet de l'Opéra de Paris, Depuis 1671: Exposition Organisée par les Archives Nationales avec la Collaboration de la Bibliothèque Nationale et le Concours de la Délégation à la Danse à l'Occasion de l'Année de la Danse*. Paris, 1988.

Boissy, Desprez de. *Lettres sur les Spectacles avec une Histoire des Ouvrages pour et Contre les Théâtres*. Geneva: Slatkine Reprints, 1970.

Burette, M. *Premier Mémoire pour Servir à l'Histoire de la Danse des Anciens*. Paris, 1761.

Cahusac, Louis de. *La Danse Ancienne et Moderne ou Traité Historique de la Danse*. 4 vols. Geneva: Slatkine Reprints, 1971.

Campardon, Émile. *L'Académie Royale de Musique au XVIII Siécle*. Paris: Berger-Levrault, 1884.

Carsillier and Guiet. *Mémoire pour le Sieur Blanchard, Architecte, Juré-Expert*. Paris: Imprimerie de L. Cellot, 1760.

Charpentier, Louis. *Causes de la Decadence du Goût sur le Théâtre*. Paris, 1768.

Chevrier, F. A. *Observations sur le Théâtre, Dans Lesquelles On Examine avec Impartialité l'État Actuel des Spectacles de Paris*. Geneva: Slatkine Reprints, 1971.

Compan, Charles. *Dictionnaire de Danse, Contenant l'Histoire, les Règles et les Principes de cet Art, avec des Réflexions Critiques, et des Anecdotes Curieuses Concernant la Danse Ancienne et Moderne: Le Tout Tirédes Meillures Auteurs Qui on Écrit sur cet Art*. Geneva: Minkoff Reprint, 1979.

La Déclamation Théâtrale: Poëme Didactique en Quatre Chants. Paris: Imprimerie de S. Jorry, 1767.

Diderot, Denis. *Le Neveu de Rameau*. In *Oeuvres*, ed. André Billy. Paris: Gallimard, 1951.

———. "Paradoxe sur le Comédien." In *Oeuvres*, ed. André Billy. Paris: Gallimard, 1951.

Diderot, Denis, and Jean le Rond d'Alembert, eds. *Encyclopédie ou Dictionnaire Raisonné des Scides Arts et des Métiers, par un Société de Gens de Lettres*. 35 vols. Stuttgart–Bad Cannstatt: Friedrich Frommann Verlag, 1966.

Engel, Johann Jacob. *Idées sur le Geste et l'Action Théâtrale: Présentation de Martine de Rougemont*.

Geneva: Slatkine Reprints, 1979.

Gallini, Giovanni-Andrea. *Critical Observations on the Art of Dancing, to Which Is Added a Colof Cotillons or French Dances*. London: Printed for the Author, 1770.

Gardel, Maximilien. *L'Avenement de Titus à l'Empire, Ballet Allégorique au Sujet du Couronnement du Roi*. Paris: Musier Fils, 1775.

Goudar, Ange. *De Venise Rémarques sur la Musique et la Danse ou Lettres de M. Goudar à Milord Pembroke*. Venise: Charles Palese Imprimeur, 1773.

Grimaldi, Joseph. *Memoirs of Joseph Grimaldi by Charles Dickens*. Ed. Richard Findlater. New York: Stein and Day, 1968.

Grimm, Friedrich Melchior. *Correspondence Littéraire, Philosophique et Critique de Grimm et de Diderot Depuis 1753 Jusqu'en 1790*. 15 vols. Paris: Furne et Ladrange, 1829–31.

Hogarth, William. *The Analysis of Beauty*. Pittsfield, MA: Silver Lotus Shop, 1908.

———. *Hogarth's Graphic Works*. Compiled and with a commentary by Ronald Paulson. New Haven: Yale University Press, 1965.

Holbach, Paul Henri Deitrich Baron de. *Lettre à une dame d'un certain âge sur l'état présent de l'Opéra*. Paris, 1752.

L'Aulnaye, Francois-Henri-Stanislas de. *De la Saltation Théatrale, ou Recherches sur l'Origine, les Progrès, et les Effets de la Pantomime chez les Anciens*. Paris: Barrois l'aîné, 1790.

Lettre d'un Amateur de l'Opéra à M. de ***, Dont la Tranquille Habitude est d'Attendre les ÉvénePour Juger du Mérite des Projets. Amsterdam, 1776.

Mémoires pour Servir a l'Histoire de la Révolution Opérée Dans la Musique par M. le Chevalier Gluck. Naples: Bailly, 1781.

Mercier, Louis-Sébastien. *L'an 2440: Rêve s'il en Fut Jamais*. Paris: Éditions France Adel, 1977.

———. *Mon Bonnet de Nuit*. Neuchatel: Société Typographique, 1784.

Nougaret, Pierre J.-B. *De l'Art du Théâtre en Général*. 2 vols. Paris, 1769.

Noverre, Jean-Georges. *Introduction au Ballet des Horaces, ou Petite Réponse aux Grands Lettres du S. Angiolini*, 1774.

———. *La Mort d'Agamemnon*. Paris, 1807.

———. *Letters on Dancing and Ballets*. Trans. Cyril W. Beaumont from the Rev. and Enl. Ed. published at St. Petersburg, 1803. Brooklyn: Dance Horizons, 1966.

———. *Lettres sur la Danse et les Arts Imitateurs*. Paris: Éditions Lieutier, 1952.

———. *Lettres sur la Danse et sur les Ballets Précédées d'une Vie de l'Auteur par André Levinson*. Paris: Éditions de la Tourelle, 1927.

———. *Lettres sur la Danse, les Ballets et les Arts*. 4 vols. St. Petersburg: Jean Charles Schnoor, 1803–4.

———. *Lettres sur les Arts Imitateurs en Général, et sur la Danse en Particulier*. Paris: Jeune1807.

———. *Observations sur la Construction d'une Nouvelle Salle de l'Opéra*. Paris: P. de Lormel, 1781.

Playford, John. *The English Dancing Master: Or, Plaine and Easie Rules for the Dancing of Country Dances with the Tune to Each Dance*. London: Printed for John Playford at his shop, 1984.

Pure, Michel de. *Idée des Spectacles Anciens et Nouveaux*. Geneva: Minkoff Reprint, 1972.

Ralph, Richard. *The Life and Works of John Weaver: An Account of His Life, Writings and TheProductions with an Annotated Reprint of His Complete Publications*. New York: Dance Horizons, 1985.

Réau, Louis. *L'Europe Française au Siècle des Lumières.* Paris: A. Michel, 1971.

Rémond de Saint Mard, Touissant. *Reflexions sur l'Opéra.* The Hague, 1741.

Restif de la Bretonne, Nicolas-Edme. *Monument du Costume Physique et Morale la Fin du XVIIIe Siècle ou Tableaux de la Vie Ornés de Vingt-Six Figures Dessinées et Gravées par Moreau le Jeune.* Geneva: Slatkine Reprints, 1988.

Riccoboni, François. *L'Art du Théâtre.* Geneva: Slatkine Reprints, 1971.

Rivery, Boulanger de. *Recherches Historiques et Critiques sur Quelques Anciens Spectacles et Particèrement sur les Mimes et sur les Pantomimes.* Paris, 1751.

Rousseau, J.-J. *Confessions.* Trans. Angela Scholar. Oxford: Oxford University Press, 2000.

―――. *Émile or On Education.* Trans. Allan Bloom. New York: Basic Books, 1979.

―――. *La Nouvelle Héloïse.* Édition publiée sous la direction de Bernard Gagnebin et Marcel Raymond. Paris: Éditions Gallimard, 1964.

Saurin, Didier. *L'Art de la Danse.* Paris: Imprimerie de J.-B.-C. Ballard, 1746.

Théleur, E.-A. *Letters on Dancing: Reducing this Elegant and Healthful Exercise to Easy Scientific Principles.* London: Sherwood, 1832.

2차

Albert, Maurice. *Les Théâtres des Boulevards (1789–1848).* Paris: Société Française d'Imet de Librairie, 1902.

Astier, Régine. "Sallé, Marie." In *International Encyclopedia of Dance,* ed. Selma Jeanne Cohen. New York: Oxford University Press, 1998.

Baker, Keith Michael, ed. *Inventing the French Revolution: Essays on French Political Culture in the Eighteenth Century.* Cambridge: Cambridge University Press, 1990.

Barea, Ilsa. *Vienna.* New York: Knopf, 1966.

Barnett, Dene. *The Art of Gesture: The Practices and Principles of 18th Century Acting.* HeidelCarl Winter Universitätsverlag, 1987.

Bauman, Thomas. "Courts and Municipalities in North Germany." In *The Classical Era: From the 1740s to the End of the 18th Century,* ed. Neal Zaslaw. Englewood Cliffs, NJ: Prentice Hall, 1989.

―――. *North German Opera in the Age of Goethe.* Cambridge: Cambridge University Press, 1985.

Beales, Derek. *Joseph II: In the Shadow of Maria Theresa, 1741–1780.* Cambridge: Cambridge University Press, 1987.

Bouvier, Felix. *Une Danseuse de l'Opéra: La Bigottini.* Paris: N. Charavay, 1909.

Brewer, John. *The Pleasures of the Imagination: English Culture in the Eighteenth Century.* New York: Farrar, Straus, and Giroux, 1997.

Brown, Bruce Alan. *Gluck and the French Theatre in Vienna.* New York: Clarendon Press, 1991.

Capon, Gaston. *Les Vestris: Le "Diou" de la Danse et sa Famille 1730–1808: D'Après des Rapports de Police et des Documents Inédits.* Paris: Société du Mercure de France, 1908.

Capon, Gaston, and Robert Yve-Plessis. *Fille d'Opéra, Vendeuse d'Amour: Histoire de Mlle Des (1730–1764) Racontée d'Après des Notes de Police et des Documents Inédits.* Paris: Plessis, 1906.

Cassirer, Ernst. *The Philosophy of the Enlightenment.* Princeton: Princeton University Press, 1951.

Censer, Jack R. *The French Press in the Age of Enlightenment.* New York: Routledge, 1994.

Chaussinand-Nogaret, Guy. *The French Nobility in the Eighteenth Century: From Feudalism to En.* Cambridge: Cambridge University Press, 1985.

Cooper, Martin. *Opéra Comique*. New York: Chanticleer Press, 1949.

Crow, Thomas E. *Painters and Public Life in Eighteenth-Century Paris*. New Haven: Yale UniPress, 1985.

Dacier, Emile. *Une Danseuse de l'Opéra sous Louis XV: Mlle Sallé (1707–1756) d'Après des DocuInédits*. Paris: Plon-Nourrit, 1909.

Desnoiresterres, Gustave. *La Musique Française au XVIIe Siècle: Gluck et Piccinni, 1774–1800*. Paris: Didier, 1872.

Dorris, George, ed. *The Founding of the Royal Swedish Ballet: Development and Decline, 1773– 1833*. London: Dance Books, 1999.

Ehrard, J., ed. *De l'Encyclopédie à la Contre-Révolution. Jean-Francois Marmontel (1723–1799), Etudes Réunies et Présentées par J. Ehrard*. Clermont-Ferrand: Collection Ecrivains d'AuG. de Bussac, 1970.

Einstein, Alfred. *Gluck*. New York: E. P. Dutton, 1936.

Ekstrom, Parmenia Migel. "Marie Sallé: 1707–1756." *Ballet Review* 4, 2 (1972): 3–14.

Fletcher, Ifan Kyrle, Selma Jeanne Cohen, and Roger H. Lonsdale. *Famed for Dance*. New York: Books for Libraries, 1980.

Foss, Michael. *The Age of Patronage: The Arts in England, 1660–1750*. London: Hamilton, 1971.

Fried, Michael. *Absorption and Theatricality: Painting and Beholder in the Age of Diderot*. Chicago: University of Chicago Press, 1988.

Furbank, P. N. *Diderot: A Critical Biography*. New York: Knopf, 1992.

George, M. Dorothy. *London Life in the Eighteenth Century*. Harmondsworth: Penguin, 1966.

Goff, Moira. "Coquetry and Neglect: Hester Santlow, John Weaver, and the Dramatic Enterof Dancing." In *Dancing in the Millennium: An International Conference, Proceed*. Washington, DC, 2000.

Goodden, Angelica. *Actio and Persuasion: Dramatic Performance in Eighteenth-Century France*. Oxford: Clarendon Press, 1986.

Goodman, Dena. *The Republic of Letters: A Cultural History of the French Enlightenment*. Ithaca: Cornell University Press, 1994.

Goodwin, Albert, ed. *The European Nobility in the Eighteenth Century*. New York: Harper and Row, 1967.

Gordon, Daniel. *Citizens Without Sovereignty: Equality and Sociability in French Thought, 1670–1789*. Princeton: Princeton University Press, 1994.

Gruber, Alain-Charles. *Les Grandes Fêtes et leurs Décors à l'Époque de Louis XVI*. Geneva: LiDroz, 1972.

Guest, Ivor Forbes. *The Ballet of the Enlightenment: The Establishment of the Ballet d'Action in France, 1770–1793*. London: Dance Books, 1996.

———. *The Romantic Ballet in England: Its Development, Fulfillment, and Decline*. Middletown, CT: Wesleyan University Press, 1972.

Habakkuk, H. J. "England." In *The European Nobility in the Eighteenth Century*, ed. Albert Goodwin. New York: Harper and Row, 1967.

Haeringer, Étienne. *L'esthéthique de l'opéra en France au Temps de Jean-Philippe Rameau*. Oxford: Voltaire Foundation, 1990.

Hansell, Kathleen. "Noverre, Jean-Georges." In *International Encyclopedia of Dance: A Project of*

Dance Perspectives Foundation, Inc., ed. Selma Jeanne Cohen. New York: Oxford UniverPress, 1998.

Hansell, Kathleen Kuzmick. *Opera and Ballet at the Regio Ducal Teatro of Milan, 1771–1776: A Musical and Social History.* Ph.D. diss., University of California, Berkeley, 1980.

Harris-Warrick, Rebecca, and Bruce Alan Brown, eds. *The Grotesque Dancer on the Eighteenth-Century Stage: Gennaro Magri and His World.* Madison: University of Wisconsin Press, 2005.

Hedgcock, Frank A. *A Cosmopolitan Actor: David Garrick and His French Friends.* New York: B. Blom, 1969.

Holmström, Kirsten Gram. *Monodrama, Attitudes, Tableaux Vivants: Studies on Some Trends of Theatrical Fashion 1770–1815.* Stockholm: Almqvist and Wiksell, 1967.

Hoppit, Julian. *A Land of Liberty? England 1689–1727.* Oxford: Oxford University Press, 2000.

Howard, Patricia. *Gluck: An Eighteenth-Century Portrait in Letters and Documents.* Oxford: Clarendon Press, 1995.

Isherwood, Robert M. *Farce and Fantasy: Popular Entertainment in Eighteenth-Century Paris.* New York: Oxford University Press, 1986.

Johnson, James H. *Listening in Paris: A Cultural History.* Berkeley: University of California Press, 1995.

Klein, Lawrence Eliot. *Shaftesbury and the Culture of Politeness: Moral Discourse and Cultural Polin Early Eighteenth-Century England.* Cambridge: Cambridge University Press, 1994.

Lamothe-Lagon, Étienne Leon. *Souvenirs de Mlle Duthé de l'Opéra (1748–1830), avec Introducet Notes de Paul Ginisty.* Paris: Louis-Michaud, 1909.

Loftis, John Clyde. *Steele at Drury Lane.* Berkeley: University of California Press, 1952.

Lynham, Deryck. *The Chevalier Noverre, Father of Modern Ballet: A Biography.* London: Sylvan Press, 1950.

Macaulay, Alastair. "Breaking the Rules on the London Stage: Part I." *Dancing Times*, Mar. 1997, 509–13.

———. "Breaking the Rules on the London Stage: Part II." *Dancing Times*, Apr. 1997, 607–13.

———. "Breaking the Rules on the London Stage: Part III." *Dancing Times*, May 1997, 715–19.

McIntyre, Ian. *Garrick.* London: Penguin, 1999.

Oliver, Alfred Richard. *The Encyclopedists as Critics of Music.* New York: Columbia University Press, 1947.

Olivier, Jean-Jacques, and Willy Norbert. *Une Étoile de la Danse au XVIIIe Siècle: La Barberina Campanini (1721–1799).* Paris: Société Française d'Imprimerie et de Librairie, 1910.

Pears, Iain. *The Discovery of Painting: The Growth of Interest in the Arts in England, 1680–1768.* New Haven: Yale University Press, 1988.

Rosen, Charles. *The Classical Style: Haydn, Mozart, Beethoven.* London: Faber, 1976.

Rosenberg, Pierre. *Fragonard.* New York: Metropolitan Museum of Art, 1988.

Rosenblum, Robert. *Transformations in Late Eighteenth Century Art.* Princeton: Princeton University Press, 1967. Rosenfeld, Sophia A. *A Revolution in Language: The Problem of Signs in Late Eighteenth-Century France.* Stanford: Stanford University Press, 2001.

Rosselli, John. *Music and Musicians in Nineteenth-Century Italy.* London: B. T. Batsford, 1991.

Sennett, Richard. *The Fall of Public Man.* New York: W. W. Norton, 1996.

———. *Flesh and Stone: The Body and the City in Western Civilization.* New York: W. W. Nor1994.

Solkin, David H. *Painting for Money: The Visual Arts and the Public Sphere in Eighteenth-Century England*. New Haven: Yale University Press, 1993.

Starobinsky, Jean. *Jean-Jacques Rousseau: Transparency and Obstruction*. Trans. Arthur GoldhamChicago: University of Chicago Press, 1988.

Stone, Jr., George Winchester, and George Morrow Kahrl. *David Garrick: A Critical Biogra*. Carbondale: Southern Illinois University Press, 1979.

Strunk, W. Oliver, and Leo Treitler. *Source Readings in Music History*. 7 vols. New York: Nor1998.

Suárez-Pajares, Javier, and Xoán M. Carreira, eds. *The Origins of the Bolero School*. Trans. ElizaCoonrod Martinex, Aurelio de la Vega, and Lynn Garafola. Pennington, NJ: Society of Dance History Scholars, 1993.

Taylor, A. J. P. *The Habsburg Monarchy, 1809–1918: A History of the Austrian Empire and Austria-Hungary*. London: H. Hamilton, 1948.

Tolkoff, Audrey Lyn. *The Stuttgart Operas of Niccolò Jommelli*. Ph.D. diss., Yale University, 1974.

Venturi, Franco. *Utopia and Reform in the Enlightenment*. Cambridge: Cambridge University Press, 1971.

Verba, Cynthia. *Music and the French Enlightenment: Reconstruction of a Dialogue, 1750–1764*. Oxford: Clarendon Press, 1993.

Weber, William. "La Musique Ancienne in the Waning of the Ancien Régime." *Journal of Modern History* 56 (March 1984): 58–88.

———. "Learned and General Musical Taste in Eighteenth-Century France." *Past and Present* 89, 1 (1980): 58–85.

———. *Music and the Middle Class: The Social Structure of Concert Life in London, Paris, and Vi*. London: Croom Helm, 1975.

Winter, Marian Hannah. *The Pre-Romantic Ballet*. London: Pitman, 1974.

Yorke-Long, Alan. *Music at Court: Four Eighteenth-Century Studies*. London: Weidenfeld and Nicolson, 1954.

제3장

혁명기와 혁명 이후의 시절 파리 오페라에 대한 설명은 많은 부분 제임스 H. 존슨(James H. Johnson)의 선구자적 작업 덕분이다. 나는 제3장에서 프랑수아 퓌레(François Furet), 발랑틴 J. 위고(Valentine J. Hugo), 사라 C. 마자(Sarah C. Maza), 모나 오주(Mona Ozouf), 다니엘 로슈(Daniel Roche)의 작업에도 특별한 신세를 졌다.

1차

Adice, Léopold G. *Grammaire et Théorie Chorégraphique*. Paris, n.d.

———. *Théorie de la Gymnastique de la Danse Théâtrale avec une Monographie des Divers Malaises qui Sont la Conséquence de L'exercice de la Danse Théâtrale: La Crampe, les Courbatures, les Pointes de Côté, etc. par G. Léopold Adice Artiste et Professeur Chorégraph de Perfectionnement até a l'Académie Impériale du Grand Opéra*. Paris: Imprimerie Centrale de Napoléon Chaix, 1859.

Albert. *L'Art de Danser à la Ville et à la Cour, ou Nouvelle Méthode des Vrais Principes de la Danse Française et Étrangère: Manuel à l'Usage des Maîtres à Danser, des Mères de Famille et Maîtresses de Pension*. Paris: Collinet, 1834.

Alerme, P. E. *De la Danse Considérée sous le Rapport de l'Éducation Physique*. Paris: Imprimerie de

Goetschy, 1830.

Amanton, C. N. *Notice sur Madame Gardel*. Dijon: Imprimerie de Frantin, 1835.

Anonyme. *Chorégraphies début 19éme siècle*. Archive: Bibliothèque de l'Opéra de Paris. Paris, 1801–13. Audouin, Pierre-Jean. *Rapport Fait par P.-J. Audouin, sur les Théâtres: Séance du 25 Pluviôse, an 6*. Paris: Imprimerie Nationale, 1798. Balzac, Honoré de. *Gambara*. Geneva: Éditions Slatkine, 1997. Barbey d'Aurevilly, Jules. "Du Dandysme et de Georges Brummell." In *Oeuvres Complètes*, vol. 3. Geneva: Slatkine Reprints, 1979. Baron, A. *Lettres à Sophie sur la Danse, Suivies D'entretiens sur les Danses Anciennes, Moderne, ReCivile et Théâtrale*. Paris: Dondey-Dupré, 1825. Blasis, Carlo. *An Elementary Treatise upon the Theory and Practice of the Art of Dancing*. Trans. Mary Stewart Evans. New York: Dover, 1968.

Bournonville, August. *Études Chorégraphiques*. Copenhagen: Rhodos, 1983.

———. *Lettres à la maison de son Enfance*. Copenhagen: Munksgaard, 1969.

———. *My Theater Life*. Trans. Patricia N. McAndrew. Middletown, CT: Wesleyan UniverPress, 1979.

———. *A New Year's Gift for Dance Lovers: Or a View of the Dance as Fine Art and Pleasant Pas*. Trans. Inge Biller Kelly. London: Royal Academy of Dancing, 1977.

Campardon, Émile. *L'Académie Royale de Musique au XVIII Siècle*. Paris: Berger-Levrault, 1884.

Caron, Pierre. *Paris Pendant la Terreur: Rapports des Agents Secrets du Ministre de l'Intérieur Pubés pour la Société d'Histoire Contemporaine*. 7 vols. Paris: Librairie Alphonse Picard et Fils, 1910–78.

Castil-Blaze, F. H. J. *La Danse et les Ballets Depuis Bacchus Jusqu'à Mademoiselle Taglioni*. Paris: Paulin, 1832.

Deshayes. *Idées Générales sur l'Académie Royale de Musique, et Plus Spécialement sur la Danse, par Deshayes, Ex-Premier Danseur de Ladite Académie*. Paris: Mongie, 1822.

Despréaux, Jean-Étienne. *Mes Passe-Temps: Chansons Suivies de l'Art de la Danse, Poeme en QuaChants Calqué sur l'Art Poétique de Boileau*. Vol. 2. Paris: Crapelet, 1806.

Eschasseriaux, Joseph. *Réflexions et Projet de Décret sur les Fêtes Décadaires*. Paris: Imprimerie Na1795.

Faquet, J. *De la Danse et Particulièrement de la Danse de Société*. Paris, 1825.

Firmin-Didot, Albert. *Souvenirs de Jean-Étienne Despréaux Danseur de l'Opéra et Poète-Chansonnier, 1748–1820 (d'après ses Notes Manuscrites)*. Paris: A. Gaignault, 1894.

Fortia de Piles, Alphonse, Comte de. *Quelques Réflexions d'un Homme du Monde, sur les Spectacles, la Musique, le Jeu et le Duel*. Paris: Porthmann, 1812.

Framery, N. E. *De l'organisation des Spectacles de Paris, ou Essai sur leur Forme Actuelle*. Paris: Buisson, 1790.

Galérie Biographique des Artistes Dramatiques de Paris. Paris, 1846.

Gardel, Pierre. *La Dansomanie: Folie-Pantomime en Deux Actes*, de l'Imprimerie de Ballard, An VIII de la République. Paris, 1800.

Goncourt, Edmond de. *La Guimard, d'Après les Registres des Menu-Plaisirs de la Bibliothèque de l'Opéra*. Paris: G. Charpentier et E. Fasquelle, 1893.

Grimm, Friedrich Melchior. *Correspondence Littéraire, Philosophique et Critique de Grimm et de Diderot Depuis 1753 Jusqu'en 1790*. 15 vols. Paris: Furne et Ladrange, 1829–31.

Grimod de la Reynière, A. B. L. *Le Censeur Dramatique ou Journal des Principaux Théâtres de Paris* et de Départemens par une Société de Gens-de-Lettres Rédigé par A. B. L. Grimod de la Reynière, 1797. 3 vols. Geneva: Minkoff Reprint, 1973.

Guillemin. *Chorégraphie, ou l'art de Décrire la Danse*. Paris: Petit, 1784.

Juillet. *De la Danse. Considérations sur les Causes de sa Défaveur Actuelle et Moyens de la Mettre en Rapport avec le Goût de Siècle. Par Juillet, Professeur de Danse et de Musique, Donne des Leçons de Guitare, de Chant de Flûte, de Violon et de Fageolet*. Paris: Imprimerie de DarpentierMéricourt, 1825.

La Harpe, Jean-François de. *Discours sur la Liberté du Théâtre*. Paris: Imprimerie Nationale, 1790.

Magny, Claude-Marc. *Principes de Chorégraphie: Suivis d'un Traité de la Cadence, qui Apprendra les Tems et les Valeurs de Chaque Pas de la Danse, Détaillés par Caracteres, Figures et Signes Démonstratifs*. Geneva: Éditions Minkoff, 1980.

Malpied, M. *Traité sur l'Art de la Danse Dédié à Monsieur Gardel L'Ainé, Maître des Ballets de l'Académie Royale de Musique*. Paris: Bouin, 1770.

Martinet, J. J. *Essai ou Principes Élémentaires de l'Art de la Danse, Utiles aux Personnes Destinées à l'Éducation de la Jeunesse, par J. J. Martinet, Maître à Danser à Lausanne*. Lausanne: Monet Jaquerod Libraires, 1797.

Mémoire Justicatif des Sujets de l'Académie Royale de Musique, en Réponse à la Lettre Anonyme qui Leur a été Adressée le 4 septembre 1789, avec l'Épigraphe: Tu Dors, Brutus, et Rome est dans les Fers. Paris, 1789.

Milon, L.-J. *Héro et Léandre, Ballet-Pantomime en un Acte*. Paris: L'Imprimerie a Prix-Fixe, 1799.

Moy, Charles-Alexandre de. *Des Fêtes, ou Quelques Idées d'un Citoyen Français, Relativement aux Fêtes Publiques et àun Culte National*. Paris: Garnery, 1798–99.

Noverre, Jean-Georges. *Lettres sur la Danse et les Arts Imitateurs*. Paris: Éditions Lieutier, 1952.

———. *Lettres sur les Arts Imitateurs en Général, et sur la Danse en Particulier*. Paris: Imprimerie de la Ve Jeunehomme, 1807.

Papillon. *Examen Impartial sur la Danse Actuelle de l'Opéra, en forme de lettre par M. Papillon*. Paris, 1804.

Pauli, Charles. *Elémens de la Danse*. Leipzig, 1756.

Restif de la Bretonne, Nicolas-Edme. *Monument du Costume Physique et Moral de la Fin du XVIIIe Siècle ou Tableaux de la Vie Ornés de Vingt-Six Figures Dessinées et Gravées par Moreau le Jeune*. Geneva: Slatkine Reprints, 1988.

Robespierre, Maximilien. "Rapport Fait au Nom du Comité de Salut Public, sur les Rapports des Idées Religieuses et Morales avec les Principes Républicains, et sur les Fêtes Na" *Revue Philosophique: Littéraire et Politique* 1 (1794): 177–91, 242–48.

Saint-Léon, Arthur. *De l'État Actuel de la Danse*. Lisbonne: Typographie du Progresso, 1856.

Tocqueville, Alexis de. *Democracy in America*. New York: Library of Congress, 2004.

Treiches, Bonet de. *L'Opéra en l'an XII*. Paris: Ballard, 1803.

Trousseau-Duvivier. *Traité d'education sur la danse, ou méthode simple et facile pour apprendre sans maître les elemens de cet art*. Paris, 1821.

Vigée Le Brun, Louise-Elisabeth. *Souvenirs of Madame Vigée Le Brun*. New York: Worthington, 1886.

Voïart, Elise. *Essai sur la Danse: Antique et Moderne*. Paris: Audot, 1823.

2차

Agulhon, Maurice. *Marianne into Battle: Republican Imagery and Symbolism in France, 1789–1880*. Trans. Janet Lloyd. Cambridge: Cambridge University Press, 1981.

Archives Nationales. *Danseurs et Ballet de l'Opéra de Paris, Depuis 1671: Exposition Organisée par les Archives Nationales avec la Collaboration de la Bibliothèque Nationale et le Concours de la Délégation à la Danse à l'Occasion de l'Année de la Danse*. Paris: Archives Nationales, 1988.

Bartlet, M. Elizabeth C. "The New Repertory at the Opéra During the Reign of Terror: RevRhetoric and the Operatic Consequences." In *Music and the French Revolution*, ed. Malcolm Boyd. Cambridge: Cambridge University Press, 1992.

Baschet, Roger. *Mademoiselle Dervieux, Fille d'Opéra*. Paris: Flammarion, 1943.

Bergeron, Louis. *France Under Napoleon*. Princeton: Princeton University Press, 1981.

Bordes, Philippe, and Régis Michel, eds. *Aux Armes et aux Arts! Les Arts de la Révolution 1789–1799*. Paris: Éditions Adam Biro, 1988.

Bourdieu, Pierre. *La Distinction: Critique Sociale du Jugement*. Paris: Éditions de Minuit, 1979.

Boyd, Malcolm, ed. *Music and the French Revolution*. Cambridge: Cambridge University Press, 1992.

Brookner, Anita. *Jacques-Louis David*. London: Thames and Hudson, 1980.

Brown, Frederick. *Theater and Revolution: The Culture of the French Stage*. New York: Vintage, 1989.

Bruce, Evangeline. *Napoleon and Josephine*. New York: Scribner, 1995.

Capon, Gaston. *Les Vestris: Le "Diou" de la Danse et sa Famille 1730–1808: d'Après des Rapports de Police et des Documents Inédits*. Paris: Société du Mercure de France, 1908.

Carlson, Marvin A. *The French Stage in the Nineteenth Century*. Metuchen, NJ: Scarecrow Press, 1972.

———. *The Theatre of the French Revolution*. Ithaca: Cornell University Press, 1966.

Chartier, Roger. *The Cultural Origins of the French Revolution*. Durham, NC: Duke University Press, 1991.

Chazin-Bennahum, Judith. *Dance in the Shadow of the Guillotine*. Carbondale: Southern Illinois University Press, 1988.

———. *The Lure of Perfection: Fashion and Ballet, 1780–1830*. New York: Routledge, 2005.

Doyle, William. *Origins of the French Revolution*. Oxford: Oxford University Press, 1988.

Ehrard, Jean, and Paul Viallaneix. *Les Fêtes de la Révolution: Colloque de Clermont-Ferrand, du 24 au 26 Juin 1974*. Paris: Société des Études Robespierristes, 1977.

Foster, Susan Leigh. *Choreography and Narrative: Ballet's Staging of Story and Desire*. Blooming-ton: Indiana University Press, 1996.

Furet, François. *The French Revolution, 1770–1814*. Oxford: Blackwell, 1996.

———. *Penser la Révolution Française*. Paris: Gallimard, 1983.

———. *Revolutionary France, 1770–1880*. Trans. Antonia Nevill. Oxford: Blackwell, 1992.

Garafola, Lynn. "The Travesty Dancer in Nineteenth-Century Ballet." *Dance Research Journal* 17, 2 (1986): 35–40.

Goncourt, Edmond de. *La Guimard, d'Après les Registres des Menu-Plaisirs de la Bibliothèque de l'Opéra*. Paris: G. Charpentier et E. Fasquelle, 1893.

Guest, Ivor Forbes. *The Ballet of the Enlightenment: The Establishment of the Ballet d'Action in France, 1770–1793*. London: Dance Books, 1996.

———. *Ballet Under Napoleon*. Alton, England: Dance Books, 2002.

———, ed. *Gautier on Dance*. London: Dance Books, 1986.

Hammond, Sandra Noll. "Clues to Ballet's Technical History from the Early Nineteenth-Century Ballet Lesson." *Dance Research* 3, 1 (1984): 53–66.

———. "A Nineteenth-Century Dancing Master at the Court of Württemberg: The Dance Notebooks of Michel St. Léon." *Dance Chronicle* 15, 3 (1992): 291–317.

Harris-Warrick, Rebecca, and Bruce Alan Brown, eds. *The Grotesque Dancer on the Eighteenth-Century Stage: Gennaro Magri and His World*. Madison: University of Wisconsin Press, 2005.

Hatin, Eugène. *Histoire Politique et Littéraire de la Presse en France*. 8 vols. Geneva: Slatkine Reprints, 1967.

Hérissay, Jacques. *Le Monde des Théâtres Pendant la Révolution, 1789–1800: D'Après des DocuInédits*. Paris: Perrin, 1922.

Hess, Rémi. *La Valse: Révolution du Couple en Europe*. Paris: Métailié, 1989.

Hollander, Anne. *Sex and Suits*. New York: Kodansha International, 1995.

Hugo, Valentine J. "La Danse Pendant la Révolution." *La Revue Musicale* 7 (May 1, 1922): 127–46.

Hunt, Lynn, ed. *Eroticism and the Body Politic*. Baltimore: Johns Hopkins University Press, 1991.

Johnson, Dorothy. *Jacques-Louis David: Art in Metamorphosis*. Princeton: Princeton University Press, 1993.

Johnson, James H. *Listening in Paris: A Cultural History*. Berkeley: University of California Press, 1995.

Jürgensen, Knud Arne, and Ann Hutchinson Guest. *The Bournonville Heritage: A Choreographic Record, 1829–1875*. London: Dance Books, 1990.

Le Goff, Jacques. "Reims: City of Coronation." In *Realms of Memory: The Construction of the French Past*, ed. Pierre Nora and Lawrence D. Kritzman, trans. Arthur Goldhammer. New York: Columbia University Press, 1997.

Lefebvre, Georges. *Napoleon*. London: Routledge, 1969.

Marsh, Carol G. "French Theatrical Dance in the Late Eighteenth Century: Gypsies, Cloggers and Drunken Soldiers." *Proceedings of the Society of Dance History Scholars*, 1995, 91–98.

Martin-Fugier, Anne. *La Vie Élégante, ou, La Formation du Tout-Paris, 1815–1848*. Paris: Fayard, 1990.

Maza, Sarah C. *Private Lives and Public Affairs: The Causes Célèbres of Prerevolutionary France*. Berkeley: University of California Press, 1993.

Moers, Ellen. *The Dandy: Brummell to Beerbohm*. New York: Viking, 1960.

Nora, Pierre, ed. *Realms of Memory: The Construction of the French Past*. Trans. Arthur Gold-hammer, ed. Lawrence D. Kritzman. New York: Columbia University Press, 1997.

Nye, Robert A. *Masculinity and Male Codes of Honor in Modern France*. Berkeley: University of California Press, 1998.

Ozouf, Mona. *Festivals and the French Revolution*. Trans. Alan Sheridan. Cambridge: Harvard University Press, 1988.

———. "Public Opinion at the End of the Old Regime." *Journal of Modern History* 60 suppl. (Sept. 1988): 1–21.

Pélissier, Paul. *Histoire Administrative de l'Académie Nationale de Musique et de Danse*. Paris: Imde Bonvalot-Jouve, 1906.

Perrot, Philippe. *Fashioning the Bourgeoisie: A History of Clothing in the Nineteenth Century*. Trans. Richard Bienvenu. Princeton: Princeton University Press, 1994.

Popkin, Jeremy D. *Revolutionary News: The Press in France, 1789–1799*. London: Duke UniPress, 1990.

Ribeiro, Aileen. *The Art of Dress: Fashion in England and France, 1750–1820*. New Haven: Yale University Press, 1995.

―――. *Fashion in the French Revolution*. New York: Holmes and Meier, 1988.

Roche, Daniel. *The Culture of Clothing: Dress and Fashion in the "Ancien Régime."* Trans. Jean Birrell. New York: Cambridge University Press, 1994.

Squire, Geoffrey. *Dress Art and Society: 1560–1970*. London: Studio Vista, 1974.

Todd, Christopher. *Political Bias, Censorship and the Dissolution of the "Official" Press in Eighteenth-Century France*. Lewiston, NY: Edwin Mellen Press, 1991.

Tulard, Jean. *Napoléon et la Noblesse d'Empire: Avec la Liste Complète des Membres de la Noblesse Imériale, 1808–1815*. Paris: J. Tallandier, 1979.

Weber, Caroline. *Queen of Fashion: What Marie Antoinette Wore to the Revolution*. New York: H. Holt, 2006.

Wild, Nicole. *Décors et Costumes du XIXe Siècle*. Paris: Bibliothèque Nationale Département de la Musique, 1987.

제4장

낭만주의에 대한 이해는 많은 부분 폴 베니슈(Paul Benichou)에게 신세졌다. 나는 자크 바르죙(Jacques Barzun), 제롤드 시겔(Jerrold Seigel), 카린 펜들(Karin Pendle)에게도 배우고 의지했다. 춤에 대해서는 아이버 게스트가 나를 안내했다. 나의 아이디어들은 메리언 해나 윈터(Marian Hannah Winter)의 작업과 린 개러폴라(Lynn Garafola)의 『실프를 재고하다(*Rethinking the Sylph*)』에서 고른 논문들에 의해서도 형성되었다. 메리언 스미스(Marian Smith)는 '지젤'에 대한 귀중한 안내자였다. 인상주의, 사실주의, 드가에 대해서는 로버트 허버트(Robert Herbert), 린다 노클린(Linda Nochlin), 리처드 켄들(Richard Kendall), 질 드본야르(Jill DeVonyar)에게 신세를 졌다.

1차

Adice, Léopold G. *Théorie de la Gymnastique de la Danse Théâtrale avec une Monographie des Divers Malaises Qui Sont la Conséquence de L'exercice de la Danse Théâtrale: La Crampe, les Courbatures, les Pointes de côté, etc. par G. Léopold Adice Artiste et Professeur Chorégraph de Perattaché a l'Académie Impériale du Grand Opéra*. Paris: Imprimerie Centrale de Napoléon Chaix, 1859.

Anonyme. "Mademoiselle Taglioni." In *L'Annuaire Historique et Biographique des Souverains et des Personnages Distingués dans les Divers Nations*. Paris: Caubet, 1844.

Berlioz, Hector, and Julien Tiersot. *Les Années Romantiques, 1819–1842: Correspondance*. Paris: Calmann-Lévy, 1904.

Blessington, Lady. *The Magic Lantern: Or Sketches of Scenes in the Metropolis*. London: Longman, Hurst, Rees, Orme, and Brown, 1822.

Briffault, Eugène Victor. *L'Opéra*. Paris: Ladvocat, 1834.

Castil-Blaze, F.-H.-J. *De L'Opéra en France*. 2 vols. Paris: Chez l'Auteur, 1826.

―――. *L'Académie Impériale de Musique*. 2 vols. Paris: Chez l'Auteur, 1855.

―――. *La Danse et les Ballets Depuis Bacchus Jusqu'à Mademoiselle Taglioni*. Paris: Paulin, 1832.

Chateaubriand, François-René de. *Mémoires D'Outre Tombe*. Ed. Jean-Paul Clément. 2 vols. Paris: Éditions Gallimard, 1997.

Galérie Biographique des Artistes Dramatiques de Paris. Paris, 1846.

Gautier, Théophile. *Mademoiselle de Maupin*. Trans. Helen Constantine. London: Penguin, 2005.

———. *My Fantoms*. Selected, translated, and with a postscript by Richard Holmes. New York: New York Review Books, 2008.

———. *A Romantic in Spain*. Trans. and with an introduction by Catherine Alison Phillips. New York: Knopf, 1926.

Gautier, Théophile, Jules Janin, and Philarète Chasles. *Les Beautés de l'Opéra ou Chefs-d'Oeuvre Lyriques*. Paris: Soulié, 1845.

Guest, Ivor Forbes, ed. *Gautier on Dance*. London: Dance Books, 1986.

Guyot, M., E. Blaze, and A. Debacq, eds. *Album des Théâtres, Robert le Diable*. Paris, 1837.

Heine, Henri. *De La France: Texte Établi et Présenté par Gerhard Höhn et Bodo Morawe*. Paris: Gallimard, 1994.

Heine, Heinrich. *Lutèce: Lettres sur la Vie Politique, Artistique et Sociale de la France*. Paris: Michel Lévy Frères, 1855.

Hugo, Victor. *Preface de Cromwell and Hernani*. Ed. and with an introduction by John R. Gilfinger Jr. Chicago: Scott Foresman, 1900.

Janin, Jules. *Deburau: Histoire du Théâtre à Quatre Sous*. Paris: Les Introuvables Éditions d'Au'hui, 1981.

Lépitre, Louis. *Réflexions sur l'Art de la Danse, Relativement à la Décadence Momentanée et à la ReActuelle des Danses Nationales Françaises et Allemandes, Servant d'Introduction àun Plus Grand Ouvrage du Même Auteur, Intitulé: "Précis Historique sur la Danse," Précedé d'un Recueil des Observations des Plus Grands Maîtres sur la Gymnastique Appliquée à la Danse*. Darmstadt: Guillaume Ollweiler, 1844.

Loève-Veimars, François Adolphe. *Le Nepenthes: Contes, Nouvelles, et Critiques*. 2 vols. Paris: L'Advocat, 1833.

Merle, J.-T. "Mademoiselle Taglioni dans La Sylphide." In *Galerie Biographique des Artistes Dramatiques*. Paris, 1837.

Restif de la Bretonne, Nicolas-Edme. *Monument du Costume Physique et Moral de la Fin du XVIIIe Siècle ou Tableaux de la Vie Ornés de Vingt-Six Figures Dessinées et Gravées par Moreau le Jeune*. Geneva: Slatkine Reprints, 1988.

Staël, Anne Louise Germaine de. *Corinne, or, Italy: A New Translation by Sylvia Raphael*. OxOxford University Press, 1998.

Taglioni, Filippo. *La Sylphide, ballet en deux actes, musique de Schneitzhoeffer*. N.p., n.d.

Véron, L. *Mémoires d'un Bourgeois de Paris*. 6 vols. Paris: Imprimerie Lacour, 1854.

Vigée Le Brun, Louise-Elisabeth. *Souvenirs of Madame Vigée Le Brun*. New York: Worthington, 1886.

Villemessant, Jean Hippolyte Cartier de. *Mémoires d'un Journaliste*. 4 vols. Paris: E. Dentu, 1884.

2차

Aschengreen, Erik. *The Romantic Ballet in Stockholm*. London: Dance Books, 1999.

Balanchine, George, and Francis Mason. *101 Stories of the Great Ballets: The Scene-by-Scene Stoof the Most Popular Ballets, Old and New*. New York: Random House, 1989.

Barzun, Jacques. *Berlioz and the Romantic Century*. New York: Columbia University Press, 1969.

———. *Classic, Romantic, and Modern*. Boston: Little, Brown, 1961.

———. *Darwin, Marx, Wagner: Critique of a Heritage*. Chicago: University of Chicago Press, 1981.

Baugé, Isabelle, ed. *Champfleury, Gautier, Nodier et Anonymes. Pantomimes*. Cahors: Cicéro Edi1995.

Bénichou, Paul. *L'école du désenchantement: Sainte-Beuve, Nodier, Musset, Nerval, Gautier*. Paris: Gallimard, 1992.

———. *Le Temps des Prophètes. Doctrines de l'Âge Romantique*. Paris: Gallimard, 1977.

Bezucha, Robert J. *The Lyon Uprising of 1834: Social and Political Conflict in the Early July Monarchy*. Cambridge: Harvard University Press, 1974.

Cairns, David. *Berlioz*, vol. 1: *The Making of an Artist, 1803–1832*. Berkeley: University of California Press, 2000.

Castex, Pierre-Georges, ed. *Jules Janin et Son Temps: Un Moment du Romantisme*. Paris: Presses Universitaires de France, 1974.

———. *Le Conte Fantastique en France, de Nodier à Maupassant*. Paris, 1951.

Chazin-Bennahum, Judith. *The Lure of Perfection: Fashion and Ballet, 1780–1830*. New York: Routledge, 2005.

Clément, Jean-Paul. *Chateaubriand: Biographie Morale et Intellectuelle*. Paris: Flammarion, 1998.

Crosten, William. *French Grand Opera: An Art and a Business*. New York: King's Crown Press, 1948.

Delaporte, V. *Du Merveilleux dans la Littérature Française sous le Règne de Louis XIV*. Geneva: Slatkine Reprints, 1968.

DeVonyar, Jill, and Richard Kendall. *Degas and the Dance*. New York: Harry N. Abrams, 2002.

Everist, Mark. *Giacomo Meyerbeer and Music Drama in Nineteenth-Century Paris*. Burlington, England: Ashgate, 2005.

Fejtö, François. *Heine: A Biography*. Trans. Mervyn Savill. Denver: University of Denver Press, 1946.

Fulcher, Jane F. *The Nation's Image: French Grand Opera as Politics and Politicized Art*. CamCambridge University Press, 1987.

Furbank, P. N. *Diderot: A Critical Biography*. New York: Knopf, 1992.

Fumaroli, Marc. *Chateaubriand: Poésie et Terreur*. Paris: Fallois, 2003.

Garafola, Lynn, ed. *Rethinking the Sylph: New Perspectives on the Romantic Ballet*. Hanover, NH: University Press of New England, 1997.

Guest, Ivor Forbes. *The Ballet of the Second Empire*. London: Pitman, 1974.

———. *Jules Perrot*. London: Dance Books, 1984.

———. *The Romantic Ballet in Paris*. London: Pitman, 1966.

Hammond, Sandra Noll. "Searching for the Sylph: Documentation of Early Developments in Pointe Technique." *Dance Research Journal* 19, 2 (1988): 27–31.

Herbert, Robert L. *Impressionism: Art, Leisure, and Parisian Society*. New Haven: Yale UniverPress, 1988.

Hobsbawm, Eric, and Terence Ranger, eds. *The Invention of Tradition*. Cambridge: Cambridge University Press, 1983.

Jardin, André, and André Jean Tudesq. *Restoration and Reaction: 1815–1848*. Cambridge: Cambridge University Press, 1983.

Kahane, Martine. *Robert le Diable: Catalogue de l'Exposition, Théâtre de l'Opéra de Paris, 20 Juin–*

20 Septembre 1985. Paris: Bibliothèque Nationale, 1985.

Kant, Marion. *The Cambridge Companion to Ballet.* Cambridge: Cambridge University Press, 2007.

Kendall, Richard. *Degas and the Little Dancer.* New Haven: Yale University Press, 1998.

———. *Degas Dancers.* New York: Universe, 1996.

Landrin, Jacques. *Jules Janin: Conteur et Romancier.* Paris: Société Les Belles Lettres, 1978.

Levaillant, Maurice. *Chateaubriand, Madame Récamier et les Mémoires D'Outre-Tombe.* Paris: LiDelagrave, 1936.

Levinson, André. *André Levinson on Dance: Writings from Paris in the Twenties.* Ed. Joan Ross Acocella and Lynn Garafola. Hanover, NH: Wesleyan University Press, 1991.

———. *Marie Taglioni (1804–1884).* Trans. Cyril W. Beaumont. London: Dance Books, 1977.

Macaulay, Alastair. "The Author of *La Sylphide,* Adolphe Nourrit, 1802–39." *Dancing Times,* 1989, 140–43.

Maigron, Louis. *Le Romantisme et la Mode.* Paris: Librairie Ancienne Honoré Champion, 1911.

Martin-Fugier, Anne. *La Vie Élégante, ou, La Formation du Tout-Paris, 1815–1848.* Paris: Fa-yard, 1990.

McMillan, James F. *France and Women, 1789–1914, Gender, Society and Politics.* New York: Routledge, 2000.

Migel, Parmenia. *The Ballerinas: From the Court of Louis XIV to Pavlova.* New York: Da Capo, 1980.

Nochlin, Linda. *Realism.* Harmondsworth: Penguin, 1971.

Nora, Pierre, ed. *Realms of Memory: The Construction of the French Past.* Trans. Arthur Gold-hammer, ed. Lawrence D. Kritzman. New York: Columbia University Press, 1997.

Pendle, Karin. *Eugène Scribe and French Opera of the Nineteenth Century.* Ann Arbor: UMI RePress, 1979.

Pinkney, David H. *The French Revolution of 1830.* Princeton: Princeton University Press, 1972.

Richardson, Joanna. *Théophile Gautier: His Life and Times.* London: Max Reinhardt, 1958.

Robin-Challan, Louise. "Danse et Danseuses à l'Opéra de Paris 1830–1850." Thése de troisième cycle, Université de Paris VII, 1983.

Rogers, Francis. "Adolphe Nourrit." *Musical Quarterly* 25, 1 (Jan. 1939): 11–25.

Rosen, Charles. *The Romantic Generation.* Cambridge: Harvard University Press, 1995.

Schivelbusch, Wolfgang. *Disenchanted Night: The Industrialization of Light in the Nineteenth Century.* Berkeley: University of California Press, 1995.

Seigel, Jerrold E. *Bohemian Paris: Culture, Politics, and the Boundaries of Bourgeois Life, 1830– 1930.* New York: Viking, 1986.

Sherman, Daniel J. *Worthy Monuments: Art Museums and the Politics of Culture in NineteenthCentury France.* Cambridge: Harvard University Press, 1989.

Smith, Marian Elizabeth. *Ballet and Opera in the Age of Giselle.* Princeton Studies in Opera. Princeton: Princeton University Press, 2000.

Stern, Fritz Richard. *The Varieties of History: From Voltaire to the Present.* London: Macmillan, 1970.

Stoneley, Peter. *A Queer History of the Ballet.* Abingdon: Routledge, 2006.

Tennant, P. E. *Théophile Gautier.* London: Athlone Press, 1975.

Vaillat, Léandre. *La Taglioni: Ou, La Vie d'une Danseuse.* Paris: A. Michel, 1942.

Vidalenc, Jean. *Jules Janin et Son Temps: Un Moment du Romanticism.* Paris: Presses Universide

France, 1974.
Vuillier, Gaston. *A History of Dancing from the Earliest Ages to Our Own Times.* New York: Ap1898.
Warner, Marina. *Phantasmagoria, Spirit Visions, Metaphors, and Media into the Twenty-First Cen.* Oxford: Oxford University Press, 2006.
Wilcox, R. Turner. *The Mode in Footwear.* New York: Scribner, 1948.
Wiley, Roland John. "Images of La Sylphide: Two Accounts by a Contemporary Witness of Marie Taglioni's Appearances in St. Petersburg." *Dance Research* 13, 1 (1995): 21–32.
Winter, Marian Hannah. *The Pre-Romantic Ballet.* London: Pitman, 1974.

제5장

이 장을 위해서 나는 옌스 안데르센(Jens Andersen), 크누드 아르네 위르겐센(Knud Arne Jurgensen), 에리크 아셴그렌(Erik Aschengreen)의 작업에 특히 기댔다. 딘나 비오른(Dinna Bjorn), 브루스 마크스(Bruce Marks), 스탠리 윌리엄스(Stanley Williams)의 가르침에서도 귀중한 통찰을 얻었다.

1차

Bournonville, August. "The Ballet Poems of August Bournonville: The Complete Scenarios, Part I." Trans. Patricia McAndrew. *Dance Chronicle* 3, 2 (1979): 165–219.

———. "The Ballet Poems of August Bournonville: The Complete Scenarios, Part II." Trans. Patricia McAndrew. *Dance Chronicle* 3, 3 (1980): 285–324.

———. "The Ballet Poems of August Bournonville: The Complete Scenarios, Part III." Trans. Patricia McAndrew. *Dance Chronicle* 3, 4 (1980): 435–75.

———. "The Ballet Poems of August Bournonville: The Complete Scenarios, Part IV." Trans. Patricia McAndrew. *Dance Chronicle* 4, 1 (1981): 46–75.

———. "The Ballet Poems of August Bournonville: The Complete Scenarios, Part V." Trans. Patricia McAndrew. *Dance Chronicle* 4, 2 (1981): 155–93.

———. "The Ballet Poems of August Bournonville: The Complete Scenarios, Part VI." Trans. Patricia McAndrew. *Dance Chronicle* 4, 3 (1981): 297–322.

———. "The Ballet Poems of August Bournonville: The Complete Scenarios, Part VII." Trans. Patricia McAndrew. *Dance Chronicle* 4, 4 (1982): 402–51.

———. "The Ballet Poems of August Bournonville: The Complete Scenarios, Part VIII." Trans. Patricia McAndrew. *Dance Chronicle* 5, 1 (1982): 50–97.

———. "The Ballet Poems of August Bournonville: The Complete Scenarios, Part IX." Trans. Patricia McAndrew. *Dance Chronicle* 5, 2 (1982): 213–30.

———. "The Ballet Poems of August Bournonville: The Complete Scenarios, Part X." Trans. Patricia McAndrew. *Dance Chronicle* 5, 3 (1983): 320–48.

———. "The Ballet Poems of August Bournonville: The Complete Scenarios, Appendix One." Trans. Patricia McAndrew. *Dance Chronicle* 5, 4 (1983): 438–60.

———. "The Ballet Poems of August Bournonville: The Complete Scenarios, Appendix Two." Trans. Patricia McAndrew. *Dance Chronicle* 6, 1 (1983): 52–78.

———. *Études Chorégraphiques.* Copenhagen: Rhodos, 1983.

———. *Letters on Dance and Choreography.* Trans. Patricia N. McAndrew, ed. Knud Arne JürLondon: Dance Books, 1999.

———. *Lettres à la maison de son Enfance.* Copenhagen: Munksgaard, 1969.

———. "Lettres sur la Danse et la Chorégraphie." *L'Europe Artiste* vol. Huitième Année, no. 27, 28, 29, 30, 31, 32, 33, 34, July 8, 15, 29, August 4, 12, [?], 19, 26, 1860.

———. *My Dearly Beloved Wife! Letters from France and Italy 1841*. Trans. Patricia N. McAned. Knud Arne Jürgensen. Alton, England: Dance Books, 2005.

———. *My Theater Life*. Trans. Patricia N. McAndrew. Middletown, CT: Wesleyan UniverPress, 1979.

———. *A New Year's Gift for Dance Lovers: Or a View of the Dance as Fine Art and Pleasant Pas*. Trans. Inge Biller Kelly. London: Royal Academy of Dancing, 1977.

Lander, Lilly. "Danish War-Time Ballets." *Dancing Times*, 1946, 338–43.

Saint-Léon, Arthur. *Letters from a Ballet-Master: The Correspondence of Arthur Saint-Léon*. Ed. Ivor Forbes Guest. New York: Dance Horizons, 1981.

2차

Andersen, Jens. *Hans Christian Andersen: A New Life*. Woodstock, NY: Overlook Press, 2005.

Aschengreen, Erik. "Bournonville: Yesterday, Today, and Tomorrow." Trans. Henry Godfrey. *Dance Chronicle* 3, 2 (1979): 102–52.

Bruhn, Erik, and Lillian Moore. *Bournonville and Ballet Technique: Studies and Comments on AuBournonville's Etudes Choreographiques*. London: A. and C. Black, 1961.

Flindt, Vivi, August Bournonville, and Knud Arne Jürgensen. *Bournonville Ballet Technique: Fifty Enchaînements*. London: Dance Books, 1992.

Fridericia, Allan. "Bournonville's Ballet 'Napoli' in the Light of Archive Materials and ThePractice." In *Theatre Research Studies*. Copenhagen: Institute for Theatre Research at the University of Copenhagen, 1972.

Frykman, Jonas, and Orvar Lofgren. *Culture Builders: A Historical Anthropology of Middle-Class Life*. New Brunswick: Rutgers University Press, 1987.

Hallar, Marianne, and Alette Scavenius. *Bournonvilleana*. Copenhagen: Royal Theatre, 1992.

Jespersen, Knud J. V. *A History of Denmark*. New York: Palgrave Macmillan, 2004.

Johnson, Anna. "Stockholm in the Gustavian Era." In *The Classical Era: From the 1740s to the End of the 18th Century*, ed. Neal Zaslaw. London: Macmillan, 1989.

Jones, W. Glyn. *Denmark: A Modern History*. London: Croom Helm, 1986.

Jürgensen, Knud Arne. *The Bournonville Ballets: A Photographic Record 1844–1933*. London: Dance Books, 1987.

———. *The Bournonville Tradition: The First Fifty Years*. 2 vols. London: Dance Books, 1997.

———. "The Making of the Bournonville School 1893–1979: A Survey of the Musical and Choreographic Sources." In *Bournonville: Tradition, Rekonstruktion*. Copenhagen: C. A. Reitzel, 1989.

———. *The Verdi Ballets*. Parma: Istituto Nazionale di Studi Verdiani, 1995.

Jürgensen, Knud Arne, and Ann Hutchinson Guest. *The Bournonville Heritage: A Choreographic Record, 1829–1875 (Twenty-Four Unknown Dances in Labanotation)*. London: Dance Books, 1990.

Kirmmse, Bruce H., ed. *Encounters with Kierkegaard: A Life asSeen by His Contemporaries*. Trans. Bruce H. Kirmmse and Virginia R. Laursen. Princeton: Princeton University Press, 1996.

La Pointe, Janice Deane McCaleb. *Birth of a Ballet: August Bournonville's "A Folk Tale," 1854*. Ph.D. diss., Texas Woman's University, 1980.

Macaulay, Alastair. "Napoli, Naples, Bournonville, Life and Death: Part 1." *Dancing Times*, 2000, 432–33.

―――. "Napoli, Naples, Bournonville, Life and Death: Part 2." *Dancing Times*, 2000, 517.
McAndrew, Patricia. "Bournonville: Citizen and Artist." *Dance Chronicle* 3, 2 (1979): 152–64.
Mitchell, P. M. *A History of Danish Literature*. New York: Kraus-Thomson Organization, 1971.
Oakley, Stewart. *A Short History of Denmark*. New York: Praeger, 1972.
Ralov, Kirsten. *The Bournonville School*. 4 vols. New York: Audience Arts, 1979.
Tobias, Tobi. "I Dream a World: The Ballets of August Bournonville." In *Thorvaldsens Museum Bulletin*, 1997, 143–53.
Tomalonis, Alexandra. "Bournonville in Hell." *Dance Now* 7, 1 (1998): 69–81.
―――. "Bournonville in Hell: Part 1." *DanceView* 14, 2 (1997): 30–42.
―――. "Bournonville in Hell: Part 2." *DanceView* 14, 4 (1997): 15–22.
―――. *Henning Kronstam: Portrait of a Danish Dancer*. Gainesville: University Press of Florida, 2002.
Windham, Donald, ed. "Hans Christian Andersen." *Dance Index* 4, 9 (Sept. 1945).
Zaslaw, Neal. *The Classical Era: From the 1740s to the End of the 18th Century*. London: Macmil1989.

제6장

이 장은 매리언 암(Marion Alm), 잉그리드 브레너드(Ingrid Brainard), 마거릿 M. 맥고완의 작업에 큰 신세를 졌다. 19세기 무용 전통에 대해서는 지안난드레아 푀시오(Giannandrea Poesio)와 캐슬린 핸셀에게 특히 신세를 졌다. 블라시스와 만초티에 대해서는 플라비아 파파체나(Flavia Pappacena)의 박학에서 많은 것을 배웠으며, 오페라의 문화에 대해서는 무엇보다도 존 로셀리와 필립 고세트(Philip Gossett)에게 기댔다.

1차

Angiolini, Gasparo. *Dissertation sur les Ballets Pantomimes des Anciens pour Servir de Programme au Ballet Pantomime Tragique de Semiramis*. Vienna: Jean-Thomas de Trattnern, 1765.
―――. "Le Ballet de Sémiramis." *Archives Internationales de la Danse* 2 (1934), 74.
―――. *Le Festin de Pierre: Ballet Pantomime Composè par M. Angiolini, Maître des Ballets du ThePrès de la Cour a Vienne, et Representè pour la Première Fois sur ce Theatre le Octobre 1761*. Vienna: J. T. Trattner, 1761.
―――. *Lettere di Gasparo Angiolini a Monsieur Noverre Sopra i Balli Pantomimi*. Milan: ApG. B. Bianchi, 1773.
Blasis, Carlo. *The Code of Terpsichore: A Practical and Historical Treatise, on the Ballet, Dancing, and Pantomime, with a Complete Theory of the Art of Dancing (Intended as well for the Instruction of Amateurs as the Use of Professional Persons)*. Trans. R. Barton. London: Printed for James Bulcock, 1828.
―――. *An Elementary Treatise upon the Theory and Practice of the Art of Dancing*. Trans. Mary Stewart Evans. New York: Dover, 1968.
―――. *L'Uomo Fisico, Intellettuale e Morale*. Milan: Tipografia Guglielmini, 1857.
―――. *Leonardo da Vinci*. Milan: Enrico Politti, 1872.
―――. *Notes upon Dancing, Historical and Practical . . . Followed by a History of the Imperial and Royal Academy of Dancing, at Milan, to Which are Added Biographical Notices of the Blasis Family, Interspersed with Various Passages on Theatrical Art*. Trans. R. Barton. London: De1847.
―――. *Raccolta di Vari Articoli Letterari.Scelti fra Accreditati Giornali Italiani e Stranieri ed*

Opinioni di Distinti Scrittori che Illustrarono l'Opera di Carlo Blasis. Milan: E. Oliva, 1858.

———. *Saggi e Prospetto del Trattato Generale di Pantomima Naturale e di Pantomima Teatrale Fondato suiPrincipi Della Fisica e della Geometria e Dedotto Dagli Elementi del Disegno e del Bello Ideale*. Milan: Tipografia Guglielmini e Redaelli, 1841.

———. *Storia del ballo in Italia Dagli Etruschi sino all'Epoca Presente*. Venice: La Scena, 1870.

———. *Studi Sulle Arti Imitatrici*. Milan, 1844.

Bournonville, August. *My Theater Life*. Trans. Patricia N. McAndrew. Middletown, CT: WesUniversity Press, 1979.

Caroso, Fabritio. *Courtly Dance of the Renaissance: A New Translation and Edition of the Nobilta di Dame (1600)*. Trans. and ed. Julia Sutton. New York: Dover, 1995.

Caroso, Fabritio, and Giacomo Franco. *Il Ballarino: A Facsimile of the 1581 Venice Edition*. New York: Broude Bros, 1967.

Castiglione. *The Book of the Courtier* (1528). Trans. and with an introduction by George Bull. New York: Penguin, 2003.

Cecchetti, Enrico, and Gisella Caccialanza. *Letters from the Maestro: Enrico Cecchetti to Gisella Caccialanza*. New York: Dance Perspectives Foundation, 1971.

Ebreo, Guglielmo. *De Pratica Seu Arte Tripudii:On the Practice or Art of Dancing*. Trans. and ed. Barbara Sparti, poems trans. Michael Sullivan. New York: Clarendon Press, 1993.

Excelsior. Directed by Luca Comerio, choreographed by Luigi Manzotti, 1913. Restored and ed. by the Scuola Nazionale di Cinema and the Cineteca Nazionale, 1998.

Lettere Critiche Intorno al Prometeo, Ballo del Sig. Viganò. Milan: Tipografia de Fusi Ferrario, 1813.

Lucian. *The Works of Lucian of Samosata*. Trans. H. W. Fowler and F. G. Fowler. Oxford: Clarendon Press, 1905.

Magri, Gennaro. *Theoretical and Practical Treatise on Dancing*. Trans. Mary Skeaping. London: Dance Books, 1988.

Plato. *Laws*. Trans. Robert Gregg Bury. 2 vols. New York: William Heinemann, 1926.

———. *Phaedrus and the Seventh and Eighth Letters*. Trans. Walter Hamilton. HarEngland: Penguin, 1973.

Ritorni, Carlo. *Commentarii Della Vita e Delle Opere Coredrammatiche di Salvatore Viganò e Della Coregrafia e de' Corepei*. Milan: Tipografia Guglielmini e Redaelli, 1838.

Salvatore Viganò, 1769–1821: Source Material on His Life and Works (Filmed from the Cia Fornaroli Collection). New York: New York Public Library, 1955.

Santucci Perugino, Ercole. *Mastro da Ballo (Dancing Master), 1614*. New York: G. Olms, 2004.

Stendhal. *Life of Rossini*. Trans. Richard N. Coe. Seattle: University of Washington Press, 1972.

2차

Alm, Irene Marion. *Theatrical Dance in Seventeenth-Century Venetian Opera*. Ph.D. diss., Univerof California Los Angeles, 1993.

Arruga, Lorenzo. *La Scala*. New York: Praeger, 1975.

Barzini, Luigi Giorgio. *The Italians: A Full-Length Portrait Featuring Their Manners and Morals*. New York: Touchstone, 1996.

Beacham, Richard C. *The Roman Theatre and Its Audience*. Cambridge: Harvard University Press, 1992.

Beaumont, Cyril William. *Enrico Cecchetti: A Memoir*. London, 1929.

Beaumont, Cyril William, and Stanislas Idzikowski. *The Cecchetti Method of Classical Ballet Theory and Technique*. Mineola, NY: Dover, 2003.

———. *A Manual of the Theory and Practice of Classical Theatrical Dancing (Classical Ballet) Cecchetti Method*. London: C. W. Beaumont, 1951.

Bennett, Toby, and Giannandrea Poesio. "Mime in the Cecchetti 'Method.'" *Dance Research* 18, 1 (2000): 31–43.

Biancoini, Lorenzo, and Giorgio Pestelli, eds. *Opera on Stage*. Chicago: University of Chicago Press, 2002.

Bongiovanni, Salvatore. "Magri in Naples: Defending the Italian Dance Traditions." In *The Grotesque Dancer on the Eighteenth-Century Stage: Gennaro Magri and His World*, ed. Rebecca Harris-Warrick and Bruce Alan Brown. Madison: University of Wisconsin Press, 2005.

Bouvy, Eugène. *Le Comte Pietro Verri (1728–1797): Ses Idèes et Son Temps*. Paris: Hachette, 1889.

Brainard, Ingrid. *The Art of Courtly Dancing in the Early Renaissance*. West Newton, MA: Selfpublished, 1981.

Broadbent, R. J. *A History of Pantomime*. New York: Arno Press, 1977.

Celi, Claudia. "Viganò, Salvatore." In *International Encyclopedia of Dance*, ed. Selma Jeanne Cohen. New York: Oxford University Press, 1998.

Celli, Vincenzo. "Enrico Cecchetti." *Dance Index* 5, 7 (July 1946), 159–79.

Clifford, Timothy. *The Three Graces*. Edinburgh: National Galleries of Scotland, 1995.

Falcone, Francesca. "The Arabesque: A Compositional Design." *Dance Chronicle* 19, 3 (1996): 231–53.

———. "The Evolution of the Arabesque in Dance." *Dance Chronicle* 22, 1 (1999): 71–117.

Gossett, Philip. *Divas and Scholars: Performing Italian Opera*. Chicago: University of Chicago Press, 2006.

———. "Gioachino Rossini." In *The New Grove Masters of Italian Opera*. New York: W. W. Norton, 1983.

Hansell, Kathleen. "Theatrical Ballet and Italian Opera." In *Opera on Stage*, ed. Lorenzo Bianand Giorgio Pestelli. Chicago: University of Chicago Press, 2002.

———. *Opera and Ballet at the Regio Ducal Teatro of Milan, 1771–1776: A Musical and Social History*. Ph.D. diss., University of California Berkeley, 1980.

Harris-Warrick, Rebecca, and Bruce Alan Brown, eds. *The Grotesque Dancer on the Eighteenth-Century Stage: Gennaro Magri and His World*. Madison: University of Wisconsin Press, 2005.

Hornblower, Simon, and Antony Spawforth, eds. *The Oxford Classical Dictionary*, 3rd ed. OxOxford University Press, 1996.

Hornsby, Clare, ed. *The Impact of Italy: The Grand Tour and Beyond*. London: British School at Rome, 2000.

Jürgensen, Knud Arne. *The Verdi Ballets*. Parma: Istituto Nazionale di Studi Verdiani, 1995.

Lambranzi, Gregorio. *New and Curious School of Theatrical Dancing*. New York: Dance Hori1966.

Legat, Nikolai Gustavovich. "Whence Came the 'Russian' School." *Dancing Times,* Feb. 1931, 565–69.

Mack Smith, Denis. *Italy: A Modern History*. Ann Arbor: University of Michigan Press, 1969.

———. *Modern Italy: A Political History*. Ann Arbor: University of Michigan Press, 1997.

May, Gita. *Stendhal and the Age of Napoleon*. New York: Columbia University Press, 1977.

McGowan, Margaret M. "Les Fêtes de Cour en Savoie—L'Oeuvre de Philippe d'Aglié." *Revue d'Histoire du Théâtre* 3 (1970): 183–241.

Monga, Luigi. "The Italian Shakespearians: Performances by Ristori, Salvini, and Rossi in England and America by Marvin Carlson." *South Altantic Review* 15, 4 (November 1986).

Pace, Sergio. *Herculaneum and European Culture Between the Eighteenth and Nineteenth Centuries.* Naples: Electa, 2000.

Pappacena, Flavia, ed. *Excelsior: Documenti e Saggi: Documents and Essays.* Rome: Di Giacomo, 1998.

———. *Il Trattato di Danza di Carlo Blasis, 1820–1830.* Lucca: Libreria Musicale Italiana, 2005.

Poesio, Giannandrea. "Blasis, the Italian Ballo, and the Male Sylph." In *Rethinking the Sylph: New Perspectives on the Romantic Ballet*, ed. Lynn Garafola. Hanover, NH: Wesleyan UniPress, 1997.

———. "Galop, Gender and Politics in the Italian Ballo Grande." *Proceedings of the Society of Dance History Scholars*, 1997, 151–56.

———. "The Story of the Fighting Dancers." Trans. Anthony Brierley. *Dance Research* 8, 1 (Spring 1990): 28–36.

———. "Viganò, the Coreodrama and the Language of Gesture." *Historical Dance* 3, 5 (1998): 3–8.

Porter, Andrew. "Giuseppe Verdi." In *The New Grove Masters of Italian Opera.* New York: W. W. Norton, 1983. Prunières, Henry. "Salvatore Viganò." *La Revue Musicale,* 1921, 71–94. Racster, Olga. *The Master of the Russian Ballet: The Memoirs of Cav. Enrico Cecchetti.* New York: Da Capo, 1978.

Richards, Kenneth, and Laura Richards. *The Commedia Dell'arte: A Documentary History.* Oxford: Shakespeare Head Press, 1990.

Rosselli, John. *Music and Musicians in Nineteenth-Century Italy.* London: B. T. Batsford, 1991.

———. *The Opera Industry in Italy from Cimarosa to Verdi: The Role of the Impresario.* CamCambridge University Press, 1984.

Sachs, Harvey. *Music in Fascist Italy.* New York: Norton, 1987.

Scafidi, Nadia, Rita Zambon, and Roberta Albano. *Le Ballet en Italie: La Scala, La Fenice, Le San Carlo, du XVIIIe Siècle à Nos Jours.* Trans. Marylène Di Stefano. Rome: Gremese In1998.

Souritz, Elizabeth. "Carlo Blasis in Russia (1861–1864)." *Studies in Dance History* 4, 2 (1993).

Sowell, Madison U., Debra H. Sowell, Francesca Falcone, and Patrizia Veroli. *Il Balletto RoTesori della Collezione Sowell.* With a preface by José Sasportes. Palermo: L'Epos, 2007.

Terzian, Elizabeth. "Salvatore Viganò: His Ballets at the Teatro La Scala (1811–1821)." Mas's thesis, University of California, Riverside, 1986.

Touchette, Lori-Ann. "Sir William Hamilton's 'Pantomime Mistress': Emma Hamilton and Her Attitudes." In *The Impact of Italy: The Grand Tour and Beyond*, ed. Clare Hornsby. London: British School at Rome, 2000.

Venturi, Franco. *Italy and the Enlightenment.* Trans. Susan Corsi. New York: New York UniPress, 1972.

Webb, Ruth. *Demons and Dancers: Performance in Late Antiquity.* Cambridge: Harvard UniverPress, 2008.

Winter, Marian Hannah. *The Pre-Romantic Ballet.* London: Pitman, 1974.

———. *The Theatre of Marvels.* New York: B. Blom, 1964.

Woolf, Stuart. *A History of Italy, 1700–1860: The Social Constraints of Political Change.* Ed. Marie-Lise Sabrié. New York: Routledge, 1979.

제7장
러시아 발레의 발전에 대한 설명은 올랜도 피지스(Orlando Figes), 머리 프레임(Murray Frame), 마크 래프(Marc Raeff), P. R. 루스벨트(P. R. Roosevelt), 팀 숄(Tim Scholl), 리처드 스타이츠(Richard Stites)의 글들에서 깊은 영향을 받았다. 디델로에 대해서는 메리 그레이스 스위프트(Mary Grace Swift)의 작업에 크게 의지했고, 프티파에 대해서는 롤런드 존 윌리(Roland John Wiley)의 선구자적 연구들이 나의 논의에 영향을 미쳤다. 러시아 문화와 사회에서 발레의 위치에 대한 생각은 리처드 워트먼(Richard Wortman)에게 큰 신세를 졌다.

1차

Benois, Alexandre. *Reminiscences of the Russian Ballet*. New York: Da Capo, 1977.

Custine, Astolphe, Marquis de. *Letters from Russia*. Ed. and with an introduction by Anka Muhlstein. New York: New York Review Books, 2002.

Gautier, Théophile. *Russia*. Trans. Florence MacIntyre Tyson. 2 vols. Philadelphia: J. C. Win1905.

———. *Voyage en Russie*. Paris: Hachette, 1961.

Hammond, Sandra Noll. "A Nineteenth-Century Dancing Master at the Court of WürttemThe Dance Notebooks of Michel St. Léon." *Dance Chronicle* 15, 3 (1992): 291–317.

Herzen, Aleksandr. *My Past and Thoughts: The Memoirs of Alexander Herzen*. Berkeley: Univerof California Press, 1982.

Karsavina, Tamara. *Theatre Street: The Reminiscences of Tamara Karsavina*. London: Dance Books, 1981.

Kschessinska, Matilda. *Dancing in Petersburg: The Memoirs of Kschessinska*. London: Gollancz, 1960.

Kyasht, Lydia. *Romantic Recollections*. New York: Da Capo, 1978.

Legat, Nikolai. *Ballet Russe: Memoirs of Nicolas Legat*. London: Methuen, 1939.

———. *The Story of the Russian School*. London: British Continental Press, 1932.

Levinson, André. *AndréLevinson on Dance: Writings from Paris in the Twenties*. Ed. Joan Acocella andLynn Garafola. Hanover, NH: University Press of New England, 1991.

Petipa, Marius. *Mémoires: Traduit du Russe et Complétés par Galia Ackerman et Pierre Lorrain*. Trans. Galia Ackerman and Pierre Lorrain. Arles: Actes Sud, 1990.

Pushkin, Aleksandr Sergeevich. *Eugene Onegin: A Novel in Verse*. Trans. James E. Falen. CarSouthern Illinois University Press, 1990.

Saint-Léon, Arthur. *Letters from a Ballet-Master: The Correspondence of Arthur Saint-Léon*. Ed. Ivor Forbes Guest. New York: Dance Horizons, 1981.

Saltykov-Shchedrin, Mikhail. *Selected Satirical Writings*. Ed. Irwin Paul Foote. Oxford: ClarenPress, 1977.

Teliakovsky, Vladimir, and Nina Dimitrievitch. "Memoirs: The Balletomanes, Part 1." *Dance Research* 12, 1 (1994): 41–47.

———. "Memoirs: The Balletomanes (Concluded)." *Dance Research* 13, 2 (1995): 77–88.

Tolstoy, Leo. *War and Peace*. Trans. Constance Garnett. New York: Random House, 2002.

Vazem, Ekaterina Ottovna. "Memoirs of a Ballerina of the St. Petersburg Bolshoi Theatre: Part 1." Trans. Nina Dimitrievitch. *Dance Research* 3, 2 (1985): 3–22.

———. "Memoirs of a Ballerina of the St. Petersburg Bolshoi Theatre: Part 2." Trans. Nina Dimitrievitch. *Dance Research* 4, 1 (1986): 3–28.

———. "Memoirs of a Ballerina of the St. Petersburg Bolshoi Theatre: Part 3." Trans. Nina

Dimitrievitch. *Dance Research* 5, 1 (1987): 21–41.

———. "Memoirs of a Ballerina of the St. Petersburg Bolshoi Theatre: Part 4." Trans. Nina Dimitrievitch. *Dance Research* 6, 2 (1988): 30–47.

2차

Anderson, Jack. *The Nutcracker Ballet*. New York: Gallery, 1979.

Bayley, John. *Pushkin: A Comparative Commentary*. Cambridge: Cambridge University Press, 1971.

Beaumont, Cyril W. *A History of Ballet in Russia (1613–1881)*. With a preface by André Levinson. London: C. W. Beaumont, 1930.

———. "Pushkin and His Influence on Russian Ballet." *Ballet* 4, 6 (1947): 56–60.

Billington, James H. *The Icon and the Axe: An Interpretive History of Russian Culture*. London: Weidenfeld and Nicolson, 1970.

Brown, David. *Tchaikovsky: The Final Years 1885–1893*. London: W. W. Norton, 1991.

Chujoy, Anatole, and Aleksandr Pleshcheev. "Russian Balletomania." *Dance Index* 7, 3 (March 1948), 43–71.

Figes, Orlando. *Natasha's Dance: A Cultural History of Russia*. New York: Metropolitan Books, 2002.

Frame, Murray. "Freedom of the Theatres: The Abolition of the Russian Imperial Theatre Monopoly." *Slavonic and East European Review* 83, 2 (Apr. 2005): 254–89.

———. *School for Citizens: Theatre and Civil Society in Imperial Russia*. New Haven: Yale UniPress, 2006.

———. *The St. Petersburg Imperial Theaters: Stage and State in Revolutionary Russia 1900–1920*. Jefferson, NC: McFarland, 2000.

Frank, Joseph. *Dostoevsky: The Seeds of Revolt, 1821–1849*. Princeton: Princeton University Press, 1976.

———. *Dostoevsky: The Years of Ordeal, 1850–1859*. Princeton: Princeton University Press, 1986.

———. *Dostoevsky: The Stir of Liberation, 1860–1865*. Princeton: Princeton University Press, 1988.

———. *Dostoevsky: The Miraculous Years, 1865–1871*. Princeton: Princeton University Press, 1996.

———. *Dostoevsky: The Mantle of the Prophet, 1871–1881*. Princeton: Princeton University Press, 2003.

Gregory, John. *The Legat Saga: Nicolai Gustavovitch Legat, 1869–1937*. London: Javog, 1992.

Gregory, John, Andre Eglevsky, and Nikolai Gustavovich Legat. *Heritage of a Ballet Master: Nicolas Legat*. New York: Dance Horizons, 1977.

Guest, Ivor. *Jules Perrot: Master of the Romantic Ballet*. London: Dance Books, 1984.

Hardwick, Elizabeth. "Among the Savages." *New York Review of Books,* Jul. 17, 2003.

Hughes, Lindsey. *Russia in the Age of Peter the Great: 1682–1725*. New Haven: Yale UniverPress, 1998.

Kelly, Aileen. *Views from the Other Shore: Essays on Herzen, Chekhov, and Bakhtin*. New Haven: Yale University Press, 1999.

Krasovskaya, Vera. "Marius Petipa and 'The Sleeping Beauty.'" Trans. Cynthia Read. *Dance Perspectives* 49 (Spring 1972).

Legat, Nikolai Gustavovich. "Whence Came the 'Russian' School." *Dancing Times,* Feb. 1931, 565–69.

Leshkov, D. I. *Marius Petipa*. Ed. Cyril W. Beaumont. London: C. W. Beaumont, 1971.

Madariaga, Isabel de. *Politics and Culture in Eighteenth-Century Russia: Collected Essays*. New York:

Longman, 1998.

———. *Russia in the Age of Catherine the Great*. New Haven: Yale University Press, 1981.

Milner-Gulland, R. R. *The Russians*. Oxford: Blackwell, 1997.

Moberg, Pamela, and Christian Petrovich Johansson. "Pehr Christian Johansson: Portrait of the Master as a Young Dancer." *DanceView* 16, 2 (1999): 26–32.

Poznansky, Alexander. *Tchaikovsky: The Quest for the Inner Man*. New York: Schirmer Books, 1991.

Raeff, Marc. *Origins of the Russian Intelligentsia: The Eighteenth-Century Nobility*. New York: Mariner Books, 1966.

———. *Russian Intellectual History: An Anthology*. New York: Harcourt, Brace and World, 1966.

———. *Understanding Imperial Russia: State and Society in the Old Regime*. New York: ColumUniversity Press, 1984.

Roosevelt, P. R. *Life on the Russian Country Estate: A Social and Cultural History*. New Haven: Yale University Press, 1995.

Roslavleva, Natalia. *The Era of the Russian Ballet*. New York: Da Capo, 1979.

Rzhevsky, Nicholas. *The Cambridge Companion to Modern Russian Culture*. Cambridge: Cambridge University Press, 1998.

Scholl, Tim. *From Petipa to Balanchine: Classical Revival and the Modernization of Ballet*. London: Routledge, 1994.

———. *Sleeping Beauty: A Legend in Progress*. New Haven: Yale University Press, 2004.

Seton-Watson, Hugh. *The Russian Empire 1801–1917*. Oxford: Clarendon Press, 1967.

Slonimsky, Yury. "Marius Petipa." Trans. Anatole Chujoy. *Dance Index* 6, 5–6 (May– June 1947): 100–44.

Slonimsky, Yury, and George Chaffee. "Jules Perrot." *Dance Index* 4, 12 (Dec. 1945), 208–47.

Stites, Richard. *Serfdom, Society, and the Arts in Imperial Russia: The Pleasure and the Power*. New Haven: Yale University Press, 2005.

Sutcliffe, Mark, ed. *Nicholas and Alexandra: The Last Imperial Family of Tsarist Russia*. New York: Harry N. Abrams, 1998.

Swift, Mary Grace. *A Loftier Flight: The Life and Accomplishments of Charles-Louis Didelot, Bal.* Middletown, CT: Wesleyan University Press, 1974.

Volkonsky, Sergei. *My Reminiscences*. Trans. Alfred Edward Chamot. London: Hutchinson, 1925.

Volkov, Solomon. *St. Petersburg: A Cultural History*. New York: Free Press, 1995. Ware, Timothy. *The Orthodox Church*. Harmondsworth, England: Penguin, 1964.

Wiley, Roland John. "A Context for Petipa." *Dance Research* 21, 1 (Summer 2003): 24–52.

———. "Dances from Russia: An Introduction to the Sergejev Collection." *Harvard Library Bulletin* 24, 1 (Jan. 1976): 94–112.

———. *The Life and Ballets of Lev Ivanov, Choreographer of the Nutcracker and Swan Lake*. New York: Clarendon Press, 1997.

———. *Tchaikovsky's Ballets: Swan Lake, Sleeping Beauty, Nutcracker*. Oxford: Clarendon Press, 1985.

———. *Tchaikovsky's Swan Lake: The First Productions in Moscow and St. Petersburg*. Ph.D. diss., Harvard University, 1975.

———. "Three Historians of the Russian Imperial Ballet." *Dance Research Journal* 13, 1 (Autumn 1980): 3–16.

───. "The Yearbook of the Imperial Theaters." *Dance Research Journal* 9, 1 (1976): 30–36.

───, ed. *A Century of Russian Ballet: Documents and Accounts 1810–1910*. Oxford: Oxford University Press, 1990.

Wortman, Richard. *Scenarios of Power: Myth and Ceremony in Russian Monarchy*, vol. 1. PrincePrinceton University Press, 1995.

───. *Scenarios of Power: Myth and Ceremony in Russian Monarchy from Alexander II to the Abof Nicholas II*, vol. 2. Princeton: Princeton University Press, 2000.

제8장

러시아 모더니즘과 발레 뤼스의 역사에 대해서 나는 조안 로스 아코셀라(Joan Ross Acocella), 존 바울트(John Bowlt), 린 개러폴라(Lynn Garafola), 낸시 반 노먼 베어(Nancy Van Norman Baer)의 작업에 특히 의지했다. 「불새」와 「봄의 제전」의 러시아적 맥락에 대해서는 올랜도 피지스에게 특히 신세를 졌다. 「봄의 제전」에 대한 설명은 모드리스 엑스틴스(Modris Eksteins)의 매력적인 연구에도 의지했다. 스트라빈스키에 대해서는 리처드 터루스킨(Richard Taruskin)이 귀중한 안내자였다. 이사벨 포킨(Isabelle Fokine)은 2001년 길고 유익한 인터뷰로 그녀의 할아버지의 춤들에 대해서 나에게 본질적인 감을 주었다.

1차

Banes, Sally. "Kasyan Goleizovsky's Manifestos, the Old and the New: Letters About Ballet." *Ballet Review* 11, 3 (Fall 1983): 64–76.

Benois, Alexandre. *Memoirs*. 2 vols. Trans. Moura Budberg. London: Chatto and Windus, 1960 and 1964.

Blok, Aleksandr. *The Twelve, and Other Poems*. Trans. Jon Stallworthy and Peter France. LonEyre and Spottiswoode, 1970.

Fokine, Michel. *Fokine: Memoirs of a Ballet Master*. Trans. Vitale Fokine, ed. Anatole Chujoy. Boston: Little, Brown, 1961.

Hugo, Valentine. *Nijinsky on Stage: Action Drawings by Valentine Gross of Nijinsky and the Dia Ballet Made in Paris Between 1909 and 1913*. London: Studio Vista, 1971.

Karsavina, Tamara. *Theatre Street: The Reminiscences of Tamara Karsavina*. London: Dance Books, 1981.

Kessler, Harry. *Berlin in Lights: The Diaries of Count Harry Kessler, 1918–1937*. Trans. Charles Kessler. New York: Grove Press, 1999.

Kyasht, Lydia. *Romantic Recollections*. New York: Da Capo, 1978.

Levinson, André. *AndréLevinson on Dance: Writings from Paris in the Twenties*. Ed. Joan RossAcocella and Lynn Garafola. Hanover, NH: Wesleyan University Press, 1991.

───. *Ballet Old and New*. Trans. Susan Cook Summer. New York: Dance Horizons, 1982.

Lopukhov, Fedor. *Writings on Ballet and Music*. Trans. Dorinda Offord, ed. Stephanie Jordan. Madison: University of Wisconsin Press, 2002.

Lunacharsky, Anatoly. *On Literature and Art*. Trans. Avril Pyman and Fainna Glagoleva. Moscow: Progress, 1973.

───. *Revolutionary Silhouettes, with an Introduction by Isaac Deutscher*. Trans. Michael Glenny. London: Penguin Press, 1967.

Massine, Leonide. *My Life in Ballet*. London: Macmillan, 1968.

Meyerhold, V. E. *Meyerhold on Theatre*. Ed. Edward Braun. New York: Hill and Wang, 1969.
Nabokov, Nicolas. *Old Friends and New Music*. Boston: Little, Brown, 1951.
Nijinska, Bronislava. *Bronislava Nijinska: Early Memoirs*. Trans. Irina Nijinska and Jean Rawlinson. New York: Holt, Rinehart and Winston, 1981.
———. "On Movement and the School of Movement." *Ballet Review* 13, 4 (Winter 1986): 75–81.
Nijinsky, Vaslav. *The Diary of Vaslav Nijinsky: Unexpurgated Edition*. Trans. Kyril Fitzlyon, ed. Joan Ross Acocella. New York: Farrar, Straus and Giroux, 1999.
Paléologue, Maurice. *An Ambassador's Memoirs*. Trans. F. A. Holt. 3 vols. New York: George H. Doran, 1972.
Parker, Henry Taylor, and Olive Holmes. *Motion Arrested: Dance Reviews*. Ed. Olive Holmes. New York: Wesleyan University Press, 1982.
Proust, Marcel. *Remembrance of Things Past: Swann's Way Within a Budding Grove*. Trans. C. K. Scott Moncrieff. London: Chatto and Windus, 1981.
Rambert, Marie. *Quicksilver: The Autobiography of Marie Rambert*. London: Macmillan, 1972.
Sokolova, Lydia. *Dancing for Diaghilev: The Memoirs of Lydia Sokolova*. Ed. Richard Buckle. San Francisco: Mercury House, 1959.
Stanislavsky, Konstantin. *My Life in Art*. New York: Theatre Arts Books, 1952.
Stravinsky, Igor. *Poetics of Music in the Form of Six Lessons*. Cambridge: Harvard University Press, 1942.
Van Vechten, Carl. *The Dance Writings of Carl Van Vechten*. New York: Dance Horizons, 1974.
Volkov, Solomon. *Balanchine's Tchaikovsky: Interviews with George Balanchine*. Trans. Antonina W. Bouis. New York: Simon and Schuster, 1985.
Volynsky, Akim. *Ballet's Magic Kingdom: Selected Writings on Dance in Russia, 1911–1925*. Ed. Stanley J. Rabinowitz. New Haven: Yale University Press, 2008.

2차

Acocella, Joan Ross. *The Reception of Diaghilev's Ballets Russes by Artists and Intellectuals in Paris and London, 1909–1914*. Ph.D. diss., Rutgers University, 1984.
Baer, Nancy Van Norman. *Bronislava Nijinska: A Dancer's Legacy*. San Francisco: Fine Arts Museums of San Francisco, 1986.
Baer, Nancy Van Norman, and Joan Ross Acocella. *The Art of Enchantment: Diaghilev's Ballets Russes, 1909–1929*. San Francisco: Fine Arts Museums of San Francisco, 1988.
Balanchine, George. "The Dance Element in Stravinsky's Music." In *Stravinsky in the Theater*, ed. Minna Lederman. New York: Da Capo Press, 1975.
Beaumont, Cyril W. *Michel Fokine and His Ballets*. New York: Dance Books, 1981.
Blair, Fredrika. *Isadora: Portrait of the Artist as a Woman*. New York: McGraw-Hill, 1986.
Bowlt, John E. *Russian Stage Design—Scenic Innovation: 1900–1930*. Jackson: Mississippi Museum of Art, 1982.
———. *The Silver Age: Russian Art of the Early Twentieth Century and the "World of Art" Group*. Newtonville, MA: Oriental Research Partners, 1982.
Bowlt, John E., and Olga Matich, eds. *Laboratory of Dreams: The Russian Avant-Garde and Cultural Experiment*. Stanford: Stanford University Press, 1999.
Braun, Edward. *Meyerhold: A Revolution in Theatre*. Iowa City: University of Iowa Press, 1995.

Buckle, Richard. *Diaghilev*. London: Weidenfeld and Nicolson, 1993.

———. *Nijinsky*. London: Weidenfeld and Nicolson, 1971.

Clark, Katerina. *Petersburg: Crucible of Cultural Revolution*. Cambridge: Harvard University Press, 1995.

Craft, Robert. "Nijinsky and 'Le Sacre.'" *New York Review of Books,* Apr. 15, 1976.

Croce, Arlene. "On 'Beauty' Bare." *New York Review of Books,* Aug. 12, 1999.

Eksteins, Modris. *Rites of Spring: The Great War and the Birth of the Modern Age*. Boston: Houghton Mifflin, 1989.

Fergison, Drue. "Bringing *Les Noces* to the Stage." In *The Ballets Russes and Its World*, ed. Lynn Garafola and Nancy Van Norman Baer. New Haven: Yale University Press, 1999.

Figes, Orlando. *Natasha's Dance: A Cultural History of Russia*. New York: Metropolitan Books, 2002.

Fitzpatrick, Sheila. *The Commissariat of Enlightenment: Soviet Organization of Education and the Arts Under Lunacharsky, October 1917–1921*. Cambridge: University Press, 1970.

Frame, Murray. *The St. Petersburg Imperial Theaters: Stage and State in Revolutionary Russia 1900–1920*. Jefferson, NC: McFarland, 2000.

Garafola, Lynn. *Diaghilev's Ballets Russes*. New York: Oxford University Press, 1989.

Garafola, Lynn, and Nancy Van Norman Baer, eds. *The Ballets Russes and Its World*. New Haven: Yale University Press, 1999.

García-Márquez, Vicente. *Massine: A Biography*. New York: Knopf, 1995.

Gold, Arthur, and Robert Fizdale. *Misia: The Life of Misia Sert*. New York: Vintage, 1992.

Goldman, Debra. "Background to Diaghilev." *Ballet Review* 6, 3 (1977): 1–56.

Gottlieb, Robert. *George Balanchine: The Ballet Maker*. New York: HarperCollins, 2004.

Gregory, John. *The Legat Saga: Nicolai Gustavovitch Legat, 1869–1937*. London: Javog, 1992.

Grigorev, S. L. *The Diaghilev Ballet, 1909–1929*. New York: Dance Horizons, 1974.

Haskell, Arnold Lionel, and Walter Nouvel. *Diaghileff: His Artistic and Private Life*. New York: Da Capo, 1977.

Hodson, Millicent. *Nijinsky's Crime Against Grace: Reconstruction Score of the Original Choreography for Le Sacre du Printemps*. New York: Pendragon, 1996.

Horwitz, Dawn Lille. *Michel Fokine*. Boston: Twayne, 1985.

Joseph, Charles M. *Stravinsky and Balanchine: A Journey of Invention*. New Haven: Yale University Press, 2002.

Kahane, Martine. *Les Ballets Russes à l'Opéra*. Paris: Hazan, 1992.

Kelly, Aileen. "Brave New Worlds." *New York Review of Books,* Dec. 6, 1990.

Kelly, Thomas F. *First Nights: Five Musical Premiers*. New Haven: Yale University Press, 2001.

Kirstein, Lincoln. *Nijinsky Dancing*. New York: Knopf, 1975.

Krasovskaya, Vera. *Nijinsky*. New York: Schirmer Books, 1979.

Kurth, Peter. *Isadora: A Sensational Life*. Boston: Little, Brown, 2001.

Law, Alma, and Mel Gordon. *Meyerhold, Eisenstein and Biomechanics: Actor Training in RevoluRussia*. Jefferson, NC: McFarland, 1996.

Lederman, Minna, ed. *Stravinsky in the Theatre*. New York: Da Capo, 1975.

Levy, Karen D. *Jacques Rivière*. Boston: Twayne, 1982.

Macdonald, Nesta. *Diaghilev Observed by Critics in England and the United States, 1911–1929*. New

York: Dance Horizons, 1975.

Magarshack, David. *Stanislavsky: A Life*. Westport, CT: Greenwood, 1975.

Magriel, Paul David. *Pavlova: An Illustrated Monograph*. New York: Henry Holt, 1947.

Money, Keith. *Anna Pavlova: Her Life and Art*. New York: Knopf, 1982.

Naughton, Helen T. *Jacques Rivière: The Development of a Man and a Creed*. The Hague: Mou1966.

Nesteev, Israel. "Diaghilev's Musical Education." In *The Ballets Russes and Its World*, ed. Lynn Garafola and Nancy Van Norman Baer. New Haven: Yale University Press, 1999.

Nice, David. *Prokofiev: From Russia to the West, 1891–1935*. New Haven: Yale University Press, 2003.

Norton, Leslie. *Léonide Massine and the 20th Century Ballet*. Jefferson, NC: McFarland, 2004.

Prochasson, Christophe. *Les Années Électriques: 1880–1910*. Paris: La Découverte, 1991.

Propert, Walter Archibald. *The Russian Ballet in Western Europe, 1909–19*. New York: J. Lane, B. Blom, 1921.

Reynolds, Nancy. *Repertory in Review: 40 Years of the New York City Ballet*. New York: Dial, 1977.

Richardson, John. *A Life of Picasso: The Cubist Rebel 1907–1916*. New York: Knopf, 2007.

———. *A Life of Picasso: The Triumphant Years 1917–1932*. New York: Knopf, 2007.

Roslavleva, Natalia. *The Era of the Russian Ballet*. New York: Da Capo, 1979.

———. *Stanislavski and the Ballet*. New York: Dance Perspectives, 1965.

Rudnitsky, Konstantin. *Russian and Soviet Theater, 1905–1932*. Trans. Roxanne Permar, ed. Lesley Milne. New York: Harry N. Abrams, 1988.

Schapiro, Meyer. *Modern Art: Nineteenth and Twentieth Centuries*. New York: George Braziller, 1978.

Scholl, Tim. *From Petipa to Balanchine: Classical Revival and the Modernization of Ballet*. London: Routledge, 1994.

Schwarz, Boris. *Music and Musical Life in Soviet Russia, 1917–1981*. Bloomington: Indiana University Press, 1983.

Shattuck, Roger. *The Banquet Years: The Origins of the Avant-Garde in France, 1885 to World War I*. Freeport, NY: Books for Libraries, 1972.

Shead, Richard. *Ballets Russes*. Secaucus, NJ: Wellfleet, 1989.

Silverman, Debora. *Art Nouveau in Fin-de-Siècle France, Politics, Psychology, and Style*. Berkeley: University of California Press, 1989.

———. *Van Gogh and Gauguin: The Search for Sacred Art*. New York: Farrar, Straus, and Giroux, 2000.

Skidelsky, Robert. *John Maynard Keynes,* vol. 1: *Hopes Betrayed 1883–1920*. New York: Pen1983.

Slonimsky, Yuri. "Balanchine: The Early Years." *Ballet Review* 5, 3 (1975–76): 1–64.

Smakov, Gennady. *The Great Russian Dancers*. New York: Knopf, 1984.

Souritz, Elizabeth. "Isadora Duncan's Influence on Dance in Russia." *Dance Chronicle* 18, 2 (1995): 281–91.

———. "Soviet Ballet of the 1920s and the Influence of Constructivism." In *Soviet Union/Union Sovietique,* 1980, 112–37.

———. *Soviet Choreographers in the 1920s*. Trans. Lynn Visson, ed. Sally Banes. Durham, NC: Duke University Press, 1990.

———. "The Young Balanchine in Russia." *Ballet Review* 18, 2 (1990): 66–71.

Spurling, Hilary. *Matisse the Master: A Life of Henri Matisse, The Conquest of Colour, 1909–1954*.

New York: Knopf, 2005.

———. *The Unknown Matisse: A Life of Henri Matisse, The Early Years, 1869–1908*. New York: Knopf, 2008.

Taruskin, Richard. *Defining Russia Musically: Historical and Hermeneutical Essays*. Princeton: Princeton University Press, 1997.

———. *Stravinsky and the Russian Traditions: A Biography of the Works Through Mavra*. 2 vols. Berkeley: University of California Press, 1996.

Tracy, Robert. *Balanchine's Ballerinas: Conversations with the Muses*. New York: Linden Press, 1983.

Vogel, Lucy E., ed. *Blok: An Anthology of Essays and Memoirs*. Ann Arbor: Ardis, 1982.

Walsh, Stephen. *Stravinsky, A Creative Spring: Russia and France, 1882–1934*. Berkeley: University of California Press, 1999.

Wiley, Roland John. *Tchaikovsky's Ballets: Swan Lake, Sleeping Beauty, Nutcracker*. Oxford: Clarendon Press, 1985.

제9장

이 장을 위한 아이디어들은 올랜도 피지스, 에일린 켈리(Aileen Kelly), 나이마 프레보츠(Naima Prevots), 팀 숄, 다이언 슬로웨이(Diane Solway), 엘리자베츠 수리츠(Elizabeth Souritz), 메리 그레이스 스위프트의 작업에서 영향을 받았다. 나는 상트페테르부르크와 모스크바에서 예전 소비에트 무용수들의 수업과 러허설을 관찰하며 보낸 시간으로부터, 그리고 보리스 아키모프(Boris Akimov), 니콜라이 파데예체프(Nikolai Fadeyechev), 림마 카렐스카야(Rimma Karelskaya), 이고르 콜프(Igor Kolb), 이리나 콜파코바(Irina Kolpakova), 뤼보프 쿠나코바(Lyubov Kunakova), 니넬 쿠르갑키나(Ninel Kurgapkina), 가브리엘라 콤레바(Gabriella Komleva), 미하일 라브롭스키(Mikhail Lavrovsky), 아나톨리 니스네비치(Anatoly Nisnevich), 예카테리나 막시모바(Ekaterina Maximova), 엘리자베스 수리츠(Elizabeth Souritz), 나하드 마치에프(Makhar Vaziev), 세르게이 비하레프(Sergei Vikharev), 니나 우코바(Nina Ukova)와의 인터뷰들로부터도 많은 것을 배웠다. 런던에서 나는 푸엘 카르프(Poel Karp)와 이야기했고, 뉴욕에서 로버트 매요라노(Robert Maiorano)는 NYCB의 1962년 순회공연에 대해서 새로운 정보를 주었다.

1차

Berlin, Isaiah. *Personal Impressions*. Ed. Henry Hardy. New York: Viking, 1981.

Bourke-White, Margaret. *Eyes on Russia*. New York: Simon and Schuster, 1931.

Grigorovich, Yuri, and Sania Davlekamova. *The Authorized Bolshoi Ballet Book of The Golden Age*. Neptune City, NJ: T.F.H., 1989.

Grigorovich, Yuri, and Alexander Demidov. *The Authorized Bolshoi Ballet Book of Ivan the Ter*. Neptune City, NJ: T.F.H., 1988.

———. *The Authorized Bolshoi Ballet Book of Romeo and Juliet*. Neptune City, NJ: T.F.H., 1990.

———. *The Offical Bolshoi Ballet Book of Swan Lake*. Neptune City, NJ: T.F.H., 1986.

Grigorovich, Yuri, and Viktor Vladimirovich Vanslov. *The Authorized Bolshoi Ballet Book of Raymonda*. Neptune City, NJ: T.F.H., 1987.

———. *The Authorized Bolshoi Ballet Book of Sleeping Beauty*. Neptune City, NJ: T.F.H., 1987.

Jelegin, Juri. *Taming of the Arts*. New York: Dutton, 1951.

Kent, Allegra. *Once a Dancer: An Autobiography*. New York: St. Martin's Press, 1997.

Khrushchev, Nikita. *Khrushchev Remembers*. Boston: Little, Brown, 1970.

L'vov-Anokhin, B. *Galina Ulanova*. Moscow: Foreign Languages Publishing House, 1956.

Makarova, Natalia. *A Dance Autobiography*. New York: Knopf, 1979.

Mandelstam, Nadezhda. *Hope Against Hope: A Memoir*. Trans. Max Hayward. New York: Modern Library, 1999.

Mayakovsky, Vladimir. *The Bedbug (A Play) and Selected Poetry*. Bloomington: Indiana University Press, 1975.

Panov, Valery, and George Feifer. *To Dance*. New York: Knopf, 1978.

Plisetskaya, Maya. *I, Maya Plisetskaya*. Trans. Antonina W. Bouis. New Haven: Yale University Press, 2001.

Stanislavsky, Konstantin. *My Life in Art*. New York: Theatre Arts Books, 1952.

Tertz, Abram. *The Trial Begins and On Socialist Realism*, introduction by Czeslaw Milosz. Trans. Max Hayward and George Dennis. New York: Vintage, 1965.

Ulanova, Galina. *Autobiographical Notes and Commentary on Soviet Ballet*. London: Soviet News, 1956.

―――. "A Ballerina's Notes." *USSR* 4 (1959).

―――. *The Making of a Ballerina*. Moscow: Foreign Languages Publishing House.

Ulanova, Galina, Igor Moiseev, and Rostislav Zakharov. *Ulanova, Moiseyev and Zakharov on SoBallet*. Trans. E. Fox and D. Fry, ed. Peter Brinson. London: Society for Cultural Rewith the USSR, 1954.

Vaganova, Agrippina. *Basic Principles of Classical Ballet: Russian Ballet Technique*. Trans. Ana-tole Chujoy and John Barker. New York: Dover, 1969.

2차

Acocella, Joan Ross. *Baryshnikov in Black and White*. New York: Bloomsbury, 2002.

Albert, Gennady. *Alexander Pushkin: Master Teacher of Dance*. With a foreword by Mikhail Baryshnikov. Trans. Antonina W. Bouis. New York: New York Public Library, 2001.

Barnes, Clive. *Nureyev*. New York: Helene Obolensky Enterprises, 1982.

Baryshnikov, Mikhail. *Baryshnikov at Work: Mikhail Baryshnikov Discusses His Roles*. New York: Knopf, 1978.

Beresovsky, V. Bogdanov. *Ulanova and the Development of the Soviet Ballet*. Trans. Stephen Garry and Joan Lawson. London: MacGibbon and Key, 1952.

Croce, Arlene. "Hard Work." *New Yorker*, May 5, 1975, 134.

Daneman, Meredith. *Margot Fonteyn*. New York: Viking, 2004.

Feifer, George. *Russia Close-Up*. London: Cape, 1973.

Figes, Orlando. *Natasha's Dance: A Cultural History of Russia*. New York: Metropolitan Books, 2002.

Groys, Boris. *The Total Art of Stalinism: Avant-Garde, Aesthetic Dictatorship, and Beyond*. Princeton: Princeton University Press, 1992.

Hosking, Geoffrey A. *A History of the Soviet Union 1917–1991*. Glasgow: Fontana Press, 1992.

―――. *Russia and the Russians: A History*. Cambridge: Harvard University Press, 2001.

Jennings, Luke. "Nights at the Ballet: The Czar's Last Dance." *New Yorker*, Mar. 27, 1995, 75.

Kavanagh, Julie. *Nureyev: The Life*. New York: Pantheon Books, 2007.

Kelly, Aileen. "In the Promised Land." *New York Review of Books*, Nov. 29, 2001.

Kent, Allegra. *Once a Dancer: An Autobiography*. New York: St. Martin's Press, 1997.

Kotkin, Stephen. *Magnetic Mountain: Stalinism as a Civilization*. Berkeley: University of CaliPress,

1995.

Krasovskaya, Vera. *Vaganova: A Dance Journey from Petersburg to Leningrad.* Trans. Vera M. Siegel. Gainesville: University Press of Florida, 2005.

Litvinoff, Valentina. "Vaganova." *Dance Magazine,* Jul.–Aug. 1964, 40.

Lobenthal, Joel. "Agrippina Vaganova." *Ballet Review* 27, 4 (Winter 1999): 47–57.

Maes, Francis. *A History of Russian Music: From Kamarinskaya to Babi Yar.* Berkeley: Univerof California Press, 2002.

Magarshack, David. *Stanislavsky: A Life.* Westport, CT: Greenwood Press, 1975.

Montefiore, Sebag. *Stalin: The Court of the Red Tsar.* New York: Knopf, 2004.

Morrison, Simon. *The People's Artist: Prokofiev's Soviet Years.* Oxford: Oxford University Press, 2008.

Nice, David. *Prokofiev: From Russia to the West, 1891–1935.* New Haven: Yale University Press, 2003.

Orloff, Alexander, and Margaret E. Willis. *The Russian Ballet on Tour.* New York: Rizzoli, 1989.

Prevots, Naima. *Dance for Export: Cultural Diplomacy and the Cold War.* Hanover, NH: UniPress of New England, 1998.

Reynolds, Nancy. "The Red Curtain: Balanchine's Critical Reception in the Soviet Union." *American Dance Abroad,* 1992, 47–57.

Robinson, Harlow. *Sergei Prokofiev: A Biography.* New York: Viking, 1987.

Roslavleva, Natalia. *The Era of the Russian Ballet.* New York: Da Capo, 1979.

Ross, Alex. *The Rest Is Noise: Listening to the Twentieth Century.* New York: Farrar, Straus and Giroux, 2007.

Rudnitsky, Konstantin. *Russian and Soviet Theater, 1905–1932.* Trans. Roxanne Permar, ed. Lesley Milne. New York: Harry N. Abrams, 1988.

Scholl, Tim. *Sleeping Beauty: A Legend in Progress.* New Haven: Yale University Press, 2004.

Schwarz, Boris. *Music and Musical Life in Soviet Russia.* Bloomington: Indiana University Press, 1983.

Smakov, Gennady. *Baryshnikov: From Russia to the West.* London: Orbis Publishing, 1981.

Solway, Diane. *Nureyev, His Life.* New York: William Morrow, 1998.

Souritz, Elizabeth. "The Achievement of Vera Krasovskaya." *Dance Chronicle* 21, 1 (1998): 139–48.

———. "Moscow's Island of Dance, 1934–1941." *Dance Chronicle* 17, 1 (1994): 1–92.

———. "Soviet Ballet of the 1920s and the Influence of Constructivism." *Soviet Union/Union Sovietique* 7, 1–2 (1980): 112–37.

———. *Soviet Choreographers in the 1920s.* Trans. Lynn Visson, ed. Sally Banes. Durham, NC: Duke University Press, 1990.

Stites, Richard. *Russian Popular Culture: Entertainment and Society Since 1900.* Cambridge: Cambridge University Press, 1992.

Swift, Mary Grace. *The Art of the Dance in the USSR.* Notre Dame: University of Notre Dame Press, 1968.

Taper, Bernard. *Balanchine: A Biography.* New York: Collier, 1974.

Taruskin, Richard. *Defining Russia Musically: Historical and Hermeneutical Essays.* Princeton: Princeton University Press, 1997.

Taylor, Richard, and Derek Spring, eds. *Stalinism and Soviet Cinema.* London: Routledge, 1993.

Volkov, Solomon. *St. Petersburg: A Cultural History.* New York: Free Press, 1995.

Willis-Aarnio, Peggy. *Agrippina Vaganova (1879–1951): Her Place in the History of Ballet and Her*

Impact on the Future of Classical Dance. Lewiston, NY: Edwin Mellen Press, 2002.

Wilson, Elizabeth. *Shostakovich: A Life Remembered*. London: Faber, 1994.

Zolotnitsky, David. *Sergei Radlov: The Shakespearian Fate of a Soviet Director*. Luxembourg: Harwood Academic, 1995.

제10장

이 장을 위해서 나는 케네스 O. 모건(Kenneth O. Morgan), 로버트 휴이슨(Robert Hewison), 새뮤얼 하인즈(Samuel Hynes), 로버트 스키델스키(Robert Skidelsky)의 박학에 특히 신세를 졌다. 춤에서 나는 메리 클라크(Mary Clarke), 베스 젠(Beth Genne), 알렉산더 블랜드(Alexander Bland), 주디스 매크렐(Judith Mackrell), 조이 앤더슨(Zoe Andersen)의 작업에 의지했다. 애슈턴에 대한 이해는 다이언 슬로웨이와 줄리 카바나(Julie Kavanagh)에게 엄청난 신세를 졌다. 폰테인에 대해서는 메리디스 데인먼(Meredith Daneman)에게, 누레예프에 대해서는 다이언 슬로웨이와 줄리 카바나에게 기댔다. 케네스 맥밀런의 삶에 대해서는 에드워드 소프(Edward Thorpe)의 전기를 이용했다. 그러나 독자들은 이 장이 완성된 후에 나온 잰 페리(Jann Parry)의 권위 있는 새 전기를 참고해야 할 것이다.

1차

Annan, Noel. *Our Age: The Generation That Made Post-War Britain*. London: Fontana, 1991. Beaton, Cecil. *Ballet*. London: Wingate, 1951.

——. *Self Portrait with Friends: The Selected Diaries of Cecil Beaton 1926–1974*. Ed. Richard Buckle. London: Weidenfeld and Nicolson, 1979.

——. *The Unexpurgated Beaton: The Cecil Beaton Diaries As They Were Written,* introduced by Hugo Vickers. London: Weidenfeld and Nicolson, 2002.

Bedells, Phyllis. *My Dancing Days*. London: Phoenix House, 1954.

Béjart, Maurice. *Le Ballet des Mots*. Paris: Archimbaud, 1994.

——. *Mémoires*. Paris: Flammarion, 1996. Connolly, Cyril. *Enemies of Promise*. Boston: Little, Brown, 1939.

——. *The Selected Works of Cyril Connolly*. Ed. Matthew Connolly. 2 vols. London: Picador, 2002.

Coton, A. V. *Writings on Dance, 1938–68*. London: Dance Books, 1975.

De Valois, Ninette. *Come Dance with Me: A Memoir 1898–1956*. Dublin: Lilliput Press, 1992.

——. *Invitation to the Ballet*. London: John Lane, 1937.

——. *Step by Step: The Formation of an Establishment*. London: W. H. Allen, 1977.

Fonteyn, Margot. *Margot Fonteyn: Autobiography*. New York: Knopf, 1976.

Haskell, Arnold Lionel. *Balletomania: The Story of an Obsession*. London: Victor Gollancz, 1946.

Hill, Polly, and Richard D. Keynes, eds. *Lydia and Maynard: The Letters of Lydia Lopokova and John Maynard Keynes*. New York: Scribner, 1989.

Keynes, John Maynard. *The Economic Consequences of Peace*. New York: Penguin, 1971.

Lambert, Constant. *Music Ho! A Study of Music in Decline*. New York: October House, 1967.

Lifar, Serge. *Auguste Vestris: Le Dieu de la Danse*. Paris: Nagel, 1950.

——. *Du Temps que J'avais Faim*. Paris: Stock, 1935.

——. *Histoire du Ballet*. Paris: P. Waleffe, Éditions Hermès, 1966.

——. *Les Mémoires d'Icare*. Monaco: Éditions Sauret, 1993.

Littlefield, Joan. "Wartime Ballet Flourishes." *Dance Magazine,* April 1943, 20.

Manchester, P. W. *Vic-Wells: A Ballet Progress*. London: V. Gollancz, 1946.

Manchester, P. W., and Iris Morley. *The Rose and the Star*. London: V. Gollancz, 1949.

Marshall, Norman. *The Other Theatre*. London: J. Lehmann, 1947.

Muggeridge, Malcolm. *Winter in Moscow*. London: Eyre and Spottiswoode, 1934.

Petit, Roland. *J'ai Dansé sur les Flots*. Paris: B. Grasset, 1993.

Rambert, Marie. *Quicksilver: The Autobiography of Marie Rambert*. London: Macmillan, 1972. "Roll of Service' of the Dancing Profession." *Dancing Times,* 1940, 68–69.

Sackville-West, Victoria. *Pepita*. New York: Sun Dial, 1940.

Seymour, Lynn, and Paul Gardner. *Lynn: The Autobiography of Lynn Seymour.* London: Granada, 1984.

Shaw, Bernard. *Music in London: 1890–1894*. 3 vols. London: Constable, 1932.

Sitwell, Osbert. *Laughter in the Next Room*. London: Macmillan, 1949. Tynan, Kenneth. *Tynan on Theatre*. Harmondsworth, England: Penguin, 1964.

Waugh, Evelyn. *Vile Bodies*. Middlesex: Penguin, 1930.

2차

Anderson, Zoë. *The Royal Ballet: 75 Years*. London: Faber and Faber, 2006.

Aschengreen, Erik. "Bournonville: Yesterday, Today, and Tomorrow." Trans. Henry Godfrey. *Dance Chronicle* 3, 2 (1979): 102–52.

Barnes, Clive. *Ballet in Britain Since the War*. London: C. A. Watts, 1953.

Bland, Alexander. *The Royal Ballet: The First Fifty Years*. Garden City, NY: Doubleday, 1981.

Bonnet, Sylvie. "L'Evolution de l'Esthetique Lifarienne." *La Recherche en Danse* 1 (1982): 95–102.

Burrin, Philippe. *France Under the Germans: Collaboration and Compromise*. New York: New Press, 1996.

Cannadine, David. *Aspects of Aristocracy: Grandeur and Decline in Modern Britain*. New Haven: Yale University Press, 1994.

———. "The Context, Performance, and Meaning of Ritual: The British Monarchy and the 'Invention of Tradition,' c. 1820–1977." In *The Invention of Tradition*, ed. E. J. Hobsand T. O. Ranger. Cambridge: Cambridge University Press, 1983.

Chimènes, Myriam, and Josette Alviset. *La Vie Musicale sous Vichy*. Bruxelles: Complexe, 2001.

Christout, Marie-Françoise. *Textes de Maurice Béjart: Points de Vue Critiques, Témoignages, Chronologie*. Paris: Seghers, 1972.

Clarke, Mary. *Dancers of Mercury: The Story of Ballet Rambert*. London: A. and C. Black, 1962.

———. *The Sadler's Wells Ballet: A History and an Appreciation*. With a new foreword by the author. New York: Da Capo, 1977.

Clarke, Mary, and Clement Crisp. *The History of Dance*. New York: Crown, 1981.

Cone, Michèle C. *Artists Under Vichy: A Case of Prejudice and Persecution*. Princeton: Princeton University Press, 1992.

Crickmay, Anthony, and Mary Clarke. *Margot Fonteyn*. Brooklyn: Dance Horizons, 1976.

Crisp, Clement, Anya Sainsbury, and Peter Williams. *50 Years of Ballet Rambert, 1926–1976*. Ilkley: Scolar Press, 1976.

Daneman, Meredith. *Margot Fonteyn*. New York: Viking, 2004.

Fisher, Hugh. *Margot Fonteyn*. London: A. and C. Black, 1953.

Fumaroli, Marc. *L'Etat Culturel: Une Religion Moderne*. Paris: Éditions de Fallois, 1991.

Genné, Beth. "Creating a Canon, Creating the 'Classics' in Twentieth-Century British Bal" *Dance*

Research 18, 2 (2000): 132–62.

―――. "The Making of a Choreographer: Ninette de Valois and Bar aux Folies-Bergère." *Studies in Dance History* 12 (1996): 21.

Guest, Ivor Forbes. *Ballet in Leicester Square: The Alhambra and the Empire 1860–1915*. LonDance Books, 1992.

Hewison, Robert. *Culture and Consensus: England, Art and Politics Since 1940*. London: Methuen, 1995.

―――. *In Anger: British Culture in the Cold War 1945–60*. London: Weidenfeld and Nicol1981.

―――. *Too Much: Art and Society in the Sixties 1960–75*. New York: Oxford University Press, 1987.

Hirschfeld, Gerhard, and Patrick Marsh. *Collaboration in France: Politics and Culture During the Nazi Occupation, 1940–1944*. Oxford: Berg, 1989.

Hynes, Samuel Lynn. *The Auden Generation: Literature and Politics in England in the 1930s*. LonBodley Head, 1976.

―――. *The Edwardian Turn of Mind*. Princeton: Princeton University Press, 1968.

―――. *A War Imagined: The First World War and English Culture*. New York: Maxwell Macmillan International, 1991.

Jackson, Julian. *France: The Dark Years 1940–1944*. Oxford: Oxford University Press, 2001.

Jowitt, Deborah. *Jerome Robbins: His Life, His Theater, His Dance*. New York: Simon and Schus2004.

Kavanagh, Julie. *Nureyev: The Life*. New York: Pantheon Books, 2007.

―――. *Secret Muses: The Life of Frederick Ashton*. London: Faber, 1996.

Laurent, Jean, and Julie Sazonova. *Serge Lifar Rénovateur du Ballet Français*. Paris: Buchet/Chastel, 1960.

Macaulay, Alastair. "Ashton's Classicism and Les Rendezvous." *Studies in Dance History* 3, 2 (Fall 1992): 9–14.

―――. *Margot Fonteyn*. Gloucestershire: Sutton, 1998.

Mack Smith, Denis. *Mussolini*. New York: Knopf, 1982.

Mackrell, Judith. *The Bloomsbury Ballerina: Lydia Lopokova, Imperial Dancer and Mrs. John MayKeynes*. London: Weidenfeld and Nicolson, 2008.

Mason, Francis. "The Paris Opera: A Conversation with Violette Verdy." *Ballet Review* 14, 3 (Fall 1986): 23–30.

McDonagh, Don. "Au Revoir." *Ballet Review* 13, 4 (1970): 14–19.

McKibbin, Ross. *Classes and Cultures: England 1918–1951*. Oxford: Oxford University Press, 1998.

Monahan, James. *The Nature of Ballet: A Critic's Reflections*. London: Pitman, 1976.

Money, Keith. *Fonteyn: The Making of a Legend*. New York: Reynal, 1974.

Morgan, Kenneth O. *Britain Since 1945: The People's Peace*. Oxford: Oxford University Press, 2001.

Ory, Pascal. *L'Aventure Culturelle Française: 1945–1989*. Paris: Flammarion, 1989.

―――. *La France Allemande, 1933–1945: Paroles du Collaborationnisme Français*. Paris: Galli1977.

―――. *Les Collaborateurs: 1940–1945*. Paris: Seuil, 1976.

Parry, Jann. *Different Drummer: The Life of Kenneth MacMillan*. London: Faber and Faber, 2009.

Poudru, Florence. *Serge Lifar: La Danse pour la Patrie*. Paris: Hermann, 2007.

Reynolds, Nancy, and Malcolm McCormick. *No Fixed Points: Dance in the Twentieth Century*. New Haven: Yale University Press, 2003.

Schaikevitch, André. *Serge Lifar et le Destin du Ballet de l'Opéra: Vingt-Cinq Dessins Hors-Texte de Pablo Picasso*. Paris: Richard-Masse, 1971.

Searle, G. R. *A New England? Peace and War, 1886–1918*. Oxford: Oxford University Press, 2004.

Shead, Richard. *Constant Lambert*. With a memoir by Anthony Powell. London: Simon, 1973.

Sinclair, Andrew. *Arts and Cultures: The History of the 50 Years of the Arts Council of Great Britain*. London: Sinclair-Stevenson, 1995.

Skidelsky, Robert. *John Maynard Keynes*, vol. 1: *Hopes Betrayed 1883–1920*. New York: Pen1983.

———. *John Maynard Keynes*, vol. 2: *The Economist as Savior 1920–1937*. New York: Penguin, 1992.

———. *John Maynard Keynes*, vol. 3: *Fighting for Freedom 1937–1946*. New York: Penguin, 2002.

Solway, Diane. *Nureyev, His Life*. New York: William Morrow, 1998.

Sorell, Walter. *Dance in Its Time*. Garden City, NY: Anchor, 1981.

Stone, Pat. "Dancing Under the Bombs: Part I." *Ballet Review* 12, 4 (1985): 74–77.

———. "Dancing Under the Bombs: Part II." *Ballet Review* 13, 1 (1985): 92–98.

———. "Dancing Under the Bombs: Part III." *Ballet Review* 13, 2 (1985): 90–95.

———. "Dancing Under the Bombs: Part IV." *Ballet Review* 14, 1 (1986): 90–97.

———. "Dancing Under the Bombs: Part V." *Ballet Review* 15, 1 (1987): 78–90.

Taylor, A. J. P. *English History: 1914–1945*. New York: Oxford University Press, 1965.

Thorpe, Edward. *Kenneth MacMillan: The Man and the Ballets*. London: Hamish Hamilton, 1985.

Tomalonis, Alexandra. *Henning Kronstam: Portrait of a Danish Dancer*. Gainesville: University Press of Florida, 2002.

Vaughan, David. *Frederick Ashton and His Ballets*. London: Dance Books, 1999.

Veroli, Patrizia. "The Choreography of Aurel Milloss, Part One: 1906–1945." *Dance Chroni*13, 1 (1990): 1–46.

———. "The Choreography of Aurel Milloss, Part Two: 1946–1966." *Dance Chronicle* 13, 2 (1990): 193–240.

———. "The Choreography of Aurel Milloss, Part Three: 1967–1988." *Dance Chronicle* 13, 3 (1990–91): 368–92.

———. "The Choreography of Aurel Milloss, Part Four: Catalogue." *Dance Chronicle* 14, 1 (1991): 47–101.

———. "Walter Toscanini's Vision of Dance." *Proceedings of the Society of Dance History Schol*, 1997, 107–17.

Weeks, Jeffrey. *Coming Out: Homosexual Politics in Britain from the Nineteenth Century to the Pres*. London: Quartet, 1977.

제11장과 제12장

미국 발레의 역사에 대한 나의 생각은 주디스 체진-벤노엄(Judith Chazin-Bennahum), 알렌 크로스, 애그니스 데 밀, 에드윈 덴비, 마틴 뒤버만(Martin Duberman), 찰스 M 조지프, 엘리자베스 켄들(Elizabeth Kendall), 데버러 조위트(Deborah Jowitt), 링컨 커스틴, 소노 오사토(Sono Osato), 찰스 페인(Charles Payne), 돈나 펄머터(Donna Perlmutter), 나이마 프레보츠(Naima Prevots), 낸시 레이널즈(Nancy Reynolds), 유리 슬레츠카인(Yuri Slezkine), 뮈리엘 토파즈(Muriel Topaz), 버나드 테이퍼(Bernard Taper)의 작업에 큰 신세를 졌다. 나는 자크 당부아즈, 멀리사 헤이든, 알레그라 켄트, 로버트 메이오라노, 로버트 와이스와의 인터뷰들로 엄청나게 많은 것을 얻었다.

1차

Amberg, George. *Art in Modern Ballet*. New York: Pantheon, 1946.

———. *Ballet in America: The Emergence of an American Art*. New York: Da Capo, 1983.

Balanchine, George. "The Dance Element in Stravinsky's Music." In *Stravinsky in the Theater*, ed. Minna Lederman. New York: Da Capo, 1975.

———. "Notes on Choreography." *Dance Index* 4, 3 (Feb.–Mar. 1945): 20–31.

Bernstein, Leonard. *The Unanswered Question: Six Talks at Harvard*. Cambridge: Harvard UniPress, 1981.

Chalif, Louis Harvy. *The Chalif Text Book of Dancing*. New York, 1914.

"Choreography by George Balanchine: A Catalogue of Works." The George Balanchine FounAt http://www.balanchine.org/balanchine/03/balanchinecataloguenew.html.

Chujoy, Anatole, George Platt Lynes, Walter E. Owen, and Fred Fehl. *The New York City Bal*. New York: Knopf, 1953.

Croce, Arlene. *Afterimages*. New York: Vintage Books, 1979.

———. *The Fred Astaire and Ginger Rogers Book*. New York: Vintage Books, 1977.

———. *Going to the Dance*. New York: Knopf, 1982.

———. *Sight Lines*. New York: Knopf, 1987.

———. *Writing in the Dark: Dancing in the New Yorker*. New York: Farrar, Straus and Giroux, 2000.

Danilova, Alexandra. *Choura: The Memoirs of Alexandra Danilova*. New York: Fromm InternaPub. Corp., 1988.

De Mille, Agnes. *Dance to the Piper*. Boston: Little, Brown, 1952.

———. *Russian Journals*. New York: Dance Perspectives Foundation, 1970.

———. *Speak to Me, Dance with Me*. Boston: Little, Brown, 1973.

———. *America Dances*. New York: Macmillan, 1980.

Delarue, Allison. *Fanny Elssler in America: Comprising Seven Facsimiles of Rare Americana—Never Before Offered the Public—Depicting Her Astounding Conquest of America in 1840–42, a Memoir, a Libretto, Two Verses, a Penny-Terrible Blast, Letters and Journal, and an Early Comic Strip—the Sad Tale of Her Impresario's Courtship*. Brooklyn: Dance Horizons, 1976.

Denby, Edwin. *Dancers, Buildings and People in the Streets*. New York: Horizon Press, 1965.

———. *Dance Writings*. Ed. Robert Cornfield and William MacKay. New York: Knopf, 1986.

Eliot, T. S. *The Sacred Wood: Essays on Poetry and Criticism*. London: Methuen, 1920.

Farrell, Suzanne, and Toni Bentley. *Holding on to the Air: An Autobiography*. New York: Sum1990.

Fisher, Barbara M. *In Balanchine's Company: A Dancer's Memoir*. Middletown, CT: Wesleyan University Press, 2006.

Geva, Tamara. *Split Seconds: A Remembrance*. New York: Harper and Row, 1972.

Howe, Irving. "Tevye on Broadway." *Commentary*, Nov. 1964, 73–75.

Jenkins, Nicholas, ed. *By, With, To and From: A Lincoln Kirstein Reader*. New York: Farrar, Straus and Giroux, 1991.

Kazan, Elia. *Elia Kazan: A Life*. New York: Da Capo, 1997.

Kent, Allegra. *Once a Dancer: An Autobiography*. New York: St. Martin's Press, 1997.

Kinney, Troy, and Margaret West Kinney. *The Dance: Its Place in Art and Life*. New York: Tudor, 1936.

Kirstein, Lincoln. *Flesh Is Heir: An Historical Romance*. New York: Brewer, Warren, and Put 1932.

———. *Fokine.* London: British-Continental Press, 1934.

———. *Three Pamphlets Collected: Blast at Ballet, 1937. Ballet Alphabet, 1939. What Ballet Is All About, 1959.* Brooklyn: Dance Horizons, 1967.

———. *Dance: A Short History of Classic Theatrical Dancing.* Westport, CT: Greenwood Press, 1970.

———. *Movement and Metaphor: Four Centuries of Ballet.* New York: Praeger, 1970.

———. *Elie Nadelman.* New York: Eakins Press, 1973.

———. *Thirty Years: New York City Ballet.* London: A. and C. Black, 1979.

———. "A Ballet Master's Belief." In *Portrait of Mr. B: Photographs of George Balanchine,* ed. Lincoln Kirstein. New York: Viking, 1984.

———. *The Poems of Lincoln Kirstein.* New York: Atheneum, 1987.

———. *Mosaic: Memoirs.* New York: Farrar, Straus and Giroux, 1994.

———, ed. *Portrait of Mr. B: Photographs of George Balanchine.* New York: Viking, 1984.

Kirstein, Lincoln, and Nancy Reynolds. *Ballet, Bias and Belief: Three Pamphlets Collected and Other Dance Writings of Lincoln Kirstein.* New York: Dance Horizons, 1983.

Laurents, Arthur. *Original Story by Arthur Laurents: A Memoir of Broadway and Hollywood.* New York: Knopf, 2000.

Lauze, François de. *Apologie de la danse, by F. de Lauze, 1623: A Treatise on Instruction in Dancing and Deportment Given in the Original French.* Trans. and with introduction and notes by Joan Wildeblood. London: F. Muller, 1952.

Lowry, W. McNeil. "Conversations with Balanchine." *New Yorker,* Sept. 12, 1983, 52.

———. "Conversations with Kirstein—I." *New Yorker,* Dec. 15, 1986, 44–80.

———. "Conversations with Kirstein—II." *New Yorker,* Dec. 22, 1986, 37–63.

———. *The Performing Arts and American Society.* Englewood Cliffs, NJ: Prentice-Hall, 1978.

Martins, Peter, and Robert Cornfield. *Far from Denmark.* Boston: Little, Brown, 1982.

Mason, Francis. *I Remember Balanchine: Recollections of the Ballet Master by Those Who Knew Him.* New York: Doubleday, 1991.

Milstein, Nathan, and Solomon Volkov. *From Russia to the West: The Musical Memoirs and Reminiscences of Nathan Milstein.* Trans. Antonia W. Bouis. New York: Henry Holt, 1990.

Nabokov, Nicolas. *Old Friends and New Music.* Boston: Little, Brown, 1951.

Opening Week of Lincoln Center for the Performing Arts: Philharmonic Hall September 23–30, 1962. New York: Lincoln Center for the Performing Arts, 1962.

Osato, Sono. *Distant Dances.* New York: Knopf, 1980.

Pound, Ezra. *Literary Essays of Ezra Pound.* Ed. and with an introduction by T. S. Eliot. New York: New Directions, 1954.

Riesman, David. *The Lonely Crowd: A Study of the Changing American Character.* New Haven: Yale University Press, 1965.

Robbins, Jerome. "Jerome Robbins Discusses 'Dances at a Gathering' with Edwin Denby." *Dance Magazine,* July 1969, 47–55.

Stravinsky, Igor. *Poetics of Music in the Form of Six Lessons.* Cambridge: Harvard University Press, 1942.

Stravinsky, Igor, and Robert Craft. *Memories and Commentaries.* Garden City, NY: Doubleday, 1960.

―――. *Dialogues and a Diary*. Garden City, NY: Doubleday, 1963.
Stuart, Muriel, and Lincoln Kirstein. *The Classic Ballet: Basic Technique and Terminology*. New York: Knopf, 1952.
Tallchief, Maria, and Larry Kaplan. *Maria Tallchief: America's Prima Ballerina*. New York: Henry Holt, 1997.
Tocqueville, Alexis de. *Democracy in America*. New York: Library of Congress, 2004.
Van Vechten, Carl. *The Dance Writings of Carl Van Vechten*. New York: Dance Horizons, 1974.
Villella, Edward, and Larry Kaplan. *Prodigal Son: Dancing for Balanchine in a World of Pain and Magic*. New York: Simon and Schuster, 1992.
Volkov, Solomon. *Balanchine's Tchaikovsky: Interviews with George Balanchine*. Trans. Antonina
    W. Bouis. New York: Simon and Schuster, 1985. Zorina, Vera. *Zorina*. New York: Farrar, Straus and Giroux, 1986.

2차

Altman, Richard, and Mervyn D. Kaufman. *The Making of a Musical: Fiddler on the Roof*. New York: Crown, 1971.
Anawalt, Sasha. *The Joffrey Ballet: Robert Joffrey and the Making of an American Dance Company*. New York: Scribner, 1996.
Anfam, David. *Abstract Expressionism*. New York: Thames and Hudson, 1990.
Baer, Nancy van Norman. *Bronislava Nijinska: A Dancer's Legacy*. San Francisco: Fine Arts Museums of San Francisco, 1986.
Balanchine, George, and Francis Mason. *101 Stories of the Great Ballets: The Scene-by-Scene Stories of the Most Popular Ballets, Old and New*. New York: Random House, 1989.
Banes, Sally, ed. *Terpsichore in Sneakers: Post-Modern Dance*. Boston: Houghton Mifflin, 1979.
Baryshnikov, Mikhail. *Baryshnikov at Work: Mikhail Baryshnikov Discusses His Roles*. New York: Knopf, 1976.
Barzel, Ann. "European Dance Teachers in the United States." *Dance Index* 8, 4–6 (1994).
Bender, Thomas. *New York Intellect: A History of Intellectual Life in New York City, from 1750 to the Beginnings of Our Own Time*. Baltimore: Johns Hopkins University Press, 1988.
Benedict, Stephen, ed. *Public Money and the Muse: Essays on Government Funding for the Arts*. New York: W. W. Norton, 1991.
Bentley, Toni. *Costumes by Karinska*. New York: Harry N. Abrams, 1995.
Buckle, Richard, and John Taras. *George Balanchine, Ballet Master: A Biography*. New York: Random House, 1988.
Burton, Humphrey. *Leonard Bernstein*. New York: Doubleday, 1994.
Chafe, William Henry. *The Unfinished Journey: America Since World War II*. New York: Oxford University Press, 1999.
Chazin-Bennahum, Judith. *The Ballets of Antony Tudor: Studies in Psyche and Satire*. New York: Oxford University Press, 1994.
Clurman, Harold. *The Fervent Years: The Group Theatre and the Thirties*. New York: Da Capo, 1983.

Coleman, Peter. *The Liberal Conspiracy: The Congress for Cultural Freedom and the Struggle for the Mind of Postwar Europe*. New York: Free Press, 1989.

Cott, Jonathan. "Two Talks with George Balanchine." In *Portrait of Mr. B: Photographs of George Balanchine*, ed. Lincoln Kirstein. New York: Viking, 1984.

Cummings, Milton C., and Richard S. Katz. *The Patron State: Government and the Arts in EuNorth America, and Japan*. New York: Oxford University Press, 1987.

Duberman, Martin B. *The Worlds of Lincoln Kirstein*. New York: Knopf, 2007.

Dunning, Jennifer. *But First a School: The First Fifty Years of the School of American Ballet*. New York: Viking, 1985.

Easton, Carol. *No Intermissions: The Life of Agnes de Mille*. Boston: Little, Brown, 1996.

Ewing, Alex C. *Bravura! Lucia Chase and the American Ballet Theatre*. Gainesville: University Press of Florida, 2009.

Garafola, Lynn, ed. *Dance for a City*. New York: Columbia University Press, 2000.

Garcia-Marquez, Vicente. *The Ballets Russes: Colonel de Basil's Ballets Russes de Monte Carlo, 1931–1952*. New York: Knopf, 1990.

Garebian, Keith. *The Making of West Side Story*. Toronto: ECW, 1995.

Golding, John. *Paths to the Absolute: Mondrian, Malevich, Kandinsky, Pollock, Newman, Rothko, and Still*. Princeton: Princeton University Press, 2000.

Goldner, Nancy. *Balanchine Variations*. Gainesville: University Press of Florida, 2008.

———. *The Stravinsky Festival of the New York City Ballet*. New York: Eakins Press, 1974.

Gottlieb, Robert. *George Balanchine: The Ballet Maker*. New York: HarperCollins, 2004.

Graff, Ellen. *Stepping Left: Dance and Politics in New York City, 1928–1942*. Durham, NC: Duke University Press, 1997.

Greenberg, Clement. *Art and Culture: Critical Essays*. Boston: Beacon, 1961.

Gruen, John. *The Private World of Ballet*. New York: Viking, 1975.

Guest, Ivor Forbes. *Fanny Elssler*. Middletown, CT: Wesleyan University Press, 1970.

Guilbaut, Serge. *How New York Stole the Idea of Modern Art: Abstract Expressionism, Freedom, and the Cold War*. Chicago: University of Chicago Press, 1983.

Halberstam, David. *The Fifties*. New York: Ballantine Books, 1994.

Hirsch, Foster. *A Method to Their Madness: The History of the Actors Studio*. New York: Norton, 1984.

Joseph, Charles M. *Stravinsky and Balanchine: A Journey of Invention*. New Haven: Yale UniPress, 2002.

Jowitt, Deborah. *Jerome Robbins: His Life, His Theater, His Dance*. New York: Simon and Schus2004.

Karlinsky, Simon, and Alfred Appel. *The Bitter Air of Exile: Russian Writers in the West 1922–1972*. Berkeley: University of California Press, 1977.

Kendall, Elizabeth. *Dancing*. New York: Ford Foundation, 1983.

———. *Where She Danced: The Birth of American Art-Dance*. Berkeley: University of CaliforPress, 1984.

Kirstein, Lincoln. *Fifty Ballet Masterworks: From the 16th to the 20th Century*. New York: Dover, 1984.

Lawrence, Greg. *Dance with Demons: The Life of Jerome Robbins*. New York: G. P. Putnam's Sons, 2001.

Lederman, Minna, ed. *Stravinsky in the Theatre*. New York: Da Capo, 1975.

Levine, Lawrence W. *Highbrow/Lowbrow: The Emergence of Cultural Hierarchy in America*. CamHarvard University Press, 1988.

Lobenthal, Joel. "Tanaquil Le Clercq." *Ballet Review* 12, 3 (1984): 74–86.

Martin, Ralph G. *Lincoln Center for the Performing Arts*. Englewood Cliffs, NJ: Prentice-Hall, 1971.

Mast, Gerald. *Can't Help Singin': The American Musical on Stage and Screen*. Woodstock, NY: Overlook, 1987.

Mueller, John E. *Astaire Dancing: The Musical Films*. New York: Wings, 1991.

Navasky, Victor. *Naming Names*. New York: Viking, 1980.

Payne, Charles. *American Ballet Theatre*. New York: Knopf, 1978.

Pells, Richard H. *The Liberal Mind in a Conservative Age: American Intellectuals in the 1940s and 1950s*. Middleton, CT: Wesleyan University Press, 1989.

Perl, Jed. *New Art City: Manhattan at Mid-Century*. New York: Knopf, 2005.

Perlmutter, Donna. *Shadowplay: The Life of Antony Tudor*. New York: Limelight, 1995.

Peyser, Joan. *Bernstein: A Biography*. New York: Beech Tree, 1987.

Pollack, Howard. *Aaron Copland: The Life and Work of an Uncommon Man*. New York: Henry Holt, 1999.

Prevots, Naima. *Dance for Export: Cultural Diplomacy and the Cold War*. Hanover, NH: UniPress of New England, 1998.

Raeff, Marc. *Russia Abroad: A Cultural History of the Russian Emigration, 1919–1939*. New York: Oxford University Press, 1990.

Reynolds, Nancy, ed. *Repertory in Review: 40 Years of the New York City Ballet*. New York: Dial, 1977.

Reynolds, Nancy, and Malcolm McCormick. *No Fixed Points: Dance in the Twentieth Century*. New Haven: Yale University Press, 2003.

Rich, Alan. *The Lincoln Center Story*. New York: American Heritage, 1984.

Robinson, Harlow. *The Last Impresario: The Life, Times, and Legacy of Sol Hurok*. New York: Viking, 1994.

Robinson, Marc, ed. *Altogether Elsewhere: Writers on Exile*. Winchester, MA: Faber and Faber, 1994.

Scholl, Tim. *From Petipa to Balanchine: Classical Revival and the Modernization of Ballet*. London: Routledge, 1994.

Schorer, Suki. *Suki Schorer on Balanchine Technique*. New York: Knopf, 1999.

Secrest, Meryle. *Leonard Bernstein: A Life*. New York: Knopf, 1994.

Slezkine, Yuri. *The Jewish Century*. Princeton: Princeton University Press, 2004.

Slonimsky, Yuri. "Balanchine: The Early Years." *Ballet Review* 5, 3 (1975–76): 1–64.

Smakov, Gennady. *Baryshnikov: From Russia to the West*. New York: Farrar, Straus and Giroux, 1981.

Sorell, Walter. *Dance in Its Time*. Garden City: Anchor, 1981.

———. "Notes on Balanchine." In *Repertory in Review: 40 Years of the New York City Ballet,* ed. Nancy Reynolds. New York: Dial, 1977.

Souritz, Elizabeth. "The Young Balanchine in Russia." *Ballet Review* 18, 2 (1990): 66–72.

Susman, Warren I. *Culture as History: The Transformation of American Society in the Twentieth Century.* New York: Pantheon, 1984.

Sussmann, Leila. "Anatomy of the Dance Company Boom, 1958–1980." *Dance Research Jour* 16, 2 (1984): 23–28.

Taper, Bernard. *Balanchine: A Biography.* New York: Collier, 1974.

———. "Balanchine's Will, Part I." *Ballet Review* 23, 2 (1995): 29–36.

———. "Balanchine's Will, Part II." *Ballet Review* 23, 3 (1995): 25–33.

Topaz, Muriel. *Undimmed Lustre: The Life of Antony Tudor.* Lanham, MD: Scarecrow, 2002.

Tracy, Robert. *Balanchine's Ballerinas: Conversations with the Muses.* New York: Linden Press, 1983.

Vaill, Amanda. *Somewhere: The Life of Jerome Robbins.* New York: Broadway, 2006.

Whitfield, Stephen J. *The Culture of the Cold War.* Baltimore: Johns Hopkins University Press, 1996.

———. *In Search of American Jewish Culture.* Hanover, NH: Brandeis University Press, 1999.

Young, Edgar B. *Lincoln Center: The Building of An Institution.* New York: New York UniverPress, 1980.

역자 후기

「잠자는 숲속의 미녀」 제3막. 왕자님의 입맞춤으로 공주는 백 년의 잠에서 깨어난다. 성대한 결혼식이 열리고 하객들이 속속 도착한다. 장화 신은 고양이와 파랑새, 빨간 망토에다 신데렐라, 엄지 톰. 원작자 샤를 페로의 다른 동화 속 인물들이다. 도대체 왜? 그렇지만 줄줄이 이어지는 터무니없는 하객들에 아무도 이의를 제공하지 않는다. 고양이들의 춤은 깜찍하고, 파랑새의 춤은 멋지며, 빨간 망토와 늑대의 춤은 사랑스럽기 때문이다.

우리가 발레를 보러 가는 것은 화려한 무대에서 펼쳐지는 아름다운 춤을 즐기기 위해서이다. 심오한 진리나 사무치는 교훈을 기대하는 사람은 없다. 그렇지만 샤를 페로는 그냥 동화 작가가 아니라 17세기 프랑스를 대표하는 사상가였고 발레는 그의 이념을 대변했다. 발레가 처음 탄생한 것은 절대주의 군주의 위엄을 강화하기 위해서였다. 18세기 영국 계몽주의자들은 발레를 통해서 시민 문화의 초석을 세우려고 했고, 프랑스 낭만주의 작가들은 발레에서 자신들의 이상이 완벽하게 구현된 존재를 발견했다. 표트르 1세가 러시아에 발레를 도입한 것은 제국을 서구화하는 수단으로였고, 냉전 시대의 미국과 소련은 발레를 통해서 체제의 우월성을 입증하려고 했다.

그러나 절대주의 국가는 결국 무너졌고 계몽주의도 낭만주의도 역사 속으로 사라졌으며 냉전도 끝났다. 그렇지만 발레는 계속되었다. 그것을 수단으로서 이용하려는 세력에 의해서 변질되고 정체되면서도 결국 그들보다 오래 살아남았다. 무엇보다 강한 대중의 힘이 발레에게 생명을 준 것이다.

루브르 궁전에서 공연된 발레를 보러 4,000여 명이 몰려들어서 막상 루이 13세는 들어오지 못한 일이 있었다. 마리 탈리오니의 여성 팬들은 꽃다발로 무장하고는 극장의 남성 전용인 아래층 객석을 차지해서 휘파람과 야유, 욕지

거리가 일쑤이던 거친 남자들을 머쓱하게 했다. 파니 엘슬러의 워싱턴 공연을 위해서 의회가 일찍 휴회되었다. 갈리나 울라노바가 춤추는 백조는 나치와 싸우는 붉은 군대의 유일한 희망이었고, 폭격 속에서도 계속되는 발레를 관람하기 위해서 영국인들은 열 시간 전부터 줄을 섰다.

「뉴욕 타임스」 북 리뷰 2010년의 올해의 책 논픽션 다섯 권 중에서 한 권으로 선정되어 명실상부한 권위가 인정된 이 방대한 저술을 완성함으로써 역사학자의 반열에 오르기도 한 제니퍼 호먼스도 어린 시절 볼쇼이 발레 공연을 보기 위해서 어머니의 손을 꼭 잡고 줄을 섰다. 그러나 지금 극장을 둘러싼 줄서기는 나타나지 않는다. 발레는 전문가들과 발레광들이 자기들끼리만 쑥덕거리는 세계로 움츠러들었다. 초심자가 멋모르고 끼어들기라도 할라치면 "무안"만 당한다. 한국에서도 사정은 다르지 않다. 2010년 마린스키 내한 공연에서 고양시 아람누리 극장의 위층 객석은 드문드문 차 있었고, 그나마 상당수가 초대 손님으로 보였다.

발레는 삶을 떠났다. 그렇지만 우리는 여전히 그것을 동경한다. 토슈즈와 튀튀, 백조와 요정. 어린 소녀는 누구나 발레리나를 꿈꾸고, 그 꿈은 발레 관람을 한 번도 못 해본 채 어른이 되어도 수그러들지 않는다. 우리에게는 언제나 아름다움에 대한 열망이 있기 때문이다. 그 갈망이 존재하는 한 아름다움의 "횡포"에 휘둘릴 수밖에 없다.

올림포스에서 가장 아름다운 신은 비너스가 아니다. 그 영예는 아폴로에게 속한다. 빛과 태양의 신이자 진실과 예언의 신, 치유와 질병의 신이며 무엇보다도 음악과 시의 신. 그리스인들은 그들이 생각하는 가장 아름다운 것을 아폴로에게 투영했다. 남성과 여성 모두에게 가장 매혹적인 존재인 아폴로는 내면과 외면 모두에서 이상적인 젊은이의 현현이다.

무용수들은 아폴로의 이미지 속에서 스스로를 개조하려고 노력한다. 그들의 단련은 아름다움이라는 이상을 실체가 있는 육체적 존재로 바꿔놓기 위해서이다. 그렇지만 아폴로가 되는 것만으로는 충분하지 않다. 관객을 설득하기 위해서는 천사가 되어야 한다.

천사들이 아름다운 것은 비천한 현실에 연루되지 않기 때문이다. 무게와 실체가 없는 비현실적 존재인 것이 전부가 아니다. 그들은 어디에나 존재하지만, 어떤 아름다움과 비참함에도 종속되지 않는다. 그 감정은 보는 사람에게 속한다. 천사들은 스스로 느낌을 초월함으로써, 관객들이 느끼도록 만든다.

호먼스는 발레리나 출신이다. 아메리칸 발레 학교에서 수학했고, 졸업 후에는 샌프란시스코 발레와 퍼시픽 노스웨스트 발레에서 춤을 추었다. 그러나 스물여섯 살에 그만두고 컬럼비아 대학교에 진학했고, 뉴욕 대학교에서 유럽 근대사 연구로 박사 학위를 받았다. 흥미롭게도 그녀를 직업 무용수로 이끈 선생 역시 전직 캐나다 국립 발레 무용수이자 물리학 박사과정을 밟는 학생이었다. 학문과 예술의 흔치 않은 인연이 두 번 겹쳐서 탄생한 이 책의 방대한 분석은 냉철하다가도 종종 뜨거워지는데, 그것은 예외 없이 무용수로서의 경험을 투영하는 부분이다. 육체에 각인된 기쁨에 겨운 침묵, 모든 것이 제대로 작동할 때 오는 고양된 해방감은 결코 잊을 수 없는 것이다.

내가 처음 본 발레는 「백조의 호수」이다. 어쩌다 보게 된 공연은 지루했고, 무용수들이 점프할 때마다 그야말로 무대가 부서질 듯한 소리가 났던 것 말고는 아무것도 기억나지 않는다. 발레야말로 나의 일상과 가장 먼 것이었다. 내 의지로 발레를 보기 위해서는 오랜 세월을 기다려야 했다. 그렇지만 나는 희미하게나마 그것을 동경했고, 어느 날 뜬금없이 발레 수업에 등록했다.

성인 발레반의 바 연습에서는 뚝 소리가 끊이지 않는다. 플리에마다 아라베스크마다 어디선가 누군가의 관절은 비명을 지른다. 하는 사람도 괴롭고 보는 사람은 더 괴로운 아마추어 발레리나이지만, 나는 프로 발레리나이자 발레 평론가인 호먼스의 말을 완벽하게 이해한다. "만일 조화와 음악성, 근육적 자극과 타이밍이 정확히 맞으면 다음은 육체가 맡을 것이다."

발레는 다시 삶이 될 수 있을까? 호먼스는 발레가 이미 회고의 시대로 들어섰다고 선언한다. 21세기에 프티파와 발란신은 없다. 한때 새로운 작품으로 명성을 쌓던 발레단들이 이제 옛날 작품을 위한 박물관이 되었다. 어딜 가나 안무가보다는 복원가, 표기가, 감독뿐이다. 창작자가 아닌 큐레이터와 관리자의 시대가 되었다. 그렇지만 발레의 화려한 시대의 창조자들 역시 과거에 기초했다. "나에게 충격을 달라!"고 외치던 디아길레프와 발레 뤼스의 진보적 성격은 지나간 시대에 대한 관심에서 출발했다. 더구나 우리가 살고 있는 것은 역사상 유례없는 빠름의 시대이다. 정신없이 변하는 흐름을 예측할 수 있는 사람은 아무도 없다. 한순간에 반대방향으로 내달리지 말라는 법은 없다.

발레에게 남은 것이 애도뿐인지 아니면 백 년의 잠을 깨울 왕자가 나타날지 우리로서는 알 길이 없다. 그러나 확신하건대 발레를 구할 것은 결국 아폴로와 천사들이다. 불신의 시대이기 때문에 아름다움은 오히려 믿을 수 있는 가치이다. 사랑이란 결국 일시적인 정신착란이고, 시대의 논리에서 혹시 벗어날 수 있는 것이 존재한다면 그것은 아름다움일수밖에 없다. 좋은 쪽으로건 나쁜 쪽으로건, 그 사랑이 무엇인가를 벌일 것이다.

2014년 5월
정은지

* 직접 보지 못한 발레를 설명만으로 이해하는 것은 쉬운 일이 아니다. 다행히 유튜브 (http://www.youtube.com)에서 이 책에 소개된 발레들을 대부분 구경할 수 있다. 특히 로열 오페라 하우스 채널의 '발레의 발전' 시리즈(http://www.youtube.com/playlist?list=PLFEuShFvJzBww3lVbFABGB0HbIxNQ2TiA)는 바로크 시대부터 21세기까지 발레의 역사를 보여주는 흥미로운 동영상이다.

인명 색인

가가린 Gagarin, Yuri 443
가데 Gade, Niels 249
(마리)가르델 Gardel, Marie 147-175
(막시밀리앙)가르델 Gardel, Maximilien 130, 137-140, 142-143, 146, 149-151, 154, 156-158, 164-166, 174
(피에르)가르델 Gardel, Pierre 146-148, 154, 162, 179, 227, 274-275, 642
가르보 Garbo, Greta 514
가르시아 로르카 García Lorca, Federico 521
가리발디 Garibaldi, Giuseppe 282, 296
가뱅 Gabin, Jean 476
갈리니 Gallini, Giovanni Andrea 88
개릭 Garrick, David 95, 104-106, 111, 276
(아이라)거슈윈 Gershwin, Ira 544
(조지)거슈윈 Gershwin, George 544
게르트 Gerdt, Pavel 346
게바 Geva (Gevergeyeva), Tamara 391-392
게이 Gay, John 89
고갱 Gauguin, Paul 361, 380
고골 Gogol, Nikolai
고르스키 Gorsky, Aleksandr 350, 416-418, 420, 442, 537
고세크 Gossec, François-Joseph 138, 149
고티에 Gautier, Théophile 195, 197, 202, 205, 210-213, 215, 218, 278, 304, 318, 324-325, 328, 363
곤차로바 Goncharova, Natalya 381, 399-401
곤차로프 Goncharov, George 499
골레이조프스키 Goleizovsky, Kasyan 391-393, 403, 409
골로빈 Golovin, Aleksandr 361, 363, 365
골츠 Golts, Nikolai 314, 327

괴벨스 Goebbels, Joseph 474
괴테 Goethe, Johann Wolfgang von 181, 190, 193
구노 Gounod, Charles 359
구르제프 Gurdjieff, G. I. 539
구스타브 3세 Gustav III 133, 180, 224
구시에 Goussier, Jean-Louis 48
그란 Grahn, Lucile 233, 235
그랜트 Grant, Duncan 486
그레이 Gray, Terence 490
그레이브스 Graves, Robert 584
그레이엄 Graham, Martha 18, 452, 536, 540, 542, 551, 570, 620
그레트리 Grétry, André-Ernest-Modest 138
그레퓔 Greffuhle, Comtesse 378
그룬트비 Grundtvig, N. F. S. 230-231, 253
그리고로비치 Grigorovich, Yuri 432, 440-443, 445, 461-462, 464-465, 467-469
그리보예도프 Griboyedov, Aleksandr 315-318
(에르네스타)그리시 Grisi, Ernesta 216
(카를로타)그리시 Grisi, Carlotta 212-216, 218, 227, 239, 318, 331
그린 Green, Adolph 574
그림 Grimm, Baron von 108, 133, 143
글라주노프 Glazunov, Aleksandr 331, 349, 356, 363
글래스 Glass, Philip 591
글루크 Gluck, Christoph Willibald 122-124, 130-131, 134, 196, 262, 617
글루크-산도르 Gluck-Sandor, Senia 571-572, 582
글리슨 Gleason, Jackie 571

글리에르 Glière, Reinhold 418
글린카 Glinka, Mikhail 380
기마르 Guimard, Madeleine 98, 138-139, 142-143, 147
기트리 Gitry, Sacha 474

나린슈킨 A. L. Narynshkin 310
나폴레옹 Napoleon 147, 154-156, 159-164, 173, 180-181, 196, 201, 225, 265-266, 272, 313
네리나 Nerina, Nadia 516
네케르 Necker, Jacques 145
네크라소프 Nekrasov, Nikolai 320
노디에 Nodier, Charles 195-197, 202, 205, 211, 218, 234
노베르 Noverre, Jean Georges 102-106, 108-113, 115-117, 119-125, 127-135, 137-138, 149, 163-164, 172, 174, 176, 224-225, 228, 268, 275, 307, 567-568, 612, 642
누레예프 Nureyev, Rudolf 18, 413, 446-449, 452-455, 468, 513-515, 520, 535, 551, 602, 604
누리 Nourrit, Adolphe 195-196, 198, 201, 234
누메이에 Neumeier, John
니진스카 Nijinska, Bronislava 354, 369, 371-372, 400, 403, 405-407, 494, 518, 537, 591, 600
니진스키 Nijinsky, Vaslav 22, 350, 353-354, 356-357, 363, 366-373, 375-377, 381-382, 384-386, 392-397, 400, 407, 472, 484, 541, 554, 571-572, 576, 614, 640-643
니체 Nietzsche, Friedrich 356, 384
니콜라이 1세 Nikolai I 317-319, 353

다가노바 Daganova, Ella 570
다게르 Daguerre, Louis 190
다그마르 Dagmar, Princess 246
다닐로바 Danilova, Alexandra 16, 507
다비드 David, Jacques-Louis 139, 151
다 빈치 da Vinci, Leonardo 32, 274-277
단눈치오 Annunzio, Gabriele d' 284

단치히 Dantzig, Rudi van 522
달랑베르 d'Alembert, Jean Le Rond 48, 106
달크로즈 Dalcroze, Émile Jacques 554
당굴렘 Duchesse d'Angoulême 159
당부아즈 d'Amboise, Jacques 601, 603, 612, 627
대시 Dash, Comtesse 207
대처 Thatcher, Margaret 523
던햄 Dunham, Katherine 544
(어마)덩컨 Duncan, Irma 570
(이사도라)덩컨 Duncan, Isadora 356-357, 378, 396, 492, 495, 524, 536
데르비외 Dervieux, Anne-Victoire 98, 142
데마레 Desmarets, Jean 75
데마르 Desmares, Eugène 208
데멜 Dehmel, Richard 559
데 밀 De Mille, Agnes 446, 531-532, 537-538, 554
데샹 Deschamps, Mademoiselle 98, 100-101, 113
데 시카 De Sica, Vittorio 524
데이비스 Davis, Bette 564
데카르트 Descartes, René 37-38, 74
데프레오 Despréaux, Jean-Étienne 159, 167
덴치 Dench, Judi 519
델러 Deller, Florian Johann 117
델레라 Dell'Era, Antonietta 340
도니체티 Donizetti, Gaetano 215, 273, 293
도라 Dorat, Jean 33
도레 Doré, Gustave 328
도베르발 Dauberval, Jean 117
도스토옙스키 Dostoevskii, Fyodor 321, 377
도월 Dowell, Anthony 516
돌고루키 공주 Princess Dolgorouki 161
두딘스카야 Dudinskaya, Natalya
두라초 Durazzo, Giacomo 122, 125
두브롭스카 Doubrovska, Felia 16, 18, 27, 595
뒤댕 Dudin, Hélène 16
뒤마 Dumas, Alexandre 202, 514
뒤샹 Duchamp, Marcel 620
뒤포르 Duport, Louis 162, 173, 242, 307

뒤프레 Dupré, Louis 103, 139, 165
듀랜트 Durante, Jimmy 571
듀크스 Dukes, Ashley 491, 554
드가 Degas, Edgar 220-221, 361
드라이든 Dryden, John 85, 88
드랭 Derain, André 380, 394, 404
드리고 Drigo, Ricardo 338, 344, 398, 617
드밀 DeMille, Cecil B. 420
드뷔시 Debussy, Claude 371, 375, 379-380, 392, 576
들리브 Delibes, Leo 338, 360
디델로 Didelot, Charles-Louis 307, 311-317, 327
디드로 Diderot, Denis 48, 106-107, 110-115, 134
디아길레프 Diaghilev, Sergei 291, 297, 352-353, 358-365, 367, 369-370, 372, 375, 377-380, 382, 385, 393-400, 403, 406-408, 472-473, 484, 487, 489, 531, 537-538, 554, 594, 600, 612-613, 633, 646
딘 Dean, James 578

라 과디아 La Guardia, Fiorello 545, 549
라네르 Lander, Harald 481
라들로프 Radlov, Sergei 419-420, 426, 428-429, 431
라마르틴 Lamartine, Alphonse de 195, 197
라마치니 Ramaccini, Annunciata 274
(장-필리프)라모 Rameau, Jean-Philippe 95, 103, 113
(피에르)라모 Rameau, Pierre 50-51, 54-55, 275
라반 Laban, Rudolf 478
라벨 Ravel, Maurice 379-380, 394, 613
라 보르드 La Borde, Jean-Benjamin de 139
라브롭스키 Lavrovsky, Leonid 429-431, 435-436, 440, 443-444, 452, 455, 635, 638
라 아르프 La Harpe, Jean-François de 130
라우리 Lowry, W. McNeil 549
라이징어 Reisinger, Julius 342
라이히 Reich, Steve 591

라스푸틴 Rasputin 361
라신 Racine, Jean 72-74
라파엘 Raphael 74, 276, 309, 358
라파예트 Lafayette, Marquis de 225
라 퐁텐 La Fontaine, Jean de 71-72, 78
랑데 Landé, Jean-Baptiste 305
랜치베리 Lanchbery, John 515
램 Lamb, Joseph 552
(마리)램버트 Rambert, Marie 375, 491, 554-556
(콘스턴트)램버트 Lambert, Constant 397, 494, 498, 500, 508-509
랭 Laing, Hugh 558-559, 574
랭커스터 Lancaster, Osbert 516
랴도프 Lyadov, Anatoly 364-365
(니콜라이)레가트 Legat, Nikolai 489, 494
(세르게이)레가트 Legat, Sergei 357
레냐 Lenya, Lotte 603
레냐니 Legnani, Pierina 297, 347, 349
레닌 Lenin, Vladimir 418
레빈손 Levinson, Andre 321, 401
레싱 Lessing, Gotthold Ephraim 108
레카미에 Recamier, Juliette 204, 207
레핀 Repin, Ilya 321
레하르 Lehár, Franz 616
렘브란트 Rembrandt, Harmensz van Rijn 309, 358
로댕 Rodin, Auguste 382
로더 Lauder, Harry 484, 553
로돌프 Rodolphe, Jean-Joseph 117, 119
로런스 Lawrence, D. H. 511
로런츠 Laurents, Arthur 577, 579, 581
로링 Loring, Eugene 543
로베스피에르 Robespierre, Maximilien 151, 154, 194
로빈스 Robbins, Jerome 446, 450-451, 467, 482, 533, 537-538, 552, 569-592, 596, 607, 624, 626, 633, 635, 638-639
로서 Loesser, Frank 544
로시 Rossi, Ernesto 285
로시니 Rossini, Gioachino 198, 261, 268, 273,

285, 293
로에베-베마르 Loéve-Veimars, François Adolphe 197
로예리치 Roerich, Nikolai 374, 384
로저스 Rogers, Ginger 511, 585
로즈 Lauze, Francois de 619
로크 Locke, John 86
로포코바 Lopokova, Lydia 486-489, 498, 500
로푸코프 Lopukhov, Fedor 388-391, 393, 406, 424, 426-427, 437, 439, 441, 449, 635
록펠러 Rockefeller, Nelson 535, 544, 550
롱사르 Ronsard, Pierre de 33
뢰벤스키올드 Løvenskiold, Herman Severin 235
루 Loo, Louis-Michel van 115
루나차르스키 Lunacharsky, Anatoly 387-389, 393
루소 Rousseau, Jean-Jacques 107-108, 112, 115, 122, 187
루스카야 Ruskaia, Jia 477
루이 나폴레옹 Louis Napoleon 218, 281-282
루이 13세 Louis XIII 38-40, 75
루이 14세 Louis XIV 36, 40-47, 49, 57, 62, 64, 66-69, 73, 75, 77, 79-81, 84, 121, 334, 592, 598, 623, 633, 643, 646
루이 15세 Louis XV 92, 104
루이 16세 Louis XVI 130, 140-141, 144-145, 153, 159, 187
루이-필리프 1세 Louis-Philippe I 187-188, 192, 194, 197, 211
륄리 Lully, Jean-Baptiste 65-70, 72-75, 78, 92, 158, 259
르낭 Renan, Ernest 220
르두 Ledoux, Claude-Nicolas 139
르바쇠르 Levasseur, Auguste 189
(장 드 라)르 브룅 Le Brun, Jean de la 75
(앙투안-루이)르 브룅 Le Brun, Antoine-Louis 74
르 클레르크 Le Clercq, Tanaquil 594, 613, 623, 626
르 펠레티에 Le Peletier, Louis-Michel 150-151
르피크 LePicq, Charles 307, 309
리브리 Livry, Emma 219
리비에르 Rivière, Jacques 383-384
리슐리외 Richelieu, Cardinal de 38-39, 42, 75
리스먼 Riesman, David 575
리스트 Liszt, Franz 198, 500, 514, 556
리치 Rich, John 89-90, 94
리토르니 Ritorni, Carlo 268
리파르 Lifar, Serge 370, 405, 407, 472-475, 612
린드 Lind, Jenny 233
림스키-코르사코프 Rimsky-Korsakov, Nikolai 321, 356, 358, 365-366, 380, 390

마그리 Magri, Gennaro 259-261
마넨 Manen, Hans van 522
마라 Marat, Jean-Paul 150-151
마렌코 Marenco, Romualdo 286, 296
마르게리트 드 보데몽 Marguerite de Vaudémont 35
마르몽텔 Marmontel, Jean-François 114
마르크스 Marx, Karl 204
마르티누 Martinu, Bohuslav 524, 564, 567
마리 드 메디시스 Marie de Medici 38
마리 앙투아네트 Marie Antoinette 110, 124, 130, 140-141, 143-144, 152
마리아 테레지아 Maria Theresia 120-123, 125-126, 133, 181, 224, 262
마몬토프 Mamontov, Savva 360-361, 364-365
마신 Massine, Leonid 370, 394-397, 403, 407, 489, 541, 571, 642
마야콥스키 Mayakovskii, Vladimir 389, 391, 418-419, 437-438
마이야르 Maillard, Mademoiselle 150
마이어베어 Meyerbeer, Giacomo 189-190, 193, 195
마자랭 Mazarin, Jules 41-42
마치니 Mazzini, Giuseppe 281
마카로바 Makarova, Natalia 20, 438, 453,

455, 468, 469, 551
마코바 Markova, Alicia 498, 500
마타 하리 Mata Hari 377
마티스 Matisse, Henri 361, 380-381, 394, 396
마틴 Martin, John 445, 514, 615
마틴스 Martins, Peter 604, 629
만초티 Manzotti, Luigi 285-297, 332, 477, 531
말라르메 Mallarmé, Stéphane 371
말러 Mahler, Gustav 525, 557, 567
말레비치 Malevich, Kazimir 391
말로 Malraux, André 448
매덕스 Maddox, Michael (Menkol) 307
매조 Mazzo, Kay 604, 629
매카시 McCarthy, Joseph 580-581
맥밀런 MacMillan, Kenneth 511-513, 515-526, 528, 560, 568-569
맥브라이드 McBride, Patricia 548, 627
맥퍼디언 McFadyen, Jock 524
맹트농 Maintenon, Madame de 44, 72
멀그레이브 Mulgrave, Earl of 84
메네스트리에 Ménestrier, Claude-François 58, 75-76
메디나 Medina, Maria 265
메르센 신부 Abbé Mersenne 34, 37
메르시에 Mercier, Louis-Sébastien 111
메세레르 Messerer, Sulamith 454
메셀 Messel, Oliver 503
메윌 Méhul, Étienne 156
메이예르홀트 Meyerhold, Vsevolod 389, 391-392, 402-403, 419, 427-428, 437
메테르니히 Metternich, Klemens von 181
멘 공작부인 Duchesse du Maine 94
멘델손-프로코피에바 Mendelson-Prokofieva, Mira 440
멘델스존 Mendelssohn, Felix 194
모네 Monnet, Jean 103
모릇킨 Mordkin, Mikhail 537
모스텔 Mostel, Zero 581
모이세예프 Moiseyev, Igor' 461
모차르트 Mozart, Wolfgang Amadeus 267-268, 292
몬터규 Montagu, Lady Mary Wortley 94
몰로토프 Molotov, Vyacheslav 426, 456
몰리에르 Molière, Jean-Baptiste 64-69, 79, 113, 143, 157-158
몽테를랑 Montherlant, Henry de 474
몽테쉬 Montessu, Madame 165-166
몽테스키외 Montesquieu 94
몽포콩 드 빌라르 Montfaucon de Villars, Abbé 201
무라비에바 Muravieva, Marfa 321
무소르그스키 Mussorgsky, Modest 321, 380
무솔리니 Mussolini, Benito 477-478
무어 Moore, John 260
뮈세 Musset, Alfred de 195
믈룅 백작 Melun, Comte de 99
미첼 Mitchell, Arthur 450, 624, 627
미켈란젤로 Michelangelo 406
민즈 Minz, Aleksandr 454
민쿠스 Minkus, Ludwig 327, 335-336, 338
밀러 Miller, Arthur 536
밀로스 Milloss, Aurel 477-480
밀롱 Milon, Louis 156, 162, 166, 175
밀턴 Milton, John 85

바가노바 Vaganova, Agrippina 350, 423-425, 427, 429, 446-447, 635
바그너 Wagner, Richard 284, 295, 342, 359
바레 Varet, Alexandre 61
바르바리니 Barbarini 98
바르토크 Bartók, Béla 479
바리시니코프 Baryshnikov, Mikhail 17, 453-455, 469, 551-552
바빌레 Babilée, Jean 476
바실리예프 Vasiliev, Vladimir 462-463
바움 Baum, Morton 545-547, 549-550, 575
바이런 경 Byron, Lord 219
바이프 Baïf, Jean-Antoine de 33
바일 Weill, Kurt 556, 603
바젬 Vazem, Ekaterina 322, 327
바조프 Bazhov, Pavel 440

바흐 Bach, Johann Sebastian 620, 633
박스트 Bakst, Leon 359-360, 362, 365-366, 381, 398
반 다이크 Van Dyck, Anthony 309
발라키레프 Balakirev, Mily 321
발란신 Balanchine, George 16, 18-19, 22-23, 103, 390-393, 429, 435, 438, 449-452, 467, 472, 475, 481, 509, 519, 533, 537-538, 541-552, 571, 583, 588-589, 591-613, 615-628, 631-633, 635, 637-639, 642, 644, 646
발란치바제 Balanchivadze, Andrei 435
발리에르 Valliere, Louise de la 63
발베르크 Valberg, Ivan 313
발자크 Balzac, Honoré de 154, 193, 195, 197, 420
밸루아 Valois, Ninette de 408, 488-492, 494-495, 497-498, 500-503, 505-507, 510-511, 516-517, 523, 526-527, 555, 612, 635
버너스 Berners, Lord 494, 496-497, 556
버니 Burney, Charles 258
버셀 Bussell, Darcey 525
버제스 Burgess, Guy 444
버크 Burke, Edmund 82
버클 Buckle, Richard 506
번스타인 Bernstein, Leonard 534, 536, 538, 573-575, 577-578, 580, 591
벌린 Berlin, Isaiah 412
베기체프 Begichev, Vladimir 342
베노이스 Benois, Aleksandr 331, 359-360, 362-364
베랑제 Béranger, Pierre-Jean 202
베로네세 Veronese, Paolo 308
베롱 Veron, Louis 188-190, 195, 197, 205, 209, 211
베르디 Verdi, Giuseppe 285, 292, 294-295, 359, 613
베른 Verne, Jules 332-333
베를리오즈 Berlioz, Hector 193
베를린 Berlin, Irving 544
베리 Verri, Pietro 128-129

베리히만 Bergman, Ingmar 566
베버 Weber, Carl Maria von 181, 190, 366
베베른 Webern, Antonn 524
(가에탕)베스트리스 Vestris, Gaétan 56, 97, 117, 130, 139, 143, 158-159, 162
(오귀스트)베스트리스 Vestris, Auguste 139, 143-144, 163-164, 166-170, 172-174, 184, 212, 217, 222, 225-228, 232, 237, 242, 246-247, 249, 254-255, 259, 274-275, 323
베이커 Baker, Josephine 396, 542, 544
베일리스 Baylis, Lilian 491
베자르 Béjart, Maurice 521-522
베카리 Beccari, Filippo 307
베카리아 Beccaria, Cesare 122
베토벤 Beethoven, Ludwig van 267-268, 292, 295, 387, 564
벨 Bell, Clive 486
벨리니 Bellini, Vincenzo 215, 273, 293
벨린스키 Belinsky, Vissarion 315
벨스키 Belsky, Igor' 435
보네 드 트리셰 Bonet de Treiches 164, 167
보두아예 Vaudoyer, Jean Louis 366
보들레르 Baudelaire, Charles 211
보로딘 Borodin, Aleksandr 321
보르셰니우스 Borchsenius, Valborg 481
(앙드레)보샹 Bauchant, André 405
(피에르)보샹 Beauchamps, Pierre 40, 47-48, 51, 61-62, 64-67, 72, 78, 121
보스케티 Boschetti, Amini 279
보아르네 Beauharnais, Josephine 155, 159
보주아외 Beaujoyeulx, Balthasar de 35-36
보케리니 Boccherini, Luigi 262
본네푸 Bonnefous, Jean-Pierre 629
본 윌리엄스 Vaughan Williams, Ralph 490
볼린스키 Volynsky, Akim 354
볼저 Bolger, Ray 544, 571
볼코바 Volkova, Vera 446, 499, 504
볼코프 Volkov, Nikolai 419, 433
볼콘스키 Volkonsky, Prince 348
볼테르 Voltaire 62, 91, 93-95, 114, 225
(앙투안)부르농빌 Bournonville, Antoine 224-

226, 228
(오귀스트)부르농빌 Bournonville, August 103, 146, 167-170, 172, 208, 222-250, 252-255, 274-275, 307, 327, 480, 482, 612, 617
부르만 Boerman, Jan 522
부세 Boucher, François 103, 116
부아쟁 Voisins, Gilbert de 208
부알로 Boileau, Nicolas 74-75, 404
부케 Bouquet, Louis-René 115, 117
뷔히너 Büchner, Georg 524
(레슬리)브라운 Browne, Leslie 551
(어니스트)브라운 Brown, Ernest 501
브라이닌 Breinin, Raymond 563
브라크 Braque 380
브람스 Brahms, Johannes 359, 614
브랜도 Brando, Marlon 572, 578
브레 Brae, June 497, 500
브레메르 Bremer, Fredrika 209
브레히트 Brecht, Bertolt 603
브루놀리 Brugnoli, Amalia 182
브룩 Brooke, Rupert 485
브룬 Bruhn, Erik 446-447, 452, 481-482
브뤼예르 Bruyère, Jean de la 47, 58, 62, 77
브리안차 Brianza, Carlotta 297, 335, 349, 398
브세볼로즈스키 Vsevolozhsky, Ivan 331-334, 339, 344, 348-349, 646
블라디미로프 Vladimirov, Pierre 595, 601
블라시스 Blasis, Carlo 103, 242, 273-281, 292-294, 297-298
블레어 Blair, David 516
(루보프)블로크 Blok, Lubov 424
(알렉산드르)블로크 Blok, Aleksandr 389, 392, 419, 437-438
블록 Block, Jerry 582
블롱디 Blondy, Michel 121
(레옹)블룸 Blum, Léon 473
(르네)블룸 Blum, René 473
블리츠스테인 Blitzstein, Marc 574
(살바토레)비가노 Vigano, Salvatore 261-269, 271-277, 281, 292-293, 295, 297-298, 478, 612, 642

(오노라토)비가노 Vigano, Onorato 262-263, 265
비가라니 Vigarani, Carlo 65, 69
비고티니 Bigottini, Emilie 175-176
비그만 Wigman, Mary 536, 566, 570-571
비노그라도프 Vinogradov, Oleg 454
비슈네바 Vishneva, Diana 636
비스마르크 Bismarck, Otto von 282
비스메 뒤 발제 Vismes du Valgay, Anne-Pierre-Jacques de 136-137
비안치피오리 Biancifiori, Enrico 291
비에니아프스키 Wieniawski, Henryk 321
비제 Bizet, Georges 613
비첨 Beecham, Sir Thomas 484-485
비턴 Beaton, Cecil 494, 497, 514-515
비토리오 에마누엘레 2세 Vittorio Emanuele II 283, 296
빌렐라 Villella, Edward 548, 587, 617
빌메상 Villemessant, Jean Hippolyte Cartier de 208
빙켈만 Winckelmann, Johann 274, 278

사모사타의 루치안 Lucian of Samosata 270-271, 275
사브렌스카야 Savrenskaya, Mariya 331
사티 Satie, Erik 379, 394-395
산퀴리코 Sanquirico, Alessandro 268
살레 Sallé, Marie 91, 95-97, 101-103, 106, 121, 134, 138, 176
살방디 Salvandy, Comte de 613
살비니 Salvini, Tommaso 285
살티코프-셰드린 Saltykov-Shchedrin, M. E. 320, 322, 325
상드 Sand, George 195
샌틀로 Santlow, Hester 90
(미셸)생-레옹 Saint-Léon, Michel 168-169
(아르투르)생-레옹 Saint-Léon, Arthur 167-168, 242, 245, 307, 321-322, 325, 342
생-상스 Saint-Saëns, Camille 357, 359
생-시몽 공작 Le Duc de Saint-Simon 46, 56
생-조르주 Saint-Georges, Vernoy de 212,

219, 325
생트-뵈브 Sainte-Beuve, Charles 204
샤갈 Chagall, Marc 582
샤넬 Chanel, Gabriel Coco 379, 405
샤를 9세 Charles IX 32-33
샤를 10세 Charles X 165, 187
샤를 드 생-테브르몽 Charles de Saint-Tevremond 78
샤콥스코이 Shakhovskoi, Prince Aleksandr 312, 317
샤토브리앙 Chateaubriand, François-René de 195, 202-204, 211, 215, 217-218, 233
샬랴핀 Chaliapin, Fyodor 360, 363
섀프츠베리 Shaftesbury, third earl of 86-87
섬즈 Somes, Michael 500, 509
세르 Sert, Misia 403
(니콜라이)세르게예프 Sergeyev, Nikolai 398, 497-498, 503
(콘스탄틴)세르게예프 Sergeyev, Konstantin 436, 443, 448, 453, 638
세르반도니 Servandoni, Giovanni Niccolo 117
세르트 Sert, Jose Maria 378
세묘노바 Semyonova, Marina 427
세인트 데니스 St. Denis, Ruth 378
셰레메테프 Sheremetev, Nikolai P. 309-310
셰익스피어 Shakespeare, William 84, 105, 420, 428
소베샨스카야 Sobeshchanskaya, Anna 343, 416
소크라테스 Socrates 23
손드하임 Sondheim, Stephen 577
솔로비예프 Soloviev, Yuri 454
솔제니친 Solzhenitsyn, Aleksandr 437
쇤베르크 Schoenberg, Arnold 524, 559-560, 571
쇼 Shaw, George Bernard 497
쇼송 Chausson, Ernest 556
쇼스타코비치 Shostakovich, Dmitrii 426-427, 434-435, 437-438
쇼팽 Chopin, Frederic 356, 363, 392, 584, 586
수르셰 후작 Sourches, marquis de 73

수비즈 대공 Prince de Soubise 139
수자 Sousa, John Philip 618
슈나이츠회퍼 Schneitzhoeffer, Jean 195
슈먼 Schuman, William 563
슈베르트 Schubert, Franz Peter 387
슈킨 Shchukin, Sergei 380-381
슈타르처 Starzer, Joseph 124
슈토크하우젠 Stockhausen, Karlheinz 522
(리하르트)슈트라우스 Strauss, Richard 616
(요한)슈트라우스 Strauss, Johann, Jr. 616
스가이 Sgai, Francesco 260
스미스 Smith, Oliver 538, 577
스콧 Scott, Sir Walter 195, 201, 215, 229
스크리브 Scribe, Eugenen 189
스크리아빈 Scriabin, Alexander 392
스타니슬랍스키 Stanislavskii, Konstantin 416-417, 419-420, 422, 425, 442, 453, 558, 572
(거트루드)스타인 Stein, Gertrude 382, 496-497
(조)스타인 Stein, Joe 582
스탈 Stael, Madame de, Corinne 204
스탈린 Stalin, Iosif 408-412, 414-416, 421, 426-427, 431-433, 435
스탕달 Stendhal 195, 261-262, 268, 273
스톨리핀 Stolypin, Aleksandr 310, 317
스튜어트 Stuart, Muriel 16, 542
(베라)스트라빈스키 Stravinsky, Vera 572
(이고리)스트라빈스키 Stravinsky, Igor' 22, 291, 365, 367-369, 374-375, 377, 382-384, 392-393, 397-399, 402, 404-407, 430, 449-450, 575, 591, 595, 597, 600, 612, 618-620, 627-628, 633, 640, 646
스트라이드 Stride, John 519
스트레이치 Strachey, Lytton 485-486
스틸 Steele, Richard 86-91, 94, 104
스페시브체바 Spessivtseva, Olga 398
스펜서 Spencer, Stephen 540
슬레츠킨 Slezkine, Yuri 583
시나트라 Sinatra, Frank 574
시리야예프 Shiryaev, Aleksandr 340
시먼즈 Symonds, Henry 89

시모어 Seymour, Lynn 512-513, 519-521, 523, 525
시블리 Sibley, Antoinette 444, 516-517
시세리 Cicéri, Pierre 190-191, 195, 212
시아로자 Scialoja, Toti 479
시어러 Shearer, Moira 506
시에스 Sieyès, Abbé 144
(서셰버럴)시트웰 Sitwell, Sacheverell 496
(오스버트)시트웰 Sitwell, Osbert 494
(이디스)시트웰 Sitwell, Edith 494
싱어 Singer, I. J. 571

아가일 Argyle, Pearl 498-499
아당 Adam, Adolphe 212, 219, 338
아론슨 Aronson, Boris 582
아롤딩겐 Aroldingen, Karin von 611, 629
아를레티 Arletty 474, 476
아리오스토 Ariosto, Ludovico 64
아베츠 Abetz, Otto 474
아사피예프 Asafiev, Boris 419, 427
아스타피에바 Astafieva, Serafina 499
아스트뤼크 Astruc, Gabriel 378
아이젠하워 Eisenhower, Dwight D. 534, 547
아처 Archer, Kenneth 640
아파나시예프 Afanasyev, Aleksandr 364
아흐마토바 Akhmatova, Anna 434
안데르센 Andersen, Hans Christian 232-236, 249-251
안스키 Ansky, S. 587
안지올리니 Angiolini, Gasparo 122-124, 127-128, 134, 261-262, 268, 306, 617
알라르 Allard, Marie 139
알레이헴 Aleichem, Sholem 582-583
알렉산드르 1세 Aleksandr I 313
알렉산드르 2세 Aleksandr II 246, 319-320, 329
알렉산드르 3세 Aleksandr III 329-332, 339
알베르 Albert (무용수) 164-165, 171, 227, 242-243
알피에리 Alfieri, Vittorio 262
앙리 Henri, Louis 164

앙리 2세 Henri II 31-32
앙리 3세 Henri III 32, 37
애넌 Annan, Noel 493
(다이애나)애덤스 Adams, Diana 548, 624, 626-627
(존)애덤스 Adams, John 530
애디슨 Addison, Joseph 86-87
애버던 Avedon, Richard 459
애슈턴 Ashton, Frederick 103, 408, 467, 488, 491-497, 500-501, 503-511, 513, 518, 521-523, 526-528, 555-556, 592, 635, 637-639
애슐리 Ashley, Merrill 599
애스테어 Astaire, Fred 511, 544, 585, 591
애틀리 Attlee, Clement 503
앤 여왕 Queen Ann 84-85
야나체크 Janácek, Leos 568
야콥손 Yakobson, Leonid 436, 438-439, 445, 449, 453, 461, 468
에고로바 Egorova, Lubov 473
에드워즈 Edwards, Misia(Misia Sert) 378
에롤 Hérold, Ferdinand 515
에르베 Hérbert, Jacques 150
에브레오 Ebreo, Guglielmo 32
에우리피데스 Euripides 74
에이지 Agee, James 543
엘가 Elgar, Edward 517, 526
엘리엇 Eliot, T. S. 491, 540
엘슬러 Elssler, Fanny 209-210, 212, 218, 227, 280, 307
엥겔 Engel, Johann Jacob 131
예이젠시테인 Eisenstein, Sergei 389, 391, 464
예카테리나 2세 Ekaterina II 306, 308
옙투셴코 Yevtushenko, Yevgeny 437
오든 Auden, W. H. 491, 540, 575
오를레앙(공작) Orleans, duc d'(루이 필리프 참조) 100, 187
오를레앙(공작부인) Orleans, duchesse d' 79
오먼 Oman, Julia Trevelyan 517
오베르 Auber, Daniel 198, 286
오부코프 Obukhov, Anatole 595, 601

오사토 Osato, Sono 574
오스트롭스키 Ostrovsky, Aleksandr 321, 330, 333
오스틴 Austin, Chick 541
오시안 Ossian 201
오시펜코 Osipenko, Alla 441, 448
오즈번 Osborne, John 511
올리바 Oliva, Pepita de 233, 253
와이즈 Wise, Robert 579
와토 Watteau, Antoine 79
외젠 Charles Eugene 116-117, 119-120
욀렌슐래게르 Oehlenschläger, Adam 229, 231-232, 249, 252
요스 Jooss, Kurt 555, 566
요한손 Johansson, Pehr Christian 245-246, 307, 324, 327, 349-350
우드 Wood, Natalie 578
울라노바 Ulanova, Galina 179, 421-425, 427, 429-432, 435-436, 440, 442, 444-445, 455-457, 460, 466-467, 469
(레너드)울프 Woolf, Leonard 485
(버지니아)울프 Woolf, Virginia 486
워 Waugh, Evelyn 493
월턴 Walton, William 496
(호러스)월폴 Walpole, Horace 56, 86
(휴)월폴 Walpole, Hugh 485
위고 Hugo, Victor 195, 197, 202, 211, 218, 323
위버 Weaver, John 85-91, 94, 101-102, 104, 109, 128, 134
윅 Wick, Rebecca 96
윌리 Wiley, Roland John 344
윌리엄 3세 William III 84
윌리엄스 Williams, Tennessee 511, 536
윌슨 Wilson, Robert 584
유수포프 Yusupov, Prince Nikolai 309-310
이르슈 Hirsch, Georges 475
이바노프 Ivanov, Lev 21, 327, 340-345, 347-350, 423, 593, 607
이셔우드 Isherwood, Christopher 491
이스토미나 Istomina, Avdotia 314-316

일라이어스 Elias, Brian 524
입센 Ibsen, Henrik 558
잉에만 Ingemann, B. S. 229, 231-232

자냉 Janin, Jules 195, 197, 207, 217
자랑트 Jarente, Louis-Sextius de 139
자하로프 Zakharov, Rostislav 420-421, 428-429, 433, 638
장메르 Jeanmaire, Zizi 476
제임스 James, Henry 285
제피렐리 Zeffirelli, Franco 519
조지 1세 Georgie I 84-85, 89
조지프 Joseph, Charles M. 619
조프리 Joffrey, Robert 551, 586, 626
(벤)존슨 Johnson, Ben 83
(필립)존슨 Johnson, Philip 550
좀멜리 Jommelli, Niccolo 117, 119
주아외즈 Duc de Joyeuse 35
즈다노프 Zhdanov, Andrei 415, 419, 426, 433-434, 436, 439, 457
지드 Gide, André 384

차다예프 Chaadaev, Pyotr 318
차보우키아니 Chaboukiani, Vakhtang 423, 427, 463
(모데스트)차이콥스키 Chaikovskii, Modest 331, 339, 344
(표트르)차이콥스키 Chaikovskii, Pyotr 22, 329, 331-333, 335-339, 344, 348, 357, 387-388, 404, 430, 450, 523, 605, 611, 631, 646
찰스 1세 Charles I 83
찰스 2세 Charles II 84, 87
처칠 Churchill, Winston 502
체르니솁스키 Chernyshevsky, Nikolai 320-321
체이스 Chase, Lucia 536-538, 558, 571, 612
체케티 Cecchetti, Enrico 296-297, 333, 335, 353-354, 369, 425, 477-478, 489, 495
체호프 Chekhov, Anton 417
첼리체프 Tchelitchew, Pavel 543, 628

추키 Zucchi, Virginia 297, 332
치마로사 Cimarosa, Domenico 268

카노바 Canova, Antonio 265, 274-276, 278
카르네 Carné, Marcel 475-476
카르댕 Cardin, Pierre 459
카르사비나 Karsavina, Tamara 341, 350, 353-354, 357, 362-363, 365-366, 381, 386, 407, 423, 484, 500
카르스텐 Karsten, Sophie Hedwige 180
카르파코바 Karpakova, Pelagia 343
카린스카 Karinska, Barbara 595, 605, 614, 616
카마르고 Camargo, Marie-Anne de Cupis 60, 96-99, 101, 186
카보스 Cavos, Catterino 312, 314, 316
카스틸리오네 Castiglione, Baldesar 256
카우니츠 Kaunitz, Wenzel Anton 122, 125
카우사크 Cahusac, Louis de 107
카잔 Kazan, Elia 536, 572, 581
카터 Carter, Elliot 543
카트린 드 메디시스 Catherine de Médicis 31-33
칼차비지 Calzabigi, Ranieri de' 122-123, 258, 262
캄든 Comden, Betty 574
캉프라 Campra, André 78
캐벌리 Caverley, Thomas 85
캔터 Cantor, Eddie 570
캘린 Calin, Mickey 578-579
커닝햄 Cunningham, Merce 18, 452-453, 551
커밍스 Cummings, E. E. 543
커스틴 Kirstein, Lincoln 450, 509, 538-550, 598, 619, 631, 635
(바비)케네디 Kennedy, Bobby 459
(재키)케네디 Kennedy, Jackie 535, 603
(존 F.)케네디 Kennedy, John F. 535, 584
케슬러 Kessler, Count Harry 397, 407, 603
(노라)케이 Kaye, Nora 558-560, 562, 564, 574-575
(대니)케이 Kaye, Danny 571

(허시)케이 Kay, Hershey 450, 617
케인스 Keynes, John Maynard 408, 485-489, 491-492, 495, 500-503, 506-507, 518, 527-528, 646
켄트 Kent, Allegra 450, 600, 603-604
켈리 Kelly, Gene 574
코널리 Connolly, Cyril 494
코랄리 Coralli, Jean 212
코레조 Correggio 309
코렐라 Corella, Angel 636
코로빈 Korovin, Konstantin 361, 377
코르네유 Corneille, Pierre 69, 72, 94, 124, 129, 131
코메리오 Comerio, Luca 291
코조카루 Cojocaru, Alina 636
코페이킨 Kopeikine, Nicholas 595
코플런드 Copland, Aaron 534, 543, 580
코피니 Coppini, Achille 291
콕토 Cocteau, Jean 395-396, 474, 476
콜로소바 Kolosova, Evgenia 315
콜리어 Collier, Jeremy 89
콜린스 Collins, Janet 542
콜베르 Colbert, Jean-Baptiste 75
콜파코바 Kolpakova, Irina 433, 441
콩그리브 Congreve, William 85-86
콩스탕 Constant, Benjamin 204
콩플랑 Conflans, Marguis de 142
쿠데코프 Khudekov, Sergei Nikolaevich 322
쿠르가프키나 Kurgapkina, Ninel 433
쿠르베 Courbet, Gustave 219
쿠세비츠키 Koussevitzky, Serge 536
쿠프랭ᅠCouperin, Francois 613
쿨롱 Coulon, Jean-François 164, 179-181
쿨베리 Cullberg, Birgit 566
퀴스틴 Custine, Alphonse de 304, 318
크랭코 Cranko, John 520, 523, 525, 528
크로스 Croce, Arlene 643
크로퍼드 Crawford, Cheryl 572
크롬웰 Cromwell, Oliver 83
크리스티안센 Christiansen, Lew 543
크세나키스 Xenakis, Iannis 627

크세신스카 Kschessinska, Matilda 348, 353, 357, 386–387, 473
크세신스키 Kschessinsky, Felix 324, 327
클라크 Clark, Kenneth 519
클레롱 Clairon, Mademoiselle 107
클레르몽 백작 Clermont, Comte de 99
클리프트 Clift, Montgomery 572–573
키노 Quinault, Philippe 69, 72–75, 78
(볼로시)키럴피 Kiralfy, Bolossy 530–531
(임레)키럴피 Kiralfy, Imre 530–531
키로프 Kirov, Sergei 414–415, 424, 428
키르케고르 Kierkegaard, Søren 241
킬리안 Kylián, Jiří 568–569

타이넌 Tynan, Kenneth 511
타이로프 Tairov, Aleksandr 403
타프 Tharp, Twyla 552, 591
탈레랑 Talleyrand, Charles-Maurice de 147
(마담)탈리앵 Tallien, Madame 155
(장–랑베르)탈리앵 Tallien, Jean-Lambert 155
(마리)탈리오니 Taglioni, Marie 177–187, 189, 191–192, 194–195, 197, 199–201, 203–212, 215, 217–222, 226–227, 239, 242, 245, 247, 280, 307, 317, 363, 422, 643
(살바토레)탈리오니 Taglioni, Salvatore 243, 284
(카를로)탈리오니 Taglioni, Carlo 179
(폴)탈리오니 Taglioni, Paul 243–245, 295, 530
(필리포)탈리오니 Taglioni, Filippo 179–180, 182, 189, 218
테니셰바 Tenisheva, Princess Maria 360–362
(A. J. P.)테일러 Taylor, A. J. P. 283
(폴)테일러 Taylor, Paul 18, 551
텔레쇼바 Teleshova, Ekaterina 315
텔리아콥스키 Teliakovsky, V. A. 348
(아르투로)토스카니니 Toscanini, Arturo 477
(월터)토스카니니 Toscanini, Walter 477
톤슨 Tonson, Jacob 86–87
톨러 Toller, Ernst 490
톨스토이 Tolstoy, Lev 304, 321, 358, 571

톨치프 Tallchief, Maria 594, 600
투르게네프 Turgenev, Ivan 320–321, 526
투치 Tuch, Hans 451
툼코프스키 Tumkovsky, Antonina 16
튜더 Tudor, Antony 533, 537–538, 552, 564, 566–569, 592, 607, 615, 626, 633, 635, 638–639
티아르 Tyard, Pontus de 34
티호미로프 Tikhomirov, Vasily 418
틸레 Thiele, Just Mathias 229–231, 249

(갈리나)파노프 Panov, Galina 454
(발레리)파노프 Panov, Valery 448, 454
파데예체프 Fadeyechev, Nikolai 433
파리니 Parini, Giuseppe 122
(마담)파바르 Favart, Madame 107
(샤를–시몽)파바르 Favart, Charles-Simon 122
파블로바 Pavlova, Anna 16, 297, 350, 353–354, 357–358, 363, 369, 381, 388, 407, 460, 484, 489, 492, 495, 531–532, 538, 542, 554, 570, 607
파스테르나크 Pasternak, Boris 432, 438
파운드 Pound, Ezra 493, 540
파월 Powell, Michael 506
팔레올로그 Paléologue, Maurice 386
패럴 Farrell, Suzanne 601, 603–604, 616, 626–627, 631
페넬롱 Fénelon, François 148
페도로비치 Fedorovitch, Sophie 503–504, 509
페라리스 Ferraris, Amalia 332
페랭 Perrin, Pierre 70
(샤를)페로 Perrault, Charles 75, 77
(쥘)페로 Perrot, Jules 212, 215, 218, 220–222, 227, 243, 307, 318–319, 323–324, 328, 332, 334–335, 642
페루지노 Perugino 404
페르골레시 Pergolesi, Giovanni Battista 276
페리 Ferri, Alessandra 525
페쿠르 Pécour, Guillaume-Louis 47–49, 62, 78
페탱 Petain, Philippe 474

페트라시 Petrassi, Goffredo 479
포레 Fauré, Gabriel 525, 613
포레게르 Foregger, Nikolai 389, 391
포르나롤리 Fornaroli, Cia 477
포스 Fosse, Bob 586
포스터 Forster, E. M. 487
포킨 Fokine, Mikhail 21, 291, 350, 353, 355–358, 363–364, 367–369, 376, 381–382, 386–388, 392–394, 396, 407, 416, 422–423, 437, 460, 481, 484, 537, 558, 571–572, 600, 607
포프 Pope, Alexander 88, 201
폰테인 Fonteyn, Margot 179, 444, 471, 473, 494, 496, 499–503, 505–508, 510–515, 518, 520, 526–527, 535, 626, 643
폴 Paul, Antoine 165–166, 173, 176, 184, 227, 243
폴리냐크 Polignac, Princess Edmond de 378
폴리아치 Fogliazzi, Maria Teresa 122
퐁파두르 Pompadour, Madame de 104
푀이예 Feuillet, Raoul Auger 48–51, 53–55, 59, 85, 166, 641
표트롭스키 Piotrovsky, Adrian 426, 428, 431
표트르 1세 Pyotr I 301–303, 308, 338, 350
푸니 Pugni, Cesare 321, 325, 335–336, 338
푸생 Poussin, Nicolas 79
푸셰 Fouché, Joseph 160
(알렉산드르)푸슈킨(교사) Pushkin, Alexander 447, 453–454
(알렉산드르)푸슈킨(시인) Pushkin, Aleksandr 314–317, 358, 388, 404, 419, 594
푸아레 Poiret, Paul 379
푸아로 Poirot, Auguste 316
푸치니 Puccini, Giacomo 293
(니콜라스)푸케 Foucquet, Nicolas 66
(프리드리히 드 라 모테)푸케 Fouqué, Friedrich de la Motte 509–510
풀랑크 Poulenc, Francis 379, 394
풀러 Fuller, Loïe 553
퓌르 Pure, Michel de 49, 75
퓨젤리 Fuseli, Henry 276

프라고나르 Fragonard, Jean-Honoré 139
프라치 Fracci, Carla 480
프란츠 1세 Franz I 121, 125
프랑크 Franck, César 503
프레데리크 6세 Frederick VI 228
프레데리크 7세 Frederick VII 247
프레베르 Prevert, Jacques 475
프레보 Prévost, Francoise 94, 98
프레스버거 Pressburger, Emeric 506
프레오브라젠스카야 Preobrazhenskaya, Olga 473, 484
프로이트 Freud, Sigmund 379, 563
프로코피예프 Prokofiev, Sergei 403, 429–431, 434, 440–442, 505, 556
프뢸리크 Johannes Frederik Fröhlich 231
프루스트 Proust, Marcel 20, 378–379, 384
프리드리히 대왕 Friedrich, the Great 116
(엘렌)프리세 Price, Ellen 240
(율리에테)프리세 Price, Juliette 239–240
프린 Prynne, William 83
(롤랑)프티 Petit, Roland 475–476, 521
(마르무아젤)프티 Petit, Mademoiselle 98–100
(뤼시앵)프티파 Petipa, Lucien 323, 325
(마리우스)프티파 Petipa, Marius 21, 222, 246–246, 297, 307, 323–329, 331–345, 347–350, 355, 376, 406, 423, 503, 585, 592–593, 606, 610–612, 633, 646
플라톤 Platon 34, 269–270
플레이퍼드 Playford, John 84
플레전트 Pleasant, Richard 537
플로베르 Flaubert, Gustave 211
플리세츠카야 Plisetskaya, Maya 432, 435, 454, 456–461, 464–465, 469, 551
피오릴로 Fiorillo, Tiberio 84
피카소 Picasso, Pablo 380, 394–396
픽퍼드 Pickford, Mary 395
핀터 Pinter, Harold 510
필리포프 Filipov, Aleksandr 454

하닉 Harnick, Sheldon 582
하르트만 Hartmann, J. P. E. 249

하우 Howe, Irving 582-583
하이네 Heine, Heinrich 188, 193-197, 202, 211, 218
하이넬 Heinel, Anne 97
하이든 Haydn, Franz Joseph 267-268, 552
하인즈 Hines, Gregory 551
하차투리안 Khachaturian, Aram 434, 437, 461
할스턴 Halston 459
해머스타인 Hammerstein, Osca 536
(엠마)해밀턴 Hamilton, Emma 263-264
(윌리엄)해밀턴 Hamilton, Sir William 263, 265
허드슨 Hodson, Millicent 640-641
헤르첸 Herzen, Alexander 317-318
헤이든 Hayden, Melissa 179, 450, 600-601, 623
헤이베르 Heiberg, Johan Ludvig 249
헨델 Händel, Georg Friedrich 94
헨체 Henze, Hans Werner 510
헬프먼 Helpmann, Robert 496, 500-501, 505
호가스 Hogarth, William 84
호르티 Horthy, Admiral 479
호프만 Hoffmann, E. T. A. 195, 197, 202, 339
홀든 Holden, Stanley 517
홀름 Holm, Hanya 536
홀리데이 Holiday, Billie 571
후로크 Hurok, Sol 538
후스 Hus, Augusto 280
휘트먼 Whitman, Walt 356
휴스 Hughes, Langston 571
흐루쇼프 Khrushchyov, Nikita 410, 437-438, 440, 445, 448, 451-452, 458-459
힌데미트 Hindemith, Paul 620
힐페르딩 Hilverding, Franz 121-122, 127